ENGLISH-KHMER PHRASES MEDICAL DICTIONARY
VOLUME 1

Bunleang Kors

Published in the United States of America

ISBN 978-1-962110-00-6 (SC)

Bunleang Kors Publisher
4350 W. 124th St. Apt.
311 savage, MN 55378
Korsdictionaries.com

Ordering Information and Rights Permission:

Quantity sales. Special discounts might be available on quantity purchases by corporations, associations, and others. For details, contact the publisher at the address above.

For Book Rights Adaptation and other Rights Permission. Call us at toll-free 1-888-945-8513 or send us an email at admin@stellarliterary.com.

ខូនថេន្ស Contents រៀបទៅតាមលេខរៀង

វុលយូម Volume រៀន 1 រ៉ូម from អេ A ធូ-អិល L

ស្យៀវភៅទីមួយ ចាប់ពីអក្សរអេទៅដល់អក្សរអិល នាមសំឡុ.

ខួនថេន្ស Contents រៀបទៅតាមលេខរៀង

រុលយូម Volume រៀំ 1 រ្ងម from អេ A ត្ន-អិល L

សៀវភៅទីមួយ ចាប់ពីអក្សរអេទៅដល់អក្សរអិល នាមសំពុ.

លិស្ត List តារាងបញ្ជី ធ្វេលវ Twelve ១២ ម៉ានស្ស Months ខេ អៀរ of អេ a យា Year ខែក្នុងមួយឆ្នាំ នាមសំពុ.		

អេ A

ទិសខ្លេមើ Disclaimer មិនទទួលស្គាល់ នាមសំពុ.

The idea of this book is not intended to treat or to cure any kind of disease or diagnosis, but to help Cambodian people who wants to learn English words. All questions that you have about your conditions, I kindly advise you to ask your physicians.

គោលបំណងរបស់សៀវភៅនេះ គឺមិនមែនសម្រាប់ព្យាបាលរោគ ឬក៏ជួយផ្សះព្យាបិទ ឬក៏ធ្វើការវិនិច្ឆ័យរោគ ណាមួយទេ ក៏ប៉ុន្តែខ្ញុំគ្រាន់តែចង់ជួយប្រជាជនខ្មែរណាដែលចង់រៀនភាសាអង់គ្លេស។ បើសិនជាអ្នកមាន សំណួរអំពីរោគរបស់លោកអ្នក ខ្ញុំសូមជួយយោបល់ឲ្យអ្នកទាំងអស់គ្នាទៅសួរលោកគ្រូពេទ្យរបស់អ្នកចុះ។

ប៊ី B

អេ A ប៊ី B ស៊ី C សិមបូល្យ Symbols សញ្ញាសំគាល់

កាយូ Guide អែន្ឌ and ហេីយនឹង សោន្ឌ Sound ទាំសម្លេង នាមសំពុ.

អក់ភ្លេស   ម៉ែន្ត and រៀ A ប៊ី B ស៊ី C ហើយអក្សរអង់ភ្លេសទាំង២៦តួនៅខាងក្រោម   ខ្មែរលោយគ្នា

អក់ភ្លេស			
១ 1	រៀ A រៀ រៀ a ស្រៈ	រ រ៉ៃ ឬ អ៊ី	ខែន cane លើច្រត់, ខែន can កំប៉ុង, ឬ ខល្ល call ហៅ
២ 2	ប៊ី B ប៉ ឬ បា ប៊ី b វាជាតួល្ព្យញ្ញនៈ	ប ៗ	បែក្ក back ឬន bone ឆ្អឹងខ្នង
៣ 3	ស៊ី C ក ឬ ខ ស៊ី C វាជាតួល្ព្យញ្ញនៈ	ក្ក ឬ ខ យ ស	ខែន cane ខែន can ឬ ខល្ល call ឃ្លៃឌ could អាចនឹង
៤ 4	ឌី D ដ្ក ឌ្ឍ ឌី d វាជាតួល្ព្យញ្ញនៈ	ដ្ក ឬ ឌ្ឍ	ផៃ្ល Daily ម៉ែកធីវិធីស activities ការងារប្រចាំថ្ងៃ
៥ 5	អ៊ី E អ៊ី e ស្រៈ	៉ ឬ ៵	អ៊ីឆ each ជ៊ីន gene គ្រាប់ពូជមួយៗ
៦ 6	អ៊ីវ F វ្ស៊ អ៊ីវ f វាជាតួល្ព្យញ្ញនៈ	វ៊ ្ស	វ៉ឹងគើស fingers ម្រាមដៃទាំងអស់
៧ 7	ជី G ក្ក ជ ្ស ជី g វាជាតួល្ព្យញ្ញនៈ	ក្ក ជ្ស	គែម៉ឺត gamete គ្រាប់ពូជទឹកកាម ហើយនឹងទឹកពង
៨ 8	អេឆ H ហ្ស អេឆ h វាជាតួល្ព្យញ្ញនៈ	ហ ្ស	ហែដ had នេវី never មិនដែល
៩ 9	អាយ I អាយ i ស្រៈ	៉ ៃ	ម៉ី me ខ្ញុំ អាយ I ខ្ញុំ
១០ 10	ចេ J ជ្ស ច្ស ជេ j វាជាតួល្ព្យញ្ញនៈ	ជ្ស ច្ស	ចែក្ក jack អ៊ាឝ up ការលើករបស់អ្វីមួយឱ្យផុតពីដី
១១ 11	យេ K យ្ស យេ k វាជាតួល្ព្យញ្ញនៈ	យ្ស	ឃ៉ីផ keep ទុកឱ្យ អ៊ីវ៉ៃ away ឆ្ងាយពី

ខែត្ត and អេ A ប៊ី B ស៊ី C ហើយអក្សរអង់គ្លេសទាំង២៦តួនៅខាងក្រោម   ខ្មែរលាយគ្នា

អង់គ្លេស			
១២ 12	អិល L ល្ ឡ្ អិល l វាជាតួព្យញ្ជនៈ	ល្ ឡ	លេបើ ឬលេប៉័រ labor វេន pain ឈឺពោះនៅពេលសម្រាលកូន
១៣ 13	អិម M ម្ អិម m វាជាតួព្យញ្ជនៈ	ម ្	ម៉ែកក្រ្ macr/o ធំ - ឡ្ាច large ធំ
១៤ 14	អិន N ន្ ណ្ណ្ អិន n វាជាតួព្យញ្ជនៈ	ន្ ណ្ណ	នេល nail រ៉ូត root ឬសក្រចកម្ូយ
១៥ 15	អូ O អ្ូ អូ O ស្រៈ	អ្ូ	អូវេន open បើក
១៦ 16	ពី P ផ្ ពី p វាជាតួព្យញ្ជនៈ	ផ ភ ្	វេន pain ខូនត្រូល control ថ្ាំលេបឲ្យបាត់ការឈឺចាប់
១៧ 17	យ្ូ Q យ្ យ្ូ q វាជាតួព្យញ្ជនៈ	យ ្	ឃ្ួក្ quack ធ្វើសម្លេងដួចសត្ទារយំពូខ្មែកៗ
១៨ 18	អ៊ិរ R រ ្រ អ៊ិរ r វាជាតួព្យញ្ជនៈ	រ ្រ	រ៉ាប់ប៊ិត rabbit សត្ទន្សាយ
១៩ 19	អែស S ស ្ស អែស្ស s វាជាតួព្យញ្ជនៈ	ស ្ស	សែក sac ថង់ ដោរ of មាន ជើស់ pus ខ្ទុះ ខ្ទុះនៅក្ុងថង់ ស្ម៉ាផ sharp ស្ួចខ្ាំង
២០ 20	ធី T ទ្ ត្ ធ្ធ្ ធី t វាជាតួព្យញ្ជនៈ	ថ ្ ទ្ ត ្ ធ្ធ	ថេ៉លបូន tailbone ឆ្ឹងកន្ុយ ឬឆ្ឹងកព្ាញ្កូទ
២១ 21	យ្ូ U យ្ូ យ្ូ u យ្ូ ស្រៈ	យ ្	ដោលសេ៉ើរ៉័ត ulcerate ដំផៅរបោកសាច់ រលាក ឈឺ ក្ៅ

អង់គ្លេស អេន្ត and អេ A ប៊ី B ស៊ី C ហើយអក្សរអង់គ្លេសទាំង២៦តួនៅខាងក្រោម ខ្មែរលាយគ្នា

២២ 22	វី V វ្វ វី v វាជាតួព្យញ្ជនៈ	វ្វ	វែកឃ្យូម vacuum ខ្លីននើ cleaner ម៉ាស៊ីនបូមសំអាតនៅក្នុងផ្ទះ
២៣ 23	ដឹបវ៉ាល់យូ W វ្វ ដឹបវ៉ាល់យូ w វ្វ វាជាតួព្យញ្ជនៈ	វ្វ	វេ្វត wait ចាំ ហ្វ័រ for មី me ខ្ញុំបន្តិច
២៤ 24	អិក្ស X ក្ស អិក្ស x ក្ស វាជាតួព្យញ្ជនៈ	ក្ស	អិក្ស-ស្រេ x-ray ការថតឆ្លុះមើលរោគនៅក្នុងដងខ្លួន
២៥ 25	វ៉ាយ Y យ ្យ វ៉ាយ y វាជាតួព្យញ្ជនៈ	យ ្យ	យេលឡូ yellow ស្គីន skin រោគស្បែកលឿង
២៦ 26	ស្ស៊ី Z ស្ស ស្ស៊ី z ស្ស វាជាតួព្យញ្ជនៈ	ស្ស	ស្សូ zoo សួនសត្វ

ស៊ី C

អាលហ្វ៊ាបេថិខុល Alphabetical តួអក្សរ ហើយនិងស្រះរបស់ភាសាអង់គ្លេស វាមានតួអក្សរតូច ហើយនិងតួអក្សរធំរបស់វា ហើយនិងស្រះប្រាំតួផង អក្សរអង់គ្លេសបូករួមទាំងអស់វាមាន២៦តួ នាមស័ព្ទ.

អាលហ្វ៊ាបេត Alphabet តួអក្សរ ហើយនិងស្រះរបស់ភាសាអង់គ្លេស វាមានតួអក្សរតូច ហើយនិងតួអក្សរធំរបស់វា ហើយនិងស្រះប្រាំតួផង អក្សរអង់គ្លេសបូករួមទាំងអស់វាមាន២៦តួដូចខាងក្រោមនេះ អេ Aa េ ែ បូ អ៊, ប៊ី Bb ប ្ប ញ, ស៊ី Cc ក្ក បូ ខ ឃ ស, ឌី Dd ដ្ត បូ ឌ្ឌ, អ៊ី Ee៊ី បូ ៀ, អិវ Ff វ្វ, ជី Gg គ្គ ជ្ជ, អេច Hh ហ្ហ, អាយ Ii៊ី ៃ, ជេ Jj ជ្ជ ច្ច, ឃេ Kk ឃ្ឃ, អិល Ll ល្ល ឡ, អិម Mm ម្ម, អិន Nn ន្ន ណ្ណ, អូ Oo អ្អូ, ភី Pp ផ្ផ, ឃ្យូ Qq ឃ្ឃ, អ៊ារ Rr រ ្រ, អែស Ss ស្ស, ធី Tt ថ្ថ ទ្ទ ត្ត ធ្ធ, យូ Uu យ្យ , វី Vv វ្វ, ដឹបវ៉ាល់យូ Ww វ្វ, អិក្ស Xx ក្ស, វ៉ាយ Yy យ ្យ, ស្ស៊ី Zz ស្ស.

ត្រនុងសំអេសិ៊ស្ស PRONUNCIATION យ៉ឺស KEYS

របៀបអាន ឬប្រកបអក្សរ

រ៉ៅ (វ៉ៅវ៉) vowel ស្រៈ វ៉ាយ five ៥ក្ខ (អ A អ៊ E អោយ I អូ O យូ U)

អ A ស្រៈ

ខ្ញុំ Ab- ឆ្លាយចេញពី, អ៊ីវ៉ៅរ above ខាងលើ, អ៊ែកសេផ្តស accepts ទទួលស្គាល់ ឬព្រមទទួលយក, អ៊ែកសេស្យ access ចូលទៅបាន ឬមានច្បាប់អាចចូលប្រើបាន, អ៊ែដវិល Advil ឈ្មោះថ្នាំលេបបំបាត់ការឈឺចាប់, អ៊ែន្ដ and ហើយនឹង, អ៊ែដ ad- ទៅមុខ, អ៊ែដ្ឌ add បូក, អ៊ែដេន adeno ក្រពេញ, អ៊ែវ៉ af-ទៅមុខ, អាវ៉ៃផ្ក affect មានការប៉ះពាល់ដល់ មានឥទ្ធិពលលើ, អ៊ែកូ ago មុននេះ, អ៊ែៀរ air ខ្យល់, អ៊ែៀរ aero- ខ្យល់, អ៊ែល al- នៃ ឬទាក់ទងទៅនឹង, អ៊ែម am ខ្ញុំ, អាស្ក ask សួរ, អ៊ែត at នៅ, ប៉ែក្ក back ខាងក្រោយ, ខែន can អាចធ្វើអ្វីបាន កិរិយាសព្ទ, អ៊ិរ or ឬ ខែន can ប្រឡឹកំប៉ុង នាមសំព្ទ, ខា car ឡាន, ក៉ែស gas ខ្យល់ ឬជោម, ហ៉ែស has មាន, រ៉ែ rare កម្រមាន, រ៉ែស្ល rash កន្ទួល កន្ទួលនៅលើស្បែក, ស៉ែក sac ថង់, ថ៉ែង្ក tank ធុងសាំង,

អ A-អ៊e ស្រៈអ៊ែ

អ៊ែត ate បានញ៉ាំអាហារ ឬបានញ៉ាំបាយ, ប្លេដ blade មុខកំបិតការរម្បូយ, ខេន cane ឈើច្រត់, ខេស case រៀង, កេត gate ច្រកចូល១ ទ្វារចូល១, លេត late យូរ យឺតពេល, មេដ made បានធ្វើ, មេក make ធ្វើ, នេម name ឈ្មោះ, ផេក្ក page ទំព័រ, ផ្លេស្យ place កន្លែងម្បូយ, សេវ safe សុខសប្បាយ គ្មានទុក ផុតពីគ្រោះថ្នាក់, សេវ save សម្ចាំ់ប្រាក់ សម្ចាំសំថៃ រក្សាទុក, សេវទ៊ី safety ការផុតពីគ្រោះថ្នាក់ (សុវត្ថិភាព), រត rate ចំនួនចង្វាក់បេះដូងលោត, ស្តេត State រដ្ឋ, រ៉េវ wave រលកកំរៅ.

អ អោយ ai ស្រៈ

អេដ aid ការជួយ, អឹកគែន again ម្តងទៀត, អឹកគែនស្ទ against ប្រឆាំងនឹង, ប្រេន brain ខួរក្បាល, ខុនថេន contain មាននៅ, គេន gain កើនច្រើនឡើង, មេន main ធំ កណ្តាល, មេនថេន maintain ថែរក្សារឱ្យនៅល្អ ថែទាំ គ្រប់គ្រង ឬធ្វើឱ្យឈាមនៅរត់ស្មើ, ផេន pain ឈឺ, រេគេន្ទ regain ល្អឡើងវិញ, រេមេន្ទ remain នៅដដែល, សេដ said បានថា, ស្ទេន stain ប្រឡាក់ពណ៌១កន្លែង, វេត wait ចាំ,

អេយូ au ស្រះ

អិទើរ author អ្នកនិពន្ធម្នាក់, អិរតូ auto ឡានកង់បួនដែលប្រើម៉ាស៊ីន អិរ or ឬ ១ មួយ ដោយខ្លួនឯង ម្នាក់ឯង, ខោះស cause ធ្វើឱ្យ, គោះស្ស៊ gauze ស្បៃស្តើងៗ បង់, ផស pause ផ្អាកមួយរយៈពេលខ្លី, ផសិទី paucity ការខ្វះខាតមួយផង.

អេវ៉ាយ ay ស្រះ

អឹវេ្វ away ដើរចេញពី, ដេ day ថ្ងៃ, ឌីលេ delay ការយឺតពេល ការពន្យាពេល, មេប៊ី maybe ប្រហែលជា, ស្ទេ stay នៅ១កន្លែង, ផេ pay បង់ប្រាក់, ផ្លេ play លេង, រៃត right អឹវេ្វ away មួយរំពេច, សេ say ថា, វេ្វ way ផ្លូវ.

អី E ស្រះអី

អីវ៉េក្ទ effect ប៉ះពាល់ដល់ ការប្រតិកម្មមិនល្អកើតឡើង, អេគ្គ egg ពង ទឹកពង, អិន្ត end ចប់, អីផីអាយ Epi- ខាងលើ, អិក្ស ex- ចេញក្រៅ, បិល្លី belly ក្បាលពោះ, ប៊ីណាញ benign គ្មានរោគ សាច់ដុះតែវាគ្មានរោគ, បេន្ទ bent បានបែ ឬបត់, សេលួស cells គ្រាប់ឈាម ឬកោសិកាច្រើន, ឆេក្គ check ពិនិត្យមើល, វ្យូ few ពីរ ឬបី, វ៉ុីវើ fever គ្រុនក្តៅ, កេត get យក, ហេឋ help ជួយ, លេគ leg ជើង, មុី me ខ្ញុំ, មេត met បានជួប, នូ new ថ្មី, ផេន pen ប៊ិច, ផេនសិល pencil ខ្មៅដៃ, ពីនិស penis មេក្ត ឬលិង្គ, រេវិល្ល refill បំពេញថ្នាំម្តងទៀត, រេន្ទស rent ជួល, វៀល ឬវ៉ុីល feel អារម្មណ៍, ស្លីផ sleep ដេក គេង សំរាក, ស្ពីដ speed ល្បឿនលឿន, ស្ទីផ steep ចោត ដីចោត, ធីស teeth ធ្មេញពីរ,

អីអេ ea ស្រៈអី

ប៊ីត beat ចង្វាក់បេះដូងរើរ ឬលោត, ប្រេ្សថ្ល breath ដង្ហើម, ប្រ៊ីស្ថ្ល breathe ដកដង្ហើម, ធ្មីត death ស្លាប់, អីត eat ញ៉ាំអាហារ, ហ្មេដ head ក្បាលមនុស្ស, ហៀល heal សៈ, ហ្មលសិ health ខាងសុខភាព, ហេ្មលទី healthy មានសុខភាពល្អ, ហ្ម៊ីត heat ក្ដៅ កំដៅ, ល្ម៊ីដ lead នាំ, រ៊ីដ read បើល អានអក្សរ, ធ្ម៊ីម team ក្រុមពេទ្យ, ធ្រ៊ីត treat ព្យាបាលរោគ.

អីអាយ ei ស្រៈ

ហៃហត height កម្ពស់ កំពស់ កន្លែងខ្ពស់, វីស៊ីវដ ឬរសី៊វដ received បានទទួល, វ៉ៃត weight ទម្ងន់,

អាយ i ស្រៈ

អិល្ណេស្ស illness រោគឈឺ ឬជម្ងឺ, អិន in នៅក្នុង, អិនធ្ចូ into ចូលទៅក្នុង, អិស is នេះគឺ, បិត big ធំ, បិតគ៊ី bigger ធំជាង, បិល្ល bill សំបុត្រឲ្យបង់ប្រាក់, បិល្ល៊ី Billy ឈ្មោះក្មេងប្រុស, ប៉ៃត bike កង់, ប៊ីដ bird សត្វស្លាប១, ប៊ីស birth ពេលកូនកើត, ធិល្ល chill ត្រជាក់ រងារ, ធិល្ល៊ី chilly ដែលធ្វើឲ្យត្រជាក់ភ្លៅៗ, ធិជ chip កំទិចតូចៗ, វ៉ិល្ល fill ចូលពេញ, វិងគ៊ី finger ម្រាមដៃ, ហិស his គាត់, យិលលើ killer សេល្ស cells គ្រាប់ឈាមសដែលដើរសម្លាប់មេរោគ, ធិល្ល pill ថ្នាំលេប, រ៉ៃត right ត្រូវ, ធិសស្ស tissue សាច់ស្នើងៗ, វិធ្ធអិន within នៅខាងក្នុង,

អាយអី ie ស្រៈ

រៀ៊ន្ត friend មិត្តភ័ក្តិ, ផេសិនស្ស patience ការអត់ធ្មត់, ផេសិន្ត patient អ្នកជម្ងឺ.

អូ O ស្រៈ

អៅវ of នៅក្នុង ឬរបស់, អូខេយ okay អត់អីទេ, អិន on នៅលើ, អូនលិ only តែប៉ុន្នោះ, អៅរ or ឬ, អូរកិន organ សរីរាង្គ, អូវ៉ារី ovary ពងបង្កើតមេជីវិតវានៅខាងចុកបំពង់ស្បូន, បឌី body ខ្លួន, ប៊ុន bone ឆ្អឹង, ខូវ៉ី coffee ការហ្វេ, ខូល្ល cold ត្រជាក់, ខូម៉ិន colon ពោះវៀនធំ, ឌូ do

ធ្វើការ, រ៉ូម form កើតឡើង, ហូល្ល hold ទប់, ហូផ hope សង្ឃឹមថា, ចប job ការងារ, នូស nose ច្រមុះ, ណុត not គ្មាន, សាន់ son កូនប្រុស, ថព top ខាងលើ, ធូ to ទៅ ឬដើម្បីនឹង,

អូអេ Oa ស្រៈ

ប៊ូត boat ទូក១, ខូល coat អាវសម្រាប់ពាក់នៅខែទឹកកក, ខូច coach គ្រូបង្រៀនកីឡាណាមួយ, គូល goal គោលបំណង, ល្លូន loan ពាក់ប្រាក់ឲ្យគេខ្ចី បណ្តាក់, រ៉ូដ road ផ្លូវ, ប្រូដ broad កំប៉ែដធំ កំបាត១, អូស៊ី oath ការសំបថ, ស្រ៊ូត throat បំពង់ក.

អូអាយ Oi ស្រៈ

អាផ្ពិនន្ធមេន្ទ appointment ការដាក់ពេលទៅជួបនឹងអ្នកណាម្នាក់, ផញ្ញន្ធ point ចង់ ចំណុច នេះ, ប្រៃអើរ prior មុនពេល

អូអ៊ូ OO ស្រៈ

ប្ល៊ើដ blood ឈាម, ប្លូម bloom ផ្ការីក ឬអ្វីដែលលូលូតលាស់ឡើង, វ៉ូដ food ម្ហូប ឬចំណីអាហារ, រ៉ូម room បន្ទប់, ស្តូល stool លាមក, ធូ too ផងដែរ, ធូស៊ី tooth ធ្មេញ, វ៉ូដ wood ឈើ,

យូ U ស្រៈ

ប៉ាម់ផ bump ប៉ោង ពក ឡើងប៉ោង ដុំពករពិបរវុប, ប៉ាន់ញៀន bunion រោគលោកនៅភ្លៀងមេជើង វ៉ាប៉ោង ហើមធំ វ៉ាលោកនៅសន្លាក់ភ្លៀងមេជើង, ប៊ើដេន burden បន្ទុកធ្ងន់លើ, ខាផ cup កែវ, វ៉ូស៊ីន fusion រលាយចូលគ្នា, កាត់ gut ពោះវៀន, ចើជមេន្ទ judgment ការវិនិច្ឆ័យ, អ៊ើលត្រាសោន្ទ ultrasound ថតឆ្លុះមើលរូប, ផ្ល៊ូឡាយ July ខែកក្កដា, ជូន June ខែមិថុនា, ចាំផ jump លោត, ចាង់កុល ឬក៍ចាំងកុល jungle ព្រៃឈើ ចាស្ត just ទើបតែ ឬក៍គ្រាន់តែ, ម៉ាស្ត must ត្រូវតែ, អ៊ាផ up ឡើងលើ, ស៊ាផ្រេស្ស suppress សង្កត់, ស៊ើជើរ surgery វះកាត់, ធូម៉ែរ tumor ដុំសាច់, ធើន turn បែ ឬប្រែ, យ៉ូរ៉ុន urine ទឹកនោម, អ៊ើស us ពួកយើងទាំងអស់គ្នា, យូស្តួល usual តាមធម្មតា.

អ៊ី E 1-13585

មេឌិខុល Medical ហ្វ្រេស៊ីស phrases

ឃ្លា បូប្រយោគសម្រាប់ប្រើជាមួយពេទ្យ គុណនាម.

1.	អេ A ស្រះ ែ េ a (អេ A អិស is ឌី the វើស្ទ first អង់គ្លេស English លេតទើ letter) អេគឺជាអក្សរទីមួយរបស់ភាសាអង់គ្លេស (អិត it វា អិស is គឺជា អេ a វ៉ៅ បូវ៉ាវូល vowel (ស្រះ១) វាជាស្រះ នាមស័ព្ទ.
2.	អេ a- (ណូ no អត់; ណុត not អត់មានទេ គ្មាន; វិតអៅត without ការខ្វះខាតដែលគ្មាន; អិត it អិស is អេ a ខាម់ បូខាំបាញនិង combining វ៉ៅ vowel ស្រះ១) -ព្រីវិក្ស prefix បុព្វបទ បូពាក្យសម្រាប់តពីខាងមុខ។
3.	អេ A វៃថាមិន vitamin ឈ្មោះប្រភេទវិតាមិនអេ (វាជួយភ្នែក វាធ្វើឱ្យយើងមានសុកភាពល្អខាងធំលូតលាស់ វាជួយខាងជួសជុលគ្រាប់ឈាមគ្រប់យ៉ាងសូមមើលនៅ វៃថាមិន vitamin អេ A) នាមស័ព្ទ.
4.	អេបែន្ត aband សាច់ដុំដែលនៅទទឹងខ្លួននោះឈ្មោះ មៃអូសិន myosin វិលៃមេន្ទស filaments ហើយវាមានបន្ទាត់ខ្មៅខាងក្រោមតូចដែលមើលឃើញនៅក្រោមកែវឆ្លុះ នាមស័ព្ទ.
5.	អឺបែនដិន abandon ស្ហ៊ីផ ship ដកខ្លួនចេញ ដើរចេញ ឈប់ធ្វើអ្វីមួយ ឈប់រៀន នាមស័ព្ទ.
6.	អឺបែនដិន abandon ស្សាម់ទិង បូសាំទិង something ដកខ្លួនចេញពីរបស់អ្វីមួយ ដើរចេញ ឈប់ធ្វើអ្វីមួយ ឈប់រៀន នាមស័ព្ទ.
7.	អឺបែនដិនមេន្ទ abandonment អ៊ោវ of ខៀ care មិនផ្តល់ បូមិនយកចិត្តទុកដាក់នឹងថែទាំរក្សាអ្នកជម្ងឺ (ឧទាហរណ៍ដូចជាវេជ្ជបណ្ឌិត បូគ្រូពេទ្យ ហើយនឹងកូនពេទ្យដែលមិនយកចិត្តទុកដាក់ថែរក្សាអ្នកជម្ងឺ) នាមស័ព្ទ.
8.	អែបបី-ស្ស៊ីស្ស abbe-Zeiss អែផផារ៉ែធើស apparatus ប្រើមាស៊ីនដើម្បីវាស់ចំនួនគ្រាប់ឈាម ហើយនឹងចំនួនទឹកផ្សេងទៀតនៅក្នុងខ្លួន នាមស័ព្ទ.

9.	អែបស្គន្ត abscond ថ្មីម from រត់ចេញ ឬឃយករបស់អ្វីមួយហើយរត់ចេញទៅឆ្ងាយៗ កិរិយាសព្ទ.
10.	អែបស្គន្ត abscond វិត្ត with លួចយករបស់អ្វីមួយ កិរិយាសព្ទ.
11.	អែបជីមេន ឬអែបដូមេន abdomen ពោះ ប្តំបន់នៅពោះ អឺរ or ឬ អែបដូមិនុល abdominal ខែវិទី cavity តំបន់នៅក្នុងប្រហោងពោះ ឬវន្ធពោះ ឃួល cul ឌី de សែក sac រន្ធពោះ វិមានត្រកេៈ ពោះរៀនតួច ហើយនឹងពោះរៀនធំ លំពែង អណ្ណើក ថ្លើម ហើយនឹង ប្រម៉ាត់ (ស្រោមពោះមានពីរជាន់នៅជុំវិញប្រហោងពោះ) កម្រងទឹកនោមមានពីរ វាទៅខាងក្រោយប្រហោងពោះ វិមានរាងដូចជាត្រាប់សណ្ដែក នាមសព្ទ.
12.	អែបដូមិន្ត Abdomeno- អឺរ or ឬ អែបដូមិន Abdomen/o ពោះ អែបជីមេន ឬអែបដូមេន abdomen តំបន់នៅពោះ ឬពោះ -ផ្រីវិក្ស prefix បុព្វបទ ឬពាក្យសម្រាប់ភ្ជាប់ពីខាងមុខ.
13.	អែបដូមិន abdomin- អឺរ or ឬ អែបដមិន្ត abdomino- តំបន់នៅពោះ កន្លែងនៅពោះ ឬជញ្ជាំងសាច់នៅពោះ -ផ្រីវិក្ស prefix បុព្វបទ ឬពាក្យសម្រាប់ភ្ជាប់ពីខាងមុខ.
14.	អែបដូមិនុល abdominal អេអឺរថា aorta សរសៃឈាមក្រហមធំនៅពោះ នាមសព្ទ.
15.	អែបដូមិនុល abdominal អាធឺរីស arteries សរសៃឈាមក្រហម២នៅក្នុង ប្រហោងពោះ នាមសព្ទ.
16.	អែបដូមិនុល abdominal វាធឺរី artery សរសៃឈាមក្រហម១នៅក្នុងប្រហោងពោះ នាមសព្ទ.
17.	អែបដូមិនុល abdominal ប្លីឌិង bleeding ចេញឈាមនៅពោះ នាមសព្ទ.
18.	អែបដូមិនុល abdominal ខែវិទី cavity តំបន់នៅប្រហោងពោះ ឬរន្ធពោះ ឃួល cul ឌី de សែក sac រន្ធពោះ វិមានត្រកេៈ ពោះរៀនតួច ហើយនឹងពោះរៀនធំ លំពែង អណ្ណើក ថ្លើម ហើយនឹងប្រម៉ាត់ (ស្រោមពោះមានពីរជាន់ វាទៅស្រោបជុំវិញប្រហោងពោះ) កម្រងទឹកនោម មានពីរ វាទៅខាងក្រោយប្រហោងពោះ វិមានរាងដូចជាត្រាប់សណ្ដែក ឈ្នោះមួយទៀតហៅថា អែបដូមិន្តផេលវិក abdominopelvic ខែវិទី cavity តំបន់នៅប្រហោងពោះ ហើយនឹងប្រហោងត្រគាក (រន្ធពោះមានក្រពេញទឹកប្លែង) នាមសព្ទ.

19.	ផែបដូមិនុល abdominal ទិសខាម់វ៉ែវត ឬទិសខាំវ៉ែវត discomfort មិនស្រួលឈឺនៅ ក្នុងពោះ នាមសព្ទ.
20.	ផែបដូមិនុល abdominal ហើនៀ hernia រោគលៀន ឬរោគរហែកជញ្ជាំងសាច់នៅ ពោះ ហើយពោះវៀនលៀនចេញផុតពីកន្លែងដើមនៅពោះ (មួយកន្លែង) នាមសព្ទ.
21.	ផែបដូមិនុល abdominal ហើនៀស herniae អ៊ី or ឬ ហើនៀស hernias រោគលៀន ឬរោគរហែកជញ្ជាំងសាច់នៅពោះ ហើយក្រពេញលៀនចេញផុតពីកន្លែងដើមនៅពោះ (ច្រើនកន្លែង) នាមសព្ទ.
22.	ផែបដូមិនុល abdominal ម៉ែស្យ mass សាច់ដុះដុំធំនៅពោះ នាមសព្ទ.
23.	ផែបដូមិនុល abdominal ម៉ែក្រេន migraine ឈឺនៅក្នុងពោះរមួលពោះចង់ក្អួត ហើយក្អួត រាគអាចម៍ ហើយឈឺក្បាលផង នាមសព្ទ.
24.	ផែបដូមិនុល abdominal ម៉ាសសិល្យ muscle សាច់ដុំពោះ នាមសព្ទ.
25.	ផែបដូមិនុល abdominal ផេន pain ឈឺនៅក្នុងពោះ ឬឈឺនៅសាច់ដុំពោះ នាមសព្ទ.
26.	ផែបដូមិនុល abdominal ផារ៉ែសេនធីសិស paracentesis ការចាក់មូល ឬមយកទឹក ចេញពីប្រហោងពោះ ឬចាក់មូលចូលទៅក្នុងពោះដើម្បីបង្ហូរទឹកចេញពីពោះមួយផង នាមសព្ទ.
27.	ផែបដូមិនុល abdominal ព្រេគ្នែនស៊ី pregnancy មានផ្ទៃពោះនៅក្នុងប្រហោង ពោះ (មានផ្ទៃពោះនៅក្រៅស្បូន) នាមសព្ទ.
28.	ផែបដូមិនុល abdominal ព្រូប្លេម្យ problems មានបញ្ហាឈឺនៅពោះ (ឧទាហរណ៍ ភូចជាមានបញ្ហាមិនល្អណាមួយដែលធ្វើឲ្យឈឺនៅក្នុងពោះ រមួលពោះចង់ក្អួត ហើយក្អួត រាគអាចម៍ ឈឺនៅស្បូន ឈឺនៅផ្ទៃស្បូន ឈឺនៅកម្រែកទឹកនោម ឬឈឺនៅផ្លោកទឹកនោម) នាមសព្ទ.
29.	ផែបដូមិនុល abdominal ផោះលស pulse ពីពចរនៅសរសៃឈាមក្របាមនៅពោះ នាមសព្ទ.
30.	ផែបដូមិនុល abdominal យ៉្រើន្តស quadrant បែងចែកប្រហោងពោះឲ្យទៅជាបួន ភាគ (ចែកពន្លែពោះទៅជាបួនផ្នែក) នាមសព្ទ.
31.	ផែបដូមិនុល abdominal រេហ្វ្លក្ស reflex ជញ្ជាំងសាច់ដុំពោះញ៉ាក់ ឬកន្ត្រាក់នៅសាច់ ស្បែកពោះ នាមសព្ទ.

32.	អែបដូមិនុល abdominal រេជិន region តំបន់នៅសាច់ដុំពោះ ឬកន្លែងនៅពោះ នាមសំព្ធ.
33.	អែបដូមិនុល abdominal រេត្រកទ័រ ឬរេត្រកទ័រ retractor គ្រឿងប្រដាប់ដែល សម្រាប់ផ្លួយរៀបទាញនៅចុងសាច់ពោះនៅពេលកំពុងធ្វើការវះកាត់ នាមសំព្ធ.
34.	អែបដូមិនុល abdominal សើជើរី surgery ការវះកាត់នៅពោះ នាមសំព្ធ.
35.	អែបដូមិនុល abdominal ស្វេល្លិង swelling ហើមពោះ នាមសំព្ធ.
36.	អែបដូមិនុល abdominal ត្រាម៉ា trauma ការទទួលចត្រាណីនៅសាច់ដុំពោះ នាមសំព្ធ.
37.	អែបដូមិនុល abdominal ធូម័រ tumor រោគដុះដុំសាច់នៅក្នុងពោះ នាមសំព្ធ.
38.	អែបដូមិនុល abdominal អៅលត្រាស៊ូន្នថ្រហ្គី ultrasonography ការថតឆ្លុះ មើលរូបភាព ហើយនឹងស្តាប់សម្លេងនៅពោះ ហើយពិនិត្យមើលនៅក្នុងពោះផ្ទាល់នឹងផ្នែកផង នាមសំព្ធ.
39.	អែបដូមិនុល abdominal អៅលត្រាសោន្ត ultrasound ថតឆ្លុះមើលរូប ភាពក្របពេញនៅក្នុងពោះ ហើយនឹងស្តាប់រលកសម្លេងរបស់វាផង នាមសំព្ធ.
40.	អែបដូមិនុល abdominal វើស៊ិន version ការបង្វិលនៅក្នុងពោះ (ឧទាហរណ៍ផ្លូចជា កូនផ្គាំវិលក្បាលវាទៅខាងក្រោម) នាមសំព្ធ.
41.	អែបដូមិនុល abdominal វើថៃព្រ vertebra ឆ្អឹងខ្នង១កង់នៅផ្លូវឆ្អឹងខ្នងនៅត្រង់ពោះ នាមសំព្ធ.
42.	អែបដូមិនុល abdominal វើថៃព្រី vertebrae ឆ្អឹងខ្នងច្រើនកង់នៅផ្លូវឆ្អឹងខ្នងនៅ ត្រង់ពោះ នាមសំព្ធ.
43.	អែបដូមិនុល abdominal វិសសើរ៉ា viscera ក្របពេញ ឬសរីរាង្គទាំងអស់នៅក្នុងពោះ នាមសំព្ធ.
44.	អែបដូមិនុល abdominal វ៉ល្ល wall ជញ្ជាំងសាច់ដុំនៅពោះ នាមសំព្ធ.
45.	អែបដីមិនផែលវិក abdominopelvic ខែវិទីស cavities តំបន់នៅប្រហោងពោះ ហើយនឹងប្រហោងត្រគាក (នៅរន្តពោះនេះរាមានក្របពេញៗកន្លែង) (រន្តពោះជាច្រើន) នាមសំព្ធ.
46.	អែបដីមិនផែលវិក Abdominopelvic ខែវិតទី cavity ប្រហោងពោះ ហើយនឹង ប្រហោងត្រគាក (រន្តពោះ) នាមសំព្ធ.

47.	អែបដូមិនូផែលវិក Abdominopelvic វិជិស្ស regions តំបន់នៅពោះ ហើយនិងត្រគាកទាំងពីរ នាមសព្ទ.
48.	អែបដូមិនូផៀរៀល Abdominoperineal វីសេកស៊ីន resection ការវះកាត់ជាថ្នែកៗនៅកន្លែងនៅពោះ ហើយនិងតំបន់នៅស្រោមពោះសាជាថ្មីម្តងទៀត នាមសព្ទ.
49.	អែបដាក់ទ័រ Abductor ផូលលិកើស pollicus ប្រេវិស brevis ឈ្មោះសាច់ដុំស្ទើងកំប៉ែបនៅដៃដែលលើក ឬកំជីកមេដៃទៅឆ្ងាយខាងស្ដាំវានៅកន្លែងបាត់ដៃ នាមសព្ទ.
50.	អែបដាក់ទ័រ Abductor ផូលលិកើស pollicus ឡុងគើស longus ឈ្មោះសាច់ដុំនៅកំភ្លួនដៃដែលលើក ឬកំជីកមេដៃហើយនឹងកដែលង នាមសព្ទ.
51.	អែបើរអន្ត aberrant អ្វីរកិន organ សរីរាង្គ ឬក្រពេញណាដែលខុសឆ្គាយពីភាពធម្មតារបស់វា នាមសព្ទ.
52.	អឺបាយដ abide បាយ by ទទួលយក យល់ព្រមជាមួយ ព្រមព្រៀងជាមួយ សុកចិត្តធ្វើតាម កិរិយាសព្ទ.
53.	អ៊ីបិលិទី ability អាចមានសមត្ថភាព ធូ to និង ឌាយអែតនូស diagnose ធ្វើការវិនិច្ឆ័យរោគមើលរោគ ឬអាចធ្វើការជំនិត្យរកមើលជម្ងឺបាន នាមសព្ទ.
54.	អ៊ីបិលិទី ability អាចមានសមត្ថភាព ធូ to និង ទិង្ក think គិតបាន នាមសព្ទ.
55.	អែបន័រម៉ាល abnormal អែកខ្យូម្យូលេស៊ីន accumulation មានទឹកប្រម្ងលផ្ទុំបន្តិចម្ដងៗដែលធ្វើឲ្យខុសពីភាពធម្មតារបស់វា នាមសព្ទ.
56.	អែបន័រម៉ាល abnormal ប៉្យៅរិង bearing រោគកូនកើតខុសពីភាពធម្មតារបស់វា នាមសព្ទ.
57.	អែបន័រម៉ាល abnormal ប្លើដ blood អ៊ិន in យ៉ូរ៉ិន urine រោគមានឈាមនៅក្នុងទឹកនោមខុសពីភាពធម្មតារបស់វា នាមសព្ទ.
58.	អែបន័រម៉ាល abnormal ប្លូ blue ពណ៌ខៀវខុសពីភាពធម្មតារបស់វា (រោគជំាសាច់ខុសពីភាពធម្មតារបស់វា) នាមសព្ទ.
59.	អែបន័រម៉ាល abnormal ប្លូអិស្ល bluish ពណ៌ខៀវខ្លាំងណាស់ខុសពីភាពធម្មតា (រោគជំាសាច់ខុសពីភាពធម្មតារបស់វា) នាមសព្ទ.
60.	អែបន័រម៉ាល abnormal ខាល់រ ឬខាលើ color ពណ៌មិនល្អ អ៊ិន in នៅក្នុង យ៉ូរ៉ិន urine ទឹកនោមខុសពីធម្មតា (ទឹកនោមដែលមានពណ៌ខុសពីភាពធម្មតារបស់វា) នាមសព្ទ.

61.	ឌែបន្លូរម៉ុល **abnormal** បើនិង **burning** ក្ដៅវ្ឈលពងបែកចេញខុសពីភាពធម្មតារបស់វា នាមសំពុ.
62.	ឌែបន្លូរម៉ុល **abnormal** ប្រីធិង **breathing** ដកដង្ហើមមិនធម្មតា នាមសំពុ.
63.	ឌែបន្លូរម៉ុល **abnormal** សេល **cell** មានគ្រាប់ឈាម ឬគ្រាប់កោសិកា១គ្រាប់ ដែលខុសពីភាពធម្មតារបស់វា នាមសំពុ.
64.	ឌែបន្លូរម៉ុល **abnormal** សេលួស **cells** គ្រូសិ **growth** មានគ្រាប់ឈាម ឬគ្រាប់ កោសិកាកើតច្រើនឡើងខុសពីភាពធម្មតារបស់វា នាមសំពុ.
65.	ឌែបន្លូរម៉ុល **abnormal** ខ្លុតធិង **clotting** មានឈាមកកខុសពីភាពធម្មតារបស់វា នាមសំពុ.
66.	ឌែបន្លូរម៉ុល **abnormal** ខុលឡ្ញិកសិន **collection** ការប្រមូលផ្ដុំ អ៊ោវ **of** លីមហ្វ **lymph** វ្លុដ **fluid** ទឹករវែង ទឹកឈាមសឆ្លោៗ ឬទឹកឈាមសដែលជួយសម្លាប់មេរោគកើត ច្រើនឡើងខុសពីភាពធម្មតានៅក្នុងខ្លួន (វាធ្វើឱ្យឈឺងហើមដៃជើង) នាមសំពុ.
67.	ឌែបន្លូរម៉ុល **abnormal** ខុនខៅ **concave** វាងខ្លុកកោង យើរ **curve** ឡើងកោងខុស ពីភាពធម្មតារបស់វា នាមសំពុ.
68.	ឌែបន្លូរម៉ុល **abnormal** ខុនទិសិន **condition** មានដោតខុសពីភាពធម្មតា នាមសំពុ.
69.	ឌែបន្លូរម៉ុល **abnormal** ខុនទិសិន **condition** ដាត អ៊ោវ **of** អេ **a** យើរវៃឈេី **curvature** កោងវិងខុសពីភាពធម្មតារបស់វា នាមសំពុ.
70.	ឌែបន្លូរម៉ុល **abnormal** យើរវៃឈេី **curvature** ដាតវាងខុង ឬកោងវិងខុសពីភាពធម្មតា នាមសំពុ.
71.	ឌែបន្លូរម៉ុល **abnormal** ទិសធាជ **discharge** ដាតចេញ អ៊ោវ **of** ម៉ៃល្ល **milk** ទឹកដោះ ឬទឹកដោះហូរចេញខុសពីភាពធម្មតារបស់វា នាមសំពុ.
72.	ឌែបន្លូរម៉ុល **abnormal** គ្រាយនេស្ស **dryness** ស្បែកស្ងួតខ្លាំងខុសពីភាពធម្មតា នាមសំពុ.
73.	ឌែបន្លូរម៉ុល **abnormal** អីលេមេន្តស **elements** ផ្តធាតុទិកក្រក ឬលំអងអ្វីមួយដែល ឡើងខុសពីភាពធម្មតារបស់វា នាមសំពុ.

74.	ឆែបន្លូរម៉ូល abnormal អិនឡ្យាចមេន្ត enlargement រោគរីកធំខុសពីភាពធម្មតា នាមសំពុ.
75.	ឆែបន្លូរម៉ូល abnormal វិស្ស៊ៃឡ្យៃត fishlike ខូនឌិស៊ិន condition រោគស្បែកបែកស្រាយូចស្រាត្រីខុសពីភាពធម្មតា (រោគខុសពីភាពធម្មតាដែលមានស្បែកស្ងួតប្រេះឡើងយូចស្រាត្រី) នាមសំពុ.
76.	ឆែបន្លូរម៉ូល abnormal វ៉ូរមេស៊ិន formation សាច់ ឬក្រពេញអ្វីមួយកើតឡើង ខុសពីភាពធម្មតារបស់វា នាមសំពុ.
77.	ឆែបន្លូរម៉ូល abnormal វ៉ង់ស៊ិន function សិរីរាង្គ ឬក្រពេញដែលធ្វើការងារ របស់វាខុសពីភាពធម្មតា នាមសំពុ.
78.	ឆែបន្លូរម៉ូល abnormal ក្រូវស៊ grow មានគ្រាប់សាច់ឈាម ឬគ្រាប់កោសិកា កើតច្រើនឡើងខុសពីភាពធម្មតារបស់វា នាមសំពុ.
79.	ឆែបន្លូរម៉ូល abnormal កាយនីខូល្លជិក gynecologic វេជ្ជបណ្ឌិត ឬពេទ្យឆ្លុបដែល ព្យាបាល ខូនឌិស៊ិន condition រោគស្ត្រីដែលមិនធម្មតា នាមសំពុ.
80.	ឆែបន្លូរម៉ូល abnormal ហាដ hard រោគរឹង ឬស្ពឹងពកនៅកោសិកា ឬគ្រាប់ឈាមឡើង ពកៗខុសពីភាពធម្មតា នាមសំពុ.
81.	ឆែបន្លូរម៉ូល abnormal ហៀរីង hearing ការព្យួសម្ពេងខុសពីភាពធម្មតា នាមសំពុ.
82.	ឆែបន្លូរម៉ូល abnormal ហ្គាតប៊ិត heartbeat បេះដូងរើរមិនធម្មតា នាមសំពុ.
83.	ឆែបន្លូរម៉ូល abnormal អិនក្រ៊ីស increase ឡើងចំនួន ឬកើនច្រើនឡើងខុសខុស ពីភាពធម្មតា នាមសំពុ.
84.	ឆែបន្លូរម៉ូល abnormal អិនហ្វ៉កស៊ិន infection រោគឆ្លំឆៅខុសពីភាពធម្មតា នាមសំពុ.
85.	ឆែបន្លូរម៉ូល abnormal ឡេវ៉េល level មានចំនួនមិនស្មើល្អ ឬមិនស្មើគ្នាខុសពីភាពធម្មតា នាមសំពុ.
86.	ឆែបន្លូរម៉ូល abnormal លិវើ liver ថ្លើមមានរាងមិនស្មើគ្នាខុសពីភាពធម្មតា នាមសំពុ.
87.	ឆែបន្លូរម៉ូល abnormal ឡូ low ប្លើដ blood ព្រេសស៊ើ pressure មានទឹកឈាម ទាបខុសពីភាពធម្មតា នាមសំពុ.

88.	ដែរបន្លូរម៉ល់ abnormal ឡ្យាំងស lungs ទិស្ម័ស្ម័ស diseases រោគច្រើន អិនវ៉ែកស័ីន infection ដំបៅនៅក្នុងស្ងួតទាំងពីរខុសពីភាពធម្មតារបស់វា នាមស័ព្ទ.
89.	ដែរបន្លូរម៉ល់ abnormal មៃស្យ mass មានដុំសាច់១កុះធំខុសពីភាពធម្មតា នាមស័ព្ទ.
90.	ដែរបន្លូរម៉ល់ abnormal មៃសស័ីស masses មានដុំសាច់ច្រើនដុំកុះធំខុសពីភាពធម្មតា របស់វា នាមស័ព្ទ.
91.	ដែរបន្លូរម៉ល់ abnormal អ្លូផែនិង opening ប្រហោងបើកមិនធម្មតា នាមស័ព្ទ.
92.	ដែរបន្លូរម៉ល់ abnormal អ្លូផែនិង opening អិន in ថឺ the ម៉ាសសិល muscle ប្រហោងនៅក្នុងសាច់ដុំខុសពីភាពធម្មតារបស់វា នាមស័ព្ទ.
93.	ដែរបន្លូរម៉ល់ abnormal ផូសិសិន position ក្រពេញ ឬសរីរាង្គនៅខុសកន្លែងដើម របស់វាខុសពីធម្មតា (ឧទាហរណ៍១ដូចជាថៃ ឬជើងកោងចូលក្នុង) នាមស័ព្ទ.
94.	ដែរបន្លូរម៉ល់ abnormal ជ្រិកត្លិង ឬជ្រិកូលិង prickling ឈឺចាក់១ញ៉ាំញ៉ាក់១ខុសពីភាព ធម្មតា នាមស័ព្ទ.
95.	ដែរបន្លូរម៉ល់ abnormal ផារ៉ាលអេសិស paralysis រោគកំជីមិនបានខុសពីធម្មតា នាមស័ព្ទ.
96.	ដែរបន្លូរម៉ល់ abnormal រេដ red ប្លើដ blood សេល្លស cells គ្រាប់ឈាមក្រហម ដែលមានរាងខុសពីភាពធម្មតារបស់វា នាមស័ព្ទ.
97.	ដែរបន្លូរម៉ល់ abnormal រេសធិង resting លេវេល្យ levels ចំនួនបេះដូងដើរមិន ស្មើគ្នានៅពេលសំរាក ឬសម្រាក ឬបេះដូងដើរមិនទៀងទាត់ខុសពីធម្មតានៅពេលនៅស្ងៀម នាមស័ព្ទ.
98.	ដែរបន្លូរម៉ល់ abnormal សិស្យ sense សរសៃវិញ្ញាណខាងដឹងទាំងប្រាំយ៉ាងមានភាពខុស ពីធម្មតា នាមស័ព្ទ.
99.	ដែរបន្លូរម៉ល់ abnormal សេនសិធិវិទី sensitivity ការស្រវាំងភ្នែកខ្លាំងនៅពេលប៉ះ ធូ to ទៅនិង ឡែត light ពន្លឺភ្លើង ឬថ្ងៃ នាមស័ព្ទ.
100.	ដែរបន្លូរម៉ល់ abnormal ស្កេលេទិល skeletal ឆ្អឹងដែលមិនធម្មតា នាមស័ព្ទ.
101.	ដែរបន្លូរម៉ល់ abnormal ស្លៃត slight មេនស្រ្តអេស័ិន menstruation រោគមាន រដូវតិចខុសពីភាពធម្មតារបស់វា នាមស័ព្ទ.

102.	អែបន្ធរម៉ល abnormal ស្ទូន stone មានថ្មខុសពីភាពធម្មតា អិន in នៅក្នុង ឌើ the ឃិដនី kidney កម្រងទឹកនោម នាមស័ព្ទ.
103.	អែបន្ធរម៉ល abnormal ស្ទូល stool លាមក ឬអាចម៍ អិាផៀរេនស្ស appearance ដែលមានរៀងរៅ ឬពណ៌បង្ហាញឱ្យឃើញថាខុសពីភាពធម្មតា នាមស័ព្ទ.
104.	អែបន្ធរម៉ល abnormal ស្ត្រាក់ឈើ structure រាងសំណង់មិនដូចធម្មតា (បើនិយាយអំពីរូបរាងកាយវិញគឺគេថាក្រពេញ ឬគ្រាប់ឈាមនេះមានរាងមិនធម្មតា នាមស័ព្ទ.
105.	អែបន្ធរម៉ល abnormal ធិងគ្លិង tingling ស្រៀវស្រាញ់ ឬញ័រញ៉ាក់សាច់ខុសពីភាពធម្មតា នាមស័ព្ទ.
106.	អែបន្ធរម៉ល abnormal ធូប-ឡៃត tube-like មានរាងដូចបំពង់ខុសពីភាពធម្មតា នាមស័ព្ទ.
107.	អែបន្ធរម៉ល abnormal យូរ៉ុណារី urinary ប្លីឌិង bleeding រោគចេញឈាមខុសពីភាពធម្មតានៅពេលនោម នាមស័ព្ទ.
108.	អែបន្ធរម៉ល abnormal ភាពមិនធម្មតា វៃត white ប្លើដ blood សេល្លស cells នៅក្នុងគ្រាប់ឈាមស ឬកោសិកាសទាំងអស់នោះ នាមស័ព្ទ.
109.	អែបន្ធរម៉លិទីស abnormalities ការមិនធម្មតា អ៊ូកឃើ occur កើតឡើង២ដង នាមស័ព្ទ.
110.	អែបន្ធរម៉លិទីស abnormalities មានភាពមិនធម្មតាច្រើនយ៉ាង អិន in នៅក្នុង ឌើ the ប្រេន brain ខួរក្បាល នាមស័ព្ទ.
111.	អែបន្ធរម៉លិទី abnormality ភាពមិនធម្មតា អឹកឃើស occurs កើតឡើង១ដង នាមស័ព្ទ.
112.	អែបន្ធរម៉លិទី abnormality ភាពខុសពីធម្មតា១យ៉ាង អិន in នៅក្នុង ឌើ the ប្រេន brain ខួរក្បាល នាមស័ព្ទ.
113.	អែបន្ធរម៉លិទី abnormality អ៊ោវ of ប្រេគនែនស៊ី pregnancy មានផ្ទៃពោះខុសពីភាពធម្មតា នាមស័ព្ទ.
114.	អែបន្ធរម៉លិទី abnormality ភាពមិនធម្មតា អិន in នៅក្នុង ឌើ the ឌីវេល្លូផមេន្ទ

	development ការលូតលាស់ ផេ្សវ of របស់ នៃ the ធ្មេស teeth ធ្មេញជាច្រើន នាមសំពុ.
115.	ដែរបន្លូវម៉ូលិទី abnormality ភាពមិនធម្មតា វិត្តអិន within នៅខាងក្នុង នៃ the ហ្គាត heart បេះដូង (សម្លេងតិចៗខុសពីភាពធម្មតានៅខាងក្នុងបេះដូង) នាមសំពុ.
116.	ដែរបន្លូវម៉ូល្លី abnormally ភាពដែលមិនធម្មតា អិរ or ឬ កិរិយាវិសេសន៍.
117.	ដែរបន្លូវម៉ូល្លី abnormally ខេថប្បូលសៀដ catabolized បានកំទាំលាយចំណីអាហារ ខុសពីភាពធម្មតា កិរិយាវិសេសន៍.
118.	ដែរបន្លូវម៉ូល្លី abnormally ឌីក្រីស្ដ decreased ដែកធីវិធី activity ការធ្វើសកម្មភាពចុះទាបខុសពីភាពធម្មតារបស់វា កិរិយាវិសេសន៍.
119.	ដែរបន្លូវម៉ូល្លី abnormally ហ្គេវី heavy មានទម្ងន់ធ្ងន់ខុសពីភាពធម្មតា កិរិយាវិសេសន៍.
120.	ដែរបន្លូវម៉ូល្លី abnormally ហាយ high ដែលខ្ពស់ខុសពីភាពធម្មតា កិរិយាវិសេសន៍.
121.	ដែរបន្លូវម៉ូល្លី abnormally ហាយ high ប្លើដ blood ប្រេសសើ pressure កម្លាំងឈាមឡើងខ្ពស់ខុសពីភាពធម្មតារបស់វា កិរិយាវិសេសន៍.
122.	ដែរបន្លូវម៉ូល្លី abnormally ភាពមិនធម្មតា អិនក្រីស្ដ increased បានកើន ម៉ូធិលិទី motility ការកំជើក ផេ្សវ of នៅក្នុង នៃ the ស្ម៉ាល់ small ពោះវៀនតូច ដែន and ហើយនិង ឡាជ large អិនថេសស្ទីន្ស intestines ពោះវៀនធំ (ភាពមិនធម្មតា បានកើតឡើងដែលធ្វើឱ្យការកំជើកខ្លាំងនៅក្នុងពោះវៀនតូច ហើយនិងពោះវៀនធំ) កិរិយាវិសេសន៍.
123.	ដែរបន្លូវម៉ូល្លី abnormally ឡាជ large ធំខុសពីភាពធម្មតា កិរិយាវិសេសន៍.
124.	ដែរបន្លូវម៉ូល្លី abnormally ឡាជ large ក្រូវ្ស growth ការរីកលូតលាស់ធំជាង ភាពធម្មតា កិរិយាវិសេសន៍.
125.	ដែរបន្លូវម៉ូល្លី abnormally ឡេត light មានចំនួនតិច ឬស្ដើង ឬស្រាលជាងភាពធម្មតា កិរិយាវិសេសន៍.
126.	ដែរបន្លូវម៉ូល្លី abnormally ឡូ low អេសិឌិទី acidity មានទឹកអាស៊ីតទាបខុសពីភាព ធម្មតានៅក្នុងខ្លួន កិរិយាវិសេសន៍.
127.	ដែរបន្លូវម៉ូល្លី abnormally ឡូ low ប្លើដ blood ប្រេសសើ pressure កម្លាំងឈាមចុះទាបខុសពីភាពធម្មតា កិរិយាវិសេសន៍.

128.	អែបនរម៉ល្លី abnormally ភាពមិនធម្មតាដែល ឡូ low លេវេល level មានចំនួន ផេរ៉វ of អាយរុន iron ជាតិដែកទាប អិន in នៅក្នុង ធី the ប្លើដ blood គ្រាប់ឈាមក្រហម កិរិយាវិសេសន៍.
129.	អែបនរម៉ល្លី abnormally ភាពមិនធម្មតា ផេរ៉វ of នៅ ធី the វ៉ីត feet ជើងទាំងពីរ កិរិយាវិសេសន៍.
130.	អែបនរម៉ល្លី abnormally ភាពមិនធម្មតា ផេរ៉វ of នៅ ធី the វ៉ុត foot ជើងម្ខាង កិរិយាវិសេសន៍.
131.	អែបនរម៉ល្លី abnormally ព្រីសេន្ត present បញ្ចេញឱ្យឃើញភាពមិនធម្មតា កិរិយាវិសេសន៍.
132.	អែបរ៉ផស៊ីន abruption ផ្លែសេនធី placentae សុកទីបតែនឹងដាច់ ឬរបែកចេញ ពីជញ្ជាំងស្បូនបន្តិច (ច្រើនជាងមួយ) នាមសំពុ.
133.	អែបរ៉ផស៊ីន abruption ផ្លែសេនថា placenta សុករបែកចេញពីជញ្ជាំងស្បូន១ដុំ នាមសំពុ.
134.	អែបប្រេសស្យ abscess ស៊ីស្ស៉ី seizure រោគបាត់ស្មារតីតិចៗ រោគប្រកាច់មិនដឹងខ្លួនតិចៗ រោគប្រត្រីវិកាច់តិចៗ រោគស្ទុះល្បែក នាមសំពុ.
135.	អែបប្រេសស៊ីស abscesses មានពងខ្ទុះច្រើន អិន in នៅក្នុង បូន bone ឆ្អឹង នាមសំពុ.
136.	អែបប្រេសស៊ីស abscesses មានពងខ្ទុះច្រើន អិន in នៅក្នុង ប្រេន brain ខួរក្បាល នាមសំពុ.
137.	អែបប្រេសស៊ីស abscesses មានពងខ្ទុះច្រើនកន្លែង អិន in នៅក្នុង យ៉ដនី kidney ក្រម្រងទឹកនោម១ខាង (យ៉ដនីស kidneys ក្រម្រងទឹកនោមទាំងពីរខាង) នាមសំពុ.
138.	អែបប្រេសស៊ីស abscesses មានពងខ្ទុះច្រើន អិន in នៅក្នុង ឡាំស៊្យ lungs សួតទាំងពីរ នាមសំពុ.
139.	អែបប្រេសស៊ីស abscesses មានពងខ្ទុះច្រើន ខែត that ដែល ស្ព្រែដ្យ spreads រាល នាមសំពុ.
140.	អែបសេនស្យ absence ផេរ៉វ of ដែន an អិនជើរ injury ដែលគ្មានរបួស នាមសំពុ.

141.	អែបសេនស្យ absence គ្មាន អេីរ of ខាល់ូរ ឬខាលេី color ពណិ អិន in នៅក្នុង ធេី the ស្ក្ិន skin ស្បែក នាមសំព.
142.	អែបសេនស្យ absence មិនមាន ឬគ្មាន អេីរ of មេនស៊ីស menses រដូវប្រចាំខែ នាមសំព.
143.	អែបសេនស្យ absence អេីរ of សៃត sight មេីលមិនឃេីញ នាមសំព.
144.	អែបសេន្ត ឬអែបស៊ីន្ត absent ខុនដាក់ស៊ីន conduction ឈប់រត់ចេញ ឬមិនជេីរ មិនទាំ គុណនាម.
145.	អែបសេន្ត ឬអែបស៊ីន្ត absent វ៉ិត្ថអៅត without ស្ូវ leave ទាហានឈប់ដោយមិន បានសុំច្បាប់ គុណនាម.
146.	អែបសេន្ត-ម៉ាញ្ញ្លន្ទ absent-minded ភ្លេចច្រេីន មិនចាំ គុណនាម.
147.	អែបស៊ូល្លុត absolute ស្ទេីរិល៊ីទី sterility ពិតជាមិនអាចបង្កេីតកូនចៅបាន គុណនាម.
148.	អែបស៊ូល្លុតលី absolutely ណុត not ពិតជាមិនធ្វេីតាមទេ ឬវៃកមិនធ្វេី កិរិយាវិសេសន៍.
149.	អែបស៊ីល្វ absolve ្រ៉ុម from អត់ទោសឱ្យ ឬទទួលខុសត្រូវ ឬមិនបាច់សងប្រាក់ឱ្យវិញ កិរិយាសព.
150.	អែបស៊ូរប absorb ស្រូប ឬប៊ីតយក ៊ីៃត្ស fats ជាតិខ្លាញ់ កិរិយាសព.
151.	អែបស៊ូរប absorb ស្រូប ឬប៊ីតយក ៊្ីដ្ស foods រស់ជាតិចំណីអាហារច្រេីនយ៉ាង កិរិយាសព.
152.	អែបស៊ូរប absorb ស្រូប ឬប៊ីតយក ល៊ីផ៊ីដ្ស lipids ជាតិខ្លាញ់ច្រេីនយ៉ាង កិរិយាសព.
153.	អែបស៊ូរប absorb ស្រូប ឬប៊ីតយក ៊្ុដ្ស fluids ជាតិទឹក កិរិយាសព.
154.	អែបស៊ូរប absorb ស្រូប ឬប៊ីតយក មេឌិខេស៊ីន្ស medications ជាតិថ្នាំ ទាំងអស់នោះ កិរិយាសព.
155.	អែបស៊ូរប absorb ស្រូប ឬប៊ីតយក នូ្រ៊ៀន្ត nutrient រស់ជាតិចំណីអាហារ (ដែលធ្វេីឱ្យមានកម្លាំង) កិរិយាសព.
156.	អែបស៊ូរប absorb ស្រូបយក ្រេសស៊េី pressure ទម្ងន់សង្កត់ចេញ (ភ្លេងខ្ទេី ចាស់សរសៃៗដែលនៅកណ្ដាលផ្លូវភ្លេងខ្លង វាជួយកំឱ្យភ្លេងខ្លងកៀប ឬកេតឆ្លា ហេីយដេីម្បីធ្វេីឱ្យភ្លេង ខ្លងឆត់ចុះឡេីងស្រួល) កិរិយាសព.

157.	ដែលបស្សរប absorb ស្រូប ឬបើតយក ផ្ទេរថៃអិស្យ proteins ជាតិប្រូតេអ៊ីន កិរិយាសព្ទ.
158.	អេស៊ុ -ac នៃ ឬទាក់ទងជាមួយនឹង, អាយអេស៊ុ -iac នៃ ឬទាក់ទងជាមួយនឹង, អាយស៊ុ -ic នើថៃនិង Pertaining ទាក់ទង ឆូ to ជាមួយនឹង - សិរិវីក្យ suffix បច្ច័យ ឬបាក្យសម្រាប់តពីខាងក្រោយ.
159.	អេខៃនទូ Acantho- ពកៗ កត្រោតៗ បន្លាស្រួច អ៊រ or ឬ អេខៃនទូ Acanth/o ពកៗ បន្លាស្រួចចកៗ កត្រោតៗ - ស្ពាញនី spiny បន្លស្រួច ទូននី thorny បន្លាស្រួចចកៗ កត្រោតៗ -ផ្រើវីក្យ prefix បុព្វបទ ឬបាក្យសម្រាប់តពីខាងបុខ.
160.	ដែកសេសើរី accessory អ្លូរកិន organ ក្រពេញ ឬសរីរាង្គដែលជួយបន្ថែមបន្លាប់បង្ស៊ី នាមសព្ទ.
161.	ដែកសិដេនទិល្លី Accidentally ដែលបានច្រឡំ ថៃត take លេបបង្ហ្វ៉ា ឬយករបស់អ្វីមួយ កិរិយាវិសេសន៍.
162.	ដែកសិដេនទិល្លី Accidentally ដែលបានច្រឡំ ថៃត take លេប ទិស this មេទិខេស៊ីន medication ថ្នាំពេទ្យនេះ កិរិយាវិសេសន៍.
163.	អ៊ិកខាម់ផៃនីង accompanied បានកើតឡើង បាយ by តាមក្រោយ វីវី fever ការគ្រុនក្តៅ កិរិយាសព្ទ.
164.	អ៊ិកខ្វម់ផៃនីង accompanied បានកើតឡើង បាយ by តាមក្រោយ រកទិល rectal ប្លីឌិង bleeding ការចេញឈាមនៅទ្វារធំ កិរិយាសព្ទ.
165.	អ៊ិកខាម់ផៃនីង accompanied បានកើតឡើង បាយ by តាមក្រោយ ថៃ the កិរិយាសព្ទ.
166.	អ៊ិកខាម់ផៃនី accompany ចូលរួមជាមួយនឹង អេជិង aging អាយុច្រើនឡើងៗ កិរិយាសព្ទ.
167.	អ៊ិកខ្យុម្មលេត Accumulate ធ្វើការប្រមូលផ្តុំ អ៊ិន in នៅក្នុង សេល្លស cells ទិកគ្រាប់ឈាម ឬកោសិកា កិរិយាសព្ទ.
168.	អ៊ិកខ្យុម្មលេត Accumulate ធ្វើការប្រមូលផ្តុំ អ៊ិន in នៅក្នុង ថៃ the បនី body រាងខ្លួន កិរិយាសព្ទ.

169.	អឹកខ្យូម្យូឡេសិ៊ន accumulation ធិរាវ of វ៉ូម្យូ fluids ទឹកបានប្រមូលផ្គុំបន្តិចម្តងៗ នាមសំពុ.
170.	អែសេថែប្យូឡើ acetabular ណត់ន notch ក្បាលរន្ធផ្ដិតត្រគាកមួយដែលមានរាង មូលដូចកែវ នាមសំពុ.
171.	អែសេថែប្យូឡើ acetabular ណត់រីស notches ក្បាលរន្ធផ្ដិតត្រគាកពីរដែលមានរាក្ដ មូលដូចកែវ នាមសំពុ.
172.	អែសេថែប្យូឡ់ acetabulo- អិរ or ឫ អែសេថែប្យូឡ់ acetabul/o រន្ធផ្ដិតត្រគាកពីរ ដែលវាមានរាក្ដមូលដូចកែវមូលៗ - (ហិផ hip សិកគីត socket រន្ធផ្ដិតត្រគាក) អែស៊ីថែប្យូឡ្ញិម acetabulum រន្ធផ្ដិតត្រគាកមួយ (វាមានពីរដែលមានរាក្ដមូលដូច កែវមូលៗវាក្តោបក្បាលឆ្អឹងមូលនៅត្រគាក) -ម្រ៊ីវិក្ស prefix បុព្វបទ ឫជាក្យសម្រាប់តពីខាងមុខ.
173.	អឹកខ្យូថែន Accutane ឈ្មោះថ្នាំព្យាបាលរោគមុន (វាមានជាតិ វៃថាមីន/ វៃថាមិន Vitamin /vitamin អេ A ជាតីវីតាមីន អេ) គុណនាម.
174.	អឹកឆ្ងិវ achieve សម្រេចបាន អេ a រសិល្ពស ឬរីសិល្ពស results លទ្ធផលណាមួយ កិរិយាសពុ.
175.	អេគិង aching ឈឺអួលៗ ផែន pain ឈឺ នាមសំពុ.
176.	អេប្ល៉ូរហៃជ្រៀ achlorhydria រោគខ្វះទឹកអាស៊ីតនៅក្នុងក្រពះ ទឹកនេះវាជួយរំលាយអាបារ (ឈ្មោះទឹកអាស៊ីត ហៃដ្រូឡ្ញូរិក hydrochloric អែសិដ acid) នាមសំពុ.
177.	អេគី achy ឈឺមិនឈប់ឈរចៗ ម៉ាសសិល muscle នៅសាច់ដុំ គុណនាម.
178.	អែសិដ acid ទឹកអាស៊ីត ជាតិជ្ពរ បែក្ក back បែរទៅខាងក្រោយវាត្រឡប់មកខាងលើ នាមសំពុ.
179.	អែសិដ acid ទឹកអាស៊ីត ជាតិជ្ពរ បែក្ក back បែរទៅ ឬត្រឡប់មក អ៊ាផ up ខាងលើ នាមសំពុ.
180.	អែសិដ acid ទឹកអាស៊ីត ជាតិជ្ពរ បែក្ក back បែរទៅ អ៊ាផ up ខាងលើ អិនធូ into ចូលទៅក្នុង ធើ the អ៊ីស៊ូហ្ញេគីស esophagus បំពង់ក នាមសំពុ.
181.	អែសិដ acid ទឹកអាស៊ីត បើន burn រលាកសាច់ នាមសំពុ.
182.	អែសិដ acid ដាយស dyes ទឹកថ្នាំជ្រលុកពណ៌ដែលមានទឹកអាស៊ីត នាមសំពុ.

183.	អែសិដ acid រ៉េន rain ភ្លៀងមានទឹកអាស៊ីតលាយ (ទឹកភ្លៀងទាំងអស់មានទឹកអាស៊ីតបន្តិច ទឹកអាស៊ីត កើតមកពីផ្សែងពីរោងចក្រ ហើយនឹងផ្សែងចេញពីឡាន ខ្យល់នាំផ្សែងទៅឆ្ងាយពីកន្លែងដើមរបស់វាយូរៗទៅ វាអាចធ្វើឱ្យទឹកបឹង ហើយនឹងទឹកហូរមានជាតិពុល វាធ្វើអោយប៉ះពាល់ដល់ដើមឈើ ហើយនឹងសត្វព្រៃ) នាមស័ព្ទ.
184.	អែសិដ acid ស៊ូលយូបល soluble ទឹកអាស៊ីតដែលមាន ស៊ល្តស salts ជាតិអំបិល នាមស័ព្ទ.
185.	អែសិដ-បេស្ត acid-based បែលេនស្ស balance ចំនួនទឹកអាស៊ីតស្មើល្អទៅតាមភាពធម្មតា នាមស័ព្ទ.
186.	អែក្លូវេត Aclovate គ្រីម cream គឺជាថ្នាំលាបនៅលើស្បែក (ថ្នាំ ឬក្រុមវត្ថុធាតុថ្នាំ ឃូរធិសូន cortisone ព្យាបាលរោគអុតស្វាយ រោគពងបែកនៅស្បែកដែលមានពណ៌ក្រហម ស្រស់ធ្វើកុំឱ្យឈឺចាប់ (រោគនេះរាលដាលនៅលើស្បែករមាស់អូចៗឬក្រួមជាមួយនឹងរោគរមាស់ដំបៅកន្ទាប់ផ្ទាំងៗនៅលើស្បែកផង) នាមស័ព្ទ.
187.	អែកនី acne រ៉ូសេស្មៀ rosacea ឈ្មោះរោគមុនរាំរៃ កន្ទួលរមាស់ក្រហមដូចផ្កាកូលាបនៅលើមុខ ជញ្ជើម ថ្ពាស់ ច្រមុះ វាកើតច្រើននៅលើមនុស្សពេញវ័យ នាមស័ព្ទ.
188.	អែកនី acne វ៉ូលកាវែស vulgaris ឈ្មោះរោគមុនជាទូទៅ នាមស័ព្ទ.
189.	អែកខោស្វូ Acous/o សំឡេង ឬសរសៃវិញ្ញាណដែលឮសម្លេង ហៀរ hear ឮសំឡេង ហៀរិង hearing ឮសំឡេង ឬសរសៃវិញ្ញាណនៅរន្ធត្រចៀកដែលជួយឱ្យឮសម្លេង -ព្រីហ្វិក្ស prefix បុព្វបទ ឬពាក្យសម្រាប់តពីខាងមុខ.
190.	អែឃូស្ទិក Acoustic មីអេថើស meatus រន្ធប្រចៀក វិញ្ញាណនៅខួរក្បាលធ្វើឱ្យឮសម្លេង នាមស័ព្ទ.
191.	អែឃូស្ទិក Acoustic នើវ nerve សរសៃវិញ្ញាណនៅខួរក្បាលឱ្យឮសម្លេង នាមស័ព្ទ.
192.	អែឃូស្ទិក Acoustic ណូរូម៉ា neuroma រោគដុំពកចាប់ផ្តើមកើតឡើងមកពីសរសៃវិញ្ញាណទាំងប្រាំបីនៅក្នុងលលាដ៍ក្បាលដែលឱ្យយើងឮសម្លេង នាមស័ព្ទ.
193.	អែឃូស្ទិក Acoustic ស្ទីម្មូលៃ ឬស្ទីម្មូឡាយ stimuli វិញ្ញាណនៅខួរក្បាលខាងកំរើករុញឱ្យឮសម្លេង នាមស័ព្ទ.

194.	អុីកវ៉ៃយអើរ acquired អុីមមុនិទី immunity គ្រាប់ឈាមសសំខាន់ម្យ៉ាងដែលវាយបំផ្លាញមេរោគ (ថ្នាំផ្សះកើតឡើងមកពីធម្មជាតិគ្រាប់ឈាមសនេះឈ្មោះ លីមហ្វ៉ូសៃត្យ lymphocytes វាកើតឡើងក្រោយពេលបានជួប ឬប៉ះទៅនឹងមេរោគ ឬថ្នាំចាក់ផ្សាំនៅក្នុងខ្លួនដើម្បីទុកការពារជាគុណណាមួយ) នាមស័ព្ទ.
195.	អុីកវ៉ៃយអើរ Acquired អុីមមុន Immune ឌីវីសិនស៊ី Deficiency សិនដ្រូម Syndrome (អក្សរកាត់របស់វាគឺ អេដ្យ AIDS) រោគនេះអាចមានគ្រោះថ្នាក់ដល់ជីវិតដោយសារវាធ្វើឱ្យគ្រាប់ឈាមសឈ្មោះ លីមហ្វ៉ូសៃត្យ Lymphocytes ហើយនឹងប្រព័ន្ធការពារខ្លួនឈ្មោះ អុីមមុនិទី Immunity ចុះទាប រោគនេះកម្រមាននៅក្នុងខ្លួនកូនក្មេង បើសិនជាឪពុកម្តាយគ្មានរោគនេះ ឬក៏កូននោះមិនដែលបានបញ្ចូលឈាមនៅក្នុងខ្លួនកូននេះក៏គ្មានរោគនេះដែល នាមស័ព្ទ.
196.	អែក្រូ Acro- អ៊ែរ or ឬ អែក្រូ Acr/o ធំ ខ្ពស់បំផុត ឬយ៉ាងខ្លាំង ខាងលើ ខាងចុង វីកធំ -ព្រីវិក្ស prefix បុព្វបទ ឬពាក្យសម្រាប់តពីខាងមុខ.
197.	អែក្រូអ្ញិយ Acromio- អ៊ែរ or ឬ អែក្រូអ្ញិយ Acromi/o ឆ្អឹងពួយស្មាបប្រៀវៀរ ឆ្អឹងចុងស្មា - អែកក្រូញ្ញៀន acromion ឈ្មោះឆ្អឹងចុងស្មា ឬឆ្អឹងពួយស្មាបប្រៀវៀរ១ -ព្រីវិក្ស prefix បុព្វបទ ឬពាក្យសម្រាប់តពីខាងមុខ.
198.	អែកក្រូញ្ញៀន Acromion ព្រសេស process ឈ្មោះឆ្អឹងស្មា ឆ្អឹងស្មាបប្រចៀវៀរ១ (ផ្នែកខាងលើចុងរបស់ឆ្អឹងស្មា ឬនៅសន្លាក់ឆ្អឹងស្មា ឆ្អឹងស្មាបប្រចៀវ ឆ្អឹងនៅខាងលើឆ្អឹងកំប៉ែតធំ) នាមស័ព្ទ.
199.	អុីក្រោស្យ across ព្រៃក្ត tract ផ្លូវឆ្លងត្រង់តទ្បែងផ្សេយគ្នានៅអក្សរអុីក្ស អែក្ស x កន្លែងវិញ្ញាណឆ្លងនៅក្នុងខួរក្បាល (ឧទាហរណ៍ដូចជាមានរបួសក្បាលខាងស្តាំ វានឹងធ្វើឱ្យដៃជើងខាងឆ្វេង ខូចកំដើកមិនបាន ហើយបើសិនជាមានរបួសក្បាលខាងឆ្វេង វានឹងធ្វើឱ្យដៃជើងខាងស្តាំងកំដើកមិនបាន) អាយតនិបាត.
200.	អែក្ត act អំរៅ of គីវិង giving បើស birth កំពុងតែឈឺពោះកើតកូននៅក្នុងពេលកំពុងតែសម្រាលកូន នាមស័ព្ទ.
201.	អែក្ត act ធ្វើឱ្យ អំរៅ of ធើនិង turning បែមកវិញ នាមស័ព្ទ.
202.	អែក្ត act អំរៅ of វ៉ូយដិង voiding ពេលកំពុងនោម នាមស័ព្ទ.

203.	ឯកធិន actin- ភ្លើងការ៉ាស្ពីចាំងលើសាច់ស្បែកៗ - ឡ្បត light ភ្លើងចាំងលើសាច់ស្បែកៗ - ជ្រីវិក្យ prefix បុព្វបទ ឬពាក្យសម្រាប់ពពីខាងមុខ.
204.	ឯកធិង acting ម្ន័ន mean ធ្វើដូចជាមនុស្សកាច មានចិត្តឃ្យោរឃ្យៅ ឬអារម្មណ៍បីនសុក ភាពចរិយាមាយាទវ័ន្សួស កិរិយាសព្ទ.
205.	ឯកធិនិក actinic ខុនចាំងធិ័ទិស conjunctivitis រោគលោកស្រទាប់សាច់នៅៗគ្រាប់ភ្នែកដោយសារត្រូវនឹងពន្លឺកំដៅថ្ងៃ ឬកាំរស្ពីចាំងចំលើវាឈ្មោះ (អ៉ោលត្រាវ៉ែអ្វឡ្បត ultraviolet ឧនិឧស៉ិន radiation កំដៅថ្ងៃ ឬកាំរស្ពីចាំង (ឃ្យូវ៉ី UV អក្សរកាត់) នាមសំព្ទ.
206.	ឯកធិនិក actinic ឌើម៉ែថធិស dermatitis រោគលោកឧកកន្ទួលរមាស់នៅស្រទាប់សាច់ (ស្បែក) ជាយសារត្រូវនឹងពន្លឺថ្ងៃ កំដៅថ្ងៃ ឬកាំរស្ពីចាំងមកពីថ្ងៃ នាមសំព្ទ.
207.	ឯកធិនិក actinic ឃ្យេរ៉ៃធ្លួស៉ីស keratoses រោគលោកឧកកន្ទួលរមាស់ស្រទាប់សាច់ស នៅឡ្នែកដោយសារត្រូវនឹងពន្លឺថ្ងៃ កំដៅថ្ងៃ ឬកាំរស្ពីចាំង (ច្រើនឌង) នាមសំព្ទ.
208.	ឯកធិនិក actinic ឃ្យេរ៉ៃធ្លួស៉ិស keratosis រោគសាច់ពុះរ៉ីងពកខុសពីភាពធម្មតានៅ សាច់សនៅឡ្នែកឈ្មោះ ឃ្យូរនៃ៉ cornea (មួយឌង) នាមសំព្ទ.
209.	ឯកធិនិក actinic អូហ្វ៉ៃថលម៉េ៉ ophthalmia រោគលោកស្រទាប់សាច់នៅៗគ្រាប់ឡ្នែក ដោយសារត្រូវនឹងពន្លឺថ្ងៃ កំដៅថ្ងៃ ឬកាំរស្ពីចាំងឈ្មោះ (អ៉ោលត្រាវ៉ែអ្វឡ្បត ultraviolet ឧនិឧស៉ិន radiation កំដៅថ្ងៃ ឬកាំរស្ពីចាំង (ឃ្យូវ៉ី UV អក្សរកាត់) នាមសំព្ទ.
210.	ឯកធិន៉ូ actino- អ៉ិរ or ឬ ឯកធិន៉ូ actin/o ភ្លើង ឬកាំរស្ពីដែលចាំងលើសាច់ស្បែកៗ - ឡ្បត light ភ្លើង -ជ្រីវិក្យ prefix បុព្វបទ ឬពាក្យសម្រាប់ពពីខាងមុខ.
211.	ឯកស៉ិន action សកម្មភាពធ្វើ អ៉ិនថេនឌ intended តាមបំណងចង់ ធូ to ធ្វើ នាមសំព្ទ.
212.	ឯកស៉ិន action កម្លាំងធ្វើ ឬការធ្វើ អ៉ោវ of របស់ ឌី the ឌែនទីវ៉ុល antiviral មេឌិខស៉ិន medication ថ្នាំប្រឆាំងនឹងរោគឈ្មោះ ៃវ៉ីរស virus (ឬថ្នាំសម្លាប់ព្យាបាល រោគមេរោគឈ្មោះ ៃវ៉ីរស virus ភាធ្វើមិនឱ្យមេរោគនេះកើតកូនចៅច្រើនឡ្បើង) នាមសំព្ទ.
213.	ឯកធិវ៉ៃត activate ធ្វើ ៃវថាមិន Vitamin វ៉ីតាមីន ឌី D ឌី (កម្រងទឹកនៅម ឬក្រលៀនបំឃ្យ ឬប្រែរស់ជាតិចំណីអាហារ ហើយនឹងពន្លឺថ្ងៃដែលប៉ះសាច់យើងរ៉ាធ្វើឱ្យកើតវ៉ីតាមីន ឌី D ឌី) កិរិយាសព្ទ.

214.	អែកធីវេសិន activation ការធ្វើឱ្យកើត ផ្ទ to ទៅជា អង់កូជីនុស oncogenes ពូជមេរោគមហារីក នាមសព្ទ.
215.	អែកធិវ active ឬន bone ម៉ារ៉ូស marrows ខួឆ្អឹងខ្នង ត្រូសិ ឬត្រូវសិ growth ដែលកំពុងតែកើត ឬពុះឡើង នាមសព្ទ.
216.	អែកធិវ active អីឡេកត្រូត electrode ខ្សែភ្លើងអគ្គីសនីដែលកំពុងនាំភ្លើង អិន in ចូលទៅក្នុងរបស់អ្វីមួយ (កំពុងនាំភ្លើងចូលទៅក្នុងបេះដូង ឬសាច់ដុំ) នាមសព្ទ.
217.	អែកធិវ active នៅតែមាន អិនវ៉ិកសិន infection ឆាតដំបៅ នាមសព្ទ.
218.	អែកធីវិធីស activities សកម្មភាពច្រើនយ៉ាង អេវ៉ែរ of នៅក្នុង ធឺ the សេល cell គ្រាប់សាច់ឈាម ឬកោសិកា នាមសព្ទ.
219.	អែកសិល actual អៀល្លនេស្ស illness នៅពេលមានជម្ងឺពិត នាមសព្ទ.
220.	អែខ្យូអូ Acuo- អិរ or ឬ អែខ្យូអូ Acu/o ស្រួច យ៉ាងខ្លាំង ភ្លាមៗមួយរំពេច -ព្រីវិក្ស prefix បុព្វបទ ឬពាក្យសម្រាប់ពតពីខាងមុខ.
221.	អេឃ្យូសិស -acusis នៃ ឬទាក់ទងទៅនឹងការមិនពូសម្លេង ឬពូសម្លេងមិនច្បាស់ - ស៊ាវិក្ស suffix បច្ច័យ ឬពាក្យសម្រាប់ពតពីខាងក្រោយ.
222.	អីឃ្យូត Acute អែបដូមិនុល abdominal ផេន pain ឈឺចាក់ខ្លាំងនៅក្នុង ពោះភ្លាមៗមួយរម្លេច នាមសព្ទ.
223.	អីឃ្យូត Acute អែផផេនឌិសៃធិស appendicitis ឆាតរលាកនៅខ្នែងពោះវៀនភ្លាម មួយរំពេច (ពោះវៀនខ្នែងដែលឈីចាប់មានឆុះឈីភ្លាមៗមួយរម្លេច ឬឈីបន្តិច) នាមសព្ទ.
224.	អីឃ្យូត Acute អែសម៉ា ឬអែស្ម៉ា asthma ជម្ងឺហឺត អែតថែកុស attacks ដែលធ្វើឱ្យពិបាកដកដង្ហើមភ្លាមៗមួយរំពេច ឬមួយរម្លេច នាមសព្ទ.
225.	អីឃ្យូត Acute ប្រ៊ុងឆៃធិស bronchitis មានឆាគឈ៍រលាក ក្តៅ ហើមភ្លាមៗនៅ បំពង់នាំខ្យល់ទៅស្ទួត ឬទងស្ទួតទាំង២ នាមសព្ទ.
226.	អីឃ្យូត Acute ហ្វាត heart អែតថែកុស attacks ឆាតស្ទះបេះដូងភ្លាមៗមួយរំពេច ឬមួយរម្លេច នាមសព្ទ.
227.	អីឃ្យូត Acute ហ្វាត heart ហ្វៃល្យើ failure ឆាតខូចបេះដូងបន្តិច (ខ្សាប់សាច់នៅបេះដូងបន្តិច) នាមសព្ទ.

228.	អ៊ីយ្យេត Acute អ៊ិនជ៍កសិន infection ដំថៅរលាកបន្តិច ឬរោគរលាកដំថៅកើត ឡើងភ្លាមៗបន្តិច នាមសព្ទ.
229.	អ៊ីយ្យេត Acute អ៊ិនធើស្ទិសិល interstitial មានរាគនៅប្រឡោះកណ្ដាលស្រទាប់សាច់ ស្មើងៗភ្លាមមួយរំពេច ឬមួយរម្លេចបន្តិច នាមសព្ទ.
230.	អ៊ីយ្យេត acute ឡូវ low បែក្ក back ផែន pian ឈឺភ្លាមៗនៅខ្នងខាងក្រោមបន្តិច នាមសព្ទ.
231.	អ៊ីយ្យេត acute លិមហ្វ៉ីសៃទិក Lymphocytic ឡូយ៉ីម៉ៀ Leukemia រោគមហារីកនៅប្រជ៍ន្លូទិកត្រូវប៉ប់លាមាសដែលផ្ទុយវ៉ាយប្រហារមេរោគនៅក្នុងខ្លួនមនុស្សបន្តិច (ខ្មែរយើងហៅថាទឹករវែង) នាមសព្ទ.
232.	អ៊ីយ្យេត Acute មែអ៊ូខារ៉េៀល myocardial អ៊ិនវ៉ាកសិន infarction រោគដាប់សាច់ប៉ុំក្រាស់នៅកណ្ដាលបេះដូងបន្តិច រោគនេះកើតមកដោយសារខ្លះឈាមរត់ទៅបេះដូង នាមសព្ទ.
233.	អ៊ីយ្យេត Acute ផែន pain ឈឺខ្លាំងភ្លាមមួយរំពេច ហើយឆាប់ជាផង នាមសព្ទ.
234.	អ៊ីយ្យេត Acute ផែនក្រ៊ីថៃទិស pancreatitis រោគឈឺរលាកនៅសាច់លំពែងភ្លាមៗ មួយរំពេច នាមសព្ទ.
235.	អ៊ីយ្យេត Acute ផៃអេ៉ៀល្ឈនៃហ្វ្រ៉ីថិស pyelonephritis រោគរលាកឈឺ ចាប់ខ្លាំងភ្លាមៗ មួយរំពេចនៅក្នុងកម្រងទឹកនោម ឬក្រឡៀន ហើយនឹករលាកនៅត្រង់សាច់ជ្រោះទឹកនោមដែលមាន រាងដូចកៃវ៉ង រ៉ាកើងឡើងនៅក្នុងរយៈពេលខ្លី នាមសព្ទ.
236.	អ៊ីយ្យេត Acute វ៉ៃរ៉ុល viral អ៊ិនជ៍កសិន infection មានមេរោគឈ្មោះ ផៃរ៉ៀសដែលធ្វើឲ្យរលាកដំថៅ ឈឺខ្លាំងភ្លាមមួយរំពេចនៅក្នុងរយៈពេលខ្លី នាមសព្ទ.
237.	ផៃដ Ad- ផ្គ្លោះទៅមុខ ភ្លោយចេញ្ញពី - ធូរ៉ឹង toward ផ្គ្លោះទៅមុខ ចេញ្ញភ្លោយពី ត្រង់ទៅមុខ ឬក្រមតទៅមុខ -ស្រីវ៉ិក្ស prefix បុព្វបទ ឬពាក្យសម្រាប់តពីខាងមុខ.
238.	ផៃដុម៍ៗ ស Adam's ផៃផ្ផល apple ផ្ញឹកខ្លីរបស់ក្រពេញឈ្មោះ គាយរ៉៉យផដែលឡើងផក ប៉ៈងនៅករបស់មនុស្សប្រុស នាមសព្ទ.
239.	ផៃដទិស៍ន Addison ទិស្ឃ៉ុន disease ឈ្មោះរោគនៅសំបកក្រពេញ១គូរដែលអង្គុយ នៅលើកម្រងទឹកនោម ឬសំបកក្រឡៀន (រ៉ាធ្វើការងារមិនគ្រប់គ្រាន់ឲ្យខ្លួនយើង) នាមសព្ទ.

240.	អែដទិស៊ីន Addition ផេស្ test ការពិសោធន៍មើលរោគបន្ថែម អិស is គឺ ធ្វ to ដើម្បីនឹង ល្បត look វៀ for ស្វែងរក ឬរកមើល ខែនសើ cancer សែល្ស cells ពួកគ្រាប់រោគមហារីក (ឈ្មោះមួយទៀតគេហៅវាថា អេតអីអ៊ិតធ្ណជ៊ិន HER2neugene ផេស្ test) នាមសព្ទ.
241.	អែដទិស៊ីន addition ការប្ពក្រួមបន្ថែម ធ្វ to ដើម្បីនឹង ឬទៅនឹង នាមសព្ទ.
242.	អែដទិស៊ីន'ស Addison's ទិស៊ីស disease រោគរបស់ក្រពេញដែលអត្គយនៅលើកម្រងទឹកងោមធ្វើការតិចខុសពីភាពធម្មតារបស់វា (ក្រពេញនេះឈ្មោះ អែជ្រីនុល adrenal ផ្គន្លស glands) នាមសព្ទ.
243.	អែដទិស៊ីនុល additional អេគ្គស eggs ពងប្ពកបន្ថែមទៀត ឬពងលើស គុណនាម.
244.	អែដក្ដក់ទើរ ឬអែដក្ដក់ទូរ Adductor ប្រវិស brevis ម៉ាសសិល muscle ឈ្មោះសាច់ដុំ ធំខ្លីនៅក្រភ្លៅខាងក្នុងដែលនាំជើងចូលរួមគ្នា នាមសព្ទ.
245.	អែដក្ដក់ទើរ អែដក្ដក់ទូរ adductor ឡងកើស longus ម៉ាសសិល muscle ឈ្មោះសាច់ដុំកណ្ដាល វែងនៅក្រភៅដែលនាំជើងចូលរួមគ្នា នាមសព្ទ.
246.	អែដក្ដក់ទើរ ឬអែដក្ដក់ទូរ Adductor ម៉ែតនើស magnus ម៉ាសសិល muscle ឈ្មោះសាច់ដុំធំវៀនក្រភ្លៅខាងក្នុងដែលនាំជើងចូលរួមគ្នា នាមសព្ទ.
247.	អាដេន Aden វីវី fever រោគគ្រុនផ្ដាសាយធំ វាមានលោកកំពៅឆ្លងទៅមនុស្សផ្សេងទៀត ទៅតាមសត្តមួសឈ្មោះ អេអីទីស Aedes ម៉ាសឃ្វីដូ ឬមើសឃ្វីដូ mosquito រោគនេះកើត នៅក្នុងស្រុក ឬប្រទេសក្ដៅ វាសម្ដែងឲ្យឃើញឃើញសញ្ញាដូចតទៅ: ក្ដៅខ្លួន ឈឺក្បាល រមាស់ ឈឺខ្នង ឈឺសាច់ដុំ ហើមដែជើង ខ្សោយសាច់ដុំ ឈឺនៅសន្លាក់ឆ្អឹង រមាស់ក្រហមនៅលើស្បែកទោះជាៗហើយ ក៏ដោយឃើងត្រូវតែបន្តព្យាបាលរោគនេះបន្ថែម២ ឬ៣អាទិត្យទៀត នាមសព្ទ.
248.	អេអីទីស Aedes ម៉ាសឃ្វីដូ ឬមើសឃ្វីដូ mosquito ឈ្មោះសត្តមួស នាមសព្ទ.
249.	អេអីទីស Aedes ម៉ាសឃ្វីដូ ឬមើសឃ្វីដូ mosquito ស្ពីស៊ីស species ឈ្មោះពួជ សត្តមួសមួយក្រុម (សត្តមួសនេះភាគច្រើនវារស់នៅប្រទេសក្ដៅ ហើយនៅតាមទីក្រុង វាធ្វើឲ្យឃើងមានរោគផង) នាមសព្ទ.
250.	អែដេនូ Adeno- អិរ or ឬ អែដេនូ Aden/o ក្រពេញ - ផ្គន្ល gland ក្រពេញ - ផ្រីវិក្ស prefix បុព្ពបទ ឬពាក្យសម្រាប់ពត៌ខាងមុខ.

251.	អែដេណូយដ Adenoid ក្រពេញ២ដែលនៅខាងក្រោយរន្ធច្រមុះឈ្មោះ លីមហ្វ៉ីយដ Lymphoid ទិស្សុ tissue ក្រពេញនេះជួចដុំសាចធ្លធ្លៗ នាមសំពុ.
252.	អែដេណូយដ adenoid សីស្ទិក cystic ខាសិនូម៉ា carcinoma រោគមហារីកពពកពក ឬថតធ្លធ្លៗកើតឡើងនៅក្នុងក្រពេញទ្លៗនៅរន្ធេក ឬកំនៅក្រពេញណាមួយផ្សេងទៀត នាមសំពុ.
253.	អែដេណូយដុល Adenoidal នៃ ឬទាក់ទងទៅនឹងក្រពេញ២ដែលនៅខាងក្រោយច្រមុះ ដុំៗធ្លៗ ឈ្មោះ លីមហ្វ៉ីយដ Lymphoid ទិស្សុ tissue គុណនាម.
254.	អែដេណូយដអ៊ីកធ្យូមីស Adenoidectomies ការវះកាត់យកក្រពេញ២ដែលនៅខាងក្រោយច្រមុះឈ្មោះ លីមហ្វ៉ីយដ Lymphoid ទិស្សុ tissue ចេញ២ដង (ការវះកាត់ច្រើនដង) នាមសំពុ.
255.	អែដេណូយដអ៊ីកធ្យូមី Adenoidectomy ការវះកាត់យកក្រពេញ២ដែលនៅខាងក្រោយច្រមុះឈ្មោះ លីមហ្វ៉ីយដ Lymphoid ទិស្សុ tissue ចេញមួយដង (ការវះកាត់១ដង) នាមសំពុ.
256.	អែដេណូយដូ Adenoido- អ៊ីរ or ឬ អែដេណូយដូ Adenoid/o យរជាតំណាងឲ្យ ក្រពេញ២ វានៅខាងក្រោយច្រមុះ ឬដួចសាចដុំៗធ្លៗឈ្មោះ លីមហ្វ៉ីយដ Lymphoid ទិស្សុ tissue -ព្រីវិក្ស prefix បុព្វបទ ឬជាក្បួនសម្រាប់ពេលខាងមុខ.
257.	អែដេណូយដ្ស Adenoids ក្រពេញ២ដែលនៅខាងក្រោយច្រមុះ ដួចដុំសាចធ្លៗឈ្មោះ លីមហ្វ៉ីយដ Lymphoid ទិស្សុ tissue ដុំសាចទឹករវាង ឬក្រាប់ឈាមស (ក្រពេញនេះនៅក្នុងបំពង់ក ខាងក្រោយកន្លែត វានៅជិតច្រមុះ) នាមសំពុ.
258.	អែដេនូខាសិនូម៉ា Adenocarcinoma សេលួស cells ក្រាប់សាចឈាម ឬក្រាប់កោសិកាធ្លៗដែលមានជម្ងឺមហារីកពកដុំនៅសាច ឬរោគមហារីកនៅក្នុងស្រទាប់សាចក្រពេញណាមួយ នាមសំពុ.
259.	អែដេនូខាសិនូម៉ា Adenocarcinoma អ៊ីន in សិធ្ន ឬសៃធ្ន situ រោគមហារីកដែលមានសាចដុះដុំៗខុសពីភាពធម្មតានៅក្នុងក្រពេញណាមួយ កំប៉ុន្ទែវាមិនរាលចេញពីដុំពកនោះទេ (ឧទាហរណ៍ ដួចជាមានរោគមហារីកនៅដុំសាចដុះក្រាប់ៗនៅក្នុងកម្រងទឹកនោម) នាមសំពុ.

260.	ងៃខេទន្នស៊ីសធិក ឬងៃខេទន្នស៊ីស្ទិក adenoid cystic ខាសិនួម៉ា carcinoma រោគមហារីកនៅសាច់ដែលពងធផង់ ឬពកដុំៗកើតឡើងនៅក្នុងក្រពេញត្តូចៗនៅវ៉ែក ឬក៏នៅក្រពេញ ណាមួយផ្សេងទៀត នាមសំព.
261.	<u>ងៃខេទន្នហៃផូផហ៉ីស៊ីស</u> adenohypophyses រោគខ្លះខាតទិកអំរម៉ូននៅក្នុងខ្លួនដោយសារ ក្រពេញឈ្លោះ និធ្មអំផ្ពៃ pituitary ផ្លគ្គ gland បញ្ញេញប្រតេអ៊ីន ឬអំរម៉ូនតិចជាងការ ត្រូវការណ៍របស់វធខ្លួនយើងច្រើនវធចាប់ពីវីរវធឡើងទៅ (កើតរោគនេះច្រើនវធ) នាមសំព.
262.	ងៃខេទន្នហៃផូផហ៉ីសិស adenohypophysis រោគខ្លះខាតទិកអំរម៉ូននៅក្នុងខ្លួនដោយ សារក្រពេញឈ្លោះ និធ្មអំផ្ពៃ pituitary ផ្លគ្គ gland បញ្ញេញប្រតេអ៊ីន ឬអំរម៉ូនតិច ជាងការត្រូវការណ៍របស់វធខ្លួនយើធ (កើតរោគនេះមួយវធ) នាមសំព.
263.	ងៃខេទន្នលិមហ្វ៉ូម៉ា adenolymphoma មានសាច់ដុះពកដុំៗដួចនៅចុងដោះកើតឡើធ មកពីក្នុងក្រពេញទឹករងៃធតូចនៅក្រោមស្បែកណាមួយ (ឬភាគច្រើនវាកើតនៅក្រពេញដែលបញ្ញេញទឹក មាត់ឈ្លោះ ផារ៉ូតិធ parotid ផ្លគ្គ gland) នាមសំព.
264.	ងៃខេទន្នលិមហ្វ៉ូម៉ាស adenolymphomas មានសាច់ដុះពកដុំៗដួចនៅចុងដោះកើត ឡើធមកពីក្នុងក្រពេញទឹករងៃធតូចៗនៅក្រោមស្បែកច្រើនកន្លែធ (ឬភាគច្រើនវាកើតនៅក្នុងក្រពេញ បញ្ញេញទឹកមាត់ឈ្លោះ ផារ៉ូតិធ parotid ផ្លគ្គ gland) នាមសំព.
265.	ងៃខេទន្នលិមហ្វ៉ូម៉ាថា adenolymphomas មានសាច់ដុះពកដុំៗដួចនៅចុងដោះ កើតឡើធមកពីក្នុងក្រពេញទឹករងៃធតូចៗនៅក្រោមស្បែកច្រើនកន្លែធ (ឬភាគច្រើនវាកើតនៅក្នុង ក្រពេញបញ្ញេញទឹកមាត់ហើយនឹធបំពង់បង្ហូរទឹកមាត់ឈ្លោះ ផារ៉ូតិធ parotid ផ្លគ្គ gland ងៃន្ត and ផារ៉ូតិធ parotid ដាក្ត duct) នាមសំព.
266.	ងៃទីឃ្យុត adequate ងៃមឈើរស៊ិន maturation ធំពេញវ័យ ឬធំល្មគ្រាប់គ្រាន់ (មានការវីកល្មតលាស់ពេញវ័យគ្រប់លខណៈទាំធអស់) គុណនាម.
267.	ងៃទីឃ្យុត adequate ន្ទ្រិស៊ិន nutrition មានចំណីអាហារញ៉ាំគ្រប់គ្រាន់ល្ម គុណនាម.
268.	ងៃទីងៃត្ម ADH អក្សរកាត់របស់ពាក្យ - ងៃនទីដាយូវធធិក Antidiuretic ហ្ម្រម៉ូន hormone ទឹកអំរម៉ូនដែលប្រឆាំងជាមួយនឹធរោគឡើធទឹកនៅក្នុងខ្លួន (ថ្នាំនេះធ្វើអោយយើធ នោមច្រើន វាធ្វើឱ្យចេញទឹកនោមច្រើន) គុណនាម.

269.	អេឌីអេវទី ADHD អក្សរកាត់របស់ពាក្យ - អែតថេនសិន attention ឌីវីសិត deficit ហៃផើអែកធីវីធី hyperactivity ឌិស្សរធើ disorder វាគតទៅស្បៀមមិនបានការគិត ឬចរិយាមាយាទខុសពីភាពធម្មតា វាគនេះទាំងតែពីក្មេងរហូតទៅដល់ចាស់ វិញ្ញាណរៀនស្សត្រមិនធម្មតា ដោយចេះតែចង់ធ្វើអ្វីមួយដែលមានភាពចំឡែកមិនធម្មតា នាមសំពុ.
270.	អែដហ៉ីសិវ adhesive ខែផស្សុលៃធិស capsulitis វាគរលាកឃើកាំងទៅក្នុងរន្ធក្តោប ឆ្អឹងស្មា រន្ធឆ្អឹងនេះលើរឹងកាំៗជាប់គ្នា បត់ចុះឡើងមិនស្រួល (ភាគច្រើនវាមានការឃើចាប់នៅពេលយប់) នាមសំពុ.
271.	អែដហ៉ីសិវ adhesive បែនដេជ្ស bandages បង់ស្ទីតសម្រាប់បិតលើដុំញ៉ៅក៏ឡ្បឹរម វាគចូល នាមសំពុ.
272.	អែដហ៉ីសិវ adhesive ផ្យៃរខាវៃធិស pericarditis វាគរលាកឃើនៅក្នុងសាច់ស្រោមបេះដូង វាស្ទីតជាប់គ្នា សរសៃឈាមតូចៗរបស់វាវលាយចូលគ្នាជាមួយសាច់ស្រោមបេះដូងកណ្តាល ឬជាមួយសន្ធ្លះសាច់ដែលចែកប្រហោងដើមទ្រូងចេញពីប្រហោងពោះ វាលាយជាប់ទៅនឹងជញ្ជាំងសាច់ដើមទ្រូង នាមសំពុ.
273.	អែដហ៉ីសិវ adhesive ផ្យៃរិធ្ខនៃធិស peritonitis វាគរលាក រលាយសាច់ស្រោមពោះ ជាប់គ្នា (រលាយស្រោមពោះផ្នែកខាងលើចូលគ្នាខ្លាំងទៅនឹងសរសៃឈាមតូចៗ វាលាយចូលគ្នាជាមួយ សាច់ស្រោមបេះដូងកណ្តាល ឬលាយជាប់ជាមួយនឹងសន្ធ្លះសាច់ដែលចែកប្រហោងដើម ទ្រូងចេញពីប្រហោងពោះ វាលាយជាប់ទៅនឹងជញ្ជាំងសាច់ដើមទ្រូង) នាមសំពុ.
274.	អែដហ៉ីសិវ adhesive ផ្លេសធើ plaster វត្ថុធាតុ ឬក្រណាត់ម្ជោងមាំជាងអាម្ផាងឡៀតដួច ជាកៅស៊ូក ឬបង់រុំដំញ៉ៅស្ទីតៗ នាមសំពុ.
275.	អែដហ៉ីសិវ adhesive ផ្លូរិស៊ី pleurisy វាគដែលរលាកស្រោមស្វុតស្ទិតចូល គ្នាទៅនឹងជញ្ជាំងសាច់ដើមទ្រូង នាមសំពុ.
276.	អែដហ៉ីសិវ adhesive ស្គ៊ីន skin ត្រែកស៊ិន traction សាច់ស្បែកដែលបកចេញពីគ្នា ត្រឡប់ទៅជាស្ទិតជាប់គ្នាវិញ នាមសំពុ.
277.	អែដហ៉ីសិវ adhesive ថេផ tape បង់ស្ទីត១ដុំ បង់រុំដំញ៉ៅ១ (បង់សម្រាប់បិតមុខដំញ៉ៅ១ដុំ) នាមសំពុ.
278.	អែដហ៉ីសិវ adhesive ថេផ្ស tapes បង់ស្ទីត២ បង់រុំដំញ៉ៅ២ (បង់សម្រាប់បិតមុខដំញ៉ៅ២) វាអាចបិតជាប់បានល្អ នាមសំពុ.

279.	ផែនឌីព adip- អឺ or ឬក៏ ផែនឌីព adip/o- ជាតិខ្លាញ់ —រៃត fat ជាតិខ្លាញ់ -ស្រ្រីវិក្ស prefix បុព្វបទ ឬពាក្យសម្រាប់ពីខាងមុខ.
280.	ផែនឌីព adipic នៃ ឬទាក់ទងទៅនឹងជាតិខ្លាញ់ - រៃត fat នៃជាតិខ្លាញ់ គុណនាម.
281.	ផែទិព adipo- ជាតិខ្លាញ់ អឺ or ឬ ផែទិព adip/o ជាតិខ្លាញ់ —រៃត fat ជាតិខ្លាញ់ -ស្រ្រីវិក្ស prefix បុព្វបទ ឬពាក្យសម្រាប់ពីខាងមុខ.
282.	ផែទិពស adipose ធិសស្យ tissue សាច់ដែលមានជាតិខ្លាញ់ នាមសំពុ.
283.	ផែជចេសេន្ត adjacent ដេកទៅជិត មេឌុលឡា medulla ប្រហោងនៅកណ្ដាលក្រពេញ គុណនាម.
284.	ផែជចេសេន្ត adjacent ដេកទៅជិត ធ្ម to ធើ the ហ្ន្ផត ឬហាត heart បេះដូង គុណនាម.
285.	ផែជចេសេន្ត adjacent ដេកទៅជិត ធ្ម to ធើ the លិវើ liver ថ្លើម គុណនាម.
286.	ផែជចាំង adjunct ជ្ម តផ្ទាប់ ធ្ម to ទៅនឹង ផែនេស្ទីស៊ា anesthesia ថ្នាំសង្គ្ន នាមសំពុ.
287.	ផែជជូវ៉ិន្ត adjuvant យីម៉ូទើរ៉ៃ chemotherapy ប្រើថ្នាំជាជំនួយក្រោយពេលផ្ទួយ ញ្ញាបាលរោគមហារីក គឺដើម្បីការពារកុំឱ្យរោគមហារីកកើតឡើងវិញ នាមសំពុ.
288.	អេឌីអិល ADL ផែកធីវ៉ីធីស activities សកម្មភាព ផ៍វ៉ of របស់ ដៀលី daily ការងារប្រចាំថ្ងៃ លីវ៉ិង living ក្នុងជីវិត នាមសំពុ.
289.	ផែជមិនិស្ទើរ administered អ្នុវ្ល orally បានឱ្យលេបថ្នាំតាមមាត់ កិរិយាសពុ.
290.	ផែជមិនិស្ត្រេសិន administration ការគ្រប់គ្រង ផ៍វ៉ of ឱ្យ ជ្រាក្ស drugs ថ្នាំច្រើន (ការឱ្យលេបថ្នាំ) នាមសំពុ.
291.	ផែជមិនិស្ត្រេធីវ៉ administrative បធី body ផ៍វ៉ of ធើ the ឈើង church ប្រធាន តំណែងប្រធានាធិបតី អ្នកដឹកនាំ អ្នកអធិបតី អ្នកទទួលខុសត្រូវនៅក្នុង ព្រះវិហារ (ប្រេសិដេនស៊ី presidency ប្រធាន) នាមសំពុ.
292.	ផែជមិនិស្ត្រេធីវ៉ administrative បធី body ផ៍វ៉ of ធើ the ខាន់ទ្រី country ប្រធានតំណែងប្រធានាធិបតី ឬអ្នកដឹកនាំ អ្នកអធិបតី អ្នកទទួលខុសត្រូវនៅក្នុងប្រទេស (ប្រេសិដេនស៊ី presidency ប្រធាន) នាមសំពុ.

293.	ផ្នែកស្រ៊ីនុល adrenal យួទិក្ស cortex សំបកក្រពេញ១ដែលអង្គុយលើក្រឡៀន ឬកម្រងទឹកនោម (វាបញ្ចេញទឹកអ័រម៉ូនពាយ៉ាងឈ្មោះ យួទិខ្សេ្រ្យៀយអូ corticosteroids: គ្លុខួយធិខ្ទិយផ Glucocorticoid វាធ្វើចរនាទៅលើជាតិស្ករ ជាតិខ្លាញ់ ជាតិប្រូតេអ៊ីននៅក្នុងគ្រាប់ឈាមនៅក្នុងខ្លួនយើង ហើយវាជួយប្រាំងនឹងរោគរាគ វាធ្វើចរនាទៅលើ យួធិស្ួល cortisol វាធ្វើចរនាសំខាន់ទៅលើ គ្លុខួយធិខ្ទិយអូ glucocorticoids ហើយវាទុបទុល បញ្ហា វាមានសមត្ថភាពធ្វើឲ្យកើនចំនួនជាតិស្ករ ឬលផលិតជាតិស្ករថ្មីមកពីជាតិខ្លាញ់ ហើយនឹងមកពីជាតិប្រូតេអ៊ីនផង គ្លុខូនៀរ៉េននេសិស gluconeogenesis ជាតិស្ករថ្មីកើតមកពីជាតិខ្លាញ់ ហើយនឹងជាតិប្រូតេអ៊ីនវិលចុះឡើង វាមើលចំនួនជាតិស្ករ ជាតិខ្លាញ់ ហើយនឹងជាតិប្រូតេអ៊ីននៅក្នុង ឈាមឈ្មោះមួយទៀត គេហៅវាថា ហៃស្រួយួធិស្ួន hydrocortisone វាធ្វើចរនា ហើយជួយប្រាំងនឹងរោគរាគ យួធិស្ួន cortisone ជាតិទឹកអ័រម៉ូនបន្តិច បញ្ហា ហើយវាការ ពារមិនឲ្យមានការប្រែប្រួលនៅក្នុងខ្លួនយើក វាមានប្រយោជន៍ល្អនឹងជួយផ្យាបាលរោគរលាក ឈឺ ហើម ជួចជារលាកនៅកន្លាក់ដៃជើង ហើយនឹងរលាកនៅសាច់ទឹករំអិលនៅក្នុងសន្លាក់ដៃជើករបស់យើង) នាមសំពួ.
294.	ផ្នែកស្រ៊ីនុល adrenal យួទិក្ស៊ីស cortexes សំបកក្រពេញ២ដែលអង្គុយលើក្រឡៀន ឬកម្រងទឹកនោម នាមសំពួ.
295.	ផ្នែកស្រ៊ីនុល Adrenal ក្លែន្ទ gland ក្រពេញ១ដែលអង្គុយនៅលើកំរងទឹកនោម នាមសំពួ.
296.	ផ្នែកស្រ៊ីនុល Adrenal ក្លែន្ទស glands ក្រពេញ២ដែលអង្គុយនៅលើកំរងទឹកនោមម្ខាង១ៗ (មុខការរបស់វាៗមើលទឹក ហើយនឹងទឹកអំបិលឲ្យជើរស្មើល្អនៅក្នុងឈាម វាត្រតត្រាមើលជាតិខ្លាញ់ ជាតិប្រូតេអ៊ីន ហើយនឹងវត្ថុធាតុអាស៊ីត ជាតិអំបិលមួយទៀតឈ្មោះ ខាប់ហៃត្រេត carbohydrate, វាត្រប់ត្រងលើទឹកអ័រម៉ូនដែលធ្វើឲ្យចិត្តចង់ចុយភ្តាឈ្មោះ អែនត្រជ័ន androgen នៅខ្លួនមនុស្សប្រុស ក៏ប៉ុន្តែបើសិនជាមនុស្សស្រីវិញ ទឹកអ័រម៉ូននេះឈ្មោះ អេសត្រជ័ន estrogen, វាបញ្ចេញទឹកប្រូតេអ៊ីនឈ្មោះ អ៊ីធិនេប្រ្ហ៊ីន epinephrine ជួយនៅពេលព្រួយចិត្ត វាធ្វើឲ្យបេះដូងជើរលឿន វាថែមទាំងពីនិស្សត្រតត្រាក៏វិតកំរៅរបស់ជាតិ ស្ករនៅក្នុងឈាមផង) នាមសំពួ.
297.	ផ្នែកស្រ៊ីនុល Adrenal មេឌុលឡា medulla កន្លែកប្រឡោះនៅកណ្ដាលក្រពេញ២ដែល អង្គុយនៅលើកំរងទឹកនោម (វាបញ្ចេញទឹកអ័រម៉ូនពីរយ៉ាងឈ្មោះ ខេថាខ្លាម៉ាញ៉ាអូ catecholamines) នាមសំពួ.

298.	អែដ្រីនុលីន adrenaline ហ៊័រម៉ូន hormone វត្ថុធាតុអ័រម៉ូន១ដែលជួយនៅពេលយើងព្រួយចិត្ត វាពង្រីកសរសៃឈាម វាព្យាបាលរោគហឺត វាធ្វើឱ្យបេះដូងដើរលឿន វាថែមទាំងពិនិត្យត្រួតត្រាមើលកំរិតកំដៅរបស់ជាតិស្ករនៅក្នុងឈាមផង នាមស័ព្ទ.
299.	អែដ្រីនុលឡូ Adrenalo- អ័រ or ឬ អែដ្រីនុលឡូ Adrenal/o ឈ្មោះក្រពេញ២ដែលអង្គុយនៅលើកំរងទឹកនោម ឬក្រលៀន អែដ្រីនុល adrenal គ្លែនស glands ក្រពេញ២ដែលវាអង្គុយនៅលើកម្រងទឹកនោម (ម្ខាងមួយៗ)-ព្រីហ្វិក្ស prefix បុព្វបទ ឬពាក្យសម្រាប់ផ្ដើមខាងមុខ.
300.	អែដ្រីនូ Adreno- អ័រ or ឬ អែដ្រីនូ Adren/o ឈ្មោះក្រពេញ២ដែលអង្គុយនៅលើកំរងទឹកនោម ឬក្រលៀន អែដ្រីនុល adrenal គ្លែនស glands ក្រពេញ២ដែលវាអង្គុយនៅលើកម្រងទឹកនោម (ម្ខាងមួយៗ) -ព្រីហ្វិក្ស prefix បុព្វបទ ឬពាក្យសម្រាប់ផ្ដើមខាងមុខ.
301.	អែដ្រីនូឃ័រធីខុល Adrenocortical ហ៊័រម៉ូន hormone វត្ថុធាតុអ័រម៉ូនដែលបញ្ចេញមកពីរសំបករបស់ក្រពេញដែលអង្គុយនៅលើកម្រងទឹកនោម (អេស៊ីអេច ACH អក្សរកាត់របស់វា) នាមស័ព្ទ.
302.	អែដ្រីនូឃ័រធីខុល Adrenocortical ស្តេរ៉ូយឌ្យ steroids វត្ថុធាតុដែលលាយជាតិខ្លាញ់ ជាតិទឹកអាស៊ីតមកពីទឹកប្រម៉ាត់ នាមស័ព្ទ.
303.	អែដវែនស្សដ advanced ស្ទេត stage មានកំរិតខ្ពស់ ឬឈើខ្លាំងហួសភាគទីមួយ (រោគធ្ងន់ហួសកំរិត ឬកំរិតទី៣) កិរិយាសព្ទ.
304.	អែដវើស adverse បែមក ឬត្រឡប់មក រីអែកសិន reaction កើត ធូ to ដល់សេលល្ស cells គ្រាប់ទឹកឈាម ឬកោសិកាវិញ នាមស័ព្ទ.
305.	អៀរ aer- ខ្យល់ - អៀរ air ខ្យល់ -ព្រីហ្វិក្ស prefix បុព្វបទ ឬពាក្យសម្រាប់ផ្ដើមខាងមុខ.
306.	អៀរូ aero- ខ្យល់ អ័រ or ឬ អៀរូ aer/o ខ្យល់ - អៀរ air ខ្យល់ -ព្រីហ្វិក្ស prefix បុព្វបទ ឬពាក្យសម្រាប់ផ្ដើមខាងមុខ.
307.	អែហ្វ af- ឆ្ពស់ទៅខាងមុខ ទៅមុខ - ធូវ៉ឺដ toward ឆ្ពស់ទៅមុខ -ព្រីហ្វិក្ស prefix បុព្វបទ ឬពាក្យសម្រាប់ផ្ដើមខាងមុខ.
308.	អាហ្វែក្ត affect មានការប៉ះពាល់ដល់ វិស៊ិន vision ភ្នែក ឬចក្ខុវិញ្ញាណវិញ្ញាណខាងមើល

	កិរិយាសព្ទ.
309.	អារ៉ឺវ៉ែក្ដួ affected បានកើតឡើងធ្លាក់ទៅ ប្រេស្ត breast ដោះ កិរិយាសព្ទ.
310.	អារ៉ឺវ៉ែក្ដួ affected បានកើតឡើងធ្លាក់ឡើង បាយ by ដោយសារ កិរិយាសព្ទ.
311.	អារ៉ឺវ៉ែក្ដួ affected បានកើតឡើងធ្លាក់ឡើង វ៉ិត្ត with ជាមួយ អ៊ិនផ្ល័មមេស៊ិន inflammation រោគរលាកហើម កិរិយាសព្ទ.
312.	អារ៉ឺវ៉ែកធិង affecting កើតឡើងធ្លាក់ទៅក្នុង ធើ the ប្រេន brain ខួរក្បាល (កំពុងតែមានរោគដែលប៉ះពាល់ដល់ខួរក្បាល) កិរិយាសព្ទ.
313.	អារ៉ឺវ៉ែកធិង affecting កើតឡើងធ្លាក់ទៅក្នុង ធើ the អ៊ិនថេស្ដាញស ឬអ៊ិនថេស្ដ៊ីស្យ intestines ពោះវៀនទាំងអស់ (ពោះវៀនតូចហើយនិងពោះវៀនធំផង) កិរិយាសព្ទ.
314.	អារ៉ឺវ៉ែកធិង affecting មានរោគទៅ ធើ the ហាត heart បេះដូង (កំពុងតែមានរោគប៉ះពាល់ដល់បេះដូង) កិរិយាសព្ទ.
315.	អារ៉ឺវ៉ែកធិង affecting មានរោគទៅក្នុង ធើ the ឃិដធ្នី kidney ក្រមុងទឹកនោម (កំពុងតែមានរោគប៉ះពាល់ដល់ក្រមុងទឹកនោម) កិរិយាសព្ទ.
316.	អារ៉ឺវ៉ែកធិង affecting មានរោគទៅ ធើ the ឡ្អាំង្ស lungs សួតទាំងពីរ (កំពុងតែមានរោគប៉ះពាល់ដល់សួតទាំងពីរ) កិរិយាសព្ទ.
317.	អារ៉ឺវ៉ែក្ដស affects ប៉ះពាល់ដល់ ឌាយជេសស្ដិន digestion ការកិនរំលាយចំណីអាហារ កិរិយាសព្ទ.
318.	អារ៉ឺវ៉ែក្ដស affects មានការប៉ះពាល់ដល់ ស្មូគើស smokers អ្នកជក់បារី កិរិយាសព្ទ.
319.	អារ៉ឺវ៉ែក្ដស affects មានការប៉ះពាល់ដល់ វិស៊ិន vision ភ្នែក ឬចក្ខុវិញ្ញាណវិញ្ញាណ ខាងមើល កិរិយាសព្ទ.
320.	អារ៉ឺវ៉ើនន្ត afferent អ៊ិមផេាះស៊ីស impulses ការកម្រើក ឬវ៉ុញវិញ្ញាណដើម្បីដឹកនាំ វិញ្ញាណអោយទៅលើតាមសរសៃប្រសាទទៅខួរក្បាល ហើយនិងខួរឆ្អឹងខ្នង (ក្រពេញស្រូបយក វិញ្ញាណដឹកនាំវិញ្ញាណតាមផ្លូវរសៃវិញ្ញាណទៅខួរក្បាល ហើយនិងខួរឆ្អឹងខ្នង) នាមសព្ទ.
321.	អារ៉ឺវ៉ើនន្ត afferent នើវ nerves សរសៃវិញ្ញាណដែលដឹកនាំវិញ្ញាណចូលទៅក្រពេញ ណាមួយ (ឧទាហរណ៍ដូចជាខួរក្បាល ហើយនិងខួរឆ្អឹងខ្នងមកពីការកំពីករបស់សរសៃវិញ្ញាណដែល ជុំវុញវិញ្ញាណស្រូបយកចូលទៅភ្នែក ហើយនិងច្រមុះ) នាមសព្ទ.

322.	អាវ៉ារិនេន្ត afferent វិនុល renal អាផ្សៀរអូល arteriole សរសៃឈាមក្រហម ត្បូចៗទៅកម្រងទឹកនោមដែលនាំឈាមចូលទៅក្រពេញ នាមសំពុ.
323.	អាវិនិទី affinity អេវ៉ា of លិផិដ្យ lipids ជាប់ជាមួយត្បូជខ្លាញ់ នាមសំពុ.
324.	អាវ៉ារិទី after ក្រោយពេល អេ a នេកាទីវ negative ការបដិសេធជាមួយ (ក្រោយពេលដែល មិនទទួលស្គាល់អ្វីមួយ) អាយឌតនិបាត.
325.	អាវ៉ារិទី after ក្រោយពេល បើស៊ birth កូនកើត ឬកូនកើតមក អាយឌតនិបាត.
326.	អាវ៉ារិទី after ក្រោយពេល ឆាល្គបើស៊ childbirth កូនកើត អាយឌតនិបាត.
327.	អាវ៉ារិទី after ក្រោយពេល ដេស៊ death ស្លាប់ អាយឌតនិបាត.
328.	អាវ៉ារិទី after ក្រោយពេល អ៊ីធិង eating ញ៉ាំបាយ អាយឌតនិបាត.
329.	អាវ៉ារិទី after ក្រោយពេល អ៊ិនវ៉ែកស៊ិន infection មានរោគឆ្លងពោ អាយឌតនិបាត.
330.	អាវ៉ារិទី after នៅក្រោយពេល អ៊ិត it ហេស has ប៊ិន been អ៊ិនចេកុដ injected បានចាក់ថ្នាំ វ៉ិត with ខុនត្រេស្ត contrast មីរៀម medium ឈ្មោះខុនត្រេស្តចូល ទៅក្នុងខ្លួន (ការចាក់ថ្នាំឈ្មោះទឹកខុនត្រេស្តចូលទៅក្នុងខ្លួននេះក៏ដើម្បីនឹងថតឆ្លុះពិនិត្យមើល រោគផ្សាល់នឹងភ្នែកឱ្យច្បាស់) អាយឌតនិបាត.
331.	អាវ៉ារិទី after ក្រោយពេល ភ្យូបើទី puberty ពេញវ៉ៃយ (ឬពេញក្រមុំ ឬពេញកំឡោះ) អាយឌតនិបាត.
332.	អាវ៉ារិទី after ក្រោយពេល រិម៉ូវ៉ល removal អកយកចេញ ឬ:កាត់យកចេញ អាយឌតនិបាត.
333.	អាវ៉ារិទី after ក្រោយពេល ស្រេផថូខុយ streptococcal អ៊ិនវ៉ែកស៊ិន infection មេរោគឈ្មោះ ស្រេផថូខុល ធ្វើឱ្យដំពៅរលាក អាយឌតនិបាត.
334.	អាវ៉ារិទី after ក្រោយពេល សើជើរី surgery វះកាត់ អាយឌតនិបាត.
335.	អាវ៉ារិទី after ក្រោយពេល ធើ the អែផផ្ញៃយន្តមេន្ត appointment បានជួបពេទ្យ ឬប្រជុំ អាយឌតនិបាត.
336.	អាវ៉ារិទី after នៅក្រោយពេល ធើ the ហ្វិក fact ការពិត រឿងពិតកើតឡើង ហេតុការណ៍ពិត អាយឌតនិបាត.
337.	អាវ៉ារិទី after នៅក្រោយពេល ធើ the អ៊ិនជើរី injury មានរបួស អាយឌតនិបាត.

338.	អាវិទី **after** ក្រោយពេល ធើ the ផែន **pain** ការឈឺចាប់ កន **gone** បាន ដេរា **down** ថយចុះបាត់ទៅ អាយតនិបាត.
339.	អាវិទី **after** ក្រោយពេល ទីស **these** អិនវៃកសិឡូ **infections** ជំជៅទាំងអស់នោះ ខ្ញៀរឥ **cleared** អឹផ **up** សះអស់ អាយ **I** ខ្ញុំ វៃល្ល **felt** បេតទី **better** បានស្រួលខ្លួន ល្អជាងមុន អាយតនិបាត.
340.	អាវិទី **after** ក្រោយពេល យ្យូរ៉ុទេសិន **urination** ទោម អាយតនិបាត.
341.	អាវិទី **after** អឹក a វៃល **while** នៅក្រោយពេលបន្តិចទៀតនេះ (លាស៊ីនហើយចាំថ្ងៃ ក្រោយជួបទៀត) អាយតនិបាត.
342.	អាវិទី **after** យ្យូ **you** ដើរទៅមុនខ្ញុំទៅ ខ្ញុំនឹងដើរតាមពីក្រោយអ្នក អាយតនិបាត.
343.	អាវិទី-បឹស **after-birth** ក្រោយពេលកូនកើត សុកផ្លាក់ចេញមកខាងក្រៅ ឬសុកផ្លាក់ចេញ ពីក្នុងពោះ នាមសំពុ.
344.	អឹគេនស្ត **against** ប្រឆាំងនឹង ទិស្សិស **disease** មេរោគ អាយតនិបាត.
345.	អឹគេនស្ត **against** ប្រឆាំងនឹង វ៉ូរន ឬវ៉ើន **foreign** ខាត់ទ្រី **country** ប្រទេសក្រៅ អាយតនិបាត.
346.	អឹគេនស្ត **against** ប្រឆាំងទៅនឹង វ៉ូរន ឬវ៉ើន **foreign** អ្នវកនិសិម្សុ **organisms** កូនមេរោគតូចៗដែលចូលមកក្នុងរាងកាយខ្លួន អាយតនិបាត.
347.	អឹគេនស្ត **against** ប្រឆាំងនឹង ហិម **him** គាត់ អាយតនិបាត.
348.	អឹគេនស្ត **against** ប្រឆាំងនឹង អិនវៃកស៊ិន **infection** រោគជំជៅលោក អាយតនិបាត.
349.	អឹគេនស្ត **against** នៅរៀកនឹង ធើ the សើវិក្ស **cervix** កស្បូន (ឬនៅរិតកស្បូន អាយតនិបាត.
350.	អឹគេនស្ត **against** ប្រឆាំងនឹង យ្យូ **you** អ្នក (ប្រឆាំងជាមួយអ្នក) អាយតនិបាត.
351.	អេជ **age** អាយុ អៅវ **of** របស់វា នាមសំពុ.
352.	អឹកជេនដា **agenda** បញ្ជីអំពីកិច្ចការប្រជុំណាមួយ - លិស្ត **list** បញ្ជីអំពីកិច្ចការប្រជុំណាមួយ នាមសំពុ.
353.	អឹកជេនដាស **agendas** បញ្ជីអំពីកិច្ចការប្រជុំជាច្រើន - លិស្ស **lists** បញ្ជីជាច្រើន នាមសំពុ.

354.	ងៃតភ្លូធិនុ agglutin/o- ឈាមកកដុំៗស្និតៗជាមួយគ្នានៅក្នុងខ្លួន -ផ្រីវិក្ស prefix បុព្វបទ ឬជាក្យសម្រាប់តពីខាងមុខ.
355.	ងៃតភ្លូធិនុ agglutino- អិរ or ឬ ងៃតភ្លូធិនុ agglutin/o កកដុំៗ ស្និតជាប់គ្នា ដុំមួលៗកកឡើង ខ្លាប់ផឹង ឬខ្លាំផឹង clumping កកដុំៗ ស្និតជាប់គ្នា ដុំមួលៗ ស្និកតិង sticking ការស្និត ធ្វេតធើ together ជាប់គ្នា ចូលរួមគ្នា -ផ្រីវិក្ស prefix បុព្វបទ ឬជាក្យសម្រាប់តពីខាងមុខ.
356.	ងៃតត -Agog ពួជមេរោគ ថ្នាំ ឬមេរោគអ្វីដែលចាក់ចូលទៅក្នុងខ្លួនយើងដើម្បីផ្សាំអោយ ប្រែទៅជាជាតិប្រូតេអ៊ីនទុកការពាររោគ (តេហៅវាថាប្រព័ន្ធការពារដងខ្លួនយើង)- សាំរិវិក្ស suffix បច្ច័យ ឬជាក្យសម្រាប់តពីខាងក្រោយ.
357.	ងៃតត -Agogue ទិកឈាម ឬទឹកអ្វីៗដែលវិលចុះឡើងនៅក្នុងរដងខ្លួន ពួជមេរោគ១ ថ្នាំ ឬមេរោគអ្វីដែលចាក់ចូលទៅក្នុងខ្លួនដើម្បីផ្សាំឲ្យប្រែទៅជាជាតិប្រូតេអ៊ីន (ដែលតេហៅវាថាប្រព័ន្ធ ការពារដងខ្លួន) -សាំរិវិក្ស suffix បច្ច័យ ឬជាក្យសម្រាប់តពីខាងក្រោយ.
358.	ងៃតត -Agogue ពួជមេរោគច្រើន ថ្នាំ ឬមេរោគអ្វីៗដែលចាក់ចូលទៅក្នុងខ្លួនយើង ដើម្បីនិងផ្សាំឲ្យប្រែទៅជាជាតិប្រូតេអ៊ីនវិលការពារដងខ្លួនយើង (ដែលតេហៅវាថាប្រព័ន្ធការពារ ដងខ្លួន) (ឧទាហរណ៍ដូចជាឈ្មោះថ្នាំនេះ លិមហ្វិតត Lymphagogue ថ្នាំដែលធ្វើឲ្យមានទិកឈាមស ឈ្មោះលិមួហ្ហរឡើងច្រើន ងៃត and យូរៃតត Uragogue ថ្នាំដែលធ្វើឲ្យមានទឹកនោមច្រើន) -សាំរិវិក្ស suffix បច្ច័យ ឬជាក្យសម្រាប់តពីខាងក្រោយ.
359.	ងៃតន -Agon ពាក់បញ្ចូលគ្នា ពេរឲ្យជាប់គ្នា - ពូ to ដើអ្វីនិង ងៃសគេអេរពេ assemble ពាក់បញ្ចូលគ្នា ពៃតធើ gather ប្រមូលបញ្ចូលគ្នា ពេរឲ្យជាប់គ្នា - សាំរិវិក្ស suffix បច្ច័យ ឬជាក្យសម្រាប់តពីខាងក្រោយ.
360.	ងៃតើរិវា Agora- នៅកន្លែងផ្សារ ឬទីប្រជុំជន - ម៉ាកេតផ្លេស marketplace នៅកន្លែងផ្សារ ឬទីប្រជុំជន -ផ្រីវិក្ស prefix បុព្វបទ ឬជាក្យសម្រាប់តពីខាងមុខ.
361.	ងៃក្រា -agra លើខ្លាំងណាស់ - អីក្សសេសិវ excessive ពៃន pain លើខ្លាំងណាស់ - សាំរិវិក្ស suffix បច្ច័យ ឬជាក្យសម្រាប់តពីខាងក្រោយ.
362.	ងៃព្រៃនព្ញូល្យសេឡ្ agranulocytes គ្រាប់ឈាមសច្រើនគ្រាប់ដែលគ្មានគ្រាប់ដុំពូចៗ ខ្ចៅនៅក្នុងវា ទិកឈាមសនេះមានពីរយ៉ាង វាកើតមកពីគ្រាប់ឈាមសដុំទឹករៃងឈ្លោះ លិមហ្វិ

	lymph ន្ទុស្ស notes គ្រាប់ក្រពេញដុំៗ វាឡើងកូនកណ្តុរនៅពេលយើងមានដំបៅ (ដុំទឹករងៃ សភ្លីន spleen នៅក្នុងក្រពេញឈ្មោះអណ្តើក) នាមស័ព្ទ.
363.	អេក្រែនញូលូសៃទូស៊ីស agranulocytoses រោគខ្វះគ្រាប់ឈាមស ឬមានរោគនៅក្នុងគ្រាប់ឈាមសដែលជួយវាយប្រហារមេរោគនេះចុះទាបខុសពីភាពធម្មតា (ជួនកាលមកពីការបាញ់កម្មរស្មី (បាញ់ភ្លើងលើវា) ដើម្បីនឹងព្យាបាលរោគមហារីក ឬមកពីខួចឆ្អឹង ឬខួចខួរឆ្អឹងឈ្មោះផ្សេងទៀតគេហៅវាថា ណូត្រូហ្វិល ឬណូទ្រូហ្វិល Neutrophil អ៊រ or ឬ អេក្រែនញូលូសៃទូសិស agranulocytosis ចុះទាប) នាមស័ព្ទ.
364.	អឺគ្រី agree យល់ព្រម វិត្ធ with ជាមួយនឹង ដកទើ ឬដកទ្ទ័រ doctor វេជ្ជបណ្ឌិត ឬគ្រូពេទ្យម្នាក់ កិរិយាសព្ទ.
365.	អឺគ្រី agree ត្រូវគ្នា វិត្ធ with ជាមួយនឹង ឌិស this មេឌិខេសិន medication ថ្នាំនេះ កិរិយាសព្ទ.
366.	អឺគ្រី agree ត្រូវគ្នា វិត្ធ with ជាមួយនឹង ឌិស this មេឌិស៊ីន medicine ថ្នាំនេះ កិរិយាសព្ទ.
367.	អៀរ air ប្រ៊ីធិង breathing ដកដង្ហើមលើគោក (ខ្យល់ចេញចូលក្នុងខ្លួន) នាមស័ព្ទ.
368.	អៀរ air ខែផៃសិទី capacity ចំណុះខ្យល់ នាមស័ព្ទ.
369.	អៀរ air ខែវិតទីស cavities ប្រហោងខ្យល់ ឬរន្ធខ្យល់ជាច្រើន នាមស័ព្ទ.
370.	អៀរ air ខែវិទី cavity ប្រហោងខ្យល់ ឬរន្ធខ្យល់មួយ នាមស័ព្ទ.
371.	អៀ air សេលួស cells ថង់ខ្យល់ នាមស័ព្ទ.
372.	អៀរ air ខុនដាក់សឹន conduction ម៉ាស៊ីនដែលដឹកនាំខ្យល់ ឬកូនរូមតូចៗដែលនៅក្នុងរន្ធត្រចៀក វាធ្វើឱ្យយើងឮសំឡេង (អក្សរកាត់របស់វាគឺ អេស៊ី AC) នាមស័ព្ទ.
373.	អៀ air ខ្យល់ អីនធើស enters ចូលទៅខាងក្នុង ឌើ the ផ្លូរ៉ុល pleural ស្ពេស្ស space ប្រឡោះកណ្តាលកន្លែង សើរោនឌិង surrounding នៅព័ទ្ធជុំវិញ ឌើ the ឡាំង lung ស្រោមសួត នាមស័ព្ទ.
374.	អៀរ air ខ្យល់ អិន in នៅក្នុង ឌើ the ផ្លូរ៉ុល pleural ស្រោមសួត នាមស័ព្ទ.
375.	អៀរ air ខ្យល់ អិនហេល្ត inhaled ចូលក្នុងសួត (ដកដង្ហើមចូល) នាមស័ព្ទ.
376.	អៀរ air ខ្យល់ មូវមេន្ទ movement រត់ចុះឡើង (ខ្យល់វិលចុះឡើង) នាមស័ព្ទ.

377.	អេរ៉ *air* ខ្យល់ អោត *out* ចេញពីក្នុងសួត (ដកដង្ហើមចេញ) នាមសព្ទ.
378.	អេរ៉ *air* ផ្លែសេសេជេស *passages* ផ្លូវខ្យល់ នាមសព្ទ.
379.	អេរ៉ *air* ផកគេត្យ *pockets* ថង់ខ្យល់ (វន្តភ្លឹងតូចៗនៅខាងក្រោយច្រមុះ ហើយនឹងភ្នែក ឬជញ្ជាំង) នាមសព្ទ.
380.	អេរ៉ *air* សេក *sac* ថង់ខ្យល់ នាមសព្ទ.
381.	អេរ៉ *air* ខ្យល់ ត្រែវេលិង *traveling* រត់ចេញទៅ នាមសព្ទ.
382.	អេរ៉ឡ្យាញន *airline* ធិកកិត្យ *tickets* សំបុត្រយន្តហោះ នាមសព្ទ.
383.	អេរ៉វថេត *airtight* បែននិព្ធិស *bandages* បង់រុំរបួសច្រើនដុំ ឬបង់ស្ពិតដែលបិតមិនឱ្យខ្យល់ចូលបាន (បែននិព *bandage* បង់រុំរបួស១ដុំ) នាមសព្ទ.
384.	អេរ៉វេវ *airway* ផ្លូវខ្យល់ នែរ៉ូវិង *narrowing* រួញ នាមសព្ទ.
385.	អេអិល -al នៃ ឬទាក់ទងជាមួយនឹង -ដើទេនិង *pertaining* ទាក់ទង ធូ to ជាមួយនឹង អិរ or ឬមជាមួយនឹង រេលេធិង *relating* ទាក់ទង ធូ to ទៅនឹង សិវីក្ស *suffix* បច្ច័យ ឬបាក្យសម្រាប់តពីខាងក្រោយ.
386.	អាលបើត *Albert* អេប្រេម្យ *Abrams* ឈ្មោះវេជ្ជបណ្ឌិត ឬក្រុពេទ្យ១គាត់កើតនៅក្នុងឆ្នាំ 1863 ហើយគាត់ស្លាប់នៅក្នុងឆ្នាំ 1924 គាត់ធ្វើមាស៊ីនវិនិច្ឆ័យរោគឈ្មោះ អេប្រេម្យ *Abrams* ឌាយណាម៉ាយស៊ើ *Dynamizer* សព្វថ្ងៃនេះគេឈប់ប្រើហើយពីព្រោះ អ្នកវិជ្ជាសាស្ត្រនៅជុំនាត់នេះ គេបានពិនិត្យឃើញថាម៉ាស៊ីននេះគ្មានប្រសិទ្ធិភាពអ្វីទេ នាមសព្ទ.
387.	អាលបៃនិស៊ីម *albinism* ភូជដែលខ្វះពណ៌ិ វ៉ាមានពណ៌ិស ឬផ្សៀក វ៉ៃត *white* ពណ៌ិស ពណ៌ិសនៅលើស្បែក ភ្នែកពណ៌ិស ឬសក់ស នាមសព្ទ.
388.	អាលបៃន *albino-* អិរ or ឬ អាលបៃន *albin/o* ពណ៌ិស ឬផ្សៀក វ៉ៃត *white* ពណ៌ិស -ផ្រីវិក្ស *prefix* បុព្វបទ ឬបាក្យសម្រាប់តពីខាងមុខ.
389.	អាលប៊ *albo-* អិរ or ឬ អាលប៊ *alb/o* ពណ៌ិស ឬផ្សៀក វ៉ៃត *white* ពណ៌ិស ផ្រីវិក្ស *prefix* បុព្វបទ ឬបាក្យសម្រាប់តពីខាងមុខ.
390.	អាលប៊ុមិន *albumin* លេវេល្យ *levels* ឈ្មោះចំនួនជាតិប្រូតេអ៊ីនមួយម្យ៉ាងដែលធ្វើមកពីថ្លើម ហើយយើងឃើញវានៅក្នុងទិកណ្ណាម នាមសព្ទ.

391.	អាលប៊ូមិន្ទ albomino- ឈ្មោះជាតិប្រូតេអ៊ីន អ៊ីរ or ឬ អាលប៊ូមិន្ទ albumin/o- អ៊ីរ or ឬ អាលប៊ូមិន្ទ albumin/o អ៊ីរ or ឬ អាលបាយន្ទ albino- អ៊ីរ or ឬ អាលបាយន្ទ albin/o ជាតិប្រូតេអ៊ីនម្យ៉ាងឈ្មោះ អាលប៊ូមិន albumin ជាតិប្រូតេអ៊ីន (ផ្សេងថែអ៊ីន protein -ធ្វើរិក្ស prefix បុព្វបទ ឬពាក្យសម្រាប់តពីខាងមុខ.
392.	អាលប៊ូមិនយូរ៉េ albuminuria មានជាតិប្រូតេអ៊ីនឈ្មោះ អាលប៊ូមិន albumin នៅក្នុងទឹកនោម នាមសំពុ.
393.	អាលប៊ូធើរ៉ូល Albuterol សួលវែត Sulfate ឈ្មោះថ្នាំជួយបើកបំពង់ទងសួតធ្វើម្យ៉ាងឲ្យ ពងពង្រីកមស្រួល ឬធ្វើម្យ៉ាងឲ្យខ្យល់ចេញចូលទៅក្នុងសួត នាមសំពុ.
394.	អាលខុហាល alcohol ទីផេនដេនស្យ dependence អ្នកដែលពឹងទៅលើស្រា នាមសំពុ.
395.	អាលខុហាល alcohol ផេដ pad បន្ទះអាកុលសម្រាប់លាងសាច់មុនពេលចាក់ថ្នាំ នាមសំពុ.
396.	អាលខុហាល alcohol យូស use អ្នកផឹកស្រា នាមសំពុ.
397.	អាលីវ Aleve ភីអឹម PM ឈ្មោះថ្នាំដែលជួយកុំឲ្យឈឺ ហើយនឹងជួយឲ្យកេងលក់ផង (តែប្រើវានៅពេលល្ងាច) នាមសំពុ.
398.	អាលជីស្យេ -algesia គាប់ដឹក គាប់ល៍ សេនសិធីវិទី sensitivity ដែលគាប់ដឹក ធូ to ទៅនឹង ផេន pain ការឈឺចាប់ - សីារិក្ស suffix បច្ច័យ ឬពាក្យសម្រាប់តបព្ចូលក្ជាពីខាងក្រោយ.
399.	អាលជីស្យ algeso- អ៊ីរ or ឬ អាលជីស្យ alges/o ដែលគាប់ល៍ សេនសិធីវិទី sensitivity ដែលគាប់ដឹក ធូ to ទៅនឹង ផេន pain ការឈឺចាប់ -ធ្វើរិក្ស prefix បុព្វបទ ឬពាក្យសម្រាប់តពីខាងមុខ.
400.	អាលជ្យេ -algia ល៍ អ៊ីរ or ឬ ការឈឺ ផេន pain ការឈឺចាប់ - សីារិក្ស suffix បច្ច័យ ឬពាក្យសម្រាប់តពីខាងក្រោយ.
401.	អាលិមិនធ្យេរ alimentary ខេណាល់ canal បំពង់ រន្ធជីកនាំចំណីអាហារ១ នាមសំពុ.
402.	អាលិមិនធ្យេរ alimentary ខេណាល់ស canals រន្ធ ឬផ្លូវជីកនាំចំណីអាហារ២ នាមសំពុ.
403.	អាលិមិនធ្យេរ alimentary ត្រេក្ត tract ប្រព័ន្ធកិនរំលាយចំណីអាហារ ឬផ្លូវជីកនាំ ចំណីអាហារ១ ត្រេក្ត tracts ប្រព័ន្ធកិនរំលាយចំណីអាហារ ឬផ្លូវជីកនាំចំណីអាហារ២ នាមសំពុ.
404.	អាលិមិនធ្យេរ alimentary សិស្ថឹម្យ system ប្រព័ន្ធកិនរំលាយចំណីអាហារ នាមសំពុ.

405.	អាលិមេនថេសិន alimentation ចំណីអាហារដើម្បីនឹងចិញ្ចឹមថែរក្សាសរីរាង្គណាមួយរបស់យើង នាមស័ព្ទ.
406.	អាលិមេនតូ alimento- អ័រ or ឬ អាលិមេនតូ aliment/o ចំណីអាហារ - នូទ្រិសិន nutrition ចំណីអាហារ -ព្រីហ្វិក្ស prefix បុព្វបទ ឬពាក្យសម្រាប់តពីខាងមុខ.
407.	អ៊ីលកាឡាញ alkaline ហ្វូសហ្វាថេស៊ីស phosphatases ឈ្មោះការពិសោធន៍មើលជាតិប្រូតេអ៊ីនដែលវាជួយកិនរំលាយអាហារម្យ៉ាង (នៅក្នុងខ្លួនមនុស្ស វាបង្កើតទឹកប្រូតេអ៊ីននេះ) (អេអិលភី ALP អក្សរកាត់របស់វា) នាមស័ព្ទ.
408.	អែលកាឡាញ alkaline ហ្វូសហ្វាថេស phosphatase (អេអិលខេ alk ហ្វូស phos) ឈ្មោះការពិសោធន៍ពិនិត្យមើលទឹកសារ៉ូម ឬទឹកអិនស៊្យាមមួយយ៉ាងទៀតដើម្បីនឹងពិនិត្យមើលចំនួនជាតិឈ្មោះ អែលកាឡាញ alkaline ហ្វូសហ្វាថេស phosphatase គេរកឃើញថាវាឡើងខ្ពស់នៅក្នុងរោគថ្លើម នាមស័ព្ទ.
409.	អែលគាឡាញ alkaline សាប់ស្ទែនស៊ីស substances វត្ថុធាតុ ឬឈ្មោះទឹកអាស៊ីតច្រើនម្យ៉ាងដែលមានពណ៌ខៀវឈ្មោះ អែមមូញៀ ammonia នៅក្នុងថ្លើមកើតទៅជាទឹកនោមមានក្លិនដូចទឹកនោម នាមស័ព្ទ.
410.	អោល្ល All អស្សរកាត់របស់ពាក្យរោគ អ៊ីខ្យូត acute ឈឺភ្លាមៗនៅក្នុងរយៈខ្លី ហើយឆាប់ បាត់វិញ លិមហ្វូសៃទិក Lymphocytic លូឃីមៀ Leukemia ប្រព័ន្ធទឹកឈាមស ដែលជួយវាយប្រហារមេរោគនៅក្នុងខ្លួនមនុស្ស (ខ្មែរ គេហៅឈ្មោះវាថាសរសៃឈាមស ឬទឹករងៃ) នាមស័ព្ទ.
411.	អោល្ល All អេជ្ស ages គ្រប់អាយុទាំងអស់ គុណនាម.
412.	អោល្ល all គ្រប់ បែកធៀរៀ bacteria មេរោគទាំងអស់ អាន'ត aren't គឺមិន បែដ bad ធ្វើឱ្យយើងកើតរោគទេ (មេរោគជាច្រើនជួយកិនម្ហូបអាហារឱ្យមនុស្ស) គុណនាម.
413.	អោល្ល all គ្រប់ ប្លើដ blood សេល្លស cells គ្រាប់ទឹកឈាមទាំងអស់ គុណនាម.
414.	អោល្ល all វ្ហ័រ four អ៊ិក្សត្រេមិទីស extremities ចុងដៃជើងទាំងបួន ឬរោគងាប់ដៃជើងទាំងអស់ (ឧទាហរណ៍ដូចជាមានរបួសនៅខួរក្បាល ធ្វើឱ្យយើងងាប់ដៃជើងទាំងបួនផ្នែក) គុណនាម.
415.	អោល្ល all ឡៃវ life គ្រប់ជីវិតសត្វលោកទាំងអស់ គុណនាម.

416.	អោល **all** អោវ **of** នៅក្នុង ធើ **the** ព្រូស្តេត **prostate** វត្ថុន្ត **gland** ក្រពេញ ឈ្មោះប្រូស្តេតទាំងអស់ (ក្រពេញដែលនៅអែបបំពង់បង្ហូរទឹកគោមរបស់មនុស្សប្រុស) គុណនាម.
417.	អោល្វ **all** អូវី **over** នៅពេញ ធើ **the** ពឌី **body** ពេពេញទាំងអស់ គុណនាម.
418.	អាលលើជិក **allergic** អង់អេកសិន **reaction** មានសញ្ញាប្រតិកម្មកើតឡើងខ្លាំងភ្លាមៗ ដោយសារទាស់ជាមួយនឹងធាតុអ្វីមួយ (ពីវាមានធាតុខុសពីវត្ថុធាតុដែលនៅក្នុងខ្លួនរបស់យើង វាបានចូលមកជួបនឹក ប្រព័ន្ធការពារខ្លួនរបស់យើង វត្ថុធាតុទាំងពីរនេះវាប្រតាំងគ្នា ឧទាហរណ៍ផ្ទុច ជាប្រព័ន្ធការពារខ្លួនរបស់យើង វាជាទាហានការពារខ្លួនយើង វាយាមមើលមិនឱ្យមានខ្លាំងសត្រូវណា មួយចូលមកក្នុងខ្លួនយើងបានទេ វាត្រូវតែច្បាំងជាមួយនឹងខ្លាំងសត្រូវដែលចូលមកក្នុងខ្លួនយើង (ខ្មែរយើងគេហៅថាខុសធាតុគ្នា វាចូលគ្នាមិនបានទេ) នាមសំពៀ.
419.	អាលលើជិក **allergic** សិម្ពតឹម្យ **symptoms** អាកសញ្ញាជាច្រើនរបស់ការប្រតិកម្ម ថ្នាំកើតឡើងដោយសារការទាស់ ឬប្រតិកម្មទៅនឹងរបស់អ្វីមួយ នាមសំពៀ.
420.	អាលលើជិក **allergic** មានការប្រតិកម្ម ធ្ទ **to** ទៅនឹក ធើស្ត **dust** វុំអកអី ធូចៗដែលអណ្ណេតតាមខ្យល់ គុណនាម.
421.	អាលលើជិក **allergic** មានការប្រតិកម្ម ធ្ទ **to** ទៅនឹក ធើស្ត **dust** វុំអក ម៉ែត **mite** អាចម៍របស់ល្អិតៗនេះយើងមើលវាមិនឃើញនឹងភ្នែកទទេ វាសុីស្បែកងាប់របស់យើក គុណនាម.
422.	អាលលើជិក **allergic** មានការប្រតិកម្ម ធ្ទ **to** ទៅនឹក មេឌិខេសិន **medication** ថ្នាំមួយយ៉ាង គុណនាម.
423.	អាលលើជិក **allergic** មានការប្រតិកម្ម ធ្ទ **to** ទៅនឹក មេឌិខេសិ្សូ **medications** ថ្នាំច្រើនយ៉ាង គុណនាម.
424.	អាលលើជិក **allergic** មានការប្រតិកម្ម ធ្ទ **to** ទៅនឹក មូល្ឌ **molds** កូនផ្សិតធូចៗ ដែលអណ្ណេតតាមខ្យល់ គុណនាម.
425.	អាលលើជិក **allergic** មានការប្រតិកម ធ្ទ **to** ទៅនឹក ផឹលលេន **pollen** វុំអកផ្កាធូចៗ ដែលអណ្ណេតតាមខ្យល់ គុណនាម.
426.	អាលលើជិក **allergic** មានការប្រតិកម្ម ធ្ទ **to** ទៅនឹក សាំ **some** ខាញ្ឌ **kind** អ៊ើវ **of** អែនទីបៃអូធិក **antibiotic** ថ្នាំផ្សះមួយយ៉ាងដែលសម្លាប់តែមេរោគឈ្មោះ បែកធៀៀរ៉៉ **bacteria** គុណនាម.

427.	អាលលើជី allergy ជ្រើរេនស៊ីន prevention ការៗការមិនឱ្យមានរោគប្រតិកម្មនិង វត្ថុធាតុអ្វី១កើតឡើង នាមសំព.
428.	អាលលើជី allergy ការប្រតិកម្ម ធ្ល to ទៅនឹងវត្ថុធាតុអ្វីមួយដែលធ្វើឱ្យយើងកើតជម្ងី នាមសំព.
429.	អាលលើជី allergy មានប្រតិកម្ម ធ្ល to ជាមួយនិង ទិស this មេឌិខេស៊ីន medication ថ្នាំពេទ្យមួយយ៉ាងនេះ នាមសំព.
430.	អាលឡ្វាញ់ណា Allina អិនធើជ្រេតធើ interpreter សើរវ៉ិស៊ីស services ឈ្មោះ ការវិយាល័យបកប្រែបំរើជើនៅក្នុងមន្ទីរពេទ្យឈ្មោះ អាលឡ្វាញ់ណា Allina នាមសំព.
431.	អាលឡូ all/o- ផ្សេង១ពីគ្នា ខុសពីគ្នា ផ្សេង១ខុសពីគ្នាទាំងអស់ គ្រប់ទាំងអស់ ពេញទាំងអស់ - ជ្រើវិក្យ prefix បុព្វបទ ឬពាក្យសម្រាប់ផ្តើមពីខាងមុខ. (អាធើ other ផ្សេង១)
432.	អាលឡ្វាវ allow អនុញ្ញាតឱ្យ ផែត at ល្ីស្ត least យ៉ាងតិចណាស់ រៀ៉ន់ one រេ day មួយថ្ងៃ កិរិយាសព.
433.	អោលម៉ូស្ត almost ស្ទើរតែ អីវ៉ិរីរៀ៉ន់ everyone គ្រប់១គ្នា ហេស has មាន ទិស these បែកធ្ើរៀ៉ bacteria មេរោគទាំងអស់នេះ កិរិយាវិសេសន៍.
434.	អាលហ្វ៉ា Alpha សេល្លស Cells (ត្លូកាតិន Glucagon ទិកប្រេតអ៊ីនអិនស្ល៉ាម ទិកប្រេតអ៊ីននេះធ្វើការជាមួយធ្វើមរើម្ើនិងប្រជាតិផ្ទេមឱ្យទៅជាស្ករប្រេីជាកម្លាំង ប្រើប្រាស់នៅក្នុង គ្រាប់ឈាម នាមសំព.
435.	អាលហ្វ៉ាបេតិខុល alphabetical អ្វេរធើ order រៀបដាក់ពួកអក្សរឱ្យទៅតាមលេខរាង របស់វា គុណនាម.
436.	អាលហ្វ៉ា-វ៉ិធ្វ្រផ្រធេអិន alpha-fetoprotein រោតមានចំនួនទិកផ្លេះច្រើនហួសនៅ ក្នុងស្រាមទិកផ្លេះ ធ្វើឱ្យកើតរោគខូរក្បាលពីកំណើតនៅក្នុងក្ន៉ (គេហៅឈ្មោះថា ណ្ឌ៊ើល្ូជិខុល neurological បើស៊ birth ឌ៉ិវ៉ិក្ស defects រោគសរ៉សរិវិញ្ញាណទាំង តែពីកំណើត) -ជ្រើវិក្យ prefix បុព្វបទ ឬពាក្យសម្រាប់ផ្តើមពីខាងមុខ.
437.	អោលធ្វរ although ទោះជា អោលធើនេត alternate មានការប្រែប្រួលក៏ដោយ (ឬទោះជាឆ្លាស់គ្នាក៏ដោយ) សន្ធានសំព.
438.	អោលធ្វរ although ទោះជាយ៉ាងណាក៏ដោយ វ៉ី we ពួកយើង ឬយើងទាំងអស់គ្នា សន្ធានសំព.

439.	អាលវៀល្ញ alveolar ខៃពិលឡ្ធរីស capillaries នៃសរសៃឈាមរន្ធតូចៗជាច្រើនរបស់សាចថង់ខ្យល់តូចៗដែលនៅក្នុងសួត នាមស័ព្ទ.
440.	អាលវៀល្ញ alveolar សែក sac សាចថង់ខ្យល់តូចៗនៅក្នុងសួត នាមស័ព្ទ.
441.	អាលវៀល្ញ alveolar វ៉ល wall ជញ្ជាំងរបស់ថង់ខ្យល់តូចៗនៅក្នុងសួត នាមស័ព្ទ.
442.	អាលវៀឡ្ញាយ alveoli ថង់ខ្យល់តូចៗជាច្រើន អ៊ីរ or ឬ អាលវៀឡ្ញើស - alveolus ថង់ខ្យល់តូចមួយនៅក្នុងសួត នាមស័ព្ទ.
443.	អាលវៀល្ញ alveolo- អ៊ីរ or ឬ អាលវៀល្ញ alveol/o- អៀរ air សែក sac សាចថង់ខ្យល់តូចៗនៅក្នុងសួត ស្ម៉ល small សែក sac សាចថង់ខ្យល់តូចៗនៅក្នុងសួត - ជ្រីវិក្ស prefix បុព្វបទ ឬពាក្យសម្រាប់តពីខាងមុខ.
444.	អាលស្ហ្សាញមើ'ស Alzheimer's ឌិស៊ីស disease រោគវិចរិលខួចសរសៃវិញ្ញាណនៅខួរក្បាលបន្តិចម្តងៗ ឬរោគខួរក្បាលដែលធ្វើឱ្យអ្នកជម្ងឺភ្លេចភ្លាំងច្រើននៅពេលជរាវ័យនេះ គំប៉ុន្តែមានស្មារតីចាំប្រវត្តិរបស់ខ្លួនឯងកាលពីនៅក្មេង (រោគនៅក្នុងខួរក្បាលខុសពីភាពធម្មតា) នាមស័ព្ទ.
445.	អិលស្ហ្សាញមើ'ស Alzheimer's សខ្លៃរើសិស sclerosis រោគវិចរិលសរសៃវិញ្ញាណនៅខួរក្បាលបន្តិចម្តងៗ រោគខួចសរសៃវិញ្ញាណ ឬរោគសឹកខួចខួរក្បាលដែលធ្វើឱ្យអ្នកជម្ងឺមានការភ្លេចភ្លាំងច្រើននៅក្នុងពេលជរាវ័យនេះ គំប៉ុន្តែគេចាំប្រវត្តិរបស់ខ្លួនគេកាលធ្លាក់គេនៅក្មេង នាមស័ព្ទ.
446.	អែមប្ល៊ី ambly- ឯគិត - ជិម dim ឯគិត ឌុល្ល dull ឯគិត ពណ៌ស្រអាប់ -ជ្រីវិក្ស prefix បុព្វបទ ឬពាក្យសម្រាប់តពីខាងមុខ.
447.	អែមប្ល៊ីយ៉ amblyo- អ៊ីរ or ឬ អែមប្ល៊ីយ៉ ambly/o - ជិម dim ឯគិត ឌុល្ល dull ឯគិត ពណ៌ស្រអាប់ -ជ្រីវិក្ស prefix បុព្វបទ ឬពាក្យសម្រាប់តពីខាងមុខ.
448.	អែមប៊ុល្ញ ambulo- អ៊ីរ or ឬ អែមប៊ុល្ញ ambul/o ដើរពីកន្លែង១ទៅកន្លែង១ទៀត -ជ្រីវិក្ស prefix បុព្វបទ ឬពាក្យសម្រាប់តពីខាងមុខ. ធ្ធ to ដើម្បីនឹង វ៉ក walk ដើរ
449.	អាម៉េរីកិន American ប៊ូរ board ឯវ៉ of វ៉ាមិលី family ប្រែកធិក practice អង្គការហាត់ព្យាបាលជម្ងឺរបស់ជនជាតិអាមេរិកកាំង (អេប៊ីអ៊ីវឺ ABFP អក្សរកាត់របស់វ៉ា) នាមស័ព្ទ.

450.	ផែមម៉ូនៀ ammonia វត្ថុធាតុលាយគ្នាដែលមាននៅក្នុងថ្លើមកើតទៅជាទឹកនោមឈ្មោះ ផែលតាឡាញន alkaline សាប់ស្តែនស៊ីស substances វត្ថុធាតុជាច្រើនលាយគ្នា ទឹកអាស៊ីតម្យ៉ាងដែលមានពណ៌ខៀវ វានៅក្នុងទឹកនោមដែលមានភ្លឹនផ្សេចទឹកនោម នាមសំពុ.
451.	ផែម៉ីន -amine វត្ថុធាតុទឹកអំបិល ទឹកអាស៊ីតដែលលាយគ្នាក្នុងទឹកនោម - នៃទ្រូជេន nitrogen ខាំផោរន្ត ឬខ្ចម់ផោរន្ត compound វត្ថុធាតុទឹកអំបិលទឹកអាស៊ីតដែលលាយគ្នា ក្នុងទឹកនោម- សាវីក្ស suffix បច្ច័យ ឬពាក្យសម្រាប់ផតពីខាងក្រោយ.
452.	អាមីន amino ផែសិង acid ទឹកអាស៊ីតនៅប្រម៉ាត់ (វត្ថុធាតុប្រូតេអ៊ីន) គឺជាត្រាប់ទឹក ប្រូតេអ៊ីនវុំតួចៗដែលកើតឡើងមកពីការកិនរំលាយវត្ថុធាតុប្រូតេអ៊ីនធាយៗដែលស្រួលៗរំលាយ នាមសំពុ.
453.	អាមីន amino ផែសិប្យ acids (ផ្រូថេអិន្យ proteins វត្ថុធាតុប្រូតេអ៊ីនជាច្រើន លាយគ្នាជាមួយទឹកអាស៊ីតនៅប្រម៉ាត់ គឺជាត្រាប់ប្រូតេអ៊ីនវុំតួចៗដែលកើតឡើងមកពីការកិន រំលាយវត្ថុធាតុប្រូតេអ៊ីនជាច្រើន នាមសំពុ.
454.	អាមិន amino ផែសិប្យ acids ទឹកអ៊ូរម៉ូនដែលបង្កើតមកពីកំផ្លែងប្រឡោះនៅកណ្ដាល ក្រពេញ២ដែលអង្គុយនៅលើកំរិងទឹកនោម (ឈ្មោះ ផែជ្រីនុល adrenal មេឌលឡា medulla) នាមសំពុ.
455.	ផែមនិអូ Amnio- ស្រោមទឹកផ្លោះ ឬស្រោមទារក អិរ or ឬ ផែមនិអូ amni/o- ស្រោម ទារកដែលទើបនឹងកំកើតនៅក្នុងផ្ទៃម្ដាយ ស្រោមទារកនៅជាន់ខាងក្នុង — ផែមនៀអិន amnion ស្រោមទារកសម្រាប់ទុកទឹកផ្លោះជាន់ខាងក្នុង -ផ្រីវីក្ស prefix បុព្វបទ ឬពាក្យសម្រាប់ផតពីខាងមុខ.
456.	ផែមនិអគ្រេហ្វ៊ីស amniographies ការថតឆ្លុះមើលទារកនៅក្នុងផ្ទៃម្ដាយនៅក្នុងស្រោមទឹក ផ្លោះ២ដង តេមើលស្រទាប់សាច់ស្តើងៗក្រាលនៅក្នុងស្បូន មើលសុកងងងផ្លាល់នឹងផ្លូក ថតនៅក្រោយ ពេលដែលគេបានចាក់បញ្ចូលទឹកថ្នាំឈ្មោះ រេឌិអូផេយ radiopaque ដើម្បីឲ្យមើលឃើញរូប ភាពវាច្បាស់ ផែមនិអគ្រេហ្វ៊ី amniography ការថតឆ្លុះមើលទារកនៅក្នុងផ្ទៃម្ដាយក្នុង ស្រោមទឹកផ្លោះ១ដង នាមសំពុ.
457.	ផែមនៀអូស -amnios ស្រោមរបស់ទារក ឬស្រោមទឹកផ្លោះដែលទើបនឹងកំកើតនៅក្នុងផ្ទៃម្ដាយ -សាវីក្ស suffix បច្ច័យ ឬពាក្យសម្រាប់ផតពីខាងក្រោយ.

458.	ផែមនីអូទិក amniotic ខៃវិទី cavities វគ្គ២ ប្រហោងក្នុងស្រោមថង់ទឹកភ្លោះរបស់ទារកដែលនៅក្នុងផ្ទៃម្តាយ២ ខៃវិទី cavity វគ្គ១ នៅកណ្តាលថង់ទឹកភ្លោះរបស់ទារកក្នុងផ្ទៃម្តាយ នាមសំពួ.
459.	ផែមនីអូទិក Amniotic រូវ fluid ទឹកភ្លោះរបស់ទារកដែលនៅក្នុងផ្ទៃម្តាយ នាមសំពួ.
460.	ផែមនីអូទិក amniotic សែក sac ស្រោម ឬថង់ទឹកភ្លោះរបស់ទារកដែលនៅក្នុងផ្ទៃម្តាយ នាមសំពួ.
461.	ផែមនីអូទិក Amniotic រៀលលើស villus សាច់រូមសរ៉ៃសៗតូចៗនៅជាប់នឹងខ្សៃទងសុក វាកើតទៅជាសុកដែលនៅខាងចុងទងផ្ចិតរបស់ទារកនៅក្នុងស្បូន នាមសំពួ.
462.	អឺម៉ោន្ត amount ចំនួន អៅវ of របស់ ឃូលេស្តេរ៉ូល cholesterol វត្ថុធាតុខ្លាញ់ (ចំនួនជាតិខ្លាញ់) កិរិយាសពួ.
463.	អឺម៉ោន្ត amount មានចំនួន អៅវ of វ៉ៃត fat ជាតិខ្លាញ់ អ៊ីន in នៅក្នុង ធើ the វីស៊ីស feces លាមក កិរិយាសពួ.
464.	អឺម៉ោន្ត amount ចំនួន អៅវ of របស់ ផ្គេសត្រិក gastric ផែសិដ acid ទឹកផ្គៃស៊ីត សេក្រីត្ត secreted ដែលបានបញ្ចេញមកពីក្រពះ កិរិយាសពួ.
465.	អឺម៉ោន្ត amount ចំនួន អៅវ of ថាម time ពេលវេលា កិរិយាសពួ.
466.	ផែមផិសិល្លិន Ampicillin ឈ្មោះថ្នាំផ្ងេះ ព្រិនសែផ Principe ឈ្មោះថ្នាំផ្ងេះ (វាជាធ្លូជតនៅក្នុងក្រុមថ្នាំនេះ ផេនិសិល្លិន Penicillin) នាមសំពួ.
467.	ផែមផ្យូថេត្ត amputated បានវះកាត់យក អៅវ of លិមប limb ផៃ ឬជើងណាមួយ ចោលចេញ កិរិយាសពួ.
468.	ផែមផ្យូថេស៊ីន amputation ការកាត់យក អៅវ of លិមប limb ផៃ ឬជើងណាមួយ ចោលចេញ នាមសំពួ.
469.	ផែម ត្រែក Amtrak ស្តេស៊័ន្ស Stations កន្លែងទះភ្លើងចត ឬឈប់ដឹកអ្នកដំណើរ នាមសំពួ.
470.	ផែមីល amyl ជាតិម្សៅ ស្ទាច starch ជាតិម្សៅ គឺជាចំណីអាហារម្សៅៗដែលវាធ្វើឲ្យឃើងមានកម្លាំង នាមសំពួ.

471.	អែមៃឡេស amylase ជាតិទឹកប្រតេអ៊ីនឈ្មោះ អ៊ីនស្ស្យ័ម enzyme ដែលជួយរំលាយ ចំណីអាហារ (វាចេញ ឬកើតមកពីលំពែងឈ្មោះ ផែនត្រ្កើស pancreas វាមានឈ្មោះហៅថា ផែនត្រ្កើទិក pancreatic ជួស្ស juice ហើយវាហូរចូលទៅក្នុងក្រពះរៀនតូចឈ្មោះ ឌួអ័ឌីនិម duodenum ពោះរៀនតូចផ្នែកទីមួយ) នាមសំព.
472.	អែមៃឡូ amylo- អ៊ីរ or ឬ អែមៃឡូ amyl/o នៃជាតិម្សៅ - ស្ដ្វាធ starch ជាតិម្សៅ ចំណីអាហារដែលអាចធ្វើឱ្យយើងមានកម្លាំង -ព្រ៊ីវ៊ីក្ស prefix បុព្វបទ ឬជាក្យសម្រាប់ពត៌ខាងមុខ.
473.	អែន an- មួយ មិនមាន អត់ អត់មានទេ គ្មាន ឬការខ្វះខាត -ព្រ៊ីវ៊ីក្ស prefix បុព្វបទ ឬជាក្យសម្រាប់ពត៌ខាងមុខ.
474.	អែន an អាលវ៉ីលើស alveolus សាច់ថង់តូចមួយនៅក្នុងស្ងួត គុណនាមវិសេស.
475.	អែន an អាធើរី artery សរសៃឈាមក្រហមមួយ (វានាំឈាមចេញពីបេះដូង ហើយនាំខ្យល់ អុកស៊ីហ្សែនទៅចិញ្ចិមដងខ្លួនយើងឯង) គុណនាមវិសេស.
476.	អែន an អ៊ៀរ ear ត្រចៀកមួយខាង គុណនាមវិសេស.
477.	អែន an អាយ eye ភ្នែកមួយខាង គុណនាមវិសេស.
478.	អែន an អារ៉វ៉ី hour មួយម៉ោង អ៊ីរ or ឬ ស្ស so ជាងមួយម៉ោង គុណនាមវិសេស.
479.	អែន an អ៊ិនអែឌីយុត inadequate មិនស្មើគ្នា គុណនាមវិសេស.
480.	អែន an អ៊ិនស៊ីស៊ីន incision មុខរបួស១ ឬការវះកាត់ចូលទៅក្នុងសរីរាគ្គណាមួយ គុណនាមវិសេស.
481.	អែន an អ៊ិនឌៀកស៊ីន infection មានលោកកំចៅមួយ គុណនាមវិសេស.
482.	អែន an អ៊ិនហ្ជ្លើមមេស៊ីន inflammation រាគរលាកមួយ គុណនាមវិសេស.
483.	អែន an អ៊ិននើ inner នៅខាងក្នុង គុណនាមវិសេស.
484.	អែន an- គ្មានទេ - ណូ no គ្មានទេ អត់ទេ ណុត not មិនមាន វ៉ិតឆៅត without គ្មាន មិនមាន -ព្រ៊ីវ៊ីក្ស prefix បុព្វបទ ឬជាក្យសម្រាប់ពត៌ខាងមុខ.
485.	អែន an ដែល អ៊ប់ស្ត្រ្ងាក់ស៊ីន obstruction ស្ងះ អ៊ិន in នៅក្នុង អេ a យូរ៉ីធើ ureter បំពង់ដែលបង្ហូរទឹកនោមមកពីក្រមួងទឹកនោមទៅផ្លោកទឹកនោម គុណនាមវិសេស.
486.	អែន an អ៊ូផេនិង opening បើករន្ធ ឬបើកប្រហោងមួយ គុណនាមវិសេស.

487.	អែន an អាជើរស៊ីន operation របៀបធ្វើការវះកាត់ ឬប្រតិការ ឬកម្មវិធីធ្វើការអ្វីមួយ គុណនាមវិសេស.
488.	អែន an អ៊ីរកិន organ សរីរាង្គ ឬក្រពេញមួយ គុណនាមវិសេស.
489.	អែន an អ៊ីរកិន organ ខាំផោន្ត ឬខ្ទម់ផោន្ត compound សរីរាង្គតូចៗ ឬមេរោគតូចៗ ដែលធ្វើវត្ថុធាតុ ឬធ្វើជាតិគីមីលាយគ្នាច្រើនយ៉ាង គុណនាមវិសេស.
490.	អែន an អូវ៉ើដូស overdose លេបថ្នាំច្រើនហួសកម្រិត គុណនាមវិសេស.
491.	អែន an អ៊ើរាលសើរស៊ីន ulceration រោគហែកសាច់ ឬលោកដំបៅនៅសាច់ គុណនាមវិសេស.
492.	អែណា ana- ខាងលើ ចេញពីគ្នា កាត់ចេញ ខាងលើ បែកចេញពីគ្នា ដាច់ៗពីគ្នា ឆ្ងាយពី - ធ្រីវ៉ិក្ស prefix បុព្ទបទ ឬពាក្យសម្រាប់ផ្ដើមខាងមុខ.
493.	អែណាបូលិក anabolic ស្ទេត state មកដល់ដំណាក់ការដែលគឺនាំលាយអាហារ ឬកិរិតនៃរបៀបកិនចំណីអាហារបោះចុះឡើងៗ នាមសំពុ.
494.	អេនុល anal នៃ ឬទាក់ទងទៅនឹងពិតវន្តធ្វូច ឬទ្វារលាមក គុណនាម.
495.	អេនុល anal អេរៀ area កន្លែងនៅពិតវន្ត ឬប្រហោងទ្វារធំ ឬទ្វារលាមក នាមសំពុ.
496.	អេនុល anal ខែណាល់ canal វន្ត ឬប្រហោងទ្វារធំ ឬទ្វារលាមក នាមសំពុ.
497.	អេនុល anal វិសជូឡា fistula វន្តបំពង់ស្ទើងៗតូចៗនៅជព្ញាំងសាច់ទ្វារធំ នាមសំពុ.
498.	អេនុល anal វេស្ស veins សរសៃឈាមខ្វេនៅជព្ញាំងវន្ត ឬសាច់ត្លូចអាចម៍ ឬសរសៃឈាម ខ្វេនៅជព្ញាំងប្រហោងទ្វារធំ នាមសំពុ.
499.	អេនុល anal វ៉ូល wall ជព្ញាំងវន្តសាច់នៅត្លូច ត្លូថ ឬនៅប្រហោងទ្វារធំ នាមសំពុ.
500.	អែណាផ្លេសធិក Anaplastic ខាសិន្ទុម៉ា carcinoma ជម្ងឺមហារីកដែលកើតនៅគ្រាប់ ឈាម ឬកោសិកាដែលគ្មានរូបរាងក្នុងកាយរបស់វា នាមសំពុ.
501.	អែណាផ្លេសធិក anaplastic ថាយរ៉ូយដ thyroid ខែនសើ cancer រោគមហារីក នៅក្រពេញនៅកឈ្មោះ ថាយរ៉ូយដ (ដែលធ្វើឱ្យគ្រាប់ឈាមសរបាត់រូបរាងក្នុងកាយរបស់វ) នាមសំពុ.

502.	អែណាធូមិក anatomic ផូស៊ីស៊ីន position ការងារខាងរៀនពីនិត្យ ឬកាត់បំបែក វែកញែកមើលរូបរាងកាយរបស់មនុស្យ ឬរៀនពីវាគតណាមួយៗដង (ផូស៊ីស៊្យ positions វែកញែករកមើលរូបរាងកាយរបស់មនុស្យ ឬរៀនអំពីវាគតណាមួយច្រើនដង) នាមសំពុ.
503.	អែណាធូមិក anatomic ស្ត្រាក់ឈើ structure រូបរាងកាយ ឬសរីរាង្គរបស់ខ្លួនមនុស្យ នាមសំពុ.
504.	អែណាធូមិខុល anatomical ផាត part ការរៀនពីនិត្យវែកញែកអំពីរូបរាងកាយ របស់មនុស្យតាមផ្នែកៗរបស់វាឱ្យបានច្បាស់លាស់ នាមសំពុ.
505.	អែណាធូមិខុល anatomical ផូស៊ីស៊ីន position អ្នកវិជ្ជាសាស្ត្របានរៀបចំដាក់ ក្រពេញមនុស្យ ឬមេរោគឱ្យទៅតាមក្រមរបស់វា គឺដើម្បីឱ្យយើងដឹង ហើយឱ្យស្រួលពីនិត្យវែកញែក មើលរោគនៅក្នុងដងខ្លួនមនុស្យយើងដង នាមសំពុ.
506.	អែណាធូមី ឬអែណាធូម៉ី anatomy អេវ៉ា of ធើ the យូធើរីស uterus អ្នកវិជ្ជា សាស្ត្រសាខាខាងកាត់វែកញែករៀនអំពីរូបរាងស្បូន ហើយដើម្បីរៀនព្យាបាលរោគរបស់វាដង នាមសំពុ.
507.	អែណាធូម៉ី anatomy អេវ៉ា of ធើ the អាយ eye អ្នកវិជ្ជាសាស្ត្រខាងរៀនពីភាគសារ ឬកាត់វែកញែកអំពីរូបរាងរបស់ភ្នែក ហើយនឹងព្យាបាលរោគវាដង នាមសំពុ.
508.	អែណាធូម៉ី anatomy អេវ៉ា of ធើ the អៀរស ears អ្នកវិជ្ជាសាស្ត្រដែលរៀន កាត់វែកញែកអំពីរោគរបស់ត្រចៀក ហើយដើម្បីរៀនព្យាបាលរោគវាដង នាមសំពុ.
509.	អែណាធូម៉ី anatomy ការពិភាគសារវេកញែក អេវ៉ា of អំពី ធើ the ប្រន brain កាត់វែកញែករៀនអំពីរូបរាងរបស់ខួរក្បាលមួយផ្នែក ប្រនស brains អ្នកវិជ្ជាសាស្ត្រដែលធ្វើការ ច្រើនផ្នែក នាមសំពុ.
510.	អែណាធូម៉ី anatomy អេវ៉ា of ធើ the វ៉ុត foot អ្នកវិជ្ជាសាស្ត្រដែលរៀនកាត់វែក ញែកអំពីរូបរាងរបស់បាតជើង ហើយព្យាបាលរោគវាដង នាមសំពុ.
511.	អែណាធូម៉ី anatomy អេវ៉ា of ធើ the ហ្ពុត heart អ្នកវិជ្ជាសាស្ត្រដែលរៀន កាត់វែកញែកអំពីរូបរាងរបស់បេះដូង នាមសំពុ.
512.	អែណាធូម៉ី anatomy អេវ៉ា of ធើ the លេក leg អ្នកវិជ្ជាសាស្ត្រដែលរៀនខាង កាត់វែកញែកអំពីរូបរាងរបស់ជើង ហើយព្យាបាលរោគវាដង នាមសំពុ.

513.	ដែលណាត្បមី៉ anatomy ការពិភាគសារវេកញែក អំពី of អំពី ធើ the មេពើ major អ្វរកិនស organs ក្រពេញធំៗជាច្រើន នាមសំពុ.
514.	ដែនសេសទ្បំរ ancestor ពីដូនពីតា១ក្រុម ដែនសេសទ្បំរស ancestors ពីដូនពីតា២ក្រុម នាមសំពុ.
515.	ដែងគើរ anchor ទុប ធើ the ធ្មេស teeth ធ្ញេញ្ប្បនឺ១កន្លែង ឬទុបធ្ញេញ្ប្បនៅនឺង មួយកន្លែង នាមសំពុ.
516.	ដែនស៉ិល្ចស្ចម៉ា Ancylostoma សត្វព្រានមូលដែលធ្វើឲ្យយើតកើតវាគឈ្មោះ ហ្កវ្ជឹម Hookworm ឬស៊ីស Disease មេរោគព្រានេះចូលទៅក្នុងក្រពេញរបស់មនុស្ស វានៅក្នុង ក្រុមព្ចជព្រានឈ្មោះ នេម៉ាធ្ចង Nematode នាមសំពុ.
517.	ដែនស៉ិល្ចស្ចមាសិស Ancylostomiasis ឈ្មោះសត្វព្រានមូលដែលធ្វើឲ្យកើតវាគឈ្មោះ ហ្កវ្ជឹម Hookworm ឬស៊ីស Disease វាចូលទៅនៅក្នុងក្រពេញរបស់មនុស្ស វានៅក្នុង ក្រុមព្ចជមេរោគឈ្មោះ នេម៉ាធ្ចង Nematode នាមសំពុ.
518.	ដែនត្ត and ហើយ អា are គឺ / អ៉ិស is គឺ (មួយ) ដែនត្ត and ហើយ អា are គឺ (ច្រើន) សន្ទានសំពុ.
519.	ដែនត្ត and ហើយ ខុនវេស conveys បំប៉ែ អ៉ិត it វា ធ្ច to ឲ្យទៅ សន្ទានសំពុ.
520.	ដែនត្ត and ហើយ ឌីវ្ជ៉ិម្ច deforms មានស្ចបរាងខុសពីភាពធម្មតា (ឧទាហរណ៍ដូចជាធ្នឹង ធំក្រមិនក្រមាំងមិនធម្មតា) វាមានស្ចបរាងខុសពីភាពធម្មតា សន្ទានសំពុ.
521.	ដែនត្ត and ហើយនឺង វ៉ីប្រធិក fibrotic សាត់មានជាតិសរសៃៗដូចអំបោះ សន្ទានសំពុ.
522.	ដែនត្ត and ហើយ វ៉ិសសេឺស fissures សាត់ប្រេះ ប៉ែក រប៉ែក សន្ទានសំពុ.
523.	ដែនត្ត and ហើយនឺង ប៉ែនត្ត hand ដៃ សន្ទានសំពុ.
524.	ដែនត្ត and ហើយនឺង ហ្ចាត heart បេះដូង សន្ទានសំពុ.
525.	ដែនត្ត and ហើយនឺង ហ្ចាត heart វ៉ាលវ្ច ឬវ៉ាវ្ច valves សន្ធៈ ឬអណ្ឌាតរបស់បេះដូង (សន្ធៈ បេះដូងដែលបិទមិនឲ្យឈាមវត់ថយក្រោយ) សន្ទានសំពុ.
526.	ដែនត្ត and ហើយ ឡែស្ចឺស lashes រ៉ុមភ្នែក (សក់នៅខាងចុងត្រូបកភ្នែក) សន្ទានសំពុ.
527.	ដែនត្ត and ហើយនឺង លិជ៉ិប្ច lipids ជាតិខ្លាញ់ សន្ទានសំពុ.
528.	ដែនត្ត and ហើយនឺង ម៉ៅស៉ិ mouth មាត់ សន្ទានសំពុ.

529.	អែន្ត and ហើយនិង អាទើ other ទិស្ពឹស disease រោគផ្សេងៗទៀត សន្ទ្រាមសំពុ.
530.	អែន្ត and ហើយនិង ទើ the អរនើស anus ទ្វារធំ សន្ទ្រាមសំពុ.
531.	អែន្ត and ហើយនិង ទើ the អៀរ្រ្រាម់ eardrum ក្រដាស់ត្រចៀក សន្ទ្រាមសំពុ.
532.	អែន្ត and ហើយនិង ទើ the ស្ព្លាញនុល spinal ភ្លឹងខ្នង សន្ទ្រាមសំពុ.
533.	អែន្ត and ហើយនិង ទើ the ស្ព្លាញនុល spinal ខៃណាល់ canal ប្រហោង ប្រឡ្ហភ្លឹងខ្នង សន្ទ្រាមសំពុ.
534.	អែន្ត and ហើយនិង ទើ the ស្ព្លាញនុល spinal យ្ពូរដ cord ខួរភ្លឹងខ្នង សន្ទ្រាមសំពុ.
535.	អែន្ត and ហើយនិង យ្ពូរ៉ុន urine ទឹកនោម សន្ទ្រាមសំពុ.
536.	អែន្ត្រ andr- មនុស្សប្រុស - អែន្ត្រ andro- មនុស្សប្រុស អ៊ីរ or ឬ អែន្ត្រ andr/o មនុស្សប្រុស - មេល male មនុស្សប្រុស -ព្រីវិក្យ prefix បុព្ខបទ ឬបាក្យសម្រាប់តពីខាងមុខ.
537.	អែន្ត្រជ៊ីន androgen ទឹកអ័រម៉ូនដែលមាននៅខ្លួនមនុស្សប្រុស នាមសំពុ.
538.	អែន្ត្រជ៊ីន Androgen ទឹកអ័រម៉ូនរបស់មនុស្សប្រុសដែល ខៃន can អាច ប៊ី be ន៊ីង យ្ពូស្ព used ប្រ៊ើ អ៊ិន in វ៊ិម៉ែល female ខ្លួនទិស៊ីន condition ញ្លាបាលរោគនៅ ក្នុងខ្លួនមនុស្សស្រីបាន (ដូចជារោគលយ៊ីដោះ ត៊ីងពោះនៅក្រោយពេលកើតកូនហើយ ស្ត្រីដែលអស់រដូវ រាធ្វើម៊ីនឱ្យស្ត្រីមានកូន រាជាថ្នាំគ្រាប់ពេលរគាអអាត់) នាមសំពុ.
539.	អែន្ត្រជ៊ីន Androgen ទឹកអ័រម៉ូននេះ អ៊ីស is គ៊ីជា អេ a មេល male ហ្ព័រប៊ូន ឬហ្ព័រប៊ូន hormone ទឹកអ័រម៉ូនរបស់មនុស្សប្រុស នាមសំពុ.
540.	អែន៊ីម៉្យ Anemia ហ៊ីម៉ូលៃធិក hemolytic រោគធ្លានឈាម ឬរោគខ្ជះគ្រាប់ឈាមក្រហម ខែររយ៊ីងៗហោវាថាខ្ជះជាតិដែកនៅក្នុងឈាម ស្មៀកស្មៀកស្ង៉ាំង អស់កម្ល៉ាំង ហត់ ដកដឈ្ថើមម៊ីនដល់ត្លា ស្មៀកឈ្លៀងដោយសារគ្រាប់ឈាមក្រហមបៃកនៅក្នុងឈ្ថើម ទឹកនោមមានពណ៌ខ្ចៅ នាមសំពុ.
541.	អែន៊ីម៉ិក Anemic ផេស៊ីន្ទស patients អ្នកជម្ងឺដែលខ្ជះគ្រាប់ឈាមក្រហម នាមសំពុ.
542.	អែនេស្ទ្ស៊ីស៊ា Anesthesia ប៊្លក block ចាក់ថ្នាំយាធវិញ្ញាណល៊ីម៊ីនឱ្យរាត់ទៅខាងក្រោម ថ្នាំសន្ត ចាក់ឱ្យសន្ល្បប់ ចាក់ថ្នាំស្ព៊ីក ឬថ្នាំឱ្យដេកលក់ដើម្បីទប់កុំឱ្យឈ៊ី នាមសំពុ.
543.	អែញ៉្រីស៊ីម aneurysm រោគរីកពកប៉ោងធំនៅជញ្ជាំងសរវិសេលឈាម ប្រព័ន្ធសរវិសេលឈាមក្រហម ដែលមានឈាមវិលចុះឡ៊ើង ដោយសារតែសរវិសេលឈាមក្រហមខំប្រ៊ឹងរុញឈាមខ្ល៉ាំង រាញ៉្ងស្ពៈ

	ធ្វើឱ្យកម្រើកឡើងជាតកប៉ោងនៅសរសៃ (ជាទូទៅរោគនេះច្រើនតែកើតនៅក្នុងស្បែកលលាដ៍ក្បាល) នាមសព្ទ.
544.	ដៃញ៉ូរីស៊ីម aneurysm ខាំដោរន្ត ឬខ្លួមដោរន្ត compound រោគរីកប៉ោងតកធំនៅ ពព្ញាំងសរសៃឈាមក្រហមកំរិតពងបែក ហើយមានរីកធំនៅកន្លែងផ្សេងទៀត នាមសព្ទ.
545.	ដៃញ៉ូរីស៊ីម aneurysm ដាយស៊ិកធិង dissecting ការវះកាត់រោគរីកប៉ោងតកធំនៅក្នុង ពព្ញាំងសរសៃឈាម នាមសព្ទ.
546.	ដៃញ៉ូរីស៊ីម aneurysm វ្ញ៉ូស៊ីវ៉ូរម fusiform រោគរីក ប៉ោង ពកធំនៅក្នុងពព្ញាំងសរសៃ ឈាមក្រហមមានខ្លះឡើងធំ ហើយខ្លះទៀតតូច ធ្វើឱ្យរន្ធ ឬបំពង់សរសៃឈាមក្រហមហើយមីរកធំ នាមសព្ទ.
547.	ដៃញ៉ូរីស៊ីម aneurysm ម៉ៃខូធិក mycotic រោគរីក ប៉ោង ពកធំនៅក្នុងសាច់ពព្ញាំង សរសៃឈាមក្រហមមីរកធំពីព្រោះវាមានមេរោគឈ្នះ បៃកតៃរ៉ៅរ៉្យៅ bacteria ធ្វើឱ្យរលាក ដំបៅនៅរន្ធ ឬដំបៅនៅក្នុងបំពង់សរសៃឈាមក្រហម នាមសព្ទ.
548.	ដៃញ៉ូរីស៊ីម aneurysm សៃកខ្យូឡើ saccular រោគនៅក្នុងសរសៃឈាមក្រហមដៃលមីរកធំ ពក ប៉ោង វាគ្មានការទាក់ទងទៅនឹងកម្លាំងឈាមវិលចុះឡើងនៅក្នុងសរសៃឈាម នាមសព្ទ.
549.	ដៃញ៉ូរីស៊ីមុល aneurysmal ស្រ៊ិល thrill សរសៃឈាមញ៉ូរប៉ោងធំៗនៅពព្ញាំងវ៉ៃតគីង (នៅពេលឃើងដាក់ម៉ាស៊ីនវ៉ាស់មើលឈាម វ៉ៃតដៃឃើងគីងសរសៃនៅបេះដូងច្របាច់បំឈាមឡើងខ្ពស់ (កម្ពស់ឈាមខាងលើ) នៅពេលម៉ាស៊ីនឈប់ឃើតដៃវ៉ាគ្លួហើយបេះដូងសម្រាក (នៅពេលនេះឈាមចុះ ទាបវិញ) នាមសព្ទ.
550.	ដៃញ៉ូរីសម្ម aneurysmo- អ៊ីរ or ឬ ដៃញ៉ូរីសម្ម Aneurysm/o នៃសរសៃ ឈាមមីរកធំ ពក ឬប៉ោងធំ -ដៃញ៉ូរីស៊ីម aneurysm មានរូបរាងជួចថង់នៅក្នុងសរសៃឈាម -ព្រីវិក្ស prefix បុព្វបទ ឬពាក្យសម្រាប់តពីខាងមុខ.
551.	ដៃនថៃណា angina ផៃន pain ឈឺដើមទ្រូងដោយសារខ្ចះខ្យល់អ៊ុកស៊ីសៃន ឬខ្យល់អ៊ុកស៊ីហ្យៃន រត់ទៅសាច់ដុំបេះដូង (ឬខ្ះឈាមរត់ទៅសាច់ដុំបេះដូងពីព្រោះឈាមដឹកនាំ ខ្យល់អ៊ុកស៊ីសៃនទៅឱ្យវា) នាមសព្ទ.

552.	អ៊ែនថៃណា angina ផិកផ្ធូរិស pectoris ឈ្មោះរោគលើដើមទ្រូង ហើយនឹងសាច់ដុំនៅ ដើមទ្រូងលើយ៉ាងខ្លាំង (ភាគច្រើនកើតរោគនេះដោយសារមានការខ្វះខ្យល់អុកស៊ីហ្សែន រត់ទៅសាច់ដុំបេះដូងនៅក្នុងរយៈពេលខ្លី) នាមសំពុ.
553.	អែងជីអូ Angio- អ៊ិរ or ឬ អែងជីអូ Angi/o សរសៃឈាមតូចៗ - វេសសេល vessel សរសៃឈាមតូចៗ ថង ឬបំពងសរសៃឈាមតូចៗ -ព្រីវិក្ស prefix បុព្ធបទ ឬពាក្យសម្រាប់ផ្ទៃខាងមុខ.
554.	អែងជីអូណ្យូធិក angioneurotic អីឌីម៉ា edema រោគហើមមានទឹកនៅក្នុង បំពង់សរសៃឈាមតូចៗ ហើយនឹងសរសៃប្រសាទ ឬសរសៃវិញ្ញាណ នាមសំពុ.
555.	អែងជីអូថេនសិន angiotensin រៀន់ 1 ឈ្មោះវត្ថុធាតុប៉្រាងដែលនៅក្នុងទឹកឈាម វាធ្វើឱ្យជាតិអំបិល ហើយនឹងទឹកឡើងនៅក្នុងរាងខ្លួន នាមសំពុ.
556.	អែងជីអូថេនសិន-ខូនវើធិង angiotensin-converting អីនស្ស៊ាម enzyme (អេស៊ីអី ACE អក្សរកាត់) អិនហាបិធ័រស inhibitors ឈ្មោះវត្ថុធាតុ ឬថ្នាំជួយឱ្យបេះដូងដើរបានល្អ នាមសំពុ.
557.	អែងគល angle អែងជីអូក្រេហ្ស៊ី angiography ការថតឆ្លុះដើម្បីនឹងពិនិត្យមើលកែងនៅ ជ្រុងសរសៃឈាម នាមសំពុ.
558.	អែនិបុល animal បៃត្ស bites សត្វខាំ នាមសំពុ.
559.	អែនិមុល្ស animals សត្វជាច្រើន អ៊ីន in នៅលើ ធើ the ឡេ្ធន្ត land ដីចំការ នាមសំពុ.
560.	អែនីសអូ aniso- អ៊ិរ or ឬ អែនីសអូ anis/o មិនស្មើគ្នា អាន់អីហ្វល unequal មិនស្មើគ្នា -ព្រីវិក្ស prefix បុព្ធបទ ឬពាក្យសម្រាប់ផ្ទៃខាងមុខ.
561.	អែងគល ankle ផេន pain ឈឺនៅកជើង នាមសំពុ.
562.	អែងគល ankle ស្វល្លេន swollen ហើមនៅកជើង នាមសំពុ.
563.	អែងគល-ប៊ុន ankle-bone ឆ្អឹងនៅកជើង ឬឆ្អឹងភ្នែកគោទាំងពីរខាង (ធីលិ tali ឆ្អឹងភ្នែកគោទាំងពីរខាងដែលតភ្ជាប់ទៅនឹងឆ្អឹងស្មងជើង ធីលើស talus ឆ្អឹងភ្នែកគោ១ខាង) នាមសំពុ.

564.	អែងគីឡូ ankylo- អិរ or ឬ អែងគីឡូ ankyl/o រៀច - ក្រិត្ត crooked រៀច បេន្ត bent បត់កោង វិង គីង គាំង -ជ្រីវិក្ស prefix បុព្វបទ ឬពាក្យសម្រាប់តពីខាងមុខ.
565.	អែងគីឡូសិង ankylosing រោគកើតចូលក្តានីង ស្ពូនឌីលៃធិស spondylitis រោគលោកជំហៅនៅសន្លាក់ឆ្អឹងខ្នងដែលអាចមានការប៉ះពាល់ដល់ខួរឆ្អឹងខ្នង លើឆ្អឹងខ្នងនៅពេលត្រឹក ធ្វើឱ្យសាច់លី តាំងវិក (ប្រហែលជាមិនអាចឆោនយកក្រមាមដៃប៉ះដល់ចុងមេជើង) នាមសំពុ.
566.	អែនញូឡើ annular លិការម៉ិន្ត ligament សរសៃធ្លូរ ឬសរសៃចងដែលមានរាងពួចកង តធ្លោប់ ឆ្អឹងរើមវែរទៅនិងឆ្អឹងកំធូនវែខាងមុខ នាមសំពុ.
567.	អែនូ ano- ទ្វារធំ ទ្វារលោមក អិរ or ឬ អែនូ an/o ទ្វារធំ អេនីស anus ទ្វារធំ រន្ធក្ខុងអាចម៍ ឬរន្ធក្ខុមអាចម៍ -ជ្រីវិក្ស prefix បុព្វបទ ឬពាក្យសម្រាប់តពីខាងមុខ.
568.	អែនូរេស្យៀ ឬអែនិរក្ស្យៀ anorexia នើវ៉ូសា nervosa ឈ្មោះរោគដែលចញ្ជ៉ាម្ចូបអាហារមិន បាន ស្ទម ស៊ី ឬញ្ញាតិចជាវគម្មតាដោយសារមានការព្រួយបារម្ណ៍ខ្លាចធាត់ ឬមានអារម្ណ៍ភ័យ ខ្លាច ខឹងម្ចូម៉ៅ ឆេវឆាវ នាមសំពុ.
569.	អាណាធើ another អាផផ្រូវ ឬអែផផ្រូវ approach មៃត might ប៊ី be គូដ good ប្រហែលជាមានដំណើរការណ៍ល្អធ្វើទៅមុខផ្សេងទៀត គុណនាម.
570.	អាណាធើ another អែស as វ៉ែល្ល well មួយផ្សេងទៀតដែល គុណនាម.
571.	អាណាធើ another ជ្រាគ drug ថ្នាំ១ផ្សេងទៀត គុណនាម.
572.	អាណាធើ another សើជិខុល surgical ជ្រស៊ុផជើ procedure របៀបធ្វើការវះ កាត់មួយផ្សេងទៀត គុណនាម.
573.	អែនធី Ante- ខាងមុខ មុនពេ មុនពេល នៅខាងមុខ - ប៊ីវ៉័រ before មុន វ្ជរជើង forward ខាងមុខ ឬមុនពេ មុនពេល នៅខាងមុខ -ជ្រីវិក្ស prefix បុព្វបទ ឬពាក្យសម្រាប់តបញ្ញាលគ្នាពីខាងមុខ.
574.	អែនធី-ផាធំ Ante-partum មុនពេលសំរាលកូន ឬមុនពេលកូនកើត នាមសំពុ.
575.	អែនធេ្រី antero- អិរ or ឬ អែនធេ្រី anter/o នៅខាងមុខ ប៊្រន្ត front នៅខាងមុខ -ជ្រីវិក្ស prefix បុព្វបទ ឬពាក្យសម្រាប់តពីខាងមុខ.
576.	អែនធេ្រីរើ anterior នៅខាងមុខ អែន្ត and ហើយនឹង ផស្យៀរើរើ posterior ខាងក្រោយផង នាមសំពុ.

577.	ដែនផ្សេរអើ anterior ខាងមុខ បេស base ខាងក្រោម នាមសំព្ធ.
578.	ដែនផ្សេរអើ anterior ធមបើ chamber បន្ទប់នៅខាងមុខ នាមសំព្ធ.
579.	ដែនផ្សេរអើ anterior ក្រុរ៉ុល crural ជើងខាងមុខចាប់ពីក្បាលជង្គង់ទៅដល់បាតជើង នាមសំព្ធ.
580.	ដែនផ្សេរអើ anterior ក្រុរ៉ុល crural នើវស nerves សរសៃវិញ្ញាណផ្ញើ៧ ចាប់ពីចង្កេះ រហូតទៅដល់បាតជើង ហើយនឹងមកពីផ្នែកខាងមុខភ្លៅងក្រឡ្មៅ (សរសៃជិពចនៅជិតភ្លៀងក្រឡ្មៅទាំងពីរ) នាមសំព្ធ.
581.	ដែនផ្សេរអើ anterior អិនផេរៀអើ inferior ផែនក្រ៉ើទិខ្ចូដ្ឋអូឌីនុល pancreaticoduodenal អាផេរី artery សរសេឈាមក្រហាមនៅខាងមុខទាប ខាងក្រោមក្រពេញឈ្មោះលំពែង ហើយនឹងក្បាលពោះវៀនផ្ទួច នាមសំព្ធ.
582.	ដែនផ្សេរអើ anterior មិជឡ្ញាន midline បន្ទាត់ផ្នែកកណ្ដាលនៅខាងមុខ នាមសំព្ធ.
583.	ដែនផ្សេរអើ anterior ខាងមុខ នៃៀរស nares រន្ធច្រមុះទាំងពីរតនៅខាងក្រោយឆង នាមសំព្ធ.
584.	ដែនផ្សេរអើ anterior នៅខាងមុខ អោវ of ខាងក្នុង ធើ the អាយ្យ eyes គ្រាប់ភ្នែកទាំងពីរ នាមសំព្ធ.
585.	ដែនផ្សេរអើ anterior ផែនក្រើទិក pancreatic អាផេរី artery សរសេឈាមក្រហាមនៅខាងមុខក្រពេញឈ្មោះលំពែង នាមសំព្ធ.
586.	ដែនផ្សេរអើ anterior ផែនក្រើទិកខ្ចូដ្ឋអូឌីនុល pancreaticoduodenal អាផេរី artery សរសេឈាមនៅខាងមុខក្រពេញឈ្មោះលំពែង ហើយនឹងក្បាលពោះវៀនផ្ទួច នាមសំព្ធ.
587.	ដែនផ្សេរអើ anterior ផាត្ស parts ផ្នែកជាច្រើននៅខាងមុខ នាមសំព្ធ.
588.	ដែនផ្សេរអើ anterior ផ្នែកនៅខាងមុខ ផិថ្ធអិផេរី pituitary ក្រពេញនៅក្នុងខួរក្បាលខាងក្រោម វាជួយបញ្ចេញទឹកដោះ (ទឹកដំរ៉ូនឈ្មោះ ព្រ៉ូលេកធិន prolactin ទឹកដោះ) នាមសំព្ធ.
589.	ដែនផ្សេរអើ anterior ផូរសិន portion ផ្នែកៗនៅខាងមុខ នាមសំព្ធ.
590.	ដែនផ្សេរអើ anterior វីជិន region កផ្នែង ឬតំបន់នៅខាងមុខ នាមសំព្ធ.

591.	ផ្អែនផេ្ទរៀអែ anterior វិហន្តុស្ខូនី rhinoscopy កម្មវិធីធ្វើដើម្បីនឹងពិនិត្យមើល រន្ត្រច្រមុះខាងមុខផ្នាល់និងថ្ពែក នាមសំពុ.
592.	ផ្អែនផេ្ទរៀអែ anterior នៅខាងមុខ សីមេសេឺខ្សរឡើ semicircular ខែណាល់ canal សាចបំពងកោងមូលៗនៅក្នុងរន្ត្រចៀ្រក២ ឬពាវានៅកណ្ដាលរន្ត្រចៀ្រក វាធ្វើឱ្យឃើងពួសំឡេង នាមសំពុ.
593.	ផ្អែនផេ្ទរៀអែ anterior ខាងមុខ ស្ស្ទឺនផ្តែវិខ្សរឡើ sternoclavicular លិកាមេន្ត ligament សរសៃពួរ ឬសរសៃចងតម្មួយនៅសន្លាក់ឆ្អឹងកណ្ដាលដើមទ្រុងតទៅនឹងឆ្អឹងស្មាបប្រចៀ្រវ ឬឆ្អឹងឡងកំបិត នាមសំពុ.
594.	ផ្អែនផេ្ទរៀអែ anterior នៅខាងមុខ ស្ខូផេ្ទរៀអែ superior ខាងលេី ផែនក្តីធិខ្ខូអូមីនុល pancreaticoduodenal អាធេីរ artery សរសៃឈាមនៅក្រពេញឈ្លោះលំពែង ហេីយនឹងក្ប្យាលពោះវៀនត្ខូច នាមសំពុ.
595.	ផ្អែនផេ្ទរៀអែ anterior ថេមផេីល temporal ម៉ែនឌិប្ខូឡើ mandibular ឌិសល្ខូខេសិន dislocation ឆ្អឹងថ្គាមខាងមុខខាងក្រោមផ្លាត់ចេញពីកន្លែងដេីមរបស់វា នាមសំពុ.
596.	ផ្អែនផេ្ទរៀអែ anterior នៅខាងមុខ ទិប៉្យល tibial ឆ្អឹងស្ទុងជេីងខាងមុខ នាមសំពុ.
597.	ផ្អែនផេ្ទរៀអែ anterior កន្លែង ឬទំបន់នៅខាងមុខ ធ្ តu to ទៅនឹង ធ្ the នាមសំពុ.
598.	ផ្អែនផេ្ទរៀអែ anterior រ្ខូ ឬរ្ខូ view មេីលពីខាងមុខ (មេីលកន្លែង ឬទំបន់នៅខាងមុខ) អៅវ of នៅក្នុង ឬរបស់ ធ្ the ប្រន brain ខួរក្ប្យាល នាមសំពុ.
599.	ផ្អែនផេ្ទរៀអែ anterior រ្ខូ view មេីលពីខាងមុខ អៅវ of ធ្ the វិលល្ខូពៀ្រន fallopian ធ្ខូប tube បំពង់ដែសល្ខូន នាមសំពុ.
600.	ផ្អែនផេ្ទរៀអែ anterior រ្ខូ view មេីលពីខាងមុខ អៅវ of ធ្ the យ្ខូធេីរិន uterine ស្ខូន នាមសំពុ.
601.	ផ្អែនផេ្ទរៀអែ anterior រ្ខូ view មេីលពីខាងមុខ អៅវ of ធ្ the យ្ខូធេីរិន uterine ធ្ខូប tube បំពង់ដែសល្ខូន នាមសំពុ.
602.	ផ្អែនផេ្ទរៀអែ anterior រ្ខូ view មេីលពីខាងមុខ អៅវ of ធ្ the យ្ខូធេីរិស uterus ស្ខូន នាមសំពុ.

603.	អែនទីផាធំ antepartum ហែមម៉ូរ៉េជ៍ hemorrhage មានឈាមចេញពីស្បូនមុន ពេលកូនកើត គុណនាម.
604.	អែនស្រ៉្រិក anthraco- ផ្យុង អ៊ិរ or ឬ អែនស្រ៉្រិក anthrac/o ផ្យុង - ខ្យល coal ផ្យុង -ទ្រីវិក្ស prefix បុព្វបទ ឬពាក្យសម្រាប់ភ្ជាប់ពេញលក្ខ្ខាពីខាងមុខ.
605.	អែនស្រ៉្រិថ្វ anthropo- ប្រុស ឬមនុស្ស អ៊ិរ or ឬ អែនស្រ៉្រិថ្វ anthrop/o ប្រុស ឬមនុស្ស -ទ្រីវិក្ស prefix បុព្វបទ ឬពាក្យសម្រាប់ភ្ជាប់ពេញលក្ខ្ខាពីខាងមុខ.
606.	អែនទី អែនថៃ ឬអែនតាយ anti- ប្រឆាំងជាមួយ អ៊ីតេនស្ស against ប្រឆាំងជាមួយនិង -ទ្រីវិក្ស prefix បុព្វបទ ឬពាក្យសម្រាប់ពីខាងមុខ.
607.	អែនទី-អែងកៃ្សអីទី anti-anxiety អាឡើតស្ alerts ប្រុងប្រយ័ត្ន ឬត្រៀមស្មារតីមើលថ្នាំ ប្រឆាំងជាមួយនិងវាតរសាប់រសល់ក្នុងខ្លួន ឬវាតអន្ទះអន្ទែងនៅក្នុងចិត្តថាធ្វើសកម្មភាពរបស់យ៉ាងណា នាមសព្ទ.
608.	អែនទី-អែងកៃ្សអីទី anti-anxiety ជ្រាត់ drug ថ្នាំមួយយ៉ាងដែលប្រឆាំងជាមួយនិង ការនៅមិនស្រួលនៅក្នុងខ្លួន វាប្រឆាំងជាមួយភាពរសាប់រសល់ក្នុងខ្លួន វាប្រឆាំងជាមួយភាពអន្ទះ អន្ទែងនៅក្នុងចិត្ត នាមសព្ទ.
609.	អែនទីបែកធៀរៀល antibacterial ថ្នាំប្រឆាំងនឹងមេរោគមួយយ៉ាងឈ្មោះ បែកធៀរៀ bacteria នាមសព្ទ.
610.	អែនទីបែកធៀរៀល antibacterial ជ្រាត់ស drugs ថ្នាំច្រើនយ៉ាងដែលប្រឆាំង និងមេរោគឈ្មោះ បែកធៀរៀ bacteria (ថ្នាំសម្លាប់មេរោគ ឬថ្នាំផ្សះ) នាមសព្ទ.
611.	អែនទីបែកធៀរៀល antibacterial មេឌិខេសិន្ស medications ថ្នាំច្រើនយ៉ាងដែល ប្រឆាំងនឹងមេរោគឈ្មោះ បែកធៀរៀ bacteria (ថ្នាំសម្លាប់មេរោគ ឬថ្នាំផ្សះ ឧទាហរណ៍ដូច ជាថ្នាំ ផេនិសិល្លិន្ស penicillins អែន្ត and ហើយនឹង តេត្រាសីលិន្ស Tetracylines បើអ្នកនោះមានការប្រតិកម្មជាមួយនិងថ្នាំ ផេនិសិល្លិន្ស penicillins សូមកុំប្រើវា ថ្នាំផ្សះចេញថ្មីឈ្មោះ សេហ្វ៉ាល៉ូស្ព័រិន្ស cephalosporins ថ្នាំផ្សះនេះវាថ្លៃជាងគេ) នាមសព្ទ.
612.	អែនទីបែកធៀរៀល antibacterial ម៉ៅសៃ្វស្ថ mouthwash ទឹកថ្នាំលាងសំអាត មាត់ដើម្បីប្រឆាំងនឹងមេរោគ នាមសព្ទ.

613.	អែនទីបែកតេរៀៀលស្យ antibacterials ថ្នាំប្រឆាំងនឹងមេរោគច្រើនយ៉ាងឈ្មោះ បែកតេរៀៀ bacteria នាមសំពុ.
614.	អែនទីដាយអេបីធិក antidiabetic គ្រាត់ drug ថ្នាំព្យាបាលរោគទឹកនោមផ្អែមឈ្មោះ ផ្គ្លូបើរិង glyburide នាមសំពុ.
615.	អែនទីបៃអូធិក antibiotic ឈ្មោះថ្នាំផ្សះមួយយ៉ាង ពេទ្យប្រើវាដើម្បីព្យាបាលរោគលោក ដំបៅមួយយ៉ាងដែលវាសម្លាប់មេរោគ ហើយវាប្រឆាំងមេរោគឈ្មោះ បែកតេរៀៀ bacteria (វាមិនសម្លាប់ ឬព្យាបាលមេរោគឈ្មោះ វៃរីស៊ីស viruses ទេ) នាមសំពុ.
616.	អែនទីបៃអូធិក-រេស៊ីស្តេន្ត antibiotic-resistant ប្រើថ្នាំផ្សះលេងត្រូវ មេរោគប្រឆាំងជា មួយនឹងថ្នាំផ្សះវិញ (មានអត្តន័យថាប្រើថ្នាំផ្សះមិនត្រូវ) នាមសំពុ.
617.	អែនទីបឌីស antibodies ទិកប្រូតេអ៊ីនច្រើនយ៉ាងដែលផ្សាំនៅក្នុងខ្លូនយើងទុក សម្រាប់ ប្រឆាំងទៅនឹងវាតិពុលដែលចូលមកក្នុងឌងខ្លូនយើង វាជួយការពារខ្លូនយើងឱ្យរួចពីមេរោគច្រើនយ៉ាង វាបានកើតឡើងនៅពេលប្រព័ន្ធការពារខ្លូនយើងជួបជាមួយមេរោគ (ឧទាហរណ៍ដូចជា អិមម៉ូន immune សែល្លស cells ប្រព័ន្ធការពារខ្លូនយើង វៃត fight វាយប្រឆាំង វិត្ត with ជាមួយ អែនទីជីស្យ antigens មេរោគទាំងនេះ) "(អង្គបដិប្រាណ)" សូមមើលខាងក្រោម នេះតទៅទៀត នាមសំពុ.
618.	អែនថេបឌី ឬអែនទីបឌី antibody "(អង្គបដិប្រាណ)" មុខការបស់ទិកប្រូតេអ៊ីននេះ គឺរើរដាក់តជាប់នៅនឹងមេរោគដើម្បីនឹងចងគុលឱ្យត្រាប់ឈ្មោះ យ៉ិលលើ killer សែល្លស cells មើលឃើញមេរោគដើម្បីនឹងសម្លាប់មេរោគនោះ ហើយសម្លាប់មេរោគនោះផង (ទិកប្រូតេអ៊ីន ដែលជួយការពារខ្លូនយើង វត្ថុធាតុប្រូតេអ៊ីននេះបានបង្កើតច្រើនឡើងនៅពេលគ្រាប់ឈាមនៅក្នុង ខ្លូនយើងជួបនឹងមេរោគ ឬថ្នាំដែលចាក់ផ្សះដើម្បីឱ្យទុកការពារខ្លូនយើង វាកើតមកពីគ្រាប់ឈាមសដែល បំផ្លាញមេរោគ ឬវត្ថុធាតុអ្វីដែលចូលមកក្នុងខ្លូនយើង ហើយវាប្រែទៅជាប្រព័ន្ធវាយប្រហារមេរោគ ដូចជា អែនទីជីស្យ antigens) នាមសំពុ.
619.	អែនទីបឌី antibody ទិកប្រូតេអ៊ីនដែលការពារខ្លូន ព្រែនស្ម៊ីត្តដ transmitted បានបញ្ជូនឱ្យមកជួយការពារខ្លូន នាមសំពុ.
620.	អែនទីឌិយួរធិក antidiuretic ហ្ស៊ីរម៉ូន ឬហ្ស៊ីរម៉ូន hormone ឈ្មោះទឹកអំប៉ិន

	(វ៉ាសូប្រេសសិន vasopressin) វាធ្វើឱ្យកម្រងទឹកនោមជើរខ្លាំង ធ្វើឱ្យឈើងនោមច្រើន ហើយធ្វើឱ្យឈាមឡើង នាមសំព្ធ.
621.	អែនទីឌិយួរេទិក Antidiuretic- ហ្ស៊រម៉ូនស ឬហ្ស៊រម៉ូនស hormones ឈ្មោះថ្នាំ ឬទឹកអំរម៉ូនម្យ៉ាងដែលបានបញ្ចេញមកពីសរីរាគ្គនៅខាងក្រោមខួរក្បាលឈ្មោះ ពិធ្ចុអិញ្ចេរី pituitary ក្រពេ gland នាមសំព្ធ.
622.	អែនទីជីន antigen មេរោគ ផ្ទាស់ + ឬក្រុមជាមួយ អែនទីបឌី antibody គ្រាប់ឈាម ស (អង្គបដិប្រាណ) វាកើតទៅជាទឹកប្រែតអ៊ីនការពារខ្លនឈើងឈ្មោះ អិមមូន immune ប្រព័ន្ធការពារខ្លន នាមសំព្ធ.
623.	អែនទីជីន antigen ពាញ្ចុ bind សែត site កន្លែងវត្តុធាតុពីខាងក្រៅខ្លនឈើង វាចូលរួមគ្នាជាមួយវត្តុធាតុដែលនៅខាងក្នុងខ្លនឈើង ហើយប្រែទៅជាទឹកប្រព័ន្ធការពារខ្លនឈើង នាមសំព្ធ.
624.	អែនទីបឌី antibody អង្គបដិប្រាណ (ទឹកប្រែតអ៊ីនដែលការពារងខ្លនឈើង) (វាធ្វើមិនឱ្យឈើង កើតនោគ ឧទាហរណ៍ដូចជាវាវាយប្រាំងជាមួយនិងមេរោគដែលធ្វើឱ្យកើតនោគផ្ទាស់សាយ វាគឺជា អែនទីជីនស antigens វាគឺជាមេរោគឈ្មោះ វ៉ៃរីស៊ីស viruses) នាមសំព្ធ.
625.	អែនទីជីន antigen វាគឺជា វ៉ៃរីស៊ីស viruses មេរោគឈ្មោះ អិរ or ឬមេរោគឈ្មោះ បែកធៀរៀ bacteria នាមសំព្ធ.
626.	អែនទីជីនស antigens ទឹកថ្នាំ ផ្ទួយសិនស poisons ពុលច្រើនយ៉ាង ឬវត្តុធាតុអ្វីដែលធ្វើឱ្យ រមួស វាបំផ្លាញគ្រាប់សាច់ឈាមសដែលមានជីវិតនៅក្នុងខ្លនឈើង នាមសំព្ធ.
627.	អែនទីហៃឝើរឝេនស៊ីវ antihypertensive ្រាក្យ drugs ថ្នាំ ឬទឹកប្រែតអ៊ីនដែល ប្រឆាំងនិងនោគឈាមឡើង អញ្ចឹងឈើងប្រើវាដើម្បីនិងព្យាបាលវាតលើសឈាម (ឧទាហរណ៍ដូចជា ថ្នាំឈ្មោះ ធើរស៊ីសិន Terazosin អែនត and ហើយនិង ប៊ីថា beta ប្លកគើស blockers វាជាក្រុមថ្នាំជួយឱ្យបេះដូងជើរស្មើល ហើយឱ្យឈាមជើរល្អផង) នាមសំព្ធ.
628.	អែនទី-អិនផ្ទ្លើមមៃធ្ទរី anti-inflammatory អេជិន agent ថ្នាំ១ប្រឆាំងនិងនោគរលាក ក្រហម ក្តៅ ឈ៌ ហើម (អេជិនស agents ថ្នាំជាច្រើនដែលវាសម្ល្លាប់មេរោគ) នាមសំព្ធ.
629.	អែនទី-អិនផ្ទ្លើមមៃធ្ទរី anti-inflammatory អាវ៉ៃធៃកុស ឬអីវ៉ៃធៃកុស affects ថ្នាំប្រឆាំងនិងនោគរលាក ដំពៅ ក្រហម ក្តៅ ឈ៌ ធ្វើឱ្យមានការខ្ចុចខាតច្រើនយ៉ាង នាមសំព្ធ.

630.	អែនទីនៀ៉ផ្លែសទិក antineoplastic អេជិន្ត agent ថ្នាំដែលសម្លាប់ប្រឆាំងនិង ត្រាប់លាយមថ្មីៗដែលទើបនឹងកើត (ឧទាហរណ៍ដូចជាសម្លាប់រោគរមហារីក) នាមសំព.
631.	អែនទីតាយរ៉ូយឌ antithyroid គ្រាត់ស drugs ថ្នាំប្រឆាំងនឹងរោគនៅក្រពេញនៅ កណ្តោះតាយរ៉ូយឌ រ៉ាមានុរុវរោគដូចសតួមអំបៅ ថ្នាំព្យាបាលកំឡុំវ៉ារើរ ឬធ្វើការរាបស់រ៉ាខ្លាំង ឬទាបហួសពេក មេទិខេសិន medication/មេទិស៊ីន medicine ថ្នាំប្រឆាំងនឹងរោគ នៅក្រពេញនៅក នាមសំព.
632.	អែនទីវ៉ៃរុល antiviral គ្រាត់ស drugs ថ្នាំប្រឆាំងនឹងរោគឈ្មោះ វៃរ៉ីស virus (ឬថ្នាំសម្លាប់ព្យាបាលមេរោគឈ្មោះ វៃរ៉ីស virus) នាមសំព.
633.	អែនទីវ៉ៃរុល antiviral មេទិខេសិន medication ថ្នាំប្រឆាំងនឹងរោគឈ្មោះ វៃរ៉ីស virus (ឬថ្នាំសម្លាប់មេរោគឈ្មោះ វៃរ៉ីស virus) នាមសំព.
634.	អែនត្រ antr- រន្ធ ឬប្រើប្រោងនៅក្នុងសរីរាង្គ ឬក្រពេញណាមួយ -ធ្រីវីក្យ prefix បុព្វបទ ឬជាក្យសម្រាប់តពីខាងមុខ.
635.	អែនត្រា antra- រន្ធ ឬប្រើប្រោងនៅក្នុងសរីរាង្គ ឬក្រពេញណាមួយ -ធ្រីវីក្យ prefix បុព្វបទ ឬជាក្យសម្រាប់តពីខាងមុខ.
636.	អែនត្រាល antral តែសត្រៃធិស gastritis រលាកនៅរន្ធ ហើយរៀលវត្តួចនៅសាច់ក្រពះ រលាកផ្នែកខាងក្រោមរបស់ក្រពះ នាមសំព.
637.	អែនត្រ antro- អិរ or ឬ អែនត្រ antr/o រន្ធ ឬប្រើប្រោងនៅក្នុងសរីរាង្គ -ធ្រីវីក្យ prefix បុព្វបទ ឬជាក្យសម្រាប់តពីខាងមុខ.
638.	អែនត្រុំ antrum រន្ធ ឬប្រហោង កាឌៃអកីម gardiacum នៅកក្រពះ ឬប្រចាប់ទៅក្រពះ នាមសំព.
639.	អែនត្រុំ antrum រន្ធ ឬប្រហោង អៃវ of នៅក្នុង ឌើ the ហ្គាត heart បេះដូង នាមសំព.
640.	អែនញ៉ូឡើ annular លិការម៉ិន្ត ligament សរសៃពួរ ឬសរសៃចងដែលមានរាង ដូចកងឥតផ្លាប់ភ្ជិតរើមដែលទៅនឹងភ្ជិតកំផ្លូនផ្នែកខាងមុខ នាមសំព.
641.	អេនើស anus ទ្វារធំ អិរ or ឬ ចុងពោះវៀនធំ នាមសំព.

642.	អែនវិល anvil ឆ្អឹងដែលនៅកណ្ដាលរន្ធត្រចៀក (ឆ្អឹង៣ដែលតូចជាងគេនៅក្នុងខ្លួនមនុស្ស ដាក់ទៅតាមលេខរៀង ហាមមើ hammer ឆ្អឹងនៅខាងមុខ អែនវិល anvil ឆ្អឹងនៅកណ្ដាល អែន្ត and ហើយនឹង ស្ទើរុផ stirrup ឆ្អឹងនៅខាងក្រោយ (អស្សិខល្យ ossicles ឆ្អឹង៣តួចៗ) នាមសំឡ.
643.	អែនវិល anvil អិរ or ឬ អិង្កើស incus ឆ្អឹងនៅត្រចៀកដែលនៅកណ្ដាលឆ្អឹងត្រចៀក ទាំងពីរក្រវាសត្រចៀក (ឈ្មោះ អស្សិខល្យ ossicles ឆ្អឹង៣តួចៗ) នាមសំឡ.
644.	អែងកៃ្សអីទី anxiety ទិស្ត្ររទី disorder ភាពរសាប់រសល់អន្ទះអន្ទែងនៅមិនស្រួល នៅក្នុងចិត្ត នាមសំឡ.
645.	អែងកៃ្សទី anxiety ជ្រាត់ drug ថ្នាំមួយយ៉ាងដែលវាជួយឱ្យអ្នកជម្ងឺនៅស្រួល វាធ្វើមិនឱ្យ អ្នកជម្ងឺមិនរសាប់រសល់ក្នុងខ្លួន មិនខឹង មិនមួប៉ៅ ថ្នាំនេះធ្វើមិនឱ្យអ្នកជម្ងឺមានចិត្តអន្ទះអន្ទែង នាមសំឡ.
646.	អែងកៃ្សអីទី anxiety សិម្ពធិម្ប symptoms មានរោគសញ្ញារសាប់រសល់នៅមិនស្ងៀម ឬអន្ទះអន្ទែងនៅមិនស្រួលនៅក្នុងចិត្ត នាមសំឡ.
647.	អែងកៃ្សអ anxio- អិរ or ឬ អែងកៃ្សអ anxi/o នៃ ឬទាក់ទងនឹងការដែលមិនស្រួល ក្នុងចិត្ត ផ្លូវចិត្តភ័យបារម្មព្រួយបារម្ម អាន់អីស៊ុ uneasy នៃ ឬទាក់ទងនឹងការដែលមិនស្រួល ក្នុងចិត្តផ្លូវចិត្តភ័យបារម្មព្រួយបារម្ម -ជ្រវិក្ស prefix បុព្ចបទ ឬជាក្យសម្រាប់ផ្ទៀងខាងមុខ.
648.	អែនិ any អ្វីមួយដែល អែបណ្ណម៌ល abnormal ខុសពីភាពធម្មតា គុណនាម.
649.	អែនិ any អេជ៉េន្ត agent ថ្នាំអ្វីៗ អិរ or ឬ សាប់ស្ទេនស៊ីស substances វត្ថុធាតុជាច្រើនដែលកកើតឡើងនៅក្នុងគ្រាប់ឈាមណាមួយ គុណនាម.
650.	អែនិ any បធិ body អ្នកណាមួយក៍ដោយ ខ្លួនណាមួយក៍ដោយ គុណនាម.
651.	អែនិ any បធិ body សេល្ស cells ឯងខ្លួនរបស់គ្រាប់សាច់សរវៃស៊ីវិញ្ញាណណាមួយ (វានៅ ស្ទៀមមួយកន្លែងពីព្រោះវាជើរមិនបាន វាមានតែវិញ្ញាណអាចរត់ចូល ហើយចេញពីវាបាន វាមានរាងមូលទ្រវែង) គុណនាម.
652.	អែនិ any ទិស្ស៊ីស disease មានជម្ងឺអ្វីមួយ គុណនាម.
653.	អែនិ any ជ្រាត់ drug ថ្នាំអ្វីមួយ គុណនាម.
654.	អែនិ any មេទិខេស៊ីន medication ថ្នាំអ្វីក៍ដោយ ឬថ្នាំណាក៍ដោយ គុណនាម.

655.	អេនី any ម្ដង more មានអ្វីច្រើនផ្សេងទៀត គុណនាម.
656.	អេនី any អ្វីៗដែល អភ័រវ of នៅក្នុង ធើ the ឆ្ងាយចុងស្ថ largest ក្រុផ group ក្រមធំជាងគេ ម៉ាសសិល muscle របស់សាច់ដុំ គុណនាម.
657.	អេនី any អ្វីៗដែល អភ័រវ of ធើ the មិក្សឈើ mixture លាយគ្នា គុណនាម.
658.	អេនី any សែត site នៅកន្លែងណាក៍ដោយ គុណនាម.
659.	អេនី any សើជើរ surgery របៀបវះកាត់ណាក៍ដោយ គុណនាម.
660.	អេនី any សើជើរ surgery ការវះកាត់ណាមួយដោយ ធើវ៉ៃរម្ម performed បានធ្វើឡើង គុណនាម.
661.	អេអ័រធិក aortic អាត arch កន្លែងកោងនៅសរសែឈាមក្រហមធំ នាមសំពុ.
662.	អេអ័រធិក aortic សៅមៃល្ណូណា ឬធ្លើ semilunar វ៉ៃវ ឬវ៉ាលវ valve សន្ត្ថ: ឬសអណ្តាតបេះដូង២ដែលមានរាងដូចលោកៃ (សរសែឈាមក្រហមធំដែលនាំឈាមចេញពីបេះដូង ទៅជិព្ទឹមសាច់ពេញរាងខ្លួន (ឬទ្វារបិតបើក២របស់បេះដូងដែលមានរាងដូចលោកៃ) នាមសំពុ.
663.	អេអ័រធិក aortic ស្ទីនូសិស stenosis រោគស្ញ្ញូតចនៅសរសែឈាមក្រហមធំ (រោគសរសែ ឈាមក្រហមធំរួញតូច) នាមសំពុ.
664.	អេអ័រធិក aortic វ៉ៃវ ឬវ៉ាលវ valve អណ្តាត ឬសន្ត្ថ:ទ្វារបិតបើករបស់សរសែឈាមក្រហម ធំនៅបេះដូង នាមសំពុ.
665.	អេអ័រធ្វ aorto- អ័រ or ឬ អេអ័រធ្វ aort/o សរសែឈាមក្រហមធំ អេអ័រធា aorta សរសែឈាមក្រហមធំ (គឺជាប្រព័ន្ធសរសែឈាមដែលនាំឈាមរត់ចុះឡើងនៅក្នុងខ្លួនរបស់យើង) - ផ្រីវិក្ស prefix បុព្វបទ ឬពាក្យសម្រាប់តព័ីខាងមុខ.
666.	អេផី AP អក្សរកាត់របស់ពាក្យ អែនផេ្ជរុសស្ទៃរៀរអើ anteroposterior ខាងមុខ ហើយនឹងខាងក្រោយ អ័រ or ឬ អេផី AP អក្សរកាត់របស់ពាក្យចួល្ជុមជាមួយគ្នា ឬទាក់ទងជាមួយនឹងសារពត៌មាន ឬខាងការផ្សាយពត៌អឹក ឬចំណុងខាងការសែត អែសស្ស៊ីអេត Associate ព្រេស្ស Press នាមសំពុ.
667.	អែផ ap- អ័រ or ឬ អែផ្វ apo- សរសែពួរដែលតភ្ជាប់សាច់ដុំទៅនឹងឆ្អឹង - ផ្រីវិក្ស prefix បុព្វបទ ឬពាក្យសម្រាប់តព័ីខាងមុខ.
668.	អីផាត apart បែកឆ្ងាយ ឬ៉ម from ពីគ្នា កិរិយាវិសេសន៍.

669.	អ៊ីផាត apart ឆ្ងាយចេញ ឌៀរ of ពីគ្នា (បែកដាច់ពីគ្នា ឃ្លាតពីគ្នា បំនែក ផ្អែកណាមួយ ដែលដាច់ចេញពីគ្នា) កិរិយាវិសេសន៍.
670.	អ៊ីផាត apart ផ្អែក ឌៀរ of របស់ ឬនៅក្នុង ធើ the ហាត heart បេះដូង កិរិយាវិសេសន៍.
671.	អ៊ែងកា Apgar ស្គួរ score ប្រព័ន្ធសម្រាប់វាស់រោគនៅក្នុងរូបរាងកាយរបស់កូនក្មេងឥ៏អាយុ១ ទៅ៥នាទីក្រោយពេលរាកើតដើម្បីរាប់ចំនួនបេះដូងឡើរ រាប់ដង្ហើម មើលពណ៌សំបុលកម្លាំងសាច់ដុំ ហើយនឹងវាស់ការកំពើករបស់ទារកនោះផង នាមសំព.
672.	អ៊ីហ្វៀរសិស ឬអេហ្វៀរសិស -apheresis កាត់យកចេញខ្លះ ឬកយកចេញខ្លះ - រម្មវិល removal ដកយកចេញខ្លះ - សិវ៉ិក្ស suffix បច្ច័យ ឬបាក្យសម្រាប់តពីខាងក្រោយ.
673.	អែហ្វ៊ូ ឬអែហ្វ៊ូស៊ូ aphtho- អ៊ិរ or ឬ អែហ្វ៊ូ ឬអែហ្វ៊ូស៊ូ aphth/o រាគរហៃកដំផៅ សាច់- ឌៀលសើ ulcer រាគរលាកដំផៅនៅក្រះ ឬនៅកផ្នែកណាមួយ -ព្រីវិក្ស prefix បុព្វបទ ឬបាក្យសម្រាប់តពីខាងមុខ.
674.	អែហ្វ៊ូស៊ៀស aphthous ស្គូមៃថែធិស stomatitis រាគរលាក រហៃក ក្ដៅក្រហាម ហើម ដំផៅនៅប្រហោងមាត់ (ឈឺរលាកដំផៅនៅមាត់ ឬនៅជុំវិញញរើងធ្មេញ) នាមសំព.
675.	អែផ្ហ apo- អ៊ិរ or ឬ អែផ្ហ ap/o សរសៃពួររដែលតភ្ជាប់ចេញពីសាច់ដុំទៅនឹងឆ្អឹង -ឌៀរ៉ៃ off បិត អ៊ិវ៉ៃ away ចុះចេញពី ឆ្ងាយចេញពី -ព្រីវិក្ស prefix បុព្វបទ ឬបាក្យសម្រាប់ត ពីខាងមុខ.
676.	អែផ្ហក្រាន ឬអែផ្ហក្រិន apocrine ក្រពេញបញ្ចេញទឹកឈ្មើស អ៊ិរ or ឬ -ស្ងេត sweat ក្លែន្តស glands ក្រពេញជាច្រើនដែលបញ្ចេញទឹកឈ្មើស នាមសំព.
677.	អែផ្ហណ្ឌូរ aponeuro- អ៊ិរ or ឬ អែផណ្ឌូរ aponeur/o- សរសៃពួររដែលវា តភ្ជាប់សាច់ដុំទៅនឹងឆ្អឹង -ព្រីវិក្ស prefix បុព្វបទ ឬបាក្យសម្រាប់តពីខាងមុខ.
678.	អែផ្ហណ្ឌូរសិស aponeurosis រាគសរសៃពួរ១ដែលតភ្ជាប់សាច់ដុំទៅនឹងឆ្អឹង (ថែថ type ផ្អែក បែបយ៉ាង ឌៀរ of នៃ ថៃ់ដិន tendon សរសៃពួររដែលវាតភ្ជាប់សាច់ដុំទៅនឹងឆ្អឹង) នាមសំព.
679.	អែផ្ហណ្ឌូរសិស aponeurosis ម៉ាសសិល muscle សាច់ដុំបន្ទាត់ពោះដែលទ្រនៅក្រោម ពញ្ជៀងពោះ នាមសំព.

680.	អាផៈផ៉េរ៉ិនឃ្លី apparently សេនស៉ិទីវ sensitive ដែលគាប់ដឹងជាក់ស្តែង កិរិយាវិសេសន៍.
681.	អាផៈផៀល appeal ដេ day ដល់ថ្ងៃឡើងតុលាការ នាមសំព.
682.	អាផៈផៀរ appear លេចឡើង ឡៃក like ដូចជា កិរិយាសព.
683.	អាផៈផៀរ appear កើតឡើងឱ្យឃើញ អ៊ិន in នៅក្នុងរយៈពេល ថែន ten ដប់ ដេស days ថ្ងៃ កិរិយាសព.
684.	អាផិនទិសៀល appendiceal ដែប្បសេស្ប abscess ពុស ឬរោគមានខ្ទុះនៅក្នុង ខ្នែងពោះវៀន នាមសំព.
685.	អាផិនទិសៃធិស appendicitis ផេន pain រោគឈឺរលាកនៅក្នុងខ្នែងពោះវៀន នាមសំព.
686.	អាផិនទិខូ appendico- អ៊ិរ or ឬ អាផិនទិខូ appendic/o- ខ្នែងពោះវៀន អាផិនទិក្ស appendix ខ្នែងពោះវៀន -ព្រីវិក្ស prefix បុព្វបទ ឬពាក្យសម្រាប់តបព្ជាល់ភ្ជាពីខាងមុខ.
687.	អាផិនទិខ្យុឡ៉េ appendicular ដែប្បសេស្ប abscess រោគមានខ្ទុះនៅក្នុងសាច់ខ្នែង ពោះវៀន ឬមានខ្ទុះនៅដៃជើងណាមួយ នាមសំព.
688.	អាផិនទិខ្យុឡ៉េ appendicular ប៉ូស្ប bones សាច់ទាំំជាប់នឹងភ្លឹងដែជើងទាំងអស់ ដែលធ្វើការជាមួយគ្នាដើម្បីនឹងជួយឱ្យយើងកំជឹកដែជើង នាមសំព.
689.	អាផិនទិខ្យុឡ៉េ appendicular ស្កែលៃធិន skeleton សាច់ទាំំជាប់ភ្លឹងដែជើង ទាំងអស់ដែលធ្វើការរួមជាមួយគ្នា ដើម្បីនឹងជួយឱ្យយើងកំជឹកដែជើង ឬក្រឡេននឹងភ្លឹងស្មាទាំងពីរខង រាតជាប់ទៅនឹងភ្លឹងលលាដ៍ក្បាលភ្លឹងខ្នង ហើយនឹងភ្លឹងដើមទ្រូង នាមសំព.
690.	អាផិនឌូ appendo- អ៊ិរ or ឬ អាផិនឌូ append/o- ខ្នែងពោះវៀន -ព្រីវិក្ស prefix បុព្វបទ ឬពាក្យសម្រាប់តបព្ជាល់ភ្ជាពីខាងមុខ.
691.	ដែផៈផៃថិត appetite ខូនទិស៉ិន condition មានស្ថានភាព ឬមានរោគញាំំអាហារ ឧសផ្លែកពីភាពធម្មតា នាមសំព.
692.	ដែផៈផៃថិត appetite ឡូស្ប loss រោគញាំំចំណីអាហារមិនសូវបាន នាមសំព.

693.	អាផ្លាយដ applied បានលាបថ្មាំ ទើបក្លើ directly ចំ ផ្ទ to លើ ទើ the ស្ទ្រិន skin ស្បែក កិរិយាសព្ទ.
694.	អាផ្លាយឃ្យ applies ដាក់ផែ ជ្រេសស៊ើ pressure ច្របាច់ ឬសង្កត់នៅលើសាច់ ដុំដើម្បីនឹងពិនិត្យមើលវោគ ឬជម្ងឺ២ឌឯ ឬការចាប់សរវៃស ឬការច្របាច់សាច់ដោយប្រើម្រាមដៃ សង្កត់ពីលើសាច់ដុំ កិរិយាសព្ទ.
695.	អាផ្លាយ apply ដាក់ ឬលាប ក្រឹម cream ថ្នាំប្រេញខាប់ៗ (លាបថ្នាំលើសាច់) កិរិយាសព្ទ.
696.	អាផ្លាយ apply ដាក់ ជ្រេសស៊ើ pressure កម្លាំងសង្កត់លើ ឬរុយសង្កត់ពីលើអ្វីមួយៗ ឌឯ កិរិយាសព្ទ.
697.	អាផ្លាយ apply ដាក់ ស្ទេទី steady វ៉ូរស្យ force ដាក់កម្លាំងសង្កត់ឱ្យនឹងនៅ១កន្លែង (ដាក់កម្លាំងសង្កត់នៅលើរបស់អ្វីមួយ) កិរិយាសព្ទ.
698.	អាផ្លាយឥង applying កំពុងតែដាក់ អែសូ ice ទឹកកកស្ទើនៅកន្លែងដែលលើចាប់ កិរិយាសព្ទ.
699.	អាផ្លាយឥង applying កំពុងតែដាក់ ហ្ជិត heat ទឹកក្តៅ ឬរបស់ស្ទើនៅកន្លែងលើចាប់ កិរិយាសព្ទ.
700.	អាផ្រុក្ស៊ីមេតលី approximately មានប្រហែល ស្រ៊ើហេនវ៉ិត 300 ៣០០ មិលលៀន million លៀន អាលវៀឡាយ alveoli ថង់ខ្យល់តួចៗ អិន in នៅក្នុង ទើ the ហ្ប៊ូមេន human ឡ្យាំង្ស lungs ស្ួតរបស់មនុស្ស កិរិយាវិសេសន៍.
701.	អែក្ួេអូ aqueo- ទឹក អ៉ួរ or ឬ អែក្ួេអូ aque/o ទឹក - វ៉ូទើ water ទឹក-ព្រ៊ីវ៉ិក្ស prefix បុព្ធបទ ឬពាក្យសម្រាប់ដាក់ពីខាងមុខ.
702.	អេអ៉ីរ -ar នៃ ឬទាក់ទងជាមួយនឹង -រីលេទិង relating នៃ ឬជាប់ទាក់ទង ផ្ទ to ទៅនឹង- ឬ ព៊ើថេទិង pertaining ទាក់ទង ផ្ទ to ជាមួយនឹង -ស៊ូវ៉ិក្ស suffix បច្ច័យ ឬពាក្យសម្រាប់ដាក់ពីខាងក្រោយ.
703.	អេរ៉ែកន័រយដ arachnoid មេមប្រេន membrane សាច់ស្រោមខួរក្បាល ហើយនឹង សាច់ស្រោមខួរឆ្អឹងខ្នងស្រទាប់សាច់នៅកណ្ដាល វ៉ាទៅជាន់ទីពីរ ឬស្រោមខួរក្បាលនឹងឆ្អឹងខ្នងជាន់ទីពីរ វ៉ាមានរាងដូចជាសំបុកពីងពាង ឃ្លៀ dura ម៉ែធ័ mater ស្រោមខួរក្បាល ហើយនឹងស្រោម ខួរឆ្អឹងខ្នងស្រទាប់ខាងក្រៅ (ស្រោមខួរក្បាលមាន៣ជាន់) នាមសព្ទ.

704.	អាគី -arche ដើមដំបូង អ័រ or ឬ ចាប់ផ្ដើមមុនគេ អាគី -arche អ័រ or ឬ អាគិ archi ប៊ីគិនីង beginning ដើមដំបូង ចាប់ផ្ដើមមុនគេ -សាហ្វីក្ស suffix បច្ច័យ ឬពាក្យសម្រាប់តពីខាងក្រោយ.
705.	អាឃ្យូអិត arcuate អាទើរី artery សរសៃឈាមក្រហមកោង ឬវៀច នាមស័ព្ទ.
706.	អាឃ្យូអិត arcuate ស្កូតូម៉ា scotoma ភ្នែកខ្វាក់សាច់កើតឡើងកោងជុំ ឬវៀចនៅក្នុងគ្រាប់ភ្នែកដោយសារតែមានរោគខ្យល់រុញ នាមស័ព្ទ.
707.	អាឃ្យូអិត arcuate វេន vein សរសៃឈាមខ្មៅកោង ឬវៀច នាមស័ព្ទ.
708.	អាឃ្យូអិត arcuate លិកាមេន្ទ ligament ឆ្អឹងខ្ចីកោងនៅកណ្ដាល នាមស័ព្ទ.
709.	អាកើស arcus សេនិលិស senilis រោគដែលមានពណ៌សប្រផេះ លឿង កើតឡើងនៅជុំវិញសាច់ស្រោមគ្រាប់ភ្នែកឈ្មោះ ឃូរនៀ cornea នាមស័ព្ទ.
710.	អា are គឺ អីលេវេត្ត elevated ឡើងខ្ពស់ កិរិយាសព្ទ.
711.	អា are គឺ អីនឡាច្ត enlarged បានរីកធំ បានធំឡើង កិរិយាសព្ទ.
712.	អា are វ៉ួរម្ដ formed បានកកើតឡើង កិរិយាសព្ទ.
713.	អា are អិមផ្លែន្ទដ implanted បានផ្សាំទុកនៅក្នុងខ្លួន ឬបានតទុកនៅក្នុងខ្លួន កិរិយាសព្ទ.
714.	អា are គឺ មិសវ៉ួរម mis-form កើតខុសពីភាពធម្មតា កិរិយាសព្ទ.
715.	អា are ផិកឈើដ pictured បានឃើញរូបភាព ឬបានថតរូបទុក កិរិយាសព្ទ.
716.	អា are ព្រីសេន្ទ present បានឱ្យឃើញ កិរិយាសព្ទ.
717.	អា are ផាំម្ពដ pumped បានបូម ឬបានសប់ កិរិយាសព្ទ.
718.	អា are គឺ រៀលី rarely កម្រមាន អេ a ស្រ្ទែត threat គ្រោះថ្នាក់ ធូ to ទៅដល់ ឡៃវ៍ life ជីវិត កិរិយាសព្ទ.
719.	អា are គឺ សើជិខុលលី surgically ដែលបានវះកាត់ រេមូវដ ឬរេមូ៉វដ removed យកចេញ កិរិយាសព្ទ.
720.	អេរៀ area កន្លែង អីរោន្ត around នៅជុំវិញ ឡាច large អិនថេស្ទាញ ឬអិនថេស្ទីន intestine ពោះវៀនធំ (វាមានប្រាំផ្នែក) នាមស័ព្ទ.

721.	អេរៀ area កន្លែង អឺរៅន្ត around នៅជុំវិញ ម៉ាយ my លិផ្ស lips បបូរមាត់ទាំងពីរ អែន្ត and ហើយនឹង នូស nose ច្រមុះរបស់ខ្ញុំ នាមសំពុ.
722.	អេរៀ area កន្លែង អឺរៅន្ត around នៅជុំវិញ ស្មោល្ល small អិនថេស្មាញ ឬអិនថេស្ទីន intestine ពោះវៀនតូច (វាមានបីផ្នែក) នាមសំពុ.
723.	អេរៀ area កន្លែងមួយ អឺកវាន្ត ឬអឺវាន្ត around នៅជុំវិញ ស្មោល្ល small អិនថេស្មាញ ឬអិនថេស្ទីន intestine ពោះវៀនតូច (វាមានបីផ្នែក) គេត get បាន អិនវៃក្ុង infected ដុំថោ នាមសំពុ.
724.	អេរៀ area កន្លែងមួយ អឺវាន្ត around នៅជុំវិញ ស្មោល្ល small អិនថេស្មាញ ឬអិនថេស្ទីន intestine ពោះវៀនតូច (វាមានបីផ្នែក) គេត get បាន អិនជ្លៃមដ inflamed រលាក នាមសំពុ.
725.	អេរៀ area កន្លែងមួយ អឺវាន្ត around នៅជុំវិញ ធើ the ខូឡ្ុន colon ពោះវៀនធំ (វាមានប្រាំផ្នែក) គេត get បាន អិនវៃក្ុង infected រលាកដុំថោ នាមសំពុ.
726.	អេរៀ area កន្លែង បីហាញន្ត behind នៅខាងក្រោយ ធើ the ណី knee ចញន្ត joint សន្លាក់ផ្លើងក្បាលជង្គង់ គេត get បាន អិនវៃក្ុង infected រលាកដុំថោ នាមសំពុ.
727.	អេរៀ area កន្លែង អៅវ of ដែល ឌីខេ decay រលួយ ឬនៅកន្លែងដែលពុក នាមសំពុ.
728.	អេរៀ area កន្លែងនៅ អៅវ of ធើ the ហ្គាត heart បេះដូង នាមសំពុ.
729.	អេរៀ area កន្លែងនៅ អៅវ of ធើ the ឡាំង្ស lungs សួតទាំងពីរ នាមសំពុ.
730.	អេរៀ area កន្លែង ធូ to ដែល បី be អាច អីក្ុសៃដ្ excided ស្រើបស្រាយ នាមសំពុ.
731.	អេរីអូឡ៊ើ Areolar ផ្គ្ន្ត gland ក្រពេញនៅកន្លែងចុងរោះ (ឬប្រឡោះកណ្ដាលតូចដែល មានខ្លាញ់នៅក្នុងវា) នាមសំពុ.
732.	អេរីអូឡ៊ើ Areolar ធិសស្ូ tissue សាច់ ឬជាលិកានៅកន្លែងចុងរោះ (ឬប្រឡោះ កណ្ដាលរន្ធតូចដែលមានខ្លាញ់នៅក្នុងវា) នាមសំពុ.
733.	អាៃសិង arising កំពុងតែក្រោក ឬ\u200bfrom ពី ស្លីផិង sleeping ដេក កិរិយាសពុ.
734.	អាៃសិង arising កំពុងតែមានសាច់ពកដុះឡើង អិន in នៅក្នុង យូធើរិស uterus ស្បូន កិរិយាសពុ.

735.	អាម arm ដែលចាប់ពីស្មាទៅរហូតដល់កដៃ ឬផ្នែ and ហើយនឹង ហៃត្ត hand ដៃពីត្រឹមកដៃទៅរហូតដល់ចុងម្រាមដៃ នាមសំពុ.
736.	អាម arm ថែតនេស្យ tightness តឹងដែខ្លាំង តឹងនៅដែបន្តិចរហូតដល់តឹងខ្លាំង នាមសំពុ.
737.	អាមផិត Armpit វិជីន region តំបន់ ឬកន្លែងនៅវត្តភ្ជៀក នាមសំពុ.
738.	អាម្យ Arms ដែទាំងពី ដែត at នៅ នាមសំពុ.
739.	អឹកវាន្ត ឬអឹវាន្ត around នៅជុំវិញ ឪ the ប្រន brain ខួរក្បាល កិរិយាវិសេសសន៍.
740.	អឹវាន្ត around នៅជុំវិញ ឪ the អាយ eye ភ្នែកម្ខាង កិរិយាវិសេសសន៍.
741.	អឹវាន្ត around នៅជុំវិញ ឪ the ធ៉ិស teeth ធ្មេញជាច្រើន កិរិយាវិសេសសន៍.
742.	អឹវាន្ត around នៅជុំវិញ អេ a ធ្ខិស tooth ធ្មេញមួយ កិរិយាវិសេសសន៍.
743.	អឹវាន្ត around នៅជុំវិញ ឪ the អាម់បិលិកើស umbilicus វង្គើត្ថិត ឬផ្ថិត១ កិរិយាវិសេសសន៍.
744.	អឹវាស arouse មានអារម្មណ៍ សេក្យស្យិល sexual ឌីសេយ៉េ desire ចង់ចុយគ្នា ដោយមានការស្រើបស្រាល នាមសំពុ.
745.	អឹវាស arouse មានអារម្មណ៍ សេក្យស្យិល sexual ស្រើបស្រាលនៅក្នុងពេលចុយគ្នា ល្យវ love ដោយសេចក្តីស្រឡាញ់ (នេះគឺជាធម្មជាតិរបស់មនុស្ស ឬសត្វ) កិរិយាសពុ.
746.	អារង្គ Arranged បានរៀបចំ ម៉ាសសិល muscle សាច់ដុំឡើង កិរិយាសពុ.
747.	អារ៉ យ array ផ្ទឹវ of ្រ្ដាត់ស drugs រៀបចំ ឬឪាក់ថ្នាំតាំងឡើងឱ្យទៅតាម លេខរៀងរបស់វា កិរិយាសពុ.
748.	អាផ្ទៀវៀល arterial ដែញ៉ូវ៉ិស៉ីម aneurysm សរសៃឈាមរីកធំ ឬជញ្ជាំងសរសៃឈាមក្រហាមប៉ោងធំ នាមសំពុ.
749.	អាផ្ទៀវៀល Arterial វ៉ុល្ល wall ជញ្ជាំងរបស់សរសៃឈាម១ នាមសំពុ.
750.	អាផ្ទៀវៀល arterial វ៉ុល្លស walls ជញ្ជាំងរបស់សរសៃឈាមក្រហាមជាច្រើន នាមសំពុ.
751.	អាធើរ៉ីស Arteries សរសៃឈាមក្រហាមជាច្រើន ផ្នែ and ហើយនឹង វ៉េ្ស veins សរសៃឈាមខៀវជាច្រើន នាមសំពុ.
752.	អាធើរ៉ីស Arteries សរសៃឈាមក្រហាមជាច្រើន អិន in នៅក្នុង ឪ the ក្រ៉ូញន groin ក្រលៀន នាមសំពុ.

753.	អាធើរីស Arteries សរសៃឈាមក្រហមជាច្រើន ស៊ាងផ្លាយិង supplying ដែលផ្គល់ឈាមទៅឱ្យ នាមសំពួ.
754.	អែនធ្យៀរអ្វលើ arteriolar វ៉ូល្លស walls ជញ្ជាំងរបស់សរសៃឈាមក្រហមតូចៗ នាមសំពួ.
755.	អាធើរីអ្វ arterio- អ៊ិរ or ឬ អាធើរីអ្វ arteri/o- នៃសរសៃឈាមក្រហមតូចៗ អាធើរី artery សរសៃឈាមក្រហមមួយ -ធ្រីវិក្ស prefix បុព្វបទ ឬពាក្យសម្រាប់តបញ្ចូលផ្ចាពីខាងមុខ.
756.	អាធ្យៀរអ្វលអ្វ Arteriolo- អ៊ិរ or ឬ អាធ្យៀរអ្វលអ្វ Arteriol/o- សរសៃឈាមតូចៗ ជាច្រើន អាធ្យៀរអ្វល្យ arterioles សរសៃឈាមតូចៗជាច្រើន -ធ្រីវិក្ស prefix បុព្វបទ ឬពាក្យសម្រាប់តបញ្ចូលផ្ចាពីខាងមុខ.
757.	អាធ្យៀរអ្វល arteriole វ៉ូល្លស walls ជញ្ជាំងរបស់សរសៃឈាមក្រហមតូចៗស្តើងៗជាច្រើន នាមសំពួ.
758.	អាធ្យៀរអ្វល្យ arterioles សរសៃឈាមក្រហមតូចៗជាច្រើន អ៊ិន in នៅក្នុង ធើ the ស្គិន skin ស្បែក នាមសំពួ.
759.	អាធ្យៀរអ្វវីនៃស arteriovenous អែញ៉ូរ៉ិសិម្ប aneurysms ជញ្ជាំងសរសៃឈាមក្រហម ហើយនឹងសរសៃឈាមខ្យៅរីកប៉ោ៉ងធំញ៉ូរ នាមសំពួ.
760.	អាធើរ artero- អ៊ិរ or ឬ អាធើរ arter/o - អាតធើរ artery សរសៃឈាមក្រហម មួយ (សរសៃឈាម វ៉ាមានស្រទាប់សាច់ក្រាស់ពជាន់ កំបុំន្លៃវ៉ាផ្ធានស្រទះ ឬទ្វារបិតបើក ផ្ចុចសៃឈាមខ្យៅទេ) -ធ្រីវិក្ស prefix បុព្វបទ ឬពាក្យសម្រាប់តបញ្ចូលផ្ចាពីខាងមុខ.
761.	អាធើរ Artery ប្រេងភីស branches មែកសាខាជាច្រើនរបស់សរសៃឈាមក្រហម នាមសំពួ.
762.	អាតធើរ Artery សរសៃឈាមក្រហម ខ្យៅរ៉ិ carry ដឹកនាំ អ៊ក្ស៊ីជិន oxygen ខ្យល់អុក ស៊ីសែន ឬខ្យល់អុកស៊ីប្យ៉ៃន្យៃទៅចិញ្ចឹមរងខ្លួន នាមសំពួ.
763.	អាធើរ artery សរសៃឈាមក្រហម ហារដេនិង hardening ធ្វើ៉ឱ្យរិង មិនយ៉ឺត មិនទន់ (រោគនេះគេហៅវ៉ាថា អាធ្យៀរអ្វសខ្លៃរសិស arteriosclerosis) នាមសំពួ.
764.	អាធើរ Artery សរសៃឈាមក្រហម អ៊ិន in នៅក្នុង ធើ the ណ៉ៃ knee ក្បាលជង្គង់ នាមសំពួ.

765.	អាតេរី Artery សរសៃឈាមក្រហម អិស is គឺ ល្បីនិង leading នាំ ធ្ម to ទៅ ឆ្ពើ the ប្រេន brain ខួរក្បាល នាមសំពុ.
766.	អាតេរី Artery វ៉ល wall ជញ្ជាំងរបស់សរសៃឈាមក្រហម នាមសំពុ.
767.	អាស្រ្ថ arthro- នៃ ឬទាក់ទងទៅនឹងសន្លាក់ឆ្អឹងដែលជើង -ចញ្ម joint សន្លាក់ឆ្អឹងដែលជើង -ផ្រីវិក្យ prefix បុព្វបទ ឬជាក្យសម្រាប់តបព្ជូលក្ដាពីខាងមុខ.
768.	អាស្រ្ត្រៀ ឬអាត្រ្ត៊ៀ -Arthria តភ្ជាប់ជាមួយក្ដានឹងសន្លាក់ឆ្អឹងដែលជើង - អាធិខ្យលេត articulate តភ្ជាប់ជាមួយក្ដានឹងសន្លាក់ឆ្អឹងដែលជើង -សារវិក្យ suffix បច្ច័យ ឬជាក្យសម្រាប់តពីខាងក្រោយ.
769.	អាស្រ្ត៊ីធិស ឬអាត្រ៊ីធិស arthritis រលាកទៅសន្លាក់ឆ្អឹង /ចញ្ម joint ផេនួ pains ឈឺនៅសន្លាក់ឆ្អឹងដែលជើង (ឬរាឃឺដែលជើងប្រើតកន្លែង រោគរលាកទៅសន្លាក់ឆ្អឹងដែលជើង ឬរោគឈឺហើម រលាកទៅសន្លាក់ឆ្អឹងណាមួយផ្សេងទៀត នាមសំពុ.
770.	អាស្រ្ត៊ីអូ arthrio- អិរ or ឬ អាស្រ្ត៊ីអូ arthri/o- រន្ធសរសៃឈាមក្រហមត្ថច -ផ្រីវិក្យ prefix បុព្វបទ ឬជាក្យសម្រាប់តបព្ជូលក្ដាពីខាងមុខ.
771.	អាស្រ្ថ៊ arthro- អិរ or ឬ អាស្រ្ថ៊ Arthr/o នៃ ឬទាក់ទងទៅនឹងសន្លាក់ឆ្អឹងដែលជើង -ចញ្ម joint សន្លាក់ឆ្អឹង -ផ្រីវិក្យ prefix បុព្វបទ ឬជាក្យសម្រាប់តពីខាងមុខ.
772.	អាធិខ្យល articul- សន្លាក់ឆ្អឹង ចញ្ម joint សន្លាក់ឆ្អឹងដែលជើង -ផ្រីវិក្យ prefix បុព្វបទ ឬជាក្យសម្រាប់តពីខាងមុខ.
773.	អាធិខ្យល៊ើ articular ខែផស្ួល capsule គ្រាប់ឆ្អឹងមួលទៅសន្លាក់ឆ្អឹងជើម៉្យីងឱ្យ ឆ្អឹងវិលស្រួល នាមសំពុ.
774.	អាធិខ្យល៊ើ articular ខាធិលេជ cartilage សាច់ឆ្អឹងខ្ចីទៅសន្លាក់ឆ្អឹង នាមសំពុ.
775.	អាធិខ្យល៊ើ articular ខែវិទីស cavities ប្រហោង ឬបន្ធទៅកន្លាក់ឆ្អឹង នាមសំពុ.
776.	អាធិខ្យល៊ើ articular ឌិស្ក disk ឆ្អឹងថាស់ ឬសាច់ឆ្អឹងខ្ចីទៅត្រាប់តនឹងសន្លាក់ឆ្អឹង នាមសំពុ.
777.	អាធិខ្យលេត្ស articulates តផ្ទាប់ វិត្ថ with ជាមួយនឹង កិរិយាសពុ.
778.	អាធិខ្យលេធិង Articulating សន្លាក់ឆ្អឹងដែលតផ្ទាប់ ឬនួ bones ជាមួយនឹងឆ្អឹង១ទៀត កិរិយាសពុ.

779.	អាធិខ្យូល្លូ articulo- អ័រ or ឬ អាធិខ្យូល្លូ articul/o - សន្លាក់ឆ្អឹងដែលជើង ចញ្ចន្ត joint សន្លាក់ឆ្អឹងដែ ឬជើង -ធ្រីវិក្យ prefix បុព្វបទ ឬពាក្យសម្រាប់តពីខាងមុខ.
780.	អាធិវិសិល artificial ហ្គាត heart បេះដូងខ្លែងខ្លាយ (បេះដូងដែលមនុស្សធ្វើ) (សិប្បនិម្មិតសន្តះបេះដូង) នាមសំពុ.
781.	អាធិវិសិល artificial ហ្គាត heart វ៉ាលវ valve សន្តះបេះដូងខ្លែងខ្លាយ (សន្តះបេះដូងដែលមនុស្សធ្វើ) (សិប្បនិម្មិតសន្តះបេះដូង) នាមសំពុ.
782.	អាធិវិសិល Artificial យិដនី kidney កម្រងទឹកនោមៗខ្លែងខ្លាយ ឬបីនពិត១ (សិប្បនិម្មិតក្រឡៀន) (កម្រងទឹកនោមដែលមនុស្សធ្វើ) នាមសំពុ.
783.	អាធិវិសិល Artificial យិដនីស kidneys កម្រងទឹកនោមខ្លែងខ្លាយ២ (សិប្បនិម្មិតក្រឡៀន) (ឬម៉ាស៊ីនលាងឈាម ឬព្រោះយកទឹកនោមចេញពីឈាម) នាមសំពុ.
784.	អាធិវិសិល Artificial មេដ made ធ្វើសិប្បនិម្មិត របស់មិនពិតបានធ្វើឡើងដោយដៃមនុស្ស (មនុស្សធ្វើម៉ាស៊ីនលាងឈាម ឬម៉ាស៊ីនព្រោះយកទឹកនោមចេញពីឈាម) នាមសំពុ.
785.	អាធិវិសិល Artificial ម៉េន្ននោះស menopause ការអស់រដូវ អ៊ុកឃើ occur កើតឡើង (បើស៊ីនជាបានរះកាត់យកពងដែលវានៅខាងក្រោមដែលស្លូនចេញ ឬបានព្យាបាលរោគ ដោយប្រើកម្លាំងកម្មូរស្ត្រី) កិរិយាសពុ.
786.	អាធិវិសិល artificial នូទ្រិសិន្យ ឬនូទ្រិសិន្យ nutrition សិប្បនិម្មិតចំណីអាហារៗ ដែលមិនពិត នាមសំពុ.
787.	អាធិវិសិល Artificial អូផេនិង opening ប្រហោងខ្លែងខ្លាយ (របស់មិនពិត សិប្បនិម្មិព) នាមសំពុ.
788.	អាធិវិសិល Artificial ធៀរស tears ថ្នាំដាក់ភ្នែកឱ្យសើម ទឹកភ្នែកដែលមនុស្សធ្វើដើម្បី ទុកដាក់ឱ្យសើមក្នុងគ្រាប់ភ្នែក ទឹកនេះត្រាន់តែធ្វើឱ្យសើមនៅក្នុងគ្រាប់ភ្នែក វាធ្ងានជាតិថ្នាំទេ នាមសំពុ.
789.	អាធិស្ទិក artistic ស្ទាល style កំនូរសិល្បៈក្បាច់ក្បូរទៅតាមការវៃឆ្លាតប្រជិតរបស់អ្នកគូរកំនូរ នាមសំពុ.
790.	អារី -ary នៃ ឬទាក់ទងទៅនឹង ផើផេជិង pertaining ទាក់ទង ធូ to ជាមួយនឹង -សាវិក្យ suffix បច្ច័យ ឬពាក្យសម្រាប់តពីខាងក្រោយ.
791.	អែស as ដូច អេ a ឌីស្ត្រាក់ធីវ destructive ជាស្តុះ អាយតនិបាត.

792.	ផែស **as** ដូចជាបាន ផែន **an** អិនថេនសិវ **intensive** ពឹងផ្អែកទៅលើអ្វីមួយខ្លាំង អាយផតនិបាត.
793.	ផែស **as** សេវ **safe** ញ្ញានព្រោះថ្នាក់ ផែស **as** ដូចជា អាយផតនិបាត.
794.	ផែស **as** ដូចជា សិល្ស **salts** អំបិល អាយផតនិបាត.
795.	ផែស **as** ដូចជា ស្ញូគើ **sugar** ស្ករ អាយផតនិបាត.
796.	ផែស **as** ដូចជា ថើ **the** ស្ទម៉ាច្ច ឬស្ទម៉ាយ **stomach** ក្រពះ អាយផតនិបាត.
797.	ផែស **as** ដូច យូរ៉ុន **urine** ទឹកនោម អាយផតនិបាត.
798.	ផែសបេសត្ត **asbesto-** អិរ **or** ឬ ផែសបេសត្ត **asbest/o** វត្ថុធាតុមួយ - ផែសបេសត្តស **asbestos** វត្ថុធាតុមួយនៅក្នុងក្រុមដែលវាមានរាងសរសៃៗ បើសិនជាវាចូល តាមផ្លូវដកដង្ហើម វាអាចធ្វើអោយកើតរោគមហារីក -ព្រីវិក្ស **prefix** បុព្វបទ ឬជាក្យសម្រាប់ផតពីខាងមុខ.
799.	ផែសសេនឌិង **ascending** អេអិរថា **aorta** សរសៃឈាមក្រហមធំដែលនាំឈាម ឡើងទៅលើ នាមស័ព្ទ.
800.	ផែសសេនឌិង **ascending** ខូឡ៊ីន **colon** ពោះវៀនធំផ្នែកខាងស្ដាំដែលឡើងទៅលើ (ពោះវៀនធំបកពីខ្មែងពោះវៀន ឬមកពីក្បាលពោះវៀនឡើងទៅលើ) នាមស័ព្ទ.
801.	ផែសអី **-ase** ជាផតទិកប្រភេទអ៊ិនឈ្មោះអ៊ិនសាម - អិនស្ញ៉ាម **enzyme** ជាផតទិកប្រភេទអ៊ិនឈ្មោះ អ៊ិនស្ញ៉ាមដែលជួយរំលាយចំណីអាហារ -សារវិក្ស **suffix** បច្ច័យ ឬជាក្យសម្រាប់ផតពីខាងក្រោយ.
802.	ផែសសៃតឞ **Ascites** រោគមានទឹកច្រើនប្រមូលផ្ដុំឡើងនៅក្នុងស្រោមពោះខុសពីភាពធម្មតា នាមស័ព្ទ.
803.	ផែសូបិក **Ascorbic** ផែសិង **acid** វាជាឈ្មោះជើមរបស់ (វែថាមីន **Vitamin** ស៊ី c ឈ្មោះថ្នាំវីតាមីន វាជួយឃ្លុនឃើឹងគ្រប់យ៉ាង) នាមស័ព្ទ.
804.	អេស្ពើមែតថូជេនិក **aspermatogenic** ស្ពើរលិទី **sterility** មិនអាចមានកូនបាន ពីព្រោះមានរោគ១យ៉ាងដែលធ្វើ ឬផលិតទឹកកាមមិនបាន (ឬក៍មានរោគបាញ់ទឹកកាមចេញមិនឡ្លួច) នាមស័ព្ទ.
805.	អេស្ពើមែតថូជេនីសិស **aspermatogenesis** ផលិតទឹកកាមមិនបាន ឬក៍មានរោគបាញ់ទឹក កាមចេញមិនឡ្លួច) នាមស័ព្ទ.

806.	អាស្ពីរេសិន aspiration បែបអូសស៊ី biopsy ចាក់បូមយកទឹកចេញពីរន្ធក្នុងខ្លួនដើម្បីនឹងយកទៅពីសោធន៍មើលរោគ នាមសព្ទ.
807.	អាស្ពីរេសិន aspiration ចំហាយ ផ្សែង of វត្ថុ fluid ទឹកចូលទៅក្នុងខ្លួនតាមការដកដង្ហើម (ខ្យល់ចំហាយរបស់ទឹកដែលដកដង្ហើមចូលទៅក្នុងខ្លួន) នាមសព្ទ.
808.	អាសាញ្ញដ assigned ធ្វើ the និក្បត next បន្ទាប់មកបានបង្គាប់ឲ្យ រៀន one ត្រូវម្នាម problem បន្តធ្វើការដោះស្រាយបញ្ហាមួយទៀត កិរិយាសព្ទ.
809.	អាសិស្ដដ assisted បានជួយ រេស្ពីរេសិន respiration ឲ្យដកដង្ហើមស្រួល (ជំនួយខាងការដកដង្ហើម) កិរិយាសព្ទ.
810.	អាសូសិអេតដ associated បានទាក់ទងជាមួយនឹង ខនឌិសិនស៍ conditions រោគជាច្រើន កិរិយាសព្ទ.
811.	អាសូសិអេតដ associated បានទាក់ទងជាមួយ អ័រកិនស៍ organs សរីរាគ្គ ឬក្រពេញជាច្រើន កិរិយាសព្ទ.
812.	អាសូសិអេតដ associated ដែលទាក់ទង វិថ្ត with ជាមួយនឹង អាលលើជីស allergies ការប្រតិកម្មជាមួយនឹងវត្ថុធាតុអ្វីមួយ កិរិយាសព្ទ.
813.	អាសូសិអេតដ associated បាន ឬដែលទាក់ទង វិថ្ត with ជាមួយនឹង អេជិង aging អាយុចាស់ទៅៗ (អាយុកើនច្រើនឡើងៗ) កិរិយាសព្ទ.
814.	អាសូសិអេតដ associated បាន ឬដែលទាក់ទង វិថ្ត with ជាមួយនឹង អាយ eye អាប្រេសិន abrasion ការកោសសាច់ភ្នែកឲ្យស្ដើង កិរិយាសព្ទ.
815.	អាសូសិអេតដ associated បានទាក់ទង វិថ្ត with ជាមួយនឹង អ៊ីនជើរ injury មុខរបួស កិរិយាសព្ទ.
816.	អាសូសិអេតដ associated បានទាក់ទង វិថ្ត with ជាមួយនឹង អ៊ីនវ៉ិកសិន infection រោគដំបៅ កិរិយាសព្ទ.
817.	អាសូសិអេតដ associated បានទាក់ទង វិថ្ត with ជាមួយនឹង អ៊ីនវ៉ើង-ក្រូវ៉ិង inward-growing អាយម្ល្ងស្ទីល eyelashes រូមភ្នែកដុះកោងចូលទៅក្នុងគ្រាប់ភ្នែក កិរិយាសព្ទ.

818.	អាសស្សូសិអេត្ត associated ដែលទាក់ទង វ៉ិត្ថ with ជាមួយនឹង នេសុល nasal ផ្រូប្លេម្ស problems បញ្ហាមិនល្អនៅច្រមុះ កិរិយាសព្ទ.
819.	អែស្ទ័ aster វត្ថុធាតុលាយគ្នាជាមួយនឹងជាតិអំបិល ហើយនឹងជាតិខ្លាញ់ឈ្មោះ (ហ្វូសហ្វ័រិក phosphoric ដែសិង acid របស់ក្រុមទឹកអាស៊ីតឈ្មោះ អេចស្រ្តីនីអេវរ៉ង H3PH4 ក្រុមទឹកអាស៊ីតដែលមេរោគតូចៗ ឬកូនសត្វល្អិតៗធ្វើ) នាមសំព្ទ.
820.	អែសធើន astern ដែលបែទៅខាងក្រោយ ជាពិសេសគឺសរសៃឈាម ឬក៏ខាងក្រោយកា ប៉ាល់បោះ កិរិយាវិសេសន៍.
821.	អែសទ្រ Astro- ផ្កាយ ឬតារា អិរ or ឬ អែសទ្រ Astr/o ផ្កាយ ឬតារា - ស្ដា star ផ្កាយ ឬតារា-ជ្រីវិក្ស prefix បុព្វបទ ឬពាក្យសម្រាប់ផ្ទៃខាងមុខ.
822.	អែសទ្រូសៃត្ស astrocytes សេលួស cells ឈ្មោះគាប់សាច់ឈាម ឬកោសិកាដែលតផ្ទាប់ សរសៃវិញ្ញាណ ក៏ប៉ុន្តែវាមិនកំនឹកឬរុញចរនាទេ វាមានពាយ៉ាងពូចគ្នា ណ្យូរ៉ូធ្លើល neuroglial អែត្ត and អែសទ្រូធ្លៀរ astroglia សេលួស cells វាមានវាងពូច ផ្កាយ អ្នកវិជ្ជាសាស្ត្រដឹង ថាវានាំទឹក ហើយនឹងជាតិអំបិល វាវាងសរសៃឈាមតូចៗ ហើយនឹងសរសៃវិញ្ញាណ មៃក្រូធ្លើល microglial សេលួស cells ទិកឈាម ឬកោសិកានេះ វាបែកមែកសាខាតូចៗ ជាច្រើន (វានៅក្នុងប្រព័ន្ធសរសៃវិញ្ញាណតែវាមិនពុំវុញវិញ្ញាណទេ ក៏ប៉ុន្តែវាជួយជាពុំនួយខាងតផ្ទាប់គ្នា) វាមានចំនួនប្រហែល រៀន់ហេនរីតបិលលៀន 100 billion ណ្យូរ៉ូធ្លើល neuroglial សេលួស cells វាមានវាប់រយលៀនយ៉ាង នាមសំព្ទ.
823.	អែសម៉ា ឬអែស្ធ្រីម៉ា asthma ឃ៏ អែតថៃក្ស attacks ស្ទះផ្លូវដង្ហើមភ្លាមៗ (វាគហើត) (វកវគ្លើមមិន្សូវធម្មាមៗ) នាមសំព្ទ.
824.	អែស៊ីនៀ Asthenia- ការខ្សោះខាតកម្លាំង - លែក្ក lack ការខ្សោះខាត ឆវ៉រ of ស្រ្ថឹងសិ strength កម្លាំង វ៉ិតនេស្ស weakness វាតខ្សោយកម្លាំងសាច់ដុំ -ជ្រីវិក្ស prefix បុព្វបទ ឬពាក្យសម្រាប់ផ្ទៃខាងមុខ.
825.	អែសាយលៃម្ស asylums កន្លែងដែលសម្រាប់ជ្រកឲ្យផុតពីគ្រោះថ្នាក់ (មន្ទីរពេទ្យ) នាមសំព្ទ.
826.	អែត at នៅ អេ a ចញ្ជ joint សន្លាក់ឆ្អឹង១ អាយពនិបាត.
827.	អែត at នៅ ប៊ើត birth ពេលកើត អាយពនិបាត.
828.	អែត at នៅ ឆេក្ក check អ៊ិន in ពេលចុះឈ្មោះចូល អាយពនិបាត.

829.	ផែត **at** ហ្គាត **heart** នៅក្នុងចិត្តកំនិត អាយតនិបាត.
830.	ផែត **at** នៅ ចញ្ចុស **joints** សន្លាក់ឆ្អឹងជាច្រើន អាយតនិបាត.
831.	ផែត **at** អាចមាន វិស្ស **risk** ព្រោះថ្នាក់ ឬអាចនាប់កើតឡាក អាយតនិបាត.
832.	ផែត **at** អាចមាន វិស្ស **risk** ព្រោះថ្នាក់ ឱ្យ **for** ឱ្យ ប្រៀកលេើស **fractures** បាក់ឆ្អឹង អាយតនិបាត.
833.	ផែត **at** នៅ ធើ the ផែនផ្សៀរ **anterior** ខាងមុខ អាយតនិបាត.
834.	ផែត **at** នៅ ធើ the ប៉ែក្ត **back** ខាងក្រោយ អាយតនិបាត.
835.	ផែត **at** នៅ ធើ the ប៉ែក្ត **back** ខាងក្រោយ អេីរ **of** ធើ the ស្មាល **skull** លលាដ៍ក្បាល អាយតនិបាត.
836.	ផែត **at** នៅ ធើ the សេីវិខុល **cervical** ឆ្អឹងខ្នងនៅ លេវេល **level** ត្រង់ក អាយតនិបាត.
837.	ផែត **at** នៅ ធើ the ល្វ្រៃ **lower** ខាងក្រោម អីនន្ត **end** ចុង អេីរ **of** របស់ ធើ the ឡ្បាំង **lung** ស្ងួត អាយតនិបាត.
838.	ផែត **at** នៅត្រង់ ធើ the ឡ្បាម់ប៉ើ **lumbar** លេវេល **level** ឆ្អឹងខ្នងនៅសង្ខេះ អាយតនិបាត.
839.	អេថេល្ល **atelo-** មិនពេញបេក្ខណៈ អិរ **or** ឬ អេថេល្ល **atel/o-** មិនពេញលក្ខណៈ - អិមធើវិក្ត **imperfect** មិនពេញលក្ខណៈ - អិនខាំផ្លីត ឬអិនខូម៉ផ្លីត **incomplete** មិនពេញលក្ខណៈ មិនគ្រប់គ្រាន់ មិនសម្រេចតាមត្រូវការខ្វះខាត មានភាពមិនត្រឹមត្រូវ ធ្វើមិនហេីយ (ពាក្យទាំងបីនេះមានអត្ថន័យដួចគ្នា) -ជ្រើវិក្យ **prefix** បុព្ធបទ ឬពាក្យសម្រាប់តពីខាងមុខ.
840.	អេសេីរ **athero-** ជាតិខ្លាញ់កកផ្លាំងៗនៅក្នុងសរ/សែឈាម អិរ **or** ឬ អេសេីរ **ather/o-** ជាតិខ្លាញ់កកផ្លាំងៗនៅក្នុងសរ/សែឈាម - ផ្ងយ **plaque** ជាតិខ្លាញ់កកផ្លាំងៗ (វ៉ែតទី **fatty** ស៉ាប់ស្ងែនស្ស **substance** វត្តធាតុ ឬសាធាតុខ្លាញ់) ជាតិខ្លាញ់កកផ្លាំងៗនៅក្នុងសរ/សែឈាម - ជ្រើវិក្យ **prefix** បុព្ធបទ ឬពាក្យសម្រាប់តបញ្ចូលគ្នាពីខាងមុខ.
841.	អេទ្រៀម៉ា **atheroma** អិរ **or** ឬ ផ្ងយ **plaque** វាតពុំខ្លាញ់១កករឹងៗនៅក្នុង សរ/សែឈាមក្រហម នាមសំពុ.

842.	អេទ័រម៉ែស **atheromas** អិរ or ឬ ផ្លុយស **plaques** រាតុំខ្លាញ់ច្រើនកក់រឹងៗ នៅក្នុងសរសៃឈាមក្រហម អេទ័រម៉ាថា **atheromata** រាតុំខ្លាញ់ច្រើនកក់រឹងៗ នាមសំពូ.
843.	អេទ័រម៉ាធិក **atheromatic** អិរ or ឬ ផ្លុយស **plaques** រាតុំខ្លាញ់ច្រើនកក់រឹងៗ នៅក្នុងសរសៃឈាមក្រហម នាមសំពូ.
844.	អេសឺរ៉ម៉ាផៀស **atheromatous** ឌីជីនើរេសិន **degeneration** រាតជាតិខ្លាញ់ កកផ្ទាំងៗនៅក្នុងសរសៃឈាមក្រហម ឬមានរោគសីក ប្រិលជាតិខ្លាញ់នៅក្នុងសរសៃឈាមក្រហម គុណនាម.
845.	អេទ័រសខ្លឺរ៉ធិក **atherosclerotic** នៃរោគផ្ទាំងខ្លាញ់កក់រឹងនៅក្នុងជព្ចាំងសរសៃឈាម ក្រហម នាមសំពូ.
846.	អេសលីត់ʼស **athlete's** វ្ជិត **foot** រាតជំពៅនៅជើងកើតមកពីកូនផ្សិតតូចៗដុះនៅ លើស្បែក កើតមកពីមេរោគរស់នៅលើស្បែក រម៉ាស់ឡើងកន្ទ្លាប់មូលៗនៅលើស្បែកត្រង់រើងទាំង ពីរដែលឡើងក្រម់ក្រៀមនៅជើរិញ នាមសំពូ.
847.	អេសិន -ation រប្យបធ្វើ កម្មវិធីធ្វើ - ព្រសេស្ស **process** រប្យបធ្វើ កម្មវិធីធ្វើ -សារវ័ក្ស **suffix** បច្ច័យ ឬបាក្យសម្រាប់តពីខាងក្រោយ.
848.	អេតឡ្បីស **atlas** ឱ្តុ **bones** ឆ្អឹងនៅកដែលទ្រក្បាល វាការពារខ្លួឆ្អឹងខ្នង វាការពារបេះដូង ហើយនឹងការពារស្ងួតផង នាមសំពូ.
849.	អេតមួសហ្ពៀរិក **atmospheric** ទឹកផ្នែងនៅជុំវិញ ព្រសសើ **pressure** កម្លាំងរញ្ជ្បឱ្យ ឌីក្រីស **decrease** ចុះទាប នាមសំពូ.
850.	អិថមិក **atomic** អីនើជី **energy** ស្ថួលរបស់ប្រភពកម្លាំងភ្លើងអត្តិសនីដែលតួចជាងគេ នាមសំពូ.
851.	អិថមិក **atomic** នួក្ល្បីអាយ **nuclei** ស្ថួលសំអង់វត្ថុធាតុភ្លើងតូចៗ នាមសំពូ.
852.	អិថមិក **atomic** ណាប់បើ **number** ចំនួនលេខធំ ឬវត្ថុរបស់ស្ថួលកម្លាំងភ្លើងដែល តួចជាងគេនៅក្នុងលោកនេះ (ចំនួនស្ថួលលេខគ្រាប់បែកបរមាណូ) នាមសំពូ.
853.	អិថមិក **atomic** វ្ជិត **weight** (មៃស្ស **mass** ជុំ) ចំនួនទម្ងន់របស់ស្ថួលកម្លាំង គ្រាប់ភ្លើង (ចំនួនស្ថួលគ្រាប់បែកបរមាណូ) នាមសំពូ.

854.	អេត្រៀល atrial អារិហាសិម៉្យេស arrhythmias ចង្វាក់បេះដូងដើរមិនស្មើគ្នាទៅបន្ទប់បេះដូងខាងលើ រាដើរមិនស្មើគ្នា ឬដើរមិនខ្លាំងល្អ នាមសព្ទ.
855.	អេត្រៀល atrial វិយប្រិលលេស៊ីន fibrillation រាគទៅបន្ទប់បេះដូងខាងលើដែលធ្វើឲ្យ រាដើរមិនស្មើគ្នា ឬសប់មិនខ្លាំង នាមសព្ទ.
856.	អេត្រៀល atrial វ្លុតទេ flutter បេះដូងដើរលឿន មានចំនួនចាប់តាំងពី២៣០ ទៅដល់៣៨០ នៅក្នុងមួយនាទី នាមសព្ទ.
857.	អេត្រៀល atrial ស័ផទិល septal ឌីវ៉ិក្ដ defect បន្ទប់បេះដូងខាងលើរលាយជាប់គ្នា រាគនេះគឺមានតាំងតែពីកើតមក (រាគកើតពីកំណើត) នាមសព្ទ.
858.	អេត្រៀល atrial ស័ផទិល septal ឌីវ៉ិក្ដស defects រាគខូចសាច់នៅកណ្ដាលបេះដូង រាគកើតតាំងតែពីកំណើតរបស់ទារកនៅក្នុងផ្ទៃម្ដាយ (រាគបន្ទប់បេះដូងខាងលើឈ្មោះ អេត្រៀល atrial រលាយទន់ជាប់គ្នាទៅនឹងស្រទះសាច់ខាងក្នុងបេះដូងឈ្មោះ ស័ផតឹម septum សន្ធះនៅកណ្ដាល) នាមសព្ទ.
859.	អេត្រៀល atrial ស័ផតឹម septum សាច់ផ្ទាំងនៅកណ្ដាលនៅបេះដូងផ្នែកខាងលើ រាចែកបេះដូងជាពីរ ខាងស្ដាំ ហើយនឹងខាងឆ្វេង នាមសព្ទ.
860.	អេត្រៀល atrial ថេនីខារឌ្យេ tachycardia បេះដូងដើរលឿនលើសពី ១០០ នៅក្នុងអួរៈនាទី គុណនាម.
861.	អេទ្រិអូ atrio- នៃបន្ទប់បេះដូងខាងលើ អិរ or ឬ អេទ្រិអូ atri/o- នៃបន្ទប់បេះដូងខាងលើ អេត្រៀម atrium បន្ទប់បេះដូងខាងលើមួយ-ស្រីវិក្ស prefix បុព្វបទ ឬបាក្យសម្រាប់ផ្ដើមខាងមុខ.
862.	អេទ្រិអូវេនទ្រិខ្យុល្លើ atrioventricular រាគខូចនៅក្នុង អ្នរីវ៉ិស្យុស orifices រន្ធ ឬប្រហោង បន្ទប់បេះដូងខាងលើ ហើយនឹងក៏ផ្នែកបន្ទប់សប់លម៉ាមចេញពីបេះដូងខាងក្រោម នាមសព្ទ.
863.	អាត្រូហ្វ៊ី Atrophy គ្មានការលូតលាស់ អេវ៉ា of របស់ សេល្លស cells ក្រាប់ឈាម (ចេះតែស្រេញតូចទៅៗ) នាមសព្ទ.
864.	អាត្រូហ្វ៊ី Atrophy គ្មានការលូតលាស់ អេវ៉ា of នៅក្នុង ធេ the ម៉ាសសិល muscle សាច់ដុំ នាមសព្ទ.

865.	អាត្រូហ្វី atrophy ក្លានការរីកចម្រើន អោរ of នៅក្នុង ធើ the ស្ទិន skin ស្បែក (សឹកស្បែក) នាមសព្ទ.
866.	អាទ្រូនីន Atropine ឈ្មោះថ្នាំ (អាលកាឡូយដ alkaloid ប្រើដើម្បីកុំឱ្យសាច់ដុំរលាក សម្រាក វាធ្វើឱ្យបេះដូងទើរលឿន ហើយវាធ្វើឱ្យត្រាប់ភ្នែករីកធំ) នាមសព្ទ.
867.	អែតថែត្ថ attached បានត ធ្ to ទៅនឹង ឫ bone ឆ្អឹង កិរិយាសព្ទ.
868.	អែតថែត្ថ attached បានត ធ្ to ទៅនឹង ខែសេរីទើ catheter បំពង់បង្ហូរទឹក កិរិយាសព្ទ.
869.	អែតថែតិស attaches តភ្ជាប់ ឫន bone ឆ្អឹង ធ្ to ទៅនឹង ឫន bone ឆ្អឹង កិរិយាសព្ទ.
870.	អែតថែតិស attaches ជាប់ ធ្ to ទៅនឹង ឫន bone ឆ្អឹង កិរិយាសព្ទ.
871.	អែតថែតមេន្ត attachment សែត site កន្លែងតភ្ជាប់ទៅ វ៉ា for វ៉ប rib ឆ្អឹ II ឆ្អឹងជំនីទីពីរ នាមសព្ទ.
872.	អែតថេនសីន attention និវិកសិត deficit មិនគ្រប់លខណៈជាមនុស្ស មនុស្សបើន ត្រប់ផប់ មានការខ្វះខាតខាងវិញ្ញាណ មនុស្សមិនចេះគិត ខ្វះវិញ្ញាណ ឬតិតមិនចេញផ្ទួចមនុស្សធម្មតា នាមសព្ទ.
873.	អែតធិធ្ធូឌ្យ attitudes អាកប្បកិរិយា វ៉ហែវ have បាន ធេញជ change ប្ូរ ឬផ្លាស់ប្ូរ នាមសព្ទ.
874.	អែត្ត្រែកធិង attracting ធ្វើឱ្យ អែតថេនសីន attention ចង់រឹង ចង់មើល ចង់យើញ ស្រួល ងាយ ចេះតែចង់ភ្ជូចចិត្តលើ កិរិយាសព្ទ.
875.	អែតត្រែកធិង attracting ធ្វើឱ្យ វ៉ាទើ water ទឹក ម្ូលេខ្ួល្យ molecules លំអងទឹក ឬវត្ថាតុទឹកផ្ទួច១ចង់ចូល កិរិយាសព្ទ.
876.	អ៉ឌិអ៉ូ audio- ការពួសម្ឮង អ៉រ or ឬ អ៉ឌិអ៉ូ audi/o- ការពួសម្ឮង — ហ្យ៉៉៉ឹង hearing ការពួសម្ឮង -ទ្រ៉ីវ៉ក្ស prefix ឬុព្ទូបទ ឬពាក្យសម្រាប់តួពីខាងមុខ.
877.	អ៉ឌិតអ៉ូ audito- ការពួសម្ឮង អ៉រ or ឬ អ៉ឌិតអ៉ូ audit/o- ការពួសម្ឮង - ហ្យ៉៉ឹង hearing ការពួសម្ឮងតាមរន្ធត្រចៀក -ទ្រ៉ីវ៉ក្ស prefix ឬុព្ទូបទ ឬពាក្យសម្រាប់តួពីខាងមុខ.

878.	អ័រឌីថ័រី auditory អេរៀ area កន្លែងសរសៃវិញ្ញាណខាងពូជសម្លេង (នៅកន្លែងសិរីវត្ថុ ប្រក្រពេញ ខាងពូជសម្លេងឧទាហរណ៍ដូចជាត្រចៀក) នាមសំពូ.
879.	អ័រឌីថ័រី auditory ខែណាល់ canal វន្ធសម្លេង ឬរន្ធត្រចៀក នាមសំពូ.
880.	អ័រឌីថ័រី auditory សេនធើ center សរសៃវិញ្ញាណខាងពូជសម្លេង (នៅកន្លែងសិរីវត្ថុ ប្រក្រពេញដែលរាពូជសម្លេងឧទាហរណ៍ដូចជាត្រចៀក) នាមសំពូ.
881.	អ័រឌីថ័រី auditory យូថ៌ថិក្ស cortex ស្រទាប់វិញ្ញាណខាងក្រពេញពូជសម្លេងនៅត្រចៀក នាមសំពូ.
882.	អ័រឌីថ័រី auditory ម្ធើទើស meatus រន្ធត្រចៀក នាមសំពូ.
883.	អ័រឌីថ័រី auditory នើវ nerve សរសៃវិញ្ញាណនៅត្រចៀក នាមសំពូ.
884.	អ័រឌីថ័រី auditory ផ្រសេស្ស៊ីង processing ឌិស្សរឌើ disorder រោគដែលពូជសម្លេង នៅរន្ធត្រចៀកខុសពីភាពធម្មតា នាមសំពូ.
885.	អ័រឌីថ័រី auditory ធូប tube រន្ធ ឬបំពង់ពូជសម្លេង១តពីត្រចៀកទៅបំពង់ក នាមសំពូ.
886.	អ័រឌីថ័រី auditory ធូប្ស tubes រន្ធ ឬបំពង់សម្លេង២តពីត្រចៀកទៅបំពង់ក (បំពង់ដែល តពីកណ្ដាលរន្ធត្រចៀកទៅបំពង់ក តាមធម្មតាវាមានរាងកំប៉ែត ហើយបិត ក៏ប៉ុន្តែវាបើកនៅពេល យើងលេបទឹកមាត់ វាធ្វើឲ្យកម្លាំងខ្យល់រុញទៅកណ្ដាលរន្ធត្រចៀកស្មើនឹង កម្លាំងខ្យល់អាកាស នៅខាងក្រៅបំពង់នេះ នៅជិតភ្លៀងខ្លីនៅក្នុងត្រចៀក ហើយនឹងច្រមុះ) នាមសំពូ.
887.	អ័រ Aur-អ័រ or ឬ អ័រិ Auri-ត្រចៀក-ផ្រីវិក្ស prefix បុព្វបទ ឬបាក្យសម្រាប់ពពីខាងមុខ.
888.	អ័រិខ្យុល្ល Auricul/o- អ័រ or ឬ អ័រិខ្យុល្ល Auricul/o- នៃត្រចៀកខាងក្រៅ - អេរ៍ ear ត្រចៀក -ផ្រីវិក្ស prefix បុព្វបទ ឬបាក្យសម្រាប់ពពីខាងមុខ.
889.	អ័រូ auro- ត្រចៀក អ័រ or ឬ អ័រ aur/o- ត្រចៀក - អេរ៍ ear ត្រចៀក -ផ្រីវិក្ស prefix បុព្វបទ ឬបាក្យសម្រាប់ពពីខាងមុខ.
890.	អ័សខ្យុល្លថេស័ន្ស auscultations ការស្ដាប់សម្លេង អ័រ of នៅក្នុង ធើ the ហាត heart បេះដូងច្រើនឯក នាមសំពូ.
891.	អ័រធិស្ទិក Autistic ឆិលឌ្រេន children ក្មេងក្មេងជាច្រើនដែលមានពម្ងីសរសៃប្រសាទ មួយយ៉ាងគេហៅថា អ័រធិសឹម Autism នាមសំពូ.

892.	អូទិស្ទិក Autistic ទិស្សរទើ disorder ជម្ងឺសរសៃប្រសាទមួយយ៉ាងដែលខុសពីភាពធម្មតា រាគតាំងតែពីកំណើត ខូចអារម្មណ៍ មិនចង់ចូលរួមនៅទីប្រជុំជន ឬទីណាដែលមានមនុស្សច្រើន មិនស្ទុនិយាយទាក់ទងទៅនឹងអ្នកដទៃ មានអារម្មណ៍ចំឡែក ការសប្បាយរីករាយរបស់គេគឺខុស ពីមនុស្សធម្មតា នាមសំព.
893.	អូទិស្ទិក Autistic លែក like សីមូតឹមូ symptoms មានរោគសញ្ញាឈឺចាប់ច្រើន យ៉ាងដូចជាមានជម្ងឺសរសៃប្រសាទមួយយ៉ាង គេហៅឈ្មោះវាថា អូទិស៊ិម Autism នាមសំព.
894.	អូទិស្ទិក Autistic ហ្វេស phase មកដល់ដំណាក់ការរបស់ជម្ងឺសរសៃប្រសាទ១ដែលខុស ពីភាព ធម្មតា រាគតាំងតែពីកំណើត ខូចអារម្មណ៍១មិនចង់ចូលរួមនៅទីប្រជុំជន ឬទីណាដែលមាន មនុស្សច្រើននិយាយនឹងមនុស្សដទៃមិនបានល្អ មានអារម្មណ៍ចំឡែកខុសពីមនុស្សធម្មតា មានជុំនៀមិនពីត នាមសំព.
895.	អូទិស្ទិក Autistic សិត thought អារម្មណ៍ដែលគិតនៅក្នុងវិញ្ញាណអ្នកជម្ងឺសរសៃ ប្រសាទ១យ៉ាង គេមានកំនិតខុសពីមនុស្សធម្មតា កំនិតចង់ឬមិនចង់យ៉ាងណារបស់គេ កុណនាម.
896.	អូធូ auto- ឫ្ឋានកង់ឬបនដែលប្រើម៉ាស៊ីន អូរ or ឬ អូរធូ aut/o- ១ មួយដោយខ្លួនឯង លើខ្លួនឯង អូន own ចំពោះខ្លួនឯងផ្ទាល់ - សេល្ self ១ មួយ ដោយខ្លួនឯងម្នាក់ឯង លើខ្លួនឯង ពីងលើខ្លួនឯង -ព្រ្វីវិក្ស prefix បុព្វបទ ឬពាក្យសម្រាប់ពតពីខាងមុខ.
897.	អូរធូអ៊ីមមូន autoimmune ទិស្ស៊ីស disease មានរោគនៅក្នុងប្រព័ន្ធគ្រាប់ឈាមស ដែលការពារខ្លួនឡើង ក៏ប៉ុន្តែវាបែមកវាយប្រហារ ឬស៊ីបំផ្លាញគ្រាប់ឈាមសរបស់ខ្លួនឯងវិញ នាមសំព.
898.	អូរធូអ៊ីមមូន autoimmune ទិស្សរទើស disorders មានរោគខុសពីភាពធម្មតានៅក្នុង គ្រាប់ឈាមសដែលវាបែមកវាយប្រហារបំផ្លាញ ឬបែមកសម្លាប់គ្រាប់ឈាមរបស់ខ្លួនឯងវិញ នាមសំព.
899.	អូរធូអ៊ីមមូន autoimmune អិនផ្លេមមែធូរី inflammatory ទិស្ស៊ីស disease នេះជារោគរួមគ្នានៅក្នុងប្រព័ន្ធការការពារដងខ្លួន វាវាយប្រហារសាច់ល្អររបស់ខ្លួនឯងវិញដោយគ្មាន ហេតុផល វាអាចប៉ះពាល់ផល់សរីរវង្គជាច្រើន វាធ្វើឱ្យខូចសាច់នៅកន្លាក់ភ្ជិង រលាក ឈី ហើម នៅសន្លាក់ភ្ជិង រាគសើស្សែក រ៉ៃហេកសាច់ឈីរ៉ាំរ៉ៃ (វាទាក់ទងនឹងរោគរលាកសន្លាក់ភ្ជិងទាំងអស់នេះ អាព្រ្ស៊ីធិស ឬអាព្រ្រៃធិស arthritis នេះ ឆែន្ត and ហើយនឹង រ៉ូហាមម៉ែធ្ងៀយដ rheumatoid អាព្រ្ស៊ីធិស ឬអាព្រ្រៃធិស arthritis ឆែន្ត and ហើយនឹង លួផេស lupus) នាមសំព.

900.	អិរធ្គនូមិក Autonomic នែរវ nerves ប្រព័ន្ធសរសៃវិញ្ញាណដែលធ្វើការងារ ដោយខ្លួនឯង វាជួយឱ្យយើងសម្រាក កិនរំលាយចំណីអាហារ ហើយថែមទាំងធ្វើឱ្យបេះដូងជើរស្ទើងង ជួយឱ្យកម្លាំងឈាមរត់ទៅស្ងួត វាធ្វើឱ្យយើងឧកឧផ្តើមស្រួលតាមធម្មតា វាជួយកំរិកជុំវិញវិញ្ញាណ មកពីខួរក្បាល ហើយនឹងខួរឆ្អឹងខ្នង វានាំវិញ្ញាណទៅសាច់ដុំក្រពេញ ហើយជួយវិញ្ញាណនៅក្របថ្មី កន្លែងនៅក្នុងខ្លួនយើង នាមសព្ទ.
901.	អិរធ្គនូមិក Autonomic នែរវីស nervous សិស្ទឹម System នេះគឺជាផ្នូរវិញ្ញាណ ដែលបញ្ជាប្រព័ន្ធសរសៃវិញ្ញាណឱ្យធ្វើការងារនៅក្នុងខ្លួនរបស់យើងដោយខ្លួនវា វាជួយឱ្យយើងសម្រាក ហើយវាកិនរំលាយចំណីអាហារ ហើយវាថែមទាំងធ្វើឱ្យបេះដូងជើរស្ទើ ឬជើរយឺត ឬកម្លាំង វាធ្វើអោយឈាមរត់ល្អ វាជួយឱ្យស្ងួតធ្វើចនារបស់វា វាធ្វើឱ្យយើងឧកឧផ្តើមស្រួលតាមធម្មតា ឬក់មិនស្រួល វាកំរិកជុំវិញវិញ្ញាណមកពីខួរក្បាល ហើយនឹងខួរឆ្អឹងខ្នងទៅសាច់ដុំក្រពេញ ឬហើយនឹងសរីរាង្គនៅពេញក្នុងខ្លួនយើងចេញញ្ញើស វាធ្វើឱ្យយើងមានកំដៅស្រួល នាមសព្ទ.
902.	អិរធ្គនូមើស Autonomous ណដផ្ចួល nodule វាគគុះសាច់ដុំត្លួចនៅក្នុងសរីរាង្គ ណាមួយ គុណនាម.
903.	អិរធប់ស៊ី Autopsy ការពិនិត្យ អៀរវ of នៅក្នុង ឆឺ the ប្រេន brain ខួរក្បាល របស់ខោេច១ដើម្បីពិនិត្យមើលរោគ ថាតើមានរោគអ្វីដែលធ្វើឱ្យមនុស្សនេះស្លាប់ នាមសព្ទ.
904.	អិរធប់ស៊ី Autopsy ការពិនិត្យ អៀរវ of នៅក្នុង ឆឺ the យិដនីស kidneys កម្រងទឹកនោមទាំងពីរបស់ខោេចដើម្បីរកមើលរោគ ពីព្រោះតេចងវឹងថាតើមានរោគអ្វីដែល ធ្វើឱ្យមនុស្សនេះស្លាប់ នាមសព្ទ.
905.	អិរធប់ស៊ី Autopsy ការពិនិត្យ អៀរវ of នៅក្នុង ឆឺ the ឡាំប្ស lungs ស្ងួតទាំងពីរបស់ខោេចដើម្បីពិនិត្យមើលរោគថាតើមានរោគអ្វីដែលធ្វើឱ្យមនុស្សនេះស្លាប់ នាមសព្ទ.
906.	អិរធប់ស៊ី Autopsy រូម room បន្ទប់សម្រាប់ធ្វើការវះកាត់សាច់ខោេចយកទៅពិនិត្យ មើលរោគផ្ទាល់នឹងភ្នែករបស់មនុស្សម្នាក់ ដើម្បីពិនិត្យមើលរោគថាតើមានរោគអ្វីដែលធ្វើឱ្យ មនុស្សនេះស្លាប់ នាមសព្ទ.
907.	អេវ៉ើរេជ average អេជ age អាយុមធ្យម អៀរវ of របស់ អីរ៉ផស៊ឹន eruption ការបែក (ឬអាយុ១មធ្យមរបស់ការកំនើតឡើង) នាមសព្ទ.
908.	អេវ៉ើរេជ average ក្រូវ៉ីង growing របស់អ្វីមួយដែលដុះឡើងលូម ឬកើតឡើងមធ្យម នាមសព្ទ.

909.	អេវ៉ើរ៉េជ average សែមផល sample វត្ថុធាតុអ្វីមួយសម្រាប់ពិសោធន៍មើលរាគតាមធម្មតា នាមសព្ទ.
910.	អ៊ីវ៉ុយ៍ avoid ជាសវ៉ាង អេនី any ទិស៊ីស disease កុំឱ្យមានរោគអ្វីកើតឡើង កិរិយាសព្ទ.
911.	អ៊ីវ៉ុយ៍ avoid ជាសវ៉ាងកុំឱ្យ ប្លើដ blood ទិស៊ីស disease មានរោគនៅក្នុងឈាម កិរិយាសព្ទ.
912.	អ៊ីវ៉ុយ៍ avoid ជាសវ៉ាងកុំឱ្យ ប្រេតគីង breaking បាក់ យ៉ួរ your អាម arm ដៃរបស់អ្នក កិរិយាសព្ទ.
913.	អ៊ីវ៉ុយ៍ avoid ជាសវ៉ាងកុំឱ្យ ប្រេតគីង breaking បាក់ យ៉ួរ your វិងគើ finger ម្រាមដៃរបស់អ្នក កិរិយាសព្ទ.
914.	អ៊ីវ៉ុយ៍ avoid ជាសវ៉ាងកុំឱ្យ ប្រេតគីង breaking បាក់ យ៉ួរ your លេគ្ស leg ជើងរបស់អ្នក កិរិយាសព្ទ.
915.	អ៊ីវ៉ុយ៍ avoid ជាសវ៉ាងកុំឱ្យ ប្រេតគីង breaking បាក់ យ៉ួរ your នូស nose ច្រមុះរបស់អ្នក កិរិយាសព្ទ.
916.	អ៊ីវ៉ុយ៍ avoid ជាសវ៉ាងកុំឱ្យ កាំ gum ខែនសើ cancer មានរោគមហារីកនៅក្នុងអញ្ចាញធ្មេញ កិរិយាសព្ទ.
917.	អ៊ីវ៉ុយ៍ avoid ជាសវ៉ាងកុំឱ្យ កាំ gum ទិស៊ីស disease មានរោគនៅក្នុងអញ្ចាញធ្មេញ កិរិយាសព្ទ.
918.	អ៊ីវ៉ុយ៍ avoid ជាសវ៉ាងកុំឱ្យ ហៃវិង having មាន វ៉េស្ទ៍ rash កន្ទួលក្រហមនៅលើស្បែក កិរិយាសព្ទ.
919.	អ៊ីវ៉ុយ៍ avoid ជាសវ៉ាងកុំឱ្យ ហ្គាត heart ទិស៊ីស disease មានរោគនៅក្នុងបេះដូង កិរិយាសព្ទ.
920.	អ៊ីវ៉ុយ៍ avoid ជាសវ៉ាងកុំឱ្យ យ៉ិដនី kidney ខែនសើ cancer មានរោគមហារីកនៅក្នុងក្រម្របទឹកនោម កិរិយាសព្ទ.
921.	អ៊ីវ៉ុយ៍ avoid ជាសវ៉ាងកុំឱ្យ យ៉ិដនី kidney ទិស៊ីស disease មានរោគនៅក្នុងក្រម្របទឹកនោម កិរិយាសព្ទ.

922.	អ៊ីវ៉យដ avoid ជាសវាគកំឲ្យ លិវ៉ liver ខែនសេី cancer មានរោគមហារីកនៅក្នុងថ្លើម កិរិយាសព្ទ.
923.	អ៊ីវ៉យដ avoid ជាសវាគកំឲ្យ លិវ៉ liver ឌិស្ស៊ី disease មានរោគនៅក្នុងថ្លើម កិរិយាសព្ទ.
924.	អ៊ីវ៉យដ avoid ជាសវាគកំឲ្យ ឡ្យាំង lung ខែនសេី cancer មានរោគមហារីកនៅក្នុងសួត កិរិយាសព្ទ.
925.	អ៊ីវ៉យដ avoid ជាសវាគកំឲ្យ ឡ្យាំង lung ឌិស្ស៊ី disease មានរោគនៅក្នុងសួត កិរិយាសព្ទ.
926.	អ៊ីវ៉យដ avoid ជាសវាគការ ព្រូបិង probing ចាក់ទ្រផពិនិត្យមើលរោគ កិរិយាសព្ទ.
927.	អ៊ីវ៉យដ avoid ជាសវាគកំឲ្យ ស្ទូម៉ាក់ ឬស្ទូម៉ាយ stomach អេក ache ឈឺក្រពះ កិរិយាសព្ទ.
928.	អ៊ីវ៉យដ avoid ជាសវាគកំឲ្យ យូសិង using ប្រើ ថែត that អាម arm ដែនោះ កិរិយាសព្ទ.
929.	អ៊ីវ៉យដ avoid ជាសវាគកំឲ្យ យូសិង using ប្រើ ឌិស this អាម arm ដែនេះ កិរិយាសព្ទ.
930.	អ៊ីវ៉យដ avoid ជាសវាគកំឲ្យ យូសិង using ប្រើ ថែត that ថូ toe ប្រាបជើងនោះ កិរិយាសព្ទ.
931.	អ៊ីវ៉យដ avoid ជាសវាគកំឲ្យ យូសិង using ប្រើ ឌិស this ថូ toe ម្រាមជើងនេះ កិរិយាសព្ទ.
932.	អ៊ីវ៉យជិង avoiding ជាសវាគមិនឲ្យមាន អិនជើរ injury របួស កិរិយាសព្ទ.
933.	អែក្ស ax- ផ្លូវចេញ អ៊ីរ or ឬក៏ អែក្សអ្ ex/o ផ្លូវចេញ -ស្រីវិក្ស prefix បុព្វបទ ឬជាក្សសម្រាប់ពាក្សនៅខាងមុខ.
934.	អែក្ស្យៀល axial ឬស្ស bones ក្រុមផ្ដុំឆ្អឹងខ្នងដែលទុបឋខ្លួនឲ្យត្រង់ថ្ងៀង នាមសព្ទ.
935.	អែក្ស្យៀល axial ខ្សូបន្ទាត់ ស្កេលេទីស្ស skeletons ក្រុមឆ្អឹងដែលក្របការពារខួរក្បាល បេះដូង សួតទាំងពីរ ហើយនិងក្រុមផ្ដុំឆ្អឹងខ្នងដែលទុបឋខ្លួនឲ្យត្រង់ថ្ងៀង (ឆ្អឹងនេះមាន៤ផ្នែក

	ឆ្អឹងលលាដ៍ក្បាល វាការជាខួរក្បាល ផ្នែកឆ្អឹងខ្នង វាការជាខួរឆ្អឹងខ្នង ហើយនឹងឆ្អឹងជំនីនៅរើមទ្រូង វាការជាបេះដូង ហើយនឹងស្បូតទាំងពីរផង) នាមសព្ទ.
936.	អែក្ស៊ីល្លី axillae នៃ ឬទាក់ទងនៅនឹងសន្ធរក្លៀក អា are គឺ ធ្លរម៉ល់ normal ធម្មតា នាមសព្ទ.
937.	អែក្ស៊ីលឡើរី axillary អាធើរ artery សរវ៉ែសឈាមក្រហមនៅវន្តក្លៀក នាមសព្ទ.
938.	អែក្ស៊ីលឡើរី axillary នូឆ្យ nodes កូនកណ្ដុរនៅតំបន់ ឬកន្លែងនៅវន្តក្លៀក នាមសព្ទ.
939.	អែក្ស៊ីលឡើរី axillary លីមហ្វ lymph នូឆ្យ nodes កូនកណ្ដុរ ឬទឹករ៉ែងនៅវន្តក្លៀក នាមសព្ទ.
940.	អែក្ស៊ីលឡើរី axillary នើរ nerve សរសៃវិញ្ញាណនៅវន្តក្លៀក នាមសព្ទ.
941.	អែក្ស៊ីលឡើរី axillary ថេមនើរលើ temperature ម្ធីសើរីមេន្ត measurement អម្ប៉ារ៉ែលសម្រាប់វាស់កំដៅដាក់នៅវន្តក្លៀក នាមសព្ទ.
942.	អែក្ស៊ីលឡូ Axillo- អ៊ីរ or ឬ អែក្ស៊ីលឡូ Axill/o វន្តក្លៀក - អាមផិត armpit វន្តក្លៀក -ជ្រីវិក្យ prefix បុព្វបទ ឬពាក្យសម្រាប់តពីខាងមុខ.
943.	អែក្ស៊ីអូ axio- ផ្លូវចេញ -ជ្រីវិក្យ prefix បុព្វបទ ឬពាក្យសម្រាប់តពីខាងមុខ.
944.	អែក្ស axo- ផ្លូវចេញ -ជ្រីវិក្យ prefix បុព្វបទ ឬពាក្យសម្រាប់តពីខាងមុខ.
945.	អែក្ស៊ិន axon វ៉ៃអ៊ើ wire ខ្សែសរសៃៗតូចៗដែលឆ្លតចេញមកពីវងខ្លួនគ្រាប់លាម (កេហោវាថា សែល្ល cell បឌី body) នាមសព្ទ.
946.	អេស៊្យ azo- អ៊ីរ or ឬ អេស៊្យ az/o- កាកសំណល់ពីទឹកនោមឈ្មោះ នៃត្រូជីន nitrogen -ជ្រីវិក្យ prefix បុព្វបទ ឬពាក្យសម្រាប់តពីខាងមុខ.
947.	អេស៊្យូត azot/o- កាកសំណល់ចេញពីទឹកនោម - យូរ៉ៀ urea ទាក់ទងជាមួយនឹងកាក សំណល់ចេញមកពីទឹកនោមឈ្មោះ នៃត្រូជីន ឬនៃត្រូជីន nitrogen វត្ថុធាតុដែលលាង ចេញពីទឹកឈាម ឬទឹកនោម -ជ្រីវិក្យ prefix បុព្វបទ ឬពាក្យសម្រាប់តពីខាងមុខ.
948.	អេស៊្យូវរ៉ៀ azoturia វាគមានវត្ថុធាតុឈ្មោះ នៃត្រូជីន nitrogen ច្រើននៅក្នុងទឹកនោម (កាកសំណល់ដែលលាងចេញពីទឹកឈ្មោម) នាមសព្ទ.
949.	ប៊ី B: ប ្ ប៊ី B វាជាអក្សរទីពីរបស់ភាសាអង់គ្លេស (វាជាព្យញ្ជនៈ) នាមសព្ទ.

950.	ប៊ី B វាជាអក្សរកាត់កំណាងឱ្យក្រុមឈាមដែលមានធ្លុជអក្សរឈ្មោះ ប៊ី B ឯនទីជីន antigen នាមសំពុ.
951.	ប៊ី B ប៊្វរ៉ុន boron វាជាសញ្ញារបស់សារធាតុទឹកឈ្មោះ នាមសំពុ.
952.	ប៊ី B សែល្លស cells ឈ្មោះគ្រាប់ឈាមសការពារខ្លួនឡើក វាសម្លាប់មេរោគ (ដើមកំណើតរបស់វាគឺវាកើតកមពីខួរឆ្អឹងនៅទៅងគ្រាប់ឈាម) នាមសំពុ.
953.	ប៊ី B សែល្លស cells - លិមហ្វ៊ីសៃត្យ lymphocytes ឈ្មោះគ្រាប់ឈាមសការពារខ្លួន នាមសំពុ.
954.	ប៊ី B សែល្លស cells - លិមហ្វ៊ីសៃត្យ lymphocytes (ហ្យូម៉្វុល humoral អ៊ិមម្យុនិទី immunity) ឯនត្ and ហើយនឹង ធី T សែល្លស cells - លិមហ្វ៊ីសៃត្យ lymphocytes (សែល្ល-មេឌិអេត្ cell-mediated អ៊ិមម្យុនិទី immunity) ឈ្មោះគ្រាប់ឈាមសខាងលើទាំងពីរយ៉ាងនេះ វាបានចូលរួមធ្វើសកម្មភាពជាមួយគ្នាពីរយ៉ាងធំដើម្បី វាយបំផ្លាញមេរោគ ហើយថែមទាំងរក្សាខ្លួនឡើងឱ្យឡើងមានសុខភាពល្អ នាមសំពុ.
955.	ប៊ី B សែល្លស cells គ្រាប់ឈាមសនេះ ពេលវាជួបនឹងមេរោគហើយ វាក៏ប្រែខ្លួនទៅជា ផ្លែសម៉ា plasma សែល្លស cells ហើយវាបញ្ចេញទឹក ឯនទីបឌីស antibodies ថ្នាំផ្សះសម្លាប់ មេរោគ វាកើតមកពីគ្រាប់ទឹកឈាមសឈ្មោះ ផ្លែសម៉ា plasma សែល្លស cells ឡើងហៅឈ្មោះវាថា អ៊ិមម្យុនូឡ្កូប៊ូលិស្យ immunoglobulins ថ្នាំផ្សះ នាមសំពុ.
956.	ប៊ីអេ Ba ជាសញ្ញារបស់ទឹកថ្នាំឈ្មោះ ប៉ៀរ៉ៀម barium នាមសំពុ.
957.	បាប៊ីស៊ា Babesia ឈ្មោះទិកាម ក្រុមធ្លុជមេរោគ ផ្រូធូស្វ៊ែន protozoan ទិកាម នាមសំពុ.
958.	បេប៊ីស babies កូនម៉្លា កូនង៉ែត ទារក កូនខ្ចី កូនង៉ែតច្រើននាក់ នាមសំពុ.
959.	បាប៊ិនស្ក៊ី Babinski, ជូសេហ្វ-ហ្រ្វ៉ែងកូអិស-ដែលិក្ស Joseph-Francois-Felix ឈ្មោះវេជ្ជបណ្ឌិត បុត្រពេទ្យមើលរោគខាងប្រព័ន្ធសរសៃវិញ្ញាណ គាត់កើតនៅក្នុងឆ្នាំ ១៨៥៧ គាត់ស្លាប់នៅក្នុងឆ្នាំ ១៩៣២ (គាត់ជាជនជាតិបារាំង គាត់មានជីវិតរស់នៅបាន៧៥ឆ្នាំ) នាមសំពុ.
960.	បាប៊ិនស្ក៊ី Babinski រផ្លែក្ស reflex ឈ្មោះរោគខាងប្រព័ន្ធសរសៃវិញ្ញាណដែលធ្វើឱ្យបាត ជើងបត់ ហើយមេជើងរៀចទៅលើ នាមសំពុ.

961.	បាបិនស្គី Babinski សាញ sign ឈ្មោះជាតខាងប្រព័ន្ធសរសៃវិញ្ញាណដែលធ្វើឱ្យបាតជើងឥតបត់ ហើយមេជើងរៀចទៅលើ នាមសំពូ.
962.	បាបិនស្គី'ស Babinski's រផ្លិក្ស reflex ឈ្មោះជាតខាងប្រព័ន្ធសរសៃវិញ្ញាណ ដែលធ្វើឱ្យបាតជើងឥតបត់ ហើយមេជើងរៀចទៅលើ នាមសំពូ.
963.	បាបិនស្គី'ស Babinski's សាញ sign ឈ្មោះជាតខាងប្រព័ន្ធសរសៃវិញ្ញាណ ដែលធ្វើឱ្យបាតជើងឥតបត់ ហើយមេជើងរៀចទៅលើ នាមសំពូ.
964.	បេបី Baby កូនង៉ា ខែន can អាច កេត get ចាប់ សិក្ sick ក្រុន ឃ្វិក្លី quickly ភ្លាមៗ ឬយ៉ាងរហ័ស នាមសំពូ.
965.	បេបី Baby កូនង៉ា អិស is រីសសី fussy រសាប់រសល់ ឬរករៀង ធូរធ today ថ្ងៃនេះ នាមសំពូ.
966.	បេបី Baby កូនង៉ា អិស is រីសសី fussy រសាប់រសល់ ឬរករៀង ឌិស this កាលពី ម័រនិង morning ព្រឹកម៉េញ នាមសំពូ.
967.	បេបី baby ខ្លីនិក clinic មន្ទីរពេទ្យដែលសម្រាប់ព្យាបាល ហើយនិងថែទាំកូនង៉ា នាមសំពូ.
968.	បៃសិលឡឺរី bacillary អែនជីអូមៃធូសិស angiomatosis រោគដំបៅទៅលើស្បែក កើតមកពីប្រព័ន្ធប្រូតេអ៊ីនដែលរាវធ្លាយការធារខ្លួនឡើង នាមសំពូ.
969.	បៃសិលឡូ bacillo- អ៊ិ or ឬ បៃសិលឡូ bacill/o- ឈ្មោះមេរោគ (បៃកធ៉ៀរ៉ៀ bacteria ឈ្មោះមេរោគ) ឈ្មោះមេរោគ ពាក្យសម្រាប់តររបស់មេរោគរាងដូចខ្សែវៃៗវរស់នៅ ក្នុងឈាម -ព្រីវិក្ស prefix បុព្វបទ ឬពាក្យសម្រាប់តពីខាងមុខ.
970.	បៃសិលឡូសិស bacillosis មេរោគដំបៅកើតមកពីមេរោគឈ្មោះ បៃសិណ្ណាយ bacilli រ៉ាមានរាងដូចខ្សែវៃៗ វរស់នៅក្នុងឈាម (បៃសិលឡ្ឈីម bacillum អ៊ិ or ឬ បៃសិលឡ្ឈីស bacillus) នាមសំពូ.
971.	បៃក្ back ឬ bone ឆ្អឹងខ្នង នាមសំពូ.
972.	បៃក្ back កន្លែងខាងក្រោយ អឺរ of ធើ the អាយបោល្ eyeball គ្រាប់ភ្នែក (វាគាប់ដឹងនៅពេលឃើងប៉ះភ្លើង ឬកម្ររស្មីភ្លើចាំងលើរ៉ារ៉ាឈ្មោះ (រេតណា retina) នាមសំពូ.
973.	បៃក្ back អឺរ of ធើ the ណី knee កន្លែងនៅខាងក្រោយក្បាលជង្គង់ នាមសំពូ.
974.	បៃក្ back នៅខាងក្រោយ អឺរ of ធើ the ស្រូត throat បំពង់ក នាមសំពូ.

975.	បែក្ដ back ផែន pain ឈឺខ្នង នាមសព្ទ.
976.	បែក្ដ back ផាត part ផ្នែកខាងក្រោយ អោវ of របស់ ធើ the ស្រ្វ៉ីត throat បំពង់ក នាមសព្ទ.
977.	បែក្ដ back ឋយក្រោយ ស្ទួលី ឬស្ទួវលី slowly យឺៗ ឋ្ចិតចៗ នាមសព្ទ.
978.	បែក្ដ back ថែតនេស្ស tightness តឹងនៅខ្លួងបន្តិចម្តងៗ រហូតដល់តឹងខ្លួងកាន់តែខ្លាំង នាមសព្ទ.
979.	បែក្ដ back ព្រែ ឬត្រឡប់ ធ្ល to ទៅជា ន្លូវម៉ែល normal ធម្មតាវិញ នាមសព្ទ.
980.	បែក្ផ្ល backflow អ៊ស is ជ្រីវេន្ដេឌ prevented បានការពារមិនឱ្យហ្លូវថយក្រោយវិញ នាមសព្ទ.
981.	បែក្ផ្ល backflow អោវ of ប្លើឌ blood ឈាមហ្លូវថយក្រោយ នាមសព្ទ.
982.	បែកធ៉េរៀ bacteria មានមេរោគតួចៗ គ្រូវ grow កើតច្រើនឡើង នាមសព្ទ.
983.	បែកធ៉េរៀ bacteria មេរោគឈ្មោះបែកធ៉េរៀជាច្រើន អ៊ន in នៅក្នុង ធី the ប្លើឌ blood ឈាម នាមសព្ទ.
984.	បែកធ៉េរៀ bacteria មេរោគឈ្មោះបែកធ៉េរៀជាច្រើន អ៊ន in នៅក្នុង ធី the យ៉ូរ៉ិន urine ទឹកនោម នាមសព្ទ.
985.	បែកធ៉េរៀ bacteria មេរោគឈ្មោះបែកធ៉េរៀជាច្រើន អ៊នវ៉ែសិន infection ធ្វើឱ្យយើងមានរោគដំបៅ នាមសព្ទ.
986.	បែកធ៉េរៀល bacterial មេរោគដែលធ្វើឱ្យ អ៊នដួខាវ៉ែឌិស endocarditis រោគដំបៅនៅក្នុងស្រទាប់សាច់ស្នើងៗនៅក្នុងបេះដូង (ឬមេរោគធ្វើឱ្យរោគស្រាមបេះដូង) នាមសព្ទ.
987.	បែកធ៉េរៀល bacterial មេរោគតួចៗ គ្រូវសិ growth កើតច្រើនឡើងៗ នាមសព្ទ.
988.	បែកធ៉េរៀល bacterial អ៊នវ៉ែកសិន infection មេរោគឈ្មោះបែកធ៉េរៀធ្វើឱ្យយើង មានរោគដំបៅ នាមសព្ទ.
989.	បែកធ៉េរៀល bacterial ឡៃវ life ជីវិតរស់មេរោគតួចៗ នាមសព្ទ.
990.	បែកធ៉េរៀល bacterial មេរោគតួចៗ (ឈ្មោះ បែកធ៉េរៀ bacteria) មិនិងថែធិស meningitis ភាធ្វើឱ្យរោគនៅក្នុងស្រោមសាច់ខួរក្បាល ហើយនិងស្រោមសាច់ខួរឆ្អឹងខ្នង នាមសព្ទ.

991.	បែកធៀរៀល bacterial មេរោគតូចៗ វ៉ែចែនូសិស vaginosis កើតឡើងនៅទ្វារមាស នាមស័ព្ទ.
992.	បែកធៀរីអូ bacterio- អិរ or ឬ បែកធៀរីអូ bacteri/o មេរោគ ឈ្មោះមេរោគ បែកធៀរៀ bacteria ឈ្មោះមេរោគជាច្រើន-ព្រីហ្វិក្ស prefix បុព្វបទ ឬពាក្យសម្រាប់តពីខាងមុខ.
993.	បែដ bad ប្រេស៊ ឬ(ប្រេះស៊) breath ស្អុះយមាត់ ខ្យល់ដង្ហើមមានខ្លិនស្អុះយ នាមស័ព្ទ.
994.	បែដ bad ខែនសើរើស cancerous រោគមហារីកមិនល្អដែលអាចធ្វើឱ្យយើងមានគ្រោះថ្នាក់ដល់ជីវិត នាមស័ព្ទ.
995.	បែដ bad ផសឈើ posture ទំលាប់ប្រើដងខ្លួនមិនល្អ (ការដេកដើរ ឬឈរខុសរបៀបមិនត្រូវទៅតាមរបៀបថែរក្សាសុខភាព) នាមស័ព្ទ.
996.	បែដ bad ថេស្ទ taste មានរស់ជាតិមិនឆ្ងាញ់ អិន in នៅក្នុង ម៉ាយ my ម៉ៅស៊ mouth មាត់របស់ខ្ញុំ នាមស័ព្ទ.
997.	បែលែន balan- អិរ or ឬ បែលែនូ balan/o- មេក្ត លឹង្គ - គ្លែន្ស glans ភីនិស penis ក្រពេញមេក្ត លឹង្គ ក្រពេញដែលសម្រាប់បន្តពូជ -ព្រីហ្វិក្ស prefix បុព្វបទ ឬពាក្យសម្រាប់តពីខាងមុខ.
998.	បែលែនស្ទដ balanced ដាយអិត diet ម្ហូបអាហារដែលមានគ្រប់រស់ជាតិទាំងអស់សម្រាប់ជីវិត ចំណីអាហារដែលមានគ្រប់រស់ជាតិស្មើគ្នាទាំងអស់ កិរិយាសព្ទ.
999.	បែលែនស៊ីង balancing សាយដ side កំពុងតែធ្វើ ឬដាក់ឱ្យស្មើគ្នាទាំងសងខាងនៅក្នុងពេលឥឡូវនេះ កិរិយាសព្ទ.
1000.	បែលែនូ balano- អិរ or ឬ បែលែនូ balan/o- មេក្ត លឹង្គ - គ្លែន្ស glans ក្រពេញ (ភីនីស penis មេក្ត លិង្គ ភីនិស៊ីស penises មេក្ត លិង) ឬក្រពេញមេក្ត លឹង្គ ក្រពេញដែលសម្រាប់បន្តពូជ -ព្រីហ្វិក្ស prefix បុព្វបទ ឬពាក្យសម្រាប់តពីខាងមុខ.
1001.	បែលែនិក balanic មេក្ត លឹង្គ គ្លែន្ស glans ក្រពេញ ភីនិស penis ក្ត លឹង្គ (ក្រពេញដែលសម្រាប់បន្តពូជច្រើនជាងមួយ) នាមស័ព្ទ.
1002.	បែលែននៃធិស balanitis រោគរលាកនៅមេក្ត លឹង នាមស័ព្ទ.

1003.	បៃលែនថៃដែអូសិស **balantidiasis** ជម្ងឺរាគអាចម៍ ឬរោគរបោករលាកដំបៅ១កើត មានសំបោរនៅក្នុងតអាចម៍ បៃលែនថៃដែអូស៊ីស **balantidiases** រាគដំបៅនេះ២ផង នាមសំព្ធ.
1004.	បល្ល **bald** ហ្គេដ **head** ក្បាលទំពែក (ក្បាលដែលជ្រុះសក់ ក្បាលត្រដោលគ្មានសក់) នាមសំព្ធ.
1005.	បល្ល **ball** មួល ដែន្ត **and** ហើយនឹង សិកកេត ឬសិកគីត **socket** រន្ធ ចញ្ចន្ត **joint** ឆ្អឹង នាមសំព្ធ.
1006.	បលល្លូន **balloon** ខៃសេិតទើ **catheter** បំពង់ត្លូចវៃងដែលមានរន្ធពីរនៅខាងចុងដើម្បីឱ្យ ខ្យល់ ហើយនឹងទឹកចូលទៅក្នុងថ្លេកទឹកនោម គេដាក់ខ្យល់ចូលឱ្យប៉ោងនៅខាងចុងបំពង់ត្លូចនេះ ដើម្បីទប់បំពង់ឱ្យនៅនឹងក្នុងថ្លេកទឹកនោម ឬក៏គេចាក់ទឹកថ្នាំចេញចូលតាមរន្ធត្លូចនេះ នាមសំព្ធ.
1007.	បលល្លូន **balloon** ធិផ្ផដ **tipped** ខៃសេិតទើ **catheter** បំពង់ត្លូចវៃងដែលមានរន្ធ ពីរនៅខាងចុងដើម្បីឱ្យខ្យល់ ទឹក ឬទឹកថ្នាំចេញចូលតាមរន្ធត្លូចនេះ នាមសំព្ធ.
1008.	បែនដេជ **bandage** បិតបង់ ឬុំ អិន **in** ទុកឱ្យនៅ ផ្លេស្យ **place** មួយកន្លែង នាមសំព្ធ.
1009.	បែង្ក **bank** ធនាគារ អ័រ **or** ឬក៏ឃ្លាំងប្រាក់ អ័រ **or** ឬក៏កន្លែងសម្រាប់ដាក់លុយ នាមសំព្ធ.
1010.	បៀរៀម **barium** ឃ្លូរៃដ **chloride** ទឹកអំបិល ឬថ្នាំខូនវៃត្រស គេចាក់ថ្នាំនេះចូលតាម រន្ធត្លូចអាចម៍ដើម្បីឱ្យមើលឃើញសាច់ច្បាស់នៅពេលពេទ្យពន្លឺ:មើលពោះរៀនធំ ហើយនឹងទ្វារធំ នាមសំព្ធ.
1011.	បៀរៀម **barium** ដែណាម៉ា **enema** ទឹកថ្នាំខូនវៃត្រសបាញ់ចូលតាមរន្ធត្លូចអាចន៍ដើម្បីឱ្យ មើលឃើញខុសគ្នានៅពេលថតពន្លឺ:មើលពោះរៀនធំ ហើយនឹងទ្វារធំ នាមសំព្ធ.
1012.	បៀរៀម **barium** ម៉េល **meal** របៀបលេបទឹកថ្នាំខូនវៃត្រស ចូលតាមរន្ធមាត់ដើម្បីឱ្យមើល ឃើញសាច់ខុសគ្នានៅពេលថតពន្លឺ:បំពង់ក ក្រពះ ហើយនឹងពោះរៀនត្លូច នាមសំព្ធ.
1013.	បៀរៀម **barium** ស្ងួលវៃត **sulfate** នេះជាវត្ថុធាតុទឹកថ្នាំខូនវៃត្រស (ទឹកអំបិល) គេប្រើ សម្រាប់ថតពន្លឺ:មើលប្រព័ន្ធន្លូវលាយអាហារ គេចាប់ផ្ដើមបញ្ចូលទៅក្នុងប្រហោងមាត់ បំពង់ក ក្រពះ ពោះរៀនត្លូចពោះរៀនធំ ហើយនឹងបាញ់បញ្ចូលទៅតាមរន្ធត្លូចអាចន៍ នាមសំព្ធ.

1014.	រៀបរៀម barium ស្វិលល្វ៊ swallow របៀបលេបទឹកផ្សាំខ្លោនប្រែស ចូលតាមរន្ធមាត់ ដើម្បីឲ្យមើលឃើញសាច់ច្បាស់ខុសគ្នានៅពេលថតផ្លុះមើលបំពង់ក ក្រពះ ហើយនឹងពោះវៀនតូច នាមសំពុ.
1015.	ព្យ baro- អីរ or ឬ ព្យ bar/o កម្ទាំងសង្កត់ពីលើ - ប្រែសសេី pressure កម្ទាំងសង្កត់ពីលើ រឺត weight ទម្ងន់ -ផ្រីវិក្ប prefix បុព្វបទ ឬពាក្បសម្រាប់ផ្តើមខាងមុខ.
1016.	បារ៉ូម៉ិទ្រិក barometric ការវាស់ ប្រែសសេី pressure សង្កត់ពីលើក្រពេញ ឬសរសៃវិញ្ញាណាមួយ នាមសំពុ.
1017.	រៀរីអេី Barrier ក្រប អ៊ីតេនស្ប against ប្រឆាំង អ៊ីនវ៉ែកស៊ីន infection នឹងរោគ លោកវំពៅ នាមសំពុ.
1018.	ពាទូលិន្ទ Bartholino- អីរ or ឬ ពាទូលិន្ទ Bartholin/o- ក្រពេញគ្តូចៗនៅ ខាងលើទ្វារមាស - បាស្ត៊ីលិន'ស Bartholin's- ផ្គន្គស glands ក្រពេញគ្តូចៗនៅ ខាងទ្វារមាស -ផ្រីវិក្ប prefix បុព្វបទ ឬពាក្បសម្រាប់ផ្តើមខាងមុខ.
1019.	បាស្ត៊ីលិន'ស Bartholin's ផ្គន្គស glands ក្រពេញគ្តូចៗ២នៅសងខាងលើរន្ធទ្វារមាស នាមសំពុ.
1020.	បេសិល basal សេល្ល cell ខាសិន្ទម៉ា carcinoma មានរោគមហារីក១នៅគ្រាប់សាច់ ឈាម ឬនៅក្រពេញខាងក្រោមទ្វារមាស នាមសំពុ. អីរ or (ឬនៅកន្លែងណាមួយផេងទៀត)
1021.	បេសិល basal សេល្ល cell ខាសិន្ទម៉ាស carcinomas មានរោគមហារីក២យ៉ាងនៅ គ្រាប់សាច់ឈាមសេីស្បេកពតៗ គ្រាប់ៗរីកធំ ក្រហមប៉ោងៗ កន្ទួលៗនៅលើស្បេក (ឬនៅកន្លែងណាមួយផេងទៀត) នាមសំពុ.
1022.	បេសិល basal សេល្ល cell អីផិទីលិអ្នម៉ាផា epitheliomata មានរោគមហារីកនៅ គ្រាប់សាច់ឈាមសេីស្បេក សាច់ពតៗ គ្រាប់ៗរីកធំ ក្រហមប៉ោងៗ កន្ទួលៗនៅលើស្បេក នាមសំពុ.
1023.	បេសិល basal សេល្ល cell ផែផិលល្វម៉ា papilloma មានរោគនៅគ្រាប់សាច់ឈាម ឡេីងប៉ោងៗសេីស្បេក សាច់ពតៗ គ្រាប់ៗរីកធំ ក្រហមប៉ោងៗ កន្ទួលៗនៅលើស្បេក សក់ក្រាស់ ឬរោមក្រាស់ណាស់ នាមសំពុ.
1024.	បេសិល basal តែងគ្ល្ៀ ganglia សរសៃប្រសាទដែលនៅក្នុងសាច់សរបស់ខួរក្បាល ១ចំហ្ៀង វាតសរសៃវិញ្ញាណ១ទៅសរសៃវិញ្ញាណាមួយទៀត វាបញ្ជាការកំរើក នាមសំពុ.

1025.	បេសែល្លូម៉ា/ខាសិនូម៉ា basaloma/carcinoma រោគមហារីកកន្ទួលផុំៗ អើរ of ថើ the ស្ថិន skin នៅលើស្បែក ឬសើស្បែក នាមសំពុ.
1026.	បេស base នៅខាងក្រោម អើរ of ថើ the ស្កាល្ល skull ឆ្អឹងលលាដ៍ក្បាល នាមសំពុ.
1027.	បេស base នៅខាងក្រោម អើរ of របស់ ថើ the ប្រេន brain ខួរក្បាល នាមសំពុ.
1028.	បេសិក basic អីម៌ើជិនសី emergency ពេលមានអាសន្នជាទូទៅ នាមសំពុ.
1029.	បេស្សូ baso- អ៊រ or ឬ បេស្សូ bas/o- ខាងក្រោម - បេស base ខាងក្រោម អ៊ផ្លូសិត opposite ផុយ អើរ of និង អែសិដ acid ទិកអាស៊ីត -ប្រ៊វិក្ស prefix បុព្វបទ ឬជាក្យសម្រាប់ពីខាងមុខ.
1030.	បេស្សូហ៊ីលិក basophilic គ្រែនញ៉ូល្ស granules មានគ្រាប់ៗផុំៗនៅក្នុងគ្រាប់លាយមស ឈ្មោះ បេស្សូហ៊ីល basophil នេះ នាមសំពុ.
1031.	បេស្សូហ៊ីល្ស basophils នេះក៏ជាគ្រាប់លាយមស១យ៉ាង មុខការចំរុករបស់វាមុនដំបូងគឺ វាវាយ ប្រហារប្រឆាំងនិងធាតុចំឡែកដែលចូលមកក្នុងរាងកាយខ្លួនយើង គឺវាតទាស់និងសាធាតុអ្វីដែលឆ្លែក ឬចំឡែក វាបញ្ចោញទិកប្រូតេអ៊ីនឈ្មោះ ហ៊ីសថាមិន histamine អែន្ត and ហើយនឹង ហ៊ីផារិន heparin (វាមានគ្រាប់ពូចៗពណ៌ខៀវនៅពេលដែលយើងច្រលក់វាជាមួយទិកពណ៌ មុខការរបស់វាគឺយើងដឹងមិនច្បាស់ទេ ក៏ប៉ុន្លែវាមានតួនាទិគ្រប់គ្រងខាងរោគរលាក វាមានចំនួន១ ភាគរយនៅក្នុងក្រុមគ្រាប់ពណ៌រោមសច្រើនដាទនេះ) នាមសំពុ.
1032.	បេស្សូហ៊ីល្ស basophils គ្រាប់លាយមសច្រើនគ្រាប់នេះ មានមុខការចំរុករបស់វាដើមដំបុង គឺវាវាយប្រហារសាធាតុអ្វីដែលឆ្លែកចំឡែកចូលមកក្នុងរាងខ្លួនយើងនៅពេលមានការខូចខាត អ្វីមួយនៅខ្លួនយើង កើតការប្រតិកម្ម ឬទាស់ តេហោវាថា (អាលលើជិក allergic អែន្ត and អាលលើជី allergy) វាបញ្ចោញទិកប្រូតេអ៊ីនឈ្មោះ ហ៊ីសថាមិន histamine អែន្ត and ហើយនឹង ល្អកូត្រីនេស leukotrienes អែន្ត and ហើយនឹង ហ៊ីផារិន heparin ទិកប្រូតេអ៊ីនទាំងអស់នេះវាធ្វើការដូចគ្នា វាប្រឆាំងទៅនិងសាធាតុអ្វីឆ្លែក ចំឡែក វាថែមទាំងបញ្ចោញ ទិកប្រូតេអ៊ីនឈ្មោះ សៃទូខាញ៉ស cytokines ដែលជួយគ្រាប់លាយមសរើរធ្វើការពីឆ្នែក១ ទៅកឆ្នែក១ផ្សេងទៀតបើវាត្រូវការទៅ (លាយមសធំនេះវាមានគ្រាប់ពូចៗនៅក្នុងខ្លួនវា វាមានស្នួល ធំជាច្រើនក្លែប ហើយវាត្រូវបាក់លេបមេរោគ) នាមសំពុ.
1033.	ប៊ី be អែរបស្សូល្លុតលី absolutely ស្ហូរ sure ដឹងច្បាស់ពិតប្រាកដ កិរិយាសំពុជំនួយ.

1034.	ប៊ី be មាន ឱ្យវិស័ន្ត deficient ការខ្វះខាត អិន in នៅក្នុង កិរិយាស័ព្ទពុំនួយ.
1035.	ប៊ី be អិន in ផែន pain មានការឈឺចាប់ កិរិយាស័ព្ទពុំនួយ.
1036.	ប៊ីខោះស because ពីព្រោះ អ៊ើវ of តែ អ៊ីនជើរ៊ី injury មានរបួស សន្ទានសំព្ទ.
1037.	ប៊ីខាំ ប៊ូប៊ីខាម់ become ប្រែទៅជា ប្លុកក្ត blogged ស្ទះ កិរិយាសព្ទ.
1038.	ប៊ីខាំ ប៊ូប៊ីខាម់ become ប្រែទៅជា ផ្លិត flat រាបស្មើ កិរិយាសព្ទ.
1039.	ប៊ីខាំ ប៊ូប៊ីខាម់ become ប្រែទៅជា វ៉ូរម្ម formed កក ប្បានកើតឡើង កិរិយាសព្ទ.
1040.	ប៊ីខាំ ប៊ូប៊ីខាម់ become ក្រែជ្ជួលលី gradually ប៊ិត big ដែលប្រែជាធំបន្តិចម្តងៗ កិរិយាសព្ទ.
1041.	ប៊ីខាំ ប៊ូប៊ីខាម់ become ក្រែជ្ជួលលី gradually លេស្ស less ដែលប្រែតូចទៅៗ បន្តិចម្តងៗ កិរិយាសព្ទ.
1042.	ប៊ីខាំ ប៊ូប៊ីខាម់ become ក្រែជ្ជួលលី gradually ណារ៉ូថ្មី narrower ដែលប្រែជាប្រួញតូចទៅៗបន្តិចម្តងៗ កិរិយាសព្ទ.
1043.	ប៊ីខាំ ប៊ូប៊ីខាម់ become ប្រែទៅជា ហារដេន្ត hardened មានផ្ទាំងរឹងក្រាស់កក កិរិយាសព្ទ.
1044.	ប៊ីខាំ ប៊ូប៊ីខាម់ become ប្រែទៅជា អ៊ីនវ៉ិក្ត infected កើតជាតដំបៅ កិរិយាសព្ទ.
1045.	ប៊ីខាំ become ប្រែទៅជា ណារ៉ូ narrow តូចទៅៗ កិរិយាសព្ទ.
1046.	ប៊ីខាំ become ប្រែទៅជា ស្ដើផ្ត shaped រាង ឬកើតឡើង កិរិយាសព្ទ.
1047.	ប៊ីខាំ become ប្រែទៅជា ស្មាលលើ smaller តូចទៅៗ ឆែន្ត and ហើយ ស្មាលលើ smaller តូចជាងនិងទៅទៀត កិរិយាសព្ទ.
1048.	ប៊ីខាំ become ប្រែទៅជា ទិក្ក thick ក្រាស់ កិរិយាសព្ទ.
1049.	ប៊ីខាំ become ប្រែទៅជា ក្រ៉ែផផ្ត ឬក្រែផផ្ត trapped ជាប់ កិរិយាសព្ទ.
1050.	ប៊ីខាំ become ប្រែទៅជា វ៉ីត weak ខ្សោយ ឬថ្នានកម្លាំងទប់ (ឬប្រែទៅជាអស់កម្លាំង) កិរិយាសព្ទ.
1051.	បេដ bed រេស្ត rest ដេកនៅលើគ្រែ ឬសម្រាកនៅលើគ្រែ នាមសំព្ទ.

1052.	ប៊ីវ beef ថៅវឺមួ tapeworms ឈ្មោះសត្វព្រូនវែង ឬកំប៉ែតធំ (វាទៅក្នុងសត្វគោ ឈ្មោះ គីនៃ្ Taenia សៃជិណាថា saginata) វាមានកប្បាលតួចខ្លួនធំកំប៉ែតវែង ធ្លេញទំពាក់ទាក់ជាប់នឹងពោះវៀន នាមសំព.
1053.	ប៊ីវ៉ឺរ before មុន សើរជើរ surgery ការវះកាត់ កិរិយាវិសេសសន៍.
1054.	ប៊ីតិស្យ begins ចាប់ផ្តើម ឆ្វេវិទ after នៅក្រោយពេល ឧអ a ម៉ាញ្ញធ្វើ minor អិនជើរ injury មានរបួសបន្តិច អិរ or ឬ អាឌើរសិន operation នៅក្រោយពេលការវះកាត់ កិរិយាសព.
1055.	ប៊ីហេឡួរុល behavioral ចរិយាមាយាទ ឌិស្ម៉រធ្វើ disorder មិនធម្មតា នាមសំព.
1056.	ប៊ីហេឡួរុល behavioral ស្យេយិនស្យ science ក្បួនវិជ្ជាសាស្ត្រដែលរៀនអំពីចរិយាមា យាទរបស់មនុស្ស (វិសមកិរិយា?) នាមសំព.
1057.	ប៊ីហេឡួរុល behavioral ធើរ៉ជើ therapy ការព្យាបាលកិរិយាមាយាទឱ្យបានល្អ សំរ៉ប់ឡើងវិញ នាមសំព.
1058.	ប៊ីហាញ្ញន្ត behind នៅខាងក្រោយ អ៊ីរ៉ាន្ត around នៅជុំវិញ ម៉ាយ my អាយួ eyes ភ្នែករបស់ខ្ញុំ អាយតនិបាត.
1059.	ប៊ីហាញ្ញន្ត behind នៅខាងក្រោយ ម៉ាយ my ឆ្ឹតប្វស្យ cheekbones ឆ្អឹងថ្គាល់ទាំង ២របស់ខ្ញុំ អាយតនិបាត.
1060.	ប៊ីហាញ្ញន្ត behind នៅខាងក្រោយ ម៉ាយ my វ៉រ៉ប្លេហ្វ forehead ថ្ងាស ឬជញ្ជើមរបស់ខ្ញុំ អាយតនិបាត.
1061.	ប៊ីហាញ្ញន្ត behind នៅខាងក្រោយ ធឺ the អៀរ ears ត្រចៀក អាយតនិបាត.
1062.	ប៊ីហាញ្ញន្ត behind នៅខាងក្រោយ ធឺ the ហ៉ត heart បេះដូង អាយតនិបាត.
1063.	ប៊ីហាញ្ញន្ត behind នៅខាងក្រោយ ធឺ the នូស nose ច្រមុះ អាយតនិបាត.
1064.	ប៊ីអ៊ីង Being ចាប់ផ្តើម វ៉្រៀតជល fragile បែក នាមសំព.
1065.	ប៊ីអ៊ីង being ស្ដ្វៃតធឺវ shattered បានចាប់ផ្តើមបែកខ្ចេច នាមសំព.
1066.	បេល្លី belly សាយឌ side ផ្នែកនៅរៀនក្រពាលពោះ រៀនក្រពាលពោះ នាមសំព.
1067.	បេល្លី belly អ៊ីវ of ធឺ the ម៉ាសសិល muscle នៅក្រពាលសាច់ណាមួយ (ឧទាហរណ៍ដូចជានៅកណ្ដាលសាច់ដុំក្រឡ្បៀ) ឬសាច់នៅកណ្ដាលសាច់ដុំក្រពាលពោះ នាមសំព.

1068.	ប៊ីឡូ below នៅខាងក្រោម ធើ the ប្រេន brain ខួរក្បាល កិរិយាវិសេសន៍.
1069.	ប៊ីឡូ below នៅខាងក្រោម ធើ the កាម់ ឬកាំ gum ឱ្យាញ line ជួរអព្ផ្លាញធ្មេញ កិរិយាវិសេសន៍.
1070.	ប៊ីឡូ below នៅខាងក្រោម ធើ the ស្គីន skin ស្បែក កិរិយាវិសេសន៍.
1071.	ប៊ីឡូ below នៅខាងក្រោម ធើ the ស្ប៉ាញ spine ឆ្អឹងខ្នង កិរិយាវិសេសន៍.
1072.	ប៊ីនឌិង bending បៃ ឬបត់ បៃក្បឿឣ backward ទៅខាងក្រោយ កិរិយាសព្ទ.
1073.	ប៊ីនឌិង bending កំពុងតែបត់ វ៉ូរឿឣ forward ទៅខាងមុខ ឬរបៀបមុនពេលបត់ទៅមុខ កិរិយាសព្ទ.
1074.	ប៊ីនឌិង bending កំពុងតែបត់ អូវើ over ខូនចុះ (អោនចុះ) កិរិយាសព្ទ.
1075.	ប៊ីនីត beneath នៅខាងក្រោម ធើ the ម៉ាសសិល muscle សាច់ដុំ កិរិយាវិសេសន៍.
1076.	ប៊ីនីត beneath នៅខាងក្រោម ធើ the ស្គីន skin ស្បែក កិរិយាវិសេសន៍.
1077.	ប៊ីនីត beneath នៅខាងក្រោម ធើ the ថាំង tongue អណ្ដាត កិរិយាវិសេសន៍.
1078.	ប៊ីនីត beneath នៅខាងក្រោម យ៉ូរ your ម៉ាសសិល muscle សាច់ដុំរបស់អ្នក កិរិយាវិសេសន៍.
1079.	ប៊ីនីត beneath នៅខាងក្រោម យ៉ូរ your ស្គីន skin ស្បែករបស់អ្នក កិរិយាវិសេសន៍.
1080.	ប៊ីនីត beneath នៅខាងក្រោម យ៉ូរ your ថាំង tongue អណ្ដាតរបស់អ្នក កិរិយាវិសេសន៍.
1081.	ប៊ីណាញ benign គ្មានរោគ ស៊ីស្ទីក cystic ទ្បៃរធ្មម៉ាស teratomas ស្រទាប់សាច់ ពកដុំៗលាយគ្នារបស់ទារកនៅក្នុងផ្ទៃម្ដាយ (ស្រទាប់សាច់ស្ថើឣលាយគ្នាចំរុះ ឬក្រុមជាមួយនឹឣស្បែក សក់ធ្មេញ ឆ្អឹងខ្លី វាកើតឡើឣនៅក្នុងគ្រាប់ឈាមមកពីពង វាកើតមកពីស្រទាប់សាច់របស់ទារក នៅក្នុងផ្ទៃម្ដាយ) នាមសំព្ទ.
1082.	ប៊ីណាញ benign ក្រូសី (ឬក្រូវ៉ូស) growth ដុះដុំសាច់តែគ្មានរោគមហារីកទេ នាមសំព្ទ.
1083.	ប៊ីណាញ benign ក្រូសី growth ដុះដុំសាច់ អ៊ិន in នៅក្នុង ធើ the ប្រេស្ស breasts ដោះទាំងពីរ ឬដោះទាំងពីរតែវាគ្មានរោគមហារីកទេ នាមសំព្ទ.

1084.	បីណាញ benign ត្រូស growth ដុះដុំសាច់ អិន in នៅក្នុង ធើ the ឆ្មស nose រន្ធច្រមុះតែវាគ្មានរោគទេ នាមសំព្ទ.
1085.	បីណាញ benign ត្រូស growth ដុះដុំសាច់១ដុំ អិន in នៅក្នុង ធើ the យូធើរីស uterus ស្បូនតែវាគ្មានរោគមហារីកទេ នាមសំព្ទ.
1086.	បីណាញ benign ត្រូស្យ growths ដុះដុំសាច់ក៏ប៉ុន្តែវាគ្មានរោគមហារីកទេ នាមសំព្ទ.
1087.	បីណាញ benign ត្រូស្យ growths ដុះដុំសាច់ច្រើន អិន in នៅក្នុង ធើ the យូធើរីស uteruses ស្បូនក៏ប៉ុន្តែវាគ្មានរោគមហារីកទេ នាមសំព្ទ.
1088.	បីណាញ benign ផារ៉ុក្ស៊ីសម៉ល paroxysmal ផូស៊ីស៊ីនល positional វិធិក្ vertigo រោគវិលមុខទុបខ្លួនមិនទីកដោយសារមានវត្ថុធាតុអ្វីមួយរីងនៅក្នុងទីកក្រពេញនៅក្នុង រន្ធត្រថៀក វាធ្វើឱ្យយើងទុបដងខ្លួនមិនទីក រោគនេះវាគ្មានគ្រោះថ្នាក់ដល់ជីវិតទេ (អក្សរកាត់របស់វា បីឞីឞ៊ី BPPV) គុណនាម.
1089.	បីណាញ benign ផ្រូស្ទេធិក prostatic ហៃធើផ្លែស៊ា hyperplasia មានរោគដុំ សាច់ដុះច្រើនដុំនៅប្រពេញល្មោះ ផ្រូស្ទេត prostate តែគ្មានរោគ (ក្រពេញនេះវានៅអោប បំពង់ទីកនោមនៅក្រោមល្លៀកទីកនោម) - បីឞីអេវ BPH អក្សរកាត់ នាមសំព្ទ.
1090.	បីណាញ benign ផ្រូស្ទេធិក prostatic ហៃធើគ្រហ៊ី hypertrophy ក្រពេញ ប្លូសាច់ធំរីងដុំដែលនៅសងខាងបំពង់សាច់បង់ហូរទីកនោម (វា ឬក្រពេញនេះនៅខាងក្រោមល្លៀក ផាក់ទីកនោម) វារីកធំឡើងធហ្លូសការីត ឬហៃមធំតែគ្មានរោគមហារីកទេ នាមសំព្ទ.
1091.	បីណាញ benign ធូម៉ឺរ tumor ដំសាច់ដុះពកៗតែគ្មានរោគ នាមសំព្ទ.
1092.	បេន្ត bent បានបត់ ផូវើដ forward ទៅខាងមុខ នាមសំព្ទ.
1093.	បេន្ត bent បានបត់ ផសេ្ត្យៀរ៉ីអ៊លី posteriorly ទៅខាងក្រោយ នាមសំព្ទ.
1094.	ប៊ើរ៉ី berry អែញ្ជូរីស៊ីម្យ aneurysms រោគប៉ោងនៅសរសៃសេណាមត្ថចៗ ផ្កាម៉ារីកធំនៅក្នុង ខួរក្បាល នាមសំព្ទ.
1095.	ប៊ើរ៉ី berry ស្លៃផ្ត shaped បែកធ្យៀវ៉ៀ bacteria ឈ្មោះមេរោគជាច្រើនដែល មានរាងចផ្កាម៉ាដូចផ្លែទំពាំងបាយជូរ នាមសំព្ទ.
1096.	ប៊ើរ៉ី berry ស្លៃផ្ត shaped បែកធ្យៀវ៉ៀម bacterium ឈ្មោះមេរោគមួយដែលមាន រាងចផ្កាម៉ាដូចផ្លែទំពាំងបាយជូរ នាមសំព្ទ.

1097.	បីសាយដ beside នៅពិត ទើ the ក្រចក nail ក្រចក អាយតនិបាត.
1098.	បីថា beta ប្លុកគើ blocker ថ្នាំ១យ៉ាងធ្វើអោយបេះដូងដើរយឺតៗ (ព្យាបាលអាគលីដើមទ្រូងពីព្រោះបេះដូងដើរលឿនពេក នាមសព្ទ.
1099.	បីថា beta ប្លុកគើស blockers ថ្នាំ២យ៉ាងធ្វើអោយបេះដូងដើរយឺតៗ (ព្យាបាលរោគលីដើមទ្រូងពីព្រោះបេះដូងដើរលឿនពេក នាមសព្ទ.
1100.	បេតទើ better ខុនត្រូលd controlled ដែលត្រប់ត្រងបានល្អ កិរិយាសព្ទ.
1101.	បេតទើ better អេឌជុខេសិន education ការសិក្សាអប់រំបានល្អជាងគេ កិរិយាសព្ទ.
1102.	បីធ្វីន between រវៀង ន្នម៉ល normal ប៊ីត្ស beats ចង្វាក់បេះដូងលោតធម្មតា (ឧទាហរណ៍ដូចជាបេះដូងដើរធម្មតាដើរត្រប់ចំនួន) អាយតនិបាត.
1103.	បីធ្វីន between រវាង ផ្យូបើទី puberty ពេលពេញវ័យ ឬរវាងពេលត្រប់ការណ៍ អាយតនិបាត.
1104.	បីធ្វីន between នៅកណ្ដាល ស្ពាញនុល spinal វឺធេប្រើ vertebrae ឆ្អឹងភ្លឹកខ្នង អាយតនិបាត.
1105.	បីធ្វីន between នៅកណ្ដាល ទើ the នេវេល navel រន្ធផ្ចិត អាយតនិបាត.
1106.	បីធ្វីន between នៅកណ្ដាលប្រឡោះ ទើ the វិប្ស ribs ឆ្អឹងជុំនី អាយតនិបាត.
1107.	បីធ្វីន between ប្រឡោះកណ្ដាល ទើ the សេក្រុម sacrum ឆ្អឹងខ្នងនៅត្រតាកទំកំប៉ែង ឣែន្ត and ហើយនឹង អៀល្យៀម ilium ផ្នែករបស់ឆ្អឹងត្រតាកទំកំប៉ែង អាយតនិបាត.
1108.	បីធ្វីន between នៅកណ្ដាល ទើ the ស្ទួម៉ាក់ ឬស្ទួម៉ាយ stomach ក្រពះ ឣែន្ត and ហើយនឹង ជីជូនិម Jejunum ពោះវៀនតួចផ្នែកទី១ អាយតនិបាត.
1109.	បីធ្វីន between នៅកណ្ដាល ទើ the ថាយ៉្យ thigh ឬ ស្យ bones ឆ្អឹងក្រភៅទាំងពីរ អាយតនិបាត.
1110.	បីធ្វីន between នៅកណ្ដាល ទើ the ថាយ៉្យ thighs ក្រភៅទាំងពីរ អាយតនិបាត.
1111.	បីធ្វីន between រវាង ទ្រីតមេន្ត treatment ការព្យាបាលរោគ អាយតនិបាត.
1112.	បាយ bi- ពីរ ២ ធូ two ពីរ ២ គុណនាម.
1113.	បាយ bi- ធូ two ២ ឬ ពីរ ប៊ូស៊ី both មួយគូរ ទាំងពីរ -ស្រីវិក្ស prefix បុព្វបទ ឬបាក្យសម្រាប់ផតពីខាងមុខ.

1114.	បាយសេផ bicep សាច់ដុំកំភួនដៃ យើល curl កោងវ្ញ (កែងកែបបត់) នាមសំពួ.
1115.	បាយសេផ bicep សាច់ដុំកំភួនដៃ យើល្យ curls កោងវ្ញ (កែងកែទាំង២បត់) នាមសំពួ.
1116.	បាយសេផ្យ biceps ប្រែភិអាយ brachii ម៉ាសសិល្យ muscles សាច់ដុំធំនៅខាង លើកំភួនដៃ នាមសំពួ.
1117.	បាយសេផ្យ biceps ម៉ាសសិល្យ muscles សាច់ដុំកំភួនដៃទាំង២ នាមសំពួ.
1118.	បាយខាស់ផិដ្យ bicuspids ធ្មេញមួយគូរ គេហៅវាថាធ្មេញទី៤ ហើយនឹងធ្មេញទី៥ វានៅជិត ធ្មេញមុខទី៣ឈ្មោះ ខាស់ផិដ cuspid អិរ or ខេណាញន canine វាជាធ្មេញទី៣ នាមសំពួ.
1119.	បៃសេខល bicycle ងិនឹង riding អ្នកដែលជិះកង់ នាមសំពួ.
1120.	បិដ Bid ផ្ដល់នឹងល្បៀងលេង- ហី He គាត់ បិដ bid ផ្ដល់ដាក់ ផេន ten ឌុលឡ្យាស dollars ១០ឌុលឡ្យាស កិរិយាសពួ.
1121.	បិដ Bid ពីរដងក្នុងមួយថ្ងៃ ឬមួយថ្ងៃពីរដង - ថយស្យ twice ង a ដ day ពីរដងក្នុង មួយថ្ងៃ ឬមួយថ្ងៃពីរដង នាមសំពួ.
1122.	បិត big ធ្ងើដ blood វេសសេល្យ vessels សរសៃឈាមធំ ឬបំពង់ឈាមធំៗ គុណនាម.
1123.	បិត big សេល្លស cells សាច់ឈាមធំៗ ឬគ្រាប់ឈាមធំៗ គុណនាម.
1124.	បិត big ធូ toe មេជើង១ ឬម្រាមជើងធំមួយ គុណនាម.
1125.	បិត big ធូស toes មេជើង២ ឬម្រាមជើងធំពីរ គុណនាម.
1126.	បៃឡេរី Bilary ខលខ្យឡ្យាយ calculi នៃ ឬទាក់ទងទៅនឹងថ្មកើតឡើងនៅក្នុងទឹកប្រម៉ាត់ នាមសំពួ.
1127.	បៃលៃធើរល Bilateral នៃ ឬទាក់ទងទៅនឹងដងខ្លួនទាំងសងខាង ឬដងខ្លួនទាំងពីរខាង (ឬសិ both មួយគូរ ឬទាំងពីរនេះ ឬទាំងសងខាង) គុណនាម.
1128.	បៃលៃធើរល Bilateral អូអូហ្ភើឧធ្មមី oophorectomy ការវះកាត់យកដែស្យន ទាំងពីរចេញ នាមសំពួ.
1129.	បៃលៃធើរល Bilateral ស្កេល្យ scales ការវាស់ ឬថ្លឹងទាំងពីរខាង នាមសំពួ.

1130.	បែលេធើរ៉ុល Bilateral យូរីធើរ៉ុស្ទូមី ureterostomy ការវះកាត់១ឧឧនៅបំពង់ពីរឥតមកពីក្រពះទឹកនោមចូលទៅក្នុងប្លោកទឹកនោមដើម្បីនឹងធ្វើប្រហោងថ្មីទាំងសងខាង ឬទាំងពីរខាង នាមស័ព្ទ.
1131.	ប៉ាល bile អែសិដ្ស acids វត្ថុធាតុអាស៊ីតដែលនៅក្នុងទឹកប្រម៉ាត់ នាមស័ព្ទ.
1132.	ប៉ាល bile ដាក្ត duct បំពង់បង្ហូរទឹកប្រមាត់១ នាមស័ព្ទ.
1133.	ប៉ាល bile ដាក្តស ducts បំពង់បង្ហូរទឹកប្រមាត់២ នាមស័ព្ទ.
1134.	ប៉ាល bile ហ្វុិដ fluid ទឹកប្រម៉ាត់ នាមស័ព្ទ.
1135.	ប៉ាល bile ទឹកប្រម៉ាត់ ហ្វ្រុំ from មកពី ធើ the លិវ៉ើ liver ថ្លើម នាមស័ព្ទ.
1136.	ប៉ាល Bile ទឹកប្រម៉ាត់ អ៊ិន is គឺ យូស្ត used បានប្រើ ធូ to ដើម្បីនឹង ឌាយជេស្ត digest កំនំរោយ ឬកំនំបំបែក វិិត្ស fats ជាតិខ្លាញ់ច្រើនយ៉ាង នាមស័ព្ទ.
1137.	ប៉ាល bile ជ្ហូស្ស juice ទឹកប្រម៉ាត់ នាមស័ព្ទ.
1138.	ប៉ាល bile ពិកមេន្ត pigment ពណ៌របស់ទឹកប្រម៉ាត់ នាមស័ព្ទ.
1139.	ប៉ាល bile ទឹកប្រម៉ាត់ ពិកមេន្តស pigments ដែលមានពណ៌លើ្ងៗ (ពណ៌នៅក្នុងទឹកប្រម៉ាត់) នាមស័ព្ទ.
1140.	ប៉ាល bile សិល្ស salts ជាតិអំបិលនៅក្នុងទឹកប្រម៉ាត់ នាមស័ព្ទ.
1141.	ប៉ាល bile ស្ទូន stone ថ្មមួយនៅក្នុងទឹកប្រមាត់ នាមស័ព្ទ.
1142.	ប៉ាល bile ស្ទូន្ស stones ថ្មច្រើននៅក្នុងប្រមាត់ នាមស័ព្ទ.
1143.	ប៉ាល Bile ទឹកប្រម៉ាត់ ស្ទួរ store ទុក អ៊ិន in នៅក្នុង ធើ the គោល្ឬប្លែឌើ gallbladder ថង់ទឹកប្រម៉ាត់ នាមស័ព្ទ.
1144.	ប៉ាល bile ទឹកប្រម៉ាត់ ស្រ៊ូវ through ហួរពេញទៅតាម នាមស័ព្ទ.
1145.	ប៉ាល bile វេសសេល vessel បំពង់សរសៃត្ថុច១របស់ទឹកប្រម៉ាត់ នាមស័ព្ទ.
1146.	ប៉ាល bile វេសសេល្ស vessels បំពង់សរសៃត្ថុច២របស់ទឹកប្រម៉ាត់ នាមស័ព្ទ.
1147.	ប៊ិលិ bil/i- អ៊ិរ or ឬ ប៊ិលិ bili- ទឹកប្រម៉ាត់ អ៊ិរ or ឬ ប៉ាល bile ទឹកប្រម៉ាត់ គោល gall ទឹកប្រម៉ាត់ -ព្រីវិក្ស prefix បុព្វបទ ឬជាក្យសម្រាប់តបញ្ចូលខ្លាពីខាងមុខ.
1148.	ប៊ិលៀរិ Biliary អ៊ីទ្រីស៊ា atresia រន្ធ ឬបំពង់បង្ហូរទឹកប្រម៉ាត់មិនធម្មតា នាមស័ព្ទ.
1149.	ប៊ិលៀរិ Biliary ខលខ្យល្យាយ calculi ជាគីរីង ឬថ្មនៅក្នុងទឹកប្រមាត់ នាមស័ព្ទ.

1150.	បិលៀរី Biliary ស្បើរហាសិស cirrhosis រោគលាកផ្លើមរាំង (ដោយសារការស្ទះបំពង់ បង្ហូរទឹកប្រម៉ាត់នៅផ្លើម) នាមសំព្ធ.
1151.	បិលៀរី Biliary ព្រែកt្ត tract ផ្លូវបង្ហូរទឹកប្រមាត់ នាមសំព្ធ.
1152.	បិលៀរូបិន Bilirubino- អ៊ីរ or ឬ បិលៀរូបិន Bilirubin/o ឈ្មោះគ្រាប់ឈាម ក្រហាមថ្ងៃទឹកប្រពែអ៊ីន-បិលៀរូបិន bilirubin ឈ្មោះទឹកប្រពែអ៊ីន -ព្រីវិក្ស prefix បុព្ធបទ ឬបាក្យសម្រាប់តបញ្ចូលផ្នែពីខាងមុខ.
1153.	បៃណខ្យូលើ Binocular វិស៊ីន vision មើលឃើញព្រែកជាពី នាមសំព្ធ.
1154.	បៃអូ Bio- អ៊ីរ or ឬ បៃអូ Bi/o នៃជីវិត -ខ្មែរ life ជីវិត លីវិង living ជីវិតដែលរស់នៅ ព្រីវិក្ស prefix បុព្ធបទ ឬបាក្យសម្រាប់តពីខាងមុខ.
1155.	បៃអូឃែមិឆល Biochemical ស្ដាឌីស studies ការរៀនអំពីសារធាតុផ្សេងៗរបស់សត្វ មានជីវិតដែលលាយគ្នាច្រើនយ៉ាង នាមសំព្ធ.
1156.	បៃអូឡូជិខល biological សិស្ទឹម system នៃប្រព័ន្ធរបស់ការរៀនសួ្រត្រអំពីសត្វអ្វីដែល មានជីវិត គុណនាម.
1157.	បៃផូលើ bipolar អាវៃវកធីវ affective ឌិស្ស៊ូវធើ disorder រោគភ្លេចចិត្ត ចិត្តមិននឹងន រោគខូរក្បាល ព្រួយចិត្ត គិតច្រើន ពិបាកចិត្ត មានចិត្តព្រួយបារម្ភមិនឈប់ មានការវិលវល់នៅក្នុងចិត្ត មួយថ្ងៃគិតយ៉ាងនេះ ហើយដូរឆ្លាះចុះឡើងៗនៅក្នុងចិត្តគេ នាមសំព្ធ.
1158.	បៃផូលើ bipolar ឌិស្ស៊ូវធើ disorder រោគភ្លេចចិត្តខុសពីភាពធម្មតា ចិត្តមិននឹងន គិតច្រើន ពិបាកចិត្ត រោគខូរក្បាលព្រួយចិត្ត មានចិត្តព្រួយបារម្ភមិនឈប់ មានការវិលវល់នៅក្នុងចិត្ត មួយថ្ងៃគិតយ៉ាងនេះ ហើយមួយថ្ងៃទៀតគិតផេងទៀត ដូរឆ្លាះហើយគេគិតចុះឡើងៗនៅក្នុងចិត្តរបស់ គេមិនចេះចប់ នាមសំព្ធ.
1159.	បៃផូលើ bipolar អៀឡ្លនេស្ស illness រោគភ្លេចចិត្ត រោគខូរក្បាលព្រួយចិត្ត គិតច្រើន ពិបាកចិត្ត ចិត្តមិននឹងន មានចិត្តព្រួយបារម្ភមិនឈប់ មានការវិលវល់នៅក្នុងចិត្ត មួយថ្ងៃគិតយ៉ាងនេះ ហេតុដូរឆ្លាះហើយគេគិតចុះឡើងៗនៅក្នុងចិត្តគេ នាមសំព្ធ.
1160.	បឺីស birth ខែណាល់ canal ទ្វារមាសសម្រាប់ឱ្យកូនកើត នាមសំព្ធ.
1161.	បឺីស birth សើធីវិខេត certificate សំបុត្រកំណើត នាមសំព្ធ.
1162.	បឺីស birth ខុនត្រូល control ការបារមិនឱ្យកូន បញ្ជាឱ្យកូនកើតតាមចិត្តចង់បាន នាមសំព្ធ.

1163.	បើស birth ខូនត្រូល control ធិល្លស pills ថ្នាំលេបតាមមាត់ការពារមិនឱ្យមានកូន នាមសំពុ.
1164.	បើស birth ដេ day ថ្ងៃខួបកំណើត នាមសំពុ.
1165.	បើស birth ឌីវ៉េកុស defects រោគពិការតាំងតែពីកំណើត ឬរោគពិការពីកំណើត កើតមកមិនគ្រប់លក្ខណៈ នាមសំពុ.
1166.	បើធិង birthing សេនធើ center មន្ទីរពេទ្យផ្ទប ឬមន្ទីរសម្រាលកូន នាមសំពុ.
1167.	បិស BIS- ពីរដងមួយថ្ងៃ ឬមួយថ្ងៃពីរដង - ថយស្ប twice អេ a ដេ day ពីរ ដង មួយថ្ងៃ ឬមួយថ្ងៃពីរដង -ព្រីវិក្ស prefix បុព្វបទ ឬជាក្សសម្រាប់ពីខាងមុខ.
1168.	បិតធើ Bitter ថេស្ត taste ជាតិល្វីង នាមសំពុ.
1169.	បិតធើ Bitter ថ្លស្ត blast ត្រជាក់ខ្លាំងណាស់ នាមសំពុ.
1170.	បិទីលី bitterly សេវៀ severe ឈឺយ៉ាងខ្លាំង មានគ្រោះថ្នាក់ខ្លាំងណាស់ ឬការស្លាប់ខ្លៅមខ្លាំងណាស់ កិរិយាវិសេសន៍.
1171.	ប្លែក្ត black ខ្ទៅ ឆែន្ត and ហើយ ប្ល blue ប្លៀវ ព្រូសិង bruising ជាំសាច់ គុណនាម.
1172.	ប្លែក្ត black អាយ eye ជាំភ្នែក ឬជាំខ្មៅឈឺហើមនៅជុំវិញភ្នែក (ដោយសារការគ្រោះថ្នាក់ ឬស្បតែវ៉ាមិនបែកសាច់) នាមសំពុ.
1173.	ប្លែក្ត black ធួម៉ើរ tumor សាច់ដុះដុំមានពណ៌ខ្មៅ នាមសំពុ.
1174.	ប្លែដធើ bladder ខែនស៊ើ cancer រោគមហារីកនៅក្នុងប្លោកទឹកនោម នាមសំពុ.
1175.	ប្លែដធើ bladder ឌិស៊ីស disease រោគនៅប្លោកទឹកនោម ឬមានរោគនៅថង់ទឹកនោម នាមសំពុ.
1176.	ប្លែដធើ bladder ព្រូទ្រូឌិង protruding ប្លោកទឹកនោមស្រុតចុះចេញពីកន្លែងហើមរបស់វ៉ា នាមសំពុ.
1177.	ប្លែដធើ bladder ស្តូន stone មានថ្មនៅក្នុងប្លោកទឹកនោម ថ្ម ឬប្លោកដាក់ទឹកនោម នាមសំពុ.
1178.	ប្លែដធើ bladder វ៉ូល wall ជញ្ជាំងសាច់របស់ប្លោកទឹកនោម នាមសំពុ.

1179.	ប្បែស្ត **-blast** ទារកនៅក្នុងផ្ទៃម្ដាយទើបតែនឹងកំកើតឡើងថ្មីៗ កកើតឡើងថ្មីៗ គ្រាប់សាច់ឈាមដើម របស់ទារកនៅក្នុងផ្ទៃម្ដាយកកើតថ្មីៗ -សារីក្ស **suffix** បច្ច័យ ឬបាក្យសម្រាប់ពត៌ខាងក្រោយ.
1180.	ប្បែស **-blast** ខ្ចីៗ ថ្មីៗ - អឹមប្រ័យនិក **embryonic** ទារកនៅក្នុងផ្ទៃម្ដាយ អឹរ **or** ឬ អឹមមែឈួ **immature** ខ្ចីៗ ថ្មីៗ ក្មេងៗ -សារីក្ស **suffix** បច្ច័យ ឬបាក្យសម្រាប់ពត៌ខាងក្រោយ.
1181.	ប្បែសត្ **blasto-** អឹរ **or** ឬ ប្បែសត្ **blast/o-** ដុះវីកធំឡើងថ្មីៗ ទារកនៅក្នុងផ្ទៃម្ដាយទើប តែនឹង កំកើតឡើងថ្មីៗ -ប្រ្រីវីក្ស **prefix** បុព្វបទ ឬបាក្យសម្រាប់ពត៌ខាងមុខ.
1182.	ប្លីជិង **bleaching** អេជិន្ត **agent** ទឹកថ្នាំសម្រាប់លាងឬំបៅមិនឲ្យមេរោគកើតឡើង នាមសំពុ.
1183.	ប្លីដ **bleed** ចេញឈាម វិត្ត **with** នៅពេល ឌីវីខេសិន **defecation** បត់ជើងធំ ឬជុះអាចម៍ កិរិយាសព្ទ.
1184.	ប្លីឌិង **bleeding** ចេញឈាម ឌិស្ស័រឌើ **disorder** ខុសពីធម្មតា កិរិយាសព្ទ.
1185.	ប្លីឌិង **bleeding** កំពុងតែចេញឈាម ប្រ្រ៉ម **from** មកពី ធើ **the** កាត់ **gut** ពោះវៀន គុណនាម.
1186.	ប្លីឌិង **bleeding** ចេញឈាម តាម៉ស **gums** នៅពញ្ញាញធ្មេញ កិរិយាសព្ទ.
1187.	ប្លីឌិង **bleeding** ចេញយោាម អិន **in** នៅក្នុង ធើ **the** កំ **gum** ឌិស្ស៊ីស **disease** មានរោគនៅក្នុងអញ្ញាញធ្មេញ កិរិយាសព្ទ.
1188.	ប្លីឌិង **bleeding** ចេញឈាម អិន **in** នៅក្នុង ធើ **the** ប្បែឌធើ **bladder** ធ្លោកទឹកនោម កិរិយាសព្ទ.
1189.	ប្លីឌិង **bleeding** ចេញឈាម អិន **in** នៅក្នុង ធើ **the** ប្រេន **brain** ខួរក្បាល កិរិយាសព្ទ.
1190.	ប្លីឌិង **bleeding** ចេញឈាម អិន **in** នៅក្នុង ធើ **the** ខូឡ៊ីន **colon** ពោះវៀនធំ កិរិយាសព្ទ.
1191.	ប្លីឌិង **bleeding** ចេញឈាម អិន **in** នៅក្នុង ធើ **the** ឆេស្ត **chest** ដើមទ្រូង កិរិយាសព្ទ.

1192.	ឈ្លើទិង bleeding ចេញឈាម អិន in នៅក្នុង ធើ the អៀរ ear អន្ទ្រត្រឡៀកម្មួយខាង កិរិយាសព្ទ.
1193.	ឈ្លើទិង bleeding ចេញឈាម អិន in នៅក្នុង ធើ the អៀរស ears អន្ទ្រត្រឡៀកទាំងពីរ កិរិយាសព្ទ.
1194.	ឈ្លើទិង bleeding ចេញឈាម អិន in នៅក្នុង ធើ the អៀរស្រ្គាម់ eardrum ក្រដាស់ត្រឡៀក កិរិយាសព្ទ.
1195.	ឈ្លើទិង bleeding ចេញឈាម អិន in នៅក្នុង ធើ the អាយ eye ភ្នែក១ខាង កិរិយាសព្ទ.
1196.	ឈ្លើទិង bleeding ចេញឈាម អិន in នៅក្នុង ធើ the អាយ្យ eyes ភ្នែកទាំងពីរ កិរិយាសព្ទ.
1197.	ឈ្លើទិង bleeding ចេញឈាម អិន in នៅក្នុង ធើ the ហ្គេដ head ក្បាល កិរិយាសព្ទ.
1198.	ឈ្លើទិង bleeding ចេញឈាម អិន in នៅក្នុង ធើ the ហ្គាត heart បេះដូង កិរិយាសព្ទ.
1199.	ឈ្លើទិង bleeding ចេញឈាម អិន in នៅក្នុង ធើ the អិនថេស្ទីស្ស intestines ពោះវៀន កិរិយាសព្ទ.
1200.	ឈ្លើទិង bleeding ចេញឈាម អិន in នៅក្នុង ធើ the ចញ្ញូ joint សន្លាក់ឆ្អឹងដៃ ឬជើង កិរិយាសព្ទ.
1201.	ឈ្លើទិង bleeding ចេញឈាម អិន in នៅក្នុង ធើ the លិវិ liver ថ្លើម កិរិយាសព្ទ.
1202.	ឈ្លើទិង bleeding ចេញឈាម អិន in នៅក្នុង ធើ the នូស nose ច្រមុះ កិរិយាសព្ទ.
1203.	ឈ្លើទិង bleeding ចេញឈាម អិន in នៅក្នុង ធើ the ម៉ៅស៊ mouth មាត់ កិរិយាសព្ទ.
1204.	ឈ្លើទិង bleeding ចេញឈាម អិន in នៅក្នុង ធើ the ផេលវិស pelvis ប្រឡោះត្រគាក កិរិយាសព្ទ.
1205.	ឈ្លើទិង bleeding ចេញឈាម អិន in នៅក្នុង ធើ the ស្ទម៉ាឆ្គ ឬស្ទម៉ាយ stomach ក្រពះ កិរិយាសព្ទ.

1206.	ប្លីឌិង bleeding ចេញឈាម អិន in នៅក្នុង យួរ your ម៉ៅស៊ី mouth មាត់របស់អ្នក កិរិយាសព្ទ.
1207.	ប្លីឌិង bleeding ចេញឈាម អិន in នៅក្នុង យួរ your នែក neck ករបស់អ្នក កិរិយាសព្ទ.
1208.	ប្លីឌិង bleeding ចេញឈាម អិនធើណាល្លី internally នៅខាងក្នុងរាងខ្លួន កិរិយាសព្ទ.
1209.	ប្លីឌិង bleeding អ៊ីលសើ ulcer ដាគរ៉ៃហាកដំបៅធ្វើឱ្យចេញឈាម កិរិយាសព្ទ.
1210.	ប្លីឌិង bleeding វេសសេល្ស vessels ចេញឈាមនៅសរសៃឈាមតូចៗជាច្រើន កិរិយាសព្ទ.
1211.	ប្លេមីស្ល blemish មានខ្នើនស្ងួយ បាយ by ដោយសារ នាមសព្ទ.
1212.	ប្លេន blenn- ទឹករំអិល ទឹកសំបោ អ៊ីរ or ឬ ប្លេនន្ទ blenno- ទឹករំអិល ទឹកសំបោ -ព្រីវិក្ស prefix បុព្វបទ ឬពាក្យសម្រាប់ពពី៍ខាងមុខ.
1213.	ប្លេហ្វ៉ារន blepharon- ត្របកភ្នែក អ៊ីរ or ឬ ប្លេហ្វ៉ារន Blephar/o- អាយលិដ Eyelid ត្របកភ្នែក -ព្រីវិក្ស prefix បុព្វបទ ឬពាក្យសម្រាប់ពពី៍ខាងមុខ.
1214.	ប្លាញ្ចន្ត blind លូផ loop មេរោគធ្វើឱ្យស្ទះផ្លូវស្រួបយករស់ជាតិម្ហូប ហើយនឹងធ្វើឱ្យឋាប់សាច់ផង នាមសព្ទ.
1215.	ប្លាញ្ចន្ត blind ផើស៊ីន person មនុស្សខ្វាក់១ម្នាក់ នាមសព្ទ.
1216.	ប្លីស្ទើ blister ពងបែក បើស្ត burst ផ្ទុះ ឬបែក កិរិយាសព្ទ.
1217.	ប្លីស្ទើ blister ពងបែក អិន on នៅលើ ធើ the ស្គិន skin ស្បែក កិរិយាសព្ទ.
1218.	ប្លូធិង bloating ហើមពោះ អែន្ត and ហើយនឹង កាស gas ផោម ឬជើរខ្យល់ កិរិយាសព្ទ.
1219.	ប្លុក block ស្ទះនៅ អាធើរីស arteries សរសៃឈាមក្រហម កិរិយាសព្ទ.
1220.	ប្លុក block ស្ទះ ធើ the សាញនើស sinus រន្ធឆ្អឹងតូចៗ ឌ្រេនេជ drainage ដែលបង្ហូរទឹក កិរិយាសព្ទ.
1221.	ប្លុកគិង blocking កំពុងតែស្ទះឈាម អ៊ីវ of នៅក្នុង ធើ the យ្យរណារី coronary អាធើរ artery សរសៃឈាមក្រហមដែលអោបនៅជុំវិញបេះដូង កិរិយាសព្ទ.
1222.	ប្លីដ blood ឈាម ឬលោហិត អែន្ត and ហើយនឹង យួរ៉ូន urine ទឹកនោម នាមសព្ទ.

1223.	ធ្វើឱ blood ថ្លៃស្តើ blister អ A ឈាមកកកុំនៅក្រោមស្បែក ធ្វើឱ្យលើស្បែកឡើងក្រហម ហើយហើម នាមសព្ទ.
1224.	ធ្វើឱ blood ប្រេន brain ប៉េរ៉ិអើ barrier សរសៃឈាមតូចៗដែលជួយរៀបចំឱ្យ វត្ថុធាតុចូលទៅក្នុងសាច់នៅខួរក្បាល ហើយមិនឱ្យវត្ថុធាតុអ្វីផ្សេងទៀតចេញក្រៅ (ហើយជួយ ធ្វើចរនាឱ្យវត្ថុធាតុដែលមានគ្រោះថ្នាក់ចេញពីក្នុងឈាម ចូលទៅក្នុងសរសៃវិញ្ញាណរបស់ខួរក្បាល) នាមសព្ទ.
1225.	ធ្វើឱ blood ឈាម ឬឈោហិត ខាលស្យៀម calcium មានជាតិកាល់ស្យម នាមសព្ទ.
1226.	ធ្វើឱ blood ខៃពិលឈើរីស capillaries សរសៃឈាមក្រហមតូចៗជាច្រើន នាមសព្ទ.
1227.	ធ្វើឱ blood ខៃពិលឈើរ៉ី capillary សរសៃឈាមក្រហមតូច១ នាមសព្ទ.
1228.	ធ្វើឱ blood សែល cell គ្រាប់ឈាម ឬគ្រាប់ឈោហិត នាមសព្ទ.
1229.	ធ្វើឱ blood សែលស cells គ្រាប់ឈាម ឬគ្រាប់ឈោហិត មូលធីផ្លាយ multiply កើតច្រើនឡើងៗ នាមសព្ទ.
1230.	ធ្វើឱ blood ឈាម ឬឈោហិត សើីខ្យូលេធិង circulating កំពុងតែវិល ឬរត់ចុះឡើង នៅក្នុងខ្លួន (ឧទាហរណ៍ដូចជាសរសៃឈាមក្រហមនាំឈាមរត់ចេញពីបេះដូង ហើយសរសៃឈាមខៀ នាំឈាមត្រឡប់មកចូលបេះដូងវិញ នេះជាប្រព័ន្ធវិលចុះឡើងនៅក្នុងខ្លួនមនុស្ស វាមានឬនយ៉ាង) នាមសព្ទ.
1231.	ធ្វើឱ blood សើីជ្ជលេសីន circulation ការវិលចុះឡើងរបស់ឈាម ឬឈោហិតនៅក្នុង ខ្លួនមនុស្ស (ឧទាហរណ៍ដូចជាសរសៃឈាមក្រហមនាំឈាមរត់ចេញពីបេះដូង ហើយសរសៃឈាម ខៀនាំឈាមត្រឡប់មកបេះដូងវិញ នេះជាប្រព័ន្ធនាំខ្យល់វិលចុះឡើងនៅក្នុងខ្លួនមនុស្ស វាមានឬនយ៉ាង នៅពេលនេះយើងនឹងមើលតាមឈាមដែលនាំខ្យល់អុកស៊ីហ្សែរិវលចុះឡើង ទៅចិញ្ចឹមខ្លួនយើងរាប់ ពីសរសៃឈាមខៀថំពីរក៏: អាមួយជាប់ពីចំហៀងបេះដូងខាងស្តាំខាងលើវាណេញះ សួផ្យៀរ៉ ឬសួផ្យៀរ៉ិអើ superior វេណា vena ខេវ៉ា cava វានាំឈាមមកពីផ្នែកខាងលើនៃខ្លួន ចូលទៅក្នុងបន្ទប់បេះដូងខាងស្តាំខាងលើ ហើយអាមួយទៀតវាណេញះ អិនវៀរ៉ិអើ inferior វេណា vena ខេវ៉ា cava អា១នេះវាជាប់ពីចំហៀងបេះដូងខាងស្តាំខាងក្រោម វានាំឈាមមកពីផ្នែកខាងក្រោមឧងខ្លួនចូលទៅក្នុងបន្ទប់បេះដូងខាងស្តាំ ខាងលើៗនេះឈ្មោះ រ៉ៃត right អេ្រទ្រៀម atrium ហើយឈាមហូរចូលទៅក្នុងបន្ទប់បេះដូង ខាងស្តាំខាងក្រោមឈ្មោះ រ៉ៃត right វេនទ្រិខល ventricle ហើយឈាមហូរចូលទៅតាមអណ្តាតបេះដូងដែលមាន

សន្ទះទ្វារបី ឬអណ្តាតបិតបើកបីវាឈ្មោះ ត្រាយខាស់និង tricuspid វៀវ ឬវ៉ាល់វ valve ហើយនឹង ផៃត right វេនទ្រិខល ventricle វាជាបន្ទប់បេះដូងខាងស្តាំខាងក្រោម វាច្រាប់ចុញ្ញឈាមឲ្យរត់ចេញទៅតាមអណ្តាតបេះដូងមួយទៀតឈ្មោះ ផ្លូមិណារី ឬផ្លូលមួណារី pulmonary វៀវ ឬវ៉ាល់វ valve (មានន័យថាសន្ទះទ្វារដែលទាក់ទងទៅនឹងសួត) ឈាមនាំខ្យល់ដែលយើងរកពន្លើមចេញទៅក្រៅពងខ្លួនឈ្មោះ ខាបិន carbon ដៃអិក្យាយ dioxide (ខ្យល់ដែលចេញពីពន្លើមយើង ឬខ្យល់អុកស៊ីស្សែនមិនស្អាត) វាជូរយកខ្យល់អុកស៊ីប្បេនថ្មីឈ្មោះ អិក្ស៊ីជិន oxygen (ពេលយើងរកពងពន្លើមចូលក្នុងខ្លួនយើង) ឈាមនាំខ្យល់អុកស៊ីប្បេនថ្មីចូលមកក្នុងពងខ្លួនយើងវិញតាមសួត ហើយចូលទៅក្នុងបន្ទប់បេះដូងខាងលើខាងឆ្វេងឈ្មោះ លេវ្វ left ដៃឆ្រៀម ឬដៃឆ្រៀម atrium ឈាមដែលទទួលយកខ្យល់អុកស៊ីប្បេនថ្មីនេះ ហើយវានាំខ្យល់ថ្មីអុកស៊ីប្បេននេះចូលទៅក្នុងបន្ទប់បេះដូងខាងក្រោម ខាងឆ្វេងវាឈ្មោះ លេវ្វ left វេនទ្រិខល ventricle តាមអណ្តាតបេះដូងដែលមានសន្ទះទ្វារពីរ ឬអណ្តាតពីរវាឈ្មោះ មៃទ្រេល mitral វៀវ ឬវ៉ាល់វ valve ហើយនឹង លេវ្វ left វេនទ្រិខល ventricle បន្ទប់បេះ ដូងខាងក្រោមខាងឆ្វេង វាច្រាប់ចុញ្ញឈាមចូលទៅតាមអណ្តាតរបស់សរសៃឈាមក្រហមធំនៅ បេះដូងខាងលើនេះវាឈ្មោះ អេអ៊រធិក aortic វៀវ ឬវ៉ាល់វ valve ឲ្យចូលទៅសរសៃឈាម ក្រហមវាឈ្មោះ អេអ៊រថា aorta (សរសៃឈាមក្រហមធំនេះគជាប់នឹងបេះដូងខាងលើ វាមានរាងកោងនៅពេលបេះដូងច្រាប់ឈាមរុញ្ញចេញពីបេះដូងទៅចិញ្ចឹមពងខ្លួនយើងគ្រប់ទី កន្លែងទាំងអស់) នាមសំព្ទ.

1232.	ឡ្បៀ blood គួត clot ពរាមកក (គ្រាប់ឈរាមដែលធ្វើជួយឲ្យពរាមកក) នាមសំព្ទ.
1233.	ឡ្បៀ blood ឈាម គួត clot កក វ៉រមេស៊ិន formation កើតឡើង នាមសំព្ទ.
1234.	ឡ្បៀ blood ឈាម គួត clots កកច្រើនកន្លែង នាមសំព្ទ.
1235.	ឡ្បៀ blood ឈាម គួត clots កក ឡូដជិង lodging ស្ទះនៅក្នុងសរសៃឈាម (ឈាមហួរចេញមិនបាននៅក្នុងសរសៃឈាម) នាមសំព្ទ.
1236.	ឡ្បៀ blood ឈាម គួត clots កក អាន់ឌើ under នៅក្រោម ឌើ the ស្ទិន skin ស្បែក នាមសំព្ទ.
1237.	ឡ្បៀ blood ឈាម ខួតធិង clotting កំពុងតែកក គ្រាប់ឈាមស្ទីតកកច្រើនដុំ នាមសំព.
1238.	ឡ្បៀ blood ខូនឌីស៊ិន condition មានជាតនៅក្នុងគ្រាប់ឈាម (ឬរាគលោហិតដែល

	មានភាពមិនធម្មតា) នាមសព្ទ.
1239.	ប្រើជ blood ខោន្ត count រាប់ចំនួនគ្រាប់ឈាម នាមសព្ទ.
1240.	ប្រើជ blood ឌិស័រនឺស disorders មានរោគ ឬបញ្ហានៅក្នុងឈាម ឬមានរោគនៅក្នុងឈាម នាមសព្ទ.
1241.	ប្រើជ blood ឈាម អីនធើស enters ហូរចូល នាមសព្ទ.
1242.	ប្រើជ blood ឈាម វិល្លដ filled បានចូលពេញ ស៊ីស្តស cysts ថង់ត្តចៗ នាមសព្ទ.
1243.	ប្រើជ blood ឈាម វិល្លស fills ចូលពេញ ធើ the ធិសស្ស tissue សាច់ នាមសព្ទ.
1244.	ប្រើជ blood ឈាម វ្លូវ flow ហូរ នាមសព្ទ.
1245.	ប្រើជ blood ឈាម វ្លូវ flow ហូរ ឬ៉ម from ចេញពី ធើ the បឌី body រាងខ្លួន នាមសព្ទ.
1246.	ប្រើជ blood ឈាម វ្លូវ flow ហូរ ស្រីវ through ទៅតាមសរវៃសឈាម នាមសព្ទ.
1247.	ប្រើជ blood កាស gas ខ្យល់រលាយជាមួយទឹកឈាម (វាជាផ្នែករបស់គ្រាប់ឈាមៗនាំខ្យល់ទៅ ចិញ្ចឹមក្រពេញទាំងអស់នៅក្នុងខ្លួនយើង) នាមសព្ទ.
1248.	ប្រើជ blood កាស៊ីស gases ខ្យល់រលាយជាមួយទឹកនៅក្នុងឈាម នាមសព្ទ.
1249.	ប្រើជ blood ផ្លក្កុផ្រូថេអីន glycoprotein មានជាតិប្រូតេអ៊ីនផ្អែមៗនៅក្នុងទឹកឈាម មួយយ៉ាង នាមសព្ទ.
1250.	ប្រើជ blood ផ្លក្កុផ្រូថេអ៊ីនស្ glycoproteins មានជាតិប្រូតេអ៊ីនផ្អែមៗនៅក្នុងទឹកឈាម ច្រើនយ៉ាង នាមសព្ទ.
1251.	ប្រើជ blood ឈាម ក្ go ទៅ នាមសព្ទ.
1252.	ប្រើជ blood ឈាម ក្ go រត់ទៅ ផ្ to ធើ the ប្រេន brain ខួរក្បាល នាមសព្ទ.
1253.	ប្រើជ blood គ្រូផ group ក្រុមគ្រាប់ឈាម នាមសព្ទ.
1254.	ប្រើជ blood ឈាម ហែស has បាន ខ្លូត្តដ clotted កក នាមសព្ទ.
1255.	ប្រើជ blood ឈាម អ៊ិន in នៅក្នុង នាមសព្ទ.
1256.	ប្រើជ blood ឈាម អ៊ិន in នៅក្នុង ធើ the អាយ eye គ្រាប់ភ្នែក នាមសព្ទ.
1257.	ប្រើជ blood ឈាម អ៊ិន in នៅក្នុង ធើ the ឆេស្ត chest ជើមទ្រូង នាមសព្ទ.
1258.	ប្រើជ blood ឈាម អ៊ិន in នៅក្នុង ធើ the វីសីស feces លាមក ឬអាចម៍ នាមសព្ទ.

1259.	ប្លើដ blood មានឈាម អិន in នៅក្នុង ឆើ the ឡើម ឬផ្ញើម phlegm ស្លេស កំហាក សំបោ នាមសំពុ.
1260.	ប្លើដ blood ឈាម អិន in នៅក្នុង ឆើ the ស្ពួល្យ stools លាមក ឬអាចម៍ នាមសំពុ.
1261.	ប្លើដ blood ឈាម អិន in នៅក្នុង ឆើ the យ៉ូរ៉ិន urine ទឹកនោម នាមសំពុ.
1262.	ប្លើដ blood ឈាម ល្ី៉ក្ស leaks លិច ស្រីវ through ទៅតាម នាមសំពុ.
1263.	ប្លើដ blood ឈាម អ៊រ or ឬ យ៉ូរ៉ិន urine ទឹកនោម (វាអាចយកទៅពិសោធន៍បើលថា តើស្ត្រីមានផ្ទៃពោះ ឬក៏ធ្លាប់ផ្ទៃពោះ (កៃស្ងួរកមើលជាតិប្រូតេអ៊ីនឈ្មោះ អេវសុីជី HCG អក្សរកាត់របស់វា) នាមសំពុ.
1264.	ប្លើដ blood ម្យូក្ប្រូថែអ៊ស្ប mucoproteins មានជាតិប្រូតេអ៊ីនអិលស៊ីៗនៅក្នុងឈាម នាមសំពុ.
1265.	ប្លើដ blood ឈាម ផាស្ប pass ចេញទៅតាម នាមសំពុ.
1266.	ប្លើដ blood ឈាម ផាស្ស៊ីស passes ចេញទៅតាម នាមសំពុ.
1267.	ប្លើដ blood ឈាម ផាស្ស៊ីស passes ចេញ ស្រីវ through ទៅតាម នាមសំពុ.
1268.	ប្លើដ blood ផ្លែសម៉ា plasma ទឹកឈាមដែលមានពណ៌ស ឬលឿងតិចៗដូចទឹករវៃង (វាមានទឹក៩១.៥% មានជាតិប្រូតេអ៊ីន៧% មានជាតិអំបិល១.៥%) នាមសំពុ.
1269.	ប្លើដ blood ផ្លែស្យ៉ាស plasmas គឺជាតិប្រូតេអ៊ីន សំខាន់ម្យ៉ាងនៅក្នុងទឹកឈាមសឡៀងៗ វាឈ្មោះ អាល្ប៊ូមិន albumin ទឹកប្រូតេអ៊ីន (ស្រឡៀងគ្នាទៅនឹងទឹករវៃង) នាមសំពុ.
1270.	ប្លើដ blood ប្រេសស៊េី pressure កម្លាំងទឹកឈាមរត់ ឬរុញ នាមសំពុ.
1271.	ប្លើដ blood ប្រេសស៊េី pressure ខារ៉ិ cuff គ្រឿងប្រដាប់សម្រាប់វាស់កម្លាំងឈាមរត់ នាមសំពុ.
1272.	ប្លើដ blood ប្រេសស៊េី pressure កម្លាំងឈាម កូស goes ដោន down ចុះទាប (ឬកម្លាំងឈាមចុះ) នាមសំពុ.
1273.	ប្លើដ blood ប្រេសស៊េី pressure កម្លាំងឈាម កូស goes អាផ up ឡើងខ្ពស់ (ឬកម្លាំងឈាមឡើង) នាមសំពុ.
1274.	ប្លើដ blood ប្រូថែអ៊ស្ប proteins ទឹកប្រូតេអ៊ីននៅក្នុងឈាម នាមសំពុ.

1275.	ធ្វើឱ្យ blood ទឹកឈាម រ៊ូរីង roaring វុំផ្លួយឮឡើង រត់ខ្លាំង នាមសំពុ.
1276.	ធ្វើឱ្យ blood សែមផល sample ឈាមសម្រាប់យកទៅពិសោធន៍មើលរោគ នាមសំពុ.
1277.	ធ្វើឱ្យ blood សេរ៉ុម serum សេរ៉ុម ស៊េរ៉ុម ឬសារ៉ូមនៅក្នុងទឹកឈាម នាមសំពុ.
1278.	ធ្វើឱ្យ blood ស្ងូគើ sugar ជាតិស្ករនៅក្នុងឈាម នាមសំពុ.
1279.	ធ្វើឱ្យ blood ស្ងូគើ sugar លេវេល level កំរិត ឬចំនួនជាតិស្ករនៅក្នុងឈាម នាមសំពុ.
1280.	ធ្វើឱ្យ blood សិស្ទឹម system ប្រព័ន្ធទឹកឈាម នាមសំពុ.
1281.	ធ្វើឱ្យ blood ថេស្ត test ការពិសោធន៍ឈាមដើម្បីមើលមេរោគ នាមសំពុ.
1282.	ធ្វើឱ្យ blood ថេសទីង testing កំពុងតែធ្វើការពិសោធន៍មើលមេរោគនៅក្នុងឈាម នាមសំពុ.
1283.	ធ្វើឱ្យ blood ត្រេ៊ន្សមិសស៊ីន transmission ឆ្លងតាមទឹកឈាម (នាំចូលមកតាមទឹកឈាម) នាមសំពុ.
1284.	ធ្វើឱ្យ blood ឈាម ធូម័រ tumor កកកុំ អ៊ីកវ៉ោវ above នៅខាងលើ ធើ the ឌ្យូរ៉ា dura មែធើ mater ស្រោមខួរក្បាលខាងក្នុង នាមសំពុ.
1285.	ធ្វើឱ្យ blood ឈាម ធូម័រ tumor កកកុំ អាន់ធើ under នៅខាងក្រោម ធើ the ឌ្យូរ៉ា dura មែធើ mater ស្រោមខួរក្បាលខាងក្នុង នាមសំពុ.
1286.	ធ្វើឱ្យ blood ឈាម ទ្រិកគល្យ trickles ស្រក់ អៅត out ចេញ នាមសំពុ.
1287.	ធ្វើឱ្យ blood ឈាម ស្រ៊ូ through ចេញទៅតាម នាមសំពុ.
1288.	ធ្វើឱ្យ blood វែស្យ vessels សរសៃឈាមតូចៗជាច្រើន អ៊ូវ of នៅក្នុង ធើ the ប្រេន brain ខួរក្បាល នាមសំពុ.
1289.	ធ្វើឱ្យ blood ឈាម យូរ៉េ urea ទឹកនោម នៃត្រូជិន nitrogen កាកសំណល់ដែល លាងចេញពីឈាម (ប៊ីយូអិន BUN អក្សរកាត់របស់ការវាស់មើលចំនួនទឹកនោមនៅក្នុងឈាម (នៅពេលមានរោគកម្រងទឹកនោម ទឹកនោមប្រមូលច្រើននៅក្នុងឈាម) នាមសំពុ.
1290.	ធ្វើឱ្យ blood វែសសេល្យ vessel កូនសរសៃឈាមតូច១ នាមសំពុ.
1291.	ធ្វើឱ្យ blood វែសសេល្យ vessel កូនសរសៃឈាមតូច១ ប្រេក break បែក នាមសំពុ.
1292.	ធ្វើឱ្យ blood វែសសេល្យ vessel កូនសរសៃឈាមតូច១ ដែលេធើរ dilator វីកធំ១ពង នាមសំពុ.
1293.	ធ្វើឱ្យ blood វែសសេល្យ vessels កូនសរសៃឈាមតូចៗជាច្រើន នាមសំពុ.

1294.	ឈ្លើង blood វេសសេល្យ vessels សរសៃឈាមគ្មួចៗទាំងអស់នេះមានបីយ៉ាង អាធើរីស arteries សរសៃឈាមក្រហាមនាំឈាមចេញពីបេះដូង ខេឌីលឈើរីស capillaries អាចផ្ទេរទឹករវាងឈាមហើយនឹងសាច់ វេស្យ veins សរសៃឈាមខ្ចៅនាំឈាមវិលមកបេះដូងវិញ (ប្រជុំនៃសរសៃឈាមទាំងអស់មានប្រវែងប្រហែល ៥០០០០ ទៅ ៦០០០០ ម៉ាយ) នាមសំព្.
1295.	ឈ្លើង blood វេសសេល្យ vessels អីនឡ្យាច enlarge សរសៃឈាមគ្មួចៗច្រើនបានរីកធំ នាមសំព្.
1296.	ឈ្លើង blood វេសសេល្យ vessels អិនថែក្ត intact សរសៃឈាមគ្មួចៗច្រើនពគជាប់គ្នា នាមសំព្.
1297.	ឈ្លើង blood វេសសេល្យ vessels សរសៃឈាមគ្មួចៗច្រើន វិថ្តអិន within នៅខាងក្នុង ធើ the នូស nose រន្ធច្រមុះ រាវេកនៅសើៗស្បែក នាមសំព្.
1298.	ឈ្លើង-វេសសេល្យ-វិល្លេដ blood-vessel-filled អ្ឡែរកិន organ សុកវាមានសរសៃឈាមគ្មួចពេញ (គឺជាក្រពេញ សរីរាង្គ ឬសរសៃឈាមគ្មួចច្រើនដែលមានឈាមពេញ គេហៅឈ្មោះថា ផ្លេសេនថា placenta សុក) នាមសំព្.
1299.	ឈ្លើងវិល្លេដ blood-filled ឈាមចូលពេញ ស្វេល្លិង swelling ហើម ឬព្ញើង នាមសំព្.
1300.	ឈ្លើងស្រ្តីម bloodstream ទឹកឈាម មូវ move ហូរ ឬរିល នាមសំព្.
1301.	ឈ្លើង-សឹកគិង blood-sucking សត្វអ្វីដែលបើតយកឈាម ស៊ីឈាម ជញ្ជក់យកឈាម ពីសត្វអ្វីផ្សេងទៀត នាមសំព្.
1302.	ឈ្លើង-ស្តេន្ត blood-stained- យួរ៉ិន urine ឃើញមានឈាមនៅក្នុងទឹកនោម នាមសំព្.
1303.	ឈ្លើទី bloody នូស nose មានឈាមចេញពីច្រមុះ គុណនាម.
1304.	ឈ្លើទី bloody ស្តួល្យ stools មានឈាមនៅក្នុងលាមក គុណនាម.
1305.	ឈ្លើទី bloody វ៉មិត vomit ក្អតមានឈាម ក្អតចេញឈាម គុណនាម.
1306.	ឈ្លើទីយិង bloodying កំពុងតែចេញឈាម ហ្រ្វម from មកពី ធើ the កាត់ gut ពោះវៀន គុណនាម.
1307.	ប្ល blue អាយ eye សិនដ្រម syndrome មានរោគច្រើនយ៉ាងនៅភ្នែក នាមសំព្.
1308.	ប្ល blue អាយ eye ឌិស្ស៊ីស disease រោគនៅភ្នែក (រោគដែលមានពណ៌ខៀវរនៅភ្នែក) នាមសំព្.

1309.	ប្ល blue អាយ eye ឌិស្វឌើ disorder រោគនៅភ្នែក (រោគដែលមានពណ៌ខៀវនៅភ្នែក) នាមសព្ទ.
1310.	ប្ល blue ស្ប៉ូ spots មានពណ៌ខៀវស្ងាមៗ នាមសព្ទ.
1311.	ប្លូអិស្ល bluish ឌិសខាឡើរសិន discoloration សាច់ ឬរូបរបស់ដែលប្រែទៅជាពណ៌ខៀវ ណាស់ នាមសព្ទ.
1312.	បកកា bocca-មាត់ -ម៉ៅ mouth ផ្ដាល់-ទ្រីវិក្ស prefix បុព្វបទ ឬពាក្យសម្រាប់តពីខាងមុខ.
1313.	បឌីលី bodily ឌិសខាម់វ៉ឺត discomfort ឈឺដែលមិនស្រួលនៅក្នុងខ្លួន គុណនាម.
1314.	បឌីលី bodily អ័ររៀនថេសិន orientation ការណែនាំឱ្យស្គាល់អំពីសរីរាង្គកាយ ផែត្ត and ហើយនឹង ឌិរកសិន ឬឌើរកសិន direction ចង្អុលប្រាប់ទិសដៅ គុណនាម.
1315.	បឌី body ប្រេស្យ brace គ្រឿងពេទ្យប្រើជារណបអបដងខ្លួន នាមសព្ទ.
1316.	បឌី body ខែវិទិស cavities ប្រហោង ឬរន្ធនៅក្នុងអដងខ្លួនជាច្រើន នាមសព្ទ.
1317.	បឌី body ខែវិទិ cavity ប្រហោង១នៅក្នុងអដងខ្លួន នាមសព្ទ.
1318.	បឌី body វ៉ែត fat ខ្លាញ់របស់អដងខ្លួន នាមសព្ទ.
1319.	បឌី body ហៀរ hair រោមរបស់អដងខ្លួន នាមសព្ទ.
1320.	បឌី body ម៉ែស្យ mass ដុំសាច់នៅក្នុងអដងខ្លួន នាមសព្ទ.
1321.	បឌី body ម៉ែស្យ mass អិនដេក្ស index ចំនួនសាច់ដុំ ខ្លាញ់ ហើយនឹងកម្ពស់របស់អដ ខ្លួនឱ្យសំគាល់ នាមសព្ទ.
1322.	បឌី body ខ្លួន អ័រវ៍ of របស់ ឌើ the ថាំង tongue អណ្ដាត (នៅអណ្ដាតទាំងមូល ឬអណ្ដាត) នាមសព្ទ.
1323.	បឌី body ខ្លួន អ័រវ៍ of របស់ ឌើ the យូធើរីស uterus ស្បូន (នៅអណ្ដាលស្បូន) នាមសព្ទ.
1324.	បឌី body អ័រតិន organ ក្រពេញ១នៅក្នុងអដងខ្លួន (ឧទាហរណ៍ដូចជានៅអណ្ដាលក្រពះ) នាមសព្ទ.
1325.	បឌី body អូផេនិង opening រន្ធរបស់អដងខ្លួន (ឧទាហរណ៍ដូចជារន្ធច្រមុះ ឬរន្ធត្រចៀកមាស់) នាមសព្ទ.

1326.	បឌី body ផាត part ផ្នែក១របស់ដងខ្លួនណាមួយ / បឌី body ផាត្ស parts ផ្នែកជាច្រើនរបស់ដងខ្លួន (ឧទាហរណ៍ដូចជាដៃ ហើយនឹងជើង) នាមស័ព្ទ.
1327.	បឌី body ហ្វីសិអូឡូជី physiology អ្នកវិជ្ជាសាស្រ្តដែលធ្វើការសិក្សាអំពីរូបរាងកាយ ហើយនឹងប្រព័ន្ធមុខងាររបស់វា (សរីរវិទ្យាខាងរូបរាងកាយ) នាមស័ព្ទ.
1328.	បឌី body សិស្ទឹម system ប្រព័ន្ធរបស់រូបរាងកាយ (ឧទាហរណ៍ដូចជាប្រព័ន្ធដង ដង្ហើមវាមានច្រមុះ មាត់ បំពង់ខ្យល់ ទងសួត ថង់ខ្យល់តូចៗ ហើយនឹងសួត) នាមស័ព្ទ.
1329.	បឌី body ថេមផើរឈើ temperature កំដៅនៅក្នុងដងខ្លួន នាមស័ព្ទ.
1330.	បឌី body វេត (វ្វេត) weight ទម្ងន់របស់ដងខ្លួន នាមស័ព្ទ.
1331.	បឌី body ធិសស្យូ tissue សាច់របស់ដងខ្លួន នាមស័ព្ទ.
1332.	បឌី body ថៃផ type ផ្នែក បែបយ៉ាងរបស់រូបរាងកាយ ខារ៉ែកទើរៃស្សិដ characterized ដែលបានរៀបរាងដាក់ជាក្រុម នាមស័ព្ទ.
1333.	បឌី´ស body's អែសិដ-បេស acid-base បែលែនស្ស balance ចំនួនទឹកអាស៊ីត ស្មើល្មមនៅក្នុងខ្លួន នាមស័ព្ទ.
1334.	បឌី´ស body's ឌីវេនស defense សិស្ទឹម system ប្រព័ន្ធដែលជួយការពារដងខ្លួន នាមស័ព្ទ.
1335.	បឌី´ស body's វីលទើស filters ប្រដាប់ត្រង ឬច្រោះទឹកឈាមរបស់ដងខ្លួន នាមស័ព្ទ.
1336.	បឌី´ស body's អូន own លូកូសៃត្ស leukocytes គ្រាប់ឈាមសរបស់ខ្លួនឯងផ្ទាល់ នាមស័ព្ទ.
1337.	បូល boil ដាំទឹក សិក្ស ធូ សេវេន 6-7 ប្រាំមួយ ទៅប្រាំពីរ មិនិត្ស minutes ប្រាំមួយ នាទី កិរិយាសព្ទ.
1338.	បូលិង boiling ដាំ វ៉ទើ water ទឹកឱ្យពុះ កិរិយាសព្ទ.
1339.	បូល្ស boils ពងបែកច្រើនកន្លែង អឺរោន្ទ around នៅជុំវិញ ម៉ាយ my លិផ្ស lips បបូរមាត់ទាំងពីរ អែន្ទ and ហើយនឹង នូស nose ច្រមុះរបស់ខ្ញុំ នាមស័ព្ទ.
1340.	បូល្ស boils ពងបែកច្រើនកន្លែងដែល ខែន can អាច ខោះស cause ធ្វើឱ្យ ប្លើដ blood ផ្ទិយសិនិង poisoning ការពុលនៅក្នុងឈាម នាមស័ព្ទ.

1341.	ប៊ុល្ល **bol/o-** បោះចោល - ខែស្ស **cast** បោះចោល - ធ្ន **to** ដើម្បីនឹង ស្រ្ត្វ **throw** បោះចោល -ស្រ្ត្វិង **throwing** កំពុងតែបោះចោល -ព្រីវីក្ស **prefix** បុព្វបទ ឬជាក្យសម្រាប់តបញ្ចូលផ្នែកពីខាងមុខ.
1342.	ប៊ុន **bone** ឆ្អឹង អ៊ីកផៅ **above** ខាងលើ នាមសំពុ.
1343.	ប៊ុន **bone** ឆ្អឹង បីនីត្ថ **beneath** ខាងក្រោម នាមសំពុ.
1344.	ប៊ុន **bone** ខែនស៊ើ **cancer** មានរោគមហារីកនៅឆ្អឹង នាមសំពុ.
1345.	ប៊ុន **bone** ឆ្អឹង ខាំផូស្ស **composed** បានកើតឡើងរួមគ្នា នាមសំពុ.
1346.	ប៊ុន **bone** ឌិស្ស៊ីស្ស **diseases** មានរោគច្រើនយ៉ាងនៅឆ្អឹង កិរិយាសពុ.
1347.	ប៊ុន **bone** អ៊ីនុស **ends** ក្បាលឆ្អឹងនៅខាងចុង នាមសំពុ.
1348.	ប៊ុន **bone** ឆ្អឹង វីតធិង **fitting** ល្មម អ៊ីនធូ **into** ចូលទៅក្នុង នាមសំពុ.
1349.	ប៊ុន **bone** រ៉្វែកឈើ **fracture** ឆ្អឹងមួយបែក បាក់ ឬប្រះមួយវឌ (ឬបើសិនជាវា "ឆ្អឹងដែលបាក់" មានបាក់ច្រើនជាងវឌអ្នកត្រូវថែមអក្សរដែសពីខាងក្រោយវា ឧទាហរណ៍ដូចជា រ៉្វែកឈើស **fractures**) នាមសំពុ.
1350.	ប៊ុន **bone** រ៉្វែកឈើឌ **fractured** បានបាក់ ឬបានរបួសបាក់ឆ្អឹងរួចហើយ នាមសំពុ.
1351.	ប៊ុន **bone** រ៉្វែកឈើស **fractures** ការបែក បាក់ ឬប្រះឆ្អឹងច្រើនយ៉ាងកន្លែង នាមសំពុ.
1352.	ប៊ុន **bone** លីស៊ីន **lesion** ឆ្អឹងដែលមានរោគ មានការប្រែប្រួលនៅឆ្អឹង បាក់ ប្រះ របួស រហែក នាមសំពុ.
1353.	ប៊ុន **bone** ឡាយនិង **lining** សែល្ស **cells** គ្រាប់កោសិការបស់ឆ្អឹងដែលក្រាល នៅកន្លែងវា នាមសំពុ.
1354.	ប៊ុន **bone** មេថេប៊ូលីស៊ីម **metabolism** កិនំរលាយឆ្អឹងធ្វើឱ្យឆ្អឹងរលាយចូលគ្នា នាមសំពុ.
1355.	ប៊ុន **bone** ម៉ារ៉ូ ឬម៉ារ៉្វូ **marrow** ខួរឆ្អឹងខ្នង១ (វាផលិត ឬធ្វើគ្រាប់ឈាមក្រហម) នាមសំពុ. អ៊ីរ **or** ឬ
1356.	ប៊ុន **bone** ម៉ារ៉ូស ឬម៉ារ៉្វូស **marrows** ខួរឆ្អឹងខ្នងច្រើន (វាផលិត ឬធ្វើគ្រាប់ឈាម ក្រហម ហើយនិងគ្រាប់ឈាមសឈ្មោះ ណ្ដ្រូហ្វ៊ីល្ស **neutrophils**) នាមសំពុ.
1357.	ប៊ុន **bone** ឆ្អឹង ហៃផើគ្រូហ្វ៊ី **hypertrophy** វីកធ្ញើ់ឌធំ នាមសំពុ.
1358.	ប៊ុន **bone** ឆ្អឹង អ៊ោវ **of** នៅ ឬ the ស្កាល់ **skull** លលាដ៍ក្បាល នាមសំពុ.

1359.	បូន bone រីម៉ាលិង remodeling ធ្វើការជួសជុលឆ្អឹងឱ្យជាល្អឡើងវិញ នាមស័ព្ទ.
1360.	បូន bone ឆ្អឹង សហ្វេនិង softening ទន់ៗ ឬជ្រាយៗ នាមស័ព្ទ.
1361.	បូន bone ឆ្អឹង ស្ពើ spur ដុះប៉ោងធំ ឬបែកជាបំណែកតូចៗ នាមស័ព្ទ.
1362.	បូន bone ឆ្អឹង ស្ទរ store ទុក មិនើរ៉ល្ស minerals ជាតិដែក ឬជាតិរ៉ែ (វាជាកន្លែងទុកវត្ថុធាតុច្រើនយ៉ាង) នាមស័ព្ទ.
1363.	បូន bone ឆ្អឹង សើរោនឌិង surrounding នៅព័ទ្ធជុំវិញ ឌើ the ប្រេន brain ខួរក្បាល (ស្កាល្ល skull ឆ្អឹងលលាដ៏ក្បាល) នាមស័ព្ទ.
1364.	បូន bone ធិសស្យូ tissue សាច់ឈាមរបស់ឆ្អឹង១ នាមស័ព្ទ.
1365.	បូន bone ធិសស្យូស tissues សាច់ឆ្អឹងចាប់ពី២ឡើងទៅ ឬជាលិកាដែលកើតទៅជាឆ្អឹង គុណនាម.
1366.	បូន bone ឆ្អឹង ធូមើរ tumor ពកដុះដុំៗ នាមស័ព្ទ.
1367.	បូន bone ឆ្អឹង អាន់ឌើ under ខាងក្រោម នាមស័ព្ទ.
1368.	បូន-ហ្វ័រមិង bone-forming ធិសស្យូ tissue សាច់ឆ្អឹងកើតឡើង នាមស័ព្ទ.
1369.	បូន្ស bones ឆ្អឹងជាច្រើន អឺករោន្ត around នៅជុំវិញ ឌើ the នូស nose ច្រមុះ នាមស័ព្ទ.
1370.	បូន្ស bones ឆ្អឹងជាច្រើន អ័រ or ឬ ស្គេលេថិន្ស skeletons ឆ្អឹងជាច្រើន (មនុស្សចាស់មានឆ្អឹង២០៦ កូនង៉ាមានឆ្អឹង៣០០) នាមស័ព្ទ.
1371.	បូន្ស’ bones’ អេដជេស edges ជាយរបស់ឆ្អឹង នាមស័ព្ទ.
1372.	បូនី bony ក្រីផ្ទ crypt ឆ្អឹងដែលមានក្រឡុកៗ (ឆ្អឹងមួយកន្លែង) នាមស័ព្ទ.
1373.	បូនី bony ក្រីផ្ទស crypts ឆ្អឹងដែលមានក្រឡុកៗ (ឆ្អឹងពីរកន្លែង) នាមស័ព្ទ.
1374.	បូនី bony ធូរ៉ែក្ស thorax ឆ្អឹងជុំនី ឬឆ្អឹងនៅដើមទ្រូង (ឆ្អឹងនេះការពារបេះដូង សួតទាំងពីរ វាជាប់ទៅនឹងសាច់ដុំស្មា ក ក្បាល ឆ្អឹងខ្នងនៅដើមទ្រូង) នាមស័ព្ទ.
1375.	បូនី bony ធិសស្យូ tissue សាច់ឆ្អឹងៗ នាមស័ព្ទ.
1376.	បូសស្ទើស boosters អិនជេកសិន injection ការចាក់ថ្នាំថែមការពាររោគអ្វីមួយម្តងទៀត នាមស័ព្ទ.

1377.	ប៊ូសស្ទើស boosters ការចាក់ថ្នាំថែម ផេតនើស tetanus កុំឲ្យកើតរោគប្រការរឹងថ្គាម (ចាក់ថ្នាំការពារកុំឲ្យវាកើតរោគនេះ១០ឆ្នាំម្ដង។) ថ្គាមមួងទៀត នាមសំពុ.
1378.	ប៊ូសស្ទើស boosters ស្ទិក្ស shots ការចោក់ថ្នាំថែមមួងទៀត ការចោក់ថ្នាំការពារកុំឲ្យ កើតរោគប្រការរឹងគ្គមពីរដងទៀត (ឧទាហរណ៍ដូចជា ផេតនើស tetanus រោគប្រការរឹងគ្គម ចាក់ថ្នាំការពារកុំឲ្យវាកើតរោគនេះ១០ឆ្នាំម្ដង។) នាមសំពុ.
1379.	ប៊ូរ៉ក្ស borax អ៊ីរ or ឬ ប៊ូរិក boric អែសិង acid ឈ្មោះទឹកអាស៊ីតពីយ៉ាងដែល គ្មានជាតិដែក រ៉ាមានពណិឆ្គាដូចកញ្ចក់តែគ្មានរាង (យើងប្រើវាសម្រាប់លាងរបស់អ្វីមួយ) នាមសំពុ.
1380.	ប៊ូរឌើល្បាញន borderline នៅត្រង់ព្រំដែន ធ្លូរ too ទៅខាង ហាយ high ខ្ពស់ នាមសំពុ.
1381.	ប៊ូរិក boric អែសិង acid សារធាតុទឹកជូរៗ ថ្នាំប្រឆាំងនឹងរោគដុំបៅ នាមសំពុ.
1382.	បន borne កូនបានកើត អែត at នៅ កិរិយាសព្ទ.
1383.	ប៊ូស៊ី both ទាំងពីរ អា are គឺ គុណនាម.
1384.	ប៊ូស៊ី both ទាំងពីរយ៉ាងនេះ អា are គឺ ធ្នូរម៉ល normal ល្អធម្មតាទេ គុណនាម.
1385.	ប៊ូស៊ី both ប្រេស្ទស breasts សាច់ដុំដោះទាំងពីរ ឬដោះទាំងពីរ គុណនាម.
1386.	ប៊ូស៊ី both ទាំងពីរយ៉ាង ប្រេន brain ខួរក្បាល អែន្ត and ហើយនឹង ធើ the ស្ប៉ាញនុល spinal ឃូរឌ cord ខួរឆ្អឹងខ្នង អា are គឺ ខូននេក្ត connect តភ្ជាប់ ធ្លូគេធើ together ជាមួយគ្គា ឬចូលរួមគ្គា នាមសំពុ.
1387.	ប៊ូស៊ី both ទាំងពីរនោះ ខុនថេន contain មាន ថែនី tiny កូន ប្លើដ blood វេសសេល្ស vessels សរសៃឈាមតូចៗ គុណនាម.
1388.	ប៊ូស៊ី both ធ្នូរម៉ល normal ទាំងពីរយ៉ាងនេះល្អធម្មតាទេ អ្វីៗដែលមានភាពធម្មតា គុណនាម.
1389.	ប៊ូស៊ី both អ៊ៅវ of ម៉ាយ my អាម្ស arms ដៃរបស់ខ្ញុំទាំងពីរ អា are គឺ អ៊ីនវេក្ត infected មានដំបៅ គុណនាម.
1390.	ប៊ូស៊ី both អ៊ៅវ of ម៉ាយ my អាម្ស arms ដៃរបស់ខ្ញុំទាំងពីរ អា are គឺ ផារ៉ាល៉លអេសិស paralysis គាប់កំបឹកមិនបាន គុណនាម.
1391.	ប៊ូស៊ី both អ៊ៅវ of ម៉ាយ my ប៊ិត big ធូស toes មេជើងរបស់ខ្ញុំទាំងពីរ អា are គឺ អ៊ីនជើដ injured មានរបួស គុណនាម.

1392.	ប៊ូស៊ី both អេវ of ម៉ាយ my អៀរស ears ត្រចៀករបស់ខ្ញុំទាំងពីរ អា are គឺ អិនជើដ injured មានរបួស គុណនាម.
1393.	ប៊ូស៊ី both អេវ of ម៉ាយ my វិងគើស fingers ម្រាមដៃរបស់ខ្ញុំទាំងពីរ អា are គឺ អិនជើដ injured មានរបួស គុណនាម.
1394.	ប៊ូស៊ី both អេវ of ម៉ាយ my លេក្ស legs ជើងរបស់ខ្ញុំទាំងពីរ អា are គឺ អិនជើដ injured មានរបួស គុណនាម.
1395.	ប៊ូស៊ី both អេវ of ម៉ាយ my លេក្ស legs ជើងរបស់ខ្ញុំទាំងពីរ អា are គឺ ផារ៉ាលេសិស paralysis ខាប់កំរើកមិនបាន គុណនាម.
1396.	ប៊ូស៊ី both អេវ of ម៉ាយ my ឡាំងស lungs សួតរបស់ខ្ញុំទាំងពីរ អា are គឺ អិនហ្វិកុដ infected មានជំងឺ គុណនាម.
1397.	ប៊ូស៊ី both អេវ of ម៉ាយ my ថាំស thumbs មេដៃរបស់ខ្ញុំទាំងពីរ អា are គឺ អិនជើដ injured មានរបួស គុណនាម.
1398.	ប៊ូស៊ី both សាយដ្ស sides ទាំងសងខាង ទាំងពីរខាង គុណនាម.
1399.	ប៊ូស៊ី both សាយដ្ស sides អេវ of ធិ the បឌី body ផងខ្លួនទាំងពីរខាង ឬទាំងសងខាង (ផងខ្លួនខាងឆ្វេង ហើយនឹងខាងស្ដាំ) គុណនាម.
1400.	ប៊ូស៊ី both ធិ the សិន្ស sense វិញ្ញាណទាំងពីរ ហៀរិង hearing ខាងពួរស្ដេង ដែន្ឌ and ហើយនឹង បៃលែនស្យ balance ខាងថ្លឹងទប់ផងខ្លួនអោយស្មើមិនអោយដួល គុណនាម.
1401.	បៅន្ឌ bound ចង ម៉ាយ my ហែន្ស hands ដៃរបស់ខ្ញុំទាំងពីរ គុណនាម.
1402.	បៅន្ឌ bound ចង ម៉ាយ my លេក្ស legs ជើងរបស់ខ្ញុំទាំងពីរ គុណនាម.
1403.	ប៊ូយ bouquet វីវី fever រោគត្រុនផ្ដាសាយធំ រោគរលាកទំហៅនេះឆ្លងទៅមនុស្ស ផ្សេងទៅតាមសត្វមូសឈ្មោះ អីឌីស Aedes មូសឃ្មិច្ធ mosquito រោគនេះកើត នៅស្រុកក្ដៅ ឬប្រទេសក្ដៅ វាសម្បែងឱ្យយើងឃើញសញ្ញាដូចតទៅ៖ ក្ដៅខ្លួន ឈ៉ក្បាល រមាស់ ឈ៉ខ្នង ឈ៉សាច់ដុំ ហើមដៃជើង ខ្សោយសាច់ដុំ ឈ៉នៅសន្លាក់ឆ្អឹងដៃជើង រមាស់ក្រហមនៅលើស្បែក ទោះជាៗហើយក៏ដោយយើងត្រូវដែបន្ដព្យាបាលរោគនេះបន្ថែម២ ឬពុំអាទិត្យទៀត តាមសំឡ.

1404.	ពោះវៀន (ឬវៀល) bowel អិនផ្លេមមេសិន inflammation ជម្ងឺរលាក ផេន pain ឈឺនៅក្នុងពោះវៀនធំ នាមសំពុ.
1405.	ពោះវៀន (ឬវៀល) bowel មូវមេន្តស movements ពុះអាចម៍ ឬបត់ជើងធំ (បីអឹម BM អក្សរកាត់) នាមសំពុ.
1406.	បីពី Bp អក្សរកាត់របស់ពាក្យថាកម្លាំងឈាមរត់ (ប្លើដ blood ព្រេសស៊ើ pressure) នាមសំពុ.
1407.	ប្រេកៀល brachial អាធើរ artery សរសៃឈាមក្រហមនៅដៃ នាមសំពុ.
1408.	ប្រេកៀល brachial វេន្ស veins សរសៃឈាមខ្មៅនៅដៃ នាមសំពុ.
1409.	ប្រេកៀលិស brachialis ម៉ាសសិល muscle សាច់ដុំតួចនៅខាងលើកំភួនដៃ នាមសំពុ.
1410.	ប្រេគីអូ brachio- អឺរ or ឬ ប្រេគីអូ brachi/o ដៃ - អាម arm ដៃ-ទ្រីវិក្ស prefix បុព្វបទ ឬពាក្យសម្រាប់ផ្តើមខាងមុខ.
1411.	ប្រេគី brachy- ខ្លី -ស្ហ័រត short ខ្លី -ទ្រីវិក្ស prefix បុព្វបទ ឬពាក្យសម្រាប់ផ្តើមខាងមុខ.
1412.	ប្រេឌី brady- យឺតៗ ម្តងមួយៗ- ស្លូ slow យឺតៗ អ្វីៗដែលកើរយឺតៗ ឬកើរមិនលឿន -ទ្រីវិក្ស prefix បុព្វបទ ឬពាក្យសម្រាប់ផ្តើមខាងមុខ.
1413.	ប្រេន brain ខួរក្បាល ផែន្ត and ហើយនឹង ស្ប៉ាញនុល spinal ឃ្យរដ cord ខួរឆ្អឹងខ្នង (វាមានពុំសរសៃវិញ្ញាណនៅក្នុងវា សរសៃវិញ្ញាណគឺជាប្រភេទដែលដឹកនាំភ្លើងអគ្គីសនីរត់ នៅក្នុងខ្លួនមនុស្សយើង) នាមសំពុ.
1414.	ប្រេន brain អែប្បសេសស abscess មានខ្ទុះនៅក្នុងខួរក្បាល នាមសំពុ.
1415.	ប្រេន brain អែញ៉ូរីសិម aneurysm សរសៃឈាមនៅក្នុងខួរក្បាលរីកប៉ោង ឬសរសៃឈាម ពកធំនៅខួរក្បាល នាមសំពុ.
1416.	ប្រេន brain ខេស case ក្រាមខួរក្បាល១ នាមសំពុ.
1417.	ប្រេន brain ខេស៊ីស cases ឆ្អឹងលលាដ៍ក្បាលឆ្អឹងគ្របខួរក្បាល នាមសំពុ.
1418.	ប្រេន brain ខួរក្បាល ខុនត្រូល្ស controls បង្ខាប់ ត្រូតត្រា ឬបញ្ជា អោល all ផាស្យ parts គ្រប់ផ្នែកទាំងអស់ ឆើរ of របស់ ធើ the បឌី body រងខ្លួន (ផ្នែករបស់ខួរ ក្បាលមួយៗធ្វើការងារខុសៗពីគ្នា) នាមសំពុ.

1419.	ប្រេន brain ដែមេជ damage ខូចខួរក្បាល នាមសព្ទ.
1420.	ប្រេន brain ដេ្ថស death សាច់ខួរក្បាលងាប់ នាមសព្ទ.
1421.	ប្រេន brain អិនជើរ injury មានរបួសនៅខួរក្បាល នាមសព្ទ.
1422.	ប្រេន brain ស្តេម stem ទងខួរក្បាល នាមសព្ទ.
1423.	ប្រេន brain ស្តេម្ស stems ទងខួរក្បាល នេះគឺជាកន្លែងដែលតទៅខួរឆ្អឹងខ្នង រហូតទៅដល់ចុងខួរឆ្អឹងខ្នង រាមានបីផ្នែកឈ្មោះ ដាយអិនសេហ្វៀឡុន diencephalon ទងខួរក្បាលទីមួយ មិដប្រេន mid brain ទងខួរក្បាលទីពីរ រាខ្លីនៅកណ្ដាលឈ្មោះ ផុ្ស pons ស្ថាន អ៊រ or ឫ ប្រិដជ bridge ស្ថាន ទងខួរក្បាលទីបី រានៅក្រោមគេទាំងអស់ ក៏ប៉ុន្តែរានៅខាងលើ មេឌុលឡា medulla អូប្លុងកាថា oblongata រាតផ្ជាប់ទងខួរក្បាល ទៅនិងខួរឆ្អឹងខ្នងទៅកន្លែងនេះនៅខាងក្រោមលលាដ៍ក្បាល នាមសព្ទ.
1424.	ប្រេន brain សើជើរ surgery ការវះកាត់នៅខួរក្បាល នាមសព្ទ.
1425.	ប្រេន brain ធិសស្យ tissue សាច់ខួរក្បាល (សើរីប្រិម cerebrum សាច់ខួរក្បាល) នាមសព្ទ.
1426.	ប្រេន'ស brain's ន្នរម៉ល normal ភាពធម្មតា អាផផៀនស្យ appearance ឃើងមើលឃើញនៅក្នុងខួរក្បាល នាមសព្ទ.
1427.	ប្រែន្ថ branch ម៉ែកសាខា អ៊ាវ of របស់ អាធើរីស arteries សរវ៉ែសឈាមក្រហមច្រើន ដែលបែកម៉ែកសាខាទៅកន្លែងផ្សេងទៀត នាមសព្ទ.
1428.	ប្រែន្ថ branch ម៉ែកសាខា អ៊ាវ of របស់ អាធើរី artery សរវ៉ែសឈាមក្រហម១ដែល បែកម៉ែកសាខាទៅកន្លែងមួយផ្សេងទៀត នាមសព្ទ.
1429.	ប្រែន្ថ branch ម៉ែកសាខា អ៊ាវ of របស់ បៃអូល្លជី biology ការរៀនស្យុត្រពីជីវិតសត្វ នាមសព្ទ.
1430.	ប្រែន្ថ branch ម៉ែកសាខា អ៊ាវ of របស់ នើវ nerve សរវ៉ែសវិញ្ញាណដែលបែកម៉ែកសាខា ទៅកន្លែងមួយផ្សេងទៀត នាមសព្ទ.
1431.	ប្រ៊្ថក break កិន ដោន down បំបែក លិផិដ្យ lipids ជាតិខ្លាញ់ កិរិយាសព្ទ.
1432.	ប្រ៊្ថក break អ៊ាវត out អិន in ឡាវធើ laughter អស់សំណើចខ្លាំងឈប់មិន បានទាល់តែហ្ជើរទឹកភ្នែក កិរិយាសព្ទ.

1433.	ប្រែត break អោត out អិន in ផ្ទៀរស tears បានយំខ្លាំងភ្លាមមួយរំពេច កិរិយាសព្ទ.
1434.	ប្រែត break អោត out អិនធ្ថ into ផ្ទៀរស tears បានយំខ្លាំងភ្លាមមួយរំពេច កិរិយាសព្ទ.
1435.	ប្រែក break ធើ the ហ្គាត heart អ៊ីរវ of ធ្វើឱ្យខូចចិត្ត កិរិយាសព្ទ.
1436.	ប្រែត break ធើ the ឡ law ធ្វើខុសច្បាប់ កិរិយាសព្ទ.
1437.	ប្រែត_ប៊ុន Break-bone វីវើ fever រោគគ្រុនផ្តាសាយធំ រោគរលាកដំបៅនេះឆ្លងទៅ មនុស្សផ្សេងទៀតតាមសត្វមូសឈ្មោះ អឺឌឺស Aedes មើសឃ្វីថូ mosquito រោគនេះកើត នៅក្នុងស្រុក ឬប្រទេសក្តៅ វាសម្តែងឱ្យឃើញឃើញសញ្ញាដូចតទៅ: ក្តៅខ្លន ឈឺក្បាល រមាស់ ឈឺខ្នង ឈឺសាច់ដុំ ហើមដៃជើង ខ្សោយសាច់ដុំ ឈឺនៅសន្លាក់ឆ្អឹងដៃជើង រមាស់ក្រហមនៅលើស្បែក ទោះជាអ្នកជម្ងឺជាហើយក៏ដោយ ត្រូវពេទ្យត្រួតពិនិត្យតែបន្តការព្យាបាលរោគនេះបន្ថែម២ ឬ៣អាទិត្យថែមទៀត នាមសព្ទ.
1438.	ប្រែកដោន breakdown កិនបំបែក ផ្លៃក្ខូជីន glycogen ជាតិស្ករ ឬជ្ជជាតិស្ករ នាមសព្ទ.
1439.	ប្រែកដោន breakdown ធ្វើអោយបែកចេញពីគ្នា អ៊ីន in នៅក្នុង នាមសព្ទ.
1440.	ប្រែតិង breaking កំពុងតែបែក ដោន down ចេញពីគ្នា កិរិយាសព្ទ.
1441.	ប្រែតិង Breaking ន្នូស News ពតិមានទើបតែនឹងចេញថ្មីៗ កិរិយាសព្ទ.
1442.	ប្រែតិង Breaking រោគពងបែក អ៊ីន on នៅលើ ធើ the ស្ប៊ីន skin ស្បែក វិត្ថ with ជាមួយនឹង រេដ red ស្ពត្ស spots ស្នាមពណ៌ក្រហមអុជៗ កិរិយាសព្ទ.
1443.	ប្រែតអោត breakout បែកចេញ ហ្រ៊ុម from ពី ធើ the សេល្លស cells គ្រាប់ឈាម នាមសព្ទ.
1444.	ប្រ៊ែស្ថ Breast អ៊ីឌីន្ទុខាសិន្ទម៉ា adenocarcinoma មានរោគមហារីកពុះជុំពកៗ នៅសាច់ដោះ នាមសព្ទ.
1445.	ប្រ៊ែស្ថ Breast ប៊ុន bone ឆ្អឹងជើងមទ្រុង នាមសព្ទ.
1446.	ប្រ៊ែស្ថ Breast ខែនស៊ើ cancer មានរោគមហារីកនៅដោះ នាមសព្ទ.
1447.	ប្រ៊ែស្ថ breast ខែនស៊ើ cancer ជ្ជីន gene ម្យូថេស៊ីន mutation ទឹកគ្រាប់ពូជ របស់រោគមហារីកដោះបានប្រែ នាមសព្ទ.

1448.	ប្រ្មេស្ត Breast ឌិស្ស៊ីស disease មានជាតនៅសាច់ដុំដោះ នាមសំពុ.
1449.	ប្រ្មេស្ត breast ផ្ដេនគ្លុស glands ក្រពេញនៅដោះ (ក្រពេញនៅសាច់ដុំដោះ) នាមសំពុ.
1450.	ប្រ្មេស្ត breast និផផល nipple ចុងដោះ ឬក្បាលដោះ នាមសំពុ.
1451.	ប្រ្មេស្ត breast ផេន pain ឈឺដោះ នាមសំពុ.
1452.	ប្រ្មេស្ត Breast ផារ៉ានតីម៉ា parenchyma ឈ្មោះសាច់ដុំចាំបាច់ជាពិសេសនៅដោះ នាមសំពុ.
1453.	ប្រ្មេស្ត breast ស្ត្រ៉ាក់ឈឺ structures រាងរបស់សាច់ដោះ នាមសំពុ.
1454.	ប្រ្មេស្ត breast ផេនឌឺនេស្ស tenderness សាច់ដោះឈឺឡើងគីៗនៅពេលយើងប៉ះ នាមសំពុ.
1455.	ប្រ្ឃឹសអេបល ឬប្រ្ឃឹតអីបល breathable ដែលអាចដកដង្ហើមចេញចូលទៅក្នុងខ្លួនបាន គុណនាម.
1456.	ប្រ្ឃឹស ឬប្រ្ឃឹត breath ដកដង្ហើម ប៊ីវ័រ before មុនពេល យ៉ូ you អ្នក ឌាយ dive មុជទៅក្នុងទឹក នាមសំពុ.
1457.	ប្រ្ឃឹស ឬប្រ្ឃឹត breathe ដកដង្ហើម ឌីផលី deeply វែងៗ កិរិយាសពុ.
1458.	ប្រ្ឃឹស ឬប្រ្ឃឹត breathe ដកដង្ហើម អិន in ចូល (ដកដង្ហើមចូលទៅក្នុងស្ងួត) កិរិយាសពុ.
1459.	ប្រ្ឃឹស ឬប្រ្ឃឹត breathe ដកដង្ហើម អិន in ចូល ផែន្ឌ and ហើយ អៅត out ចេញ (ដកដង្ហើមចូល ហើយចេញពីស្ងួតវិញ) កិរិយាសពុ.
1460.	ប្រ្ឃឹស ឬប្រ្ឃឹត breathe ដកដង្ហើម នួរម៉ល normal ធម្មតា (ដកដង្ហើមធម្មតា) កិរិយាសពុ.
1461.	ប្រ្ឃឹស ឬប្រ្ឃឹត breathe ដកដង្ហើម អៅត out ចេញ (ដកដង្ហើមចេញទៅក្រៅស្ងួត) កិរិយាសពុ.
1462.	ប្រ្ឃិធិង breathing ដកដង្ហើម ប្រ្ឃ្លុម problem មិនស្ងួល (មានបញ្ហានៅផ្លូវដង ដង្ហើម) កិរិយាសពុ.
1463.	ប្រ្ឃិធិង breathing ឌិវិកខុលទីស difficulties ពិបាកដកដង្ហើមច្រើនដង កិរិយាសពុ.
1464.	ប្រ្ឃិធិង breathing ឌិវិខុលទី difficulty ពិបាកដកដង្ហើមមួយដង កិរិយាសពុ.
1465.	ប្រ្ឃិធិង breathing ធូប tube បំពង់សម្រាប់ជួយឱ្យដកដង្ហើម នាមសំពុ.

1466.	ប្រិ៍ត breech បើស៍ birth កូនផ្ដា ឬទារកកើតចេញជើង ក្ដទ ឬក្បាលជង្គង់មុនក្បាល (កំបើ:ក្ដទចេញមុនក្បាល) នាមសំព.
1467.	ប្រិ៍ត breech អីក្យប្រែកស៍ិន extraction ការវះកាត់ដើម្បីនឹងឱ្យទារក ឬកូនផ្ដាកើតជើង ហើយនឹងក្ដចេញមុន នាមសំព.
1468.	ប្រិ៍ត breech អ្វេផនិង opening បើកប្រហោង ឬបើករន្ធខាងក្រោយកាំភ្លើង សម្រាប់ដាក់បញ្ចូលគ្រាប់ នាមសំព.
1469.	ប្រិ៍ត breech ជ្រី៍សេនផេស៍ិន presentation កូនផ្ដាដែលកើតក្ដថ ក្ដទ ឬជើងចេញមក មុនក្បាល (កូនប្រច្រាសជើង ឬកូនផ្ដាកើតក្ដទ ហើយនឹងជើងចេញមកមុនក្បាល) នាមសំព.
1470.	ប្រិ៍ដផ bridge អ៊ឺវ of នើ the នូស nose ខ្នងច្រមុះ (ប្រិ៍ដផ bridge ស្ពានឆ្លងទឹក) នាមសំព.
1471.	ប្រិ៍ដជិង bridging នើ the គែផ gap កំពុងតែធ្វើការសំរុសសំរួលធ្វើការផ្សះផ្សារនាំ ឬយកមនុស្សពីរនាក់ ឬមនុស្សពីរក្រុមឱ្យត្រូវវគ្គាវិញនៅក្នុងពេលឥឡូវនេះ កិរិយាសព.
1472.	ប្រី៍វ brief នី៍រស៍ិន duration រយៈពេលខ្លីៗកើតឡើង កិរិយាសព.
1473.	ប្រែត bright រផ red ពណ៌ក្រហមស្រស់ ក្រហមភ្លឺ ឬពណ៌ថ្លាច្រៀងៗ គុណនាម.
1474.	ប្រែត bright រផ red ខាល៉ូរ ឬខារលើ color ពណ៌ក្រហមស្រស់ ក្រហមភ្លឺ ឬពណ៌ថ្លាច្រៀងៗ គុណនាម.
1475.	ប្រែតទី brighter រផ red ក្រហមស្រស់ជាង កិរិយាវិសេសន៍.
1476.	ប្រែតលី brightly ខាល៉ូរផ ឬខារលើផ colored ផៀរ៉ុថ្ស parrots សត្វសេកដែល មានពណ៌ស្រស់ច្រើនយ៉ាង កិរិយាវិសេសន៍.
1477.	ប្រែត'ស Bright's ឌិស៍៊ីស disease រោគរលាកនៅក្នុងដុំសាច់កម្រងទឹកនោម រោគច្រើន យ៉ាងដែលធ្វើឱ្យមានឈាមនៅក្នុងទឹកនោម (រោគនៅដុំសរសៃឈាមមូលៗត្ចៗដែលជ្រោះ លាងឈាម) វាជួយជ្រោះលាងឈាម យកទឹកនោមចេញពីឈាម នាមសំព.
1478.	ប្រិង bring នាំយក ឬបើផ blood ឈាម ឬគ្រាប់ឈាម កិរិយាសព.
1479.	ប្រិង bring នាំ ឬបើផ blood ឈាម ផ្រ៉ូម from មកពី នើ the ទិស៍ស្ស tissue សាច់ កិរិយាសព.

1480.	ប្រិង bring នាំ ប្ញើដ blood ឈាម ធ្ង to ទៅ ធ្ងើ the ទិសស្ប tissue សាច់ កិរិយាសព្ទ.
1481.	ប្រិង bring ធ្ង two ងាទីស parties ធ្ងគេធ្ងើ together ធ្ងើការសំរុសសំរួលមនុស្ស ពីរក្រុមឱ្យត្រូវគ្នាវិញ ធ្ងើការផ្សះផ្សារនាំមនុស្សពីរនាក់ឱ្យចូលធ្ងើការជាមួយគ្នាវិញ កិរិយាសព្ទ.
1482.	ប្រិងគិង bringing កំពុងតែយកមក អិនធ្ង into ជិត រឺ view ដើម្បីនឹងជិនិត្យមើលរោគ កិរិយាសព្ទ.
1483.	ប្រិងគិង bringing នាំ អិន in ចូលមកក្នុង ធ្ងគេធ្ងើ together ជាមួយគ្នា (ការកំជីកំដែ ជើងនាំចូលមកកណ្ដាលដងខ្លួន) កិរិយាសព្ទ.
1484.	ប្រដ broad បែហ្គ្នស hands ដៃកំប៉ែតធំទាំងពីរកំប៉ាំងៗ នាមសព្ទ.
1485.	ប្រដ broad ស្ពេកត្រាម់ spectrum ងែនទីបែអ្នធិក antibiotic ថ្នាំផ្សះដែលប្រើត្រូវ និងមេរោគច្រើនយ៉ាង (ថ្នាំផ្សះធ្ងើឱ្យជារោគច្រើនយ៉ាង) នាមសព្ទ.
1486.	ប្រដ-ស្ពេកត្រិម broad-spectrum ងែនទីបែអ្នធិក antibiotic ថ្នាំផ្សះដែលប្រើត្រូវ និងមេរោគច្រើនយ៉ាង (ថ្នាំផ្សះធ្ងើឱ្យជារោគច្រើនយ៉ាង) នាមសព្ទ.
1487.	ប្រកា'ស Broca's អេហ្ជ៉សៀ aphasia ឈ្មោះត្រូវពេទ្យដែលកើតនៅស្រុកបារាំង នាមសព្ទ.
1488.	ប្រកេន broken បានបាក់ អាម arm ដែរួចហើយ កិរិយាសព្ទ.
1489.	ប្រកេន broken ប៉ុន bone ឆ្អឹងមួយបានបាក់ (ប៉ុស្យ bones ឆ្អឹងច្រើនជាងមួយបានបាក់) កិរិយាសព្ទ.
1490.	ប្រកេន broken ដោន down បំបែកចេញពីគ្នា របស់អ្វីមួយបានកិនរំលាយចូលគ្នា ឬបែក បាក់ខូចខ្ចិចបំបែកចេញពីគ្នា កិរិយាសព្ទ.
1491.	ប្រកេន broken វិគេ finger ម្រាមដៃបានបាក់ កិរិយាសព្ទ.
1492.	ប្រកេន broken លេក leg ជើងបានបាក់ កិរិយាសព្ទ.
1493.	ប្រកេន broken ធ្ងើ the ស្គិន skin បានបែកស្បែក កិរិយាសព្ទ.
1494.	ប្រងញៀល bronchial អាធើរ artery សរសៃឈាមក្រហមនៅបំពង់ទងស្ងត នាមសព្ទ.
1495.	ប្រងញៀល bronchial ងែសម៉ា ប៉ងែស្យ៉ម៉ា asthma រោគហ៉ឺតនៅបំពង់ខ្យល់ទៅស្ងត ទាំងពីរទងស្ងតកន្ត្រក់ រួយគឹង ពីកបាកងងដឡ្មើម ដកដឡ្មើមផ្ងូចសត្ង្ឆា (ធ្ងើឱ្យសាច់នៅស្ងតមិនយឺត ល្ងូចមុន ហើយរាសឹកម្ងុងបន្តិចៗ៩ង) នាមសព្ទ.

1496.	ប្រូងតៀល bronchial ក្រពេញ gland សរីរាងដុំតូចៗឈ្មោះលំមហ៊ែ ហើយនឹងទងស្ងួតបែកមែកសាខាដូចដើមឈើ នាមសំព.
1497.	ប្រូងតៀល bronchial ទ្រីស trees ទងស្ងួតដែលបែកមែកសាខាដូចដើមឈើ នាមសំព.
1498.	ប្រូងតៀល bronchial ធ្លប tube បំពង់ទងស្ងួតមួយ (ធ្លប្ប tubes បំពង់ទងស្ងួតជាច្រើន) នាមសំព.
1499.	ប្រូងតៀល bronchial វេន vein សរសៃឈាមខ្មៅនៅបំពង់ទងស្ងួត នាមសំព.
1500.	ប្រូងតៀល bronchial វ៉ុល្លស walls ពញ្ជាំងនៅក្នុងបំពង់ទងស្ងួតជាច្រើន នាមសំព.
1501.	ប្រូងយ៉ៃអូ ឬប្រូងតឺអូ Bronchi/o- អ៊ីរ or ឬ ប្រូងយ៉ៃអូ ឬប្រូងតឺអូ Bronchi/o- នៃបំពង់ទងស្ងួត - ប្រូងតៀល bronchial ធ្លប tube បំពង់ទងស្ងួត (ប្រូងកើស bronchus បំពង់ទងស្ងួត១) -ផ្រីវិក្ស prefix បុព្វបទ ឬពាក្យសម្រាប់តបបញ្ចូលគ្នាពីខាងមុខ.
1502.	ប្រូងតឺអូល Bronchiolo- អ៊ីរ or ឬ ប្រូងតឺអ៊ីល្ល Bronchiol/o បំពង់ខ្យល់ទៅស្ងួតធ្លចៗនៅក្នុងស្ងួត ប្រូងតឺអូល bronchiole បំពង់ខ្យល់ទៅស្ងួតធ្លចៗនៅក្នុងស្ងួត -ផ្រីវិក្ស prefix បុព្វបទ ឬពាក្យសម្រាប់តបបញ្ចូលគ្នាពីខាងមុខ.
1503.	ប្រូងយ៉ូ broncho- ទងស្ងួត អ៊ីរ or ឬ ប្រូងយ៉ូ Bronch/o-ប៉ូនៃបំពង់ខ្យល់ទៅស្ងួត - ប្រូងតៀល bronchial ធ្លប tube នៃបំពង់ទងស្ងួត (ប្រូងកើស bronchus នៃបំពង់ខ្យល់១ទៅស្ងួត) -ផ្រីវិក្ស prefix បុព្វបទ ឬពាក្យសម្រាប់តបបញ្ចូលគ្នាពីខាងមុខ.
1504.	ប្រូងយ៉ូ broncho ស្ពេស៊ីម spasm ឃឹកន្ធ្រាក់គីម៉ីវិងនៅទងស្ងួត នាមសំព.
1505.	ប្រូងយ៉ូដៃលេស៊ីន bronchodilation មេឌិខេស៊ីន medication ថ្នាំជួយបើក បំពង់ទងស្ងួតឲ្យវិកធំ (គេធ្វើដើម្បីឲ្យរងងផ្លើមស្រួល ឬដើម្បីឲ្យខ្យល់ចេញចូលទៅក្នុងស្ងួតច្រើន) នាមសំព.
1506.	ព្រោន brown ខ្លុំរ ឬខាឡើ color សំបុលឆ្នោត ឬពណ៌ិឆ្នោត នាមសំព.
1507.	ប្រើស្ទ្ឹស brushes សិត ម៉ាយ my ហ៊ើរ hair សក់របស់ខ្ញុំ (សិតសក់របស់ខ្ញុំច្រើនដងចាប់ពីរវាងឡើងទៅ) កិរិយាសព.
1508.	ប្រើស្ទ្ឹង brushing ពុសលាង យ៉ូរ your ធ៊ីស teeth ធ្មេញរបស់អ្នក កិរិយាសព.

1509.	បាក់កា bucca- នៃថ្គាល់ - ភ្ញិត cheek ថ្គាល់ -ជ្រីវិក្យ prefix បុព្វបទ ឬជាក្យសម្រាប់តពីខាងមុខ.
1510.	បាក់កល buccal- នៃថ្គាល់ - ភ្ញិត cheek ថ្គាល់ -ជ្រីវិក្យ prefix បុព្វបទ ឬជាក្យសម្រាប់តពីខាងមុខ.
1511.	បាក់កល buccal ម្យកូសា mucosa ស្បែកថ្គាល់ៗនៅថ្គាល់ ឬជាតិសំបោរៗនៅថ្គាល់ នាមសំពុ.
1512.	បាក់កល buccal សើរិស្យ surface នៅផ្នែកខាងលើថ្គាល់ នាមសំពុ.
1513.	បាក់កូ Bucco- អិរ or ឬ បាក់កូ bucc/o នៃ ទាក់ទងទៅនឹងថ្គាល់ ភ្ញិត cheek ថ្គាល់ -ជ្រីវិក្យ prefix បុព្វបទ ឬជាក្យសម្រាប់តបញ្ជូលថ្គាពីខាងមុខ.
1514.	បាក់គេត bucket ធុងទីក១ ឬក្រឆាំងទីក១ បាក់គេប្យ buckets ធុងទីក២ ឬក្រឆាំងទីកជា ច្រើន នាមសំពុ.
1515.	បាក់គេប្យ buckets អោរ of ប្លើង blood ឈាមមួយឡ្យាង ឬលរាម១ថុង នាមសំពុ.
1516.	បក់កល buckle អ៊ាផ up ដាក់ខ្យែក្រវ៉ាត់នៅពេលជិះឡ្យាន កិរិយាសពុ.
1517.	បើគើ'ស Buerger's ឬអើគើ'ស ឌិស្ចិស Disease រោគសរសៃឈាមរួញនៅកដៃ ហើយនឹងកជើង វាធ្វើឱ្យឈាមរត់ទៅចុងដៃ ឬចុងជើងមិនលួ ហើយវាធ្វើឱ្យស្ពឹក ឬឈឺស្រេ]វស្រាញ់ នៅចុងដៃចុងជើង ណ៉ឹដែលជើងជាប់មិនបាត់ ហើយត្រជាក់នៅចុងដៃចុងជើង គឹងគាំងនៅសរសៃឈាម ក្រហមនៅចុងដៃចុងជើង វាធ្វើឱ្យជាំនៅក្រចកដែក្រចកជើង ហើយរប៉ាកសាច់ឈឺនៅចុងដៃចុងជើង ហើយឈឺនៅពេលដើរ នាមសំពុ.
1518.	បីត-លែត bug-like ដូចជាកូនសត្វល្ធិត គុណនាប.
1519.	ប៉្យល្ល build ធ្វើ ផ្ពូថេអិន protein ទឹកប្រេថអ៊ីន (ធ្វើមកពីក្រពេញត្ថួចៗបង្កើតគ្រាប់ឈាម ច្រើន គេហៅឈ្មោះវាថា ៃ]បូស្មម ribosome) កិរិយាសពុ.
1520.	ប៉្យលឌិង building ធ្វើ ផលិត ឬបង្កើត ធិសស្យ tissue សាច់ជាលិកា ឬគ្រាប់សាច់ឈាម កិរិយាសពុ.
1521.	ប៉្យលឌិង Building ធ្វើ អ៊ាផ up ឡ្យើង កិរិយាសពុ.
1522.	ប៉្យលឌិង building ធ្វើ អ៊ាផ up ៃ]ថទី fatty ជាតិខ្លាញ់ឡ្យើង កិរិយាសពុ.
1523.	ប៉្យលឌិង building ធ្វើ អ៊ាផ up ម៉ាសសិល muscle សាច់ដុំរិងម៉ាំឡ្យើង (ការហាត់ប្រាណណាពើម្យ]នឹងធ្វើឱ្យសាច់ដុំឡ្យើងរិងម៉ាំឡ្យើង) កិរិយាសពុ.

1524.	បៀលអ៊ាផ buildup ធ្វើ ហ្វ៉ែតទី fatty ជាតិខ្លាញ់ឡើង ឌីផូសិត deposit ប្រមូលផ្តុំវាទុកឱ្យច្រើនឡើងៗ នាមស័ព្ទ.
1525.	បោល្ប bulb ដុំពកៗ អ៊ិនផ្លេត្ត inflated ផ្ទុមឱ្យប៉ោងធំ ដុំៗ ពកៗ នាមស័ព្ទ.
1526.	បោលបូ bulbo- ល្អក ឬក្រពះ យូរីត្រា urethra គ្លែន្ត gland ក្រពេញបង្ហូរទឹកនោមទៅខាងក្រៅផងខ្លួន -ព្រីហ្វិក្ស prefix បុព្វបទ ឬពាក្យសម្រាប់តពីខាងមុខ.
1527.	បោលបូយូរីស្រ៉ាល bulbourethral គ្លែន្តស glands ក្រពេញមូលៗ២ វានៅខាងក្រោមក្រពេញឈ្មោះប្រូស្តេតគ្លែន្ត ក្រពេញរបស់មនុស្សប្រុស វាបង្កើតទឹកកាម (វាជួយបាញ់ទឹករំអិលឱ្យទឹកកាមរត់ស្រួលនៅក្នុងបំពង់បង់ហូរទឹកនោមឈ្មោះ (ខាវ្វើ’ស Cowper’s គ្លែន្តស glands) នាមស័ព្ទ.
1528.	បូល្គ bulk វ្វ័រមិង forming កើតទៅជាលៀនចេញ ឬរុញចេញ នាមស័ព្ទ.
1529.	បាម់ផ bump ទង្គិច អិន on នៅលើ ម៉ាយ my ហ៊ែដ head ក្បាលរបស់ខ្ញុំ កិរិយាសព្ទ.
1530.	បាម់ផ bump ប៉ោង ពក អិន on នៅលើ ឌើ the ស្គិន skin ស្បែក កិរិយាសព្ទ.
1531.	បាន់ដល្គ bundled ចង្កោមដុំៗ ធូកេឌើ together ជាមួយគ្នា កិរិយាសព្ទ.
1532.	បាន់ញៀន bunion- រោគរលាកនៅឆ្អឹងមេជើង អ័រ or ឬ បាន់ញៀនូ buniono- រោគរលាក អ័រ or ឬ បាន់ញៀនូ bunion/o ឈឺនៅឆ្អឹងមេជើង បាន់ញៀន bunion រោគរលាកឈឺនៅឆ្អឹងមេជើង -ព្រីហ្វិក្ស prefix បុព្វបទ ឬពាក្យសម្រាប់តបញ្ចូលគ្នាពីខាងមុខ.
1533.	បើន burn ឆេះ ហូល្ស holes នៅរន្ធ កិរិយាសព្ទ.
1534.	បើន burn ឆេះ រ៉ៃត right ស្រូវ through ធ្លុះទៅតាម កិរិយាសព្ទ.
1535.	បើន burn អ៊ាផ up អេ a ឃ្វរផ្ស corpse ការណ៍ដុតខ្មោច ឬការបូជាសព នាមស័ព្ទ.
1536.	បើនិង burning វ្វូដ food ការកិនរំលាយចំណីអាហារនៅក្នុងក្រពះ កិរិយាសព្ទ.
1537.	បើនិង burning ដោន down វ្វូដ food ការកិនរំលាយចំណីអាហារឱ្យកើតទៅជាកម្លាំង (ធ្វើម្ហូបខ្លោចពីព្រោះគេភ្លេចនៅលើចង្ក្រានធ្វើឱ្យវាខ្លោចអស់) កិរិយាសព្ទ.
1538.	បើនិង burning ឈឺផ្សារ ឌើរិង during នៅពេល យូរ៉ុនេស៊ិន urination នោម កិរិយាសព្ទ.
1539.	ប៊ើនិង burning ផេន pain ឈឺក្តៅរូល កិរិយាសព្ទ.

1540.	បើនិង burning សេនសេសិន sensation មានអារម្មណ៍ថាក្តៅឬរល់នៅក្នុងខ្លួន វិញ្ញាណដែលធ្វើឱ្យដឹងថាក្តៅឬរល់នៅក្នុងខ្លួន កិរិយាសព្ទ.
1541.	បើស្ burso- អ៊ីរ or ឬ បើស្ burs/o ថង់ទឹកឬខ្នែងប្រហោងប្រឡោះ - បើសា bursa- ថង់ទឹកឬខ្នែងប្រហោងប្រឡោះ (សែក sac ថង អោវ of ដែលមាន រ្វៃ fluid ទឹក ឃៀរ near នៅជើតឆ្អឹង) ថង់ទឹកឬកន្លែងប្រហោងប្រឡោះសាច់រាងសរសៃពួរ ឬសរសៃចង ហើយនិងឆ្អឹង -ឆ្រីវ៉ីក្ស prefix បុព្វបទ ឬពាក្យសម្រាប់តបព្ចូលគ្នាពីខាងមុខ.
1542.	បើសធិង bursting ដែលផ្ទុះរុញ រ្វៃស forth ចេញទៅក្រៅ អោវ of ឋើ the ឃ្ធេរីស uterus ស្បូន កិរិយាសព្ទ.
1543.	បាត់ធ្វើ្ជ្វាយ butterfly បែនរេជ bandage បងស្ទឹតដែលមានរាងដូចរូបមេអំបៅ នាមសព្ទ.
1544.	បាត់ធ្វើ្ជ្វាយ butterfly ហ្រ្វ៉ែកឈើ fracture ឆ្អឹងបាក់ដែលមានរាងដូចរូបមេអំបៅ នាមសព្ទ.
1545.	បាត់ជាក្ស buttocks រ្វៃស្ first គូនម៉ាកើតឡើងមកមុនក្បាល ឬត្លុទចេញមុនក្បាល នាមសព្ទ.
1546.	បើស្ប៊ុស្ប៊ីង buzzing សោន្ត sound ព្ចខ្យល់ហ៊ីង អ៊ិន in នៅក្នុង ឋើ the អ៊ៀរ ear ត្រចៀក កិរិយាសព្ទ.
1547.	បីអ៊ិក្ស bx អក្សរកាត់របស់ពាក្យ បៃអ៊ុផ្ស៊ី biopsy កាត់យកសាច់មានជីវិតបន្តិចទៅពិនិត្យមើល មេរោគ នាមសព្ទ.
1548.	បាយ by ដោយសារ អេ a ឌីស៊ីនស៊ី deficiency ការខ្វះខាត ឬមាន រ្វៃស្ face នៃវ nerve សរសៃប្រសាទ ឬសរសៃវិញ្ញាណនៅមុខមិនគ្រប់គ្រាន់ កិរិយាវិសេសន៍.
1549.	បាយ by ដោយសារ អេ a ស្ញ្ញាផ sharp ថេផ tap ក្បាលស្រួចម្មុយ កិរិយាវិសេសន៍.
1550.	បាយ by ដោយសារ អេ a ទ្រីតមេន្ត treatment ការព្ញ្យាបាលរោគម្មុយ អាយតនិបាត.
1551.	បាយ by ដោយសារមេរោគឈ្មោះ បៃកធ្ៀរ្ៀ bacteria ជាច្រើននេះ អាយតនិបាត.
1552.	បាយ by ដោយសារ ខោះធ្ើរី cautery ការដុតបំផ្លាញសាច់ដឹងឆ្អឹង អាយតនិបាត.
1553.	បាយ by ដោយសារ ខុនវេក្ស convex ការកោងចេញទៅខាងក្រៅ អាយតនិបាត.
1554.	បាយ by ដោយសារ ឌ្បកធី ឌាយអ៊ិត diet ចំណីអាហារ ឬម្ហូបអាហារ អាយតនិបាត.
1555.	បាយ by ដោយសារ ឌាយជេស្ធីរ digestive ការកិនរំលាយម្ហូមអាហារ អាយតនិបាត.

1556.	បាយ by ដោយសារ ក្រៀម dry ការស្ងួតស្វែក អាយតនិបាត.
1557.	បាយ by ដោយសារ អំពើរត្រិសិទ្ធ electricity កម្លាំងភ្លើងអគ្គីសនី អាយតនិបាត.
1558.	បាយ by ដោយសារ អំពើរវេត្ត elevated ការកើនឡើង អាយតនិបាត.
1559.	បាយ by ដោយសារ ជីវិត្ត fatigue ការអស់កម្លាំង អាយតនិបាត.
1560.	បាយ by ដោយសារ រៀរ fear ការខ្លាច អាយតនិបាត.
1561.	បាយ by ហ្ពាត heart តាមបេះដូង អាយតនិបាត.
1562.	បាយ by តាម ម៉ឺស្ស means របៀបនេះ អាយតនិបាត.
1563.	បាយ by ទៅតាម ម៉ែសស៊ីវ massive ដុំសាច់ ព្រូផ្ពរស៊ិន proportion ដែលចែក ជាផ្នែកៗធំ អាយតនិបាត.
1564.	បាយ by ដោយសារ មេ៉យនិខុល mechanical ការប្រើកម្លាំងដៃ ឬប្រើកម្លាំងម៉ាស៊ីនធ្វើ អាយតនិបាត.
1565.	បាយ by ដោយសារ ថេតិង taking លេប ធិស this មេឌិខេស៊ិន medication ថ្នាំនេះ អាយតនិបាត.
1566.	បាយ by ដោយសារ ឬមកពី ធឺ the ផែនក្រៀស pancreas ក្រពេញលៀលញ្ជោះលំពែក អាយតនិបាត.
1567.	បាយ by ដោយសារ ឬមកពី ធឺ the ធិសស្សស tissues សាច់ជាលិកា ឬសាច់ឈាមជ័រ អាយតនិបាត.
1568.	បាយ by មកពី ឬដោយសារ យ៉ូរ your ដកទឺ ឬដកធ័រ doctor វេជ្ជបណ្ឌិត ឬក្រុពេទ្យរបស់អ្នក កិរិយាសព្ទ.
1569.	បាយ by ដោយសារ សរថេនិង softening ការទន់ៗ ឬប្រជាយ៉ានៅភ្លឹង ឬទន់នៅកន្លែង ណាមួយ អាយតនិបាត.
1570.	បាយ by ដោយសារ សើជិខុល surgical ការចាក់ ផង់ឈើ puncture មូលឬមកយកទឹក អាយតនិបាត.
1571.	បាយ by ដោយសារ សាជវេន sudden ស្លីង sleep អែតថែក្ស attacks រោគប្រកាច់ភ្លាមៗនៅពេលដេក អាយតនិបាត.
1572.	បាយ by ដោយសារ ធឺ the ប្លើដ blood ឈាម អាយតនិបាត.

1573.	បាយ **by** ដោយសារ ធើ **the** សើ័ខ្យរេលសិម **circulating** ការវិលចុះឡើង អាយតនិបាត.
1574.	បាយ **by** ដោយសារ ធើ **the** ម៉ាសសិល្ប **muscles** សាច់ដុំទាំងអស់នោះ អាយតនិបាត.
1575.	បាយ **by** ដោយសារ ធើ **the** ព្រេសិនស្យ **presence** ការឃើញ អើាវ **of** មាន អាយតនិបាត.
1576.	បាយ **by** ទៅតាម ធើ **the** ស្គិន **skin** ស្បែក អើាវ **of** យួរ **your** ធីស **teeth** ធ្មេញជាច្រើនរបស់អ្នក (ទៅតាមស្បែកធ្មេញជាច្រើនរបស់អ្នក) អាយតនិបាត.
1577.	បាយ **by** ដោយសារ ត្រែនស្ហ្វ័រ **transfer** ការចំឡង អ៊ីក្រស្ស **across** ឆ្លះទៅតាម ធើ **the** ផេរ៉ីធូនៀម **peritoneum** ស្រោមពោះ អាយតនិបាត.
1578.	បាយ **by** ដោយសារ យួរ៉ិន **urine** ទឹកនោម ថែត **that** ដែល ខេនណុត **cannot** មិនអាច វ្លូវ **flow** ហូរ អាយតនិបាត.
1579.	បាយ **by** ដោយសារ យួស **use** ប្រើ ឌីស **these** មេឌិខេសិន្ស **medications** ថ្នាំទាំងអស់នេះ អាយតនិបាត.
1580.	បាយ **by** ដោយសារ យួសិង **using** ប្រើ អ៊ិក្ស x- ស្រេស **rays** ការថតឆ្លុះមើលរោគ (ដែលប្រើកាំរស្មីមកពីកម្លាំងភ្លើងអគ្គីសនី) អាយតនិបាត.
1581.	បាយ **by** ដោយសារ វេរៀស **various** អ៊ិនវ៉ែកសិន្ស **infections** មានរោគដំបៅច្រើន យ៉ាងផ្សេងៗពីគ្នា គុយនោម.
1582.	ស៊ី **C:** ក ឬ ខ ឬ ស ស៊ី **C** អក្សរទីពីររបស់ភាសាអង់គ្លេស (វាជាព្យព្ជានៈ) នាមស័ព្ទ.
1583.	ខាក្ **caco-** អ៊ីរ **or** ឬ ខាក្ **cac/o** នៃ ប្ទទាក់ទងទៅនឹងការមិនល្អ ការអាក្រក់អ្វីមួយកើតឡើង - បែដ **bad** មិនល្អ ការអាក្រក់អ្វីមួយកើតឡើង -ព្រីវិក្ស **prefix** បុព្វបទ ឬជាក្យសម្រាប់ពីខាងមុខ.
1584.	ខេដែវ័រ **cadaver** ខួនខ្មោច1ដែលស្លាប់រួចមកហើយ ខេដែវ័រស **cadavers** ខួនខ្មោច ច្រើនដែលស្លាប់រួចហើយ នាមស័ព្ទ.
1585.	ខាលខេនីអូ **calcaneo-** អ៊ីរ **or** ឬ ខាលខេនីអូ **calcane/o** នៃ ប្ទទាក់ទងទៅនឹងឆ្អឹង កែងជើង — ខាលខេនៀស **calcaneus** ឆ្អឹងកែងជើង — ហ៊ីល **heel** ឬ **bone** ឆ្អឹងកែងជើង -ព្រីវិក្ស **prefix** បុព្វបទ ឬជាក្យសម្រាប់ពីខាងមុខ.

1586.	ខែលខេនៀស calcaneus ភ្លើងកែងជើង ទីផ្សោតិត deposit ម្សៀងក្រិនក្រាស់ អិន in នៅក្នុង ថេនដិន tendon សរសៃពួរ នាមសំព្ធ.
1587.	ខាលសីវៀយូ calcified មែត្រិក្ស matrix ផ្នែកនៅកណ្ឋាលឆ្អឹងប្រែទៅជារីង ការិយាសព្ទ.
1588.	ខាលសិអូ calcio- អិរ or ឬ ខាលសិអូ calci/o រស់ជាតិកាល់ស្យម -ព្រីវិក្ស prefix បុព្វបទ ឬពាក្យសម្រាប់តបពួលក្ខាពីខាងមុខ.
1589.	ខាលសៀម Calcium ឆេននេល channel ប្ឡុកគេីស blockers វត្ថុធាតុ ឬថ្នាំដែលបិត ឬទប់រស់ជាតិកាល់ស្យមមិនឡោយចូល នាមសំព្ធ.
1590.	ខាលសៀម calcium រស់ជាតិកាល់ស្យម ្លុកខ្យរព្យ fluctuates នៅមិនទៀង (វាចុះ ឬឡើងមិនទៀតទាត់) នាមសំព្ធ.
1591.	ខាលសៀម calcium រស់ជាតិកាល់ស្យម សិលុស salts អំបិល អិរ or ឬ យូរិក uric ដែលសិង acid ទឹកអាស៊ីតទឹកនោម ទឹកអាស៊ីតដែលនៅក្នុងទឹកនោម (រស់ជាតិកាល់ស្យម អំបិល ទឹកអាស៊ីតនៅក្នុងទឹកនោមទាំងអស់នេះ គឺជាវត្ថុធាតុបញ្ចេញម្ណេតនៅក្នុងទឹកនោម វាបានចាក់ ចោលនៅក្នុងកម្រងទឹកនោមវេីម្បីព្រោះ ចំវាញ្ញចេញពីទឹកឈ្មាមទុកបើសិនជាខ្លនឡើងត្រូវការវា ឬក់ខ្លនឡើងបញ្ចេញចោលទៅក្នុងបំពង់កម្រងទឹកនោម វាទៅជាទឹកនោម ហើយហ្យូរចូលទៅ ល្ងេកទឹកនោម ហើយក៏វាបញ្ចេញចោលទៅខាងក្រៅដងខ្លន វត្ថុធាតុកាកសំណល់ដែលព្រោះ ឬវកចេញពីទឹកឈ្មាមទាំងអស់នេះគេហៅឈ្មោះវាថា យូរៀ urea ទឹកនោម ខាលសៀម calcium រស់ជាតិកាល់ស្យម នាមសំព្ធ.
1592.	ខាលកូ calco- អិរ or ឬ ខាលកូ calc/o នៃ ឬទាក់ទងទៅនឹងរស់ជាតិកាល់ស្យម - ខាលសៀម calcium រស់ជាតិកាល់ស្យម -ព្រីវិក្ស prefix បុព្វបទ ឬពាក្យសម្រាប់តបពួលក្ខាពីខាងមុខ.
1593.	ខាលខ្យុល្យ calculo-ថ្ម អិរ or ឬ ខាលខ្យុល្យ calcul/o ថ្ម - ស្ទូន stone ថ្ម- ព្រីវិក្ស prefix បុព្វបទ ឬពាក្យសម្រាប់តបពួលក្ខាពីខាងមុខ.
1594.	ខាលខ្យុលេីស calculus ថ្ម ស្ទូន stone ថ្ម១ នាមសំព្ធ.
1595.	ខាលខ្យុលេីស calculus ថ្ម ស្ទូន stone ថ្ម វ៉ូរម form កើតឡើង អិន in នៅក្នុង អេ a សិលៃវ៉ារី salivary ផ្គុន្ធ gland ក្រពេញបញ្ចេញទឹកមាត់ អិរ or ឬ ដាក្ត duct បំពង់បញ្ចេញទឹកមាត់ នាមសំព្ធ.

1596.	ខែវ calf ម៉ាសសិល្យ muscle សាច់ដុំនៅកំភួនជើង នាមសំព.
1597.	ខាលិកអូ calico- អ៊ែរ or ឬ ខាលិកអូ calic/o សាច់រាងដូចកែវ សាច់ទ ផ្នែកនៅក្នុងកម្រង ទឹកនោមដែលមានរាងដូចកែវ - ខែលិក្ស calix សាច់រាងដូចកែវ ខែលីក្ស calyx សាច់ទ ផ្នែកនៅក្នុងកម្រងទឹកនៅ ដែលមានរាងដូចកែវ -ធ្រើវ៉ិក្ស prefix បុព្វបទ ឬពាក្យសម្រាប់ តពីខាងមុខ.
1598.	ខេលិអូ calio- អ៊ែរ or ឬ ខេលិអូ cali/o សាច់រាងដូចកែវ សាច់ទ ផ្នែកនៅក្នុងកម្រងទឹក នៅមដែលមានរាងដូចកែវ - ខេលិក្ស calix សាច់រាងដូចកែវ ខាលីក្ស calyx សាច់ទ ផ្នែកនៅ ក្នុងកម្រងទឹកនៅមដែលមានរាងដូចកែវ -ធ្រើវ៉ិក្ស prefix បុព្វបទ ឬពាក្យសម្រាប់តពីខាងមុខ.
1599.	ខល្ល call ហៅ វ៉ិរ for ហេល្ព help ឱ្យជួយ (ឬទូរស័ព្ទឱ្យគេមកជួយ) កិរិយាសព្ទ.
1600.	ខល្លដ called គេបានហៅឈ្មោះរ៉ាថា គ្រេវៀន graafian វ៉ុល្លិខល្យ follicles ទឹកគ្រាប់ពូជ វ៉ាចេញមកពីក្រពេញនៅចុងដែលស្អុន ក្រពេញនេះវ៉ាមានរាងដូចឯងនៅពេលទឹកគ្រាប់ពូជ វ៉ាផំពេញវ៉ិយ វ៉ាបែកផ្លាក់ទៅជាឈ្មោរ៉ុរ៉ៗនេះ (វ៉ាមានរាងដូចជាកូនថង់ ឬបន្តគ្រាប់ឈ្មោមដែលមាន ប្រហោងតួចៗនេះគឺជាគ្រាប់ឈ្មោមជីវ៉ៈ គ្រាប់ទឹកពូជរបស់ស្ត្រី ខ្មែរគេហៅវ៉ាថាទឹកមេជីវ៉ិត) កិរិយាសព្ទ.
1601.	ខាលើរី calorie ក្រុមរស់ជាតិកម្លាំងដែលចេញពីចំណីអាហារ អ៊ីនថេក intake បរិភោគចូលតាមមាត់ នាមសំព.
1602.	ខាលើ-ហ្គីត Calor-heat ពណ៌ក្ដៅ ពណ៌ភ្លើងក្ដៅ នាមសំព.
1603.	ខាលីកូ calyco- អ៊ែរ or ឬ ខាលីកូ calyc/o សាច់រាងដូចកែវ ឬសាច់ក្រពេញមួយផ្នែក ដែលមានរាងដូចកែវ វ៉ានៅក្នុងកម្រងទឹកនៅម វ៉ាជួយលាងទឹកនៅមចេញពីឈ្មោម -ធ្រើវ៉ិក្ស prefix បុព្វបទ ឬពាក្យសម្រាប់តពីខាងមុខ.
1604.	ខែមប៉ូជៀ Cambodia ហិស្ទ្រី history ប្រវត្តិសាស្ត្ររបស់ប្រទេសខ្មែរ ឬប្រវត្តិសាស្ត្ររបស់ស្រុកខ្មែរ នាមសំព.
1605.	ខែន can អាច ប៊ី be និង ឌីថេក្ដដ detected រកឃើញ កិរិយាសព្ទ.
1606.	ខែន can អាច ប៊ី be និង អ៊ីនដៃក្ដដ infected មានរោគផំព៉ៅ កិរិយាសព្ទ.
1607.	ខែន can អាច ប៊ី be និង អ៊ីនហេរិត្ត inherited ឆ្លងតាមពូជពាន ឬទទួលទ្រព្យសម្បត្តិ ពីនីពុកម្ដាយបាន កិរិយាសព្ទ.
1608.	ខែន can អាច ប៊ី be និង អ៊ីនជេក្ដដ injected ចាក់បញ្ចូលទៅក្នុងខ្លួនបាន កិរិយាសព្ទ.

1609.	ខែន can អាច បី be មាន អិនធើនុល internal នៅខាងក្នុងរាងខ្លួន កិរិយាសព្ទ.
1610.	ខែន can អាច បី be និង អិនធ្រដួស្យួន introduced នាំឲ្យស្គាល់បាន កិរិយាសព្ទ.
1611.	ខែន can អាច បី be និង ផេនវ៉ូល painful ឈឺខ្លាំង កិរិយាសព្ទ.
1612.	ខែន can អាច បី be និង ផេនេត្រេត penetrate រុកចូលបាន ឬធ្វើឲ្យធ្លុះបាន កិរិយាសព្ទ.
1613.	ខែន can អាច បី be និង ផួត put ដាក់បាន កិរិយាសព្ទ.
1614.	ខែន can អាច បី be មាន និង pink ពណ៌ផ្កាឈ្លក អិន on នៅលើ ធើ the ស្គីន skin ស្បែក (ឧទាហរណ៍ដូចជា ជេនិថុល genital វ៉ត wart រោគពុះបួសឡើងក្រហម មួយកន្លែង វាពណ៌ផ្កាឈ្លកឡើងពកទន់ៗនៅចុកក្ដ ឬក្រពេញផ្នែកខាងក្រៅសម្រាប់បន្តពូជ (វាអាចពុះបួសច្រើនកន្លែងនៅលើស្បែក) កិរិយាសព្ទ.
1615.	ខែន can អាច បី be មាន រេដ red ពណ៌ក្រហម អិន on នៅលើ ធើ the ស្គីន skin ស្បែក (ឧទាហរណ៍ដូចជា ជេនិថុល genital វ៉ត wart រោគពុះបួសឡើង ក្រហមមួយកន្លែងពណ៌ផ្កាឈ្លកឡើងពកទន់ៗនៅចុកក្ដ ឬក្រពេញផ្នែកខាងក្រៅសម្រាប់បន្តពូជ (ពុះបួសច្រើនកន្លែងនៅលើស្បែក) កិរិយាសព្ទ.
1616.	ខែន can អាច បី be និង រីស៊ីវដ ឬរស៊ីវដ received ទទួលបាន កិរិយាសព្ទ.
1617.	ខែន can អាច បី be និង រម៉្មូវដ ឬរម៉្មូវដ removed កាត់យកចេញបាន កិរិយាសព្ទ.
1618.	ខែន can អាច បី be និង រីសេកុដ resected កាត់បំបែកម្តួងទៅៀតបាន កិរិយាសព្ទ.
1619.	ខែន can អាច បី be និង ថូលើរេត្ត tolerated ទ្រាំទ្របាន កិរិយាសព្ទ.
1620.	ខែន can អាច បី be និង ត្រេស្យដ traced តាមដានបាន ឬតួរបាន កិរិយាសព្ទ.
1621.	ខែន can អាច បី be និង ត្រីត្ត ឬទ្រីត្ត treated ព្យាបាលបាន កិរិយាសព្ទ.
1622.	ខែន can អាច បី be និង យូស្ដ used ប្រើបាន កិរិយាសព្ទ.
1623.	ខែន can អាច បី be និង វិធ្ត្រជីន withdrawn ដកយកចេញបាន ឬដកខ្លួនចេញបាន កិរិយាសព្ទ.
1624.	ខែន can អាច បេតធើ better ជាយម៉ែនួស diagnose វិនិច្ឆ័យរោគបានល្អ កិរិយាសព្ទ.

1625.	ខែន can អាច បៀប.ល build ធ្វើ ឬបង្កើត អាផ up ឡើងបាន វ៉ាថាមីន Vitamin ឌី D រ៉ូម from មកពី អ័រ or ឬ អិន on ទៅលើ យ៉ួរ your ស្តិន skin ស្បែក កិរិយាសព្ទ.
1626.	ខែន can អាច ខោ:ស cause ធ្វើឱ្យកើតឡើងបាន កិរិយាសព្ទ.
1627.	ខែន can អាច ខោ:ស cause ធ្វើឱ្យ ផេន pain លើបាន កិរិយាសព្ទ.
1628.	ខែន can អាច ដាយជេស្ថ digest កិនរំលាយបាន កិរិយាសព្ទ.
1629.	ខែន can អាច ឌីថេក្ត detect រកឃើញបាន ឬអាចដឹងថាមានវោគបាន កិរិយាសព្ទ.
1630.	ខែន can អាច អីនឡ្វាជ enlarge ធ្វើអោយរីកធំបាន កិរិយាសព្ទ.
1631.	ខែន can អាច ហេល្ប ឬហេផ help ជួយ បាយ by វីលៀវីង relieving សម្រាលអោយ ធី the ខុនស្ធីផេសិន constipation បាត់ទុលលាមក កិរិយាសព្ទ.
1632.	ខែន can អាច អីនក្រីស increase ឡើងខ្ពស់បាន កិរិយាសព្ទ.
1633.	ខែន can អាច អីនក្រីស increase ឡើង អិត្ស its វ៉ូត weight ទម្ងន់របស់វា បាយ by អាផ up ធូ to ឡើងទៅដល់ កិរិយាសព្ទ.
1634.	ខែន can ណូ no មិនអាច ឡុងកើ longer វ៉ង់សិន function ធ្វើការងារតទៅទៀតបាន កិរិយាសព្ទ.
1635.	ខែន can ណុត not មិនអាច ប៊ី be និង អែនធីសិផេត្ត anticipated ចូលរួមបាន កិរិយាសព្ទ.
1636.	ខែន can អាច ផេនេត្រេត penetrate រុកចូល ស្តិន skin ទៅក្នុងស្បែក កិរិយាសព្ទ.
1637.	ខែន can អាច ស្ក្រេផ scrape កោស អ៊ៅវ៉ៅ off ចេញបាន កិរិយាសព្ទ.
1638.	ខែន can អាច សៀរៀសលី seriously អ៉ាវ៉ៃក្ត affect ប៉ះពាល់ដល់អ្វីមួយយ៉ាងខ្លាំង ឬធ្ធន់ធ្ធរបាន កិរិយាសព្ទ.
1639.	កាណាឌៀន Canadian ដ្រាត់ស Drugs ថ្នាំគ្រឿនយ៉ាងដែលធ្វើនៅប្រទេស កាណាឌា នាមសព្ទ.
1640.	កាណាឌៀន Canadian ហ្វា៉ម៉ាស៊ីស Pharmacies ហាងថ្នាំពេទ្យជាគ្រីនដែលនៅ ក្នុងប្រទេសកាណាឌា (ហ្វា៉ម៉ាស៊ី Pharmacy ហាងថ្នាំពេទ្យមួយ) នាមសព្ទ.
1641.	ខែណាល់-ឡៃក្ត canal-like ដូចជារន្ធ ដូចបំពង់ ឬដូចប្រហោង នាមសព្ទ.

1642.	ខែនសើ cancer សែលល្ប/ cells គ្រាប់ឈាមរបស់រោគមហារីកជាច្រើន នាមសំព្ធ.
1643.	ខែនសើ cancer គ្រាត់ស drugs ថ្នាំជាច្រើនដែលសម្រាប់ព្យាបាលរោគមហារីក នាមសំព្ធ.
1644.	ខែនសើ cancer រោគមហារីក អ៊ិន in នៅក្នុង ឡើ the អូវារី ovary ពងមេជីវិត (សរីរាង្គ១ដែលមានរាងក្នុងចពង) នាមសំព្ធ.
1645.	ខែនសើ cancer រោគមហារីក អ៊ិនវេសសិវ invasive ដែលកើតរាលដាលទៅកន្លែង ផ្សេងទៀត នាមសំព្ធ.
1646.	ខែនសើ cancer មេឌិខេសិន medication ថ្នាំព្យាបាលរោគមហារីក នាមសំព្ធ.
1647.	ខែនសើ cancer មេឌិស៊ីន medicine ថ្នាំព្យាបាលរោគមហារីក នាមសំព្ធ.
1648.	ខែនសើ cancer ជម្ងឺ ឬរោគមហារីក អើរ of នៅ ឡើ the ស្គិន skin ស្បែក នាមសំព្ធ.
1649.	ខែនសើ cancer ជម្ងឺមហារីក អើរ of នៅក្នុង ស្ត្រេត straight ម៉ាសសិល muscle សាច់ដុំត្រង់ នាមសំព្ធ.
1650.	ខែនសើ cancer ជម្ងឺ ឬរោគមហារីក អើរ of នៅក្នុង ឡើ the អិពិទីលៀម epithelium ស្រទាប់សាច់សើរស្បែក នាមសំព្ធ.
1651.	ខែនសើ cancer ជម្ងឺ ឬរោគមហារីក អើរ of នៅក្នុង ឡើ the ឡេរ៉ិងក្យ larynx បំពង់សម្លេង នាមសំព្ធ.
1652.	ខែនសើ cancer ជម្ងឺ ឬរោគមហារីក អើរ of នៅក្នុង ឡើ the ខាទិលេជ cartilage ឆ្អឹងខ្ចី នាមសំព្ធ.
1653.	ខែនសើ cancer ជម្ងឺ ឬរោគមហារីក អើរ of នៅក្នុង ឡើ the ប៊ុន bone ឆ្អឹង ខាទិលេជ cartilage ឆ្អឹងខ្ចី នាមសំព្ធ.
1654.	ខែនសើ cancer ជម្ងឺ ឬរោគមហារីក អើរ of នៅក្នុង ឡើ the ហ្គាត heart បេះដូង នាមសំព្ធ.
1655.	ខែនសើ cancer ជម្ងឺ ឬរោគមហារីក អើរ of នៅក្នុង ឡើ the ឃិដនី kidney ក្រមងទឹកនោម នាមសំព្ធ.

1656.	ខែនសើ cancer ជម្ងឺ ឬរោគមហារីក អេវ of នៅក្នុង ធើ the ឆ្ពាំង lung សូត នាមសំពុ.
1657.	ខែនសើ cancer ជម្ងឺ ឬរោគមហារីក អេវ of នៅក្នុង ធើ the យូធើជីស uterus សរ្ន នាមសំពុ.
1658.	ខែនសើ cancer សែត site កន្លែងដែលមានជម្ងឺ ឬកន្លែងដែលមានរោគមហារីក នាមសំពុ.
1659.	ខែនសើ cancer ស្នេសិមិន specimen សាច ឬក៏វត្ថុអ្វីដែលយកចេញពីខ្លួនអ្នកជម្ងឺដែល មានរោគមហារីកដើម្បីយកទៅពីសោធន៍មើលរោគ នាមសំពុ.
1660.	ខែនសើ cancer ទើរ៉ាពី therapy ការព្យាបាលរោគមហារីក នាមសំពុ.
1661.	ខែនសើ_លែត cancer-like ធូម័រ tumor ដូចជាជម្ងឺ ឬដូចជារោគមហារីកដុះដុំៗ នាមសំពុ.
1662.	ខែនសើរីស cancerous អេរ៉្យា area កន្លែងដែលមានជម្ងឺមហារីក នាមសំពុ.
1663.	ខែនសើរីស cancerous ជម្ងឺមហារីក ប្លើ blood សែលស cells នៅក្នុងគ្រាប់ឈាម ជាច្រើន នាមសំពុ.
1664.	ខែនសើរីស cancerous ជម្ងឺមហារីក បូន bone ម៉ារ៉ូ ឬម៉ារ៉ូវ marrow សែលស cells នៅក្នុងគ្រាប់សាច់ឈាមរបស់ខ្លូវឆ្អឹង នាមសំពុ.
1665.	ខែនសើរីស cancerous សែលឡ្យ cells គ្រាប់ឈាមជាច្រើនដែលមានរោគមហារីក នាមសំពុ.
1666.	ខែនសើរីស cancerous គ្រូសិស growths ជម្ងឺមហារីកដុះធំឡើងច្រើនឡើងៗ នាមសំពុ.
1667.	ខែនសើរីស cancerous រោគមហារីក លីសិ៍ឪ្យ lesions វ័ហាកកំពៅ នាមសំពុ.
1668.	ខែនសើរីស cancerous យិដនី kidney ជម្ងឺមហារីកនៅក្រឡៀន ឬនៅកម្រងទឹកនោម នាមសំពុ.
1669.	ខែនសើរីស cancerous ជម្ងឺមហារីកនៅ ធីសស្យូ tissue សាច់ឈាម ឬជាលិកា នាមសំពុ.
1670.	ខែនសើរីស cancerous ជម្ងឺមហារីក ធូម៉ែរស tumors សាច់ដុះដុំៗ នាមសំពុ.

1671.	ខេណាញ canine និសថេមនើ distemper រោគសត្វជំពៅរលាកច្រើនយ៉ាង (ឧទាហរណ៍ ផូចជាក្រុនក្តៅរលាកជំពៅនៅក្នុងផ្លែ រាខ្សាចបន្លឹផ្លើង កួត រលាកនៅផ្លូវរកកបម្លើង ហើយខ្លៈលងង រាកើតមកពីមេរោគឈ្លោះរៃរៀសដែលគេរកមិនទាន់យើញ) នាមសំពូ.
1672.	ខេណាញ canine ធ្មីស teeth ធ្មេញទីពីរនៅខាងមុខ ដែលដុចធ្មេញផ្លែ នាមសំពូ.
1673.	ខេងគើ canker ស្ងូរស sores រោគឈ្លេរលាក ជំពៅពងបែកនៅមាត់ ឬពងបែកនៅជុំវិញញ្ញើង ធ្មេញ (រោគនេះ រាមិនមែនរោគមហារីកទេ ក៏ប៉ុន្តែវាអាចឆ្លងទៅមនុស្សផ្សេងទៀត កន្លែងដែលវាកើត គឺនៅមាត់ ហើយនឹងកន្លែងៗក៏ពិតគ្នា ភាគច្រើនគឺវាកើតនៅក្នុងអាទ្រីស្រ្តីច្រើនជាងអាទ្រីប្រុសរោគ សញ្ញាដែលឱ្យយើងឃើញគី វារហាកសាចនៅក្នុងមាត់ មានពងបែកតួចៗ ហើយឃើខ្លៈង ពងបែក វាក់ៗដែលមានក្របប្បួណ៌ប្រផេះៗក្របពីលើសាច រលាកជំពៅនោះ វាមានជាយកន្ថាប់នៅជុំវិញ រវៃរវ័ងក្រហមមួលៗ រោគរហាកសាច ពងបែកនេះ លេចឡើងឱ្យយើងឃើញនៅក្នុងមាត់ បប្ររមាត់ អណ្ថាត បំពង់ក មានពងបែក២ ៣ ឬ១០ទៅ ១៥ នៅពេលវាទើបនឹងចេញ២ ៣ថ្ងៃដំបូងគីឃើខ្លៈង វាធ្វើឱ្យឈឺបាកញ្ញាំអាហារ ហើយឈឺនៅពេលអ្នកជម្លឺ និយាយ មុនពេលវាចេញពងបែកនេះ វាធ្វើឱ្យឈឺក្ថៅខ្លួនស្រៃស្រាញ់នៅក្នុងរយៈពេល២៤ម៉ោង) នាមសំពូ.
1674.	ខែនណុត cannot មិនអាច ប៊ី be នឹង ថូលើរេត្ត tolerated ទ្រាំទ្របាន កិរិយាសពូ.
1675.	ខែន'ត can't មិនអាច ប៊ី be នឹង ធ្រីត្ត ឬទ្រីត្ត treated ព្យាបាលបានទេ កិរិយាសពូ.
1676.	ខែន'ត can't មិនអាច វ្លូវ flow ហូរ ផាស្ស past ចេញផុតបាន កិរិយាសពូ.
1677.	ខែន'ត can't មិនអាច ផាស្ស pass ចេញផុត ស្រ្ទូវ through ទៅតាមទីនេះបានទេ កិរិយាសពូ.
1678.	ខែន'ត can't មិនអាច រសិស្ស resist ប្រកែក ឬប្រឆាំងបាន កិរិយាសពូ.
1679.	ខែន'ត can't មិនអាច ប៊ី be នឹង ថូលើរេត្ត tolerated ទ្រាំទ្របាន កិរិយាសពូ.
1680.	ខេផាបល capable អាច ឆអៃវ of ធ្វើឱ្យ ខោះសិង causing កើតរោគ អ៊ិនផ៊ែកស៊ិន infection រោគរលាកជំពៅបាន គុណនាម.
1681.	ខេផាបល capable អាច ឆអៃវ of ព្រូឌូសិង producing បង្កើតកូនចេញបាន គុណនាម.
1682.	ខៃលេឈ្ញើរ capillary បេដ bed ក្រុម ឬប្រព័ន្ធសរៃសឈាមក្រហមតួចៗជួចសក់ទាំង អស់នៅក្នុងរងខ្លួន វាធ្វើការងារអួមជាមួយគ្នា នាមសំពូ.
1683.	ខៃឥលឈ្ញើរ capillary ព្លើដស្ទ្រីម bloodstream ទឹកឈាមនៅក្នុសរៃសឈាម ក្រហមតួចៗជួចសក់ ឃើងមើលវាមិនឃើញនឹកភ្នែកទេៗ នាមសំពូ.

1684.	ខែពិលឡេរី capillary នេតវឺក network ក្រម ឬប្រព័ន្ធសរសៃលាយាមក្រហាមតូចៗដូច សក់ដែលធ្វើការងារឆ្លោមជាមួយគ្នា នាមសំពាធ.
1685.	ខែពិតូ capito- អ៊ីរ or ឬ ខែពិត្ត capit/o នៃ ឬទាក់ទងទៅនឹងក្បាល ហ្វេង head ក្បាល -ឆ្រីវិក្ស prefix ឬឋបទ ឬពាក្យសម្រាប់ពត៌ខាងមុខ.
1686.	ខែននៀ -capnia រាគមានឈ្មោយនៅផ្លូវខ្យល់ដែលចេញពីពង្គើមទៅខាងក្រៅខ្លួនឈ្មោះ ខាបិន carbon ដែអិក្យាយ dioxide ខ្យល់ដែលចេញពីពង្គើមយើក - ស៊ាវិក្ស suffix ឬប៉ិម ឬពាក្យសម្រាប់ពត៌ខាងក្រោយ.
1687.	ខែននូ capno- អ៊ីរ or ឬ ខែននូ capn/o រាគមានឈ្មោយនៅផ្លូវខ្យល់ដែលចេញ ពីពង្គើមទៅខាងក្រៅខ្លួនឈ្មោះ ខាបិន carbon ដែអិក្យាយ dioxide ខ្យល់ដែលចេញ ពីពង្គើមយើក -ឆ្រីវិក្ស prefix ឬឋបទ ឬពាក្យសម្រាប់ពត៌ខាងមុខ.
1688.	ខែនស្យូល capsule ក្បាលឆ្លឹងដែលមានរាងមូល ដែនត្ត and ហើយនឹក លិកាម៉េន្ត ligament សរសៃពួរ ឬសរសៃចង នាមសំពាធ.
1689.	ខែនស្យូល្យ capsules ក្បាលឆ្លឹងដែលមានរាងមូល ហូល whole ទាំងអស់ (ឬថ្ងៃ១គ្រាប់) នាមសំពាធ.
1690.	ខាបិន carbon ដែអិក្យាយ dioxide ខ្យល់អ៊ុកស៊ីហ្យែនដែលប្រឡាក់ គេហៅឈ្មោះវាថា (ខាបិន carbon ដែអិក្យាយ dioxide គឺជាខ្យល់ដែលយើកដកដពង្គើមចេញទៅខាងក្រៅខ្លួន ខ្យល់ដែលចេញមកពីស្ងួតយើក) នាមសំពាធ.
1691.	ខាបិន carbon ដែអិក្យាយ dioxide លេវេល្យ levels ចំនួនកំរិតខ្យល់ដពង្គើមដែលចេញ ពីស្ងួត នាមសំពាធ.
1692.	ខាស៊ិននូ Carcino- អ៊ីរ or ឬ ខាស៊ិននូ Carcin/o នៃរោគមហារីក - ខែនសើ៊ជីស cancerous នៃរោគមហារីក ខែនសើ៊ cancer រោគមហារីក -ឆ្រីវិក្ស prefix ឬឋបទ ឬពាក្យសម្រាប់ពត៌ខាងមុខ.
1693.	ខាស៊ិនូយដ carcinoid ធ្លូម៉េ tumor ជម្ងឺមហារីកដុះរុំសាច់តូចៗនៅក្នុងក្រពះ ហើយនឹកផ្លូវពោះរៀនដែលមានជាតិសំបោៗចេញមកពីលំពែក នាមសំពាធ.

1694.	ខាសិនូម៉ា carcinoma ដុំរោគមហារីកនៅគ្រាប់សាច់ឈាមឈ្មោះ បៃសួស៊ីលល្បេៀរ basocellulare សក់ក្រាស់ ឬរោាមក្រាស់ណាស់នៅគ្រាប់សាច់ឈាមស៊ីស្បែកសាច់ពកៗ គ្រាប់ៗរីកធំក្រហាមបៀ្តងៗកន្ទួលៗនៅលើស្បែក នាមសំព.
1695.	ខាសិនូម៉ា carcinoma ជម្ងឺមហារីកដែលមានសាច់ដុះពុំៗ -ខែនសេី៊ cancer រោគមហារីក អេី៊វ of ដែលមាន ធូម៉ឺរ tumor សាច់ដុះពុំៗ នាមសំព.
1696.	ខាសិនូម៉ា carcinoma ជម្ងឺមហារីកដែលមាន ឌិរជីនឧទិអេត differentiate ការប្រែ ប្រួលខុសពីគេទៅតាមក្រុមរបស់វា កិរិយាសព្ទ.
1697.	ខាសិនូម៉ា Carcinoma ហ្វៃប្រូសាម់ Fibrosum ជម្ងឺ ឬរោគមហារីកនៅជុំវិញសាច់ សរសៃៗពុំៗរីងៗ នាមសំព.
1698.	ខាសិនូម៉ា carcinoma អិន in សិធូ situ ជម្ងឺមហារីកដែលមានសាច់ពកពុំៗទើបនឹង កើតថ្មីៗ (ស៊ីអាយអែស CIS នេះជាអក្សរកាត់របស់វា) នាមសំព.
1699.	ខាសិនូម៉ា carcinoma ជម្ងឺមហារីកដែលមានសាច់ដុះពុំៗ អេី៊វ of នៅក្នុង ធេី the ប្រេស្ត breast សាច់ដោះ នាមសំព.
1700.	ខាធិ Cardi-បេៈដូង-ហ្លាត heart បេៈដូង-ជ្រីវិក្យ prefix បុព្វបទ ឬជាក្យសម្រាប់ដាក់ពីខាងមុខ.
1701.	ខាឌិអេ cardia នៃ ឬទាក់ទងទៅនឹងបេៈដូង-ជ្រីវិក្យ prefix បុព្វបទ ឬជាក្យសម្រាប់ដាក់ពីខាងមុខ.
1702.	ខាឌិអែក cardiac បេៈដូង ដែនូម៉ាលី anomaly ដែលខុសផ្លែកពីភាពធម្មតា (រោគនេះវាកើតតាំងតែពីកើតមក) គុណនាម.
1703.	ខាឌិអែក cardiac ដែនត្រុម antrum ប្រហោងនៅកក្រៈ នាមសំព.
1704.	ខាឌិអែក cardiac ដែឝនៃ្ប apnea រោគឈប់ដកដង្ហើមនៅក្នុងរយៈពេលខ្លី នាមសំព.
1705.	ខាឌិអែក cardiac អារិធសិមៀ្យ arrhythmia សម្ពេងបេៈដូងដើរមិនត្រូវចង្វាក់ នាមសំព.
1706.	ខាឌិអែក cardiac អារេស្ត arrest បេៈដូង ហើយនឹងស្ងួតមិនដើរនៅក្នុងមួយរយៈពេលខ្លី (នៅពេលកំពុងតែធ្វើការរៈកាត់ តែប្រើម៉ាស៊ីនឱ្យដើរពង្វើសវាដើម្បីកំឱ្យខ្ចចបេៈដូង ស្ងួត កម្រងទិកទោម ហើយនឹងខូរក្បាលផង) នាមសំព.

1707.	ខាទិដែក cardiac ដែសម៉ា ឬដែស្យ៉ិម៉ា asthma រោគហឺតដោយសារតែមានរោគបេះដូង នាមសំព.
1708.	ខាទិដែក cardiac អាត្រូហ្ពី atrophy សាច់ដុំបេះដូងរលីល (ឬប្ញានការរីកចម្រើន) នាមសំព.
1709.	ខាទិដែក cardiac ខ្ញៀ care ការថែទាំរក្សាបេះដូង នាមសំព.
1710.	ខាទិដែក cardiac សេនធើ center នៅកន្លែងកណ្ដាលបេះដូង ឬបន្ទីពេទ្យសម្រាប់ ព្យាបាលរោគបេះដូង នាមសំព.
1711.	ខាទិដែក cardiac សៃខល cycle ចង្វាក់បេះដូងដើរតាមធម្មតារបស់វា នាមសំព.
1712.	ខាទិដែក cardiac ដៃលយើ failure ខូចបេះដូង នាមសំព.
1713.	ខាទិដែក cardiac សាច់បេះដូង ហៃដើត្រូហ្ពី hypertrophy រីកធំឡើង (ឬសាច់បេះដូង ហើមធំ) នាមសំព.
1714.	ខាទិដែក cardiac អិមផោះស impulse ចង្វាក់បេះដូងដើរ នាមសំព.
1715.	ខាទិដែក cardiac ម៉ាសសិល្ស muscles សាច់ដុំបេះដូង (យើងរកឃើញនៅក្នុងបេះដូង) នាមសំព.
1716.	ខាទិដែក cardiac នឺវ nerve សរសៃវិញ្ញាណនៅបេះដូង នាមសំព.
1717.	ខាទិដែក cardiac អ្នុវិស្យ orifice ប្រហោងរន្ធក្រពះ នាមសំព.
1718.	ខាទិដែក cardiac អោវត out ផ្លុត put ចំនួនឈាមរត់ចេញក្រៅបេះដូងនៅពេលបេះដូង ច្របាច់ក្នុងមួយនាទី នាមសំព.
1719.	ខាទិដែក cardiac ផេន pain ឈឺនៅក្នុងបេះដូងដោយសារខ្លះខ្យល់អុកស៊ីសែន នៅសាច់ដុំបេះដូង នាមសំព.
1720.	ខាទិដែក cardiac ផ្លុមិណារី pulmonary អីឌីម៉ា edema រោគហើមនៅក្នុងបេះដូង ហើយនឹងសួតផង (ដោយសារមានទឹកច្រើននៅក្នុងសាច់) នាមសំព.
1721.	ខាទិដែក cardiac អផ្លេស្យមេន្ត replacement ការវះកាត់ដាក់បេះដូងថ្មីជំនួសវិញ (មួយដង) គុណនាម.
1722.	ខាទិដែក cardiac វិត្ថិម rhythm ចង្វាក់បេះដូងដើរ ឬលោត នាមសំព.

1723.	ខាទិវែក-ស្ផិងទើ cardiac-sphincter សាច់ដុំបិតបើកនៅវន្ធកង វាជាផ្លូវចូលពីបំពង់ក ទៅក្នុងក្រពះ (ឬបំពង់កងសន្ធបិតបើកនៅក្នុងក្រពះ វាកន្ត្រាក់បិតចុះឡើងដើម្បីនាំអាហារចូលទៅ ក្នុងក្រពះ ហើយក៏មិនឲ្យទឹកអាស៊ីតនៅក្នុងក្រពះនេះឡើងមកលើវិញ) នាមសំពួ.
1724.	ខាទិវែក cardiac ស្ផិងទើ sphincter ហារដេន harden សាច់បំពង់បិតបើកនៅ កក្រពះឡើងក្រាស់រឹង នាមសំពួ.
1725.	ខាទិវែក cardiac ថែមផូនេដ tamponade មានកម្ទាំងសង្កត់នៅលើបេះដូង ដោយសារតែមានទឹកនៅក្នុងស្រោមពើវិញបេះដូង) នាមសំពួ.
1726.	ខាទិវែក cardiac វ៉ាវ ឬវ៉ាលវ valve សន្ធៈ ឬអណ្ដាតបេះដូង នាមសំពួ.
1727.	ខាទិអូ Cardio- បេះដូង អិរ or ឬ ខាទិអូ Cardi/o បេះដូង - ហ្គាត heart បេះដូង -ព្រីវិក្ស prefix បុព្វបទ ឬពាក្យសម្រាប់តពីខាងមុខ.
1728.	ខាទិអូផ្លុមិណារី cardiopulmonary អារេស្ត arrest បេះដូង ហើយនិងសួតមិនដើរ សម្រាកម្ងួយយៈពេលខ្លីនៅពេលគេកំពុងតែធ្វើការវះកាត់ គេប្រើម៉ាស៊ីនឲ្យវើរជំនួសបេះដូង ហើយនិងសួតដើម្បីកំឲ្យខូចបេះដូង សួត កម្រងទឹកនោម ហើយនិងខួរក្បាលផង នាមសំពួ.
1729.	ខាទិអូផ្លុមិណារី cardiopulmonary បាយផាស bypass ការវះកាត់បេះដូង ឬសរសៃ ឈាមដើម្បីឲ្យខ្យល់វិលចុះឡើងនៅក្នុងសរសៃឈាមនៅបេះដូង ហើយនៅពេលគេកំពុងតែធ្វើការវះកាត់ នោះ គេប្រើម៉ាស៊ីនឲ្យវើរជំនួសបេះដូង ហើយនិងសួត (ដើម្បីឲ្យឈាមបែបពីបេះដូងទៅសួត ហើយគេ បំបែបខ្យល់អុកស៊ីប្លេនទៅក្នុងឈាមឲ្យរត់ទៅសរសៃឈាមក្រហាមធំនៅបេះដូងវិញឈ្មោះ អេអ៊ីរថា aorta) នាមសំពួ.
1730.	ខាទិអូផ្លុមិណារី cardiopulmonary រេសាសស៊ីថេស៊ីន resuscitation ការច្រាច់ បេះដូង ហើយនិងសួតដើម្បីអោយវាវើរល្បឡើងវិញ (ឬឲ្យវាធ្វើការងាររបស់វាក្លួចភើមវិញ) នាមសំពួ.
1731.	ខាទិអូវ៉ែសខ្យុល្ើ cardiovascular ឌិស៊ីស disease មានរោគនៅក្នុងបំពង់សរសៃ ឈាមរត់ចូលមកក្នុងបេះដូង ហើយចេញទៅក្នុងដងខ្លួនវិញ នាមសំពួ.
1732.	ខាទិអូវ៉ែសខ្យុល្ើ cardiovascular ស៊ីស្ទីម្ស systems ប្រព័ន្ធឈាមរត់នៅក្នុងបេះដូង ចុះឡើងពេញនៅក្នុងដងខ្លួនទាំងអស់ នាមសំពួ.
1733.	ខៀ care ថែរក្សា វ៉រ for ធើ the សៃត site កន្លែងរបួស កិរិយាសពួ.
1734.	ខៀ care ថែរក្សា អ៊ៅវ of នៅក្នុង ធើ the ម៉ៅស mouth មាត់ កិរិយាសពួ.

1735.	ខ្យើរវិល careful ដែលផ្សាយឯ applied ដាក់ឈ្មោះសំដោយប្រុងប្រយ័ត្ត លាបថ្នាំដោយប្រុងប្រយ័ត្ត (ឬធ្វើដោយយកចិត្តទុកដាក់យ៉ាងផ្លិតផ្លង់) គុណនាម.
1736.	ខ្យើរវិល careful មុនទៅវិង monitoring ការតាមដានពិនិត្យមើលរោគដោយប្រុងប្រយ័ត្ត (ឬដោយយកចិត្តទុកដាក់យ៉ាងខ្លាំង) គុណនាម.
1737.	ខារ៉ូធិឥ carotid អាធើរ artery សរសៃឈាមក្រហមធំដែលផ្ដល់ឈាមទៅក្បាល ហើយរាននៅត្រង់ក នាមសំព្ទ.
1738.	ខាផល carpal ប្អូស្ស bones សន្លាក់ឆ្អឹងមួយក្រុមនៅកដៃ ឆ្អឹងនៅកដៃមួយក្រុម (វាមានប្រាំបី វារៀបជាពីរជួរ) នាមសំព្ទ.
1739.	ខាផល carpal ខែណាល់ canal រន្ធឆ្អឹងកដៃ នាមសំព្ទ.
1740.	ខាផល carpal ធិល (ធើនែល) tunnel សិនធ្រូម syndrome រោគស្មុគស្មាញមួយ ក្រុមនៅឆ្អឹងមួយក្រុមនៅកដៃ ហើយនឹងឆ្អឹងប្រអប់ដៃ១ខាង នាមសំព្ទ.
1741.	ខាផល carpal ធិល (ធើនែល) tunnel សិនធ្រូមុស syndromes រោគស្មុគស្មាញជាច្រើន នៅឆ្អឹងមួយក្រុមនៅកដៃ ហើយនឹងឆ្អឹងប្រអប់ដៃទាំងពីរខាង នាមសំព្ទ.
1742.	ខាផូ carpo- អ៊ីរ or ឬ ខាផូ carp/o សន្លាក់ឆ្អឹង១ក្រុមនៅកដៃ ខាធើស carpus-ឆ្អឹងកដៃ វិស្ត wrist ឬ bone ឆ្អឹងកដៃ-ធ្រីវិក្ស prefix បុព្ទបទ ឬបាក្យសម្រាប់ពពីខាងមុខ.
1743.	ខ្យើរវិត carried បានដឹកនាំ អ៊ិន in មកតាម ឬនៅក្នុង ដែនិមួល animal សាឡៃវ៉ា saliva ទឹកមាត់របស់សត្វ (ឧទាហរណ៍ដូចជាឆ្កែ ដំបីស Rabies ធិស្យូស Disease រោគឆ្កែឆ្កួត វាកើតមកដោយសារសត្វដែលមានមេរោគនេះខាំយើង) កិរិយាសព្ទ.
1744.	ខ្យើរវិស carries នាំ ដឹកជញ្ជូន ឬដឹកនាំ អេ a វិស្ត risk ការគ្រោះថ្នាក់១ (នាំការគ្រោះថ្នាក់ ឬនាំឱ្យមានគ្រោះថ្នាក់) កិរិយាសព្ទ.
1745.	ខ្យើរវិស carries ដឹកជញ្ជូន ឬដឹកនាំ ប្លើឥ blood ឈាម (នាំឈាមទៅ) កិរិយាសព្ទ.
1746.	ខ្យើរ៉ carry ដឹកនាំ ឬនាំ ប្លើឥ blood ឈាមទៅកន្លែងផ្សេងៗទៀត (ឧទាហរណ៍ដូចជាបេះដូង វ៉ាបញ្ញឈាមចេញទៅចិញ្ចឹមរូបរាងកាយយើង) កិរិយាសព្ទ.
1747.	ខ្យើរ៉ carry ដឹកនាំ អ៊ិមផោះស៊ីស impulses កម្លាំងកំដើក រញ្ញាឆ្អឹង ឬនាវិញ្ញាណកប្រើក ទៅកន្លែងផ្សេងៗទៀត កិរិយាសព្ទ.

1748.	ខ្យើរ carry ដឹកនាំ ឬនាំ អិន in នៅក្នុង ធើ the ប្លើដស្ទ្រីម bloodstream ទឹកឈាម កិរិយាសព្ទ.
1749.	ខ្យើរ carry ដឹកនាំ ឬនាំ អិក្ស៊ីជីន oxygen ឧស្ម័នអុកស៊ីហ្សែន អិន in នៅក្នុង ធើ the ប្លើដស្ទ្រីម bloodstream ទឹកឈាម កិរិយាសព្ទ.
1750.	ខ្យើរ carry ដឹកនាំ ឬនាំ ព្រូថេអិន protein ជាតិប្រូតេអ៊ីន ហ្វ្រូម from មកពី ឬ្វង food បំណីអាហារ អ៊ីនធូ into ចូលទៅក្នុង ប្លើដស្ទ្រីម bloodstream ទឹកឈាម កិរិយាសព្ទ.
1751.	ខ្យើរ carry ដឹកនាំ ឬនាំ ធូ to ទៅ ធើ the យ៉ូរ៉ីណារី urinary ប្លែដធើ bladder ប្លោកទឹកនោម កិរិយាសព្ទ.
1752.	ខ្យើរ carry ដឹកនាំ ឬនាំ យូរ៉ុន urine ទឹកនោម កិរិយាសព្ទ.
1753.	ខ្យើរយិង carrying កំពុងតែដឹកនាំ ឡូដ្ស loads របស់ដែលមានទម្ងន់ធ្ងន់ កិរិយាសព្ទ.
1754.	ខ្យើរយិង carrying កំពុងតែដឹកនាំ ធូវើដ toward ឆ្ពោះទៅមុខ កិរិយាសព្ទ.
1755.	ខាធីលេជ cartilage ផាធិខល particle ផ្នែកៗ ឬវត្ថុលំអងតូចៗរបស់សាច់ឆ្អឹងខ្ទីទន់ៗ នាមសព្ទ.
1756.	ខាធីលែជិនើស cartilaginous ប៊ូន bone សាច់ឆ្អឹងខ្ទីខាងក្នុងឆ្អឹង នាមសព្ទ.
1757.	ខាធីលែជិនើស cartilaginous ចញ្ន joint សាច់ឆ្អឹងខ្ទីខាងក្នុងសន្លាក់ឆ្អឹង នាមសព្ទ.
1758.	ខាធីលែជិនើស cartilaginous ស្កេលេថិន skeleton សាច់ឆ្អឹងដែលកើតទៅជាឆ្អឹងខ្ទី នាមសព្ទ.
1759.	ខាធីលែជិនើស cartilaginous ធិសស្យូ tissue សាច់ឆ្អឹងខ្ទី នាមសព្ទ.
1760.	ខេស្ត cast បោះ បោះចោល អ័រ or ឬ ស្រ៊ូវ throw បោះ បោះចោល កិរិយាសព្ទ.
1761.	ខែត - ស្កែន CAT- scan របៀបថតឆ្លុះមើលរាងផ្ទាល់នឹងរង្វង់ភ្លៅកដែលប្រើម៉ាស៊ីនធំ - អក្សរកាត់របស់ពាក្យនេះ ខាម់ផ្យូធើវៃសៀត computerized អែកស្យៀល axial ធូម៉ូក្រេហ្វ៊ី tomography ថតរាប់ភិតថែកកងខ្លួន ឬបៃតភាគកងខ្លួននៅក្នុងម៉ាស៊ីនកំព្យូទ័រដោយ ប្រើកម្លាំងភ្លើង (ថតកាត់ទទឹកជាផ្នែកៗ កាត់រូបជាក់កណ្ដាលខ្លួន១កំណត់ទៅខាងលើ ហើយ១ កំណត់ទៅទៀតទៅខាងក្រោម ថតឆ្លុះរូបច្រើនៗធ្វាដូចជាខ្សែភាពយន្ត ដើម្បីកត់ទុកពិនិត្យមើលរាក

	(របៀបថតឆ្លុះ មើលរោគដែលប្រើម៉ាស៊ីនធំ) អ៊ែរ **or** ឬគេហៅវាថា ស៊ីធី ស្កែន **CT- scan**) នាមសព្ទ.
1762.	ខែថា **cata-** ចុះក្រោម ឬខាងក្រោម – ដោន **down** ចុះក្រោម ឬខាងក្រោម -ជ្រីវិក្យ **prefix** បុព្វបទ ឬជាក្យសម្រាប់ដាក់ពីខាងមុខ.
1763.	ខែថាប្បូលិក **catabolic** ស្តេត **state** នៅក្នុងតំណាក់ការណ៍ដែលកិនចំណីអាហារបោះចុះ ម្ដើងៗ (ទៅតាមស្ថានភាពដែលទាក់ទងទៅនឹងការកិនរំលាយអាហារ) នាមសព្ទ.
1764.	ខែថាប៉ុក្ត **cataract** កញ្ចក់ភ្នែកល្អក់ ឬកែវភ្នែកម្ដើងបាយ ទីវេល្លុសស **develops** វាចាប់ផ្ដើមកកើតម្ដើងបន្តិចម្ដងៗ នាមសព្ទ.
1765.	ខែថាប៉ុក្ត **cataract** អ្ុកយេីស **occurs** កញ្ចក់ភ្នែកអាប់កើតម្ដើង ឬកែវភ្នែកម្ដើងបាយ នាមសព្ទ.
1766.	ខែថារ៉ុល **catarrhal** វីវ៉៍ **fever** រោគគ្រុនក្ដៅផ្ការសាយដែលធ្វើឲ្យរលាកនៅសាច់រអិលៗដូច សំបោរច្រើន ស្នែសនៅច្រមុះច្រើន រលាកនៅផ្លូវខ្យល់ចេញចូល នាមសព្ទ.
1767.	ខែគន **catch** អេ **a** ខូល្ល **cold** កើតរោគផ្ដាសាយម្ដួយ កិរិយាសព្ទ.
1768.	ខែគន **catch** វ៉ៃអ៊ើ **fire** ភ្លើងធេះ (ឬុតភ្លើងឆ្យធេះ) កិរិយាសព្ទ.
1769.	ខែថខ្លៃមិញ្ញស្ទ **catecholamines** ក្រុមវត្ថុធាតុ ឬទឹកអ័រម៉ូនពីរយ៉ាងឈ្មោះ អាមិន្ត **amino** អេសិដ្យ **acids** វាកើតមកពីកន្លែងប្រម្ឡោះនៅកណ្ដាលក្រពេញ២ដែលអង្គុយនៅ លើក្រមួងទឹកនោមឈ្មោះ អេ្រៃនុល **adrenal** មេឌុលឡា **medulla** នាមសព្ទ.
1770.	ខែសេ៉តទី **catheter** អេ្រប្លស៊ិន **ablation** ការរះកាត់ដាក់ខ្សែដែកត្លូចចូលទៅក្នុង បំពង់សរសៃឈាមធំជើម្យុីនិងកោសបំផ្លាញវត្ថុអ្វីដែលធ្វើឲ្យឈាមរត់មិនល្អូចេញ នាមសព្ទ.
1771.	ខែសេ៉តទី **catheter** ធិន **tip** ក្បាលបំពង់ ឬចុងបំពង់កៅស៊ូដែលសម្រាប់ឬមបញ្ចូរទឹក នាមសព្ទ.
1772.	ខែសេ៉តទី **catheter** បំពង **tube** បំពង់បង្ហូរទឹកទៅតាម (ឬប្រើនៅសរីរាង្គផ្សេង ម្ដៀតជើម្យុីដាក់ទឹកចូល ឬឬមយកទឹកចេញពីក្នុងរងខ្លួន) នាមសព្ទ.
1773.	នៅវេង **caud-** នៃ ឬទាក់ទងទៅនឹងអ្វីៗដែលមានរាងដូចកន្ទុយ -ជ្រីវិក្យ **prefix** បុព្វបទ ឬជាក្យសម្រាប់ដាក់ពីខាងមុខ.
1774.	នៅវេថា **cauda** អីឃ្វាញណា **equina** កន្ទុយរបស់សេះ នាមសព្ទ.

1775.	ខាវុដ caudo- កន្ទុយ ឬ or ឬ ខាវុដ caud/o កន្ទុយ - ផែល tail កន្ទុយ ល្អ ឬល្អវ low ផាត part ផ្នែកខាងក្រោម អ៊ោវ of របស់ ធើ the បឌី body ផងខ្លួន (កន្ទុយ) (វាប្រមូលសរសៃវិញ្ញាណនៅខួរឆ្អឹងខ្នងខាងក្រោម នៅខាងចុងខួរឆ្អឹងខ្នងនៅត្រពាក) -ថ្រីវិក្ស prefix បុព្វបទ ឬពាក្យសម្រាប់តពីខាងមុខ.
1776.	ខោះស cause ធ្វើឱ្យកើត ថែនទីបេអូធិក-អរសិស្ទេន្ត antibiotic-resistant ការប្រឆាំងនឹងថ្នាំផ្សះ (ធ្វើឱ្យប្រើថ្នាំផ្សះមិនត្រូវ) កិរិយាសព្ទ.
1777.	ខោះស cause កើតឡើង ថាយ by ដោយសារ ខែនសេី cancer សេល្លស cells គ្រាប់ផ្លជរោគមហារីក កិរិយាសព្ទ.
1778.	ខោះស cause កើតឡើង ថាយ by ដោយសារ អូវរីអែកុដ overacted ថាយរ៉ូយដ thyroid ក្រពេញនៅក (ឈ្មោះ ថាយរ៉ូយដ) ធ្វើការរបស់វាខ្លាំងពេក កិរិយាសព្ទ.
1779.	ខោះស cause ធ្វើឱ្យកើត ខាលសៀម calcium រស់ជាតិកាល់ស្យុម កិរិយាសព្ទ.
1780.	ខោះស cause ធ្វើឱ្យកើត ខៃថារ៉ៃកុ cataract កែវភ្នែកកើតបាយ ឬកញ្ចក់ភ្នែកឡើងអាប់ កិរិយាសព្ទ.
1781.	ខោះស cause ធ្វើឱ្យ ដៃមេជ damage ខូច កិរិយាសព្ទ.
1782.	ខោះស cause ធ្វើឱ្យលី សៀរៀស serious ធ្ងន់ធ្ងរ ឬល័ចាប់ខ្លាំង នាមសព្ទ.
1783.	ខោះស cause ធ្វើ ធ្ទ to បី be អោយ វិល្លដ filled បានពេញ កិរិយាសព្ទ.
1784.	ខោះស្ដ caused បានកើតឡើង ថាយ by ដោយសារ កិរិយាសព្ទ.
1785.	ខោះស្ដ caused បានកើតឡើង ថាយ by ដោយសារ អេ a ថៃកធៀរៀល bacterial មេរោគឈ្មោះថៃកធៀរៀ អ៊ិរ or ឬ ថៃរីស virus ឈ្មោះមេរោគវៃរាស់ កិរិយាសព្ទ.
1786.	ខោះស្ដ caused បានកើតវាតឡើង ថាយ by ដោយសារ ថៃកធៀរៀល bacterial មេរោគឈ្មោះថៃកធៀរៀធ្វើអោយ អ៊ិវៃកស៊ិន infection ធំញើ កិរិយាសព្ទ.
1787.	ខោះសដ caused បានកើតឡើង ថាយ by ដោយសារ អ៊ិវៃកស៊ិន infection មេរោគធំញើ កិរិយាសព្ទ.
1788.	ខោះស៊ិង causing កំពុងតែធ្វើឱ្យ ថ្លីដិង bleeding ឈាមហូរ កិរិយាសព្ទ.
1789.	ខោះស៊ិង causing កំពុងតែធ្វើឱ្យ ក្រីស្កស crusts មានក្រម៉ៃក្រ្ដៀម កិរិយាសព្ទ.

1790.	ខោះសិង causing កំពុងតែធ្វើ ហិម him ធ្វ to គិត get អោយគាត់ សិក្ត sick ក្រុន ករិយាសព្.
1791.	ខោះសិង causing កំពុងតែធ្វើឱ្យ អប់ស្ត្រាក់សិន obstruction ស្ទះ ករិយាសព្.
1792.	ខោះសិង causing កំពុងតែធ្វើឱ្យ ផេន pain ឈឺ ដែន្ត and ហើយនឹង ស្វេល្ល៊ីង swelling ហើម ផ្ទោរ of នៅក្នុង ធើ the ចញ្ចន joint សន្លាក់ឆ្អឹង ករិយាសព្.
1793.	ខោះសិង causing កំពុងតែធ្វើឱ្យ ផ្ល្វាលផេផិស pulpitis លោកខូរឆ្អឹងធ្មេញ ករិយាសព្.
1794.	ខោះស៊ូ causo- អឺរ or ឬ ខោះស៊ូ caus/o នៃការរោះ - បើន burn រោះ បើនិង burning កំពុងតែរោះ -ស្រីវិក្ស prefix បុព្វបទ ឬពាក្យសម្រាប់តបញ្ចូលធ្នាពីខាងមុខ.
1795.	ខោះស្ទិក caustic សារធាតុក្ត្រាដែលធ្វើឱ្យរោះ ឬក្ត្រៅរលាកសាច់ - បើន burn រោះរលាក គុណនាម.
1796.	ខោះធើរ cauter/i នៃការក្ត្រៅរោះ ឬ ខោះធើរ cautero- ឬ ខោះធើរ cauter/o នៃក្ត្រៅរោះ បើន burn រោះ បើនិង burning ដែលក្ត្រៅរោះ ហ្វីត heat ភ្លើងរោះ -ស្រីវិក្ស prefix បុព្វបទ ឬពាក្យសម្រាប់តបញ្ចូលធ្នាពីខាងមុខ.
1797.	ខៃវិតទីស cavities ប្រហោង ឬន្តជាច្រើន ផ្ទោរ of នៅក្នុង ធើ the ហ្វាត heart បេះដូង នាមសំព្.
1798.	ខៃវិទី cavity ប្រហោង១ អឺរ or ឬ ហ្វល hole រន្ធមួយ នាមសំព្.
1799.	ខៃវិទី cavity ប្រហោង១ អឺរ or ឬ ហ្វល hole រន្ធមួយ សើរោនដ្ត surrounded បានផ្ទទ្វជុវិញ ឡ្វោមផ្ទទ ចោមផ្ទទ ធើ the ហ្វាត heart បេះដូង ឬន្តអ្វីៗផ្សេងទៀត នាមសំព្.
1800.	ស៊ីប៊ីស៊ី CBC អក្សរកាត់របស់ពាក្យ-ខាម់ផ្លឺត complete ឆ្បើង blood ខោន្ត count ការពិសោធន៍រាប់ចំនួនគ្រាប់ឈាមគ្រប់ទាំងអស់ នាមសំព្.
1801.	ស៊ិក cec- ក្បាលពោះវៀនធំ១កង់ -ស៊ីកាម់ cecum ក្បាលពោះវៀនធំ១កង់ សាច់ពោះវៀន ធំមួយកង់នៅជិតខ្នែងពោះវៀនដែលតសំយុងទៅខាងក្រោម -ស្រីវិក្ស prefix បុព្វបទ ឬពាក្យសម្រាប់តពីខាងមុខ.

1802.	ស៊ីខល cecal- ក្បាលពោះរៀនធំ១កង់ ឬ ស៊ីក្ក ceco- អៀ or ឬ ស៊ីក្ក cec/o ក្បាលពោះរៀនធំ១កង់ -ស៊ីកាម cecum ក្បាលពោះរៀនធំ១កង់ដែលនៅជិតខ្នែងពោះរៀន វាតសំយុងទៅខាងក្រោម -ផ្រីវិក្ស prefix បុព្វបទ ឬពាក្យសម្រាប់តពីខាងមុខ.
1803.	ស៊ីល -cele រោគក្លនល្លន - ហើនៀ hernia រោគក្លនល្លន ក្រពេញណាមួយដែល ឈៀនចេញផុតពីទីរើមរបស់វា - ស៊ារវិក្ស suffix បច្ច័យ ឬពាក្យសម្រាប់តពីខាងក្រោយ.
1804.	ស៊ីលិអែក celiac- នៃ ឬទាក់ទងទៅនឹងប្រហោងពោះ - បិល្លឺ belly នៃក្បាលពោះហើយនឹង អែបដូមេន abdomen ពោះ -ផ្រីវិក្ស prefix បុព្វបទ ឬពាក្យសម្រាប់តពីខាងមុខ.
1805.	ស៊ីលិអែក celiac អាធើរស arteries សរសៃឈាមក្រហមធ្រើនៅក្នុងប្រហោងពោះ នាមសព្ទ.
1806.	ស៊ីលិអែក celiac អាធើរ artery សរសៃឈាមក្រហម១នៅក្នុងប្រហោងពោះ នាមសព្ទ.
1807.	ស៊ីលិអែក celiac ឌិស៊ីស disease មានរោគ១យ៉ាងនៅក្នុងប្រហោងពោះ (ឌិស៊ីស៊ីស diseases មានរោគធ្រើនយ៉ាងនៅក្នុងប្រហោងពោះ) នាមសព្ទ.
1808.	ស៊ីលិអែក celiac ឌិស៊ីស៊ីស diseases មានរោគធ្រើនយ៉ាងដែលនាំឱ្យកិនរំលាយជាតិអាហារ ឈ្មោះ គ្លូថេន gluten នេះមិនបាន កិនសាធាតុឈ្មោះគ្លូថេនមិនបាន នាមសព្ទ.
1809.	ស៊ីលិអែក celiac ត្រាំង trunk ឈ្មោះសរសៃឈាមនៅពោះដែលបែកមែកសាខាទៅឡើង ឬទៅក្រពេញនៅពោះ ហើយនឹងទៅល៉េងផង នាមសព្ទ.
1810.	ស៊ីលិអូ celio- នៃក្បាលពោះ ហើយនឹងពោះ អៀ or ឬ ស៊ីលីអូ celi/o នៃក្បាលពោះ ហើយនឹងពោះ -បិល្លឺ billy នៃក្បាលពោះ ហើយនឹង អែបដមេន ឬអែបដូមេន abdomen ពោះ -ផ្រីវិក្ស prefix បុព្វបទ ឬពាក្យសម្រាប់តពីខាងមុខ.
1811.	សេល cell ទិកគ្រាប់ឈាមមួយ ឬកោសិការមួយគ្រាប់ វាជាត្រ៊ះដើមដំបូងគ្រប់សរីវិតសត្វ (ម៉ូលីខ្យូល molecule វត្ថុធាតុទិកលំអងត្ថុ១ៗដំបូងដែលបានចូលល្លមគ្នា វាកើតទៅជាទិក គ្រាប់ឈាមហៅឈ្មោះថា សេល cell នាមសព្ទ.
1812.	សេល cell បៃអលល្លជី biology ការសិក្សាអំពីគ្រាប់ឈាមដែលមានជីវិត នាមសព្ទ.
1813.	សេល cell បឌី body ដុំឧកខ្លួនរបស់ដុំសរសៃវិញ្ញាណដែលនៅនឹងមួយកន្លែក (វាជាគ្រាប់សរសៃវិញ្ញាណ១ដុំដែលនៅមួយកន្លែក វាធើរមិនបានទេ) នាមសព្ទ.

1814.	សែល **cell** ខេផាបល **capable** គ្រាប់ទឹកសាច់ឈាមដែលអាចមានសមត្ថភាពនឹងកកើតទៅជាសាច់ទឹកឈាមអ្វីៗផ្សេងទៀត ឬក្រពេញណាមួយនៅក្នុងខ្លួនមនុស្សណាម្នាក់ (គ្រាប់ទឹកឈាមដើមដំបូងដែលទើបនឹងរីកចំរើនលូតលាស់ឡើងថ្មីៗ ទឹកសាច់ឈាមរបស់ទារកនៅក្នុងផ្ទៃម្ដាយ វាអាចកកើតទៅជាសាច់ទឹកឈាមអ្វីមួយផ្សេងទៀតបាននិទាហរណ៍ដូចជាវាកើតទៅជាថ្លើម ឬបេះដូង) នាមសំពុ.
1815.	សែល **cell** ខោន្ត **count** ការពិសោធន៍ដើម្បីនឹងរាប់ចំនួនទឹកគ្រាប់ឈាម ឬគ្រាប់កោសិកាទាំងអស់ (ពីព្រោះត្រូវពេទ្យតេតង់ដឹងថា តើវាមានគ្រប់ចំនួន ឬមិនគ្រប់ចំនួនគ្រាប់ឈាមយ៉ាងណា) នាមសំពុ.
1816.	សែល **cell** សៃខល **cycle** គ្រាប់ឈាមក្រហមវិលចុះឡើងនៅក្នុងខ្លួនរបស់យើង វាមានអាយុរស់នៅបានប្រហែលតែ១២០ថ្ងៃទេ (ចំនួនអាយុរបស់គ្រាប់ឈាមគឺរាប់ពីថ្ងៃកើត រហូតទៅដល់ថ្ងៃវាស្លាប់) គ្រាប់ឈាមក្រហមចាស់វាស្លាប់ ហើយគ្រាប់ឈាមក្រហមថ្មីវាបន្តធ្វើការតទៅមុខទៀត) គ្រាប់ឈាមស វាជាអ្នកជើរបោសសំអាតនៅក្នុងសរសៃឈាម វាស៊ីគ្រាប់ឈាមក្រហមចាស់ៗដែលស្លាប់ នាមសំពុ.
1817.	សែល **cell** ទឹកគ្រាប់ឈាម ដេ្ថស **death** ស្លាប់ នាមសំពុ.
1818.	សែល **cell** ទឹកគ្រាប់ឈាម ទិវាយឌិង **dividing** ចែក ឬព្រែកចេញពីគ្នា ធ្វើឲ្យកើតច្រើនឡើងៗ នាមសំពុ.
1819.	សែល **cell** ចាំងស៊ីន **junction** កន្លែងទឹកគ្រាប់ឈាមចូលរួមជាមួយគ្នា នាមសំពុ.
1820.	សែល **cell** មេមប្រេន **membrane** ស្រោមគ្រាប់ឈាម១ អិរ **or** ឬ សែល **cell** មេមប្រេនស្ **membranes** ស្រោមគ្រាប់ឈាម២ ឬស្រទាប់សាច់ស្ដើងៗច្រើនដែលនៅ ជុំវិញគ្រាប់ឈាម ឬកោសិកា វាការពារមិនឲ្យមានរបស់អ្វីផ្សេងចំថែកចូលទៅក្នុងគ្រាប់ឈាមបាន (ឧទាហរណ៍១ដូចជាស្បែករបស់យើង វាការពារមិនឲ្យរបស់អ្វីចូល ឬចេញពីក្នុងខ្លួនយើងបាន វាការពារមិនឲ្យមេរោគអ្វីចូលមកក្នុងខ្លួនយើង) នាមសំពុ.
1821.	សែល **cell** នូខ្លៀអើស **nucleus** ស្នូលគ្រាប់ឈាម (វាជាព្ទួររបស់គ្រាប់ឈាមនេះ) នាមសំពុ.
1822.	សែល **cell** ស្មៀរ **smear** ផាក់គ្រាប់ឈាម ឬកោសិកាផាក់ក្រាលទៅលើកញ្ចក់ទែរ (ដើម្បីនឹងយកទៅពិនិត្យមើលរោគ) នាមសំពុ.

1823.	សេល្លស-ម៉ឺឌិអេត្ត Cell-mediated អិមម្យូនិទី immunity (ប្រព័ន្ធទឹកឈាមសការពារខ្លួន) មុងការរបស់ក្រុមគ្រាប់ឈាមសនេះ មាន៤យ៉ាងគឺ: ទី1 វាតផ្ទាប់ខ្លួនវាទៅនឹងមេរោគ ហើយសម្លាប់មេរោគទាំងអស់នោះ (ឈ្មោះវា សៃទូថក្ស៊ិក cytotoxic សេល្លស cells គ្រាប់ឈាមសនេះវាមានជាតិពុល គេហៅវាថា យិលលេឡ killer សេល្លស cells វាជាអ្នក (គ្រាប់ឈាមស) ដើរសម្លាប់មេរោគ ទី2 វាបញ្ចេញទឹកប្រូតេអ៊ីនឈ្មោះ អិនធើរៀ៉ុស្យ interferons អ្ន and ហើយនឹង អិនធើល្យុយ៉ិស្យ interleukins វាដើរសម្លាប់មេរោគ វាជួយគ្រាប់ឈាមសផ្សេងៗទៀតឱ្យឆ្លើយតប វាសម្លាប់មេរោគណាដែលចូលមកក្នុងខ្លួនយើង. ទី3 វាធ្វើជាអ្នកជំនួយដែលគេហៅឈ្មោះថា ហេធើ helper សេល្លស cells ដើម្បីនឹងឱ្យទឹកថ្នាំផ្ស្យះ កើនច្រើនឡើងដោយសារគ្រាប់ឈាមសឈ្មោះ ប៊ី-សេល្លស B-cells. ទី4 វាធ្វើជាអ្នកគ្រប់គ្រងទប់ទុលមិនឱ្យទឹកថ្នាំផ្ស្យះកើនច្រើនហួស គ្រាប់ឈាមសនេះគេហៅឈ្មោះវាថា សាផរ្រេសសេឺរ suppressor សេល្លស cells នាមសំព.
1824.	សេល្ល-ម៉ឺឌិអេត្ត cell-mediated អិមម្យូនិទី immunity គ្រាប់ទឹកឈាមស ឬកោសិកា ដែលការពារខ្លួន វាឆ្លើយតប ឬទាក់ទងទៅនឹងគ្រាប់ឈាមឈ្មោះ ប៊ី B សេល្លស cells-លិមហ្វ៊ីសៃត្យ lymphocytes; វត្ថុធាតុដែលបំផ្លាញមេរោគចាំៗដោយសារប្រើសកម្មភាពរបស់គ្រាប់ឈាមសផ្ទាល់ នាមសំព.
1825.	សេល្ល cell គ្រាប់កោសិកា ធើ that ដែល អ៊ីនវ៉ូល្សស enfolds បត់ ឬរំុៗជុំវិញ (ឈ្មោះ ស្ុវិន្ធ Schwann សេល្ល cell គ្រាប់កោសិកា ឬគ្រាប់ឈាមដែលជួយទប់សរសៃវិញ្ញាណ) នាមសំព.
1826.	សេល្ល cell វ៉ូល្ល wall ពញ្ជាំង ស្រាម ឬស្រទាប់សាច់ស្ទើង១នៅជុំវិញគ្រាប់ឈាម ឬកោសិកា (វាការពារគ្រាប់ឈាមមិនឱ្យរបស់អ្វីផ្សេងចូលទៅក្នុងទឹកឈាមបានឧទាហរណ៍ដូចជាស្បែករបស់យើង វាការពារមិនឱ្យរបស់អ្វីចូល ឬចេញពីខ្លួនយើងបាន ស្បែកវាជាក្រពេញធំជាងគេរបស់មនុស្ស វាការពារមិនឱ្យមេរោគចូលមកក្នុងខ្លួនយើងបាន) សេល្ល cell វ៉ូល្លស walls ពញ្ជាំង២ នាមសំព.
1827.	សេល្ល cell ទឹកគ្រាប់ឈាម ឬកោសិការមួយ វិថ្ត with ជាមួយ ស្ម៉ាល្ល small គ្រេន grain គ្រាប់ដំុៗតូចៗនៅក្នុងវា នាមសំព.
1828.	សេល្លស cells ទឹកគ្រាប់ឈាមជាច្រើន អា are គឺ ន្នរម៉ាល់ normal ធម្មតា នាមសំព.

1829.	សេល្លស cells ទឹកគ្រាប់ឈាមទាំងអស់នោះ អា are គឺ ណុត not មិន នួរម៉ល normal ធម្មតាទេ នាមស័ព្ទ.
1830.	សេល្លស cells ទឹកគ្រាប់ឈាម ឬកោសិកាជាច្រើន ឌើរ៉ាយួដ derived បានកើតឡើងមកពី នាមស័ព្ទ.
1831.	សេល្លស cells គ្រាប់ឈាម ខែនណុត cannot មិនអាច ឌីវ៉ាយួ divide កើតច្រើនឡើង បាន នាមស័ព្ទ.
1832.	សេល្លស cells ហ្វរមេស៊ីន formation ទឹកគ្រាប់ឈាម ឬកោសិកាកើតច្រើនឡើងៗ នាមស័ព្ទ.
1833.	សេល្លស cells ឡាញនិង lining សាច់ស្តើងៗក្រាល ឌើ the មិឌឌល middle នៅ កណ្តាល អៀរ ear ខែវិទី cavity រន្ធត្រចៀក នាមស័ព្ទ.
1834.	សេល្លស cells សាច់គ្រាប់ឈាម ឬកោសិកា ខែត that ដែល អរិជិនេត originate មានដើមកំណើត ឬចាប់កំណើត ហ្វ្រម from មកពី បូន bone ម៉ារ្យូ ឬម៉ារ្យូវ marrow ខួរឆ្អឹង នាមស័ព្ទ.
1835.	សេល្លស cells ធិសស្យូ tissue សាច់ឈាមជំរ ឬជាលិកាដែលកើតទៅជាទឹកគ្រាប់ឈាម ឬគ្រាប់កោលិកាមួយក្រុមដែលរួមធ្វើការជាមួយគ្នា នាមស័ព្ទ.
1836.	សេល្លយូល្លើ cellular គ្រាប់សាច់ឈាម ឌីប្រិស debris ដែលងាប់ហើយបែកតូចនៅក្នុងខ្លួន (កំទិចគ្រាប់ឈាមតូចៗ) នាមស័ព្ទ.
1837.	សេល្លយូល្លើ cellular គ្រាប់សាច់ឈាម ឌិវិស៊ីន division ចែក ឬកើតច្រើនឡើង នាមស័ព្ទ.
1838.	សេល្លយូល្លើ cellular លេវេល level ចំនួនទឹកគ្រាប់ឈាម ឬគ្រាប់កោសិការមួយឈ្មោះ សេល្ល cell គ្រាប់កោសិកា) នាមស័ព្ទ.
1839.	សេល្លយូល្លើ cellular គ្រាប់សាច់ឈាម មេថែបូលិស៊ីម metabolism ដែលកិនបំបែក អាហារ នាមស័ព្ទ.
1840.	សេល្លយូល្លើ cellular គ្រាបសាច់ឈាម រី ឬរេផ្រូដាក់ស៊ីន reproduction ដែល បង្កើតកូនចៅតៗគ្នា នាមស័ព្ទ.

1841.	សែល្លយូល្ល cellulo- អ៊ែរ or ឬ សែល្លយូល្ល cellul/o គ្រាប់សាច់ឈាម ឬកោសិកាត្តចៗ -ព្រីវិក្ស prefix បុព្វបទ ឬពាក្យសម្រាប់ផ្តព៌ខាងមុខ.
1842.	សេមេនធំ cementum ស្រទាប់សាច់ដូចឆ្អឹងរឹងស្រាបធ្មេញដែលគ្របនៅពិលើធ្មេញ ហើយវាការ ពារធ្មេញឈ្មោះ រេនធិន dentin គឺជាវត្តុធាតុឆ្អឹងសំខាន់បំផុតនៅក្នុងសាច់ធ្មេញ ឬសធ្មេញ នាមសំព័ធ.
1843.	សែនត្រុល central នៅកណ្តាល អេរ៉េ area កន្លែង ឬកណ្តាលកន្លែងណាមួយ នាមសំព័ធ.
1844.	សែនត្រុល central ខូលឡេកធិង collecting កំពុងតែប្រមូលផ្ដុំគ្នានៅកណ្តាល នាមសំព័ធ.
1845.	សែនត្រុល central អិនសែសើ incisor ធ្មេញទីមួយ ឬធ្មេញមុខពីរនៅកណ្តាល ធ្មេញទីមួយរាប់ពីខាងមុខ (យើងប្រើវាសម្រាប់កាត់ ឬទាំចំណីអាហារ) នាមសំព័ធ.
1846.	សែនត្រុល central នើរវិស nervous សិស្ទឹម system (ស៊ីអ៊ិនអ៍ែស CNS) នៃ ឬទាក់ទងទៅនឹងប្រព័ន្ធនៅកណ្តាលខួរក្បាល ហើយនឹងខួរឆ្អឹងខ្នង នាមសំព័ធ.
1847.	សែនត្រុល central ផាត part ផ្នែកនៅកណ្តាល កុណនាម.
1848.	សែនត្រុល central សេកសិន section ផ្នែកនៅកណ្តាល កុណនាម.
1849.	សែនត្រុល central ថេន់ធិន tendon សរសៃព័ធនៅកណ្តាល កុណនាម.
1850.	សែនត្រិឡូប៊ូឡា centrilobular វេន vein សរសៃឈាមខ្លៅនេះវានៅចំកណ្តាលក្នុ ពុំសរសៃឈាមខ្លៅត្តចៗនៅក្នុងផ្លើមឈ្មោះ ឡូប៊ូល lobule នាមសំព័ធ.
1851.	សេហ្វែល Cephal- នៃ ឬទាក់ទងទៅនឹងក្បាល ហ្វែដ head ក្បាល -ព្រីវិក្ស prefix បុព្វបទ ឬពាក្យសម្រាប់ផ្តព៌ខាងមុខ.
1852.	សេហ្វែលិក Cephalic ក្បាលក្នុ ព្រេសែនថេសិន presentation ចេញមកមុនជើង នៅពេលក្នុនធ្លាកើត នាមសំព័ធ.
1853.	សេហ្វៃល្ល Cephalo- នៃ ឬទាក់ទងទៅនឹងក្បាល អ៊ែរ or ឬ សេហ្វៃល្ល Cephal/o នៃ ឬទាក់ទងទៅនឹងក្បាល ហ្វែដ head ក្បាល -ព្រីវិក្ស prefix បុព្វបទ ឬពាក្យសម្រាប់ផ្តព៌ខាងមុខ.
1854.	សេហ្វៃលិក cephalic វើសិន version ក្បាលក្នុនធ្លាបែចុះក្រោម នាមសំព័ធ.
1855.	សេហ្វៃល្លស្ព័រិស្ស cephalosporins ថ្នាំផ្សះចេញថ្មីនេះ វាផ្នែជាងគេ (ច្រើនក្រាប់) (វានៅក្នុងក្រមថ្នាំផ្សះដូចតទៅ អែនធីបែកធៀរៀល antibacterial មេធិខេស៊ីស្ស

	medications ថ្នាំព្រៀនយ៉ាងនេះ វាប្រឆាំងនឹងមេរោគឈ្មោះ បៃកតេ្បៀរ៉្យៃ bacteria (ថ្នាំសម្លាប់មេរោគ ឬថ្នាំផ្សះឧទាហរណ៍ដូចជាថ្នាំ ផេនិសិល្លិនៃ្យ penicillins ៃនគ្ត and ហើយនឹង តេគ្រាស៊ីលគ្លីៃ្យ Tetracyclines បើអ្នកនោះមានការប្រតិកម្មជាមួយនឹងថ្នាំនេះ សូមកុំប្រើវា ផេនិសិល្លិនៃ្យ penicillins) នាមសំពុ.
1856.	សេរីបេលល្ូ cerebell/o អ៊ិរ or ឬ សេរីបេលល្ូ cerebell/o ៃន ឬទាក់ទង ទៅនឹងៃផ្នកមួយនៅក្នុងខួរក្បាលឈ្មោះ សេរីបេលឡ្ូ cerebellum ៃផ្នក១នៅខាងក្រោម ខាងក្រោយនៅក្នុងខួរក្បាល -ផ្រ៊ីវិក្ស prefix បុព្ពបទ ឬជាពាក្យសម្រាប់តពីខាងមុខ.
1857.	សេរីប្រ cerebr- ៃផ្នកធំខាងក្រោមខាងក្រោយរបស់ខួរក្បាលទាំងពីរខាង -ផ្រ៊ីវិក្ស prefix បុព្ពបទ ឬជាពាក្យសម្រាប់តពីខាងមុខ.
1858.	សេរីប្រុល -cerebral ៃន ឬទាក់ទងទៅនឹងៃផ្នកមួយរបស់ខួរក្បាល - ស៊ារ៊ីក្ស suffix បច្ច័យ ឬជាពាក្យសម្រាប់តពីខាងក្រោយ.
1859.	សេរីប្រុល cerebral ៃអប្បសេស្យ abscess មានខ្ទុះនៅក្នុងខួរក្បាលខាងក្រោមខាងក្រោយ នាមសំពុ.
1860.	សេរីប្រុល cerebral ៃអញ្ញូរ៊ីស៊ីម aneurysm មានរោគរីកប៉ោងនៅសរៃសឈាមនៅក្នុង ខួរក្បាល ឬសរៃសឈាមពកធំនៅខួរក្បាលខាងក្រោមខាងក្រោយ នាមសំពុ.
1861.	សេរីប្រុល cerebral ៃអងជ៊ីអ្រៃ្កហ្គ៊ីស angiographies នេះគឺជារបៀបថតឆ្លុះមើល នៅក្នុងសរៃសឈាមនៅក្នុងខួរក្បាលធំខាងក្រោមខាងក្រោយ ដើម្បីនឹងពីនិត្យមើលរោគច្រើនឥឡូវ ផ្លាល់នឹងៃផ្នកហើយកត់ទុកផង នាមសំពុ.
1862.	សេរីប្រុល cerebral ៃអងជ៊ីអ្រៃ្កហ្គ៊ី angiography នេះគឺជារបៀបថតឆ្លុះមើលនៅក្នុង សរៃសឈាមនៅក្នុងខួរក្បាលធំខាងក្រោមខាងក្រោយ ដើម្បីនឹងពីនិត្យមើលរោគ១ឥឡូវផ្លាល់នឹងៃផ្នក ហើយកត់ទុកផង នាមសំពុ.
1863.	សេរីប្រុល cerebral ៃអនអ៊ិក្ស្យ៉ា anoxia នេះគឺជារោគខ្ទះខ្យល់អុកស៊ីៃសនរត់ ចូលទៅក្នុងសាច់ខួរក្បាលធំខាងក្រោមខាងក្រោយ នាមសំពុ.
1864.	សេរីប្រុល cerebral ៃខវ៊ីទី cavity ប្រហោងនៅក្នុងខួរក្បាលធំខាងក្រោមខាងក្រោយ នាមសំពុ.
1865.	សេរីប្រុល cerebral អាធ៌ី artery សរៃសឈាមក្រហមនៅខួរក្បាល នាមសំពុ.

1866.	សេរីប្រុល cerebral ខ័រធិក្ស cortex ស្រទាប់សរសៃវិញ្ញាណនៅផ្ទៃខាងលើរបស់ខួរក្បាល (វាបញ្ជាការនិយាយ ការមើល ការកំរើក ការឮសម្លេងទៅតាមរបៀបវា ហើយវាមានមុខងារច្រើនតទៅទៀត) គេហៅវាថា ក្រេ gray ម៉ែតធើ matter (ផ្នែក១របស់ខួរក្បាល) នាមស័ព្ទ.
1867.	សេរីប្រុល cerebral ឌីព្រេសស៊ិន្ទ depressant សង្កត់ពីលើខួរក្បាល (ឬថ្នាំដែលធ្វើឱ្យដេក ឬថ្នាំសន្តំ) នាមស័ព្ទ.
1868.	សេរីប្រុល cerebral អ៊ីឌីម៉ា edema រោគមានទឹកនៅក្នុងខួរក្បាល វាធ្វើឱ្យខួរក្បាលហើមធំ សង្កត់លើសាច់ខួរក្បាល (ធ្វើឱ្យលោកផុះផុំៗ វាធ្វើឱ្យខូចខួរក្បាល វាធ្វើឱ្យលលាដ៍ក្បាលមិនរីកធំ) នាមស័ព្ទ.
1869.	សេរីប្រុល cerebral អឹមបូឡាយ emboli វត្ថុពពុះៗ ឬដុំឈាមកកច្រើនកន្លែងដែលអណ្តែតនៅក្នុងសរសៃឈាមនៅក្នុងខួរក្បាល (អឹមបូឡើស embolus វត្ថុពពុះៗ ឬដុំឈាមកកមួយដុំ) នាមស័ព្ទ.
1870.	សេរីប្រុល cerebral ខួរក្បាល ហីមិសហ្វៀ hemisphere មួយចំហៀង /ហីមិសហ្វៀស hemispheres ទាំងមូល ឬទាំងពីរខាង (ខួរក្បាលទាំងពីរចំហៀង ឬពីរភ្លែប អ្នកវិជ្ជាសាស្ត្រចែកខួរក្បាលជាពីរផ្នែកខាងស្តាំ ហើយនឹងខាងឆ្វេង) នាមស័ព្ទ.
1871.	សេរីប្រុល cerebral ហែម៉ូរេជ hemorrhage ឈាមចេញខ្លួលៗខ្លាំងនៅក្នុងខួរក្បាល នាមស័ព្ទ.
1872.	សេរីប្រុល cerebral ស៊ូលសិ sulci ស្នាមសង្កត់ចង្អូរវែងៗច្រើននៅខួរក្បាល រាងអង្កាញ់ៗ ច្រអូវែងៗនៅលើផ្ទៃខួរក្បាលដែលយើងមើលឃើញនៅសំបកខាងក្រៅរួញៗរបស់ខួរក្បាល នាមស័ព្ទ.
1873.	សេរីប្រុល cerebral ស្រ៊ុមបូស៊ីស thromboses ដុំឈាមកកច្រើនដុំដែលអណ្តែតនៅក្នុងសរសៃឈាមនៅក្នុងខួរក្បាល (ស្រ៊ុមបូសិស thrombosis ដុំឈាមកកមួយដុំ) នាមស័ព្ទ.
1874.	សេរីប្រុល cerebral ផឹដង់កុល្ស peduncles សាច់ទងខួរក្បាលដែលតទៅច្រើនផ្នែកទៅក្នុងខួរក្បាល នាមស័ព្ទ.
1875.	សេរីប្រូ cerebro- អ័រ or ឬ សេរីប្រូ cerebr/o ផ្នែកធំមួយរបស់ខួរក្បាល - ប្រេន brain ខួរក្បាល - សេរីប្រ៊ឹម cerebrum ផ្នែកធំមួយរបស់ខួរក្បាល -ព្រីហ្វិក្ស prefix បុព្វបទ ឬពាក្យសម្រាប់តពីខាងមុខ.

1876.	សេរីប្រូស្ពាញនុល cerebrospinal ភ្លូអ fluid មានទឹកនៅក្នុងខួរក្បាល ហើយនឹងខួរឆ្អឹងខ្នង (វាការពារខួរក្បាល ទឹកវិលចុះឡើងនៅខួរក្បាល ហើយនឹងខួរឆ្អឹងខ្នង ស៊ីអែសអ៊ែវ CSF នេះគឺជាអក្សរកាត់របស់វា) នាមស័ព្ទ.
1877.	សេរីប្រូវែសខ្យូល្លើ សេរីប្រូវែសខ្យូល្លើ cerebrovascular អែកស៊ីដេន្ទ accident នេះគឺជាជម្ងឺងាប់ដៃជើងណាមួយនៅក្នុងដងខ្លួន រោគគ្រោះថ្នាក់ខូចខាតដែលប៉ះពាល់ដល់ខួរក្បាល ហើយនឹងសរសៃឈាមនៅក្នុងខួរក្បាល (រោគងាប់ដៃជើង ឬជម្ងឺស្លាក់ឈាមនៅក្នុងសរសៃឈាមដែលធ្វើឱ្យឈាមរត់មិនរួចទៅចិញ្ចឹមសាច់ឈាម ធ្វើឱ្យសាច់ងាប់នៅកន្លែងណាមួយ គេហៅឈ្មោះវាថា ស្ត្រូក្ស strokes) នាមស័ព្ទ.
1878.	សើថេន certain មាន រ៉េស៊ីស races ទៅតាមប្រទេសជាតិ ឬជនជាតិណាមួយ (ឬល្បឿនលឿនខ្លះៗ ឬដូចជាប្រណាំងប្រជេញគ្នា) នាមស័ព្ទ.
1879.	សើថេន certain មាន ដ្រាក្ស drugs ថ្នាំផ្សេងៗទៀត នាមស័ព្ទ.
1880.	សើថេន certain មាននៅក្នុង ហ្វូដ្ស foods ចំណីអាហារខ្លះៗ នាមស័ព្ទ.
1881.	សើថេន certain លិពិដ lipid មានជាតិខ្លាញ់ខ្លះៗ នាមស័ព្ទ.
1882.	សើថេន certain តាមការ នីដ្ស needs ត្រូវការវត្ថុចំៗណាមួយ នាមស័ព្ទ.
1883.	សើថេន certain នៅចំ ផ្លេស៊ីស places ទីកន្លែងណាមួយ អ៊ន on នៅលើ ឌើ the បឌី body ដងខ្លួន នាមស័ព្ទ.
1884.	សើថេន certain ប្រូស៊ីដជើ procedure របៀបធ្វើ ឬរបៀបវះកាត់ណាមួយ នាមស័ព្ទ.
1885.	សើថេន certain ប្រសេស្ស process របៀបធ្វើអ្វីមួយ នាមស័ព្ទ.
1886.	សើថេន certain ប្រូថេអ៊ិន្ស proteins ជាតិប្រូតេអ៊ីនណាមួយ នាមស័ព្ទ.
1887.	សើថេន certain ថែស្ក task មានមុខងារដែលត្រូវធ្វើ នាមស័ព្ទ.
1888.	សើថេន certain មានវត្ថុ ថៃផ្ស type អ្វីម្យ៉ាងទៀត (តាមបែបយ៉ាងរបស់វា) នាមស័ព្ទ.
1889.	សើរូមិន្នូ cerumino- អ៊រ or ឬ សើរូមិន្នូ cerumin/o អាចម៍ត្រចៀក - សើរូមេន cerumen អាចម៍ត្រចៀក -ប្រីហ្វិក្ស prefix បុព្វបទ ឬពាក្យសម្រាប់តបញ្ចូលផ្កាពីខាងមុខ.
1890.	សើវិខល cervical អីបួរសឹន abortion រលូតកូន យកកូនចេញតាមកស្បូន នាមស័ព្ទ.
1891.	សើវិខល cervical អែឌីនៃធិស adenitis រោគរីកធំ ឈឺ រលាក ហើមឡើងគ្រាប់កូនកណ្ដុរនៅកខុសពីធម្មតា នាមស័ព្ទ.

1892.	សេរ៉ូវិខល cervical ដែមផ្យូថេស៊ិន amputation ការវះកាត់យកកស្បូនចេញ នាមសំព.
1893.	សេរ៉ូវិខល cervical បៃអូផស៊ី biopsy ការកាត់យកសាច់មានពីរជីវិតចេញពីកស្បូនបន្តិច ដើម្បីនឹងយកទៅពិនិត្យមើលរោគ នាមសំព.
1894.	សេរ៉ូវិខល cervical ផ្លូវឆ្អឹងខ្នងនៅក ស៊ី C ទី១ ទៅដល់ ស៊ី C ទី៧ (ផ្លូវឆ្អឹងខ្នងនៅក) វើធេប្រ៉ៃ vertebrae ឆ្អឹងខ្នងក៍នៅក មាន៧កង់គេហៅថា ស៊ីរៀន C1- ផ្ល ទៅដល់ ស៊ីសេវវ៉េន C7 នាមសំព.
1895.	សេរ៉ូវិខល cervical ខេណាល់ canal រន្ធ ឬប្រហោងនៅចំកណ្ដាលកស្បូន (ផ្លូវចូលទៅស្បូន) នាមសំព.
1896.	សេរ៉ូវិខល cervical ខេនស៊េ cancer មានជាតមហារីកនៅកស្បូន នាមសំព.
1897.	សេរ៉ូវិខល cervical ខាសិន្នម៉ា carcinoma មានជាតមហារីកជាកជ្ជុំៗនៅកស្បូន នាមសំព.
1898.	សេរ៉ូវិខល cervical យឺវវេលើ curvature ឆ្អឹងខ្នងកោងនៅក កោង ផត ឬខ្នងចូលក្នុងនៅក នាមសំព.
1899.	សេរ៉ូវិខល cervical យឺវ curve ឆ្អឹងខ្នងកោងនៅក នាមសំព.
1900.	សេរ៉ូវិខល cervical ដៃលេស៊ិន dilation ការពន្រ្កីកកស្បូនឱ្យរីកធំ នាមសំព.
1901.	សេរ៉ូវិខល cervical ឌីសផ្លេស៊ា dysplasia ផុះសាច់នៅកស្បូនខុសពីភាពធម្មតា ឬកស្បូន ឡើងរីក នាមសំព.
1902.	សេរ៉ូវិខល cervical កស្បូន អ៊ើរ៉ូស៊ីង 　erosions វិចរិល ឬស៊ីកចុះបន្តិចម្ដងៗ (ខាត់រិលនៅកស្បូន) នាមសំព.
1903.	សេរ៉ូវិខល cervical លីមហ្វ៊ី lymph ន្វូដ្យ nodes ក្នុងកណ្ដុរ ឬសរសៃទឹករងៃឡើងនៅក នាមសំព.
1904.	សេរ៉ូវិខល cervical ហៃម៉ូវ៉ាំជ hemorrhage ចេញឈាម ឬឈាមហូរពីកស្បូន នាមសំព.
1905.	សេរ៉ូវិខល cervical កស្បូន ហឺនៃ្យ hernia ស្រុត លួន ឬលយលៀនចេញក្រៅ ពីកន្លែងដើមរបស់វា នាមសំព.
1906.	សេរ៉ូវិខល cervical ម្យកូសា mucosa ជាតិសំពោនៅកស្បូន នាមសំព.
1907.	សេរ៉ូវិខល cervical នើវស nerves ធំបន់ ឬកន្លែងសរសៃវិញ្ញាណនៅក នាមសំព.

	សើរវិខល cervical នួយ្យ nodes តំបន់ ឬកន្លែងរបស់ត្រាប់ទឹករង្វៃ ឬជុំក្នុងកណ្តុរនៅក នាមសំពុ.
1908.	សើរវិខល cervical អូផេនិង opening ប្រហោងនៅកស្បួន នាមសំពុ.
1909.	សើរវិខល cervical ផ្លេក្បើស plexus សរសៃវិញ្ញាណនៅក្បាល ឬហើយនឹងក (វារត់ទៅវន្តភ្ជៀក កំភួនដៃ មេដៃ ហើយនឹងម្រាមដៃផង) នាមសំពុ.
1910.	សើរវិខល cervical វិប rib សិនដ្រម syndrome ឈ្មោះជម្ងឺ ឬរោគមួយក្រុមកើត ឡើងដោយសារការរៀប សង្កត់នៅក្ងសរសៃវិញ្ញាណតូចៗនៅត្រង់ឆ្អឹងដែលធ្វើឱ្យឈឺក ស្មា ណឹដែលទាំងពីរ ហើយនឹងជើងទាំងពីរផង នាមសំពុ.
1911.	សើរិក្ cervico- អិរ or ឬ សើរិក្ cervic/o នៃកស្បួន - នេក្ neck ក សើរិក្ស cervix នៃកស្បួន (នេក្ neck ក អឺរ of នៅក្ង ទើ the យូផេរីស uterus ស្បួន) -ម្រីរិក្ស prefix បុព្ពបទ ឬជាក្យសម្រាប់តបបញ្ជូលផ្នាពីខាងមុខ.
1912.	ស៊ីសារៀន cesarean ឌីលិវឺរិស deliveries ការវៈកាត់យកកូនម៉ាចេញពីក្នុងពោះ ច្រើនវង នាមសំពុ.
1913.	ស៊ីសារៀន cesarean ឌីលិវឺរិ delivery ការវៈកាត់យកកូនម៉ាចេញពីក្នុងពោះ១វង នាមសំពុ.
1914.	ស៊ីសារៀន cesarean អិនសិសិន incision កន្លែងបុងរឬួសដែលបានកាត់យកកូនម៉ាចេញ ពីក្នុងពោះ នាមសំពុ.
1915.	ស៊ីសារៀន cesarean សេកសិន section ការវៈកាត់យកកូនម៉ាចេញពីក្នុងពោះ (វៈយកកូនម៉ាចេញពីក្នុងពោះ ពីព្រោះកូនកើតមិនឬួច ស៊ីអែស CS ឬ ស៊ី-សេកសិន c-section នេះក៏ជាអក្សរកាត់របស់វា) នាមសំពុ.
1916.	ឆេលសេ្យី -chalasia លាតឲ្យត្រង់ វានៅស្ងៀម កំនឹកមិនបាន -វេលេក្បេសិន relaxation សម្រាក នៅស្ងៀម - សាវិក្ស suffix បច្ច័យ ឬជាក្យសម្រាប់តពីខាងក្រោយ.
1917.	ឆេមប៊ើ chamber បន្ទប់១ អឺរ of នៅក្ង ទើ the អាយ eye ភ្នែក១ខាង នាមសំពុ.
1918.	ឆេមប៊ើ chamber បន្ទប់១ អឺរ of នៅក្ង ទើ the ហ្វាត heart បេះដូង នាមសំពុ.

1919.	ធេមប៊ើស chambers បន្ទប់២ អើរ of នៅក្នុង ធើ the អាយ្យ eyes ភ្នែកទាំងពីរ នាមសំពុ. ធេមប៊ើ chamber បន្ទប់១ អើរ of នៅក្នុង ធើ the ហ្នាត heart បេះដូង នាមសំពុ.
1920.	ធេង្ក change ផ្លូរ ខាល្យ៉រ ឬខាលើ color សំបុល ឬពណ៌ កិរិយាសពុ.
1921.	ធេង្ក change ការប្រែប្រួល អិន in ប្ល៊ើ blood ស្ទ្វគើ sugar ជាតិស្ករនៅក្នុងឈាម កិរិយាសពុ.
1922.	ធេង្ក change ការប្រែប្រួល អិន in នៅក្នុង ម៉ាយ my យូស្វល usual ភាពធម្មតា ប៉ៅវ៉ (ឬវ៉ុល) bowel ហេបិត្ស habits ទៅតាមទំលាប់បត់ជើងធំរបស់ខ្ញុំ កិរិយាសពុ.
1923.	ធេង្ក change ការផ្លាស់ប្ដូរ អិន in នៅក្នុង ស្ពើផ shape រាង កិរិយាសពុ.
1924.	ធេង្ក change ការប្រែប្រួល អិន in នៅក្នុង ធើ the ហ្នាត heart រីត្ថម rhythm ចង្វាក់បេះដូងជើរ (ចង្វាក់បេះដូងជើរមិនស្មើគ្នា) កិរិយាសពុ.
1925.	ធេង្ក change ផ្លូរ ឡូខេសិន location ទីកន្លែង កិរិយាសពុ.
1926.	ធេង្ក change ផ្លូរ ផូសិសិ៍ស្ស positions កន្លែង ឬប្រែខ្លួន កិរិយាសពុ.
1927.	ធេងជីបល changeable អាចប្រែប្រួលបាន (ម្យ៉ូតអឹបល Mutable អាចប្រែប្រួលបាន) គុណនាម.
1928.	ធេងជីស changes ធ្វើឱ្យប្រែប្រួល ស្ណាវ starch ជាតិម្សៅ (វាជួយរំលាយអាហារ ហើយវាបញ្ចេញជាតិនេះទៅជាកម្ដៅង) កិរិយាសពុ.
1929.	ឆែល្យ (ឆែននេល្យ) channels ផ្លូរ វ៉ុរ for សម្រាប់ ប្ល៊ើ blood ទឹកឈាម ធូ to ក្ូ go វ៉ត់ ស្រ៉ិវ through ចូលទៅតាម នាមសំពុ.
1930.	ឆែល្យ (ឆែននេល្យ) channels ផ្លូរ វ៉ុរ for សម្រាប់ វ៉ុទើ water ទឹក ធូ to ក្ូ go វ៉ត់ ស្រ៉ិវ through ចូលទៅតាម នាមសំពុ.
1931.	ខារ៉ិកទើរស្ទ្ទិក characteristic អាផវ៉ៀរ appear រូបរាងកាយចេញឱ្យឃើញ គុណនាម.
1932.	ខារ៉ិកទើរស្យ៉ិផ characterized បានបង្ហាញជាតសញ្ញា បាយ by ឬូ៎ចព៉ា កិរិយាសពុ.
1933.	ខារ៉ិកទើរស្យ៉ិផ characterized បានបញ្ជាក់ឱ្យឃើញរូបរាងកាយ អើរ of របស់វ៉ា កិរិយាសពុ.
1934.	ឆ៊ីផ cheap ថៃអើស tires កង់ឡានថោក នាមសំពុ.

1935.	ឆេក្ក check បៃត bite ពិនិត្យមើលផ្នែករបស់ធ្មេញនៅពេលឃ្លាបាលរោគធ្មេញដើម្បីឱ្យវាស្មើគ្នានាមសំពុ.
1936.	ឆេក្ក check ពិនិត្យមើល យួរ your ដែបដមេន ឬដែបដួមេន abdomen ពោះរបស់អ្នក កិរិយាសព្ទ.
1937.	ឆេក្ក check ពិនិត្យមើល យួរ your ប្រេន brain ខួរក្បាលរបស់អ្នក កិរិយាសព្ទ.
1938.	ឆេក្ក check ពិនិត្យមើល យួរ your ឆេស្ត chest ដើមទ្រូងរបស់អ្នក កិរិយាសព្ទ.
1939.	ឆេក្ក check ពិនិត្យមើល យួរ your ឃ្យុល cul ឌី de សែក sac ស្រោមពោះរបស់អ្នក កិរិយាសព្ទ.
1940.	ឆេក្ក check ពិនិត្យមើល យួរ your ដាយអេប្រ្រៃគម diaphragm សាច់ដុំដែលចែកប្រហោងដើមទ្រូងចេញពីប្រហោងពោះរបស់អ្នក កិរិយាសព្ទ.
1941.	ឆេក្ក check ពិនិត្យមើល យួរ your អៀរ ear ត្រចៀករបស់អ្នក កិរិយាសព្ទ.
1942.	ឆេក្ក check ពិនិត្យមើល យួរ your អាយ eye ភ្នែករបស់អ្នក កិរិយាសព្ទ.
1943.	ឆេក្ក check ពិនិត្យមើល យួរ your ហ្ហែដ head ក្បាលរបស់អ្នក កិរិយាសព្ទ.
1944.	ឆេក្ក check ពិនិត្យមើល យួរ your ហ្ហាត heart បេះដូងរបស់អ្នក កិរិយាសព្ទ.
1945.	ឆេក្ក check ពិនិត្យមើល យួរ your លីវើ liver ថ្លើមរបស់អ្នក កិរិយាសព្ទ.
1946.	ឆេក្ក check ពិនិត្យមើល យួរ your នួស nose ច្រមុះរបស់អ្នក កិរិយាសព្ទ.
1947.	ឆេក្ក check ពិនិត្យមើល យួរ your ម៉ាសសិល muscle សាច់ដុំរបស់អ្នក កិរិយាសព្ទ.
1948.	ឆេក្ក check ពិនិត្យមើល យួរ your ផោះល្ស pulse ជីពចររបស់អ្នក កិរិយាសព្ទ.
1949.	ឆេក្ក check ពិនិត្យមើល យួរ your ស្កាល្ល skull លលាដ៏ក្បាលរបស់អ្នក កិរិយាសព្ទ.
1950.	ឆេក្ក check ពិនិត្យមើល យួរ your ស្ប៉ាញ្ញុល spinal ឃួរដ cord ខួរឆ្អឹងខ្នងរបស់អ្នក កិរិយាសព្ទ.
1951.	ឆេក្ក check ពិនិត្យមើល យួរ your ស្ទម៉ាក្ឌ ឬស្ទម៉ាយ stomach ក្រពះរបស់អ្នក កិរិយាសព្ទ.
1952.	ឆេក្ក check ពិនិត្យមើល យួរ your ធើរ៉ាកសិក thoracic ប្រហោងដើមទ្រូងរបស់អ្នក កិរិយាសព្ទ.

1953.	ធេក្ខអោវត checkout ពិនិត្យមើល ទើ the លេវទេស្ត latest កិច្ចការណ៍អ្វីមួយដែល ទើបតែកើតឡើងថ្មីៗនេះ (ឬពិនិត្យរបស់អ្វីដែលកើតឡើងចុងក្រោយគេបង្អស់នៅពេលបន្ថិចទៀតនេះ) នាមសព្ទ.
1954.	ឆិត cheek ថ្គាល់មួយចំហៀង ឆិក្ស cheeks ថ្គាល់ទាំងសងខាង ឬថ្គាល់ទាំងពីរខាង នាមសព្ទ.
1955.	ឆិតបូន cheekbone ឆ្អឹងថ្គាល់១ ឆិកបូស្ស cheekbones ឆ្អឹងថ្គាល់២ នាមសព្ទ.
1956.	ខាល្ច cheilo- អ៊ រ or ឬ ខាល្ច cheil/o បុព្វមាត់ -លិផ lip បុព្វមាត់១ លិផ្ស lips បុព្វមាត់២ -ព្រីវិក្ស prefix បុព្វបទ ឬពាក្យសម្រាប់ផ្តើមខាងមុខ.
1957.	យេមិខុល chemical វត្ថុធាតុ បាញ្ជអិង binding ដែលលាយចូលគ្នា នាមសព្ទ.
1958.	យេមិខុល chemical ទឹកថ្នាំ ឬជាតិប្រតេអិន ឆេង្ច change ប្រែប្រួល នាមសព្ទ.
1959.	យេមិខុល chemical អីលេមេន្ត element វត្ថុធាតុ ឬវត្ថុធាតុដែក១យ៉ាង សូមមើលខាងក្រោមនេះ (ឧទាហរណ៍ដូចជាមាស) នាមសព្ទ.
1960.	យេមិខុល chemical វត្ថុធាតុ អីលេមេន្តស elements លំអងដែក២យ៉ាង គុណនាម.
1961.	យេមិខុល chemical អិនជើរិស injuries គ្រាប់កោសិការបួសដោយសារថ្នាំ ឬវត្ថុធាតុអ្វីមួយ ដែលមានជាតិពុលចូលមកក្នុងឥឡូងឥឡូខ្លួនយើង ហើយវាធ្វើឱ្យយើងឈឺក្រេន នាមសព្ទ.
1962.	យេមិខុល chemical លេវេល level ចំនួនគ្រាប់លំអងវត្ថុធាតុឈ្មោះ ដែដឹម Atom ស្មួលលំអងឡើង គេហៅឈ្មោះវាថា មូលិខ្យួល molecule ធាតុទឹកៗ (វត្ថុធាតុទឹកស្មួលលំអង តូចៗ កំបូងដែលបានចូលរួមគ្នា) នាមសព្ទ.
1963.	យេមិខុល chemical ម៉ីន្ស means ទៅតាមការប្រើថ្នាំ ឬប្រើវត្ថុធាតុគីមីដូចជាទឹកថ្នាំ ទឹកឃ្យាម ឬទឹកប្រេតអិន នាមសព្ទ.
1964.	យេមិខុល chemical នេឆើ nature ធម្មជាតិរបស់វត្ថុធាតុដូចជាទឹកថ្នាំ ទឹកឃ្យាម ឬទឹកជាតិប្រតេអិនណាមួយ នាមសព្ទ.
1965.	យេមិខុល chemical ផ្ទីលិង peeling ប្រើថ្នាំឱ្យរបបស្បែក នាមសព្ទ.
1966.	យេមិខុល chemical ផិតមេន្ត pigment ពណ៌របស់ទឹកប្រតេអិន ឬវត្ថុធាតុដែលមាន ពណិក្រហម (ឧទាហរណ៍ដូចជានៅក្នុងឃ្យាម) គុណនាម.

1967.	យេមិខុល chemical ជ្រសេស្ស process កម្មវិធីធ្វើ ឬរបៀបធ្វើទឹកថ្នាំ ឬធ្វើសាធាតុគីមីអ្វីមួយ នាមសំព.
1968.	យេមិខុល chemical សេនសិតិវិទីស sensitivities ទាស់ដែលឆាប់លឺ រមាស់ ទាស់ចំណី ឬចាប់មានការប្រែប្រួលនៅក្រោយពេលលេបថ្នាំអ្វីមួយ (ត្រើនឯង ឬចាប់ពីពីរឯងឡើងទៅ) នាមសំព.
1969.	យេមិខុល chemical ថេស្ត test ការពិសោធន៍មើលវត្ថុធាតុគីមីនៅក្នុងខ្លួន នាមសំព.
1970.	យេមិខល្លី chemically ប្រភេទ broken ដោន down ដែលបំបែកចេញពីគ្នាដោយ សារការប្រើវត្ថុធាតុគីមី ជាទូទៅវាជាទិកប្រពៃអ្ងិននៅក្នុងខ្លួនយើង កិរិយាវិសេសសគ៌.
1971.	យេមិខុល្ស chemicals វត្ថុធាតុជាច្រើន រវែកសិន reaction បានកំជើកឡើង ឬបានធ្វើចរនា ឬបានធ្វើសកម្មភាពឡើង ឬចាប់ផ្ដើមធ្វើការងាររបស់វាឡើង នាមសំព.
1972.	យេមិខុល្ស chemicals វត្ថុធាតុជាច្រើន ខែត that ដែល មេក make ធ្វើ មេឌិខេសិន medication ថ្នាំពេទ្យច្រើនយ៉ាង នាមសំព.
1973.	យ៉េម៉ូ Chemo- នៃ ឬទាក់ទងទៅនឹងថ្នាំ អ៊ីរ or ឬ យ៉េម៉ូ Chem/o នៃ ឬទាក់ទងទៅនឹងថ្នាំ -ជ្រាក់ drug ថ្នាំ យេមិខុល chemical នៃ ឬទាក់ទងទៅនឹងថ្នាំ ឬសាធាតុគីមីណាមួយ -ជ្រីវិក្ស prefix បុព្វបទ ឬបុព្វបទ ឬបាក្យសម្រាប់ភ្ជាប់ពីខាងមុខ.
1974.	យ៉េម៉ូទេរ៉ាផ្សូធិក chemotherapeutic ជ្រាគ្ស drugs ថ្នាំពេទ្យជាច្រើនដែលសម្រាប់ ព្យាបាលរោគមហារីក នាមសំព.
1975.	យ៉ីន្ទូ ឌីអុក្សីឈូលិក chenodeoxycholic ខែសិដ acid ឈ្មោះថ្នាំដែលធ្វើឱ្យ ជាតិខ្លាញ់ចុះចយ ឬការកំនុំលាយជាតិថ្ម នាមសំព.
1976.	ឆេស្ត chest ឬន bone ឆ្អឹង១នៅដើមទ្រូង នាមសំព.
1977.	ឆេស្ត chest ឬស្ស bones ឆ្អឹង២នៅដើមទ្រូង នាមសំព.
1978.	ឆេស្ត chest ខេវិទី cavity ប្រហោងដើមទ្រូង នាមសំព.
1979.	ឆេស្ត chest អិនជើរីស injuries របួសនៅដើមទ្រូងច្រើនឯង នាមសំព.
1980.	ឆេស្ត chest អិនជើរី injury របួសនៅដើមទ្រូង១ឯង នាមសំព.
1981.	ឆេស្ត chest ផេន pain ឈឺដើមទ្រូង នាមសំព.
1982.	ឆេស្ត chest ផេន pain មានឈឺដើមទ្រូង អ្នកឈឺស occurs កើតឡើង នាមសំព.

1983.	ធេស្ត chest ប្រេសសឺ pressure គឺងនៅដើមទ្រូងបន្តិចម្តងៗរហូតដល់គឺងខ្លាំងឡើងៗ នាមសំពុ.
1984.	ធេស្ត chest រីជិន region កន្លែង ឬផ្នែកនៅដើមទ្រូង នាមសំពុ.
1985.	ធេស្ត chest វ៉ូល wall ពញ្ញាំងសាច់ដុំនៅដើមទ្រូង នាមសំពុ.
1986.	ធេស្ត chest វ៉ូល wall ពញ្ញាំង ម៉ាសសិល្ស muscles សាច់ដុំនៅដើមទ្រូង នាមសំពុ.
1987.	ធេស្ត chest អិក្ស-រ x-ray ថតឆ្លះមើលក្នុងដើមទ្រូង នាមសំពុ.
1988.	ឍីស្យៀ -chezia រាតមានឈាមនៅក្នុងលាមក -សិរវ៉ីក្ស suffix បច្ច័យ ឬបាក្យសម្រាប់ត ពីខាងក្រោយ.
1989.	ឍីស្យៀ -chezia រាតមានឈាមនៅក្នុងលាមក ឬរាតមានឈាមនៅក្នុងទឹកនោម - ទិវៃខេសិន defecation បញ្ចេញលាមក ឬទឹកនោម (អីលីមិនេសិន elimination រ៉ើសួស wastes បញ្ចេញលាមក ឬយកទឹកនោមឱ្យចេញពីរវងខ្លន) -សិរវ៉ីក្ស suffix បច្ច័យ ឬបាក្យសម្រាប់តពីខាងក្រោយ.
1990.	ឆិកយេន chicken ផក្ស pox រាតអុតស្វាយ អុតត្ចច ជម្ងឺអុតក្តាម នាមសំពុ.
1991.	ឆីវ chief ហ្វ៉ាក្ស៉ៃធិក phagocytic ល្ចក្ស៉ៃសេត leukocyte គ្រាប់ឈាមស ធំដែលស៉ីមេរោគ (ឧទាហរណ៍ដូចជារ៉ាជាមេទាហានធំទី១ រ៉ាឈរទូលមុខការពារមីនឱ្យមេរោគ ចូលមកក្នុងរងខ្លនយើង ហើយនិងរ៉ាធ្វើការរបស់រ៉ាោយស៉ីមេរោគគ្រាប់ឈាមសនេះឈ្មោះ ណ្ចត្រហ្វ៉ីល្ស neutrophils) នាមសំពុ.
1992.	ឆាល្ត Child ស៉ៃវ៉ៃយអេទ្រិស្តស Psychiatrists រ៉ជ្ជបណ្ឌិតមើលជម្ងឺវិកលចរិក ឬគ្រូពេទ្យៃដលជួយព្យាបាលជម្ងឺខាងផ្លូវចិត្តរបស់កូនក្មេង នាមសំពុ.
1993.	ឆាល្តប៉េរិង childbearing អេជ age ផល់អាយុដែលអាចមានផ្ទៃពោះបាន នាមសំពុ.
1994.	ឆិលប្រេន children កូនក្មេង ហ្វូ who ណាៃដល ៃហវ have មាន ៃអសម៉ា ឬៃអស្យម៉ា asthma ជម្ងឺហឺត នាមសំពុ.
1995.	ៃឈរ chiro- អ៊ីរ or ឬ ៃធ ៃឈរ chir/o អ៊ីរ or ឬ ធេ៉ៃរ cheir/o ៃធ - ៃហន្ត hand ៃធ -ព្រីវ៉ីក្ស prefix បុព្វបទ ឬបាក្យសម្រាប់តពីខាងមុខ.
1996.	ឃ្ល៉ីមី៉ៃឌ Chlamydia ៃត្រខ្ចម៉ាធិស Trachomatis ៃបកៃធ៉ៀរ៉ៀម bacterium ឈ្មោះរាតកើតមកពីមេរោគឈ្មោះ ៃបកៃធ៉ៀរ៉ៀ១ ធ្វើឱ្យយើងឈឺក្បាល រ៉ការញ៉ាក់ ក្តៅខ្លន រលាក

	ហើម សាច់នៅក្រពេញបន្តពូជ ដំបៅរហែកសាច់ រោគនេះរាល្ហងតាមទឹកកាម ហើយនឹងទឹកពង នៅពេលចុយគ្នា រោគនេះរាធ្វើឱ្យឃើងខ្ចុចក្រពេញឈ្លោះ លីមហ្វ lymph នូវ្យ nodes ក្រពេញធ្វើគ្រាប់ឈាមស ហើយនឹងទឹករវែង នាមសំពុ.
1997.	ឃ្លៃមីឌៀ Chlamydia ត្រៃខ្ងម៉ាធិស trachomatis និស្ក្ស disease រោគលោក ដំបៅរោគសាច់រអិលផ្នាំងក្រហមៗកស្បុនរិល នាមសំពុ.
1998.	ឃ្ល្ងរ chloro- អិរ or ឬ ឃ្ល្ងរ chlor/o វត្ថុធាតុម្យ៉ាង គឺជាទិកអាស៊ិតដែលមាន ក្រីន green ពណ៌បៃតង -ផ្រ៊ីវិក្ស prefix បុព្ទបទ ឬជាក្បសម្រាប់តបបញ្ជូលផ្គាពីខាងមុខ.
1999.	ឆ្ខខ្ចុលេត chocolate ឥផ chip ឈ្មោះអាហារម្យ៉ាងដែលមានពណ៌ខ្ញៅៗដុំៗស្រួយៗ នាមសំពុ.
2000.	ឆ្ខតិង choking វិកទិម victim អ្នកដែលស្លាក់អាហារនៅក្នុងបំពង់ក កិរិយាសពុ.
2001.	ខូឡែនជីអូ cholangio- អិរ or ឬ ខូឡែនជីអូ cholangi/o កូនសរវៃសេតូចៗ ឬបំពង់ទិកប្រម៉ាត់ - បៃល bile រេសសេល vessel កូនសរវៃសេតូចៗរបស់ប្រម៉ាត់ -ផ្រ៊ីវិក្ស prefix បុព្ទបទ ឬជាក្បសម្រាប់តពីខាងមុខ.
2002.	ខូឡែងជីអូត្រៃហ្គ៊ីស Cholangiographies របៀបថតឆ្លុះមើលបំពង់សរវៃសេទិក ប្រម៉ាត់ផ្ទាល់និងវ្គេក២ផង ក្រូពេទ្យប្រើទិកផ្ចាំឈ្មោះ ខូនត្រៃស្ត contrast ដើម្បីឱ្យមើល ឃើញបំពង់សរវៃសេទិកប្រម៉ាត់ច្បាស់ (ខូឡែងជីអូត្រៃហ្គ៊ី cholangiography របៀបរេតឆ្លុះមើលរំបំពង់ សរវៃសេទិកប្រម៉ាត់ផ្ទាល់និងវ្គេក១ផង) នាមសំពុ.
2003.	ខូឡែងជីអូផែនក្រ៊ីធូត្រៃហ្គ៊ីស cholangiopancreatographies ការថតឆ្លុះមើល លំពែង ហើយនឹងបំពង់ទិកប្រម៉ាត់ ដើម្បីនឹងពិនិត្យមើលរោគតាមតៃវរ្គេឆ្ងាល់និងវ្គេក២ផង ដែលគេត្រូវចាក់ផ្ចាំឈ្មោះ ខូនត្រៃស្តស contrasts ចូលទៅតាមមាត់ទៅខាងក្រោយលំពែង ទៅកក្រណៈនៅកន្លែងបំពង់ទិកប្រម៉ាត់ចូលរួមគ្នា (ខូឡែងជីអូផែនក្រ៊ីធូត្រៃហ្គ៊ី cholangiopancreatography ការថតឆ្លុះមើលលំពែង ហើយនឹងបំពង់ទិកប្រម៉ាត់ ដើម្បីនឹងពិនិត្យមើលរោគតាមតៃវរ្គេឆ្ងាល់និងវ្គេក១ផង) នាមសំពុ.
2004.	ខូលី chol/e ទិកប្រម៉ាត់ - បៃល bile ទិកប្រម៉ាត់, គោល្ល gall ទិកប្រម៉ាត់ -ផ្រ៊ីវិក្ស prefix បុព្ទបទ ឬជាក្បសម្រាប់តពីខាងមុខ.

2005.	ខូលីស៊ីស្តូជេជូនូស្តូមី cholecystojejunostomy ការវះកាត់១ភ្ជង់ទៅថង់ទឹកប្រម៉ាត់ ហើយនឹងពោះវៀនព្លួចផ្នែកទីផង ដើម្បីនឹងបើកធ្វើផ្លូវថ្មី (គោលព្លែតធើ gallbladder នៅថង់ទឹកប្រម៉ាត់ ផែនួ and ហើយនឹង ជីជូនីម៉ jejunum ពោះវៀនព្លួចផ្នែកទីផ) នាមសំពុ.
2006.	ខូលីស៊ីស្ត cholecysto- អ៊ិរ or ឬ ខូលីស៊ីស្ត cholecyst/o ថង់ទឹកប្រម៉ាត់ - (គោលព្លែតធើ gallbladder ថង់ទឹកប្រម៉ាត់) -ព្រីវិក្ស prefix បុព្វបទ ឬពាក្យសម្រាប់តពីខាងមុខ.
2007.	ខូលីដូតល choledochal ស៊ីស្ត cyst ថង់ ឬបំពង់ទឹកប្រម៉ាត់រួមគ្នា នាមសំពុ.
2008.	ខូលីដូខូ choledocho- អ៊ិរ or ឬ ខូលីដូខូ choledoch/o បំពង់ទឹកប្រម៉ាត់ដែល វាចូលរួមគ្នា — (ខូមមីន ឬខូមមីន common បាល bile ដាក្ត duct បំពង់ទឹកប្រម៉ាត់ ដែលវាចូលរួមគ្នា) -ព្រីវិក្ស prefix បុព្វបទ ឬពាក្យសម្រាប់តពីខាងមុខ.
2009.	ខូលីលិតាយអេសិស cholelithiasis រោគមានថ្មៗនៅក្នុងថង់ទឹកប្រម៉ាត់ - បាល bile ទឹកប្រម៉ាត់ ផែនួ and ហើយនឹង គោល gall ប្រម៉ាត់ នាមសំពុ.
2010.	ខូលេស្ទ័រូល cholesterol ជាតិខ្លាញ់ៗ ផែនួ and ហើយនឹង ទ្រៃត្លៃសេរ៉ៃឌ្យ ឬត្រាយកេសេរ៉ៃឌ្យ triglycerides អា are រឹតទី fatty សាប់ស្តែនស៊ីស substances វត្ថុធាតុខ្លាញ់ ឬជាតិខ្លាញ់នៅក្នុងឈាម នាមសំពុ.
2011.	ខូលេស្ទ័រូល cholesterol ជាតិខ្លាញ់ដែលកកនៅក្នុងសរសៃឈាម (អិលឌីអិល LDL ជាតិខ្លាញ់នេះមិនល្អនៅក្នុងឈាម) (អេឌីអិល HDL ជាតិខ្លាញ់នេះល្អនៅក្នុងឈាម) នាមសំពុ.
2012.	ខូលេស្ទ័រូល cholesterol លេវេល level កំរិតជាតិខ្លាញ់នៅក្នុងទឹកឈាម នាមសំពុ.
2013.	ខូលេស្ទ័រូល cholesterol មេទិខេសិឍ្យ medications ថ្នាំច្រើនយ៉ាងដើម្បីព្យាបាល រោគមានជាតិខ្លាញ់នៅក្នុងឈាមឱ្យចុះទាប នាមសំពុ.
2014.	ខូលូដូខូ cholodocho- អ៊ិរ or ឬ ខូលូដូខូ cholodoch/o បំពង់ទឹកប្រម៉ាត់ដែល វាចូលរួមគ្នា — ខូមមីន ឬខូមមីន common បាល bile ដាក្ត duct បំពង់ទឹកប្រម៉ាត់ដែលចូលរួមគ្នា -ព្រីវិក្ស prefix បុព្វបទ ឬពាក្យសម្រាប់តពីខាងមុខ.
2015.	យនឌ្រ Chondr/o អ៊ិរ or ឬ យនឌ្រ Chondro- ឆ្អឹងខ្ចី - ខាទិលេជ cartilage ឆ្អឹងខ្ចី -ព្រីវិក្ស prefix បុព្វបទ ឬពាក្យសម្រាប់តពីខាងមុខ.

2016.	យូស choose ជីស ឬជ្រើសរើស ត្រូវធ្វើ proper ស្បែក shoes ស្បែកជើង ដែលល្មមល្ម កិរិយាសព្ទ.
2017.	ខូរឌី chordae ថេនឌិនៀ tendineae សាច់ដុំខ្សែជ្ជូរដែលទប់អណ្តាតបេះដូងកំអោយ បត់ចូលទៅក្នុងបន្លប់បេះដូងខាងលើ នាមសព្ទ.
2018.	ខូរីអូ choreo អិរ or ឬ ខូរីអូ chore/o- រាំរេក រាំរបាំ ដែនស្យ dance រាំរេក រាំរបាំ -ធ្នើរវិក្យ prefix បុព្វបទ ឬពាក្យសម្រាប់ផ្សំពីខាងមុខ.
2019.	ខូរីអូ chorio- ស្រោមទារកខាងក្រៅ អិរ or ឬ ខូរីអូ chori/o ស្រទាប់ស្រោម សាច់ស្តើងៗខាងក្រៅទារក - យ៉ូរីយ៉ុន chorion ស្រទាប់ស្រោមទារកខាងក្រៅ នៅក្នុងផ្ទៃម្តាយផ្ទែករបស់សុក -ធ្នើរវិក្យ prefix បុព្វបទ ឬពាក្យសម្រាប់តបញ្ចូលគ្នាពីខាងមុខ.
2020.	ខូរីអូ chorio- ស្រោមទារកខាងក្រៅ អិរ or ឬ ខូរីអូ chori/o ស្រទាប់ស្រោម សាច់ស្តើងៗខាងក្រៅទារក - យ៉ូរីយ៉ុន chorion ស្រទាប់ស្រោមទារកខាងក្រៅ នៅក្នុងផ្ទៃម្តាយផ្ទែករបស់សុក -ធ្នើរវិក្យ prefix បុព្វបទ ឬពាក្យសម្រាប់តបញ្ចូលគ្នាពីខាងមុខ.
2021.	យ៉ូរីយ៉ុន choriono- ស្រោមទារកខាងក្រៅ អិរ or ឬ យ៉ូរីយ៉ុន chorion/o ស្រទាប់ ស្រោមសាច់ស្តើងៗខាងក្រៅទារក - យ៉ូរីយ៉ុន chorion ស្រទាប់ស្រោមទារកខាងក្រៅ នៅក្នុងផ្ទៃម្តាយ ផ្ទែករបស់សុក -ធ្នើរវិក្យ prefix បុព្វបទ ឬពាក្យសម្រាប់តបញ្ចូលគ្នាពីខាងមុខ.
2022.	យ៉ូរ៉យដ choroid ស្រោម លេយើ layer ស្រទាប់សាច់ស្តើងៗ អៅវ of នៅក្នុង ធើ the អាយ eye ក្រាប់ភ្នែក នាមសព្ទ.
2023.	យ៉ូរ៉យដ choroid សក្លៀរ៉ា sclera ឈ្មោះស្រទាប់សាច់ខៅស្តើងៗនៅកណ្តាលស្រទាប់ សាច់សនៅគ្រាប់ភ្នែក នាមសព្ទ.
2024.	យ៉ូរ៉យឌុល choroidal មីលៃនូម៉ា melanoma រោគដុំមហារីកនៅស្រោម ឬស្រទាប់សាច់ស្តើងៗនៅគ្រាប់ភ្នែក នាមសព្ទ.
2025.	យ៉ូរ៉យដូ choroido- អិរ or ឬ យ៉ូរ៉យដូ choroid/o ស្រទាប់ស្រោមសាច់ ស្តើងៗនៅក្រាប់ភ្នែក -ធ្នើរវិក្យ prefix បុព្វបទ ឬពាក្យសម្រាប់តបញ្ចូលគ្នាពីខាងមុខ.
2026.	ខ្រូម៉េតូ Chromato- ពណិ អិរ or ឬ ខ្រូម៉េត្ត chromat/o ពណិ-ធ្នើរវិក្យ prefix បុព្វបទ ឬពាក្យសម្រាប់តបញ្ចូលគ្នាពីខាងមុខ.

2027.	ខ្រម៉ូ chromo- ខ្រម៉ូ chrom/o ពណិ - ខាល៉ូរ ឬខារលើ color ពណិ - ព្រីវិក្ស prefix បុព្វបទ ឬជាក្សសម្រាប់តបពួលភ្ជាពីខាងមុខ.
2028.	ខ្រម៉ូសូមស chromosomes ឈ្មោះទីកប្រទេអ៊ីនពូជ វាតជាប់ៗគ្នាដូចច្រវាក់ អិន in នៅក្នុង អេត្ត egg សេល្ល cell គ្រាប់ឈាមរបស់ទឹកពងមេពីរវិត នាមសំពូ.
2029.	ខ្រម៉ូសូមស chromosomes ឈ្មោះទីកប្រទេអ៊ីនពូជ វាតជាប់ៗគ្នាដូចច្រវាក់ អិន in នៅក្នុង ម៉ាសសិល muscle សេល្ល cell គ្រាប់ឈាមរបស់សាច់ដុំ វាមាន៩៦ (គឺ២៧៣គូរ) នាមសំពូ.
2030.	ខ្រម៉ូសូមស chromosomes ឈ្មោះទីកប្រទេអ៊ីនពូជ វាតជាប់ៗគ្នាដូចច្រវាក់ អិន in នៅក្នុង ស្ពើម sperm សេល្ល cell គ្រាប់ឈាមរបស់ទឹកកាម (ពួជមកពីម្ដាយពាក់កណ្ដាល ហើយពួជមកពីឪពុកពាក់កណ្ដាលទៅៀតឬក្សមគ្នាទាំងអស់ទៅៗគ្រាប់ពួជធម្មតារបស់មនុស្ស គឺវាមាន២៣គូរ វាមាន៤៦គ្រាប់) នាមសំពូ.
2031.	ប្រួនិក chronic ម៉នីម៉ៀ anemia វាតខ្វះឈាមក្រហមវាំៃ ឬឃ្យួរថ្ងៃ នាមសំពូ.
2032.	ប្រួនិក chronic ម៉ផផេននិសេធិស appendicitis វាតរលាកខ្ទេងពោះៀៀនវាំៃ នាមសំពូ.
2033.	ប្រួនិក chronic ប្រុងខៃធិស bronchitis វាតរលាកទងសួតវាំៃ ឬឃ្យួរថ្ងៃ នាមសំពូ.
2034.	ប្រួនិក chronic ខុនឌិស៊ន condition ពម្ម៉ី ឬវាតឈ៉ីចាប់ជាឃ្យួរថ្ងៃឈ៉ីវាំៃ ឬឃ្យួរអម៉ៃង នាមសំពូ.
2035.	ប្រួនិក chronic ខុនស្ពីផេស៊ន constipation វាតទុលឈាមកឃ្យួរថ្ងៃ (វាតទុលឈាមកវាំៃ ឬឃ្យួរអម៉ៃង) នាមសំពូ.
2036.	ប្រួនិក chronic ឌីផេធើរធិវ degenerative ពម្ម៉ីរចរិលវាំៃ ឬឃ្យួរថ្ងៃ នាមសំពូ.
2037.	ប្រួនិក chronic ឌីផ្រេសសិន ឬឌីផ្រេសស្ៀន depression ពម្ម៉ីព្រួយចិត្តវាំៃ ឬឃ្យួរថ្ងៃ នាមសំពូ.
2038.	ប្រួនិក chronic ដាយៀ diarrhea ពម្ម៉ីរាតអាចម៍វាំៃ ឬឃ្យួរថ្ងៃ នាមសំពូ.
2039.	ប្រួនិក chronic ឌិស្ស៊ីស disease ពម្ម៉ីឈ៉ីវាំៃ ឬឃ្យួរថ្ងៃ នាមសំពូ.
2040.	ប្រួនិក chronic យ៉ិឌន៉ី kidney ឌិស្ស៊ីស disease វាតឈ៉ីវាំៃនៅក្នុងក្រវល្ៀន ឬកម្រងទិកនោម នាមសំពូ.

2041.	ប្រនិក chronic ដែសសេនសិល essential ហៃធើថេនសិន hypertension កម្លាំងឈាមឡើងខ្ពស់ តែគេរកហេតុផលមិនឃើញជាយូរថ្ងៃមកហើយ នាមស័ព្ទ.
2042.	ប្រនិក chronic តែសត្រិទិស gastritis រោគរលាកក្រពះវៃ នាមស័ព្ទ.
2043.	ប្រនិក chronic គ្លូម៉េរុល្លូនៃប្រ៊ើទិស glomerulonephritis រោគរលាកវៃ នៅសាច់ពុំសុរវៃសេឈាមមូល។ៗ តូចៗនៅក្នុងកម្រងទឹកនោម (ពុំសាច់ណយាមនេះ វាជួយលាងសម្អាតទឹ ឈាម វាជ្រោះយកទឹកនោមចេញពីឈាម) នាមស័ព្ទ.
2044.	ប្រនិក chronic អិនផ្លាំមេសិន inflammation រោគរលាកលីវៃ នាមស័ព្ទ.
2045.	ប្រនិក chronic អិនផ្លាំមេផ្តូរ៊ី inflammatory រោគរលាកវៃនៅកន្លែងណាមួយ នាមស័ព្ទ.
2046.	ប្រនិក chronic អិនហៃលេសិន inhalation រោគពិបាកដងដងធ្វើមចូលជាយូរថ្ងៃ ឬរោគវៃ យូរអង្វែង នាមស័ព្ទ.
2047.	ប្រនិក chronic ហៃផៃថេទិស hepatitis រោគរលាកថ្លើមវៃ នាមស័ព្ទ.
2048.	ប្រនិក chronic យិដន៊ី kidney វៀលយើ failure រោគខូចនៅក្រលៀនវៃ ឬកម្រងទឹកនោមវៃ នាមស័ព្ទ.
2049.	ប្រនិក chronic លិវៃ liver ទិស្ឌិស disease មានរោគរលាកថ្លើមវៃ នាមស័ព្ទ.
2050.	ប្រនិក chronic ឡាំស្ហ lungs ទិស្ឌិស disease រោគលីវៃនៅក្នុងសួតទាំងសងខាង នាមស័ព្ទ.
2051.	ប្រនិក chronic មេទិខេសិន្ស medications ថ្នាំជាច្រើនដែលព្យាបាលរោគវៃ នាមស័ព្ទ.
2052.	ប្រនិក chronic អប់ស្ត្រាក់ធីវ obstructive រោគស្ទះនៅស្ងួតជាយូរថ្ងៃ (ឬរោគស្ទះនៅ កន្លែងណាមួយផេងទៀត និទាហរណ៍ដូចជាស្ទះនៅសរវៃសេឈាមវៃ ឬស្ទះនៅផ្លូវដងដងធ្វើមវៃ) នាមស័ព្ទ.
2053.	ប្រនិក chronic អប់ស្ត្រាក់ធីវ obstructive អេៀរវ៉េស airways ទិស្ឌិស disease រោគស្ទះរន្ធខ្យល់ ឬរោគស្ទះនៅផ្លូវខ្យល់វៃ (ឬស្ទះផ្លូវដងដងធ្វើមវៃ) នាមស័ព្ទ.
2054.	ប្រនិក chronic អប់ស្ត្រាក់ធីវ obstructive ផ្តមូណៃរ៊ី (ផុលមូណៃរ៊ី)

	pulmonary ឌិស៊ីស disease រោគរ៉ាំរ៉ៃដែលមានស្ទះរន្ធខ្យល់ ឬរោគស្ទះនៅផ្លូវខ្យល់រ៉ាំរ៉ៃ (ឬស្ទះផ្លូវដង្ហើមរ៉ាំរ៉ៃ) នាមស័ព្ទ.
2055.	ក្រូនិក chronic ផូមូណារី (ផុលមូណារី) pulmonary អាធើរីស arteries ឌិស៊ីស disease មានរោគរ៉ាំរ៉ៃនៅសរសៃឈាមក្រហមជាច្រើននៅសួត នាមស័ព្ទ.
2056.	ក្រូនិក chronic រោគរ៉ាំរ៉ៃ អ័រ or ឬក៏ អឹគ្យូត Acute ឆាប់ភ្លាមៗ (រោគដែលភាពធ្ងន់ធ្ងរយូរអង្វែង ឬក៏ឆាប់ភ្លាមៗ) នាមស័ព្ទ.
2057.	ក្រូនិក chronic ផេន pain រោគឈឺរ៉ាំរ៉ៃ ឬឈឺយូរអង្វែង នាមស័ព្ទ.
2058.	ក្រូនិក chronic ផាយអៀឡូនេហ្វ្រៃធិស pyelonephritis រោគរលាកដំបៅឈឺរ៉ាំរ៉ៃ នៅក្នុងត្រគាកតម្រងទឹកនោម ឬក្រលៀន ហើយនឹងរលាកនៅត្រង់សាច់ជ្រោះទឹកនោមដូចតែរបស់វាផង រោគនេះកើតមកពីមេរោគដំបៅឈ្មោះ បែកធៀរៀ bacteria នាមស័ព្ទ.
2059.	ក្រូនិក chronic ស្គិន skin អ៊ោលសើ ulcers រោគសាច់រហែកដំបៅនៅលើស្បែករ៉ាំរ៉ៃ នាមស័ព្ទ.
2060.	ក្រូនិក chronic ធើរ៉ែភីស therapies ការព្យាបាលរោគអស់រយៈពេលយូរថ្ងៃ នាមស័ព្ទ.
2061.	ក្រូនូ Chron/o អ័រ or ឬ ក្រូនូ Chrono- ម៉ោង - ថាម time ម៉ោង -ព្រីហ្វិក្ស prefix បុព្វបទ ឬពាក្យសម្រាប់តពីខាងមុខ.
2062.	ឆបប៊ី chubby បឌី body ខ្លួនធាត់ក្រម៉ាប់ៗ នាមស័ព្ទ.
2063.	ឆបប៊ី chubby លេគ leg ជើងធាត់ក្រម៉ាប់ៗ នាមស័ព្ទ.
2064.	ឆបប៊ី chubby លេគ្គដ legged ជើងធាត់ក្រម៉ាប់ៗ នាមស័ព្ទ.
2065.	ឃើន Churn អៅត out កិន ឬច្របាច់រំលាយចំណីអាហារឱ្យចេញទៅជាម្សៅ កិរិយាសព្ទ.
2066.	ខាម Chyme ដុំចំណីអាហារពីមាត់ ធូ to ទៅ ផួរ pour ចាក់ទុកក្នុងក្រពះ (ចំណីអាហារដែលបានទំពារ ហើយលេបចូលទៅក្នុងក្រពះ) នាមស័ព្ទ.
2067.	ខាមូ Chymo- អ័រ or ឬ ខាមូ Chym/o ដើម្បីនឹងចាក់ចូលគ្នា ចំណីអាហារដែលលាយជាមួយនឹងទឹកផ្លែឈើ -ព្រីហ្វិក្ស prefix បុព្វបទ ឬពាក្យសម្រាប់តពីខាងមុខ.
2068.	សិបូ Cibo- អ័រ or ឬ សិបូ Cib/o ពេលបាយ - មៀល meal ពេលបាយ -ព្រីហ្វិក្ស prefix បុព្វបទ ឬពាក្យសម្រាប់តពីខាងមុខ.

2069.	សិដ -Cid អ៊ីរ or ឬ សិដល -Cidal អ៊ីរ or ឬ សិដ -Cide នៃ ឬទាក់ទងទៅនឹងការ សម្លាប់ - វីលេត្ត ឬរលេត្ត related ទាក់ទង ធូ to ជាមួយនឹង យិល្លិង killing ការសម្លាប់ - ស៊ារវ៊ីក្ស suffix បច្ច័យ ឬបាក្យសម្រាប់ពព៌ីខាងក្រោយ.
2070.	សិល្យេរ៊ី Ciliary បធី body រូបតួចៗបត់នៅវ្ភែក (នៃព្រែបកវ្ភែកទាំងមូល ឬខ្លួនព្រែបកវ្ភែក) នាមសំពុ.
2071.	សិល្យេរ៊ី Ciliary ផ្រសេស្ស process កន្លែងដែលមានរូមសាច់ស្រោមបត់ស្តើងៗ នៅរឆ្លូរមតួចៗនៅវ្ភែក នាមសំពុ.
2072.	សិនី cine- រូបភាពដែលកំណីកតុណ សិនីម៉ា cinema រូបភាពដែលកំណីក (ឧទាហរណ៍ដូចជាខ្សែភាពយន្ត) -ផ្រីវ៊ីក្ស prefix បុព្វបទ ឬបាក្យសម្រាប់ពព៌ីខាងមុខ.
2073.	សិនីអ៊ូ cineo- អ៊ីរ or ឬ សិនីអ៊ូ cine/o នៃការកំណីក ជើរពីកន្លែងមួយទៅកន្លែងមួយទៀត មូរមេន្ត movement ជើរពីកន្លែង១ទៅកន្លែងមួយផ្សេងទៀត -ផ្រីវ៊ីក្ស prefix បុព្វបទ ឬបាក្យសម្រាប់ពព៌ីខាងមុខ.
2074.	សេ៊ីខល circle រង្វង់មូល១ សេ៊ីខល្ស circles រង់វង់មូល២ រង្វង់មូលជាច្រើន នាមសំពុ.
2075.	សេ៊ីជូលេស៊ីន ឬសេ៊ីខ្យុលេស៊ីន circulation ការវិលចុះឡើងរបស់ ប្លើដ blood ទឹកឈាម នាមសំពុ.
2076.	សេ៊ីជូលេស៊ីន circulation ការវិលចុះឡើងរបស់ អែនទីបូនីស antibodies ទឹកថ្នាំផ្សេៈ ឬទឹកប្រូតេអ៊ីនដែលជួយការពារឧងខ្លួនឡើង នាមសំពុ.
2077.	សេ៊ីជូលេស៊ីន circulation ការវិលចុះឡើង អៃវ of នៅក្នុង ប្លើដ blood ឈាម នាមសំពុ.
2078.	សេ៊ីខ្យុលេស៊ីន circulation អៃវ of សើរីប្រូស្ពាញនុល cerebrospinal ភ្លូដ fluid ទឹកដែលវិលចុះឡើងនៅក្នុងខួរក្បាល ហើយនឹងខួរឆ្អឹងខ្នង នាមសំពុ.
2079.	សេ៊ីខ្យុលេផ្ទរ៊ី circulatory សិស្ទីម system ប្រព័ន្ធសរ៉ៃសៃឈាមដែលវិលចុះឡើងនៅក្នុង ដងខ្លួន (ឧទាហរណ៍ដូចជាបេះដូង សរ៉ៃសៃឈាមធំៗ សរ៉ៃសៃឈាមក្រហម សរ៉ៃសៃឈាមខ្ចៅ សរ៉ៃសៃឈាមតួចៗ ដូចសក់សរ៉ៃសៃឈាមទឹករ៉ៃៃឈ្លោៈលិមផ្ទ៉ែតទឹក សរ៉ៃសៃឈាមដែលនាំទឹករ៉ៃៃ ដ៉ុំឈាមស ទឹករ៉ៃៃ លំពែងវ៉ៃាជាអ្នកជួយលាងឈាមក្រហម ក្រពេញឈ្លោៈតាយម៉ាស់) នាមសំពុ.
2080.	សេ៊ីកាម់ circum- ស្រាមនៅជុំទ្ទជុំវិញ - អ៊ីរ៉ាន្ត around ជុំវិញ -ផ្រីវ៊ីក្ស prefix

	បុព្វបទ ឬពាក្យសម្រាប់តពីខាងមុខ.
2081.	សើៈខាំផ្លៃក្ស circumflex យ្បូរណារី coronary អាតើរី artery សរសៃឈាម ក្រហាមធំអោបនៅបេះដូង ឬកោងស្របនៅបេះដូងខាងធ្វេង នាមសំព.
2082.	សើៈខ្យុម្ម៉ូរ៉ល circumoral លីស៊ីន្ស lesions រាគំបៅរបែកសាច់នៅជុំវិញ បប្បូរមាត់ដែលមានរាគមូល) នាមសំព.
2083.	សើៈរ៉ូហ Cirrh/o អ៊ិរ or ឬ សើៈរ៉ូហ Cirrho- ពណ៌ទឹកក្រូច ពណ៌លឿង - អ៊ូរ៉េង orange ពណ៌ទឹកក្រូច - យេលល្ល yellow ពណ៌លឿងតិចៗ-ផ្រីវិក្ស prefix បុព្វបទ ឬពាក្យសម្រាប់តពីខាងមុខ.
2084.	សិស្ស Cis/o អ៊ិរ or ឬ សិស្ស Ciso- ដើម្បីនឹងកាត់-ការកាត់ ឬកន្ត្រៃកាត់ -ធ្ to ដើម្បីនឹង ខាត់ cut កាត់ (ឬការកាត់និងកន្ត្រៃ) -ផ្រីវិក្ស prefix បុព្វបទ ឬពាក្យសម្រាប់តពីខាងមុខ.
2085.	ខ្លេមមិនេស្ស clamminess ត្រជាក់សើមខ្លាំង អ៊ិរ or ឬ ខូល្ល cold ស្វេត្ស sweats ត្រជាក់បែកញើសខ្លាំង នាមសំព.
2086.	ខ្លេមផ ឬខ្លេមu clamp ដោន down បញ្ឈាសង្កត់ពីលើ ដាក់ច្បាប់លើ រៀបឲ្យជាប់ កិរិយាសព.
2087.	ខ្លេមផ ឬខ្លេមu clamp អ៊ាផ up យប់និយាយ ប្រកែកថាខ្ញុំលេងនិយាយហើយ កិរិយាសព.
2088.	ខ្លាស clas- បំនែកបែកចេញពីគ្នា បាក់ខ្ទិច កំទិច កម្ទិច -ផ្រីវិក្ស prefix បុព្វបទ ឬពាក្យសម្រាប់តពីខាងមុខ.
2089.	ខ្លាសា -clasia ដើម្បីនឹងធ្វើឲ្យបាក់ខ្ទិច ធ្វើឲ្យមានកំទិច ឬកម្ទិច បំនែកកែរបែកចេញពីខ្លួនវា (ឧទាហរណ៍ដូចជាបំនែកឆ្អឹងបែកចេញពីឆ្អឹង)-ស៊ាវីក្ស suffix បច្ឆ័យ ឬពាក្យសម្រាប់តពីខាង ក្រោយ.
2090.	ខ្លាសិស -clasis ធ្វើឲ្យបាក់ ធ្វើឲ្យបែកចេញពីគ្នា - ធ្ to ដើម្បីនឹង ប្រ្លេក break ធ្វើឲ្យបាក់ ការធ្វើឲ្យបែក -ស៊ាវីក្ស suffix បច្ឆ័យ ឬពាក្យសម្រាប់តពីខាងក្រោយ.
2091.	ខ្លាស្សិស classes ថ្នាក់រៀនច្រើន វ៉្រ for សម្រាប់ អែឌុល្ល adult មនុស្សពេញវ័យ នាមសំព.
2092.	ខ្លាស្សិស classes ថ្នាក់រៀនច្រើន វ៉្រ for សម្រាប់ ខេត cat សត្វឆ្មា នាមសំព.

2093.	ខ្លាស្ស៊ីស classes ថ្នាក់រៀនច្រើន វៀ for សម្រាប់ ដត dog សត្វឆ្កែ នាមសំពួ.
2094.	ខ្លាស្ស៊ីស classes ថ្នាក់រៀនច្រើន វៀ for សម្រាប់ ហ្វាមីលី family ក្រុមគ្រួសារ នាមសំពួ.
2095.	ខ្លាស្ស៊ីស classes ថ្នាក់រៀនច្រើន វៀ for សម្រាប់ យ៉ិឌ្ស kids កូនក្មេង នាមសំពួ.
2096.	ខ្លាស្ស៊ីស classes ថ្នាក់រៀនច្រើន វៀ for សម្រាប់ ធ្វីន teen ក្មេងជំទង់ នាមសំពួ.
2097.	ខ្លាសសីវិខេសិន classification ការជីស ផ្ទេរ of ប៉ុស្ស bones ឆ្អឹងដាក់ក្នុងក្រុម របស់វា នាមសំពួ.
2098.	ខ្លូសត្រ claustr/o អ៊រ or ប៉ ខ្លូសត្រ claustro- ដែលបិត រូមជិត ចូលរួមជាមួយនឹង ទីកន្លែង - អីនខ្លូស្ត enclosed ស្ពេស្ស space កន្លែងបិត រូមជិត ប៉ុករួមជាមួយនឹងទីកន្លែង -ព្រីវ៉ិក្ស prefix បុព្វបទ ឬពាក្យសម្រាប់តបពពួលធ្នាពីខាងមុខ.
2099.	ខ្លៃវិលល clavicle ឆ្អឹងដងកាំបិត អ៊រ or ប៉ ខូលឡ្ញើ collar ប៉ន bone ឆ្អឹងដងកាំបិត នាមសំពួ.
2100.	ខ្លៃវិខ្យុល្ល claviculo- អ៊រ or ប៉ ខ្លៃវិខ្យុល្ល clavicula/o ឆ្អឹងដងកាំបិត -ខូលឡ្ញើ collar ប៉ន bone ឆ្អឹងដងកាំបិត -ខ្លៃវិលល clavicle ឆ្អឹងដងកាំបិត -ព្រីវ៉ិក្ស prefix បុព្វបទ ឬពាក្យសម្រាប់តបពពួលធ្នាពីខាងមុខ.
2101.	ខ្លីន clean អេរៀ area កន្លែងស្អាត នាមសំពួ.
2102.	ខ្លីន clean ហេន្ឌ្ស hands លាងដៃទាំងពីរ នាមសំពួ.
2103.	ខ្លីន clean លាងនៅ ធើ the អេរៀ area កន្លែងនោះ កិរិយាសព្ទ.
2104.	ខ្លៀរ clear អេរ៉ល្ល all សំអាតទាំងអស់ លុបចោលទាំងអស់ ឬធ្វើឱ្យស្រឡះទាំងអស់ កិរិយាសព្ទ.
2105.	ខ្លៀរ clear អែស as អេ a គ្រីស្ទល crystal ស្រួលយល់ ស្រួលដឹង ឬដឹងច្បាស់ល្ល (ថ្លាចាំងច្បាស់ដូចផ្លែង) គុណនាម.
2106.	ខ្លៀរ clear អែស as អេ a ដេ day ស្រួលយល់ ស្រួលដឹង ពុច្បាស់ល្ល ឬដឹងច្បាស់ល្ល (បានភ្លឺច្បាស់ដូចថ្ងៃ) គុណនាម.
2107.	ខ្លៀរ clear ប្ល blue ស្កាយ sky មេឃខៀវស្រងាត់ ឬមេឃខៀវល្ល នាមសំពួ.
2108.	ខ្លៀរ clear ឌីថេល្ល detailed ភិកឈើស pictures រូបភាពច្បាស់ល្ល នាមសំពួ.
2109.	ខ្លៀរ clear អាយ្ស eyes ភ្នែកទាំងពីរថ្លាល្ល នាមសំពួ.
2110.	ខ្លៀរ clear ផ្លុយ្ស fluids ទឹកថ្លា នាមសំពួ.

2111.	ខ្ចៀរ clear លេន្ស lens កញ្ចក់ភ្នែកថ្លា ឬកញ្ចក់ភ្នែកទ្បានអាប់ នាមសំពួ.
2112.	ខ្ចៀរ clear ជំរះសម្អាត ម៉ាយ my ឡ្ចុង្ស lungs សួតរបស់ខ្ញុំទាំងពីរ ដែនគ្ន and ហើយនឹង អៀរវ៉ airway ផ្លូវខ្យល់ផង កិរិយាសពួ.
2113.	ខ្ចៀរ clear លាងសម្អាត សាញ្ញនើស sinus ន្ធ្ល្កឹងតួចៗ ប្រេនេវ៉ drainage ព្រជាៈទឹកសំបោ (ឬឈប់គឺឌុងច្រមុះទៀតហើយ) កិរិយាសពួ.
2114.	ខ្ចៀរ clear ស្ព្រិង spring វ៉ូតើ water ទឹកដែលចេញពីក្នុងវីថ្ងាលួ នាមសំពួ.
2115.	ខ្ចៀរ clear ធិសស្យុ tissue សាច់ឈាមថ្លាៗ១កន្លែង នាមសំពួ.
2116.	ខ្ចៀរ clear ធិសស្យុស tissues សាច់ថ្លាៗជាច្រើនកន្លែង នាមសំពួ.
2117.	ខ្ចៀរ clear អ៉ាផ up ផ្លូវឡ្ចានស្រឡៈល្ចហើយ នាមសំពួ.
2118.	ខ្ចៀរ clear វ៉ូតើ water ទឹកថ្លា នាមសំពួ.
2119.	ខ្ចៀរ clear វ៉ូតើរ watery ទឹកសើមថ្លាៗ (ឧទាហរណ៍ដូចជាទឹកឈាមសឈ្លោះ លីមហ្ចី lymph វាមិនដូចឈាមភាពធម្មតាទេ គេហៅវាថាទឹករវ៉ង វាមានទឹកថ្លាៗ ពណិវាល្ចៀនពិតៗ ច្រៀ៉ងៗ) នាមសំពួ.
2120.	ខ្ចៀរលី clearly ពិតជា នី៉ផ្ត needed ត្រូវការ កិរិយាវិសេសសន៍.
2121.	ខ្លៃមេត ឬខ្លាមេត climate ឆេញ្ច change អាកាសធាតុ ឬធាតុអាកាសប្រែប្រួល នាមសំពួ.
2122.	ខ្លិង cling តោងជាប់ ធ្ច to ទៅនឹង ប៉ូស៊ី both អើរវ៉ of យ៉ួរ your អាម្ស arms ដែរបស់អ្នកទាំងពីរ កិរិយាសពួ.
2123.	ខ្លិង cling តោងជាប់ ធ្ច to ទៅនឹង យ៉ួរ your អាម្ស arms ដែរបស់អ្នកទាំងពីរ កិរិយាសពួ.
2124.	ខ្លិង cling តោងជាប់ ធ្ច to ទៅនឹង យ៉ួរ your លេក leg ជើករបស់អ្នក កិរិយាសពួ.
2125.	ខ្លិងគិង clinging នីផែនជេនស៊ី dependency ការពឹងផ្អែកលើ ឬការទុកចិត្តលើជាប់ ជានិច្ច កិរិយាសពួ.
2126.	ខ្លិនិក clinic នេម name ឈ្មោះមន្ទីរពេទ្យ នាមសំពួ.
2127.	ខ្លិនិខល clinical មន្ទីរ មេឌិស៊ីន medicine ប្រើថ្នាំពេទ្យ នាមសំពួ.

2128.	ខ្លីនិខល clinical ផ្នែកស្ទីសជើស procedures របៀបធ្វើការពិសោធន៍មើលរោគនៅក្នុងមន្ទីរពេទ្យ ឧទាហរណ៍ដូចជាការវះកាត់នៅក្នុងមន្ទីរពេទ្យ (ឬរបៀបរៀបចំធ្វើឡើង ដើម្បីនឹងពិនិត្យ ហើយព្យាបាលរោគនៅក្នុងមន្ទីរពេទ្យ) នាមសំពួ.
2129.	ខ្លីនិខល clinical សិម្តុំម្បុ symptoms រោគ ឬជម្ងឺត្រុនរ៉ាំង រោគសញ្ញាជាច្រើនដែល រកឃើញទៅតាមក្បួនពេទ្យ ឬរកឃើញរោគនៅក្នុងមន្ទីរពេទ្យ នាមសំពួ.
2130.	ខ្លីនិខល clinical ផេស្តស tests របៀបធ្វើការពិសោធន៍មើលរោគនៅក្នុងមន្ទីរពេទ្យ នាមសំពួ.
2131.	ខ្លីដ clip ឡៀម them រៀបរា ឬកាត់រា កិរិយាសពួ.
2132.	ខ្លីដផិង clipping កំពុងតែកាត់ ឃ្ញូរ your វ៉ិងគេីស៉េ់ល្យ fingernails ក្រចកដៃ របស់អ្នក កិរិយាសពួ.
2133.	ខ្លីដផិង clipping កំពុងតែកាត់ ឃ្ញូរ your ធ្នេ៉ល្យ toenails ក្រចកជើងរបស់អ្នក កិរិយាសពួ.
2134.	ខ្លូស Close អ៊ីក្យៈមិនេសិន examination ពិនិត្យមើលរោគនៅជិតភ្នែក កិរិយាសពួ.
2135.	ខ្លូស Close វ្រៃ៉កឈេី fracture ឆ្អឹងបាក់ បែក ឬប្រះសង្កត់នៅលើឆ្អឹងក៉ុំ៉ផ្លៃវាមិន របេាកសាច់ទេ កិរិយាសពួ.
2136.	ខ្លូស Close បិទ ឃ្ញូរ your អ៉េ៉រស ears ត្រចៀករបស់អ្នកទាំងពីរ កិរិយាសពួ.
2137.	ខ្លូស Close បិទ ឃ្ញូរ your រ៉ាយ eye ភ្នែករបស់អ្នក កិរិយាសពួ.
2138.	ខ្លូស៉េ closer ជិត ធ្ម to ឌេី the អ៉ិន្ត end ចប់ហើយ ជិតទៅខាងក្រោយ (ឬនៅទីបំផុត ឬដល់ទីចុងក្រោយបំផុត ឬជិតដល់ទីចុងក្រោយបំផុត) កិរិយាសពួ.
2139.	ខ្លូសលី closely ម៉ុនិទ៉ឺរ monitored ពិនិត្យតាមដានឲ្យបានដឹតដល់ កិរិយាវិសេសន៍.
2140.	ខ្លូសលី closely វរលេត្ត related យេមិខលី chemically មានជាតិថ្នាំ ឬវត្ថុធាតុ ស្រដៀងគ្នា ធ្ម to ទៅនឹង កិរិយាវិសេសន៍.
2141.	ខ្លូសេស្ត Closest លេឈេី layer ស្រោមស្ទួតដែលនៅជិត អ៉ាវ of ទៅនឹង ឌេី the ឡ្ញាំង្ស lungs ស្ទួតទាំងពីរ (ស្រោមស្ទួតទាំងពីរ) កិរិយាវិសេសន៍.
2142.	ខ្លូស៉េ closure បិទ ឬស្ទះ អ៉ាវ of នៅក្នុង អ a ប្ល៉េដ blood វេសសេល vessel សរសៃឈាមតូចៗ នាមសំពួ.

2143.	ខ្លួត clot ឈាមកក ប្រេក្ស breaks បានបែក ឈ្លួស loose របូតចេញពីកន្លែងកើមរបស់វា កិរិយាសព្ទ.
2144.	ខ្លួត clot វ៉ុរម្ម formed ឈាមកកបានកើតឡើង កិរិយាសព្ទ.
2145.	ខ្លួតធិង clotting សេល្លស cells គ្រាប់ឈាមដែលជួយអោយឈាមកក កិរិយាសព្ទ.
2146.	ខ្លារទី cloudy កែវភ្នែកអាប់ ឆែន្ត and ហើយ ប្លឺរី blurry ត្រិល វិស័ន vision ភ្នែក គុណនាម.
2147.	ខ្លារទី cloudy បែដ bad ស្មេល្លិង smelling យ៉ុរុន urine ទឹកនោមល្អក់ដែល ធុំក្លិនស្អុយមិនល្អ គុណនាម.
2148.	ខ្លារទី cloudy ដេ day ថ្ងៃដែលមានពពកច្រើន នាមសំព្ទ.
2149.	ខ្លារទី cloudy វិស័ន vision កញ្ចក់ភ្នែកអាប់មើលអ្វីមិនឃើញ នាមសំព្ទ.
2150.	ខ្លីស្តើស cluster អ៊ោវ of ទ្រីស trees មានដើមឈើក្រាស់ ច្រើន ឬចង្កោមគ្នា នាមសំព្ទ.
2151.	ខ្លីស្តើស clusters អ៊ៀរ air សេក្ស sacs ថង់ខ្យល់ក្នុងសួតចង់កោម៉ៗ ផុំផ្គាធូចៗ នាមសំព្ទ.
2152.	ខ្លីស្តើស clusters អ៊ោវ of នៃ អផធិក optic នឺវ nerve សរសៃវិញ្ញាណនៅភ្នែក ផុំផ្គាជាចង់កោម៉ៗ អិន in នៅក្នុង ធី the អាយ eye ភ្នែក នាមសំព្ទ.
2153.	ក្លែសិស -clysis អ៊ីរ or ឬ ក្លែស្តើ -clyster ការបង្ហូរទឹកចូលលាងពោះវៀនធំ (ដែណាម៉ា enema ការបង្ហូរទឹកចូលលាងពោះវៀនធំ) - អ៊ែរិគេសិន irrigation ការបង្ហូរទឹកលាង វ៉ស្ថិង washing ការបង្ហូរទឹកលាង - សាវ៉ិក្ស suffix បច្ច័យ ឬបាក្យសម្រាប់ផ្ទាល់ខាងក្រោយ.
2154.	ខូ co ជាមួយគ្នា ចូលរួមគ្នា អ្វីៗដែលរួមជាមួយគ្នា (ខូ co- ខូល col- ខាំ ឬខូម com- ខូន con- យ៉ូរ cor- អត្តន័យដូចគ្នា ការចូលរួមគ្នា) - ប្រីវិក្ស prefix បុព្វបទ ឬបាក្យសម្រាប់ផ្ទាល់ខាងមុខ.
2155.	ខូអែក្យូលេសិន coagulation ធាម time ម៉ោងដែលគ្រាប់ឈាមត្រូវកក នាមសំព្ទ.
2156.	ខូអែក្យូល coagulo- អ៊ីរ or ឬ ខូអែក្យូល coagul/o គ្រាប់ឈាមដែលជួយ ឱ្យឈាមកក - ខូអែក្យូលេសិន coagulation គ្រាប់ឈាមដែលជួយឱ្យឈាមកក (ខ្លួតធិង clotting សេល្ល cell គ្រាប់ឈាមដែលជួយឱ្យឈាមកក)-ប្រីវិក្ស prefix បុព្វបទ ឬបាក្យសម្រាប់ផ្ទាល់ខាងមុខ.

2157.	ខួត coat ស្រោមស្រោប សើរោនឆិង surrounding នៅជុំវិញ នៃ the យូធើរើស uterus ស្បូន កិរិយាសព្ទ.
2158.	ខួត្ត coated ស្រោមស្រោបនៅជុំវិញ វេសិខល vesicle ពុំគ្រប់លោម កិរិយាសព្ទ.
2159.	ខូខេន cocaine ឥតជិកសិន addiction រោគញៀនទៅនឹងគ្រឿងញៀន ឈ្មោះ ខូខេន cocaine នាមសព្ទ.
2160.	ខកសិក្ coccig/o អ៊ីរ or ឬ ខកសិក្ coccigo- ឆ្អឹងកន្ទុយ ឆ្អឹងកព្ចាញ់កួទ (ឆ្អឹង៤លោយចូលគ្នា) -ព្រីវិក្ស prefix បុព្ពបទ ឬជាក្យសម្រាប់តបបព្ចាលក្ពាពីខាងមុន.
2161.	ខកកើស -coccus ឈ្មោះមេរោគមួយ បេរ៉ី berry- ស្ទើផ្ស shaped ដែលមានរាងចង្កោមរូចផ្ដែទំ៣ងបាយជ្ជូរ បែកផ្ញៀរៀម bacterium មេរោគមួយ ខកស៊ី cocci មេរោគច្រើនជាងមួយ -ស៊ាវិក្ស suffix បច្ឆ័យ ឬជាក្យសម្រាប់តពីខាងក្រោយ.
2162.	ខកស៊ីជ្ជៀល coccygeal យូរន្ត cornua ឆ្អឹងខ្លងនៅត្រតាកធំកំបើត ឬឆ្អឹងកន្ទុយ តលយចេញដូចស្នែង នាមសព្ទ.
2163.	ខកស៊ីជ្ជៀល coccygeal នើរ nerve រ៉ុស roots ឬសសរសៃវិញ្ញាណនៅឆ្អឹងកន្ទុយ (ឬសសរសៃវិញ្ញាណនៅឆ្អឹងកព្ចាញ់កួទ) នាមសព្ទ.
2164.	ខកស៊ីជ្ជៀល coccygeal នើរស nerves សរសៃវិញ្ញាណច្រើននៅកន្ទុយឆ្អឹងខ្លង (ឬសសរសៃវិញ្ញាណជាច្រើនឆ្អឹងកព្ចាញ់កួទ) នាមសព្ទ.
2165.	ខកស៊ីជ្ជៀល coccygeal វើធេប្រិត vertebrae ឆ្អឹងខ្លងនៅកន្ទុយ (ឆ្អឹងខ្លងនៅកន្ទុយ មាន៤រលោយចូលបគ្នាមៅជាឆ្អឹងមួយ) នាមសព្ទ.
2166.	ខកស៊ីក្ ឬខកសាយក្ coccyg/o អ៊ីរ or ឬ ខកស៊ីក្ ឬខកសាយក្ coccygo- ឆ្អឹងកន្ទុយ ឆ្អឹងកព្ចាញ់កួទ - ខកស៊ីក្ស coccyx ឆ្អឹងកន្ទុយ (ផេលប៊ូន tailbone ឆ្អឹងកន្ទុយ) ឆ្អឹងកព្ចាញ់កួទមាន៤ វាarar លោយចូលគ្នាទៅជាឆ្អឹង១) -ព្រីវិក្ស prefix បុព្ពបទ ឬជាក្យសម្រាប់តបបព្ចាលក្ពាពីខាងមុន.
2167.	ខកស៊ីក្ស coccyx- ឆ្អឹងកន្ទុយ - ផេលប៊ូន tailbone ឆ្អឹងកន្ទុយ ឆ្អឹងកព្ចាញ់កួទមួយ (ឆ្អឹង៤លោយចូលគ្នា) នាមសព្ទ.
2168.	ខកឡ្ជៀអ្ Cochle/o អ៊ីរ or ឬ ខកឡ្ជៀអ្ Cochleo- នៃក្រពេញដែលមានរាង ដូចខ្លង - ខកឡ្ជៀ cochlea ផ្នែកមួយ ឬក្រពេញមួយនៅក្នុងត្រចៀក វាមានរាងដូចចាខ្លង

	-ព្រីវិក្ស prefix បុព្វបទ ឬពាក្យសម្រាប់ផ្សំពីខាងមុខ.
2169.	ខកឃ្លេរ cochlear អ៊ីមផ្លេន្ត implant ឧបករ ឬគ្រឿងម៉ាស៊ីនត្រចៀកសម្រាប់ពាក់នៅក្នុងត្រចៀកឲ្យមនុស្សថ្លង់ កើឲ្យប៉ុន្លួយឮឮតែពួកសម្លេង នាមសព្ទ.
2170.	ខូល្ល coiled ផែតធើន pattern កំរូឆ្វើរូវញ្ញាៗគ្នា នាមសព្ទ.
2171.	ខូល្ល Coiled ធ្លុប tube បំពង់រូវញ្ញាៗ នាមសព្ទ.
2172.	ខូល្ល Coiled ធ្លុប្យូល្យ tubules បំពង់ត្ចូរូវញ្ញាៗ នាមសព្ទ.
2173.	ខូល col- អិរ or ឬ ខូល្ល colo- អិរ or ឬ ខូឡ៉ុន colon- ពោះវៀនធំ -ព្រីវិក្ស prefix បុព្វបទ ឬពាក្យសម្រាប់ផ្សំពីខាងមុខ.
2174.	ខូល្ល cold ឬរោគត្រុនផ្តាសាយ វាកើតមកមេរោគឈ្មោះ ផៃរីស៊ីស viruses វាធ្វើឲ្យឈឺកត្តិចៗ តាមមធ្យតាវាមានកំរៅទាប វាគ្មានលោកដល់ស្លូត ឬពឹងច្រមុះទេ នាមសព្ទ.
2175.	ខូល្ល cold ផែប្សេស្ស abscess ពងខ្ទុះដែលត្រជាក់ នាមសព្ទ.
2176.	ខូល្ល cold អ៊ើរ air ខ្យល់ត្រជាក់ នាមសព្ទ.
2177.	ខូល្ល cold ប៉ែត ឬប៉ែស៊ី bath មុជទឹកត្រជាក់ នាមសព្ទ.
2178.	ខូល្ល cold ប្លើដ blood សត្វខ្លះមានឈាមត្រជាក់ (ឧទាហរណ៍ដូចជាត្រី អណ្ដើក ក្រពើ គេហៅវាថា អជឋាល reptile) នាមសព្ទ.
2179.	ខូល្ល cold ប្លើដ្ដ blooded មានកំរៅនៅក្នុងខ្លួនប្រែប្រួលនៅក្នុងខ្លួនមិនស្មើគ្នា នាមសព្ទ.
2180.	ខូល្ល cold បឌី body ខ្លួនត្រជាក់ នាមសព្ទ.
2181.	ខូល្ល COLD អក្សរកាត់របស់ពាក្យ រោគស្ទះវ៉ៃនៅក្នុងសួត (ប្រយោគឹក chronic អប់ស្ត្រោក់ធីវ obstructive ឡ្វាំង្ស lungs ឌិស្ស៊ីស disease រោគស្ទះវ៉ៃនៅក្នុងសួត) នាមសព្ទ.
2182.	ខូល្ល cold ខំវ៉ឺត ឬខាម់វ៉ឺត comfort ធ្វើឲ្យអ្នកជដ៏ចេញចចិត្ត នាមសព្ទ.
2183.	ខូល្ល cold ខាំប្រេស្ស ឬខាម់ប្រេស្ស compress បង់ត្រជាក់១ នាមសព្ទ.
2184.	ខូល្ល cold ខាំប្រេស្ស៊ីស ឬខាម់ប្រេស្ស៊ីស compresses បង់ត្រជាក់២ (ច្រើនជាងមួយ ចាប់ពីរឡើងទៅ) នាមសព្ទ.
2185.	ខូល្ល cold ព្រែវទី drafty រ៉ូម room បន្ទប់ខ្យល់ត្រជាក់ចូល នាមសព្ទ.
2186.	ខូល្ល cold អ៊ីនជើរី injury រោគមានជាពុត្រជាក់ខុសពីភាពធម្មតា នាមសព្ទ.
2187.	ខូល្ល cold ណៃវ knife កាំបិតត្រជាក់ នាមសព្ទ.

2188.	ខូល្ល cold ត្រជាក់ អឺរ or ឬ ហត់ hot ផ្លេស្ស៊ីស flashes ឃាមភ្លោវរត់ចុះឡើងក្នុងខ្លួន (នៅពេលជិតអស់រដូវ ឬអស់រដូវ) កុណនាម.
2189.	ខូល្ល cold ស្ព័រស sores ក្រុនក្តៅដែលមានដុំឃៅផងបែក រលាកដុំឃៅនៅប្រហោងមាត់ (ឧទាហរណ៍ដូចជាមានរោគរលាកដុំឃៅផងបែកនៅអព្យាញធ្មេញ ឬប្បរមាត់ ប្រមប់មាត់ខាងលើ ហើយនឹងអណ្ឌាតដោយសាររោគកដុំឃៅ) នាមសំពុ.
2190.	ខូល្ល cold ស្ត្រេស្ស stress រោគខូចសាច់ដោយសារត្រូវនឹងធាតុអាកាសត្រជាក់ខ្លាំង នាមសំពុ.
2191.	ខូល្ល cold ស្វេត sweat បែកញើសត្រជាក់ខ្លួន បែកញើសដែលធ្វើឱ្យត្រជាក់ នាមសំពុ.
2192.	ខូល្ល cold ថេមនើរឈើ temperature ធាតិអាកាសត្រជាក់មួយឧង នាមសំពុ.
2193.	ខូល្ល cold ថេមនើរឈើស temperatures ធាតុអាកាស់ត្រជាក់ពីរឧង នាមសំពុ.
2194.	ខូល្ល cold អ៊ែាលសើ ulcer រោគសាច់របែកក្រហមដោយសាការខ្ទះឈាមរត់ឡើងទៅមិន ដល់កខ្លែងវា នាមសំពុ.
2195.	ខូល្ល cold ឃ្យូរធិឆារៀ urticaria រោគកន្ទួលត្រអាក ឬសាច់របែកក្រហមដោយសារត្រូវនឹង ធាតុអាកាសត្រជាក់ខ្លាំង ទាស់ចំណី ឬក់ប្រតិកម្មជាមួយនឹងចំណីអាហារ នាមសំពុ.
2196.	ខូល្ល cold វៃរើស virus មេរោគ ឈ្មោះវៃរៀស១ដែលធ្វើឱ្យកើតរោគក្រុនផ្តាសាយ/ខូល្ល cold ឬរោគក្រុនផ្តាសាយត្តច វាកើតមកមេរោគឈ្មោះ វៃរើសុស viruses (មេរោគ ឈ្មោះវៃរៀសជា ច្រើន វាធ្វើឱ្យយើងកក្រុនផ្តាសាយ) វាធ្វើឱ្យលឺកតិច១ តាមមធ្យធ្លាតាវាធ្លាន ឬមានកំដៅទាប វាធ្លានរលោកឥដល់ស្ងួត ឬតឹងច្រមុះទេ (មិនក្តូត មិនឈឺដោះ មិនឈឺខ្លួន ឬមិនឈឺសន្លាក់ឆ្អឹង) នាបសំពុ.
2197.	ខូល្ល cold វ័រទើ water ទឹកត្រជាក់ នាមសំពុ.
2198.	ខូល្ល Cold វ័រទើ weather ធាតុអាកាសត្រជាក់ បាធើស bothers ម៉ឺ me ធ្វើឱ្យខ្ញុំ ព្រួយចិត្ត ឬធ្វើឱ្យខ្ញុំពិបាកចិត្ត នាមសំពុ.
2199.	ខូល្ល cold វ៊ីន្ត wind ខ្យល់ត្រជាក់ នាមសំពុ.
2200.	ខូល្លស colds រោគក្រុនផ្តាសាយធំ (ច្រើនឧង) អឺរ or ឬ ហ្វ្លូ flu ក្រុនផ្តាសាយធំច្រើនយ៉ាង (មានក្តូត ឈឺក្បាល ឈឺដោះ ឈឺខ្លួន ឈឺសន្លាក់ឆ្អឹង ក្រុនក្តៅឈឺពេញខ្លួន) នាមសំពុ.
2201.	ខលឡ្ា coll/a- ជំរការ ជំរស្ថិត១ - ក្ក glue ជំរការ ជំរស្ថិត១ -ប្រ៊ីវ៊ក្ស prefix បុព្ញបទ ឬបាក្សសម្រាប់តពីខាងមុន.

2202.	ខូលវែលផ្សព collapsed ឡាំង lung ខ្លចស្វតដែលមានខ្យល់លេចចូលទៅក្នុងស្រោមស្វត ធ្វើឱ្យស្វតយឺតបោងចុះឡើងមិនបាន ប្រហែលជាមានរបួសនៅដើមទ្រូង ឬច្បានបុកគ្នា (ពាក្យតាមវិជ្ជាពេទ្យគេហៅវា ណ្មូមូឆ្វរ៉ក្ស pneumothorax) នាមសំព.
2203.	ខូលវែលទ្រើស collateral ព្រែនឆ branch សរសៃព្វរ ឬសរវៃសេចចដែលបែកមែកសាខា នាមសំព.
2204.	ខូលឡ្ទិកធិង collecting កំពុងតែប្រមូលផ្តុំគ្នាឡើងនៅក្នុង ដាក្ត duct បំព៦១ (ដាក្តស ducts បំព៦២) នាមសំព.
2205.	ខូលឡ្ទិកធិង collecting កំពុងតែប្រមូលផ្តុំគ្នាឡើងនៅក្នុង ធួប្យល tubule បំព៦១ត្ូច / ធួប្យល្យ tubules បំព៦២ត្ូចៗ (ឧទាហរណ៍ដូចជាបំព៦នៅក្រមទ្រិកនេាមឬឃ្យៗជាច្រើននៅ ក្នុងក្រមទ្រិលនេាម ឬក្រឃ្យៀន) នាមសំព.
2206.	ខូលម្ញិក្ស collects ធ្វើការប្រមូលផ្តុំគ្នាឡើង អិន in នៅក្នុង ធើ the អាធើរ artery សរវៃឈ្យាម កិរិយាសព.
2207.	ខូលម្ញិក្ស collects ធ្វើការប្រមូលផ្តុំគ្នាឡើង អ៉ើវ of នៅក្នុង ធើ the ឡាំឡ្យ lungs ស្វតទាំងពីរ កិរិយាសព.
2208.	ខូល Colo- នែពោះរៀនធំ អ៉ីវ or ឬ ខូល Col/o នែពោះរៀនធំ - ខ្ញ៉ីន colon- នែពោះរៀនធំ (ឡ្យាច large អិនថេស្ទ៊ីន ឬអិនថេស្ឆ្យាញ intestine នែពោះរៀនធំ) -ព្រ៊ីវ៉ិក្ស prefix បុព្វបទ ឬពាក្យសម្រាប់ផ្ត៌ខាងមុខ.
2209.	ខ្ញ៉ីន colon ពោះរៀនធំ (ពោះរៀនធំវ៉ាមានបីផ្នែក វ៉ាមានប្រវែងប្រហែលជាងមួយម៉ែត) (វ៉ាយ 5 វ៉ិត feet ឡ្យង long ពោះរៀនធំមានប្រវែងប្រហែលឌ៉ីវ) នាមសំព.
2210.	ខ្ញ៉ីន colon ខែនស៉ើ cancer រោគមហារ៉ីកនៅក្នុងពោះរៀនធំ នាមសំព.
2211.	ខ្ញ៉ីន colon ពោះរៀនធំ អ៉ីវ or ឬ រកទិល rectal ខែនស៉ើ cancer រោគមហារ៉ីក នៅក្នុងចុងពោះរៀនធំ នាមសំព.
2212.	ខ្ញ៉ីទិក colonic ខាស៉ិន្ុរជេនេស៉ិស carcinogenesis គ្រាប់ផ្លូជរោគមហារ៉ីកនៅ ក្នុងពោះរៀនធំ នាមសំព.

2213.	ខូឡឹនិក colonic- នៃពោះវៀនធំ - ខូឡឹន colon នៃពោះវៀនធំ (ឡាច large អិនថេស្ទីន ឬអិនថេស្ទាញ intestine នៃពោះវៀនធំ) -ព្រីហ្វិក្ស prefix បុព្វបទ ឬពាក្យសម្រាប់ពពីខាងមុខ.
2214.	ខូឡឹនិក colonic វិសជូឡា fistula ពោះវៀនធំធ្លុះមានរន្ធតូចវែងដោយសារតែមានរោគបានជាវាកើតទៅជាបំពង់តូចវែង១នេះ (វាធ្វើឱ្យមានទឹកលេចចេញពីសរីរាង្គណាមួយមិនធម្មតា) នាមស័ព្ទ.
2215.	ខូឡឹនិក colonic អិនផ្លេមមេសិន inflammation រោគរលាក ឈឺ ហើម ឬក្តៅក្រហាយនៅក្នុងពោះវៀនធំ នាមស័ព្ទ.
2216.	ខូឡឹនិក colonic ផូលីផូសិស polyposis រោគដុំសាច់ពកតូចៗកើតច្រើននៅពោះវៀនធំ នាមស័ព្ទ.
2217.	ខូឡឹនិក colonic ធូមើរស tumors ដុំសាច់ដុះពកៗនៅពោះវៀនធំ នាមស័ព្ទ.
2218.	ខូឡឹនូ colono- ពោះវៀនធំ អ៊រ or ឬ ខូឡឹនូ colon/o ពោះវៀនធំ អ៊រ or ឬ ខូឡឹន colon ពោះវៀនធំ (ឡាច large អិនថេស្ទីន intestine នៃពោះវៀនធំ) -ព្រីហ្វិក្ស prefix បុព្វបទ ឬពាក្យសម្រាប់ពពីខាងមុខ.
2219.	ខឡូនី colony ស្ទីមូលេសិន stimulation ហ្វឹកទើ factor នៅក្នុងក្រុមមេរោគ ឬថ្នាំអ្វីដែលធ្វើឱ្យរោងចក្រនៅខួរឆ្អឹងផលិតគ្រាប់ឈាមក្រហមឡើង នាមស័ព្ទ.
2220.	ខាលើ color ប្លាញន្តនេស្ស ឬប្លាន្តនេស្ស blindness មើលពណ៌មិនឃើញ ឬមើលពណ៌មិនឃើញច្បាស់ នាមស័ព្ទ.
2221.	ខាល្ល័រ ឬខាលើ color សំបុល ឬពណ៌ អែមបើ amber លឿងព្រឿងៗ នាមស័ព្ទ.
2222.	ខូល្ល័រ ឬខាលើ color សំបុល ឬពណ៌ ប្រោន brown ត្នោត នាមស័ព្ទ.
2223.	ខូល្ល័រ ឬខាលើ color អ៊ោវ of គូល្ត gold មានពណ៌ដូចមាស នាមស័ព្ទ.
2224.	ខូល្ល័រ ឬខាលើ color សំបុល ឬពណ៌ យេលឡូវ yellow លឿង នាមស័ព្ទ.
2225.	ខូល្លូរេកថិល colorectal នៃ ឬទាក់ទងទៅនឹងពោះវៀនធំ ហើយនឹងទ្វារធំផង គុណនាម.
2226.	ខូល្លូរេកថិល colorectal ខែនសើ cancer រោគមហារីកនៅពោះវៀនធំ ហើយនឹងទ្វារធំផង នាមស័ព្ទ.

2227.	ខួល្អឧកទិល colorectal សេីជីន surgeon វជ្ជបណ្ឌិត ឬក្រុពេទ្យដែលមានឯក ទេសខាងធ្វើការវះកាត់នៅពោះវៀនធំហើយនិងទ្វារធំផង នាមសព្ទ.
2228.	ខាលើរឌ colored ផ្នែកសីន portion ផ្នែកដែលមានពណ៌ អៅវ of នៅក្នុង ធើ the អាយ eye ភ្នែក អាយរិស iris ប្រស្រីភ្នែក (ប្រស្រីភ្នែក ឬកន្លែងប្រែពណ៌នៅក្នុងភ្នែក ឬក្នុងក្រមុំភ្នែក) -អាយរិស iris ប្រស្រីភ្នែក ឬកន្លែងពណ៌នៅក្នុងភ្នែក គុណនាម.
2229.	ខាលើរឌ colors មានពណ៌ វ៉េរ៉ី vary ខុស១ពីគ្នាច្រើនយ៉ាង នាមសព្ទ.
2230.	ខួលផ colp- អ័រ or ឬ ខួលផូ colpo- ឬ ខួលផ/ឱ colp/o រន្ធយោនី ទ្វារមាស - វៃចាយណា vagina រន្ធយោនី ទ្វារមាស _ព្រីវិក្ស prefix បុព្វបទ ឬពាក្យសម្រាប់តបពាក្យគ្នាពីខាងមុខ.
2231.	ខលផូ colpo អ័រ or ឬ ខលផ/ឱ colp/o រន្ធយោនី ទ្វារមាស - វៃចាយណា vagina រន្ធយោនី ទ្វារមាស (ពាក្យទាំងអស់នេះមានអត្ថន័យដូចគ្នា ខួលផ colp- ឃូលផូ kolpo- ឃីស kysth- ឃីស្ធូ kystho- រន្ធយោនី ឬទ្វារមាស) -ព្រីវិក្ស prefix បុព្វបទ ឬពាក្យសម្រាប់តបពាក្យគ្នាពីខាងមុខ.
2232.	កូល colt ឌិសថេមផេ distemper រោគសាគូ ជំពៅរោគច្រើនយ៉ាងនៅសត្វសេះ: (ឧទាហរណ៍ដូចជាក្រុនក្តៅ លោកដំពៅ ខ្លាចពន្លឺភ្លើង កូត លោកនៅផ្លូវដកដង្ហើម ហើយខ្លួនឯង វាកើតមកពីមេរោគឈ្មោះ ៽វៀសៗដែលគេរកមិនទាន់ឃើញ) នាមសព្ទ.
2233.	ខលុម្ម column រៀន់ 1 ដាយអ៉ែគ្នូសិស diagnosis ការវិនិច្ឆ័យរោគនៅជួរឈ្នៀងខ្នាង ទីមួយ នាមសព្ទ.
2234.	ខលុម្ម column រៀន់ 1 សើជើរ surgery ការវះកាត់នៅជួរឈ្នៀងខ្នាងទីមួយ នាមសព្ទ.
2235.	ខលុម្ម column ផ្ធី 2 ដាយអ៉ែគ្នូសិស diagnosis ការវិនិច្ឆ័យរោគនៅជួរឈ្នៀងខ្នាងទីពីរ នាមសព្ទ.
2236.	ខលុម្ម column ផ្ធី 2 សើជើរ surgery ការវះកាត់នៅជួរឈ្នៀងខ្នាងទីពីរ នាមសព្ទ.
2237.	ខលុម្ម column ស្រ្តី 3 ដាយអ៉ែគ្នូសិស diagnosis ការវិនិច្ឆ័យរោគនៅជួរឈ្នៀងខ្នាងទីបី នាមសព្ទ.
2238.	ខលុម្ម column ស្រ្តី 3 សើជើរ surgery ការវះកាត់នៅជួរឈ្នៀងខ្នាងទីបី នាមសព្ទ.

2239.	ខលុម្ម column ឬ 4 ជាយអែតនូសិស diagnosis ការវិនិច្ឆ័យរោគនៅជួរឈ្មើងខ្ទង់ទីបួន នាមសព្ទ.
2240.	ខលុម្ម column ឬ 4 សើរជើរ surgery ការវះកាត់នៅជួរឈ្មើងខ្ទង់ទីបួន នាមសព្ទ.
2241.	ខម ឬខម com- អិរ or ឬ ខុន ឬខ្ទន់ con ជាមួយគ្នា ចូលរួមគ្នា អ្វីៗដែលរួមជាមួយគ្នា - ព្រីវិក្ស prefix បុព្វបទ ឬជាក្សសម្រាប់ពពីខាងមុខ.
2242.	ខូម៉ែតូ comat/o អិរ or ឬ ខូម៉ែតូ comato- ដេកលក់ខ្លាំងដូចគេសគ្គំ -ទីព deep ស្ពីន sleep ដេកលក់ខ្លាំងដូចគេសគ្គំ -ព្រីវិក្ស prefix បុព្វបទ ឬជាក្សសម្រាប់ពពីខាងមុខ.
2243.	ខំាញ៉ានេសិន combination វ៉ែកសិន vaccine ថ្នាំចាក់ការពាររោគមានលាយគ្នា ច្រើនយ៉ាង នាមសព្ទ.
2244.	ខាម់ប៉ាញ៉ានេសិន combination ការលាយ វិថ្ក with ជាមួយគ្នាទៅនឹងរបស់អ្វីមួយ នាមសព្ទ.
2245.	ខាម់ ឬខំាប៉ាញ៉ឌ combined ពិល្លស pills ថ្នាំគ្រាប់ជាច្រើនលាយគ្នា កិរិយាសព្ទ.
2246.	ខាម់ ឬខំាប៉ាញ៉និឌ combining វ៉ូម form ស្រះៗដែលសំរាប់ដាក់បញ្ចូលគ្នាឡើង ឬតភ្ជាប់គ្នាឡើង កិរិយាសព្ទ.
2247.	ខាម់ប៉ាញ៉និឌ combining- វ៉ូម្ស forms ស្រះជាច្រើនសំរាប់ ឬដាក់បញ្ចូយគ្នាឡើង ឬសំរាប់តភ្ជាប់គ្នាឡើង កិរិយាសព្ទ.
2248.	ខាម់ប៉ាញ៉និឌ combining កំពុងតែតភ្ជាប់ វ៉ូវ៉ែល vowel ស្រះៗឡើង (វ៉ូវ៉ែល្ស vowels ស្រះជាច្រើនចូលគ្នាឡើង) កិរិយាសព្ទ.
2249.	ខាម់វ៉ូតេត comforted បានជួយ ធើ the ក្រាយិង crying ម៉ែន man មនុស្សប្រសម្ងាក់កំឲ្យយំ កិរិយាសព្ទ.
2250.	ខាម់វ៉ូតេត comforted បានជួយ ធើ the ក្រាយិង crying ផេសិន្ត patient អ្នកជម្ងឺកំឲ្យយំ កិរិយាសព្ទ.
2251.	ខាម់វ៉ូតេត comforted បានជួយសំស្រួល ធើ the សិក្ត sick ផេសិន្ត patient អ្នកជម្ងឺកំឲ្យយំ កិរិយាសព្ទ.

2252.	ខមមិនុត្ត comminuted រៀកលើ fracture ឆ្អឹងដែលបាក់ច្រើនកន្លែង នៅជិតគ្នាៗ កិរិយាសព្ទ.
2253.	ខាម់មិត្ថវ committed ធ្វ to ហាសផិថល hospital បានដាក់ឱ្យដេកនៅក្នុង មន្ទីរពេទ្យ កិរិយាសព្ទ.
2254.	ខមមិន Common អាមៀរិកិន American ប្រេហ្ស៊ីស Phrases ឃ្លាជាទូទៅ ដែលជនជាតិអាមេរិចប្រើ គុណនាម.
2255.	ខមមិន common តាមធម្មតា ប៊ីនាញ benign គ្មានរោគទេ គុណនាម.
2256.	ខមមិន common ប៊ីនាញ benign វៃប្រ៊ិយវ្ស fibroids សាច់ដុំសរសៃៗនេះ តាមធម្មតាវាគ្មានរោគទេ គុណនាម.
2257.	ខមមិន common ពាល bile ដាក្ត duct បំពង់ទឹកប្រម៉ាត់រួមគ្នាមួយ គុណនាម.
2258.	ខមមិន common ពាល bile ដាក្តស ducts បំពង ឬថង់ទឹកប្រម៉ាត់ចូលរួមគ្នា២ វានៅ ត្រង់ចំជាមនៅកន្លែង (វានាំទឹកប្រម៉ាត់ចូលទៅក្នុងពោះរៀនធំផ្នែកទីមួយ ឬក្បាលពោះរៀនតូច) គុណនាម.
2259.	ខមមិន common ខែនសេ៊ីស cancers រោគមហារីកតាមធម្មតា គុណនាម.
2260.	ខមមិន common ឆារ៉ុធិធ carotid អាធើរ artery សរសៃឈាមក្រហមធំចំជាម ដែលផ្តល់ឈាមទៅក្បាលហើយនឹងក គុណនាម.
2261.	ខមមិន common ខោះស cause ការកើតឡើងរួមគ្នាជាទូទៅ គុណនាម.
2262.	ខមមិន common ខួល្ល cold រោគផ្តាស់សាយជាទូទៅ ឬធម្មតា គុណនាម.
2263.	ខមមិន common យ៉ើរថេស៊ី courtesy ការគោរព ឬភាពគួរសមតាមការ គោរពជាទូទៅ ឬទៅតាមការគោរពជាធម្មតា គុណនាម.
2264.	ខមមិន common ឌិស្ស៊រឌើស disorders ជម្ងឺរួមគ្នាជាទូទៅ វាខុសពីភាពធម្មតា គុណនាម.
2265.	ខមមិន common ហេផែធិក Hepatic ដាក្ត duct បំពង់រួមគ្នា១មកពីថ្លើមចូលទៅ ថង់ប្រម៉ាត់ (២រួមគ្នាមកពីថ្លើមចូលទៅថង់ទឹកប្រម៉ាត់) គុណនាម.

2266.	ខមម៉ិន common ជាទូទៅបានកើតឡើង អ៊ីន in នៅក្នុង ឈីលឌ្រេន children កូនក្មេង គុណនាម.
2267.	ខមម៉ិន common ជាទូទៅច្រើនមាន អ៊ីន in នៅក្នុង មេន men មនុស្សប្រុស គុណនាម.
2268.	ខមម៉ិន common ជាទូទៅច្រើនមាន អ៊ីន in នៅក្នុង វ៉ូមេន women មនុស្សស្រី គុណនាម.
2269.	ខមម៉ិន common នោន្ស nouns នាមមនុស្សមួយៗ របស់អ្វីៗ ហើយនឹងទីកន្លែង (ឧទាហរណ៍ដូចជាកន្លែងចតឡាន ផ្សារលក់ពីវ៉ាន់ សរសេរអក្សរតូច) គុណនាម.
2270.	ខមម៉ិន common សិន្ស sense ការយកយល់តាមធម្មតា សំទៅតាមរឿងរបស់វ៉ាសំទៅតាម លខណៈដែលកើតឡើង គុណនាម.
2271.	ខមម៉ិន common សៃត site កន្លែង ឬតំបន់ធម្មតា ឬកន្លែងជាទូទៅ គុណនាម.
2272.	ខមម៉ិន common ស៊ីមួតឹម symptom រោគសញ្ញាមួយមគ្នាជាទូទៅ គុណនាម.
2273.	ខមម៉ិន common ស៊ីមួតឹម្ស symptoms រោគសញ្ញាច្រើនមួយមគ្នាជាទូទៅ គុណនាម.
2274.	ខមម៉ិន common វិសិន vision ផ្រូប្លេម problem មានបញ្ហានៅភ្នែកជាទូទៅ គុណនាម.
2275.	ខាម់ផៃធិបល compatible សំស្រប វិត្ថ with ជាមួយ លៃហ្វ life ជីវិតបាន (ឬរស់នៅក្នុងជីវិតនេះបាន) គុណនាម.
2276.	ខាម់ភ្លីត complete អឹកស្លីង asleep ដេកលក់ស្ងប់ល្អ ដេកលក់សុប ដេកលក់មិនដឹងខ្លួន កិរិយាសព្ទ.
2277.	ខាំភ្លីត complete ប្លើដ blood ខោន្ត count ពិនិត្យមើលទឹកឈាមគ្រប់យ៉ាង ទាំងអស់ (នៅក្នុងមន្ទីរពិសោធន៍ឈាម មើលឈាម មើលទំហំរបស់វ៉ា ហើយសរសេរទុកទៅ តាមលេខរៀងរបស់វ៉ាឈ្មោះហៅថា ស៊ីប៊ីស៊ី CBC ប្លើដ blood ខោន្ត count) កិរិយាសព្ទ.
2278.	ខាម់ភ្លីត complete ប្រេក break បៃក ឬប្រះ ឬបាក់ទាំងអស់ អ៊ីន in នៅក្នុង ឋើ the ឬន bone ឆ្អឹងណាមួយ (នេះមានន័យថាមានឆ្អឹងបាក់ជាប់ចេញពីគ្នា ឬមានឆ្អឹងបាក់ឃ្លាតចេញពីគ្នា) កិរិយាសព្ទ.

2279.	ខាំផ្លីត complete ដៃឡេសិន dilation ការរីកធំរលប់កំរិតនៅក្នុងក្រពេញណាមួយ (រីកធំទាំងអស់) កិរិយាសព្ទ.
2280.	ខាម្ផ្លីត complete រ្រៃកឈើ fracture ឆ្អឹងបាក់ដាច់ចេញពីគ្នា ឬឆ្អឹងបាក់ប្ដោរ ចេញពីគ្នា កិរិយាសព្ទ.
2281.	ខាម្ផ្លីត complete ហ្គីលិង healing សះទាំងអស់ ឬជាទាំងអស់ កិរិយាសព្ទ.
2282.	ខាម្ផ្លីត complete មេទិខុល medical ហិស្ទ្រី history ប្រវត្តិសាស្ត្រទាំងអស់ នៅក្នុងបញ្ជីពេទ្យ កិរិយាសព្ទ.
2283.	ខាម្ផ្លេក្ស complex លិភិដ lipid ជាតិខ្លាញ់លាយគ្នាច្រើនយ៉ាង ជាតិខ្លាញ់ដែលមាន ជាតិអំបិល នាមសព្ទ.
2284.	ខាម្ផ្លេក្ស complex មេធៀរៀល្ស materials វត្ថុធាតុផ្សេងៗដែលពិបាលកិនរំលាយ (ដូចជាជាតិប្រូតេអ៊ីន) នាមសព្ទ.
2285.	ខាម្ផ្លេក្ស complex នេតវើក network ប្រព័ន្ធទាក់ទងគ្នាដែលមានការស្មុគស្មាញ នាមសព្ទ.
2286.	ខាម្ផ្លេក្ស complex ព្រូតេអ៊ីន protein មានទឹកប្រូតេអ៊ីនលាយគ្នាច្រើនយ៉ាង នាមសព្ទ.
2287.	ខាម្ផ្លេក្ស complex រីជិនុល regional ផេន pain សិនដ្រូម syndrome អាគាយ៍ស្មុគស្មាញៗក្រុមចូលរួមជាមួយគ្នា អាគាយ៍រវាំងកើតឡើងនៅក្រោយពេលមានរបួស ឬនៅ ក្រោយការវះកាត់ ឬមានការក្រាំក្រាមកពីរៀងអ្វីមួយ ផ្នែកាលយើងមិនដឹងថាអាគាតនេះកើតឡើង មកពីហេតុអ្វីទេ (ស៊ីអ៊ីរ៍ផីសែស CRPS នេះគឺជាអក្សរកាត់របស់វា) នាមសព្ទ.
2288.	ខាម្ផ្លិខេសិន complication ការស្មុគស្មាញ អោរ of នៅក្នុង សេជសិស sepsis ប្រព័ន្ធប្រតាំងកាយមួយមេរោគដ៏ឃេ នាមសព្ទ.
2289.	ខាម្ផូនេន្ត component ផាត part ផ្នែក១សម្រាប់ដាក់លាយគ្នាឡើង នាមសព្ទ.
2290.	ខាម្ផូនេន្ត component ផាត្ស parts ផ្នែក ឬវត្ថុធាតុអ្វីៗដែលសម្រាប់ផ្សំលាយគ្នាច្រើន ផ្នែក នាមសព្ទ.
2291.	ខាម្ផូស្ក composed បានធ្វើរួមគ្នាឡើង អោរ of នៅក្នុង វ៉ៃបើស fibers សាច់សរសៃៗជាច្រើន កិរិយាសព្ទ.
2292.	ខាម្ផូស្ក composed បានកើតឡើង អោរ of នៅក្នុង ធូម៉ើរ tumor

	សែល្លស cells គ្រាប់សាច់ដុះពកៗដុំៗ កិរិយាសព្ទ.
2293.	ខាម់ផូស្ស composed បានកើតឡើង អោវ of នៅក្នុង យូរិក uric ទឹកនោម ដែសិដ acid ជាតិទឹកអាស៊ីត អរ or ឬ សិល្លស salts ជាតិប្រៃៗ កិរិយាសព្ទ.
2294.	ខាម់ប្រេស្ស compress សង្កត់ពីលើ ធូ to ដើម្បីឲ្យ ប្ល៉ាតធិន flatten អិត it រាបស្មើ កិរិយាសព្ទ.
2295.	ខាម់ប្រេសសិន compression រ៉ៃកឆើ fracture ឆ្អឹងបាក់ដែលកើតឡើងដោយសារ ការសង្កត់រុញខ្លាំងទៅលើឆ្អឹងបានជារាបាក់ នាមសព្ទ.
2296.	ខាម់ប្រេសសិន compression ការសង្កត់ អោវ of នៅលើ ធើ the ឆេស្ស chest ដើមទ្រូង តឹងដើមទ្រូង (ដោយសារតែមានទឹកនៅក្នុងជវិញស្រោមបេះដូង) នាមសព្ទ.
2297.	ខាម់ប្រេសសិន compression ការសង្កត់ អិន on នៅលើ ធើ the ឆេស្ស chest ដើមទ្រូង នាមសព្ទ.
2298.	ខាម់ប្រៃសិង comprising កំពុងតែរួមផ្ដាឡើងទៅ ធើ the ប្រេន brain ខួរក្បាល (ឬមាននៅក្នុងខួរក្បាល) កិរិយាសព្ទ.
2299.	ខាម់ប្រៃសិង comprising កំពុងតែកើតឡើងនៅ ធើ the ស្ប៉ាញនុល spinal ឃួរដ cord ខួរឆ្អឹងខ្នង (មាននៅក្នុងខួរឆ្អឹងខ្នង) កិរិយាសព្ទ.
2300.	ខាម់ផ្យូត្ត computed បានប្រើម៉ាស៊ីនកុំព្យូទ័រ ធូម៉ូក្រេហ្ស៊ី tomography ថតឆ្លុះមើល រោគៗផ្នាផ្នាល់នឹងវភ្នេកដោយប្រើកម្លាំងភ្លើងអគ្គីនី (កេហៅថាកម្មរស៊ី) ហើយកត់ទុកផង កិរិយាសព្ទ.
2301.	ខាម់ផ្យូជ៊ី computer កុំព្យូទ័រ ប្រ៊ូប្លេម្ស problems មានបញ្ហា (កុំព្យូទ័រខូច) នាមសព្ទ.
2302.	ខាម់ផ្យូទើសៃ្យដ computerized បានប្រើកុំព្យូទ័រ ស្កេននិង scanning ថតមើលរោគទៅតាមលេខរៀង កិរិយាសព្ទ.
2303.	ខូន con- អិរ or ឬ ខាំ ឬខាម់ com- ជាមួយគ្នា ចូលរួមគ្នា អ្វីៗដែលរួមជាមួយគ្នា - ធូកេធើ together រួមជាមួយគ្នា វិថ with ជាមួយ -ប្រ៊ីវិក្ស prefix បុព្វបទ ឬពាក្យសម្រាប់ផ្ដើមពីខាងមុខ.
2304.	ខូនខេវ ឬខនខេវ concave ប្រហោងហើយកោង រាងខ្វងកោង យើវ curve ឡើងកោង គុណនាម.
2305.	ខូនខេវ ឬខនខេវ concave កោង ផត ឬខូដ ផស្យើរអើលី posteriorly

	ខាងក្រោយកោងចូលក្នុង កុណនាម.
2306.	ខួនសិនគ្រេសិន concentration និវិកខុលទី difficulty ការពិបាកគិត គិតមិនចេញ គិតមិនយល់ នាមសំពុ.
2307.	ខនក្រិត concrete នោស្យ nouns របស់អ្វីៗដែលយើងអាចប៉ះ ឬចាប់វាបាន (ឧទាហរណ៍ដូចជា ប្អិត book សៀវភៅ, ផន pen ប៉ិច, ថេបល table តុ) នាមសំពុ.
2308.	ខួនយើអន្ត concurrent ការកើតឡើងជាមួយគ្នា កុណនាម.
2309.	ខួនយើអន្ត concurrent អិនវិកសិន infection រោគជំងឺជាច្រើនដែលវត្សូម ជាមួយគ្នា ឬរោគជំងឺនេះកើតស្បូមជាមួយគ្នានៅក្នុងពេលតែ១ នាមសំពុ.
2310.	ខួនយើអន្ត concurrent ផឺតិលៃស្យេសិន fertilization ការចាប់កំណើកើតស្បូម គ្នាឡើងនៅពេលជាមួយគ្នា នាមសំពុ.
2311.	ខួនឌិស៊ិន condition មានរោគ អែសស្យសិអេត្ត associated ទាក់ទងជាមួយនឹង នាមសំពុ.
2312.	ខួនឌិស៊ិន condition មានរោគ អិន in វិច which ណាមួយនៅក្នុង នាមសំពុ.
2313.	ខួនឌិស៊ិន condition មានស្ថានភាព អិន in នៅក្នុងរោគ វិច which ណាមួយដែល ធើ the នាមសំពុ.
2314.	ខួនឌិស៊ិន condition មានរោគ អិនវិលវិង involving ទាក់ទងជាមួយនឹង នាមសំពុ.
2315.	ខួនឌិស៊ិន condition មានរោគ អិនវិលវិង involving ទាក់ទង វិត្ថ with ជាមួយនឹង នាមសំពុ.
2316.	ខួនឌិស៊ិន condition មានរោគ អ្វីវ of អេ a វៃត white ដែលមាន មែស្យ mass ពុំសធំ នាមសំពុ.
2317.	ខួនឌិស៊ិន condition មានរោគ អ្វីវ of អេ a វៃត white ព្យុផល pupil ពុំស១នៅក្នុងប្រស្រីភ្នែក នាមសំពុ.
2318.	ខួនឌិស៊ិន condition មានរោគ អ្វីវ of នៅក្នុង ប្រេន brain ខួរក្បាល នាមសំពុ.
2319.	ខួនឌិស៊ិន condition មានរោគ អ្វីវ of អិក្សសេសសិវ excessive វ៉ូរមេសិន formation អ្វីមួយកើតឡើងច្រើនហួសពេកនៅក្នុងខ្លួន (ឧទាហរណ៍ដូចជាទឹករអ៊ូម៉ូន ឬខ្លាញ់កើនច្រើនហួសពេកនៅក្នុងទឹកឈាម) នាមសំពុ.

2320.	ខ្ញុំទិសិន condition មានរោគ អោរ of នៅក្នុង អិក្សេសសិវ excessive ជារ៉ាថាយរ៉យដ parathyroid ក្លួ gland ក្រពេញឈ្មោះតាយរ៉យ រាបពេញញទឹកអំរម៉ឺន របស់រាជ្រើនហ្លួសពេក នាមសំពួ.
2321.	ខ្ញុំទិសិន condition មានកេីតរោគ អោរ of វាំងកើស fungus ផុះផ្សិតស្ងួយ អិនរៅកសិន infection ដំបៅនៅក្នុង នាមសំពួ.
2322.	ខ្ញុំទិសិន condition មានរោគ អោរ of ដែល ហួល្ល hold ទប់ ប៉ែក្ក back ប្លើដ blood ទឹកឈាមឱ្យបែបឆយក្រោយ នាមសំពួ.
2323.	ខ្ញុំទិសិន condition មានកេីតរោគ អោរ of អិនរៅកសិន infection ដំបៅនៅក្នុង នាមសំពួ.
2324.	ខ្ញុំទិសិន condition មានរោគ អោរ of អិនផ្លេីមមេសិន inflammation រលាកដំបៅ នាមសំពួ.
2325.	ខ្ញុំទិសិន condition មានរោគ អោរ of យីធួន្យ ketones ប្រូតអ៊ីនឈ្មោះយីធួន្យ អិន in នៅក្នុង ធេី the យ៉ូរ៉ិន urine ទឹកនោម នាមសំពួ.
2326.	ខ្ញុំទិសិន condition មានរោគ អោរ of នៅក្នុង នេល nail ក្រចក១ អិរ or ប្ អោរ of នៅក្នុង នេល្ស nails ក្រចកជាច្រើន នាមសំពួ.
2327.	ខ្ញុំទិសិន condition មានរោគ អោរ of ដែល ណូ no ក្ខាន វ៉ឹលិង feeling អារម្មណ៍តិតត្ថូរ (មឺនចេះតិត ឬតិតមឺនចេញ) នាមសំពួ.
2328.	ខ្ញុំទិសិន condition មានរោគ អោរ of ដែល ណូ no បាត់បង ធេីវិស nervous វ៉ឹលិង feeling អារម្មណ៍ ឬវិញ្ញាណខាងដឹង នាមសំពួ.
2329.	ខ្ញុំទិសិន condition មានរោគ អោរ of ដែល ណូ no បាត់បង សេនសេសិន sensation វិញ្ញាណខាងដឹង នាមសំពួ.
2330.	ខ្ញុំទិសិន condition មានរោគ អោរ of ផារ៉ាលអេស៊ីស paralyses ខាប់ដែជេីង (ឬរោគកំនឹកដែជេីងមឺនបាន) នាមសំពួ.
2331.	ខ្ញុំទិសិន condition មានរោគ អោរ of នៅក្នុង ស្ទូល្ស stools លាមក នាមសំពួ.
2332.	ខ្ញុំទិសិន condition មានរោគ អោរ of នៅក្នុង ធេី the អេជ្រីនុល adrenal ក្លួស gland ក្រពេញ២ដែលអង្គុយនៅខាងលើក្រមងទឹកនោម ឬក្រលៀន នាមសំពួ.

2333.	ខួនទិស៊ីន condition មានវាគ ផ្អើរ of នៅក្នុង ធើ the ស៊ុកេម៍ cecum ក្បាលពោះវៀនធំមួយកង់ វានៅជិតខ្នែងពោះវៀន នាមសំពូ.
2334.	ខួនទិស៊ីន condition មានវាគ ផ្អើរ of នៅក្នុង ធើ the កោល្ថប្លែដធើ gallbladder ថង់ទឹកប្រម៉ាត់ នាមសំពូ.
2335.	ខួនទិស៊ីន condition មានវាគ ផ្អើរ of នៅក្នុង ធើ the ហ្ញាត heart បេះដូង នាមសំពូ.
2336.	ខួនទិស៊ីន condition មានវាគ ផ្អើរ of នៅក្នុង ធើ the យិដនី kidney កម្រងទឹកនោម ប្ក្រលៀន នាមសំពូ.
2337.	ខួនទិស៊ីន condition មានវាគ ផ្អើរ of នៅ ធើ the លិផ្ស lips បបូរមាត់ នាមសំពូ.
2338.	ខួនទិស៊ីន condition មានវាគ ផ្អើរ of នៅក្នុង ធើ the លិវើ liver ថ្លើម នាមសំពូ.
2339.	ខួនទិស៊ីន condition មានវាគ ផ្អើរ of នៅក្នុង ធើ the ឡ្ញុង lung សួតមួយខាង (ឬលោកស្សូតម្ខាង)/ ឡ្ញុងស lungs សួតទាំងពីរខាង (ឬលោកស្សូតទាំងសងខាង) នាមសំពូ.
2340.	ខួនទិស៊ីន condition មានវាគ ផ្អើរ of នៅក្នុង ធើ the នូស nose ច្រមុះ នាមសំពូ.
2341.	ខួនទិស៊ីន condition មានវាគ ផ្អើរ of នៅក្នុង ធើ the ផែនក្រៀស pancreas លំពែង នាមសំពូ.
2342.	ខួនទិស៊ីន condition មានវាគ ផ្អើរ of នៅក្នុង ធើ the ស្គិន skin ស្បែក នាមសំពូ.
2343.	ខួនទិស៊ីន condition មានវាគ ផ្អើរ of នៅក្នុង ធើ the ស្បាញន spine ឆ្អឹងខ្នង នាមសំពូ.
2344.	ខួនទិស៊ីន condition មានវាគ ផ្អើរ of នៅក្នុង ធើ the វឺធេប្រា vertebra ឆ្អឹងខ្នងមួយកង់ / វឺធេប្រ៊ី vertebrae ឆ្អឹងខ្នងជាច្រើនកង់ នាមសំពូ.
2345.	ខួនទិស៊ីន condition មានវាគ ផ្អើរ of ផែល សើស្ត thirst ស្រេកទឹកយ៉ាងខ្លាំង ហ្ចុសពេក នាមសំពូ.
2346.	ខួនទិស៊ីន condition មានវាគ វិតអោត without ផែលព្ទាន នាមសំពូ.
2347.	ខួនឌាក្ conduct ប្ជើដ blood ដឹកនាំទឹកឈាមទៅកន្លែងផ្សេងទៀត កិរិយាសពូ.
2348.	ខួនឌាក្ conduct ដឹកនាំ ហីត heat ផ្ទើរវត់ កិរិយាសពូ.

2349.	ខុនដាក្ទ conduct បានធ្វើការ ឌើ the ត្រៀល trail សាកល្បងមើល ឬដាន អែត of នៅក្នុង កិរិយាសព្ទ.
2350.	ខុនដាក្ទដ conducted បានដឹកនាំ ហីត heat ភ្លើងឱ្យរត់ កិរិយាសព្ទ.
2351.	ខុនដាក្ទស conducts ដឹកនាំ ហីត heat ភ្លើងឱ្យរត់ កិរិយាសព្ទ.
2352.	ខុនដាល្ញ condyl/o អ៊រ or ឬ ខុនដាល្ញ condylo- ក្បាលសន្លាក់ឆ្អឹងមូលៗ - ខុនដាល condyle ក្បាលសន្លាក់ឆ្អឹងមូលៗ ណប់ knob ក្បាលសន្លាក់ឆ្អឹងមូលៗ នៅកន្លែងឆ្អឹងមួយ ភ្ជាប់ទៅនឹងឆ្អឹងមួយទៀត -ព្រីហ្វិក្ស prefix បុព្វបទ ឬពាក្យសម្រាប់ពីខាងមុខ.
2353.	ខុន cone បៃអូបស៊ី biopsy ការកាត់យកសាច់ធ្វើរាងមូលជួចកន្ទុងចេញពីកស្បូនបន្តិច ដើម្បីនឹងពិនិត្យមើលរោគ នាមស័ព្ទ.
2354.	ខុនជេនិថល congenital សរីរាង្គសម្រាប់បន្តពូជ អែបនួរម៉ល abnormal ភាពឆ្ងាយពីធម្មតាខុសពីធម្មតា ឬមិនធម្មតាភាពដែលមិនធម្មតា នាមស័ព្ទ.
2355.	ខុនជេនិថល congenital សរីរាង្គសម្រាប់បន្តពូជ អែបនួរម៉ាលិទី abnormality វាមានភាពខុសពីធម្មតា (ឬគ្រឿងប្រដាប់បន្តពូជខុសពីភាពធម្មតាតាំងតែពីកើតមក) នាមស័ព្ទ.
2356.	ខុនជេនិថល congenital អ៊ិនជើរី injury មានរបួសនៅសរីរាង្គដែលសម្រាប់បន្តពូជ នាមស័ព្ទ.
2357.	ខុនជេនិថល Congenital អែបសេនស្ស absence អត់មាន ឬគ្មានសរីរាង្គដែល សម្រាប់បន្តពូជទាំងតែពីកើតមក នាមស័ព្ទ.
2358.	ខុនជេនិថល Congenital អែនួម៉លីស anomalies មានរូបរាងមិនធម្មតាទាំងតែពីកើតមកច្រើននាក់ (ឧទាហរណ៍ដូចជាម្រាមដៃ ឬម្រាមជើងជាប់គ្នា ឬច្រើនជាងដប់) នាមស័ព្ទ.
2359.	ខុនជេនិថល Congenital អែនួម៉លី anomaly មានរូបរាងមិនធម្មតាទាំងតែពីកើតមក ១នាក់ (ឧទាហរណ៍ដូចជាបេះដូងធំ ឬក៏រោគបេះដូងដើរមិនធម្មតា ឬក៏មានដៃក្រពិងក្រង៉ង់ ឬកំបុតដៃ ឬជើង រោគនេះជួនកាលវាឆ្លងមកតាមពូជ) នាមស័ព្ទ.
2360.	ខុនជេនិថល Congenital ខាឌិអែក cardiac រោគបេះដូងដែលមានតាំងតែពីកើត (បេះដូងមានរាងខុសពីភាពធម្មតា) នាមស័ព្ទ.
2361.	ខុនជេនិថល Congenital ខាឌិអែក cardiac អែនួម៉លី anomaly រោគខូចសាច់ស្រោមបេះដូងខាងក្នុងរបស់ទារកនៅក្នុងផ្ទៃម្តាយ វាមានបន្ទប់បេះដូងខាងលើឈ្មោះ អេត្រៀល

	atrial រលោយទន់ជាប់គ្នាទៅនឹងស្រទៈសាច់ខាងក្នុងកណ្ដាលបេះដូងឈ្មោះ សំផតិម septum រោគនេះកើតតាំងតែពីកំកើត នាមសំព្ធ.
2362.	ខួនជេនិថល Congenital វិសេសេិ៍ស fissures រោគមានស្នាមសង្គត់ចង្អូរវៃៗនៅខួរ ក្បាលនៅលើផ្ទៃខួរក្បាលនៅសំបកខាងក្រៅវិញ្ញៗ រ៉ាមានរាងអត្ថាញ៉ៗជួចខួរក្បាល រោគតាំងតែពីកំកើត នាមសំព្ធ.
2363.	ខួនជេនិថល Congenital ហ្គាត heart ទីវៃក្ស defects រោគបេះដូងទាំងតែពីកើត នាមសំព្ធ.
2364.	ខួនជេនិថល Congenital ហើនិអេសិ៍ន herniation រោគឡៀនសាច់ចេញច្រៅ់ង ធំតាំងតែពីកំណើត នាមសំព្ធ.
2365.	ខួនជេនិថល Congenital ម៉ល់វ៉ូមេសិ៍ន malformation រោគខូចដៃ ឬជើងទាំងតែពីកើតមក នាមសំព្ធ.
2366.	ខួនជេនិថល Congenital ហៃផូផ្លៃសេៀ hypoplasia ការលូតលាស់មិនល្អ ឬមិនមានការរីកចំរើនគ្រោមកំរិតធម្មតា រោគទាំងតែពីកើតមក នាមសំព្ធ.
2367.	ខួនជេនិថ្លៃ Congenitally មានរោគ ទីវ៉ូរម្ដ deformed រូបរាងមិនពេញលក្ខណៈ មិនល្អស្អាតជួចធម្មតាទាំងតែពីកើតមក គិរិយាវិសេសន៍.
2368.	ខួនជេសធីវ congestive ហ្គាត heart ទិស្ដ៍ុស disease រោគខ្សោយបេះដូង មានទឹកនៅក្នុងបេះដូង រោគខួចបេះដូងៗច្របាច់លោមមិនបានល្អ ឬរាធ្វើឲ្យលោមរត់ទៅរាងខួន មិនស្មើគ្នា ឬរាច្របាច់ ឬរាលោតមិនគ្រប់ចំនួនអ្នកជម្ងឺរកកន្ត្លើមមិនរលល់គ្នា ឬហាត់ នាមសំព្ធ.
2369.	ខួនជេសធីវ congestive ហ្គាត heart ទ្រៀលយើ failure រោគខ្សោយបេះដូង រោគបេះដូងច្របាច់លោមមិនបានល្អ ឬរោគលោមរត់ទៅរាងខួនមិនស្មើគ្នា ឬលោមរត់មិនគ្រប់ចំនួននៅក្នុងខួន នាមសំព្ធ.
2370.	ខនិក conic សេល្ល cell គ្រាប់ឈាមដែលមានរាងជួចកន្ទុង នាមសំព្ធ.
2371.	ខនិខល conical សាច់ដែលរាងជួចកន្ទុង ផ្រុឡង់គេសិ៍ន prolongation វៃក (ឧទាហរណ៍ជួចជាសរវៃសេលរាមក្រហមដែលមានរាងជួចកន្ទុងវៃក) គុណនាម.
2372.	ខនិអូ conio- លំអងធូលី អ៊ីរ or ឬ ខនិអូ coni/o លំអងធូលី - ធើស dust លំអងធូលី លំអងពីតួចៗ -ផ្រិវៃក្ស prefix បុព្វបទ ឬពាក្យសម្រាប់ពីខាងមុខ.

2373.	ខួបចាំងសិន្ទ conjunctions ពាក្យដែលតភ្ជាប់ពាក្យ១ទៅនឹងពាក្យ១ផ្សេងទៀត (និទាហរណ៍ដូចជា ដែនួ and ហើយនឹង បាត់ but ក៏ប៉ុន្តែ អិរ or ឬ នៅរ though ទោះជាយ៉ាងណាក៏ដោយ ឬទោះបីជា អិរ if បើសិនជា) នាមសំព្ទ.
2374.	ខួបចាំងថៃវិល conjunctival ហេម៉ូរ៉េជ hemorrhage មានឈាមចេញពីសាច់ស្នើងៗអិលៗនៅខាងក្រោមត្របកភ្នែក ក្នុងសរវិសេណឈាមត្ថូចៗបែកនៅក្នុងគ្រាប់ភ្នែក (រានិឃបាត់ទៅវិញដោយខ្លួនវានៅក្នុងរយៈពេលពីរទៅបីអាទិត្យ) នាមសំព្ទ.
2375.	ខួបចាំងធីវ conjunctive មេមប្រេន membrane សាច់ស្នើងៗអិលៗនៅផ្ទែខាងលើនៅក្នុងគ្រាប់ភ្នែក រានៅខាងក្រោមត្របកភ្នែក នាមសំព្ទ.
2376.	ខួបចាំងធីវ conjunctive ធិសស្ស tissue សាច់ស្នើងៗអិលៗនៅផ្ទែខាងលើនៅក្នុងគ្រាប់ភ្នែក រានៅខាងក្រោមៗត្របកភ្នែក នាមសំព្ទ.
2377.	ខួបចាំងធីវ conjunctive ធិសស្ស tissue ឌិស្ស disease មានរោគនៅសាច់ស្នើងៗអិលៗនៅផ្ទែខាងលើនៅក្នុងគ្រាប់ភ្នែក រានៅខាងក្រោមត្របកភ្នែក នាមសំព្ទ.
2378.	ខួបចាំងធិវៃធិស conjunctivitis រោគភ្នែកក្រហម ឬរោគរលាកសាច់អិលៗនៅភ្នែក (អិរ or ឬ ពិងអាយ្ស pink-eyes រោគភ្នែកក្រហម ឬរោគរំពៅរលាកនៅសាច់គ្រាប់ភ្នែក) នាមសំព្ទ.
2379.	ខួបចាំងធិវ៉ូ conjunctivo- អិរ or ឬ ខួបចាំងធិវ៉ូ conjunctiv/o សាច់ខាងក្នុងត្របកភ្នែកស្នើងៗ - ខួបចាំងថៃវ៉ា conjunctiva សាច់ត្របកភ្នែក ប្រក់ស្រទាប់សាច់ស្នើងៗ ស្រោបនៅគ្រាប់ភ្នែក -ព្រីវៃក្ស prefix បុព្វបទ ឬពាក្យសម្រាប់ដាក់ពីខាងមុខ.
2380.	ខួនេក្ត connect តភ្ជាប់ ធូគេធើ together ជាមួយគ្នានឹងរបស់អ្វីមួយ កិរិយាសព្ទ.
2381.	ខួនេកធិកិត Connecticut ឈ្មោះរដ្ឋ ឬខេត្តមួយនៅក្នុងប្រទេសអាមេរិច (អក្សរកាត់របស់រាគី ស្ថីធី CT ខៃធិថល Capital ទីក្រុងធំរបស់រាឈ្មោះ ហាតរ៉េដ Hartford (ឧទាហរណ៍ដូច ជាស្រុកស្នោង រានៅក្នុងរដ្ឋ ឬខេត្តកំពុងធំ) នាមសំព្ទ.
2382.	ខួនេកធិកិត Connecticut រិវ៉ River ឈ្មោះស្ទឹងនៅក្នុងរដ្ឋ ឬខេត្ត ខួនេកធិកិត Connecticut ឈ្មោះរដ្ឋនេះ នាមសំព្ទ.

2383.	ខួនទេកសិ័ន្យ connections ការតភ្ជាប់គ្នា ផ្សេរ of នៅក្នុង ផើ the លិម្បិក limbic សិស្ដិម្យ systems ប្រព័ន្ធសាច់កងដូចជពេ្ជៀន វាតភ្ជាប់ទៅនឹងផ្នែកផ្សេងៗទៀតជ្រៅ នៅក្នុងខួរក្បាល នាមសំពូ.
2384.	ខួនទេកធីរ connective សាច់ដែលជួយតភ្ជាប់គ្នា ផ្សេរ of របស់ គុណនាម.
2385.	ខួនទេកធីរ connective ធិសស្យ tissue សាច់ជាលិកា ឬសាច់លាមដែលជួយតភ្ជាប់ ភ្ជឹងទៅនឹងភ្ជឹង ឬតភ្ជឹងទៅនឹងសាច់ដុំ នាមសំពូ.
2386.	ខួនទេកធីរ connective ធិសស្យ tissue សេល្លស cells សាច់ដែលសម្រាប់តផ្គាប់គ្នា នាមសំពូ.
2387.	ខួនទេកធីរ connective ធិសស្យស tissues សាច់លាមដែលជួយតភ្ជាប់ភ្ជឹមមួយ ទៅនឹងភ្ជឹមមួយទៀត នាមសំពូ.
2388.	ខួន្ត con/o- អិរ or ឬ ខួន្ត cono- កន្តុង ខួន cone កន្តុក -ជ្រីវិក្ស prefix បុព្ទបទ ឬជាក្យសម្រាប់តបញ្ចូលគ្នាពីខាងមុខ.
2389.	ខួនសិស្ដិង consisting ដែលមាន ផ្សេរ of លេយើស layers ស្រទាប់សាច់ស្ដើ៖ កិរិយាសព្ទ.
2390.	ខួនសិស្ដិង consisting ដែលមាន ផ្សេរ of នៅពេល អាធិវិសិាល artificial រវស្តេ្សរសិន respiration សកតផ្ធើមចេញចូលតាមម៉ាស៊ីន កិរិយាសព្ទ.
2391.	ខួនសិស្ដិង consisting ដែលមាន ផ្សេរ of ប្រែត bright រដ red ផែតរិុស patches ផ្តាំងសាច់ឡើ៖ក្រហមឆ្នៅ កិរិយាសព្ទ.
2392.	ខួនសីនែនវល consonantal ស្ពិត speech សោគ្ត sound ការរៀនបញ្ជេញ សម្លេងដាក់បប្ូរមាត់ទាំងពីរដើម្បីធ្វើសម្លេង នាមសំពូ.
2393.	ខួនស្ពិន្ត constant ខួនគ្រល្ជិង controlling បញ្ញារគ្រប់គ្រងលើរបស់អ្វីមួយជាប់រហូត តទៅ គុណនាម.
2394.	ខួនស្ពិន្ត constant ផែន pain ឈីជាប់រហូតមិនឈប់ គុណនាម.
2395.	ខួនស្ពិន្ត constant ផែន pain ឈីជាប់រហូតមិនឈប់ អិរ or ឬ វិយើស recurs ផែន pain ឈីម្ដងហើយម្ដងទៀតមិនឈប់ ឬឈីបាត់ៗ គុណនាម.
2396.	ខួនស្ពិន្តលី constantly រ្ជុស flows ហូរជាប់មិនឈប់ ស្រិវ through ទៅតាម

	កិរិយាវិសេសន៍.
2397.	ខួនស្រ្តិកស៊ីន constriction ច្របាចឲ្យ នៅ្រ្វើវិង narrowing រួញតូចទៅៗ នាមសំពុ.
2398.	ខួនស្រ្តិកធីវ constrictive ដែលច្របាច់រិត នៅីខាងដែតិស pericarditis ធ្វើឲ្យរលាក នៅជុំវិញស្រោមបេះដូង (ឬាតរលាកស្រោមបេះដូង ពីព្រោះវាមានសំលាកនៅសាច់បេះដូងឡើង ក្រាស់ រួញតូចដោយសារតែទីបនឹកសះពីដំបៅ) គុណនាម.
2399.	ខួនស្វល្ល consult ពិគ្រោះ ឬស្ួរ យ៉ួរ your ឯកទេ ឬឯកទ្ម័រ doctor វេជ្ជបណ្ឌិត ឬស្ួរគ្រូពេទ្យរបស់អ្នក កិរិយាសព្.
2400.	ខួនស្វម្ម consumed បានផឹក អាលខុហល alcohol ស្រា កិរិយាសព្.
2401.	ខួនស្វមើ consumer អ្នកប្រើប្រាស់ (របស់អ្វីមួយ) ត្រូវឲ្យ អ៊ាលើត្ស alerts ប្រុងប្រយ័ត្ត ឬត្រៀមស្ថារតី នាមសំពុ.
2402.	ខួនសាម៉ុំស៊ីន consumption ខូវ៉ក្យូល្លដៃទី coagulopathy ឬាតមានឈាម កកនៅពេញខួន នាមសំពុ.
2403.	ខួនថែក្ម contact លេនស្យ lens កញ្ចក់កែរពាក់នៅក្នុងភ្នែក១គូរ នាមសំពុ.
2404.	ខួនថែក្ម contact លេនស្ុស lenses កញ្ចក់កែរពាក់នៅក្នុងភ្នែកច្រើនគូរ នាមសំពុ.
2405.	ខួនថែក្ម contact ណាម់បើ numbers លេខទូរស័ព្ (សម្រាប់ទាក់ទងគ្នា) នាមសំពុ.
2406.	ខួនថែក្ម contact មកបេះ វិឌ្ឍ with ជាមួយ ខួនថែមិនេក្ម contaminated ម៉ែធៀរៀល្ស materials វត្ថុធាតុផ្សេងៗដែលមានឆ្ងាត កិរិយាសព្.
2407.	ខួនថែក្ម contact ទាក់ទងទៅ ឬស្ួរ យ៉ួរ your ឯកទេ ឬឯកទ្ម័រ doctor វេជ្ជបណ្ឌិត ឬស្ួរគ្រូពេទ្យរបស់អ្នក កិរិយាសព្.
2408.	ខួនថែជើស contagious ឌិស្ុស disease មេរោគដែលឆាប់ឆ្លង នាមសំពុ.
2409.	ខួនថែជើស contagious មេរោគឆ្លង ផាផូវ៉ាវ៉ៃរើស្ុស papovaviruses នៅក្នុងពួកជមេរោគ១ក្រុមដែលធ្វើឲ្យកើតរោគដុះសាច់ពក១ៗ ឬធ្វើឲ្យដុះឬស្ួនៅសើរស្បែក រោគសាច់ដុះកំពីកកំពកនៅលើស្បែក (ផាផូវ៉ៃរើស papovavirus) នាមសំពុ.
2410.	ខួនថែន contain មាន ខៃវ៉ៃន caffeine ជាតិកាហ្វៃន (ជាតិញៀន) កិរិយាសព្.
2411.	ខួនថែន contain មាន ខាបិន carbon ជាតិអាហារ (ដែលធ្វើឲ្យមានកម្លាំង) ឈ្មោះ ដៃជីម្យ atoms ប្រភពដើមនៃជីវិតសត្វ ឬស្ួលតូច កិរិយាសព្.

2412.	ខូនថែន **contain** មានៅក្នុង សែល្លស **cells** ក្រាប់ទឹកលាម ឬក្រាប់កោសិកា កិរិយាសព្ទ.
2413.	ខូនថែន **contain** មានៅក្នុង សែល្លស **cells** ក្រាប់ទឹកលាមដែល អ៊ីនគលវ **engulf** ត្របាក់លេបមេរោគ កិរិយាសព្ទ.
2414.	ខូនថែន **contain** មានៅក្នុង ជាយជេសធីវ **digestive** ផ្គន្តស **glands** ក្រពេញ កិនរំលាយអាហារ កិរិយាសព្ទ.
2415.	ខូនថែន **contain** មាន ចញ្ឆុស **joints** សន្លាក់ឆ្អឹងជាច្រើន កិរិយាសព្ទ.
2416.	ខូនថែន **contain** មាន លិមហ្វ៉ៃសៃតួ **lymphocytes** ទីកលាមសដែលជួយវាយ ប្រហារមេរោគ កិរិយាសព្ទ.
2417.	ខូនថែន **contain** មាន ម៉ានី **many** ច្រើន កិរិយាសព្ទ.
2418.	ខូនថែន **contain** មាន ណាមើជីស **numerous** លេខច្រើនយ៉ាង កិរិយាសព្ទ.
2419.	ខូនថែន **contain** មាន វ៉ាវស ឬវ៉ាលវ្ស **valves** សន្ធៈ ឬអណ្ដាតជាច្រើន កិរិយាសព្ទ.
2420.	ខូនថែន **contain** មាន វ៉ៃថាមីន/វ៉ៃថាមិន **vitamin /vitamin** អេ **A** ជាថីវីតាមីន អេ កិរិយាសព្ទ.
2421.	ខូនថែនិង **containing** ដែលមាន នើវស **nerves** សរសៃវិញ្ញាណ កិរិយាសព្ទ.
2422.	ខូនថែនិង **containing** អូនលី **only** ត្រាន់តែមាន ហៃត្រូជេន **hydrogen** ជួរទឹកដែលអណ្ណែតនៅក្នុងខ្យល់ កិរិយាសព្ទ.
2423.	ខូនថែនិង **containing** ដែលមាន ផើស **pus** ខ្ទុះ កិរិយាសព្ទ.
2424.	ខូនថែនិង **containing** មាន សួលហ្វ៊ឺ **sulfur** វត្ថុធាតុ ឬជាតិប្រៃនៅក្នុងទឹកនោម កិរិយាសព្ទ.
2425.	ខូនថែនិង **containing** ដែលមាន អាត់ឌិវ៉ៃរិនតិអេត្ត **undifferentiated** ព្រ្រីមិធីវ **primitive** សែល្លស **cells** ក្រាប់ឈាមដើមដែលមិនទាន់ប្រែទៅជាសាច់ឈាម ឬក៏ប្រែប្រពេញអ្វីផ្សេងទៀត (វាអាចសម្រេចចិត្តនិងកើតជាក្រពេញ ឬក៏សាច់ឈាមអ្វីមួយក៏បានដែរ) កិរិយាសព្ទ.
2426.	ខូនថែនិង **containing** ដែលមាន ឬមាន យ៉ូរ៉ុន **urine** ទឹកនោម កិរិយាសព្ទ.
2427.	ខូនថែនិង **containing** ដែលមាន ឬមាន វ៉ៃក្ស **wax** ជាតិស្ពៃតៗអន្លាយៗដូចអាចម៍ កិរិយាសព្ទ.

2428.	ខួនថេន្ស contains មាន អែន an អូវ៉ុម ovum ទឹកពង ឬទឹកគ្រាប់ពូជ មេជីវិត កិរិយាសព្ទ.
2429.	ខួនថេន្ស contains មាន ក្រូម៉ូសូម្យ chromosomes ច្រវាក់គ្រាប់ពូជ កិរិយាសព្ទ.
2430.	ខួនថែមិនេត្ត contaminated មេផ្ទៀវៀល្យ materials វត្ថុធាតុផ្សេងៗដែលមានរោគ កខ្វក់ ឬមិនស្អាតរួចហើយ កិរិយាសព្ទ.
2431.	ខួនថេន្ត content មានផ្ទុំនៅក្នុង ស្ម៉ាគ្ត ឬស្ម៉ាយ stomach ក្រពះ កិរិយាសព្ទ.
2432.	ខួនថេន្ត content មានផ្ទុំឡើៀង អេ៉ាវ of នៅក្នុង ធើ the ស្ម៉ាគ្ត ឬស្ម៉ាយ stomach ក្រពះ នាមសំព្ទ.
2433.	ខួនធិញ្ញអាល្បី continually ដែលបន្ត អីឮក្ erect ឡើៀងវៀងមិនឈប់ កិរិយាវិសេសន៍.
2434.	ខួនធិញ្ញ continue បន្ត អិន in រៀន់'ស one's ឌ័កសិន action ធ្វើមួយឯង មិនឈប់ (ឧទាហរណ៍ដូចជាសង្កត់ថែមួយឯងមិនលេខ) កិរិយាសព្ទ.
2435.	ខួនធិញ្ញ continue បន្ត ប្រេស្យៀង pressing សង្កត់មិនឈប់ កិរិយាសព្ទ.
2436.	ខួនធិញ្ញ continue បន្ត ថេតិង taking លេបថ្នាំ (តទៅថ្ងៃមុខទៀត) កិរិយាសព្ទ.
2437.	ខួនធិញ្ញឌ continued ប្រៀកឈឺ fracture ភ្លឹងច្រើនបន្តបាក់ ឬបែកតទៅ ភ្លឹងជិតគ្នាផ្សេងទៀត កិរិយាសព្ទ.
2438.	ខួនធិនញ្ញអើស continuous បន្ត អិមេជិង imaging ថតរូបតៗទៅមុខទៀត គុណនាម.
2439.	ខួនធិនញ្ញអើស continuous បន្តទៅមុខ វ៉ិថ្ត with ជាមួយគ្នា គុណនាម.
2440.	ខួនត្រា contra- ប្រឆាំង ឬផ្ទុយពីគ្នា អីតែនស្ុ against ប្រឆាំងជាមួយ អផផុសិត opposite ផ្ទុយពីគ្នា មិនស្របគ្នា -ព្រីវិក្ស prefix បុព្វបទ ឬពាក្យសម្រាប់តពីខាងមុខ.
2441.	ខួនត្រៃសេផស៉ិវ contraceptive ឌីវ៉ៃស្ device គ្រឿងប្រដាប់ដែលការពារប្រឆាំង មិនឱ្យមានកូន (ឧទាហរណ៍ដូចជា ឌីវ៉ៃស្ device ស្រោមពងក្ក ឬក៏កងដែលដាក់នៅក្នុងស្បូន មិនឱ្យមានកូន) នាមសំព្ទ.
2442.	ខួនត្រៃកសិន contraction ការច្របាច់ អីរ៉ាន្ត around នៅជុំវិញ នាមសំព្ទ.
2443.	ខួនត្រាលែធើវល contralateral ការផ្ទុយពីឯងខ្លួន អិរ or ឬ អផផុសិត opposite កន្លែងផ្ទុយពី សាយ្ឌ side side ចំហៀងខ្លួនខាងនេះ គុណនាម.
2444.	ខួនត្រាលែធើវល contralateral ការផ្ទុយពី សាយឌ side ចំហៀងខ្លួន គុណនាម.

2445.	ខ្សែកន្ត្រាស្ត contrast បៀរៀម barium ទឹកអំបិល ឬថ្នាំឈ្លោះខ្សែកន្ត្រាសបាញ់ចូលតាមរន្ធគូទអាចន៍ ដើម្បីឱ្យមើលឃើញច្បាស់នៅពេលថតឆ្លុះមើលពោះវៀនធំ ហើយនឹងទ្វារធំ នាមសព្ទ.
2446.	ខ្សែកន្ត្រាស្ត contrast ផែណាម៉ា enema ទឹកថ្នាំខ្សែកន្ត្រាសដែលបាញ់ចូលតាមរន្ធគូទអាចន៍ ដើម្បីឱ្យមើលឃើញសាច់ច្បាស់ខុសគ្នានៅពេលថតឆ្លុះមើលពោះវៀនធំ ហើយនឹងទ្វារធំ នាមសព្ទ.
2447.	ខ្សែកន្ត្រាស្ត contrast មេផ្ទៀរៀល material ឈ្លោះទឹកថ្នាំដែលចាក់នៅពេលថតឆ្លុះមើលរោគ នាមសព្ទ.
2448.	ខ្សែកន្ត្រាស្ត contrast មីរៀម medium ឈ្លោះថ្នាំសម្រាប់ចាក់មុនពេលថតមើលរោគ ដើម្បីឱ្យមើលឃើញច្បាស់ (ឧទាហរណ៍ដូចជាថតមើលប្លោកទឹកនោម ហើយនឹងផ្លូវបង្ហូរទឹកនោមទៅខាងក្រៅរាងខ្លួន នាមសព្ទ.
2449.	ខ្សែត្រិបួធិង contributing កំពុងតែនាំ វ៉ិកទើរ factor ភស្តុតាងជាក់ស្តែង១ឱ្យ (ឬភស្តុតាងជាក់ស្តែង១ដែលនាំឱ្យកើតការនេះឡើង) កិរិយាសព្ទ.
2450.	ខ្សែត្រួល control ទប់ បធី body ថេមផើរឡើ temperature កំរៅកុំឱ្យក្តៅខ្លួន កិរិយាសព្ទ.
2451.	ខ្សែត្រួល control បញ្ញា រ៉ូម from មកពី ធើ the ផេក្ត back ខាងក្រោយ កិរិយាសព្ទ.
2452.	ខ្សែត្រួល control ទប់ ហើ her ផេន pain ការឈឺចាប់របស់នាង កិរិយាសព្ទ.
2453.	ខ្សែត្រួល control បញ្ញា អូផេនិង្ស openings កន្លែងបិតបើក កិរិយាសព្ទ.
2454.	ខ្សែត្រួល control បញ្ញា ប្រគ្រតគ្រា ផាត part ផ្នែកមួយ អ៊ីវ of របស់ ឬនៅក្នុង កិរិយាសព្ទ.
2455.	ខ្សែត្រួល control ទប់ ឬបង្ក្រាប សើរ៉ាយអេសិស ឬសើរ៉ៃអេសិស psoriasis មេរោគស្បែក ភាដូចគ្នានឹងមេរោគអុតស្វាយ (រាគងបែកឡើងថ្នាំងៗពណ៌ក្រហមទៅរ៉ែស្បែក រាគវាលនៅលើរ៉ែស្បែក រមាស់អូចៗ ឬក្រមជាមួយនឹងរាគរមាស់ជំប៉ៅកន្ត្លាប់ថ្នាំងនៅលើរ៉ែស្បែក) កិរិយាសព្ទ.
2456.	ខ្សែត្រួល control ធើ the ត្រួតពិនិត្យ បង្ក្លាប់ បង្ក្រាប ប្រើអំណាចលើ បញ្ញា ត្រួតគ្រាលើ កិរិយាសព្ទ.
2457.	ខ្សែត្រួល control យូនិត unit ក្រុមបញ្ញាការណ៍ ត្រួតពិនិត្យ បង្ក្លាប់ បង្ក្រាប ប្រើអំណាចលើ ត្រួតគ្រាលើ កិរិយាសព្ទ.

2458.	ខួនើស conus អាធើរីស arteries សរសៃឈាមក្រហមច្រើននៅចុងរបស់សរីរាងៃដែលមាន រាងដូចកន្លង នាមស័ព្ទ.
2459.	ខួនើស conus អាធើរ artery សរសៃឈាមក្រហម១នៅខាងចុងក្រពេញលាមួយ វាមានរាងដូចកន្លង នាមស័ព្ទ.
2460.	ខួនើស conus មេឌុលឡើរីស medullaris ខួឆ្អឹងខ្នងកណ្ដាលដែលរៀវតួច រាងដូចកន្លងនៅក្នុងឆ្អឹងកន្សៃនៅចុងឆ្អឹងខាងក្រោម នាមស័ព្ទ.
2461.	ខួនវេនញៀនស្យ convenience វ៉ូដ food ចំណីអាហារដែលស្រួល (ឧទាហរណ៍ដូចជាម្ហូបកំប៉ុង) នាមស័ព្ទ.
2462.	ខួនវេនញៀនស្យ convenience ស្ទូរ store ផ្សារនៅជិតផ្ទះ (ឧទាហរណ៍ដូចជាផ្ទះនៅ ជិតផ្សារស្រួលទិញអីវ៉ាន់ពីព្រោះគេនៅជិតផ្សារ) នាមស័ព្ទ.
2463.	ខួនវ៉ឺត convert ប្រែ អាមិន្ទ amino ឥសិដ្ស acids ទឹកអាសុីតនេះឱ្យទៅជាស្ករ កិរិយាសព្ទ.
2464.	ខួនវ៉ឺត convert បំបែក គ្លៃក្វូជេន glycogen ជាតិផ្អែមដុំៗឱ្យបែកទៅជាពពួកជាតិស្ករ កិរិយាសព្ទ.
2465.	ខួនវ៉េក្ស convex កោង ផត ប្លខ្ងចេញទៅក្រៅ ផស្យៀរៀរអើលី posteriorly នៅខាង ក្រោយ គុណនាម.
2466.	ខួនវេ convey នាំ យ៉ូរ៉ិន urine ទឹកនោមទៅ កិរិយាសព្ទ.
2467.	ខួនវ៉ូលូត្ត convoluted ធូប្យូល tubule បំពង់ដែលជួយច្រោះទឹកនោមវៃងសំយុគ ចុះឡើងនៅក្នុងកម្រងទឹកនោម ឬក្រឡៀន (ឌីស៊ីធី DCT អក្សរកាត់របស់វា) នាមស័ព្ទ.
2468.	ឃួល cool ត្រជាក់ស្រួល ស្វេទី sweaty ញើសស្អិត ហែន្ដស hands នៅដៃទាំងពីរ ឬដៃទាំងសងខាង កិរិយាសព្ទ.
2469.	ឃួលី ស Cooley's ឥនីម៉ៀ anemia រោគខ្វះឈាមក្រហមវ៉ាំង ឬឈ្លួរថ្ងៃ នាមស័ព្ទ.
2470.	ខាផ cop ប៉ូលិស្យម្ម៉ួយនាក់ - អេ a ប៉ូលិសម៉ែន policeman ប៉ូលិស្យម្ម៉ួយនាក់ នាមស័ព្ទ.

2471.	ស៊ីអូភីឌី COPD អក្សរកាត់របស់រោគលើស្អះនៅសរសៃសឡាមនៅស្ងួតវាំង-ក្រូននិក chronic អប់ស្ត្រាក់ធីវ obstructive ផ្ងួលម៉ូណារី pulmonary ទិស្ស៊ីស disease រោគស្អះសរសៃសឡាមនៅស្ងួត វាជារោគលើវាំង នាមសំពួ.
2472.	ខឪផើ-ហ្ហេដ copper-head ឈ្មោះពស់វៃកដែលមានពិស ឬជាពិធពុល (ពស់នេះមាននៅ ប្រទេសអាមេរិចកាំងខាងជើង) នាមសំពួ.
2473.	ខាផ្ស cops ប៉ូលិស្សុពីរនាក់ - ប៉ូលិសមេន policemen ប៉ូលិស្សុពីរនាក់ នាមសំពួ.
2474.	ខ្ស្សរលេសិន copulation ចុយគ្នា ឬរួមដំណេក ផែន្ត and ហើយនិង សេក្សស្សិល sexual អិនធើខោស intercourse ការធើគ្នា ចុយគ្នា ឬរួមដំណេក នាមសំពួ.
2475.	ឃ្សរ Cor- នៃ ឬទាក់ទងទៅនឹងបេះដូង - ហ្ហាត heart បេះដូង -ព្រីវិក្ស prefix បុព្វបទ ឬពាក្យសម្រាប់ពពីខាងមុខ.
2476.	ឃ្សរខ្ពិយដ coracoid ឆ្អឹងពកៗនៅស្អា អិរ or ឬ ប្រសេស្ស process ឆ្អឹងពកៗតគ្នា ឬរៀបធើ ឬកម្មវិធី នាមសំពួ.
2477.	ឃ្សរដ Cord ខ្សែ មេ may ប្រហែល នាមសំពួ.
2478.	ឃ្សរនៀល corneal ផែប្រសិន abrasion កេតរលាកនៅស្រទាប់សាច់នៅផ្នែក ឬស្រាម គ្រាប់ផ្នែកខាងលើខាងមុខឥន្នប្រស្រីផ្នែកឈ្មោះ ឃ្សរនៀ cornea នាមសំពួ.
2479.	ឃ្សរនៀល corneal ផ្ហលសេ៍ ulcer រោគរហែកដំបៅនៅស្រាមគ្រាប់ផ្នែក ឬសាច់ស្ងើងៗ នៅខាងលើខាងមុខឥន្នប្រស្រីផ្នែកឈ្មោះ អាយរិស iris នាមសំពួ.
2480.	ឃ្សរនីអូ Corne/o អិរ or ឬ ឃ្សរនីអូ Corneo- សាច់សស្ងើងៗនៅខាងលើឥន្ន ប្រស្រីផ្នែក - ឃ្សរនៀ cornea សាច់សស្ងើងៗនៅខាងលើឥន្នប្រស្រីផ្នែក -ព្រីវិក្ស prefix បុព្វបទ ឬពាក្យសម្រាប់ពពីខាងមុខ.
2481.	ឃ្សរ Coro- ប្រស្រីផ្នែក អិរ or ឬ ឃ្សរអូ Cor/o ឥន្នប្រស្រីផ្នែក - ផ្សឯល pupil ឥន្នប្រស្រីផ្នែក -ព្រីវិក្ស prefix បុព្វបទ ឬពាក្យសម្រាប់ពពីខាងមុខ.
2482.	ឃ្សរណាល់ Coronal ផ្លែន plane កន្លែងខ្សែដែលចែកឥវឯខ្លួន ចំពាក់កណ្ដាលខាងលើ ហើយនិងខាងក្រោម នាមសំពួ.
2483.	ឃ្សរណារី Coronary ផែឯជីអូផ្លែស្ស៊ី angioplasty ការវះកាត់រុកចូលលាឯនៅក្នុងសរសៃ សឡាមនៅបេះដូង នាមសំពួ.

2484.	យូរ៉ុណារី Coronary អាធើរីស arteries សរសៃឈាមក្រហមច្រើននៅបេះដូង វានាំឈាមចេញពីបេះដូងទៅឲ្យសាច់ នាមសំពត.
2485.	យូរ៉ុណារី Coronary អាធើរីស arteries អ៊ិនវ៉ិកសិន infection រោគដំបៅនៅសរសៃឈាមក្រហមធំនៅបេះដូង នាមសំពត.
2486.	យូរ៉ុណារី coronary អាធើរ artery សរសៃឈាមក្រហមធំនៅបេះដូងមួយ វានាំឈាមចេញពីបេះដូងទៅចែកចាយឲ្យសាច់ ឬក្រពេញក្របទឹកផ្លែងទាំងអស់នៅក្នុងឥណ្ឌូនយឺង នាមសំពត.
2487.	យូរ៉ុណារី coronary អាធើរ artery ខ៉ែ care ការថែទាំរក្សារោគសរសៃឈាមក្រហមធំដែលនៅជុំវិញបេះដូង នាមសំពត.
2488.	យូរ៉ុណារី coronary អាធើរ artery ឌិស្ស៊ីស disease មានរោគនៅសរសៃឈាមក្រហមៗដែលនៅជុំវិញបេះដូង នាមសំពត.
2489.	យូរ៉ុណារី Coronary ប៉ែន្ត band ខ្សែសរសៃឈាមធំក្រាស់កំប៉ែននៅជ្រុំជញ្ជាំងខាងលើបេះដូងដែលមានវាត្តុតកដួចស្មេង នាមសំពត.
2490.	យូរ៉ុណារី Coronary បាយផែស្យ bypass ធ្វើការវះកាត់តសរសៃឈាមក្រហមនៅបេះដូង នាមសំពត.
2491.	យូរ៉ុណារី Coronary យូស្ស៊ីន cushion សរសៃឈាមធំក្រាស់កំប៉ែនទន់នៅជ្រុំជញ្ជាំងខាងលើបេះដូង វាមានវាត្តុតកដួចស្មេង នាមសំពត.
2492.	យូរ៉ុណារី Coronary រ៉េលយើ failure រោគខ្សោយនៅសរសៃឈាមនៅបេះដូង រោគសរសៃឈាមនៅបេះដូង នាមសំពត.
2493.	យូរ៉ុណារី coronary ហ្វាត heart ឌិស្ស៊ីស disease មានរោគនៅសរសៃឈាមនៅបេះដូង នាមសំពត.
2494.	យូរ៉ុណារី coronary អ៊ិនសារវ៉ីស៊ីនស្ស៊ី insufficiency រោគខ្សោយបេះដូងដោយសារឈាមច្រូបាច់នៅបេះដូងមិនបានល្អ ឬរោគឈាមរត់ទៅឥណ្ឌូនខ្លួនមិនស្មើ ឬលាមរត់ទៅបេះដូងមិនគ្រប់ចំនួន) នាមសំពត.
2495.	យូរ៉ុណារី coronary អ៊ុកខ្លូស៊ិន occlusion រោគស្ទះ ឬបិតជិតនៅសរសៃឈាមក្រហមនៅបេះដូង នាមសំពត.

2496.	យ្យួលណារី coronary ផ្លែក្សៀស plexus ប្រព័ន្ធសរសៃវិញ្ញាណសរសៃៗដែលកំរើកខ្លួនវានៅបេះដូង នាមសំព.
2497.	យ្យួលណារី coronary សាញ្ញនើស sinus អន្លូសរសៃឈាមខ្លៅធំវែងនៅកន្លែងបន្លប់បេះដូងខាងឆ្វេងផ្លែកខាងលើ វាជាសរសៃឈាមខ្លៅធំទាំងប្រាំនៅបេះដូង នាមសំព.
2498.	យ្យួលណារី coronary ស្រ្ទមប្ថ្ចសិស thrombosis ជាតស្ទុះសរសៃឈាមក្រហម នៅបេះដូង នាមសំព.
2499.	យ្យួលណារី coronary វ៉ាលវ valve អណ្ណាត១ ឬសន្លះសំរាប់បិតបើកទុបឈាមនៅបេះដូងមិនឱ្យហូរថយក្រោយ នាមសំព.
2500.	យ្យួលណារី coronary វ៉ាលវ្ថ valves អណ្ណាត ឬសន្លះ២សំរាប់បិតបើកទុបឈាម នៅបេះដូងមិនឱ្យហូរថយក្រោយ នាមសំព.
2501.	យ្យួលណារី coronary វ៉េន vein ឈ្មោះសរសៃឈាមខ្លៅធំ១នៅបន្លប់បេះដូងខាងលើ ខាងឆ្វេង វានុញ្ញឈាមចូលទៅក្នុងបេះដូង នាមសំព.
2502.	យ្យួលណារី coronary វ៉េស្ថ veins សរសៃឈាមខ្លៅធំនៅបេះដូង២ វាទំឈាមពីសាច់ដុំចូល មកក្នុងបេះដូងវិញ នាមសំព.
2503.	យ្យួលណារី coronary វ៉េស្ថ veins ខ៉ែ care ការថែទាំរក្សារជាតសរសៃឈាម ខ្លៅដែលនៅជុំវិញបេះដូង នាមសំព.
2504.	យ្យួលណារី coronary វ៉េស្ថ veins ឌិស្ចីស disease មានជាតនៅសរសៃឈាម ខ្លៅដែលនៅជុំវិញបេះដូង នាមសំព.
2505.	យ្យួលណារី Coronary វ៉េស្ថ veins អិនវ៉េកស៉ិន infection ជាតកំបៅនៅសរ សៃឈាមខ្លៅធំនៅបេះដូង នាមសំព.
2506.	យ្យួន្ថ្ច Corono- អ៊ែរ or ឬ យ្យួន្ថ្ច Coron/o នៃ ឬទាក់ទងទៅនឹងបេះដូង - ហ្គ៉ាត heart បេះដូង -ព្រីវិក្ស prefix បុព្ធបទ ឬពាក្យសម្រាប់តពីខាងមុខ.
2507.	យ្យួន្ថ្ចយឌ coronoid ឆ្នឹងខាងលើរាងឆ្កូវចស្លាប - ព្រសេស្ស process ពកលយ អ៉ោវ of របស់ អាលណា ulna ឆ្នឹងកំភួនដៃឆ្តូចនៅខាងក្រោយ នាមសំព.
2508.	យ្យួរផ្ថ Corpo- អ៊ែរ or ឬ យ្យួរផ Corp/o នៃ ឬទាក់ទងទៅនឹងផងខ្លួន - បឌី body ផងខ្លួន -ព្រីវិក្ស prefix បុព្ធបទ ឬពាក្យសម្រាប់តពីខាងមុខ.

2509.	យួរផ្សឺរ Corporo- ឋេងខ្លួន សរីរាង្គតួចៗ អីរ or ឬ យួរផ្សឺរ Corpor/o នៃ ឧទាហរណទាងទៅនឹងឋេងខ្លួន - ឋទី body ឋេងខ្លួន -ធ្រើវិក្ស prefix ឋុព្ទឋទ ឋជាក្យសម្រាប់ពពីខាងឋុខ.
2510.	យួរផ្ស្លាំ Corpora ខែជីនូសា cavernosa ឈ្មោះសាច់សរសៃប្រៀវដែលនៅពុំវិញ្ញាន្ទមេក្ក (វាធ្វើឡ្ងសាច់ក្កឡ្ងើងរឹកចង់ស្រី ឬនៅពេលចុយគ្នា) នាមស័ព្ទ.
2511.	យួរផ្ស្លាំ Corpora ខែជីនូសា cavernosa ផីនិស penis ឈ្មោះសាច់សរវៃសប្រៀវផ្ដូច ស្រកីរនូងដែលនៅពុំវិញ្ញាន្ទមេក្ក វាឡ្ងើងរឹកនៅពេលឈាមរត់ចូលពេញ (វាធ្វើឡ្ងសាច់ក្កឡ្ងើងរឹកនៅ ពេលចុយគ្នា) នាមស័ព្ទ.
2512.	យួរឌេឺស corpus ឆែលឥខៃនុ albicans ឋេងខ្លួន ឋទីកឈាមសរវៃសៗ ក្រម៉ ស្រការ. ឬសំលាកនៅឋំឋត់តួចៗនៅក្នុងឋពង់ដែលនៅក្នុងចុងឆៃសុ្លន វាធ្វើឡ្ងមានឈាមរ្ជូវមិនធ្លាក់ នាមស័ព្ទ.
2513.	យួរឌេឺស corpus ឋេងខ្លួនដែលឋបញ្ចេញទឹកអ័រម៉ុន២យ៉ាង ឈ្មោះ អេះសត្រូជីន estrogen ឆៃន្ត and ហើយនឹង ព្រូជេស្ទ្វេរ៉ន progesterone ទឹកអ័រម៉ុននេះមាននៅក្នុងខ្លួនស្ត្រី ទឹកឋេជីវិត (វាចេញឋកពីពពីរនៅចុងឆៃសុ្លន) នាមស័ព្ទ.
2514.	យួរឌេឺស corpus ល្មៃឲ្យម៉ luteum ឋេងខ្លួន ឋទីកឈាមដែលមានពណិល្មៀងតិចៗ តេហៅវាថាឋេងខ្លួនល្មៀងៗ (វត្ថុធាតុដូចជាតិខ្លាញ់ៗសរវៃសឋំឋត់តួចៗនៅក្នុងឋពង ឬ៥ំឋត់តួចៗ នៅក្នុងចុងឆៃសុ្លន) នាមស័ព្ទ.
2515.	យួរឌេឺស corpus ស្ម្លនជីអ្សសាម៉ spongiosum ឈ្មោះសាច់ប្រាស់នៅក្នុង ឋេក្កដែលការពារឋំឋត់ទឹកនោម នាមស័ព្ទ.
2516.	យើរវេក្ក correct ឆៃតម្រង់ អេ a ឱ្យវិអមិទិ deformity ឆៃឋ៉ើង ឬ៥ូបរាងកាយណាមួយ ឡ្ងល្មៃឡ្ងើងវិញ កិរិយាសព្ទ.
2517.	យួរទិក្ស cortex សំឋក អ៊ៃាវ of វឋស់ ឋើ the យិឋន្ទី kidney កម្រងទឹកនោម (ឬសំឋកក្រឡ្ចៀន) នាមស័ព្ទ.
2518.	យួរទិក្ស cortex វីជីន region តំឋន់នៅសំឋកខាងក្រៅ ឬកឆ្នៃងនៅសំឋកខាងក្រៅ នាមស័ព្ទ.
2519.	យួរស៊ិខុល cortical ឆ្រៃកឡៃ fracture ប្រៈ ឬឋាក់នៅឆ្នឹងពុំនី នាមស័ព្ទ.

2520.	យូរធិកូ Cortico- អិរ or ឬ យូរធិកូ Cortic/o សំបកខាងក្រៅ - យូរថិក្ស cortex សំបកខាងក្រៅ អៅទី outer ផ្នែកស៊ីន portion ផ្នែកដែលនៅខាងក្រៅ -ព្រីវិក្ស prefix បុព្វបទ ឬពាក្យសម្រាប់តបញ្ចូលភ្នាពីខាងមុខ.
2521.	យូរធិខ្លូយអ្ស Corticoids ឈ្មោះថ្នាំ ស្ទ័រ៉យដ Steroid ហ៊្រមួស្ស ឬហ៊្រម៉ូស្ស hormones ទិកប្រូតេអ៊ីន ឬអ័រម៉ូនមួយយ៉ាងជ្ជួយកំឲ្យសាច់រលាកហើម នាមសំពុ.
2522.	យូរធិស្លួល cortisol ឈ្មោះថ្នាំ ស្ទ័រ៉យដ Steroid ហ៊្រមួស្ស ឬហ៊្រម៉ូស្ស hormones ទិកប្រូតេអ៊ីន ឬអ័រម៉ូនមួយយ៉ាងធ្វើចរនាជ្ជួយខាងកំនរ់លោយអាហារ នាមសំពុ.
2523.	យូរធិស្លួន cortisone ឈ្មោះថ្នាំ ស្ទ័រ៉យដ Steroid ហ៊្រមួស្ស ឬហ៊្រម៉ូស្ស hormones ទិកប្រូតេអ៊ីន ឬអ័រម៉ូនមួយយ៉ាងយឹងប្រើវាដើម្បីនឹងព្យាបាលរោគក្រូន រលោកហើមនៅសន្លាក់ឆ្អឹងដៃជើង នាមសំពុ.
2524.	ខោសមេធិក cosmetic ធ្រីតមេន្ត ឬធ្រីតមេន្ត treatment ការព្យាបាលដើម្បីនឹងកែ តម្រង់រូបរាងកាយឲ្យស្អាតទៅតាមចិត្តចង់បាន នាមសំពុ.
2525.	ខោះស្ដា costa ឆ្អឹងជំនី២ - វិប្ប ribs ឆ្អឹងជំនី២ នាមសំពុ.
2526.	ខូស្ដី costae ឆ្អឹងជំនី២ - វិប្ប ribs ឆ្អឹងជំនី២ នាមសំពុ.
2527.	ខោះស្លល costal ខាថិលេជ cartilage ឆ្អឹងខ្លីនៅឆ្អឹងជំនី នាមសំពុ.
2528.	ខោះស្ដ៉ costi ឆ្អឹងជំនី២ - វិប្ប ribs ឆ្អឹងជំនី២ នាមសំពុ.
2529.	ខោះធិវ-នេស្ស costive-ness រោគទល់លាមកខ្លាំង អាចប់ក្បៀនខ្លាំង ឬអាចប់ស្ងួរវីងខ្លាំង នាមសំពុ.
2530.	ខោះស្ដ costo- ឆ្អឹងជំនី អិរ or ឬ ខោះស្ដ cost/o ឆ្អឹងជំនី - វិប rib ឆ្អឹងជំនី -ព្រីវិក្ស prefix បុព្វបទ ឬពាក្យសម្រាប់តពីខាងមុខ.
2531.	ខោះស្ដក្លេវិខ្យល៉ើ costoclavicular លិកាមេ៉ន្តស ligament ឆ្អឹងខ្លីជាប់ឆ្អឹងជំនីខាងចុង នាមសំពុ.
2532.	ខោះវ cough ថេបលេត្ស tablets ថ្នាំគ្រាប់សម្រាប់លេបឲ្យបាត់ក្អក (ឬក្រុនផ្តាសាយ) កិរិយាសពុ.
2533.	ខោះវ cough ក្អក ខែត that ដែល ប្រិង bring នាំ អឹាជ up ម្យូកឹស mucus ទិកសំបោរឡើងឆង កិរិយាសពុ.

2534.	ខោះវ cough ក្អក ថែត that ដែល ហែស has មាន ព្រូប្ចេមួ problems បញ្ហា ច្រើនយ៉ាង កិរិយាសព្ទ.
2535.	ខោះវ cough ក្អក អ៊ាផ up វិត្ត with មានចេញ ប្ជើផ blood ឈាម (ឬក្អកចេញឈាម) កិរិយាសព្ទ.
2536.	ខោះវ cough សេ៉ាំរុ ឬសេ៉ីរុ syrup ថ្នាំផឹកឲ្យបាត់ក្អក (ថ្នាំផ្ដែមៗទឹកខាប់ៗ) កិរិយាសព្ទ.
2537.	ខោះវ cough ក្អក វិត្ត with មាន ប្ជើផ blood ឈាម (ឬក្អកចេញឈាម) កិរិយាសព្ទ.
2538.	ខោះវផ coughed បានក្អក ខូនស្ពេន្ថលី constantly ជាប់មិនឃ្ងប់ កិរិយាសព្ទ.
2539.	ខោះវផ coughed បានក្អក អ៊ាផ up ចេញ កិរិយាសព្ទ.
2540.	ខោះវិង coughing ក្អក អ៊ិន in នៅក្ឌុង ឆិលជ្រេន children កូនក្មេង (កូនក្មេងដែលមានរោគក្អក) កិរិយាសព្ទ.
2541.	ខោះវិង coughing កំពុងតែក្អក អ៊ាផ up ប្ជើផ blood ផ្លាក់ឈាម ឬក្អកចេញឈាម កិរិយាសព្ទ.
2542.	ឃូផ could អាច បី be និង ស្ទ្រេតផ្ថ stretched ទាញ អៅត out ចេញ ផ្ថ្លែត flat រាបបាន កិរិយាសព្ទជំនួយ.
2543.	ខោនសឹលិង counseling សេសស៉ីន session នៅក្ឌុងពេលប្រជុំផ្ដួយឲ្យយោបល់ ឬផ្ធ្ជីការណែនាំឲ្យយោបល់ទៅអ្នកណាម្នាក់ កិរិយាសព្ទ.
2544.	ខោនធ្ជើអៃក្ថស counteracts ប្រឆាំងនឹងការ ថៃ the អ៊ផៃផៃ្ថស effects ប៉ះពាល់ផល់ កិរិយាសព្ទ.
2545.	យោះស course អ៊ោវ of មេឌិខេសឹន្ស medications ចំនួនថ្នាំដែលប្រើដើម្ជ៉ីនិងឡ្ជាបាលរោគ (ឬរយៈពេលដែលប្រើថ្នាំព្ជាបាលរោគ) នាមសំព្ទ.
2546.	យោះស course អ៊ោវ of ថៃរ៉ាជ៉ី ឬថៃ៉ាំរៃ therapy ចំនួនថ្ងៃដែលព្ជាបាលរោគ (ឬរយៈពេលដែលហាត់ប្រាណដើម្ជ៉ីនិងព្ជាបាលរោគ) នាមសំព្ទ.
2547.	យោះស៉ុស courses រៀនស្ពួត ឬវគ្គសិក្សា អ៊ោវ of អំពី នាមសំព្ទ.
2548.	ខាវើ cover ក្រប ថៃ the អ៊ិនថៃអៃ entire បឌី body ខ្លួនឲ្យជិតទាំអស់ កិរិយាសព្ទ.
2549.	ខាវើផ covered បានក្រប អ៊ិន on ថៃ the ថផ៍ top ពីខាងលើ កិរិយាសព្ទ.

2550.	ខារជីង covered បានគ្រប វិត្ត with ជាមួយ វ៉ស៉លីន Vaseline ប្រេងឈ្នោះ វ៉ស៉លីន (លាបប្រេងឈ្នោះ វ៉ស៉លីន Vaseline ពីលើ) កិរិយាសព្ទ.
2551.	ខារជីង covered បានគ្រប វិត្ត with ជាមួយនិង ខារថិលេជ cartilage ឆ្អឹងខ្ចី កិរិយាសព្ទ.
2552.	ខារជីស covers គ្របពីខាងលើ ធើ the កិរិយាសព្ទ.
2553.	ខារជីស covers គ្របលើស្រទាប់សាច់ស្តើៗឈ្នោះ ធើ the អាយរិស iris សាច់ភ្នែក កិរិយាសព្ទ.
2554.	ខៅវផឺ'ស Cowper's ក្លេន្ត gland ឈ្នោះក្រពេញមួយដែលនៅខាងក្រោមក្រពេញឈ្នោះ ផ្រូសស្តេតក្លេន្ត វាជួយបាញ់ទឹករំអិលផ្លូយឱ្យទឹកកាមរត់ស្រួលនៅក្នុងបំពង់ បង់ហ្សូវទឹកនោម ដើម្បីឱ្យទឹកកាមហូរស្រួល (ឬលឬយូរីស្រៅល bulbourethral ក្លេន្ត gland) នាមសព្ទ.
2555.	ខូក៉ុល coxal ប៉ន bone ឆ្អឹងត្រគាកទាំបី: អៀលៀម ilium អិសហ្កាម ischium ផៃន្ត and ហើយនិង ផ្យូបិស pubis ឆ្អឹងថ្កាស់នៅលើឆ្លេកទឹកនោម នាមសព្ទ.
2556.	ស៉ីផ៉អ៉រ CPR ខាធិអ្នផ្ថលមួណារ៉ី cardiopulmonary រេសាសសិថេស៉ិន resuscitation ការច្របាច់បេះដូង ហើយនិងស្ទួតឱ្យវេវល្លឡើឱ្យវិញ ឬឱ្យវាធ្វើការងារបស់វា ដូចដើមវិញ នាមសព្ទ.
2557.	ប្រ៊ក្ត crack កូនម៉ា បេប៊ី baby ដែលកើតមកញៀនជាមួយគ្រឿងញៀន នាមសព្ទ.
2558.	ប្រ៊ក្ត្ត cracked បានប្រះ ឬបៃក លិផ្ស lips បបូរមាត់ កិរិយាសព្ទ.
2559.	ប្រ៊ក្ត្ត cracked បានប្រះ ឬវ៉ហៃក ស្ក៉ិន skin ស្បែក កិរិយាសព្ទ.
2560.	ប្រ៊ម cram ចង្អៀត អ៉ិន in នៅក្នុង ធ៉ិស this ផ្លេស្យ place កន្លែងនេះ កិរិយាសព្ទ.
2561.	ប្រ៊ម្ម cramp ឈ៉ិចករម៉ួល អ៉ិន in នៅក្នុង ធើ the លេក្ស legs ជើងទាំងពីរ កិរិយាសព្ទ.
2562.	ប្រ៊ម្ម cramp ឈ៉ិចករម៉ួល អ៉ិន in នៅក្នុង ធើ the ស្ទម៉ាក្ថ ឬស្ទម៉ាយ stomach ពោះ កិរិយាសព្ទ.
2563.	ប្រ៊ននៃ៉ល cranial ប៉ូន្ស bones ឆ្អឹងលលាដ៍ក្បាល (វាមាន១២ក្ថូរ) នាមសព្ទ.

2564.	ក្រេនឿល cranial ខេវិទី cavity ប្រហោងនៅក្នុងឆ្អឹងលលាដ៍ក្បាល (វាស្រោបនៅជុំវិញ ខួរក្បាល ខួរឆ្អឹងខ្នង ហើយនឹងក្រពេញឈ្មោះផិតធូផៃ្រវ៉ៃ្តន្ត (ស្ពោល្ញ skull ឆ្អឹងលលាដ៍ក្បាល) នាមស័ព្ទ.
2565.	ក្រេនឿល cranial នើរស nerves សរសៃប្រសាទ ឬសរសៃវិញ្ញាណនៅក្នុងខួរក្បាល ឬសរសៃវិញ្ញាណនៅក្នុងឆ្អឹងលលាដ៍ក្បាល (វាមាន១២គូរ) នាមស័ព្ទ.
2566.	ប្រៃកនិអ្ cranio- អ៊ិរ or ឬ ប្រៃកនិអ្ crani/o លលាដ៍ក្បាល - ស្ពោល្ញ skull លលាដ៍ក្បាល -ផ្រីវិក្ស prefix បុព្វបទ ឬពាក្យសម្រាប់ពត៌ខាងមុខ.
2567.	ប្រៃកនឿម cranium ឆ្អឹងលលាដ៍ក្បាល១ អ៊ិរ or ឬ ស្ពោល្ញ skull ឆ្អឹងលលាដ៍ក្បាល នាមស័ព្ទ.
2568.	ប្រៃកនឿម cranium ផ្រូវ៉ិល profile ការរៀបរាប់ពីរូបរាងរបស់ឆ្អឹងលលាដ៍ក្បាល នាមស័ព្ទ.
2569.	ប្រៃកសូ-មិក្សើរ craso/mixture មានបញ្ចាច្រើនលាយគ្នា អ៊ិន in នៅក្នុង ឆី the ស្ពោល្ញ skull លលាដ៍ក្បាល ឬខួរក្បាល នាមស័ព្ទ.
2570.	ប្រៃកសូ craso- អ៊ិរ or ឬ ប្រៃកសូ cras/o មានអារម្មណ៍នៅក្នុងវិញ្ញាណច្រើនលាយគ្នា ដែលគិតមិនទៀង - មិក្សើរ mixture ច្រើនលាយគ្នា ថេមផើរេមន្ត temperament វិញ្ញាណ ចិត្តឧរវាវ៉ឬក្រុមជាមួយការប្រែប្រួលលាយឆ្គ្នា វិលរល់ ចរិយាមាយ៉ាតពូជរបស់ មនុស្សគឺទៅតាមធម្មជាតិ -ផ្រីវិក្ស prefix បុព្វបទ ឬពាក្យសម្រាប់ពត៌ខាងមុខ.
2571.	ក្រលិង crawling វារ ឬកំពុងតែវារ អ៊ិនសាយដ inside នៅខាងក្នុង ម៉ាយ my ឬឆី body ខ្លួនរបស់ខ្ញុំ កិរិយាសព្ទ.
2572.	ក្រលិង crawling វារ អ៊ិនសាយដ inside នៅខាងក្នុង យ៉ួរ your ឬឆី body ខ្លួនរបស់អ្នក កិរិយាសព្ទ.
2573.	ក្រលិង crawling វារ អ៊ិន on លើ យ៉ួរ your ស្គិន skin ស្បែករបស់អ្នក កិរិយាសព្ទ.
2574.	ក្រស៊ី crazy ផើស៊ិន person មនុស្សឆ្កួត១ម្នាក់ នាមស័ព្ទ.
2575.	ក្រីម cream ថផ្ផ topped លាបថ្នាំប្រេងនៅលើស្បែក នាមស័ព្ទ.
2576.	ក្រីមមេស៊ិន cremation ផ្ឡ្និង planning កំណាងការណ៍ឧតខ្មោច ឬរៀបចំពិធីបូជាសព ឬនៅក្រោយពេលមនុស្សស្លាប់ (ឧតខ្មោច) នាមស័ព្ទ.

2577.	ត្រីអេធិង creating កំពុងតែបង្កើត ឬថត អិមេជ្យ images រូបភាពឡើង កិរិយាសព្ទ.
2578.	ក្រេអែធិនីន creatinine វត្ថុធាតុដែលរកឃើញនៅពេលកិនរំលាយអាហារចេញជាជាតិ ប្រូតេអ៊ីនឈ្មោះ ត្រ្គីធីន creatine សារធាតុអាស៊ីតសំខាន់ម្យ៉ាង វាមានរាងថ្លាៗចាំងៗកើតឡើង នៅពេលកិនរំលាយចំណីអាហារនៅក្នុងខ្លួន ហើយវាលាយជាមួយវត្ថុធាតុឈ្មោះ ហ្វ៊ីសហ្វ៉ូរីស phosphorus វាកើតទៅជាកម្លាំងឲ្យយើងយកប្រើ នាមសព្ទ.
2579.	ក្រេអែធិនីន creatinine ឃ្លៀនស្យ clearance ថេស្ទ test ការពិសោធន៍មើល កម្លាំងរបស់កម្រងទឹកនោមដែលស្រូបយក វត្ថុធាតុនេះចេញពីទឹកលាយមនៅក្នុងរយៈពេល២៤ម៉ោង នាមសព្ទ.
2580.	ក្រេអែធិនីន creatinine អិក្សក្រិត្ត excreted បញ្ចេញវត្ថុធាតុប្រូតេអ៊ីនឈ្មោះ ក្រេអែធិនីន creatinine វាមាននៅក្នុងទឹកនោម សាច់ដុំ ហើយនឹងទឹកលាយមនង (ទឹកប្រូតេអ៊ីននេះវាជួយកិនរំលាយអាហារយើង) នាមសព្ទ.
2581.	ក្រេអែធិនីន creatinine មេថែបួលិស៊ីម metabolism ការកិនរំលាយសារធាតុរួមគ្នា ឈ្មោះ ក្រេអែធិនីន creatinine នេះ នាមសព្ទ.
2582.	ក្រេស្ត crest កំពូល ឬចុង ឆ្អឹង of នៅ ស្ប៉ាញន spine ឆ្អឹងខ្នង នាមសព្ទ.
2583.	ក្រិកកេត cricket បល្ល ball កម្រងសំណាញ់សម្រាប់វាយពីងប៉ុង នាមសព្ទ.
2584.	ក្រាញន -Crine គឺនបញ្ចេញទឹក - បញ្ចេញ សិក្រិត secrete ត្រពេញបញ្ចេញទឹកអ័រម៉ូន - សាវ៉ីក្ស suffix បច្ច័យ ឬពាក្យសម្រាប់ផ្តពីខាងក្រោយ.
2585.	ក្រិន Crino- អ័រ or ឬ ក្រិន Crin/o បញ្ចេញទឹកពីក្រពេញ - ផ្ទ to ដើម្បីនឹង សិក្រិត secrete បញ្ចេញទឹកពីក្រពេញ -ផ្រីវ៉ីក្ស prefix បុព្វបទ ឬពាក្យសម្រាប់ផ្តពីខាងមុខ.
2586.	ក្រិត -crit គឺនបំបែកចេញពីគ្នា - ផ្ទ to ដើម្បីនឹង សេផារេត separate បំបែកចេញពីគ្នា - សាវ៉ីក្ស suffix បច្ច័យ ឬពាក្យសម្រាប់ផ្តពីខាងក្រោយ.
2587.	ក្រូន'ស Crohn's ឌិស៊ីស disease ឈ្មោះរោគរលាកនៅផ្លូវពោះវៀនវាំង វាអាចប៉ះ ពាល់រដល់ផ្លូវរំលាយចំណីអាហារចាប់តាំងពីមាត់ទៅដល់គូទអាចន៍ តាមធម្មតារោគនេះវាធ្វើឲ្យ អ្នករោគអាចន៍ លើពោះ ក្ដៅខ្លួន វាប៉ះពាល់រដល់ពោះវៀន កើតរោគរលាកពោះវៀន តែពេល្យមិនដឹង ថារោគនេះកើតមកពីមេរោគអ្វីទេ នាមសព្ទ.

2588.	ក្រោះស្ប... cross អាយ eye វាតភ្នែកស្រលៀង ឬបន្លាត់គ្រាប់ភ្នែកបែចូលទៅក្នុងច្រមុះ ខុសពីធម្មតា នាមសំព.
2589.	ក្រោះស្ប cross គង លេក leg ជើង នាមសំព.
2590.	ក្រោះស្ប cross អ្វីរី over ឆ្លងផុតទៅ គងផុយគ្នា (ឧទាហរណ៍ដូចជាមានរូបសនៅ ក្បាលខាងស្ដាំ វាគិងធ្វើឱ្យខ្លួចដែលជើងខាងឆ្វេង ហើយវាធ្វើឱ្យកំជើកដែលជើងខាងឆ្វេងមិនបាន ហើយបើសិនជាមានរូបសនៅក្បាលខាងឆ្វេង វាគិងធ្វើឱ្យខ្លួចដែលជើងខាងស្ដាំ ហើយវាធ្វើឱ្យយើក កំជើកដែលជើងខាងស្ដាំមិនបាន) នាមសំព.
2591.	ក្រោះស្ប cross សិកសិន section កន្លែងជើរឆ្លងកាត់ (ឬនៅកន្លែងសរសៃវិញ្ញាណឆ្លងនៅ ក្នុងខួរក្បាល ឧទាហរណ៍ដូចជាខួចខួរក្បាលខាងស្ដាំ វាអាចធ្វើឱ្យដខ្លួនខាងឆ្វេងខ្លួចកំជើកមិនបាន) នាមសំព.
2592.	ក្រោះស្ប cross សិកសិនុល sectional ផ្លែន plane ថតចែក ឬថតបែងភាគនៅវែង ខ្លួចទទិង កាត់ជាក់កណ្ណាលខ្លួន១កំណាត់ទៅខាងលើ ហើយ១កំណាត់ទៀតនៅខាងក្រោមដើម្បីពិនិត្យ មើលវាតតាមការថតឆ្លះរូបត។ គ្នា ជាប់។គ្នានេះ នាមសំព.
2593.	ក្រោះស្ប cross ទទិងជា សិកសិឌ្យ sections ផ្លែក។ អ៊ើវ of របស់ ធិសស្យ tissue សាច់ឈាម ឬសាច់កោសិកា នាមសំព.
2594.	ក្រោះស្ប-អាយ្យ cross-eyes វាតភ្នែកស្រលៀងទាំងពីរខាង ឬបន្លាត់គ្រាប់ភ្នែកបែចូល ទៅក្នុងច្រមុះខុសពីធម្មតា នាមសំព.
2595.	ក្រោះសសិង-អ្វីរី crossing-over កំពុងតែឆ្លង ឬកំពុងតែចំឡុងឆ្លាធ្យឱ្យលាយគ្នាដើម្បីឱ្យ កើតច្រើន នាមសំព.
2596.	ក្រោះស្ប-អរ៉ើនស៊ីស cross-references ការជឹកនាំដំណើងសំខាន់ពីកន្លែង១ទៅកន្លែង មួយផ្សេងទៀត នាមសំព.
2597.	ក្រោះស្ប-អរ៉ើនស៊ីស cross-references សិស្ទ័ម្ម systems ប្រព័ន្ធជាច្រើនដែល ជឹកនាំដំណើងសំខាន់។ពីកន្លែង១ទៅកន្លែងមួយផ្សេងទៀត នាមសំព.
2598.	ក្រៅដ្ត crowded ខមេឌី comedy ខ្លាប់ club ហ្គូ ឬក្រុមមនុស្សជាច្រើនបានចូល រូមគ្នាមើលរឿងកំប្លែង នាមសំព.
2599.	ក្រៅដ្ត crowded ផ្លែស្យ place កន្លែងដែលមានមនុស្សច្រើន ឬទីប្រជុំជន នាមសំព.

2600.	ក្រើរ cruro- អ៊ែ or ឬ ក្រើរ crur/o ជើង - លេគ leg ជើង -ព្រីវិក្ស prefix បុព្វបទ ឬបាក្យសម្រាប់តពីខាងមុខ.
2601.	ក្រើស្ល crush ច្របាច់បំបែក ឬធ្វើឱ្យ ទៅ the សួន stone ថ្មបែកទៅជាកំទិចខ្នែចត្តុចៗ កិរិយាសព្ទ.
2602.	ក្រើស្លឹង crushing ច្របាច់បំបែក សួន stone ថ្ម កិរិយាសព្ទ.
2603.	ក្រើស crust សំបក អ៊ែរ of របស់ ទើ the អ៊ែរស earth នៃទនី នាមសព្ទ.
2604.	ក្រើស crust ក្រម៌ ស្កេប្ប scabs ក្របដំបៅក្រៀមច្រើនកន្លែង នាមសព្ទ.
2605.	ក្រែយ្យ cryo- អ៊ែរ or ឬ ក្រែយ្យ cry/o ត្រជាក់ខ្លាំងពេក - អ៊ែក្យស្រើម extreme ខ្លុល cold ត្រជាក់ខ្លាំងពេក-ព្រីវិក្ស prefix បុព្វបទ ឬបាក្យសម្រាប់តពីខាងមុខ.
2606.	ក្រីផត្ថ crypto- អ៊ែរ or ឬ ក្រីផត្ថ crypt/o ដែលលាក់ បំបាំង ឬបំបាំង - ហិដឌិន hidden ដែលលាក់ បំបាំង ឬបំបាំង -ព្រីវិក្ស prefix បុព្វបទ ឬបាក្យសម្រាប់តពីខាងមុខ.
2607.	ស៊ីធី-ស្កេន CT-scan ខាម់ផ្យូត្ថ computed ធូម្ម៉ក្រេហ្ស៊ី tomography ប្រើម៉ាស៊ីនធំដែលប្រើកម្លាំងភ្លើងដើម្បីថតរូបភាព រៀបរាបឆ្លងកាត់ទៅតាមផ្នែកៗរបស់សាច់ឈាម ឬកោសិកាណាមួយ អ៊ែរ or ឬ ខែត-ស្កេន CAT-scan អក្សរកាត់របស់ពាក្យនេះ ខាម់ផ្យូទើរីស្យេង computerized ដែក្យ៉េល axial ធូម្ម៉ក្រេហ្ស៊ី tomography ការថតឆ្លុះរូបភាពច្រើនៗគ្នាដើម្បីពិនិត្យមើលឡាតដោយប្រើម៉ាស៊ីនធំ (ដើម្បីនឹងថតថែក បែងភាគដងខ្លួនទទឹងកាត់ផ្នែកៗ ទទឹងជាក់កណ្ដាលខ្លួន១កំណាត់ទៅខាងលើ ហើយនឹង១កំណាត់ទៀត នៅខាងក្រោម) នាមសព្ទ.
2608.	ឃ្យូបិក cubic ឃុំដែលមានរាងបីជ្រុង មិលលិម៉ិទើ millimeter មានចំនួនប្រវែង១ មិល្លម៉ែត្រ នាមសព្ទ.
2609.	ឃុល cul ត្ថច - ស្មោល្ល small ត្ថច គុណនាម.
2610.	ឃុលដ្ថ Culdo- អ៊ែរ or ឬ ឃុលដ្ថ Culd/o ស្រោមពោះ - ឃុល cul-ឌី de-សែក sac ស្រោមពោះ - រេកទូយ្យទើរីន rectouterine ផោវ pouch ថង់ស្រោមពោះវានៅ ខាងក្រោយប្រឡោះណ្ណាលទ្វារមាស ហើយនឹងទ្វារធំ ឬ ចុងពោះវៀនធំ -ព្រីវិក្ស prefix បុព្វបទ ឬបាក្យសម្រាប់តពីខាងមុខ.
2611.	ខាផ់-លេគ cup-like រាងដូចកែវ នាមសព្ទ.

2612.	ខាផ់-ស្លើផ្ល cup-shaped រាងដូចតែវ នាមសំពុ.
2613.	ខាផ់លែត cuplike ឆ្អឹង bone ឆ្អឹងដែលមានរាងដូចតែវ នាមសំពុ.
2614.	ខាផ់និង cupping មានរាងដូចជាតែវ អើវ of នៅក្នុង អផ្ទិក optic ឌិស្ក disk ថាស់តែវគ្រាប់ភ្នែក កិរិយាសព្ទ.
2615.	ឃ្យរេអធីវ curative អេជីនស៊ី agency ថ្នាំដែលអាចធ្វើឲ្យជាវាតបាន (ឬទីភ្នាក់ងារដែល ជួយអោយសៈ ឬដែលធ្វើឲ្យជាបាន) នាមសំពុ.
2616.	ឃ្យរេតធិ ឬឃ្យរេតធិផ curettage កម្មវិធីវៈកាត់ ឬការកោសសាច់ - ផ្ច to ដើម្បីនឹង ស្គ្រេផ scrape កោសសាច់ នាបសំពុ.
2617.	ឃ្យរេតធិ ឬឃ្យរេតធិផ curettage កម្មវិធីវៈកាត់ ឬកោសសាច់ (ឆើ the លាញនិង lining ស្រទាប់សាច់ស្រោមស្បូនដែលក្រាល អើវ of នៅក្នុង ឆើ the យូធើរីស uterus ស្បូន អិរ or ឬ វ៉ុម្ប womb ស្បូន) នាមសំពុ.
2618.	ឃ្យរៀស curious ចង់យើញ ឬចង់ដឹង - អ្វីតើ eager ខិតខំខ្នាស់ខ្នែង ផ្ច to ដើម្បីនឹង ល្មើន learn រៀន អិរ or ឬ ណ្ញ know ដឹង គុណនាម.
2619.	យើអន្ត current ស្មូតើ smoker អ្នកនៅជក់បារីនៅក្នុងពេលឥឡូវនេះ នាមសំពុ.
2620.	យើរវេលើ curvature អែបន័រម៉លិទីស abnormalities មានរាងកោងខុស ពីភាពធម្មតា ឬកោងខ្លាំង នាមសំពុ.
2621.	យើរវេលើ curvature កោងរីង អើវ of នៅក្នុង ឆើ the ស្ប៉ាញន spine ឆ្អឹងខ្នង នាមសំពុ.
2622.	យើរិង curving កំពុងតែមានរាងកោង ផត ឬខ្ទង អីនវឿដ inward ចូលក្នុង កិរិយាសព្ទ.
2623.	ឃ្យស្ទឹង Cushing សិនដ្រម syndrome ឈ្មោះវាត ឬជម្ងឺចូលរួមគ្នាជាច្រើនយ៉ាង នាមសំពុ.
2624.	ឃ្យស្ទឹង'ស Cushing's សិនដ្រម syndrome ឈ្មោះវាត ឬជម្ងឺចូលរួមគ្នាជាច្រើន យ៉ាង (វាមានមុខដូចលោកខែ កហើមធំ កើតជាតនៅស្បែកនៅដែជើងធ្វើឲ្យស្បែកឡើងក្រហមជាំ) នាមសំពុ.
2625.	ឃ្យស្ទីន cushion ស្រទាប់សាច់ទន់ៗ អីរៅន្ត around នៅជុំវិញ ឆើ the ប្រេន brain ខួរក្បាល នាមសំពុ.

2626.	យួស្គិន cushion ស្រទាប់សាច់ទន់ៗ អឺរាន្ត around នៅជុំវិញ ធើ the ស្បាញនុល spinal យួរដ cord ខ្នងឆ្អឹងខ្នង នាមសព្ទ.
2627.	ខាសិស -cusis នៃ ប្ជាប់ទាក់ទងទៅនឹងការញ ឬសម្លេង - ហ្ជៀង hearing ឮសំឡេង - សិរវិក្ស suffix បច្ច័យ ឬជាក្យសម្រាប់ពត៌ខាងក្រោយ.
2628.	ខាសផិង cuspid ធ្មេញ អឺរ or ឬ ខេណាញន canine វាជាធ្មេញ(ធ្មេញមួយឈ្លោះពីរ) វានៅបន្ទាប់ពីធ្មេញមុខឈ្លោះ លៃទឺរុល lateral អិនសៃសេី incisor ធ្មេញទីពីរ (ខ្ញុំមិនយល់ពីធ្មេញទាំងអស់នេះទេ សូមឱ្យអ្នកសួរគ្រពេទ្យធ្មេញរបស់អ្នកឱ្យច្បាស់) នាមសព្ទ.
2629.	ខាសផិង cuspid ធូសិ tooth ធ្មេញទីពីរ១ វានៅខាងមុខដែលមានរាងភ្លូចធ្មេញផ្តៃ នាមសព្ទ.
2630.	ខាសផិស្ស cuspids ធូសិ teeth ធ្មេញទីពីរ២ វានៅខាងមុខ វាមានរាងភ្លូចធ្មេញផ្តៃ នាមសព្ទ.
2631.	ខាសផ្ស cuspo- អឺរ or ឬ ខាសផ្ស cusp/o អណ្ដាត -ជ្រីវិក្ស prefix បុព្វបទ ឬជាក្យសម្រាប់ពត៌ខាងមុខ.
2632.	ខាស្ទមេី customer សេីវិក្ស service ចប្ស jobs ការងារជាច្រើនខាងបំរើជួយអ្នក ទិញអីវ៉ាន់ ឬនៅក្រស្ងដែលបំរើមនុស្សណាមួយ នាមសព្ទ.
2633.	ខាត់ cut ដោន down បន្ថយ យួរ your យួលេស្ជីរុល cholesterol លេវេល level កំរិតជាតិខ្លាញ់នៅក្នុងឈាមរបស់អ្នកឱ្យទាប ប្រយោគ ឬឃ្លា ប្រហ្ជីស phrase.
2634.	ខាត់ cut កាត់ អិនធូ into ចូលទៅខាងក្នុង កិរិយាសព្ទ.
2635.	ខ្ជុថេនក្ Cutanco- អឺរ or ឬ ខ្ជុថេនក្ cutanc/o ស្បែក អឺរ or ឬ ខ្ជុថេនស៊ុអ្ cutanceo ស្បែក អឺរ or ឬ ខ្ជុថេនីអ្ cutane/o ស្បែក ស្គិន skin ស្បែក -ជ្រីវិក្ស prefix បុព្វបទ ឬជាក្យសម្រាប់ពត៌ខាងមុខ.
2636.	ខ្ជុថេន្ជៀស cutaneous វាកសេីស្បែកឡេីងភ្លូច ហ្ជរន horn ស្នែង នាមសព្ទ.
2637.	ខ្ជុថេន្ជៀស cutaneous វាកស្បែកឡេីង ធូមេីរ tumor ពកពុំៗ នាមសព្ទ.
2638.	ខាត់ធិង cutting ការកាត់ អឺវ៉េ away យក ធេ the អូវ៉ឺគ្រន overgrown ជ្រូស្តេត prostate ធីស្ស tissue សាច់របស់ក្រពេញឈ្លោះជ្រូស្តេតដែលលីកធំហូសពេក ចេញខ្លះ (ក្រពេញនេះមានរាងភ្លូចសាច់ពីរជុំគួចទៅសងខាង ឬអបបំពង់បង្ហូរទឹកនោមរបស់មនុស្សប្រុស ហេីយវានៅក្រោមប្លោកទឹកនោម) នាមសព្ទ.

2639.	ខាត់ធិត cutting ការវះកាត់ អឹជពេស edges នៅកៀនប្រុងសីរាគ្គណាមួយ ឬកាត់របស់អ្វីមួយ កិរិយាសព្ទ.
2640.	ខាត់ធិត cutting ការវះកាត់ អិនធូ into ចូលទៅក្នុង ធើ the ខូមមិន ឬខមមិន common បាល bie ដាក្ត duct បំពង់ទឹកប្រម៉ាត់រួមគ្នា នាមសំព្ធ.
2641.	ខាត់ធិត cutting ការកាត់ អ៊ែវ of នៅ ធើ the វៃគល vagal នឺវ nerve សរសៃប្រសាទ ឬសរសៃវិញ្ញាណមួយគូរនៅខួរក្បាល វាជីកន្វិញ្ញាណ ផ្តល់ឈាមទៅបេះដូងស្ងួត ផ្លូវរំលាយអាហារខាងលើ ការលេបអាហារ និយាយ ឧកជម្ងឹម បេះដូងវិវ ហើយនឹងកំជឹកញ្ញាក់ សាច់ដុង នាមសំព្ធ.
2642.	ខាត់ធិត cutting កាត់ ឬបន្ថយ ធើ the ផែន pain ការឈឺចាប់ ដោន down ឱ្យថយចុះ កិរិយាសព្ទ.
2643.	ខាត់ធិត cutting កំពុងតែកាត់ យូរ your វិងគើរនៀលួ fingernails ក្រចកដៃ របស់អ្នក កិរិយាសព្ទ.
2644.	ខាត់ធិត cutting កំពុងតែកាត់ យូរ your ធូនៀលួ toenails ក្រចកជើងរបស់អ្នក កិរិយាសព្ធ.
2645.	ស៊ីវីអែ CVA អក្សរកាត់របស់វាដែលថា (វាគខ្លិន) នៃ ឬទាក់ទងទៅនឹងវាតសរសៃប្រសាទ សរសៃវិញ្ញាណ ឬសរសៃតួៗនៅខួរក្បាល ហើយនឹងខួរឆ្អឹងខ្នង សេីរីប្រវៃសឧ្យឡេ cerebrovascular អែកសិដេន្ត accident មានការគ្រោះថ្នាក់ដល់សរសៃប្រសាទ ឬសរសៃវិញ្ញាណ ឬសរសៃតួៗនៅខួរក្បាល ហើយនឹងខួរឆ្អឹងខ្នង ប្រកោ៍ណេរ្គាះវាថា ស្ត្រូត stroke វាតគាប់ដែលជើងផ្នែកណាមួយ គុណនាម.
2646.	ស៊ីអ៊ិកឬអ៊ីវ CXR ធេស្ច chest អ៊ិក្ស x-រ្សេ ray ថតនៅក្នុងជើមទ្រូង នាមសំព្ធ.
2647.	សៃយេន្ធ cyano- អ៊ីវ or ឬ សៃយេន្ធ cyan/o ពណ៌ខៀវ ឬ blue ពណ៌ខៀវ -ប្រ៊ីវ៊ិក្ស prefix បុព្ចបទ ឬពាក្យសម្រាប់តបព្ចាលគ្នាពីខាងមុខ.
2648.	សៃខ្លិក cyclic ដែលបាន វូមិធិង vomiting កួតម្ដងហើយម្ដងទៀត គុណនាម.
2649.	សៃខ្លូ cyclo- អ៊ីវ or ឬ សៃខ្លូ cycl/o កើតឡើងម្ដងហើយម្ដងទៀត - សិលិអឺរី ciliary វាមភ្នែក បធី body អ៊ែវ of អាយ eye វិលជុំគ្រាប់ភ្នែក សៃខល cycle វិលជុំគ្រាប់ភ្នែក សើខល circle មូលជុំគ្រាប់ភ្នែក វន្លគ្រាប់ភ្នែក — វ ឬវីយេរីរិង

	recurring កើតឡើងម្តងហើយម្តងទៀត -ធ្រីវិក្យ **prefix** បុព្វបទ ឬពាក្យសម្រាប់ភ្ជាប់ពញ្ជាល់ខ្នាពីខាងមុខ.
2650.	សែអ៊ីសិស **-cyesis** មានផ្ទៃពោះ - ជ្រេតនៃនស្ស៊ី **pregnancy** មានផ្ទៃពោះ -សិវិក្យ **suffix** បច្ច័យ ឬពាក្យសម្រាប់ផពីខាងក្រោយ.
2651.	សិលិនជ្រិខល **cylindrical** បទី **body** ដងខ្លួនមូលវែក (ឧទាហរណ៍ដូចជាប្រាន ឬអក្សរ វ៉ាមានខ្លួនដងមូល១កង់ៗ) នាមសំពុ.
2652.	សិលិនជ្រិខល **cylindrical** មៃតនេធិក **magnetic** រស្សនៃនស្ស **resonance** ម៉ាស៊ីន **machine** បំពង់ម៉ាស៊ីនមូលវែងធំដែលប្រើរលកកម្លាំងដែកស្រូប ឬមៃដែកដើម្បីនិង ថតឆ្លុះបើលរោគនៅក្នុងដងខ្លួនណាមួយ ហើយវាថតស្តាប់សម្លេងផង នាមសំពុ.
2653.	សិស្សូ **cysto-** អ៊ីរ **or** ឬ សិស្សូ **cyst/o** ថង់ទឹក ពងទឹក ប្លោកទឹកនោម (សាច់ពកដែល មានទឹកនៅក្នុងវា) យ៉ុំណារី **urinary** ប្ល៉េទើ **bladder** ពងទឹក ប្លោកទឹកនោម សិស្សូ **cyst** ថង់ទឹក សៃក **sac** ថង់ ជោវ **of** ដែលមាន ភ្លូដ **fluid** ថង់ទឹក -ធ្រីវិក្យ **prefix** បុព្វបទ ឬពាក្យសម្រាប់ផពីខាងមុខ.
2654.	សិស្ទិក **cystic** អៃកនី **acne** រោគមុនប្លោកទឹក ឬថង់ទឹក (រោគមុនដែលមានថង់ទឹក) នាមសំពុ.
2655.	សិស្ទិក **cystic** ខៃវិទីស **cavities** រន្ធនៅក្នុងប្លោក ឬរន្ធថង់ទឹកច្រើនជាមួយ នាមសំពុ.
2656.	សិស្ទិក **cystic** ខៃវិទី **cavity** រន្ធនៅក្នុងប្លោក ឬថង់ទឹកមួយ នាមសំពុ.
2657.	សិស្ទិក **cystic** ដាក្ត **duct** បំពង់ថង់ ឬប្លោកទឹកប្រម៉ាត់១ នាមសំពុ.
2658.	សិស្ទិក **cystic** ដាក្តស **ducts** បំពង់២របស់ប្លោក ឬថង់ទឹកប្រម៉ាត់ នាមសំពុ.
2659.	សិស្ទិក **cystic** វៃប្រសិស **fibrosis** រោគសាច់សរសៃៗពងទឹកនៅក្នុងប្លោកទឹកនោម ជាទូទៅវាឆ្លងតាមពូជ ជាពិសេសនៅក្នុងជនជាតិស្បៃកស តាមធម្មតារោគនេះកើតឡើងតាំងតៃ ពីវ័យក្មេង វាឆ្លងតតាមពូជ គ្រាប់ពូជដែលឆ្លងខុសពីភាពធម្មតា វាខ្លះទឹកប្រតេអ៊ីនជ្ជួយកំរំលាយ អាហារដែលបញ្ចេញមកពីលំពែង វាធ្វើឱ្យពិបាកកកដឡើម ដោយសារវាបាត់ជាតិទឹកអំបិលពីក្នុងខ្លួន ពីព្រោះអ្នកជម្ងឺបៃកញើសច្រើនពេក វាមានជាតិសំបោរប្រមូលផ្តុំគ្នានៅក្នុងផ្លូវខ្យល់ផង នាមសំពុ.

2660.	សិស្ទិក cystic វៃប្រសិស fibrosis កើតជាតខាងលើនេះ (សូមមើលខាងលើនេះ) ឈ្មោះមួយទៀតតេហៅវាថា វៃប្រសិស្ទិក fibrocystic និស្តុស disease ផ្ញើរ of ធើ the ផែនក្រៀស pancreas នាមសំពុ.
2661.	សិស្ទិក cystic ថ្លោកនោម សែក sac ថងទឹកនោម នាមសំពុ.
2662.	សិស្ទិក cystic ស្ទុម stump គុលទងបំផង់របស់ថ្លោក ពង ឬថងទឹកប្រម៉ាត់ នាមសំពុ.
2663.	សិស្ទិងល្ញ៊ cystically ថ្លោកទឹកនោម អីនឡ្យាជ្ឋ enlarged វិកធំ កិរយាវិសេសន៍.
2664.	សិស្ទ Cysto- អ៊រ or ឬ សិស្ទ Cyst/o ថ្លោកទឹកនោម - យ្យូរ៉ិណារី urinary ប្ល្ធធើ bladder ថ្លោកទឹកនោម សិស្ទ cyst ថង ពងទឹក៕ សែក sac ថងទឹក ផ្ញើរ of ដែលមាន វ្ល៊ត fluid ទឹក -ផ្រីវិក្ស prefix បុព្ទបទ ឬពាក្យសម្រាប់តពីខាងមុខ.
2665.	សិស្ទុយ្យូរ៉ិស្ត្រ៊ផ្រែម ឬសិស្ទុយ្យូរ៉ិទ្រផ្រែម Cystourethrogram កម្រវិធីចតឆ្លុះកត់ទុកមើល ជាតនៅក្នុងថ្លោកទឹកនោម ហើយនឹងផ្លូវបង្ហូរទឹកនោមទៅខាងក្រៅដងខ្លនផងនៅត្រាយពេល ដែលបានចាក់ផ្គាំឈ្មោះ ខូនត្រស្ត contrast មីជៀម medium ចូល នាមសំពុ.
2666.	សិស្ទស cysts ថង ថ្លោកជាច្រើន សែក្ស sacs ថងជាច្រើន នាមសំពុ.
2667.	សែត -cyte ទឹកគ្រាប់ឈាម ឬកោសិកា - មីស្យ means មានអត្តន័យថា សេល្ល cell ទឹកគ្រាប់ឈាម ឬកោសិកា -សារវិក្ស suffix បច្ច័យ ឬពាក្យសម្រាប់តពីខាងក្រោយ.
2668.	សែថូ Cyto- អ៊រ or ឬ សែថូ cyt/o នៃកោសិកា ឬគ្រាប់ទឹកឈាប - សេល្ល cell កោសិកា ឬគ្រាប់ទឹកឈាម -ផ្រីវិក្ស prefix បុព្ទបទ ឬពាក្យសម្រាប់តពីខាងមុខ.
2669.	សែទូផ្លែសមិក cytoplasmic ក្រេញល្យ granules គ្រាប់ឈាមសដែលមានគ្រាប់ត្ចុចៗ នៅក្នុងវា វ៉ារីកចំជីនល្យតលាស់ឡើង នាមសំពុ.
2670.	សែទូផ្លែសិម cytoplasm នេះជាវត្ថុធាតុដែលមានជីវិតរស់នៅៗក្នុងគ្រាប់ឈាម កូនប្រពេញ ត្ចុចៗដែលនៅក្នុងគ្រាប់ឈាម (វ៉ាមានទឹកឈាយគ្មាច្រើនយ៉ាង ទឹកប្រជែអ៊ន ខ្លាញ់ កម្ឡាងឆ្លើង កូនក្រពេញ ត្ចុចៗមានជីវិត វ៉ាមានកម្ឡាងធ្វើការទៅតាមមុខងារដោយខ្លនវា គេហៅឈ្មោះវ៉ាថា ផ្រទូផ្លែសិម្យ protoplasms សែទូស្សូល cytosol) នាមសំពុ.
2671.	សែទូសិស -cytosis មានជាតនៅក្នុងគ្រាប់ឈាមៗឡើងខ្ពស់មួយដងខុសពីភាពធម្មតា -ផ្រីវិក្ស prefix បុព្ទបទ ឬពាក្យសម្រាប់តពីខាងមុខ.

2672.	សែទូស្សួល cytosol នេះជាវត្ថុធាតុដែលមានជីវិតរស់នៅៗក្នុងគ្រាប់ឈាម កូនប្រពេញត្តូចៗដែលនៅក្នុងគ្រាប់ឈាម (វាមានទឹកលាយគ្នាច្រើនយ៉ាង ទឹកប្រទេអ៊ីន ខ្លាញ់ កម្លាំងភ្លើង កូនក្រពេញត្តូចៗ មានជីវិត មានកម្លាំង វាធ្វើការទៅតាមមុខការដោយខ្លួនវា គេហៅឈ្មោះវាថា សែទូផ្លែសីម cytoplasm អ៊ន្ត and ប្រូទូផ្លែសីម្ប protoplasms) នាមសំព្ទ.
2673.	សែទូថក្សិក cytotoxic សេល្លស cells ទឹកគ្រាប់ឈាមស ឬកោសិកាឈ្មោះ ធី T- សេល្លស cells លីម្ផហ្វ៊ីសៃត្ប lymphocytes គ្រាប់ឈាមស ឬទឹករវៃងឈ្មោះ ធីអេវ T8- សេល្លស cells; ធី T- សេល្លស cells- យិលលើ killer សេល្លស cells គ្រាប់ឈាមស នេះវាជាប្រធានទាហានធំទ១ វាការពារកំអោយមានមេរោគចូលមកក្នុងខ្លួនមុនគេ វាស៊ុំសម្លាប់មេរោគចំៗ នាមសំព្ទ។
2674.	ធី D: ដ៊ ឌ៊ ធី d អក្សរទី៤របស់ភាសាអង់គ្លេស (វាជាព្យញ្ជនៈ) នាមសំព្ទ។
2675.	ដៃប dab យ៉ួរ your អាយ្យ eyes ផ្លិតទឹកភ្នែក ឬផ្លិតទឹកថ្នាំចេញពីភ្នែកទាំងពីរបស់អ្នក កិរិយាសព្ទ។
2676.	ដៃក្រី ឬដៃក្រៃ dacry- ក្រពេញបញ្ចេញទឹកភ្នែក _ លែក្រិមល lacrimal ដាក្ត duct បំពង់ក្រពេញ វាបញ្ចេញទឹកភ្នែក _ផ្រីវិក្ប prefix បុព្វបទ ឬបាក្បសម្រាប់តពីខាងមុខ។
2677.	ដៃក្រីអ្វ ឬដៃក្រៃអ្វ dacryo- ក្រពេញបញ្ចេញទឹកភ្នែក អ៊រ or ឬ ដៃក្រីអ្វ ឬដៃក្រៃអ្វ dacry/o ទឹកភ្នែក _ ថ៉េ៉រ tear ទឹកភ្នែក លៃក្រិមុល lacrimal ដាក្ត duct បំពង់ក្រពេញដែលបញ្ចេញទឹកភ្នែក _ ថ៉េ៉រ tear ឌាក្ត duct បំពង់បង្ហូរទឹកភ្នែក _ផ្រីវិក្ប prefix បុព្វបទ ឬបាក្បសម្រាប់តពីខាងមុខ។
2678.	ដៃក្រៃអិន ឬដៃក្រីអិន dacryon- ក្រពេញនៅឆ្អឹងទឹកភ្នែក _ផ្រីវិក្ប prefix បុព្វបទ ឬបាក្បសម្រាប់តពីខាងមុខ។
2679.	ដៃក្រីយ្យស៊ីស្ត្ ឬដៃក្រៃយ្យស៊ីស្ត្ dacryocysto- ឬ ឬដៃក្រៃយ្យស៊ីស្ត្ dacryocyst/o ថង់ទឹកភ្នែក _ ថ៉េ៉រ tear សែក sac ថង់ទឹកភ្នែក លៃក្រិមុល lacrimal សែក sac ក្រពេញនៅថង់ទឹកភ្នែក _ផ្រីវិក្ប prefix បុព្វបទ ឬបាក្បសម្រាប់តពីខាងមុខ។
2680.	ដៃកទិល dactyl- ម្រាមដៃ ហើយនឹងម្រាមជើង _ វិងគើស fingers ម្រាមដៃ អ៊រ or ឬ ធ្វូស toes ម្រាមជើង _ផ្រីវិក្ប prefix បុព្វបទ ឬបាក្បសម្រាប់តពីខាងមុខ។
2681.	ដៃកទិល្យៃ -dactylia នៃ ឬទាក់ទងទៅនឹងរាគនៅម្រាមដៃ ហើយនឹងម្រាមជើង _ ស៊ារវិក្ប suffix បច្ច័យ ឬបាក្បសម្រាប់តពីខាងក្រោយ។

2682.	ដែកទិល្យ dactylo- ម្រាមដៃ អែន្ត and ហើយនឹងម្រាមជើង អ៊ិរ or ឬ ដែកទិល្យ dactyl/o ម្រាមដៃ ហើយនឹងម្រាមជើង – វិងតើស fingers ម្រាមដៃ អ៊ិរ or ឬ ធ្លស toes ម្រាមជើង _ធ្រីវិក្ស prefix បុព្វបទ ឬជាក្យសម្រាប់តព៌ខាងមុខ។
2683.	ដែកទិលី -dactyly នៃ ច្ឆទាក់ទងទៅនឹងម្រាមដៃ ហើយនឹងម្រាមជើង _ស្ការិវិក្ស suffix បច្ច័យ ឬជាក្យសម្រាប់តព៌ខាងក្រោយ។
2684.	រៀលី Daily ច្ឆនីស bonus ប្រាក់រង្វាន់ប្រចាំថ្ងៃ ប្រាក់រង្វាន់ឲ្យយើងជារៀងរាល់ថ្ងៃ គុណនាម.
2685.	រៀលី Daily អែកធីវីធីស activities ការងារដែលត្រូវធ្វើប្រចាំថ្ងៃ (ធើម្បីថែរក្សាពីវិត ដូចជាក្កុះធ្មេញ ងូតទឹក បោសផ្ទះ លាងចាន ដាំបាយ ទៅផ្សារទិញម្ហូប) គុណនាម.
2686.	រៀលី Daily ដេ day ជារាងរាល់ថ្ងៃ គុណនាម.
2687.	រៀលី Daily ផេផើ paper ក្រដាសការសេតចេញប្រចាំថ្ងៃ ក្រដាសក្រសែតចេញជារាងរាល់ថ្ងៃ គុណនាម.
2688.	រៀលី daily អ៊ាផដេធ្ស updates ការស្ម្រាយដំណឹងដាក់ឲ្យដឹងប្រចាំថ្ងៃ ការរាយការណ៍អំពីពត៌ មានជារាងរាល់ថ្ងៃ នាមសំព្ធ។
2689.	រៀលី Daily វិសិត visit មកលេងជារាងរាល់ថ្ងៃ គុណនាម.
2690.	រៀលី Daily វ៉ើក work ធ្វើការជារាងរាល់ថ្ងៃ គុណនាម.
2691.	ដែមេជ damage ខូច (ធ្វើឲ្យខូច) ហ្ឌាត heart ម៉ាសសិល muscle សាច់ដុំបេះដូង កិរិយាសព្ធ។
2692.	ដែមេជ damage រាគខូច ឬខ្ទិន អ៊ិន in ទៅ ធើ the ល្ជ្វើ lower ផាត part ផ្នែកខាងក្រោម អ៊ាវ of នៃ ធើ the ច្ឆទី body ដងខ្លួន (រាគខ្ទិនជើងទាំងពីរ ឬរាគជាប់ដងខ្លួនទាំងសងខាងមួយកំណាត់ខាងក្រោម) គុណនាម.
2693.	ដែមេជ damage ធ្វើឲ្យខូច ធ្ឋ to ទៅដល់ ធើ the លិវ៉ើ liver ថ្លើម កិរិយាសព្ធ។
2694.	ដែមេជ damage ធ្វើឲ្យខូច ធ្ឋ to ទៅដល់ ធើ the ហ្ឌាត heart វ៉ាលវ ឬវ៉េវ valve សន្ទះ ឬអណ្ដាតបេះដូង កិរិយាសព្ធ.
2695.	ដែមេផ្ត damaged បានខូចខាត ណ្យ៉ូន neuron ទៅថ្ងៃសរសៃវិញ្ញាណធាតុៗដែលដឹក នាំផ្ទើងវិញ្ញាណទៅក្នុងខ្លួន គុណនាម។

2696.	វៃមេស្ស damages ធ្វើឱ្យខូចខាត គ្លូមេរ៉ូឡាយ glomeruli កុំសរសៃឈាមតូចៗកុំៗ ដូចក្នូនបាល់តូចៗនៅក្នុងក្រមួងទឹកនោម វាជួយជ្រោះលាងទឹកនោម (វាហានចំនួនប្រហែលជាមួយលៀនកុំនៅក្នុងកំរងទឹកនោមម្ខាង) នាមសំពុ។
2697.	វៃនស្ស dance វ្ល floor កន្លែងរាំ ឬបន្ទប់រាំ នាមសំពុ។
2698.	វៃនធី dandy វិវី fever រោគគ្រុនផ្តាសាយធំ រោគលាកដំបៅនេះឆ្លងទៅមនុស្សផ្សេងទៀត ទៅតាមសត្វមូសឈ្មោះ អ៊ីឌីស Aedes មូសប៉្បិត mosquito រោគនេះកើតនៅក្នុងស្រុក ប្របទេសក្តៅ វាសម្ងែងឱ្យឃើងឃើញសញ្ញាដូចទៅក្តៅខ្លួន ឈឺក្បាល រមាស់ ឈឺខ្នង ឈឺសាច់ដុំ ហើមវៃជើង ខ្លោយសាច់ដុំ ឈឺនៅសន្លាក់ភ្លៀង រមាស់ក្រហមនៅលើស្បែក ទោះជាៗហើយក៏ដោយ ឃើងត្រូវវៃតបន្ថយព្យាបាលរោគនេះបន្ថែម២ ឬពអាទិត្យទៀត នាមសំពុ។
2699.	ដេងជើរិស dangerous ម៉ាញ្ចន្ត mind គំនិត ខួរក្បាល ចិត្ត បូរិញ្ញាណដែលធ្វើឱ្យមានគ្រោះថ្នាក់ គុណនាម។
2700.	ដាគ dark មានពណ៌ខ្មៅ អ៊ិន in នៅក្នុង យ៉ូរ៉ិន urine ទឹកនោម គុណនាម។
2701.	ដាគ dark ផិគមេន្ត pigment មានពណ៌ខ្មៅ សាច់ដុំខ្មៅ គុណនាម។
2702.	ដាគ dark ស្តេនិង staining ប្រឡាក់ពណ៌ខ្មៅ គុណនាម។
2703.	ដាគ dark ស្ត្រៃផ្ស stripes ក្រឡាឆ្នូតៗពណ៌ខ្មៅ គុណនាម។
2704.	ដាគ dark ពណ៌ខ្មៅ យ៉ូរ៉ិន urine ទឹកនោម (ទឹកនោមពណ៌ខ្មៅ) គុណនាម។
2705.	ដាគ dark ពណ៌ខ្មៅ យេលល្ល yellow ពណ៌លឿង អឺរ or ឬ អឺររេ្ង orange ពណ៌ទឹកក្រូច អ៊ិន in នៅក្នុង យ៉ូរ៉ិន urine ទឹកនោម គុណនាម។
2706.	ដាគ_ផិង្ក dark-pink ស្ប៉ស spots កន្លែងស្មាមចុចៗពណ៌ខ្មៅ (ឬចំណុចអុចៗដែលមានពណ៌ខ្មៅ ហើយមានពណ៌ផ្កាឈូកតិចៗ) នាមសំពុ។
2707.	ដាគេនិង darkening អ៊ិត it វាមានពណ៌ខ្មៅ នាមសំពុ។
2708.	ដគធើ daughter សែល cell កូនគ្រាប់សាច់ឈាមមកពីទងគ្រាប់កោសិកាមួយដែលវាបង្កើត កូនវាជាៗគ្នា ដគធើ daughter សែលស cells កូនគ្រាប់សាច់ឈាមមកពីទងគ្រាប់ ឈាមដើម ឬកោសិកាកើតពៗគ្នាច្រើនឡើងៗទាល់តែកើតទៅជារូបរាងមនុស្ស នាមសំពុ។
2709.	ដេ day អោរ of នៅក្នុង សើជើរី surgery ថ្ងៃដែលវះកាត់ នាមសំពុ។
2710.	ដេថាម daytime ស្លីផិនេស្ស sleepiness ងុយដេកនៅពេលថ្ងៃ នាមសំពុ។
2711.	ឌី de- ការខ្វះខាត ឬចុះថយ ធ្វើអ៊ីផុយគ្នា _ ឡែក្ក lack អោរ of នៅក្នុងការខ្វះខាត

	ដោន down ចុះថយ ខាងក្រោម លេស្ស less តិច ឬតិចជាង _ផ្រីវិក្ស prefix បុព្វបទ ឬបាក្យសម្រាប់ដាក់ពីខាងមុខ។
2712.	ន្លើដ dead មៃឃ្វាៀល myocardial ធិសស្យ tissue សាច់បេះដូងស្លាប់ ឬជាលិកាស្លាប់នៅសាច់ដុំបេះដូង (ដោយសារធ្នានឈាមរត់គ្រប់គ្រាន់ទៅដល់សាច់ដុំបេះដូងនេះ) គុណនាម។
2713.	ដៀលិង dealing កំពុងតែដោះស្រាយ វិត្ថ with ជាមួយ ហៀរិង hearing ការពុសម្ដេង កិរិយាសព្ទ។
2714.	ទីខ្លាញ្ញន decline អ៊ិន in ឬន bone ដេនសិទី density ជុំធ្លិងសិ៊កស្ដើងទៅៗ កិរិយាសព្ទ។
2715.	ទីខ្លាញ្ញស្យ declines ចុះទាប ក្រេដយ្វូអេល្ល gradually បន្តិចម្ដងៗ កិរិយាសព្ទ។
2716.	ទីខាម់ប្រេស្ស៊ិន decompression អិល្លនេស្ស illness រោគលើដោយមានកម្ផ្លាំងខ្យល់ច្រេបាច់ ឬសង្កត់ចេញពីបន្ទប់បេះដូង ឬស្ថតខុសពីភាពធម្មតា នាមស័ព្ទ។
2717.	ទីខាម់ប្រេស្ស៊ិន decompression សិក្ខនេស្ស sickness មានរោគលើនៅសរសៃវិញ្ញាណ ដែលមានកម្ផ្លាំងខ្យល់ច្រេបាច់ ឬសង្កត់ខ្យល់ចេញពីបន្ទប់បេះដូង ឬស្ថតខុសពីភាពធម្មតា នាមស័ព្ទ។
2718.	ទីក្រ៊ីស decrease រួញត្តុច អ៊ិន in ទៅក្នុង កិរិយាសព្ទ។
2719.	ទីក្រ៊ីស្ស decreased ប្ល៊ើដ blood ផ្លូវ flow លើ្យៀនឈាមហូរថយចុះ គុណនាម។
2720.	ទីក្រ៊ីស្ស decreased អ៊ិន in សាស្ស៊ី size មាដ ឬទំហុំរបស់សរសៃឈាមរួញត្តុចទៅៗ គុណនាម។
2721.	ទីក្រ៊ីស្ស decreased ណៃត night វិស៊ិន vision មើលឃើញមិនច្បាស់នៅពេលយប់ កិរិយាសព្ទ។
2722.	ទីក្រ៊ីស្ស decreased ថូលើរនស្ស tolerance ការតស្ស៊ូ ឬអត់ទ្រាំមិនសូវបាន កិរិយាសព្ទ។
2723.	ទីក្រ៊ីស្ស decreased បានធ្វើឱ្យត្តុច ថេនស៊ិន tension តឹង (មិនសូវតឹងពោះ) កិរិយាសព្ទ។
2724.	ទីក្រ៊ីស៊ិង decreasing កំពុងតែខ្វះ ប្ល៊ើដ blood ខាលស៊ៀម calcium ជាតិកាល់ស្យម នៅក្នុងឈាម កិរិយាសព្ទ។
2725.	ទីក្រ៊ីស៊ិង decreasing ថឺ the រេត rate កិរត អ៊ៅវ of មៃថូសិស mitosis គ្រាប់ផ្លូវដែល កើតច្រើនឡើងថយចុះបន្តិចម្ដងៗ កិរិយាសព្ទ។
2726.	ទីដាក្តុ deducts ដកយកចេញ ផ្រុំ from មកពី កិរិយាសព្ទ។
2727.	ឌិផ deep អាជើរ artery សរសៃឈាមក្រហាមជ្រៅ អ៊ៅវ of នៅក្នុង ថឺ the ផីនិស penis មេក្ត នាមស័ព្ទ។
2728.	ឌិផ deep ប្រេស្ស breath ដកដង្ហើមធំ ឬដកដង្ហើមវែងៗ នាមស័ព្ទ។

2729.	ទ្ប៊ីផ deep ម៉ាសសល្យ muscles សាច់ដុំជ្រៅ អេីវ of នៅ ធេី the ប៉ែក្ក back ខាងក្រោយ (សាច់ដុំនេះវានៅកប់និងជ្ជួរឆ្អឹងខ្នង ហេីយវាការពារឆ្អឹងខ្នងផង) នាមសំព្ទ។
2730.	ទ្ប៊ីផ deep ផ្ទេស្យ place កន្លែងជ្រៅ អិន in នៅក្នុង ធេី the ប៉ធី body ដងខ្លួន នាមសំព្ទ។
2731.	ទ្ប៊ីផ deep ស៊ីក្រិត secret ការសម្ងាត់ធំសំខាន់ (ដែលមិនត្រូវឲ្យអ្នកណាជ៊ឹង) នាមសំព្ទ។
2732.	ទ្ប៊ីផ deep ស្ល៊ីផ sleep ដេកលក់មិនដ៊ឹងខ្លួន លក់ដួចសន្លប់មិនដ៊ឹងខ្លួន នាមសំព្ទ។
2733.	ទ្ប៊ីផ Deep ថេន់ដិន tendon សរសៃផ្ទួរជ្រៅ រ៊ីផ្ល៊ិក្ស reflex នៅសន្លាក់ដែលបត់ចុះឡេីង នាមសំព្ទ។
2734.	ទ្ប៊ីផេី deeper ស្ត្រ៊ាក់ឈេីស structures សាច់ជ្រេីននៅជ្រៅ អេីវ of ក្នុង ធេី the អាយ eye គ្រាប់ភ្នែកមួយខាង ក៊ិយាវិសេសសន៍។
2735.	ទ្ប៊ីផេី deeper ស្ត្រ៊ាក់ឈេីស structures សាច់ជ្រេីននៅជ្រៅ អេីវ of ក្នុង ធេី the អាយ៉ូ eyes គ្រាប់ភ្នែកទាំងព៊ីរ ក៊ិយាវិសេសសន៍។
2736.	ទ្ប៊ីផ-ស៊ីត្ត deep-seated ស្រទាប់សាច់ដែលក្រាស់ជ្រៅ នាមសំព្ទ។
2737.	ទីវ៉េកុស defects ការខ្ចេចបង់ ឬការបរាជ័យ អ៊ីរ or ឬ ឌ៊ីវិស៊ីនស៊ី deficiency ការខ្វះខាត នាមសំព្ទ។
2738.	ទីវ៉េកធ៊ីវ defective ខ្លុច ខ្លុស៊ី closure ប៊ិតមិនព៊ិត នាមសំព្ទ។
2739.	ទីវ៉េកធ៊ីវ defective វ៉រមេស៊ិន formation ការកកេីតឡេីងដេីម្បីន៊ិងការពារកំឲ្យមានការមិន ល្អកេីតឡេីង នាមសំព្ទ។
2740.	ទីវ៉េស្យ ឬទីវ៉េនស defense ការៗពារ អ៊ីគេនស្ស against ប្រឆាំងជាមួយ ដែនក្ស៊ីអ៊ីធី anxiety ន៊ឹងវាតចិត្តមួយមៅ ឬអារម្មណ៍ទ៊ឹងធេវវ៉ារ នាមសំព្ទ។
2741.	ទីវ៉េស្យ ឬទីវ៉េនស defense ការៗពារ អ៊ីគេនស្ស against ប្រឆាំងជាមួយ ប្រេន brain ខេនស៊េី cancer រោគមហារីកនៅក្នុងខួរក្បាល នាមសំព្ទ។
2742.	ទីវ៉េស្យ ឬទីវ៉េនស defense ការៗពារ អ៊ីគេនស្ស against ប្រឆាំងជាមួយ ឃ៊ិដន៊ី kidney ឌ៊ិស៊ីស disease មេរោគនៅក្នុងក្រម្រងទ៊ឹកនោម នាមសំព្ទ។
2743.	ទីវ៉េស្យ ឬទីវ៉េនស defense ការៗពារ អ៊ីគេនស្ស against ប្រឆាំងជាមួយ ឃ៊ិដន៊ី kidney ខេនស៊េី cancer រោគមហារីកនៅក្នុងក្រម្រងទ៊ឹកនោម នាមសំព្ទ។
2744.	ទីវ៉េស្យ ឬទីវ៉េនស defense ការៗពារ អ៊ីគេនស្ស against ប្រឆាំងជាមួយ ឡ្ប៉ាំង lung ខេនស៊េី cancer រោគមហារីកនៅក្នុងស្ទួត នាមសំព្ទ។
2745.	ទីវ៉េស្យ ឬទីវ៉េនស defense មេម៉ៃឋន៊ិស៊ម mechanism ប្រព័ន្ធប្រឆាំងការពារៗដងខ្លួនយេីង (ឧទាហរណ៍ដូចជាប្រព័ន្ធគ្រាប់ឈាមស វាជាប្រព័ន្ធការពារដងខ្លួនយេីង) នាមសំព្ទ។

2746.	ឌីវីស័ីនស្ស៊ី deficiency ការខ្វះខាត អិន in ខាម chyme ផុំចំណីអាហារដែលបានទំពារ ហើយលេបចូលទៅក្នុងក្រពះ នាមសំព្ទ។
2747.	ឌីវីស័ីនស្ស៊ី deficiency ការខ្វះខាត អិន in ទើ the ណាម់ប៊ើ number ចំនួន អ៊ើវ of ផ្លេតឡេត្ស platelets ក្រាប់ឈាមដែលធ្វើឱ្យឈាមកក នាមសំព្ទ។
2748.	ឌីវីស័ីនស្ស៊ី deficiency ការខ្វះខាត អ៊ើវ of អេ a ប្លើដ-ខ្លតធិង blood-clotting ហ្វ៉ាកទ័រ factor ទឹកប្រូតេអ៊ីនដែលជួយឱ្យឈាមកក (ហេតុដូចន្នេះហើយបានជាមានការញ្រោះថ្នាក់នៅ ពេលអ្នកនោះមានរបួស) នាមសំព្ទ។
2749.	ឌីវីស័ីនស្ស៊ី deficiency ការខ្វះខាតទឹកអរម៉ូន អ៊ើវ of អល all ទាំងអស់ដែលធ្វើមកពី ក្រពេញឈ្មោះ ភិធ្ញូអ៊ីធើរ៉ៃ pituitary ក្ន្តគ gland នាមសំព្ទ។
2750.	ឌីវីស័ីនស្ស៊ី deficiency ការខ្វះខាត អ៊ើវ of ក្លតធិង clotting សេល្ស cells ទឹកក្រាប់ឈាមដែលជួយធ្វើឱ្យឈាមកក នាមសំព្ទ។
2751.	ឌីវីស័ីនស្ស៊ី deficiency ការខ្វះខាត អ៊ើវ of នៅក្នុង ផ្ល៊ស្ល flesh សាច់ឈាមស្រស់ៗ នាមសំព្ទ។
2752.	ឌីវីស័ីនស្ស៊ី deficiency ការខ្វះខាត អ៊ើវ of នៅក្នុង អាយរុន iron ជាតិដែកនៅក្នុងឈាម ឬខ្វះ អាយរុន iron នាមសំព្ទ។
2753.	ឌីវីស័ីនស្ស៊ី deficiency ការខ្វះខាត អ៊ើវ of នៅក្នុង លីមហ្វ៊ី lymph សេល្ស cells ក្រាប់ ឈាមទឹករវែង ឬកោសិការណ្តៀះ (លីមហ្វ៊ី lymph សេល្ស cells ទឹករវែង) នៅក្នុងដងខ្លួន នាមសំព្ទ។
2754.	ឌីវីស័ីន្ត deficient ការខ្វះខាត អិន in នៅក្នុង អ៊ក្ស៊ីជ៊ីន oxygen ចំនួនខ្យល់អុកស៊ីប៊ែ្យន គុណនាម.
2755.	ឌីវីស័ីន្ត deficient ការខ្វះខាត ស៊ិក្ស sex អ៊ើកិស្ស organs ក្រពេញដែលសម្រាប់បន្តពូជ គុណនាម.
2756.	ឌីវ៉ាញន define ស្វែងរក ទើ the ផ្រ៉ផើទីស properties គុណភាព ឬទ្រព្យសម្បត្តិ អ៊ើវ of របស់ អេ a ន្ន new ជ្រាត់ drug ជាតិថ្នាំថ្មីមួយយ៉ាង (ការស្វែងរកគុណភាព ឬទ្រព្យសម្បត្តិរបស់ ជាតិថ្នាំថ្មីមួយយ៉ាង) កិរិយាសព្ទ.
2757.	ឌីវ៉ូរ៉ម្ប deformed ហែន្ត hand ដៃម្ខាងបានរៀចទាំងតែពីកំណើត ឬកើតមកមិនដូចមនុស្ស ធម្មតា/ ឌីវ៉ូរ៉ម្ប deformed ហែន្តស hands ដៃទាំងពីរបានរៀចទាំងតែពីកំណើត កិរិយាសព្ទ.
2758.	ឌីជីនើរស៊ីន degeneration ការរិចរិក ឬសឹកចុះតូចទៅៗ នាមសំព្ទ។

2759.	ឌីជីនើរ៉េស៊ីន degeneration ការសឹក ឬរិចរិលចុះតួចទៅៗ អិន in នៅក្នុង ឬឆ្អឹង bones ឆ្អឹងជាច្រើន នាមសំពុ ។
2760.	ឌីជីនើរ៉េស៊ីន degeneration ការសឹក ឬរិចរិលចុះតួចទៅៗ អេវ៉ា of នៅក្នុង ឌើ the លិវី liver ភិសស្យ tissue សាច់ថ្លើម (សាច់ថ្លើមរិចរិលចុះតួចទៅៗ) នាមសំពុ ។
2761.	ឌីជីនើរ៉េស៊ីន degeneration ការសឹក ឬរិចរិលចុះតួចទៅៗ អេវ៉ា of នៅក្នុង ឌើ the ស្ពេសាល special ភិសស្យ tissue សាច់ពិសេសៗយ៉ាង នាមសំពុ ។
2762.	ឌីជីនើរ៉េស៊ីន degeneration ការសឹក ឬរិចរិលស្តើងទៅៗ អេវ៉ា of នៅក្នុង ឌើ the ស្ទម៉ាក្ ឬស្ទម៉ាយ stomach សាច់ក្រពះ (ឬក្រម្លាំងធ្វើការរបស់ក្រពះចេះតែខ្សោយទៅៗ) នាមសំពុ ។
2763.	ឌីជីនើរ៉េស៊ីន degeneration ការសឹក ឬរិចរិលចុះតួចទៅៗ អេវ៉ា of នៅក្នុង ឌើ the ស្ទម៉ាក្ ឬស្ទម៉ាយ stomach ភិសស្យ tissue សាច់នៅក្រពះ (សាច់នៅក្រពះសឹកស្តើងទៅៗ) នាមសំពុ ។
2764.	ឌីជីនើរធីវ degenerative នៃ ឬទាក់ទងទៅនឹងរោគសឹក ឬរិចរិលចុះតួចទៅៗ គុណនាម ។
2765.	ឌីជីនើរធីវ degenerative រោគសឹក អាធិខ្យុឡើ articular ខាទិលេជ cartilage នៅសាច់ ឆ្អឹងខ្លី ហើយនឹងសន្លាក់ដែលរើរិចរិលចុះតួចទៅៗ (រោគរលាកវិលនៅឆ្អឹងខ្លី ហើយនឹងសន្លាក់ដែលរើឡើង) នាមសំពុ ។
2766.	ឌីជីនើរធីវ degenerative ចញ្ចផ្ន joint ឌិស៊ីស disease មានមេរោគធ្វើឱ្យសឹក ឬរិលនៅ សន្លាក់ឆ្អឹងដែលរើឡើង (មានមេរោគធ្វើឱ្យរោគរលាកសឹក ឬរិលនៅសន្លាក់ដែលរើឡើង) នាមសំពុ ។
2767.	ឌីជីនើរធីវ degenerative ឌិស៊ីស disease មានរោគសឹក ឬរិចរិលចុះតួចទៅៗនៅឆ្អឹង ឬសន្លាក់ឆ្អឹង នាមសំពុ ។
2768.	ឌីក្លូធិស៊ីស្យ deglutition ការលេបចំណីអាហារពីរពង-ស៊ូលល្វ៉ឹង swallowing ឬការលេប ចំណីអាហារ នាមសំពុ ។
2769.	ឌីក្រី degree កំរិត ឬចំនួន សូល្យស៊ីន solution ជាតិទឹក ឬលាយម នាមសំពុ ។
2770.	ឌីក្រី degree កំរិត ឬសញ្ញាបត្រ បៃអូល្យជីស្ទ biologist ចេះពីរៈវិជ្ជាខាងរបរកស៊ីខាង សិក្សាអំពីជីវិតសត្វដែលមានជីវិត នាមសំពុ ។
2771.	ឌីក្រី degree កំរិត ឬសញ្ញាបត្រ ព្រូវែសស៊ីន profession ខាងវិជ្ជាជីវៈ នាមសំពុ ។
2772.	ឌីហៃ្រ្រស៊ីស្យ dehydration រោគខ្វះជាតិទឹកពីក្នុងខ្លួន _ឡែក្ lack ការខ្វះ អេវ៉ា of វ៉ឆើ water ជាតិទឹក នាមសំពុ ។
2773.	ឌីហៃ្រ្រជីនេត្ dehydrogenated បានដកយកវត្ថុធាតុទឹក ហើយនឹងខ្យល់ចេញ (ខ្យល់នេះ ឈ្មោះ ហៃ្រ្រជីន hydrogen លំអងទឹកដែលលាយជាមួយខ្យល់ (អែដឹម្យ atoms សូលពីរ អែន្ន and ហើយនឹង មូលេខ្យុល molecule ជាតិទឹក) កិរិយាសពុ ។

2774.	ទីហៃត្រូជីនេតស៍ dehydrogenates ដកយកវត្តុធាតុទឹក ហើយនឹងខ្យល់ចេញ (ឈ្មោះ ហៃត្រូជីន hydrogen លំអងទឹកដែលលាយជាមួយខ្យល់ (ហៃត្រូជីន hydrogen លំអងធាតុពីរនេះ វាឈ្មោះ អែទ៌ម្យ atoms ស្ទួលពីរ អែន្ត and ហើយនឹង មូលេខ្យល molecule ជាតិទឹក) កិរិយាសព្ទ។
2775.	ទីហៃត្រូជីនេធិង dehydrogenating កំពុងតែធ្វើការដកយកវត្តុធាតុទឹក ហើយនឹងខ្យល់ចេញ (ខ្យល់នេះឈ្មោះ ហៃត្រូជីន hydrogen លំអងទឹកដែលលាយជាមួយខ្យល់ (ឈ្មោះ ហៃត្រូជីន hydrogen លំអងធាតុទឹកពីរនេះវាឈ្មោះ អែទ៌ម្យ atoms ស្ទួលពីរ អែន្ត and ហើយនឹង មូលេខ្យល molecule លំអងទឹក) កិរិយាសព្ទ។
2776.	ទីហៃត្រូជីនេស៍ិន dehydrogenation ការដកយកវត្តុធាតុទឹក ហើយនឹងខ្យល់ចេញពីក្នុងខ្លួន (វាឈ្មោះ ហៃត្រូជីន hydrogen លំអងទឹកដែលលាយជាមួយខ្យល់ (ហៃត្រូជីន hydrogen លំអងធាតុពីរនេះវាឈ្មោះ អែទ៌ម្យ atoms ស្ទួលពីរ អែន្ត and ហើយនឹង មូលេខ្យល molecule ជាតិទឹក) នាមសព្ទ។
2777.	ទីលេ delay មិនឆាយ អិន in វុន្ត wound ហៀលិង healing សៈសាចរ៍ហែក ឬជំបៅនេះមិនឆាយសៈទេ នាមសព្ទ។
2778.	ទីលេដ delayed ពន្យារពេល ឬមិនឆាយ ម៉ែន្ទូផោះស menopause អ្នកឃើ occur អស់រដូវ (មិនឆាយអស់រដូវ ប្រហែលជាអស់រដូវនៅក្រោយពេលអាយុ៥៧ឆ្នាំ) កិរិយាសព្ទ។
2779.	ទីលិខេត delicate ស្ជ្ងាក់ឈើ structure ស្រោមខ្លួកប្បាលស្ទើងសំខាន់ពិសេសនៅខាងក្នុង ហើយនឹងស្រោមខ្លួឆ្អឹងខ្លង ស្រទាប់ស្ទើងខាងក្នុង (វាទាំងពីរនេះដឹកនាំកម្លាំងឆ្អឹងរត់ទៅវិញ្ញាណ ពេញដងខ្លួន) គុណនាម.
2780.	ទីវាញ្ន define ស្វែងរក ឌើ the ផ្រដើទីស properties គុណភាព ឬទ្រព្យសម្បត្តិ អ័រ៍ of របស់ អេ a នូ new ដ្រាត់ drug ជាតិថ្នាំថ្មីមួយយ៉ាង (ការស្វែងរកគុណភាព ឬទ្រព្យសម្បត្តិ របស់ជាតិថ្នាំថ្មីមួយយ៉ាង) កិរិយាសព្ទ.
2781.	ទីវ៉ៃរម្ម deformed ហែន្ត hand ដៃម្លាងបានវៀចទាំងតែពីកំណើត ឬកើតមកមិនដូចមនុស្ស ភាពធមួតា/ ទីវ៉ៃរម្ម deformed ហែន្តស hands ដៃទាំងពីរបានវៀចទាំងតែពីកំណើត កិរិយាសព្ទ.
2782.	ទីជីនើរធីវ degenerative ចញ្ន joint ឌិស្ឌីស disease មានមេរោគធ្វើឲ្យសឹក ឬរិលនៅ សន្លាក់ឆ្អឹងដែលរើង (មានមេរោគធ្វើឲ្យរាករលាកសឹក ឬរិលនៅសន្លាក់ដែលរើង) នាមសព្ទ.
2783.	ទីជីនើរធីរ degenerative ឌិស្ឌីស disease មានរោគសឹក ឬរិចរិលចុះត្លុចទៅៗនៅឆ្អឹង ឬសន្លាក់ឆ្អឹង នាមសព្ទ.

2784.	ឌីគ្លូធិនេត deglutinate/ឌីគ្លូធិនេតស៍ deglutinates/ របៀបច្របាច់យកជាតិអាហារម្យ៉ាងឈ្មោះ គ្លូថេន gluten ចេញ ឌីគ្លូធិនេតួ deglutinated/បានច្របាច់ចេញរួចហើយ/ ឌីគ្លូធិនេធិង deglutinating របៀបច្របាច់យកជាតិនេះនៅក្នុងពេលឥឡូវនេះ កិរិយាសព្ទ។
2785.	ឌីគ្លូធិនេស៊ិន deglutination ការច្របាច់យកជាតិអាហារម្យ៉ាងឈ្មោះ គ្លូថេន gluten ចេញមួយរឭង/ឌីគ្លូធិនេស៊ិន deglutination ការច្របាច់អាហារ នាមសព្ទ។
2786.	ឌីលៃតស៍ delights ចូលចិត្ត អ៊ិន in នៅក្នុង ថេតិង taking ឡុង long រៃឌ្ស rides ការជិះឡ្ឋានដើរលេងឆ្ងាយ ឬធ្លាយ កិរិយាសព្ទ។
2787.	ដៀលធីយួ deltoid ម៉ាសសិល្យ muscles ឈ្មោះសាច់ដុំចុះពីស្មា (កន្លែងចាក់ថ្នាំ) នាមសព្ទ។
2788.	ឌីមែន្ត demand តម្រូវ ហ្វ៊រ for ឱ្យមាន ហ្វើសិលិទីស facilities ទីកន្លែងទៅ (បូមន្ទីរពេទ្យ) នាមសព្ទ។
2789.	ឌីមែន្ត demand តម្រូវ ហ្វ៊រ for ឱ្យមាន សើវ៉ិស្ស៊ីស services ការបម្រើ កិរិយាសព្ទ។
2790.	ឌីមែន្ត demand តម្រូវ អិមមីឌីដៀត ឬអិមមីឌីអេត immediate អែកសិន action ឱ្យធ្វើការ អ្វីមួយភ្លាមៗ កិរិយាសព្ទ។
2791.	ឌីមេនថា dementia ឌិស្ស៊ីស disease រោគវិលនេវិញ្ញាណ ឬវិលខូវក្បាលដែលធ្វើឱ្យមាន ជម្មីភ្លេចភ្លាំងច្រើន នាមសព្ទ។
2792.	ឌីមួ demo- អ៊ីរ or ឬ ឌីមួ dem/o មនុស្ស - ឌីមួស demos មនុស្ស -ពីផល ពីអូផល people មនុស្ស -ព្រីវិក្ស prefix បុព្វបទ ឬបាក្យសម្រាប់ផ្ទៀខាងមុខ។
2793.	ឌីមៃឌៀលិនេស៊ិន demyelination រោគវិលរបោកសាច់ដែលស្រោបខ្សៃសរសៃប្រសាទ ឬសរសៃវិញ្ញាណ (អ៊ើរវ of របស់ នើវ nerve សរសៃប្រសាទ ឬសរសៃវិញ្ញាណតួចៗដូច រ៉ៃប៊ើស fibers សរសៃអំបោះ អ៊ើរវ of នៅក្នុង ឌឺ the ប្រេន brain ខួរក្បាល អែន្ត and ហើយនឹង ស្ប៉ាញ្ញនុល spinal យ្ចូវ cord ខួរឆ្អឹងខ្នង) នាមសព្ទ។
2794.	ដេងតេ dengue វីវ៉ី fever រោគគ្រុនផ្តាសាយធំ រោគលោកដំថៅវ៉ាំ១តង់ ដេងតេ dengue វីរ៉ីស fevers រោគគ្រុនផ្តាសាយធំ រោគលោកដំថៅវ៉ាំ (ច្រើនដងចាប់ពីពីរដងឡើងទៅ) រោគ លោកដំថៅនេះឆ្លងទៅមនុស្សផ្សេងទៀតតាមសត្តមួសឈ្មោះ អ៊ីឌីស Aedes មួសឃ្ចិត្ត mosquito រោគនេះវាកើតនៅស្រុក ឬប្រទេសក្តៅ វាសម្លែងឱ្យឃើងឃើញសញ្ញាដូចតទៅក្តៅខ្លួន ឈឺក្បាល រមាស់ ឈឺខ្នង ឈឺសាច់ដុំ ឈឺក ហើមដៃជើង អស់កំឡាំង ខ្សោយសាច់ដុំ ឈឺនៅសន្លាក់ឆ្អឹងដៃជើង រមាស់ក្រហមនៅលើស្បែក ការព្យាបាលរោគនេះគឺប្រើកំដៅថ្ងៃ ទោះជាវ៉ាជាហើយក៏ដោយ ឃើងត្រូវតែ បន្តព្យាបាលរោគនេះ២ ឬ៣អាទិត្យបន្ថែមទៀត នាមសព្ទ។
2795.	ដេនឌ្រៃតស៍ dendrites មែកសរសៃៗសាខា អែន្ត and ហើយនឹង អែក្ស៊ុន្ស axons ខ្សៃសរ

	សែរិវិញ្ញាណ (វាធ្វើការដឹកនាំកម្លាំងភ្លើងអព្ទីសនីនៅក្នុងសរសៃរិវិញ្ញាណ) នាមសំពុ។
2796.	ដេនព្រៃធិក dendritic សែល cell វត្ថុធាតុសរសៃ។របស់សរសៃរិវិញ្ញាណដែលកើតមកពីគ្រាប់ឈាមសរឈ្មោះ មូនូសែត monocyte នាមសំពុ។
2797.	ឌីនោនសិង denouncing ឣែត at ថឺ the កំពុងតែនិយាយប្រកាស់ដោយប្រើហិង សារប្រឆាំងនឹងរឿងអ្វីមួយ កិរិយាសពុ។
2798.	ដេនស្រ Dens វៃព្រើស fibrous ធិសស្យស tissues សាច់ឆ្អឹងធ្មេញសរសៃ។ជាច្រើន (ឬសាច់ក្រឡុកហើយមានសំឡាកផង) នាមសំពុ។
2799.	ដេនស្រ dense វៃព្រើស fibrous លេយឺ layer ជាយស្រទាប់សរសៃ។គ្រាស់នៅស្រោម បេះដូងខាងក្រៅ (ឬសាច់គ្រាស់ដែលមានសំឡាកនៅបេះដូង) នាមសំពុ។
2800.	ដេនស្រ dense ធិសស្យ tissue ស្រទាប់សាច់គ្រាស់ នាមសំពុ។
2801.	ដេនថល dental ឆក្ឣាប់ checkup ការត្រួតពិនិត្យមើលធ្មេញ នាមសំពុ។
2802.	ដេនថល dental ខៃរីស caries ទាក់ទងទៅនឹងឆ្អឹងជើងធ្មេញជាបំបួបលេៀង ជាធិកំបោកករៈង ក្ពាំងឡ្មើងរៈង នាមសំពុ។
2803.	ដេនថល dental ឌីខេ decay ទាក់ទងទៅនឹងឆ្អឹងធ្មេញពុក ឬធ្មេញរលួយ នាមសំពុ។
2804.	ដេនថល dental ភ្លូស្យ floss ខ្សែសម្រាប់លាងនៅកណ្ដាលប្រឡោះជើងធ្មេញ នាមសំពុ។
2805.	ដេនថល dental ហាយ ឬហៃជីនិស្ត hygienist ពេទ្យខាងលាងសំឣាតធ្មេញ ឬពេទ្យខាង លាងធ្មេញឱ្យស្ឣាត នាមសំពុ។
2806.	ដេនថល dental ផ្លៃយ plaque ផ្ទាំងវត្ថុធាតុលេៀង។គ្រាស់ដែលកកើតឡ្មើងនៅជើងធ្មេញ ជាធិកំបោឡ្មើងកកផ្ទាំង។នៅជើងធ្មេញ នាមសំពុ។
2807.	ដេនថយ dental ព្រូស្ទីដជើស procedures របៀបពិនិត្យមើលធ្មេញ នាមសំពុ។
2808.	ដេនថល dental ផោល្ព pulp សាច់ជ្រាយ។នៅក្នុងឆ្អឹងធ្មេញ ឣាគរលាកណ្ឌីរកធំនៅក្នុងសាច់ទន់។ នៅក្នុងធ្មេញ (វាមានសាច់ទន់។នៅក្នុងកណ្ដាលធ្មេញនេះ វាមានសរសៃរិវិញ្ញាណ ហើយនឹងសរសៃ ឈាមក្រហម ហើយនឹងសរសៃឈាមខ្ចៅនៅក្នុងវា) នាមសំពុ។
2809.	ដេនថល dental រៈក work ធ្វើការងារភ្ជួចជាពេទ្យធ្មេញ ឬពេទ្យខាងត្រួតពិនិត្យមើលធ្មេញ នាមសំពុ។
2810.	ដេនធិន dentin ឣីណាមេល enamel វាជាវត្ថុធាតុឆ្អឹងរៈងសំខាន់បំផុតនៅក្នុងសាច់ធ្មេញ (វាមាន ពណិលេៀង វានៅខាងក្រោមស្រទាប់សាច់ឆ្អឹងធ្មេញ ហើយគឺពីសាច់ក្បាលឆ្អឹងធ្មេញ) នាមសំពុ។
2811.	ដេនធិស្ត dentist ពេទ្យខាងថៃរក្សាធ្មេញ ឣរ or ឬ ដេនថល dental ហាយ ឬហៃជីនិស្ត hygienist ពេទ្យខាងលាងសំឣាតធ្មេញឱ្យស្ឣាត នាមសំពុ។

2812.	រេនធី dent/i- ធ្មេញ - ធ្មួស tooth ធ្មេញមួយ ផិស teeth ធ្មេញច្រើន -ជ្រើវិក្យ prefix បុព្វបទ ឬពាក្យសម្រាប់តពីខាងមុខ ។
2813.	ទីអុស៊ីរីបូន្នខ្លៀងអិក deoxyribonucleic អែសិត acid ឈ្មោះទិកប្រផអិនត្រាប់ធ្មជ (នេះគីជាអក្សរកាត់របស់ទិកអាស៊ីតនេះ គេហៅឈ្មោះវាថា ទីអិនអេ DNA ត្រាប់ធ្មជ) នាមសំព ។
2814.	ទីផ្លសិត deposit ដាក់ ឬទុក អិន in នៅក្នុង ផេនដិន tendon សរសៃពរ កិរិយាសព.
2815.	ទីព្រស្ស depress ធើ the អីខន្នម៉ី economy ធ្វើឲ្យសេដ្ឋកិច្ចចុះថយ កិរិយាសព.
2816.	ទីព្រស្ស depress សង្កត់លើ ធើ the ប្លើង blood លេវេល level កម្ពស់ឈាម វ៉ូ flow ហ្វូរ កិរិយាសព.
2817.	ទីព្រស្ស depress សង្កត់លើ ធើ the ស្ពេស្ស space កន្លែង អិន in នៅក្នុង ធើ the ប្រេន brain ខួរក្បាល កិរិយាសព.
2818.	ទីព្រសស្ស depressed ស្កល្ល skull វ្រៀកធរី fracture ការបួសបែកឆ្អឹងលលាដិក្បាលនេះ គីដោយសារបានទម្ងន់ចទ្រតចូលក្នុង ឬសង្កត់ទៅលើឆ្អឹងក្បាលដែលធ្វើឲ្យញ្ចេញខួរក្បាល កិរិយាសព.
2819.	ទីព្រសស្ស depressed បានសង្កត់លើ ធើ the ខាទិអូវ៉សខ្យុលើ cardiovascular សិស្ទឹម system ប្រព័ន្ធឈាមរត់ចុះឡើងនៅក្នុងបេះដូង (វាធ្វើឲ្យឈាមរត់តិចជាងធម្មតា) កិរិយាសព.
2820.	ទីព្រស្សុន depression ការសង្កត់លើ អ or ឬការកើតទុកត្រ្រៀមត្រំនៅក្នុងចិត្ត ឬកើតទុកព្រយ ឬមានសេចក្តីទំបែងនៅក្នុងចិត្ត នាមសំព ។
2821.	ទីព្រស្សុន depression ការព្រយចិត្ត អិន in នៅក្នុង វ៉ូមែន woman ខុនស្ត្រីម្នាក់ វ៉ូលលូវ៉ីង following នៅក្រោយពេល ភាល្លប់ើត childbirth កូនកើត ឬសំរាលកូន (ផូស្តផាថុម postpartum) នាមសំព ។
2822.	ទីផ្រាយូត deprived អូវ៉ of ដែលខះ ឬរុង អក្ស៊ីជិន oxygen ខ្យល់អុកស៊ីសែន កិរិយាសព.
2823.	ទើវ៉ាយូត derived បានកើតឡើង វ្រម from មកពី អេ a ស ូរស្ស source ភាពដើមរបស់វា កិរិយាសព ។
2824.	ដើវ៉ាយូត Derived បានមក ឬបានកើតឡើង វ្រម from មកពី ជ្រីមីធីវ៉ primitive ភាពដើម កិរិយាសព.
2825.	ដើម -Derm សែ្យក -សាវ៉ិក្យ suffix បច្ចុយ ឬពាក្យសម្រាប់តពីខាងក្រោយ ។
2826.	ដើមា -Derma សែ្យក -សាវ៉ិក្យ suffix បច្ចុយ ឬពាក្យសម្រាប់តពីខាងក្រោយ ។

2827.	ឌើមែធូ Dermato- ស្បែក អ៊រ or ឬ ឌើមែធូ Dermat/o ស្បែក ស្គិន skin ស្បែក _ព្រីហ្វិក្ស prefix បុព្វបទ ឬពាក្យសម្រាប់តពីខាងមុខ។
2828.	ឌើមែថូឡូជិក Dermatologic ខុនឌិសឹន condition នៃការសិក្សាអំពីរោគនៅលើស្បែក នាមសព្ទ។
2829.	ឌើមៀ -Dermia មានរោគនៅស្រទាប់សាច់ខាងក្រោមស្បែក _ ស៊ាហ្វិក្ស suffix បច្ច័យ ឬពាក្យសម្រាប់តពីខាងក្រោយ។
2830.	ឌើមិក -Dermic នៃ ឬទាក់ទងទៅនឹងស្រទាប់សាច់នៅខាងក្រោមស្បែក _ ស៊ាហ្វិក្ស suffix បច្ច័យ ឬពាក្យសម្រាប់តពីខាងក្រោយ។
2831.	ឌើម Dermo- ស្បែក អ៊រ or ឬ ឌើម Derm/o ស្បែក ឬ ឌើមែថូ Dermato- ឬ ឌើមែថូ Dermat/o ស្គិន skin ស្បែក _ព្រីហ្វិក្ស prefix បុព្វបទ ឬពាក្យសម្រាប់តពីខាងមុខ។
2832.	ឌើម៉ូយ្ដ dermoid ស៊ីស្ទ cyst មានរោគដុះពងទឹកដុំៗនៅខាងក្រោមស្បែកមួយកន្លែង/ ឌើម៉ូយ្ដ dermoid ស៊ីស្ទស cysts មានរោគដុះពងទឹកដុំៗខាងក្រោមស្បែកច្រើនកន្លែង នាមសព្ទ។
2833.	ឌីសសេន្ដដ descended បានធ្លាក់ចុះ អិនធូ into ចូលទៅក្នុង ឌើ the សក្រូដុម់ ឬស្ក្រូដុម់ scrotum ស្បែកពងក្ដ កិរិយាសព្ទ។
2834.	ឌីសសេនឌិង descending ខូឡិន colon ពោះវៀនធំដែលសំយុងចុះទៅខាងក្រោមទៅរន្ធគូទអាចម៍ (វានៅផ្នែកខាងឆ្វេង) នាមសព្ទ។
2835.	ឌីសសេនឌិង descending ឃ្ងរូណារី coronary អាធើរី artery សរសៃឈាមក្រហមធំនៅអោបបេះដូងដែលសំយុងចុះទៅខាងក្រោម (វានៅផ្នែកខាងឆ្វេងបេះដូង) នាមសព្ទ។
2836.	ឌីសសេនឌិង descending សំយុងចុះទៅខាងក្រោម លៃគវ៉ាយស likewise ដូចគ្នាជាទូទៅ នាមសព្ទ។
2837.	ឌីសសេនឌិង descending លិម្ប limb ដៃជើងដែលសំយុងចុះក្រោម នាមសព្ទ។
2838.	ឌីសសេនឌិង descending លួផ loop អ៊ោវ of ហេនលី Henle ឈ្មោះបំពង់វែង ឬក្រពេញវែង ឬសរីរាង្គម្យ៉ាងដែលមានរាងវែងចុះនៅក្នុងកំរងទឹកនោម វាជួយបើតស្រូបយកវត្ថុធាតុរាវចេញពីក្នុងទឹកឈាម (ទឹកនេះជាកាកសំណល់ដែលដងខ្លួនយើងលេងត្រូវការវា) នាមសព្ទ។
2839.	ឌីសសេនឌិង descending ផាត្ស parts ផ្នែកអ្វីៗដែលសំយុងចុះទៅខាងក្រោម នាមសព្ទ។
2840.	ឌីសសេនឌិង descending សំយុងចុះទៅខាងក្រោម ស្រ៊ូវ through ទៅតាម នាមសព្ទ។
2841.	ឌីស្គ្រិផសឹន description ការសរសេររៀបរាប់ អ៊ោវ of អំពី ប្រូស៊ីដជើ procedure របៀបពិនិត្យរោគ ឬការវះកាត់ ឬការព្យាបាលរោគ នាមសព្ទ។

2842.	រេសិកក្ត Desicco- អ៊ែរ or ឬ រេសិកក្ត Desicc/o ដែលស្ងួតហួតហែង _ ជ្រាយិង drying ដែលស្ងួតហួតហែង _ ផ្រីវិក្យ prefix បុព្វបទ ឬជាក្យសម្រាប់ពពីខាងមុខ។
2843.	រេសិគនេត designate ចង្អុលប្រាប់ មេន main រុប្ប roads ផ្លូវធំ អ៊ីន in នៅក្នុង ធី the សិទី city ទីក្រុង កិរិយាសព្ទ.
2844.	រេសិគនេត designate ចង្អុលប្រាប់ មេន main រុប្ប roads ផ្លូវធំ អ៊ីន on នៅលើ និស this ម៉េផ map ផែនទីនេះ កិរិយាសព្ទ.
2845.	រេសិគនេត្ត designated បានចង្អុលប្រាប់ បាយ by ដោយសារ ធី the ប៊ីស្ប boss ចៅវ៉ាយធំ (ចៅវ៉ាយធំបានចង្អុលប្រាប់ឱ្យ) កិរិយាសព្ទ។
2846.	ឌីសៃឃើ desire មានបំណង់ ឬប្រាថ្នាចង់ ធូ to យុគ cook ធ្វើម្ហូប កិរិយាសព្ទ.
2847.	ឌីសៃឃើ desire ចង់ ធូ to លិវ live មានជីវិតរស់នៅ កិរិយាសព្ទ.
2848.	ឌីសៃឃើ desire ចង់ ធូ to ស្លីផ sleep ចូលគេង ចូលដេក ចូលផ្ទំ កិរិយាសព្ទ.
2849.	ឌីសៃឃើ desire ចង់ ធូ to ទៅ យុរ៉ីនេត urinate នោម ឬលាយនោម កិរិយាសព្ទ.
2850.	ឌីសៃឃើង desired ថេនឌើនេស្ប tenderness ធ្វើឱ្យផុយទៅតាមចិត្តចង់បាន កិរិយាសព្ទ។
2851.	ឌីសិស -desis តជាប់ជាមួយ ឬចងជាមួយគ្នា អ៊ែរ or ឬ ចងផ្គាប់ជាមួយគ្នា _ ធូ to ដើម្បីនឹង បាញ្ឌ bind ចងជាមួយគ្នា _ ថាយ tie ចង ធូតេធី together ជាមួយគ្នា ឬចងរួមគ្នា _ សា៊រីវិក្យ suffix បត្ថ័យ ឬជាក្យសម្រាប់ពពីខាងក្រោយ។
2852.	ឌីស្ផេត despite ទោះជា ថេគិង taking លេបថ្នាំកំដោយ អាយតនិបាត។
2853.	ឌីស្ផេត despite ធី the ហ្វិក្ fact ផេត that ទោះជារឿងនេះពិតក៏ដោយ ទោះជានៅក្នុង រឿងនោះពិតក៏ដោយ ទោះជាយ៉ាងណាក៏ដោយ អាយតនិបាត។
2854.	ឌីស្ត្រយ destroy បំផ្លាញ ម៉ែនធីជីន្ស antigens របស់អ្វីៗដែលធ្វើឱ្យកើតរោគ កិរិយាសព្ទ។
2855.	ឌីស្ត្រយ destroy បំផ្លាញ ឬរាយប្រហារ វ៉ូរេន ឬវ៉ូរិន foreign មេរោគខាងក្រៅ សាប់ស្ទេនស៊ីស substances និងវត្ថុធាតុចំឡែកដែលចូលមកខាងក្នុងរងខ្លួនឃើង កិរិយាសព្ទ។
2856.	ឌីស្ត្រយ destroy បំផ្លាញ ធិសស្ប tissue សាច់លាម ឬជាលិកាណាមួយ កិរិយាសព្ទ។
2857.	ឌីស្ត្រយ destroy បំផ្លាញ ឬរាយប្រហា ម៉ៃក្រូអ័រកនិស៊ីម្ប microorganisms មេរោគតួចៗ កិរិយាសព្ទ។
2858.	ឌីស្ត្រយ destroy បំផ្លាញ ស៊ូផើរីស៊ាល superficial ធិសស្ប tissue សាច់ជាលិកាខាងលើ កិរិយាសព្ទ។
2859.	ឌីស្ត្រយ្ស destroys បំផ្លាញ វៃត white ប្លើដ blood សែល្ស cells គ្រប់លាយមស

	កិរិយាសព្ទ។
2860.	ទីស្រ្តាក់សិន destruction បំផ្លាញ អ៊ើរ of នៅក្នុង ធើ the ណ្ឬខ្ញៀអ៊ើស nucleus ស្ងួលគ្រាប់ឈាម ឬបំផ្លាញស្ងួលគ្រាប់ពូជ នាមសំព្ទ។
2861.	ទីថែល្ល detailed បានរៀបរាប់មើល ក្រុស្ស cross ទៅតាម សេកសិន section ផ្នែកៗ អ៊ើរ of របស់ ធិសស្យ tissue សាច់ឈាម ឬរបស់សាច់គោសិកា កិរិយាសព្ទ។
2862.	ទីថែល្ល detailed បានរៀបរាប់ កាឃ្ល guide នាំមុខ ធូ to និង ថត talk និយាយ កិរិយាសព្ទ។
2863.	ទីថែក្ត detect រកឃើញ ប្លើដ blood ឈាម អ៊ិន in នៅក្នុង ធើ the យ៉ូរ៉ុន urine ទឹកនោម កិរិយាសព្ទ។
2864.	ទីថែក្ត detect រកឃើញ ធិស៊ីស disease មេរោគ អ៊ិន in នៅក្នុង ធើ the យិឌន៊ី kidney កម្រងទឹកនោម ឬក្រលៀន កិរិយាសព្ទ។
2865.	ទីថែកសិន detection ការស្វែងរកឃើញ អ៊ើរ of អេ a ធិស៊ីស disease មេរោគ១ អ៊ិន in នៅក្នុង ធើ the ឡ្ងាំស្យ lungs ស្ងួតទាំងសងខាង នាមសំព្ទ។
2866.	ទីផ្ញៀរៀអេត្ត deteriorated បានិចរិលត្ថុចទៅៗ អូរ៉ីនែត overnight កាលពីយប់មេ៉ញ កិរិយាសព្ទ។
2867.	ទីធើមិន determine ធ្វើការសំរេចចិត្តថាតើមាន ធើ the ណាម់ប៊ើ number ចំនួនលេខប៉ុន្មាន កិរិយាសព្ទ។
2868.	ទីធើមិន្ត determined ស្តេម stem សេល្លស cells គោសិកាដើមដែលអាចកើតទៅជាក្រពេញ ណាមួយកបានដែរ (វាកើតនៅពេលទឹកកាម ហើយនឹងទឹកពងជួបគ្នា) វាអាចកើតទៅជាក្រពេញអ្វីៗ គ្រប់យ៉ាងបាន វាកើតទៅជាក្រពេញណាមួយនៅក្នុងខ្លូនរបស់មនុស្ស វាចែកមុខងារបស់វាទៅតាម ផ្លូវដែលវាត្រូវរៀបធ្វើ (ឧទាហរណ៍ខ្លះជួចជាវាកើតទៅជាសាច់ ស្បែក ឆ្អឹង ក្រពេញ ភ្នែក ច្រមុះ បេះដូង ខួរក្បាល ក្រលៀន ហើយវាកើតទៅជាគ្រាប់ឈាមគ្រប់យ៉ាងផង) កិរិយាសព្ទ។
2869.	ទីថក្ស៊ីវ៉ាយិង detoxifying សេត្ស sites កន្លែងដែលដកយកជាតិពុលចេញ កិរិយាសព្ទ។
2870.	ទីវេល្លថ develop ធ្វើឱ្យកើតទៅជា អេ ឬអ៊ីក a សាញ្ស signs សញ្ញាមួយ កិរិយាសព្ទ។
2871.	ទីវេល្លនិង developing អូអូសេត oocyte ទឹកគ្រាប់ពូជ ឬទឹកពងដែលទើបនឹងកើតឡើងថ្មីៗ កិរិយាសព្ទ។
2872.	ទីវេល្លនិង developing ការរីកលូតលាស់ឡើងនៅ រតណា retina ស្រទាប់សាច់ស្តើងៗ នៅគ្រាប់ភ្នែក (វាតភ្ជាប់ទៅនឹងសរសៃវិញ្ញាណនៅភ្នែក) កិរិយាសព្ទ។

2873.	ឌីវេឡូនមេន្ត development អភិវឌ of បែកធ្បៀវ្បៀ bacteria មេរោគកើតច្រើនឡើង អិរ or ឬ ការរីកលូតលាស់ឡើងរបស់មេរោគជាច្រើន នាមស័ព្ទ។
2874.	ឌីវេឡូនមេន្ត development មេរោគកើតឡើង អភិវឌ of នៅក្នុង ឬន bone ម៉ារ ឬម៉ារ៉ូវ marrow ខួរឆ្អឹង នាមស័ព្ទ។
2875.	ឌីវែស្យ device គ្រឿងប្រដាប់ ឧទ that ដែល ម្មួសេ៊ី measure សម្រាប់វាស់មើលទំហំ របស់អ្វីមួយ នាមស័ព្ទ។
2876.	ឌីក្យ្រត្រ dextro- អិរ or ឬ ឌីក្យ្រត្រ dextr/o ខាងស្ដាំ _ ងែត right ខាងស្ដាំ _ងែត right សាយដ side នៅខាងស្ដាំ _ផ្រីវិក្ស prefix បុព្វបទ ឬពាក្យសម្រាប់ផ្ទៃពីខាងមុខ។
2877.	ឌីក្យ្រ្ត្រស dextrose ទឹកដែលមានជាតិស្ករ នាមស័ព្ទ។
2878.	ឌិ Di- ចំហៀងទាំង២ខាង -អីសាយដ aside -ចំហៀង -ផ្រីវិក្ស prefix បុព្វបទ ឬពាក្យសម្រាប់ផ្ទៃពីខាងមុខ។
2879.	ដាយ di- ធ្ទី two ២ ឬ ពីរ ឬស៊ី both មួយគូរ ទាំងពីរ -ផ្រីវិក្ស prefix បុព្វបទ ឬពាក្យសម្រាប់ផ្ទៃពីខាងមុខ។
2880.	ដាយអេ dia- គ្រប់ទាំងអស់ ទាំងមូល គ្រប់គ្រាន់ - ម្មីស្ money means មានអត្ថន័យថា ខាម់ផ្លីត ឬខាំផ្លីត complete គ្រប់ទាំងអស់ ស្រ៊ូវ through មកដល់ ឬគ្រប់សព្វទាំងអស់ ខារវិង covering គ្របពេញទាំងអស់ -ផ្រីវិក្ស prefix បុព្វបទ ឬពាក្យសម្រាប់ផ្ទៃពីខាងមុខ។
2881.	ដាយអេប៊ីថា DiaBeta ដៃត្ថ and ហើយនឹង ម៉ៃក្រូណេស Micronase ថ្នាំព្យាបាលរោគទឹកនោមផ្អែម សកម្មភាពរបស់វាគឺដើម្បីនឹងធ្វើឲ្យក្រពេញលំពែងកំដើក វាធ្វើឲ្យចេញទឹកប្រតេអ៊ីនមយ៉ាង ឈ្មោះអិនស្ថូលីន ឬគ្រឿងថ្នាំមយ៉ាងដែលរៀបចំធ្វើជាតិប្រតេអ៊ីនមយ៉ាងទ្បៀតនៅលំពែងឈ្មោះ ផ្គេប៊ើរ៉ែដ glyburide (ថ្នាំព្យាបាលរោគទឹកនោមផ្អែម) នាមស័ព្ទ។
2882.	ដាយអេប៊ីត diabete មេឌិខេសិន្ស medications ថ្នាំព្យាបាលរោគទឹកនោមផ្អែមច្រើនយ៉ាង នាមស័ព្ទ។
2883.	ដាយអេប៊ីត diabete មេលលិថើស mellitus រោគទឹកនោមផ្អែមដែលមានជាតិផ្អែម នាមស័ព្ទ។
2884.	ដាយអេប៊ីត្យ Diabetes អិនសិផិធើស Insipidus ឈ្មោះរោគទឹកនោមផ្អែម នាមស័ព្ទ។
2885.	ដាយអេប៊ីត្យ diabetes ផេសិន្ត្ស patients អ្នកជម្ងឺច្រើននាក់ដែលមានរោគទឹកនោមផ្អែម នាមស័ព្ទ។
2886.	ដាយអេប៊ីត្យ diabetes មេលលិថើស mellitus ឈ្មោះរោគទឹកនោមផ្អែម (អក្សរកាត់របស់វា ឌីអិម DM) (មានជាតិស្ករនៅក្នុងទឹកនោម ពីព្រោះតែគ្មានជាតិអិនស្ទូលិនគ្រប់គ្រាន់ សាច់ដុំមិន បើក ជាតិស្ករមិនអាចជ្រាបចូលទៅឲ្យសាច់ដុំៗប្រើប្រាស់ជាតិស្ករមិនបាន វាធ្វើឲ្យមានជាតិស្ករច្រើន

	អណ្ដែតនៅក្នុងទឹកឈាម ហើយនឹងនៅក្នុងទឹកនោមផង សាច់ដុំមិនអាចប្រើជាតិស្ករធ្វើជាកម្លាំងនៅក្នុង
	ដងខ្លួនរបស់អ្នកជម្ងឺបាន ហេតុដូច្នេះហើយបានជាមានជាតិស្ករច្រើនអណ្ដែតនៅក្នុងឈាម ហើយជាតិស្ករចេកធ្លាក់ទៅក្នុងទឹកនោមផង **នាមសព្ទ**។
2887.	**ជាយអែតនួស** diagnose ធ្វើពិស្ចិស purposes គោលបំណងនឹងពិនិត្យមើលរោគ ឬវិនិច្ឆ័យរោគ **កិរិយាសព្ទ**។
2888.	**ជាយអែតនួស៊ីស** diagnoses ការវិនិច្ឆ័យមើលរោគ **អា** are ទាំងនោះ **បេស្ដ** based សម្រេច **អិន** on ទៅលើ **ឌើ** the **សាញស** signs រោគសញ្ញាច្រើនយ៉ាងដែលចេញឱ្យឃើញនឹងភ្នែក **អែន្ដ** and ហើយនឹង **សីមព័ម្ស** symptoms រោគសញ្ញាយ៉ីចាប់ច្រើនយ៉ាងដែលមើលមិនឃើញនឹងភ្នែក (ក៏ប៉ុន្តែលឺយ៉ីដឹងនៅក្នុងវិញ្ញាណថាមានការឈឺចុកចាប់នៅក្នុងកន្លែងឈាមួយ) **នាមសព្ទ**។
2889.	**ជាយអែតនួសិស** diagnosis ការវិនិច្ឆ័យមើលរោគ **អិស** is គឺ **បេស្ដ** based សម្រេច **អិន** on ទៅលើ **ឌើ** the **សាញន** sign រោគសញ្ញាដែលចេញឱ្យឃើញនឹងភ្នែក **អែន្ដ** and ហើយនឹង **សីមព័ម** symptom រោគសញ្ញាយ៉ីចាប់ដែលដឹងនឹងវិញ្ញាណថាលឺយ៉ីនៅក្នុងកន្លែងឈាមួយ **នាមសព្ទ**។
2890.	**ជាយអែតនួសិង** diagnosing **អេ** a ខែថាវ៉ាក្ត cataract ការវិនិច្ឆ័យមើលរោគបាយភ្នែកមួយ (ការពិនិត្យមើលរោគកែរភ្នែកអាប់ ឬដែលវិនិច្ឆ័យមើលរោគនៅក្នុងកញ្ចក់មួយ ឬកែរភ្នែកឡើងបាយ មួយផង) **កិរិយាសព្ទ**.
2891.	**ជាយអែតនួសិង** diagnosing **អេ** a ឌិស៊ីស disease ការវិនិច្ឆ័យមើលរោគមួយ (ឬការពិនិត្យ មើល ឬការវិនិច្ឆ័យមើលរោគមួយផង) **កិរិយាសព្ទ**.
2892.	**ជាយអែតនួសធិក** Diagnostic ធ្វើពិស្ចិស purposes ពោលបំណងធ្វើដើម្បីនឹងពិនិត្យរោគ **នាមសព្ទ**។
2893.	**ជាយអែតនួសធិក** Diagnostic ប្រ៊ូស៊ីដជើ procedure របៀបធ្វើដើម្បីនឹងវិនិច្ឆ័យមើលរោគ **នាមសព្ទ**។
2894.	**ជាយអែតនួសធិក** diagnostic ធួល tool គ្រឿងប្រដាប់ដើម្បីនឹងវិនិច្ឆ័យមើលរោគ ឬឧបករណ៍ដើម្បីនឹងវិនិច្ឆ័យមើលរោគ **នាមសព្ទ**។
2895.	**ជាយអាលីស៊ីស** dialysis ហ្វ្លូដ fluid ទឹកសម្រាប់លាងសំអាតឈាម **នាមសព្ទ**។
2896.	**ជាយអាលីស៊ីស** dialysis ម៉ាស៊ីន machine ម៉ាស៊ីនសម្រាប់លាងសំអាតគ្រាប់ឈាម គ្រាប់ទាំងអស់ដើម្បីយកទឹកនោមចេញពីឈាម **នាមសព្ទ**។
2897.	**ជាយអាលីស៊ីស** dialysis ផេស៊ិន patient អ្នកជម្ងឺដែលមកលាងឈាម ឬលាងទឹកនោមចេញ ពីឈាម លាងបំបែកកាកសំណល់ពុលចេញពីគ្រាប់ឈាមទាំងអស់ **នាមសព្ទ**។

2898.	ជាយអាលីសិស dialysis សូលួសិន solution ទឹកសម្រាប់លាង ឬវត្ថុធាតុទឹកសម្រាប់លាង កម្រងទឹកនោម នាមសំព្ធ។
2899.	ជាយផើស diapers ដំស្ទើ rash កូនក្មាមានកន្លួលម៉ាស់ដោយសារស្លៀកកន្ទបកៅស៊ូ នាមសំព្ធ។
2900.	អាយអេហ្សូរ៉ូ diaphoro- អិរ or ឬ អាយអេហ្សូរ៉ូ diaphor/o បែកញ្ញើស ស្វេត sweat បែកញ្ញើស -ផ្រីវិក្ស prefix បុព្វបទ ឬពាក្យសម្រាប់តព៌ខាងមុខ។
2901.	ជាយអេក្រៃមែត្ត ឬជាយអេប្រៀតមែត្ត diaphragmato- អិរ or ឬ ជាយអេក្រៃមែត្ត diaphragmat/o សាច់សន្ទះដែលចែកប្រហោងដើមទ្រូងចេញពីប្រហោងពោះ -ផ្រីវិក្ស prefix បុព្វបទ ឬពាក្យសម្រាប់តព៌ខាងមុខ។
2902.	ជាយអេក្រៃមែទិក ឬជាយអេប្រៀតមែទិក diaphragmatic ប្រ៊ីធិង breathing ការដកដង្ហើម ចេញចូលដែលប្រើសាច់សន្ទះដែលចែកប្រហោងដើមទ្រូងចេញពីប្រហោងពោះ នាមសំព្ធ។
2903.	ជាយអេក្រៃមែទិក ឬជាយអេប្រៀតមែទិក diaphragmatic ហើនៀ hernia រោគស្រ្តួត ឬបែក នៅសាច់ដែលចែកប្រហោងដើមទ្រូងចេញពីប្រហោងពោះ (រោគក្លនលួននៅបន្ធះសាច់សន្ទះដែលចែក ប្រហោងដើមទ្រូងចេញពីប្រហោងពោះ) នាមសំព្ធ។
2904.	ជាយអេក្រៃម៉ូ ឬជាយអេប្រៀតម៉ូ diaphragmo- អិរ or ឬ ជាយអេប្រៀតម៉ូ diaphragm/o សាច់សន្ទះដែលចែកប្រហោងដើមទ្រូងចេញពីប្រហោងពោះ -ផ្រីវិក្ស prefix បុព្វបទ ឬពាក្យសម្រាប់តព៌ខាងមុខ។
2905.	ជាយអេហ្ស៊ីសៀល diaphyseal អិរ or ឬ ជាយអេហ្ស៊ីសិស diaphysis នៃ ឬទាក់ទងជា មួយនឹងតួឆ្អឹងវែងធំនៅក្រឡៅ ឬផ្នែកក្រឡៅ គុណនាម.
2906.	អាយអេថ៌រី dietary ហ្វៃប៊ី fiber រស់ជាតិចំណីអាហារពណិខ្លាញ់នៅក្នុងតាប់សាច់ឈាម ឬកោសិកាដែលមានជាតិអំបោះសរសៃៗផង នាមសំព្ធ។
2907.	ឌិកទឹម្យ dictums អិរ or ឬ ឌិកថា dicta ពាក្យបញ្ជារបស់រដ្ឋ អ្នកប្រើច្បាប់ ឬអ្នកដែលធ្វើការនៅក្នុងតុលាការប្រើននាក់ នាមសំព្ធ។
2908.	ឌិដ did ណុត not ណូ know មិនបានដឹងថា កិរិយាសំព្ធ។
2909.	ឌិដ did ណុត not ណូ know មិនដឹងថាមាន ឌិស៊ីស disease មេរោគ ឬមេរោគដែលគេមិនស្គាល់ នាមសំព្ធ។
2910.	ឌិដ did ណុត not ហែផផេន happen មិនបានកើតឡើង នាមសំព្ធ។
2911.	ឌិដ did ឌី យូ you អុក្បាន ហៀរ hear ឮពំណិងបូទេ (តើអ្នកបានឮពំណិងបូទេ?) កិរិយាសំព្ធ។

2912.	ជាយ-ជាយអេស្តុល die- diastole ស្គាប់ ជោន down អស់ចុះ កិរិយាសព្ទ។
2913.	ជាយ die ស្គាប់ អ៊ែវវ៉ែ off អស់ កិរិយាសព្ទ។
2914.	ជាយអិថរី dietary ចំណីអាហារដែលមាន វ៉ីធ្យ fats ជាតិខ្លាញ់ នាមសព្ទ។
2915.	ជាយអិថរី dietary រេស្ត្រិកស៊ីន្ស restrictions ហាមឃាត់មិនឲ្យញ៉ាំម្ហូបអាហារតាមចិត្តចង់ (ញ៉ាំចំណីអាហារទៅតាមពេទ្យបង្គាប់) កិរិយាសព្ទ។
2916.	ឌិវ៉ឺរិនស្យ difference ខុសគ្នា អ៊ិន in នៅក្នុង សេ លួស cells គ្រាប់សាច់ឈាម (គ្រាប់ឈាមមានរាងខុសៗពីគ្នា) នាមសព្ទ។
2917.	ឌិវ៉ឺរិន្ត different ទិស្ស៊ីស disease មេរោគខុសៗពីគ្នា ឬមេរោគផ្សេងៗពីគ្នា នាបសព្ទ។
2918.	ឌិវ៉ឺរិន្ត different ខុសៗពីគ្នា ហ្វ៉ម from មកពី គុណនាម។
2919.	ឌិវ៉ឺរិន្ត different ខុស ហ្វ៉ម from ពីគ្នា ឌី the សើរៅន្តជីង surrounding នៅជុំវិញ ជុំវិញ ធិសស្យូ tissue សាច់ (ឬខុសពីសាច់ដែលនៅឡ្យោមជុំវិញនៅកន្លែងណាមួយ) គុណនាម។
2920.	ឌិវ៉ឺរិន្ត different ខាញ្ឌ kind ផ្សេកខុសៗពីគ្នា គុណនាម។
2921.	ឌិវ៉ឺរិន្ត different លេយឺស layers ស្រទាប់ស្រោមសាច់ខុសៗពីគ្នា ឬស្រោមសាច់ផ្សេងៗពីគ្នា គុណនាម។
2922.	ឌិវ៉ឺរិន្ត different ផេន pain ឈឺខុសពីគ្នា ឬឈឺផ្សេងៗពីគ្នា គុណនាម។
2923.	ឌិវ៉ឺរិន្ត different ឃ្វ៉ិនធិធីស quantities មានកំរិត អ៊ែវ of ផេន pain ឈឺចាប់ខុសៗពីគ្នា គុណនាម។
2924.	ឌិវ៉ឺរិន្ត different សាស្ស៊ិ size មានទំហំខុសៗពីគ្នា គុណនាម។
2925.	ឌិវ៉ឺរិន្ត different ថេស្ទេស tastes ចំណីអាហារដែលមានរស់ជាតិផ្សេងៗពីគ្នា គុណនាម។
2926.	ឌិវ៉ឺរិន្ត different ថៃផ type ផ្សេងៗ ខុសៗពីគ្នាច្រើនយ៉ាង គុណនាម។
2927.	ឌិវ៉ឺរិន្ត different ថៃផ type បែបខុសៗពីគ្នា អ៊ែវ of របស់ ម៉ាសសិល muscle ធិសស្យូស tissues សាច់ដុំ (សាច់ដុំមានបីយ៉ាងខុសៗពីគ្នា សាច់ដុំបេះដូង សាច់ដុំរលង ហើយនឹងសាច់ដុំតភ្ជិតទៅនឹងសាច់ដុំ វាជួយឲ្យយើងកំរើកបាន យើងអាចមើលរាយើញផ្ទាល់នឹងភ្នែក) នាមសព្ទ។
2928.	ឌិវ៉ឺរិន្ត different ថៃផ type អ៊ែវ of ឬន bone រ៉ៃកឈឺស fractures ឆ្អឹងបែក ឬបាក់មានច្រើនយ៉ាង ឬឆ្អឹងប្រេះមានច្រើនយ៉ាង ហើយមានច្រើនកន្លែងផង នាមសព្ទ។
2929.	ឌិវ៉ឺរិន្ត different វ្យូស views មើល ឬពិនិត្យមើលច្រើនកន្លែងខុសៗពីគ្នា គុណនាម។
2930.	ឌិវ៉ឺរីង differing អ៊ិន in សាស្ស៊ិ size ដែលមានទំហំខុសពីគ្នា កិរិយាសព្ទ។
2931.	ឌិវ៉ិកឪល្ទ difficult ពីបាក លិវ៉ធិង lifting លើករបស់អ្វីមួយ គុណនាម។

2932.	ទិរិវិកុល្ញ difficult ពីបាក ធ្ងួ to និង ណួ know ដឹង គុណនាម។
2933.	ទិរិវិកុល្ញ difficult ពីបាក ត្រិផ trip ធ្វើដំណើរដ៏រលេក (ឬទៅដ៏រលេកដែលផ្ទួបការពិបាក) នាមសព្ទ។
2934.	ទិរិវិកុល្ញ difficult វ៉ឺស្យ words ពាក្យពិបាកយល់ គុណនាម។
2935.	ទិរិវិកុលទីស difficulties ការពិបាកស្មុកស្មាញ អារ៉ៃស ឬអ៊ីរ៉ាយ្យ arise កើតឡើងច្រើនឯក នាមសព្ទ។
2936.	ទិរិវិកុខុលទី difficulty ការពិបាក ប្រ៉ីធិង breathing ដកដង្ហើម នាមសព្ទ។
2937.	ទិរិវិកុខុលទី difficulty មានការពិបាក អ៊ិន in នៅក្នុង ប្រ៉ីធិង breathing ការដកដង្ហើម នាមសព្ទ។
2938.	ទិរិវិកុខុលទី difficulty មានការពិបាក ស្លីធិង sleeping ដេកមិនលក់ (ឬពិបាកដេក ឬដេកមិនលក់) នាមសព្ទ។
2939.	ទិរិវិកុខុលទី difficulty មានការពិបាកនៅពេល ស្តាធិង starting ចាប់ផ្ដើម យ៉ូរ៉ីនេស៊ីន urination នោម _ប្រយោគ ឬឃ្លា ប្រហ្វ៉ឹស phrase.
2940.	ទិរិវិកុខុលទី difficulty មានការពិបាក ស្វ៉លឡ្វ៉ិង swallowing លេបចំណីអាហារ នាមសព្ទ។
2941.	ទិរិវិកុខុលទី difficulty មានការពិបាក វិឋ with នៅពេល ស្ពីច speech និយាយ នាមសព្ទ។
2942.	ទិរិវិកុខុលទី difficulty មានការពិបាក វិឋ with ជាមួយនឹង វ៉ឺស្យ words ពាក្យផ្សេងៗថ្ងៃតជា ច្រើន នាមសព្ទ។
2943.	ទិរិវ៉្យឺស diffuse អេប្បសេស្ស abscess រាគពង ឬថង់ខ្ទុះបែករាលដាលចេញក្រៅពីកន្លែងដើមរបស់វា កិរិយាសព្ទ។
2944.	ទិរិវ៉្យឺស diffuse អេរ៉ីធីម៉ា erythema រាគលោកលើស្បែកៗឡើងក្រហម ឬមានពងបែករាល ដាលពេញខ្លួន ឬរាលចេញក្រៅពីកន្លែងដើមរបស់វាទៅកន្លែងផ្សេងទៀត កិរិយាសព្ទ។
2945.	ទិរិវ៉្យឺស diffuse ឡ្យត light ភ្លើងរលាយចូលគ្នា កិរិយាសព្ទ។
2946.	ដាយជេស្ឌ digest កិនរំលាយ ឬកិនបំបែក វ៉ៃស្យ fats ជាតិខ្លាញ់ច្រើនយ៉ាង កិរិយាសព្ទ។
2947.	ដាយជេស្ឌ digest កិនរំលាយ ឬកិនបំបែក ស្ដាច starch ជាតិម្សៅឲ្យចេញទៅជាកម្ទាំង កិរិយាសព្ទ។
2948.	ដាយជេស្ឌេដ digested បានកិនរំលាយ ន្វូប្រ៉ៀន្ឋស nutrients រស់ជាតិចំណីអាហារ កិរិយាសព្ទ។
2949.	ដាយជេស្ឌេដ digested វ៉ុស្យ foods ចំណីអាហារដែលបានកិនរំលាយរួចហើយ កិរិយាសព្ទ។
2950.	ដាយជេស្ឌស digests កិនរំលាយ សេល្យួឡ្ើ cellular សាច់គ្រាប់លយាម កិរិយាសព្ទ។

2951.	ជាយជេសទីវ digestive អ៊ីនស្យ៉ាម្យ enzymes ជាតិប្រូតេអ៊ីនមួយក្រុមដែលសម្រាប់ជួយរំលាយម្ហូបអាហារ នាមសំពុ។
2952.	ជាយជេសទីវ digestive ក្លន្ត gland ក្រពេញដែលសម្រាប់ជួយកំរំលាយម្ហូមអាហារ នាមសំពុ។
2953.	ជាយជេសទីវ digestive វ៉ៃដ fluid ទឹកអាស៊ីតមួយក្រុមដែលជួយរំលាយអាហារ (វាធ្វើ បញ្ចេញ ឬផលិតមកពីក្រពេញទឹកមាត់) នាមសំពុ។
2954.	ជាយជេសទីវ digestive វ៉ៃងស៊ីន function ការងារខាងកំរំលាយម្ហូបអាហារ នាមសំពុ។
2955.	ជាយជេសទីវ digestive ជួសប្យ juice ទឹកដែលជួយកំរំលាយអាហារ (វាធ្វើមកពី បញ្ចេញ ឬផលិតមកពីក្រពេញទឹកមាត់) នាមសំពុ។
2956.	ជាយជេសទីវ digestive អ៊ូវគិន្យ organs ក្រពេញទាំងអស់ដែលសម្រាប់កំរំលាយម្ហូមអាហារ នាមសំពុ។
2957.	ជាយជេសទីវ digestive ស៊ីស្ទឹម system ប្រព័ន្ធកំរំលាយអាហារមានដួចតទៅ មាត់ ក្រពេញ បញ្ចេញទឹកមាត់ អណ្ដាត ធ្មេញ បំពង់កខាងក្រោយមាត់ បំពង់ក ក្រពះ ក្រពះ ថ្លើម ប្រម៉ាត់ លំពែង ពោះវៀនតូច ហើយនិងពោះវៀនធំ ទ្វារធំ នាមសំពុ។
2958.	ជាយជេសទីវ digestive ត្រែក្ត tract ប្រព័ន្ធកំរំលាយអាហារមានដួចតទៅ មាត់ ក្រពេញបញ្ចេញទឹកមាត់ អណ្ដាត ធ្មេញ បំពង់កខាងក្រោយមាត់ បំពង់ក ក្រពះ ក្រពះ ថ្លើម ប្រម៉ាត់ លំពែង ពោះវៀនតូច ហើយនិងពោះវៀនធំ ទ្វារធំ នាមសំពុ។
2959.	ឌិជិទល digital ឧកទីល rectal អិក្សៃម exam ពិនិត្យមើលទ្វារធំដោយប្រើម្រាមដៃស្ងួកចូលទៅតាមរន្ធតួចដើម្បីនឹងពិនិត្យមើលទ្វារធំ ឬដើម្បីនឹងពិនិត្យមើលក្រពេញឈ្មោះ ផ្រូស្តេត prostate) នាមសំពុ។
2960.	ឌិជិថាលិស Digitalis ថ្នាំធ្វើអោយបេះដូងបេ្រីន ឬបង្កើនទឹកទោបឲ្យច្រើនឡើង ហើយនិងជួយឲ្យបេះដូងដើរលឿន (វាធ្វើមកពីដើមផ្កាឈ្មោះ វ៉ុក្សគ្លូវ Foxglove ផ្កាដើមឈើរនេះមានទៅក្នុងគ្រួសារដើមពីឈ្មោះ ស្រូហ្វ៉ិឡើរអេស្ដ៍ Scrophulariaceae) នាមសំពុ។
2961.	ឌិជិថូ digito- អ៊ែរ or ឬ ឌិជិថូ digit/o ម្រាមដៃ - ឌិជិត digit ម្រាមដៃ វ៉ែងគី finger ម្រាមដៃ អ៊ែរ or ឬ ផ្ល toe ម្រាមជើង_ផ្រីវ៉ិក្ស prefix បុព្ចបទ ឬបាក្យសម្រាប់ផ្ចបញ្ចូលគ្នាពីខាងមុខ។
2962.	ឌិក្ស digs ដោត ឬចាក់ អ៊ីនថ្វ into ចូលទៅខាងក្នុង យ៉ួរ your ស្គីន skin ស្បែករបស់អ្នក កិរិយាសពុ។
2963.	ដៃលេត dilate ប្លើម blood វេសសេល្យ vessels កូនសរសៃឈាមតួចៗឲ្យរីកធំ (វាធ្វើឲ្យឈាមរត់ស្រួល) កិរិយាសពុ។

2964.	ដែលលេត dilate ពន្រ្លីក ឃ្លៃរ your អាយ្យ eyes ភ្នែករបស់អ្នកឲ្យរីកធំ កិរិយាសព្ទ។
2965.	ដែលលេត្ត dilated ដៅវ pouch ថង់បានរីកធំឡើង កិរិយាសព្ទ។
2966.	ដែលលេត្ត dilated បានរីកធំ អ៊ាថ up ឡើង កិរិយាសព្ទ។
2967.	ដែលលេតិង dilating កំពុងតែរីកធំ ឬហើមធំ អ៊ាថ up ឡើងៗ កិរិយាសព្ទ។
2968.	ដែលលេសីន dilation ពន្រ្លីកឲ្យធំ ដៃនt្ and ហើយនឹង ខ្យួតតេវថ curettage កោសសាច់ (កម្មវិធីវះកាត់ដែលប្រើកងសម្រាប់កោសសាច់នៅក្នុងកស្បូន ដើម្បីនឹងយកទៅពិនិត្យមើលរោគ ទី D ដៃនt្ & សី C អក្សរកាត់របស់វ) នាមសព្ទ។
2969.	ដែលលេសីន dilation ការពន្រ្លីក សឺរ៉ិខល cervical ខែណវាល់ canal ប្រហោងកស្បូនឲ្យរីកធំ នាមសព្ទ។
2970.	ដែលលេសីន dilation ការពន្រ្លីក អ៊ើរ of នៅក្នុង នាមសព្ទ។
2971.	ដែលលេសីន dilation ការរីកធំ អ៊ើរ of នៅក្នុង ប្លើង blood វេសសេល្យ vessels ក្នុងសរវសែលណាមត្ូចៗជាច្រើន នាមសព្ទ។
2972.	ដែលលេសីន dilation ការពន្រ្លីក អ៊ើរ of នៅក្នុង ថើ the លីមហ្វ៊ lymph វេសសេល្យ vessels ក្នុងសរវសែលណាមត្ូចៗជាច្រើនរបស់ណាមទឹករង ឬសរវសែលណាមស នាមសព្ទ។
2973.	ដែលលេសីន dilation ការពន្រ្លីក អ៊ើរ of នៅក្នុង ថើ the វេសសេល្យ vessels សរវសែលណាមជាច្រើនដើម្បីនឹងពិនិត្យមើលរោគ នាមសព្ទ។
2974.	ដែលលេសិន្យ dilations ការពន្រ្លីក_វ៉ាយដេនិង widening ឲ្យរីកធំកំប៉ាំង_ស្រិតភិង stretching យឺតរីកធំ_អ៊ក្យស្ផេនដិង expanding ការរីកធំឡើង_អ៊ក្យស្ផេនសីន expansion ការរីកធំឡើង ពន្រ្លីកឲ្យធំ នាមសព្ទ។
2975.	ដែលលេថើ dilator ការពន្រ្លីកឲ្យធំ១ដង (ដែលលេថើស dilators ការពន្រ្លីកឲ្យធំច្រើនដង) នាមសព្ទ។
2976.	ឌីល្ងុត្ត ឬជាយល្ងុត្ត diluted ឃ្យូរ៉ុន urine ទឹកនោមវាវ នាមសព្ទ។
2977.	ឌិម dim លេត light ភ្លឺភ្លើតិចៗ គុណនាម។
2978.	ឌិម dim វិសីន vision ភ្នែកមើលឃើញមិនច្បាស់ កិរិយាសព្ទ។
2979.	ឌិមេនសីន dimension ទំហំ១ដែលនៅជុំវិញរបស់អ្វីមួយ ផ្នែកខ្ពស់ ឬទាប ខ្លាត នាមសព្ទ។
2980.	ឌិមេនសីន dimension ទំហំនៅជុំវិញ អ៊ើរ of ថើ the បឌី body ប៊ើស birth ខែណវាល់ canal វត្ថុវារមាស ឬផ្ផូវក្មនកើត នាមសព្ទ។
2981.	ឌិមេនសីន្យ dimensions ទំហំ លេត light ភ្លើងភ្លើតិចៗ កិរិយាសព្ទ។

2982.	ឌិមលី dimly លែត light ភ្លឺងដែលភ្លឺតិចៗ គុណនាម.
2983.	ឌិម្ម dimmed វិស៊ីន vision ភ្នែកឡងអិតៗ នាមសំព្ទ។
2984.	ឌិមិនិស្ទ្ឌ diminished អែតថេនស៊ីន attention ការប្រុងប្រយ័ត្តចេះតែរសាយទៅៗ (មិនបានប្រុងប្រយ័ត្ត ឈប់ស្តាប់ មិនយកចិត្តទុកដាក់ស្តាប់ឱ្យច្បាស់) នាមសំព្ទ។
2985.	ឌិមិនិស្ទ្ឌ diminished ខៃផៃស៊ីទី capacity ចំនួនចំណុះដែលថយចុះបន្តិចម្តងៗ នាមសំព្ទ។
2986.	ឌិមិនិស្ទ្ឌ diminished ខៃផៃស៊ីទី capacity ចំនួនខ្យល់ អៃវ of នៅក្នុង ឌី the ឡ្យាំស្យ lungs ស្ទួតទាំងពីរបានថយចុះបន្តិចម្តងៗ នាមសំព្ទ។
2987.	ដាញន dine ញ៉ាំម្ហូបអាហារ អ៊ីន in នៅក្នុង កិរិយាសព្ទ។
2988.	ឌិផ្ល diplo- អ៊ី or ឬ ឌិផ្ល dipl/o ពីរ មួយគួរ ទាំងពីរ - ដឹបល double ពីរ មួយគួរ ទាំងពីរ _ផ្រីវិក្ស prefix បុព្វបទ ឬពាក្យសម្រាប់តពីខាងមុខ។
2989.	ឌិផ្ល៉ម៉ាទិក Diplomatic ហិស្ទ្រី history ប្រវត្តិសាស្ត្រទាក់ទងទៅនឹងការទូតនៅក្នុងប្រទេស នាមសំព្ទ។
2990.	ឌិផស៉េៀ -dipsia រោកស្រេកទឹកខ្លាំង_ ស៉ាវិក្ស suffix បច្ច័យ ឬពាក្យសម្រាប់តពីខាងក្រោយ។
2991.	ឌិផស្ស dipso- អ៊ី or ឬ ឌិផស្ស dips/o- ចេះតែស្រេកទឹក - សេ៉ិស្ទ thirst ស្រេកទឹក _ ផ្រីវិក្ស prefix បុព្វបទ ឬពាក្យសម្រាប់តពីខាងមុខ។
2992.	ឌីៃរក្ត direct ផ្ទូវត្រង់ អែកសេស្ស access ចូល ធ្ទ to ទៅ ឌី the ប៊ីឆ beach មាត់បឹងដែលមានដីខ្សាច់ កិរិយាសព្ទ។
2993.	ឌីៃរក្ត direct ចំទៅក្នុង អិនក្ញិនុល inguinal ហេ៉ីនៀ hernia សាច់ពុំដែលស្បោយ រវាហក សាច់ផ្លាក់ ក្រពេញណាមួយចុះចូលទៅក្នុងក្រលៀន កិរិយាសព្ទ។
2994.	ឌីៃរកស៊ីន direction ការចង្អុលប្រាប់ផ្ទូវ ធ្ទ to ទៅទិកន្លែងណាមួយ នាមសំព្ទ។
2995.	ឌីៃរក្តលី directly ដែលចំត្រង់ វ៉ិត្តអ៊ីន within នៅខាងក្នុង ឌី the គុណនាម។
2996.	ឌីៃទី dirty អេរ៉ៀ area កន្លែងមិនស្អាត ឬកន្លែងដែលប្រឡាក់ កិរិយាសព្ទ។
2997.	ឌីស dis ផុយ ឬមានរោក អែន្ត and ហើយនឹង ឌី di ផុយ ឬមានរោកច្រើនផ្នែក នាមសំព្ទ។
2998.	ឌីសឆាជ discharge ផ្លាក់ស រ៉ៀម from ចេញពី ឌី the វ៉ាចាយណា vagina ទ្វារមាស កិរិយាសព្ទ។
2999.	ឌីសឆាជ discharge ចេញ ឬផ្លាក់ អៃវ of វ៉ិត fat ខ្លាញ់ កិរិយាសព្ទ។
3000.	ឌីសឆាជ discharge ចេញ ឬផ្លាក់ អៃវ of វ៉ីស៉ិស feces លាមក (ជម្ងឺរាកអាចម៍ ឬរាក្សួស) កិរិយាសព្ទ។

3001.	ទឹសនាជ discharge ចេញ ឬផ្លាក់ អៀវ of មិល្ក milk ទឹកដោះ កិរិយាសព្ទ។
3002.	ទឹសនាជ discharge ផ្លាក់ អៀវ of វៃត white ប្លឺដ bleed សេល្លស cells ត្រាប់ឈាមស (ឃាតផ្លាក់ស) នាមសព្ទ។
3003.	ទឹសនាជ discharge ផ្លាក់ អៀវ of វៃត white ម្យូកើស mucus ទឹកសំបោរស៉ (ឃាតផ្លាក់ស៉) នាមសព្ទ។
3004.	ទឹសខាល់ំរសីន ឬទឹសខាលើនសីន discoloration ពូរពណ៌ ឬពាំខៅ អិន in នៅក្នុង ធឺ the អាយ eye ភ្នែក (វាកើតមកដោយសារការគ្រោះថ្នាក់ឬួស ក៏ប៉ុន្តែវាមិនបែកសាចទេ) នាមសព្ទ។
3005.	ទឹសខាល់ំរសីន ឬទឹសខាលើនសីន discoloration មានពណ៌ពាំខៅ អិន on នៅលើ ធឺ the ស្កិន skin ស្បែក (សាចពាំដោយសារការគ្រោះថ្នាក់ឬួស ក៏ប៉ុន្តែវាមិនបែកសាចទេ) នាមសព្ទ។
3006.	ទឹសខាម៉្វរត ឬទឹសខាំវ៉ិរត discomfort មិនស្រួល អិន in នៅក្នុង អេ a លេត leg ជើង ឬអេត at នៅ រស្ rest ពេលសម្រាក នាមសព្ទ។
3007.	ទឹស្ករដេនត discordant ធ្វិន twin កូនឆ្នោះដែលកូនម៉្វយផ្ញំ ហើយកូនម៉្វយទៀតពួច នាមសព្ទ។
3008.	ទឹស្រ្ក៊ីមិនេសីន discrimination ការប្រកាន់ជាតិសាស្ត្រ១ដង នាមសព្ទ។
3009.	ទឹស្ក៊ាស discus អៀ or ឬ ទឹស្ក disk ចាសលើ១ដែលមានដែកនៅជុំវិញ ចានកំប៉ែតផំ១ នាមសព្ទ។
3010.	ទឹស្ក៊ាស៊ីស discuses អៀ or ឬ ទឹស្កស disks ចាសលើ២ដែលមានដែកនៅជុំវិញ ចានកំប៉ែតផំ២ នាមសព្ទ។
3011.	ទឹស្ក៊ាស្ស discuss ការពីភាក្សា ឬពីគ្រោះ អៀវ of អំពីការអ្វីម៉្វយ កិរិយាសព្ទ។
3012.	ទឹស្ស៊ីស disease អេរ៉្យស areas កន្លែងជាច្រើនដែលមានមេរោគ នាមសព្ទ។
3013.	ទឹស្ស៊ីស disease មេរោគម៉្វយដែល អាវ៉ិវ៉ិកធិង affecting ប៉ាំស់ពាល់ផល់ នាមសព្ទ។
3014.	ទឹស្ស៊ីស disease វាត ខាំកទើរស៊្វេដ characterized បង្ហាញរាគកាយ ពាយ by ដោយសារ ឲ្យសញ្ញាឲ្យឃើញថា នាមសព្ទ។
3015.	ទឹស្ស៊ីស disease មានរាគ អិន in នៅក្នុង អាធើរស arteries សរសៃឈាមក្រហម លើរាគធិង surrounding នៅជុំវិញ ធឺ the ហ្ការត heart បេះដូង នាមសព្ទ។
3016.	ទឹស្ស៊ីស disease មេរោគម៉្វយដែល មេថែសថៃសេស៊ីស metastasizes រាលពេញខ្លួន (វារាលពាលចេញក្រៅពីកន្លែងដើមរបស់វា វារាលពេញដងខ្លួន) នាមសព្ទ។
3017.	ទឹស្ស៊ីស disease មេរាគ អៀវ of នៅក្នុងពុំក្រពេញទឹករំងែឈ្មោះ លីមហ្វ៊ី lymph

	នុដ្យ nodes (លីមហ្វ lymph ផ្គន្លស glands កូនកណ្តុរ ឬដុំសរសៃឈាមទឹករងៃដែលឡើង នៅពេលយើងមានដំពៅ ឈឺ ហើយកូនកណ្តុរឡើង ឡើងដុំៗនៅសរសៃឈាមទឹករងៃដែលដំមកពីដំពៅ បើគ្មានដំពៅទេ យើងមើលវាមិនឃើញទេ វាមិនឡើងទេ) នាមសំពុ។
3018.	ទិស្សីស disease មានមេរោគ អៅរ of នៅក្នុង នៃ the នាមសំពុ។
3019.	ទិស្សីស disease មានមេរោគ អៅរ of នៅក្នុង នៃ the លិវី liver ថ្លើម នាមសំពុ។
3020.	ទិស្សីស disease មានមេរោគ អៅរ of នៅក្នុង នៃ the ស្គិន skin ស្បែក នាមសំពុ។
3021.	ទិស្សីស disease មានមេរោគ អៅរ of នៅក្នុង នៃ the អៀរស ears ត្រចៀកទាំងពីរ នាមសំពុ។
3022.	ទិស្សីស disease មានមេរោគ អៅរ of នៅក្នុង នៃ the អីលប៊ូ ឬអីលប៊ូវ៍ elbow ចញ្ចន joint សន្លាក់ថ្ងឹងនៅកៃងដៃ ឬក្បួយដៃ (កន្លៃងសន្លាក់ថ្ងឹងនៅកៃងដៃ ឬក្បួយដៃ) នាមសំពុ។
3023.	ទិស្សីសដ diseased ផ្នូរសិន portion ផ្នៃកៗខ្លះរបស់មេរោគ នាមសំពុ។
3024.	ទិស្សីស៊ីស diseases មេរោគជាច្រើន អៅរ of នៅក្នុង នៃ the តាយរ៉យដ thyroid ផ្គន្លស glands ត្រពេញ២នៅក វាមានរូបរាងដូចសត្វមេអំពៅ នាមសំពុ។
3025.	ទិស្សីស៊ីស diseases មានមេរោគច្រើន អៀរ or ឬ ខុនទិសិន្ស conditions មានរោគសញ្ញាច្រើន នាមសំពុ។
3026.	ទិស្សីស៊ីស diseases មានមេរោគច្រើន អៀរ or ឬ អ៊ិនវៃកសិន្ស infections ដំពៅជាច្រើន នាមសំពុ។
3027.	ទិស្សីស៊ីស diseases មានមេរោគច្រើន ផ្រសេស្ស process កំពុងតៃកើតឡើង នាមសំពុ។
3028.	ទិស្សីស៊ីស disease's សិម្ពតឹម្ស symptoms រោគសញ្ញាជាច្រើន នាមសំពុ។
3029.	ទិស្ស dish ចាន១ (ទិស្សីស dishes ចានជាច្រើន) នាមសំពុ។
3030.	ទិស្ស្វៃស្ពឺ dishwasher ស្វផ soap សាប៊ូលាងចាន១យ៉ាង នាមសំពុ។
3031.	ទិស្ស្វៃស្ពឺ dishwasher ស្វផ្ស soaps សាប៊ូលាងចានច្រើនយ៉ាង នាមសំពុ។
3032.	ទិសអ៊ិនធើរស្ថដ disinterested អ៊ិន in ហិស his គាត់មិនបានចាប់អារម្មណ៍ជាមួយ ហូមវឺក homework កិច្ចការដៃលលោកគ្រូបានដាក់ឱ្យគាត់ធ្វើនៅផ្ទះទេ គុណនាម.
3033.	ទិសអ៊ិនធើរស្ថដ disinterested អ៊ិន in ហិស his គាត់មិនបានចាប់អារម្មណ៍ជាមួយ ស្គូលវឺក schoolwork កិច្ចការដៃលលោកគ្រូបានដាក់ឱ្យគាត់ធ្វើនៅផ្ទះទេ គុណនាម.
3034.	ទិសអ៊ិនធើរស្ថដ disinterested មិនបានចូលចិត្ត អ៊ិន in ជាមួយនឹង ម៉ាយ my អូល្ឌ old ចប job ការងារចាស់របស់ខ្ញុំទេ គុណនាម.

3035.	ទិសល្បខេត្ត dislocated រឺមើ femur ឆ្អឹងក្រភ្លៅបានភ្លាត់ចេញពីកន្លែងដើមរបស់វា កិរិយាសព្ទ។
3036.	ទិសល្បខេត្ត dislocated ចញ្ចន្ត joint សន្លាក់ឆ្អឹងដែលជើងបានភ្លាត់ចេញពីកន្លែងដើមរបស់វា កិរិយាសព្ទ។
3037.	ទិសល្បខេត្ត dislocated ហិផ្ស hips ឆ្អឹងត្រគាកទាំងពីរបានភ្លាត់ចេញពីកន្លែងដើមរបស់វា កិរិយាសព្ទ។
3038.	ទិសល្បខេត្ត dislocated ស្មៅលទើស shoulders សន្លាក់ឆ្អឹងនៅស្មាទាំងសាងខាងបានភ្លាត់ចេញ ពីកន្លែងដើមរបស់វា កិរិយាសព្ទ។
3039.	ទិសល្បខេសិន dislocation ខាផល carpal លូនេត lunate សន្លាក់ឆ្អឹងដែលមួយក្រុមបានភ្លាត់ ចេញក្រៅពីកន្លែងដើមរបស់វា នាមសំព្ទ។
3040.	ទិសល្បខេសិន dislocation អៅវ of ធើ the ដែងគល ankle សន្លាក់ឆ្អឹងកជើងបានភ្លាត់ចេញ ក្រៅពីកន្លែងដើមរបស់វា នាមសំព្ទ។
3041.	ទិសល្បខេសិន dislocation អៅវ of ធើ the ហិផ hip សន្លាក់ឆ្អឹងនៅត្រគាកខាងក្រោមបាន ភ្លាត់ចេញក្រៅពីកន្លែងដើមរបស់វា នាមសំព្ទ។
3042.	ទិសល្បខេសិន dislocation អៅវ of ធើ the តាម្ប ឬមៃ thumb សន្លាក់ឆ្អឹងមេដៃបានភ្លាត់ ចេញក្រៅពីកន្លែងដើមរបស់វា នាមសំព្ទ។
3043.	និសមេដ dismayed ហឺ her បានធ្វើឱ្យនាងខ្លាច កិរិយាសព្ទ។
3044.	ទិស្ឌូរធើ disorder រោគមិនធម្មតា ឌូ due ធូ to ដោយសារតែ នាមសំព្ទ។
3045.	ទិស្ឌូរធើ disorder រោគមិនធម្មតា ឌូ due ធូ to ដោយសារតែ លែក្ក lack អៅវ of ខ្លះរស់ជាតិ ... នាមសំព្ទ។
3046.	ទិស្ឌូរធើ disorder រោគមិនធម្មតា ឌូ due ធូ to ដោយសារតែ លែក្ក lack អៅវ of ខ្លះរស់ជាតិ ប្រូថេអិន protein ជាតិប្រូតេអ៊ីន... នាមសំព្ទ។
3047.	ទិស្ឌូរធើ disorder រោគមិនធម្មតា ឌូ due ធូ to ដោយសារតែ លែក្ក lack អៅវ of ខ្លះរស់ជាតិ វៃតាម៉ីន vitamin អេ A វីតាមីន អេ អ៊ីរ or ឬ... នាមសំព្ទ។
3048.	ទិស្ឌូរធើ disorder រោគមិនធម្មតា អិនវៈលវិង involving ដែលទាក់ទងជាមួយនឹង នាមសំព្ទ។
3049.	ទិស្ឌូរធើ disorder រោគមិនធម្មតា អិនវៈលវិង involving ដែលទាក់ទងជាមួយនឹង អេ a ស្រមបឺស thrombus គ្រាប់ឈាមកក ឬស្ទះនៅក្នុងសរសៃឈាមណាមួយ នាមសំព្ទ។
3050.	ទិស្ឌូរធើ disorder រោគមិនធម្មតា អៅវ of នៅក្នុង ធើ the ម៉ាញ្ចន្ត mind ចិត្ត ឬអារម្មណ៍ នាមសំព្ទ។

3051.	ទិស្សរទើលី disorderly ដែលគ្មានរបៀបរៀបរយ ឬដែលគ្មានសណ្ដាប់ធ្នាប់ កិរិយាវិសេសន៍។
3052.	ទិស្សរទើស disorders កើតឌាតខុសពីធម្មតា ឬភាពអ្វីដែលមិនធម្មតា នាមសំពុ។
3053.	ទិស្សរទើស disorders កើតឌាតខុសពីធម្មតា អ៊ីរវ of នៅក្នុង ធើ the ខូឡីន colon ពោះវៀនធំ នាមសំពុ។
3054.	ទិស្សរទើស disorders កើតឌាតខុសពីធម្មតា អ៊ីរវ of នៅក្នុង ធើ the អៀរស ears រន្ធប្រៃចៀក នាមសំពុ។
3055.	ទិស្សរទើស disorders កើតឌាតខុសពីធម្មតា អ៊ីរវ of នៅក្នុង ធើ the រេស្ពៃរធ្លរី respiratory សិស្ទឹម system ប្រព័ន្ធដកដង្ហើម នាមសំពុ។
3056.	ទិស្សរទើស disorders កើតឌាតខុសពីធម្មតា ថែត that ដែល នាបសំពុ។
3057.	ទិសសិមិឡើ dissimilar តែមុីឡ្យ gametes ទឹកគ្រាប់ពូជខុសពីគ្នា (ឬទឹកកាម ហើយនឹងទឹកគ្រាប់ពង ឬទឹកមេរីវិតដែលធំពេញវ័យមិនដូចគ្នា) កិរិយាសពុ។
3058.	ទិសស្សូល្លូសុីន dissolution រលាយទៅជាទឹក អ៊ីរវ of នៅក្នុង អេ a ណ្វូខ្លៀ nuclear ស្ត្រាក់ឈ័រ structure ស្រាម ឬស្សូលគ្រាប់ឈ័រ នាមសំពុ។
3059.	ទិសស្សូវៃ ឬទិសសិលវៃ dissolved បានរលាយ អ៊ីន in នៅក្នុង វ៉ូធើ water ទឹក កិរិយាសពុ។
3060.	ទិសុល distal ឌាក់ធើស ductus បំពង់សរសៃៗ ឌីវើរុស deferens នាំទឹកកាមទៅខាងក្រោម វ៉ានៅឆ្លាយពីក្បាល (ឬបំពង់សរសៃៗដែលនាំទឹកកាមចេញឆ្លាយពីកន្លែងដើមរបស់វ៉ា) នាមសំពុ។
3061.	ទិសុល distal ឆ្លាយពី អ៊ីនធើហ្វៃលែងជៀល ឬអ៊ីនធើហ្វ៉ៃលែងជៀល interphalangeal ចញ្ឆ joint ប្រឡះសន្លាក់ឆ្អឹងនៅព្រាមដៃ (ឬឆ្លាយពីសន្លាក់ឆ្អឹងព្រាមជើង ឬចុងព្រាមដៃ) នាមសំពុ។
3062.	ទិសុល distal ផូរសុីន portion ផ្នែកដែលនៅឆ្លាយពីក្បាល ខាងក្រោមគ្ទ ឬកន្ទុយ (ឬឆ្លាយពីកន្លែងដែលយើងនិយាយ) គុណនាម។
3063.	ទិសុល distal ហ្វៃលែងក្ស phalanx ឆ្អឹងចុងព្រាមដៃ ឬឆ្អឹងចុងព្រាមជើង (មួយកន្លែង) គុណនាម។
3064.	ទិសុល distal ហ្វៃលែងក្ស៊ីស phalanxes ឆ្អឹងចុងព្រាមដៃ ឬចុងឆ្អឹងព្រាមជើង (ច្រើនកន្លែង) នាមសំពុ។
3065.	ទិសុល distal ស្ទូម៉ា stoma ឆ្លាយពីប្រហោងដួចមាត់ទើបនឹងធ្វើថ្មីៗ នៅជញ្ជាំងពោះវៀនធំដើម្បី បង្ហូរលាមកចេញ នាមសំពុ។
3066.	ទិសុល distal សើរវ៉ិស្ស surface នៅផ្នែកខាងលើធ្មេញទីប្រាំនៅជ្រុងក្បៀនខាងក្រោយ នាមសំពុ។
3067.	ទិសុល distal ថែន់ឌិន tendon សរសៃពុរនៅឆ្លាយខាងក្រោយ នាមសំពុ។
3068.	ទិស្ទេន្ត distant អ៊ីរកិនុស្ស organs សរីរាង្គ ឬក្រពេញដែលនៅឆ្លាយពីកន្លែងដើមរបស់វ៉ា នាមសំពុ។

3069.	ទិសធ្ម disto ឆ្ងាយពី - ទិស្សេន្ត distant ឆ្ងាយពី វា far ឆ្ងាយពី -ព្រីវិក្ស prefix បុព្វបទ ឬជាក្សសម្រាប់ផ្តល់បញ្ជាក្តាពីខាងមុខ។
3070.	ទិសធ្ម dist/o ឆ្ងាយពីកន្លែងដើម - វា far ឆ្ងាយ ឬឆ្ងាយពីកន្លែងដើម ទិស្សេន្ត distant ឆ្ងាយពីកន្លែងដើម _ព្រីវិក្ស prefix បុព្វបទ ឬជាក្សសម្រាប់ផតពីខាងមុខ។
3071.	ទិស្ត្រេស្សឡ distressed បានធ្វើឱ្យលំចាប់ រមាស់ អិន in នៅក្នុង ធើ the វុកល vocal យូរឡស cords បំពង់សម្លេង កិរិយាសព្ទ។
3072.	ទិសត្រិបយូផ្ត distributed បានចែកចាយ ឬជីកនាំ ស្រូវ through ចូលទៅតាម កិរិយាសព្ទ។
3073.	ទិស-យូស dis-use ប្រើខុសរបៀប នាមសព្ទ។
3074.	ជាយឧរិទិក្ស Diuretics ថ្នាំធ្វើអោយនោមច្រើន (ឬរាបង្កើតទឹកនោមឱ្យច្រើនឡើង តាយអេវស្យើង Thiazide ថែផ type នៅក្នុងក្រុមថ្នាំម្យ៉ាង ជាទូទៅគេប្រើថ្នាំនេះដើម្បីអោយមានទឹកនោមច្រើន វាជាផ្តជមកពីដើមឈើ វាធ្វើឱ្យយើតនោមច្រើន) នាមសព្ទ។
3075.	ជាយវីតិខ្យល្ល diverticulo- អិរ or ឬ ជាយវីតិខ្យល្ល diverticul/o ស្រាមផ៍ទ្ធ៉ុរិញ _ ជាយវីតិខ្យលឹម diverticulum ស្រាមផ៍ទ្ធ៉ុរិញ _ ផៅរ pouch ថង់ _ព្រីវិក្ស prefix បុព្វបទ ឬជាក្សសម្រាប់ផតបញ្ជាល់ផ្តាពីខាងមុខ។
3076.	ទីវ៉ាយផុដ divided បានចែក អិនធ្ម into អោយទៅជា កិរិយាសព្ទ។
3077.	ទីវ៉ាយទិង dividing ប៊ូរដ board ក្ការខ្លៀន ឬផ្តា១សន្តិកសម្រាប់ចែកលេខ នាមសព្ទ។
3078.	ទីវ៉ាយទិង dividing កំពុងតែចែក អិនធ្ម into ទៅជា ឬអោយទៅជា ធ្ទី two ពីរ កិរិយាសព្ទ។
3079.	ទីវ៉ាយទិង dividing កំពុងតែចែក អិនធ្ម into ទៅជា ឬអោយទៅជា ស្រ៊ី three បី កិរិយាសព្ទ។
3080.	ទីវ៉ាយទិង dividing កំពុងតែចែក ធ្ម to អោយទៅជា កិរិយាសព្ទ។
3081.	ទីវ៉ាយសិបល divisible ដែលអាចចែក បាយ by ទៅជា ធ្ទី two ពីរបាន គុណនាម។
3082.	ទិស្ប្ស៊ីនេស្ស dizziness វិលមុខ អិរ or ឬ លៃតប៊ៃហ្តៃនេស្ស lightheadedness ស្រាលក្បាលថៅ-ង្ធុង។ នាមសព្ទ។
3083.	ទិស្ប្ស៊ីនេស្ស dizziness វិលមុខ អ៉ាផិន upon នៅពេល សិតធិង sitting អង្គុយ អ៉ាផ up ត្រង់ នាមសព្ទ។
3084.	ទិស្ប្ស៊ីនេស្ស dizziness វិលមុខ ផ្វៃ when នៅពេល ស្តេនទិង standing ក្រោកឈរ អ៉ាផ up ឡើង នាមសព្ទ។
3085.	ទិស្ប៊ីកូទិក dizygotic ធ្ម៊ិន twin កូនផ្លោះដែលមានរូបរាងមិនដូចគ្នា ឬមកត្រាប់ផ្តផ៉ីរ ឬទិកពង មេជីវិតពីរ នាមសព្ទ។

3086.	ឌីអិនអេ DNA ឈ្មោះគ្រប់ពូជដែលនៅខាងក្នុងខ្សែច្រវ៉ាក់ប្រភេទអ៊ីនមាន២៣គូរ (៤៦)គេហៅឈ្មោះ វាថា ប្រមូស្វមស chromosomes ទឹកគ្រាប់ពូជរបស់មនុស្ស គ្រប់ពូជនេះជាទីកប្រភេទអ៊ីន តជាប៉ៗគ្នា តពូចច្រវ៉ាក់ឈ្មោះ១ទៀតគេហៅវាថា ជីនីស genes គ្រាប់ពូជ នាមស័ព្ទ។
3087.	ឌីអិនអេ DNA ឈ្មោះច្រវ៉ាក់ប្រភេទអ៊ីនដែលមានគ្រាប់ពូជ (អក្សរកាត់របស់ទឹកអាស៊ីតនេះ ឌីអុកស៊ីរ៉ីបូណ្ណូខ្លៀអិក deoxyribonucleic ផែសិដ acid) នាមស័ព្ទ។
3088.	ឌីអិនអេ DNA ស៊ីឃ្វេនស sequence ច្រវ៉ាក់គ្រប់ពូជទៅតាមលេខរៀងរបស់វា នាមស័ព្ទ។
3089.	ឌីអិនអេ DNA សិនថេសិស synthesis របៀបធ្វើឲ្យគ្រប់មេជីវិតមានកម្លាំង ឬធ្វើឲ្យវីកចំរើននៅក្នុងគ្រាប់ពូជ (នេះគឺទឹកប្រភេទអ៊ីនដែលមានរាងតាៗជាប់គ្នាតូចច្រវ៉ាក់) នាមស័ព្ទ។
3090.	ដកទើ ឬដកធ្ទ័រ doctor វេជ្ជបណ្ឌិត ឬគ្រូពេទ្យ ព្រេស្ស្រេបដ prescribed បានចេញថ្នាំឲ្យ ឬសរសេរ ឬក៏ចេញសំបុត្រថ្នាំឲ្យ នាមស័ព្ទ។
3091.	ដកទើ ឬដកធ្ទ័រ doctor វេជ្ជបណ្ឌិត ឬគ្រូពេទ្យ ថូល្ឌ told បានប្រាប់ ម៉ី me ខ្ញុំថា នាមស័ព្ទ។
3092.	ដកទើ ឬដកធ្ទ័រស doctor's អិនស្ត្រាក់សិនឡ instructions ការបង្គាប់មកពីគ្រូពេទ្យ (ការបង្គាប់របស់លោកគ្រូពេទ្យ) នាមស័ព្ទ។
3093.	ដូន់ ត don't រ៉ី worry កុំព្រួយចិត្ត កិរិយាសព្ទ។
3094.	ឌ័រម៉្យ Dormia បែស្កេត basket ឈ្មោះកន្ត្រកកែវផ្លះមើលក្នុងបំពង់សរសៃទឹកប្រម៉ាត់ នាមស័ព្ទ។
3095.	ឌ័រសិល dorsal បឌី body ខែវិទី cavity ប្រហោង១ ឬបន្ទមួយនៅក្នុងខាងក្រោយរងខ្លួន នាមស័ព្ទ។
3096.	ឌ័រសិល dorsal រូត root ឬសរសៃប្រសាទ (ឬសរវ៉ែសរិវិញ្ញាណនៅឆ្អឹងខ្នង) ខាងក្រោយ នាមស័ព្ទ។
3097.	ឌ័រសិល dorsal សាយដ side នៅខាងក្រោយចំហៀងឆ្អឹងខ្នង នាមស័ព្ទ។
3098.	ឌ័រសិល dorsal វ៉េន vein សរសៃឈាមខ្នៅនៅខាងក្រោយឆ្អឹងខ្នង (ឬសរសៃឈាមនៅខាងក្រោយ ខាងក្នុងមេក្ វ៉ាំណាំឈាមរត់ចូលទៅក្នុងមេក្ ហើយធ្វើឲ្យមេក្ឡើងរឹង) នាមស័ព្ទ។
3099.	ឌ័រសិ dorsi- ខ្នង ឬក្រោយខ្នង អ៊ីរ or ឬ ឌ័រស្ dorso- ឬ ឌ័រស្ dors/o ខ្នង ឬនៅខាង ក្រោយរងខ្លួន - បែក្ back អ៊ីវ of នៅខាងក្រោយ បឌី body រងខ្លួន -ប្រ៊ីក្ស prefix បុព្វបទ ឬបាក្យសម្រាប់តពីខាងមុខ។
3100.	ឌ័រស្សែក្រោល dorsosacral ផូស៊ីសិន position រៀបដេកផ្ងារពោះនៅពេលពេទ្យពិនិត្យ មើលទ្វារមាស (ដេកនៅចុងគ្រែ បើកជើងហើយយាកទៅលើបង្គោលទប់ជើង បើកក្បាលពិង្គង់ ហើយនឹងក្រឡាចេញទៅខាងក្រៅដើម្បីឲ្យពេទ្យពិនិត្យមើលស្រួល) នាមស័ព្ទ។

3101.	ដូត dote ពេញចិត្ត អិន on ទៅលើ (ឬកត់គ្រានៅលើ) កិរិយាសព្ទ។
3102.	ដូត្យ dotes ពេញចិត្ត អិន on ទៅលើ (ឬកត់គ្រានៅលើ) កិរិយាសព្ទ។
3103.	ដីបល double បឺនី body ខួនពីរ ឬមានខ្ទើខួនពីរ នាមសព្ទ។
3104.	ដីបល double ក្លេដិង gliding ចញ្ចឡ joint សន្លាក់ឆ្លឹងពីរអណ្ណែត ឬសន្លាក់ឆ្លឹងមួយគួរ នាមសព្ទ។
3105.	ដីបល double វិស៊ិន vision ភ្នែកដែលមើលឃើញព្រែកជាពីរ នាមសព្ទ។
3106.	ដូវ dough លៃក like ដូចជាម្សៅព្រាយៗដែលបានលាយទុកឱ្យឡើង នាមសព្ទ។
3107.	ដូវ dough រ៉ាស ឬរ៉ីស rise ម្សៅនំឡើង នាមសព្ទ។
3108.	ដោន down សិនទ្រម syndrome រោគរួមគ្នាជាច្រើន (បារីយូថែផ karyotype ផែន ទិគ្រាប់ពួព ស៊ូន shown បង្ហាញ រ៉ូទិសេរវេន 47 ប្រូមូសូម្យ chromosomes ចំនួនគ្រាប់ពួព មាន៤៧) នាមសព្ទ។ (នូរម៉ែល normal តាមធម្មតា ប្រូមូសូម្យ chromosomes មាន៤៦)
3109.	ដូក្ស៊ីសៃខ្លីន Doxycycline ថ្នាំព្យាបាលរោគនេះ លឹមហ្វូ ផៃ ទេ៊ី lymphopathia វេនេនើរ៉ែម venereum (រោគឆ្លងតាមទឹកកាម ហើយនឹងទឹកមេរីវិត ឬទឹកពង រាចូលមកតាមការចុយគ្នា ជាមួយនឹងមនុស្សមានមេរោគនេះ ជួនកាលវាធ្វើឱ្យឈឺក្បាល ក្តៅខ្លួន រលាក ហើយសាច់នៅក្រពេញ បន្តពួព រវៃហកសាច់ ឈឺ ដាំបៅ រម៉ាស់នៅគ៉ូវិញក្រពេញបន្តពួព ឬមានឡើងកូនកណ្តុរនៅក្រលៀន) នាមសព្ទ។
3110.	ជ្រេន drain បង្ហូរ វិស៊្យិស feces អាចម៍ចេញ កិរិយាសព្ទ។
3111.	ជ្រេនេជ drainage ការចំជ្រោះ ឬបង្ហូរ អៅវ of ផ្លូដ fluid ទឹកចេញ នាមសព្ទ។
3112.	ជ្រេនេជ drainage ការចំជ្រោះ ឬបង្ហូរ អៅវ of យ៉ូរិន urine ទឹកនោមចេញ នាមសព្ទ។
3113.	ជ្រេនេជ drainage សិស្ទឹម system ប្រព័ន្ធគ្រង់ជ្រោះទឹកឈាមដើម្បីនឹងដឹកនាំទឹក ឬជាតិប្រេត អិនទៅក់ផ្នែកណាដែលលេចចេញពីសរសែឈាមត្ថុៗ ហើយចូលទៅក្នុងផ្លូវទឹកឈាមខ្មៅវិញ នាមសព្ទ។
3114.	ជ្រេនេជ drainage សិស្ទឹម្យ systems ប្រព័ន្ធគ្រងទឹក២ដែលសំរាប់ជ្រោះ ឬបង្ហូរទឹកប្រេតអិន នាមសព្ទ។
3115.	ជ្រេន្ទ drained សួល្យស៊ិន solution បានត្រងទឹកដែលហូរចេញ កិរិយាសព្ទ។
3116.	ជ្រេន្ស្យ drains បង្ហូរ ម្យូកើស mucus ទឹកសំបោរចេញ រ៉ូម from មកពី កិរិយាសព្ទ។
3117.	ឌីអ៊ីអ៊ី DRE អក្សរកាត់របស់ពាក្យ របៀបល្បួកម្រាមដែលដើម្បីនឹងពិនិត្យមើលន្ធទ្វារធំ ឬក៏ពិនិត្យមើល ក្រពេញពីរដែលនៅបំផង់បង្ហូរទឹកនោម (ឌីជិថល digital រកថល rectal អីក្សមិនេស៊ិន

	examination របៀបលួតម្រាមដៃដើម្បីនឹងពិនិត្យមើលឆ្អឹងធ្លាក់ ហើយនឹងក្រពេញព្រស្តែត) កិរិយាសព្ទ។
3118.	ប្រស្បៀង dressing ទើ the រួ្គ wound កំពុងតែរុំរបួសនៅក្នុងពេលជា។រវេះ កិរិយាសព្ទ។
3119.	ជ្រិះ្គ drink នឹកស្រា សូសាល្ញ socially នៅពេលជុបលៀ្រង (ឬនឹកស្រានៅជាមួយក្រុមមនុស្ស ច្រើន) កិរិយាសព្ទ។
3120.	ជ្រិះ្គអឺបល drinkable រ្រៃទឺ water ទឹកដែលអាចនឹកបាន នាមសព្ទ។
3121.	ជ្រិះគិង drinking កំពុងតែនឹក អាលខុហល alcohol ស្រា សុរ៉ា កិរិយាសព្ទ។
3122.	ជ្រិះគិង drinking កំពុងតែនឹក អែផ្ផល apple ជួសួ juice ទឹកដែលច្របាច់ចេញពីផ្លែប៉ោម កិរិយាសព្ទ។
3123.	ជ្រិះគិង drinking កំពុងតែនឹក មិក្ស mix ជួសួ juice ទឹកផ្លែឈើជាច្រើនយ៉ាងដែល ច្របាច់ចេញឱ្យលាយចូលគ្នា កិរិយាសព្ទ។
3124.	ជ្រិះគិង drinking កំពុងតែនឹក អិររេង orange ជួសួ juice ទឹកដែលច្របាច់ចេញពីផ្លែក្រូច កិរិយាសព្ទ។
3125.	ជ្រូម drome- អិរ or ឬ ជ្រូមូ dromo- ឬ ជ្រូមូ drom/o រត់ ដើរ ឬកំរើក (ចូលរួមរត់ជា មួយគ្នាច្រើនយ៉ាងរត់ចូលជាមួយគ្នា)-ធុ to ដើម្បីនឹង រ៉ាន់ run រត់ (ចូលរួម រត់ជាមួយគ្នា) -សារវីក្ស suffix បច្ច័យ ឬជាក្បួសម្រាប់ផ្តពីខាងក្រោយ។
3126.	ជ្រូផនិង drooping កំពុងតែយាធ្លាក់ចុះ ឬស្រុតចុះ អៅរ of នៅក្នុង កិរិយាសព្ទ។
3127.	ជ្រូផនិង drooping អៅរ of ទើ the យូធើរីស uterus រាតស្រកស្បូន (ស្បូនយា ឬធ្លាក់ចុះ ឬស្រុតចុះ) កិរិយាសព្ទ។
3128.	ជ្រូផ drop ទំហាក់ចុះ ឬធ្លាក់ចុះ អិន in នៅក្នុង កិរិយាសព្ទ។
3129.	ជ្រាត់ drug ឌីផេនដេនស្យ dependence អត្តដែលពឹងទៅលើថ្នាំ (ថ្នាំពេទ្យ ឬក៏ថ្នាំខុសច្បាប់) នាមសព្ទ។
3130.	ជ្រាត់ drug ថ្នាំ រេអែកសិន reactions ធ្វើឱ្យមានការប្រតិកម្មច្រើនយ៉ាង នាមសព្ទ។
3131.	ជ្រាត់ drug ថ្នាំ រីលីវ្រ ឬរេលីវ្រ relieves ជួយកុំអោយឈឺ ឬថ្នាំជួយឱ្យបានធូរស្រាល នាមសព្ទ។
3132.	ជ្រាត់ drug សួរស stores ហាងលក់ថ្នាំច្រើនយ៉ាង នាមសព្ទ។
3133.	ជ្រាត់ drug យូស្ used ប្រើថ្នាំ ធុ to ដើម្បីនឹង នាមសព្ទ។
3134.	ជ្រាត់ស drugs អឺកប្យូស abuse ការប្រើថ្នាំច្រើនយ៉ាងខុសរបៀបដែលធ្វើឱ្យមានរោគ ដោយ សារថ្នាំនោះទៅជាកើតរោគ នាមសព្ទ។
3135.	ជ្រាត់ស drugs ថ្នាំច្រើនយ៉ាង ផែត that ដែល នាមសព្ទ។

3136.	ក្រោយ dry សេល្ល cell គ្រាប់លំអងកកិនម៉ត់ស្ងួត (ក្នុងថ្មពិលត្តូចមានវត្តុធាតុភ្លើងអគ្គីសនីរត់ បានធ្វើឱ្យវាស្ងួតស្ងើតដូចម្សៅ) នាមសំពុ។
3137.	ក្រោយ dry តែងក្រើន gangrene គាប់សាច់ស្ងួតនៅជិតៗ សាច់ស្ងួតដែលម៉ាប់ នាមសំពុ។
3138.	ក្រោយ dry ហៃក្ពិង hacking ខេាះវ cough ក្ដកខ្លាំងស្ងួតកដែលពុំស្ងួយហុកៗ នាមសំពុ។
3139.	ក្រោយ dry ហៃន្ត hand ស្ងួតដៃ ឬដៃស្ងួត នាមសំពុ។
3140.	ក្រោយ dry ស្ងួត, អ៊ើរិថេត្ត irritated រលាក ក្ដៅក្រហាយនៅមិនស្រួលនៅ ស្រ្ទីត throat បំពង់ក នាមសំពុ។
3141.	ក្រោយ dry ស្ងួត ម៉ៅសី mouth មាត់ អ៊ិរ or ឬ ស្រ្ទីត throat បំពង់ក នាមសំពុ។
3142.	ក្រោយ dry ស្ងួត ថេល nail ក្រចក (ឬក្រចកស្ងួត) នាមសំពុ។
3143.	ក្រោយ dry ស្ងួត នូស nose ច្រមុះ (ឬច្រមុះស្ងួត) នាមសំពុ។
3144.	ក្រោយ dry សិកកេត ឬសិកគឹត socket រន្ធភ្លើងស្ងួត នាមសំពុ។
3145.	ក្រោយ dry ស្ងួត ស្រ្ទីត throat បំពង់ក នាមសំពុ។
3146.	ក្រោយិង drying ធ្វើឱ blood ឈាមស្ងួត កិរិយាសពុ។
3147.	ដាក្ត duct បំពង់មួយ វិថ្ទ with ជាមួយនឹង អេ a ស្ងួលើ suture ថ្ពេរវមួយ នាមសំពុ។
3148.	ដាក្ត duct បំពង់ អ៊ូរិវិស្ស orifice រន្ធយោនិមួយ នាមសំពុ។
3149.	ដាក់ផ្ធ ducto- អ៊ិរ or ឬ ដាក់ផ្ធ duct/o ការដឹកនាំទៅតាមបំពង់ត្តូចមួយ - ផ្ធ to និង ល្ងឺដ lead នាំទៅ ខេ្ជារិ carry ការដឹកនាំទៅតាមបំពង់ត្តូចមួយ -ផ្ទ្រីវិក្ស prefix បុព្ទបទ ឬជាក្សសម្រាប់តពីខាងមុខ។
3150.	ដាក់ស្ដ ducts បំពង់សរសៃៗជាច្រើន អ៊ិរ or ឬ អ្ញូវិដាក្ស oviducts បំពង់ដែលស្ងួនទាំងពីរ នាមសំពុ។
3151.	ឌ្ធ due ដោយសារ ផ្ធ to តែមាន អ៊ិនជើរ injury របួស នាមសំពុ។
3152.	ឌ្ធ due ដោយសារ ផ្ធ to តែមាន អ៊ិនជើរ injury របួស ឃិន្ត and ហើយនឹង ឌិស្សីល disease មានមេរោគ នាមសំពុ។
3153.	ឌ្ធ due ដោយសារ ផ្ធ to តែមាន អ៊ិនជើរ injury របួស អ៊ិរ or ឬ ឌិស្សីល disease មានមេរោគ នាមសំពុ។
3154.	ឌុល្ល dull ផេន pain ឈ៉អួលៗ កិរិយាសពុ។
3155.	ដាំងជិន-លៃត dungeon-like ថ្រិស៊ិន prison ដូចជាកន្លែងគុក នាមសំពុ។

3156.	ឌួ duo ពីរ ២ -ធ្វ 2 ពីរ ២ (ឧទាហរណ៍ដួចជាក្រពេញ ឬមនុស្ស២នាក់ធ្វើការជាមួយគ្នា) នាមសំឡ។
3157.	ឌួអូទីណាល់ ឬឌួអូទីណុល duodenal ឬបុល្ប bulb កន្លែងផក ឬពោង១កក់នៅក្រពាលពោះវៀនតួច នាមសំឡ។
3158.	ឌួអូទីណាល់ ឬឌួអូទីណុល duodenal វីជិន region កន្លែង ឬតំបន់នៅក្រពាលពោះវៀនតួច ឬពោះវៀនតួចផ្នែកទីមួយ នាមសំឡ។
3159.	ឌួអូទីណាល់ ឬឌួអូទីណុល duodenal អេ្រាលសេី ulcer ដំបៅរលាកនៅក្រពាលពោះវៀនតួច ឬដំបៅរលាកនៅពោះវៀនតួចផ្នែកទីមួយ នាមសំឡ។
3160.	ឌួអូទីន duoden- ក្រពាលពោះវៀនតួច អីរ or ឬ ឌួអូទីនូ duodeno- ក្រពាលពោះវៀនតួច អីរ or ឬ ឌួអូទីនូ duoden/o ក្រពាលពោះវៀនតួច ឌួអូទីនិម៉ ឬឌួអូទីណាំ duodenum ក្រពាលពោះវៀនតួច ឬពោះវៀនតួចផ្នែកទីមួយ (វាមានប្រវែង ១២ អិនធីស inches អិនធីស) - ជ្រីវីក្យ prefix បុព្វបទ ឬពាក្យសម្រាប់ផ្ដើមខាងមុខ។
3161.	ឌួអូទីនិម៉ ឬឌួអូទីណាំ duodenum អាធេីរស arteries សរសៃឈាមក្រហមជាច្រេីននៅក្រពាល ពោះវៀនតួច នាមសំឡ។
3162.	ឌួអូទីនិម៉ ឬឌួអូទីណាំ duodenum អាធេីរ artery សរសៃឈាមក្រហម១នៅក្រពាលពោះវៀនតួច នាមសំឡ។
3163.	ឌួអូទីនិម៉ ឬឌួអូទីណាំ duodenum អេ្រាលសេីស ulcers រាគរបៃាកដំបៅនៅក្រពាលពោះវៀនតួច (វាតពីក្រៈ) នាមសំឡ។
3164.	ឌូរ៉ា dura មែតធេី mater មេនិងជីស meninges ស្រោមខួរក្បាលខាងក្នុង ហេីយនឹងស្រោម ខួរឆ្អឹងខ្នងស្រាប់ខាងក្រៅកែទាំងអស់ (ស្រោមខួរក្បាល១ផ្នែកនេះ វាមានអត្ថន័យថាម្លាយដែលមាន ជំហារឹងមាំ) នាមសំឡ។
3165.	ឌូរ៉ា dura មែធេី mator ស្រោមខួរក្បាលក្រាស់រឹងមាំ វាមាននំ័យថាម្លាយការពារថែរក្សាក្នុងបានល្អ នាមសំឡ។
3166.	ឌូរ៉ា dura មេមប្រេនស្ membranes ស្រទាប់សាច់ស្រោមខួរក្បាលខាងក្រោម នាមសំឡ។
3167.	ឌូរ៉ុល dural សែក sac ថង់ស្រោមខួរក្បាល នាមសំឡ។
3168.	ឌូរ៉ុល dural សាញ្ញនេីស sinus ស្រោមខួរក្បាលដែលមានរន្ធដួចថ្បាយក្រៀម នាមសំឡ។
3169.	ធេីរិង during នៅពេលកំពុងតែ អែណាប៊ូលិសីម anabolism កិនំលាយចំណីអាហារ អាយតនិបាត។
3170.	ធេីរិង during នៅពេលដែល ឬឌួស្ bone ឆ្អឹង វ៉ីរម្ម formed កេីតឡេីង អាយតនិបាត។

3171.	ធើរិង during នៅពេលកំពុងតែ ឌីលីវរី delivery សំរាលកូន អាយតនិបាត។
3172.	ធើរិង during នៅពេល វីថល fetal ទារកកំពុងតែ ឌីវល្លូវមេន្ត development មានការរីកចំរើនធំធាត់ឡើងៗ អាយតនិបាត។
3173.	ធើរិង during នៅពេលកំពុងតែ អ៊ិក្សស្តូរេសិន expiration ដកដង្ហើមចេញ អាយតនិបាត។
3174.	ធើរិង during នៅពេលកំពុងតែ អ៊ិន in នៅក្នុង វីថើស fetus ទារកនៅក្នុងផ្ទៃម្តាយ អាយតនិបាត។
3175.	ធើរិង during នៅពេលកំពុងតែ ហ្វាត heart សើជើរ surgery ធ្វើការវះកាត់បេះដូង អាយតនិបាត។
3176.	ធើរិង during នៅពេលកំពុងតែ អ៊ិនស្ពេរសិន inspiration ដកដង្ហើមចូល អាយតនិបាត។
3177.	ធើរិង during នៅពេលកំពុងតែ ម៉េន្តផោះស menopause អស់រដូវ ឬអស់ទឹកអំរ៉ូម៉ូន (ឧទាហរណ៍ដូចជាទឹកអំរ៉ូម៉ូនឈ្មោះ អេសស្ត្រូជិន estrogen អែន្ត and ហើយនឹង ផ្រូជេស្ទ៊េរន progesterone ចុះថយ វាធ្វើឱ្យស្ត្រីជាច្រើនមានកំស្ដួលភ្លើងរត់នៅក្នុងខ្លួន គេហៅឈ្មោះថា ហត hot ផ្លូស៊ីស flashes) អាយតនិបាត។
3178.	ធើរិង during នៅពេលកំពុងតែ ផូសិសិន position ដេក ឬដាក់ខ្លួនឱ្យចំកន្លែង អាយតនិបាត។
3179.	ធើរិង during នៅពេលកំពុងតែ ព្រេគនែនស៊ី pregnancy មានផ្ទៃពោះ អាយតនិបាត។
3180.	ធើរិង during នៅពេលកំពុងតែ ស្លីផ sleep ដេក អាយតនិបាត។
3181.	ធើរិង during នៅពេលកំពុងតែ សើជើរ surgery វះកាត់ អាយតនិបាត។
3182.	ធើរិង during នៅពេលកំពុងតែ ស្វលល្ល៉្វ៊ិង swallowing លេបចំណីអាហារ អាយតនិបាត។
3183.	ធើរិង during នៅក្នុង ធិស this ថាម time ពេលនេះ ឬនៅក្នុងពេលវេលុរវនេះ អាយតនិបាត។
3184.	ធើរិង during នៅពេលកំពុងតែ ថ្រីតមេន្ត treatment ព្យាបាលរោគ អាយតនិបាត។
3185.	ធ៊ើរ duro- អ៊ិរ or ឬ ធ៊ើរ dur/o ស្រោមខួរក្បាលរឹងមាំ - ហាដ hard រឹងមាំ ឌូរ៉ា dura ម៉ែធើ mater រុក្ខជាតិរឹងមាំ ស្រោមខួរក្បាលក្រាសិរឹងមាំ វាមានន័យថាម្ចោលដែលការពារ ឬថែរក្សាវាក្នុងបាលល្ល -ផ្រីវិក្ស prefix បុព្វបទ ឬជាក្យសម្រាប់ផ្តើមខាងមុខ។
3186.	ធើស្ត Dust ឌិស៊ីស Disease រោគនៅក្នុងសួតវ៉ាំងដែលកើតមកពីលំអងធូលី លំអងផ្សេង មាស ដែក វាចូលតាមខ្យល់ដកដង្ហើម អ្នកជំម៉ឺនេះភ្លាប់បានធ្វើការខាងកាត់ដែក ឬអ្នកជ៊ីកផ្សេងថ្ម (ធ្វើឱ្យគេមានសំលាកនៅសាច់ដុំសរវិស់ៗ វាធ្វើឱ្យគេមានជំ៉ពោស៊ួតនៅផ្នែកខាងលើ ឬកណ្ដាលថង់ខ្យល់ត្តួៗ នៅក្នុងសួតនៅពេលថង់ខ្យល់ត្តួៗនៅក្នុងសួតនេះប៊ែករលាយចូលគ្នា ថង់ខ្យល់ត្តួៗនេះប្រែទៅជា មានប្រហោងធំ ហើយវាលប់ឃើត វាមានរលាកជំ៉ជៅនៅក្នុងសួត) គេហៅវាថា សិលិខូសិស Silicosis នាមសព្ទ។

3187.	ធើស្ទ dust ម៉ាញ់ឈើ muncher សត្វមួយដែលស៊ីលំអងធ្ងលី នាមសំពុ។
3188.	ធើស្ទ dust ម៉ាញ់ឈើស munchers សត្វជាច្រើនដែលស៊ីលំអងធ្ងលី នាមសំពុ។
3189.	ឌីវីធី DVT អស្សរកាត់របស់ការវិនិច្ឆ័យនោគលោមកកនៅក្នុងសរសៃឈាមខ្ទៅព្រៅ — (ផាយអែតនូសិស diagnosis វេន vein ស្រុមប្ថសិស thrombosis) នាមសំពុ។
3190.	ឌវ៉ា-លៃ dwarf-like ដូចមនុស្សតឿ នាមសំពុ។
3191.	ឌីអិក្ស DX អស្សរកាត់របស់ពាក្យដែលមានន័យថាការវិនិច្ឆ័យរោគអ្វីមួយ — (ផាយអែតនូសិស diagnosis ការវិនិច្ឆ័យមើលរោគ) នាមសំពុ។
3192.	ផាយអ៉ែទិក dyadic អិនធើផើស៊ិណល់ interpersonal ខាម្យូនិខេស៊ិន communication របៀបរៀបសម្រាប់មនុស្សពីនាក់និយាយទាក់ទងគ្នាទុលមុខនឹងមុខ នាមសំពុ។
3193.	ផាយអេស៊្យៃឌ Dyazide ឈ្មោះថ្នាំពីរយ៉ាងដែលលាយជាមួយគ្នា ថ្នាំលេបឲ្យនោមច្រើន វានៅក្នុងក្រុមថ្នាំឈ្មោះ ហៃដ្រួឡ្អូតាយអេស៊្យៃឌ hydrochlorothiazide នាមសំពុ។
3194.	ផាយអិង dying សេល្ស cells គ្រាប់ឈាមជាច្រើនដែលជិតស្លាប់ នាមសំពុ។
3195.	ផាយអិង dying ផេស៊ិន្ស patients អ្នកជម្ងឺជាច្រើនជិតស្លាប់ នាមសំពុ។
3196.	ផាយនៀ –dynia ឈឺ - ផេន pain ឈឺ - សាវីក្ស suffix បច្ច័យ ឬពាក្យសម្រាប់ពពេខាង ក្រោយ។
3197.	ឌីស Dys- ឈឺ ឈឺយ៉ាងខ្លាំង ឈឺមិនល្អ មានការពិបាក ការដែលមិនល្អ អាក្រក់ខុសពីភាពធម្ម ឈឺខ្លាំងមិនធម្មតា ពិបាកខ្លាំង បែត bad ឈឺ មិនល្អ មូជិ mogi ឈឺ មិនល្អ ផេនវ៉ិល painful ឈឺខ្លាំង ឌិវីកខល្អ difficult ពិបាកខ្លាំង ឆ៉ែបន័រម៉ល់ abnormal មិនធម្មតា _ ផ្រីវីក្ស prefix បុព្វបទ ឬពាក្យសម្រាប់ពពេខាងមុខ។
3198.	ឌីសផ្លេសា dysplasia រោគគ្រាប់ឈាមកើតច្រើនឡើងមិនល្អខុសធម្មតា _ បែត bad វ៉ូរមេស៊ិន formation រោគគ្រាប់ឈាមកើតឡើងមិនល្អ នាមសំពុ។
3199.	ឌីសផ្លេសធិក Dysplastic នីវ៉ាយ nevi រោគសាច់ដុះ ប្រជ្រុយដុះ ឬផ្នូកដែលកកើតឡើង ខុសពីភាពធម្មតាមុនពេលកើត (ច្រើនកន្លែង) នាមសំពុ។
3200.	ឌីសផ្លេសធិក Dysplastic នីវ៉ិស nevus រោគសាច់ដុះ ប្រជ្រុយដុះ ឬផ្នូកដែលកកើតឡើង ខុសពីភាពធម្មតាមុនពេលកើត (មួយកន្លែង) នាមសំពុ។
3201.	ឌីសស្ពើមែធូជីនិក dysspermatogenic ស្ពើរិលិធី sterility មិនអាចមានកូនបាន ពីព្រោះមានរោគធ្វើ ឬផលិតទឹកកាមមិនបាន (ឬក៍មានរោគបាញ់ទឹកកាមចេញមិនរួច) នាមសំពុ។
3202.	អី E: ៊ អី E អក្សរទីៈរបស់ភាសាអង់គ្លេស (រាជាស្រេះ) នាមសំពុ.

3203.	អ៊ី e- ចេញ ចេញក្រៅ លៀនចេញទៅខាងក្រៅ -ព្រីវិក្ស prefix បុព្វបទ ឬពាក្យសម្រាប់ផ្តពីខាងមុខ.
3204.	អ៊ីង each ប៊ីត beat ចង្វាក់បេះដូងលោតមួយៗ នាមសំព.
3205.	អ៊ីង each ប៊ុន bone ឆ្អឹងមួយ គុណនាម.
3206.	អ៊ីង Each អីក្ស៊ីសាយ exercise ការហាត់ធ្វើអ៊ី១ ឬមេរៀននិមួយៗ គុណនាម.
3207.	អ៊ីង each ជ៊ីន gene គ្រាប់ពូជមួយៗ គុណនាម.
3208.	អ៊ីង each យ៉ិដនី kidney កម្រងទឹកនោមម្ខាងៗ គុណនាម.
3209.	អ៊ីង each អ៊ាវ of របស់ ឌើ the ប៊ិក big ធូ toe ម្រាមមេជើង១ គុណនាម.
3210.	អ៊ីង each អ៊ាវ of របស់ ឌើ the ឈ៊ីកប៊ុន cheekbone ឆ្អឹងថ្ពាល់ម្ខាង គុណនាម.
3211.	អ៊ីង each អ៊ាវ of របស់ ឌើ the អាយ eye ភ្នែកមួយខាងៗ គុណនាម.
3212.	អ៊ីង each អ៊ាវ of របស់ ឌើ the វិងគើ finger ម្រាមដៃមួយៗ គុណនាម.
3213.	អ៊ីង each អ៊ាវ of របស់ ឌើ the ហែន្ត hand ដៃម្ខាងៗ គុណនាម.
3214.	អ៊ីង each អ៊ាវ of របស់ ឌើ the លេគ leg ជើងម្ខាង គុណនាម.
3215.	អ៊ីង each អ៊ាវ of របស់ ឌើ the ធូ toe ម្រាមជើង១ គុណនាម.
3216.	អ៊ីង each ផាត part ផ្នែកមួយៗ គុណនាម.
3217.	អ៊ីង each វីនុល renal ក្រពេញកម្រងទឹកនោម១ គុណនាម.
3218.	អ៊ីង each អូវ៉ារី ovary ក្រពេញមានរាងដូចពងនៅខាងក្រោមចុងដែលស្ទូនមួយៗ គុណនាម.
3219.	អ៊ីង each ថេធ្ទិស testis ពងក្តមួយៗ នាមសំព.
3220.	អ៊ីង each សាយ៉ូ side ចំហៀងខ្លួនមួយខាង គុណនាម.
3221.	អ៊ីង each ស៊ិស្ទឹម system ប្រព័ន្ធមួយ គុណនាម.
3222.	អ៊ីង each ធឺម term រយៈពេលមួយៗ ឬពាក្យមួយៗ គុណនាម.
3223.	អ៊ីង each វ៉ឺដ word ពាក្យនិមួយៗ អ៊ិស is យូនិក្ល unique ខុសផ្លែកពីគ្នា គុណនាម.
3224.	អ៊ីល -eal នៃ ឬទាក់ទងជាមួយនឹង - ផើថេនិង pertaining ទាក់ទង ធូ to ជាមួយនឹង វរលេធិង relating ទាក់ទង ធូ to ទៅនឹង -សាវិក្ស suffix បច្ច័យ ឬពាក្យសម្រាប់ផ្តពីខាងក្រោយ.
3225.	អ៊ៀរ ear ខែណាល់ canal ឆ្ន្រត្រចៀក នាមសំព.

3226.	អៀរ ear អិនវេកសឹន infection ដំបៅនៅក្នុងរន្ធត្រចៀក នាមស័ព្ទ.
3227.	អៀរ ear លូផ lope ទងត្រចៀក នាមស័ព្ទ.
3228.	អៀរ ear ប្រេសសើ pressure កម្លាំងខ្យល់នៅក្នុងរន្ធត្រចៀក នាមស័ព្ទ.
3229.	អ៊ើរលី early អិន in ឌើ the ឌិស៊ីស disease រោគដែលទើបនឹងកើតថ្មីៗ កិរិយាវិសេសន៍.
3230.	អ៊ើរលី early សាញ sign រោគសញ្ញាដែលកើតមុនគេ កិរិយាវិសេសន៍.
3231.	អ៊ើរលី early ស្ទេត stage រោគដែលទើបនឹងកើតថ្មីៗ (រោគកំរិតទីមួយ) កិរិយាវិសេសន៍.
3232.	អៀរស ears ត្រចៀកទាំងពីរ នាមស័ព្ទ.
3233.	អើរតវើម earthworm សត្វជន្លេនដែលរស់នៅក្នុងដី នាមស័ព្ទ.
3234.	អៀរវែក្ស earwax អាចម៍ត្រចៀក នាមស័ព្ទ.
3235.	អ៊ីស ease ឌើ the ផេន pain ធ្វើអោយបាត់ឈឺ ឬធ្វើឱ្យគ្មានរោគសញ្ញាឈឺចាប់ ឬធ្វើកុំឱ្យឈឺ ឬធ្វើអោយបាត់ឈឺ កិរិយាសព្ទ.
3236.	អ៊ីស ease ឌើ the ស៊ីមតឹម្ស symptoms ធ្វើឱ្យបាននៅស្រួល ឬធ្វើឱ្យគ្មានរោគសញ្ញា ឬឈឺចាប់ ឬធ្វើកុំឱ្យឈឺ ឬធ្វើអោយបាត់ឈឺ កិរិយាសព្ទ.
3237.	អ៊ីស៊ីស eases ធ្វើឱ្យស្រួល ស្វ៊លឡូវីង swallowing លេប កិរិយាសព្ទ.
3238.	អ៊ីស៊ីយើរ easier ងាយ ស្រួល ធូ to នឹង រេមេមបើ remember ចាំ គុណនាម.
3239.	អ៊ីសិលី easily ឆេក្គ check ពិនិត្យយ៉ាងស្រួល កិរិយាវិសេសន៍.
3240.	អ៊ីសិលី easily ក្រាម់បល្ដ crumbled ឆាប់បែកខ្ទិច កិរិយាវិសេសន៍.
3241.	អ៊ីសិលី easily ឆាប់ ខ្យួដ cured ជា (ឬឆាប់សះដោយស្រួល ឬស្រួលព្យាបាល) កិរិយាវិសេសន៍.
3242.	អ៊ីសិលី easily ស្រួល អិគនៃត្ត ignited ផុតភ្លើង វាឆាប់ឆេះ (ឬធ្វើឱ្យភ្លើងឆាប់ឆេះបំផុត) កិរិយាវិសេសន៍.
3243.	អ៊ីសិលី easily ឆាប់ មូវ move ដើរ ឬកំរើកបានដោយស្រួល កិរិយាវិសេសន៍.
3244.	អ៊ីសិលី easily ឆាប់ ស៊ីន seen មើលឃើញស្រួល ងាយមើល ចេះតែចង់គួចចិត្តលើ កិរិយាវិសេសន៍.
3245.	អ៊ីសិលី easily ស្ព្រេដ spread ជម្ងឺដែលឆាប់ឆ្លង ឬជម្ងឺងាយស្រួលរាលដាល អាយតនិបាត.

3246.	អ្នីត eat ញ៉ាំ វ៉ែង food អាហារ វិត្ត with ដែលមាន ដើរប៉ើ fiber ជាតិសរ៉ៃសៃៗ កិរិយាសព្ទ.
3247.	អ៊ូលល្យៀ ebullire- ដាំទឹកឱ្យពុះ ធ្វើឱ្យទឹកពុះ ឬរប៉ៀបដាំទឹកឱ្យពុះ -ព្រ៉ីវិក្ស prefix បុព្វបទ ឬជាក្សសម្រាប់ដាក់ពីខាងមុខ.
3248.	អ៊ីស៊ី ec- កាត់ចេញ - អ៊ីកត្ត ecto- កាត់ចេញ - អៅត out ខាងក្រៅ អៅសាយុ outside ខាងក្រៅ អៅតថ្វឺង outward ល្យៀនចេញក្រៅ -ព្រ៉ីវិក្ស prefix បុព្វបទ ឬជាក្សសម្រាប់ដាក់ពីខាងមុខ.
3249.	អេត្ត echo- បន្លឺសម្លេង សៅន្ត sound សំទ្យេងផ្លូនៗគ្នា អ៊ិរ or ឬ អេត្ត ech/o សម្លេងធ្ងខ្ងឺរ - បផ្ល៉ុកុយ reflected សៅន្ត sound សម្លេងខ្ងឺរ ឬសំទ្យេងដែលឆ្លុះខ្ងឺរ -ព្រ៉ីវិក្ស prefix បុព្វបទ ឬជាក្សសម្រាប់ដាក់ពីខាងមុខ.
3250.	អេត្តគ្រេហ្ស៉ី echography ថេកនិស៊ិន technician មនុស្ស អ្នកដែលមានឯកទេសខាងប្រើម៉ាស៊ីនថតស្ដាប់សម្លេង១នាក់ នាមសំព្ទ.
3251.	អ៊ីកថាស្យៀ -ectasia អ៊ិរ or ឬ អ៊ីកថាស៊ីស -ectasis ការពង្រីកអោយធំ - ដែលស៊ិន dilation ការរីកធំ វ៉ាយដេនិង widening វ៉ីកធំកំព៉ាំង ស្រ៉ិតឌិង stretching យ៉ីតរីកធំ អ៊ីក្ស្ពេនឌិង expanding កំពុងតែរីកធំឡ៉ើង អ៊ីក្ស្ពេនស៊ិន expansion ការរីកធំឡ៉ើង ពង្រីកឱ្យធំ ការពង្រីកអោយធំជាងមុន- ស៉ារ៉ីវិក្ស suffix បច្ច័យ ឬជាក្សសម្រាប់ដាក់ពីខាងក្រោយ.
3252.	អ៊ីកត្ត ecto- ខាងក្រៅ អ៊ិរ or ឬ អ៊ីកត្ត ect/o ខាងក្រៅ - អៅត out ចេញក្រៅ អៅតសាយុ outside ខាងក្រៅ - អ៊ីក្ស៊ីស៊ិន excision ការវះកាត់យកវត្ថុធាតុអ្វី១ចេញ -ព្រ៉ីវិក្ស prefix បុព្វបទ ឬជាក្សសម្រាប់ដាក់ពីខាងមុខ.
3253.	អ៊ីកទូម៉ី ectomy ការវះកាត់យកសាច់ចេញ - រម្ម៉វ៉ល removal ការវះកាត់យកសាច់ចេញ រ៉េសេកស៊ិន resection ការវះកាត់មួងឡ៉ៀត ឬកាត់ជាផ្នែកៗ - អ៊ីក្ស៊ីស៊ិន excision ការវះកាត់យកវត្ថុធាតុអ្វី១ ឬកាត់យកសាច់ចេញ បច្ច័យ ឬជាក្សសម្រាប់ដាក់ពីខាងក្រោយ.
3254.	អ៊ីកទូព៉ៀ ectopia អៅវ of នៃ the ហ្ន៉ាត heart បេះដូងឡ៉ៀងចេញទៅខាងក្រៅពីកន្លែងធម្មតារបស់វាដាំងតែពីកើតមក នាមសំព្ទ.

3255.	អ៊ិកធូព្យៀ ectopia អេរ៉ាវ of នៃ the យិតនី kidney កម្រងទឹកនោម ឬក្រលៀនដែល នៅក្រៅពីកន្លែងធម្មតារបស់វាតាំងតែពីកើតមក នាមសំព.
3256.	អ៊ិកថផិក ectopic អ៊ិនតួមីត្រៀល endometrial ធិសស្យូ tissue ទារកចាប់កំណើត នៅក្រៅស្រោមស្បូន នាមសំព.
3257.	អ៊ិកថផិក ectopic ក្រូវស៊ិ growth សាច់ដុះនៅខាងក្រៅស្បូន នាមសំព.
3258.	អ៊ិកថផិក ectopic ព្រេកនែនស៊ីស pregnancies មានផ្ទៃពោះនៅខាងក្រៅស្បូន ច្រើនដង នាមសំព.
3259.	អ៊ិកថផិក ectopic ព្រេកនែនស៊ី pregnancy មានផ្ទៃពោះនៅខាងក្រៅស្បូនម្ដងៗ នាមសំព.
3260.	អ៊ិឌីម៉ា edema កើតជាតហើម - ស្វេល្លិង swelling ដែលហើម នាមសំព.
3261.	អេជជ edge ជ្រុង ឬជាយ អេរ៉ាវ of នៅក្នុង នៃ the អាយរិស iris ប្រស្រីភ្នែក (សាច់គ្រាប់ភ្នែកដែលបញ្ជាពន្លឺភ្លើងចេញចូលទៅតាមរន្ធគ្រាប់ភ្នែកនេះ។ វាបញ្ជាពន្លឺភ្លើងចេញចូលទៅ តាមពន្លឺភ្លើង បើសិនជាមានពន្លឺភ្លើងខ្លាំងវាំងវ៉ាយតូច ហើយបើសិនជាមានពន្លឺភ្លើងតិចវ៉ាវីកធំ) នាមសំព.
3262.	អ៊ីអ៊ីជី EEG ការថតហើយកត់ទុកសកម្មភាពភ្លើងអគ្គិសនីនៅក្នុងខួរក្បាល (វេយ្យនិង recording ការថតមើល អេរ៉ាវ of ប្រេន brain អែកធីវីធី activity សកម្មភាពភ្លើង អគ្គិសនីនៅក្នុងខួរក្បាល) នាមសំព.
3263.	អ៊ីវ៉ែក្ត effect ផលប៉ះពាល់ មេ may ប្រហែលជា អ៊ិនខ្លូដ include ឬក្នុមជាមួយនឹ នាមសំព.
3264.	អ៊ីវ៉ែក្ត effect មានប្រសិទ្ធិភាព ឬមានការប៉ះពាល់ អិន on ទៅលើ នាមសំព.
3265.	អ៊ីវ៉ែក្ត effect មានការប៉ះពាល់ អិន on ទៅលើ នៃ the ឡ្យាញនិង lining ធីសស្យូ tissue ស្រទាប់សាច់ស្ដើងៗដែលក្រាលនៅក្នុងក្រពេញណាមួយ (ឧទាហរណ៍ឬូចជាសាច់សំពៃ ដែលក្រាលនៅក្នុងសរសៃឈាម) នាមសំព.
3266.	អ៊ីវ៉ែក្ត effect មានប្រសិទ្ធិភាព អិន on លើ នៃ the ផេន pain ការឈឺ (ធ្វើឱ្យបាត់ឈឺ) នាមសំព.
3267.	អ៊ីវ៉ែក្ត effect ធ្វើឱ្យ អិន on នៃ the យិតនី kidney ខូចកម្រងទឹកនោម ឬធ្វើឱ្យខូច ក្រលៀន នាមសំព.

3268.	អីហ្វេកធីវ effective មានប្រសិទ្ធិភាព អិន in ខ្យួរិង curing ធ្វើអោយសះ ឬអាចព្យាបាលរោគឱ្យជាបាន គុណនាម.
3269.	អីហ្វេក្ទស effects ប៉ះពាល់ដល់ អែន្ត and ហើយនឹង នាមស័ព្ទ.
3270.	អីហ្វេក្ទស effects មានប៉ះការពាល់ដល់ អ៊ើវ of អាណាធើ another ដ្រាគ់ drug ថ្នាំផ្សេងទៀត នាមស័ព្ទ.
3271.	អីហ្វើរេន្ទ efferent ការបញ្ជូនចេញ អិមផោះស៊ីស impulses ការកម្រើករុញវិញ្ញាណឱ្យចេញពីខួរក្បាល ហើយនឹងខួរឆ្អឹងខ្នង (ការដឹកនាំកម្លាំងភ្លើងអគ្គិសនីទៅតាមផ្លូវសរសៃវិញ្ញាណចេញពីខួរក្បាល ហើយនឹងខួរឆ្អឹងខ្នងបញ្ជូនអោយទៅកន្លែងផ្សេងទៀតនៅក្នុងដងខ្លួន) នាមស័ព្ទ.
3272.	អីហ្វើរេន្ទ efferent នើវស nerves សរសៃវិញ្ញាណដែលដឹកនាំការកំរើកដឹងចេញ នឹងរុញវិញ្ញាណមកពីម៉ាស៊ីនសរសៃវិញ្ញាណចេញពីរខួរក្បាល ហើយនឹងខួរឆ្អឹងខ្នង ស៊ីអិនអែស CNS ចូលទៅក្រពេញទៅសាច់ដុំហើយនឹងទៅសរីរាង្គផ្សេងទៀត នាមស័ព្ទ.
3273.	អីហ្វើរេន្ទ efferent រន្ធផ្លូវចេញមកពី លិមហ្វែធិក lymphatic ក្រពេញកូនកណ្តុរទៅ វេសសេល្ស vessels សរសៃឈាមតូចៗដែលមានទឹករងៃថ្លាៗ នាមស័ព្ទ.
3274.	អីហ្វើរេន្ទ efferent អ៊ួរកិន្ស organs ក្រពេញ ឬសរីរាង្គណាដែលកម្រើករុញវិញ្ញាណបញ្ជូនឱ្យចេញពីខួរក្បាល ហើយនឹងខួរឆ្អឹងខ្នង (ការដឹកនាំកម្លាំងភ្លើងអគ្គិសនីតាមផ្លូវសរសៃវិញ្ញាណចេញពីខួរក្បាល ហើយនឹងខួរឆ្អឹងខ្នងអោយទៅជាកន្លែងផ្សេងទៀតនៅក្នុងដងខ្លួន) នាមស័ព្ទ.
3275.	អីហ្វើរេន្ទ efferent រីនុល renal អាធៀរីអូល arteriole សរសៃឈាមក្រហមតូចៗនៅកម្រងទឹកនោមដែលនាំឈាមចេញពីក្រពេញ ជាលិកា ឬសាច់ឈាមជំរ នាមស័ព្ទ.
3276.	អី e. ជី g. អក្សរកត់ដែលមានន័យថាតាមធម្មតា ឧទាហរណ៍ដូចជា នាមស័ព្ទ.
3277.	អេគ្គ egg សេល្ល cell គ្រាប់ទឹកមេជីវិត (វាចេញមកពីក្រពេញ១ដែលមានរាងដូចជាពងវានៅខាងក្រោមចុងដៃស្បូន) នាមស័ព្ទ.
3278.	អេគ្គ egg សេល្ល cell គ្រាប់ទឹកពងមេជីវិតរបស់ស្ត្រីមាន២៣ អែន្ត and ហើយនឹង ស្ពើម sperm សេល្ល cell គ្រាប់ទឹកកាមរបស់បុរសមាន២៣ គេហៅវាថា -សេក្ស sex សេល្លស cells នេះគឺជាពងទឹកឈាមគ្រាប់ពូជសម្រាប់បន្តពូជ (ទឹកពង ហើយនឹងទឹកកាមចូលរួមគ្នាវាបានទៅជា៤៦ ប្រូតេអ៊ីនឈ្មោះក្រូម្មូសូមស (ខ្សែគ្រាប់ពូជ) ដែលនៅក្នុងខ្លួនរបស់យើង នាមស័ព្ទ.

3279.	អេគ្គ egg សេលូស cells គ្រាប់ទឹកពងមេជីវិតជាច្រើន - សេក្ស sex សេលូស cells ទឹកឈាមជំរជាច្រើន ឬគ្រាប់ពូជជាច្រើន នាមស័ព្ទ.
3280.	អេគ្គ egg គ្រាប់ទឹកពង អូអូសៃត oocyte គ្រាប់ទឹកពងមេជីវិត ឬគ្រាប់ពូជ នាមស័ព្ទ.
3281.	អេគ្គ egg គ្រាប់ទឹកពងមេជីវិត ត្រែវេល្ស travels ធ្វើដំណើរ នាមស័ព្ទ.
3282.	អេគ្គស eggs ពងមេជីវិតច្រើនជាងមួយ ឬគ្រាប់ពូជជាច្រើន នាមស័ព្ទ.
3283.	អេគ្គស eggs ពងមេជីវិតច្រើនជាងមួយ មែឈ្យួ mature ធំពេញវ័ នាមស័ព្ទ.
3284.	អី ឬអាយធើ either ប្រហែលជា បែកធៀរៀល bacterial មេរោគ អ័រ or ឬក៏ វ៉ង់គុល fungal ផ្សិត ដែលធ្វើឱ្យកើតរោគនេះ (ពាក្យនេះមានន័ថា ប្រហែលជាមេរោគ ឬក៏ផ្សិត ដែលធ្វើឱ្យមានជម្ងឺនេះ) កិរិយាវិសេសន៍.
3285.	អីចែខ្យូលេធ្វូរី ejaculatory ដាក្ទ duct បំពង់សម្រាប់បាញ់ទឹកកាមចេញ ហើយផ្លូវដែលទឹកនោមចេញផង (មួយខាង) នាមស័ព្ទ.
3286.	អីចែខ្យូលែធ្វូរី ejaculatory ដាក្ទស ducts បំពង់សម្រាប់បាញ់ទឹកកាមចេញ ហើយនិងផ្លូវទឹកនោមចេញផង (ទាំងពីរខាង) នាមស័ព្ទ.
3287.	អីចែខ្យូលែធ្វូរី ejaculatory ស៊ីមីន semen ទឹកកាមបាញ់ចេញតាមមេគ្គទៅខាងក្រៅដងខ្លួន នាមស័ព្ទ.
3288.	អីខេជី EKG អក្សរកាត់ អ័រ or ឬ អីស៊ីជី ECG អក្សរកាត់របស់ពាក្យការថតឆ្លុះវាស់មើលកម្លាំងភ្លើងអគ្គីសនីរត់នៅក្នុងបេះដូង (អែន្ទ and ហើយនិង អោលសូ also ថែមទាំង ខល្លដ called ហៅឈ្មោះថា អីលេកទ្រូខាឌីអូគ្រែម electrocardiogram) នាមស័ព្ទ.
3289.	អីលែស្ទិក Elastic វ៉ៃប៊ើស fibers សរសៃៗដូចអំបោះយឺតៗ នាមស័ព្ទ.
3290.	អីលែស្ទិក Elastic មែធៀរៀល material របស់ ឬវត្ថុធាតុអ្វីដែលយឺតៗ នាមស័ព្ទ.
3291.	អីលែស្ទិក Elastic ធិសស្យូ tissue សាច់យឺតៗ ឬជាលិកាយឺតៗ នាមស័ព្ទ.
3292.	អីលបូ ឬអីលបូវ elbow បូន bone ឆ្អឹងកែងដៃ ឬឆ្អឹងគួយដៃ នាមស័ព្ទ.
3293.	អីលបូវ elbow កែងដៃ ជើក jerk ញ៉ាក់ញ័រ ឬឆ្អឹងគួយដៃញ័រ នាមស័ព្ទ.
3294.	អីលបូវ elbow ចញ្ញ joint សន្លាក់ឆ្អឹងនៅកែងដៃ ឬគួយដៃ នាមស័ព្ទ.
3295.	អីលបូវ elbow រេវ្លិក្ស reflex ញ៉ាក់ញ័របត់ចុះឡើងនៅកែងដៃ ឬគួយដៃ នាមស័ព្ទ.

3296.	អ៊ីលទើ elder ដែលបឈ្លួស abuse ធ្វើបាបមនុស្សចាស់ ឬការធ្វើទុក្ខទោសដល់មនុស្សចាស់ នាមសំព្ទ.
3297.	អ៊ីលទើ-ខៀ elder-care ការថែទាំរក្សាមនុស្សចាស់ នាមសំព្ទ.
3298.	អ៊ីលទើលី elderly មនុស្សចាស់ ជេនថលមែន gentleman ដែលមានសុភាពបុរសម្នាក់ (បុរសចាស់ម្នាក់) នាមសំព្ទ.
3299.	អ៊ីលទើលី elderly មនុស្សចាស់ ផើសិន person ម្នាក់ (មនុស្សចាស់ម្នាក់) នាមសំព្ទ.
3300.	អ៊ីលេកធ្រ electr- នៃភ្លើងអគ្គីសនី -ផ្រីវិក្ស prefix បុព្វបទ ឬពាក្យសម្រាប់ភ្ជាប់តពីខាងមុខ.
3301.	អ៊ីលេកទ្រិក electric- ប្លែងកេត blanket ភួយដែលមានខ្សែភ្លើងអគ្គីសនីនៅក្នុងវា ដើម្បីនឹងប្រើភ្លើងកំដៅខ្លួននៅថែរងារ នាមសំព្ទ.
3302.	អ៊ីលេកទ្រិក electric ប្លែង blood វ៉ារមើ warmer ម៉ាស៊ីនប្រើភ្លើងអគ្គីសនីដើម្បីនឹងកំដៅឈាម (ឧទាហរណ៍ដូចជាឈាមត្រជាក់ ពេលត្រូវតែកំដៅឈាមនេះឱ្យក្តៅវិញៗ) ដើម្បីនឹងយកឈាមនេះទៅបញ្ចូលទៅក្នុងខ្លួនអ្នកជម្ងឺណាម្នាក់ នាមសំព្ទ.
3303.	អ៊ីលេកទ្រិក electric ប៊ើន burn សាច់ដែលរលាកនឹងភ្លើងអគ្គីសនី (ភ្លើងអគ្គីសនីរលាកសាច់) នាមសំព្ទ.
3304.	អ៊ីលេកទ្រិក electric សើគិត circuit ផ្លូវរបស់ភ្លើងអគ្គីសនីរត់នៅក្នុងភ្លើង នាមសំព្ទ.
3305.	អ៊ីលេកទ្រិក electric អៀល eel ត្រីអន្ទង់ដែលមានភ្លើងអគ្គីសនីនៅក្នុងខ្លួនរបស់វា ត្រីនេះអាចឆក់សត្វអ្វីបានបើនៅជិតវា នាមសំព្ទ.
3306.	អ៊ីលេកទ្រិក electric វៀលល្ឌ field នៅក្នុងកន្លែង បរិវេណភ្លើងអគ្គីសនីរត់ នាមសំព្ទ.
3307.	អ៊ីលេកទ្រិក electric គីថា guitar គីថា ឬចាប៉ីដែលប្រើខ្សែភ្លើងអគ្គីសនី នាមសំព្ទ.
3308.	អ៊ីលេកទ្រិក electric កម្លាំងភ្លើងអគ្គីសនី អិមផោះស៊ីស impulses កំលេក រុញសន្ទុះទៅមុខ នាមសំព្ទ.
3309.	អ៊ីលេកទ្រិក electric ឧ ray កាំស្មីរបស់កម្លាំងភ្លើងអគ្គីសនី នាមសំព្ទ.
3310.	អ៊ីលេកទ្រិក electric ដាក់ភ្លើងអគ្គីសនីឱ្យ ស្ហុក្ក shock ឆក់ (ឬភ្លើងអគ្គីសនីឆក់ដោយចៃដន្យ) នាមសំព្ទ.
3311.	អ៊ីលេកទ្រិក electric ស្ហុក្ក shock ទើរផី therapy ការព្យាបាលរោគដែលប្រើភ្លើងអគ្គីសនីឱ្យឆក់មនុស្ស នាមសំព្ទ.

3312.	អ៊ីលេកទ្រិកឌល electrical កម្លាំងភ្លើងអគ្គិសនី ដែលធិរិធី activity ធ្វើការ អ៊ិន in នៅក្នុង ម៉ាសសិល muscle សាច់ដុំ នាមស័ព្ទ.
3313.	អ៊ីលេកទ្រិកឌល electrical ការជោក ឆាជ charge បញ្ចូលភ្លើងអគ្គិសនីទៅក្នុងម៉ាស៊ីន អ្វីមួយ (ឧទាហរណ៍ដូចជាបញ្ចូលភ្លើងអគ្គិសនីទៅក្នុងម៉ាស៊ីនអ្វីមួយ) នាមស័ព្ទ.
3314.	អ៊ីលេកទ្រិកឌល electrical ខូនដោក់ស៊ីន conduction ការដឹកនាំកម្លាំងភ្លើងអគ្គិសនី នាមស័ព្ទ.
3315.	អ៊ីលេកទ្រិកឌល electrical យ៊ើអន្តស currents លេកភ្លើងអគ្គិសនី នាមស័ព្ទ.
3316.	អ៊ីលេកទ្រិកឌល electrical ឌិសឆាជស discharges ឈប់ជោក់កម្លាំងភ្លើងអគ្គិសនី ទៅក្នុងសរសៃប្រសាទ ឬសរសៃវិញ្ញាណ (ឬក៏ឈប់បញ្ចូលទៅក្នុងម៉ាស៊ីនណាមួយ) នាមស័ព្ទ.
3317.	អ៊ីលេកទ្រិកឌល electrical អ៊ិនណើជី energy កម្លាំងភ្លើងអគ្គិសនី ឬកម្លាំងថាមពល នាមស័ព្ទ.
3318.	អ៊ីលេកទ្រិកឌល electrical មេសសេជស messages ការដឹកនាំសារ ឬនាវិញ្ញាណ ទៅតាមកម្លាំងភ្លើងអគ្គិសនីដែលរត់នៅក្នុងសរសៃប្រសាទ ឬសរសៃវិញ្ញាណ ពុណនាម.
3319.	អ៊ីលេកទ្រិកឌល electrical ន៊ើវ nerve សរសៃប្រសាទ ឬសរសៃវិញ្ញាណមួយដែលមាន កម្លាំងភ្លើងអគ្គិសនីរត់ នាមស័ព្ទ.
3320.	អ៊ីលេកទ្រិកឌល electrical ន៊ើវស nerves សរសៃប្រសាទ ឬសរសៃវិញ្ញាណជាច្រើនដែល មានកម្លាំងភ្លើងអគ្គិសនីរត់ នាមស័ព្ទ.
3321.	អ៊ីលេកទ្រិកឌល electrical សិកណល signal សញ្ញា១របស់លេកភ្លើងអគ្គិសនី នាមស័ព្ទ.
3322.	អ៊ីលេកទ្រិកឌល electrical សិកណុលស signals សញ្ញា២របស់លេកអគ្គិសនី នាមស័ព្ទ.
3323.	អ៊ីលេកទ្រិកឌល្លី electrically ហ៊ីតួ heated កំដៅមកពីកម្លាំងភ្លើងអគ្គិសនី កិរិយាវិសេសន៍.
3324.	អ៊ីលេកទ្រិកឌល្លី electrically ហ៊ីតួ heated អ៊ិនស្ត្រាមេន្ត instrument គ្រឿងប្រដាប់ដែលប្រើកំដៅមកពីកម្លាំងភ្លើងអគ្គិសនី កិរិយាវិសេសន៍.

3325.	អឺលេកទ្រូ electro- អឺr or ឬ អឺលេកទ្រូ electr/o នែភ្លើងអគ្គីសនី - អិវិក្យមផល example ឧទាហរណ៍ដូចជា អឺលេកទ្រិសិទី electricity ភ្លើងអគ្គីសនី - ផ្រីវិក្យ prefix បុព្វបទ ឬបាក្យសម្រាប់តពីខាងមុខ.
3326.	អឺលេកទ្រូអែឃូស្ទិក electroacoustic នីវែស្យ device គ្រឿងថតឆ្លុះវាស់មើលរូបរាង កាយដែលប្រើកម្លាំងភ្លើងអគ្គីសនី (ឧទាហរណ៍ដូចជាគ្រឿងថតឆ្លុះវាស់មើលសរសៃវិញ្ញាណ) នាមសំពុ.
3327.	អឺលេកទ្រូខាទីអុក្រែម electrocardiogram ការថតឆ្លុះវាស់មើលកម្លាំងភ្លើងអគ្គីសនីនៅ ក្នុងបេះដូង ហើយនឹងកត់ទុកផង (ផោលស្យ also ថែមទាំង ខល្លៃ called ហៅឈ្មោះថា អឺខេជី EKG អឺr or ឬ អឺស៊ីជី ECG អក្សរកាត់របស់វា) អឺលេកទ្រូខាទីអុក្រែម្យ electrocardiograms ការថតឆ្លុះវាស់មើលកម្លាំងភ្លើងអគ្គីសនីនៅក្នុងបេះដូង ហើយនឹង កត់ទុកផងច្រើនដង នាមសំពុ.
3328.	អឺលេកទ្រូខាទីអុក្រែហ្វិក electrocardiographic ខុនដាក់ទឺr conductor គ្រឿងប្រដាប់ពេស្យសម្រាប់ដឹកនាំរលកភ្លើងអគ្គីសនីរត់ទៅក្នុងបេះដូង គុណនាម.
3329.	អឺលេកទ្រូខុនវុលសិវ electroconvulsive ទើរ៉ាផី therapy ដាក់រលកភ្លើងអគ្គីសនី ឱ្យរត់អ្នកជម្ងឺដើម្បីព្យាបាលរោគសរសៃវិញ្ញាណឃ្មីនធម្មតា (ព្យាបាលរោគសរសៃវិញ្ញាណ ដែលប្រើរលកភ្លើងអគ្គីសនីឱ្យរត់អ្នកជម្ងឺ) នាមសំពុ.
3330.	អឺលេកទ្រូនិក electronic នីវែស្យ device គ្រឿងប្រដាប់ ឬឧបករណ៍សម្រាប់ប្រើធ្វើឱ្យ ភ្លើងអគ្គីសនីរើរស្រួល គុណនាម.
3331.	អឺលេកទ្រូសិក ឬស្ថុក electroshock ទើរ៉ាផី therapy ការព្យាបាលរោគដែលប្រើ ភ្លើងអគ្គីសនីឱ្យរត់អ្នកជម្ងឺ នាមសំពុ.
3332.	អឺលេទ្រូហ្វ៊ីសិអុល្លជី Electrophysiology ស្ទាជី study ការសិក្សារៀនស្ទ្រៗ៤ពង អំពីកម្លាំងលំអងភ្លើងអគ្គីសនីរត់នៅក្នុងបេះដូង (អឺជីផី EDP អក្សរកាត់របស់វា) នាមសំពុ.
3333.	អឺលេហ្វ៊ីនថៃអេស៊ីស elephantiasis រោគដែលមានរូបរាងដូចជាសត្វដំរីកើតមកពីមេរោគ កើតរោគនេះនៅក្នុងខ្លួនមនុស្សច្រើនទាក់ឈ្មោះ វៃរីស្យ viruses មេរោគជាច្រើន
3334.	អឺលេវៃត្ត elevated ឡើង blood ប្រេសស៊ី pressure កម្លាំងឈាមឡើងខ្ពស់ នាមសំពុ.
3335.	អឺលេវៃត្ត elevated ណាម៉ប៊ើ number ចំនួនលេខបានឡើងខ្ពស់ នាមសំពុ.

3336.	អេលីមិនេត eliminate បន្លយ ម្ងៃរ more ឃ្យ៉ុន urine ឱ្យទឹកនោមថយចុះ កិរិយាសព្ទ.
3337.	អេលីមិនេត eliminate បន្លយ ធ្វើក្ប្រិត toxic ជាតិពុល រ្ញៃម from ចេញពី យ៉ូរ your សេលួស cells គ្រាប់ឈាមរបស់អ្នកជម្ងឺ កិរិយាសព្ទ.
3338.	អេលីមិនេត eliminate បន្លយ ធ្វើក្ប្រិត toxic ជាតិពុល រ្ញៃម from ចេញពី យ៉ូរ your ឡៃវ life ជីវិតរបស់អ្នក (ឧទាហរណ៍ដូចជាអ្នកជាតិស្រា ខ្យខេន ថ្នាំពុល ម្យ៉្របៀវនាចេញពីក្នុងខ្លួន) កិរិយាសព្ទ.
3339.	អេលីមិនេត eliminate កំចាត់ វិកាលួ្យ wrinkles ស្ទ្ងិន skin ឃៃ្យ្រក្រញ្ញ្មខ្មៈកោពលកេញ កិរិយាសព្ទ.
3340.	អេលីមិនេធិង eliminating ការបំផ្លាញ អេ a សូន stone ថ្ម១ចេញ កិរិយាសព្ទ.
3341.	អេលីមិនេធិង eliminating កំពុងតែឧកយក អីក្សសេស្យ excess វ្ញៃង fluid ទឹកដែល លើសចេញ កិរិយាសព្ទ.
3342.	អេលីមិនេស៊ីន elimination អ្ងៃវ of វ្ញៃទៃ water ការបញ្ចេញទឹកចោល នាមសព្ទ.
3343.	អេលីមិនេស៊ីន្យ eliminations ការបំផ្លាញចោល ឬការឧកយករបស់អ្ងៃ១ចេញច្រើនឧង) នាមសព្ទ.
3344.	អីឡ្ងងកេត្ត elongated ឧងខ្លួនវៃង កិរិយាសព្ទ. ស។្ន-បនីឧ soft-bodied ឧងខ្លួនទន់១ នាមសព្ទ.
3345.	អីម em- នៅក្ងុង - អិន in នៅក្ងុង _ ព្រីវិក្ស prefix បុព្ញបទ ឬពាក្យសម្រាប់តពីខាងមុខ.
3346.	អីម៉ា -ema រោក - ខុនឌិស៊ីន condition រោគ ស្ថានភាពដែលខុសពីភាពធម្មតា - សាំវិក្ស suffix បច្ច័យ ឬពាក្យសម្រាប់តពីខាងក្រោយ.
3347.	អីមបេដ្ដេឌ embedded ធ្ញុស tooth ធ្មេញដែលកប់នៅខាងក្រោមសាច់ កិរិយាសព្ទ.
3348.	អីមប៊ូឡ្បាយ emboli ឈាមកកដុំ្ញុ១ជាច្រើនធ្ញើឱ្យ លឧផ្ត lodge ដុំ្ញុ១ស្ងាក់ ឬស្ងៈនៅក្ងុងសរសៃឈាម នាមសព្ទ.
3349.	អីមប៊ូឡ្ញើស embolus ឈាមកកមួយដុំ ឬក្ផុស blocks ស្ងៈ អាធើវៀល ឬអារ្ញៃវៀល arterial សរសៃឈាមក្រហម នាមសព្ទ.
3350.	អីមប៊ូឡ្ញើស embolus ឈាមកកមួយដុំ ម្ងៃវ move អណ្ណៃត រត់ ឬវិលចុះធ្ញើឧនៅក្ងុ

	សរសៃឈាមក្រហម នាមស័ព្ទ.
3351.	អិមប្រយ៉ូ embryo ទារកក្នុងផ្ទៃម្ដាយ (ដុំសាច់ដែលទើបនឹងកើតឡើងបាន៥អាទិត្យ ឬសប្ដាហ៍ ទារកដែលទើបនឹងកើតឡើងនេះ គឺគេថែវរាទៅជាពាផ្នែក ផ្នែកទី១គេហៅវាថា ណ្ទួរល neural ធ្នូប tube បំពង់សរសៃវិញ្ញាណ វាកើតទៅជាខួរក្បាល ខួរឆ្អឹងខ្នង ខ្សែសរសៃវិញ្ញាណនៅតាមជួរឆ្អឹង ខ្នង វាកើតទៅជាឆ្អឹងខ្នង ដំបូងវាដូចជាខ្សែឈូត ផ្នែកទី២-៣គេហៅវាថា មិនឌល middle ឡេយ៉េ layer ដុំសាច់នៅកណ្ដាល អោវ of របស់ សែល្លស cells ទារកនៅក្នុងផ្ទៃម្ដាយ (ដុំសាច់កណ្ដាលនេះកើតទៅជាបេះដូង ប្រព័ន្ធឈាមដែលវិលចុះឡើងនៅក្នុងរងខ្លួន កើតទៅជាឈាម កូនសរសៃឈាមតូចៗ ហើយកើតទៅជាសុកផង ហើយនឹងសរិវាង្គផ្សេងៗទៀត) នាមស័ព្ទ.
3352.	អិមប្រៀយ៉ូ embry/o គឺជាទារកនៅក្នុងផ្ទៃម្ដាយ- វ៉ឺថេស fetus ទារក -ជ្រីវិក្ស prefix បុព្វបទ ឬពាក្យសម្រាប់ផ្ដើមខាងមុខ.
3353.	អិមប្រៀយ៉ូ embryo- ទារកក្នុងផ្ទៃម្ដាយ អិស is បាន អិមផ្លែនតួ implanted ផ្ដាំ ឬត់កើត អោតសាយ៉ូ outside នៅខាងក្រៅ ធើ the យូធើរីស uterus ស្បូន (អិកថផិក ectopic ប្រេគនែនស៊ី pregnancy មានផ្ទៃពោះនៅខាងក្រៅ) -ជ្រីវិក្ស prefix បុព្វបទ ឬពាក្យសម្រាប់ផ្ដើមខាងមុខ.
3354.	អិមប្រយ៉ូ ល្ជផិក embryologic ឌីវេល្លមេន្ទ development ទារកនៅក្នុងផ្ទៃម្ដាយ កំពុងតែរីកចំរើនធំធាត់ឡើង នាមស័ព្ទ.
3355.	អិមប្រីយ៉ានិក embryonic សែល្លស cells គ្រាប់កោសិការបស់ទារកនៅក្នុងផ្ទៃម្ដាយ នាមស័ព្ទ.
3356.	អិមប្រីយ៉ានិក embryonic ទារក ឌីវេល្លផមេន្ទ development ដែលកំពុងតែរីក ចំរើនល្អតលាស់ឡើងនៅក្នុងផ្ទៃម្ដាយ នាមស័ព្ទ.
3357.	អិមប្រីយ៉ានិក embryonic នើវ nerve សែល្លស cells គ្រាប់កោសិកានៅសរសៃវិញ្ញាណ របស់ទារកនៅក្នុងផ្ទៃម្ដាយ នាមស័ព្ទ.
3358.	អិមប្រីយ៉ានិក embryonic ធិសស្យូ tissue សែល្លស cells គ្រាប់ជាលិការបស់ទារក នៅក្នុងផ្ទៃម្ដាយ នាមស័ព្ទ.
3359.	អិមប្រីយ៉ានិក embryonic ស្ទេត state កំណាត់ការណ៍របស់ទារកនៅក្នុងផ្ទៃម្ដាយដែល កំពុងតែមានការរីកចំរើនល្អតលាស់ឡើង នាមស័ព្ទ.

3360.	អឹមប្រយ៉ូ'ស embryo's អឹមផ្លេនថេសិន implantation ការចាប់កំណើតឡើងរបស់ទារកនៅក្នុងផ្ទៃម្ដាយ នាមសព្ទ.
3361.	អឹមើជិនស៊ី emergency ឌីវៃស device គ្រឿងប្រដាប់ពេទ្យដែលសំរាប់ជួយសង្គ្រោះមនុស្សនៅពេលមានអាសន្ន នាមសព្ទ.
3362.	អឹមើជិនស៊ី emergency អឹក្ស៊ីត exit ផ្លូវនេះ អូនលី only ទុកសំរាប់ចេញនៅពេលមានអាសន្នតែប៉ុណ្ណោះ នាមសព្ទ.
3363.	អឹមើជិនស៊ី emergency គិត kit ប្រអប់ថ្នាំដាក់គ្រឿងប្រដាប់ពេទ្យសំរាប់សង្គ្រោះមនុស្សជាបន្ទាន់នៅពេលមានអាសន្ននៅផ្ទះ ឬទីណាដែលនៅក្រៅ ឬឆ្ងាយពីមន្ទីរពេទ្យ នាមសព្ទ.
3364.	អឹមើជិនស៊ី emergency ណាម់បឺ number លេខទូរស័ព្ទសម្រាប់ហៅទៅពេទ្យឱ្យជួយជាបន្ទាន់នៅពេលមានអាសន្ន នាមសព្ទ.
3365.	អឹមើជិនស៊ី emergency រ៉ូម room បន្ទប់សម្រាប់ជួយសង្គ្រោះមនុស្សនៅពេលមានអាសន្ន ឬបន្ទប់សម្រាប់ជួយសង្គ្រោះមនុស្សជាបន្ទាន់ នាមសព្ទ.
3366.	អឹមុីសិស -emesis ក្អួតចេញក្រៅ - ស៊ាវ៉ីក្ស suffix បច្ច័យ ឬបាក្យសម្រាប់តពីខាងក្រោយ.
3367.	អឹមុីសិស emesis បេសិន basin កន្លោះសម្រាប់ក្អួតដាក់ នាមសព្ទ.
3368.	អឹមៀ -emia មានរោគនៅក្នុងឈាម ឬភាពមិនធម្មតានៅក្នុងឈាម - ស៊ាវ៉ីក្ស suffix បច្ច័យ ឬបាក្យសម្រាប់តពីខាងក្រោយ. Blood condition មានរោគនៅក្នុងឈាម។
3369.	អឹមិក -emic នៃរោគនៅក្នុងឈាម អរលេធិង relating ទាក់ទង ផូ to ទៅនឹងរោគនៅក្នុងឈាម - ស៊ាវ៉ីក្ស suffix បច្ច័យ ឬបាក្យសម្រាប់តពីខាងក្រោយ.
3370.	អឹមិសសិន emission ការបញ្ចេញ ទូម៉ូគ្រេហ្ស៊ី tomography កម្មវាំងភ្លើងអត្តិសនីទៅខាងក្រៅ (ដើម្បីនឹងថតពិនិត្យមើលរោគ) នាមសព្ទ.
3371.	អឹមមីត្រ emmetr- អស់ពេលវាស់ -ព្រីវ៉ីក្ស prefix បុព្វបទ ឬបាក្យសម្រាប់តពីខាងមុខ.
3372.	អឹមមីត្រូ emmetro- អឺ or ឬ អឹមមីត្រ emmetr/o អស់ពេលវាស់ (គំរង់ឱ្យល្អ) អិន in ឌូ due អស់ពេល មេស៊ឺ measure វាស់ -ព្រីវ៉ីក្ស prefix បុព្វបទ ឬបាក្យសម្រាប់តពីខាងមុខ.
3373.	អឹមូស៊ីនុល emotional អារម្មណ៍ ណែន្ឌ and ហើយនឹង នាមសព្ទ.

3374.	អ៊ីម៉ូស៊ីនុល emotional មានអារម្មណ៍ ទិសស្រេស្សរ distress ព្រួយចិត្ត ឬវេទកមិនបាន ឬវេទកមិនស្រួល នាមសព្ទ.
3375.	អ៊ីម៉ូស៊ីនុល emotional អារម្មណ៍ អ៊ិនស្តេបិលិទី instability ដែលមិនអាចទប់ទុលបាន នៅក្នុងជីវិតរស់នៅតាមធម្មតារបស់មនុស្ស នាមសព្ទ.
3376.	អ៊ីម៉ូស៊ីនុល emotional រីស្ពនស response ឆ្លើយតបនឹងអារម្មណ៍ដែលមាន នាមសព្ទ.
3377.	អ៊ីម៉ូស៊ីនុល emotional ស្តេត state ស្ថានភាពរបស់ចិត្ត ឬអារម្មណ៍ នាមសព្ទ.
3378.	អ៊ីមហ្វីស៊ីម៉ាធើស Emphysematous ដែលប្រសេស្ស abscess រោគរលាកដំបៅ មានខ្ទុះនៅក្នុងថង់ខ្យល់តូចៗនៅក្នុងសួត (រោគមានខ្ទុះវាំងនៅថង់ខ្យល់តូចៗនៅក្នុងសួត) នាមសព្ទ.
3379.	អ៊ីមផ្លយី employee អ៊នលី only ឱ្យតែក្នុងការលីចូលតែប៉ុន្នោះ នាមសព្ទ.
3380.	អ៊ីម៉ូទីស empties កន្លែងទំនេ២ កន្លែងជីវរដែលនៅទំនេ ផ្ទះជីវរនេះគ្មានមនុស្សនៅ នាមសព្ទ.
3381.	អ៊ីម៉ូទី empty បញ្ចេញ ប៉ៃល bile ទឹកប្រម៉ាត់ឱ្យអស់ គុណនាម.
3382.	អ៊ីម៉ូទី empty បញ្ចេញឱ្យអស់ អ៊ិនធូ into ចូលទៅក្នុង គុណនាម.
3383.	អ៊ីម៉ូទី empty ស្ពេស្ស៊ីស spaces កន្លែងប្រឡោះទំនេ (គ្មានអ្វីនៅកន្លែងនេះទេ) នាមសព្ទ.
3384.	អ៊ីន En- នៅខាងក្នុង - អ៊ិន in នៅក្នុង វិថ្ថអ៊ិន within នៅខាងក្នុង -ព្រីវិក្ស prefix បុព្វបទ ឬជាក្សសម្រាប់តពីខាងមុខ.
3385.	អ៊ិនសេហ្វើល្យ Encephalo- នៃក្បាល ឬខួរក្បាល អ៊រ or ឬ អ៊ិនសេហ្វើល្យ Encephal/o នៃ ឬទាក់ទងទៅនឹងក្បាល ឬខួរក្បាល - ប្រេន brain ខួរក្បាល -ព្រីវិក្ស prefix បុព្វបទ ឬជាក្សសម្រាប់តពីខាងមុខ.
3386.	អ៊ិនខ្លូស្ស Enclosed បាននៅខាងក្នុង ស្ពេស្ស space ប្រឡោះតូចចង់អៀត១ កិរិយាសព្ទ.
3387.	អ៊ិនខ្លូស៊ិង Enclosing ដែលនៅខាងក្នុង ធើ the ថេស៊ីស testes ពងក្ន កិរិយាសព្ទ.
3388.	អ៊ិន្ធ end វា far ឆ្ងាយខាងចុង នាមសព្ទ.
3389.	អ៊ិន្ធ end វីត feet នៅចុងជើងទាំងពីរ នាមសព្ទ.
3390.	អ៊ិន្ធ end វ៊ត foot នៅចុងជើងមួយចំហៀង នាមសព្ទ.
3391.	អ៊ិន្ធ End អៃរ of ឡៃវ life អស់ជីវិត នាមសព្ទ.
3392.	អ៊ិន្ធ End អៃរ of នៅខាងចុង ធើ the វ៊ិងគើស fingers ម្រាមដៃច្រើនជាងមួយ

	នាមសំពុ.
3393.	អ៊ិន្ត End ផ្នែក of នៅខាងចុង នៃ the ស្ពាញនុល spinal ឃ្យរធ cord ខ្សែភ្លើងខ្នង នាមសំពុ.
3394.	អ៊ិន្ត End ផ្នែក of នៅខាងចុង នៃ the ខូឡិន colon ពោះវៀនធំ នាមសំពុ.
3395.	អ៊ិន្ត End ផ្នែក of នៅខាងចុង នៃ the រិប rib ឆ្អឹងជំនី១ រិប្ស ribs ឆ្អឹងជំនីជាច្រើន នាមសំពុ.
3396.	អ៊ិន្ត end ផ្នែក of នៅខាងចុង នៃ the ធិប៉ៀ tibia ឆ្អឹងស្ទ្រងជើងខាងមុខធំ នាមសំពុ.
3397.	អ៊ិន្ត end ផ្នែក of នៅខាងចុង នៃ the វិប្យឡា fibula ឆ្អឹងស្ទ្រងជើងតូច (វានៅខាងក្រោយ) នាមសំពុ.
3398.	អ៊ិន្ត end ផ្នែក part ផ្នែកនៅខាងចុង នាមសំពុ.
3399.	អ៊ិន្ត-ស្តេក End-stage នៅក្នុងដំណាក់ការណ៍ចុងក្រោយបង្អស់របស់រោគអ្វីមួយ នាមសំពុ.
3400.	អ៊ិន្ត-ស្តេក End-stage ដំណាក់ការណ៍ចុងក្រោយបង្អស់ ផ្នែរ of របស់ រិនុល renal ទិស្ស៊ីស disease រោគក្រមុងទឹកនោម (អ៊ីអែសអ៊ីធី ESRD អក្សរកាត់របស់វា) នាមសំពុ.
3401.	អ៊ិន្ត End ថាម time ម៉ោងចុងក្រោយបង្អស់ ដល់ម៉ោងចប់ ម៉ោងដែលចប់ចុងក្រោយបំផុត នាមសំពុ.
3402.	អ៊ិន្ត cnd ធុ to អ៊ិន្ត cnd ពីចុងខាងនេះទៅដល់ចុងម្ខាងទៀត នាមសំពុ.
3403.	អ៊ិន្តេដ ended អ៊ាដ up ហ៊្យ here ចប់នៅកន្លែងនេះ កិរិយាសពុ.
3404.	អ៊ីនដិមិក Endemic ទិស្ស៊ីស disease រោគ ឬមេរោគលាកដំបៅនៅវេងខ្លួន ឬនៅក្នុងខ្លួ ក្បាលខុសពីភាពធម្មតា រោគដែលកើតនៅក្នុងក្រមមនុស្សជាច្រើននៅក្នុងរយៈពេលតែមួយ នាមសំពុ.
3405.	អ៊ីនដិមិក Endemic អៀល្លនេស្ស illness ជម្ងឺកើតនៅក្នុងក្រុមមនុស្សជាច្រើន ឬនៅលើពិភពលោកទាំងអស់នៅក្នុងរយៈពេលតែមួយ (ឧទាហរណ៍ផ្ដូចជារោគនេះ រូស៊ីអូឡា roseola អ៊ិនជ័នធឹម infantum មេរោគ ឬជម្ងឺនៅខ្លួនកូនង៉ា ឬកូនក្មេង មានរោគកន្ទួលរមាស់ក្រហម ក្ដៅខ្លួន រលាកបំពង់កខាងលើបន្តិច ក្រពេញទឹករំពៃងឡើងធំ (ឡើងកូនកណ្ដុរ) កន្ទួលរមាស់កើត ឡើង៤ ទៅ ៥ថ្ងៃ ស្រាប់តែបាត់ក្ដៅខ្លួនវិញ ឈ្មោះផ្សេងមេរោគ អ៊ីក្បែនធឹម៉ា exanthema អែន្ត and ហើយនឹង អ៊ីក្បែនធឹម exanthem សាប៊ីធឹម subitum អែន្ត and ហើយនឹង

	ស្យេ៉ហ្ស៊រស្គី ស Zahorsky's ឌិស៊ីស disease ព្យាបាលរោគនេះទៅតាមរោគសញ្ញា របស់វា) នាមស័ព្ទ.
3406.	អ៊ីនដូ Endo- នៅខាងក្នុង - អ៊ីន End នៅខាងក្នុង - អ៊ីន្ត Ent នៅខាងក្នុង - អ៊ីនថ្ធ Ento នៅខាងក្នុង - អ៊ីន in អ៊ីរ or ឬ អ៊ីនសាយឌ inside នៅខាងក្នុង - វិថ្ធអ៊ីន within នៅខាងក្នុង -ព្រីវិក្ស prefix បុព្វបទ ឬពាក្យសម្រាប់តពីខាងមុខ.
3407.	អ៊ីនដូខាឌៀល Endocardial ឃូស្ហ៊ីន cushion ឌីវ៉ិក្ត defect មានរោគខូចប៉ះ ពាល់ដល់សាច់ស្រោបបេះដូងខាងក្នុងរបស់ទារកនៅក្នុងផ្ទៃម្តាយ (ឧទាហរណ៍ដូចជាបន្តប់បេះដូង ខាងលើឈ្មោះ អេត្រៀល atrial វារលាយទន់ជាប់គ្នាទៅនឹងស្រទះខាងក្នុងបេះដូងឈ្មោះ សីផតីម៉ septum) នាមស័ព្ទ.
3408.	អ៊ីនដូខាឌៀល Endocardial ឃូស្ហ៊ីសូ cushions សាច់ផ្នែកក្រាស់ខ្លះៗនៅក្នុងរន្ធនៅក្នុង បន្តប់បេះដូងរបស់ទារកនៅក្នុងផ្ទៃម្តាយ វារលាយជាប់គ្នានឹងសាច់សន្ធះនៅខាងក្នុងបេះដូងឈ្មោះ សីផតីម៉ septum សន្ធះប្រែកទៅជាប្រហោងពីរ នាមស័ព្ទ.
3409.	អ៊ីនដូខាឌៀល Endocardial វ៉ៃប្រអៀលស្ថូសិស fibroelastosis រោគនៅសាច់ សរ សៃៗនៅក្នុងបេះដូងដែលធ្វើឱ្យខូចបេះដូង ហើយធ្វើឱ្យបេះដូងរីកធំ នាមស័ព្ទ.
3410.	អ៊ីនដូខាឌៀល Endocardial មើមើ ឬមើៗ murmur មានពូសម្លេងនៅខាងក្នុងបេះដូង ពិចៗខុសពីភាពធម្មតា នាមស័ព្ទ.
3411.	អ៊ីនដូខាឌិអូ Endocardio- អ៊ីរ or ឬ អ៊ីនដូខាឌិអូ Endocardi/o ស្រទាប់សាច់ ស្ថើងៗនៅជុំវិញបេះដូង ឬស្រោមបេះដូងជាន់ខាងក្នុង -ព្រីវិក្ស prefix បុព្វបទ ឬពាក្យសម្រាប់តពីខាងមុខ.
3412.	អ៊ីនដូសើវិខល Endocervical ឃ្យុរថថេស curettages កម្មវិធីវះកាត់កោសសាច់ នៅក្នុងកស្បូនដើម្បីយកទៅពិនិត្យមើលរោគ នាមស័ព្ទ.
3413.	អ៊ីនដូឃ្យុនដ្រល endochondral ឬន bone សាច់ឆ្អឹងខ្ចីខាងក្នុង នាមស័ព្ទ.
3414.	អ៊ីនដូព្រៃគ្នេ៉ endocrania ខែនសើ cancer រោគមហារីកនៅខាងក្នុងឆ្អឹងលលាដ៍ ក្បាលច្រើនស្រទាប់ នាមស័ព្ទ.
3415.	អ៊ីនដូព្រៃគ្នេ៉ល endocranial ខែនសើ cancer រោគមហារីកនៅខាងក្នុងឆ្អឹង លលាដ៍ក្បាល នាមស័ព្ទ.

3416.	អ៊ីនដូក្រិន ឬអ៊ីនដូក្រាញ endocrine សែលួស cells គ្រាប់ទឹកឈាម គ្រាប់កោសិកា វាបញ្ចេញទឹកអ័រម៉ូននៅក្នុងខ្លួន ហើយបញ្ចូលទៅក្នុងទឹកឈាមណាមួយ (ឧទាហរណ៍ដូចជាល័ពែក បញ្ចេញទឹកអ័រម៉ូននៅក្នុងខ្លួន) នាមសំពុ.
3417.	អ៊ីនដូក្រាញ endocrine ឌិស្ស៊ូឌឺស disorders គ្រពេញបញ្ចេញទឹកអ័រម៉ូននៅក្នុងខ្លួន វាកើតរោគខុសពីធម្មតា នាមសំពុ.
3418.	អ៊ីនដូក្រិន ឬអ៊ីនដូក្រាញ endocrine វ័ងសឺម function មុខការរបស់គ្រពេញដែល បញ្ចេញទឹកអ័រម៉ូន ឬប្រតេអ៊ីននៅក្នុងខ្លួន នាមសំពុ.
3419.	អ៊ីនដូក្រិន ឬអ៊ីនដូក្រាញ endocrine ផ្កន្ត gland គ្រពេញ ឬសរីរាង្គ១ដែលបញ្ចេញ ទឹកអ័រម៉ូន នៅក្នុងខ្លួនបញ្ចូលទៅក្នុងទឹកឈាម (ឧទាហរណ៍ដូចជាគ្រពេញ២ដែលអង្គុយលើកប្រងទឹក នោម) នាមសំពុ.
3420.	អ៊ីនដូក្រិន ឬអ៊ីនដូក្រាញ Endocrine ផ្កន្តស glands គ្រពេញ១០ដែលបញ្ចេញទឹកអ័រម៉ូន នៅក្នុងខ្លួនយើង (ឧទាហរណ៍ដូចជាគ្រពេញ២ឈ្មោះ ថាយមើស thymus ផែន្ត and ហើយនឹង ថាយរ៉ូយដ thyroid ផ្កន្ត gland) នាមសំពុ.
3421.	អ៊ីនដូក្រិន ឬអ៊ីនដូក្រាញ endocrine អ៊ូរកិន organ គ្រពេញ ឬសរីរាង្គដែលបញ្ចេញ ទឹកអ័រម៉ូននៅក្នុងខ្លួន ហើយបញ្ចូលទៅក្នុងទឹកឈាមណាមួយ នាមសំពុ.
3422.	អ៊ីនដូក្រាញ ឬអ៊ីនដូក្រាញ endocrine ផែនគ្រ៊ីស pancreas គ្រពេញ ឬសរីរាង្គឈ្មោះ លំពែងនេះវាបញ្ចេញទឹកអ័រម៉ូន ឬប្រតេអ៊ីននៅក្នុងខ្លួនយើង នាមសំពុ.
3423.	អ៊ីនដូក្រិន ឬអ៊ីនដូក្រាញ endocrine សែក sac ថង់របស់គ្រពេញ ឬសរីរាង្គដែលបញ្ចេញ ទឹកប្រតេអ៊ីន ឬទឹកអ័រម៉ូននៅក្នុងងខ្លួន (ឧទាហរណ៍ដូចជាគ្រពេញដែលអង្គុយលើកប្រងទឹក នោមមួយក្តារ) នាមសំពុ.
3424.	អ៊ីនដូក្រិន ឬអ៊ីនដូក្រាញ Endocrine សិស្ទ៊ីម System ប្រព័ន្ធដែលបញ្ចេញទឹកឈាម ឬទឹកអ័រម៉ូននៅក្នុងខ្លួន (វាមានគ្រពេញ១០ មានឈ្មោះនៅខាងក្រោមនេះ គ្រពេញ១នៅក្នុងខួរក្បាល ឈ្មោះ ផិនៀល pineal ផ្កន្ត gland គ្រពេញនៅក្នុងខួរក្បាលមូលតួច, គ្រពេញ១នៅក្នុង ខួរក្បាលឈ្មោះ ហៃផូថៃឡ្លាមើស hypothalamus នៅខាងក្រោមពីតគ្រពេញឈ្មោះ ផិនៀល pineal ផ្កន្ត gland ឬគ្រពេញនៅក្នុងខួរក្បាលឈ្មោះ ផិធ្ជូអ៊ីធ្ជ៉ីរ pituitary ផ្កន្ត gland វានៅខាងក្រោមគ្រពេញឈ្មោះ ហៃផូថៃឡ្លាមើស hypothalamus

	ក្រពេញ១នៅកញ្ចឹង: តាយរ៉ូយេដ thyroid ក្រពេញ gland ដែលមានរាងដូចមេអំបៅ ក្រពេញ៤ទៀតនៅកដែលឈ្មោះ ផារ៉ាតាយរ៉ូយេដ parathyroid ក្រពេញស glands វាដេកនៅខាងក្រោមក្រពេញឈ្មោះ តាយរ៉ូយេដ thyroid ក្រពេញ gland នៅក), ក្រពេញ១ទៀតនៅដើមទ្រូងឈ្មោះ តាយមើស thymus ក្រពេញ gland ក្រពេញនេះ ពេលយើងចាស់វាញ្ញាញតូច ក្រពេញ២នៅពោះឈ្មោះ អេដ្រីនុល adrenal ក្រពេញស glands ដែលអង្គុយនៅលើក្រមុទិកនៅមម្ខាង១។ ក្រពេញ២ទៀតនៅពោះឈ្មោះ យិដនីស kidneys យើងហៅវាថាក្រមុទិកនៅម ឬក្រលៀន ក្រពេញ១ទៀតនៅពោះឈ្មោះ ផែនក្រីស pancreas វាមានរាងដូចជាតូក្នុងពុក ក្រពេញ២ទៀតនៅពោះរបស់មនុស្សស្រីឈ្មោះ អូវ៉ារី ovary ពងមេជីវិត វានៅខាងក្រោមចុកដែលស្បូនម្ខាងមួយ។ វាធ្វើទិកណាមរត្ថរ (តេហៅវាថាទិកមេជីវិត) នាមសំពុ.
3425.	អិនដូក្រិន ឬអិនដូក្រាញ endocrine ធ្លូមើរស tumors មានសាច់ពុំកុះនៅក្នុងក្រពេញ ដែលបញ្ចេញទិកអ័រម៉ូននៅក្នុងខ្លួន នាមសំពុ.
3426.	អិនដូម៉ុត្រៀល Endometrial បៃអុផស៊ី biopsy ការកាត់យកសាច់ពីក្នុងស្រោម ស្បូនបន្តិចដើម្បីយកទៅពិនិត្យមើលរោគ នាមសំពុ.
3427.	អិនដូម៉ុត្រៀល endometrial ខែនសើ cancer រោគមហារីកនៅស្រោមស្បូនខាងក្នុង នាមសំពុ.
3428.	អិនដូម៉ុត្រៀល Endometrial ខាសិនូម៉ា carcinoma រោគមហារីកនៅក្នុងស្រោម ស្បូនដែលក្រាលនៅខាងក្នុងស្បូន នាមសំពុ.
3429.	អិនដូម៉ុត្រៀល Endometrial សេស្សស cells គ្រាប់សាច់ឈាមដែលក្រាលនៅខាង ក្នុងស្រោមស្បូន នាមសំពុ.
3430.	អិនដូម៉ុត្រៀល endometrial ខ្យុរេទិរ៉េស curettages កម្មវិធីវះកាត់កោសសាច់ ពីខាងក្នុងស្រោមស្បូនដើម្បីយកសាច់បន្តិចទៅពិនិត្យមើលរោគ នាមសំពុ.
3431.	អិនដូម៉ុត្រៀល endometrial ក្រពេញស glands សរីរាង្គ ឬក្រពេញដែលក្រាលខាងក្នុង ស្បូន ឬស្រទាប់សាច់ស្ងើង ឬស្រោមស្បូនខាងក្នុង នាមសំពុ.
3432.	អិនដូម៉ុត្រៀល endometrial អិមផ្លែនស implants កូនដាំចាប់កំណើតនៅខាងក្នុង ស្បូន (ឬវាផ្សាំនៅស្រទាប់សាច់ស្រោមស្បូនខាងក្នុង) នាមសំពុ.
3433.	អិនដូម៉ុត្រៀល Endometrial ទិសស្យ tissue សាច់ស្រោមស្បូនដែលក្រាលនៅខាង

	ក្នុងស្បូន នាមសំពុ.
3434.	អ៊ិនដូម៉ឺត្រៀល Endometrial ជិសស្យូ tissue ក្រូស grows សាច់ដុះច្រើនកន្លែង នៅក្នុងស្រោមស្បូន នាមសំពុ.
3435.	អ៊ិនដូម៉ឺត្រៀល Endometrial ជិសស្យូ tissue អ៊ិនសាយឌ inside សាច់នៅកន្លែង ខាងក្នុងស្រោមស្បូន នាមសំពុ.
3436.	អ៊ិនដូម៉ឺត្រៀល Endometrial វ៉ស was រម៉្វវឌ removed បានកាត់យកសាច់ពីខាងក្នុងស្រោមស្បូនចេញរួចហើយ នាមសំពុ.
3437.	អ៊ិនដូម៉ឺត្រអូ Endometrio- អ៊ រ or ឬ អ៊ិនដូម៉ឺត្រអូ Endometri/o ស្រោមស្បូន ដែលវាក្រាលនៅខាងក្នុងស្បូន - អ៊ិនដូម៉ឺត្រៀម endometrium ស្រោមស្បូនដែលក្រាល នៅខាងក្នុងស្បូន១ជាត់ -ផ្រីវិក្ស prefix បុព្ចបទ ឬបាក្យសម្រាប់ពីខាងមុខ.
3438.	អ៊ិនដូម៉ឺត្រិអូស៊ីស Endometrioses អ៊ិនធើណល internal សាច់ដុះជុំនៅរៀននៅក្នុង ស្រោមស្បូនខាងក្នុង នាមសំពុ.
3439.	អ៊ិនដូម៉ឺត្រិអូសិស Endometriosis អ៊ក្សធើណល external សាច់ដុះជុំនៅរៀនខាង ក្រៅស្រោមស្បូនខាងក្នុង នាមសំពុ.
3440.	អ៊ិនដូម៉ឺត្រៀម endometrium ស្រោមស្បូនខាងក្នុង ឡ្លាញស lies ក្រាល អ៊ិនសាយឌ inside នៅខាងក្នុងស្បូន នាមសំពុ.
3441.	អ៊ិនដូម៉ឺត្រៀម endometrium ស្រោមស្បូនខាងក្នុង អ៊ិវ of នៅក្នុង ធើ the យូធើរីស uterus ស្បូន នាមសំពុ.
3442.	អ៊ិនដូផ្លែសមិក Endoplasmic រធិខ្យូម៉្លឹម reticulum ប្រព័ន្ធបំពង់ក្រពេញតូចៗ នៅក្នុងគ្រាប់ឈាម (ក្រពេញដែលធ្វើការងារជាមួយគ្នា វគ្គានស្រោម វាអណ្ណាតនៅក្នុងគ្រាប់ឈាម វាដឹកនាំ រស់ជាតិចំណីអាហារទៅផ្ញើមគ្រាប់ឈាមដើម្បីនឹងធ្វើជាតិប្រូតេអ៊ីននៅក្នុងដងខ្លួនយើង) នាមសំពុ.
3443.	អ៊ិនដូផ្លែសមិក Endoplasmic ធិល (ធើនេល) tunnel សិស្ទឹម system ប្រព័ន្ធបំពង់ផ្លូវរបស់ក្រពេញតូចៗនៅក្នុងគ្រាប់ឈាម នាមសំពុ.
3444.	អ៊ិនដូស្កូផិក Endoscopic រ ឬរត្រូគ្រេង retrograde យូរ៉ែលងជិអូដែនក្រើផ្ជូរក្រេហ្ស៊ី cholangiopancreatography (អ៊ីអ៊រស៊ីផី ERCP អក្សរកាត់របស់វា)

	ថ្នាំឈ្លោះកវែន្រសសំរាប់ចាក់បញ្ចូលទៅក្នុងលំពេញ ហើយនឹងបំពង់ទឹកប្រម៉ាត់ដែលនៅពេលកំពុងតែថតផ្លុះតាមកែវឆ្លុះចូលទៅតាមមាត់ ហើយហ្វូចូលទៅតាមបំពង់ទៅក្រុះ ហើយនឹងក្រុះចូលទៅក្នុងក្បាល ពោះរៀនគួចនៅកវែន្រសបំបង់ទឹកប្រម៉ាត់ជួបគ្នា ហើយចូលទៅក្នុងលំពែង (កែវឆ្លុះនេះសម្រាប់ថតផ្លុះមើលរោគផ្សាល់នឹងក្រូកនៅខាងក្រោយលំពែងដែលលប្រើទឹកថ្នាំឈ្លោះខ្លួនកែ្រតស្តាចាក់ចូលទៅក្នុងលំពែងតាមមាត់) នាមស័ព្ទ.
3445.	អ៊ីនដូទីល្យៀល ឬអ៊ីនដូស៊ីល្យៀល endothelial នៃ ឬទាក់ទងជាមួយនឹងស្រទាប់សាច់ ស្រោមនៅខាងក្នុង គុណនាម.
3446.	អ៊ីនដូទីល្យៀល ឬអ៊ីនដូស៊ីល្យៀល endothelial សែល្លស cells ស្រទាប់សាច់នៅខាងក្នុង ឬក្រាប់ឈមៗជរ ឬគោសិកាស្រោបនៅខាងក្នុងសរីរាង្គ ឬនៅក្នុងក្រពេញណាមួយ នាមស័ព្ទ.
3447.	អ៊ីនីម៉ី enemy ឃ្លាំងសត្រូវ វិត្តអ៊ីន within នៅខាងក្នុង (មេរោគនៅក្នុងរាងខ្លួន) នាមស័ព្ទ.
3448.	អ៊ីននឺជ៊ី energy លេវេល level កំរិត ឬចំនួនកម្លាំង នាមស័ព្ទ.
3449.	អ៊ីននឺជ៊ី energy ស្ទួរដ stored បានទុកកម្លាំងសម្រាប់ប្រើប្រាស់ នាមស័ព្ទ.
3450.	អ៊ីននឺជ៊ី energy ស៊ូរស្យ source ប្រភពនៃកម្លាំងសម្រាប់ប្រើប្រាស់ នាមស័ព្ទ.
3451.	អ៊ីនជិនៀរ Engineer អ្នកដែលចេះចំណេះវិជ្ជារកស៊ីខាងធ្វើគ្រឿងម៉ាស៊ីនអ្វីមួយ (ឧទាហរណ៍ដូចជាជាងធ្វើភ្លើងអគ្គីសនី គេហៅអ្នកនោះថា អេឡិចត្រិក electric អ៊ីនជិនៀរ engineer) វិស្វកម្មធ្វើភ្លើង១នាក់ នាមស័ព្ទ.
3452.	អ៊ីនជិនៀរស Engineers អ្នកដែលចេះចំណេះវិជ្ជារកស៊ីខាងធ្វើគ្រឿងម៉ាស៊ីនអ្វីមួយ (ឧទាហរណ៍ដូចជា ជាងធ្វើភ្លើងអគ្គីសនីគេហៅអ្នកនោះថា អេឡិចត្រិក electric អ៊ីនជិនៀរស engineers វិស្វកម្មធ្វើភ្លើង២នាក់ នាមស័ព្ទ.
3453.	អ៊ីងគ្លិស English ធើម៌ terms ពាក្យក្នុងភាសាអង់គ្លេសទាំងអស់នោះ នាមស័ព្ទ.
3454.	អ៊ីនគោល្ហ engulf ត្របាក់លេប ឬស៊ុបំផ្លាញ វ៉ូអន ឬវ៉ូរិន foreign សាប់ស្តែនស៊ុស substances វត្ថុធាតុចំឡែក (ឬស៊ីមេរោគមកពីខាងក្រៅដែលចូលមកខាងក្នុងខ្លួន) នាមស័ព្ទ.
3455.	អ៊ីនគោល្ហដ engulfed បានត្របាក់លេប ឌីប្រីស debris សំអង ឬកំទេចអ្វីៗដែលនៅក្នុងឈាម កិរិយាសព្ទ.
3456.	អ៊ីនឡ្ហាជ enlarge ហ្ហេដ head ពង្រីកក្បាលឱ្យធ្វើឱងធំ ក្បាលរីកធំ កិរិយាសព្ទ.

3457.	អ៊ីនឡាជ្ឌ enlarged លីមហ្វ៊ lymph ធិសស្យួស tissue សាច់ក្រពេញ ឬជុំទឹករវើរើកធំ កំរិយាសព្ទ.
3458.	អ៊ីនឡាជ្ឌ Enlarged បានពង់រីកក្រពេញឈ្លោះ តាយរ៉យ៉យ thyroid ក្លែន្ទ gland ឲ្យរីកធំ (ក្រពេញនេះមានរូបរូចមេអំបៅ វាៅនៅអោបពំពង់កយើង) កំរិយាសព្ទ.
3459.	អ៊ីនឡាចេមេន្ទ Enlargement ការរីកធំ អើរ of នៅក្នុង ឬរបស់ ប្លើដ blood វេសសេល្ស vessels ក្នុងសរសៃឈាមតូចៗជាច្រើន (ក្នុងសរសៃឈាមតូចៗជាច្រើនរីកធំ) នាមសព្ទ.
3460.	អ៊ីនឡាចេមេន្ទ Enlargement អើរ of ធើ the ប្រេស្ទ breast សាច់ដោះរីកធំខុស ពីភាពធម្មតារបស់វា នាមសព្ទ.
3461.	អ៊ីនឡាចេមេន្ទ Enlargement អើរ of ធើ the សផ្លីន spleen ក្រពេញម្យ៉ាង ឈ្មោះអណ្ដើក ឬថាលីរីកធំឡើង នាមសព្ទ.
3462.	អ៊ីនឡាចេមេន្ទ Enlargement មានជាតិរីកធំ អើរ of នៅក្នុង ធើ the លីវើ liver ថ្លើម (រោតធ្វើឲ្យថ្លើមរីកធំ) នាមសព្ទ.
3463.	អ៊ីនឡាចេមេន្ទ Enlargement រាតរីកធំឡើង អើរ of នៅ ធើ the ថផ់ top ខាងលើ (ធ្វើឲ្យផ្នែកខាងលើក្រពេញណាមួយរីកធំ) នាមសព្ទ.
3464.	អ៊ីនឡាចេមេន្ទ Enlargement មានជាតិរីកធំឡើង អើរ of នៅក្នុង ធើ the វេន្ស veins សរសៃឈាមខៅ (រាតសរសៃឈាមខៅហើមធំ ឬរីកធំ) នាមសព្ទ.
3465.	អ៊ីនួរមើស enormous រីកធំខ្លាំង (ឧទាហរណ៍ដូចជាថ្លើមរីកធំខ្លាំង) គុណនាម.
3466.	អ៊ីនួរមើស enormous អ៊ីនឡាចេមេន្ទ enlargement ក្រពេញមួយដែលរីកធំខ្លាំង (ឧទាហរណ៍ដូចជាថ្លើមរីកធំខ្លាំង) នាមសព្ទ.
3467.	អ៊ីនួរមើស enormous សាយស៊ី size ទំហំធំខ្លាំង ឬផំសម្បើមណាស់ នាមសព្ទ.
3468.	អ៊ីនស៊ីវ៉ិរម ensiform ខាទិលេជ cartilage ចុងឆ្អឹងខ្លីស្រួចរមួលនៅចុងដើមទ្រូង នាមសព្ទ.
3469.	អ៊ីនស៊ីវ៉ិរម ensiform ផ្រសេស្យ process ចុងឆ្អឹងខ្លីស្រួចរមួលនៅចុងដើមទ្រូង នាមសព្ទ.
3470.	អ៊ីអិនធី ENT ត្រចៀក ច្រមុះ អែន្ទ and ហើយនឹងបំពង់ក (អៀរ ear ត្រចៀក នូស nose ច្រមុះ អែន្ទ and ហើយនឹង ស្រ៊ត throat បំពង់ក) នាមសព្ទ.

3471.	អ៊ីនធើ enter- ពោះវៀនតូច -ជ្រើវក្យ prefix បុព្វបទ ឬពាក្យសម្រាប់ផ្តើមខាងមុខ.
3472.	អ៊ីនធើ enter ចូល ឬអន្ត and ហើយ ល្វើវ leave ចេញ កិរិយាសព្ទ.
3473.	អ៊ីនធើ enter ចូលទៅក្នុង ធើ the នូស nose ច្រមុះ កិរិយាសព្ទ.
3474.	អ៊ីនធើ enter ចូលទៅក្នុង ធើ the ស្ពីន skin ស្បែក កិរិយាសព្ទ.
3475.	អ៊ីនធើ enter ផ្លូវចូល ធូ to ទៅខាង ធើ the លេវ្ត left ឆ្វេង កិរិយាសព្ទ.
3476.	អ៊ីនធើ enter ផ្លូវចូល ធូ to ទៅខាង ធើ the រ៉ៃត right ស្តាំ កិរិយាសព្ទ.
3477.	អ៊ីនធើរុល Enteral វិធិង feeding ចូល ឬបញ្ចូលចំណីអាហារទៅក្នុងពោះវៀន នាមសព្ទ.
3478.	អ៊ីនធើរិក Enteric ទិស្ពីស៊ីស diseases មានមេរោគជាច្រើនដែលធ្វើឱ្យកើតរោគ នៅក្នុងពោះវៀន នាមសព្ទ.
3479.	អ៊ីនធើរិក Enteric វីវ fever រោគគ្រុនក្តៅរលាកនៅក្នុងពោះវៀន (ខ្មែរយើងតែហៅឈ្មោះ វាថា ថៃហ៊ីយដ typhoid វីវ fever រោគគ្រុនពោះវៀន រោគអាចម៍ខ្លាំង ឈឺក្បាល ក្រពេញញឈ្មោះអណ្តើកឡើងធំ សាច់ឡើងកន្ទួលពួចផ្កា ខ្ទិកណ្តាមស មានចិត្តព្រួយបារម្មណ៍ ពិបាកនៅក្នុងចិត្ត នាមសព្ទ.
3480.	អ៊ីនធើរ៉ូ entero- ពោះវៀនតូច អិរ or ឬ អ៊ីនធើរ៉ូ Enter/o ពោះវៀនតូច - (អិវិក្យមផល example ឧទាហរណ៍ពួចជា ស្មាល់ small អិនថេស្ពាញស ឬអិនថេស្ពីស្ស intestines ពោះវៀនតូច) -ជ្រើវក្យ prefix បុព្វបទ ឬពាក្យសម្រាប់ផ្តើមខាងមុខ.
3481.	អ៊ីនធើរ៉ូអ៊ីនធើរិក Enteroenteric វិសធ្ម្លា fistula រោតនៅក្នុងរន្ធពោះវៀនតូច១ជាប់ ឬរលាយចូលគ្នាទៅនឹងពោះវៀនតូចមួយទៀត គុណនាម.
3482.	អ៊ីនធើស enters ចូលទៅខាងក្នុង ឬអន្ត and ហើយ ល្វីវស leaves ចេញទៅខាងក្រៅ កិរិយាសព្ទ.
3483.	អ៊ីនធើស enters ចូលទៅខាងក្នុង ធើ the អាធើវ artery សរសៃឈាមក្រហម កិរិយាសព្ទ.
3484.	អ៊ីនធើស enters ចូលទៅខាងក្នុង ធើ the ប្រេស្ត breast ដោះ កិរិយាសព្ទ.
3485.	អ៊ីនធើស enters ចូលទៅខាងក្នុង ធើ the ឆេស្ត chest ដើមទ្រូង កិរិយាសព្ទ.
3486.	អ៊ីនធើស enters ចូលទៅខាងក្នុង ធើ the ហ៉េដ head ក្បាល កិរិយាសព្ទ.
3487.	អ៊ីនធើស enters ចូលទៅខាងក្នុង ធើ the ហាត ឬហ្គាត heart បេះដូង កិរិយាសព្ទ.

3488.	អ៊ីនធើស enters ចូលទៅខាងក្នុង ធើ the ចញ្ចន joint សន្លាក់ឆ្អឹងមួយ កិរិយាសព្ទ.
3489.	អ៊ីនធើស enters ចូលទៅខាងក្នុង ធើ the ចញ្ចនស joints សន្លាក់ឆ្អឹងជាច្រើន កិរិយាសព្ទ.
3490.	អ៊ីនធើស enters ចូលទៅខាងក្នុង ធើ the យិដនី kidney ក្រលៀននិមួយ ឫក្រលៀន កិរិយាសព្ទ.
3491.	អ៊ីនធើស enters ចូលទៅខាងក្នុង ធើ the ឡាំស្យ lungs សួតទាំងសងខាង កិរិយាសព្ទ.
3492.	អ៊ីនធើស enters ចូលទៅខាងក្នុង ធើ the ថាយ thigh ក្រភ្លៅមួយខាង កិរិយាសព្ទ.
3493.	អ៊ីនធើស enters ចូលទៅខាងក្នុង ធើ the ថាយ្យស thighs ក្រភ្លៅទាំងពីរខាង កិរិយាសព្ទ.
3494.	អ៊ីនធើស enters ចូលទៅខាងក្នុង ធើ the វេសេល vessel សរសៃឈាមត្បូៗ កិរិយាសព្ទ.
3495.	អ៊ីនថៃឌ៌ entire បធី body ពេញខ្លួនទាំងអស់ គុណនាម.
3496.	អ៊ីនថៃឌ៌ entire ខាម់ផៃនី company នៅពេញវាងចក្រ ឫក្រុមហ៊ុនណា១ទាំងមូល (ឫហាងលក់របស់អ្វី១ទាំងអស់) គុណនាម.
3497.	អ៊ីនថៃឌ៌ entire ម៉ៃស្យ mass ផុំធំពេញទាំងអស់ គុណនាម.
3498.	អ៊ីនថៃឌ៌ entire ថាម time គ្រប់ពេលវេលាទាំងអស់ គុណនាម.
3499.	អ៊ីនថៃឌ៌ entire ធូម៉ឺរ tumor ទាំងមូល មួយផុំពេញទាំងអស់ គុណនាម.
3500.	អ៊ីនថៃឌ៌ entire យូធើរីស uterus ពេញស្បូនទាំងមូល គុណនាម.
3501.	អ៊ីនត្រែនស្យ entrance ផ្លូវចូល ថៃត that វ៉ៃ way នៅខាងនោះ នាមសំព្ទ.
3502.	អ៊ីនធ្រី entry ចូល អ៊ិនធូ into មកក្នុង រដ red ឡើដ blood សេល្លស cells គ្រាប់ឈាមក្រហមជាច្រើន នាមសំព្ទ.
3503.	អ៊ីនស្យ៊ាម enzyme ឌីវិស៊ីនស៊ុ deficiency នេះគឺជាវាគខ្វះជាតិប្រូតេអ៊ីនដែលជួយកិន វិលាយចំណីអាហារ នាមសំព្ទ.
3504.	អ៊ីនស្យ៊ាម enzyme ជាតិទឹកប្រូតេអ៊ីនដែលជួយកិននំលាយអាហារ ល្អៀត leak លិច អៅត out ចេញក្រៅ នាមសំព្ទ.
3505.	អ៊ីនស្យ៊ាម enzyme លេវែល្យ levels កិរិត ឫចំនួនជាតិទឹកប្រូតេអ៊ីនដែលជួយកិននំលាយ អាហារ នាមសំព្ទ.

3506.	អ៊ីនស្ស៊ីម enzyme ទឹកប្រតេអ៊ីនដែលជួយរំលាយអាហារ ផ្សូវស្បូត produced បានផលិតឡើង នាមសំពុ.
3507.	អ៊ីនស្ស៊ីម enzyme ជាតិទឹកប្រតេអ៊ីននៅក្នុងមាត់ ផ្ទៃត that ដែល ហេល្ល ឬហេផ help ជួយ នាមសំពុ.
3508.	អ៊ីអ៊ូស៊ីន eosino- អ៊រ or ឬ អ៊ីអ៊ូស៊ីន eosin/o ពណ៌ក្រហមតិចៗ រូស៊ី rosy ពណ៌ក្រហមឆ្អៅ ឌន dawn ខាលិរេ colored ពណ៌ក្រហមតិចៗ ច្រៀងៗ -ផ្រីវិក្ស prefix បុព្វបទ ឬពាក្យសម្រាប់តពីខាងមុខ.
3509.	អ៊ីពីអាយ Epi- ខាងលើ - អ៊ីពៅរ above ខាងលើ - អ៊ន on លើ អៅទេ outer ខាងក្រៅ - អ៊ាផន upon នៅខាងលើ អៅរ of របស់អ្វីមួយ -ផ្រីវិក្ស prefix បុព្វបទ ឬពាក្យសម្រាប់តពីខាងមុខ.
3510.	អ៊ីធីប្ល៊ស្ស epiblast ស្បែកខាងក្រៅ ឬសាច់ខាងលើដែលកើតឡើងត្រើន នាមសំពុ.
3511.	អ៊ីធីប្ល៊សទិក epiblastic នៃ ឬទាត់ទៅនឹងស្បែកខាងក្រៅវាកើតត្រើនឡើង គុណនាម.
3512.	អ៊ីធីខែនថល epicanthal រ៉ូល្ល fold ស្បែកបត់ថ្លត់វៃៗនៅខាងលើត្របកភ្នែកនៅរៀនភ្នែក នាមសំពុ.
3513.	អ៊ីធីខែនទិក epicanthic រ៉ូល្ល fold ស្បែកបត់ថ្លត់វៃៗនៅខាងលើត្របកភ្នែកនៅរៀនភ្នែក នាមសំពុ.
3514.	អ៊ីធីខារៀល epicardial ផេស៊ីង pacing ការងារបស់កម្លាំងភ្លើងអគ្គីសនីនៅបេះដូង នាមសំពុ.
3515.	អ៊ីធីខារៀម epicardium លេយេ layer ស្រទាប់សាច់ស្រោមបេះដូង១ជាន់ខាងលើ នាមសំពុ.
3516.	អ៊ីធីខនឌីល៊ើ epicondylar រ៉ៃកលើ fracture ភ្លឹងបាក់បែកនៅខាងលើផ្រុងចុក ក្បាលភ្លឹង នាមសំពុ.
3517.	អ៊ីធីខនឌីល្ល Epicondylo- អ៊រ or ឬ អ៊ីធីខនឌីល្ល Epicondyl/o ផ្រុងភ្លឹងឡកនៅ កណ្ដាលចុងភ្លឹងខាងលើក្បាលភ្លឹងនៅសន្លាក់ភ្លឹង - អ៊ីធីខនឌាល epicondyle ភ្លឹងឡកកមូល នៅខាងលើក្បាលភ្លឹងនៅសន្លាក់ភ្លឹង -ផ្រីវិក្ស prefix បុព្វបទ ឬពាក្យសម្រាប់តពីខាងមុខ.

3518.	អ៊ីផិខនឌីម៉ូ epicondymo- អ៊ិ or ឬ អ៊ីផិខនឌីម៉ូ epicondym/o បំពង់ដែលបង្ហូរ ទឹកកាមទៅមេក្ល - អ៊ីផិឌិដាយមិស epididymis បំពង់ដែលបង្ហូរទឹកកាម វាអោបទៅពុំវិញពងក្ល -ស្រីវិក្ស prefix បុព្វបទ ឬពាក្យសម្រាប់ថេពីខាងមុខ.
3519.	អ៊ីផិក្រេន្យៀល epicranial ផែនួណ្ណរសិស aponeurosis ស្រទាប់សាច់ស្រោមសរសៃៗ ស្តើងៗដែលស្រោបទៅពុំវិញឆ្អឹងលលាដ៍ក្បាល១ជាន់ខាងលើ នាមសំព្ធ.
3520.	អ៊ីផិឌើម៉ាល epidermal សេល្លស cells គ្រាប់កោសិកា ឬគ្រាប់សាច់ឈាមទៅលើស្បែក នាមសំព្ធ.
3521.	អ៊ីផិឌើប៉ាស Epidermal ស៊ីស្ថ cyst ពងទឹកពក១ ពងពងបែកត្ថូច១ទៅខាងលើស្បែក ឬថង់ទឹកត្ថូច១ទៅខាងលើស្បែក នាមសំព្ធ.
3522.	អ៊ីផិឌើម៉ូយដ epidermoid ខាសិន្ធម៉ា carcinoma មានរោគមហារីកទៅលើស្បែក (មានរោគមហារីកទៅគ្រាប់សាច់ឈាម ឬរោគមហារីកទៅលើស្បែកខាងក្រៅ) នាមសំព្ធ.
3523.	អ៊ីផិឌើម៉ូយដ epidermoid ស៊ីស្ថ cyst មានពងបែកទៅលើស្បែកខាងលើ ស្បែកម៉ាំង ថង់ទឹកទៅលើស្បែកខាងលើ វាមានទឹកពងទៅខាងក្នុងវា ឬជាតិខ្លាញ់ទៅខាងក្នុងវា នាមសំព្ធ.
3524.	អ៊ីផិឌើម៉ូ-អ៊ីវ៉ៃយធិស epidermo-orchitis រោគរលាកសាច់ខាងលើបំពង់ទុកទឹកកាម ហើយនឹងរលាកទៅសាច់ពងផងផង នាមសំព្ធ.
3525.	អ៊ីផិឌើម៉ូវ៉ៃស្ថូស្ថូម៉ីស epidermovasostomies ការវះកាត់២ដងទៅផ្នែកខាងលើ បំពង់ទុកទឹកកាមឈ្លោះ វ៉ៃស Vas ឌីវ៉ែរនស deferens ទៅពុំវិញកន្លែងដែលស្ទះទឹកកាម អ៊ីផិឌើម៉ូវ៉ៃស្ថូស្ថូម៉ី epidermovasostomy ការវះកាត់១ពេង នាមសំព្ធ.
3526.	អ៊ីផិឌើម៉ូវ៉ៃស្ថូស្ថូម៉ី epididymovasostomy ការវះកាត់១ដងទៅបំពង់ទុកទឹកកាមឈ្លោះ អ៊ីផិឌិដាយមិស epididymis ទៅពុំវិញកន្លែងដែលស្ទះទឹកកាម នាមសំព្ធ.
3527.	អ៊ីផិឌិដាយមែដស epididymites បំពង់ជាច្រើនដែលបង្ហូរទឹកកាមទៅមេក្ល ប្រព័ន្ធបំពង់សាច់ ត្ថូច១ទៅខាងលើដែលចេញមកពីខាងក្រោយពងក្ល បំពង់ដែលទុកទឹកកាមទៅពេលធំពេញវ័យបំពង់ សាច់នាំទឹកកាមនេះកើតជុំជំពាក់គ្នាមុនពេលរាច្ចួលទៅបំពង់វ៉ៃញ់វ៉ុំជាមួយគ្នា មានកន្ធុយបន្ធូចួលទៅបំ ពង់ឈ្លោះ វ៉ៃស Vas ឌីវ៉ែរនស deferens នាមសំព្ធ.
3528.	អ៊ីផិឌិដាយមិស epididymis បំពង់វ៉ៃញ់១ទុកទឹកកាមទៅពងក្លនេះ រ៉ាន់ស runs សំយុង ដោន down ចុះទៅខាងក្រោមអោបពងក្ល ហើយវ៉ាបែទៅលើវ៉ិញ វាមានប្រវែង១៦វ៉ីត នាមសំព្ធ.

3529.	អ្នកទិទាយមិស **epididymis** បំពង់រួញៗទុកទឹកកាមនៅខាងក្រោយពងក្នុងក្រពេញដែលពទ្បាប់ទៅនឹងបំពង់ឈ្មោះ វ៉ាស **Vas** ឌីហ្វ៊ែរនស **deferens** (ទឹកកាម រារៀនហែលនៅពង ក្ខ២០ថ្ងៃ) នាមសំពួ.
3530.	អ្នកទិទាយមៃធិស **epididymitis** រាគរលាកឈឺនៅបំពង់រួញៗដែលបង្ករទឹកកាមពីពងក្ខទៅបំ ពង់ក្រពេញវៃកឈ្មោះ វ៉ាស **Vas** ឌីហ្វ៊ែរនស **deferens** នាមសំពួ.
3531.	អ្នកទិទាយមួ **epididymo-** អ៊រ or ឫ អ្នកជិខនឌីមួ **epicondym/o** បំពង់ដែលបង្ករ ទឹកកាមទៅមេក្ខ - អ្នកទិទាយមិស **epididymis** បំពង់ដែលបង្ករទឹកកាម រ៉ាអោបនៅជុំវិញពងក្ខ - ព្រីវិក្ស **prefix** បុព្វបទ ឫបាក្យសម្រាប់តពីខាងមុខ.
3532.	អ្នកជិទ័រុល ឫអ្នកជិខ្លួរុល **epidural** អែនេសទីសា **anesthesia** ឈ្មោះថ្នាំសន្លំ ឫថ្នាំស្ពឹក ដែលប្រើដើម្បីពេឲ្យធ្វើការវះកាត់ ឫជាពិសេសចាក់នៅឆ្អឹងខ្នងត្រង់ចង្កេះដើម្បីជួយកំឲ្យឈឺពោះខ្លាំង នៅពេលសម្រាលកូន គុណនាម.
3533.	អ្នកជិទ័រុល ឫអ្នកជិខ្លួរុល **epidural** អែបស្រេសស្ស **abscess** មានខ្ទុះនៅក្នុងកណ្ដាលស្រោម ខួរក្បាល ហើយនឹងកណ្ដាលស្រោមខួរឆ្អឹងខ្នង គុណនាម.
3534.	អ្នកជិទ័រុល ឫអ្នកជិខ្លួរុល **epidural** ហ៊ីមែធ្មូម៉ាស **hematomas** ដុំឈាមកកជាច្រើនដុំ នៅខាងលើស្រោមខួរក្បាល ហើយនឹងនៅខាងលើស្រោមខួរឆ្អឹងខ្នងខាងក្រៅ គុណនាម.
3535.	អ្នកជិទ័រុល ឫអ្នកជិខ្លួរុល **epidural** ហ៊ីម៉ារហេជ **hemorrhage** មានឈាមចេញខ្លាំង នៅខាងលើស្រោមខួរក្បាល ហើយនឹងមានឈាមចេញនៅក្នុងខួរឆ្អឹងខ្នងផង គុណនាម.
3536.	អ្នកជិទ័រុល ឫអ្នកជិខ្លួរុល **epidural** ស្ពេស្ស **spaces** ប្រឡោះកណ្ដាលជុំវិញស្រោមខួរ ក្បាលខាងលើ ហើយនឹងប្រឡោះកណ្ដាលជុំវិញស្រោមខួរឆ្អឹងខ្នង គុណនាម.
3537.	អ្នកជិតៃសទ្រិក **epigastric** ទិសខំវ៉ូរត **discomfort** ឈឺមិនស្រួលនៅកន្លែងខាងលើ ក្រពះ គុណនាម.
3538.	អ្នកជិតៃសទ្រិក **epigastric** រី ឫរជិន **region** កន្លែង ឫតំបន់នៅខាងលើក្រពះ គុណនាម.
3539.	អ្នកជិត្ថតធ្ម **epiglotto-** អ៊រ or ឫ អ្នកជិត្ថតធ្ម **epiglott/o** សន្ធៈបិទបើកនៅរន្ធបំពង់ក ហើយនឹងរន្ធបំពង់ខ្យល់ - អ្នកជិត្ថតធិស **epiglottis** សន្ធៈបិទបើកនៅរន្ធបំពង់ក ហើយនឹង រន្ធបំពង់ខ្យល់ - ព្រីវិក្ស **prefix** បុព្វបទ ឫបាក្យសម្រាប់តពីខាងមុខ.
3540.	អ្នកជិសអ៊ួ **episio-** អ៊រ or ឫ អ្នកជិសអ៊ួ **episi/o-** វុលវ៉ា **vulva** សរីរង្គ ឫក្រពេញខាង

	ក្រៅ ខួនគួចៗ វានៅពិតៗវន្ធយោនី ឬក្រពេញដែលនៅពុំវិញ្ញនន្ធលារមាស ហើយឬក្សរគ្នាទៅនឹងវន្ធ យូនីផងដែរ -ផ្នែវិក្យ prefix បុព្វបទ ឬពាក្យសម្រាប់គពីខាងមុខ.
3541.	អិធិទិល្យៀល epithelial ខែនសើ cancer មានរោគមហារីកនៅស្បែកខាងលើ នាមសំពុ.
3542.	អិធិទិល្យៀល epithelial សេល្ល cell គ្រាប់សាច់ឈាម ឬកោសិកានៅលើស្បែកមួយ នាមសំពុ.
3543.	អិធិទិល្យៀល epithelial សេល្លស cells គ្រាប់សាច់ឈាម ឬកោសិកាខាងក្រៅស្បែកជាច្រើន វានៅពុំវិញ្ញក្រពេញ វាមានរាងកំប៉ែងច្រើនចាប់ពីពីរឡើងទៅ នាមសំពុ.
3544.	អិធិទិល្យៀល epithelial ការវ៉ cuff គ្រាប់សាច់ឈាម ឬកោសិកាខាងលើដែលមានរាង មូលជួចកែវ នាមសំពុ.
3545.	អិធិទិល្យៀល epithelial លេយើ layer ស្រទាប់សាច់ស្តើងៗនៅខាងលើ ឬស្រទាប់នៅខាង ក្រៅ នាមសំពុ.
3546.	អិធិទិល្យៀល epithelial ឡ្យាញនិង្យ linings ស្រទាប់សាច់ដែលក្រាលនៅខាងលើហើយ ក្រាលខាងក្នុងក្រពេញផង (វាជាស្រទាប់សាច់ស្តើងៗដែលទំរៀបជួរគ្នានៅក្នុងក្រពេញ) នាមសំពុ.
3547.	អិធិទិល្យៀល epithelial នើវស nerves អិ or ឬ នើវ៉ស nervous សរសៃវិញ្ញាណ ឬសរសៃប្រសាទផុំគ្នាជាច្រើននៅលើៗខាងលើស្បែក នាមសំពុ.
3548.	អិធិទិល្យៀល epithelial អីរជិន origin ប្រពភដើមរបស់ស្រទាប់សាច់ខាងលើ នាមសំពុ.
3549.	អិធិទិល្យៀល epithelial ធិសស្យួស tissues ជាលិកាខាងលើ ឬស្បែកខាងលើ នាមសំពុ.
3550.	អិធិទិលើអូ epithelio- អិ or ឬ អិធិទិលិអូ epitheli/o នៃស្រទាប់សាច់ខាងលើ ឬសាច់ខាងក្រៅ អិធិទិល្យៀម epithelium នៃស្រទាប់សាច់ខាងលើ ឬសាច់ខាងក្រៅ -ផ្នែវិក្យ prefix បុព្វបទ ឬពាក្យសម្រាប់គពីខាងមុខ.
3551.	អីឃ្វលដ equaled អិ or ឬ អីឃ្វល្លដ equalled បានធ្វើអ្វីឲ្យស្មើគ្នា កិរិយាសពុ.
3552.	អីឃ្វលិង equaling អិ or ឬ អីឃ្វល្លិង equalling កំពុងតែធ្វើអ្វីឲ្យស្មើគ្នា នៅក្នុងពេលឥឡូវនេះ កិរិយាសពុ.
3553.	អីឃ្វល្លី equally ដែលមានភាពស្មើគ្នា អិនធូ into ទៅខាងក្នុង រៃត right ផ្នែកខាងស្តាំ អែន្ល and ហើយនឹង លេវ៉ left ផាត្យ parts ផ្នែកខាងឆ្វេង អ៊ើវ៉ of ធី the បឌី body របស់រៅងខ្លួន កិរិយាវិសេសន៍.

3554.	អ៊ីក្វាញ equine ទិសថេមផើ distemper រោគជំហៅរលាកច្រើនយ៉ាងនៅក្នុងសត្វសេះ (ឧទាហរណ៍ដូចជាក្រុនក្ដៅ រលាកជំហៅនៅក្នុងសត្វសេះ វាខ្លាចពន្លឺភ្លើង ក្តុត ឬរលាកនៅផ្លូវដកដង្ហើម ហើយធ្វើឱ្យរាខ្លិលផង វាកើតតមកពីមេរោគឈ្មោះ ផ្សេងៗដែលគេរកមិនទាន់ឃើញ) នាមសំពួ.
3555.	អ៊ីអ៊ី ER អក្សរកាត់របស់ពាក្យ អ៊ីម៉ើជេនស៊ី emergency នៅពេលមានអាសន្នភ្លាមៗ (ត្រូវរ៉ែតទៅកន្លែងមន្ទីរពេទ្យឱ្យគេជួយសង្គ្រោះជាបន្ទាន់ភ្លាមៗ) នាមសំពួ.
3556.	អ៊ើ -er អ្នកណាម្នាក់ដែល - រៀន one ឬ who អ្នកណាម្នាក់ដែល - ស៊ាវ៉ីក្យ suffix បច្ច័យ ឬពាក្យសម្រាប់ពត៌ខាងក្រោយ.
3557.	អ៊ីអ៊ី ER រូម room បន្ទប់ជួយសង្គ្រោះមនុស្សនៅពេលមានអាសន្ន នាមសំពួ.
3558.	អ៊ីរកថាល erectile ឌីសវ៉ំស៊ិន dysfunction ក្ដឡើងរឹងដោយពិបាក នាមសំពួ.
3559.	អ៊ីរកថាល erectile ធិសស៊ូ tissue សាច់ ឬជាលិកាដែលឡើងរឹងស្រៀវប៉ះគាប់ដឹង នាមសំពួ.
3560.	អ៊ើក្ ergo- អ៊ី or ឬ អ៊ើក្ erg/o ធ្វើការ - វ៉ើត work ធ្វើការ -ព្រីវីក្យ prefix បុព្វបទ ឬពាក្យសម្រាប់ពត៌ខាងមុខ.
3561.	អ៊ើជី -ergy ធ្វើឱ្យកើតឡើង អែកស៊ិន action ផលិត ធ្វើចរនាឡើង វសិល្ល result លទ្ធផល - ស៊ាវ៉ីក្យ suffix បច្ច័យ ឬពាក្យសម្រាប់ពត៌ខាងក្រោយ.
3562.	អ៊ីអ៊ីថី ERT អក្សរកាត់របស់ពាក្យ ការព្យាបាលរោគស្ត្រីដោយប្រើទិកហ្សូម៉ូន (ឬអ័រម៉ូន) មកជុំនួស ទិកហ្សូម៉ូន (ឬអ័រម៉ូន) ដែលខ្លួនស្ត្រីធ្វើមិនគ្រប់ឈ្មោះ (អេះ សត្រុជ៊ីន estrogen អរផ្លេស្សមេន្ត replacement ថើរ៉ាថ៉ី therapy ការព្យាបាលរោគដោយយកប្រភេទអ័នមកជុំនួសទិកហ្សូម៉ូន (ឬអ័រម៉ូន) នាមសំពួ.
3563.	អ៊ែរ៉ូស៊ិន erosion ការវិចរិលម្មួយកន្លែង (អ៊ែរ៉ូស៊ីស្យ erosions ការវិចរិលច្រើនកន្លែង) នាមសំពួ.
3564.	អ៊ើរ៉ើ error អ៊ិន in រ៉ឺប្រែកស៊ិន refraction កំរស្មីដែលចាំងចូលក្នុងគ្រាប់ ភ្នែកមិនត្រូវកន្លែង នាមសំពួ.
3565.	អ៊ើរ៉ើស errors អ៊ីវ of រ៉ឺប្រែកស៊ិន refraction កំរស្មីចាំងខុសកន្លែងធម្មតារបស់វា នាមសំពួ.

3566.	អឺរ៉ឺផស៊ីន Eruption ពងខ្នះបែកចេញ អើរវ of នៅ នើ the ធឺស teeth ធ្មេញ នាមសំពុ.
3567.	អេរ៉ឺទីម៉ erythemo- អឺរ or ឬ អេរ៉ឺទីម៉ erythem/o ពណិក្រហមឆ្នៅ – ផ្លឺស្លៃង flushed ដែលមានពណិក្រហមស្រស់ៗ រេដណេស្ស redness ក្រហមឆ្នៅ ឬក្រហមស្រស់ - ធ្រីវិក្ស prefix បុព្វបទ ឬពាក្យសម្រាប់តពីខាងមុខ.
3568.	អេរ៉ឺធ្រ Erythr- ពណិក្រហម អឺរ or ឬ អេរ៉ឺធ្រូ Erythro- ឬ អេរ៉ឺធ្រ Erythr/o ពណិក្រហម -រេដ red ពណិក្រហម -ធ្រីវិក្ស prefix បុព្វបទ ឬពាក្យសម្រាប់តពីខាងមុខ.
3569.	អេរ៉ឺធ្រផ្លែសធូស៊ីស Erythroblastoses វ៉ឺលិស fetalis រោគគ្រាប់ឈាមក្រហមនៅ ក្នុងខ្លួនកូនក្ដៅដែលទើបនឹងកើតថ្មីៗ (គ្រាប់ឈាមក្រហមបែកដែលធ្វើឲ្យសាច់កូនក្ដៅឡើងពណិលឿង) នាមសំពុ.
3570.	អេរ៉ឺធ្រូផ្លែសធូសិស Erythroblastosis វ៉ឺលិស fetalis រោគនៅក្នុងគ្រាប់ឈាម ក្រហមរបស់កូនក្ដៅដែលទើបនឹងកើត (អិរអេវ Rh វ៉ិកទើរ factor ក្រុមគ្រាប់ឈាមៗម្ងាយ ហើយនឹងឈាមកូនមិនត្រូវគ្នា) នាមសំពុ.
3571.	អេរ៉ឺធ្រូសៃត Erythrocyte គ្រាប់ឈាមក្រហម ឬកោសិកាក្រហម (គ្រាប់ឈាមក្រហម ខ្យ៉ើ carry ដឹកនាំ អិក្ស៊ីជិន oxygen ខ្យល់អុកស៊ីសែន) នាមសំពុ.
3572.	អេរ៉ឺធ្រូសៃត Erythrocyte គ្រាប់ឈាមក្រហម១គ្រាប់ -រេដ red ប្លើដ blood សេល្ល cell គ្រាប់ឈាមក្រហម១គ្រាប់ នាមសំពុ.
3573.	អេរ៉ឺធ្រូសៃត្ស Erythrocytes គ្រាប់យោមក្របម0១គ្រាប់ -រេដ red ប្លើដ blood សេល្លស cells គ្រាប់ឈាមក្រហម២គ្រាប់ នាមសំពុ.
3574.	អេរ៉ឺធ្រូសៃត៉ Erythrocyto- អឺរ or ឬ អេរ៉ឺធ្រូសៃត៉ Erythrocyt/o គ្រាប់ឈាមក្រហម - រេដ red ប្លើដ blood សេល្លស cells គ្រាប់ឈាមក្រហម២គ្រាប់ -ធ្រីវិក្ស prefix បុព្វបទ ឬពាក្យសម្រាប់តពីខាងមុខ.
3575.	រ៉េរ៉ឺធ្រូមសិន erythromycin ផ្លាស plus ប៊ីនស៊្យយល benzoyl ផេរ៉ុក្ស៊ីឌីន peroxiden ថ្នាំផ្សះដែលលាបនៅលើស្បែក មុខការរបស់វា គឺវាសម្លាប់មេរោគឈ្មោះ បែកធៀរ៉ៀ bacteria នៅលើស្បែកនៅពេលលាបវ៉ាៗធ្វើឲ្យសាច់នៅកន្លែងដែលលាបក្ដៅ ហើយឈឺផ្សាផង នាមសំពុ.

3576.	រេ៊្រីទ្រូមៃសិនួ erythromycins ថ្នាំផ្សះដែលលាបនៅលើស្បែក មុខការរបស់វាគឺវាសម្លាប់មេរោគឈ្មោះ បែកធៀរៀ bacteria នៅលើស្បែកនៅពេលលាបរាៗធ្វើឱ្យសាច់នៅកន្លែងដែលឈឺ លាបក្តៅហើយឈឺផ្សាឯង នាមសំពូ.
3577.	អីស្កេផ្ត escape រត់ចេញ ស្រ៊ីវ through ទៅតាម កិរិយាសព្ទ.
3578.	អីសសេន្ត -escent ចាប់ផ្តើមកើតឡើង - សិរវីក្ស suffix បច្ច័យ ឬពាក្យសម្រាប់ពទីខាងក្រោយ.
3579.	អីស្ការ eschar- ក្រម៉រ ក្រៀម អិរ or ឬ អីស្ការ៝ escharo- ឬ អីស្ការ៝ eschar/o ក្រម៉រ ក្រៀម - ស្កែប scab ក្រម៉រក្រៀម អិរ or ឬ ្រាយ dry ស្កូត ក្រីស្ត crust ក្រៀម៉រិងៗ -ផ្រីវីក្ស prefix បុព្វបទ ឬពាក្យសម្រាប់ពទីខាងមុខ.
3580.	អីសិស -esis ធ្វើឱ្យកើតឡើង ដែកសិន action ផលិត ធ្វើចរនាឡើង ឬសិល្ប result លទ្ធផល អិរ or ឬ អីសិស -esis មានរោគ ឬមានបញ្ហា -សិស sis មានរោគ ឬមានបញ្ហា - ខុនទិស៊ីន condition រោគ ឬមានបញ្ហា -សាវីក្ស suffix បច្ច័យ ឬពាក្យសម្រាប់ពទីខាងក្រោយ.
3581.	អីស៝ eso- កោងចូលទៅខាងក្នុង - អិនវ៉ឺង inward កោងចូលទៅខាងក្នុង វិឌ្ឍអិន within ទៅខាងក្នុង អិរ or ឬបត់ចូលទៅខាងក្នុង -ផ្រីវីក្ស prefix បុព្វបទ ឬពាក្យសម្រាប់ពទីខាងមុខ.
3582.	អីស៝មីប្រៃស៝ីល Esomeprazole ថ្នាំនេះសម្រាប់ប្រើដើម្បីឱ្យទិកអាស៊ីតចុះទាប (ឈ្មោះមួយទៀតគេហៅវាថា នែកស្យេម ឬនេក្ស្យេម Nexium) នាមសំពូ.
3583.	អីសិហ្វៀៀល esophageal អាធើរីស arteries សរសៃឈាមក្រហាមច្រើននៅបំពង់ក នាមសំពូ.
3584.	អីសិហ្វៀៀល esophageal អាធើរី artery សរសៃឈាមក្រហាមមួយនៅបំពង់ក នាមសំពូ.
3585.	អីសិហ្វៀៀល esophageal នៃបំពង់ក អីទ្រីស្ហា atresia វ្ញត្តុចខុសពីភាពធម្មតា ឬនៃបំពង់កបិត នាមសំពូ.
3586.	អីសិហ្វៀៀល esophageal ខែនសើ cancer រោគមហារីកនៅក្នុងបំពង់ក នាមសំពូ.

3587.	អីសហ្វ៉ៀជៀល esophageal និសវ៉ាត់សិន dysfunction បំពង់កដែលធ្វើការរបស់វាមិនល្អ (ខូចបំពង់កដែលមានការពិបាកលេបចំណីអាហារខុសពីភាពធម្មតា) នាមសព្ទ.
3588.	អីសហ្វ៉ៀជៀល esophageal ហៃអេធើស hiatus រាតមានប្រហោងនៅបំពង់ក (ឬរាគខ្ចុចសកម្មភាពរបស់បំពង់ក) នាមសព្ទ.
3589.	អីសហ្វ៉ៀជៀល esophageal ល្ងីដ lead ខ្សែនាំកែភ្លុះចូលទៅក្នុងបំពង់កដើម្បីនឹងពិនិត្យមើលរាគនៅក្នុងបំពង់ក នាមសព្ទ.
3590.	អីសហ្វ៉ៀជៀល esophageal អូបធើរេទឺរ obturator អើៀរវ៉េ airway គ្រឿងប្រដាប់ពេទ្យ១យ៉ាងដែលដាក់តាមបំពង់កចូលទៅក្នុងទងសួតដើម្បីឱ្យខ្យល់ចេញចូលទៅសួត នាបសព្ទ.
3591.	អីសហ្វ៉ៀជៀល esophageal ផ្លេក្ស៉េស plexus ប្រព័ន្ធធ្វើការទាក់ទងគ្នាទៅនឹងបំពង់ក នាមសព្ទ.
3592.	អីសហ្វ៉ៀជៀល esophageal ស្ពីហ្ចធៃ ឬស្ភីងធៃ sphincter បំពង់កងសាច់សន្តួបិតបើកនៅក្នុងក្រពះ នាមសព្ទ.
3593.	អីសហ្វ៉ៀជៀល esophageal រៀរីស៉ុស varices រាគក្នុងលួនលៀនផ្លុះសាច់ដែលចែកដើមទ្រុងចេញពីពោះ វ៉ាលៀនចេញប៉ោងទូលនៅក្រពះ នាមសព្ទ.
3594.	អីសហ្វ៉ៀត៉ូ esophago- អ៉ែរ or ឬ អីសហ្វ៉ៀត៉ូ esophag/o បំពង់កទៅក្រពះ - អីសហ្វ៉ៀគើស esophagus បំពង់កទៅក្រពះ -ប្រ៊ីវ៉ីក្ស prefix បុព្វបទ ឬបាក្យសម្រាប់ពតីខាងមុខ.
3595.	អីសហ្វ៉ៀគើស esophagus ឡ្ងាញនិង lining ស្រទាប់សាច់ដែលគ្រាលនៅបំពង់កនៅខាងលើក្រពះ នាមសព្ទ.
3596.	អីសហ្វ៉ៀគើស esophagus បំពង់ក ផ្រ៉ឺផេល propel រុញនាំចំណីអាហារចូលទៅក្នុងក្រពះ នាមសព្ទ.
3597.	អីសហ្វ៉ៀគើស esophagus ស្ភិងធៃ sphincter បំពង់កងសន្តួបិតបើកនៅលើក្រពះ នាមសព្ទ.
3598.	អីស្ពេសាល្ងី especially ជាពិសេស អ៉ែត at នៅពេល នៃត night យប់ កិរិយាវិសេសន៍.
3599.	អីស្ពេសាល្ងី especially ជាពិសេស អ៉ិនទិខេធិវ indicative ចង្អុលបង្ហាញថា

	កិរិយាវិសេសន៍.
3600.	អ៊ីស្ពេសាល្លី especially ជាពិសេស បាយ by ដោយសារតែ ធើ the អាយ eye ភ្នែក កិរិយាវិសេសន៍.
3601.	អ៊ីស្ពេសាល្លី especially ជាពិសេស វ្លួយ fluid ទឹក កិរិយាវិសេសន៍.
3602.	អ៊ីស្ពេសាល្លី especially ជាពិសេស ហ្វ្រូត្យ fruits ផ្លែឈើជាច្រើនយ៉ាង កិរិយាវិសេសន៍.
3603.	អ៊ីស្ពេសាល្លី especially ជាពិសេស ម៉ាសសិល្យ muscles សាច់ដុំជាច្រើនយ៉ាង កិរិយាវិសេសន៍.
3604.	អ៊ីស្ពេសាល្លី especially ជាពិសេស វ៉ុន one លេខ១ ឬអាណាមួយ អៅវ of ដែលវា ធើ the កិរិយាវិសេសន៍.
3605.	អ៊ីស្ពេសាល្លី especially ជាពិសេស វ៉ុន one រោគមួយ ខោះស្ល caused បានកើតឡើង បាយ by ដោយសារ បែកធៀរៀល bacterial មេរោគ អិនវ៉ែកស៊ិន infection ដំបៅឆ្លោះ (បែកធៀរៀ) bacteria បែកធៀរៀ) កិរិយាវិសេសន៍.
3606.	អ៊ីស្ពេសាល្លី especially ជាពិសេស អាផិន upon នៅពេល អាវ៉ៃស៊ិង arising ក្រោក ឡើង នាមសំពុ.
3607.	អ៊ីសែសសអិរទី ESRD អក្សរកាត់របស់ពាក្យ រោគកម្រេងទឹកនោមវល់ដំណាក់ចុងក្រោយបំផុត (អិន្ត-ស្ថេត end-stage វីនុល renal ទិស្ស៊ីស disease) នាមសំពុ.
3608.	អ៊ីសសេនស៊ីល ឬអែសសេនសុល essential នៃ ឬទាត់ទងទៅនឹងការចាំបាច់ ឬមានសរៈសំខាន់ គុណនាម.
3609.	អែសសិនសុល essential សេល្ល្ស cells កោសិកាចាំបាច់នៅក្នុងឧងខ្លួន នាមសំពុ.
3610.	អែសសិនសុល essential ជាការចាំបាច់ វ៉ូរ for សម្រាប់ឱ្យ នាមសំពុ.
3611.	អែសសិនសុល essential ហៃធើផេនស៊ិន hypertension កម្ពាំងឈាមឡើងខ្ពស់ ដែតរកហេតុផលមិនឃើញ នាមសំពុ.
3612.	អែសសិនសុល essential ធិសស្យ tissue ជាលិកា ឬសាច់ឈាមជីវសំខាន់ នាមសំពុ.
3613.	អែសសិនសុល essential ជាការចាំបាច់ ឬមានសរៈសំខាន់ ធូ to ទៅលើ ខែត that ធិសស្យ tissue ជាលិកា ឬសាច់ឈាមជីវសំខាន់នោះ នាមសំពុ.

3614.	ឆអ៊ស្ទីស៊ា -esthesia សរសៃវិញ្ញាណ ឬអារម្មណ៍ដែលភាប់ដឹង - នើរវ័ស nervous សរសៃវិញ្ញាណដែលធ្វើឱ្យយើងភ្ញាប់ដឹង - សេនសេស៊ិន sensation អារម្មណ៍ សរសៃវិញ្ញាណ - ស៊ាវិក្ស suffix បច្ច័យ ឬបាក្យសម្រាប់ភ្ជាប់ពីខាងក្រោយ.
3615.	ឆអ៊ស្ទីស៊អ esthesio- ឫ or ឬ ឆអ៊ស្ទីស៊អ -esthesi/o អារម្មណ៍- វ៊ីលិង feeling អារម្មណ៍ មានចិត្តអាណិតអាស្ូរ ឬឌិង សេនសេស៊ិន sensation សរសៃវិញ្ញាណ ដែលធ្វើឱ្យយើងភ្ញាប់ដឹង _ផ្រីវិក្ស prefix បុព្វបទ ឬបាក្យសម្រាប់ភ្ជាប់ពីខាងមុខ.
3616.	ឆអ៊ស្ទីស៊ -estheso ឫ or ឬ ឆអ៊ស្ទីស៊ esthes/o សរសៃវិញ្ញាណដែលធ្វើឱ្យយើងដឹង អារម្មណ៍ចេះគិត - នើរវ័ស nervous សរសៃវិញ្ញាយដែលឲ្យធ្វើឱ្យយើងដឹងថ្ម សេនសេស៊ិន sensation អារម្មណ៍ដឹងថ្ម - ស៊ាវិក្ស suffix បច្ច័យ ឬបាក្យសម្រាប់ភ្ជាប់ពីខាងក្រោយ.
3617.	ឆអសធិមេត្ estimated បានស្ាន ដេត date ថ្ងៃទី កិរិយាសព្ទ.
3618.	ឆអសទ្រ estro- ឫ or ឬ ឆអសទ្រ estr/o-ស្ត្រី - វ៊ីមេល female ស្ត្រី -ផ្រីវិក្ស prefix បុព្វបទ ឬបាក្យសម្រាប់ភ្ជាប់ពីខាងមុខ.
3619.	ឆអះសត្រូជ៊ីន Estrogen ឆអ្ត and ហើយនឹង ផ្រជេស្ទ៊ើន progesterone ឈ្មោះទឹកហ៓រម៉ូន (ឬអ័រម៉៉ូន) នៅក្នុងប្រព័ន្ធបន្តព្ជូជរបស់ស្ត្រី (វាជួយគ្រប់គ្រងខ្លួនរបស់ស្ត្រី ទឹកអ័រម៉៉ូននេះ វាកើតមកពីពង២នៅក្រោមចុងដៃស្ូនឈ្មោះ អូវ៉ារី ovary វាជាអ្នកផលិត ទឹកមេពីរិតនេះ នាមសំព្ទ.
3620.	ឆអះសត្រូជ៊ីន estrogen ឌីវ៉ីស៊ិនស៊ី deficiency មានការខ្វះខាតទឹកហ៓រម៉ូន (អ័រម៉៉ូន) ឈ្មោះ ឆអះសត្រូជ៊ីន estrogen នៅក្នុងឋទខ្លួន នាមសំព្ទ.
3621.	ឆអះសត្រូជ៊ីន estrogen ឡុស្ស loss ការបាត់បង់ទឹកហ៓រម៉ូន (អ័រម៉៉ូន) ឈ្មោះ ឆអះសត្រូជ៊ីន estrogen នេះ នាមសំព្ទ.
3622.	ឆអះសត្រូជ៊ីន estrogen រ៊ ឬរេសេផទើរស receptors វត្ថុធាតុដែលជួយស្រូបយកជាតិ ប្រទេអ៊ីន ឬទឹកហ៓រម៉ូន (ឬទឹកអ័រម៉៉ូន)ឈ្មោះ ឆអះសត្រូជ៊ីន estrogen នេះ នាមសំព្ទ.
3623.	ឆអះសត្រូជ៊ីន Estrogen រ៊ ឬរផ្លេស្សមេន្ត replacement ទ៊ីរផ៊ therapy ការព្យាបាល រោគខ្វះទឹកអ័រម៉៉ូនឈ្មោះ ឆអះសត្រូជ៊ីន estrogen ដើម្បីជួយកុំឱ្យកំស្ួលភ្ព៉ាឈ្មោះ ហត់-ផ្លេស hot-flash នេះរត់ចុះឡើងនៅក្នុងខ្លួនស្ត្រី ហើយនឹងដើម្បីជួយគ្រប់គ្រងទឹកអ័រម៉៉ូន នៅក្នុងខ្លួនរបស់ស្ត្រីដើរជិតលូឡ្ើងវិញ (អ៊ីអ័រធ ERT អក្សរកាត់របស់វា) នាមសំព្ទ.

3624.	អេះស្ត្រូជិន estrogen ទីរ៉ផី therapy ការព្យាបាលរោគដែលប្រើទឹកហ្ស៊ីរម្មន ឬទឹកអ័រម៉ូនជុំនួនសទឹកអ័រម៉ូនឈ្មោះ អេះស្ត្រូជិន estrogen នៅពេលអស់ស្ត្រីរដូវ នាមសំពុ.
3625.	អីធីស៊ី etc អក្សរកាត់របស់ពាក្យ អិន or ឬ អីធីស៊ី Etc អក្សរកាត់របស់ពាក្យ (ដែតសេធេីវ៉ា etcetera ជាទូទៅដូចៗគ្នា) ខូនធិញ្ញអិង continuing បន្ដៗគ្នាទៅមុខ អិន in នៅក្នុង ធិ the សេម same រ៉ូ way ផ្លូវដូចៗគ្នា នាមសំពុ.
3626.	អីសិម ethmo- អិន or ឬ អីសិម ethm/o គ្រឿងប្រដាប់អ្វីដែលសម្រាប់ព្រោះរបស់អ្វីមួយ ចេញពីគ្នា -សៀវ sieve គ្រឿងប្រដាប់អ្វីដែលសម្រាប់ព្រោះ (ឬបំបែកចេញពីគ្នា ឬជាច់ចេញពីគ្នា មិនចេះលាក់ការណ៍) -ព្រីវិក្ស prefix បុព្វបទ ឬពាក្យសម្រាប់តពីខាងមុខ.
3627.	អិតម៉ូយដ ethmoid ប៊ូន bone ឆ្អឹងនៅក្រោមលលាដ៍ក្បាលខាងក្រោម វ៉ានៅគុលឆ្អឹងច្រមុះ (វ៉ាជាផ្នែករបស់ឆ្អឹងនៅច្រមុះ វ៉ាជួយធ្វើរាងច្រមុះ វ៉ានៅខាងក្រោមលលាដ៍ក្បាល ឆ្អឹងបើរទឹកដួច អេប៊ុង) នាមសំពុ.
3628.	អិតម៉ូយដ Ethmoid សាញ៉ាន៊ីស sinus ឆ្អឹងដែលមានរន្ធតូចៗដូចថ្មបាយក្រៀន ឆ្អឹងមួយគូរ នៅជិតថ្ងែក វ៉ានៅសងខាងច្រមុះ វ៉ានៅលើគ្រាប់ភ្នែក វ៉ានៅខាងលើច្រមុះ វ៉ាជួយព្រោះទឹក នាមសំពុ.
3629.	អិតម៉ូយដុល ethmoidal ប៊ូន bone ឆ្អឹងនៅក្រោមលលាដ៍ក្បាល វ៉ានៅគុលឆ្អឹងច្រមុះ នាមសំពុ.
3630.	អិតម៉ូយដុល ethmoidal អៀរ air សេល្ស cells រន្ធពញ៉ាំងខ្យល់តូចៗជាច្រើននៅ ក្នុងឆ្អឹងនៅក្រោមលលាដ៍ក្បាលវ៉ានៅគុលឆ្អឹងច្រមុះ នាមសំពុ.
3631.	អីធីអូ etio- អិន or ឬ អីធីអូ eti/o អ្វីៗដែលធ្វើអោយកើតរោគឡើង—ខោះស cause អ្វីៗដែលធ្វើអោយកើតរោគឡើង -ព្រីវិក្ស prefix បុព្វបទ ឬពាក្យសម្រាប់តពីខាងមុខ.
3632.	អីធីអូឡូជិល etiological ការសិក្សា ផ៊ិកទ៊ីរស factors រោគសញ្ញាពិតៗភ័ស្តុតាង អ្វីដែលធ្វើឱ្យមនុស្សកើតរោគ នាមសំពុ.
3633.	អីយូ eu- ល្អ មានសុខភាពល្អធម្មតា ក្ដដ good ល្អ ន័រម៉ល normal ភាពធម្មតាម -ព្រីវិក្ស prefix បុព្វបទ ឬពាក្យសម្រាប់តពីខាងមុខ.
3634.	យ៉ូរីស៊ីម -eurysm វ៉ីកធំ កំប៉ែតល្អ - វ៉ាយដេនិង widening វ៉ីកធំ កំប៉ែត -សាវ៉ីក្ស suffix បច្ច័យ ឬពាក្យសម្រាប់តពីខាងក្រោយ.

3635.	យូស្តេសិន eustachian ធូប tube បំពង់ដែលតពីកណ្ដាលត្រចៀកទៅបំពង់ក (តាមធម្មតា រាំងបិទ ហើយបិទ ក៏ប៉ុន្តែរាបើកនៅពេលលេបស្ដាប ហើយនឹងលេចចំពីអាហារ រាធ្វើឱ្យកម្លាំងខ្យល់រុញទៅកណ្ដាលត្រចៀក រាធ្វើអោយស្មើនិងកម្លាំងខ្យល់នៅធាតុអាកាសនៅ ខាងក្រៅដងខ្លួនឡើង) បំពង់នេះ រាទៅជិតភ្លើងខ្លីនៅត្រចៀក ហើយនឹងច្រមុះ) នាមសព្ទ.
3636.	យូថាយរ៉យដ euthyroid នូរម៉ល normal តាយរ៉យដ thyroid ក្រពេញឡោះ តាយរ៉យ រាំងសិស្ស functions ធ្វើការងាររបស់រាល្លតាមធម្មតា នាមសព្ទ.
3637.	អីវ៉ែកយូរេធិង evacuating កំពុងតែលាង ធើ the វ៉ៅវ៉ស (វ៉ៅវ៉ុល្យ) bowels អាចម៍ចេញពីពោះវៀន កិរិយាសព្ទ.
3638.	អីវ៉ាលយូរេស៊ីន្ស evaluations ការវាស់ស្ទង់មើល អៃវ of នៅក្នុង ប្លើដ blood ឈាម សៃខ្យរេលស៊ីន circulation រិលចុះឡើង រ៉ិត្ថអិន within នៅខាងក្នុង ធើ the ប្រេន brain ខួរក្បាល នាមសព្ទ.
3639.	អីវ៉ែនឈូល្លី eventually នៅទីចុងក្រោយបំផុត អាវ៉ៃក្ស affects រ៉ាមានការប៉ះ ពាល់ផល រិស៊ីន vision ភ្នែក កិរិយាវិសេសន៍.
3640.	អីវ៉ែនឈូល្លី eventually នៅពេលចុងក្រោយបំផុតភា រ៉ផឈើ rupture ប្រះ បៃក ឬផ្ទុះ កិរិយាវិសេសន៍.
3641.	អីវ៉ី ever អ្វីៗដែល ឆេញ្ជ change ផូរ ផ្លាស់ ប្រែប្រួល ឬរ កិរិយាវិសេសន៍.
3642.	អីវ៉ីរី every វ្រ four អារហ៊ើស hours ប៉ុនម៉ោងម្ភយឆងៗ ម្ដៃស as និដ្ជ needed បើស៊ីនជាអ្នកត្រូវការ គុណនាម.
3643.	អីវ៉ីរី every ម៉ានស៊ី month ជារៀងរាល់ខែ គុណនាម.
3644.	អីវ៉ីរី every ជារៀងរាល់ឆ្នាំ រៀន 1 ១ឆ្នាំ ធូ to ទៅ ធ្ជី 2 ២យ៉ាស years ឆ្នាំម្នុង គុណនាម.
3645.	អីវ៉ីរី every ស៊ិក្ស six អារហ៊ើស hours ប្រាំម្ភយម៉ោងម្ភយឆងៗ ម្ដៃស as និដ្ជ needed បើស៊ីនជាអ្នកត្រូវការ គុណនាម.
3646.	អ៊ីវ៉ីដេន្ស evidence មានភស្តុតាង អៃវ of ថាមាន ទិស៊ីស៊ុស diseases រោគច្រើន នាមសព្ទ.

3647.	អ៊ីវុលសិន evulsion រ៉េកឈើ fracture ធ្មេងខ្លះបាក់ដោយសារមានទម្ពេចខ្លាំងទៅនឹងរបស់ អ្វីមួយដែលធ្វើឱ្យទាញយ៍តខ្លួចសរសៃពួរដែលជួយទប់ធ្មេង នាមសំពុ.
3648.	អ៊ីក្ស ex- ចេញក្រៅ - អ៊ីវ away ឆ្ងាយ - ផ្ទឹម from ចេញពី អៅត out ខាងក្រៅ - ស្រ៊ីវិក្ស prefix បុព្វបទ ឬជាក្សសម្រាប់ពត៍ខាងមុខ.
3649.	អ៊ីក្ស ex វ៉ៃ wife ប្រពន្ធដើម (ប្រពន្ធបានបែកចេញពីប្តីហើយ) នាមសំពុ.
3650.	អ៊ីក្ស៊ែក្ត exact លេញស៊ length មានប្រវែងល្មម កិរិយាសព្ទ.
3651.	អ៊ីក្ស៊ែក្តលី exactly ត្រូវជិតម៉ែន ឌែស as ទៅតាម កិរិយាវិសេសន៍.
3652.	អ៊ីក្ស៊ែក្តលី exactly ត្រូវជិតម៉ែន ឌែស as ទៅតាម ព្រៃស្ក្រៃប៍ prescribed ត្រូវពេទ្យបានជាក់ថ្នាំអោយ កិរិយាវិសេសន៍.
3653.	អ៊ីក្ស៊ែម exam រ៉ូម room បន្ទប់ពិនិត្យមើលរោគ នាមសំពុ.
3654.	អ៊ីក្ស៊ែមិនេស៊ីន examination ការពិនិត្យមើលរោគ អ៊ីន in នៅក្នុង ម៉ាយ my អៀរ ear រន្ធត្រច្ចៀក១ខាងរបស់ខ្ញុំ/អៀរស ears រន្ធត្រច្ចៀកទាំង២របស់ខ្ញុំ នាមសំពុ.
3655.	អ៊ីក្ស៊ែមិនេស៊ីន examination ការពិនិត្យមើលរោគ អ៊ីន in នៅក្នុង ម៉ាយ my យ៉ិដនី kidney ក្រម្រងទឹកនោមរបស់ខ្ញុំ/យ៉ិដនីស kidneys ក្រម្រងទឹកនោមទាំងពីរខាង នាមសំពុ.
3656.	អ៊ីក្ស៊ែមិនេស៊ីន examination ការពិនិត្យមើលរោគ អ៊ូវ of នៅក្នុង យ៉ូរីន urine ទឹកនោម នាមសំពុ.
3657.	អ៊ីក្ស៊ែមិនេស៊ីន examination ការពិនិត្យមើល អ៊ូវ of ម៉ាយ my អ៊ីបិលិទី ability សមត្ថភាព ឬភាពវាងវៃរបស់ខ្ញុំ ធ្មូ to ដើម្បីនឹង វឺក work ធ្វើការងារ នាមសំពុ.
3658.	អ៊ីក្ស៊ែមិនេស៊ីន examination ការពិនិត្យមើលរោគ អ៊ូវ of នៅក្នុង ម៉ាយ my អាយ eye ភ្នែក១ចំហៀងរបស់ខ្ញុំ ខៀវ៉ឺល្ល៊ី carefully ដោយប្រុងប្រយ័ត្ន នាមសំពុ.
3659.	អ៊ីក្ស៊ែមិនេស៊ីន examination ការពិនិត្យមើលរោគ អ៊ូវ of នៅក្នុង ម៉ាយ my អាយ៊ស eyes ភ្នែកទាំងពីររបស់ខ្ញុំ ឃ្លូសលី closely ឱ្យបានត្រឹមត្រូវ នាមសំពុ.
3660.	អ៊ីក្ស៊ែមិនេស៊ីន examination ការពិនិត្យមើលរោគ អ៊ូវ of នៅក្នុង ម៉ាយ my នូស nose ច្រមុះរបស់ខ្ញុំ នាមសំពុ.
3661.	អ៊ីក្ស៊ែមិនេស៊ីន examination ការពិនិត្យមើលរោគ អ៊ូវ of នៅក្នុង ឌឺ the អាយ៊ស eyes ភ្នែកទាំងពីរ នាមសំពុ.

3662.	អ៊ីវ៉ែកមិនេស៊ីន examination ការពិនិត្យមើលរោគ ផៀវ of នៅក្នុង ផើ the នេសុល nasal ផាសសេជេស passages វន្ធច្រមុះ នាមសំពុ.
3663.	អ៊ីវ៉ែមិត្ត examined ពិនិត្យមើលរោគនៅក្នុង ផើ the ហ្ពាត heart បេះដូងរួចហើយ កិរិយាសព្ទ.
3664.	អ៊ីវ៉ែមិត្ត examined បានពិនិត្យមើលរោគ ផើ the រកតីម rectum វន្ធទ្វារធំរួចហើយ កិរិយាសព្ទ.
3665.	អ៊ីវ៉ែមិត្ត examined បានពិនិត្យមើលរោគ ផើ the យូថេរីស uterus ស្បូនរួចហើយ កិរិយាសព្ទ.
3666.	អ៊ីវ៉ែមិត្ត examined បានពិនិត្យមើលរោគ ផើ the វូន្ត wound មុខរបួសរួចហើយ កិរិយាសព្ទ.
3667.	អ៊ីវ៉ែមិនិង examining កំពុងតែពិនិត្យមើលរោគ បាយ by ដោយសារ ថាច touch ការស្ទាបនឹងម្រាមដៃ កិរិយាសព្ទ.
3668.	អ៊ីវ៉ែមផល Example ឧទាហរណ៍១យ៉ាង (អ៊ីវ៉ែមផលស្ស examples ឧទាហរណ៍ច្រើនយ៉ាង) នាមសំពុ.
3669.	អ៊ីវ៉ែនធីម៉ាត្ត exanthemato- អ័រ or ឬ អ៊ីវ៉ែនធីម៉ាត្ត exanthemat/o រោគ ផ្ទើងកន្ទួលមាស់ - ដំស្ត rash រោគកន្ទួលមាស់ រលាកវាល -ស្រ៊ីវ៉ែក្ស prefix បុព្ពបទ ឬបាក្យសម្រាប់តពីខាងមុខ.
3670.	អ៊ីក្យសេស្ស excess អែមនិអូធិក amniotic វ្លៃង fluid មានទឹកផ្លោះច្រើនជាងធម្មតា នាមសំពុ.
3671.	អ៊ីក្យសេស្ស excess យូលេស្ស៊ើរ៉ល cholesterol មានជាតិខ្លាញ់ច្រើន អ៊ិន in នៅក្នុង ផើ the បាល bile ផ្ទួស្ស juice ទឹកប្រម៉ាត់ នាមសំពុ.
3672.	អ៊ីក្យសេស្ស excess សេរ៊ីប្រស្ប៉ាញនុល cerebrospinal វ្លៃង fluid មានទឹកខ្លរក្បាល ហើយនឹងទឹកខ្លរឆ្អឹងខ្លងច្រើនហ្លួសហេតុ នាមសំពុ.
3673.	អ៊ីក្យសេស្ស excess វ្លៃង fluid មានជាតិទឹកច្រើនហ្លួសពេក នាមសំពុ.
3674.	អ៊ីក្យសេស្ស excess វ្លៃង fluid រីថេនស៊ីន retention មានទឹកច្រើនដក់នៅក្នុងសាច់ ធ្វើឱ្យហើមសាច់ នាមសំពុ.

3675.	អឹក្យសេស្យ excess ត្រក្កូស glucose មានជាតិស្ករច្រើនហ្សសពេក នាមសំពុ.
3676.	អឹក្យសេស្យ excess ក្រូសិ growth មានការល្ងួតលាស់ច្រើនហ្សសហេតុ នាមសំពុ.
3677.	អឹក្យសេស្យ excess វ្វរមេស៊ីន formation ការកើតឡើងច្រើនហ្សសពេក នាមសំពុ.
3678.	អឹក្យសេស្យ excess ឃ្វនធីធី quantity មានចំនួនច្រើនហ្សសពីសេចក្ដីត្រូវការ នាមសំពុ.
3679.	អឹក្យសេស្យ Excess ស៊ីបាំ ឬស៊ីបាម់ sebum មានជាតិប្រេងច្រើនហ្សសពេក នាមសំពុ.
3680.	អឹក្យសេសសិវ excessive អីម៉ាន្ត amount ចំនួនកើនច្រើនខ្លាំងឡើងៗ នាមសំពុ.
3681.	អឹក្យសេសសិវ excessive បិលើរុបិនឃ្យរៀ bilirubinuria ចំនួនត្រាប់ឈាមក្រហម ថ្មីកើនច្រើនខ្លាំងនៅក្នុងទឹកនោម នាមសំពុ.
3682.	អឹក្យសេសសិវ excessive ប្លើឌ blood ស្ងូគើ sugar មានជាតិស្ករនៅក្នុងឈាមច្រើន ហ្សសហេតុ នាមសំពុ.
3683.	អឹក្យសេសសិវ excessive ប្រេស្ស breast ធិសស្ស tissue សាច់ដុំដោះកុះ ធំហ្សសពីភាពធម្មតា នាមសំពុ.
3684.	អឹក្យសេសសិវ excessive ចេះតែចង់ ខុនសាម៉ូសិន consumption ឌឹកទឹកឈ្ងោះ អ៊ោវ of ស្ងដា soda ស្ងដានោះច្រើនហ្សសពីភាពធម្មតា នាមសំពុ.
3685.	អឹក្យសេសសិវ excessive ក្រាយិង crying យំច្រើនហ្សស ឬយំខ្លាំង នាមសំពុ.
3686.	អឹក្យសេសសិវ excessive ឌីវ៉ល្បផមេន្ត development ការវីចំរើនច្រើនហ្សសហេតុ ធំហ្សសហេតុ នាមសំពុ.
3687.	អឹក្យសេសសិវ excessive ឌីសឆាជ discharge ផ្លាក់ទឹករំអិល ឬផ្លាក់ទឹកសំបោច្រើន នាមសំពុ.
3688.	អឹក្យសេសសិវ excessive ដែលប៉ះឬ អិក្យផ្លូសើ exposure ត្រូវ ធ្ម to ទៅនឹង ហ្ជីត heat កំក្ដៅ ក្ដៅខ្លាំងពេក នាមសំពុ.
3689.	អឹក្យសេសសិវ excessive វីវិ fever រោគក្រុនក្ដៅខ្លាំងណាស់ នាមសំពុ.
3690.	អឹក្យសេសសិវ excessive វ្វ flow ហ្ជុរខ្លាំងណាស់ នាមសំពុ.
3691.	អឹក្យសេសសិវ excessive គៀល្ត guilt មានអារម្មណ៍ថាមានកំហុសខ្លាំងហ្សសហេតុ នាមសំពុ.
3692.	អឹក្យសេសសិវ excessive ក្រូសិ growth វិកចំរើនល្ងួតលាស់ខ្លាំងហ្សសហេតុ នាមសំពុ.

3693.	អក្សរសេសសិរ excessive ហឹម្លៃលសិស hemolysis ក្រាប់ឈាមក្រហាមបែកច្រើន នាមសំពួ.
3694.	អក្សរសេសសិរ excessive អិនក្រ្លីស increase ឡើងខ្ពស់ខ្លាំងណាស់ នាមសំពួ.
3695.	អក្សរសេសសិរ excessive ឡ្លាច large ធំហួសពេក គុណនាម.
3696.	អក្សរសេសសិរ excessive ឡស្ស loss បាត់បង់រស់អ្វីមួយច្រើនណាល់ គុណនាម.
3697.	អក្សរសេសសិរ excessive ឡស្ស loss បាត់បង់ អោរ of ប្លើដ blood ទឹកឈាមច្រើន ពីក្នុងខ្លួន គុណនាម.
3698.	អក្សរសេសសិរ excessive ឡស្ស loss បាត់បង់ អោរ of វ្លីដ fluid ទឹកច្រើនពីក្នុងខ្លួន គុណនាម.
3699.	អក្សរសេសសិរ excessive ឡស្ស loss បាត់បង់ អោរ of ប្រតេអ៊ីន protein ជាតិប្រតេអ៊ីនច្រើនពីក្នុងខ្លួន គុណនាម.
3700.	អក្សរសេសសិរ excessive ឡស្ស loss បាត់បង់ អោរ of សិល្ឌ salt ជាតិអំបិលច្រើន ពីក្នុងខ្លួន គុណនាម.
3701.	អក្សរសេសសិរ excessive ឡស្ស loss បាត់បង់ អោរ of វ៉ូទែ water ទឹកច្រើនពីក្នុងខ្លួន គុណនាម.
3702.	អក្សរសេសសិរ excessive ម៉ូវមេន្ត movement ការកំរើកចុះឡើងខ្លាំងខុសពីភាពធម្មជា នាមសំពួ.
3703.	អក្សរសេសសិរ excessive ផើស្ពេរសិន perspiration បែកញើសយ៉ាងខ្លាំង នាមសំពួ.
3704.	អក្សរសេសសិរ excessive ហ្វ៊ីសហ្វ៊ីរ៉ុស phosphorus មានជាតិប្រតេអ៊ីនឈ្មោះ ហ្វ៊ីសហ្វ៊ីរ៉ុស អិន in នៅក្នុង ធើ the ប្លើដ blood ឈាមខ្ពស់ហួសហេតុ នាមសំពួ.
3705.	អិក្សរសេសសិរ excessive ព្រេសសើ pressure កម្លាំងសង្កត់ខ្លាំង នាមសំពួ.
3706.	អិក្សរសេសសិរ excessive រេដ red ប្លើដ blood សេល្លស cells មានក្រាប់ឈាម ក្រហាមច្រើនហួសពេក នាមសំពួ.
3707.	អក្សរសេសសិរ excessive សេក្រីសិន secretion បញ្ចេញទឹកអំរ័ម្ចីនច្រើនហួសពេក នាមសំពួ.

3708.	អក្សរសេសសិរ excessive វិញ្ញាណ សេនសិធិវិទី sensitivity ភាពរឹង ធ្ល to ថា ផែន pain លើខ្លាំង នាមសំពុ.
3709.	អក្សរសេសសិរ excessive សិងតិង singing ច្រៀងច្រើនដែលធ្វើឱ្យឈឺក ឬរលាកក ឬមាស់នៅក្នុងបំពង់សំឡេង នាមសំពុ.
3710.	អក្សរសេសសិរ excessive សូឌៀម sodium មានជាតិអំបិលច្រើនហួសពេក (ទឹកប្រែ ឬវត្ថុធាតុដ៏ម្យ៉ាងពណ៌សអំលៗប្រាយៗច្រើន) នាមសំពុ.
3711.	អក្សរសេសសិរ excessive ស្ប្លីន spleen ឌិស្ស៊រធើ disorder ក្រពេញឈ្មោះ លំពែង ឬអណ្ដើរីកធំហួសខុសពីភាពធម្មតារបស់វា គុណនាម.
3712.	អក្សរសេសសិរ excessive បែកញើស ស្វេធិង sweating ច្រើនហួស គុណនាម.
3713.	អក្សរសេសសិរ excessive ថតិង ឬថក្ខិង talking និយាយច្រើនដែលធ្វើឱ្យឈឺក ឬរលាកនៅក្នុងក ឬមាស់នៅក្នុងបំពង់សំឡេង នាមសំពុ.
3714.	អក្សរសេសសិរ excessive សើស្ thirst ស្រេកទឹកខ្លាំងណាស់ គុណនាម.
3715.	អក្សរសេសសិរ excessive យូរ៉ុនេស៊ិន urination រោគនោមច្រើន អែត at នៅពេល នៃត night ពេកយប់ (ឬរោគនោមដាក់កន្ទួលច្រើននៅពេលយប់) គុណនាម.
3716.	អក្សរសេសសិរ excessive យូរ៉ុន urine មានទឹកនោមច្រើនខុសធម្មតា នាមសំពុ.
3717.	អក្សរសេសសិរ excessive វ៉ឺស៊ិន vision ភែរវ៉ភ្នែកដែលមើលឃើញឆ្ងាយបានល្អ នាមសំពុ.
3718.	អក្សរសេសសិរ excessive យាល្ខ្ញិង yelling ម្រែស្រកខ្លាំងដែលធ្វើឱ្យឈឺក ឬរលាក នៅក្នុងបំពង់ក ឬមាស់នៅក្នុងបំពង់សំឡេង នាមសំពុ.
3719.	អក្សរសេសសិរលី excessively ឡ្ខាច large ថាំង tongue អណ្ដាតធំខ្លាំងណាស់ កិរិយាវិសេសន៍.
3720.	អក្សរសិស៊ិន excision ការវះកាត់យកចេញ - ខាត់ធិង cutting ការវះកាត់ អៅត out យកចេញ នាមសំពុ.
3721.	អក្សរសិស៊ិន excision ការវះកាត់យក អៅវ of អ a វ៉ិលល្យ៉ៀន fallopian ធ្លូប tube បំពង់ដែលស្ទូន១ខាងចេញ (សែលធិងអីកទ្ម៉ូ salpingectomy) នាមសំពុ.
3722.	អក្សរសិស៊ិន excision ការវះកាត់យក អៅវ of អ a ផ្កែន្ថ gland ក្រពេញណាមួយចេញ (អែរដេនេកទ្ម៉ូ adenectomy) នាមសំពុ.

3723.	អ៊ីក្សិសិន excision ការវះកាត់យក អ៊ោវ of អេ a ឃិដនី kidney តម្រងទឹកនោម ឬក្រលៀនចេញ (នេហ្វ្រិកទូមី nephrectomy) នាមស័ព្ទ.
3724.	អ៊ីក្សិសិន excision ការវះកាត់យក អ៊ោវ of អែន an អូវ៉ារៀន ovarian ស៊ីស្ទ cyst ពងទឹកចេញពីក្រពេញដែលមានរាងដូចពងនៅខាងក្រោមចុងដៃស្បូនដើម្បីនឹងយកថង់ទឹកតូចៗចេញ ឬវះកាត់យកថង់ខ្ទុះដែលដុះនៅក្រពេញចេញ វាមានរាងដូចពងនៅខាងក្រោមចុងដៃស្បូនចេញ នាមស័ព្ទ.
3725.	អ៊ីក្សិសិន excision ការវះកាត់ អ៊ោវ of អែន an អូវ៉ារី ovary ដើម្បីនឹងយកពង ឬសរីរាង្គដែលមានរាងដូចពងចេញ (វានៅខាងក្រោមចុងដៃស្បូន វាបង្កើតទឹកពង (ទឹកមេជីវិត) ឬទឹកឈាមរដូវដើម្បីនឹងបន្តពូជ) (អូអូហ្វូរេកធូមី oophorectomy ការវះកាត់យកពងចេញ) នាមស័ព្ទ.
3726.	អ៊ីក្សិសិន excision ការវះកាត់យក អ៊ោវ of អែន an វ៉យស្ស voice បូក្ស box បំពង់សម្លេង១ចេញ (លើរិងអេកទូមី laryngectomy ការវះកាត់យកបំពង់សម្លេង១ចេញ) នាមស័ព្ទ.
3727.	អ៊ីក្សិសិន excision ការវះកាត់ អ៊ោវ of នៅ បៃឡែធើរុល bilateral កាយនីកូរមេស្ទៀ gynecomastia សាច់ដុំដោះរបស់មនុស្សប្រុស ឬកាត់សាច់ដោះដែលដុះប៉ោងធំដូចមនុស្សស្រីចេញទាំងសងខាង នាមស័ព្ទ.
3728.	អ៊ីក្សិសិន excision ការវះកាត់យក អ៊ោវ of ប៊ូញៀន bunion រោគរលាកនៅឆ្អឹងមេជើងចេញ នាមស័ព្ទ.
3729.	អ៊ីក្សិសិន excision ការវះកាត់យក អ៊ោវ of ថនសិល្ស tonsils យកដុំសាច់មួយគួរ ឬការវះកាត់យកសាច់ពីរដុំដែលនៅសងខាងអណ្ដាត កាត់យកសាច់នៅកៀនក្រឡើតចេញ (ថនសិលអ៊ីកទូមី tonsillectomy) នាមស័ព្ទ.
3730.	អ៊ីក្សិសិន excision ការវះកាត់យក អ៊ោវ of ធើ the ឡាច large អិនថេស្ទាញស ឬអិនថេស្ទីន្ស intestine ពោះវៀនធំចេញ (ខូលេកទូមី colectomy ការវះកាត់យកពោះវៀនធំចេញ) (ពោះវៀនធំមានបីផ្នែក) នាមស័ព្ទ.
3731.	អ៊ីក្សិសិន excision ការវះកាត់ ធូ to ដើម្បីនឹង រេមូវ ឬរេមូវផ remove កាត់យក ធើ the ហូល whole យូធើរើស uterus ស្បូនទាំងមូលចេញ នាមស័ព្ទ.

3732.	អឺក្យខ្លូទិង excluding មិនបូក្រុម ទៃ the ប្រូងញៀល bronchial ទ្រីស trees ទៅនឹងទងសួតដែលបែកមែកសាខា កិរិយាសព្ទ.
3733.	អឺក្យក្រិត excrete បញ្ចេញ ឌែសិឌ្យ acids ទឹកអាស៊ីត (ក្រពះបញ្ចេញទឹកអាស៊ីត) កិរិយាសព្ទ.
3734.	អឺក្យក្រិត excrete បញ្ចេញ អឺក្បេស្យ excess ឌែសិឌ្យ acids ទឹកអាស៊ីតលើសចំនួន ចោលចេញ កិរិយាសព្ទ.
3735.	អឺក្យក្រិត excrete បញ្ចេញ យូរ៉ុន urine ទឹកនោម (ទៅខាងក្រៅរងខ្លួន) កិរិយាសព្ទ.
3736.	អឺក្យក្រិត excrete បញ្ចេញ ហ្ស៊ីរមូន ឬហ្ស៊ីរម៉ូន hormone ទឹកអំប៉ុន កិរិយាសព្ទ.
3737.	អឺក្យក្រិត្ត excreted បានបញ្ចេញ អិនធ្ទុ into ចូលទៅក្នុង កិរិយាសព្ទ.
3738.	អឺក្យក្រិត្ត excreted បានបញ្ចេញ យូរ៉ុន urine ទឹកនោមទៅខាងក្រៅរងខ្លួន កិរិយាសព្ទ.
3739.	អឺក្យក្រិត្ត excreted បានបញ្ចេញ ណៃត្រជៃនៀស nitrogenous វ៉ុស្យ waste ទឹកកាកសំណល់ជួចជាទឹកនោមចោលទៅខាងក្រៅរងខ្លួន កិរិយាសព្ទ.
3740.	អឺក្យក្រិតធិង excreting កំពុងតែបញ្ចេញ យូរ៉ុន urine ទឹកនោមទៅខាងក្រៅរងខ្លួននៅក្នុងពេលពឡ្យវនេះ កិរិយាសព្ទ.
3741.	អឺក្យក្រិស៊ីន excretion សៃធ្យ sites កន្លែងបញ្ចេញទឹកអំប៉ុនទៅខាងក្រៅ (រូបញ្ចើស) នាមសំព្ទ.
3742.	អឺក្យក្រិតធ្រី excretory យូរូក្រែម urogram ការថតឆ្លុះនៅក្នុងប្រព័ន្ធបញ្ចេញទឹកនោម ដើម្បីនឹងពិនិត្យមើលរោគអម្ទយរុង (អឺក្យក្រិតធ្រី excretory យូរូក្រែម្យ urograms ការចាក់ថ្នាំចូលទៅខាងក្នុងសរសៃឈាមឡ្យហ្បូរចូលទៅក្នុងកម្រងទឹកនោមដើម្បីនឹងថតឆ្លុះពិនិត្យមើលរោគនៅក្នុងកម្រងទឹកនោមច្រើនរុង (អាយវីធី IVP អក្សរកាត់របស់វា) អិរ or ឬ ផៃអៀឡ្យក្រែម pyelogram ពាយ by អ្នកថតឈ្មោះ ផៃអីឡ្យក្រៃហ្ស៊ី pyelography ការថតឆ្លុះមើលរោគនៅសាច់បំពង់មកពីកម្រងទឹកនោម វាតចូលទៅក្នុងឡ្បុកទឹកនោមនៅក្រោយពេលដែលបានចាក់ថ្នាំពណ៌វាឈ្មោះ រឌិអ្នុផៃយ rediopaque មៃផៀរៀល material ដើម្បីពិនិត្យមើលរោគផ្ទាល់នឹងភ្នែក នាមសំព្ទ.

3743.	អក្សរក្រិតធ្នូរី excretory យូរៀគ្រហ្ពី urography ការចាក់ថ្នាំចូលទៅខាងក្នុងសរសៃ ឈាមឱ្យហួរចូលទៅក្នុងក្រមទឹកនោមដើម្បីនឹងថតឆ្លុះពិនិត្យមើលរោគនៅក្នុងក្រមទឹកនោមផ្លាស់ នឹងភ្លៀក (អាយវីធី IVP អក្សរកាត់របស់វា) នាមសព្ទ.
3744.	អក្សរស្យូស excuse ម៉ឺ me ខ្ញុំសូមទោស ឬខ្ញុំសំទោស កិរិយាសព្ទ.
3745.	អក្សរសស្ត្ exhaust ផៃផ pipe ផ្សែងដែលចេញពីបំពង់ម៉ាស៊ីនសាំង នាមសព្ទ.
3746.	អក្សរស្សូផ exhausted បានធ្វើឱ្យអស់កម្លាំងខ្លាំង បាយ by រោយសារ ធឺ the ហាង hard ថ្ងិង working ធ្វើការខ្លាំង កិរិយាសព្ទ.
3747.	អក្សរស្ល exist បានពីវិតរស់នៅ វ៉ូរ for បាន អូនលី only ត្រាន់តែ អេ a ឡ្យ few ពីរបី ម៉ាន់សឺ months ខែ កិរិយាសព្ទ.
3748.	អក្សរស្ល exist មានពីវិតរស់នៅ វ៉ូរ for បាន អូនលី only ត្រាន់តែ អិន in នៅក្នុង ធឺ the ខ្លល cold ឬធឺ weather ធាតុអាកាសត្រជាក់ កិរិយាសព្ទ.
3749.	អក្សរស្ទ្និង existing មាននៅ ប៊ីរ៉ូ before មុនពេល ប៊ីត្ថ ឬប៊ើស birth កូនកើត កិរិយាសព្ទ.
3750.	អក្សរស្ទ្និង existing មាន ស្ការ scars ស្នាម ឬសំឡាក កិរិយាសព្ទ.
3751.	អក្សរ្ឌិត exit ផ្លូវចេញ ឫ្មម from មកពី ស្ម៉ាក្ថ ឬស្ម៉ាយ stomach ក្រពះ កិរិយាសព្ទ.
3752.	អក្សរ្ឌិត exit ផ្លូវចេញ ឫ្មម from មកពី ធឺ the លិវ៉ liver ថ្លើម ធូ to ធឺ the គោល្ឃ្ប្លេរធឺ gallbladder ថង់ទឹកប្រម៉ាត់ កិរិយាសព្ទ.
3753.	អក្សរ្ឌិត exit ផ្លូវចេញទៅក្រៅតាម ធឺ the អូផេនិង opening ប្រហោង កិរិយាសព្ទ.
3754.	អក្សរ្ឌិត exit ផ្លូវ ធឺ to ដើម្បីនឹង វ៉ល្ល walk ដើរចេញ អៅត out ទៅក្រៅ កិរិយាសព្ទ.
3755.	អក្សរ Exo- ចេញឆ្នាយពី អិរ or ឬ អក្សរ Ex/o ចេញក្រៅ - អីវ៉ away ឫ្មម from ចេញឆ្នាយពី អក្សរសេសសិវ excessive មានច្រើនហួសពីភាពធម្មតា អៅត out ក្រៅ - ផ្រៃវិក្ស prefix បុព្វបទ ឬបាក្យសម្រាប់តពីខាងមុខ.
3756.	អកស្យ្ត្រាញ exocrine ផ្លេន្ត្ស glands សិរវគ្គ ឬក្រពេញដែលបញ្ចេញ ឬផលិតប្រតេអ៊ីន ឬអ៊ំម៉ូនចូលទៅតាមបំពង់ចេញ ឬវត្ថុធាតុជាច្រើនដូចជាទឹកមាត់ ទឹកញើស ទឹកភ្នែក (ដាក្ស ducts បំពង់) ហួរចេញទៅខាងក្រៅ ប៉ី body រងខ្លួនយើង នាមសព្ទ.

3757.	អក្សរហ្ស៊ីតាលមិក exophthalmic កយទើ goiter ជម្ងឺពកក ឬគ្រាប់ភ្នែកលៀនចេញក្រៅ ខុសពីភាពធម្មតា (ដោយសារក្រពេញឈ្មោះតាយរ៉យធ្វើការខ្លាំងហួសពីភាពធម្មតារបស់វា) នាមស័ព្ទ.
3758.	អីកស្ប៉េន្ទួ expanded ផាត part ផ្នែកខ្លះបានរីកធំ កិរិយាសព្ទ.
3759.	អីកស្ប៉េនិង expanding ពង្រីក ណូឡេដ្ច knowledge គំរិះវិជ្ជា ឬធ្វើឱ្យចេះដឹងកាន់តែ ច្រើនឡើងៗ កិរិយាសព្ទ.
3760.	អីកស្ប៉េនសិន expansion ការីរកធំ អៀវ of នៅក្នុង ទើ the អាធើរិស arteries សរសៃឈាមក្រហម (សរសៃឈាមក្រហមរីកធំ) នាមស័ព្ទ.
3761.	អីកស្ប៉េនសិន expansion ការីរកធំ អៀវ of នៅ ទើ the អិន្ទ end ខាងចុង អៀវ of របស់ ទើ the ប្លើដ blood វេសសេល្ស vessels សរសៃឈាមតូចៗ នាមស័ព្ទ.
3762.	អីកស្ប៉េនសិន expansion ការីរកធំ អៀវ of របស់ ទើ the លិវើ liver ថ្លើម (ឬធ្វើមរីកធំ) នាមស័ព្ទ.
3763.	អីកស្ប៉េក្ត expect សង្ឃឹមថា ធូ to និង វិនិស្ស៊ finish ធ្វើអ្វីមួយរួច បាយ by នៅ និក្ស next ម៉ានស៊ិ month ខែក្រោយនេះ កិរិយាសព្ទ.
3764.	អីកស្ប៉េល expel បណ្ដេញ ឭ្ច៊ម from ចេញពី ហោស house ផ្ទះ កិរិយាសព្ទ.
3765.	អីកស្ប៉េល expel បណ្ដេញ ឭ្ច៊ម from ចេញពី ឡែន្ទ land ដី កិរិយាសព្ទ.
3766.	អីកស្ប៉េល expel កំពុប ឭ្ច៊ទើ water ទឹក ឭ្ច៊ម from ចេញពី អេ a ខាធំ cup កែវមួយ ឬថៃក១ កិរិយាសព្ទ.
3767.	អីកស្ប៉េល expel ច្របាច់ ប្រុញ ឭ្ច៊ទើ water ទឹក ឭ្ច៊ម from ចេញពី ម៉ាយ my ឡ្ប៉ាង lung ក្នុងសួតរបស់ខ្ញុំ កិរិយាសព្ទ.
3768.	អីកស្ប៉េល expel ច្របាច់ ប្រុញ ឭ្ច៊ទើ water ទឹក អៅត out ចេញពី អៀវ of ខាងក្នុង ម៉ាយ my ឡ្ប៉ាង lung សួតរបស់ខ្ញុំ កិរិយាសព្ទ.
3769.	អីកស្ប៉េល្លដ expelled បានរុញ បានទោម ឬបានធ្វើឱ្យចេញទៅខាងក្រៅ កិរិយាសព្ទ.
3770.	អីកស្ប៉េល្លដ expelled បានបេញចេញ ឭ្ច៊ម from ពី ស្គូល school សាលារៀន កិរិយាសព្ទ.
3771.	អីកស្ប៉េល្លិង expelling កំពុងតែបញ្ចេញ រុញ ទោមចេញ ឬធ្វើឱ្យចេញទៅខាងក្រៅ នៅក្នុងពេលពេលឥឡូវនេះ កិរិយាសព្ទ.

3772.	អ៊ិកស្ពេល្លិង expelling កំពុងតែបញ្ចេញ យ៉ូរ៉ិន urine ទឹកនោម (កំពុងតែនោម) នាមសព្ទ.
3773.	អ៊ិកស្ពៀរៀនស្យ experience បានដឹងថា វៃសិល facial ផេន pain ឈឺនៅមុខ នាមសព្ទ.
3774.	អ៊ិកស្ព្លូរិង exploring កំពុងតែស្រាវជ្រាវរក អ៊ិលេកត្រូដ electrode កម្ពាំងភ្លើង អត្តិសនីរព័ត នាមសព្ទ.
3775.	អ៊ិកស្ព្លូរ៉ាថ្ធរី exploratory សើរជើរ surgery ការវះកាត់នៅជញ្ជាំងសាច់ពោះ ដើម្បីនឹងយកសាច់ទៅពិនិត្យស្រាវជ្រាវមើលរោគ ឬដើម្បីរៀនពីរោគនេះតទៅទៀត នាមសព្ទ.
3776.	អ៊ិកស្ពស expose ចញ្ឋ joint សន្លាក់ឆ្អឹងដែលមើលឃើញ សាច់ហែកបានជាមើលឃើញ សន្លាក់ឆ្អឹង កិរិយាសព្ទ.
3777.	អ៊ិកស្ពស្ឋ exposed អេរៀ area កន្លែងសាច់ ឬស្បែកដែលមើលឃើញ ឬសាច់ដែលប៉ះថ្ងៃ ពាក់អារវហែកបានជាលេចសាច់ឲ្យគេឃើញ កិរិយាសព្ទ.
3778.	អ៊ិកស្ពសើ exposure អ៊ិកស៊ីស៊ីន excision ការកាត់សាច់ពីខាងក្នុងចេញក្រៅ នាមសព្ទ.
3779.	អ៊ិកស្ព្រេស្យឋ expressed ខ្លៀរលី clearly សំដែងឲ្យឃើញច្បាស់ៗ ឬបញ្ចាញឲ្យឃើញ ច្បាស់លាស់ កិរិយាសព្ទ.
3780.	អ៊ិកស្ពលស៊ីន expulsion បញ្ចេញ វីស៊ីស feces លាមកតាមទ្វារធ្មៀចេញទៅក្រៅខ្លួន នាមសព្ទ.
3781.	អ៊ិកស្ពលស៊ីន expulsion បញ្ចេញ ឬបង្ខូរ អើរ of ឯន an អ្ន៉ុម ovum ទឹកពងចេញ (បញ្ចេញ ឬបង្ខូរទឹកមេពីរវិតឲ្យចេញ) នាមសព្ទ.
3782.	អ៊ិកស្ថេនស្ extends តចេញ អេក្រស្យ across ទៅទទិង កិរិយាសព្ទ.
3783.	អ៊ិកស្ថេនថ្ extent ពង្រីកឲ្យធំ អើរ of ឋឹ the ស្ព្រេដ spread រាលដាល នាមសព្ទ.
3784.	អ៊ិកស្ថេនថ្ extent បន្ថែម អើរ of របស់ ឋឹ the មួរមេនថ្ស movements ឲ្យកំរើក អើរ of នៅក្នុង អេ a ចញ្ឋ joint សន្លាក់ឆ្អឹងមួយ នាមសព្ទ.
3785.	អ៊ិកស្ថៀរ៉ីអើ exterior នៅខាងក្រៅ អើរ of ឋឹ the បឌី body របខ្លន គុណនាម.
3786.	អ៊ិកស្ថើនល external ព្លីឌិង bleeding ចេញឈាមនៅក្រៅខ្លួន នាមសព្ទ.
3787.	អ៊ិកស្ថើនល external បាម់ភើ bumper កន្លឺសសម្រាប់ទុបនៅខាងក្រៅរថខ្លន នាមសព្ទ.

3788.	អិក្សស្ទើនុល external នៅខាងក្រៅ ខ្យុធិថ carotid អាធេរី artery សរវសេឈាម ក្រហមធំដែលផ្តល់ឈាមទៅខួរក្បាលនៅក នាមសំពុ.
3789.	អិក្សស្ទើនុល external ខូវើរិង covering សំបកក្របនៅខាងក្រៅវងខ្លួន (ស្បែក) នាមសំពុ.
3790.	អិក្សស្ទើនុល external នៅខាងក្រៅ ក្រេនៀល cranial ឬឆ្អឹង bones ឆ្អឹងលលាដ៍ក្បាល នាមសំពុ.
3791.	អិក្សស្ទើនុល External នៅខាងក្រៅ អៀរ ear ត្រចៀក នាមសំពុ.
3792.	អិក្សស្ទើនុល external នៅខាងក្រៅ អៀរ ear ខៃណាល់ canal រន្ធត្រចៀក នាមសំពុ.
3793.	អិក្សស្ទើនុល external នៅខាងក្រៅ អ៊ីនវៀនមេន្ត environment ទឹកខ្លែងណាមួយ នាមសំពុ.
3794.	អិក្សស្ទើនុល external ហេមម្ភ៉រ៉យដុល hemorrhoidal វែ្ស veins សរវសេឈាម ខ្វើ ប៉ោង លៀនចេញមកខាងក្រៅរន្ធទ្វារធំ គេហៅវាថាវាគតឬសដូងបាត វាគតឬសដូងបាត ឬសរវសេឈាមខ្វើច្រើនជាងមួយ វាលៀនចេញមកខាងក្រៅនៅជុំវិញរន្ធទ្វារធំ រន្ធទ្វារលាមក ឬរន្ធទ្វារអាចម៍ ការព្យាបាលវាគតនេះក៏ញ៉ាំបន្លែដែលមានជាតិសរវសេៗឲ្យច្រើន លេបថ្នាំឲ្យអាចម៍ទន់ ផឹកទឹកឲ្យច្រើន ឬវះកាត់យកវាចេញ នាមសំពុ.
3795.	អិក្សស្ទើនុល external នៅខាងក្រៅ ហេមម្ភ៉រ៉យឌ្ស hemorrhoids វាគតឬសដូងបាត ដែលលៀនចេញច្រើនមកខាងក្រៅរន្ធទ្វារធំ នាមសំពុ.
3796.	អិក្សស្ទើនុល external លេយើ layer ស្រទាប់សាច់ស្ទើងៗនៅខាងក្រៅ នាមសំពុ.
3797.	អិក្សស្ទើនុល external ម៉លលីអូលើស malleolus នៅខាងក្រៅឆ្អឹងភ្នែកគោត ហើយឆ្អឹងក្បាល ឆ្អឹងពព នាមសំពុ.
3798.	អិក្សស្ទើនុល external មៃសសាជ massage ច្របាច់ ឬចាប់សរវសេពីខាងក្រៅវងខ្លួន នាមសំពុ.
3799.	អិក្សស្ទើនុល external ម៉ឺថើស meatus រន្ធខាងក្រៅ នាមសំពុ.
3800.	អិក្សស្ទើនុល external មេម្ភ៉រ៉ស memories ចាំមិនបានឃ្លរ នាមសំពុ.
3801.	អិក្សស្ទើនុល external នៅខាងក្រៅ នូស nose ច្រមុះ នាមសំពុ.

3802.	អក្សរស្ទើនុល external នៅខាងក្រៅ អកសិផិថល occipital ឆ្អឹងលលាដ៍ក្បាល ខាងក្រោយ ព្រុត្ថុប៊ើរ៉ែនស្យ protuberance ពកលយចេញទៅខាងក្រៅ នាមសំពុ.
3803.	អក្សរស្ទើនុល External នៅខាងក្រៅ អប្លិយ oblique ខ្សែបន្ទាត់សាច់ដុំនៅទទឹងពោះ ឬសាច់ដុំ២មកពីដើមទ្រូងទៅដល់ត្រគាក នាមសំពុ.
3804.	អក្សរស្ទើនុល external អូផេនិង opening រន្ធបើកចេញទៅខាងក្រៅ នាមសំពុ.
3805.	អក្សរស្ទើនុល external រ៉ែស្ពូរ៉េស៊ិន respiration ការដកដង្ហើមចេញទៅខាងក្រៅ នាមសំពុ.
3806.	អក្សរស្ទើនុល external ស្វិងទើ sphincter បំពង់សាច់យឺតៗញាំៗដែលល្យួយបិតបើកៗបាន នៅទ្វារធំខាងក្រៅ ឬកន្ត្រកណាផ្សេងទៀតនៅសាច់ដែលយឺតៗញាំៗដែលអាចបិតបើកៗជីបអូចៗបាន នាមសំពុ.
3807.	អក្សរស្ទើនុល external យូស use ប្រើបាននៅខាងក្រៅខ្លួន អូនលី only តែប៉ុណ្ណោះ នាមសំពុ.
3808.	អីក្សព្រា extra ហ្វាត heart ប៊ីត្ស beats បេះដូងដើរលឿនជាងធម្មតា នាមសំពុ.
3809.	អីក្សព្រា extra ហ្វាត heart សោន្ត sound សម្លេងបេះដូងខ្លាំងជាងធម្មតា នាមសំពុ.
3810.	អីក្សព្រា extra- ខាងក្រៅ - អៅតសាយដ outside ខាងក្រៅ -ព្រ៊ីវិក្ស prefix បុព្វបទ ឬបាក្យសម្រាប់តពីខាងមុន.
3811.	អីក្សព្រា extra ព្រូថេអ៊ិន protein មានជាតិប្រូតេអ៊ិនច្រើនលើសចំនួន មេក្ស makes ធ្វើឱ្យ សេល្ស cells គ្រាប់សាច់ឃាម ក្រៅ grow កើត អៅត out ច្រើនឡើង ដៅវ of ខុនត្រូល control ហួសធម្មតា នាមសំពុ.
3812.	អីក្សព្រាសេល្លយួឡើ extracellular ភ្លូដ fluid ទឹកនៅកន្លែងខាងក្រៅគ្រាប់ឃាម នាមសំពុ.
3813.	អីក្សព្រាយ្ងផ្ដរៀល extracorporeal សើខ្យួលេស៊ិន circulation ខ្យល់វិលចុះឡើងនៅ ខាងក្រៅដងខ្លួន នាមសំពុ.
3814.	អីក្សព្រាយ្ងផ្ដរៀល extracorporeal ស្វុក្ក shock ការប្រើលកកម្លាំងភ្លើងដាក់ឱ្យរក់មក ពីខាងក្រៅដងខ្លួនដើម្បីនឹងរក់បំបែកថ្មនៅក្នុងកម្រងទឹកនោមមួយដង /ស្វុក្កស shocks លេក កម្លាំងភ្លើង ឬលេកសម្លេងភ្លើងអគ្គីសនីដាក់ដើម្បីឱ្យរក់បំបែកថ្ម វាក់មកពីខាងក្រៅដងខ្លួននេះច្រើន

	ដង (ឧទាហរណ៍ដូចជាមានថ្មនៅក្នុងប្លោកទឹកនោម ឬថ្មនៅក្នុងកម្រងទឹកនោម ឬនៅក្នុងបំពង់ប្លូចពីរ ដែលបង្ហូរទឹកនោមមកពីកម្រងទឹកនោមទៅប្លោកទឹកនោម) នាមសព្ទ.
3815.	អ័ក្សត្រែកស៊ីន extraction សែត site កន្លែងដែលដកទឹកចេញ ឬកន្លែងដែលទាញរបស់ អ្វីមួយចេញ នាមសព្ទ.
3816.	អ័ក្សត្រាហ៊ីផែថិក extrahepatic បៃឡ្យារី biliary នៃ ឬទាក់ទងទៅនឹងខាងក្រៅថ្លើម ហើយនឹងទឹកប្រម៉ាត់ នាមសព្ទ.
3817.	អ័ក្សត្រាអ័ខ្យូឡើ extraocular ភ្លួដ fluid ទឹកដែលនៅខាងក្រៅត្រាប់ភ្នែក ឬទឹកនៅជុំវិញ ត្រាប់ភ្នែក នាមសព្ទ.
3818.	អ័ក្សត្រាអ័ខ្យូឡើ extraocular ម៉ាសសិល្យ muscles សាច់ដុំនៅខាងក្រៅត្រាប់ភ្នែក ទាំងអស់នោះ នាមសព្ទ.
3819.	អ័ក្សត្រាអ័រទិណារី extraordinary អ៊ិកម៉ោន្ត amount មានចំនួនច្រើនខ្លាំងណាស់ នាមសព្ទ.
3820.	អ័ក្សត្រាអ័រទិណារី extraordinary អស្ចារ្យលើសពីភាពធម្មតា រេ៉ន្ជ range ទៅតាមជាន់ថ្នាក់ ឬជួររបស់វា គុណនាម.
3821.	អ័ក្សត្រាយូធើរ៉ៃន extrauterine ប្រេគ្ន៍នែនស៊ី pregnancy មានផ្ទៃពោះនៅក្រៅស្បូន គុណនាម.
3822.	អ័ក្សស្ទ្រីម extreme ខូល្ឌ cold ធាតុអាកាសត្រជាក់ខ្លាំងពេក នាមសព្ទ.
3823.	អ័ក្សស្ទ្រីម extreme ខាម់ប្រេសស៊ីន compression រ៉េ៉កឈើ fracture ឆ្អឹងបាក់ដែលកើតឡើងដោយសារការសង្កត់រុញខ្លាំងទៅលើឆ្អឹងនោះបានជាវាបាក់ នាមសព្ទ.
3824.	អ័ក្សស្ទ្រីម extreme អ៊ីលេវេថ្ត elevated ថេមផើរេឈ័រ temperature កំដៅឡើងខ្ពស់ខ្លាំង នាមសព្ទ.
3825.	អ័ក្សស្ទ្រីម extreme ហ៊ីត heat ធាតុអាកាសក្តៅខ្លាំងពេក ឬក្តៅខ្លាំង នាមសព្ទ.
3826.	អ័ក្សត្រីម extreme មេនថល mental មនុស្សល្ងង់ខ្លាំង ឬមនុស្សដែលមានវោគវិកលចរិក យ៉ាងខ្លាំង ឬមនុស្សឆ្កួត នាមសព្ទ.
3827.	អ័ក្សស្ទ្រីម extreme ខ្លស់បំផុត ឬខ្លស់ខ្លាំង ផញ៉ន្ត point ចំនុចសំខាន់នៅខាងចុង នាមសព្ទ.

3828.	អ័ក្សស្រ៉ីម extreme ជ្រុលសេ៉ី pressure កម្លាំងសង្កត់វុញ្ញខ្លាំង អ័ន on ទៅលើ ឌ៉ើ the ឬន bone ឆ្អឹង ហេតុនោះហើយបានជារាបាក់ នាមសំពុ.
3829.	អ័ក្សស្រ៉ីម extreme ភាពឆាប់ដឹង សេនសិធិវិទី sensitivity ឆាប់ដឹង ឆាប់ឈ៉ីនៅពេល ប៉ះ ធ to ទៅនឹង លែត light ពន្លឺឆ្លើង នាមសំពុ.
3830.	អ័ក្សស្រ៉ីមលី extremely ហាយ high ឡើង blood ជ្រុលសេ៉ី pressure កម្លាំងឈាមឡើ៉ងខ្ពស់ខ្លាំងណាស់ កិរិយាវិសេសន៍.
3831.	អ័ក្សស្រ៉ីមលី extremely ល្វ low ទាបខ្លាំងណាស់ កិរិយាវិសេសន៍.
3832.	អ័ក្សស្រ៉ីមលី extremely ផេនវ៉ូល painful ឈ៉ីខ្លាំងណាស់ កិរិយាវិសេសន៍.
3833.	អ័ក្សស្រ៉ីមលី extremely ផេនដ៉ើ tender ប៉ះល៉ី (ទន់ៗ) ខ្លាំងណាស់ ប៉ះបន្តិចកឈ៉ីផែល កិរិយាវិសេសន៍.
3834.	អ័ក្សស្រ៉ីមលី extremely ធូលើរ៉ែន្ត tolerant អាចទ្រាំនឹងការឈ៉ីចាប់ខ្លាំងបាន កិរិយាវិសេសន៍.
3835.	អ័ក្សស្រ៉ីមស extremes ខ្ពស់បំផុត ឬខ្លស់ខ្លាំ ផ៉ញ្ន្ត point ចំនុចសំខាន់ ឬនៅខាងចុង នាមសំពុ.
3836.	អ័ក្សត្រ Extro- ខាងក្រៅ វ៉ញ្ញទៅមុខ ហ្សពី លើសពី សេចក្តីបន្ថែម _ព្រីវ៉ិក្ស prefix បុព្វបទ ឬបាក្សសម្រាប់ពីខាងមុខ.
3837.	អាយ eye ភ្នែកមួយ (ភ្នែកមានបីស្រទាប់: យូរេ៉ៀ cornea គឺជាស្រទាសាច់ភ្នែកខាងក្រៅ រ៉ាគ្របគ្រាប់ភ្នែក ក្របវន្តកឈ្នក់ភ្នែក រ៉ាជូរ៉ាឈើ៉ីភ្នែក ហើយរ៉ាឡ្យពន្លឺចូលទៅក្នុងគ្រាប់ភ្នែក, លេន្ស lens កែរភ្នែក២ ផែន្ត and ហើយនឹង យូវ៉ី uvea កឈ្នក់ភ្នែក២ ស្រទាប់សាច់១ផ្នែកនេះ រ៉ាទៅកណ្ឌាល, រេតណា retina ស្រទាប់សាច់ខាងក្នុងរបស់ភ្នែក រ៉ាសរវ៉ាសៃវិញ្ញាណពីភ្នែកទៅ ខួរក្បាល) នាមសំពុ.
3838.	អាយ eye ឆេងជ៉ីស changes ការប្រែប្រួល ឬការផ្លាស់ប្តូរទៅភ្នែក (ឧទាហរណ៍ដូចជា ភ្នែករបស់មនុស្សចាស់ នៅពេលមនុស្សឈ៉ើងមានអាយុជ្រើនភ្នែកឈ៉ើងប្រែ ធ្វើឱ្យឈ៉ើងមើលមិនស្វ៉ ច្បាស់បន្តិចម្តងៗ) នាមសំពុ.
3839.	អាយ eye ខ្លូស close បិតភ្នែក នាមសំពុ.
3840.	អាយ eye ខាថ់ cup កែវកៅស៉ូរសម្រាប់គ្របពីលើភ្នែកនៅក្រោយពេលវះកាត់ នាមសំពុ.

3841.	អាយ eye ឌីផាតមេន្ទ department អាគារ មន្ទីរព្យាបាលរោគភ្នែក នាមស័ព្ទ.
3842.	អាយ eye ដកទើ ឬដក្ទ័រ doctor គ្រូពេទ្យភ្នែក១នាក់ អ័រ or ឬ នាមស័ព្ទ.
3843.	អាយ eye ដកទើស ឬដក្ទ័រស doctors គ្រូពេទ្យភ្នែកពីរនាក់ នាមស័ព្ទ.
3844.	អាយ eye អ៊ីក្សែម exam ការពិនិត្យមើលភ្នែក នាមស័ព្ទ.
3845.	អាយ eye អ៊ីក្សែម exam អ៊ីកវេលអេបូល available អាចមានពេលពិនិត្យភ្នែកបាន នាមស័ព្ទ.
3846.	អាយ eye អិនជើរីស injuries របួសនៅភ្នែក២ផង នាមស័ព្ទ.
3847.	អាយ eye អិនជើរី injury របួសភ្នែក១ផង នាមស័ព្ទ.
3848.	អាយ eye មូវមេន្ទ movement ភ្នែកកំរើក នាមស័ព្ទ.
3849.	អាយ eye មូវើ mover ជួយបង្វិលភ្នែកចុះឡើង នាមស័ព្ទ.
3850.	អាយ eye អូផេន open បើកភ្នែក នាមស័ព្ទ.
3851.	អាយ eye ផេន pain ឈឺនៅភ្នែក នាមស័ព្ទ.
3852.	អាយ eye ប្រូថេកសឹន protection ការពារភ្នែក នាមស័ព្ទ.
3853.	អាយ eye រេដនេស្ស redness ភ្នែកក្រហម នាមស័ព្ទ.
3854.	អាយ eye ត្រែក្ទ tract ប្រព័ន្ធសរសៃវិញ្ញាណនៅក្នុងភ្នែក នាមស័ព្ទ.
3855.	អាយបោល្ល eyeball គ្រាប់ភ្នែក មូវមេន្ទស movements កំរើក ឬវិលចុះឡើង នាមស័ព្ទ.
3856.	អាយបល្ល eye-ball គ្រាប់ភ្នែក នាមស័ព្ទ.
3857.	អាយប្រោ ឬអាយប្រោវ្ eyebrow រោមភ្នែក រោមចិញ្ចើម នាមស័ព្ទ.
3858.	អាយលិដ eyelid ម៉ាសសិល្ស muscles សាច់ដុំនៅត្របកភ្នែក នាមស័ព្ទ.
3859.	អាយលិដ eyelid ត្របកភ្នែក ធើន្ស turns បែចេញ នាមស័ព្ទ.
3860.	អាយ្ស eyes ខែរ៍ care ការថែរក្សាភ្នែកទាំងពីរ នាមស័ព្ទ.
3861.	អាយ្ស eyes អិនជើរី injury របួសភ្នែកទាំងសងខាង នាមស័ព្ទ.
3862.	អាយ្ស eyes ភ្នែកទាំងពីរមើល អិន on ទៅលើ ឌើ the រ៉ូដ road ផ្លូវ! នាមស័ព្ទ.
3863.	អាយ្ស eyes ផេន pain ឈឺភ្នែកទាំងពីរ នាមស័ព្ទ.
3864.	អាយ្ស eyes ស៊ុកកេត ឬស៊ុកគឹត sockets រន្ធឆ្អឹងដែលនៅជុំវិញគ្រាប់ភ្នែក នាមស័ព្ទ.

3865.	អាយ្យ eyes ទ្រីមេន្ត treatment ការព្យាបាលរោគភ្នែកទាំងពីរ នាមសំពុ.
3866.	អ៊ីវ F ្រ្ អ៊ីវ f អក្សរទី៦របស់ភាសាអង់គ្លេស (វាជាព្យព្យញ្ជនៈ) នាមសំពុ.
3867.	វ៉ែប Fab ជាកន្លែងកំទិចថ្វាំផ្សេៈ ឬប្រព័ន្ធការពារខ្លួនឈ្លោះ អែនទីបឌី antibody ចូល្យមគ្នា នាមសំពុ.
3868.	វ៉ែប Fab ហ្វ្រែកមេន្ត fragment ជាកន្លែងកំទិចថ្វាំផ្សេៈ ឬប្រព័ន្ធការពារខ្លួនឈ្លោះ អែនទីបឌី antibody ចូល្យមគ្នា វ៉ាមានទីកប្រតេអ៊ីនឈ្លោះ អែនទីជីន antigen ប៉ាញ្ញ្ន្ត bind សេត site កន្លែកវត្តធាតុពីខាងក្រៅខ្លួនចូល្យមគ្នាជាមួយប្រព័ន្ធការពារខ្លួនឃើងវ៉ិងម៉ា ហើយវ៉ាទាំ ពីរនេៈ ប្រែទៅជាទីកប្រព័ន្ធការពារពាតនៅក្នុងខ្លួនឃើង នាមសំពុ.
3869.	វ៉ៃប្រ៉ុ'ស Fabry's ឌិស្ស៊ីស disease ឈ្លោះរោគព័ំបៅនៅស្បែកឡើង ឈ៉យ៉ាងខ្លាំងនៅមួយ កំណាត់ខ្លួនខាងលើ ឈ៉នៅភ្នែក មានពាតនៅសរសៃឈ្លាមឆួឆៗ មានការប៉ៈពាល់ដល់កម្រេងទ៍កនោម បៈដួង ហើយនឹងខួរក្បាលផង នាមសំពុ.
3870.	វ៉ៃស្យ face នើវ nerve សរសៃប្រសាទ ឬសរសៃវិញ្ញាណនៅមុខ នាមសំពុ.
3871.	វ៉ៃស្យ face ផេន pain ឈ៉មុខ នាមសំពុ.
3872.	វ៉ៃស្យៀ ឬវ៉ៃស៊ា facia ម៉ាសសិល្យ muscle សាច់ដុំក្រោមបន្ទាត់ពោៈ (សាច់ដុំវ៉ិងម៉ានៅត្រង់ថ្ងាស់ វ៉ានៅលើឈ្លេកទ៍កនោម) នាមសំពុ.
3873.	វ៉ៃស៊ិល facial ស្គ៊ិន skin ព្រូប្លេម problem មានបញ្ហានៅលើស្បែកមុខ១កន្លែង នាមសំពុ.
3874.	វ៉ៃស៊ិល facial ស្គ៊ិន skin ស្បែកមុខ ព្រូប្លេម្ស problems មានបញ្ហាច្រើនកន្លែង នាមសំពុ.
3875.	វ៉ៃស៊ិល facial អាធើរីស arteries សរសៃឈ្លាមក្រហាមជាច្រើននៅមុខ នាមសំពុ.
3876.	វ៉ៃស៊ិល facial អាធើរី artery សរសៃឈ្លាមក្រហាមមួយនៅមុខ នាមសំពុ.
3877.	វ៉ៃស៊ិល facial ឬន្ស bones ឆ្អឹងនៅមុខ (ឆ្អឹងមុខមាន១៤ មាន៦គូរ តែពីរទៀតអត់មានគូរទេ) នាមសំពុ.
3878.	វ៉ៃស៊ិល facial ខៃណាល់ canal រន្ធឆ្អឹងនៅចំហៀងខាងក្រៅមុខមកពីត្រច្យៀក នាមសំពុ.
3879.	វ៉ៃស៊ិល facial អ៊ីក្យព្រេស្ស៊ីន expression បង្ហាញសញ្ញារាងមុខមាត់ឲ្យឃើញថាសប្បាយ ឬមានកើតទុក នាមសំពុ.

3880.	វេស្សិល facial វ្ហ៉ៃឈ្មីស features រាងមុខមាត់ នៅផ្នែកខាងលើមុខ នាមសំពុ.
3881.	វេស្សិល facial ផ្លើស្ហ្ជីង flushing មុខឡើងក្រហម នាមសំពុ.
3882.	វេស្សិល facial ម៉ាសសិល្យ muscles សាច់ដុំមុខ នាមសំពុ.
3883.	វេស្សិល facial នើវ nerve សរសៃវិញ្ញាណនៅមុខ នាមសំពុ.
3884.	វេស្សិល facial ណ្ហ៉ៃវាលចា neuralgia ឈឺនៅសរសៃវិញ្ញាណនៅមុខ នាមសំពុ.
3885.	វេស្សិល facial អ្ហ៉ៃកិល្យ organs សរីរាង្គនៅមុខ (ភ្នែក ច្រមុះ ហើយនឹងអណ្ដាត) នាមសំពុ.
3886.	វេស្សិល facial ផេន pain ឈឺចាប់នៅមុខ នាមសំពុ.
3887.	វេស្សិល facial ផារ៉ាលែសិស paralysis ឈឺដាប់ ឬកំរើកសាច់មុខមួយ ចំហៀងមិនបាន នាមសំពុ.
3888.	វេស្សិល facial សើរ៉ិស្យ surface នៅផ្នែកខាងលើមុខ ឬកន្លែងខាងមុខមួយ នាមសំពុ.
3889.	វេស្សិល facial វេន vein សរសៃឈាមខ្មៅនៅមុខ នាមសំពុ.
3890.	វេស្សិអ្ហ៉ facio- អ៉ិរ or ឬ វេស្សិអ្ហ៉ faci/o មុខ វេស្យ face មុខ -ព្រិក្ស prefix បុព្វបទ ឬបាក្យសម្រាប់តពីខាងមុខ.
3891.	វេ៉ៃល fail មិនអាច ធ្ល to និង ព្រុដ្យស្យ produce ផលិតផលបាន (មិនអាចធ្វើបាន) កិរិយាសព្ទ.
3892.	វេ៉ៃលិង failing មិនអាច ធ្ល to និង ព្រុដ្យស្យ produce ផលិតផលអ្វីមួយបាន កិរិយាសព្ទ.
3893.	វេ៉ៃលយ៉ៃស failures រាគខូច អ៉ៃវ of ធឺ the ហ្ហ៉ាត heart បេះដូង (ឬបេះដូងធ្វើការមិនល្អ ឬរាគខូចនៅក្នុងបេះដូង) នាមសំពុ.
3894.	វេ៉ៃលយ៉ៃស failures រាគខូច អ៉ៃវ of ធឺ the យ៉ិដន៉ិស kidneys ក្រមងទឹកនោម ទាំងពីរ (ឬក្រមងទឹកនោមទាំងពីរធ្វើការមិនល្អ) នាមសំពុ.
3895.	វេ៉ៃន្ត faint ស្មេល្ល smell មានផ្លុំខ្លិនតិចៗ នាមសំពុ.
3896.	វ៉ៃឡូល្យៀន fallopian ធ្លប tube បំពង់ដៃស្បូន១ខាង នាមសំពុ.
3897.	វ៉ៃឡូល្យៀន fallopian ធ្លប្យ tubes បំពង់ដៃស្បូនទាំងពីរខាង នាមសំពុ.
3898.	វ៉ៃឡូល្យៀន fallopian ធ្លប្យ tubes បំពង់ដៃស្បូនទាំងពីរ អេន្ត and ហើយនឹង អ្ហ៉ៃវ៉ុរិស ovaries ពងមេពើរីតដែលនៅខាងក្រោមចុងដៃស្បូន នាមសំពុ.

3899.	វាលល្បុជ្រៀន fallopian ធ្យុប tubes បំពង់ដៃស្បួនទាំងពីរ អិរ or ឬ អូវីដាក្កូស oviducts ពងមេជីវិត ឬពងក្រពេញដែលបង្កើតទីកពង វានៅចុងដៃស្បួន នាមសព្ទ.
3900.	វិល្បួ false ចញ្ចូម joint សន្លាក់ឆ្អឹងដែលដុះមិនពេញលខណៈ នាមសព្ទ.
3901.	វិល្បួ false លេបើរ labor ច្រឡ្អុំស្មានថាដល់ពេលកូនកើត នាមសព្ទ.
3902.	វិល្បួ false ផេលវិក pelvic ផ្នែកកំប៉ាតនៅខាងលើឆ្អឹងឆ្អូងត្រគាក គុណនាម.
3903.	វិល្បួ false ច្រឡ្អុំ ឬស្មានថាមាន ជ្រៃកនៃនស្ទ្រី pregnancy ផ្ទៃពោះ គុណនាម.
3904.	វិល្បួ false វិបួ ribs ឆ្អឹងជុំនីវាប់ពីឆ្អឹងទីៗ ចុះ អត់ជាប់ចំៗទៅនិឆ្អឹងខើមទ្រង់ខាងលើទេ ឋាបសព្ទ.
3905.	វិល្បួ false ស្ទេន step ជាន់ខុសចណ្ដើរ ដើរខុសផ្លូវ នាមសព្ទ.
3906.	វិល្បួ false ធ៉ីស teeth ព្រៈធ្មេញ២ ឬច្រើនជាងមួយ (ធ្មេញព្រៃ២បាក់) នាមសព្ទ.
3907.	វិល្បួ false ធ៉ូស tooth ព្រៈធ្មេញ១ ឬធ្មេញមួយបាក់ (ធ្មេញព្រៃ១បាក់) នាមសព្ទ.
3908.	វ៉ាម៊ើ៍ស farmer's ឡ្អាំង lung (រោគស្ងួរបស់អ្នកស្រែ) រោគស្ងួតឈឺឆ្អាមៗមិនធនធ្មុតា ដែលមានរោគសញ្ញាដូចតទៅ៖ ក្រុនក្ដៅ ក្អក ពិបាកដកដង្ហើម ដងដង្ហើមឱិនដល់ផ្តា (រោគនេះកើត មកពីលំអងធីចូលទៅក្នុងស្ងួតតាមរន្ធច្រមុះនៅពេលដកដង្ហើមចូល) នាមសព្ទ.
3909.	ជ៉ីសសិអ្អ fascio- អិរ or ឬ ជ៉ីសសិអ្អ fasci/o ស្រទាប់សាច់កំប៉ែតស្តើងៗ - វីលេតធិង relating នៃ ឬជាប់ទាក់ទង ធ្ល to ទៅនិឆ អិវ៉េក្ម៉ផល example ឧទាហរណ៍ដូចជា ស្រទាប់សាច់កំប៉ែតស្តើងៗល្អោះ - ជ៉ីសស៉ា fascia ស្រទាប់សាច់កំប៉ែតស្តើងៗវាតសន្លាក់ឆ្អឹង មួយទៅនិឆសន្លាក់ឆ្អឹងមួយទៀត -ផ្រីវ៉ិក្ស prefix បុព្វបទ ឬជាក្បួសម្រាប់ធ្លពីខាងមុខ.
3910.	ជ៉ីស្ត fast ហ្វួដ food ចំណីអាហារដែលធ្វើលឿនឆ្អាមៗ ហើយញ៉ាំឆ្អាមៗផងដែរ (ទៅតាមធម្មតាគេថាម្ហូបនេះមានជាតិខ្លាញ់ច្រើន) គុណនាម.
3911.	ជ៉ីស្ត fast ហ្វ្អាត heart វិហ្ធិម្ម ឬតិម្ម rhythms រោគចង្វាក់បេះដូងដើរលឿន នាមសព្ទ.
3912.	ជ៉ីស្ត fast ហ្វ្អាតប៉ីត heartbeat បេះដូងដើរលឿន នាមសព្ទ.
3913.	ជ៉ីស្ត fast មេថែប្អូលិស៊ីម metabolism ការកិនរំលាយចំណីអាហារយ៉ាងរហ័ស (ឬចំណីអាហារឆាប់រលាយក្រោយពេលញ៉ា) នាមសព្ទ.
3914.	ជ៉ីស្ត fast ដើរលឿន អិរ or ឬ អៀងជព្ញល្អើ irregular ដើរមិនស្មើគ្នា គុណនាម.

3915.	វិត fat សែល្ល cell សាច់ឆ្អឹងខ្លាញ់ គ្រាប់កោសិកាដែលកើតទៅជាខ្លាញ់ គ្រាប់ជាតិសាច់ខ្លាញ់ មួយគ្រាប់ វាមានរាងមូលដូចពង (វិត fat សែល្លស cells សាច់ឆ្អឹងខ្លាញ់ គ្រាប់ជាតិសាច់ ខ្លាញ់ច្រើនគ្រាប់) នាមសំពុ.
3916.	វិត fat អីនស្ស្រ៊ាម enzyme ជាតិប្រូតេអ៊ីនដែលជួយរំលាយវត្ថុធាតុខ្លាញ់ នាមសំពុ.
3917.	វិត fat លេវែល level កំរិ ច ឬចំនួនជាតិខ្លាញ់ខ្ពស់ ឬទាប (កំរិតធម្មតារបស់ជាតិខ្លាញ់នៅក្នុង ឈាមគឺ ១៥០ មីលីក្រាម) នាមសំពុ.
3918.	វិត fat លេវែល level កំរិ ច ឬចំនួនជាតិខ្លាញ់ អ៊ិន in នៅក្នុ ង ធើ the ប្លើ ង blood ឈាម នាមសំពុ.
3919.	វិត fat លេវែល្ស levels កំរិតធម្មតារបស់ជាតិខ្លាញ់នៅក្នុងឈាមគឺ ១៥០ មីលីក្រាម (កំរិតពី ១៥០ ទៅ ១៩៩ មីលីក្រាមក៏វានៅត្រង់ព្រំដែនដែលពិតលើសចំនួន) (២០០ ទៅ ៥០០ មីលីក្រាម ក៏ខ្ពស់ជាងធម្មតាហើយ) (៥៩៩ មីលីក្រាមចំនួននេះខ្ពស់ហួសពេក) នាមសំពុ.
3920.	វិត fat ជាតិខ្លាញ់ អ៊ រ or ឬ វិត fat ធាត់ នាមសំពុ.
3921.	វិត fat សូល្លបល soluble ទឹកខ្លាញ់ នាមសំពុ.
3922.	វិត-សូល្លបល fat-soluble ទឹកជាតិខ្លាញ់ នាមសំពុ.
3923.	វិតធិយ fatigue រោគអស់កម្លាំង អ៊ើវ of នៅក្នុ ង ធើ the អាយ្យ eyes គ្រាប់ភ្នែកទាំងពីរ (រោគួយគ្រាប់ភ្នែក ឬរាគខ្សោយធ្មានកម្លាំងនៅក្នុងគ្រាប់ភ្នែក) នាមសំពុ.
3924.	វិត-ឡៃក fat-like មែផ្សៀ)រៀល material វត្ថុធាតុដែលដូចជាតិខ្លាញ់ៗ នាមសំពុ.
3925.	វិតទ្ទី fatty ជាតិខ្លាញ់លាយ អែសិង acid ទឹកអាស៊ីត ទឹកក្រូ ច ជាតិជូររួយម្យ៉ាង (វាកើតឡើងក្រោយពេលបានកិនំលាយជាតិខ្លាញ់ ឬវត្ថុធាតុខ្លាញ់) នាមសំពុ.
3926.	វិតទី fatty ជាតិខ្លាញ់ អែសិង្ស acids ទឹកអាស៊ីត ទឹកក្រូ ត ជាតិជូរច្រើនម្យ៉ាង មីលខាងលើ នាមសំពុ.
3927.	វិតទ្ទី fatty ជាតិខ្លាញ់ ខាម់ផោន្ស compounds លាយឆ្នា នាមសំពុ.
3928.	វិតទ្ទី fatty លិវ៉ liver ថ្លើមថត់ធំមានខ្លាញ់ច្រើនលើសពីភាពធម្មតានៅថ្លើម ឬខ្លាញ់រុំនៅព័ំវិញ ថ្លើម (បើមានខ្លាញ់លើសពី ៥ ទៅ៧% នេះគេហៅថាមានខ្លាញ់ច្រើននៅថ្លើម មានខ្លាញ់ច្រើនហួស វាអាចធ្វើឱ្យថ្លើមលាងជាតិពុលមិនបានល្អ វាអាចធ្វើឱ្យមានសម្លាកនៅថ្លើម ហើយវាអាចធ្វើឱ្យខូច ថ្លើមផង) នាមសំពុ.

3929.	ជិតទី fatty ជាតិខ្លាញ់ ផ្លែយ plaque ដែលកកផ្ទាំងៗនៅក្នុងសរសៃឈាម ឬនៅកន្លែងណាមួយ នាមសំព.
3930.	ជិតទី fatty សាប់ស្ទែនស៊ីស substances វត្ថុធាតុ ឬជាតិខ្លាញ់ដុំៗច្រើនយ៉ាង (គេហៅវាឈ្មោះវាថា ឬឬលេស្ទើរ៉ែល cholesterol ជាតិខ្លាញ់) នាមសំព.
3931.	ជិតទី fatty ធិសស្ស tissue សាច់ខ្លាញ់ៗ ឬជាតិខ្លាញ់ៗ នាមសំព.
3932.	អ៊ីវអ៊ី fe. អក្សរកាត់ដែលតំណាងឱ្យ អាយរ៉ុន iron ជាតិដែក នាមសំព.
3933.	រៀរ fear ខ្លាច ភ័យ of ដែនិមុល animal សត្វ កិរិយាសព.
3934.	រៀរ fear ខ្លាច ភ័យ of នៅ ជាពនេស្ស darkness ទីងងឹត កិរិយាសព.
3935.	រៀរ fear ខ្លាច ភ័យ of ព្រៃវុស drafts ខ្យល់របៀកៗ កិរិយាសព.
3936.	រៀរ fear ខ្លាច ភ័យ of ហ្វ្រិស្ស fresh អៀរ air ខ្យល់ស្វាតល្អ កិរិយាសព.
3937.	រៀរ fear ខ្លាច ភ័យ of ហៃតស្ស heights កម្ពស់ កំពស់ កន្លែងខ្ពស់ (ខ្លាចមានកំពស់ខ្ពស់ ពេក) កិរិយាសព.
3938.	រៀរ fear ខ្លាច ភ័យ of នៅ ហៃ high ទីខ្ពស់ កិរិយាសព.
3939.	រៀរ fear ខ្លាច ភ័យ of នៅ ណៃត night ពេលយប់ កិរិយាសព.
3940.	រៀរ fear ខ្លាច ភ័យ of វ៉ូទី water ទឹក កិរិយាសព.
3941.	រៀរិង fearing ខ្លាច អោល្ល all គ្រប់សព្ទទាំងអស់ កិរិយាសព.
3942.	រៀរស fears ខ្លាច អ៊ីវរ៉ីធិង everything គ្រប់សព្ទទាំងអស់ កិរិយាសព.
3943.	វិខុល fecal អ៊ីមផែកស៊ីន impaction អាចម៍ ឬលាមកកកស្ទះជាប់នៅត្រង់ចុងពោះវៀន ធំដែលមានរាងជួចអក្សរអែស នាមសំព.
3944.	វិស៊ីស feces អាចម៍ច្រើនដុំ - ស្ទូល្ស stools អាចម៍ ឬលាមកច្រើនដុំ នាមសំព.
3945.	វ៉ិធិង feeding ធូប tube បំពង់សម្រាប់បញ្ចុកចំណីអាហារ នាមសំព.
3946.	រៀល feel ប៊េតធី better បានស្រួលខ្លួនបន្តិច ឬមានអារម្មណ៍ល្អបន្តិច កិរិយាសព.
3947.	រៀល feel ផេន pain មានអារម្មណ៍ឈឺលើនៅកន្លែងនេះ ដឹងថាមានការឈឺចាប់ កិរិយាសព.
3948.	រៀលិង feeling មានអារម្មណ៍ ដែននុយ្យ annoyed មិនស្រួលនៅក្នុងខ្លួន ឬសាប់រសល់ ផេកមិនបាន ឬអន្ទះយមិនបាន នាមសំព.
3949.	រៀលិង feeling មានអារម្មណ៍ ឡៃត-ហ្ហេដ្ដ light-headed វិលមុខធឹងធោក

	កិរិយាសព្ទ.
3950.	រៀលិង feeling មានអារម្មណ៍ ផ្អើរ of អ៊ីក្យសែតមេន្ត excitement សប្បាយរីករាយ នៅក្នុងចិត្ត ឬសប្បាយនៅក្នុងចិត្តខ្លាំង នាមសំព.
3951.	រៀលិង feeling មានអារម្មណ៍ថា ស្លីផី sleepy ងុយដេក កិរិយាសព្ទ.
3952.	រៀលិងស feelings មានអារម្មណ៍ថា ផ្អើរ of អ៊ីក្យសេសសិវ excessive ក្យៀល្ង guilt មានកំហុសខ្លាំងហួសហេតុ នាមសំព.
3953.	រៀលិងស feelings មានអារម្មណ៍ថា ផ្លីសិលេសស្នេស្ស worthlessness ពីរវិត ខ្លួនរស់នៅដោយគ្មានតម្លៃ ឬគ្មានប្រយោជន៍ នាមសំព.
3954.	វីត feet អេត ache លឺជើងទាំង២ ឬលឺជើងទាំងពីរ នាមសំព.
3955.	វីត feet ជើងទាំងពីរ ន៉ែន្ត and ហើយនឹង ហែន្តស hands ដៃទាំងពី នាមសំព.
3956.	វីត feet ជើងទាំងពីរ វ័រជ្ឆីវ forward ត្រង់ទៅខាងមុខ នាមសំព.
3957.	វ៉ីម៉ែល female ភាល្ង child ក្មេងស្រី១នាក់ ឬកុមារី១នាក់ នាមសំព.
3958.	វ៉ីម៉ែល female ជេនិថល្យ៉ ឬជេនិថលា genitalia សរីរាគ្គសម្រាប់បន្តពូជ របស់មនុស្សស្រី នាមសំព.
3959.	វ៉ីម៉ែល female អ៊ីក្យធើនុល external ជេនិថលល្យ៉ genitalia គ្រឿងគ្រាប់បន្តពូជ ខាងក្រៅរបស់ស្ត្រី ឬមនុស្សស្រី នាមសំព.
3960.	វ៉ីម៉ែល female ក៍ន៉ែដ្យ gonads គឺជាពងដែលនៅចុកដែស្សូន (វាបញ្ចេញទឹកអ័រម៉ូន ទឹកមេពីរវិត) នាមសំព.
3961.	វ៉ីម៉ែល female ស៍ីលវ៉ិក pelvic អ៊ូវកិន្យ organs ក្រពេញនៅក្នុងត្រគាករបស់ស្ត្រី នាមសំព.
3962.	វ៉ីម៉ែល Female វ៉ីផ្រ៉ដាក់ធីវ reproductive សិស្ទ៉ីម system ប្រព័ន្ធបន្តពូជ ឬប្រព័ន្ធបង្កើតកូនចៅរបស់ស្ត្រី នាមសំព. អ៊ិរ or ឬ
3963.	វ៉ីម៉ែល female វ៉ីផ្រ៉ដាក់ធីវ reproductive សិស្ទ៉ីម្យ systems គ្រឿងប្រដាប់ សម្រាប់បន្តពូជរបស់ស្ត្រីគឺ អូវ៉ា ova ទឹកពង (ទឹកមេពីរវិត) នាមសំព.
3964.	វ៉ីម៉ែល female រ៉ែស្រ្ទ៉ម restroom បន្ទប់ទឹករបស់មនុស្សស្រី (បង្គន់របស់មនុស្សស្រី) នាមសំព.

3965.	វ៉ីម៉ែល female សេខិនដារី secondary សេក្ស sex គឺជារួម ឬក៏អ្វីដែលកើតឡើង នៅពេលស្ត្រីធំពេញញក្រមុំ (ឧទាហរណ៍ដូចជាពុះដោះឡើង ឬការប្រែប្រួលនៅក្នុងឆ្អឹង ហើយនឹងជាតិ ខ្លាញ់) នាមសំពុ.
3966.	វ៉ីម៉ែល female សេក្ស sex សេល្ល cell ទឹកពង ឬប្រ៉ាប់ពូជរបស់ស្ត្រី (ទឹកមេជីវិត) នាមសំពុ.
3967.	វ៉ីម៉ែល Female យ៉ូរុណារី urinary សិស្ទីម System ប្រព័ន្ធបញ្ចេញទឹកនោមរបស់ស្ត្រី ផ្លូវបញ្ចេញទឹកនោមរបស់ស្ត្រី នាមសំពុ.
3968.	វ៉ីម៉ែល Female យ៉ូរ៉េត្រា urethra ផ្លូវបញ្ចេញទឹកនោមទៅខាងក្រៅខ្លួនរបស់ស្ត្រី (រ៉ាបញ្ចេញតែទឹកនោមមួយមុខទេ) នាមសំពុ.
3969.	វ៉ីម៉េរ៉ល femoral អាធើរី artery សរសៃឈាមក្រហមនៅក្រឡ្លៅទាំងពីររាប់ពីក្រលៀន ចុះទៅក្រោម នាមសំពុ.
3970.	វ៉ីម៉េរ៉ល femoral ហើនៀ hernia រោគរ៉ាបោកសាច់ធ្លាក់ពោះវៀនចូលទៅក្នុងក្រលៀន ចូលទៅក្នុងប្រឡោះឆ្អឹងក្រឡ្លៅ រ៉ាតក្លនលួន (ពោះវៀនធ្លាក់ចូលទៅក្នុងក្រលៀននៅជិតឆ្អឹងក្រឡ្លៅ ទាំងពីរ) នាមសំពុ.
3971.	វ៉ីម៉េរ៉ល femoral នើរ nerve សរសៃវិញ្ញាណធំ៧ចាប់ពីចង្កេះ ហើយនឹងផ្នែកខាងមុខ ឆ្អឹងក្រឡ្លៅ (សរសៃជិពចនៅឆ្អឹងក្រឡ្លៅទាំងពីរ) នាមសំពុ.
3972.	វ៉ីម៉េរ៉ល femoral ផោះស pulse ជិពចនៅឆ្អឹងក្បាលក្រឡ្លៅ ឬនៅក្រលៀន នាមសំពុ.
3973.	វ៉ីម៉េរ៉ល femoral រផ្លេក្ស reflex ការបត់ថយក្រោយទៅជើងក្បាលជង្គង់ បានជើង ឬមេជើងកោងចូលក្នុង នៅពេលសាច់ស្បែកនៅក្រឡ្លៅខាងលើខាងមុខកំជើកពៈ នាមសំពុ.
3974.	វ៉ីម៉េរ៉ល femoral ផ្លូរស៊ិន torsion ឆ្អឹងក្រឡ្លៅរមូលខ្វាងទៅចំហៀង (រ៉ាកើតឡើងមក ពីសាច់ដុំកំជើក) នាមសំពុ.
3975.	វ៉ីម៉េរ៉ល femoral វ៉េន vein សរសៃឈាមខៀវជំនៅក្នុងក្រឡ្លៅ នាមសំពុ.
3976.	វ៉ីម៉ែរ femoro- អ៊ែរ or ឬ វ៉ីម៉ែរ femor/o នៃឆ្អឹងក្រឡ្លៅ វ៉ីម៉េរ៉ល femoral នៃ ឬទាក់ទងទៅនឹងឆ្អឹងក្រឡ្លៅទាំងពីរ តាយ thigh ឬ៊ boនes bones ឆ្អឹងក្រឡ្លៅទាំងពីរ -ប្រ៊វិក្ស prefix បុព្វបទ ឬពាក្យសម្រាប់តបញ្ញាលឆ្លាពីខាងមុខ.
3977.	វ៉ីម៉ែរ femur ឆ្អឹងក្រឡ្លៅ១ - តាយ thigh ឬន bone ឆ្អឹងក្រឡ្លៅ១ នាមសំពុ.

3978.	វ៉ឺម៉េស femurs ឆ្អឹងក្រឡៅទាំងពីរ - តាយ thigh ឬឆ្អ bones ឆ្អឹងក្រឡៅ២ នាមសំព.
3979.	វ៉ឺម៉េស femurs ឆ្អឹងក្រឡៅទាំងពីរ - តាយ្យ thighs ឆ្អឹងក្រឡៅទាំងពីរ នាមសំព.
3980.	ផឺ -fer ធ្វើឱ្យកើតឡើង ឬការរីកនាំទៅមុខ - សារវីក្យ suffix បច្ច័យ ឬពាក្យសម្រាប់ពីខាងក្រោយ.
3981.	ផឺរិនត្ត -ferent ដើម្បីនឹករីកនាំទៅ - ផ្ត to ដើម្បីនឹង ខ្វែរ carry រីកនាំទៅមុខ - សារវីក្យ suffix បច្ច័យ ឬពាក្យសម្រាប់ពីខាងក្រោយ.
3982.	ផឺរៀស ferrous នៃ ឬទាក់ទងទៅនឹងការរីកនាំជាតិវែកឈ្មោះ អាយ៉ុន iron នាមសំព.
3983.	ផឺទិល fertile ផ្យ៉ីរៀ period រដ់ពេលមានរដូវដែលអាចធ្វើឱ្យស្ត្រីមានកូនចៅបាន គុណនាម.
3984.	វ៉ឺទិលិទី fertility វ៉ីកទ៉េរ factor ភំសុតាងថាអាចបង្កើតកូនចៅ ឬការដុះលូតលាស់បាន នាមសំព.
3985.	វ៉ឺទិលិទី fertility រត rate ចំនួន ឬករិតកូនចៅដែលមានជាវិតរស់ ហើយកើតច្រើនឡើង ឆ្នាំៗគ្នា នាមសំព.
3986.	ផឺទិលៃស៉ៀស៉ីន fertilization ការចាប់កំណើត ផ្ងឹកយ៉ីស occurs បានកើតឡើង នាមសំព
3987.	ផឺទិលៃស៉ៀដ fertilized រេផ្ង egg ទឹកពង ហើយនឹងទឹកកាមបានជួបគ្នា កិរិយាសព.
3988.	វ៉ឺថុល fetal ទារក អាលខូហ៉ល alcohol ស៉ិនដ្រូម syndrome មានវោគញ៉ាានជាតិ ស្រាច្រើនយ៉ាងទាំងវែតពីកើតមក (ពីព្រោះម្តាយនឹកស្រានៅពេលទារកនៅក្នុងផ្ទៃ) នាមសំព.
3989.	វ៉ឺថុល fetal ប្លើដ blood ឈាមរបស់ទារកដែលនៅក្នុងផ្ទៃម្តាយ នាមសំព.
3990.	វ៉ឺថុល fetal ប្លើដស្ត្រីម្ស bloodstreams ទឹកឈាមរបស់ទារកដែលនៅក្នុងផ្ទៃម្តាយ នាមសំព.
3991.	វ៉ឺថុល fetal ទារក ឌីវ៉ល្បផមេន្ត development មានការរីកចំរីនច្រើនឡើងៗ នាមសំព.
3992.	វ៉ឺថុល fetal ឌិស្ត្រេស្ស distress ទារកនៅក្នុងផ្ទៃម្តាយឈឺមិនស្រួល ឬខ្សោយនៅក្នុងពោះម្តាយ (មានឈាមធ្លាក់មកពីសុក) នាមសំព.
3993.	វ៉ឺថុល fetal ហ្ការត heart បេះដូងរបស់ទារកនៅក្នុងផ្ទៃម្តាយ នាមសំព.

3994.	វិថុល fetal ទារកនៅក្នុងផ្ទៃម្ដាយ ហ្គាត heart និស្ស័ស disease មានរោគបេះដូង នាមសំព្វ.
3995.	វិថុល fetal ហ្គាត heart ធ្វុស្ស tones សម្លេងបេះដូងរបស់ទារកនៅក្នុងផ្ទៃម្ដាយ នាមសំព្វ.
3996.	វិថុល fetal ហៃផ្កប្រសៀ hypoxia រោគរបស់ទារកនៅក្នុងផ្ទៃម្ដាយដែលរាខ្វះខ្យល់អុកស៊ីសែន នាមសំព្វ.
3997.	វិថុល fetal មូនិទើរិង monitoring ការប្រើម៉ាស៊ីនសម្រាប់វាស់បេះដូងរបស់ទារកនៅពេល កំពុងកើត នាមសំព្វ.
3998.	វិថិ feti- ទារកនៅក្នុងផ្ទៃម្ដាយ វិថូ feto- អិរ or ឬ វិថូ fet/o ទារកនៅក្នុងផ្ទៃម្ដាយ វិថើស fetus ទារកនៅក្នុងផ្ទៃម្ដាយ -ព្រីវិក្ស prefix បុព្វបទ ឬពាក្យសម្រាប់តពីខាងមុខ.
3999.	វិថើស fetus ទារកដែលនៅក្នុងផ្ទៃម្ដាយ ក្រុស (ក្រុវស) grows ធំលូតលាស់ឡើក នាមសំព្វ.
4000.	វិថើស fetus អិរ or អីមប្រយ៉ូ embryo ទារកដែលនៅក្នុងផ្ទៃម្ដាយ (កូនជ័រដែលមិនទាន់កើត) នាមសំព្វ.
4001.	វិថើស fetus ទារក ស្រ៊ុវ through ចេញទៅតាម នាមសំព្វ.
4002.	វិវ៉រ fever គ្រុនក្ដៅ ផែន្ល and ហើយនឹង ឈិល្ល chill គ្រជាក់រងារ នាមសំព្វ.
4003.	វិវ៉រ fever គ្រុនក្ដៅ ប្លិសទើស blisters ដំផោងបែកនៅអវៈញ្ញាញធ្ងេញ បបូរមាត់ ប្រអប់មាត់ខាងលើ ហើយនឹងអណ្ដាត ត្រនដោយសារមានរោគដំផោ) នាមសំព្វ.
4004.	វិវ៉រ fever គ្រុនក្ដៅ អិស is គឺ ទើ the ម៉ូស្ស most ភាកច្រើនវា ខមមឺន common សីមទ៉ុម symptom រោគសញ្ញាជាទូទៅ អៅវ of របស់ ផែន an អិនវ៉ិកសិន infection រោគដំផៅណាប្ញួយ (រោគសញ្ញាថាមានរោគអ្វីម្ញួយ) នាមសំព្វ.
4005.	វិវ៉ិ-រឆ្ងសិង fever-reducing មេទិខេសិន medication ថ្នាំជួយបន្ថយមិនឱ្យក្ដៅខ្លួន ឬថ្នាំបន្ថយអោយចុះកំដៅ នាមសំព្វ.
4006.	ផៃប៊ើ fiber សាច់ដូចអំបោះសរសៃៗ ហែផ help ជួយ រឆ្ងស្យូដ reduced បន្ថយ ថែនសិន tension ការស្ទុកស្ទាញ អិន on នៅ ទើ the ខូឡិន colon ពោះវៀនធំ រាធ្វើឱ្យយឺងបត់ជើងស្រួល (ជួយបម្រើកពោះវៀនធំចុះអាចម៍ចេញស្រួល) នាមសំព្វ.

4007.	វៃបើ fiber អុបទិក optics សាច់អំបោះសរសៃៗផ្សាៗដូចកញ្ចក់ស្ទៀងៗទៅវៃភ្នែកដែលស្រួយកពន្លឺចូលមកក្នុងគ្រាប់ភ្នែក នាមសំពុ.
4008.	វៃបើ fiber ព្រៃក្ត tract ផ្លូវរបស់ប្រព័ន្ធសាច់ដូចអំបោះសរសៃៗ នាមសំពុ.
4009.	វៃបើអុបទិក fiberoptic ប្រួងយួសួត bronchoscope បំពង់កៃវៃភ្លៃ១ដែលទន់បត់ចុះឡើងបានដែលមានកញ្ចក់ភ្លៃងទៅខាងចុងសម្រាប់ចតពន្លឺមើលសាច់ភ្ជិផ្ទាស្ទៀងៗ ដើម្បីនឹងពិនិត្យមើលរោគនៅក្នុងទងសួត (ប្រួងយួសួស bronchoscopes បំពង់កៃវៃភ្លៃ២) នាមសំពុ.
4010.	វៃបើអុបទិក fiberoptic ខ្សៃបំឋុនសួត colonoscope ខ្សៃបំពង់កៃវៃភ្លៃ១វៃងសរសៃៗដែលអាចបត់ចុះឡើងបានសម្រាប់ប្រើដើម្បីនឹងចតពន្លឺមើលពោះរៀនធំ (ខ្សៃបំឋុនសួស colonoscopes ខ្សៃបំពង់កៃវៃភ្លៃ:ច្រើនជាង១) នាមសំពុ.
4011.	វៃបើស fibers ទិសួ្យ tissues ជាលិកាសរសៃៗដូចជាតិអំបោះជាច្រើន នាមសំពុ.
4012.	វៃប្រ fibr- អិរ or ឬ វៃប្រ្ទ fibro ឬ វៃប្រ្ទ fibr/o សាច់ដូចអំបោះសរសៃៗតួចៗ -ជ្រីវិក្ស prefix បុព្វបទ ឬពាក្យសម្រាប់តពីខាងមុខ.
4013.	វៃប្រិលឡ្ទើ fibrillar អិរ or ឬ វៃប្រិលឡ្ទៀ fibrillary នៃ ឬទាក់ទងទៅនឹងបំណែកសាច់ដូចសរសៃអំបោះតួចត្រង់វៃងច្រើនជាងមួយ គុណនាម.
4014.	វៃប្រិន fibrin ដុំសរសៃៗ មេស្ត្រឡ្ទឹក meshwork ធ្វើការអួមគ្នាដែលធ្វើឱ្យឈាមកកតជាប់គ្នានៅខាងក្នុងឈាម នាមសំពុ. អិរ or ឬ
4015.	វៃប្រិន fibrin វត្ថុធាតុ ឬសាធាតុប្រៃអ៊ីនដែលមានអំបោះសរសៃៗកើតទៅជាប្រៃតអ៊ីនឈ្មោះ វៃប្រិនួជឹន fibrinogen ធ្វើឱ្យឈាមកក នាមសំពុ.
4016.	វៃប្រ្ទ fibro- ជាតិអំបោះ ឬជាតិសរសៃៗ អិរ or ឬ វៃប្រ្ទ fibr/o ជាតិអំបោះ ឬជាតិសរសៃៗ - វៃបើ fiber ជាតិអំបោះសរសៃៗ -ជ្រីវិក្ស prefix បុព្វបទ ឬពាក្យសម្រាប់តពីខាងមុខ.
4017.	វៃប្រ្ទស៊ីស្ទិក fibrocystic គ្រាប់ឈាមដុះជាដុំៗសរសៃៗ ឆេងជ្ទីស changes ប្រៃ អៃារវ of នៅក្នុង ធៃ the ប្រស្ទ breast សាច់ដុំបោះ ឬសាច់ដើមទ្រុង (ភាគច្រើនវាគ្មានរោគទេ) នាមសំពុ.
4018.	វៃប្រ្ទស៊ីស្ទិក fibrocystic ទិស្ទិស disease អៃារវ of ធៃ the ដៃនក្រៃស

	pancreas មានរោគដុះសាច់សរសៃៗដុំៗនៅក្នុងថង់ក្រពេញឈ្មោះលំពែង ជាទូទៅរោគនេះគឺឆ្លងតាមពូជ ជាពិសេសនៅក្នុងជនជាតិស្បែកស តាមធម្មតារោគនេះកើតឡើងតាំងតែពីវ័យក្មេង វាឆ្លងតតាមពូជ គ្រាប់ពូជដែលឆ្លងខុសពីភាពធម្មតា វាមានរោគសញ្ញាដូចតទៅ ខ្វះទឹកប្រូតេអ៊ីនជួយកិនរំលាយអាហារបញ្ចេញមកពីលំពែង ហើយពីបាកដកដង្ហើម ដោយសារបាត់ជាតិទឹកអំបិលពីក្នុងខ្លួនពីព្រោះអ្នកជម្ងឺបែកញើសច្រើនពេក ជាតិសំបោប្រមូលផ្តុំនៅក្នុងផ្លូវខ្យល់ឈ្មោះមួយទៀតគេហៅវាថា ស៊ីស្ទិក cystic ហ្វៃប្រូសិស fibrosis នាមស័ព្ទ.
4019.	ហ្វៃប្រូស៊ីស្ទិក fibrocystic ឌិស៊ីស disease រោគដុះសាច់ដុំៗសរសៃៗ អ៊ើវ of នៅក្នុងធើ the យូធើរើស uterus ស្បូន អ័រ or ឬ វ៉ូម្ប womb ស្បូន នាមស័ព្ទ.
4020.	ហ្វៃប្រូអ៊ីលែស្ទិក fibroelastic ធិសស្យូ tissue សាច់សរសៃៗ ហើយនឹងជាតិយឺតៗផង នាមស័ព្ទ.
4021.	ហ្វៃប្រូយដ fibroid ធិសស្យូ tissue សាច់អំបោះសរសៃៗ នាមស័ព្ទ.
4022.	ហ្វៃប្រូយដ fibroid សាច់អំបោះសរសៃៗ ធូមើរ tumor ដុះដុំមូលពកៗមួយកន្លែង (ធូមើរស tumors រោគដុះដុំសាច់សរសៃៗពកៗច្រើនដុំ (ជូនកាលវាគ្មានរោគទេ)) នាមស័ព្ទ.
4023.	ហ្វៃប្រូម៉ា fibroma ខៃវើនូសាម់ cavernosum រោគមហារីកនៅសាច់សរសៃៗជាច្រើន វាដុះពកដុំៗដែលទាក់ទងទៅនឹងសរសៃឈាមតូចៗជាច្រើនផង សរសៃទឹករងៃតូចៗកដុំធំឡើងនៅកន្លែងសរសៃទឹករងៃតូចៗ នាមស័ព្ទ.
4024.	ហ្វៃប្រូម៉ា fibroma ខ្យូធិស cutis សាច់សរសៃៗដុះដុំៗនៅលើស្បែក នាមស័ព្ទ.
4025.	ហ្វៃប្រូម៉ា fibroma ឌ្យូរ៉ម់ durum សាច់សរសៃៗដុះឡើងរឹងដុំៗ នាមស័ព្ទ.
4026.	ហ្វៃប្រូម៉ា fibroma ហ្វៃប្រើស fibrous ធីសស្យូ tissue រោគនៅសាច់សរសៃៗដុះឡើងដុំទន់ៗតូច នាមស័ព្ទ.
4027.	ហ្វៃប្រូម៉ា fibroma ម៉ូលិនែន malignant ធូមើរ tumors រោគសាច់សរសៃៗដុះឡើងដុំៗដែលមាននៅសាច់សំបោរអិលៗ នាមស័ព្ទ.
4028.	ហ្វៃប្រូម៉ា fibroma ម៉ូលី mole សាច់សរសៃៗដុះឡើងដុំទន់ៗតូច នាមស័ព្ទ.
4029.	ហ្វៃប្រូម៉ា fibroma មៃក្សូមែធូសិស myxomatosis រោគសាច់សរសៃៗដុះឡើងដុំៗនៅស្រទាប់សាច់សរសៃៗស្តើងៗដែលតផ្ទាប់ទើបនឹងដុះសាច់ថ្មីៗ នាមស័ព្ទ.

4030.	វៃប្រម៉ា fibroma ផើរ of ប្រ្បុស្ស breast រោគសាច់សរសៃៗស្ពឹងៗតផ្នាប់រោះពុះឡើងពុំៗ នាមសំពុ.
4031.	វៃប្រុស fibroso- អៃរ or ឬ វៃប្រុស្ស fibros/o ជាតិអំបោះសរសៃៗដែលតភ្នាប់គ្នា — វៃប្រើស fibrous នៃជាតិអំបោះសរសៃៗដែលតភ្នាប់គ្នា អៃរ or ឬ ខួននេគធីរ connective ធីសស្យ tissue សាច់ដែលតផ្នាប់សាច់ឈាម ឬសាច់កោសិកាទៅនឹងឆ្អឹង -ផ្រីវិក្ស prefix បុព្វបទ ឬជាក្យសម្រាប់តពីខាងមុខ.
4032.	វៃប្រើស fibrous សាច់សរសៃៗ ប្រអដ broad កំប៉ែតធំ នាមសំពុ.
4033.	វៃប្រើស fibrous សាច់ដុំសរសៃៗ ខួនេធីរ connective ធិសស្យ tissue សាច់ដុំសរសៃៗដែលសម្រាប់តផ្នាប់ទៅនឹងក្រពេញ ឬនៅសន្លាក់ឆ្អឹង នាមសំពុ.
4034.	វៃប្រើស fibrous នីសផ្លេសា dysplasia រោគសាច់សរសៃៗពុះពក្សៗជុំវិកធំខុសពីធម្មតា នាមសំពុ.
4035.	វៃប្រើស fibrous គ្លូប៊ូលិន globulin ឈ្មោះវត្ថុធាតុប្រូតេអ៊ីនដែលមានជាតិអំបោះដុំសរសៃៗ នាមសំពុ.
4036.	វៃប្រើស fibrous កយទើ goiter រោគពកកនៅក្រពេញឈ្មោះតាយរ៉យរ៉ីកធំ (វាពុះដុំសរសៃៗ នៅក្រពេញតាយរ៉យ) នាមសំពុ.
4037.	វៃប្រើស fibrous ហិស្ទិអ្វសេធម៉ា histiocytoma រោគពុះពកដុំសរសៃៗនៅក្នុងគ្រាប់ ឈាមសធំឈ្មោះ ម៉ែកគ្រហ្វើជ macrophage នាមសំពុ.
4038.	វៃប្រើស fibrous ចញ្ឆន្ត joint សាច់សរសៃៗ ឬសាច់អំបោះដុំសរសៃៗនៅសន្លាក់ឆ្អឹង នាមសំពុ.
4039.	វៃប្រើស fibrous សាច់សរសៃៗ ចញ្ឆន្ត joint ខែផស្សួល capsule នៅឆ្អឹងដូចគ្រាប់អង្គុញ មូលនៅសន្លាក់ឆ្អឹងក្បាលព័ង្គំ គុណនាម.
4040.	វៃប្រើស fibrous លិការម៉ិន្ត ligament សរសៃៗធ្មរ ឬសរសៃចងដែលមានសាច់អំបោះ ដុំសរសៃៗ នាមសំពុ.
4041.	វៃប្រើស fibrous សាច់សរសៃៗ មិនើរុល mineral ដែលមានវត្ថុធាតុរ៉ែពុតមិនជេះ នាមសំពុ.

4042.	វ៉ែរប្រើស fibrous សាច់អំបោះសរសៃៗ ផើរីខារៀម pericardium នៅស្រោបជុំវិញ បេះដូង (ស្រោមបេះដូងដែលមានសាច់សរសៃៗ) នាមសំពុ.
4043.	វ៉ែរប្រើស fibrous ស្ការិង scarring សំលាកយើញសាច់ដុចអំបោះសរសៃៗ នាមសំពុ.
4044.	វ៉ែរប្រើស fibrous សាប់ស្តេនស្យ substance វត្ថុធាតុ ឬសាធាតុមានសាច់អំបោះសរសៃៗ នាមសំពុ.
4045.	វ៉ែរប្រើស fibrous ធិសស្យ tissue សាច់សរសៃៗមួយ ធិសស្យស tissues សាច់សរសៃៗ ដូចអំបោះច្រើន (ឬសាច់ដែលមានសំឡាកផង) នាមសំពុ.
4046.	វ៉ែរប្រើស fibrous ធូម៉ើរ tumor រោគដុះសាច់ដុំៗនៅសាច់សរសៃៗ នាមសំពុ.
4047.	វ៉ែរប្រើស fibrous សាច់សរសៃៗ យ៉ូញៀន union ចូលរួមគ្នា នាមសំពុ.
4048.	វ៉ែរប្រើស fibrous វ៉ល្លស walls ជញ្ជាំងដែលមានសាច់សរសៃៗនៅជុំវិញ ឬជាតិសរសៃៗដូច អំបោះនៅជ័ទ្ធជុំវិញ នាមសំពុ.
4049.	វិប្យូឡា ឬវិប្យូឡ្លើ fibular ណតធ notch ស្នាមរន្ធក្បាលឆ្អឹងស្មងជើងខាងក្រោមក្បាល ឆ្អឹងស្មងជើងមូលនៅខាងក្រោម នាមសំពុ.
4050.	វិប្យូឡូ fibulo- នៃឆ្អឹងស្មងជើក អឺរ or ឬ វិប្យូល្យ fibul/o ឆ្អឹងស្មងជើកនៅខាងក្រោម - វិប្យូឡា fibula ឆ្អឹងស្មងជើកនៅខាងក្រោម -ព្រីវិក្ស prefix បុព្ពបទ ឬជាក្បួសម្រាប់តបញ្ចូលគ្នាពីខាងមុខ.
4051.	វីខេសិន -fication កម្មវិធីធ្វើអ្វីមួយឡើង - ផ្រសេស្ស process កម្មវិធីធ្វើ ឬរបៀបធ្វើ ដោរ of ដែល មេតិង making ធ្វើអ្វីមួយ - សាវិក្ស suffix បច្ច័យ ឬជាក្បួសម្រាប់តពីខាងក្រោយ.
4052.	វីដា -fida បែក រហែកចេញពីគ្នា - សផ្លិត split បំបែកចេញពីគ្នា បែក រហែកចេញពីគ្នា - សាវិក្ស suffix បច្ច័យ ឬជាក្បួសម្រាប់តពីខាងក្រោយ.
4053.	វ៉ែត fight ព្យាបាល ឬប្រឆាំងជាមួយ ប្រេន brain ខែនស៊ើ cancer រោគមហារីក ខួរក្បាល កិរិយាសពុ.
4054.	វ៉ែត fight វ៉យប្រហារ ឬសម្ងាប់មេ អ៊ីនវ៉ែកសិន infection រោគដំឆ្ពោមួយ (ព្យាបាលរោគដំឆ្ពៅ១យ៉ាង)/អ៊ីនវ៉ែកសិន្ស infections រោគដំឆ្ពៅច្រើនយ៉ាង កិរិយាសពុ.
4055.	វ៉ែត fight វ៉យបំផ្លាញ អ្ពោវី off ឌិស្ស៊ីស disease រោគចេញឱ្យអស់ កិរិយាសពុ.

4056.	ងើត **fight** វាយ ឬប្រឆាំង វិត្ត **with** ជាមួយ កិរិយាសព្ទ.
4057.	ងើត **fight** វាយ ឬប្រឆាំងនឹង ឌើ **the** ឌ្លូ **flu** រោគ ឬផំប៊ីគ្រុនផ្តាសសាយធំ កិរិយាសព្ទ.
4058.	វីលេមេន្តស **filaments** សាច់អំបោះសរសៃៗដូង អ៊ីរ **or** ឬ សិឡៀ **cilia** សក់ដៃឥតគូចៗ ដែលជួយនៅពេលយើងហែលក្នុងទឹក នាមសព្ទ.
4059.	វ៉ាល **file** រៀបចំ ខែប៊ីនេត **cabinet** ទូ១ដាក់ឯកសារ (ឬទូ១សម្រាប់ដាក់បញ្ជី)/ ខែប៊ីនេត្ស **cabinets** ទូច្រើនដាក់ឯកសារជា កិរិយាសព្ទ.
4060.	វ៉ាល **file** កោស យូរ ឬយ៉ួរ **your** វ៉ិងគើនៀល្ស **fingernails** ក្រចកដៃរបស់អ្នកច្រើន ជាមួយដង កិរិយាសព្ទ.
4061.	វ៉ាល **file** កោស យូរ ឬយ៉ួរ **your** ធូនៀល្ស **toenails** ក្រចកជើងរបស់អ្នកច្រើនជាង១ដង កិរិយាសព្ទ.
4062.	វិល្ល **fill** វិត្ត **with** អ៊ើ **air** មានខ្យល់ពេញ កិរិយាសព្ទ.
4063.	វិល្ល **fill** វិត្ត **with** ឌ្លូដ **fluid** មានទឹកពេញ កិរិយាសព្ទ.
4064.	វិល្ល **fill** វិត្ត **with** នើស **pus** មានខ្ទុះពេញ កិរិយាសព្ទ.
4065.	វិល្លដ **filled** មានពេញ វិត្ត **with** ទៅដោយ កិរិយាសព្ទ.
4066.	វិល្លដ **filled** វិត្ត **with** ឌ្លូដ **fluid** មានទឹកពេញរួចហើយ កិរិយាសព្ទ.
4067.	វិល្លដ **filled** មានពេញ វិត្ត **with** ទៅដោយ សិន្នូវៀល **synovial** ឌ្លូដ **fluid** ទឹករំអិលនៅសន្លាក់ឆ្អឹង កិរិយាសព្ទ.
4068.	វីលទើ **filter** ត្រងទឹក លីមហ្វ៍ **lymph** ទឹករងៃ (ក្រាប់ទឹកឈាមស) កិរិយាសព្ទ.
4069.	វីលទើ **filter** អ៊ើរ **air** កម្រងត្រងខ្យល់ កិរិយាសព្ទ.
4070.	វីលធើរីង **filtering** កំពុងតែត្រង ឬកំពុងតែជ្រោះទឹក ឌើ **the** ប្លើដ **blood** ឈាម កិរិយាសព្ទ.
4071.	វ៉ាយឡូម **filum** ខ្សែជ្រួលសរសៃៗ ធើមិនុល **terminal** នៅចុងកន្ទុយ នាមសព្ទ.
4072.	វិមប្រៀរ **fimbriae** សរីរាង្គនៅចុងដៃស្បូន វាមានរូបរាងដូចម្រាមដៃ ឬដូចអំបោសបើដទឹក ឈាមចូលក្នុងបំពង់ដៃស្បូន នាមសព្ទ.
4073.	វ៉ាញនុល **final** អ៊ែដចាស្ទមេន្ត **adjustment** ការប្រែប្រួលនៅចុងក្រោយបង្អាះ នាមសព្ទ.
4074.	វ៉ាញនុល **final** ហ្វេស **phase** ស្ថានភាពចុងក្រោយបង្អាះ ឬចុងក្រោយបំផុត នាមសព្ទ.

4075.	វិញ្ញត្ត find ស្វែងរក អេ a សូលូសិន solution ការដោះស្រាយ១ វ៉ែ for សម្រាប់ កិរិយាសព្ទ.
4076.	វិញ្ញនិង finding ទិស្ស៊ស disease កំពុងតែស្វែងរក កំពុងតែរកឃើញមេរោគ នៅក្នុងពេលឥឡូវនេះ កិរិយាសព្ទ.
4077.	វិញ្ញន fine មូទើរ motor ស្ក៊ិលស skills ម៉ាស៊ីននេះរត់ល្អ (ឬការរីកចម្រើកដៃដែលជើង របស់ក្មេង) កិរិយាសព្ទ.
4078.	វិញ្ញន fine និឌល needle មូលផ្គចល្អ កិរិយាសព្ទ.
4079.	វិញ្ញន fine និឌល needle មូលស្ដើកផ្គច អែស្ពេរស៊ីន aspiration ចាក់ឬមឈក ចំហាយទឹកបន្តិចទៅពីសាធន៍មើលរោគ កិរិយាសព្ទ.
4080.	វិញ្ញន fine ត្រ្ស៊ែង thread អំបោះដែលមានសរសៃជាប់ល្អ កិរិយាសព្ទ.
4081.	វិញ្ញន fine ត្រ្រមើរ tremor ញ័រខ្លួនមកពីអស់កម្លាំង កិរិយាសព្ទ.
4082.	វិងគើ finger អែគនូស៊ា agnosia រោគក្នុងសរសៃប្រសាទ ឬរោគក្នុងសរសៃវិញ្ញាណខុស ពីធម្មតា ជម្ងឺភ្លេចច្រើន ចាំមិនបាន រាប់រ៉ៃងច្រើន ចងុលមិនត្រូវ បញ្ហាម្រាមដែលមិនបានដួចគ្នានិងរោគ ទីមេនធា dementia នាមសំព្ទ.
4083.	វិងគើ finger ម្រាមដៃ អែនត្ and ហើយនិង ធ toe ម្រាមជើង នាមសំព្ទ.
4084.	វិងគើ finger ប៊ូនស bones ឆ្អឹងម្រាមដែច្រើនជាងមួយ គុណនាម.
4085.	វិងគើ finger ណ្ស៉ែល nail ក្រចកដៃ នាមសំព្ទ.
4086.	វិងគើ finger នូស nose ថេស្ត test ការពិសោធន៍ដែលដាក់ចុងម្រាមដៃយ៉ាងរហ័សទៅ លើច្រមុះ (ការពិសោធន៍មើលដែជើងញ៉ែរ) នាមសំព្ទ.
4087.	វិងគើ finger ម្រាមដៃ អ៉ិរ or ឬក៏ ធ toe ម្រាមជើង នាមសំព្ទ.
4088.	វិងគើ-ល៉ែក finger-like អ៉ិនុស ends ដូចនៅខាងចុងម្រាមដៃ នាមសំព្ទ.
4089.	ហ្វ៉ឺស្ត first ខោះស៊ុល costal នៃ ឬទាក់ទងទៅនិងប្រឡោះកណ្ដាលឆ្អឹងជំនីទីមួយ គុណនាម.
4090.	ហ្វ៉ឺស្ត first ខោះស៊ុល costal ខាថិលេជ cartilage ឆ្អឹងខ្ចីនៅប្រឡោះកណ្ដាលឆ្អឹង ជំនីទីមួយ គុណនាម.
4091.	ហ្វ៉ឺស្ត first មូឡើ molar ធ្មេញថ្គាមទីបី (ធ្មេញទីប្រាំមួយគេរាប់ចាប់ពីខាងមុខទៅ) ធ្មេញថ្គាម ដែលសម្រាប់ផ្ចាំការចំណីអាហារ (ធ្មេញមនុស្សទាំងអស់មាន៣២ ខាងលើ១៦ហើយខាងក្រោម១៦ទៀត)

	នាមសំពុ.
4092.	ជឺស្ម first ថ្ងៃមុខលើ premolar ធ្មេញថ្គាមទី៤ គេរាប់វាជាខាងមុខទៅក្រោយ ធ្មេញខាងក្រោម មាន ១៦ គេចែកវាជាពីរ ម្ខាងមានប្រាំបី ធ្មេញនេះសម្រាប់ពំការចំណីអាហារ (ធ្មេញមនុស្សទាំងអស់ មាន៣២ ខាងលើ១៦ ហើយខាងក្រោម១៦ទៀត) នាមសំពុ.
4093.	ជឺស្ម first ជីឆេជ្រ្រ vertebra ផ្លូវឆ្អឹងខ្នងទី១នៅត្រង់ក ឬរាប់ពីលើចុះក្រោម នាមសំពុ.
4094.	ជឺស្ម first យា year ឆ្នាំមុនដំបូង នាមសំពុ.
4095.	ជឺស្ម-ខ្លាស្ស first-class ក្រមទី១ នាមសំពុ.
4096.	វិស្ម-សាស៊ីត fist-sized ទំហំប៉ុនដៃក្តាប់ (ឧទាហរណ៍ដូចជាបេះដូងយើងវាមានទំហំប៉ុនដៃក្តាប់) នាមសំពុ.
4097.	វិសជ្ឈឡា fistula មានរន្ធវៀងកើតនៅឆ្លកទិកនោម ឬគ្គ and ហើយនិងរន្ធនៅទ្វារមាស នាមសំពុ.
4098.	វិសជ្ឈឡា fistula មានរន្ធវៀង ដែត that ដែល ខ្លនេក្នុស connects ពផ្ជាប់ទៅនឹង សិរាង្គណាមួយទៀត (រន្ធមកពីសិរាងមួយតជាប់ទៅនឹងសិរាង្គមួយទៀត) នាមសំពុ.
4099.	វាយ five យ្យរុណារី coronary អាជេរីស arteries សរសៃឈាមក្រហមនៅបេះដូង៥ គុណនាម.
4100.	វាយ five យ្យរុណារី coronary វេស្ស veins សរសៃឈាមខៀវ៥ធំនៅបេះដូង គុណនាម.
4101.	វាយ five ប្រាំ ដេស days ថ្ងៃ ប្រៃអ៊ីរ prior មុនពេល ធូ to ធឺ the សឺជឺរី surgery វៈកាត់ គុណនាម.
4102.	វាយ five ប្រាំ អារជឺស hours ម៉ោង ប្រៃអ៊ីរ prior មុនពេល ធូ to ធឺ the សឺជឺរី surgery វៈកាត់ គុណនាម.
4103.	វាយ five វ៉ីត week អ៊ីមប្រ៊យ្យ embryo ទារកនៅក្នុងផ្ទៃម្តាយដែលមានអាយុ៥អាទិត្យ គុណនាម.
4104.	វាយ five ប្រាំ វ៉ីក្ស weeks អាទិត្យ ប្រៃអ៊ីរ prior មុនពេល ធូ to ធឺ the សឺជឺរី surgery វៈកាត់ គុណនាម.
4105.	វាយ-យា-អូល្ល five-year-old អាយុ៥ឆ្នាំ គុណនាម.

4106.	វិក្សសិន fixation ការជួសជុល អេវរ of នៅក្នុង រេ a យិវឌ្ឍ kidney កំរងទឹកទោម ប្រក្រឡៀនឲ្យល្អឡើងវិញ នាមសព្ទ.
4107.	វិក្សឌ fixed បានធ្វើឲ្យត្រវទៅតាម ព្រផ្ររសិនួ proportions ផ្នែករបស់វា កិរិយាសព្ទ.
4108.	ផ្លាតជេឡ្ល-ផ្លាតជេឡ្លា flagell-flagella រោមកន្ទុយ១ វាជួយឲ្យទឹកកាមហែលឡេឿន រាមានរាងកំប៉ាំតដួចជើងទារ (ពកៗដួចសក់សរសៃៗតូច ឬកំជីកហែល) -ច្រើវិក្ស prefix បុព្វបទ ឬជាក្សសម្រាប់តពីខាងមុខ.
4109.	ផ្លាតជេឡ្លត flagellate សាច់កន្ទុយវៃង ព្រូធសុ៊អា protozoa របស់ទឹកកាមដែលទើប និងកកើតថ្មីៗច្រើនឡើង នាមសព្ទ.
4110.	ផ្លាតជេឡ្លត flagellate សាច់កន្ទុយវៃង ព្រូធសុ៊ែន protozoan របស់ទឹកកាមដែល ទើបនិងកកើតថ្មីៗច្រើនឡើង នាមសព្ទ.
4111.	ផ្លាត flake កម្ទិចផ្ទាំងតូចៗ ស្តើងៗ ស្រការតូចៗ របើកៗនៅលើស្បែក (ឧទាហរណ៍ដួចជាកូន សត្វតូច វាដេកនៅកៀនព្រៃយើងវាសិកន្លេចស្បែកតូចៗនេះ គេហៅវាថា ឌឹស្ dust វុំអង មៃត mite អាចម៍របស់សត្វល្អិតនេះ) នាមសព្ទ.
4112.	ផ្លក្ត flake អេវវ៉ិ off របៈចេញបន្តិចម្តងៗ ឬកម្ទិចផ្ទាំងតូចៗបានរបៈធ្លាក់បន្តិចម្តងៗ កិរិយាសព្ទ.
4113.	ផ្លក្ស flakes កម្ទិចផ្ទាំងៗ អេវវ of ជីស្ rust ច្រេះតូចៗ នាមសព្ទ.
4114.	ផ្លម flame អិន in មូសិន motion អណ្ដាតភ្លើងកំពុងតែឆេះ កិរិយាសព្ទ.
4115.	ផ្លស្ឌ flashed ផ្លះឡើង បាយ by ដោយសារ កិរិយាសព្ទ.
4116.	ផ្លស្ឌ flashed ផ្លះឡើង អិន on លើ ឌីស this ធាម time នៅក្នុងពេលនេះ កិរិយាសព្ទ.
4117.	ផ្លស្ឌ flashed ផ្លះឡើង អិនផ្ល onto ទៅលើ ធិ the ស្រ៊ីន screen មុខម៉ាស៊ីន កុំព្យ៊ុទ័រ កិរិយាសព្ទ.
4118.	ផ្លស្ស៊ីស flashes អេវវ of លៃត light ពន្លឺភ្លើងចាំងព្រាកៗ នាមសព្ទ.
4119.	ផ្លស្ស៊ីង flashing លៃធ្ស lights ភ្លើងចាំងព្រាកៗ នាមសព្ទ.
4120.	ផ្លត flat ប៊ូរ board ក្ដាររាបស្មើ នាមសព្ទ.
4121.	ផ្លត flat ប៊ូន bone ឆ្អឹងកំប៉ែត១ នាមសព្ទ.

4122.	ហ្វ្លែត flat បូន្ស bones ឆ្អឹងកំប៉ែត២ អ៊ើវ of របស់ ឌើ the ច jaw ឆ្អឹងថ្គាម (ឆ្អឹងថ្គាមកំប៉ែត២) នាមស័ព្ទ.
4123.	ហ្វ្លែត flat បូន្ស bones ឆ្អឹងកំប៉ែត២ អ៊ើវ of របស់ ឌើ the ផែលវិក pelvic ឆ្អឹងត្រគាក (ឆ្អឹងត្រគាកកំប៉ែត២) នាមស័ព្ទ.
4124.	ហ្វ្លែត flat បូន្ស bones ឆ្អឹងកំប៉ែត២ អ៊ើវ of របស់ ឌើ the រីប rib ខេជ cage ឆ្អឹងជំនី (ឆ្អឹងជំនីកំប៉ែត២) នាមស័ព្ទ.
4125.	ហ្វ្លែត flat បូន្ស bones ឆ្អឹងកំប៉ែត២ អ៊ើវ of របស់ ឌើ the ស្កាល្ល skull ឆ្អឹងលលាដ៍ក្បាល នាមស័ព្ទ.
4126.	ហ្វ្លែត flat រេត rate តម្លៃស្មើគ្នាមិនឡើង នាមស័ព្ទ.
4127.	ហ្វ្លែត flat ស៊ីម្ស seams ថ្នេរដេររាបស្មើ នាមស័ព្ទ.
4128.	ហ្វ្លែតថេន្ត flattened បានធ្វើអោយកំបាតៗ អឹគេនស្ទ against ជាប់ទៅនឹង គុណនាម.
4129.	ហ្វ្លែតថេន្ត flattened បឌី body បានធ្វើអោយខ្លួនកំប៉ែត នាមស័ព្ទ.
4130.	ហ្វ្លែតថេន្ត flattened ឌីស្គ disk ថាសកំប៉ែតធំ កំបាតៗ គុណនាម.
4131.	ហ្វ្លែតថេន្ត flattened សែក្ស sacs ថង់ ឬរន្ធកំប៉ែត នាមស័ព្ទ.
4132.	ហ្វ្លី flea ម៉ាកេត market ផ្សារលក់អីវ៉ាន់ខាងក្នុង ឬខាងក្រៅផ្ទះ នាមស័ព្ទ.
4133.	ហ្វ្លេស្ទ flesh ធូមើរ tumor រោគមហារីកដុំសាច់ស្រស់ៗ នាមស័ព្ទ.
4134.	ហ្វ្លេសស៊ី fleshy នៃ ធីសស្យូ tissue សាច់ឈាមស្រស់ៗ ឬសាច់ជាលិកាស្រស់ៗ គុណនាម.
4135.	ហ្វ្លូ ឬហ្វ្លើវ flew រត់លឿន ដោន down ទៅតាម ឌើ the ហល្ល hall ផ្លូវប្រឡោះកណ្ដាលផ្ទះ (អាគា) កិរិយាសព្ទ.
4136.	ហ្វ្លូ ឬហ្វ្លើវ flew បានជិះយន្តហោះ ឬរត់លឿន ដោន down ទៅតាម ឌើ the ស្រ៊ីត street ផ្លូវ កិរិយាសព្ទ.
4137.	ហ្វ្លិក្សិបល flexible ហ្វៃប៊ើរអបធិក fiberoptic ធូប tube បំពង់កែវឆ្លុះកៅស៊ូ១ដែលអាចបត់ចុះឡើងបាន នាមស័ព្ទ.
4138.	ហ្វ្លិក្សិបល flexible រ៉ាប់ប៊ើ rubber ឌីវៃស្ស device គ្រឿងប្រដាប់កៅស៊ូដែលអាចបត់ចុះឡើងបាន (ឧទាហរណ៍ដូចជាបំពង់កែវឆ្លុះមើលនៅក្នុងក្រពះ ឬបំពង់កែវឆ្លុះនៅក្នុងទ្វារមាស ឬបំពង់កែវឆ្លុះនៅក្នុងពោះវៀនធំ គេអាចបត់វាចុះឡើងបាន) នាមស័ព្ទ.

4139.	ផ្លិកប៊ីបល flexible សិតម៉ូយដូស្កូផី sigmoidoscopy ការប្រើបំពង់កែវឆ្លុះទន់ៗ ដើម្បីនិងថតឆ្លុះមើលពោះវៀនធំផ្នែកទីបីផ្លាល់នឹងវង្គក នាមសព្ទ.
4140.	ផ្លិកប៊ីបល flexible ធ្លុប tube បំពង់ៗដែលអាចបត់ចុះឡើងបាន នាមសព្ទ.
4141.	ផ្លិកប៊ីបល flexible ធ្លុប្ប tubes បំពង់ច្រើនជាងៗដែលគេអាចបត់វាចុះឡើងបាន នាមសព្ទ.
4142.	ផ្លិកស៊ីង flexing កំពុងតែបត់ ធើ the វ៉ុត foot ជើងចុះឡើង នាមសព្ទ.
4143.	ផ្លិកស៊ិន flexion ការបត់ វ៉ុអាម forearm សាច់ដុំក្នុងដែលបត់ចុះឡើង នាមសព្ទ.
4144.	ផ្លិកស៊ិន flexion ការបត់ អ៊ីវ of ធើ the វ៉ុអាម forearm សាច់ដុំក្នុងដែលចុះឡើង នាមសព្ទ.
4145.	ផ្លិកស៊ិន flexion បត់ - ធ្លុ to ដើម្បីនិង បេន្ទ bend បត់ ប្ជុបត់បែន នាមសព្ទ.
4146.	ផ្លិកស flexo- អឺ or ឬ ផ្លិកស flex/o បត់ ប្ជុបត់បែន - ធ្លុ to ដើម្បីនិង បេន្ទ bend បត់ ប្ជុបត់បែន បេនឌិង bending ប៉ ប្ជុបត់ បៃក្ល្ងឺង backward ទៅខាងក្រោយ - ផ្រីវិកស prefix បុព្ជបទ ឬ ជាក្យសម្រាប់ភ្ជាប់ពីខាងមុខ.
4147.	ផ្លិកស៊ីរ flexor ក្រុមសាច់ដុំម៉ូយដែលអាចបត់ចុះឡើង អ៊ីវ of នៅ វីងតើស finger ម្រាម តែម៉ូយ នាមសព្ទ.
4148.	ផ្លិកស៊ីរ flexor ហលល្ងសិស hallucis ឡុងតើស longus ឈ្មោះក្រុមសាច់ដុំជ្រៅនៅ កៀនជើងដែលវាអាចបត់ចុះឡើងសរសៃពួរទៅមេជើង នាមសព្ទ.
4149.	ផ្លិកស៊ីរស flexors សាច់ដុំច្រើនដែលអាចបត់ចុះឡើងបាន អ៊ីវ of នៅ វីងតើស fingers ម្រាមដែលជាច្រើន នាមសព្ទ.
4150.	ផ្លិកស៊ើ flexure កន្លែងបត់ចុះឡើង អ៊ីវ of នៅ វីងតើស fingers ម្រាមដែលជាច្រើន នាមសព្ទ.
4151.	ផ្លូធិង floating យិនន្នី kidney តម្រងទឹកនោម១ដែលនៅខុសកន្លែងធម្មតារបស់វា នាមសព្ទ.
4152.	ផ្លូធិង floating យិននិស kidneys តម្រងទឹកនោម២ដែលនៅខុសកន្លែងធម្មតារបស់វា នាមសព្ទ.
4153.	ផ្លូធិង floating វិប្ប ribs ឆ្អឹងជុំនិ២ វានៅខាងក្រោមដែលអណ្ណែតជាប់ទៅនឹងសាច់ដុំ វាអត់ជាប់ទៅនឹងឆ្អឹងជើងមទ្រូងទេ នាមសព្ទ.
4154.	ផ្លស floss ម៉ាយ my ធីស teeth ប្រើខ្សែកោសលាងជើងធ្មេញរបស់ខ្ញុំ កិរិយាសព្ទ.

4155.	រ្លៀ ប្ល៊ូវ flow ជាយអេត្រែម diagram រូបភាពដែលថតឆ្នត១ៗគ្នា ឬរូបភាពសំស្របល្ល កិរិយាសព្ទ.
4156.	រ្លៀ ប្ល៊ូវ flow ហ្វូរ អិន in នៅក្នុង អេ a ស្ទ្រីម stream លេកឈាម កិរិយាសព្ទ.
4157.	រ្លៀ ប្ល៊ូវ flow អ៊ោវ of ប្ល៊ើ blood ទឹកឈាមហ្វូរ កិរិយាសព្ទ.
4158.	រ្លៀ ប្ល៊ូវ flow អ៊ោវ of ហ្វីត fat ជាតិខ្លាញ់ហ្វូរ កិរិយាសព្ទ.
4159.	រ្លៀស ប្ល៊ូវរ៉ស flows ហ្វូរ អិន in នៅក្នុង អេ a ស៊ីស្ទឹម system ប្រព័ន្ធម្មួយនៅក្នុងខ្លួន ត្រាប់សរសៃទឹករង្វ ឬទឹកឈាមសហូរទៅក្រពេញឈ្មោះ លីមហ្វ lymph កិរិយាសព្ទ.
4160.	រ្លៀស ប្ល៊ូវរ៉ស flows ហ្វូរ ស្ទ្រីវអ៊ោត throughout សព្វពាសពេញ កិរិយាសព្ទ.
4161.	រ្លៀ flu វ៉ាវើស virus មេរោគឈ្មោះ វ៉ាវើស វ៉ាធ្វើឱ្យយើងកើតជាតផ្តាស់សាយធំ នាមសព្ទ.
4162.	រ្លៀវ fluid ទឹក អេកខ្យ៉ូមូលេត្យ accumulates ប្រមូលផ្តុំគ្នាឡើង អិន in នៅក្នុង ធើ the ឡាំង្យ lungs ស្ងួតទាំងពីរ នាមសព្ទ.
4163.	រ្លៀវ fluid ទឹក ប៉ាក្ស backs ប្រែ ឬត្រឡប់ អ៊ាជ up ទៅលើ ធើ the ធូប្យ tubes តាមបំពង់ជាច្រើន នាមសព្ទ.
4164.	រ្លៀវ fluid ប៉ាឡែនស្យ balance ចំនួនទឹកស្មើនៅក្នុងខ្លួន ធ្លឹងស្មើគ្នា នាមសព្ទ.
4165.	រ្លៀវ fluid ទឹក ខូលឡ្បិកសិន collection ប្រមូលផ្តុំគ្នាឡើង នាមសព្ទ.
4166.	រ្លៀវ fluid ទឹក អ៊ីនធើរិង entering ចូលទៅខាងក្នុង នាមសព្ទ.
4167.	រ្លៀវ fluid ទឹក វ៉ិលឡ្យ filled ចូលពេញ នាមសព្ទ.
4168.	រ្លៀវ fluid ទឹក វ៉ិលឡ្យ filled បានចូលពេញ ប្លឹស្ទើស blisters ថង់សាច់ (សាច់ពងប៉ែក ដែលមានទឹកពេញ) នាមសព្ទ.
4169.	រ្លៀវ fluid មានទឹក វ៉ិលឡ្យ filled ពេញ ខែវិធីស cavities នៅក្នុងរន្ធ នាមសព្ទ.
4170.	រ្លៀវ fluid វ៉ិលទើស filters កម្រងត្រងទឹក ឬកំរិងប្រៀះទឹក នាមសព្ទ.
4171.	រ្លៀវ fluid ទឹក អិន in នៅក្នុង ធើ the នាមសព្ទ.
4172.	រ្លៀវ fluid ទឹក អិន in នៅក្នុង ធើ the បឌី body ឋងខ្លួន នាមសព្ទ.
4173.	រ្លៀវ fluid អិន in ធើ the ប្រេន brain ធិសស្យ tissue មានទឹកនៅក្នុងសាច់ខួរក្បាល វ៉ាសង្កត់ខួរក្បាល ធ្វើឱ្យខួរក្បាលហើមធំ (វ៉ាធ្វើឱ្យរលាកសាច់ៗក្ដៈផុំៗ វ៉ាធ្វើឱ្យខូចខួរក្បាល វ៉ាធ្វើឱ្យលលាដ៏ក្បាលមិនីរកធំ វ៉ាធ្វើឱ្យសង្កត់ពីលើខួរក្បាល) នាមសព្ទ.

4174.	រូវ fluid ទឹក អិន in នៅក្នុង ធើ the លិវ៉ែ liver ថ្លើម នាមសំពុ.
4175.	រូវ fluid ទឹក អិន in នៅក្នុង ធើ the ឡាំង្ស lungs សួតទាំងសងខាង វាធ្វើឱ្យសួតរីកធំ នាមសំពុ.
4176.	រូវ fluid អិន in ធើ the ឡាំង្ស lungs ធិសស្យ tissue មានទឹកនៅក្នុងសាច់សួត វាធ្វើឱ្យសួតហើមធំ (វាធ្វើឱ្យរលាកសួត សាច់កុះដុំៗ វាធ្វើឱ្យខូចសួត វាធ្វើឱ្យសួតរីកធំ វាធ្វើឱ្យសួត ប៉ោងធំឡើង) នាមសំពុ.
4177.	រូវ fluid ទឹក អិស is សេក្រីត្ត secreted បានបញ្ចេញ ឬទឹកបានចេញ នាមសំពុ.
4178.	រូវ fluid អិស is វិថ្ថ្រូន withdrawn បានឆកយកទឹកចេញ ឬបានបូមយកទឹកចេញ នាមសំពុ.
4179.	រូវ fluid លេវេល្យ levels កម្រិតទឹក នាមសំពុ.
4180.	រូវ fluid ទឹក ផាស្យ pass ចេញផុត ស្រូវ through ទៅតាម នាមសំពុ.
4181.	រូវ fluid ទឹក ផាស្យីស passes ចេញទៅតាម ខុធិញ្ញូអ៊ីសលី continuously ក្រប់ទឹកន្លែងមិនឈប់ នាមសំពុ.
4182.	រូវ fluid ទឹក ផាស្យីស passes ចេញផុត ស្រូវ through ទៅតាម នាមសំពុ.
4183.	រូវ fluid ទឹក រេធេនស៊ីន retention ប្រមូលផ្ដុំផ្ទុកឡើងនៅក្នុងសាច់ នាមសំពុ.
4184.	រូវ fluid ទឹក ស៊ីផ្ស seeps ជ្រាបចេញពី ឬបើដូលទៅខាងក្នុង នាមសំពុ.
4185.	រូវ fluid ទឹក ស្ពីល្លស spills កំពុប អូវើ over ទៅលើ ធើ the អាយលីដ eyelid ត្របកភ្នែក នាមសំពុ.
4186.	រូវ fluid ទឹក ខែត that ដែល នាមសំពុ.
4187.	រូវ fluid ទឹក វិថ្ថិន within នៅក្នុង ធើ the ប្រេន brain ខួរក្បាល នាមសំពុ.
4188.	រូវ fluid ទឹក វិថ្ថិន within នៅក្នុង ធើ the ប្រេស្ត breast ដោះ នាមសំពុ.
4189.	រូវ fluid ទឹក វិថ្ថិន within នៅក្នុង ធើ the អ៊ៀរ ear ត្រចៀក នាមសំពុ.
4190.	រូវ fluid ទឹក វិថ្ថិន within នៅក្នុង ធើ the អាយ eye ភ្នែក នាមសំពុ.
4191.	រូវ fluid ទឹក វិថ្ថិន within នៅក្នុង ធើ the ឡាំង្ស lungs សួតទាំងពីរខាង នាមសំពុ.

4192.	វ៉ឺង fluid ទឹក វិត្តអិន within នៅក្នុង ធើ the ស្តម៉ាគ្គ ឬស្តម៉ាយ stomach ក្រពះ នាមសំព.
4193.	វ៉ឺអ៊ូរ fluoro- អ៊ូរ or ឬ វ៉ឺអ៊ូរ fluor/o បញ្ចេញ ពន្លឺចាំងប្រាក។ - ល្អមិនើស luminous បញ្ចេញពន្លឺចាំងប្រាក។ ឧទៀន radiant ពន្លឺចាំង វ៉ឺក្ស flux ការប្រែប្រួល - ព្រីវិក្ស prefix បុព្ធបទ ឬពាក្យសម្រាប់តពីខាងមុខ.
4194.	វ៉ាយ fly បល្ល ball បាល់ហោះទៅលើអាកាស កិរិយាសព.
4195.	វ៉ាយិង flying កំពុងតែហោះ ប៉ាយ by ជិត ម៉ី me ខ្ញុំនៅក្នុងពេលឥឡូវនេះ កិរិយាសព.
4196.	វ៉ឺម foam សេល្ល cell ទឹកកោសិកាពពុះ។ កិរិយាសព.
4197.	វ៉ឺម foam ពុំពុះ ខ្លស close បិត កិរិយាសព.
4198.	វ៉ឺម៉ី foamy ពុំ វ៉ៃរើស virus មេរោគពពុះ។ នាមសំព.
4199.	វ៉ឺកើស្ស focused ស្ហក្ក shock វ៉េវ wave រលកភ្លើងឆក់ចំ កិរិយាសព.
4200.	វ៉ឺធិ foeti- ទារកនៅក្នុងផ្ទៃម្តាយ អ៊ូរ or ឬ វ៉ឺផ្ថ foeto- ទារកនៅក្នុងផ្ទៃម្តាយ - វ៉ុំធើស fetus- ទារកនៅក្នុងផ្ទៃម្តាយ -ព្រីវិក្ស prefix បុព្ធបទ ឬពាក្យសម្រាប់តពីខាងមុខ.
4201.	វ៉ាកាទិ Fogarty ខែសើទើ catheter បំពង់កៅស៊ូត្តូចទន់បត់ចុះឡើងស្រួល គេប្រើវាពីប្ញ្ញី និងលាងសរសៃឈាមយករបស់អ្វីដែលកកនៅក្នុងសរសៃឈាមចេញ ចាក់ទឹកបញ្ចូលបាន វ៉ាមានជុំកំ ប៉ោងនៅចុងម្តាង ត្រូវុកវាចូលទៅតាមសរសៃឈាម អាមូលជុំខាងចុងនេះ គេអាចពន្រ្តឹក ហើយបង្រួម វ៉ាឲ្យត្តូចវិញបាននៅក្នុងសរសៃឈាម ហើយគេទាញវាចេញវិញ នាមសំព.
4202.	វ៉ឺលដ្ត folded បានបត់ ឥ៊ន្ត and ហើយ លិកេត្ត ligated ចង (នៅពេលក្រុពេទ្យត្រៀ॥វ មនុស្សប្រុស នៅពេលគេកាត់បំពង់ទឹកកាមរួចហើយ គេបត់វា ហើយគេចងវាមិនឲ្យទឹកកាមហូរចេញ បាន) កិរិយាសព.
4203.	វ៉ឺលដ្ត folded បានទប់ អូវ៉ើ over នៅខាងលើបាន កិរិយាសព.
4204.	វ៉ឺលុ foley ខែសើទើ catheter បំពង់ដែលដាក់ទុកនៅក្នុងប្លោកទឹកនោមដើម្បីនិងបង្ហូរទឹកនោមចេញក្រៅ នាមសំព.
4205.	វ៉ឺល្លិខល-សិស្សស follicle-cysts ថង់លំអងទឹកហ្វម៉ូន ឬទឹកអំរម៉ូនដែលមាននៅក្នុងបំពង់ត្តូច។ នាមសំព.

4206.	វិល្លខល follicle ស្ទីមូលេសិន stimulation ហ្ម៉ូរម៉ូន ឬ ហ៊ីរម៉ូន hormone (អ៊ីវ៉ៃសេសអេវ FSH អក្សរកាត់របស់វា) ក្រពេញមួយនៅក្នុងខួរក្បាលផ្នែកខាងក្រោម វាបញ្ចេញទឹកអ័រម៉ូននៅខាងក្នុងថង់ខួន (វានៅខាងក្រោយច្រមុះ) វាផលិតទឹកប្រតេអ៊ីន ឬទឹកអ័រម៉ូននេះ ក្រពេញនេះឈ្មោះ ភិថ្ងអ៊ីថ្ងែវ pituitary ក្រែត gland នាមសំព.
4207.	វិល្លខ្យេល្ឈី follicular សេល្ល cell គ្រាប់រន្ធសក់ត្គូចៗមួយកន្លែក / សេល្លស cells គ្រាប់រន្ធ ថង់ប៉ុនរាងសក់ត្គូចៗនៅក្នុងឋនក្រពេញច្រើនកន្លែក នាមសំព.
4208.	វិល្លខ្យល្ឈ folliculo- អ៊ែរ or ឬ វិល្លខ្យល្ឈ follicul/o រន្ធថង់ត្គូចៗ - វិល្លខល follicle រន្ធថង់ត្គូចៗ -ស្ម៉ល small សែក sac ថង់ត្គូចៗ - ជ្រីវ៉ិក្ស prefix បុព្វបទ ឬពាក្យសម្រាប់ដបបញ្ចូលគ្នាពីខាងមុខ.
4209.	វិលល្យវ follow ដេីរតាម ម៉ី me ខ្ញុំ ធ្ថ to ទៅ ឋើ the ខ្លីនិក clinic មន្ទីរពេទ្យ កិរិយាសព.
4210.	វិលល្យវ follow ដេីរតាម ម៉ី me ខ្ញុំ ធ្ថ to ទៅ ឋើ the ហាសភិថល hospital មន្ទីរពេទ្យធំ ឬក៏កន្លែងព្យាបាលរោគ កិរិយាសព.
4211.	វិលល្យវ follow ឋ្វើតាម យ៉ួរ your ដកទ័រ ឬដកទ័រ ្ស doctor's អិនស្រាក់សិនួ instructions ការបង្គាប់របស់លោកក្រពេទ្យរបស់អ្នក កិរិយាសព.
4212.	វិលល្យវដ followed បានឋ្វើតាមជាបន្ទបន្ទាប់ បាយ by ដោយសារ ឬមកឋ្ៀត កិរិយាសព.
4213.	វិលល្យវ៉ីង following កំពុងតែឋ្វើតាម អ៊ីវែក្សមផល្ស examples ឧទាហរណ៍ ឬផ៌ូវជាបន្ត បន្ទាប់ កិរិយាសព.
4214.	វិលល្យវ៉ីង following ឋារ៉ាក្រៃហ្វ៉ paragraph ១ក្ថ ឬ១ឃ្លាជាបន្តបន្ទាប់ទៅនេះ ជំព្ធតជាបន្តបន្ទាប់ ឋារ៉ាក្រៃហ្វ៉ីស paragraphs ច្រើនវក្ថ ឬច្រើនឃ្លាជាបន្តបន្ទាប់ទៅនេះ (កថាខណ្ឌ?) កិរិយាសព.
4215.	វិលល្យវ៉ីង following សេនថេនស៊ីស sentences ច្រើនឃ្លា ឬច្រើនវក្ថជាបន្តបន្ទាប់ កិរិយាសព.
4216.	វិលល្យវ៉ីង following សេីដេីរ surgery នៅក្រោយពេលវះកាត់ កិរិយាសព.
4217.	វិដ food ចំណីអាហារ១យ៉ាង ខុនថេន contain ដែលមាន នាមសំព.
4218.	វុត foot អែតស aches ល័ីបាតជេីង (ល័ីចាប់ពីត្រីមកជេីងទៅចុងម្រាមជេីង) នាមសំព.

4219.	វិត foot ផ្នែកប្លេម្យ problems មានបញ្ហាច្រើនយ៉ាងទៅតបាតជើង (មានបញ្ហាច្រើនយ៉ាង ឬឈឺចាប់ច្រើនយ៉ាងចាប់ពីត្រឹមកជើងទៅចុងម្រាមជើង) នាមសំពុ.
4220.	វិត foot ដកទេស ឬដកទូ៍រស doctors វេជ្ជបណ្ឌិត ឬគ្រូពេទ្យដែលព្យាបាលជើង អិរ or ឬ (ផ្ទួដាយអេម្រិទ្រ្ស podiatrist វេជ្ជបណ្ឌិតពិសេសខាងព្យាបាលជើង) (ចាប់ពីត្រឹមកជើង ទៅចុងម្រាមជើង) នាមសំពុ.
4221.	វិត foot ជើង ផេន្ត pain ឈឺ (ឈឺជើង) (ចាប់ពីត្រឹមកជើងទៅចុងម្រាមជើង) នាមសំពុ.
4222.	វ៉ូរ for សម្រាប់ឱ្យ ខ្លត់ធិង clotting កកៗ អៀរ of នៅក្នុង ប្លើដ blood គ្រាប់ឈាម ឬគ្រាប់កោលិកា អាយតនិបាត.
4223.	វ៉ូរ for សម្រាប់ ក្រើស្ទ៍ិង crushing បំបែករបស់អ្វីមួយ អាយតនិបាត.
4224.	វ៉ូរ for សម្រាប់ ឌ្ហ៊ីវ deaf មនុស្សថ្លង់ ឬអ្នកថ្លង់ អាយតនិបាត.
4225.	វ៉ូរ for សម្រាប់ ឌីស្ត្រាក់សិន destruction ធ្វើឱ្យស្អះ អាយតនិបាត.
4226.	វ៉ូរ for សម្រាប់ ដាយអែតនូស diagnose វិនិច្ឆ័យរោគ អាយតនិបាត.
4227.	វ៉ូរ for សម្រាប់ អីវើ ever អ្វីៗដែល ចេង្ច change ប្រែប្រួល (ដូរ ផ្លាស់ ឬូរ) អាយតនិបាត.
4228.	វ៉ូរ for សម្រាប់ អីក្សសិសិន excision ធ្វើការវះកាត់យករបស់អ្វីមួយចេញ អាយតនិបាត.
4229.	វ៉ូរ for សម្រាប់ អីក្សមិនិង examining ធ្វើការពិនិត្យមើលរោគ អាយតនិបាត.
4230.	វ៉ូរ for សម្រាប់ឱ្យ អាយ eye ភ្នែក ម្វវមេន្ត movement កំណើក អាយតនិបាត.
4231.	វ៉ូរ for សម្រាប់ អីលិមិនេសិន elimination បំផ្លាញចោល ឬដកចេញចោល អាយតនិបាត.
4232.	វ៉ូរ for សម្រាប់ វ៉ីវើ fever រោគគ្រុនក្តៅ អាយតនិបាត.
4233.	វ៉ូរ for សម្រាប់ វ៉ូដ្យ foods ចំណីអាហារ អាយតនិបាត.
4234.	វ៉ូរ for សម្រាប់ គ្រូស growth ការុះលួតលាស់ឡើង អាយតនិបាត.
4235.	វ៉ូរ for សម្រាប់ ហ្វូលឌិង holding ផ្ទួយទុប អេ a បឌី body ដងខ្លួន១ អាយតនិបាត.
4236.	វ៉ូរ for អិនស្សេន្សស្ instance ឧទាហរណ៍ដូចជា អាយតនិបាត.
4237.	វ៉ូរ for សម្រាប់ ម្មូសេ៍រិង measuring វាស់របស់អ្វីមួយ កិរិយាសព្ទ.

4238.	វិរ for សម្រាប់ មេក្រូស្កូនិក microscopic ដែលឆ្លុះមើលសតូល្អិតៗដែលយើងមើលរាមិន ឃើញនឹងភ្នែកទេ អាយតនិបាត.
4239.	វិរ for ម៉ូរ more អិនវិរមេសិន information បើសិនជាត្រូវការពត៌មានបន្ថែមទៀត កិរិយាសព្ទ.
4240.	វិរ for សម្រាប់ ម៉ាយ my ផេន pain ការឈឺចាប់របស់ខ្ញុំ អាយតនិបាត.
4241.	វិរ for សម្រាប់ អុបសឺរវេសិន observation ពិនិត្យតាមដានមើលរោគ អាយតនិបាត.
4242.	វិរ for សម្រាប់ពេល ផេន pain ឈឺ អាយតនិបាត.
4243.	វិរ for សម្រាប់បំបាត់ ផេន pain ការឈឺចាប់ ឆេន and ហេយនឹង វិវ័រ fever គ្រុនក្តៅ អាយតនិបាត.
4244.	វិរ for សម្រាប់ ផេសិន្ត patient ព្រៃវេស៊ី privacy លាក់ការសម្ងាត់ឲ្យអ្នកជម្ងឺ អាយតនិបាត.
4245.	វិរ for សម្រាប់ ព្រីវេនសិន prevention ការពារ ឆៅវ of ប្លើដ blood ខ្ចុំ clots កុំឲ្យឈាមកក អាយតនិបាត.
4246.	វិរ for សម្រាប់ រេម៉ូវ៉ល removal កាត់យកចេញ ឬផកយកចេញ អាយតនិបាត.
4247.	វិរ for គឺជា សាញ្ញស signs សញ្ញា ឆៅវ of របស់ ខេនសឺ cancer រោគមហារីក អាយតនិបាត.
4248.	វិរ for សម្រាប់ ថេសធិង testing ការពិសោធន៍មើល ហៀរិង hearing សម្លេង អាយតនិបាត.
4249.	វិរ for សម្រាប់ ធឺ the នឺរិស្វមេន្ត nourishment ការចិញ្ចឹមបីបាច់ថែរក្សា អាយតនិបាត.
4250.	វិរ for សម្រាប់ យូស use ប្រើ ឬលាប អិន on នៅលើ អូផេន open វ៉ុន្ដស wounds មុខដំបៅ អាយតនិបាត.
4251.	វិរ for សម្រាប់ វ្យូ view ពិនិត្តមើល (ឬសម្រាប់មើល) អាយតនិបាត.
4252.	វិរ for សម្រាប់ វិសជួល visual អិវ្សែមិនេសិន examination ការពិនិត្យមើលរោគ តាមកែវឆ្លុះផ្ទាល់នឹងភ្នែក អាយតនិបាត.
4253.	វិរ for សម្រាប់ឲ្យ យ៉ូរ your បឌី body ខ្លួនរបស់អ្នក អាយតនិបាត.

4254.	វ៉ូររេមេន foramen ម៉ែកនឹម magnum ប្រហោងទៅខាងក្រោមលលាដ៍ក្បាលដែលជាផ្លូវតចុះទៅសរសៃវិញ្ញាណនៅខួរឆ្អឹងខ្នង វាចេញពីខួរក្បាល ហើយចូលទៅក្នុងខួរឆ្អឹងខ្នង នាមសំព្ទ.
4255.	វ៉ូរបិដ forbid ហាមមិនឲ្យ ស្ម៉ុកិង smoking ជក់បារី អិន in នៅក្នុង ធឺ the ហាសផិថល hospital មន្ទីរពេទ្យ នាមសំព្ទ.
4256.	វ៉ូរបិដ forbid ហាមមិនឲ្យ ស្ជូគើ sugar ញ៉ាំស្ករ ញ៉ាំបង្អែម ឬញ៉ាំជាតិផ្អែម នាមសំព្ទ.
4257.	វ៉ូរស្យ force កម្លាំងរុញ ប្ល៉ើដ blood ឈាម កិរិយាសព្ទ.
4258.	វ៉ូរស្យ force កម្លាំងរុញ វ៉ូដ្ស foods ចំណីអាហារ ស្ត្រ៉ូ through ចូលទៅតាម កិរិយាសព្ទ.
4259.	វ៉ូរស្យ force កម្លាំងរុញ ម៉ែថ៉េរៀល្ស materials សំភារៈអ្វីផ្សេងៗឲ្យ ស្ត្រ៉ូ through ចូលទៅតាម កិរិយាសព្ទ.
4260.	វ៉ូរស៊ីស forces កម្លាំងរុញ អ៉ូវ of របស់ អ៊ីវិល evil មនុស្សអាក្រក់ នាមសំព្ទ.
4261.	វ៉ូរស៊ីស forces កម្លាំងរុញ អ៉ូវ of ដែន an អ៊ីក្ស្ផ្លូស៊ិន explosion ឲ្យផ្ទុះ នាមសំព្ទ.
4262.	វ៉ូរិន ឬវ៉ូរ៉ិន foreign អេជីន្ត agent គ្រាប់ពូជមេរោគ ឬទឹកថ្នាំចាំ ឡ្បែកដែលចូលមកក្នុងខ្លួន នាមសំព្ទ.
4263.	វ៉ូរិន ឬវ៉ូរ៉ិន foreign ប៉ូឌីស bodies វត្ថុធាតុអ្វីដែលចាំ ឡ្បែកបានចូលមកក្នុងខ្លួនយើង (រោគចូលតាមផ្លូវរកដង្ហើម លេបថ្នាំចូលតាមមាត់ ឬចាក់ថ្នាំចូលតាមស្បែក) នាមសំព្ទ.
4264.	វ៉ូរិន ឬវ៉ូរ៉ិន foreign សេលូស cells គ្រាប់ឈាមចាំ ឡ្បែក ឬថ្នាំដែលបានចូលមកក្នុងខ្លួនយើង នាមសំព្ទ.
4265.	វ៉ូរិន ឬវ៉ូរ៉ិន foreign អិនវ៉ែស៊ិន invasion គ្រាប់ទឹកឈាមចាំ ឡ្បែកចូលមកក្នុងខ្លួនយើង ឬជនជាតិដទៃដែលចូលមករាយប្រហារនៅក្នុងប្រទេសយើង នាមសំព្ទ.
4266.	វ៉ូរិន ឬវ៉ូរ៉ិន foreign ម៉ែតទើ matter មានបញ្ហានឹកជនបរទេស (ឬមានបញ្ហា ឬមានរោគ ដោយសារសព្ទផ្សេងចូលមកក្នុងខ្លួនយើង) នាមសំព្ទ.
4267.	វ៉ូរិន ឬវ៉ូរ៉ិន foreign សាប់ស្ត៉ែនស៊ីស substances មេរោគ វត្ថុធាតុផ្សេងដែលចូលមកក្នុងខ្លួនយើង ឬសាធាតុខាងក្រៅដែលវាចូលមកក្នុងខ្លួនយើង នាមសំព្ទ.
4268.	វ៉ូរិនស៊ីក forensic មេទិខេស៊ិន medication អ្នកវិជ្ជាសាស្ត្រ វេជ្ជបណ្ឌិតសាខាខាងបក

	ស្រាយប្រាប់ខាងថ្មាំ ហើយរៀនអំពីថ្មាំទៅតាមផ្លូវច្បាប់ នាមសំពុ.
4269.	វ្រែនសិក forensic សៃវេអេទ្រិស្ស psychiatrist វេជ្ជបណ្ឌិត ឬអ្នកឯកទេសពិសេស ១នាក់ដែលប្រើច្បាប់ដើម្បីរជពេកវេកវិញ្ញេកពីរៀងព្យាបាលជម្ងឺវិកលចរិក ឬជម្ងឺខាងផ្លូវចិត្ត នាមសំពុ.
4270.	វ្រែស្ទិន foreskin ស្បែកគ្រប អេវ of នៅ ឬ the ឌីនិស penis មេក្ក ឬក្បាលក្ក កិរិយាសព្ទ.
4271.	វ្រែម form បង្កើតទៅជា អេ a ប៉ៃបិត habit ទំលាប់លួ៑ កិរិយាសព្ទ.
4272.	វ្រែម form កើតទៅជា ឈ្មេន blood ឈាម កិរិយាសព្ទ.
4273.	វ្រែម form កើតទៅជា វៃស្ស face មុខ កិរិយាសព្ទ.
4274.	វ្រែម form កើតទៅជា វិគើ figure រូបរាងឡើង កិរិយាសព្ទ.
4275.	វ្រែម form កើតទៅជា ប៉ៃហ្គេដ head ក្បាល កិរិយាសព្ទ.
4276.	វ្រែម form កើត ឡាជើ larger ឡើងធំជាងគេ កិរិយាសព្ទ.
4277.	វ្រែម form កើតឡើង អេវ of ទៅជា ប៉ៃនិមុល animal ៃឡ life ពីវិតសព្ទ កិរិយាសព្ទ.
4278.	វ្រែម form កើត ដំណាត អេវ of អេរាយ អាស្រ្ទិធិស អាថ្រធិស arthritis ជម្ងឺរលាក សន្លាក់ឆ្អឹង កិរិយាសព្ទ.
4279.	វ្រែម form កើតឡើង អេវ of នៅក្នុង ប្រេនិត chronic ឌិស្ទីស disease ជម្ងឺរ៉ៃ កិរិយាសព្ទ.
4280.	វ្រែម form កើតទៅជា អេវ of អិមមួនិទី immunity ទិកដែលជួយការពារពងខ្លួន កំឡ្យកើតរោគ កិរិយាសព្ទ.
4281.	វ្រែម form កកើតទៅជារូបរាងអ្វីមួយដូចគ្នានឹង - អេសេមប្លិង resembling ផាក់បព្ចាលគ្នា ជារូបរាងអ្វីមួយ ឬដូចគ្នានឹង - សាវីក្ស suffix បច្ច័យ ឬបាក្យសម្រាប់តពីខាងក្រោយ.
4282.	វ្រែម form កើតឡើងទៅជា អ្ហ្គ៉កិន្ស organs សរីរាង្គ ឬគ្រឿងពេញជាច្រើន កិរិយាសព្ទ.
4283.	វ្រែម form បង្កើត ផៃតជើន pattern ជាគំរូឡ្យធ្វើតាម កិរិយាសព្ទ.
4284.	វ្រែម form កកើត ឬផលិត រេស្ទដ raised ឡើងខ្ពស់ កិរិយាសព្ទ.
4285.	វ្រែម form កកើត ឬផលិតទៅជា ស្ទ៉េដ shape រូបរាង កិរិយាសព្ទ.
4286.	វ្រែម form កើតឡើងទៅជា ឬ the វៃស្ស face មុខ កិរិយាសព្ទ.

4287.	វៀរម form កកើតឡើង ធើ the បូល្ក bulk មកពីសាច់ដុំៗរបស់វា កិរិយាសព្ទ.
4288.	វៀរម form កកើតឡើងទៅជា ធើ the ផ្លែសេនថា placenta សុក កិរិយាសព្ទ.
4289.	វៀរម៉ល -formal នៃ ឈ្មោក់ទង់ទៅនឹងរូបរាងដែលកើតឡើង កើតទៅជារាង -សារវីក្យ suffix បច្ច័យ ឈ្មោពាក្យសម្រាប់តពីខាងក្រោយ.
4290.	វៀរមេស៊ីន formation កើត អៅរ of ទៅជា អេ a ប្លើដ blood គ្រាប់ឈាម ខ្លាត់ clot កក (គ្រាប់ឈាមប្រែទៅជាកក) នាមសព្ទ.
4291.	វៀរមេស៊ីន formation កើត អៅរ of ទៅជា អេ a ខ្លាត់ clot កក នាមសព្ទ.
4292.	វៀរមេស៊ីន formation កើត អៅរ of ទៅជា អេ a ធិសស្យ tissue សាច់ នាមសព្ទ.
4293.	វៀរមេស៊ីន formation កើត អៅរ of ទៅជា អេ a ស្បៀក្ហ្ស zygotes ទារក (ទឹកកាម ហើយ និងទឹកពងផ្ហបញ្ជា ឬបានកើតទៅជាទារកនៅពេលមនុស្សចាប់កំណើតនៅក្នុងផ្ទៃម្តាយ ទារកជា ច្រើនបានចាប់កំណើតឡើង) នាមសព្ទ.
4294.	វៀរមេស៊ីន formation អៅរ of ធើ the ប្លើដ blood ទឹកឈាមបានកើតឡើង នាមសព្ទ.
4295.	វៀរមេស៊ីន formation អៅរ of ធើ the បូន bone ឆ្អឹងបានកើតឡើង នាមសព្ទ.
4296.	វៀរមេស៊ីន formation អៅរ of ធើ the បូន bone ម៉ារៅ ឬម៉ារ្ហ្ហ marrow ខួរឆ្អឹងខ្នងបានកកើតឡើង នាមសព្ទ.
4297.	វៀរមេស៊ីន formation អៅរ of លីមហ្ហ lymph គ្រាប់ឈាមសរសៃឈ្មោះទឹករងែកកើតឡើង នាមសព្ទ.
4298.	វៀរម្ប formed បានកើតឡើង បាយ by មកពី ដតធើ daughter សេល្ល cell កូនទង គ្រាប់សាច់ឈាម កិរិយាសព្ទ.
4299.	វៀរមិង forming កើតទៅជា អេ a ខេវិធី cavity ប្រហោង៧ កិរិយាសព្ទ.
4300.	វៀរមិង forming ផលិត យ៉ុរ៉ិន urine ទឹកនោមឡើង (កើតទៅជាទឹកនោម បង្កើតទៅជា ទឹកនោម) កិរិយាសព្ទ.
4301.	វៀរម្ប forms រូបរាងកាយកកើតឡើង ធ្ហិស្ប twins ជាពីរដួចគ្នា កិរិយាសព្ទ.
4302.	វៀរម្ប forms កើតឡើង អៅរ of នៅក្នុង ធ្រីតមេន្ត ឬធ្រីតមេន្ត treatment ការព្យាបាលរោគ កិរិយាសព្ទ.

4303.	វ្ជៀរ forward ផ្ទាសិសិន position កន្លែងទៅខាងមុខ ពំបង់ត្រង់ទៅខាងមុខ កិរិយាសព្ទ.
4304.	វ្ជៀរ forward ផ្រលែផ្យ prolapse ស្រុត ឬយាទៅខាងមុខ (យា ស្រុត ស្រុង ឬផ្លាក់ចុះទៅខាងមុខ) (ឬអ្នកអាចថា ផ្រលែផ្យ prolapse វ្ជៀរ forward) កិរិយាសព្ទ.
4305.	វ្ជៀរ forward ផ្រុត្រុសិន protrusion រញ្ចុលៀនទៅខាងមុខ កិរិយាសព្ទ.
4306.	ប្រៀកឡេី fracture សិត site កន្លែងដែលឆ្អឹងបាក់ ឬបែក កិរិយាសព្ទ.
4307.	ប្រៀកឡេី fracture ឆ្អឹងបាក់ ដែត that ដែល អិនវុលវ្យ involves ទាក់ទងទៅនឹង នាមសព្ទ.
4308.	ប្រៀកឡេី fracture ប៊ន bone ឆ្អឹងបាក់ ដែត that ដែល ហែស has ណុត not ត្លាន ប្រុកេន broken ឌេ the ស្គិន skin រំហែកសាច់ ឬស្បែក (ឆ្អឹងបាក់បែក ឬត្រាំប្រះ សង្កត់ទៅលេីឆ្អឹងក៏ប៉ុន្តែរាមិនរំហែកសាច់) នាមសព្ទ.
4309.	ប្រៀកឡេីឌ fractured ស្គាល្ល skull របួសបែកឆ្អឹងលលាដ៍ក្បាល (បែកឆ្អឹងដែលនៅជំវិញខួរ ក្បាល) នាមសព្ទ.
4310.	ប្រៀកឡេីស fractures ប្រះច្រេីនកន្លែងនៅ ហែដស heads ក្បាល អ៊ែវ of ឌេ the ហ្យូមេីរាយ humeri ប៊ន bone ឆ្អឹងដែខាងលេីទាំងពីរ នាមសព្ទ.
4311.	ប្រៀកឡេីស fractures ប្រះច្រេីនកន្លែង អ៊ែវ of នៅក្នុង ឌេ the អាម arm ប៊ន bone ឆ្អឹងដែ នាមសព្ទ.
4312.	ប្រៀកឡេីស fractures ប្រះច្រេីនកន្លែង អ៊ែវ of នៅក្នុង ឌេ the ហ្វីមែ femur ប៊ន bone ឆ្អឹងក្រផ្លៅ នាមសព្ទ.
4313.	ប្រៀកឡេីស fractures ប្រះច្រេីនកន្លែង អ៊ែវ of នៅក្នុង ឌេ the ហិផ hip ប៊ន bone ឆ្អឹងត្រគាក១ នាមសព្ទ.
4314.	ប្រៀកឡេីស fractures ប្រះច្រេីនកន្លែង អ៊ែវ of នៅក្នុង ឌេ the ហ្យូមេីរាយ humeri ប៊ន bones ឆ្អឹងដែខាងលេីទាំងពី នាមសព្ទ.
4315.	ប្រៀកឡេីស fractures ប្រះច្រេីនកន្លែង អ៊ែវ of នៅក្នុង ឌេ the ហ្យូមេីរ៉ស humerus ប៊ន bone ឆ្អឹងដែខាងលេីមួយខាង នាមសព្ទ.
4316.	ប្រៀកឡេីស fractures ប្រះច្រេីនកន្លែង អ៊ែវ of នៅក្នុង ឌេ the រិប rib ប៊ន bone ឆ្អឹងជំនី នាមសព្ទ.

4317.	រៀកឈើស fractures ប្រះច្រៀកបន្លែង អោរ of នៅក្នុង ឆើ the សិត sit ឬន bone ឆ្អឹងកញ្ចេញក្ខទ នាមសំពុ.
4318.	រៀកឈើស fractures ប្រះច្រៀកបន្លែង អោរ of នៅក្នុង ឆើ the ស្កាល់ skull ឬន bone ឆ្អឹងលលាក់ក្បាល នាមសំពុ.
4319.	រៀកឈើស fractures ប្រះច្រៀកបន្លែង អោរ of នៅក្នុង ឆើ the ផេលឬន tailbone ឆ្អឹងកន្ទុយ នាមសំពុ.
4320.	រៀកឈើស fractures ប្រះច្រៀកបន្លែង អោរ of នៅក្នុង ឆើ the តាយ thigh ឬន bone ឆ្អឹងក្រញ្ចៅ នាមសំពុ.
4321.	រៀជីល fragile ស្ថិន skin បែក ឬប្រះនៅវស្បែក កុណនាយ.
4322.	រៀកមេន្ដស fragments កម្ទេចតូចៗ ផែស្យេដ passed បានចេញផុតទៅ នាមសំពុ.
4323.	រៀធើនុល fraternal ធិន twin កូនផ្លោះដែលមានរូបរាងមិនដូចគ្នា មកពីគ្រាប់ពូជពីរ ឬទីកពងពីរ ឬម្ចួយគ្នរ នាមសំពុ. អិរ or ឬ
4324.	រៀធើនុល fraternal ធិឲ្ស twins កូនភ្លោះនេះមានទងសុកពីរផ្សេងគ្នា កើតមកពីពងពីរ ហើយមានរូបរាងខុសគ្នា (វាមានទងសុកដូចក្នុងធម្មតា) ពីរគូរ (កូនភ្លោះរូបរាងមិនដូចគ្នា) នាមសំពុ.
4325.	ថ្ងៃ free ឈក្ត act ធើរោយខ្លនឯង គ្មានអ្នកណាបង្ខំ កិរិយាសពុ.
4326.	ថ្ងៃ free ឈជីនស៊ី agency ថ្នាក់ការម្ចាក់ដែលមិនបាច់ចុះហត្តលេខា នាមសំពុ.
4327.	ថ្ងៃ free ឈជីន្ត agent ថ្នាក់ការម្ចាក់ដែលមិនបាច់ចុះហត្តលេខា នាមសំពុ.
4328.	ថ្ងៃ free ឈៀរ air ឈមបើ chamber ម៉ាស៊ីនប្រើឱ្យជួយទុបខ្សល់នៅពេលថតឆ្លះមើលរោក នាមសំពុ.
4329.	ថ្ងៃ free ឈសស្សុសិឈស៊ីន association ក្រុមនេះអ្នកណាចូលមកលេងក៏បានដែរ គ្មានការហាមយាត់ទេ អ្នកណាឱ្យយោបល់ក៏បានដែរ នាមសំពុ.
4330.	ថ្ងៃ free ឈបស base គ្មានប្រើថ្នាំខុសច្បាប់ ឬគ្មានប្រើថ្នាំដែលគេលក់តាមផ្លូវថ្ល (ឈ្មោះ ខូខេន cocaine) នាមសំពុ.
4331.	ថ្ងៃ free ឈបសិង basing គ្មានប្រើថ្នាំខុសច្បាប់ (មិនប្រើថ្នាំដែលគេលក់តាមផ្លូវថ្ល (ឈ្មោះ ខូខេន cocaine) នាមសំពុ.

4332.	ថ្មី free ខ្លីនិក clinic មន្ទីរពេទ្យដែលបំរើអ្នកក្រ ភើម្បីនឹងជួយមើលជម្ងឺដោយឥតគិតថ្លៃ នាមសំពុ.
4333.	ថ្មី free ក្រេក្ក crack មិនប្រើថ្នាំខុសច្បាប់ ឬមិនប្រើថ្នាំដែលគេលក់តាមផ្លូវផ្សល់ នាមសំពុ.
4334.	ថ្មី free បរន born កើតមកពេញសិទ្ធ គ្មានអ្នកណាគ្រប់គ្រងលើ នាមសំពុ.
4335.	ថ្មី free ជីតទី fatty អែសិដ acid គ្មានជាតិខ្លាញ់ទឹកអាស៊ីត (អិវិអិវិអែ FFA អក្សរកាត់ របស់វា) នាមសំពុ.
4336.	ថ្មី free វ្លូតិង floating អែងសែអីទី anxiety ពោះមិនហើមធ្វើឡ្យនៅស្រួលនៅក្នុងចិត្ត គ្មានចិត្ដវុំជ្ជុយញ៉ែរ ឬមិនឈឺចិត្ត នាមសំពុ.
4337.	ថ្មី free ថ្រើម from ទិស្ពីស disease មិនមានមេរោគទេ គ្មានរោគទេ ឬបានរួចខ្លួនផុតពីកើតរោគ គុណនាម.
4338.	ថ្មី free ថ្រើម from ដោយគ្មាន ឬចផុតពី លីវិង living មែក្រអ្ពីរកិនិសិម microorganism កូនមេរោគដែលមានជីវិតគ្គួចៗ គុណនាម.
4339.	ថ្មី free ថ្រើម from ដោយគ្មាន ឬចផុតពី លីវិង living អ្ពីរកិនិសិម organism សត្ថមានជីវិតគ្គួចៗ គុណនាម. អិរ or ឬ
4340.	ថ្មី free អ៊ឹវ of ទិស្ពីស disease គ្មានរោគ អស់រោគហើយ ឬមិនមានរោគនៅក្នុងខ្លួន ទ្បៀតទេ នាមសំពុ.
4341.	ថ្មី free អិក្ស៊ីជិន oxygen គ្មានខ្យល់អុកស៊ីប្ប៉្រិន ឬគ្មានខ្យល់អុកស៊ីសែន ឬឲ្យឪ្យប៉ំអុកស៊ីសែនទទេដោយមិនគិតថ្លៃ គុណនាម.
4342.	ថ្មី-វ្លរម free-form វុត foot អិរស្ពូសិស orthosis មិនបាច់ប្រើប្រជាប់ទប់ប្ដឹងជើង ឲ្យត្រង់ទេ គុណនាម.
4343.	ថ្មីលី freely មូអ៊ីបល movable ចញ្ឌ joint សន្លាក់ឆ្អឹងដែលអ៊ីលវិលបានតាមចិត្ត ហើយមិនឈឺ កិរិយាវិសេសន៍.
4344.	ថ្មីស្ព៊ីង freezing ថេមដើរឈើស temperatures ធាតុអាកាសគ្រជាក់ដល់ ឡើងកកវិង នាមសំពុ.
4345.	រ្វេនញ៉ូម្ល៊ីម frenulum លិងក្ត linguae សាច់បត់ថ្នែកដែលជួយទប់អណ្ដាត ឬក្របពេញ បញ្ចេញទិកមាត់នៅក្រោមអណ្ដាត នាមសំពុ.

4346.	រៀនញ្ញម្ទ្ទិម frenulum អផ្សរ of លិផ្សុ lips សាច់បត់តផ្នែកដែលជួយទប់អណ្តាតនៅបប្ញរមាត់ ឬក្រពេញបញ្ចេញទឹកមាត់នៅក្រោមអណ្តាតនៅបប្ញរមាត់ នាមសំពុ.
4347.	រៀនញ្ញម្ទ្ទិម frenulum អផ្សរ of ថាំង tongue សាច់បត់តផ្នែកដែលជួយទប់អណ្តាត ឬក្រពេញបញ្ចេញទឹកមាត់នៅក្រោមអណ្តាត នាមសំពុ.
4348.	រៀន្ទ្ធាម់ frenum អផ្សរ of ថាំង tongue សាច់បត់តផ្នែកដែលជួយទប់អណ្តាត ឬក្រពេញ បញ្ចេញទឹកមាត់នៅក្រោមអណ្តាត នាមសំពុ.
4349.	រៀយ freq អក្សរកាត់របស់ពាក្យ រៀឈ្យនស្ញី frequency ភាពញ្ញឹកញ្ញាប់ ឬជាញ្ញឹកញ្ញាប់ នាមសំពុ.
4350.	រៀឈ្យន្ធ frequent មេនស្ត្រួអរស៊ិន menstruation ដែលមានរដូវជាញ្ញឹកញ្ញាប់ កិរិយាសពុ.
4351.	រៀឈ្យន្ធ frequent យ៉ូរ៉ូនេស៊ិន urination នោមញ្ញឹក (នោមច្រើនដង) កិរិយាសពុ.
4352.	រៀឈ្យន្ធលី frequently ជាញ្ញឹកញ្ញាប់ ដែលសស្ញួសិអេត្ញ associated បានទាក់ទងជាមួយគ្នា កិរិយាវិសេសន៍.
4353.	រៀស្ញ្លែ fresh រៀត fruit ផ្លែឈើស្រស់ៗជា១យ៉ាង/រៀស្ញ្លែ fresh រៀឈ្យ fruits ផ្លែឈើ ស្រស់ៗជាច្រើនយ៉ាង នាមសំពុ.
4354.	រៀស្ញ្លែ fresh រើជេថេបល្ញ vegetables បន្លែស្រស់ជាច្រើនយ៉ាង នាមសំពុ.
4355.	រៀស្ញ្លែវ៉ឺទើ freshwater ស្ញើល snail ខ្យងដែលរស់នៅក្នុងទឹកសាប នាមសំពុ.
4356.	រៀម from មកពី អេ a ចញន្ធ joint សន្លាក់ឆ្អឹងមួយ អាយតនិបាត.
4357.	រៀម from មកពី អេ a ប៊ិត big ខាម់ផែនី ឬខាំផែនី company ក្រុមហ៊ុនធំមួយ អាយតនិបាត.
4358.	រៀម from មកពី អេ a ប៊ិត big អ្ញរកិន organ សរីរាង្គធំមួយ អាយតនិបាត.
4359.	រៀម from មកពី អេ a ឡ្ញាច large ខាម់ផែនី ឬខាំផែនី company ក្រុមហ៊ុនធំមួយ អាយតនិបាត.
4360.	រៀម from មកពី អេ a ឡ្ញាច large អ្ញរកិន organ សរីរាង្គធំមួយ អាយតនិបាត.
4361.	រៀម from មកពី អេ a នេល nail ក្រចក ឬមកពីដែកគោល អាយតនិបាត.
4362.	រៀម from មកពី បឌី body ដងខ្លួន អាយតនិបាត.

4363.	ថ្មើរ from មកពី ឆ្អឹង bone ជីសស្យ tissue សាច់ឈាមដែលកើតទៅជាផ្នែក១ /ជីសស្យស tissues សាច់ឈាមដែលកើតទៅជាផ្នែកជាច្រើន អាយតនិបាត.
4364.	ថ្មើរ from មកពី ដេនព្រៃត្យ dendrites ប្រព័ន្ធសរសៃដែលមានមែកសាខា ឬមកពីវត្ថុធាតុ សរសៃៗរបស់សរសៃវិញ្ញាណ ឬសរសៃប្រសាទ អាយតនិបាត.
4365.	ថ្មើរ from មកពី អ៊ីធើ either កន្លែងណាមួយក៏បានដែល អាយតនិបាត.
4366.	ថ្មើរ from ចាប់ទាំងពី អ៊ីនវែនស៊ី infancy ក្មេងដ៏ទើបនឹងក៏កើត ធូ to រហូតទៅដល់ ដែុលុ adult មនុស្សធំពេញវ័យ (១នាក់) អាយតនិបាត.
4367.	ថ្មើរ from មកពី លូវើ lower ខាងក្រោម បៅ body ដងខ្លួន អាយតនិបាត.
4368.	ថ្មើរ from មកពី ន័រម៉ល normal វិហគឹម rhythm ចង្វាក់បេះដូងវើរតាមធម្មតាម អាយតនិបាត.
4369.	ថ្មើរ from មកពី ព្រេសសើ pressure កម្លាំងសង្កត់ អាយតនិបាត.
4370.	ថ្មើរ from ស្ក្រេតឆ scratch ចាប់ទាំងពីមានអ្វីកោសសាច់មក (ឧទាហរណ៍ដូចជាសាច់មាន ដំបៅនេះ វាមានដំបៅទាំងតែពីរវាបានកោសទៅនឹងដែក (ពីព្រោះខ្ញុំបានដួល) អាយតនិបាត.
4371.	ថ្មើរ from មកពី ធើ the ដែបដូមិនុល abdominal ខែវិធី cavity ប្រហោងពោះ អាយតនិបាត.
4372.	ថ្មើរ from មកពី ធើ the ប្លើដស្ទ្រីម bloodstream ទឹកឈាម អាយតនិបាត.
4373.	ថ្មើរ from មកពី ធើ the បៅ body ដងខ្លួន អាយតនិបាត.
4374.	ថ្មើរ from មកពី ធើ the បៅវ៉ស (ឬវ៉ូឡ្យ) bowels ពោះវៀន អាយតនិបាត.
4375.	ថ្មើរ from មកពី ធើ the ប្រេន brain ខួរក្បាល អាយតនិបាត
4376.	ថ្មើរ from មកពី ធើ the ប្រេស្ស breast ដោះ អាយតនិបាត.
4377.	ថ្មើរ from មកពី ធើ the ផ្រុន្ត front ខាងមុខ អាយតនិបាត.
4378.	ថ្មើរ from មកពី ធើ the កាត់ gut ពោះវៀន អាយតនិបាត.
4379.	ថ្មើរ from មកពី ធើ the ហៀរិង hearing ការឮសម្លេង អាយតនិបាត.
4380.	ថ្មើរ from មកពី ធើ the ហ្គាត heart បេះដូង (អស់ពីដួងចិត្ត) អាយតនិបាត.
4381.	ថ្មើរ from មកពី ធើ the អ៊ីនថេស្ទីន intestine ពោះវៀន អាយតនិបាត.
4382.	ថ្មើរ from មកពី ធើ the យិដន៊ី kidney ក្រមងទឹកនោម១ខាង អាយតនិបាត.

4383.	ថ្មើរ **from** មកពី ធើ **the** ឡ្បាច **large** អិនថេស្ទិន **intestine** ពោះវៀនធំ អាយតនិបាត.
4384.	ថ្មើរ **from** មកពី ធើ **the** លិវើ **liver** ថ្លើម អាយតនិបាត.
4385.	ថ្មើរ **from** មកពី ធើ **the** ម៉ៅស៑ **mouth** មាត់ អាយតនិបាត.
4386.	ថ្មើរ **from** មកពី ធើ **the** នូស **nose** ច្រមុះ អាយតនិបាត.
4387.	ថ្មើរ **from** មកពី ធើ **the** អ៊ែរកិន **organ** ក្រពេញណាមួយ (ឧទាហរណ៍ដូចជាមកពីស្យូន) អាយតនិបាត.
4388.	ថ្មើរ **from** មកពី ធើ **the** អូវ៉ារី **ovary** ពងមេជីវិតនៅចុកបំពង់ស្បែស្យូន អាយតនិបាត.
4389.	ថ្មើរ **from** មកពី ធើ **the** ស្ម៉ាល់ **small** អិនថេស្ទាញ ឬអិនថេស្ទិន **intestine** ពោះវៀនតូច អាយតនិបាត.
4390.	ថ្មើរ **from** មកពី ធើ **the** ស្ទ៉ាម្ឆ ឬស្ទ៉ាយ **stomach** ក្រពះ អាយតនិបាត.
4391.	ថ្មើរ **from** មកពី ធើ **the** ថេស្ទីស **testes** ពងក្ត អាយតនិបាត.
4392.	ថ្មើរ **from** មកពី ធើ **the** ថផ **top** ខាងលើ អាយតនិបាត.
4393.	ថ្មើរ **from** ចាប់តាំងពី ឌិស **this** ផ្ញុន្ថ **point** ពេលនេះតទៅ អាយតនិបាត.
4394.	ថ្មើរ **from** មកពី អ៊ាផផ **upper** បឌើ **body** ផងខ្លួនខាងលើ អាយតនិបាត.
4395.	ថ្មើន្ថ **front** អ៊ើរ **of** ធើ **the** ហាធ **hard** ផាលលេត **pallet** ប្រអប់មាត់រឹងខាងមុខ នាមសព្ទ.
4396.	ថ្មើនឆុល **frontal** បូន **bone** ឆ្អឹងជញ្ជើមខាងមុខ ហើយនឹងឆ្អឹងថ្ងាស់ ឆ្អឹងលលាដ៍ក្បាលខាងក្រៅ នាមសព្ទ.
4397.	ថ្មើនឆុល **frontal** ល្ូប **lobe** សាច់ខួរក្បាលផ្នែកខាងមុខ១ក្លែប ឬរបស់អ្វីៗដែលមានក្លែប (ឧទាហរណ៍ដូចជាសួត១ក្លែប ឬខួរក្បាល១ក្លែប) នាមសព្ទ.
4398.	ថ្មើនឆុល **frontal** ម៉ាសស៑ល **muscle** ឈ្នោះសាច់ដុំនៅវៀនជញ្ជើម នាមសព្ទ.
4399.	ថ្មើនឆុល **frontal** ផ្លេន **plane** កន្លែងដែលកាត់ចែក ឬបែងភាគផងខ្លួនចំពាក់កណ្ដាលខ្លួន ឱ្យទៅខាងមុខ ហើយនឹងខាងក្រោយ (រាប់ចាប់ពីក្បាលទៅដល់ចុងជើង) នាមសព្ទ. អ៊ើរ **or** ឬ

4400.	ប្រិនតុល frontal ផ្លេស្យ planes បន្ទាត់ ឬរបៀបកាត់ចែកដងខ្លួនចំពាក់កណ្ដាល គឺចែកដងខ្លួនឲ្យទៅជាពីផ្នែកចែកទៅខាងមុខ ហើយនឹងខាងក្រោយ (រាប់ចាប់ពីក្បាលទៅរល់ចុងជើង) នាមស័ព្ទ.
4401.	ប្រិនតុល frontal សាញ៉ានីស sinus អន្ទ្លឹងតួចនៅពេព្ញើមខាងមុខមួយគូរ នាមស័ព្ទ.
4402.	ប្រិនតុល frontal សាញ៉ានីស៊ីស sinuses អន្ទ្លឹងតួចជាច្រើននៅពេព្ញើនខាងមុខ អន្ទ្លឹងនៅខាងលើច្រមុះ ភ្លឹងនេះមានអន្ទ្លតួៗដូចជាថ្ពាយក្រៀបនៅខាងមុខមួយគូរ វានៅលើក្រាប់ភ្នែក នាមស័ព្ទ.
4403.	ប្រិន្ត-រេស្ល front-desk ខាងមុខតុ ឬការិយាល័យខាងមុខ នាមស័ព្ទ.
4404.	ប្រិន្ត-លេគ front-leg ស្មងជើងខាងមុខ នាមស័ព្ទ.
4405.	ប្រិន្ត fronto- អីរ or ឬ ប្រិន្ត front/o នៅកខាងមុខ - ប្រិន្ត front នៅកខាងមុខ - ប្រីវិក្ស prefix បុព្វបទ ឬបាក្យសម្រាប់តបពណ្ណល ភ្ពាំពីខាងមុខ.
4406.	ប្រៃស្យេន frozen ស្លូលឌើ shoulder អាករលាកឈឺនៅក្នុងស្មា វាទាក់ទងទៅនឹងការឈឺ ស្មារឹងកាំងៗជាប់បត់ចុះឡើងមិនស្រួល (ភាគច្រើនវាមានការឈឺចាប់នៅពេលយប់) នាមស័ព្ទ.
4407.	វ៉ូលវ៉ិល fulfil អីរ or ឬ វ៉ូលវ៉ិល្ល fulfill បំពេញ ធ្វើឲ្យគ្រប់ ធ្វើឲ្យរួច ធ្វើឲ្យសម្រេច ធ្វើអោយគ្រប់សព្វទាំងអស់ធ្វើឲ្យពេញចិត្ត កិរិយាសព្ទ.
4408.	វ៉ូលវ៉ិល fulfil អីរ or ឬ វ៉ូលវ៉ិល្លដ fulfilled បានធ្វើឲ្យពេញចិត្ត បានធ្វើឲ្យគ្រប់ បានធ្វើឲ្យរួច បានធ្វើឲ្យសម្រេច បានធ្វើអោយហើយគ្រប់សព្វទាំងអស់ កិរិយាសព្ទ.
4409.	វ៉ូលវ៉ិល fulfil អីរ or ឬ វ៉ូលវ៉ិល្លិង fulfilling កំពុងតែធ្វើឲ្យពេញចិត្ត កំពុងតែធ្វើឲ្យគ្រប់ កំពុងតែធ្វើឲ្យរួច កំពុងតែធ្វើឲ្យរួចស្រេច ធ្វើអោយហើយគ្រប់សព្វទាំងអស់ កិរិយាសព្ទ.
4410.	វ៉ូល្ល full បែក្ back អ្នកលេងបាល់ដែលឈនៅខាងក្រោយ នាមស័ព្ទ.
4411.	វ៉ូល្ល full បេនេវីត benefit គុណភាពល្អ មានជំនួយល្អ (ឬមានប្រយោជន៍ល្អគ្រប់យ៉ាង ឧទាហរណ៍ដូចជាគេជួយបង់ថ្លៃពេទ្យឲ្យទាំងអស់) កិរិយាសព្ទ.
4412.	វ៉ូល្ល full ក្លែស្យ glass ទឹក១កែវពេញ កិរិយាសព្ទ.
4413.	វ៉ូល្ល full ក្លែស្យ glass អ៊ោវ of វ៉ូទើ water ទឹកពេញ១កែវ កិរិយាសព្ទ.
4414.	វ៉ូល្ល full មូន moon ខែពេញវង់ ខែពេញបោ នាមស័ព្ទ.
4415.	វ៉ូល្ល full ថាម time ធ្វើការពេញម៉ោង (ធ្វើការផ្សេម៉ោងក្នុងមួយថ្ងៃ) នាមស័ព្ទ.

4416.	វ៉ុល full ស្វីង swing ពេញទាំងអស់ កិរិយាសព្ទ.
4417.	វ៉ុលនេស្ស fullness កម្លាំងខ្ពស់ពេញ អិន in នៅក្នុង ធើ the អៀរ ear ត្រចៀក នាមសព្ទ.
4418.	វ៉ុល្លី fully ខ្លូសិដ clothed ពាក់ខោអាវពិតខ្លួនទាំងអស់ កិរិយាវិសេសន៍.
4419.	វ៉ុល្លី fully ក្រូន grown ធំពល់កំរិត កិរិយាវិសេសន៍.
4420.	វ៉ុល្លី fully វ៉ែល well មានសុកភាពល្អណាស់ កិរិយាវិសេសន៍.
4421.	វ៉ាន់ fun វិត្ថ with សប្បាយរីករាយជាមួយនឹង គុណនាម.
4422.	វ៉ាំងសិន function មុខការ អិន in នៅក្នុង នាមសព្ទ.
4423.	វ៉ាំងសិន function មុខការ អ័វ of នៅក្នុង ឬរបស់ នាមសព្ទ.
4424.	វ៉ាំងសិន function មុខការ អ័វ of របស់ ធើ the សើរីប្រុល cerebral ខួរក្បាល ហ៊ីមិសហ្វៀស hemispheres ទាំងពីរចំហៀង (ពាក់កណ្ដាលខួរក្បាលមួយចំហៀងផ្លែប តែចែកខួរក្បាលទៅជាពីរ) នាមសព្ទ.
4425.	វ៉ាំងសិនុល functional មុខការដែល ប្លើដ blood ស៊ាងផ្ដាយ supply ផ្ដល់លោម ធូ to ទៅឱ្យ ធើ the ហ្ការត heart បេះដូង នាមសព្ទ.
4426.	វ៉ាំងសិនិង functioning កំពុងតែធ្វើការងារ វ៉ែល well បានល្អ កិរិយាសព្ទ.
4427.	វ៉ាំងសិន្យ functions មុខការ២យ៉ាង សាវ់ such ដែស as ដូចជា អ៊ីត eat ញ៉ាំ ដែន្ទ and ហើយនិង ស្លីផ sleep គេង នាមសព្ទ.
4428.	វ៉ាំងកល fungal អ៊ីនវ៉ែកសិន infection រោគដំបៅផុះផ្សិតស្នួយ នាមសព្ទ.
4429.	វ៉ាំងកូ fungo- អ័រ or ឬ វ៉ាំងកូ fung/o នៃផ្សិតផ្គូចៗផុះស្នួយ - វ៉ាំងកើស fungus រោគផ្សិតផុះស្នួយ ម៉ាស់ស្រ៊ីម mushroom ផ្សិតផ្គូចៗផុះស្នួយ -ផ្រីវ៉ិក្ស prefix បុព្វបទ ឬជាក្សសម្រាប់ពតពីខាងមុខ.
4430.	វ៉ាំងកើស fungus រោគផ្សិតផុះ អ៊ីនវ៉ែកសិន infection ធ្វើឱ្យដំបៅរោលាក នាមសព្ទ.
4431.	វ៉ាំងកើស fungus រោគផ្សិតផុះស្នួយ អ៊ីនវ៉ែកសិន infection ដំបៅ អ័វ of នៅក្នុង ធើ the នែល nail ក្រចក (ឬកអស្សរ ដែស s បើសិនជាច្រើនជាងមួយ ឧទាហរណ៍ដូចជា នែល្ស nails ក្រចក២) នាមសព្ទ.

4432.	វាំងតើស fungus រោគផ្សិតពុះស្មួយ អិនដៅកស៊ីន infection ឆំបៅ ឆើរវ of នៅក្នុង ឆើ the ឧនល្យ nails ក្រចកជាច្រើន នាមសំព្ទ.
4433.	វាំងតើស fungus រោគផ្សិតពុះស្មួយ អិនដៅកស៊ីន infection ឆំបៅ ឆើរវ of នៅក្នុង ឆើ the វុត foot ជើង នាមសំព្ទ.
4434.	វាំងតើស fungus រោគផ្សិតពុះស្មួយ ឆើរវ of នៅក្នុង ម៉ៅស mouth មាត់ នាមសំព្ទ.
4435.	វាំងតើស fungus រោគផ្សិតពុះស្មួយ ឆើរវ of នៅក្នុង ឆើ the ឧនល nail ក្រចកមួយ អិរ or ឬ ឧនល្យ nails ក្រចកច្រើនចាប់ពី២ឡើងទៅ) នាមសំព្ទ.
4436.	វីល (វ៊ីនឧនល) funnel ស្ទួផ្ត shaped សាចរាងពុំមូលៗ ឌៃឧលស៊ីន dilation វិកធ៍ នាមសំព្ទ.
4437.	វាំន់នី funny ឬន bone ឆ្អឹងកួយឌៃ ឬឆ្អឹងកៃកងឌៃ នាមសំព្ទ.
4438.	អិវិយ្យូអ្វ FUO អក្សរកាត់របស់ពាក្យ វ៊ុវ៊ី fever រោគក្ដុនក្ដៅ ឆើរវ of ឌៃល វិអាន់ណូន unknown មិនដឹងថា អ៊ិរិជិន origin វាកើតមកពីមេរោគអ្វីទេ ឬមិនដឹង ទិកន្លែងដើមរបស់វា នាមសំព្ទ.
4439.	វ៊ិរកូ furco- អិរ or ឬ វ៊ិរក្ furc/o ចំពៀម ឬកឌៃកសាខា - វ៊ុវក៊ិង forking ចំពៀម ឬឫនភិង branching ឌៃកសាខា -ឆ្រីវ៊ិក្ prefix ឬព្ចឬធ ឬ ឬពាក្យសម្រាប់ផ្តពីខាងមុខ.
4440.	វ៊ីឌើ further ឬន្ត ឡ្ច care ការឌៃរក្សាទៅមុខឡ្ច៊ិត គុណនាម.
4441.	វ៊ីឌើ further ឆ្ងាយ ឆ្ជើម from ចេញពី ឌើ the ត្រាផ្ក trunk កណ្ណាលឆកខ្លួន គុណនាម.
4442.	វ៊ីឌើ further ឬន្ត ត្រ៊ីតមន្ត treatment ការព្យាបាលរោគតទៅមុខឡ្ច៊ិត គុណនាម.
4443.	វ៊ូអិងៈគុល furuncle កើតរោគពងឬកតួចៗនៅលើឌៃស្បៃកភ្លាមៗ រលាក ឆំបៅ ហ៊ើម ល៊ីក្រហម ពងឬកជាច្រើនមកពីក្នុងរន្ធរោម វាកើតឡើងមកពីមេរោគឈ្មោះ ស្ទ្វេហ្ច៊ីល្ចខកឧល staphylococcal នាមសំព្ទ.
4444.	វ៊ីវ៊ាំង់ខ្យល្ចស៊ីស furunculoses រោគពងឬកជាច្រើននៅលើឌៃស្បៃកភ្លាមៗ២ឯង វាកើតឡើង មកពីមេរោគឈ្មោះ ស្ទ្វេហ្ច៊ីល្ចខកសិ staphylococci អិរ or ឬ ស្ត្វេផទ្ចខកសិ streptococci នាមសំព្ទ.

4445.	វៀវ៉ាង់ខ្យួល្សិស furunculosis រាគពងបៃកជាច្រើននៅលើស្បែកភ្លាមៗ១ដង វាកើតឡើងមកពីមេរោគឈ្មោះ ស្តេហ្ពីល្យខ្លុកសិ staphylococci អិរ or ឬ ស្រ្តេផទូ្ខុកសិ streptococci នាមសំពុ.
4446.	វៀរ៉ាង់ខ្យឈើស furunculous នៃ ឬទាក់ទងទៅនឹងរាគពងបៃកនៅលើស្បែកភ្លាមៗ លោក ដំឡៅ ហើម លឺ្ក្រហម ពងបៃកជាច្រើននៅក្នុងរន្ធរម វាកើតឡើងមកពីមេរោគឈ្មោះ ស្តេហ្ពីល្យខ្លុកខុល staphylococcal គុណនាម.
4447.	វ្យូស៊ិន -fusion ការលាយចូលគ្នា - ឆ្ន to ដើម្បីនឹង ផ្សរ pour ចាក់បញ្ចូលគ្នា -ស្ញារវ៉ីក្ស suffix បច្ច័យ ឬពាក្យសម្រាប់តពីខាងក្រោយ.
4448.	អិវអិក្ស FX ប្រះ បៃក (រៀិកឈើ fracture ប្រះ បៃក) នាមសំពុ.
4449.	ជី G: ក្ ្ ជ ជី g អក្សរទីប្រាំពីរបស់ភាសាអង់គ្លេស (វាជាត្តព្យញ្ជនៈ) នាមសំពុ.
4450.	ជី g អក្សរកាត់របស់ពាក្យ ក្រែម gram ១ក្រាម អិរ or ឬ ជី'ស g's ក្រែម grams ២ក្រាម (វាស់ក្រមទឹកថ្នាំ) នាមសំពុ.
4451.	ជីអេ GA អក្សរកាត់របស់ពាក្យទីក្រុងឈ្មោះ ជូរចា Georgia ជូរចា វានៅប្រទេសអាមេរិក នាមសំពុ.
4452.	ជីអេប៊ីអេ GABA អក្សរកាត់របស់ពាក្យទិកអាស៊ីត្បូរមត្ថបី យ៉ាងឈ្មោះ តែមម៉ា-អាមិនូប្បូទិក gamma-aminobutyric អែសិដ acid កិរិយាសពុ.
4453.	គេន gain ឡើីង ៗ្ត weight ផ្ទាន ឬឡើីងទម្ងន់ កិរិយាសពុ.
4454.	គេល្ៀ galea អែផូឈ្ណូរធិកា aponeurotica ស្រទាប់សាច់ស្រោមសរវ៉ិសាៗ ស្ដើងៗ វាស្រោបនៅជុំវិញឆ្អឹងលលាដ៍ក្បាល១ជាន់ខាងលើ គុណនាម.
4455.	គេល្ៀ galeae អែផូឈ្ណូរធិកា aponeurotica ស្រទាប់សាច់ស្រោមសរវ៉ិសាៗ ស្ដើងៗ ដែលស្រោបនៅជុំវិញឆ្អឹងលលាដ៍ក្បាល១ជាន់ខាងលើ គុណនាម.
4456.	គោល្ប្ឌេឌឺ gallbladder និស្ឺស disease រាគនៅក្នុងថង់ទឹកប្រម៉ាត់ នាមសំពុ.
4457.	គោល្ប្ឌេឌឺ gallbladder អិក្សរ x-ray ថតឆ្លះមើលរាគនៅក្នុងថង់ទឹកប្រម៉ាត់ នាមសំពុ.
4458.	តេម៉ិត gamete ត្រាប់ពូជទឹកកាម ហើយនឹងទឹកពង ក្រមូស្ឆមស chromosomes ទឹកប្រតេអ៊ិនដែលផ្ទាៗជាប់ៗគ្នាតាមលេខរៀងរបស់វា នាមសំពុ.

4459.	តែម៉ីត gamete គូនៃឆេប្ស gonads ក្រពេញ ឬសរីរាង្គដែលផលិតមកទិកកាម ឬទិកពង (ទិកមេជីវិត) សំរាប់បន្តពូជ នាមស័ព្ទ.
4460.	តែម៉ីត gamete គ្រាប់ពូជ ទិកកាម ឬទិកពង (ទិកមេជីវិត) (វាផលិតទិកអំរ័ម្ម៉ូនឈ្មោះ សេកខិនដារី secondary ចេញពីកន្លែងដើមនៅលើកទីពីរ សេក្ស sex កើតទៅជាអស់ រដូវនៅពេលចាស់ ឬទុំ ឬពេលពេញវ័យ ធំពេញវ័យ ឬពេញក្រមុំ ឬពេញកំឡោះ នៅពេលទិកកាម ហើយនិងទិកពង (ទិកមេជីវិត) ជួបមគ្នា វាធ្វើឱ្យមានកូនបាន វាធ្វើឱ្យមានការប្រែប្រួលនៅក្នុងខ្លួន) គុណនាម.
4461.	តែម៉ា gamma អក្សរទីពីររបស់ជនជាតិក្រិក ឬឈ្មោះ់ចំណាងឱ្យវត្ថុធាតុឈ្មោះ ហ្វូតន photon ឬលំអងភ្លើងអគ្គិសនីតូចៗ នាមស័ព្ទ.
4462.	តែម៉ា gamma រស rays ឈ្មោះកម្ដាំងភ្លើង ឬកម្ដាំងកាំរស្មីដែលសម្រាប់ថតឆ្លុះមើលរោគ នាមស័ព្ទ.
4463.	តែងផ្ដៀ ganglia ដុំសរសៃប្រសាទមួលដុំៗ គេហៅវាថាវាងខួងគ្រាប់ដុំសរសៃវិញ្ញាណដែល ខាងក្រៅ ប្រេន brain ខួរក្បាល ហើយនិងនៅខាងក្រៅ ស្ប៉ាញនុល spinal ឃ្ឈឍ cord ខួរឆ្អឹងខ្នង នាមស័ព្ទ.
4464.	តែងផ្ដៀអូ ganglio- អ៊រ or ឬ តែងផ្ដៀអូ gangli/o ឈ្មោះសរសៃប្រសាទ ឬសរសៃវិញ្ញាណដែលមានវាងដូចថង់ពកពៀ្ងៗដុំៗ -តែងផ្ដៀន ganglion ឈ្មោះថង់ពក ឬថ្លៀកសរសៃប្រសាទដុំមួយដែលនៅខាងក្រៅខួរក្បាល ហើយវានៅខាងក្រៅខួរឆ្អឹងខ្នង -ព្រីវិក្ស prefix បុព្វបទ ឬជាក្យសម្រាប់ថតពីខាងមុខ.
4465.	តែងផ្ដៀទិក ganglionic ក្រស្ត crest ជាយដែលនៅក្ដៀនដុំសរសៃប្រសាទ ឬសរសៃវិញ្ញាណ វាមានវាងដូចថង់ពកពៀ្ងៗដុំៗ (ពកដុំៗតែវាគ្មានរោគទេ វាក៏ជាដុំសរសៃវិញ្ញាណ នៅខាងក្រៅខួរក្បាល ហើយនិងនៅខាងក្រៅខួរឆ្អឹងខ្នង) នាមស័ព្ទ.
4466.	តែងផ្ដៀទិក ganglionic វិជ ridge ជាយជ្រុងដែលនៅក្ដៀនដុំសរសៃប្រសាទ ឬសរសៃវិញ្ញាណ វាមានវាងដូចថង់ពកពៀ្ងៗដុំៗ (ពកដុំៗតែវាគ្មានរោគទេ វាក៏ជាដុំសរសៃវិញ្ញាណ នៅខាងក្រៅខួរក្បាល ហើយនិងនៅខាងក្រៅខួរឆ្អឹងខ្នង) នាមស័ព្ទ.
4467.	តែងផ្ដៀន្ធ gangliono- អ៊រ or ឬ តែងផ្ដៀន្ធ ganglion/o ថង់ប៉ោង - សិស្ស cyst ថង់ពក ឬប៉ោងៗនៅសរសៃប្រសាទដុំមួយ តែងផ្ដៀន ganglion ថង់ពកប៉ោងៗនៅ

	សរសៃប្រសាទ១ដុំ ខួលម្បូិកស៊ីន collection ការប្រមូលផ្តុំុំពក អេរ៉ាវ of នៅក្នុង នេីវេស nerves សរសៃប្រសាទ ឬសរសៃវិញ្ញាណ សេល cell បឞីស bodies ដងខ្លួនក្រាប់ដុំ សរសៃវិញ្ញាណទាំងនោះ -ត្រើវិក្យ prefix បុព្វបទ ឬពាក្យសម្រាប់តពីខាងមុន.
4468.	តែផ gap ចាំងស៊ីន junction កន្លែងទិកក្រាប់ឈ្លាមចូលរួមជាមួយគ្នា នាមសំព.
4469.	តើរ៉ាជ garage សេល sale កន្លែងលក់របស់ចាស់ៗនៅតាមផ្ទះ នាមសំព.
4470.	កាស gas អែសហ្ព៉ិក្ស៊ិអេស៊ីន asphyxiation ផ្លាច់ខ្យល់អុកស៊ីសែន ឈប់ដកដង្ហើម (ឬសម្លាប់មនុស្សដោយបិតច្រមុះ ហើយនឹងមាត់មិនឱ្យដកដង្ហើមរួច) នាមសំព.
4471.	កាស gas ខ្យល់ ខាបិន carbon ដៃអ៊ិក្សាយ៉ូ dioxide ដែលចេញពីដង្ហើម នាមសំព.
4472.	កាស gas ខ្យល់ អ៊ិក្សផេល្ឌ expelled បានចេញពីដង្ហើម ឬដកដង្ហើមចេញ នាមសំព.
4473.	កាស gas ថែង្ក tank ធុងសាំង នាមសំព.
4474.	កាស្ទើ gaster- ក្រពះ - ស្ទម៉ាធ្ក ឬស្ទម៉ាយ stomach ក្រពះ -ត្រើវិក្យ prefix បុព្វបទ ឬពាក្យសម្រាប់តពីខាងមុន.
4475.	កាស្ទ្រ gastr- ក្រពះ - ស្ទម៉ាធ្ក ឬស្ទម៉ាយ stomach ក្រពះ -ត្រើវិក្យ prefix បុព្វបទ ឬពាក្យសម្រាប់តពីខាងមុន.
4476.	កាស្ទ្រិក gastric ដៃសិង acid ទិកអាស៊ីតនៅក្នុងក្រពះ (ទិកនេះរ៉ាជួយកិនរំលាយអាហារយើង) នាមសំព.
4477.	កាស្ទ្រិក gastric ដៃសិង acid ទិកអាស៊ីត សេក្រីត្ត secreted បានបញ្ចេញមកពី ក្រពះ នាមសំព.
4478.	កាស្ទ្រិក gastric អាធើរ artery សរសៃឈាមក្រហមដែលបែកមែកសាខានៅក្រពះ នាមសំព.
4479.	កាស្ទ្រិក gastric ខលខ្យឡ្បាយ calculi ថ្ម២ដុំនៅក្នុងក្រពះ នាមសំព.
4480.	កាស្ទ្រិក gastric ខលខ្យលើស calculus ថ្ម១ដុំនៅក្នុងក្រពះ នាមសំព.
4481.	កាស្ទ្រិក gastric ខាស៊ិនូម៉ា carcinoma ជាតមហារីកនៅក្នុងក្រពះ នាមសំព.
4482.	កាស្ទ្រិក gastric ផ្គ្លន្ត gland ក្រពេញមួយដែលបញ្ចេញទិកអាស៊ីតនៅក្នុងក្រពះ នាមសំព.
4483.	កាស្ទ្រិក gastric ជូស្យ juice ទិកអាស៊ីតនៅក្នុងក្រពះ នាមសំព.
4484.	កាស្ទ្រិក gastric ម្យូខ្យសា mucosa វត្តធាតុសំបោរៗនៅក្នុងក្រពះ នាមសំព.

4485.	កាស្ទ្រិក gastric វិជិន region កន្លែងនៅក្នុងក្រពះ នាមសំព.
4486.	កាស្ទ្រិក gastric ស្ពីងទើស sphincters កងបំពង់យឺតចុះឡើងនៅត្រង់កក្រពះ នាមសំព.
4487.	កាស្ទ្រិក gastric ផោលសើស ulcers រោគរបួសកំផៅនៅសាច់ក្រពះ នាមសំព.
4488.	កាស្ទ្រ gastro- ក្រពះ អិរ or ឬ គាស្ទ្រ កាស្ត្រ gastr/o ក្រពះ - ស្ទូម៉ាក្ខ ឬស្ទូម៉ាយ stomach ក្រពះ -ផ្រីវិក្ស prefix បុព្ទបទ ឬពាក្យសម្រាប់ពីខាងមុខ.
4489.	កាស្ទ្រកនីម៉្បើស gastrocnemius ម៉ាសសិល muscle សាច់ពុំកំភួនជើង១ផុំនៅខាងក្រោយ / ម៉ាសសិល្ស muscles សាច់ពុំកំភួនជើង២ផុំនៅខាងក្រោយ នាមសំព.
4490.	កាស្ទ្រដួអូឌីនុល gastroduodenal អាធើរ artery សរសៃឈាមក្រហមនៅក្រពះ ហើយនិងសរសៃឈាមក្រហមនៅក្បាលពោះវៀនតូច នាមសំព.
4491.	កាស្ទ្រអីស្វហ្វាជៀល gastroesophageal វិផ្លេក្ស reflux ទឹកនៅក្នុងក្រពះ ឬចំណីអាហារវិញៗ ឬទឹកអាស៊ិតដែលរុញ្ញចេញ្ញពីក្រពះឡើងមកតាមមាត់វិញ្ញ គិយាសព.
4492.	កាស្ទ្រហ្រៃហ្គីន gastrographic ដែណាម៉ា enema កម្មវិធីព្យាបាលរាគពោះមួយដង ដែលចាក់ទឹកថ្នាំចូលទៅតាមរន្ធគូទអាចន៍ដើម្បីនឹងលាងពោះវៀនផំ នាមសំព.
4493.	កាស្ទ្រអិផិព្លូអិក gastroepiploic អាធើរ artery សរសៃឈាមក្រហមដែលបត់កោងទៅតាមក្រពះ នាមសំព.
4494.	កាស្ទ្រអិនថេស្ទីនុល gastrointestinal ដែកធីវិធី activity ការកិនរំយោយចំណើអាហារនៅប្រព័ន្ធរំលាយអាហារ នាមសំព.
4495.	កាស្ទ្រអិនថេស្ទីនុល gastrointestinal ប្លីឌិង bleeding រោគមានឈាមចេញ្ញនៅក្នុងក្រពះ ហើយនិងពោះវៀនផង នាមសំព.
4496.	កាស្ទ្រអិនថេស្ទីនុល gastrointestinal ខែនសើ cancer រោគមហារីកនៅក្នុងក្រពះ ហើយនិងពោះវៀនផង នាមសំព.
4497.	កាស្ទ្រអិនថេស្ទីនុល gastrointestinal អិនដូស្គូផី endoscopy ការថតឆ្លុះពិនិត្យមើលនៅខាងក្នុងក្រពះ ហើយនិងថតឆ្លុះពិនិត្យមើលនៅខាងក្នុងពោះវៀនផ្សាល់នឹងភ្នែកផង នាមសំព.
4498.	កាស្ទ្រអិនថេស្ទីនុល gastrointestinal លីស៊ិន្ស lesions រោគសាច់របួសកំផៅ ឬរបួសនៅខាងក្នុងក្រពះ ហើយនិងពោះវៀនផង នាមសំព.

4499.	កាសទ្រូអ៊ីនធេស្ទីនុល gastrointestinal សិស្ទឹម system ប្រព័ន្ធ ឬផ្លូវនាំចំណីអាហារ ចូលទៅក្នុងក្រពះ ហើយនឹងពោះវៀន (ក្រពះ ហើយនឹងពោះវៀន ប្រព័ន្ធកំនត់លំលាយអាហារ ចាប់ពីមាត់ បំពង់កខាងក្រោយមាត់ បំពង់ក ក្រពះ ក្រពះ ថ្លើម ប្រម៉ាត់ លំពែក ពោះវៀនតូច ហើយនឹងពោះវៀនធំ ទ្វារធំ (អាលិមិនធ្ទ្រ៉ី alimentary ខៃណាល់ canal ទាក់ទងទៅនឹងផ្លូវ ឬប្រព័ន្ធរំលាយអាហារ ឬនៃ ទាក់ទងទៅនឹកក្រពះ ហើយនឹងពោះវៀន) នាមសំព្ទ.
4500.	កាសទ្រូអ៊ីនធេស្ទីនុល gastrointestinal ត្រែក្ត tract ផ្លូវ ឬប្រព័ន្ធរំលាយអាហារក្រពះ ហើយនឹងពោះវៀនឯង (ប្រព័ន្ធកំនត់រំលាយអាហារចាប់ពីមាត់ នៅបំពង់កខាងក្រោយមាត់ បំពង់ក កក្រពះ ក្រពះ ថ្លើម ប្រម៉ាត់ លំពែក ពោះវៀនតូច ហើយនឹងពោះវៀនធំ ទ្វារធំ) (អាលិមិនធ្ទ្រ៉ី alimentary ខៃណាល់ canal ផ្លូវ ឬប្រព័ន្ធរំលាយអាហារចាប់ពីមាត់ទៅក្រពះ ហើយនឹង ពោះវៀនតូច ហើយនឹងពោះវៀនធំរហូតទៅដល់ទ្វារធំ) នាមសំព្ទ.
4501.	កាសទ្រូអ៊ីនធេស្ទីនុល gastrointestinal ធួប្យ tubes បំពង់នាំចំណីអាហារចូលទៅក្នុង ក្រពះ ហើយនឹងពោះវៀន (នៃថង់ក្រពះ ហើយនឹងពោះវៀនទាំងអស់នោះ) នាមសំព្ទ.
4502.	គែធើ gather ប្រមូល ធួគែធើ together ផ្តុំគ្នាឱ្យច្រើនឡើង កិរិយាសព្ទ.
4503.	គើ-យ្ហើ'ស Gau-cher's ឌិស្ទីស disease រោគមានជាតិខ្លាញ់ៗច្រើន ជម្ងឺលៀក (រោគកំនជាតិខ្លាញ់មិនល្អ រោគនេះឆ្លងតាមពូជ ដោយសារខ្វះទឹកប្រទេអ៊ីន ឈ្មោះអ៊ីនស្យ៉ាមឈ្មោះ អ៊ីនស្យ៉ាម enzyme គ្លូក្កូសៃរ៉ីប្រូសិរដេស glucocerebrosidase វាធ្វើឱ្យក្រពេញ ឈ្មោះអណ្ណើករវិកធំ មានពណ៌លៀងទៅលើស្បែក វាហាករបួសនៅឆ្អឹង ហើយវាធ្វើរោគសញ្ញាឱ្យឡើង យើញថាទឹកអ៊ីនស្យ៉ាមឈ្មោះ គ្លូក្កូសៃរ៉ីប្រូសិរដេស glucocerebrosidase កើនច្រើននៅក្នុង ប្រព័ន្ធគ្រាប់ឈាមសធំ ឬក្រពេញ ឬគ្រាប់កោសិកាសធំដែលមានស្នូលតែមួយ នេះគឺជាគ្រាប់ឈាម ដែលស៊ីមេរោគ រោគនេះឈ្មោះ លិផិដូសិស lipidosis ខ្វះទឹកប្រទេអ៊ីនឈ្មោះអ៊ីនស្យ៉ាមនៅក្នុង គ្រាប់ឈាម កំពុំនៃមានវាមានច្រើននៅ្រៅគ្រាប់ឈាមសធំនេះ) នាមសំព្ទ.
4504.	គោះស្ជ៉ី gauze ស្បៀស្ទឹង ជ្រេស្ទឹង dressing សម្រាប់បុំរំបៀរ នាមសំព្ទ.
4505.	គែវ gave បានអោយ ឬបានឱ្យ ម៉ី me ខ្ញុំ កិរិយាសព្ទ.
4506.	ជីន -gen ព្ជព្ជ១ដែលជាដើមហេតុ ធ្វើឱ្យកើតទៅជាព្ជព្ជអ្វីមួយ - វ៉ូមិង forming ផលិត បញ្ចោញ ឬកកើតឡើងពីព្ជព្ជដើម - អ៉ូរ៉ីជិន origin ភាពដើមដំបូង ព្ជព្ជដើម ជ្រខ្លូសិង producing ផលិត ឬបញ្ចោញ - ជ្រខ្លូសិង producing កកើតឡើង បាយ by ដោយសារ - ស៊ាវ៉ីក្ស suffix បច្ច័យ ឬបាក្យសម្រាប់បព៌ខាងក្រោយ.

4507.	ជែន្ទ geno- អិ or ឬ ជែន្ទ gen/o ផលិត បញ្ចេញ ឬកកើតឡើង ពូជពើម - វៀរមិង forming កំកើតឡើង - ឆ្លូខ្លសិង producing ផលិត ឬបញ្ចេញ បាយ by ដោយសារធ្លជសត្ថណាមួយ -ស្រីវិក្ស prefix បុព្វបទ ឬជាក្យសម្រាប់តពីខាងមុខ.
4508.	ជ៉ិន gene គ្រាប់ពូជដែលនៅកន្លែងកណ្ដាលស្ទូល ឌីអិនអេ DNA គ្រាប់ពូជដែលនៅក្នុងច្រវាក់ ប្រតអ៉ិន ឈ្មោះ ប្រយម៉ូសូម chromosome ស្ទូលគ្រាប់ពូជ១គ្រាប់ នាមសំ័ព.
4509.	ជេនៀរ៉ល general ឯណាធូម៉ី anatomy អ្នកវិជ្ជាសាស្ត្ររៀនខាងរូបរាងកាយរបស់ខ្លួន មនុស្សជាទូទៅ ឬការរៀនស្អ្រេត្រាត់ដៃញ្ញែកពីសរីរាង្គកាយជាទូទៅពេញខ្លួនទាំងអស់ នាបសំ័ព.
4510.	ជេនៀរ៉ល general ឯនេស្ទីសា anesthesia ថ្នាំស្លឹកនៅត្រង់កន្លែងដែលធ្វើការវះកាត់ជា ទូទៅ ថ្នាំសង្គំ ថ្នាំឱ្យសន្លប់ ឬថ្នាំឱ្យដេកជាទូទៅ នាមសំ័ព.
4511.	ជេនៀរ៉ល general ព្រៃកធីស៊ីនើ practitioner វេជ្ជបណ្ឌិត ឬគ្រូពេទ្យដែលព្យាបាលរោគ ទូទៅ គុណនាម.
4512.	ជេនៀរ៉ល general រ៉ូល្ស rules ច្បាប់ជាទូទៅទាំងអស់ នាមសំ័ព.
4513.	ជេនៀរ៉ល general សើជិន surgeon គ្រូពេទ្យ១នាក់ដែលធ្វើការវះកាត់រោគជាទូទៅ នាមសំ័ព.
4514.	ជេនៀរ៉ល general ស្ទួ store ផ្សារលក់ឥវ៉ាន់លាយឡំជាទូទៅទាំងអស់ នាមសំ័ព.
4515.	ជេនៀរ៉ល general វ៉ត wart រោគដុំសាច់ដុះជាទូទៅ រោគដុះឬស្បូ រោគស្បែកឡើងពកៗ ច្រើន វាកើតពីមេរោគឈ្មោះ វ៉ៃរ៉ស virus នាមសំ័ព.
4516.	ជេនៀរ៉្លៃលស្ប៉ៃដ generalized ជាទូទៅ អិនសារ៉ិស៊ីនស៉ី insufficiency មានការខ្វះ ខាតទិកអ៉ំរ៉ូន អ៉ោវ of នៅក្នុង កិរិយាសព្ទ.
4517.	ជេនៀរ៉្លៃលស្ប៉ៃដ generalized ផែន pain មានការឈឺចាប់ជាទូទៅ ឬមានការឈឺចាប់ពេញ ខ្លួនទាំងអស់ កិរិយាសព្ទ.
4518.	ជេនៀរ៉ិក generic នេម name វត្តុធាតុ ឬថ្នាំ១យ៉ាងដែលហាងផ្សេងធ្វើចំឡុងមកពីម្ចាស់ដើម របស់វា (សូមមើលតទៅខាងក្រោមនេះ ឧទាហរណ៍ផូចជាថ្នាំផ្សេះវាមានច្រើនយ៉ាង ហើយច្រើនហាងផង) នាមសំ័ព.

4519.	ជេនៀរិក generic នេម្យ names ឈ្មោះរបស់ម៉ាកផ្សាំជាច្រើន ថ្នាំដែលគេបានធ្វើចេញពីហាង មួយផ្សេងទៀតនៅពេល១០ឆ្នាំក្រោយពីម្ចាស់ដើមរបស់វា វាមានតម្លៃថោកជាងម្ចាស់ដើមរបស់វា កំប៉ុន្តែវត្ថុធាតុគ្រឿងផ្សំ ហើយនឹងមានគុណភាពដូចគ្នាទាំងអស់ នាមសព្ទ.
4520.	ជ៊ីស្យ genes គ្រាប់ពូជដែលនៅក្នុងកោណ្ឌាលស្ដូល ឌីអិនអេ DNA នៅក្នុងគ្រាប់ពូជជ្រវាក់ ប្រភេទអ្វីនឡោះ ប្រយមួស្វម្យ chromosomes ស្ដូលគ្រាប់ពូជជាច្រើនគ្រាប់ នាមសព្ទ.
4521.	ជេនេសិស -genesis ផលិត បញ្ចេញ ឬកកើតឡើងពីពូជដើម វ៉ុរមិង forming ផលិត បញ្ចេញ ឬកកើតឡើងពីពូជដើម - ព្រ្ងខ្ងសិង producing ផលិត ឬបញ្ចេញ ឬ-ព្រ្ងខ្ងសិង producing កកើតឡើង បាយ by ដោយសារ - សិារវីក្ស suffix បច្ច័យ ឬជាក្សសម្រាប់តពីខាងក្រោយ.
4522.	ជេនេធិក genetic មែផ្ស៉ៀរ៉ៀល្យ material វត្ថុធាតុ ឬសម្ភារៈជាតិប្រភេទអ្វីនមកពីពូជផ្លង តពូជ ឬទឹកគ្រាប់ពូជ១សម្រាប់បន្តពូជ (អង្គជាតិ) នាមសព្ទ.
4523.	ជេនេធិក genetic មែផ្ស៉ៀរ៉ៀល្យ materials មានគ្រាប់ពូជជាច្រើនសម្រាប់បន្តពូជ នាមសព្ទ.
4524.	ជេនិក -genic កកើតទៅជាពូជអ្វីមួយឡើងដោយសារ - វ៉ុរមិង forming ផលិត បញ្ចេញ ឬកកើតឡើង អិន in នៅក្នុង - ព្រ្ងខ្ងសិង producing ផលិត ឬបញ្ចេញ អឺរ or ឬ ព្រ្ងខ្ងសិង producing បង្កើត ឬកកើតឡើង បាយ by ដោយសារគ្រាប់ពូជដែលអាចក់កើត ទៅជាអ្វីមួយបានកើតឡើងតពូជ - សិារវីក្ស suffix បច្ច័យ ឬជាក្សសម្រាប់តពីខាងក្រោយ.
4525.	ជេនិក genic នៃការផលិតឡើង មីន្យ means មានអត្ថន័យថា ជើថេនិង pertaining ទាក់ទង ធួ to ទៅនឹង ព្រ្ងខ្ងសិង producing ការបញ្ចេញ ឬការផលិតជោតឡើងដោយសារថ្នាំ ឬវត្ថុធាតុអ្វីមួយ គុណនាម.
4526.	ជេនិខ្យលេត geniculate ណ្វរាលថា neuralgia ជោតលឺរលាកនៅវុំសរ៉ស់រវិញ្ញាណ ដែលនៅក្រៅខួរក្បាល ហើយនឹងខួរឆ្អឹងខ្នង វានៅក្នុងវុំសាច់ឈ្មោះ តែងផ្ស៉ៀន ganglion ឈឺបាត់បរិវិញ្ញាណខាងដឹងថាឈឺចាប់នៅក្នែងណាមួយ ខាងដឹងរស់ជាតិឆ្ងាញ់ ខាងហិតខ្លិន ខាងមើលឃើញ ហើយនឹងខាងពូសម្លេងឮ នាមសព្ទ.

4527.	ជេនិខ្យូលេត geniculate ហ្សូទើ zoster រោគឈឺរលាកនៅជុំសរសៃវិញ្ញាណដែលនៅក្រៅខួរក្បាល ហើយនឹងខួរឆ្អឹងខ្នង វានៅក្នុងជុំសាច់រោគឈ្មោះ ស្ហ៊ីងគល្ស shingles រោគឈឺរលាកលើស្បែកផ្ទាំងៗ ឈឺនៅក្នុងសរសៃវិញ្ញាណ នាមស័ព្ទ.
4528.	ជេនិអូ genio អ័រ or ឬ ឆិន chin ចង្កា -ព្រីហ្វិក្ស prefix បុព្វបទ ឬពាក្យសម្រាប់ដពីខាងមុខ.
4529.	ជេនិថល genital អូរីហ្វិស្ស orifice រន្ធសរីរាង្គ ឬប្រហោងក្រពេញផ្នែកខាងក្រៅសម្រាប់បន្តពូជ (អង្គជាតិ) នាមស័ព្ទ.
4530.	ជេនិថល genital ត្រែក្ទ tract សរីរាង្គ ឬក្រពេញទាំងអស់ដែលសម្រាប់បន្តពូជ នាមស័ព្ទ.
4531.	ជេនិថល genital ធូប៊ើខល tubercle បំពង់សរីរាង្គដែលកើតទៅជាក្រពេញសម្រាប់បន្តពូជ (ពងស្វាស ពងក្ក លឹង្គ ប្រុស របស់ស្ត្រីគេហៅថា រន្ធយោនី រន្ធកន្ទួយ) នាមស័ព្ទ.
4532.	ជេនិថល genital វ៉ូត wart រោគដុះឫសឡើងគ្រហមមួយកន្លែង ពណ៌ផ្កាឈូកឡើងពកទន់ៗនៅចុងក្ក ឬក្រពេញផ្នែកខាងក្រៅលើស្បែកសម្រាប់បន្តពូជ (ជេនិថល genital វ៉ូត្ស warts ដុះឫសច្រើនកន្លែងនៅលើស្បែក) នាមស័ព្ទ.
4533.	ជេនូ geno- អ័រ or ឬ ជេនូ gen/o ផលិត បញ្ចេញ ឬកកើតឡើង ពូជដើម - អ័រិជិន origin ភាពដើមដំបូង ព្រូឌូស៊ិង producing ផលិត ឬបញ្ចេញ - ព្រូឌូស៊ិង producing កកើតឡើង បាយ by ដោយសារ -ព្រីហ្វិក្ស prefix បុព្វបទ ឬពាក្យសម្រាប់ដពីខាងមុខ.
4534.	ជីនើស genus បែសិលលើស bacillus ឈ្មោះថ្នាំដែលព្យាបាលរោគបែកធៀរៀមួយ គុណនាម.
4535.	ជីនើស genus គ្រុមពូជ ខ្លូស្ទ្រីឌៀម clostridium មេរោគដែលមានរាងវែងដូចបំពង់ពោង នាមស័ព្ទ.
4536.	ជីនើរ៉ា genera អ័រ or ឬ ជីនើស genus គ្រុមពូជសត្វពីរក្រុមដែលរស់នៅរួមជាមួយគ្នា នាមស័ព្ទ.
4537.	ជីអូទើម៉ុល geothermal អ័រ or ឬ ជីអូទើមិក geothermic នៃ ឬទាក់ទងទៅនឹងកំដៅមកពីខាងក្នុងផែនដី គុណនាម.

4538.	ជីអ៊ីអ៊ីទី GERD អក្សរកាត់របស់ពាក្យដែលទាក់ទងជាមួយនឹងរោគក្រពះ បំពង់ក ផើទឹកអាស៊ីតឡើងលើ (ក្រែសទ្រូអ៊ីស្ទហ្គារៀល gastroesophageal មានការទាក់ទងជាមួយនឹងរោគក្រពះ ទៅបំពង់ក នូវរ៉េក្ស reflux ទិស្សុស disease ផើទឹកអាស៊ីតឡើងចេញពីក្រពះទៅក្នុងបំពង់ក) នាមសំពាធ.
4539.	ជើម germ សែលស្ស cells គ្រាប់ទឹកឈ្មោម ហើយនឹងទឹកពង (ឬគ្រាប់កោសិកា) នាមសំពាធ.
4540.	ជើម៉ែន German ម៉ីសល្ស Measles រោគកញ្ជ្រិលរបស់ជនជាតិអាឡ្មីម៉ាំង នាមសំពាធ.
4541.	ជើមិនុល germinal អ៊ិភិទីលៀម epithelium ស្រោមខាងលើនៅពីវិញ្ញទឹកកាម ឬទឹកពង (ទឹកមេជីវិត) នាមសំពាធ.
4542.	ជើរ gero- អ៊ិរ or ឬ ជើរ ger/o អាយុ វ័យ ជនវ័ស្សា -អេជីង aging អាយុច្រើនទៅៗ វ័យចាស់ ជនវ័ស្សាចាស់ -ស្រីវីក្ស prefix បុព្វបទ ឬពាក្យសម្រាប់តបញ្ចូលក្បាពីខាងមុខ.
4543.	ជើរ្វ នើមិក gerodermic ឆេងជុំស changes ការប្រែប្រួលកើតឡើងនៅលើស្បែក នាមសំពាធ.
4544.	ជើរ្វ នថក្ស៊ុន gerontoxon រោគដែលមានពណ៌ស ប្រផះ លៀង វាកើតឡើងនៅពីវិញ្ញសាច់ ស្រោមគ្រាប់ភ្នែកឈ្មោះ ខូរនៀ cornea (អិរកើស arcus សេនាយលិស senilis មានពណ៌ស ប្រផះមូលនៅក្នុងគ្រាប់ភ្នែក) នាមសំពាធ.
4545.	ជេស្តេសិន gestation ឌាយអេប៊ីស្ស diabetes មានរោគទឹកនោមផ្អែមនៅពេលមានផ្ទៃពោះ វាបាត់ ឬជាខ្លះវានៅក្រោយពេលកូនកើត (មានផ្ទៃពោះ ហើយមានជាតិស្ករច្រើននៅក្នុង ឈាម មានជាតិស្ករនៅក្នុងឈាមច្រើននៅពេលមានផ្ទៃពោះ) នាមសំពាធ.
4546.	ជេស្តេសិន gestation ផេរៀដ period ពេលស្ត្រីកំពុងតែមានផ្ទៃពោះ នាមសំពាធ.
4547.	ជេស្តេសិន gestation ស៊ែក sac ថង់ដែលទារករស់នៅក្នុងផ្ទៃម្ដាយ នាមសំពាធ.
4548.	ជេស្ត៊ី gester- មានផ្ទៃពោះ អ៊ិរ or ឬ ជេស្ត៊ីរ៉ូ gestero- ឬ ជេស្ត៊ីរ៉ូ gester/o មានផ្ទៃពោះ -ព្រេគនែនស៊ី pregnancy មានផ្ទៃពោះ នៅពេលទារកនៅក្នុងស្បូន -ស្រីវីក្ស prefix បុព្វបទ ឬពាក្យសម្រាប់តបញ្ចូលក្បាពីខាងមុខ.
4549.	កេត get បាន បេតធើ better ស្រួលខ្លួន ដេ day បាយ by ដេ day បន្តិចម្ដងៗ ឬ១ថ្ងៃបន្តិចៗជាវាងរាល់ថ្ងៃ (ឬបានជាត្រាន់បើបន្តិចម្ដងៗជាវាងរាល់ថ្ងៃ) នាមសំពាធ.
4550.	កេត get រក អ៊ីម៉ើជិនស៊ី emergency ការសង្គ្រោះ ហេល្ប help ជួយជាបន្ទាន់

	កិរិយាសព្ទ.
4551.	កេត get ចូល អិនធ្ hinto ទៅខាងក្នុង យួរ your អាយ្យ eyes ភ្នែករបស់អ្នកទាំងពីរ កិរិយាសព្ទ.
4552.	កេត get បាន អូវ៉ើ over ជាពី អេ a ស៊្ក shock ជម្ងឺប្រតិកម្មនឹងធាតុអ្វីមួយ កិរិយាសព្ទ.
4553.	កេត get បាន អូវ៉ើ over ជាពី អែន an អៀលនេស្ស illness ជម្ងឺ កិរិយាសព្ទ.
4554.	កេត get ផ្លេនទី plenty អើវ of វ្លុង fluid ញាំទឹកឲ្យបានច្រើន កិរិយាសព្ទ.
4555.	កេត get ផ្លេនទី plenty អើវ of រេស្ត rest សម្រាកឲ្យបានច្រើន កិរិយាសព្ទ.
4556.	កេត get ប្រេកនេន្ត pregnant មានផ្ទៃពោះ កិរិយាសព្ទ.
4557.	កេត get រិដ rid កំចាត់ចោល បញ្ចេញចោល កិរិយាសព្ទ.
4558.	កេត្ស gets វ៉ើស worse លើកាន់តែខ្លាំងឡើងៗ កិរិយាសព្ទ.
4559.	ហ្គូស្ត ghost ធីស teeth រាគខ្យៈការរីកចំរើននៅក្នុងធ្មេញខុសពីភាពធម្មតា (ធ្មេញខ្លោច) ខ្យៈសាច់ភ្លើងសាៗដែលនៅស្រោបធ្មេញ) នាមសំព្ទ.
4560.	ជិងជិវ៉ gingivo- អរ or ឬ ជិងជិវ៉ gingiv/o អញ្ចាញធ្មេញ - កាម់ gum អញ្ចាញធ្មេញ១ -កាម់ស gums អញ្ចាញធ្មេញច្រើនជាងមួយ -ព្រីវិក្ស prefix បុព្វបទ ឬជាក្សសម្រាប់ពត៌ខាងមុខ.
4561.	គីវិង giving កំពុងតែអោយ បើត្ត birth កំណើតកូន ឬកំពុងតែកើតកូន (កំពុងតែឃ្លីពោះ កើតកូន) នាមសំព្ទ.
4562.	គីវិង giving កំពុងតែអោយ វ្លុដ្ស fluids ទឹក (កំពុងតែបញ្ចូលទឹកទៅក្នុងឆង្ខួន) កិរិយាសព្ទ.
4563.	គីវិង giving កំពុងតែបាន រ៉ៃស rise កើនឡើងខ្ពស់នៅក្នុងពេលពេល្យុវនេះ នាមសំព្ទ.
4564.	ផ្គន្ត gland ក្រពេញ អិន in នៅក្នុង ធើ the ប្រេន brain ខួរក្បាល នាមសំព្ទ.
4565.	ផ្គន្ត gland ក្រពេញ ឬសរីរាង្គ ផេត that ដែល នាមសំព្ទ.
4566.	ផ្គន្តស glands វេសធិប៊ុឡេរិស vestibularis មេជ៉ើ major សរីរាង្គតូចៗដែលមាន រូរាងក្រពេញជាច្រើននៅក្នុងខ្លួនយើង (ឧទាហរណ៍ដូចជានៅទ្វារមាស ប៉ូរមាត់តួច ប៉ូរមាត់ធំ ពងក្ មេត្) នាមសំព្ទ.

4567.	ក្រពេញទឡ្ឆ្ងា glandula អិរ or ឬ ក្រពេញទឡ្លើ glandular នៃ ឬទាក់ទងទៅនឹងក្រពេញ ឬកូនក្រពេញតួចៗនៅក្នុងគ្រាប់ឈាម កុណនាម. (ស្ពាល្ច small ក្រពេញស glands កូនក្រពេញតួចៗនៅក្នុងគ្រាប់ឈាម នាមសំពុ.)
4568.	ក្រពេញទឡ្លើ glandular ខាសិនុម៉ា carcinoma រោគមហារីកនៅក្នុងកូនក្រពេញតួចៗនៅ ខាងក្នុងគ្រាប់ឈាម នាមសំពុ.
4569.	ក្រពេញទឡ្លើ glandular សេល្លស cells គ្រាប់កោសិកានៅក្នុងកូនក្រពេញតួចៗនៅក្នុងទឹកឈាម នាមសំពុ.
4570.	ក្រពេញទឡ្លើ glandular វ៉ឺវើ fever រោគរលាកដំបៅនៅកូនក្រពេញគ្រាប់តួចៗនៅលើចុងពោះ នាមសំពុ.
4571.	ក្រពេញទឡ្លើ glandular អ៊ឺរកិន organ កូនក្រពេញតួចៗនៅក្នុងគ្រាប់ឈាម នាមសំពុ.
4572.	ក្រពេញទឡ្លើ glandular ធិសស្យ tissue សាច់របស់ក្រពេញតួចៗនៅក្នុងគ្រាប់ឈាម នាមសំពុ.
4573.	ក្រពេញទឡ្លើ glandular ធូម៉ើរ tumor សាច់ដុំពុះគ្រាប់ៗនៅក្នុងកូនក្រពេញតួចៗនៅក្នុង គ្រាប់ឈាម នាមសំពុ.
4574.	ក្រពេញស្យ glans អេរៀ area ក្បាលក្ត ឬក្បាលកន្ទុយ នាមសំពុ.
4575.	ក្រពេញស្យ glans ខ្លីផ្ទរិស clitoris ក្រពេញសម្រាប់បន្តពូជតួចរបស់ស្ត្រីដែលឡើងរឹងនៅពេលប៉ះរា វានៅខាងលើរន្ធទ្វារមាស នាមសំពុ.
4576.	ក្រពេញស្យ glans អ៊ោវ of នៅក្នុង ខ្លីផ្ទរិស clitoris ក្រពេញដែលសម្រាប់បន្តពូជតួចៗរបស់ ស្ត្រីដែលវាឡើងរឹងស្រៀរវានៅពេលយើងប៉ះរា វានៅខាងលើរន្ធទ្វារមាស នាមសំពុ.
4577.	ក្រពេញស្យ glans ផឺនិស penis ក្បាលក្ត ក្បាលលិង្គ (ក្រពេញដែលសម្រាប់បន្តពូជរបស់មនុស្ស ប្រស) នាមសំពុ.
4578.	ផ្លៀ glare រស្មីចាំងខ្លាំង ឬ៉ម from មកពី នាមសំពុ.
4579.	ផ្លៀង glared រស្មីបានចាំង ឬ៉ម from មកពី កិរិយាសពុ.
4580.	ក្រលស្យ glass កែវ១ (ក្រលសស៊ីស glasses កែវវ៉ែនប្រើជាងមួយ) នាមសំពុ.
4581.	ក្រលស្យ glass កែវ១ ស្លេដ slide ចំរៀកដែលសម្រាប់ដាក់ឈាមនៅលើដើម្បីពិនិត្យ មើលរោគនៅក្នុងឈាម នាមសំពុ.

4582.	គ្លខូ glauco- ពណ៌ប្រផេះ អិរ or ឬ គ្លខូ glauc/o ពណ៌ប្រផេះ -ក្រេ gray ពណ៌ប្រផេះ ឬអ៊ីស្ល bluish ក្រីន green ពណិជាំផូចទ្រួយចេក ទ្រួយចេកចាស់ ពណិជាំប្រផេះ -ផ្រីវិក្ស prefix បុព្វបទ ឬពាក្យសម្រាប់តបបញ្ចូលក្ដាពីខាងមុខ.
4583.	គ្លីន្ទយដ glenoid ខៅវិទី cavity ប្រហោងនៅប្រឡោះឆ្អឹងស្មា នាមសំពូ.
4584.	ផ្គៀល glial សេល្ល cell គ្រាប់ឈាមជំរស្ទិតៗផូចការ ធ្វេមេីរ tumor ពុៈពកពុំៗ នាមសំពូ.
4585.	ផ្លៃអូ glio- អិរ or ឬ ផ្លៃអូ gli/o ជំរការស្ទិត ការ កៅស្ទី ជំរកៅស្ទី ជំរ - គ្ល glue ជំរការ ការ កៅស្ទី ជំរកៅស្ទី ជំរ ផ្គៀល glial សេល្ល cell គ្រាប់ឈាមជំរស្ទិតៗផូចការ -ផ្រីវិក្ស prefix បុព្វបទ ឬពាក្យសម្រាប់តបបញ្ចូលក្ដាពីខាងមុខ.
4586.	ផ្លៃអូម៉ា glioma គ្រាប់ឈាមជំរស្ទិតៗផូចការវាកេីតរោគពុៈកកពុំៗមួយពុំ (ឧទាហរណ៍ផូចជាគ្រាប់ សាច់ស្ទិតៗ វាជាពុំន្ទយផួយទប់ ឬវាផួយការពារសរសៃវិញ្ញាណនៅក្នុងខួរក្បាល ហេីយវាផួយការពារ សរសៃវិញ្ញាណនៅក្នុងខួរឆ្អឹងខ្នងដែលមានរាងផូចវៃៗ ហេីយនឹងពុំងពង្អូនគ្រាប់ឈាម វាជាក្រុមសាច់ ឈាមឈ្នោះ ផ្គៀល glial សេល្ល cell អិរ or ឬ វានៅក្នុងក្រុមសាច់ឈាមឈ្នោះ ណួរផ្គៀល neuroglial សេល្ល cell) បេីវាជ្រេីនគេសរសេរផួចខាងក្រោយនេៈ ផ្លៃអូម៉ាស gliomas អិរ or ឬឈ្នោះ ណួរផ្គៀល neuroglial សេល្លស cells) សូមមេីលទៅខាងក្រោមនេៈ នាមសំពូ.
4587.	ផ្លៃអូម៉ាថា gliomata ផ្លៃអូម៉ាស gliomas គ្រាប់ពរាមជំរស្ទិតៗផួចការ វាកេីតរោគពុៈកក ឬពកពុំៗជ្រេីនពុំ (ឧទាហរណ៍ផូចជាគ្រាប់សាច់ស្ទិតៗ វាជាពុំន្ទយផួយទប់ ឬវាផួយការពារសរសៃ វិញ្ញាណនៅខួរក្បាយ ហេីយនឹងខួរឆ្អឹងខ្នងដែលមានរាងផូចវៃៗ ហេីយនឹងពុំងពង្អូនគ្រាប់ឈាម វាជាក្រុមសាច់ឈាមជំរស្ទិតៗឈ្នោះ ណួរផ្គៀល neuroglial សេល្លស cells) នាមសំពូ.
4588.	គ្លូបិន globin ផ្រូតេអ៊ីន protein កោសិកា ឬទិកគ្រាប់ឈាមក្រហមថ្មី ត្រវាក់ប្រផេអ៊ីនដែល ជំកនាំខ្យល់អុកស៊ីស្សេនទៅឱ្យសាច់ឈាមយេីងឈ្នោះ អាលហ្គា alpha ឆែន្ទ and ហេីយនឹង បីថា beta នាមសំពូ.
4589.	គ្លូបិន -globin នៃជាតិប្រតេអ៊ីន ឬទិកគ្រាប់ឈាមក្រហម - ផ្រូថេអ៊ីន protein ជាតិប្រតេអ៊ីន ផ្រូថេអ៊ីនស proteins ជាតិប្រតេអ៊ីនជ្រេីន វាជំកនាំខ្យល់អុកស៊ីស្សេនទៅឱ្យសាច់ ឈាមយេីង -សាវិក្ស suffix បច្ច័យ ឬពាក្យសម្រាប់តបពីខាងក្រោយ.
4590.	គ្លូបុឡេ globular នៃ ឬទាក់ទងជាមួយនឹងពុំសាច់មូលៗ ឬ សែក sac សាច់ថង់ពុំៗមូល

	នាមស័ព្ទ.
4591.	គ្លូប៊ុលិន -globulin នៃជាតិប្រូតេអ៊ីន - ផ្នែកថេអ៊ីន protein ជាតិប្រូតេអ៊ីន១ ផ្នែកថេអ៊ីន, proteins ជាតិប្រូតេអ៊ីនច្រើន - សារវិក្យ suffix បច្ច័យ ឬពាក្យសម្រាប់ភ្ជាប់ពីខាងក្រោយ.
4592.	គ្លូម៉េរ៉ូឡេ៍ glomerular អ៊ីសឃ៊ីម៉្យេ ischemia ការខ្វះឈាមរត់ទៅខាងក្នុងប្រឡោះ កណ្ដាលក្រពេញណាមួយ (ឧទាហរណ៍ដូចជាការខ្វះឈាមក្រហមរត់ចូលទៅខាងក្នុងកម្រងទឹកនោម) នាមស័ព្ទ.
4593.	គ្លូម៉េរ៉ូឡេ៍ glomerular មេមប្រែន membrane ស្រោមនៅប្រឡោះកណ្ដាល ស្រទាប់សាច់សរសៃឈាមជុំៗគួរៗនៅក្នុងកម្រងទឹកនោម វាជួយច្រោះលាងឈាមចេញពីទឹកនោម នាមស័ព្ទ.
4594.	គ្លូម៉េរ៉ូឡូ glomerulo- កូនជុំសាច់ឈាមនៅក្នុងកម្រងទឹកនោមដែលជួយច្រោះទឹក នោមចេញពីទឹកឈាម - គ្លូម៉េរ៉ូឡូ glomerul/o នៃសរសៃឈាមគួរៗជុំៗនៅក្នុងកម្រងទឹក នោម - គ្លូម៉េរ៉ូឡៃ៍ស glomerulus សរសៃឈាមគួរ១ជុំនៅក្នុងកម្រងទឹកនោម - ផ្នែកវិក្យ prefix បុព្វបទ ឬពាក្យសម្រាប់ភ្ជាប់ពីខាងមុខ.
4595.	គ្លូសស្សូ glosso- អ៊ិរ or ឬ គ្លូសស្សូ gloss/o អណ្ដាត - ចាំង tongue អណ្ដាត - ផ្នែកវិក្យ prefix បុព្វបទ ឬពាក្យសម្រាប់ភ្ជាប់ពីខាងមុខ.
4596.	គ្លូសស្សូហ្វារីងយៀល glossopharyngeal នៃ ឬទាក់ទងទៅនឹងអណ្ដាត ហើយនឹងបំពង់ក -ចាំង tongue អណ្ដាត ឯន្ទ and ហើយនឹង ស្ទ្រិត throat បំពង់ក គុណនាម.
4597.	ថ្លើរវ gloved បានពាក់ស្រោមដៃនៅ វិងគើ finger លើម្រាមដៃ១ នាមស័ព្ទ. អ៊ិរ or ឬ
4598.	ថ្លើរវ gloved បានពាក់ស្រោមដៃនៅ វិងគើស fingers លើម្រាមដៃទាំងអស់ នាមស័ព្ទ.
4599.	គ្លូកាគន glucagon ឈ្មោះថ្នាំ ឬជាតិប្រូតេអ៊ីន ឬទឹកអិនស្យ៉ាមដែលធ្វើការលើគ្រាប់ទឹកឈាម នៅថ្លើមឈ្មោះ ហីផែតូសេត hepatocyte គ្រាប់ទឹកឈាមនៅថ្លើម (វាធ្វើជាតិស្ករនៅក្នុងថ្លើម ហើយវាធ្វើការកំដៅកនៅផ្លូវលាយចំណីអាហារ គេហៅឈ្មោះវាថា ជីអាយ GI) នាមស័ព្ទ.
4600.	គ្លូកូស gluco- ជាតិស្ករ អ៊ិរ or ឬ គ្លូកូស gluc/o ជាតិស្ករ គ្លូខូស glucose ជាតិស្ករ ស្ស៊ូគើ sugar ស្ករ - ផ្នែកវិក្យ prefix បុព្វបទ ឬពាក្យសម្រាប់ភ្ជាប់ពីខាងមុខ.
4601.	គ្លូវ gluey សាប់ស្តេនស្ស substance វត្ថុធាតុជ័រស្អិតដូចការវៃដែលជួយទប់សរសៃវិញ្ញាណ ឱ្យនៅនឹង១កន្លែង នាមស័ព្ទ.

4602.	គ្លូទីអៀស glutei ម៉ាសសិល muscle សាច់ដុំ៣ធំជាងតេទាំងអស់នៅក្រភ្នៅវាជ្ជយឲ្យឃើងជើរ នាមសំពុ.
4603.	គ្លូទីអៀស gluteus ឈ្មោះក្រុមសាច់ដុំ មែក្ស៊ីមើស maximus ដែលធំជាងតេទាំងអស់ នាមសំពុ.
4604.	គ្លូទីអៀស gluteus មែក្ស៊ីមើស maximus ម៉ាសសិល muscle សាច់ដុំធំជាងតេ ទាំងអស់នៅក្រភ្នៅ ហើយនឹងនៅត្រគាក វាជ្ជយឲ្យឃើងជើរ នាមសំពុ.
4605.	គ្លូទីអៀស gluteus ឈ្មោះក្រុមសាច់ដុំ មិនិមើស minimus ដែលតូចជាងតេទាំងអស់ នាមសំពុ.
4606.	គ្លូទីអៀស gluteus មិនិមើស minimus ម៉ាសសិល muscle សាច់ដុំធំជាងតេទាំងអស់ នៅក្រភ្នៅ ហើយនឹងនៅត្រគាក វាជ្ជយឲ្យឃើងជើរ នាមសំពុ.
4607.	គ្លូទីអៀស gluteus ម៉ាសសិល muscle សាច់ដុំធំជាងតេទាំងអស់នៅក្រភ្នៅ វាជ្ជយឲ្យឃើងជើរ នាមសំពុ.
4608.	គ្លៃ Gly អក្សរកាត់របស់ពាក្យ (គ្លៃស៊ីន glycine ឈ្មោះទីកអាស៊ីតដែលមនុស្ស ឬសត្វបង្កើតវា) នាមសំពុ.
4609.	គ្លៃប៊ើរៃដ Glyburide ថ្នាំលេបតាមមាត់ដើម្បីនឹងព្យាបាលរោគទឹកនោមផ្អែម (មែក្រូនេស Micronase ដែនត្ល and ហើយនឹង ដាយអេប៊ីថា DiaBeta ថ្នាំព្យាបាលរោគទឹក នោមផ្អែម វាធ្វើសកម្មភាពដើម្បីនឹងកំរិតកល់ពែងឲ្យចេញទឹកប្រេត្តអ៊ីនម្យ៉ាង ឈ្មោះអ៊ីនស៊ូលិន ឬគ្រឿងថ្នាំម្យ៉ាងដែលរៀបចំធ្វើពីជាតិប្រេត្តអ៊ីនម្យ៉ាងនៅលំពែង) នាមសំពុ.
4610.	គ្លៃស៊ីមៀ glycemia អ៊ីនដេក្ស index ការវាស់មើលជាតិចំណីអាហារដែលកិន ហើយរលាយ កើតទៅជាជាតិស្ករផ្អើងផ្អែមនៅក្នុងទឹកឈាម នាមសំពុ.
4611.	គ្លៃស៊ើ ឬគ្លៃស៊េ Glycer- នៃ ឬទាក់ទងទៅនឹងជាតិផ្អែម -ស្រីវិក្ស prefix បុព្វបទ ឬពាក្យសម្រាប់តពីខាងមុខ.
4612.	គ្លៃស៊េរិក Glyceric ដែសិដ acid ទឹកអាស៊ីត ឬជាតិជ្ជូរដែលមានជាតិផ្អែម នាមសំពុ.
4613.	គ្លៃស៊ើរ៉ូ Glycero- នៃ ឬទាក់ទងទៅនឹងជាតិផ្អែម -ស្រីវិក្ស prefix បុព្វបទ ឬពាក្យសម្រាប់តពីខាងមុខ.

4614.	គ្លីសេរ៊ីល glycerol ឃៃនេស kinase ជាតិប្រូតេអ៊ីនដែលជួយកិនជាតិខ្លាញ់នេះ វ៉ាមាននៅក្នុងថ្លើម ហើយនឹងកប្រងទិកទៅនាម នាមសព្ទ.
4615.	គ្លីសេរ៊ីល glycerol ជាតិកុំខ្លាញ់ផ្អែម –ត្រាយថ្គេសេីរិងៗ ឬទ្រិគ្លីសេរិងៗ triglycerides ឈ្មោះជាតិខ្លាញ់ ឬទិកអាស៊ីតកុំធំៗ នាមសព្ទ.
4616.	ត្កូល glycol- ស្ករ អឹរ or ឬ ត្កួល glyco ស្ករ - ត្លខូស glucose ស្ករ - ស្ូគៃ sugar ស្ករ -ផ្រីវិក្យ prefix បុព្វបទ ឬពាក្យសម្រាប់តពីខាងមុខ.
4617.	ត្កូជីន glycogen ផ្ជជាតិស្ករ ឬផ្ជជជាតិម្សៅផ្អែមៗ អឹរ or ឬ ស្ទ្រាត starch ជាតិផ្អែម ម្សៅៗផ្អែមៗ វ៉ាមាននៅក្នុងខ្លួមនុស្ស ឬសត្វ វ៉ាទុកនៅក្នុងសាច់ថ្លើម នាមសព្ទ.
4618.	ត្កូជីន glycogeno- អឹរ or ឬ ត្កូជីន glycogen/o នៃផ្ជជជាតិស្ករ –ត្កូជីន glycogen ផ្ជជជាតិស្ករ អែនិមុល animal ស្ទ្រាត starch អ្វីៗដែលមាននៅក្នុងខ្លួន មនុស្ស ឬសត្វបង្កើតជាតិស្ករនេះ: -ផ្រីវិក្យ prefix បុព្វបទ ឬពាក្យសម្រាប់តពីខាងមុខ.
4619.	ត្កូស glycoso- ស្ករ អឹរ or ឬ ត្កូស glycos/o ស្ករ - ត្លខូស glucose ស្ករ - ស្ូគៃ sugar ស្ករ -ផ្រីវិក្យ prefix បុព្វបទ ឬពាក្យសម្រាប់តពីខាងមុខ.
4620.	គ្នូ gno- គិវិជ្ជា ឬការចេះដឹង អឹរ or ឬ គ្នូស gnoso- ឬ គ្នូស gnos/o គិវិជ្ជា ឬការចេះដឹង -ណូលេជ knowledge គិវិជ្ជា ឬការចេះដឹង -ផ្រីវិក្យ prefix បុព្វបទ ឬពាក្យសម្រាប់តពីខាងមុខ.
4621.	គ្នូស៊ីស -gnosis គិវិជ្ជា ឬការចេះដឹង - ណូលេជ knowledge គិវិជ្ជា ឬការចេះដឹង - ស៊ូរវិក្យ suffix បច្ច័យ ឬពាក្យសម្រាប់តពីខាងក្រោយ.
4622.	ក្គ go ទៅ វ៉ា far ឆ្ងាយ ប៊ីន្នីត ឬប៊ីន្នីស beneath ពីខាងក្រោម ឌឺ the ស្កិន skin ស្បែក (ទៅឆ្ងាយពីសាច់ស្បែក) កិរិយាសព្ទ.
4623.	ក្គ go អ៉ាផ up ស្ជ៉ៀរ stair ឡ្បើងមកខាងលើ ឬឡ្បើងជាផ្ណើរទៅខាងលើ កិរិយាសព្ទ.
4624.	ក្អិង going ធ្ជើដំណើរ អីឡ្បង along ទៅតាម ឌឺ the វិវ៉ី river ដងស្ទឹង កិរិយាសព្ទ.
4625.	ក្អិង going ធ្ជើដំណើរ អិន in ទៅតាម អេ a ន្ន new ឌឺរកស៊ិន direction ទិសថ្មី ផ្លូវថ្មី ឬទិកផ្ន្លេងថ្មី កិរិយាសព្ទ.
4626.	ក្អិង going អិន on មានបន្តទៅមុខឡ្ជៀត កិរិយាសព្ទ.

4627.	កូអ៊ីង **going** ជើរ ធ្ង **to** ទៅ ម៉ែន្ល **and** ហើយ វ៉ែម **from** ជើរមក (ឬជើរចុះឡើង។) កិរិយាសព្ទ.
4628.	កូអ៊ីង **going** ធ្ង **to** ដើម្បីនឹង ណ្ **know** ដឹង កិរិយាសព្ទ.
4629.	កូអ៊ីង **going** ធ្វើដំណើរ វិត្ត **with** ជាមួយ ម៉ី **me** ខ្ញុំ កិរិយាសព្ទ.
4630.	កយទេ **goiter** រោគពកកមួយ កយទេស **goiters** ជម្ងឺពកកពីរ (ក្រពេញឈ្លោះតាយវ៉យរ៉ឺដំ តែក្រពេញវ៉ឹងប៊ីនព័ត្តថា រោគពកកនេះវ៉ាកើតមកពីរោគអ្វីទេ) (តែតេវ៉ឹងពិតថាក្រពេញឈ្លោះ តាយវ៉យនេះ បើវ៉ាធ្វើការរបស់វ៉ាខ្លាំងហួសពីភាពធម្មតា ព្ជូនកាលវ៉ាអាចធ្វើឲ្យត្រាប់ផ្ញែកឈ្យើនចេញក្រៅ ខុសពីភាពធម្មតាផង) នាមសំព្ទ.
4631.	គូលជិ **Golgi** ម៉ែតថាវ៉ែថឹស **apparatus** ពាក្យជើមរបស់កូនក្រពេញធ្ងចៗនៅក្នុងត្រាប់ ឈ្យាម (វ៉ាធ្វើប្រេតអ៊ីន វ៉ារៀបចំប្រេតអ៊ីន វ៉ាប្រេវត្ថុធាតុឲ្យទៅជាទិកប្រេតអ៊ីន វ៉ាទុកទិកប្រេតអ៊ីនចែក ចាយ ទិកប្រេតអ៊ីននៅក្នុងត្រាប់ឈ្យាម វ៉ារៀបចំវត្ថុធាតុឲ្យចេញពីត្រាប់ឈ្យាម ផលិតស្រាមថង់ ត្រាប់បំពង់ធ្ងចៗ វ៉ាកិនវ៉ិលឈ្យាយ វ៉ាបស្ងាបជាតិពុល វ៉ាជ្ញសពុលកន្លែងដែលខ្ចចខ្ចាត វ៉ាមានវ៉ាងដូចថង់ ឬបំពង់នន្ធចៗនៅក្នុងត្រាប់ឈ្យាមដែលមានស្រទាប់សាច់ស្តើចៗ កំប៉ែង នន្ធចៗដែលមាននៅកន្លែង បញ្ចេញ ឬបូរចលនាមកពីកូនក្រពេញធ្ងចៗនៅក្នុងត្រាប់ឈ្យាម វ៉ាបញ្ចេញ ឬធ្វើការងារច្រើនផ្ញែក នៅក្នុងត្រាប់ឈ្យាម ឬបញ្ចេញវ៉ត្តចាតុទៅខាងក្រៅត្រាប់ឈ្យាមផង) ឈ្លោះផ្ញែងទៀតគេហៅវ៉ាថា គូលជិ **Golgi** បឌី **body** ហើយនឹង អ៊ឺរ **or** ឬ គូលជិ **Golgi** ខាម់ផ្នែក្ស **complex** នាមសំព្ទ.
4632.	គន **gon-** អ៊ឺរ **or** ឬ គូន្ន **gono-** ឬ គូន្ន **gon/o-** ព្ជជដែលបន្លែកើតកូនចេវ៉ចៗទៅ - ស៊ីដ **seed** ព្ជជ ត្រាប់ព្ជជ -ព្រីវ៉ិក្ស **prefix** បុព្វបទ ឬពាក្យសម្រាប់តពីខាងមុខ.
4633.	គូនែដ **gonad** អ៊ឺរ **or** ឬ អូវ៉ារី **ovary** ពងនៅចុងដែលស្លូន ឬក្រពេញដែលសម្រាប់បង្កើត កូនចេវ៉បង្កើតទិកព្ជជទិកពង (ទិកមេជីវិត) នាមសំព្ទ.
4634.	គូនៃដូ **gonado-** អ៊ឺរ **or** ឬ គូនៃដូ **gonad/o** ក្រពេញដែលបង្កើតកូនចេវ៉ - គូនៃដ្ស **gonads** ក្រពេញដែលបង្កើតកូនចេវ៉ ស៊ិក្ស **sex** អ្ញរកិស្ **organs** ក្រពេញដែលបង្កើត កូនចេវ៉ -ព្រីវ៉ិក្ស **prefix** បុព្វបទ ឬពាក្យសម្រាប់តពីខាងមុខ.
4635.	គូនៃដូទ្រទិក **gonadotropic** ហ្ញរម៉ូន ឬហ្ញរម៉ូន **hormones** ទិកអ៊ំម៉ូន ឬទិកប្រេតអ៊ីនដែលបញ្ចេញមកពីក្រពេញបន្ធព្ជជឈ្លោះ គូនៃដ **gonad** ក្រពេញដែលបញ្ចេញទិក កាម ហើយនឹងទិកពង (ទិកមេជីវិត) នាមសំព្ទ.

4636.	កូនែដ្ស gonads អែន្ត and ហើយនឹង អូវ៉ារីស ovaries ឈ្មោះពីរនេះគឺសរីរាងតែមួយដូចគ្នា វាជាក្រពេញមានរាងដូចពង វានៅខាងក្រោមចុងដៃស្បូនបន្តិចនៅក្នុងខ្លួនស្ត្រី (ក្រពេញនេះវាបញ្ចេញទឹកគ្រាប់ឈាមជំរ ឬទឹកអ័រម៉ូនទុកសម្រាប់បន្តពូជទឹកពងនេះឈ្មោះ អូវ៉ុម ovum ទឹកពង (ទឹកមេជីវិត) នាមស័ព្ទ.
4637.	កូនែដ្ស gonads អែន្ត and ហើយនឹង ថេសទីស ឬថេស៊្ទីស testes ពងក្តពីរឈ្មោះនេះគឺជាសរីរាងតែមួយដូចគ្នានៅក្នុងខ្លួនមនុស្សប្រុស (ក្រពេញនេះបញ្ចេញទឹកកាមឈ្មោះ ស្ពើម sperm នាមស័ព្ទ.
4638.	កូនែដ្ស gonads អ័រ or ឬ ថេសទីស ឬថេស៊្ទីស testes ក្រពេញរាងដូចពងឈ្មោះពងក្តវាបង្កើតទឹកកាមឈ្មោះ ស្ពើម sperm ទឹកកាម នាមស័ព្ទ.
4639.	កូនែដុល gonadal នៃ ឬទាក់ទងទៅនឹងពងក្ត (វាបង្កើតទឹកអ័រម៉ូនឈ្មោះ ស្ពើម sperm ទឹកកាម) គុណនាម.
4640.	កូនែដុល gonadal អេផ្លេស្យៀ aplasia នេះជាដំណាក់ការនៅក្នុងការរីកចំរើនរបស់គ្រាប់ពូជវាកើតទឹកកាមមិនគ្រាប់គ្រាន់ (សរីរាង្គឈ្មោះ កូនែដ្ស gonads នេះផលិតទឹកតាមទឹកគ្រាប់ពូជទឹកសាច់ឈាមជំរ ក្រពេញរាងដូចពងឈ្មោះពងក្ត ឬពងនៅចុងដៃស្បូនរបស់ស្ត្រី) គុណនាម.
4641.	កូនៀល gonial អែងគល angle ជ្រុងកោងកែងនៅឆ្អឹងថ្គាម នាមស័ព្ទ.
4642.	កូនិអូ gonio- អ័រ or ឬ កូនិអូ goni/o កោង កែង ជ្រុង - អែងគល angle កោង កែង ជ្រុង -ព្រីហ្វិក្ស prefix បុព្វបទ ឬពាក្យសម្រាប់តពីខាងមុខ.
4643.	កូនូខូកខល gonococcal ពូជមេរោគនេះធ្វើឱ្យ យូរីត្រៃធិស urethritis មានរលាកដំបៅនៅបំពង់ដែលបង្ហូរទឹកនោមទៅខាងក្រៅដងខ្លួន នាមស័ព្ទ.
4644.	កូនូ gono- គ្រាប់ពូជដែលបន្តកើតកូនចៅតៗគ្នា អ័រ or ឬ កូនូ gon/o គ្រាប់ពូជ - ស៊ីដ seed គ្រាប់ពូជ១ ស៊ីដ្ស seeds គ្រាប់ពូជច្រើនជាមួយ -ព្រីហ្វិក្ស prefix បុព្វបទ ឬពាក្យសម្រាប់តពីខាងមុខ.
4645.	គនូរៀ gonorrhea អិន in ឌើ the ហ៊្វីម៉េល female រោគប្រមេះនៅក្នុងខ្លួនមនុស្សស្រី (សូមមើលតទៅខាងលើរាគនេះ) នាមស័ព្ទ.
4646.	គនូរៀ gonorrhea អិន in ឌើ the ម៉េល male រោគប្រមេះនៅក្នុងខ្លួនមនុស្សប្រុស (រោគនេះឆ្លងតាមការរួមដំណេកជាមួយគ្នា ឬចុយគ្នា រោគឆ្លងតាមផ្លូវបង្កើតកូនចៅ ឬជូនកាលវាមាន

	បញ្ហានៅបំពង់កខាងក្រោយ ហើយនឹងស្រទាប់សាច់សំបោរអិលៗ ស្រោម សាច់ស្តើងៗនៅខាងក្នុងត្របកភ្នែក ហើយវាឆ្លងតទៅខាងលើគ្រាប់ភ្នែកផង) នាមស័ព្ទ.
4647.	គូនី gony- ពូជដែលបន្តកើតកូនចៅតៗទៅ - ស៊ីដ seed ពូជ គ្រាប់ពូជ -ព្រីហ្វិក prefix បុព្វបទ ឬពាក្យសម្រាប់តពីខាងមុខ.
4648.	គួដ good ហ្វីលិង ឬហ្វ៊ីលិង feeling មានអារម្មណ៍ល្អ គុណនាម.
4649.	គួដ good ហេ្លលស៍ health សុខភាពល្អ ស្តាត start ចាប់ផ្តើម វិត្ថ with ជាមួយនឹង ខ្លីន clean ហែន្តស hands ការលាងដៃ នាមស័ព្ទ.
4650.	គួដ good ហេ្លលស៍ health សុខភាពល្អ ស្តាត start ចាប់ផ្តើម វិត្ថ with ជាមួយនឹង គួដ good បែលែនស្ស balance ហ្វ៊ូដ្ស foods ចំណីអាហារបួនក្រុមស្មើគ្នា នាមស័ព្ទ.
4651.	គួដ good រេមីឌី remedy ឱសថល្អ ឬថ្នាំល្អ (ធ្វើឱ្យបានជាសះស្បើយ) នាមស័ព្ទ.
4652.	គួដ good វេ way ផ្លូវល្អ នាមស័ព្ទ.
4653.	គួដ -លូគិង good-looking មានរូបរាងល្អស្អាត ធ្វើឱ្យគេស្រឡាញ់ ឬធ្វើឱ្យគេចង់មើល គុណនាម.
4654.	គួដ -នេឈើដ good-natured មនុស្សដែលចិត្តល្អ ចេះរាក់ទាក់ធ្វើឱ្យគេស្រឡាញ់ចូលចិត្ត គុណនាម.
4655.	គួដ -នេឈើដលី good-naturedly មនុស្សដែលមានចិត្តល្អ មនុស្សដែលចេះរាក់ទាក់ដែលធ្វើឱ្យគេស្រឡាញ់ចូលចិត្ត កិរិយាវិសេសន៍.
4656.	គួដ-នេស្ស good-ness ចិត្តល្អណាស់ ល្អណាស់ នាមស័ព្ទ.
4657.	គួដផែសឈើ’ស Goodpasture’s សិនដ្រូម syndrome រោគច្រើនយ៉ាងរួមគ្នាខុសពីភាពធម្មតានៅសួត វាប៉ះពាល់ដល់កម្រងទឹកនោម ឬប្រហែលជាប្រព័ន្ធឈាមសដែលការពារខ្លួនយើងវាបែទៅស៊ីសាច់កម្រងទឹកនោមរបស់ខ្លួនឯងវិញ (គេហៅវាថារោគ អ្ហូរតូអ៊ីមមូន autoimmune ឌិស្ស័រឌើស disorders) នាមស័ព្ទ.
4658.	គួដ-វិល្ល good-will មានអារម្មណ៍ល្អ ចិត្តល្អ រាក់ទាក់ល្អ ចេះស្រឡាញ់ញាតិ នាមស័ព្ទ.
4659.	គូហ្វីអើ goofier ល្ងង់ ឆោត ធ្វើខុសច្រើន អ៊រ or ឬ គូហ្វីអេស្ទ goofiest ល្ងង់ ឆោត ធ្វើខុសច្រើន គុណនាម.
4660.	គោត gout រោគរលាកនៅសន្លាក់ឆ្អឹងមេជើង កជើង ឬក្បាលជង្គង់មួយផង (ដោយសារមានទឹក

	នោម ហើយនឹងទឹកអាស៊ីតច្រើននៅក្នុងឈាម) កោសួ gouts រោគរលាកនៅសន្លាក់ឆ្អឹងមេជើង កជើង ឬក្បាលជង្គង់ទាំងពីរ (ឈ្មោះរោគថា ហៃផឺយូរ៉ិស៊ីម៉េ) hyperuricemia រោគឈឺហើម រោគរលាកនៅសន្លាក់ឆ្អឹងមេជើង កជើង ឬក្បាលជង្គង់ ពីព្រោះតែមានចំនួនទឹកអាស៊ីត ហើយនឹងទឹកនោមច្រើននៅក្នុងទឹកឈាម នាមសំព.
4661.	កោទិ gouty អាត្រៃធិស arthritis រោគឈឺហើមរលាកនៅសន្លាក់ឆ្អឹងមេជើង ហើយនឹងរោគ ហើមរលាកនៅសន្លាក់ឆ្អឹងកែជើង នាមសំព.
4662.	ត្រៃវៀន graafian វ៉ុល្លិខល follicle វ៉ផ់ឈេីស ruptures ទឹកត្រាប់ព្ទុជ ពងន្លួបំពង់ទឹកឈាមតូចៗ ត្រាប់ទឹកពងទុំ ឬវាជំពេញវ៉ាយឡើង ហើយវាបែកធ្លាក់ទៅជាឈាម រវូរតាមទ្វារមាស ត្រាប់ទឹកពុ្ជកើតនៅក្នុងក្រពេញរាងដួចពងនៅខាងក្រោមចុងដៃស្បូន វាឈ្មោះ អូវ៉ារីស ovaries ត្រៃវៀន Graafian វ៉ុល្លិខល្យ follicles ត្រាប់ទឹកពុ្ជ នៅក្នុងក្រពេញដួចពងនៅចុងដៃស្បូននៅ ពេលទឹកឈាមនេះជំពេញវ៉ាយ វាបែកធ្លាក់ចេញទៅជា ឈាមរវូរ (តេហៅឈ្មោះវាថាមានរវូវ) នាមសំព.
4663.	ត្រកដ grade រៀន់ 1 ដំណាក់ការទី១ ថ្នាក់ទីមួយ បើនិយាយពំពីររោគមហារីកវិញ ត្រាប់សាច់ឈាមកើតឡើងយ៉ឺតៗ ខុសៗពីគ្នាល្អ (ពាក្យមួយទៀតគេហៅវ៉ាថា វ៉ុល្ល-ឌិវ៉រ៉ឺនឯធិអេត្ត-សេល្លស well-differentiated-cells) បើសិនជាថ្នាក់រៀនគឺថ្នាក់ទីមួយ នាមសំព.
4664.	ត្រកដ grade ឆ្ពិ 2 ដំណាក់ការទី២ បើនិយាយពំពីរោគមហារីក ត្រាប់សាច់ឈាមកើតឡើង មធ្យម ឬល្មមខុសៗពីគ្នាមីនល្អ (ពាក្យមួយទៀតគេហៅវ៉ាថា ម្ពឌឺរេតលី-ឌិវ៉រ៉ឺនឯធិអេត្ត-សេល្លស moderately-differentiated-cells) បើសិនជាថ្នាក់រៀនគឺថ្នាក់ទីពីរ នាមសំព.
4665.	ត្រកដ grade ស្ពី 3 ដំណាក់ការទី៣ បើនិយាយពំពីរោគមហារីក ត្រាប់សាច់ឈាមកើត ឡើងយ៉ាងរហ័ស ឬលើ្យនខុសៗពីគ្នាមីនល្អខ្លាំង (ពាក្យមួយទៀតគេហៅវ៉ាថា ផូរលី-ឌិវ៉រ៉ឺនឯធិអេត្ត-សេល្លស poorly-differentiated-cells) បើសិនជាថ្នាក់រៀនគឺថ្នាក់ទីបី នាមសំព.
4666.	ត្រកដ -grade ទៅមុខ - ធ្ព to ដើម្បីនឹង ក្ព go ទៅ - សាវ៉ីក្ស suffix បច្ច័យ ឬជាក្សសម្រាប់ដំពីខាងក្រោយ.
4667.	ត្រៃដួល gradual ក្ពល្ស clots ឈាមកកបន្តិចម្តងៗ គុណនាម.
4668.	ត្រៃដួល gradual អ៊ីនឌិង ending ចាប់ ឬអស់បន្តិចម្តងៗ នាមសំព.
4669.	ត្រៃដួលលី gradually វ៉ូរមិង forming កើតឡើងបន្តិចម្តងៗ កិរិយាវិសេសសន៍.

4670.	្រ្បតជូលលី gradually ដែលប្រែប្រួល ឬផ្លាស់ប្ដូរបន្ដិចម្ដងៗ អិន in នៅក្នុង នៃ the កិរិយាវិសេសន៍.
4671.	្រ្បម -gram ការថតរូបភាព ថតសម្ដេង ឬថតឆ្លុះមើលរោគហើយកត់ទុក -ឃឈ្មែរង record សរសេរ ឬកត់ទុក ឬថតឆ្លុះមើលរោគហើយកត់ទុកផង - សារវិក្យ suffix បច្ច័យ ឬបាក្យសម្រាប់ពីខាងក្រោយ.
4672.	្រ្បនញ្ញួឡើ granular ខែស្ម cast ដុំមេរោគដែលមានទឹកគ្រាប់ឈាម ឬទឹកប្រូតេអ៊ីន ជាតិឆ្លាញ់ចេញ ហើយនឹងមានដុំគ្រាប់ត្តួចៗផង នាមសព្ទ.
4673.	្រ្បនញ្ញួឡើ granular ខូនចាំងតិវិធិស conjunctivitis រោករលាកនៅក្នុង ស្រទាប់សាច់នៅភ្នែកដែលមានដុំគ្រាប់ៗនៅក្នុងវា នាមសព្ទ.
4674.	្រ្បនញ្ញួឡើ granular អិនឌូផ្លែសមិក endoplasmic រេធិខ្យូឡ៉ុំ reticulum គ្រាប់ឈាមសដែលមានគ្រាប់ដុំគ្រាប់ត្តួចៗ ហើយអណ្ដែតនៅខាងក្នុងទឹកឈាម១ដុំ នាមសព្ទ.
4675.	្រ្បនញ្ញួឡើ granular ដុំសរសៃៗ ឬក្រពេញមានគ្រាប់ត្តួចៗ អិនឌើរស៊ិន induration ឡើងរឹង នាមសព្ទ.
4676.	្រ្បនញ្ញួឡើ granular សេ្រ្កីសិ៍ស្យ secretions គ្រាប់សាច់ដុំក្រពេញ វាមានគ្រាប់ត្តួចៗ វាបញ្ចេញជាតិទឹកអ័រម៉ូន ឬប្រូតេអ៊ីនគ្រាប់ៗ គុណនាម.
4677.	្រ្បនញ្ញួឡើ granular ធិសស្យ tissue គ្រាប់សាច់ក្រពេញត្តួចៗដែលបញ្ចេញទឹកអ័រម៉ូន នាមសព្ទ.
4678.	្រ្បនញ្ញួលស៊ិន granulation ធិសស្យ tissue កូនក្រពេញមានសាច់គ្រាប់ត្តួចៗ ពណ៌លៀង ទន់ៗ រាងតកៗ សាច់ស្រស់ៗ វាកើតឡើងនៅពេលដំបៅកំពុងតែសះ តែវាមិនសះនៅលើ ទិម្មួយនេះទេ វាមានកូនសរសៃឈាមត្តួចៗនៅជុំវិញសាច់រឹងសរសៃៗនេះ វាធ្វើឱ្យមានសាច់ថ្មែនៅលើមុខ ដំបៅនេះ នាមសព្ទ.
4679.	្រ្បនញ្ញួល grandulo- គ្រាប់ៗត្តួចៗជាច្រើននៅក្នុងគ្រាប់ឈាម អឺរ or ឬ ្រ្បនញ្ញួល grandul/o មានគ្រាប់ដុំគ្រាប់ត្តួចៗ ្រ្បនញ្ញួល granule គ្រាប់ត្តួចៗដុំៗនៅក្នុងគ្រាប់ ឈាម ស្មោឡ small ្រ្បន grain គ្រាប់ដំៗត្តួចៗ (ដូចជាគ្រាប់អង្ករត្តួចៗ ដុំគ្រាប់ទឹកឈាម ដែលមានគ្រាប់ៗ ក្រពេញត្តួចៗមានគ្រាប់ៗត្តួចៗវាមានពណ៌យ៉ាង) -ជ្រើវិក្យ prefix បុព្វបទ ឬបាក្យសម្រាប់តបញ្ជូលគ្នាពីខាងមុខ.

4680.	ក្រផេ grape ជ្លួស្យ juice ទឹកផ្លែទំពាំងបាយជូរ នាមសំពុ.
4681.	ក្រផេជ្រ៊ិត grapefruit ក្រូចថ្លុង នាមសំពុ.
4682.	ក្រផេជ្រ៊ិត grapefruit ជ្លួស្យ juice ទឹកផ្លែក្រូចថ្លុង នាមសំពុ.
4683.	ក្រផេហ្រ៊ី -graph កែវផ្លុះ ឬក្រៀងប្រដាប់ពេទ្យ កែវផ្លុះនេះសម្រាប់ថតផ្លុះមើលមេរោគ - អិនស្ត្រ៊ាមេន្ត instrument គ្រៀងប្រដាប់ពេទ្យ វ៉ុរ for សម្រាប់ រេឃយរេថ record ថតផ្លុះមើលមេរោគ - សារវីក្ស suffix បច្ច័យ ឬពាក្យសម្រាប់តពីខាងក្រោយ.
4684.	ក្រផេហ្រ៊ិក graphic រេឃយរេថ record ការថតផ្លុះមើលមេរោគ ហើយថតកត់ទុក្ខរូបភាពផង នាមសំពុ.
4685.	ក្រផេហ្រ៊ី -graphy របៀបធ្វើ ឬកម្មវិធីថតផ្លុះមើលមេរោគផ្ទាល់នឹងភ្នែក (ប្រសេស process ផៅរ of នៅ រេឃយទិង recording ថតផ្លុះ) -ស្ហ្វារវីក្ស suffix បច្ច័យ ឬពាក្យសម្រាប់តពី ខាងក្រោយ.
4686.	គ្រាស្ស-លែន្ត grass-land ដីដែលមានតែស្មៅៗៈ គុណនាម.
4687.	ក្រវេស' Graves' ឌិស្ស៊ីស Disease ឈ្មោះរោគ ក្រវេស'Graves'នេះហៅតាមឈ្មោះ គ្រូពេទ្យមើលរោគនៅក្រពេញឈ្មោះតាយរ៉ូយដែលវាធ្វើការខ្លាំងហួសពេក ផុនកាលធ្វើឱ្យពកក លៀនភ្នែក ឬធ្វើឱ្យបេះដូងរើរមិនស្មើគ្នា (រោគនេះគឺនៅក្នុងប្រពន្ធ័ទឹករ៉ៃដែលការពារខ្លួនយើង រោគលាកទឹកនៅក្នុងសន្លាក់ឆ្អឹង រលាកសាច់ឈាមនៅក្នុងសន្លាក់ឆ្អឹងនៅដែរហើង រោគដែលអាចប៉ះ ពាល់ទៅដល់សរីរាង្គ ឬក្រពេញនៅខាងក្នុងឧXឧXXXXង) គុណនាម.
4688.	ក្រវិដា -gravida មានផ្ទៃពោះ - ជ្រេតនៃនស៊ី pregnancy មានផ្ទៃពោះ (ជី G អក្សរកាត់របស់វា) -សារវីក្ស suffix បច្ច័យ ឬពាក្យសម្រាប់តពីខាងក្រោយ.
4689.	ក្រផេវិដៅ gravido- អ៊ិរ or ឬ ក្រផេវិដ gravid/o មានផ្ទៃពោះ - ជ្រេតនៃនស៊ី Pregnancy មានផ្ទៃពោះ - សារវីក្ស suffix ឬ (ជី G អក្សរកាត់របស់វា) _ជ្រើវីក្ស prefix បុព្វបទ ឬពាក្យសម្រាប់តពីខាងមុខ.
4690.	ក្រ gray មេស្ស mass ដុំពណ៌ប្រផេះៗ គុណនាម.
4691.	ក្រ gray មែតទេ matter ផ្នែកៗនៅខាងក្នុងខួរឆ្អឹងខ្នង នាមសំពុ.

4692.	គ្រេ gray ម៉េតទើស matters ផ្នែកធំរបស់ខួរក្បាល (វាបញ្ជាខាងការនិយាយ ការមើល ការកំជើក ការពួសម្លេងទៅតាមរបៀបរា ហើយវាបញ្ជាការងារនៅក្នុងខួនឡើងច្រើនយ៉ាងទៀត) គេហៅឈ្មោះវាថា សើរីប្រល cerebral យូរថិក្ស cortex នាមសំពូ.
4693.	គ្រេត great ប្រេតទេស្យ brightness ពន្លឺភ្លឺខ្លាំងណាស់ គុណនាម.
4694.	គ្រេត great ខាឌិអែក cardiac វេស្យ veins សរសៃឈាមខ្មៅធំនៅបេះដូង នាមសំពូ.
4695.	គ្រេត great យូរ៉ុណារី coronary វេស្យ veins សរសៃឈាមខ្មៅធំនៅបេះដូង នាមសំពូ.
4696.	គ្រេត great ឌៀយ deal កិច្ចព្រមព្រៀងល្អ នាមសំពូ.
4697.	គ្រេត great ធំ ឌែន than ជាង នូរម៉ល normal ធម្មតា នាមសំពូ.
4698.	គ្រេត great ធូ toe មេជើង១ (គ្រេត great ធូស toes មេជើង២) នាមសំពូ.
4699.	គ្រេតធើ greater យើរវេលើ curvature កោងយ៉ាងខ្លាំង (ឧទាហរណ៍ដូចជាសរសៃឈាម កោងអោបក្រពះ) នាមសំពូ.
4700.	គ្រេតធើ greater ឌូអូឌីនុល duodenal ផផិល្លា papilla សាច់ពកធំនៅក្រពេលពោះ វៀនតូច នាមសំពូ.
4701.	គ្រេថេស្យ greatest ខូនសើន concern សេចក្ដីព្រួយបារម្មធំផុត នាមសំពូ.
4702.	គ្រេថេស្យ greatest ឌីក្រី degree មានកំរិតខ្ពស់ ឬមានសញ្ញាបំត្រខ្ពស់ ឬរៀនបានចប់ថ្នាក់ធំៗច្រើន នាមសំពូ.
4703.	គ្រេថេស្យ greatest រេស្ពែក្ត respect គោរពខ្ពស់បំផុត នាមសំពូ.
4704.	គ្រេតលី greatly អិនគ្រីស្យ increased ឡើងចំនួនខ្ពស់ កិរិយាវិសេសន៍.
4705.	គ្រេតលី greatly រេឌួស្យរ reduced ចុះទាបខ្លាំង កិរិយាវិសេសន៍.
4706.	គ្រីត Greek វើដ word ពាក្យភាសាត្រីក ភាសារបស់ជនជាតិត្រីក (ភាសាត្រិច) នាមសំពូ.
4707.	គ្រីន green ធូម៉ើរ tumor រោគដុំសាច់ដុះដុំៗពកៗដែលកើតទៅជាពណ៌បៃតង នាមសំពូ.
4708.	គ្រីនស្ទីក្ត greenstick រ៉្វៃកឈើ fracture ឆ្អឹងមួយបែក ឬឆ្អឹងមួយប្រេះ១ដង ក៏ប៉ុន្តែវានៅ ជាប់ជាមួយគ្នា វាមិនដាច់ចេញពីគ្នាទេ (ឬបើសិនជាវាមានប្រេះឆ្អឹងច្រើនជាង១ដង អ្នកត្រូវថែមអក្សរ ស៍ ពីខាងក្រោយវាឱ្យទាហរណ៍ដូចជា រ៉្វៃកឈើស fractures) នាមសំពូ.
4709.	គ្រូ ឬគ្រូវ grew អូលឌើ older កាន់តែចាស់ទៅៗ កិរិយាសព្ទ.

4710.	ក្រូ ឬក្រូវ grew ដុះ អោត out ចេញឡើង អេវេ of ខុនត្រួល control ហួសធម្មតា កិរិយាសព្ទ.
4711.	ក្រូសើរី grocery ស្តួ store ផ្សារលក់បន្លែ សាច់ ហើយនឹងគ្រឿងធ្វើម្ហូប នាមសព្ទ.
4712.	ក្រេញន groin លិមហ lymph នូឋ្យ nodes ផុំ ឬក្នូនកណ្ដុរឡើងនៅក្នុងក្រលៀន នៅពេលជើងឃើងឈឺ នាមសព្ទ.
4713.	ក្រេញន groin រជីន region តំបន់ កន្លែង នៅក្នុងក្រលៀន នាមសព្ទ.
4714.	ក្រូស្យ Gross អែណាធ្មុី Anatomy ការសិក្សាអំពីការបៃងចែករវែកញ្ញែកសរីរាង្គកាយរបស់ មនុស្ស (ឬរៀនអំពីអ្វីៗនៅក្នុងរងខ្លូនរបស់មនុស្សទៅតាមអ្នកវិជ្ជាសាស្ត្រដែលរៀនពីវិជ្ជាពេទ្យនៅក្នុង ខ្លូនរបស់មនុស្សដែលគេមើលឃើញនឹងភ្នែក ឬគេមើលមិនឃើញនឹងភ្នែកទេឯង) នាមសព្ទ.
4715.	ក្រូ ឬក្រូវ grow កើត ឬដុះ អែបន្លូរម៉ល្លី abnormally ខុសពីភាពធម្មតា កិរិយាសព្ទ.
4716.	ក្រូ ឬក្រូវ grow លៃត light ថ្ងៃឡើង ឬថ្ងៃរះ (កើតឡើងស្តើងៗ) កិរិយាសព្ទ.
4717.	ក្រូ ឬក្រូវ grow កើត ជ្រីស worse កាន់តែអាក្រក់ខ្លាំងឡើង (ឬឈឺកាន់តែខ្លាំងឡើងៗ) កិរិយាសព្ទ.
4718.	ក្រូរីង growing ការរីកចំរីន ឬធំឡើង ៃអន្ត and ហើយនឹង ភេងជិង changing ការប្រែប្រួលនៅក្នុងពេលពុំរវេនៈ កិរិយាសព្ទ.
4719.	ក្រូន grown បានចិញ្ចឹម បន្លុះ អឹរ or ឬ ខុលឈឺរង cultured បានធ្វើឱ្យដុះ បានចិញ្ចឹម បានបន្លូរវត្ថុធាតុអ្វីមួយ បានដាំឱ្យដុះដើម្បីពិនិត្យមើលរាតអ្វីមួយ នាមសព្ទ.
4720.	ក្រូស ឬក្រូវស grows ដុះឡើង លូតលាស់ឡើង អិន in នៅក្នុងរបស់អ្វីមួយ កិរិយាសព្ទ.
4721.	ក្រូសី ឬក្រូវសី growth សាច់ឬដុះដុះកំពោកកំពក អ៊ីរេន្ត around នៅជុំវិញ ឌើ the វៃចាយណា vagina ទ្វារមាស ឬរន្ធយោនី នាមសព្ទ.
4722.	ក្រូសិ ឬក្រូវសិ growth ហ៊ីរម៉ន ឬហ៊ីរម៉ូន hormone ទឹករង់ប៉ូនកើតច្រើន (អំរប៉ូន) ដែលធ្វើឱ្យធ្លើងធំ នាមសព្ទ.
4723.	ក្រូសិ ឬក្រូវសិ growth ការដុះធំឡើង អិន in នៅក្នុងរបស់អ្វីមួយ នាមសព្ទ.
4724.	ក្រូសិ ឬក្រូវសិ growth អិនឌើសទ្រី industry ឧស្សាហកម្មរីកចំរីនឡើង នាមសព្ទ.

4725.	ក្រូសិ ឬក្រូវសិ growth សាច់ឬសដុះកំពោកកំពក អិនសាយដ inside នៅខាងក្នុង ធើ the ហេដ head ក្បាល អើរ of របស់ ធើ the ពីនិស penis មេក្ក ឬលិង្គ (ឬសាច់ឬសដុះកំពោកកំពកនៅខាងក្នុងក្បាលក្ដ) នាមសំពុ.
4726.	ក្រូសិ ឬក្រូវសិ growth សាច់ឬសដុះកំពោកកំពក អិនសាយ inside នៅខាងក្នុង ធើ the វៃចាយណា vagina ទ្វារមាស ឬរន្ធយោនី នាមសំពុ.
4727.	ក្រូសិ ឬក្រូវសិ growth ការដុះ ឬការកើតឡើង អើរ of នៅក្នុងរបស់អ្វីមួយ ធើ the នាមសំពុ.
4728.	ក្រូសិ ឬក្រូវសិ growth អើរ of វ៊ីដ weed ស្មៅដុះច្រើនឡើង នាមសំពុ.
4729.	ក្រូសិ ឬក្រូវសិ growth សាច់ឬសដុះកំពោកកំពក អិន on នៅលើ ធើ the ស្រូទុម scrotum ស្បែកពងក្ក នាមសំពុ.
4730.	គ្វាយអែក guaiac ឈ្មោះដើមឈើដែលមានពណ៌បៃតង វាមកពីជជជដើមឈើឈ្មោះ ជីនើស genus គ្វាយអែកខាំ ឬគ្វាយអែកខាម់ Guaiacum នាមសំពុ.
4731.	កាម់ ឬកាំ gum ឡាញ្ជន line ជ្ជរអញ្ជាញធ្មេញ នាមសំពុ.
4732.	កាម់ស gums- ឌិស៊ីស៊ីស diseases មានរោគនៅអញ្ជាញធ្មេញជាច្រើន រោគវ៉ាក់ នាមសំពុ.
4733.	កាយនីកូ gyneco- អ៊ីរ or ឬ កាយនិកូ gynec/o អ្នកឯកទេស ឬគ្រូពេទ្យដែលព្យាបាល នៅក្នុងរោគស្ត្រី កាយនីខ្យល្ចជិស្ស gynecologist អ្នកឯកទេស ឬគ្រូពេទ្យដែលព្យាបាលរោគ ស្ត្រី - វ៉ូមែន woman ស្ត្រីម្នាក់ /វ៊ីម៉ែល female ឬមនុស្សស្រីម្នាក់ -ព្រីវិក្ស prefix បុព្វបទ ឬពាក្យសម្រាប់ផ្ដើមខាងមុខ.
4734.	កាយនីខ្យល្ជិល gynecological ព្រូស៊ីដជើស procedures កម្មវិធី ឬការវះកាត់ ឬការពិនិត្យមើលរោគរបស់ស្ត្រីដែលមានផ្ទៃពោះមើលទារក ហើយនឹងមើលកូនដ៏ាំដែលទើបនឹងកើតថ្មីៗ នាមសំពុ.
4735.	កាយនីខ្យល្ជីស gynecologies ការសិក្សាអំពីរោគនៅក្នុងខ្លួនស្ត្រីច្រើនជាងមួយផង កាយនីខ្យល្ជី gynecology ការសិក្សា១ផងអំពីរោគនៅក្នុងខ្លួនស្ត្រី ឬគ្រូពេទ្យព្យាបាលរោគស្ត្រី អែន្ត and ហើយនឹងកូនដ៏ាំដែលទើបនឹងកើតថ្មីៗ (ជីវ៉ាយអិន GYN អក្សរកាត់) មួយនាក់ នាមសំពុ.

4736.	ចាយរៃ ឬចាយរី gyri រួញៗច្រើនកង់ អង្កាញ់ៗដូចខួរក្បាលរួញអង្កាញ់ៗច្រើនផ្ទាត់ (រៀបចំបត់ជាច្រើនផ្នត់ៗតាមលេខរៀងនៅលើផ្ទៃខួរក្បាល ខុនវ៉ូលូសិន្ស convolutions នៅសំបកខួរក្បាលឡើងប៉ោង ផ្នត់បត់ចុះឡើងៗនៅខួរក្បាលដែលមានរាងដូចទឹករលកច្រើនផ្នត់) នាមស័ព្ទ.
4737.	ចាយរើស gyrus រួញៗមួយកង់ អង្កាញ់ៗដូចខួរក្បាលរួញអង្កាញ់១ផ្ទាត់ (រៀបចំបត់១ផ្នត់ៗតាមលេខរៀងនៅលើផ្ទៃខួរក្បាល ខុនវ៉ូលូសិន convolution នៅសំបកខួរក្បាលឡើងប៉ោងផ្នត់បត់ចុះឡើងៗ ខួរក្បាលដែលមានរាងដូចទឹករលកមួយផ្នត់ៗ) នាមស័ព្ទ.
4738.	អេឆ H: ហ្គ អេឆ h អក្សរទី៨របស់ភាសាអង់គ្លេស (វាជាតួព្យញ្ជនះ) នាមស័ព្ទ.
4739.	អេឆ H. អែនទីជីន antigen ឈ្មោះមេរោគ ឬឈ្មោះថ្នាំដែលចូលមកផ្សាំនៅក្នុងដងខ្លួនហើយប្រែធ្វើជាប្រព័ន្ធការពារខ្លួនយើង នាមស័ព្ទ.
4740.	អេឆ H. អក្សរកាត់ ផៃឡូរិ pylori របស់ឈ្មោះរោគ - ហេលិកូបែកធើ helicobacter ផៃឡូរិ pylori ឈ្មោះពួជមេរោគដែលធ្វើឱ្យយើងឈឺក្រពះ (វាធ្វើឱ្យមនុស្សខ្លះមានរោគរលាកក្រពះ) នាមស័ព្ទ.
4741.	ហែក្គិង hacking ខោះវ cough ក្អកខ្លាំងពួសួរឃុងៗ កិរិយាសព្ទ.
4742.	ហែដ had បាន នេវើ been បន្តការ គ្រូវិង growing រីកចម្រើន កិរិយាសព្ទ.
4743.	ហែដ had បាន ដាយដ died ស្លាប់រួចហើយ កិរិយាសព្ទ.
4744.	ហែដ had បាន ឌើរេក្ទដ directed បង្គាប់ឱ្យធ្វើ ឬបញ្ជាឱ្យធ្វើរួចហើយ កិរិយាសព្ទ.
4745.	ហែដ had នេវើ never មិនដែល ខុនត្រែក្ទដ contracted មាន ឌីស this ក្រូនិក chronic ឌិស៊ីស disease ជម្ងឺរ៉ាំរៃនេះ កិរិយាសព្ទ.
4746.	ហៀរ hair ហ្វូលលិខល follicle រន្ធសក់ ថង់ បំពង់ ឬរន្ធរោមតូចៗ នាមស័ព្ទ.
4747.	ហៀរ hair គ្រូស៊ ឬគ្រូវស៊ growth សក់ដុះ ឬដុះសក់ នាមស័ព្ទ.
4748.	ហៀរ hair ឡូស្ស loss ជ្រុះសក់ ឬសក់ជ្រុះ នាមស័ព្ទ.
4749.	ហៀរ hair មែត្រិក្ស matrix ខាស៊ិនូម៉ា carcinoma សក់ក្រាស់ណាស់ ឬរោមច្រើនមានរោគមហារីកនៅគ្រាប់សាច់ឈាមសើស្បែក ពកៗ គ្រាប់ៗរីកធំៗ ក្រហមប៉ោងៗកន្ទួលៗនៅលើស្បែក នាមស័ព្ទ.
4750.	ហៀរ hair សក់ ឌែត that ដែល ទិក្ក thick ក្រាស់ នាមស័ព្ទ.
4751.	ហៀរ-អែនែលៃសិស hair-analysis កាត់យកសក់ទៅពិនិត្យរកញ្ញែកមើល នាមស័ព្ទ.

4752.	ហៀរ-ខ្យៀ Hair-Care ការថែរក្សាសក់ នាមស័ព្ទ.
4753.	ហៀរខាត់ hair-cut កាត់សក់ នាមស័ព្ទ.
4754.	ហៀរឡ្បាញ hairline វ្រៀកលើ fracture ឆ្អឹងបែកបន្តិចដែលមើលឃើញតែតាមកែរវទន ឆ្អះមើលរោគនៅឆ្អឹងតែប៉ុន្លោះ នាមស័ព្ទ.
4755.	ហៀរឡ្បាញ hairline ផ្លឹង pulling ទាញសក់ ឬដកសក់ នាមស័ព្ទ.
4756.	ហៀរី hairy សេល cell គ្រប់កោសិកាពួចៗពួចសក់ ឬគ្រប់ឈ្មោមដែលកើតទៅជាសក់ នាមស័ព្ទ.
4757.	ហៀរី hairy សេល cell លួយមីម៉ៃ leukemia រោគមហារីកនៅគ្រាប់ឈ្មោមសដែលកើតថ្មីៗច្រើនហួសខុសពីភាពធម្មតារបស់វា (ឬមានរោគមហារីកនៅគ្រាប់ឈ្មោមសគ្រប់យ៉ាង នៅក្រពេញឈ្មោះលំផៃសវីកធំ គ្រាប់ឈ្មោមបំពង់ៗល្បៀនឥកឡើងនៅក្នុងខួរឆ្អឹង គ្រាប់ឈ្មោមថ្មីៗកើត ច្រើនឡើងខុសពីភាពធម្មតារបស់វា) នាមស័ព្ទ.
4758.	ហៀរី hairy ខូត coat សត្វដែលមានរោមក្រាស់ នាមស័ព្ទ.
4759.	ហៀរី hairy នីវើស nevus មានសក់ដុះនៅលើសាច់ផ្សកជាំខ្មៅ ពកក្រហមនៅលើស្បែក នាមស័ព្ទ.
4760.	ហៀរី hairy ថាំង tongue មានរួមពួចៗដុះច្រើនពណ៌ប្រផេះពកៗកើតឡើងនៅលើអណ្ដាត (ក៏ប៉ុន្តែ វាឥតមានរោគទេ ភាគច្រើនគឺវាកើតឡើងមកពីបានប្រើថ្នាំផ្សេៗ) នាមស័ព្ទ.
4761.	ហាលលួសិនូ hallucino- អ៊ីរ or ឬ ហាលលួសិនូ hallucin/o ការមមើមមាយ រវាំរវែងស្ងារតី មើលឃើញរបស់អ្វីដែលមិនពិត ហាលលួសិនេសិន hallucination ការមមើម មាយ រវាំរវែងស្ងារតីមើលឃើញរបស់អ្វីដែលមិនពិតប្រាកដ (អ្នកដ៏ទៃគេមើលមិនឃើញ) -ស្រីវិក្ស prefix បុព្វបទ ឬពាក្យសម្រាប់ឥបបញ្ចូលគ្នាពីខាងមុខ.
4762.	ហាលឡ្ញ៉ិក្ស hallux រិជិទឺស rigidus រោគរលាកឈឺហើមនៅមេជើង ហើយមេជើងរៀច ចេញក្រោទៅងក្នុមម្រាមជើងធ្វើឲ្យសន្លាក់ឆ្អឹងនៅកន្លែងនេះបត់មិនបានស្រួល នាមស័ព្ទ.
4763.	ហាលឡ្ញ៉ិក្ស hallux វែលគឺស valgus រោគមេជើងរៀចចេញក្រោទៅងក្នុមម្រាមជើង ហើយក្នុមម្រាមជើងរៀចចូលមកចូលមកខាងក្នុ នាមស័ព្ទ.
4764.	ហាលឡ្ញ៉ិក្ស hallux រៀរីស varus កែតម្រូវមេជើងឲ្យចេញពីក្នុមម្រាមជើង ហើយក្នុមម្រាម ជើងរៀចចូលមកខាងក្នុរវិញ នាមស័ព្ទ.

4765.	ហេឡូ halo វង្គសមួល អ៊ីរ៉ោន្ត around នៅជុំវិញ អេ a ប៊្វល boil ពងបែក ប៉ពងទឹកក្តៅ អ៊ិរ or ប្ (ហេឡូ halo វង្គសមួល អ៊ីរ៉ោន្ត around នៅជុំវិញប្រែសព្រះ៖) នាមស័ព្ទ.
4766.	ហេឡូ halo អំបិល ឬជាតិប្រៃ -ផ្រីវិក្ស prefix បុព្វបទ ឬជាក្សសម្រាប់ពេីខាងមុខ.
4767.	ហេឡូ halo ខេស្ cast គ្រឿងប្រដាប់ពេយមួល គេប្រើដើម្បីនឹងទុបក្បាលឲ្យត្រង់ នៅពេលមានរបួសនៅក នាមស័ព្ទ.
4768.	ហេឡូ halo អ៊ីវិវិក្ត effect លតផលដែលបានកេីតឡើងមកពីការពិនិត្យស្រាវជ្រាវរកឃាត នាមស័ព្ទ.
4769.	ហេឡូឌើម៉ៀ halodermia រោគលោកពងបែកនៅលើស្បែកដែលកើតឡើងដោយសារ ទិក្ប្រេតអ៊ីនឈ្មោះ ហេឡូជ៊ិន halogen) នាមស័ព្ទ.
4770.	ហឡូជ៊ិនេត្ halogenate ដើម្បីនឹងព្យាបាលរោគ ឬតភ្ជាប់ទៅនឹងទិក្ប្រេតអ៊ីនឈ្មោះ ហឡូជ៊ិន halogen) កិរិយាសព្ទ.
4771.	ហឡូជ៊ិនេត្ halogenated បានព្យាបាលរោគ ឬបានតភ្ជាប់ទៅនឹងទិក្ប្រេតអ៊ីនឈ្មោះ ហឡូជើន halogen) កិរិយាសព្ទ.
4772.	ហឡូជ៊ិនេត្ halogenated ជាតិប្រៃបានកើតឡើង ហៃដ្រូខាប៊ិន hydrocarbon ទៅជាធាតុទិក្ឡ្យងថ្ម កិរិយាសព្ទ.
4773.	ហឡូជ៊ិនេត្ស halogenates បានព្យាបាលរោគ ឬបានតភ្ជាប់ទៅនឹងទិក្ប្រេតអ៊ីនឈ្មោះ ហឡូជ៊ិន halogen) កិរិយាសព្ទ.
4774.	ហឡូជ៊ិនេតិង halogenating កំពុងតែព្យាបាលរោគ ឬកំពុងតែតភ្ជាប់ទៅនឹងទិក្ប្រេតអ៊ីន ឈ្មោះ ហឡូជ៊ិន halogen នៅក្នុងពេលពេឡ្យវនេះ) កិរិយាសព្ទ.
4775.	ហឡូជ៊ិនេស៊ិន halogenation ការព្យាបាលរោគ ឬការតភ្ជាប់ទៅនឹងទិក្ប្រេតអ៊ីនឈ្មោះ ហឡូជ៊ិន halogen) នាមស័ព្ទ.
4776.	ហឡូជ៊ិន្ស halogens ពួជវត្ថុធាតុកីមី៥យ៉ាងដែលគ្មានជាតិវែក រ៉ាមានពន្លឺភ្លឺចាំង រ៉ាមានលំអង ភ្លើងអគ្គីសនី រ៉ាផលិតទិក្អំបិល រ៉ាមានពណ៌លឿងតិចៗ រ៉ាមានវត្តុធាតុកីមី រ៉ាមានជាតិខ្យល់ពុល រ៉ាយរជាតំណាងឲ្យកម្លាំងភ្លើងឈ្មោះ អ៊ីថមិក atomic លេខ១៧ គេប្រើរ៉ានៅពេលគេថតពិនិត្យ មើលរោគនៅក្នុងខ្លួនឃើង រ៉ាមានជាតិខ្យល់ពុល រ៉ាធ្វើឲ្យមានក្រហាយក្តៅសាច់នៅមិនស្រួល រ៉ាអាចរោះ

	បានតាមធម្មតា រ៉ាមានចំនួនលំអងភ្លើង២គូចជាងគេបំផុតនៅក្នុងវាឈ្មោះ អែតុំ atom ជាទូទៅវា មានសញ្ញាលេខបួកភ្លើងអគ្គីសនីនៅក្នុងវា (វត្ថុធាតុប្រាំយ៉ាងនៅក្នុងវាគឺ វ្ល៉អូរីន fluorine ឃ្លូរីន chlorine ប្រូមីន bromine អាយអូជាញ iodine អែស្ទេធីន astatine) នាមសំពុ.
4777.	ហេឡូស halos វង់ស្ពឺរាងមូល អឺរ៉ោន្ត around នៅជុំវិញ លែឝ្យ lights ភ្លើង នាមសំពុ.
4778.	ហាល្ស hals- អំបិល ឬជាតិប្រៃ -ព្រីវិក្ស prefix បុព្វបទ ឬជាក្សសម្រាប់ពតើខាងមុខ.
4779.	ហាល្ស hals អឺរ or សិល្ស salt អំបិល ឬជាតិប្រៃ នាមសំពុ.
4780.	ហៃមើរ hammer អឺរ or ឬ ម៉ាលលេៀស malleus ភ្លឺងនៅវឌ្ឍត្រចៀក (ភ្លឺងពគូច ជាងគេនៅក្នុងត្រចៀករបស់មនុស្ស យើងដាក់វាឱ្យទៅតាមលេខរៀងរបស់វា (មើលទៅ អស្ស៊ីខល្ស ossicles) ម៉ាលលេៀស malleus អឺរ or ឬ ហៃមើរ hammer វានៅខាងមុខ អិ៉ក៉េស incus អឺរ or ឬ អែនវិល anvil វានៅកណ្ដាល ស្ទេៀ and ហើយនឹង ស្ទេៀស stapes អឺរ or ឬ ស្ទើរុៈ stirrup នៅខាងក្រោយ ភ្លឺងពគូចនៅកណ្ដាលវឌ្ឍត្រចៀក នាមសំពុ.
4781.	ហៃមើរ hammer អឺរ or ឬ ម៉ាលលេៀស malleus ភ្លឺងពគូច១ផ្នែកនៅវឌ្ឍត្រចៀកដែល គជាប់និងក្រដាសត្រចៀក (ភ្លឺងពគូចនេះឈ្មោះ អស្ស៊ីខល្ស ossicles) នាមសំពុ.
4782.	ហៃន្ត hand ឬឆ្អឹង bones ភ្លឺងដៃទាំងពីរ នាមសំពុ.
4783.	ហៃន្ត hand អិត it អូវើ over ហុចវាមកឱ្យខ្ញុំ គុណនាម.
4784.	ហៃន្ត hand ហុច មី me យ៉ូរ your ធេលេហ្វូន telephone ទូរស័ព្ទអ្នកឱ្យខ្ញុំ កិរិយាសពុ.
4785.	ហាឝ hard ជ្រាយ dry ស្ទួល្ស stools អាចម៍ស្ងួរវឹង គុណនាម.
4786.	ហាឝ hard ផៃប្រម៉ា fibroma សាច់សរសៃ១ៗ ដុះឡើងរឹងដុំៗ គុណនាម.
4787.	ហាឝ hard វឹង ឡាម្ប lump ដុំៗ អិន on នៅលើ ថាំង tongue អណ្ដាត (ដុំរឹងនៅលើអណ្ដាត) គុណនាម.
4788.	ហាឝ hard អ៊ាវ of ហ៊ៀរិង hearing ជួនកាលថ្លង់ស្តាប់បានខ្លះៗ ឬជួនកាលស្ដាប់មិនបាន គុណនាម.

4789.	ហាដ hard អោវ of ហ៉្រៃង hearing ផេស៊ិន្ត patient អ្នកចម្លើយដែលស្ដាប់អត់ពួ ឬអ្នកជម្ងឺដែលថ្លង់ គុណនាម.
4790.	ហាដ hard ផៃលេត palate ប្រអប់មាត់រឹងខាងលើ គុណនាម.
4791.	ហាដ hard ផៃលេត palate ផ្អនផ្ទៀរ៉ូលី anteriorly ប្រអប់មាត់រឹងខាងមុខខាង លើនៅខាងក្រោមសាច់ប្រអប់មាត់ទន់ៗវាឈ្មោះ សុ្ soft ផាឡេត palate គុណនាម.
4792.	ហាដ hard ស្គិន skin ស្បែករឹង គុណនាម.
4793.	ហាដ hard វិង វ៉ៃត white ស យ្ស core នៅកណ្ដាល (សាច់សរឹងនៅកណ្ដាល) គុណនាម.
4794.	ហារដេន្ត hardened ដែលមានថ្នាំងរឹង ផ្លេយ plaque ថ្នាំងកររឹងក្រាស់ឡើង គុណនាម.
4795.	ហារដេន្ត hardened ធីសស្យ tissue ថ្នាំងសាច់បានឡើងរឹង គុណនាម.
4796.	ហារដេនៃ hardener វត្ថុធាតុថ្នាំងរឹងក្រាស់មួយថ្នាំង (ហារដេនើស hardeners វត្ថុធាតុថ្នាំង វិងក្រាស់ពីរថ្នាំង) កិរិយាវិសេសន៍.
4797.	ហារដេនិង hardening កំពុងតែឡើងរឹង ផ្អន and ហើយ ធិកគេនិង thickening ឡើងក្រាស់ផង កិរិយាសព្ទ.
4798.	ហារដេនិង hardening កំពុងតែឡើងរឹង អោវ of នៅក្នុ ធឹ the អាធើរីស arteries សរសៃឈាមក្រហាមជាច្រើន កិរិយាសព្ទ.
4799.	ហាដនេស្យ hardness ឡើងរឹង អោវ of នៅ ធឹ the ស្គិន skin ស្បែក (ស្បែកឡើងរឹង) នាមស័ព្ទ.
4800.	ហាដេស្យ hardest ស៊ាប់ស្ទេនស្យ substance វត្ថុធាតុរឹងជាងគេទាំងអស់ កិរិយាវិសេសន៍.
4801.	ហាម្វៃល harmful ខេនស៊ើរីស cancerous រោគមហារីកដែលមានគ្រោះថ្នាក់យ៉ាង ខ្លាំងដល់ជីវិត គុណនាម.
4802.	ហាម្វៃល harmful ខាស៊ីនូជិន carcinogens ពុជមេរោគដែលធ្វើឱ្យកើតរោគ មហារីកខ្លាំង គុណនាម.
4803.	ហាម្វៃល harmful គ្រោះថ្នាក់យ៉ាងខ្លាំង អ៊ីវ៉ៃក្ effect ប៉ះពាល់ដល់ គុណនាម.
4804.	ហាម្វៃល harmful ស៊ាប់ស្ទេនស៊ីស substances វត្ថុធាតុដែលធ្វើឱ្យមានគ្រោះថ្នាក់

	គុណនាម.
4805.	ហាមវ្ញល harmful រ៉ូស្ស waste អាចម៉ ឬកាកសំណល់ដែលធ្វើឲ្យគ្រោះថ្នាក់យ៉ាងខ្លាំង ដល់ជីវិត គុណនាម.
4806.	ប៉ែស has មាន ឯត្ត and ហើយនិង ហ៍វ have មាន (ពាក្យពីរនេះមានន័យដូចគ្នា ក៏ប៉ុន្តែប្រើខុសពីគ្នា) កិរិយាសព្ទ.
4807.	ប៉ែស has ប៉ិន been បាន ដែលសស៊ូស៉ិអេត្ត associated ទាក់ទងជាមួយ កិរិយាសព្ទ.
4808.	ប៉ែស has ប៉ិន been បាន ផេនេប្រេត្ត penetrated ចាក់ទំលុះចូលទៅខាងក្នុង រុកផ្លុះទៅខាងក្នុង កិរិយាសព្ទ.
4809.	ប៉ែស has ប៉ិន been មាន ប្រេគនែន្ត pregnant ផ្ទៃពោះ កិរិយាសព្ទ.
4810.	ប៉ែស has មាន ម៉ែស្ស mass វត្ថុធាតុដុំធំ ឬមានច្រើន កិរិយាសព្ទ.
4811.	ប៉ែស has អ៊ូកយើដ occurred បានកើតឡើង អ៊ិន in នៅក្នុង កិរិយាសព្ទ.
4812.	ប៉ែស has ប្រូវេន proven បានអនុញ្ញាតឲ្យ បានសម្រាច់ថា ឬបានបង្ហាញឲ្យឃើញ កិរិយាសព្ទ.
4813.	ហ៍វ have មាន ប្រីតធិង breathing ប្រប្លូម problem ការពិបាកដកដង្ហើម កិរិយាសព្ទ.
4814.	ហ៍វ have ប៉ិន been បាន រេផូវត្ត reported រាយការណ៍រួចហើយ កិរិយាសព្ទ.
4815.	ហ៍វ have ប៉ិ been បាន ទ្រីត្ត treated ព្យាបាលរាល់រួចហើយ កិរិយាសព្ទ.
4816.	ហ៍វ have មាន ឌិស្ស៉ីស disease មេរោគ អ៊ិន in នៅក្នុង ធើ the ស្ប៉ាញនុល spinal នើវស nerves សរសៃវិញ្ញាណ ឬសរសៃប្រសាទទៅខ្សែឆ្អឹងខ្នងដែល នាំដំណឹងរត់នៅក្នុងរាងខ្លួន កិរិយាសព្ទ.
4817.	ហ៍វ have មាន ឌិស្ស៉ីស disease មេរោគ អ៊ិន in នៅក្នុង ធើ the ស្ប៉ាម៉ក្ត ឬស្ប៉ាម៉ាយ stomach ក្រពះ កិរិយាសព្ទ.
4818.	ហ៍វ have មាន ឌិស្ស៉ីស disease មេរោគ អ៊ិន in នៅក្នុង ធើ the ថាយរ៉ូយដ thyroid ខាទិលេជ cartilage ឆ្អឹងខ្ទើរបស់ក្រពេញឈ្មោះតាយរ៉ូយ កិរិយាសព្ទ.
4819.	ហ៍វ have មាន ឌិស្ស៉ីស disease មេរោគ អ៊ិន in នៅក្នុង ធើ the យូធើរ៉ីស uterus ស្បូន កិរិយាសព្ទ.

4820.	ម៉ែវ have មាន ទិស្សីស disease មេរោគ អិន in នៅក្នុង ទើ the វេស្ស veins សរសៃឈាមខ្មៅជាច្រើន កិរិយាសព្ទ.
4821.	ម៉ែវ have មាន ទិស្សីស disease មេរោគ អិន in នៅក្នុង ទើ the វិសេស៊ីរល visceral ផ្លៀរ៉ pleura កណ្ដាលស្រោមស្លូត (ស្រោមស្លូតមានពីជាន់) កិរិយាសព្ទ.
4822.	ម៉ែវ have អីក្សស្ពៀរៀនស្សដ experienced បានដឹងថា ហ្វេងអេត headache ឈឺក្បាល កិរិយាសព្ទ.
4823.	ម៉ែវ have បាន វិនិស្ថិដ finished ធ្វើរួចហើយ កិរិយាសព្ទ.
4824.	ម៉ែវ have វ៉ាន់ fun សូមឱ្យបានសប្បាយរីករាយចុះ កិរិយាសព្ទ.
4825.	ម៉ែវ have បាន ម៉ែដ had ធ្វើអ្វីមួយកន្លងផុតហើយ កិរិយាសព្ទ.
4826.	ម៉ែវ have បាន ម៉ែដ had ធ្លាប់មាន ប្រប្លេម្ស problems បញ្ហា ឬរឿង កិរិយាសព្ទ.
4827.	ម៉ែវ have មាន ស៊ីម្ទីម្ស symptoms រោគសញ្ញាជាច្រើន កិរិយាសព្ទ.
4828.	ម៉ែវិង having មាន ហ្វ៉ៃប៊ើស fibers ជាតិអំបោះសរសៃៗជាច្រើន កិរិយាសព្ទ.
4829.	ម៉ែវិង having មាន ផ្លែតជេ្លេត flagellate កន្ទុយវៃង កិរិយាសព្ទ.
4830.	ម៉ែវិង having មាន ផ្លិត flat សែល្ស cells មានកោសិកាកំប៉ែដជាច្រើន កិរិយាសព្ទ.
4831.	ម៉ែវិង having ណូ no រ៉ៃម rhyme គ្មានប្រព័ន្ធពាក្យសម្លេងដូចគ្នា ឬមានន័យខុសពីគ្នា កិរិយាសព្ទ.
4832.	ម៉ែវិង having ណូ no សិន្ស sense ពាក្យនេះគ្មានន័យ កិរិយាសព្ទ.
4833.	ម៉ែវិង having ណូ no រ៉ែស្ស rash គ្មានកន្ទួលក្រហមនៅលើស្បែក កិរិយាសព្ទ.
4834.	ម៉ែស្សើរ៉ើទើស hazardous លេវេល្ស levels កំរិតអ្វីមួយដែលអាចធ្វើឱ្យមានការគ្រោះថ្នាក់ នាមសព្ទ.
4835.	ហាស្សើល hazel អាយ្ស eyes ភ្នែកដែលពណ៌ទៀវក្រម៉ៅ នាមសព្ទ.
4836.	អេវ-ប៊ម្ប H-bomb អក្សរកាត់របស់ពាក្យ គ្រាប់បែកទឹកឈ្មោះ ហៃដ្រជែន hydrogen ប៊ម្ប bomb គ្រាប់បែកទឹក នាមសព្ទ.
4837.	អែជឌីអិល HDL យ្យូលេស្សើរល cholesterol ឈ្មោះជាតិខ្លាញ់ល្អនៅក្នុងឈាម នាមសព្ទ.
4838.	ហ្វែដ head ក្បាល អ៉ាស្ស៊ៀស្ស appears ចេញ ហ្វ៉ើស្ស first មុន នាមសព្ទ.
4839.	ហ្វែដ head ក្បាល អ៉ាវ of របស់ ទើ the ហ្វ៉ៃម៉ើ femur ឆ្អឹងក្រឡា នាមសព្ទ.

4840.	ហែ្ហដ head ក្បាល អ៊ាវ of របស់ ឌើ the វីប្យូឡា fibula ឆ្អឹងស្មងជើងខាងក្រោយ នាមស័ព្ទ.
4841.	ហែ្ហដ head អ៊ាវ of របស់ ឌើ the រេឌិអៀស radius កឆ្អឹងកំភួនដៃធំខាងមុខនៅជិតក្បាលវា នាមស័ព្ទ.
4842.	ហែ្ហដ head អ៊ាវ of ឌើ the ភីនិស penis ចុងក្ត ឬក្បាលក្ត នាមស័ព្ទ.
4843.	ហែ្ហដ head អ៊ាវ of ឌើ the អោលណា ulna ក្បាលឆ្អឹងកំភួនដៃតូចខាងក្រោយ នៅជិតកដៃ នាមស័ព្ទ.
4844.	ហែ្ហដ head ក្បាល សូភៀរៀ ឬសូភៀរីអើ superior នៅខាងលើ ធូ to ឌើ the នេក្គ neck ក នាមស័ព្ទ.
4845.	ហែ្ហដអេក Headache ឈឺក្បាល១ដង (ហែ្ហដអេគស Headaches ឈឺក្បាលច្រើនដង) នាមស័ព្ទ.
4846.	ហៀល heal សះ ឬជា អ៊ន on អិត្ស its អូន own ដោយខ្លួនវា កិរិយាសព្ទ.
4847.	ហៀលិង healing កំពុងតែជា អិតសេល្ហ itself ដោយខ្លួនវា កិរិយាសព្ទ.
4848.	ហេ្ហស៊ ឬហេ្ហលស៊ health វៀល្ដ field មុខរបរកស៊ីខាងការថែរក្សារសុខភាពមនុស្ស នាមស័ព្ទ.
4849.	ហេ្ហស៊ ឬហេ្ហលស៊ health ផ្លែន plan ផែនការៗពារសុខភាព (ឬក្រសួងដែលធានាអះអាងខាងបង់ប្រាក់ឱ្យពេទ្យ) នាមស័ព្ទ.
4850.	ហេ្ហស៊ ឬហេ្ហលស៊ health ប្រូវ៉ាល profile សរសេរអំពីប្រវត្តសុខភាព នាមស័ព្ទ.
4851.	ហេ្ហលទី healthy អែដុល្ទស adults មនុស្សពេញវ័យដែលមានសុខភាពល្អ នាមស័ព្ទ.
4852.	ហេ្ហលទី healthy ប្លែដឌើ bladder ប្លោក ឬក្រពះទឹកនោមល្អ (ឬប្លោក ឬក្រពះទឹកនោមដែលមានសុខភាពល្អ នាមស័ព្ទ.
4853.	ហេ្ហលទី healthy បូន bone ឆ្អឹងល្អ (ឬឆ្អឹងដែលមានសុខភាពល្អ) នាមស័ព្ទ.
4854.	ហេ្ហលទី healthy ប្រេន brain ខួរក្បាលល្អ (ឬខួរក្បាលដែលមានសុខភាពល្អ) នាមស័ព្ទ.
4855.	ហេ្ហលទី healthy ឆាល្ដ child កូនក្មេងម្នាក់ដែលមានសុខភាពល្អ នាមស័ព្ទ.
4856.	ហេ្ហលទី healthy ឆិលដ្រេន children កូនក្មេងច្រើននាក់ដែលមានសុខភាពល្អ នាមស័ព្ទ.
4857.	ហេ្ហលទី healthy ខូឡឹន colon ពោះវៀនធំល្អ (ឬពោះវៀនធំដែលមានសុខភាពល្អ) នាមស័ព្ទ.

4858.	ហ្គេលទី healthy ខូឡ័ស្យ colons ពោះវៀនទាំងអស់មានសុខភាពល្អ នាមសំពុ.
4859.	ហ្គេលទី healthy គោល្ស្ប្លែដឌើ gallbladder ប្រម៉ាត់ល្អ (ឬប្រម៉ាត់ដែលមាន សុខភាពល្អ នាមសំពុ.
4860.	ហ្គេលទី healthy អាយ្យ eyes ភ្នែកល្អ (ឬភ្នែកដែលមានសុខភាពល្អ) នាមសំពុ.
4861.	ហ្គេលទី healthy ហ្គាត heart បេះដូងល្អ (ឬបេះដូងដែលមានសុខភាពល្អ) នាមសំពុ.
4862.	ហ្គេលទី healthy អ៊ិនថេស្ទីន intestine ពោះវៀនតូចល្អ (ឬពោះវៀនតូចដែលមានសុខ ភាពល្អ) នាមសំពុ.
4863.	ហ្គេលទី healthy យិដន៏ស kidneys ក្រម្រងទឹកនោមទាំងពីរល្អ (ឬក្រម្រងទឹកនោមដែល មានសុខភាពល្អ) នាមសំពុ.
4864.	ហ្គេលទី healthy លិវិ liver ថ្លើមល្អ (ឬថ្លើមដែលមានសុខភាពល្អ) នាមសំពុ.
4865.	ហ្គេលទី healthy ឡ្ហាំង្ស lungs សួតទាំងពីរល្អ (ឬសួតដែលមានសុខភាពល្អ) នាមសំពុ.
4866.	ហ្គេលទី healthy ផែនក្រ៊ែស pancreas លំពែងល្អ (ឬលំពែងដែលមានសុខភាពល្អ) នាមសំពុ.
4867.	ហ្គេលទី healthy ស្ព្លីន spleen អណ្ដើក ឬផាលល្អ (អណ្ដើក ឬផាលដែលមានសុខភាព ល្អ) នាមសំពុ.
4868.	ហ្គេលទី healthy យូរីទើស ឬយូអរទើស ureters បំពង់ដែលបង្ហូរទឹកនោមមកពីក្រម្រងទឹក នោមទៅប្លោកទឹកនោមល្អ (ឬបំពង់ដែលបង្ហូរទឹកនោមមកពីក្រម្រងទឹកនោម ទៅប្លោកទឹកនោមវាមាន សុខភាពល្អ) នាមសំពុ.
4869.	ហ្គេលទី healthy យូរីត្រា urethra បំពង់បង្ហូរទឹកនោមចេញទៅក្រៅដងខ្លួនល្អ (ឬបំពង់បង្ហូរទឹកនោមទៅក្រៅដងខ្លួនវាមានសុខភាពល្អ) នាមសំពុ.
4870.	ហ្គេលទី healthy យូរេធើរ៉ិស uterus ស្បូនល្អ (ឬស្បូនដែលមានសុខភាពល្អ) នាមសំពុ.
4871.	ហេល្ស៊ីខៀ Healthcare អេជិន្ត Agent អ្នកដែលទទួលខុសត្រូវលើក្រដាសស្នាមដែលគេ អាចសរសេរអំពីសេចក្តីបង្គាប់ឱ្យថែទាំរក្សាសុខភាពឱ្យអ្នកណាម្នាក់នៅពេលដែលអ្នកនោះឈឺមិនដឹងខ្លួន ឬធ្វើការកិតខ្លួនឯងមិនបាន នាមសំពុ.
4872.	ហេល្ស៊ីខៀ healthcare ឌីសិស៊ិស្ប decisions ការសំរេចចិត្តរើម្បីនឹងព្យាបាលរោគ នាមសំពុ.

4873.	ហ្គែលសិខៃ Healthcare ធើរកធីវ Directive ក្រដាសស្ងាមដែលសរសេរអំពីសេចក្តី បង្គាប់ឲ្យថែទាំរក្សាសុខភាពឲ្យអ្នកណាម្នាក់ដែលលើមិនដឹងខ្លួន ឬធ្វើការពិតដោយខ្លួនឯងមិនបាន នាមសព្ទ.
4874.	ហ្គែលសិខៃ Healthcare ផៅវើ-ៗអ្វាវ-ៗអែតធើរនី Power-of-Attorney អ្នកដែលឈរជាតំណាងដើម្បីនឹងសម្រេចចិត្តទទួលខុសត្រូវលើក្រដាស់ស្ងាមខាងថែទាំរក្សា សុខភាពឲ្យអ្នកណាម្នាក់ដែលតាត់លីមិនដឹងខ្លួន ឬតិយាយខ្លួនឯងមិនបាន នាមសព្ទ.
4875.	ហ្គែលសិខៃ healthcare ធ្មីម team ក្រុមពេទ្យដែលថែទាំរក្សាសុខភាព នាមសព្ទ.
4876.	ហ្គែលសិខៃ healthcare ការថែទាំរក្សា ធ្រីតមេន្ស treatments ព្យាបាលរោគ ឬជម្ងឺ នាមសព្ទ.
4877.	ហៀរិង hearing អេដ aid នឹបករ កាស់ ឬគ្រឿងម៉ាស៊ីនត្បូចដែលសម្រាប់ពាក់នៅក្នុងត្រចៀក ដើម្បីជួយឲ្យឮសម្លេង នាមសព្ទ.
4878.	ហៀរិង hearing ព្រូប្លេម problem មានបញ្ហានៅក្នុងការស្តាប់ ឬស្តាប់សម្លេងមិនសូវបាន នាមសព្ទ.
4879.	ហៀរិង hearing ឡូស្ស loss បាត់សម្លេង ឬធ្វើឲ្យស្តាប់សម្លេងមិនសូវបាន នាមសព្ទ.
4880.	ហៀរិង hearing អិមផៃៀដ impaired ពូសម្លេងមិនឮ ខូចត្រចៀក ស្តាប់មិនបាន នាមសព្ទ.
4881.	ហៀរិង hearing រិងតិង ringing ពូសម្លេងវាម៍នៅក្នុងត្រចៀក នាមសព្ទ.
4882.	ហ្គាត heart ប៊ីត beat បេះដូងដើរ ឬលោត នាមសព្ទ.
4883.	ហ្គាត heart ខូនឌិស៊ីន condition មានរោគនៅក្នុងបេះដូង នាមសព្ទ.
4884.	ហ្គាត heart ខូនត្រែកស៊ីន contraction បេះដូងដើរ ឬច្របាច់ ឬកំបេះដូងកំនឹក នាមសព្ទ.
4885.	ហ្គាត heart បេះដូង ហៃស has មាន វ្ហ four ៤ ឆេមប៊ើស chambers បន្ទប់ (ឬបេះដូងមានបន្ទប់៤) អ៊ិរ or ឬ /ហៃស has មាន វ្ហ four ៤ រូម្ស rooms បន្ទប់ (ឬបន្ទប់៤) នាមសព្ទ.
4886.	ហ្គាត heart បេះដូង ហៃស has មាន វ្ហ four វ៉ាលស valves សន្ទះ៤ ឬអណ្តាតបួន នាមសព្ទ.

4887.	ហ្គាត ឬហាត heart អេក ache ការឈឺចិត្ត ឬឈឺចុកចាប់នៅក្នុងបេះដូង នាមស័ព្ទ.
4888.	ហ្គាត heart អែតថេក្ attack រោគស្ទះបេះដូង ឬបេះដូងឈប់ដើរមួយរយៈ/អែតថែក្ស attacks រោគស្ទះបេះដូង ឬស្ទះបេះដូងច្រើនរងចាប់ពីរៀងរងឡើងទៅ នាមស័ព្ទ.
4889.	ហ្គាត heart ប៊ីធិង beating ចង្វាក់បេះដូងកំពុងតែរើរ ឬលោត នាមស័ព្ទ។
4890.	ហាត heart ប៊ីត្ស beats បេះដូងកំពុងតែរើរ នាមស័ព្ទ.
4891.	ហ្គាត heart ប្លក្ block ស្ទះបេះដូង នាមស័ព្ទ.
4892.	ហ្គាត heart ប្រេក break ការខូចចិត្ត ឬបេះដូងឈឺខ្ទេចខ្ទាំ នាមស័ព្ទ.
4893.	ហ្គាត heart ឆេមប៊ើ chamber បន្ទប់នៅក្នុងបេះដូងខាងលើ១/ហ្គាត heart ឆេមប៊ើស chambers បន្ទប់បេះដូងទាំង៤ បន្ទប់២នៅខាងលើ អាពីរទៀវានៅខាងក្រោម (បន្ទប់បេះដូងនៅខាងក្រោមមានសាច់ក្រាស់ ហើយវាច្រធ្បាច់ ឬបុញ្ញលាមចេញ) នាមស័ព្ទ.
4894.	ហ្គាត heart ឌីវ៉ិក្ស defects រូបរាងរបស់បេះដូងមិនធម្មតា នាមស័ព្ទ.
4895.	ហ្គាត heart ឌិស្ស៊ីស disease ជំងឺបេះដូង ឬរោគនៅក្នុងបេះដូង១យ៉ាង នាមស័ព្ទ.
4896.	ហ្គាត heart ឌិស្ស៊ីស disease រោគនៅក្នុងបេះដូងដែល ខោះស្ caused កើតឡើង បាយ by មកពី អែទើរស្ខ្លេរ៉សិស atherosclerosis សរសៃឈាមក្រហមឡើងរឹងលើវិង វាមិនយឺតដូចភាពធម្មតារបស់វា គឺមកពីវាមានខ្លាញ់កករឹងនៅក្នុងជញ្ជាំងសរសៃឈាមក្រហមនេះ/ហ្គាត heart ឌិស្ស៊ីស diseases រោគ២យ៉ាងនៅក្នុងបេះដូង នាមស័ព្ទ.
4897.	ហ្គាត heart រៀលយ៉ើ failure រោគខ្សោយបេះដូង ឬរោគខូចបេះដូង នាមស័ព្ទ.
4898.	ហ្គាត Heart ហ្ហេដ head មនុស្សដែលឆាប់ទឹងអោយការ មនុស្សក្បាលរឹង នាមស័ព្ទ.
4899.	ហ្គាត heart ឡ្បុំង lung បេះដូង ហើយនឹងសួត នាមស័ព្ទ.
4900.	ហ្គាត heart ឡ្បុំង lung ម៉ាស៊ីន machine ប្រើម៉ាស៊ីនជំនួសបេះដូង ហើយនឹងសួតនៅ ពេលវៈកាត់បើកបេះដូង នាមស័ព្ទ.
4901.	ហ្គាត heart ឡ្បុំង lung ទ្រេ្សប្ល្ន transplant ការវៈកាត់ដើម្បីផ្ដូរបេះដូង ហើយ នឹងសួតថ្មី នាមស័ព្ទ.
4902.	ហ្គាត heart ម៉េសសាជ massage ជួយច្របាច់បេះដូងឱ្យដើររស្រួល ឬឱ្យបេះដូងដើររតាមធម្មតាឡើងវិញ នាមស័ព្ទ.
4903.	ហ្គាត heart ម៉ូវមេន្ទស movements បេះដូងកំជើក ដើរ ឬលោត នាមស័ព្ទ.

4904.	ហ្គាត heart ម៉ាសសិល muscle សាច់ដុំបេះដូង នាមសព្ទ.
4905.	ហ្គាត heart ម៉ាសសិល muscle ស្ត្រាក់ឡើ structure រាង ឬរូបរាងរបស់សាច់ដុំ បេះដូង នាមសព្ទ.
4906.	ហ្គាត Heart ផេន pain ឈឺបេះដូង នាមសព្ទ.
4907.	ហ្គាត Heart បេះដូង ផែលផិតថេសិ៍ស្យ palpitations ដើរមិនស្មើគ្នា (តាមធម្មតារាដើរញាប់) នាមសព្ទ.
4908.	ហ្គាត heart ព្រូប្លេម៉ problem មានបញ្ហានៅក្នុងបេះដូង ឬរោគបេះដូង នាមសព្ទ.
4909.	ហ្គាត heart បេះដូង ផាម៉ pump សប់ ឬច្របាច់ ប្លើង blood ឈាមឱ្យចេញ ស្ទ្រូវ through ទៅពេញ ធី the បឌី body ពងខ្លួន នាមសព្ទ.
4910.	ហ្គាត heart រេត្យ rates ចំនួនចង្វាក់បេះដូងដើរ នាមសព្ទ.
4911.	ហ្គាត heart រិហតធីម rhythm ចង្វាក់បេះដូងដើរ ឬចង្វាក់បេះដូងលោត នាមសព្ទ.
4912.	ហ្គាត heart រេផ៉ៀរ repair ជួសជុលបេះដូង ឬជួយធ្វើឱ្យអារម្មណ៍ជាល្អឡើងវិញ នាមសព្ទ.
4913.	ហ្គាត heart រិត rot រាតពុកនៅកណ្តាលឬសឈើ – អិន in នៅក្នុង ទ្រីស trees ដើម ឈើជាច្រើន នាមសព្ទ.
4914.	ហ្គាត heart សោន្ត្ស sounds សម្លេងបេះដូង នាមសព្ទ.
4915.	ហ្គាត heart សើ៍ជើរ surgery ការវះកាត់បេះដូងៗមានពីរយ៉ាង (បើក ហើយនឹងបិត) នាមសព្ទ.
4916.	ហ្គាត heart ស្តូផផេត stoppage បេះដូងឈប់ដើរ ឬស្ងះបេះដូង នាមសព្ទ.
4917.	ហ្គាត heart សើ៍ជើន surgeon គ្រូពេទ្យខាងវះកាត់ដើម្បីនឹងព្យាបាលរោគបេះដូង នាមសព្ទ.
4918.	ហ្គាត heart ត្រៃស្យផ្លែនថេសិ៍ន transplantation ការវះកាត់ដូរដាក់បេះដូងថ្មី នាមសព្ទ.
4919.	ហ្គាត heart វ៉ាវ៉េស ឬវ៉ាលវ៉្យ valves សន្ទះ ឬអណ្តាតបិទបើកនៅក្នុងបេះដូងដើម្បីកំឱ្យ ឈាមហូរថយក្រោយវិញ នាមសព្ទ.
4920.	ហ្គាត heart វ៉ល្យ wall ជញ្ជាំង ឬសាច់ស្រោមនៅជុំវិញបេះដូង នាមសព្ទ.
4921.	ហ្គាតលេស្យ Heartless មនុស្សប្រហើន ឬមនុស្សឃោឃៅ មនុស្សគ្មានចិត្តមេតាករុណា នាមសព្ទ.

4922.	ហ្គាតប៊ីត heartbeat បេះដូងដើរ ឬចង្វាក់បេះដូងលោត អៀរឡជ្វល្វើរិទិស irregularities មិនស្មើគ្នាច្រើនវង/អៀរឡជ្វល្វើទិ irregularity មិនស្មើគ្នាមួយវង នាមសំពុ.
4923.	ហ្គីត heat ខុនដាក់ទើ conductor ប្រដាប់ចំលងកំដៅ ភ្លើង នាមសំពុ.
4924.	ហ្គីត heat អ៊ិក្ស័សិ៍ន exhaustion ខ្យល់ការដោយសារក្តៅខ្លាំងពេក នាមសំពុ.
4925.	ហ្គីត heat ផ្វវ wave លេកកំដៅ នាមសំពុ.
4926.	ហ្វេរី heavy សិការវត្ត cigarette ស្មូគើ smoker អ្នកជក់បារីច្រើន (ឬអ្នកដែលជក់បារីច្រើន) នាមសំពុ.
4927.	ហ្វេរី heavy ទ្រិងគើ drinker អ្នកផឹកស្រាច្រើនមួយនាក់ (វាអាចធ្វើឱ្យឈឺក លោក ឬរមាស់នៅក្នុងបំពង់សំឡេង) /ទ្រិងគើស drinkers អ្នកផឹកស្រាច្រើនៗជាងមួយនាក់ នាមសំពុ.
4928.	ហ្វេរី heavy ទ្រិងគិង drinking ផឹកស្រាច្រើន (វាអាចធ្វើឱ្យឈឺក លោក ឬរមាស់នៅក្នុង បំពង់សំឡេង) នាមសំពុ.
4929.	ហ្វេរី heavy ទ្រិងគិង drinking ផឹកស្រាច្រើន ខែន can អាច ស្លីដ lead នាំ ធ្វ to ឱ្យមាន ល្វើរិងថៃទិស laryngitis រោគរលាកដំបៅរមាស់នៅក្នុងបំពង់សំឡេង ឈឺក ឬរមាស់នៅបំពង់សំឡេង នាមសំពុ.
4930.	ហ្វេរី heavy លិវទិង lifting លើករបស់ធ្ងន់ នាមសំពុ.
4931.	ហ្វេរី heavy ផេៀរៀត period មានរដូវធ្លាក់ច្រើនមួយវង នាមសំពុ.
4932.	ហ្វេរី heavy ផេៀរ៉ៀឬ្យ periods មានរដូវធ្លាក់ច្រើនខ្លាំងច្រើនវង នាមសំពុ.
4933.	ហ្វេរី heavy ផើស្ពេរស៍ន perspiration ការបែកញើសខ្លាំង នាមសំពុ.
4934.	ហីដួនៀ hedonia- ស្ថានភាពដែលមានចិត្តសប្បាយរីករាយ - ផ្លេសើ pleasure មានចិត្ត សប្បាយរីករាយ -ព្រីវិក្ស prefix បុព្វបទ ឬបាក្យសម្រាប់ផ្ទើខាងមុខ.
4935.	ហីដួន្វ hedono- អ៊ែរ or ឬ ហីដួន្ន hedon/o ចិត្តសប្បាយរីករាយ - ផ្លេសើ pleasure ចិត្តសប្បាយរីករាយ -ព្រីវិក្ស prefix បុព្វបទ ឬបាក្យសម្រាប់ផ្ទើខាងមុខ.
4936.	ហ៊ីល heel ខាវ cup គ្រឿងប្រដាប់មូលភ្លូចកែរជាក់សម្រាប់ជួយទប់កែងជើងកំឱ្យឈឺ នាមសំពុ.
4937.	ហ៊ីល្ស heels កែង ផ៏វ of របស់ ធើ the វ៊ិត feet ជើងទាំងពីរ នាមសំពុ.

4938.	ហីមលិយ Heimlich មែនួរី maneuver ដាក់ដៃគ្នាប់ទាំងពីរនៅខាងក្រោមចុងឧរ្ធើម របស់អ្នកជម្ងឺដើម្បីរុញជ្រួយអ្នកជម្ងឺដែលស្ទាក់ដុំអាហារនៅក្នុងបំពង់ក រុញយ៉ាងខ្លាំង២ទៅ៣ដងទាល់តែ ដុំអាហារនោះរូតចេញទៅខាងលើ (ធ្វើឱ្យដុំអាហារនោះចេញមកខាងក្រៅ) នាមសំព.
4939.	ហីមលិយ Heimlich សាញ sign សញ្ញាស្ទាក់អាហារនៅក្នុងបំពង់ករបស់មនុស្ស ជាទូទៅនៅ លើសកលលោកយើងនេះ គឺអ្នកជម្ងឺយកដៃចាប់បំពង់កដើម្បីជាសញ្ញាឱ្យអ្នកនៅជិតជួយគេ គេឥតកដង្ហើមមិនបាន ហើយអ្នកជម្ងឺនិយាយមិនបានផង នាមសំព.
4940.	ហីនស្បៀ Heinz បឌីស bodies ឈ្មោះគ្រាប់ឈាមតូចៗឈ្មោះ ហីម្គ្លុបិន hemoglobin ដែលគេរកឃើញវានៅក្នុងគ្រាប់ឈាមក្រហមរបស់អ្នកជម្ងឺដែលគ្នាប់ប្រតិកម្ម ទៅនឹងវត្តុធាតុគីមីណាមួយ វាមានរាងមិនស្មើគ្នា វាមានការផ្លាស់ប្ដូររូបរាង វាមានដុំខ្លៅៗអូចៗនៅលើវា វាដូចជាប៉ះនឹងទឹកប្រេង ឬឧ្យាំអ្វីផ្សេងទៀត នាមសំព.
4941.	ហេល្ដ held បានទប់ អិន in ឱ្យនៅក្នុង ផ្លេស្ស place កន្លែងមួយ កិរិយាសព.
4942.	ហេលិខល helical វៃរើស virus ឈ្មោះមេរោគធ្វើឱ្យទឹកប្រេតអ៊ីនឡើងរញោ៍ៗគ្នា នាមសំព.
4943.	ហេលិខូបៃកធើ helicobacter ផៃល៉ូរិ pylori ឈ្មោះមេរោគដែលអាចធ្វើឱ្យមនុស្សខ្លះ កើតរោគរលាកក្រពះ នាមសំព.
4944.	ហេលិខូផដ helicopod គេត gait រោគដែលទាក់ទងជាមួយនឹងវសៃប្រសាទមិនធម្មតា វាធ្វើឱ្យអ្នកជម្ងឺដើរវិលៗ អ្នកជម្ងឺដើរមិនត្រង់ផ្លូវ នាមសំព. អោលស៊ូ also ថែមទាំង ខ្លួឌ called គេហៅឈ្មោះវាជា ហេលិខូផូផៀ helicopodia រោគសរសៃប្រសាទមិនធម្មតា នាមសំព.
4945.	ហេលមេត helmet សេល cell គ្រាប់ឈាមក្រហម១គ្រាប់បែកតួចដែលមានរាងដូចមួកដែក នាមសំព.
4946.	ហេលមេត helmet សេល្ស cells គ្រាប់ឈាមក្រហមច្រើនគ្រាប់បែកតួចៗដែលមានរាងដូច មួកដែក (រោគនេះច្រើនឃើញមាននៅក្នុងអ្នកជម្ងឺមហារីកដែលមានឈាមកកកុំៗ ហើយនិងនៅក្នុង អ្នកជម្ងឺបែកគ្រាប់ឈាមក្រហម ហើយនិងអ្នកជម្ងឺដែលខ្ចុគ្រាប់ឈាមក្រហមផង ជួនកាលយើងឃើញ នៅក្នុងឈាមដែលគេយកទៅពីសោធន៍មើលរោគ) នាមសំព.
4947.	ហេលមិនស៊ី -helminth ពាក្យសម្រាប់ភ្ជាប់ពីខាងក្រោយ វាមានន័យថាព្រូន - ស៊ាវីក្ស suffix បច្ច័យ ឬជាពាក្យសម្រាប់ភ្ជាប់ពាក្យក្នាពីខាងក្រោយ.

4948.	ហេលមិនស៊ helminth ឈ្មោះពួជព្រូន (សត្វដែលរស់ផ្ញើជីវិតជាមួយនឹងសត្វផ្សេងទៀត គេហៅវាថា ផែថូជីនិក pathogenic ផៀរ៉ាសៃត្ស parasites ក្រុមពួជព្រូននេះវាមាន ថេផវើម្ស tapeworms ព្រូនកំប៉េះ (ឥនញ៉ា) រោនួវើម្ស roundworms ព្រូនមូលផង) នាមស័ព្ទ.
4949.	ហេល្ប ឬហេផ help ជួយ អែបស្ស៊រប absorb ស្រូប ឬបើតយក ហ្វ៉ែត្ស fats ជាតិខ្លាញ់ កិរិយាសព្ទ.
4950.	ហេល្ប ឬហេផ help ជួយ ខុនត្រូល control គ្រប់គ្រងថែរក្សា (ឱ្យមានកិរិតល្អធម្មតា ឬមានចំនួនល្មមធម្មតា) កិរិយាសព្ទ.
4951.	ហេផ help ជួយឱ្យ អ៊ីកស្ប៉ែនឌិង expanding ខូឡឹន colon ពោះវៀនធំប៉ោងធំ វ៉េន់ when នៅពេល អ៊ីលិមិនេធិង eliminating បញ្ចេញ វ៉េស្ទ waste អាចម៍ចោល កិរិយាសព្ទ.
4952.	ហេផ help ជួយ អិមមីឌិអេតលី immediately ភ្លាមៗ កិរិយាសព្ទ.
4953.	ហេផ help ជួយ ប្រូថេក្ទ protect ការពារ យ៉ួរ your បឌី body ដងខ្លួនរបស់អ្នក កិរិយាសព្ទ.
4954.	ហេផ help ជួយ ប្រូថេក្ទ protect ការពារ យ៉ួរ your អៀរស ears ត្រចៀករបស់អ្នកទាំងពីរ កិរិយាសព្ទ.
4955.	ហេផ help ជួយ ប្រូថេក្ទ protect ការពារ យ៉ួរ your អាយ្ស eyes ភ្នែករបស់អ្នកទាំងពីរ កិរិយាសព្ទ.
4956.	ហេផ help ជួយ ប្រូថេក្ទ protect ការពារ យ៉ួរ your ហែ្ដ head ក្បាលរបស់អ្នក កិរិយាសព្ទ.
4957.	ហេផ help ជួយ ប្រូថេក្ទ protect ការពារ យ៉ួរ your ឃិដនី kidney កម្រងទឹកនោម ឬក្រលៀនរបស់អ្នក១ខាង កិរិយាសព្ទ.
4958.	ហេផ help ជួយ ប្រូថេក្ទ protect ការពារ យ៉ួរ your ម៉ៅស៊ mouth រន្ធមាត់របស់អ្នក កិរិយាសព្ទ.
4959.	ហេផ help ជួយ រេឌូស្ស៊ដ reduced បន្ថយឱ្យចុះទាប កិរិយាសព្ទ.

4960.	ហេជ help ជួយ ជម្រុស្សេថ reduced បន្ថយ ថិនសិន tension ការស្ទុកស្មាញអ្វីមួយឲ្យ ចុះទាប កិរិយាសព្ទ.
4961.	ហេជ help សាម៉េរៀន someone ទៅជួយអ្នកណាម្នាក់ កិរិយាសព្ទ.
4962.	ហេជ help ជួយ ស្ងស៊ី soothe សម្រួស ធើ the ស្រ្តិត throat បំពង់ក កិរិយាសព្ទ.
4963.	ហេជ help ជួយ យ៉ិល kill សម្លាប់ ជើម៉្ស germs មេរោគជាច្រើន កិរិយាសព្ទ.
4964.	ហេល្ច help ជួយ ធូ to ដើម្បីនិង ព្រេរវេន្ត prevent ការពារ ស្រ្តិត throat បំពង់ក ដែន្ត and ហើយនិង ឡ្យាង lung សួត អិនវេកសិន infection រោតរំថៅ កិរិយាសព្ទ.
4965.	ហេជ help ជួយ យ៉ូ you អក្ លើន learn រៀន កិរិយាសព្ទ.
4966.	ហេជ help ជួយ យ៉ូ you អក្ រ៉េលក្ស relax សម្រាក កិរិយាសព្ទ.
4967.	ហេជ help ជួយ យ៉ូរសេល្ច yourself បម្រើខ្លួនឯងដោយមិនបាច់ស្ងរអ្នកណា កិរិយាសព្ទ.
4968.	ហេល្ចផេ helper សេល្ចស cells គ្រាប់ឈាមដែលជួយធ្វើឲ្យមានថ្នាំផ្សះច្រើន ផី T-សេល្ច cells ជួយ ប៉ី B សេល្ចស cells វាស្គាល់មេរោគ វាស្គាល់អ្វីចំឡេកដែលចូលមកក្នុងខ្លួន យើង វាកំរិតគ្រាប់ឈាមការពារខ្លួនឈ្លោះ ដែនថេបឌី antibody ថ្នាំផ្សះ លិម្ចហ្វ៊ីសេត្យ lymphocytes គ្រាប់ឈាមស ទឹករំងដែលជួយការពារកុំឲ្យយើងមានរោគ ឈ្លោះផ្សេងទៀតពេធហៅវាថា ផីវ៉ីរ T4- សេល្ចស cells នាមសព្ទ.
4969.	ហេល្ចវ៉ិល helpful មានប្រយោជន៍ អិន in នៅក្នុង ជម្រុសិង reducing ការបន្ថយ ឬធ្វើឲ្យចុះ លិផិឌ្យ lipids ជាតិខ្លាញ់ គុណនាម.
4970.	ហេល្ចលេស្យនេស្យ helplessness សេចក្តីអស់សង្ឃឹម ដែលគ្មានទីសង្ឃឹម នាមសព្ទ.
4971.	ហេល្ចស helps ជួយអោយ ល្ចវ៉ើ lower ចុះទាប កិរិយាសព្ទ.
4972.	ហីម៉ា hema- ឈាម អ៉ិរ or ឬ ហីមេត hemat- ឈាម ឬ ហីមេធូ hemato-ហីមេធូ hemat/o ឈាម -ធ្រីវិក្ស prefix បុព្ចបទ ឬពាក្យសម្រាប់ផ្ទឹខាងមុខ.
4973.	ហីមេតក្លូធិនេធិង hemagglutinating វៃរើស៊ីស viruses មេរោគឈ្លោះវៃរៀសជា ច្រើនចូលមកនៅ ហើយធ្វើឲ្យឈាមកកស្ងិត (អក្សរកាត់របស់វាគឺ អេងអាយ HI) នាមសព្ទ.
4974.	ហីមេតក្លូធិនេសិន hemagglutination អ៉ិនហ៉ិប៊ិសិន inhibition មេរោគឈ្លោះ វៃរៀសចូលមកនៅ ហើយធ្វើឲ្យឈាមស្ងិតកក (អក្សរកាត់ អេងអាយ HI) នាមសព្ទ.

4975.	ហីម៉ែតូ hemato- ឈាម - ហីម៉ែតូ hemat/o ឈាម - ឈ្មើត blood ឈាម - ន្រីវិក្យ prefix បុព្វបទ ឬបាក្យសម្រាប់តពីខាងមុន.
4976.	ហីម៉ែតូក្រិត hematocrit ការវាស់ចំនួនលំអងគ្រាប់ឈាមក្រហម១ឯក ហីម៉ែតូក្រិត្ស hematocrits ការវាស់ភាគរយរបស់គ្រាប់ឈាមក្រហមច្រើនឯក ឈ្មោះនេះ ហីម៉ូគ្លូបិន hemoglobin នាមសព្ទ.
4977.	ហីម៉ែតូឡូជិក Hematologic ផ្តើស death សិនស្រ្ទម syndrome មានរោគសញ្ញា១ក្រុមឲ្យឃើងឃើញទៅតាមក្ឫនពេទ្យ ហើយនឹងរោគសញ្ញាជាច្រើនថាមានទឹកគ្រាប់ឈាមច្រើនបានខ្ចចដោយសារកម្ចរស្ទីភ្ឈើក ឬកម្ភាងភ្ជើងខ្ពស់ចាប់ពី២០០ ទៅដល់១០០០ រ៉ៃត (រោគសញ្ញាឲ្យឃើងឡីង ដូចជារមូលពោះចង់ក្អួត ក្អួត ក្រុនក្តៅ រាតអាចម៍ ដំជៅ ខ្ចគ្រាប់ឈាមក្រហម មានរោគមហារីកនៅក្នុងគ្រាប់ឈាមស ឬមានរោគនៅក្នុងប្រព័ន្ធការពារខ្លួន ហើយមានឈាមចេញឯង មនុស្សនេះអាចមានជីវិតរស់នៅបានរៀង១០ ហើយនឹង៦ថ្ងៃតែបុ៉ន្ទោះ) នាមសព្ទ.
4978.	ហីម៉ែតូឡូជិក Hematologic អីវ៉ៃក្ត effect មានរោគខូចខាតគ្រាប់ឈាម ឬមានរោគប៉ះពាល់ដល់គ្រាប់ឈាម នាមសព្ទ.
4979.	ហីម៉ែតូលែស៊ីស hematolyses រោគគ្រាប់ឈាមបែក២ឯក (ហីម៉ែតូលែសិស hematolysis រោគគ្រាប់ឈាមបែក១ឯក) នាមសព្ទ.
4980.	ហីម៉ែតូម៉ីទ្រីស Hematometries/ hematometra ការពិនិត្យវាស់មើលឈាម ច្រើនឯកដើម្បីរើលចំនួនគ្រាប់ឈាម ហើយនឹងទ្រព្យសប្បត្តិរបស់វា គ្រាប់ឈាមខ្លៈជួយឲ្យឈាមកក ឈ្មោះ ផ្លែតលេត platelet (ឈ្មោះគ្រាប់ឈាមមានច្រើនបែបឧទាហរណ៍ដូចជា អ A ប៊ី B អូ O) ហីម៉ែតូម៉ីទ្រី Hematometry ការពិនិត្យវាស់មើលចំនួនគ្រាប់ឈាមមួយឯក នាមសព្ទ.
4981.	ហីម៉ែតូផ្លួយអីធិក Hematopoietic ត្រូវស growth ដ៉ែកទើរ factor សញ្ញាច្បាស់នៅក្នុងក្រុមគ្រាប់ឈាមដែលកើតច្រើនមកពីខ្លួវភ្ជើង ឬថ្នាំអ្វីដែលធ្វើមកពីរោគចក្រនៅក្នុងខ្លួវភ្ជើង វាផលិតគ្រាប់ឈាមក្រហមឡើង នាមសព្ទ.
4982.	ហីម៉ែតូផ្លួយអីធិក Hematopoietic ធីសស្ទ tissue សាច់ខ្លួវភ្ជើងនៅកន្លែងរោគចក្រនៅក្នុងខ្លួវភ្ជើង វាផលិតគ្រាប់ឈាមក្រហមឡើង នាមសព្ទ.
4983.	ហីមិ Hemi- ពាក់កណ្ដាល ឬមួយចំហៀង ហាល់ half ពាក់កណ្ដាល -ន្រីវិក្យ prefix បុព្វបទ ឬបាក្យសម្រាប់តពីខាងមុន.

4984.	ហីម៉ូ Hemo- ឈាមទិកឈាម អ៊ែ or ឬ ហីម៉ូ Hem/o ឈាម -ឈ្នើស blood ឈាម -ជ្រីវិក្ស prefix បុព្វបទ ឬពាក្យសម្រាប់ផ្តើមពីខាងមុខ។
4985.	ហីម៉ូកខ្សួល្ Hemoccult ផេស្ស test ការយកអាចម៍ទៅពិសោធន៍មើលឈាមនៅក្នុងអាចម៍ នាមសព្ទ។
4986.	ហីម៉ូជាយអាលីសិស ឬហីម៉ូដែលអៃលេសិស hemodialysis ខែស៊ើទើ catheter បំពង់ ដែលជាក់បញ្ចូរទឹកនោមចេញពីផ្លេកទឹកនោម ជុំនួសបំពង់សាច់ដែលបញ្ចូរទឹកនោមចេញទៅខាងក្រៅខ្លួន នាមសព្ទ។
4987.	ហីម៉ូដែលអៃលេសិស hemodialysis ការលោងឈាម រ៉ៃឃ្យអៃរស requires ត្រូវការ ដែកសេស្ស access ចូលទៅខាងក្នុង នាមសព្ទ។
4988.	ហីម៉ូជាយអាលីសិស ឬហីម៉ូដែលអៃលេសិស hemodialysis ផេកនិសិន technician ត្រួពឡ្យដែលចេះប្រើម៉ាស៊ីនលោងឈាម នាមសព្ទ។
4989.	ហីម៉ូគ្លូបិន Hemoglobin ប្រកដោន breakdown ជាតិប្រូតេអ៊ីន ឬទឹកគ្រាប់ឈាម ក្រហមដែលទុកខ្យល់អុកស៊ីហ្សែននេះនៅក្នុងវា នាមសព្ទ។
4990.	ហីម៉ូគ្លូបិនូ hemoglobino- អ៊ែ or ឬ ហីម៉ូគ្លូបិនូ hemoglobin/o ជាតិប្រូតេអ៊ីន ឬលំអងគ្រាប់ឈាមក្រហមដែលទុកខ្យល់អុកស៊ីហ្សែន ហើយវាដឹកនាំខ្យល់អុកស៊ីហ្សែន នោះទៅស្វត ហើយនាំខ្យល់ទៅចិញ្ចឹមពេញខ្លួនប្រាណឃើងទាំងអស់ -ជ្រីវិក្ស prefix បុព្វបទ ឬពាក្យសម្រាប់ផតបញ្ចូលគ្នាពីខាងមុខ។
4991.	ហីម៉ូគ្លូបិនយួរ៉ៀ hemoglobinuria មានជាតិប្រូតេអ៊ីន ឬលំអងគ្រាប់ឈាមក្រហមនេះនៅ ក្នុងទឹកនោម (មានទឹកប្រូតេអ៊ីន ឬទឹកណាមក្រហមថ្មីៗឈ្មោះ ហីម៉ូគ្លូបិន hemoglobin មាននៅក្នុងទឹកនោម) នាមសព្ទ។
4992.	ហីម៉ូលែស្ស៊ីស hemolyses គ្រប់ឈាមក្រហមបែកចេញពីគ្នា ក្រុមគ្រាប់ឈាមក្រហមបែកចេញ ពីគ្នាគឺវាឈ្មោះ ហីម៉ូគ្លូបិន hemoglobin នាមសព្ទ។
4993.	ហីម៉ូលែសិស hemolysis និស្ស៊ីស disease រោគគ្រាប់ឈាមក្រហមបែក អ៊ិន in នៅក្នុង ធើ the នូបរន newborn កូនកើ្តដែលទើមនឹងកើត វាធ្វើឡ្យសាច់កូនก่ำមានស្បែកពណ៌លឿង នាមសព្ទ។

4994.	ហឺម៉ូឡែសិស hemolysis គ្រប់ឈាមក្រហមថ្មីបែកចេញពីគ្នា វាឈ្លោះ ហឺម៉ូក្លូបិន hemoglobin ឯកភាពវិធី activity បានផលិតមកពីសរីរាង្គម្យ៉ាងឈ្លោះ ស្ព្លីន spleen អណ្ដើក ឬផាល ក្រពេញនេះវានៅខាងក្រោមជិតក្រពះ នាមសព្ទ.
4995.	ហឺម៉ូឡែធិក hemolytic ទិស្ស៊ីស disease រោគគ្រាប់ឈាមក្រហមបែកដែលទើបនឹង កើតឡើងៗ (កើតរោគលឿង រោគឈាមក្រហមធ្លាប់ច្រើន រោគគ្រាប់ឈាមក្រហមបែក) នាមសព្ទ.
4996.	ហឺម៉ូឡែធិក hemolytic ទិស្ស៊ីស disease អ័រវ of ធើ the នូបន newborn (អេឌីអិន HDN) រោគខ្លះខាតគ្រាប់ឈាមក្រហមនៅលើកូនក្មេងដែលទើបនឹងកើតឡើងៗ (កើតរោគ លឿងនៅខ្លួនកូនក្មេងនោះ ឬរោគគ្រាប់ឈាមក្រហមបែក) នាមសព្ទ.
4997.	ហែម៉ូរ៉ជ់ hemorrhage ចេញឈាម អ័រ or ឬ អិនវ៉ែកសិន infection មានរោគដំបៅ រលាក អិន in នៅក្នុង ធើ the ប្រេន brain ក្បាល នាមសព្ទ.
4998.	ហេម៉ូរ៉ូយដុល hemorrhoidal ផ្លេក្ស៊ើស plexus សរសៃប្រសាទ ឬសរសៃវិញ្ញាណ១ ក្រមនៅនឹងចុងពោះវៀនធំ ឬនៅជ្រិតរន្ធគូទអាចម៍ នាមសព្ទ.
4999.	ហេម៉ូរ៉ូយដូ Hemorrhoido- អ័រ or ឬ ហេម៉ូរ៉ូយដ៍ Hemorrhoid/o ឬសដួងបាត ហេម ឬស្អាច់នៅទ្វារធំវាបែកចេញឈាមដោយសារប្រើងខ្លាំងនៅពេលជុះអាចម៍ ពីព្រោះអាចម៍ ឬលាមករឹង -ព្រីវិក្ស prefix បុព្វបទ ឬពាក្យសម្រាប់តបញ្ចូលគ្នាពីខាងមុខ.
5000.	ហេផែត Hepat- ឆ្លើម -លីវ៉ liver ឆ្លើម -ព្រីវិក្ស prefix បុព្វបទ ឬពាក្យសម្រាប់តពីខាងមុខ.
5001.	ហេផែទៀ -Hepatia មានរោគនៅឆ្លើម ឬមុខការរបស់វា - សារវីក្ស suffix បច្ច័យ ឬពាក្យសម្រាប់តពីខាងក្រោយ.
5002.	ហេផែធិក Hepatic អែឌីនួម៉ា adenoma មានរោគដុះដុំស្អាច់យ៉ាងរហ័សនៅក្នុងឆ្លើម វាធ្វើឱ្យឆ្លើមឡើងធំ វាធ្វើឱ្យផ្ងះចេញឈាមនៅក្នុងខ្លួន ហើយស្លាប់ ការគ្រោះថ្នាក់នេះជាញ្ញឹកៗ ឬភាគ ច្រើនរោគនេះកើតឡើងមកពីលេបថ្នាំតាមម៉ាត់ច្រើនហួសហេត នាមសព្ទ.
5003.	ហេផែធិក Hepatic អាធើរីស arteries សាខារបស់សរសៃឈាមក្រហមច្រើននៅឆ្លើម នាមសព្ទ.
5004.	ហេផែធិក Hepatic អាធើរី artery សាខារបស់សរសៃឈាមក្រហមមួយនៅឆ្លើម នាមសព្ទ.
5005.	ហេផែធិក Hepatic សេល្ល cell គ្រាប់ឈាមនៅឆ្លើម នាមសព្ទ.

5006.	ហេផែធិក Hepatic ខូម៉ា coma រោគឈឺខ្លាំងមិនដឹងខ្លួនដែលកើតមកពីរោគថ្លើម នាមស័ព្ទ.
5007.	ហេផែធិក Hepatic ឌិស៊ីស disease រោគថ្លើម នាមស័ព្ទ.
5008.	ហេផែធិក Hepatic ដាក្ទ duct បំពង់បង្ហូរទឹកប្រម៉ាត់របស់ថ្លើម នាមស័ព្ទ.
5009.	ហេផែធិក Hepatic ផ្លិក្សស៊ើ flexure កន្លែងកែងពោះវៀនធំនៅជ្រុងបត់នៅខាងស្តាំនៅជិតថ្លើមដែលតផ្ជាប់គ្នាទៅនឹងពោះវៀនធំនៅទទឹងពោះ នាមស័ព្ទ.
5010.	ហេផែធិក Hepatic លូប្ស lobes ខ្លែបធំៗរបស់ថ្លើម នាមស័ព្ទ.
5011.	ហេផែធិក Hepatic នូដ node សរសៃដុំរបស់ទឹករងៃ ឬទឹកឈាមស ឈ្មោះលីមហ្វ៊ីនៅថ្លើម វារត់នៅពោះសរសៃឈាមក្រហមធំនៅពោះដែលបន្តបែកមែកសាខាទៅត្រគាត នាមស័ព្ទ.
5012.	ហេផែធិក Hepatic ផ្ទរុល (ផ្ទរថុល) portal សិស្ទឹម system ប្រព័ន្ធសរសៃឈាមតូចៗ វានាំឈាមចេញមកពីពោះវៀន ហើយវានាំឈាមចូលនៅថ្លើម នាមស័ព្ទ.
5013.	ហេផែធិក Hepatic ផ្ទរុល (ផ្ទរថិល) portal វេន្ស veins ប្រព័ន្ធសរសៃឈាមខ្មៅតូចៗដែលនាំឈាមមកពីក្រពេញដែលកិនរំលាយចំណីអាហារ ហើយនឹងក្រពេញឈ្មោះអណ្តើក ឬថាលទៅថ្លើម នាមស័ព្ទ.
5014.	ហេផែធិក Hepatic វេន្ស veins សរសៃឈាមខ្មៅតូចៗដែលនាំឈាមមកពីសរសៃឈាមក្រហមនៅថ្លើមដែលមកសរសៃឈាមខ្មៅតាមផ្លូវរំលាយអាហារចេញទៅថ្លើម នាមស័ព្ទ.
5015.	ហេផែធិខូ ឬហេផែធិកូ hepatico- នៃ ឬទាក់ទងទៅនឹងបំពង់នៅថ្លើម ហើយនឹងថ្លើម -ព្រីភិក្ស prefix បុព្វបទ ឬពាក្យសម្រាប់តពីខាងមុខ.
5016.	ហេផៃថៃធិស Hepatitis អេ A រោគរលាកនៅក្នុងថ្លើមអេ វាកើតមកពីមេរោគឆ្លងមកពីមេរោគ១សរសៃៗ វារស់នៅម្ហូបអាហារ ហើយនឹងទឹក នាមស័ព្ទ.
5017.	ហេផៃថៃធិស Hepatitis ជម្ងឺរលាកនៅក្នុងថ្លើម អេ A វៃរ៉ស virus ឈ្មោះវៃរៀសដែលនៅក្នុងក្រុមគ្រួសារចម្លងពួជមេរោគតូចជាងគេឈ្មោះ ហ្វាមិលី family ពិឃ្វរណាវៃរិដី Picornaviridae មេរោគនេះរស់នៅម្ហូបអាហារ ហើយនឹងទឹក (ឈ្មោះមួយទៀតគេហៅវាថា អ៊ិនវេកជើស infectious ហេផៃថៃធិស hepatitis មេរោគនេះរស់នៅម្ហូបអាហារ) នាមស័ព្ទ.
5018.	ហេផៃថៃធិស Hepatitis ប៊ី B រោគរលាកនៅក្នុងថ្លើមប៊ី សញ្ញា ហើយនឹងរោគសញ្ញាអស់កម្លាំង រាគអាចម៍ ក្អួត ស្បែកលឿង ភ្នែកលឿង ហើយឈឺសាច់ដុំ ឈឺសន្លាក់ឆ្អឹង ឈឺពោះ

	ក៏ប៉ុន្តែភាគច្រើនវាគ្មានរោគសញ្ញាឱ្យឃើងឃើញ (រោគនេះអាចធ្វើឱ្យខូចខ្ញើម កើតរោគ មហារីកខ្ញើម ហើយធ្វើឱ្យកើតរោគរលាកដំបៅនៅខ្ញើមវាំង វាកើតមកពីពួកមេរោគដែលរស់នៅក្នុងឈាម វាឆ្លងតាមឈាម វាឆ្លងតាមទឹកប្រេអ្ញីនដែលចេញពីខ្លួនមនុស្ស ហើយវាធ្វើឱ្យមានរោគ) **នាមសព្ទ**.
5019.	ហេផៃថេធិស Hepatitis ជម្ងឺរលាកនៅក្នុងខ្ញើម បី B ដៃជីស virus ដៃវៀសដែលនៅក្នុង ក្រុមគ្រួសារព្ជជមេរោគខៃឲ្យច្រវាក់ពីរវាឈ្មោះ ឪរទូហេផៃថៃដៃវីស orthohepadnavirus វាមិលី family ហេផៃដៃវ័រីឌី hepadnaviridae មេរោគនេះរស់នៅក្នុងទឹកឈាម ទឹកកាម ទឹកប្រេអ្ញីន ហើយវាឆ្លងតាមទឹកឈាមក្នុងខ្លួនទាំងអស់នេះ ឬក៏ឆ្លងតាមប្រើមូលស្រូច មានមេរោគចាក់ថ្នាំចូលតាមសរៃសឈាម (ឈ្មោះមួយទៀត សៃរ៉ុម serum ហេផៃថេធិស hepatitis) **នាមសព្ទ**.
5020.	ហេផៃថេធិស Hepatitis ជម្ងឺរលាកនៅក្នុងខ្ញើម ស៊ី C វាកើតមកពីមេរោគឈ្មោះ ដៃជីស virus ដៃវៀស វានៅក្រុមគ្រួសារចម្លងព្ជជមេរោគខៃឲ្យច្រវាក់១ឈ្មោះ វាមិលី family ផ្ល័ដៃវ័រីឌី Flaviviridae មេរោគនេះរស់នៅក្នុងទឹកឈាម ទឹកប្រេអ្ញីន ហើយវាឆ្លងតាមទឹកឈាមក្នុង ខ្លួនទាំងអស់នេះ ឬក៏វាឆ្លងតាមប្រើមូលស្រូចមានមេរោគ តាមចាក់ថ្នាំ ឬវាកើតមកពីការៗបញ្ចូលឈាម ឱ្យចូលទៅតាមសរៃសឈាម (ក្រុមព្ជជមេរោគឈ្មោះ ជីនើស genus ហ៊ីដៃសៅដៃជីស Hepacivirus) **នាមសព្ទ**.
5021.	ហេផៃថ្ធ hepato- ខ្ញើម ឪរ or ឬ ហេផៃថ្ធ hepat/o ខ្ញើម - លីវី liver ខ្ញើម - ព្រីវិក្ស prefix បុព្វបទ ឬជាក្យសម្រាប់ដាក់ពីខាងមុខ.
5022.	ហ៊ើ her ប្ញើដ blood ឈ្នេសស៊ើ pressure កម្ពស់ឈាមរបស់នាង កូស goes ចុះ ដៅន down ទាប (ឬកម្ពស់ឈាមរបស់នាងចុះ) **សព្វនាម**.
5023.	ហ៊ើ her ប្ញើដ blood ឈ្នេសស៊ើ pressure កម្ពស់ឈាមរបស់នាង កូស goes ឡ្ញើង អ៊ាផ up ខ្ពស់ (ឬកម្ពស់ឈាមរបស់នាងឡ្ញើង) **សព្វនាម**.
5024.	ហ៊ើ her ប្រេន brain ខួរក្បាលរបស់នាង **សព្វនាម**.
5025.	ហ៊ើ her ខុនឌិស៊ិន condition រោគរបស់នាង ឬរៀងរបស់នាង **សព្វនាម**.
5026.	ហ៊ើ her ដកទ័រ ឬដកទ័រ doctor វេជ្ជបណ្ឌិត ឬគ្រូពេទ្យរបស់នាង **សព្វនាម**.
5027.	ហ៊ើ her អាយលិដ eyelid ត្របកភ្នែករបស់នាង **សព្វនាម**.
5028.	ហ៊ើ her ហ្ញេដ head ក្បាលរបស់នាង **សព្វនាម**.

5029.	ហើ her ហិ៍ hip ត្រគាករបស់នាង សព្វនាម.
5030.	ហើ her លិ៍ lip បបូរមាត់របស់នាង សព្វនាម.
5031.	ហើ her ផេន pain ការឈឺចាប់របស់នាង សព្វនាម.
5032.	ហើ her ផ្លែតលេត platelet គ្រាប់ឈាមដែលជួយឲ្យឈាមរបស់នាងកក សព្វនាម.
5033.	ហើ her ថេស្ test ការពិសោធន៍របស់នាង សព្វនាម.
5034.	អេតអីអរ្គ្ណ HER2neu វីសេនទើរ ឬរសេនទ័រ receptor ការស្រូប ឬរក់យកដំណឹក ដើម្បីនឹងបញ្ជាក់ឲ្យរឹកច្បាស់ថា តើមានពួជជាគមមហារីក ឬក់ធានរោគមហារីកទេ នាមសំព្ធ.
5035.	អេតអីអរ្ណ្ជីន HER2neugene ថេស្ test ការពិសោធន៍មើលរោគបន្ថែម អិស is គឺ ធូ to ដើម្បីនឹង លូត look វូរ for ស្វែងរក ឬរកមើល ខែនស៊ើ cancer សេល្លស cells គ្រាប់ពូជរោគមហារីក (ឈ្មោះមួយទៀតគេហៅវាថា អែដឌិស៊ីន Addition ថេស្ test) នាមសំព្ធ.
5036.	អើបុល herbal ប៊ុត book សៀវភៅដែលសរសេរអំពីថ្នាំចិនសៃ ថ្នាំដើមឈើ ឬដើមជីដែលធ្វើថ្នាំ ឬបន្ថែដើម្បីនឹងធ្វើថ្នាំការពារខ្លួនយើង ហើយនឹងព្យាបាលរោគផង នាមសំព្ធ.
5037.	អើបុល herbal ដកទើរ doctor វេជ្ជបណ្ឌិត ឬគ្រូពេទ្យម្នាក់ដែលរៀនពីដើមឈើនេះ អើបល herbal ដកទើរស doctors វេជ្ជបណ្ឌិត គ្រូពេទ្យជាច្រើននាក់ ដែលរៀនពីដើម ឈើ ឬដើមជីទាំងអស់ដើម្បីនឹងធ្វើជាថ្នាំការពារខ្លួនយើង ហើយនឹងដើម្បីនឹងព្យាបាលរោគផង (គ្រូពេទ្យដែលរៀនពីដើមឈើ ឬដើម ជីទាំងអស់ដែលអាចធ្វើជាថ្នាំ ឬបន្ថែបានផង) នាមសំព្ធ.
5038.	អើបុល herbal មេឌិខេស៊ិន្ស medications ថ្នាំដើមឈើ ឬដើមជីដែលធ្វើថ្នាំច្រើនយ៉ាង ឬបន្ថែដែលអាចប្រើជាថ្នាំដើម្បីនឹងការពារខ្លួនយើង ហើយនឹងព្យាបាលរោគបានផង នាមសំព្ធ.
5039.	អើបុល herbal រម៉ីឌីស remedies ថ្នាំដើមឈើ ឬដើមជីដែលធ្វើថ្នាំ ឬបន្ថែជាច្រើន ដើម្បីនឹងការពារខ្លួនយើង ហើយនឹងព្យាបាលរោគបានដែរ (អើបុល herbal រម៉ីឌី remedy ថ្នាំដើមឈើ ឬដើមជីដែលធ្វើថ្នាំ) នាមសំព្ធ.
5040.	ហៀរឌីថើរី hereditary ខុនឌិស៊ិន condition មេរោគដែលតតាមពូជ នាមសំព្ធ.
5041.	ហៀរឌីថើរី hereditary ឌិស្ស៊ីស disease រោគដែលឆ្លង ឬកើតតពូជរបូតរហូតដល់កូនចៅ នាមសំព្ធ.
5042.	ហៀរឌីថើរី hereditary ឌិស្ស៊ូរទើ disorder រោគតពូជដែលខុសពីភាពធម្មតា នាមសំព្ធ.

5043.	ហេរ៉េឌិធ្វើរ៉ី hereditary ម៉ែធ្វើរ៉ៀល material វត្ថុធាតុទឹកគ្រាប់ពូជសម្រាប់បន្តពូជ ដែលកើតពពួជពូជពតក្នុងតទៅអង្កុជាតិ នាមសំព្.
5044.	ហ៊ើធ្ញៀ hernia រ៉ាក អ៊ាវ of ធើ the ប្ល៉ូធើ bladder ប្លោកទឹកទៅមយា ប្បល្ញៀនចេញក្រៅពីកន្លែងដើមរបស់វា នាមសំព្.
5045.	ហ៊ើធ្ញៀ hernia រ៉ាក អ៊ាវ of ធើ the អាយលិ៉ប្ស eyelids ត្របកភ្នែកទាំងពីរយា ប្បល្ញៀនចេញពីកន្លែងដើមរបស់វា នាមសំព្.
5046.	ហ៊ើធ្ញៀ hernia រ៉ាក អ៊ាវ of ធើ the រ៉ិកតឹម rectum សាច់នៅប្រហោងទ្វារធំ ល្ញៀនចេញក្រៅពីកន្លែងដើមរបស់វា នាមសំព្.
5047.	ហ៊ើធ្ញៀ hernia រ៉ាក អ៊ាវ of ធើ the ស្ទូម៉ាក្ ឬស្ទូម៉ាយ stomach ក្រពះស្រុតចុះ ក្រោម ប្បល្ញៀនចេញពីកន្លែងដើមរបស់វា នាមសំព្.
5048.	ហ៊ើធ្ញៀ hernia រ៉ាក អ៊ាវ of ធើ the យ៉ូធើរ៉ិស uterus ស្បូនស្រុតចុះក្រោម ប្បល្ញៀនចេញ ក្រៅពីកន្លែងដើមរបស់វា នាមសំព្.
5049.	ហ៊ើធ្ញៀ hernia រ៉ាកក្ទូន - ផ្រុទ្រូស៊ិន protrusion លយចេញក្រៅ ឬខ្លួនល្ញួនចេញក្រៅ ពីកន្លែងដើមរបស់វា នាមសំព្.
5050.	ហ៊ើធ្ញៀល hernial សែក sac រ៉ាកក្ទូនល្ញួនដែលមានរ៉ាងដូចជាថង់ នាមសំព្.
5051.	ហ៊ើនិអេត្ herniated ផ្ទូរស៊ិន portion ក្រពេញ១ផ្នែកដែលកើតរ៉ាកក្ទូនល្ញួន ប្ប្រ៉ាតសាច់ល្ញៀនចេញក្រៅពីកន្លែងដើមរបស់វា កិរិយាសព្.
5052.	ហ៊ើនិអេត្ herniated ធិសស្ប៉ tissue សាច់ជាលិកាបានល្ញៀនចេញ (សាច់ដែលកើតរ៉ាក ក្ទូនល្ញួន ឬរ៉ាតសាច់ល្ញៀនចេញក្រៅពីកន្លែងដើមរបស់វា) កិរិយាសព្.
5053.	ហ៊ើនិអេស៊ិន herniation អ៊ាវ of អ៉ a វ៉ៀរ៉ិខូស varicose វ៉េន្ស veins រ៉ាក សរ៉ៃសឈាមខ្ទៅល្ញៀនចេញ ឬផ្ទើងប៉ោងចេញនៅលើស្បែកដូចជណ្ដេន នាមសំព្.
5054.	ហ៊ើនិអេស៊ិន herniation អ៊ាវ of ធើ the រ៉ិកតឹម rectum រ៉ាកសាច់ទ្វាធំ ល្ញៀនចេញក្រៅពីកន្លែងដើមរបស់វា នាមសំព្.
5055.	ហ៊ើនិអេស៊ិន herniation អ៊ាវ of ធើ the ធ្ញៀរ tear សែក sac រ៉ាកថង់ទឹក ភ្នែកយ៉ាចុះក្រោម នាមសំព្.

5056.	ហឺនីអូ hernio- រាកត្តនល្ងន អិរ or ឬ ហឺនីអូ herni/o រាកត្តនល្ងន - ហឺនិអេស៊ីន herniation រាកត្តនល្ងន _ផ្រីវិក្យ prefix បុព្វបទ ឬពាក្យសម្រាប់តពីខាងមុខ.
5057.	ហឺពីស herpes សិមផ្ល័ក្ស simplex រាតពងបែក ឬរាតស្វាយបែក ឬរាតប្រមេះ ស្រៀវ្រស្រាញ់ ក្តៅ កន្ទួលដំជៅពងបែកនៅព័ុំវិញលើស្បែកបប្ូរម៉ាត់ រាតនេះកើតឡើងនៅក្រោយពេល ឆ្អងបាន២អាទិត្យ វាកើតមកពីរមេរាតឈ្មោះ វៃរ័ស virus (រាតនេះមានពីរយ៉ាង រាតទី១ភ្លុក តាមទិលមាត់ រាតទី១កើតនៅមាត់ ហើយនឹងច្រមុះឯង រាតទីពីរភ្លុកតាមផ្លូវ ឬប្រព័ន្ធនូបន្ថព្ជ ឬរាឆ្អងពីទ្វាមាសរបស់ម្ដាយនៅពេលកូន កើតរាតទីពីរមានដំជៅនៅប្រព័ន្ធនូបន្ថព្ជ ឬក៍នៅកន្លែងផ្សេង ទៀត មានថ្នាំជួយឱ្យរស់នៅស្រួល ហើយរស់នៅបានយូរក៍ប៉ុន្ថែវាមិនធ្វើឱ្យជារហួតទេ) នាមសំព.
5058.	ហឺពីធិក herpetic រាតដំជៅពងបែក ស្ទូម៉ៃថៃធិស stomatitis លោកនៅប្រហោងមាត់ (ឧទាហរណ៍ដូចជាមានលោកអញ្ចាញធ្មេញ បប្ូរមាត់ ប្រអប់មាត់ខាងលើ ហើយនឹងអណ្ដាតដោយសារ មានរាតដំជៅ) នាមសំព.
5059.	ហ៎ិ ស He's តាត់បាន ថ្លើធិង flirting ចៃចង់ ម្ឈិកម្ឈក់ បញ្ចេញអាការះអោយឃើញថា ស្រឡាញ់ចូលចិត្តទៅលើអ្នកណាម្នាក់ សព្ទនាម.
5060.	ហៃទេរ heter- អិរ or ឬ ហៃទឺរ៉ hetero- អិរ or ឬ ហៃទឺរ៉ heter/o ផ្សជ៍មួយផ្សេងទៀត ឬខុសពីគ្នា (ពាក្យសម្រាប់តផ្ញាប់គ្នានេះមាននំយដូចផ្ញា គឺជាស្ូលលំអងសាធាតុ គឺមិខុសផ្ញា វាវិលចុះឡើងលាយផ្ញា) -ផ្រីវិក្យ prefix បុព្វបទ ឬពាក្យសម្រាប់តពីខាងមុខ.
5061.	ហៃស្យៀ -hexia ទម្លាប់របស់មនុស្សមួយនាក់ដែលគេចូលចិត្តធ្វើ ឬលេង - ស៊ាវិក្ស suffix បច្ឆ័យ ឬពាក្យសម្រាប់តពីខាងក្រោយ.
5062.	អេវអ័រ HF អក្សរកាត់របស់រាតបេះដូង - (ហ្ដាត heart រៀលយើ failure រាតបេះដូង ឬខ្ចចបេះដូង) នាមសំព.
5063.	ហៃអេធុល hiatal ហឺនៀ hernia រាកត្តនល្ងននៅកក្រោះមួយវង (សាច់កក្រោះលយ ឬលៀនចេញក្រៅឡើងទៅលើ វញ្ញសាច់ក្រោះឡើងលើចូលតាមរន្ធ ឬប្រហោងបំពង់កទៅក្នុងប្រឡោះ ជើមទ្រងតាមសាច់ដែលចៃកប្រហោងជើមទ្រងចេញពីប្រហោងពោះ) (ហៃអេធុល hiatal ហឺនៀ herniae រាកត្តនល្ងននៅកក្រោះច្រើនជាងមួយវង) នាមសំព.
5064.	ហៃអេធុល hiatal ហឺនៀស hernias រាកត្តនល្ងននៅកក្រោះច្រើនជាងមួយវង (សាច់វា

	លៀនចូលក្នុងវន្ធសាច់បំពង់កខាងលើក្រោះ វាទុលរហែកសាច់ដែលចែកប្រហោងដើមទ្រូង ចេញពីប្រហោងពោះ វាលៀនចេញ ប៉ោងទុលឡើងលើ ឬរហែកសាច់នៅត្រង់កក្រោះទៅតាមវន្ធ ឬប្រហោងបំពង់កខាងលើក្រោះ) នាមសំព.
5065.	ហៃអេតូ hiato- អ៊ែរ or ឬ ហៃអេតូ hiat/o វន្ធ ឬប្រហោងដែលបើកមួយ - ផែន an អូផេនិង opening វន្ធ ឬប្រហោងដែលបើកមួយ -ផ្រីវិក្ស prefix បុព្វបទ ឬជាក្បូសម្រាប់តបញ្ចូលគ្នាពីខាងមុខ.
5066.	ហិប Hib អក្សរកាត់របស់ពាក្យដែលមានន័យថា (វ៉ាក់សាំង ពាក្យបារាំង ពាក្យខ្មែរគេហៅវ៉ាថា ថ្នាំចាក់ការពារោគ) ថ្នាំចាក់ឱ្យកូនក្មេងដើម្បីនឹងការពារោគត្រនធ្លាសាយធំពីយ៉ាងឈ្លោះពេញ របស់វាគឺ ហីម៉ូហ្វីលៀស Hemophilus អិន្ដ្លូនស្យ៉ា influenzas ថែផ type បី B មេរោគ១នេះ មានរោគសញ្ញាដូចថា ក្រុនក្ដៅ ឈឺក្បាល វិងសាច់នៅក ក្នុក ឌកជម្លើមមិនដល់គ្នា (ហត់) បើវាក្រុនពិចទុចវាញ្ហានសញ្ញាឱ្យឃើញឃើញទេ មេរោគនេះអាចធ្វើឱ្យឃើញឈឺដួចតទៅ: រលាកខួក្បាល រលាកនៅក្នុងស្រោមខួរក្បាល ហើយនឹងរលាកនៅក្នុងស្រោមខួឆ្អឹងខ្នងឆ្អឹង រលាកស្ងួត រលាកផំជៅនៅក្នុងវន្ធត្រចៀក ប្រការ់ មានបញ្ហានៅក្នុងឈាម ឈឺឆ្អឹងជាច្រើន ឈឺសន្លាក់ឆ្អឹង រលាកស្រោមបេះដូង ខ្ចខ្លួរក្បាល រលាក ហើមនៅបំពង់កយ៉ាងខ្លាំង ពិបាកលេកលេបម្ហើម ស្ពាប់ម៉ឺនឈ ឬផ្ចង់ រោគនេះអាចមានក្រោះថ្នាក់ខ្លាំងដល់កូនក្មេងដែលមានអាយុក្រោម៥ឆ្នាំ) នាមសំព.
5067.	ហៃដ hide លាក់ អោត out មិនឱ្យឃើញ កិរិយាសព.
5068.	ហៃដ hide លាក់ អោត out មិនឱ្យ អ៊ៅវ of សៃត sight ភ្នែកមើលឃើញ កិរិយាសព.
5069.	ហៃដ hide លាក់ ធើ the វ៉ាក្ស facts រឿងពិតជាច្រើន កិរិយាសព.
5070.	ហិដឌេង hidden បានលាក់ ខ car ឡាន កិរិយាសព.
5071.	ហិដឌេន hidden បានលាក់ វ៉ូ្វដ food អាហារ កិរិយាសព.
5072.	ហិដឌេន hidden ធីសធិខល testicle ពងក្ត ពងស្វាសមួយ ឬទាំងពីរបាំងនៅក្នុងសាច់ មើលមិនឃើញ កិរិយាសព.
5073.	ហៃព្រែឌីន្ន hidradeno- អ៊ែរ or ឬ ហៃព្រែឌីន្ន hidraden/o ក្រពេញដែលបញ្ចេញ ញើស - ស្វត sweat ញើស (ស៊ូឌ្លូរិរើរិស sudoriferous ផ្គន្ន gland ក្រពេញដែលបញ្ចេញ ញើស) -ផ្រីវិក្ស prefix បុព្វបទ ឬជាក្បូសម្រាប់តបញ្ចូលគ្នាពីខាងមុខ.

5074.	ហៃដ្រូ hidro- ញើសបែកញើស អឺរ or ឬ ហៃដ្រ hidr/o ញើសបែកញើស - ស្ងែត sweat បែកញើស អឺរ or ឬ ស្ងែត sweat ក្រពេញ gland ក្រពេញបញ្ចេញញើស - ព្រីវិក្ស prefix បុព្វបទ ឬពាក្យសម្រាប់តបញ្ចូលផ្នែកពីខាងមុខ.
5075.	ហាយ high អឺម៉ោន្ស amounts មានចំនួនខ្ពស់ ឬបរិមាតខ្ពស់ គុណនាម.
5076.	ហាយ high អែលធិធូដ altitude អីធីម៉ា edema រោគហើមឡើងខ្ពស់ ឬហើបធំខ្ពាំង គុណនាម.
5077.	ហាយ high ប្លើដ blood គ្លូកូស glucose មានជាតិស្ករខ្ពស់នៅក្នុងឈាម គុណនាម.
5078.	ហាយ high ប្លើដ blood កម្លាំងឈាម ប្រេសសើ pressure ឡើងខ្ពស់ គុណនាម.
5079.	ហាយ high ប្លើដ blood ប្រេសសើ pressure មីឌិខេសិនួ medications ថ្នាំព្យាបាលរោគឈាមឡើងខ្ពស់ គុណនាម.
5080.	ហាយ high ប្លើដ blood ប្រេសសើ pressure កម្លាំងឈាមឡើងខ្ពស់ អាវិវៃកធិង affecting ធើ the ហ្ហត heart ធ្វើឱ្យកើតរោគបេះដូង គុណនាម.
5081.	ហាយ high ប្លើដ blood ស៊ុគើ sugar មានជាតិស្ករខ្ពស់នៅក្នុងឈាម គុណនាម.
5082.	ហាយ high ខាឡើរ calorie ដាយអិត diet ចំណីអាហារដែលមានកម្លាំងច្រើន ឬកម្លាំងខ្ពស់ គុណនាម.
5083.	ហាយ high អីធើជី energy មានកម្លាំងភ្លើងខ្ពស់ ឬខ្លាំង គុណនាម.
5084.	ហាយ high វិវើ fever គ្រុនក្ដៅខ្លាំង គុណនាម.
5085.	ហាយ high វៃបើ fiber អ៊ីនថេក intake ញ៉ាំម្ហូបអាហារដែលមានជាតិសរសៃៗច្រើន គុណនាម.
5086.	ហាយ high អ៊ីន in ប៊ីវ beef ញ៉ាំសាច់គោច្រើន គុណនាម.
5087.	ហាយ high អ៊ីន in សៃឈើរេតួ saturated វៃត fat មានជាតិខ្លាញ់វៃងខ្ពស់ គុណនាម.
5088.	ហាយ high អ៊ីនថេល្លិជិន្ត intelligent ឆ្លាតខ្លាំងណាស់ គុណនាម.
5089.	ហាយ high លេវ៉ល level មានកម្រិត ឬចំនួនខ្ពស់មួយវេង (ហាយ high លេវ៉ល្ស levels មានកម្រិត ឬចំនួនខ្ពស់ច្រើនវេងចាប់ពី២វេងឡើងទៅ) គុណនាម.
5090.	ហាយ high លេវ៉ល្ស levels មានកម្រិត ឬមានចំនួនជាតិ អ៊ៅវ of ឃ្យលេស្ដើរ៉ូល cholesterol ខ្លាញ់ខ្ពស់ អ៊ីន in នៅក្នុង ប្លើដ blood ឈាម គុណនាម.

5091.	ហាយ high លេវេល្យ levels មានចំនួន អៅវ of គ្លុកូស glucose ជាតិស្ករច្រើន ប្បខ្លស់ អិន in នៅក្នុង យ៉ូរ៉ុន urine ទឹកនោម គុណនាម.
5092.	ហាយ high លេវេល្យ levels មានចំនួន អៅវ of ស្ូគី sugar ជាតិស្ករខ្លស់ អិន in នៅក្នុង ប្លៀដ blood ទឹកឈាម គុណនាម.
5093.	ហាយ high លេវេល្យ levels មានចំនួន អៅវ of យូរិក uric ែអសិដ acid ទឹកអាស៊ីតខ្លស់ ហើយនឹងទឹកនោមខ្លស់នៅក្នុងទឹកឈាម គុណនាម.
5094.	ហាយ high លេវេល្យ levels មានចំនួន អៅវ of ត្រៃគ្លៃសេរ៉ីវាយស ឬត្រាយគ្លៃសេរ៉ីវាយ្យ triglycerides ជាតិខ្លាញ់ខ្លស់ អិន in នៅក្នុង ប្លៀដ blood ឈាម គុណនាម.
5095.	ហាយ high ណាម់ប៊ើស numbers មានចំនួនលេខច្រើន គុណនាម.
5096.	ហាយ high ផឺសេនថេត percentage មានចំនួនភាគរយខ្លស់ គុណនាម.
5097.	ហាយ high ផូថែសសៀម potassium មានវត្ថុធាតុដែកប្រាក់សខ្លស់នៅក្នុងទឹកឈាម គុណនាម.
5098.	ហាយ high ឃ្វលិទី quality គុណភាពខ្លស់ល្អ គុណនាម.
5099.	ហាយ high រេសៀល (រតិអ្) ratio ទឹក រវត្ថុធាតុច្រើនប្រភេទ ឬសាធាតុច្រើនយ៉ាងឡើងខ្លស់ គុណនាម.
5100.	ហាយ high រិស្ក risk អាចមានគ្រោះថ្នាក់ខ្លាំង ភាប់កើតរោគ គុណនាម.
5101.	ហាយ high ស្ពីដ speed មានល្បឿនលឿនខ្លាំង គុណនាម.
5102.	ហាយ high ស្ូគី sugar ជាតិស្ករខ្លស់ អិន in នៅក្នុង ធើ the ប្លៀដ blood ឈាម គុណនាម.
5103.	ហាយ high ថេកនូល្ូជី technology មានបច្ចេកទេសខ្លស់ទាក់ទងទៅនឹងការប្រើម៉ាស៊ីន ខាងវិទ្យាសាស្ត្រសំខាន់ថ្មីៗ (មានបច្ចេករិទ្យាខ្លស់ មានបច្ចេកខ្លស់ខាងវិទ្យា ឬខាងវិជ្ជាសាស្្យចេះប្រើម៉ាស៊ីនខ្លាំង) គុណនាម.
5104.	ហាយ high គ្រាយគ្លៃសេរ៉ីវាយ្យ ឬត្រៃគ្លៃសេរ៉ីវាយស triglyceride មានជាតិខ្លាញ់ខ្លស់នៅ ក្នុងខ្លន គុណនាម.
5105.	ហាយ high វ៉ូធើ water មានទឹកឡើងច្រើន គុណនាម.

5106.	ហាយអើ higher ខ្ពស់ខ្លាំង ផែន than ជាង គួរម៉ែល normal ធម្មតា (ខ្ពស់ជាងភាពធម្មតា) គុណនាម.
5107.	ហាយអើ higher អិមផ្ទរថែនស្យ importance ជាពិសេស ចាំ៖ខ្ពង់ខ្ពស់ ឬសំខាន់ជាងគេបំផុត គុណនាម.
5108.	ហាយអេស្ស highest លេវុល level មានកំរិតខ្ពស់ ឬកំពូលខ្ពស់ គុណនាម.
5109.	ហាយ-ហ្វ្រីឃ្វេនស៊ី high-frequency អីលេកទ្រិក electric យើរអន្ត current មានរលកកម្លាំងភ្លើងអគ្គីសនីរគ់ខ្លាំង គុណនាម.
5110.	ហាយលី highly អែកឃ្យុរិត accurate ត្រឹមត្រូវល្អ ឬល្អត្រឹមត្រូវបំផុត កិរិយាវិសេសន៍.
5111.	ហាយលី highly ផ្លេមម៉ែបល flammable ដែលឆាប់ឆេះបំផុត កិរិយាវិសេសន៍.
5112.	ហាយលី highly ម៉ិលិកនែន្ត malignant មានរោគមហារីកខ្លាំងធ្ងន់ធ្ងរ កិរិយាវិសេសន៍.
5113.	ហាយលី highly ម៉ិលិកនែន្ត malignant ធូម៉ឺរ tumor មានរោគមហារីកពុះពកពុំៗ ច្រើនខ្លាំង កិរិយាវិសេសន៍.
5114.	ហាយលី highly នូទ្រិសើស់ nutritious ន៉ែ ឬទាក់ទងទៅនឹងម្ហូប វ៉ុដ្យ foods ចំណីអាហារល្អច្រើនយ៉ាងដែលមានរស់ជាតិសម្រាប់ចិញ្ចឹមជីវិត កិរិយាវិសេសន៍.
5115.	ហាយលី highly ថក្ស៊ិក toxic វ៉ុដ្យ foods ម្ហូប ឬចំណីអាហារច្រើនយ៉ាងដែលមានជាតិពុលខ្លាំង កិរិយាវិសេសន៍.
5116.	ហាយលី highly ថក្ស៊ិក toxic ស៊ាប់ស្ទេនស៊ីស ឬសាប់ស្ទេនស៊ីស substances វត្ថុធាតុ ឬសារធាតុច្រើនយ៉ាងដែលមានជាតិពុលខ្លាំង កិរិយាវិសេសន៍.
5117.	ហាញន្ត្រវ៉ុត hindfoot ឆ្អឹងភ្នែកគោនៅចំហៀងជើង (ថាសុល្ប tarsals ឆ្អឹងភ្នែកគោនៅ ចំហៀងជើង) នាមសំពួ.
5118.	ហាញន្តម៉ូស្ស hindmost ផាត part ផ្នែកមួយនៅខាងក្រោយបង្អស់ ហាញន្តម៉ូស្ស hindmost ផាត្ស parts ផ្នែក២នៅខាងក្រោយបង្អស់ អេ៉ាវ of នៅវក្នុ ឬរបស់ នាមសំពួ.
5119.	ហិផ hip ឬន bone ឆ្អឹងត្រគាកមួយ (ហិផ hip ឬស្យ bones ឆ្អឹងត្រគាកពីរ) នាមសំពួ.
5120.	ហិផ hip ប្រិម brim ជាយនៅជុំវិញឆ្អឹងត្រគាក នាមសំពួ.
5121.	ហិផ hip ចញ្ន្ត joint សន្លាក់ឆ្អឹងត្រគាក នាមសំពួ.

5122.	ហិផ hip អផ្លេស្យមេន្ត replacement ប្តូរក្បាលឆ្អឹងត្រគាកជាមួយនឹងដែក នាមសំផ.
5123.	ហិផផ្ផ្រែធិក Hippocratic វៃស៊ីស facies បង្ហាញមុខឲ្យឃើញនៅពេលជិតផុតជីវិត ឬភ្នែកខ្លាំងជ្រៅ នាមសំផ.
5124.	ហិផផ្ផ្រែធិក Hippocratic អូស oath ការសំបថរបស់គ្រូពេទ្យ ឬវជ្ជបណ្ឌិតដើម្បីនឹងបំជើ ប្រជាជនដោយស្មោះ នាមសំផ.
5125.	ហិស His អាម arm ដៃរបស់គាត់១ខាង (ហិស His អាម្ស arms ដៃរបស់គាត់ទាំងពីរ) សព្ទនាម.
5126.	ហិស His អាធើរីស arteries សរសៃឈាមក្រហមជាច្រើនរបស់គាត់ (ហិស His អាធើរី artery សរសៃឈាមក្រហម១របស់គាត់) សព្ទនាម.
5127.	ហិស His ប្ល័គ្គ blogged អាធើរី artery សរសៃឈាមក្រហមរបស់គាត់ដែលស្ទះ សព្ទនាម.
5128.	ហិស His ប្ល័ឌ blood ឈាមរបស់គាត់ សព្ទនាម.
5129.	ហិស his ប្ល័ឌ blood ប្រេសសើ pressure កម្លាំងឈាមរបស់គាត់ កូស goes ចុះ ដោន down ទាប (ឬកម្លាំងឈាមរបស់គាត់ចុះ) នាមសំផ.
5130.	ហិស his ប្ល័ឌ blood ប្រេសសើ pressure កម្លាំងឈាមរបស់គាត់ កូស goes ឡើង អ៊ាផ up ខ្ពស់ (ឬកម្លាំងឈាមរបស់គាត់ឡើង) នាមសំផ.
5131.	ហិស His ប្ល័ឌ blood វេសសែល្ស vessels សរសៃឈាមតូចៗរបស់គាត់ សព្ទនាម.
5132.	ហិស His ប្រេន brain ខួរក្បាលរបស់គាត់ សព្ទនាម.
5133.	ហីស His ខុនឌិស៊ីន condition រោគរបស់គាត់ សព្ទនាម.
5134.	ហិស His ដកទើរ ឬដកទ័រ doctor គ្រូពេទ្យរបស់គាត់ សព្ទនាម.
5135.	ហិស His ដតធើ daughter កូនស្រីរបស់គាត់ សព្ទនាម.
5136.	ហិស His អាយលិឌ eyelid គ្របកភ្នែករបស់គាត់ សព្ទនាម.
5137.	ហិស His ហ្ហាត heart បេះដូងរបស់គាត់ សព្ទនាម.
5138.	ហិស His ហិផ hip ត្រគាករបស់គាត់ សព្ទនាម.
5139.	ហិស His លេក leg ជើងរបស់គាត់១ខាង (ហិស His លេក្ស legs ជើងរបស់គាត់ទាំងពីរ) សព្ទនាម.

5140.	ហិស្ត hist- សាច់ឈាម ឬសាច់កោសិកា - ជីសសប្ប tissue សាច់ឈាម ឬសាច់កោសិកា - ព្រីវិក្ស prefix បុព្វបទ ឬពាក្យសម្រាប់តបញ្ចូលផ្ទាល់ពីខាងមុខ.
5141.	ហិសថាមីន histamine ឈ្មោះប្រភេទអ៊ីនម្យ៉ាង វាធ្វើឱ្យសរសៃឈាមកំជើក ហើយវាធ្វើឱ្យសរសៃ ឈាមរីកធំ នាមសំពុ.
5142.	ហិសថាមីន histamine សេហ្វេលែលជា cephalalgia រោគឈឺនៅក្នុងក្បាល ឬឈឺនៅក្នុងខួរក្បាលដោយសារតែទឹកប្រភេទអ៊ីននេះ នាមសំពុ.
5143.	ហិសថាមីន histamine ហ្វេដអេត headache រោគឈឺនៅក្នុងក្បាល ឬឈឺនៅក្នុងខួរ ក្បាលដោយសារតែទឹកប្រភេទអ៊ីននេះ នាមសំពុ.
5144.	ហិស្ទីអូ histio- អិរ or ឬ ហិស្ទីអូ histi/o សាច់ឈាមរវ ឬសាច់ជាលិកា - ជីសសប្ប tissue សាច់ឈាម ឬសាច់ជាលិកា -ព្រីវិក្ស prefix បុព្វបទ ឬពាក្យសម្រាប់តបញ្ចូលផ្ទាល់ពីខាងមុខ.
5145.	ហិស្ទីអូសៃធិក histiocytic ល្ងយីម៉ៀ leukemia រោគមហារីកនៅគ្រាប់ឈាមសធំ នាមសំពុ.
5146.	ហិស្ទីអូសៃធិក histiocytic ម៉ាលិកនៃន្ធ malignant លីមហ្វូម៉ា lymphoma រោគដុំមហារីកនៅគ្រាប់ឈាមសធំ ហើយគ្រាប់ឈាមដើមរបស់ទិករវែងកើតដុំៗកើនឡើងខុស ពីភាពធម្មតា នាមសំពុ.
5147.	ហិស្ត histo- អិរ or ឬ ហិស្ត hist/o សាច់ជាលិកា - ជីសសប្ប tissue សាច់ជាលិកា -ព្រីវិក្ស prefix បុព្វបទ ឬពាក្យសម្រាប់តបញ្ចូលផ្ទាល់ពីខាងមុខ.
5148.	ហិស្តជេនិក histogenic អែសសាម្ពសិន assumption ការស្មានថាអ្វីៗដែលកើតឡើង មកពីគ្រាប់ទិកឈាមស ឬសាច់ជាលិកាស នាមសំពុ.
5149.	ហិស្តឡូជីខល histological អាយដេនធីវីខេសិន identification ការរៀនពិនិត្យ កត់សំគាល់រោគទៅតាមក្រមរបស់គ្រាប់ឈាមស ឬសាច់ជាលិកា នាមសំពុ.
5150.	ហិស្តូរិខល historical ការរៀន អីវ៉ាក្សមិនទេសិន examination ពិនិត្យមើលប្រវត្តិរោគ ដែលបានកើតទាំងតែសម័យដើម នាមសំពុ.
5151.	ហិស្តូរី history ប្រវត្តិសាស្ត្រ អវ៉ែ of របស់ ធើ the អឺរថ earth ផែនដី ភពផែនដី នាមសំពុ.

5152.	ហូល្ដ hold ទប់ ប៉ែក្ back យ៉ឺរំនេសីន urination មិនឱ្យទឹកនោមចេញ កិរិយាសព្ទ.
5153.	ហូល្ដ hold អ៊ិត it សូមចាំមួយនាទី កិរិយាសព្ទ.
5154.	ហូល្ដ hold ទប់ អ៊ិន on អោយជាប់ សូមចាំនៅកន្លែងនេះ (ចាំបន្តិច) កិរិយាសព្ទ.
5155.	ហូល្ដ hold ផ្លីស please សូមចាំបន្តិច សូមឈប់បន្តិច កិរិយាសព្ទ.
5156.	ហូល្ដ hold សាំទីង ឬសាម់ទីង something ចាប់របស់អ្វីមួយនៅក្នុងដៃ កិរិយាសព្ទ.
5157.	ហូល្ដ hold ទប់ ធើ the ខែត cat សត្វឆ្មា ស្ទីឌី steady ឱ្យនឹង កិរិយាសព្ទ.
5158.	ហូល្ដ hold ធើ the ឡាញន line ផ្លីស please សូមចាំនៅនឹងទូរស័ព្ទមួយនាទី កិរិយាសព្ទ.
5159.	ហូល្ដ hold ធើ the ឡាញន line ផ្លីស please សូមទប់ខ្សែសន្ទូចនេះឱ្យនៅនឹង១កន្លែង កិរិយាសព្ទ.
5160.	ហូល្ដ hold ទប់ យ៉ួរ your អាម arm ដៃរបស់អ្នក ស្ទីឌី steady ឱ្យនឹង កិរិយាសព្ទ.
5161.	ហូល្ដ hold ទប់ យ៉ួរ your បឌី body ខ្លួនរបស់អ្នក ស្ទីឌី steady ឱ្យនឹង កិរិយាសព្ទ.
5162.	ហូល្ដ hold ទប់ យ៉ួរ your ប្រលិ (ប្រេះលិ) breath ដកដង្ហើមរបស់អ្នក កិរិយាសព្ទ.
5163.	ហូល្ដ hold ទប់ យ៉ួរ your អាយ eye ភ្នែករបស់អ្នក អូផែន open ឱ្យបើក កិរិយាសព្ទ.
5164.	ហូល្ដ hold ទប់ យ៉ួរ your វិងគើស fingers ម្រាមដៃរបស់អ្នក ស្ទីឌី steady ឱ្យនឹង កិរិយាសព្ទ.
5165.	ហូល្ដ hold ទប់ យ៉ួរ your ហ៊ែដ head ក្បាលរបស់អ្នក ស្ទីឌី steady ឱ្យនឹង កិរិយាសព្ទ.
5166.	ហូល្ដ hold ទប់ យ៉ួរ your ថូស toes ម្រាមជើងរបស់អ្នក ស្ទីឌី steady ឱ្យនឹង កិរិយាសព្ទ.
5167.	ហូល្ដ hold យ៉ួរ your ថាំង tongue ទប់អណ្តាតរបស់អ្នកឱ្យនឹង កិរិយាសព្ទ.
5168.	ហូលឌិង holding កំពុងតែទប់ អេ a បឌី body រងខ្លួននៅក្នុងពេលពន្ធុរនេះ កិរិយាសព្ទ.
5169.	ហូលឌិង holding ផាត្ស parts កន្លែងដែលឱ្យឃើងចាប់ ឬនៅពេលដែលគេឱ្យអ្នក ទប់សម្លេងមិនឱ្យឮ កិរិយាសព្ទ.
5170.	ហូល hole រន្ធ អ៊ោវ of ដែល អូផែនិង opening បើក នាមសំព្ទ.

5171.	ហ្គុល hole រន្ធ ស្រ្កុវ through ធ្លុះចូលទៅតាម ធើ the វិល្ល wall ជញ្ជាំង នាមសំពុ.
5172.	ហាលល្លូ hollow រន្ធ ឬប្រហោង ឆមបើស chambers បន្ទប់ គុណនាម.
5173.	ហាលល្លូ hollow រន្ធ ឬប្រហោង ម្មីអេតុល meatal ធូប tube បំពង់សាច់ គុណនាម.
5174.	ហាលល្លូ hollow រន្ធ ឬប្រហោង មីថុល metal ធូប tube បំពង់ដែក គុណនាម.
5175.	ហាលល្លូ hollow និឌល needle រន្ធ ឬប្រហោងមូល គុណនាម.
5176.	ហាលល្លូ hollow រន្ធ អ៊ូរកិន organ ក្រពេញ (ឬសរីរាង្គដែលមានអោនប្រហោង) គុណនាម.
5177.	ហាលល្លូ hollow ស្ពេស្ស space កន្លែងមានរន្ធ ឬកន្លែងដែលមានប្រហោង គុណនាម.
5178.	ហាលល្លូវ hollow ធូប្យ tubes ធ្លូវ រន្ធ ឬប្រហោងមានខ្សែសរសៃវិញ្ញាណ ឬខ្លួរឆ្អឹងខ្នងនៅ ក្នុងវានៅតាមផ្លូវឆ្អឹងខ្នង (រន្ធទីក) គុណនាម.
5179.	ហ្គម hom- ដូចគ្នា ស្រដៀងគ្នា -ធ្រីវិក្ស prefix បុព្ជបទ ឬពាក្យសម្រាប់ផ្ទីខាងមុខ.
5180.	ហ្គម home អែសសេស្សមេន្ត assessment ធ្វើឯកសារ ក្រដាសស្ទាម បញ្ជីរសាជាថ្មីឡើង វិញ្ជពីការតាមជានពិនិត្យមើលរោគនៅក្នុងផ្ទះ ឬនៅទីកន្លែងរបស់អ្នកជម្ងឺរស់នៅ គេមើលកម្លាំងកាយ រូបរាងកាយសកម្មភាពដែលអ្នកជម្ងឺធ្វើការប្រចាំថ្ងៃ នៅក្នុងជីវិតរបស់ជម្ងឺ ពីការរស់នៅរបស់ជម្ងឺ ដើម្បីនឹងជាសវាងការព្រោះថ្នាក់ដល់អ្នកជម្ងឺ នាមសំពុ.
5181.	ហ្គម home ខៃ care ថែទាំរក្សា ឬព្យាបាលរោគនៅផ្ទះរបស់អ្នកជម្ងឺ នាមសំពុ.
5182.	ហ្គម home ហ៊្លេលសិ health អេរជេនសី agency ទីក្លាក់ការ ឬក្រស្មងដែលផ្តល់ការ ថែទាំអ្នកជម្ងឺនៅផ្ទះរបស់អ្នកជម្ងឺ នាមសំពុ.
5183.	ហ្គម home ហ៊្លេលសិ health នើស nurse ទីក្លាក់ការ ន្លឹស ឬបុមកពីក្រស្មងដែលផ្តល់ការ ថែទាំអ្នកជម្ងឺនៅក្នុងផ្ទះរបស់អ្នកជម្ងឺ នាមសំពុ.
5184.	ហ្គម home ទៅរ៉ាជី therapy ព្យាបាលរោគខាងការហាត់ប្រាណនៅផ្ទះ នាមសំពុ.
5185.	ហ្គម home ធ្រីតមិន្ត treatment ការព្យាបាលរោគនៅផ្ទះ នាមសំពុ.
5186.	ហ្គមលេស្ស homeless ធើសិន person មនុស្សដែលគ្មានផ្ទះនៅ នាមសំពុ.
5187.	ហ្គមមេឌ homemade អាយ eye វ៉ស្ស៊ិស washes ទឹកលាងសំអាតក្ភ្នកដែលធ្វើនៅ ផ្ទះដោយខ្លួនឯង នាមសំពុ.

5188.	ហ្វម៉ិអូ homeo- ដូចគ្នា ស្រដៀងគ្នា អិរ or ឬ ហ្វម៉ីអូ home/o ដូចៗគ្នា - អាន់រេងជិក unchanging ដូចភាពដើម គ្មានការប្រែប្រួល - សេមនេស្ស sameness ខូនស្ទេន្ត constant ស្ថិតថ្មេតទៅមុខដូចៗគ្នា -ត្រីវិក្ស prefix បុព្វបទ ឬបាក្យសម្រាប់តពីខាងមុខ.
5189.	ហ្វម៉ូ homo- ដូចគ្នា ស្រដៀនគ្នា -ត្រីវិក្ស prefix បុព្វបទ ឬបាក្យសម្រាប់តពីខាងមុខ.
5190.	ហ្វម៉ូអីអូ homoe/o- ដូចគ្នា ស្រដៀនគ្នា -ត្រីវិក្ស prefix បុព្វបទ ឬបាក្យសម្រាប់តពីខាងមុខ.
5191.	ហ្វម៉ូអាយអូ homoio- ដូចគ្នា ស្រដៀនគ្នា -ត្រីវិក្ស prefix បុព្វបទ ឬបាក្យសម្រាប់តពីខាងមុខ.
5192.	ហ្វម៉ូស homos- ដូចគ្នា ស្រដៀងគ្នា -ត្រីវិក្ស prefix បុព្វបទ ឬបាក្យសម្រាប់តពីខាងមុខ.
5193.	ហ្វត-លេត hook-like មានរាងដូចទំពក់ សម្រាប់កោសសាច់ ដើម្បីយកសាច់បន្តិចទៅពិនិត្យ មើលរោគ ឬសម្រាប់ទាក់យករបស់អ្វីមួយដែលនៅឆ្ងាយពីដែលយើង នាមសំពុ.
5194.	ហ្វតវ៉ឺម Hookworm ឌិស៊ីស Disease សត្វព្រូនមួលដែលធ្វើឱ្យកើតរោគនៅក្នុងក្រពេញ នៅខាងក្នុងខ្លួនមនុស្សឈ្មោះ នេម៉ាថូដ Nematode នាមសំពុ.
5195.	ហ្វរ៉ិស្សិនថុល horizontal ផ្លេន plane ផតចែកបែងភាគដងខ្លួនទទឹងកាត់ជាក់កណ្ដាលខ្លួន ១កំណាត់ទៅខាងលើ ហើយ១កំណាត់ទៀតទៅខាងក្រោមដើម្បីពិនិត្យមើលរោគ ផតផ្លាស់រូបថៗគ្នាត ជាប់ៗគ្នា នាមសំពុ.
5196.	ហ្វរ៉ូម៉ុនុល hormonal រេងថ្គ change ប្រទិកអ័រម៉ូនទិកឈាម ឬទិកប្រតេអ៊ីនដែលបញ្ចេញ មកពីក្រពេញនៅក្នុងខ្លួន នាមសំពុ.
5197.	ហ្វរ៉ូម៉ុនុល hormonal អីនធើអ័រកសិន្ស interactions ការធ្វើប្រ ឬប្រជាំងនឹងទិកអ័រម៉ូន ទិកឈាម ឬទិកប្រតេអ៊ីនដែលបញ្ចេញមកពីក្រពេញនៅក្នុងខ្លួន នាមសំពុ.
5198.	ហ្វរ៉ូម៉ុន ឬហ្វរ៉ូម៉ូន hormone បាយ by ជាតិទិកអ័រម៉ូន ឬជាតិប្រតេអ៊ីនមកពីរ (ទិកហ្វរ៉ូម៉ុនដែលធ្វើឱ្យប្ដឹងធំមកពីក្រពេញនៅក្នុងខួរក្បាលខាងក្រោមឈ្មោះ ពិតួអ៊ីថ្មេរី pituitary ថ្គ្លេន្ត gland) នាមសំពុ.
5199.	ហ្វរ៉ូម៉ុន ឬហ្វរ៉ូម៉ូន hormone សើខ្យូលេស៊ិន circulation ជាតិទិកអ័រម៉ូន ឬជាតិប្រតេអ៊ីន វ៉ារិលចុះឡើងនៅក្នុងឈេក នាមសំពុ.

5200.	ហ្ស៊រម៉ូន ឬហ្ស៊រម៉ូន hormone ទើរ៉ាធី therapy ព្យាបាលរោគដោយប្រើជាតិទឹកអំរ៉ម៉ូន ឬជាតិប្រភេទអ៊ីន នាមសព្ទ.
5201.	ហ្ស៊រម៉ូស hormones អេះសត្រូជិន estrogen ឈ្មោះជាតិទឹកអំរ៉ម៉ូន ឬជាតិប្រភេទអ៊ីន របស់ស្ត្រី នាមសព្ទ.
5202.	ហ្ស៊រម៉ូស hormones ទឹកអំរ៉ម៉ូន ថែត that ដែល ស្ទីមួលេត stimulate កំជីក ធើ the ក៉ូនៃវ្យូ gonads ពង ទឹកពង ហើយនឹងពងក្តួ (ក្រពេញបន្តពូជដែលបញ្ចេញទឹកពង ទឹកមេពីវិត ហើយនឹងទឹកកាម) នាមសព្ទ.
5203.	ហ្ស៊រនើ'ស Horner's ឈ្មោះ សិនដ្រម syndrome រោគរុមគ្នាជាច្រើននៅសរសៃវិញ្ញាណ ឬរោគនៅសរសៃប្រសាទ នាមសព្ទ.
5204.	ហ្ស៊រនលែត hornlike មានរាងដូចស្នែង គុណនាម.
5205.	ហ្ស៊រនី horny ម៉ែស្ស mass សាច់ដុះពកដុំៗដូចគ្រាប់ពោត ឬដូចស្នែង១ នាមសព្ទ.
5206.	ហ្ស៊រនី horny ម៉ែស្ស៊ីស masses សាច់ដុះពកដុំៗដូចគ្រាប់ពោត ឬដូចស្នែង២ នាមសព្ទ.
5207.	ហត់ hot អ៊ៀរ air ខ្យល់ក្តៅ និយាយបន្លើសមកពីមានចិត្តខឹង នាមសព្ទ.
5208.	ហត់ hot ខំព្រេស្ស៊ីស ឬខ្លម់ព្រេស្ស៊ីស compresses បិត ឬប៉ុប៉ង់ក្តៅអុនៗសង្កត់ពីលើមុខ របួស នាមសព្ទ.
5209.	រោគ hot ក្តៅ អ៊ីណៅវ enough ល្មម រ៉ូវ for សម្រាប់ឲ្យ ញ៉ូ you អ្នកឬទេ? នាមសព្ទ.
5210.	ហត់ hot ផ្លីស្ស៊ីស flashes ក្តៅឈាម ឬឈាមក្តៅរត់ចុះឡើងក្នុងខ្លួននៅពេលជិតអស់រដូវ ឬអស់រដូវ នាមសព្ទ.
5211.	ហត់ hot ហ៊ីត heat កំដៅក្តៅ នាមសព្ទ.
5212.	ហត់ hot ផែកួស packs បង់ក្រាស់ក្តៅ (សម្រាប់ស្តុំសាច់នៅពេលឈឺ) នាមសព្ទ.
5213.	ហត់ hot សាន់ sun ថ្ងៃក្តៅ កំក្តៅថ្ងៃក្តៅ នាមសព្ទ.
5214.	ហត់ hot ថេមពើរេឈ័រស temperatures ឡើងកំដៅ (ក្រុនក្តៅ) នាមសព្ទ.
5215.	ហារ៉ូអ៊ីវ៉ើ however ទោះជា ញ៉ូ you អ្នក ឌូ do ធ្វើយ៉ាងណាក៍ដោយ កិរិយាវិសេសន៍.
5216.	អេឌឆវ៉ី HPV អក្សរកាត់របស់មេរោគរបស់មនុស្សឲ្យរមលាយគ្នា វាធ្វើឲ្យសាច់ឃើងព្រាំ កន្ទួល ហើមនៅលើស្បែក រោគកើតដុះឬសនៅលើស្បែក វាមានរោគរដំផៅរមាស់ក្រហមនៅលើស្បែកឈ្មោះ (ហ្ស៊ូមែន human ផែទិល្ល័ទីម៉ា papilledema-វ៉ៃរ៉ស virus មេរោគរបស់មនុស្សឲ្យរ

	រូបលាយគ្នាដែលធ្វើឱ្យសាច់ពាំ កន្ទុល ហើមនៅលើស្បែក រោគកើតពុះបូសនៅលើស្បែក) នាមសំព. ហ្បុមែន human នីស្ទីស disease រោគរបស់មនុស្ស នាមសំព.
5217.	ហ្បុជ huge ប្ូល (ប្ូវល) bowl ចានធំ គុណនាម.
5218.	ហ្បុជ huge ចរ jar កែវវាជាក់របស់ធំ គុណនាម.
5219.	ហ្បុជ huge ច jaw ថ្គាមធំ គុណនាម.
5220.	ហ្បុមែន human អែណាធ្មមី anatomy ការកាត់វែកញែករៀនមើលអំពីវដ្ខ្លួន ហើយនិងរៀនអំពីមុខការរបស់ក្រពេញនៅក្នុងខ្លួនមនុស្ស នាមសំព.
5221.	ហ្បុមែន human ប៊ីអ៊ីង្ស beings មនុស្សលោក ឬមនុស្សដែលមានជីវិតរស់នៅលើផែនដី នាមសំព.
5222.	ហ្បុមែន human បឌី body ខ្លួនរបស់មនុស្ស នាមសំព.
5223.	ហ្បុមែន human ប៊ូន្ស bones ឆ្អឹងជាច្រើនរបស់មនុស្ស នាមសំព.
5224.	ហ្បុមែន human ឃូរ៉ូយ៉និក chorionic ក្ូនៃដួគ្រនឹក gonadotropic ឈ្មោះទឹកអ័រម៉ូនដែលផលិតមកពីសុក (អេវស៊ីជី HCG អក្សរកាត់របស់ទឹកអ័រម៉ូននេះដែលគ្រូពេទ្យពិនិត្យរកមើល ថាតើស្រ្តីមានផ្ទៃពោះ ឬអត់មានផ្ទៃពោះ ហើយនិងទឹកអ័រម៉ូនដែលគ្រប់គ្រងថែរក្សាទារកប្រហែលអាយុ៣ខែ នៅពេលស្រ្តីមានផ្ទៃពោះ ក្រោយមកសុកក៏បន្តថែរក្សាទារកទាល់តែក្ូនឌ្ហា ឬទារកកើត) នាមសំព.
5225.	ហ្បុមែន human ឃូរ៉ូយ៉និក chorionic ក្ូនៃដួគ្រផិន gonadotropin ឈ្មោះទឹកអ័រម៉ូន ដែលផលិតមកពីសុក វាថែទាំទារកនៅក្នុងផ្ទៃម្តាយនៅពេលស្រ្តីមានផ្ទៃពោះ ដើម្បីនឹងផលិតទឹកអ័រម៉ូនឈ្មោះ អែសត្រូជែន estrogen អែន្ត and ហើយនិង ព្រូជេស្ទៀន progesterone (អេវស៊ីជី HCG អក្សរកាត់របស់ទឹកអ័រម៉ូននេះដែលគ្រូពេទ្យពិនិត្យរក មើលថាតើស្រ្តីមានផ្ទៃពោះ ឬអត់មានផ្ទៃពោះ ហើយវាជាទឹកអ័រម៉ូនដែលគ្រប់គ្រងថែរក្សាទារក ប្រហែល៣ខែនៅពេលស្រ្តីមានផ្ទៃពោះ ក្រោយមកសុកក៏បន្តថែរក្សាទារកនោះទាល់តែទារក ឬក្ូនឌ្ហានោះកើត) នាមសំព.
5226.	ហ្បុមែន human អ៉ៀរ ear ត្រចៀករបស់មនុស្ស នាមសំព.
5227.	ហ្បុមែន human ហិស្ទរី history ប្រវត្តិសាស្រ្តរបស់មនុស្ស នាមសំព.
5228.	ហ្បុមែន human អ៉ិមម៉្យូន្ធូឌីវីស៊ីនស៊ី immunodeficiency វៃរ៉ិស virus

	មេរោគស្វាយរបស់មនុស្ស (ជំងឺកើតក្លាយលាយទៅក្នុងប្រព័ន្ធនៃរ៉ែលអាចផ្សព្វទឹកអំរ៉ែមើរវីនឹង ការពារវេងខ្លួនឡើង វាកើតលាត វាប្រជាមេរោគនេះវិញ) (អេតអាយវី HIV អក្សរកាត់របស់វា រោគស្វាយ រោគអេដសន៍ អេដស AIDS អក្សរកាត់របស់រោគស្វាយ រោគអេដសន៍) នាមសំព.
5229.	ហ្យូម៉ែន human នូស nose ច្រមុះរបស់មនុស្ស នាមសំព.
5230.	ហ្យូម៉ែន human ផៃផិលឡូម៉ា papilloma រោគសាច់ដុះប៉ុនៅខ្លួនមនុស្ស រោគដែលកើត មកដោយសារមេរោគឈ្មោះ វ៉ៃរីស virus (អេតសីវី HPV អក្សរកាត់របស់រោគសាច់ដុះប៉ុនៅ ក្នុងខ្លួនមនុស្សដោយសារមេរោគឈ្មោះ វ៉ៃរីស virus នេះ) នាមសំព. បិណាញ benign អឺផិធីលៀល epithelial ធួម៉័រ tumor រោគដុះប៉ុនៅលើស្បែកដែលគ្មានមេរោគ នាមសំព.
5231.	ហ្យូម៉ែន human ស្គេលេធឹន skeleton ឆ្អឹងរបស់មនុស្ស (ឬឬ bones ឆ្អឹងបមនុស្ស ចាស់មានឆ្អឹង២០៦ ហើយឆ្អឹងកូនងាមានឆ្អឹង៣០០) នាមសំព.
5232.	ហ្យូម៉ី humer- ឆ្អឹងដើមដៃខាងលើ - ហ្យូម៉ីរីស humerus ឆ្អឹងដើមដៃ -ព្រីវិក្ស prefix បុព្វបទ ឬពាក្យសម្រាប់តបបញ្ចូលក្លាពីខាងមុខ.
5233.	ហ្យូម៉េរុល humeral អាធិខ្យូលេសិន articulation ក្បាលឆ្អឹងមួលទៅសន្លាក់ឆ្អឹងស្មា ដែលតទៅនឹងឆ្អឹងដើមដៃ នាមសំព.
5234.	ហ្យូម៉េរុល humeral ចញ្ចន្ត joint ក្បាលឆ្អឹងមួលនៅសន្លាក់ឆ្អឹងស្មាដែលតទៅឆ្អឹងដើមដៃ នាមសំព.
5235.	ហ្យូម៉េរ៉ូ humero- អិរ or ឬ ហ្យូម៉េរ៉ូ humer/o ឆ្អឹងដើមដៃខាងលើ - ហ្យូម៉ីរីស humerus ឆ្អឹងដើមដៃ -ព្រីវិក្ស prefix បុព្វបទ ឬពាក្យសម្រាប់តបបញ្ចូលក្លាពីខាងមុខ.
5236.	ហ្យូម៉េរ៉ូរ៉េៀល humeroradial ចញ្ចន្ត joint សន្លាក់ឆ្អឹងនៅឆ្អឹងដើមដៃដែលតចូលក្លាជា មួយនឹងឆ្អឹងដើមដៃ នាមសំព.
5237.	ហ្យូម៉ីរីស humerus ហ្ហែដ head ក្បាលឆ្អឹងមួលៗនៅឆ្អឹងដើមដៃ នាមសំព.
5238.	ហ្យូម៉័រ humor- ទឹក - លិឃ្វិង liquid ទឹក -ព្រីវិក្ស prefix បុព្វបទ ឬពាក្យសម្រាប់តពីខាងមុខ.
5239.	ហ្យូម៉័រ humor ទឹកវុំអិលដែលប្រែពណ៌ អៅវ of នៅក្នុង ធី the អាយ eye គ្រាប់ភ្នែក (មានទឹកជាក់កណ្ណាល) នាមសំព.

5240.	ហ្យូមើរុល Humoral អ៊ីមម្យូនិទី immunity ទិកប្រព័ន្ធការពារកំឡុងមេរោគចូលមកក្នុងរងខ្លួន នេះគឺជាទិកកោសិកាដែលផ្ទុយការពារខ្លួន វាវិលចុះឡើងនៅក្នុងទិកឈាមថ្មីផ្សេៗ (អ្នកបរិប្រាណគឺជាអង្គទីបីយួទិក គឺជាទិកថ្មីផ្សេៗ) ដែលវីកនាំនៅក្នុងគ្រាប់ឈាមឈ្មោះ អ៊ីមម្យូនគ្លូប្បូលិន្សៃ immunoglobulins (វាមានច្រើនយ៉ាង អាយជីអេ IgA អាយជីបី IgB អាយជីឌី IgD ដៃន្ត and អាយជីអ៊ឹម IgM) វាមានច្រើនតទៅទៀត ស្ងួគ្រពេទ្យរបស់អ្នកបើសិនជាអ្នកចង់ដឹង នាមសព្ទ.
5241.	ហ្យូមើរុល Humoral អ៊ីមម្យូនិទី immunity ទិកប្រព័ន្ធការពារកំឡុងមេរោគចូលមកក្នុងរងខ្លួន មុខងាររបស់ក្រុមគ្រាប់ឈាមសនេះគឺ: បី-សេល្លស B-cells ប្រែទៅជាគ្រាប់ ទិកឈាមសឈ្មោះ ផ្លែសម៉ា plasma សេល្លស cells ដៃន្ត and ហើយវាបញ្ចេញ ប្បធើថ្មីផ្សេៗឈ្មោះ ដៃនទីបឌីស antibodies ដែលមានឈ្មោះហៅថា អ៊ីមម្យូនគ្លូប្បូលិន្សៃ immunoglobulins វាកើតមកពីឆ្អឹង ហើយវាទៅរៀននៅក្នុងឆ្អឹងដែរ នាមសព្ទ.
5242.	ហ្យូមើរិ humori ឆ្អឹងដៃខាងលើទាំងពីរខាង (ហ្យូមើរីស humerus ឆ្អឹងដើមដៃ១ខាង) នាមសព្ទ.
5243.	ហាញ្ញឆ្ត hunched ចំកោង ម៉ាយ my ស្ពាលមើស shoulders ស្មារបស់ខ្ញុំទៅមុខ កិរិយាសព្ទ.
5244.	ហាន្ត្រឧឌ hundred ១០០ (លេខ១០០ រឿនហាន្ត្រឧឌ 100 ១០០ នាមសព្ទ.)
5245.	ហាន់ធិង hunting ស្តីសិន season នៅក្នុងរដូវបាញ្ញសត្វ នាមសព្ទ.
5246.	ហាន់ធិងធីន'ស Huntington's យើរៀ chorea គឺជាឈ្មោះរោគមួយដែលធ្វើឱ្យសាច់ដុំកន្ត្រាក់ឡើងរវិក រញ្ញ កំរើកមិនស្រួល ពិបាកនិយាយ ពិបាកសេីច សាច់មុខឡើងគឹង ពិបាកដកដង្ហើម រោគនិវិចរលនៅសរសៃវិញ្ញាណបន្តិចម្តងៗ ឬរោគខួរក្បាល ឬខួចខួរក្បាល រោគខួចសរសៃវិញ្ញាណ រោគនេះកើតឆ្លងតាមពូជពង្សៗគ្នា វាកើតឡើងនៅពេលមនុស្សពាក់កណ្ដាលជីវិត (ប្រហែលជាមានអាយុរ ៤៥ ទៅសល់ ៥៥) ឈ្មោះ១ទៀតគេហៅវាថា ហាន់ធិងធីន'ស Huntington's ឌិស្ស៊ីស disease នាមសព្ទ.
5247.	ហើត hurt ម៉ាយ my ហ្វីលិង feeling ឈឺចាប់នៅក្នុងអារម្មណ៍របស់ខ្ញុំ (ធ្វើឱ្យខ្ញុំលើចិត្ត អារម្មណ៍របស់ខ្ញុំមិនល្អ ខ្ញុំមិនពេញចិត្ត) កិរិយាសព្ទ.
5248.	ហើត hurt ម៉ាយ my ហ្វិងគើស fingers ម្រាមដៃរបស់ខ្ញុំ៍ (ថ្មធ្វើឱ្យម្រាមដៃរបស់ខ្ញុំ៍) កិរិយាសព្ទ.

5249.	ហើត hurt ម៉ាយ my វុត foot ជើងរបស់ខ្ញុំ (ថ្វើឱ្យឈឺជើងរបស់ខ្ញុំ) កិរិយាសព្ទ.
5250.	ហើត hurt ម៉ាយ my ហែន្ឌ hand ដែរបស់ខ្ញុំ (ថ្វើឱ្យដែរបស់ខ្ញុំ) កិរិយាសព្ទ.
5251.	ហើត hurt ល៉ឺ ធ្ធ to នៅពេល ស្ពលល្លូវ swallow លេប សាលៃវ៉ា ឬស៉ីលៃវ៉ា saliva ទឹកមាត់ កិរិយាសព្ទ.
5252.	អេងអិក្ស HX ប្រវត្ដិ ប្រវត្ដិសាស្ដ្រ - (ហិស្ដ័រី history ប្រវត្ដិ ប្រវត្ដិសាស្ដ្រ) នាមសព្ទ.
5253.	ហៃ hy- ហៃអ៊ូ hyo ដែន្ឌ and ហើយនឹង ហៃហ្ស៉ីយដ hyoid ប៊ូ bone ពាក្យទាំងបីនេះមានន័យដូចគ្នា ឈ្មោះឆ្អឹងតូចនៅខាងលើក្រពេញ ឈ្មោះតាមរូប ឆ្អឹងដែលមានរាគកោងមូល ដូចអក្សរ យ៉ូ u វាជួយទប់អណ្ដាតជាប់នឹគ ឆ្អឹងនេះនៅតែឯង វានៅខាងក្រោមឆ្អឹងថ្កាម (វាមិនមែនជាផ្នែករបស់ឆ្អឹងលាដ៍ក្បាលទេ) -ព្រីវីក្ស prefix បុព្វបទ ឬពាក្យសម្រាប់ដប់ពីខាងមុខ.
5254.	ហៃអេលិន hyaline បឌីស bodies សាច់ចាំងថ្លាៗស្ទើងដូចកញ្ចក់ខ្លះៗដែលមាននៅលើរោគ ស្សែកខ្លះ នាមសព្ទ.
5255.	ហៃអេលិន hyaline ខាទិលេជ cartilage សាច់ឆ្អឹងខ្ទីដែលមានពន្លឺចាំងថ្លាៗដូចកញ្ចក់ នាមសព្ទ.
5256.	ហៃអេលិន hyaline មេមប្រេន membrane ឌិស្ស៉ីស disease រោគនៅក្នុងស្រទាប់ សាច់ស្ទើងៗចាំងនៅក្នុងស្រោមស្ទួត នេះក៏ជារោគកើតឡើងនៅកូនដ៉ាដែលទើបនឹគកើតថ្មី ដោយខ្លះជាតិ ប្រភេទអុីនយ៉ាង វាធ្វើឱ្យខូចស្ទួត (រោគនេះឈ្មោះ រេស្ព័រេធ្ធ័រី respiratory ឌិស្ស៉ីស disease ស៉ិនដ្រ៉ូម syndrome) នាមសព្ទ.
5257.	ហៃ្រដ្រមនិយ៉ន hydramnions រោគទឹកផ្លោះច្រើននៅក្នុងស្រោមទឹកផ្លោះដែលនៅជុំវិញទារក នៅក្នុង ផ្ទែម្ដាយ១វង ហៃ្រដ្រមនិអ៊ូស hydramnios រោគទឹកផ្លោះច្រើននៅក្នុងស្រោមទឹកផ្លោះ នៅជុំវិញទារកនៅក្នុងផ្ទែម្ដាយច្រើនវង នាមសព្ទ.
5258.	ហៃប្រ៉ិដ hybrid អីឡ៉ិកត្រិក electric ប៊ឹស bus ឡានក្រុងធំដែលប្រើភ្លើងអគ្គីសនី នាមសព្ទ.
5259.	ហៃ្រដ្រ Hydro- ទឹក អ៉ិរ or ឬ ហៃ្រដ្រ hydr/o ទឹក - លិប្ល៉ិដ fluid ទឹក -វ៉ុធើ water ទឹក -ព្រីវីក្ស prefix បុព្វបទ ឬពាក្យសម្រាប់ដបបញ្ចូលផ្គាពីខាងមុខ.

5260.	ហៃដ្រូក្លូរិក hydrochloric ឥណសិដ acid ទឹកអាស៊ីតដែលជួយរំលាយអាហារដែលមាន ពណ៌ទៀវ ឬពណ៌បៃតង (ក្រពះរាបបង្កើត វត្ថុធាតុអាស៊ីតនេះដើម្បីនឹងជួយរំលាយចំណីអាហារយើង) នាមសំព្វ.
5261.	ហៃដ្រូ-ឌិយ៉ូរិល Hydro-DIURIL ថ្នាំព្យាបាលរោគលយាមទ្បើងខ្ពស់ ហើយនឹងរោគផ្សេងទៀត ដែលមានទឹកច្រើននៅក្នុងខ្លួន រោគបេះដូងដើរមិនល្អ (ថ្នាំនេះវាធ្វើឱ្យនោមច្រើនដងដើម្បីធ្វើអោយទឹក ចុះទាបធម្មតាវិញ) នាមសំព្វ.
5262.	ហៃដ្រូខាបីន hydrocarbon នេះគឺជាវត្ថុធាតុលាយគ្នាកើតទ្បើងមកពីកូនមេរោគតូចៗដែលមាន ជីវិត (ដែលមានតែសាធាតុគីមី ឈ្មោះ ខាបីន carbon ឥណ្ឌ and ហើយនឹង កម្លាំងខ្យល់ លាយទឹកឈ្មោះ ហៃដ្រូជីន hydrogen វាមានជាតិស្ទួលភ្លើងតូចៗឈ្មោះ ឥអដុំ atom) នាមសំព្វ.
5263.	ហៃដ្រូជីន hydrogen វត្ថុធាតុទឹក១យ៉ាងដែលគ្មានពណ៌ ហើយភាប់ពេះ វាមានស្ទួលឈ្មោះ ឥអដុំ atom នាមសំព្វ.
5264.	ហៃដ្រូជីន hydrogen ឥអដុំ atom ស្ទួលទឹកតូចជាងគេវាអណ្ណេតនៅលើលំហរអាកាស នាមសំព្វ.
5265.	ហៃដ្រូជីន hydrogen វត្ថុធាតុនេះមានស្ទួលពីរ ឈ្មោះ ឥអដុំស atoms ស្ទួលពីរ ឥណ្ឌ and ហើយនឹង មូលេខ្យល molecule ជាតិទឹក វអងទឹក នាមសំព្វ.
5266.	ហៃដ្រូជីន Hydrogen ផឺរ៉ិក្យដ peroxide ទឹកថ្នាំសម្រាប់លាងរំជៅមិនឱ្យមេរោគកើត មានជាតិពុលដែលប្រើដើម្បីនឹងសម្លាប់មេរោគ នាមសំព្វ.
5267.	ហៃមេន hymen មេមប្រេន membrane ស្រទាប់សាច់ស្ដើងៗអិលៗ ឬសន្ធះសាច់ដែល ក្រប នៅលើរន្ធយោនិ ឬសាច់ក្របទ្វារមាសរបស់ស្ត្រីដែលនៅលើវ វាជាផ្នែកមួយរបស់ សរីរាងសម្រាប់បន្តពូជ នាមសំព្វ.
5268.	ហៃមេន hymeno- អិរ or ឬ ហៃមេន hymen/o សន្ធះសាច់- ហៃមេនhymen សាច់អិលបត់មួយសន្ធះដែលក្របនៅលើ រន្ធយោនិ ឬសាច់ក្របទ្វារមាសរបស់ស្ត្រីដែលនៅលើវ វាជាផ្នែករបស់សរីរាងសម្រាប់បន្តពូជ -ផ្រីវិក្ស prefix បុព្វបទ ឬពាក្យសម្រាប់ដាក់ពីខាងមុខ.
5269.	ហៃអូ hyo- មានអត្ថន័យថារាងកោះកូចអក្សរ យូ u ដែលទាក់ទងទៅនឹងភ្លើងឈ្មោះ

	ហាហ្ញឺយដ hyoid ឬន bone ឆ្អឹងតួចនៅខាងលើកឆ្អឹងគាយរ៉ូយ វាជួយទប់អណ្ដាតឲ្យជាប់ទៅនឹងក វាធ្វើឲ្យអណ្ដាតកំរើកចុះឡើងបាន ឆ្អឹងនេះនៅតែឯង វានៅខាងក្រោមឆ្អឹងថ្ពាល់ (វាមិនមែនជាផ្នែករបស់ឆ្អឹងលលាដ៍ក្បាលទេ) -ផ្ទើរវិក្យ prefix បុព្វបទ ឬពាក្យសម្រាប់ពត៍ខាងមុខ.
5270.	ហាហ្ញឺយដ hyoid ឬន bone ឆ្អឹងតួចនៅខាងលើក ឆ្អឹងគាយរ៉ូយ ដែលមានរាងកោងដូចអក្សរ ឃ្វ u វាជួយទុបអណ្ដាតឲ្យជាប់ទៅនឹងក ហើយនឹងវាធ្វើឲ្យអណ្ដាតកំរើកចុះឡើងបាន ឆ្អឹងនេះនៅតែឯង វានៅខាងក្រោមឆ្អឹងថ្ពាល់ (វាមិនមែនជាផ្នែករបស់ឆ្អឹងលលាដ៍ក្បាលទេ) នាមសំព្ធ.
5271.	ហាប hyp- អីរ or ឬ ហាផ្ហ hypo- ខាងក្រោម ទាប ចុះថយ ដូចគ្នាទៅនឹង ផ្ទើរវិក្យ prefix បុព្វបទ ឬពាក្យសម្រាប់ពត៍ខាងមុខ.
5272.	ហាផ្ហើ hyper- ខាងលើ កើនឡើងខ្លស់ - អីឬរ above ខាងលើ កើនឡើងខ្លស់ អីក្យសេសីរ excessive ខ្លស់ពេក ឬច្រើនលើសពីសេចក្ដីត្រូវការ - ផ្ទើរវិក្យ prefix បុព្វបទ ឬពាក្យសម្រាប់ពត៍ខាងមុខ.
5273.	ហាផ្ហើបិលើរូបិនីម៉ៀ hyperbilirubinemia រោគមានទឹកប្រម៉ាត់ពណ៌លឿងៗច្រើន អៅវ of នៅក្នុង ផ្ហើ the នូរបន newborn ខ្លុនក្មេងទំរាំដែលទើបនឹងកើត ទឹកនេះឡើងខ្លស់ខុស ពីភាពធម្មតានៅក្នុងទឹកឈាម នាមសំព្ធ.
5274.	ហាផ្ហើផ្លេស្ទិក hyperplastic រោគក្រពេញរីកធំ ជិងជិវៃធិស gingivitis រលាកនៅ អញ្ចាញធ្មេញ ឬរោគរលាកនៅជើងធ្មេញ នាមសំព្ធ.
5275.	ហាផ្ហើផ្លេស្ទិក hyperplastic ព្រូស្ទេត prostate ក្រពេញល្វេតនៅប្រពេញដែលអោបបំពង់ នោមនៅក្រោមញ្ញៅទឹកនោម (តាមធម្មតា ប៊ីណាញ benign សាច់ដុះតែឆ្ពានរោគនៅក្រពេញ នោះ ព្រូស្ទេធិក prostatic នៃក្រពេញដែលអោបនៅបំពង់បង្ហូរទឹកនោមទៅល្ហេកទឹកនោម ហាផ្ហើផ្លេស្ស៉ី hyperplasia រោគរីកធំខុសពីភាពធម្មតា - ប៊ីព៊ីអេច BPH អក្សរកាត់) នាមសំព្ធ.
5276.	ហាផ្ហើសេនសិធិវ hypersensitive ដែលភាប់ប្រតិកម្ម ធូ to ទៅនឹង ផ្ហីណាត់ peanut ផ្លេសណ្ណេកពី នាមសំព្ធ.
5277.	ហាផ្ហើសេនសិធិវិទី hypersensitivity រីអេកស៊ិន reaction ការភាប់ឆ្លើយតបទៅនឹង រោគខុសពីមនុស្សធម្មតា នៅមីនស្ម៉ើម នាមសំព្ធ.

5278.	ហៃផើថេនសិន hypertension មីឌីខេសិន្យ medications ថ្នាំឲ្យបាលរោគ កម្លាំងឈាមឡើងខ្ពស់ នាមសំព.
5279.	ហៃផើថេនសីវ hypertensive ហ្គាត heart ទិស្ីស disease កម្លាំងឈាមឡើងខ្ពស់ ធ្វើអោយកើតរោគបេះដូង នាមសំព.
5280.	ហៃផើថេនសីវ hypertensive ផេសិន្យ patients អ្នកជម្ងឺកម្លាំងឈាមឡើងខ្ពស់ នាមសំព.
5281.	ហៃផើថាយរ៉ូយធិសីម hyperthyroidism រោគកើតមកពីក្រពេញឈ្លោះថាយរ៉ូយថ វារធ្វើការខ្លាំងពេកខុសពីភាពធម្មតារបស់វា ជួនកាលវាធ្វើឲ្យសីរាងនេះរីកធំ ហើយធ្វើឲ្យភ្នែកលៀន (អៃថ្មអីមមូន autoimmune ទិស្ូរនឺស disorders រោគខុសពីភាពធម្មតានៅ ប្រព័ន្ធទិកឈាបសដែលបែមកវាយប្រហារគ្រាប់ឈាមរបស់ខ្លួនឯងវិញ) នាមសំព.
5282.	ហៃផើត្រូហ្វ៉ី hypertrophy អ៊ីវ of សេល្លស cells រោគគ្រាប់ឈាមរីកធំខុសពីធម្មតា នាមសំព.
5283.	ហៃផើត្រូហ្វ៉ី hypertrophy អ៊ីវ of ធើ the ប្រសួ breast សាច់ដោះរីកធំខុស ពីភាពធម្មតា នាមសំព.
5284.	ហៃផើត្រូហ្វ៉ី hypertrophy អ៊ីវ of ធើ the ហ្គាត heart បេះដូងរីកធំខុសពីភាព ធម្មតា នាមសំព.
5285.	ហៃផើត្រូហ្វ៉ី hypertrophy អ៊ីវ of ធើ the លិវើ liver ថ្លើមរីកធំខុសពីភាពធម្មតា នាមសំព.
5286.	ហិផ្នូ hypno- ពេក អ៊ីរ or ឬ ហិផ្នូ hypn/o ពេក ពេកសក់ កេង សំរាក − ស្ីផ sleep ពេក កេង សំរាក -ព្រីវិក្ស prefix បុព្វបទ ឬពាក្យសម្រាប់តពីខាងមុខ.
5287.	ហៃផូ Hypo- អ៊ីរ or ឬ ហៃផ្ Hyp/o ក្រោម អៃ្តន and ហើយនឹង ហិផ hyp ពាក្យទាំងពីរនេះមាន័យដូចគ្នា ខាងក្រោម ទាបជាង ចុះទាប មិនគ្រប់គ្រាន់ ទាប តិចជាងភាពធម្មតា មិនគ្រប់គ្រាន់ ទាបជាងអម្មតា - ឌីវីសិន្ត deficient ការខ្វះខាត មិនគ្រប់គ្រាន់ អាន់ធើ under ក្រោម - ប៊ីល្លូវ below ទាប ឬតិចជាងភាពធម្មតាខ្វះខាតបន្ថិច ព្រីវិក្ស prefix បុព្វបទ ឬពាក្យសម្រាប់តពីខាងមុខ.

5288.	ហិបណូទិក hypnotic គ្រឿត drug ថ្នាំសណ្តំ (ថ្នាំធ្វើឲ្យអ្នកជម្ងឺដេក ចាក់ថ្នាំធ្វើឲ្យអ្នកជម្ងឺ ដេក ធ្វើឲ្យអ្នកជម្ងឺងងុយដេក ចាក់ថ្នាំធ្វើឲ្យអ្នកជម្ងឺនៅស្ងៀម ចាក់ថ្នាំធ្វើឲ្យអ្នកជម្ងឺដេកស្ងប់ស្ងាត់) នាមសព្ទ.
5289.	ហៃផូអែជ្រីនុលិសឹម hypoadrenalism រោគក្រពេញដែលអង្កួយនៅលើកម្រងទឹកនោម ធ្វើការតិចខុសពីភាពធម្មតារបស់វា (ក្រពេញនេះឈ្មោះ អែជ្រីនុល adrenal ក្លុនូស glands) នាមសព្ទ.
5290.	ហៃផូអែជ្រីនៀ hypoadrenia រោគក្រពេញដែលអង្កួយនៅលើកម្រងទឹកនោមធ្វើការតិចខុស ពីភាពធម្មតារបស់វា (ក្រពេញនេះឈ្មោះ អែជ្រីនុល adrenal ក្លុនូស glands) នាមសព្ទ.
5291.	ហៃផូអែជ្រីនូឃ្យូធិសឹម hypoadrenocorticism មានរោគនៅសំបកក្រពេញដែល អង្កួយនៅលើកម្រងទឹកនោម វាធ្វើការតិចខុសពីភាពធម្មតារបស់វា (ក្រពេញនេះឈ្មោះ អែជ្រីនុល adrenal ឃ្យូទិក្ស cortex) នាមសព្ទ.
5292.	ហៃផូឃ្យូនជ្រ៉ៃអែក Hypochondriac វីជីឡ្យ regions តំបន់ដែលបែងភាគខាង ក្រោមខាងស្តាំ ហើយនិងខាងឆ្វេង ខាងក្រោមឆ្អឹងជំនីដែលនៅខាងលើពោះ នាមសព្ទ.
5293.	ហៃផូឃ្រ៉មៀ hypochromia រោគដែលខ្វះពណ៌នៅក្នុងគ្រាប់ឈាមក្រហមឈ្មោះ ហីម៉ូក្លូបិន hemoglobin (វាជាទឹកឈាមក្រហមខ្លីដែលនាំឱ្យល់អុកស៊ីសែនទៅឲ្យសាច់ ពេញក្នុងរាងខ្លួន) នាមសព្ទ.
5294.	ហៃផូឃ្រ៉មិក hypochromic នៃ ឬទាក់ទងទៅនឹងរោគដែលខ្វះពណ៌នៅក្នុងគ្រាប់ឈាមក្រហម ឈ្មោះ ហីម៉ូក្លូបិន hemoglobin វាជាទឹកឈាមក្រហមខ្លីដែលនាំឱ្យល់អុកស៊ីសែនទៅឲ្យ សាច់ពេញក្នុងរាងខ្លួន គុណនាម.
5295.	ហៃផូឌើមិក Hypodermic អ៊ិនចេកស៊ិន injection ការចាក់ម្ជុលថ្នាំចូលទៅក្រោមស្បែក នាមសព្ទ.
5296.	ហៃផូឌើមិក Hypodermic ន៊ីឌល needle ម្ជុល១សម្រាប់ចាក់ថ្នាំចូលទៅខាង ក្រោមស្បែក នាមសព្ទ.
5297.	ហៃផូឌើមិក hypodermic ន៊ីឌល្យ needles ម្ជុល២ដែលសម្រាប់ចាក់នៅក្រោមស្បែក នាមសព្ទ.

5298.	ហៃផូឌើមិក Hypodermic សីរិង syringe សិរិុងមានមូលសម្រាប់ចាក់ថ្នាំចូលទៅក្រោម ស្បែក នាមសព្ទ.
5299.	ហៃផូតែសត្រិក Hypogastric វិជិន region នៅកន្លែង ឬតំបន់១នៅខាងក្រោមក្រពះ ហៃផូតែសត្រិក Hypogastric វិជិស្យ regions តំបន់២នៅខាងក្រោមក្រពះ នាមសព្ទ.
5300.	ហៃផូតែលីម៉េ) hypokalemia រោគខ្វះជាតិប្រៃឬអ៊ីុនឈ្មោះ ផូថែសសៀម potassium នៅក្នុងគ្រាប់ឈាម នាមសព្ទ.
5301.	ហៃផូហ្ពីសិកទូមីស hypophysectomies ការវះកាត់២ឈុងឬពើម្យ៉ឺនិងយកក្រពេញមួយផ្នែក នៅក្នុងខួរក្បាលខាងក្រោមចេញ ហៃផូហ្ពីសិកទូមី hypophysectomy ការវះកាត់១ឈុង ឈើម្យ៉ឺនិងយកក្រពេញមួយផ្នែកនៅក្នុងខួរក្បាលខាងក្រោមចេញ (ក្រពេញនេះឈ្មោះ ពិធួអ៊ីថ្ព៉ែ pituitary ផ្គួគ្គ gland) នាមសព្ទ.
5302.	ហៃផូហ្ព៉ឺស៊ូ Hypophyso- អិរ or ឬ ហៃផូហ្ព៉ឺស៊ូ Hypophys/o ក្រពេញមួយផ្នែក នៅក្នុងខាងក្រោមខួរក្បាល - ហៃផូហ្ព៉ឺសិស hypophysis រោគវុំខាងក្រោមនៅក្រពេញមួយ ផ្នែកនៅក្នុងខួរក្បាលខាងក្រោម ក្រពេញនេះឈ្មោះ ពិធួអ៊ីថ្ព៉ែ pituitary ផ្គួគ្គ gland -ព្រីវិក្ស prefix បុព្វបទ ឬជាក្សសម្រាប់តបញ្ចូលគ្នាពីខាងមុខ.
5303.	ហៃផូទើម៉េ) hypothermia ធើរ៉េពី therapy ការព្យាបាលរោគត្រជាក់ស្ងោកសាច់ នាមសព្ទ.
5304.	ហៃផូថាយរ៉ូយឌិសិម hypothyroidism រោគខ្សោយ ឬខ្វចនៅក្រពេញនៅកឈ្មោះ ថាយរ៉ូយឌ thyroid ដែលធ្វើឱ្យរាធ្វើការរបស់រាំតិចជាងភាពធម្មតា (រាអាចធ្វើឱ្យស្ងួតស្បែក ហើមបូរមាត់ ស្ងួតច្រមុះ ហើយអាចធ្វើឱ្យមានអារម្មណ៍មិនល្អផង) នាមសព្ទ.
5305.	ហ៊ីស្ទើ hyster- ស្លួន - យូធើរីស uterus ស្លួន - វ៉ូម្ប womb ស្លួន -ព្រីវិក្ស prefix បុព្វបទ ឬជាក្សសម្រាប់តពីខាងមុខ.
5306.	ហ៊ីស្ទើរ៉ូ hystero- ស្លួន អិរ or ឬ ហ៊ីស្ទើរ៉ូ hyster/o ស្លួន - យូធើរីស uterus ស្លួន - វ៉ូម្ប womb ស្លួន -ព្រីវិក្ស prefix បុព្វបទ ឬជាក្សសម្រាប់តពីខាងមុខ.
5307.	អាយ I:^ អាយ I ខ្ញុំ អាយ i អក្សរទីនេរបស់ភាសាអង់គ្លេស (វាជាស្រៈ) នាមសព្ទ.

5308.	អាយអេ -ia មានជាតនៅក្នុងឈាម ឬមានបញ្ហា ស្ថានភាព ឬមេរោគមានបញ្ហាថាមានកើតរោគ អ្វីមួយ ខូនទិស៊ីន condition ស្ថានភាព ឬមេរោគ មានបញ្ហាថាមានកើតរោគ - ស៊ាវ៉ីក្ស suffix បច្ច័យ ឬបាក្យសម្រាប់តពីខាងក្រោយ.
5309.	អាយអេស៊ី -iac នៃ ឬទាក់ទងទៅនឹង - វីលេធិង relating ជាប់ទាក់ ផ្ទ to ទៅនឹង - ឌើផេនិង pertaining ទាក់ទង ផ្ទ to ជាមួយនឹងរបស់អ្វីមួយ - ស៊ាវ៉ីក្ស suffix បច្ច័យ ឬបាក្យសម្រាប់តពីខាងក្រោយ.
5310.	អាយអេអិល -ial នៃ ឬទាក់ទងជាមួយនឹង - វីលេធិង relating ជាប់ទាក់ ផ្ទ to ទៅនឹង - ឌើផេនិង pertaining ទាក់ទង ផ្ទ to ជាមួយនឹងរបស់អ្វីមួយ - ស៊ាវ៉ីក្ស suffix បច្ច័យ ឬបាក្យសម្រាប់តពីខាងក្រោយ.
5311.	អាយអេសិស -iasis រោគដែលខុសពីភាពធម្មតា ឬអបន័រម័ល abnormal ខូនទិស៊ីន condition រោគដែលខុសពីភាពធម្មតា - ប្រេសិនស្យ presence មានជាតបង្ហាញឡើ យើញនៅពេលពង្យ៉រនេះខុសពីភាពធម្មតា - ស៊ាវ៉ីក្ស suffix បច្ច័យ ឬបាក្យសម្រាប់តពីខាងក្រោយ.
5312.	អាយអេត្រូ Iatro- អិរ or ឬ អាយអេត្រូ Iatr/o ការព្យាបាលរោគដោយសារលោកត្រូពេទ្យ - ហ្វីសិស៊ីន physician ត្រូពេទ្យ ថ្រីតមេន្ត ឬថ្រីតមេន្ត treatment ការព្យាបាលរោគ - ថ្រីវ៉ីក្ស prefix បុព្វបទ ឬបាក្យសម្រាប់តពីខាងមុខ.
5313.	អាយស៊ី -ic នៃ ឬទាក់ទងជាមួយនឹង អិរ or ឬ អាយស៊ីអេអិល -ical នៃ ឬទាក់ទងជាមួយនឹង - វីលេធិង relating ជាប់ទាក់ ផ្ទ to ទៅនឹង - ឌើផេនិង pertaining ទាក់ទង ផ្ទ to ជាមួយនឹងរបស់អ្វីមួយ -ស្វារ៉ីក្ស suffix បច្ច័យ ឬបាក្យសម្រាប់តពីខាងក្រោយ.
5314.	អែស្យ ice ទឹកកក ឃ្យូបស cubes ប្រើនដុំ នាមសំពូ.
5315.	អែស្យ ice ផែក្ក pack ថង់ទឹកកក ខែន can អាច ណាម់ប numb ធ្វើឱ្យស្ពឹក ថើ the អិនជើរី injury អេរៀ area នៅកន្លែងមុងឬបួស នាមសំពូ.
5316.	អែស្យ ice ស៊ុំ ថើ the អិនជើរី injury អេរៀ area នៅកន្លែងមុងឬបួស អាស as ស្ងន soon អាស as ផ្ងសិបល possible ជាបន្ទាន់ដែលអាចធ្វើទៅបាន នាមសំពូ.
5317.	អែស្យ ice ផែក្កស packs ថង់ជាក់ទឹកកក នាមសំពូ.

5318.	អិវទីអូ ichthyo- អិរ or ឬ អិវទីអូ ichthy/o ស្បែកស្ងួត ប្រេះស្រការ – ជ្រាយ dry ស្ងួត វិស្ថៃលែត fishlike ស្បែកស្ងួតប្រេះស្រការ ស្ថេលី scaly ស្បែកស្ងួតប្រេះស្រការវ្ងៃចស្រកាត្រី -ជ្រីវិក្យ prefix បុព្ចបទ ឬពាក្យសម្រាប់តពីខាងមុខ.
5319.	អាយឌី -id ៃន ឬទាក់ទងទៅៃនង - សារ៉ៃវិក្យ suffix បច្ច័យ ឬពាក្យសម្រាប់តពីខាងក្រោយ.
5320.	អាយឌៀ idea ការគិត ៃនត that ៃដល ៅខាៈស cause ធ្វើឱាយ នាមសំពុ.
5321.	អាយៃឌនធិខល identical ម្ងលេខ្ងល្ស molecules សំអងវត្ថុធាតុៃដលមានរូបរាង ឬគុណភាពដ្ងចគ្នា នាមសំពុ.
5322.	អាយៃឌនធិខល identical ធ្និស្ស twins ក្ងនភ្ងាះនេះមានទងសុក្សរមជាម្ងយគ្នា ហើយមាន ៃវទដ្ងចគ្នា នាមសំពុ.
5323.	អាយៃឌនធីវ៉ៃខស៊ៃន identification ការកត់សំគាល់ អ៊ៅវ of ៅក្ងង អេ a ធិស្ង៉ីស៊ីស diseases មេវោគ អិរ or ឬ ខ្ងធិស៊ៃន condition វោគ ស្ងានភាព មានបណ្តាៃកើតវោគឡើង នាមសំពុ.
5324.	អាយៃឌនធិវ៉ាយ identify បណ្ងាក់ឱ្យស្ងាល់ ៃស្ៀវ៉ម់ serum ទឹកៃស្ៀវ៉ម ជ្ងៃថអិស្ង proteins ជាតិប្រេតអ៉ៃន ក៏រិយាសពុ.
5325.	អាយធិអូ idio- អិរ or ឬ អាយធិអូ idi/o មិនឌៃង មិនស្ងាល់វោគ ជម្ងៃលីៃតរកមើលវោគមិន យើញ - អាន់ណ្ងន unknown មិនស្ងាល់ -ជ្រីវិក្យ prefix បុព្ចបទ ឬពាក្យសម្រាប់តពី ខាងមុខ.
5326.	អ៊ីឌិអ៉ុស៊ីស idiocies វោគភ្ងតយ៉ាងខ្ងាំង ល្ងង់មិនៃចះគិត /អ៊ីឌិអ៉ុស៊ី idiocy វោគភ្ងតយ៉ាងខ្ងាំង ល្ងង់មិនៃចះគិត នាមសំពុ.
5327.	អាយធិអ៉ុល្ងជិក ideologic អិរ or ឬ អាយធីអ៉ុល្ងជិខល ideological ៃន ឬទាក់ទង ទៅៃនងការសិក្សាអំពីប្រព័ន្ធរបស់រូបរាងកាយរបស់មនុស្ស ហើយនៃងសពុៃដលរស់នៅលើៃផនដីនេះ វ៉ាមានការទាក់ទងទៅៃនងធម្មជាតិនៅលើពិភពលោកនេះ ការសិក្សា ឬរៀនស្ងៃត្រអំពីមនុស្ស ឬសពុ គេរៀនពីការរស់នៅរបស់មនុស្ស ឬសពុ រៀនពីការគិតទៅតាមក្រម តាមប្រេទសជាតិ ឬតាមរូបរាងកាយរបស់ក្រមមនុស្ស ឬសពុជាច្រើនប្រេភទនេះ គុណនាម.
5328.	អាយធិអ៉ុៃថទិក idiopathic ធិស្ង៉ីស៊ីស diseases មេវោគជាច្រើនយ៉ាងរួមគ្នាៃដលពេទ្យរក មិនទាន់យើញ (ឧទាហរណ៍ដ្ងចជាវោគប្រកាច់ គេឌៃងថាវោគនៅក្ងងសរៃសវិញ្ញាណៃដលធ្លើងអគ្គីសនី

	រត់មិនល្អនៅក្នុងខួរក្បាលតែប៉ុន្តោះ) នាមសព្ទ.
5329.	អាយទិអូផែទិក idiopathic អីផិលេផស៊ី epilepsy រោគប្រកាច់ រោគឆ្កួងឆ្កួតសនីរត់មិន ល្អនៅក្នុងខួរក្បាល រោគណ៍ច្រើនយ៉ាងសមគ្គា(ពេលរកមេរោគនេះមិនទាន់ឃើញទេ តែមិនដឹងមេរោគទេ) នាមសព្ទ.
5330.	អិគនែស ignis- ភ្លើង|ូចភ្លើង ឬភ្លើងរោះ? -ធ្រីវិក្យ prefix បុព្វបទ ឬពាក្យសម្រាប់តបញ្ជាលគ្នាពីខាងមុខ.
5331.	អាយអិល -il នៅជុំវិញ - ស្ថាក់លើ structure ស្នូបរាង្គកាយ ស្រទាប់ស្រោមសាច់ - សារវិក្យ suffix បច្ច័យ ឬពាក្យសម្រាប់តពីខាងក្រោយ.
5332.	អៀលិអូ ileo- អិរ or ឬ អៀលិអូ ile/o ពោះវៀនតូចផ្នែកទីបី -អៀលៀម ileum ពោះវៀនតូចផ្នែកទីបី -ធ្រីវិក្យ prefix បុព្វបទ ឬពាក្យសម្រាប់តពីខាងមុខ.
5333.	អៀលិអូស៊ីខល ileocecal វិជិន region តំបន់នៅពោះវៀនតូចផ្នែកទីបី ហើយនិងក្បាល ពោះវៀនធំ១កង់ នាមសព្ទ.
5334.	អៀលិអូស៊ីខល ileocecal ស្ព៊ីងទី sphincter បំពង់កងសន្ធេបិតបើកនៅពោះវៀន តូចផ្នែកទីបី នាមសព្ទ.
5335.	អៀលិអូស៊ីខល ileocecal វ៉ាវ ឬវ៉ាលវ valve បំពង់កងសាច់សន្ធេបិតបើកនៅពោះវៀន តូចផ្នែកទីបី នាមសព្ទ.
5336.	អៀលិអូ្រតេ្ងស្បវើស ileotransverse ខូទិស្ម៊ូម៉ុ colostomy ការវះកាត់ពោះវៀនតូច ហើយនិងពោះវៀនធំដើម្បីនិងតធ្វើឱ្យទៅជាមាត់ថ្មី នាមសព្ទ.
5337.	អៀលិមីអ្ក iliac នៃ ឬទាក់ទងទៅនិងឆ្អឹងពានៅត្រគាក ្ក្រេស៊ុ crest កំពូលជាយៗរបស់ឆ្អឹង ត្រគាក នាមសព្ទ.
5338.	អៀលិមីអ្ក iliac វិជិស្យ regions តំបន់នៅឆ្អឹងពានៅត្រគាក - ពីព្រោះវានៅជិត អៀល្ណាម ilium ផ្នែករបស់ឆ្អឹងត្រគាក (ពាក្យមួយទៀតគេហៅវាថា អិនគ្វិនុល inguinal វិជិស្យ regions តំបន់ ឬកផ្នែកខាងក្រោមខាងស្លា ហើយនិងខាងឆ្អឹងនៅជិតក្រលៀន) នាមសព្ទ.
5339.	អៀលិអូ ilio- អិរ or ឬ អៀលិអូ ili/o- ផ្នែកនៃឆ្អឹងត្រគាក —អៀលៀម ilium នៃផ្នែកឆ្អឹង ត្រគាក -ធ្រីវិក្យ prefix បុព្វបទ ឬពាក្យសម្រាប់តពីខាងមុខ.

5340.	អៀលីអ្វីម្មរុល iliofemoral លិកាម៉េន្ត ligament ផ្នែកនៃសរសៃពួរដែលតភ្ជាប់និងឆ្អឹង ត្រគាកទៅនឹងឆ្អឹងក្រឡៀ នាមសំពុ.
5341.	អៀល្លុមិនេត្ត illuminated ស្កូល្ល skull បានដាក់ភ្លើងនៅក្នុងឆ្អឹងលលាដ៍ក្បាលឲ្យផ្លាចាំង ដើម្បីឲ្យមើលឃើញច្បាស់ ឬបានរៀបចំធ្វើរបស់អ្វីមួយរាងឲ្យស្អាតឡើង នាមសំពុ.
5342.	អ៊ីមេជ្ស images រូបភាពច្រើន អិរ or ឬ ផិកឈើស pictures រូបភាពច្រើន (ពាក្យ២នេះវាមាននន័យដូចគ្នា) នាមសំពុ.
5343.	អ៊ីមែជិណារី Imaginary ស្មាន ឡ្យាញន line បន្ទាត់ ឬបន្ទាត់ស្មាន នាមសំពុ.
5344.	អ៊ីមែជិណារី Imaginary ស្មាន ឡ្យាញន line បន្ទាត់ ឡែត that ដែល ឌិវាយដ្ស divides ធើ the បឌី body ចែកដងខ្លួនឲ្យស្មើគ្នាជា២ភាគ នាមសំពុ.
5345.	អ៊ីមែជិណារី Imaginary ស្មាន អៀល្លនេសុស illnesses នៅកត្មែងដែលមានជម្ងឺ នាមសំពុ.
5346.	អ៊ីមបេដ្ឌ imbedded ធ្មុសិ tooth ធ្មេញនេះត្រូវល្មមទៅក្នុងរន្ធសាច់របស់វា ធ្មេញដែលនៅកៀនគ្នា ធ្មេញដែលកប់នៅខាងក្រោមសាច់ នាមសំពុ.
5347.	អ៊ីមមៃឡ្យ immature សេល្លស cells គ្រាប់សាច់ឈាម ឬកោសិកាថ្មីៗដែលទើបនឹង កកើតឡើងថ្មីៗ នាមសំពុ.
5348.	អ៊ីមមៃឡ្យ immature អេជ្ជ egg សេល្លស cells គ្រាប់ឈាម ឬកោសិកាថ្មីៗរបស់គ្រាប់ ពងថ្មីៗទើបមេជីវិតថ្មីៗ នាមសំពុ.
5349.	អ៊ីមមៃឡ្យ immature ន្ឌូគ្រូហ៊ីល្យ neutrophils គ្រាប់ឈាមស ឬកោសិកាសថ្មីៗដែល ទើបនឹងកកើត នាមសំពុ.
5350.	អ៊ីមមៃឡ្យ immature ផ្លែន្តស plants ឈ្មោះកូនផ្សិតតូច តេធ្វើថ្នាំផ្សេៗឡើងមកពីកូនផ្សិត តូចៗ (ថ្នាំផ្សេៗដែលចេញមុនគេ តេធ្វើវាឡើងមកពីកូនផ្សិតតូចៗ) នាមសំពុ.
5351.	អ៊ីមម្យូន immune ឈកធីវិធីស activities សកម្មភាព ឬការផលិតឡើងរបស់ប្រព័ន្ធការ ពារខ្លួន ឬប្រព័ន្ធប្រភេទអ្វីដែលវាយប្រហារ ប្រឆាំងនឹងមេរោគ (ដើម្បីនឹងការពារការរោគមិនឲ្យចូលក្នុង ដងខ្លួនយើង) នាមសំពុ.
5352.	អ៊ីមម្យូន immune សេល្លស cells គ្រាប់ឈាមប្រភេទអ្វីន ឬកោសិកាឈែលវាយប្រហារ ប្រឆាំងនឹងមេរោគដើម្បីនឹងការពារការរោគមិនឲ្យចូលក្នុងដងខ្លួន នាមសំពុ.

5353.	អិមម្មូន immune វីរអកសិន reaction គឺនៅពេលមេរោគ ហើយនឹងអង្គបរិប្រាណ ប្រាំងគ្នា ធ្វើឱ្យឃើងប្រតិកម្ម ឬទាស់ (ទឹកប្រតេអ៊ីនដែលការពារដងខ្លួន វាប្រាំងជាមួយនឹងមេរោគ ធ្វើឱ្យខ្លនឃើងឈឺ) ឧទាហរណ៍ដូចជារោគគ្រុនក្តៅ នេះគឺជាពេកដែលមេរោគ ហើយនឹងអង្គបរិប្រាណ ប្រាំងគ្នា នាមសំពុ.
5354.	អិមម្មូន immune វីស្ទនស response អិរ or ឬ អិមមូនិធី immunity ដងខ្លួនរបស់ឃើង វាធ្វើការប្រាំងទៅនឹងមេរោគត្រាប់យ៉ាងត្រាប់ទឹកឈាមស ឬប្រតេអ៊ីន (អង្គបរិប្រាណ) វាមានជាតិពុលដែលអាចសម្លាប់មេរោគ ហើយវាអាចធ្វើឱ្យសរីរាគុជាពីរោគផង (បេីវគ្មានពម្មី) នាមសំពុ.
5355.	អិមម្មូន immune សិស្ទិម system ប្រព័ន្ធទឹកប្រតេអ៊ីនដែលវាយប្រហារ ប្រាំងនឹងមេរោគ ប្រតេអ៊ីនដែលការពារោគមិនឱ្យចូលក្នុងដងខ្លួន វាអាចផ្ទាំជាមួយនឹងមេរោគអ្នីមួយដើម្បីនឹងទុកប្រាំង កុំឱ្យឃើងកើតរោគនោះ វាទាក់ទងជាមួយ លីមហ្វ៉ាទិក lymphatic សិស្ទិម system ប្រព័ន្ធទឹករវៃ ប្រព័ន្ធទឹកឈាមស នាមសំពុ.
5356.	អិមម្មូន immune សិស្ទិម្ស systems ប្រព័ន្ធទឹកប្រតេអ៊ីនដែលផ្ទាំទុកនៅក្នុងខ្លួនឃើង សម្រាប់ប្រាំងទៅនឹងមេរោគដើម្បីការពារដងខ្លួនឃើង វាប្ញក្សមជាមួយនឹងគ្រឿងញ្ញៃទាំងអស់នេះ វាឈ្មោះដូចតទៅ លីមហ្ស៉ិយដ lymphoid អ្វៃវកិស្ស organs, ក្រពេញឈ្មោះ លីមហ្ស៉ិ lymph នូឌ្ស nodes, ក្រពេញឈ្មោះ សផ្លីន spleen ផាល ឬអណ្តើក ដែនគ្ល and ហើយនឹង តាយមើស thymus ក្តុគ្ល gland, វាផលិត ឬធ្វើ លីមហ្ស៉ិសេស្ស lymphocytes ត្រាប់ឈាមសវាធ្វើ ដែនទីបឌីស antibodies ថ្នាំផ្សះជាច្រើន ដែនគ្ល and ហើយនឹង ម៉េក្រហ្វ៉េជស macrophages ត្រាប់ឈាមសដែលស៊ីត្រាប់មេរោគ ហ្វ៉ាក្ងសេស្ស phagocytes ត្រាប់ឈាមសដែលគេរកឃើញនៅក្នុង ប្រេន brain ខួរក្បាល លីវើ liver ថ្លើម ក្រពេញឈ្មោះ លីមហ្ស៉ិ lymph នូឌ្ស nodes ដែនគ្ល and ហើយនឹង ក្រពេញឈ្មោះ សផ្លីន spleen ផាល ឬអណ្តើក ទាំងអស់នេះជាប្រព័ន្ធការពារខ្លួន វាវាយប្រាំង នឹងមេរោគ (ប្រព័ន្ធទឹករវៃជាច្រើន វាធ្វើជាប្រព័ន្ធការពារខ្លួនឃើង វាឈ្មោះ លីមហ្ស៉ាទិក lymphatic សិស្ទិម្ស systems) នាមសំពុ.
5357.	អិមម្មូន្ត immuneo- អិរ or ឬ អិមម្មូន្ត immune/o នៃ ឬទាក់ទងទៅនឹងទឹក ប្រតេអ៊ីន ឬប្រព័ន្ធការពារខ្លួន -ធ្រីវិក្ស prefix បុព្វបទ ឬពាក្យសម្រាប់តពីខាងមុខ.

5358.	អិមមួន immune- អ៊ រ or ឬ អិមមូនូ immun/o ការពារតស៊ូប្រឆាំងនឹងរោគ ដើម្បីការពារកុំឱ្យយើងកើតរោគ អិមមូន immune មិនកើតរោគ ទ្រាំនឹងរោគបាន ប្រូថេកសិន protection ការពារកុំឱ្យកើតរោគ សេវ safe សុខបស្សាយ គ្មានទុក - សេវទី safety ផុតពីគ្រោះថ្នាក់ (សុវត្ថិភាព) ប្រូថេកសិន protection តស៊ូប្រឆាំងការពារមិនឱ្យយើងកើតមេរោគ -ព្រីហ្វិក្ស prefix បុព្វបទ ឬពាក្យសម្រាប់តបញ្ចូលគ្នាពីខាងមុខ.
5359.	អិមមូនូគ្លូប្ញូលិន្ស immunoglobulins គ្រាប់ឈាមស ឬទឹកប្រូតេអ៊ីន ឬកោសិកាម្យ៉ាងដែលតស៊ូប្រឆាំងនឹងមេរោគដើម្បីការពារកុំឱ្យយើងកើតរោគ អែនទីបឌីស antibodies វត្ថុធាតុប្រូតេអ៊ីនដែលបានបង្កើតឡើងដើម្បីការពារដងខ្លួន "(អង្គបដិប្រាណ)" ថ្នាំផ្សះនេះកើតមកពីគ្រាប់ឈាមស ឬទឹកប្រូតេអ៊ីនឈ្មោះ ប្លែសម៉ា plasma សេល្លស cells នាមស័ព្ទ.
5360.	អិមមូនូគ្លូប្ញូលិន្ស immunoglobulins អែនទីបឌីស antibodies (គែមម៉ា gamma គ្លូប្ញូលិន្ស globulins) គ្រាប់ឈាមស ទឹកប្រូតេអ៊ីនទាំងអស់នេះបានកើតមកពីគ្រាប់ឈាមសឈ្មោះ ប្លែសម៉ា plasma សេល្លស cells វានៅក្នុងក្រុមគ្រាប់ឈាមសឈ្មោះ ហ្យូមូរុល humoral អិមមូនិទី immunity គ្រាប់ឈាមស ឬប្រូតេអ៊ីនដែលបានបង្កើតឡើងដើម្បីការពារដងខ្លួន "(អង្គបដិប្រាណ)" នាមស័ព្ទ.
5361.	អិមផែក្ទដ impacted ហ្វ្រែកឈើ fracture ចុងឆ្អឹងបាក់ច្រើនរុកចូលទៅក្នុងឆ្អឹងដែលនៅកៀនៗវាទៀត នាមស័ព្ទ.
5362.	អិមផៀដ impaired ខុនសិនត្រេសិន concentration គិតមិនបានច្បាស់លាស់ ភ្លេចភ្លាំង គិតមិនចេញ គុណនាម.
5363.	អិមផៀដ impaired វិសិន vision មើលមិនឃើញ ឬព្រិលភ្នែក គុណនាម.
5364.	អិមផៀរិង impairing ដែលធ្វើឱ្យខូចខាត ឌីអិនអេ DNA សិនថេសិស synthesis ដល់របៀបធ្វើឱ្យគ្រាប់ពូជរីកចំរើន (ច្រវ៉ាក់ប្រូតេអ៊ីនដែលតៗផ្ទាប់ៗគ្នា) កិរិយាសព្ទ.
5365.	អិមផៀមេន្ទ impairment ការខូចខាត អិន in ឌើ the អឺបិលិទី ability សមត្ថភាពនៅក្នុងការធ្វើការងារអ្វីមួយ នាមស័ព្ទ.
5366.	អិមផៀមេន្ទ impairment ការខូចខាត អ៊ោវ of នៅក្នុង ចូដជមេន្ទ judgment វិញ្ញាណ ខាងគិត គិតមិនត្រូវ គ្មានប្រាជ្ញា មិនវែងវៃ មិនអាចចាំបាន ខួរក្បាលមិនល្អគិតមិនត្រូវ នាមស័ព្ទ.

5367.	អ៊ីមផ្លៀមេន្ត impairment ការខូចខាត ផ្នែក of នៅក្នុង មេម្មរី memory ការចងចាំ នៅក្នុងវិញ្ញាណ អំពីអត្ថន័យអ្វីៗធ្វើឱ្យធ្លាន់ប្រាជ្ញាវៃឆ្លាត មិនអាចចាំនៅក្នុងខួរក្បាលបាន នាមសំពុ.
5368.	អ៊ីមផ្លេនត្ត implanted បានផ្សាំ ឬបានដាក់បញ្ចូលទៅ បីល្ល� ឬបីល្លូវ below ខាងក្រោម ទើ the ស្ទិន skin ស្បែក គុណនាម.
5369.	អ៊ីមផ្លេនត្ត implanted បានដាក់ អោតសាយ្យ outside នៅខាងក្រៅ ទើ the ស្ទិន skin ស្បែក គុណនាម.
5370.	អ៊ីមផ្លេនត្ត implanted បានផ្សាំ ឬបានក៍កើត អោតសាយ្យ outside នៅខាងក្រៅ ទើ the យូធេរីស uterus ស្បូន គុណនាម.
5371.	អ៊ីមផ្លេនត្ត implanted បានរៀបចំដាក់បញ្ចូល អិនត្ត into ទៅខាងក្នុង គុណនាម.
5372.	អ៊ីមផ្លេនត្ត implanted បានប្ចូរបេះដូង ឬប្ចូរកម្រេងទឹកនោមថ្មី អរ or ឬបានផ្សាំ ឬបណ្ណុះដើម ឈ័យដើម្បីដាំ គុណនាម.
5373.	អ៊ីមផ្លេនត្ត implanted បានផ្សាំ ផ្លេសេនថា placenta សុកនៅជញ្ជាំងស្បូន គុណនាម.
5374.	អ៊ីមផ្លូរថែន្ត important នើវ nerve សរសៃវិញ្ញាណតួចៗសំខាន់បំផុត១ គុណនាម.
5375.	អ៊ីមផ្លូរថែន្ត important ផ្រីវិលេជីស privileges មានសិទ្ធិសំខាន់បំផុត គុណនាម.
5376.	អ៊ីមផ្លូរថែន្ត important ផ្រតេអ៊ីន protein ជាតិប្រតេអ៊ីនសំខាន់ ឬចាំបាច់ គុណនាម.
5377.	អ៊ីមផ្រូផើ improper ឪែបស្សរផសិន absorption ការស្រូបយករស់ជាតិចំណីអាហារមិន បានល្អ ឬការស្រូបយករស់ជាតិចំណីអាហារខុសពីភាពធម្មតា គុណនាម.
5378.	អ៊ីមផ្រូវ improved ធ្វើឱ្យ សើខ្យូលេសិន circulation ឈាមរត់ចុះឡើងបានល្អ នៅក្នុងខ្លួន កិរិយាសពុ.
5379.	អ៊ីមផ្រូវមេន្ត improvement អិន in អីនើជី energy លេវេល្ស levels ធ្វើឱ្យមាន កម្លាំងចាមពលល្ងប្រសើរឡើង នាមសំពុ.
5380.	អ៊ីមផ្រូវស improves ទើ the ឪែកសិន action ផ្នែក of ទើ the លិវើ liver ធ្វើឱ្យធ្វើមដើរល្អឡើងវិញ (ឬធ្វើឱ្យធ្វើមធ្វើចរនា ឬធ្វើការងាររបស់វាបានល្អឡើងវិញ) កិរិយាសពុ.
5381.	អ៊ីមផ្រូវស improves ធ្វើឱ្យ ទើ the ឪែកសិន action ផ្នែក of ទើ the គោល្លប្លែឪទើ gallbladder ប្រម៉ាត់ដើរល្អឡើងវិញ កិរិយាសពុ.
5382.	អ៊ីមផោះស impulse ការជុំរុញ ឬវ wave រលក នាមសំពុ.

5383.	អ៊ិន in គ្មាន មិនមាន អត់មាន ចូលទៅក្នុង (មិនអាចបប់បាន) -ជ្រីវិក្ស prefix បុព្វបទ ឬជាក្យសម្រាប់ផ្តើមពីខាងមុខ.
5384.	អ៊ិន in នៅក្នុង អេ a យេតទី better ផូសិស៊ិន position ទីកន្លែងល្អ អាយឥតិបាត.
5385.	អ៊ិន in នៅក្នុង អេ a ខេពិលឡេរី capillary សរសៃឈាមតូចៗដូចសក់១ អាយឥតិបាត.
5386.	អ៊ិន in នៅក្នុង អេ a ខាឌិអែក cardiac ម៉ាសសិល្យ muscle សាច់ដុំបេះដូង អាយឥតិបាត.
5387.	អ៊ិន in នៅក្នុង អេ a ខេវិទី cavity ប្រហោង ឬរន្ធ១ អាយឥតិបាត.
5388.	អ៊ិន in នៅក្នុង អេ a សេល្ល៍ ស cell's សៃទូផ្លែសឹម cytoplasm ឈ្លោះក្នុងក្រពេងតួចៗនៅក្នុងទឹកគ្រាប់ឈាម ឬកោសិកា អាយឥតិបាត.
5389.	អ៊ិន in នៅក្នុង អេ a ក្រូនិក chronic ស្តេត state នៅក្នុងដំណាក់ការឈឺរ៉ាំង ឬឈឺយូរថ្ងៃ អាយឥតិបាត.
5390.	អ៊ិន in នៅក្នុង អេ a គូល cool ផ្លេស place កន្លែងដែលត្រជាក់ស្រួលល្មម អាយឥតិបាត.
5391.	អ៊ិន in នៅក្នុង អេ a ខូម៉ា coma ពេលសន្លប់មួយរយៈ អាយឥតិបាត.
5392.	អ៊ិន in នៅក្នុង អេ a យ្យួរណារី coronary អាធើរី artery សរសៃឈាមក្រហម នៅបេះដូង អាយឥតិបាត.
5393.	អ៊ិន in នៅក្នុង អេ a ផាយអេបីធិក diabetic ការទាក់ទងជាមួយនឹង ខូម៉ា coma ការសន្លប់មិនដឹងខ្លួនមកពីវាតទឹកនោមផ្អែម អាយឥតិបាត.
5394.	អ៊ិន in នៅក្នុង អេ a ផ្លេន gland ក្រពេញ ឬសរីរាង្គណាមួយ អាយឥតិបាត.
5395.	អ៊ិន in នៅ អេ a ផ្លែក្ស flexed កន្លែងដែលបត់ចុះឡើងមួយ អាយឥតិបាត.
5396.	អ៊ិន in នៅក្នុង អេ a ជីអព្រ្កហ្វឹខល geographical ទឹកជី អេរៀ area តំបន់ណាមួយ អាយឥតិបាត.
5397.	អ៊ិន in នៅក្នុង អេ a ជេ៉ល jail សេល cell បន្ទប់គុកមួយ អាយឥតិបាត.
5398.	អ៊ិន in នៅក្នុង អេ a ហាស៉ិថល hospital នៅក្នុងមន្ទីរពេទ្យ អាយឥតិបាត.
5399.	អ៊ិន in នៅក្នុង អេ a ឡ្ការច large បូល bowl ចានគោមធំមួយ អាយឥតិបាត.
5400.	អ៊ិន in នៅក្នុង អេ a ឡ្ការច large ស្គ៉ុល្លេត skillet ឆ្នាំងភាជំមួយ អាយឥតិបាត.

5401.	អិន in នៅក្នុង អេ a លេទើ later លេកលើ lecture ការបង្ហាប់ ឬការបង្រៀននៅពេល ខាងក្រោយនេះ អាយឧនិបាត.
5402.	អិន in នៅក្នុង អេ a មេនលី mainly ភាគច្រើន ឬជាទូទៅ អេឃ្យៀស aqueous សូល្យសិន solution រលាយនៅក្នុងទឹក អាយឧនិបាត.
5403.	អិន in នៅក្នុង អេ a មេមប្រេន membrane ស្រទាប់សាច់ស្តើងៗនៅក្រពេញ ឬសរីរាង្គណាមួយ អាយឧនិបាត.
5404.	អិន in នៅក្នុង អេ a មិនិ mini-អ៊ីផិឌេមិក epidemic រោគរលាកដំបៅបន្តិច ផល់មនុស្សជាច្រើននៅក្នុងពេលជាមួយគ្នា អាយឧនិបាត.
5405.	អិន in នៅក្នុង អេ a នៃឈើរុល natural សេតធិង setting ការរៀបចំជាទូទៅ ឬទៅតាមធម្មតា អាយឧនិបាត.
5406.	អិន in នៅក្នុង អេ a ផេដឌ padded បន្ទះក្រប សេល្ល cell បន្ទប់មួយ អាយឧនិបាត.
5407.	អិន in នៅក្នុង អេ a ផាធិខ្យួឡើ particular អេរ៉េ area ទីកន្លែងណាមួយ អាយឧនិបាត.
5408.	អិន in នៅក្នុង អេ a ផាធិខ្យួឡើ particular ស្ព័រត sport កីឡ្យាណាមួយ អាយឧនិបាត.
5409.	អិន in នៅក្នុង អេ a ផេសិន្ត patient អ្នកជម្ងឺម្នាក់ អាយឧនិបាត.
5410.	អិន in នៅក្នុង អេ a ផើសិន'ស person's លៃវ life ជីវិតរបស់មនុស្សម្នាក់ អាយឧនិបាត.
5411.	អិន in នៅក្នុង អេឆ្រូបិក aerobic អ៊ីនវ៉ៃរមេន្តស environments ទីកន្លែងនៅជុំវិញ ការហាត់ប្រាណដើម្បីឲ្យជួយបេះដូង អាយឧនិបាត.
5412.	អិន in អោលមូស្ត almost ស្ទើរតែនៅ អេនី any វ៉េ way គ្រប់ផ្លូវទាំងអស់ អាយឧនិបាត.
5413.	អិន in អាលហ្វាបេធិខល alphabetical ដាក់រៀបតួអក្សរ អ៊ីរឌើ order ឲ្យទៅតាមលេខរាងរបស់វា អាយឧនិបាត.
5414.	អិន in នៅក្នុង អេន an អ៊ូរ៉ា aura ស្រមោលវិញ្ញាណ ឬពន្លឺដែលដឹងបន្តិច ហើយមិនដឹង បន្តិចនៅមុនពេលប្រកាច់ អាយឧនិបាត.
5415.	អិន in នៅក្នុង អេន an អ៊ីលេកទ្រិក electric វ៉ៃល្ឌ field កន្លែងភ្លើងអគ្គិសនី

	អាយតនិបាត.
5416.	អ៊ិន **in** នៅក្នុងរយៈពេល ផែន **an** អាវរធី **hour** ១ម៉ោង អាយ **I** ខ្ញុំ កេះ្ស្ប **guess** ស្មានថាអញ្ជឹង អាយតនិបាត.
5417.	អ៊ិន **in** នៅក្នុង ផែន **an** អាយដៀល **ideal** ការយល់ឃើង រឿល្ប **world** របស់មនុស្សនៅ លើពិភពលោកនេះ អាយតនិបាត.
5418.	អ៊ិន **In** នៅក្នុង អាន **an** អ៊ិនវ៉ាំន្ត **infant** ខូនក្មេងប្ងាំ១នាក់ ខូនទារក១នាក់ អាយតនិបាត.
5419.	អ៊ិន **in** ផែល ផែន **an** អ៊ិនឃ្យូរេក្ត **incorrect** ផុសឈើ **posture** កម្រង់ខ្លួនមិន ត្រូវល្អ ឬផែលដាក់ខ្លួនមិនត្រូវទៅតាមក្បួនពេទ្យ អាយតនិបាត.
5420.	អ៊ិន **in** នៅក្នុង ផែន **an** អូវ៉ារី **ovary** ពងនៅទុកផែស្ត្រនមួយខាង អាយតនិបាត.
5421.	អ៊ិន **in** ផែល ផែន **an** អាន់រៀមិលៀរ **unfamiliar** មិនផែលធ្លាប់ ឬមិនផែលស្គាល់ អាយតនិបាត.
5422.	អ៊ិន **in** នៅក្នុង ផែន **an** អាន់យូស្សួល **unusual** ផែតធើន **pattern** គំរូផែលខុស ពីធម្មតា អាយតនិបាត.
5423.	អ៊ិន **in** នៅក្នុង អាណាធើ **another** ត្រ៊ីតមេន្ត **treatment** ការព្យាបាលរោគមួយទៀត អាយតនិបាត.
5424.	អ៊ិន **in** នៅក្នុង អេនី **any** អ្វីផែល សេកឡែត **saclike** ផ្ទុចថង់មួយ អាយតនិបាត.
5425.	អ៊ិន **in** នៅក្នុង អេនី **any** ត្រាយិង **trying** សិតយូអេស៊ិន **situation** រៀងផែលសាក ល្បងធ្វើអ្វីមួយ អាយតនិបាត.
5426.	អ៊ិន **in** នៅក្នុង ផែផផៅថែត **appetite** ការចង់ញ៉ាំ ឬមិនចង់ញ៉ាំអាហារ អាយតនិបាត.
5427.	អ៊ិន **in** នៅក្នុង អេរៀ **area** កន្លែងមួយ/អ៊ិន **in** នៅក្នុង អេរៀស **areas** កន្លែងជាច្រើន អាយតនិបាត.
5428.	អ៊ិន **in** នៅក្នុង អាធៀរៀល **arterial** ប្លើង **blood** សរ័សឈាមក្រហម អាយតនិបាត.
5429.	អ៊ិន **in** នៅក្នុង ផែតម៉ូសហ្វ៊េរិក **atmospheric** ថែមផើនឈើ **temperature** ធាតុអាកាស ឬកំដៅត្រជាក់ ឬក្តៅផែលនៅជុំវិញទីនោះ អាយតនិបាត.
5430.	អ៊ិន **in** នៅពេល ផែតថល្ស **battles** ចាញ់ឈ្នា អាយតនិបាត.
5431.	អ៊ិន **in** នៅលើ បេដ **bed** ផ្រែ អាយតនិបាត.

5432.	អ៊ិន **in** បេដ **bed** អ៊ិត **it** វាដេកនៅជាមួយគ្នា អាយតនិបាត.
5433.	អ៊ិន **in** នៅ ប៊ីធ្វីន **between** កណ្ដាល រវាង អាយតនិបាត.
5434.	អ៊ិន **in** នៅក្នុង ប្លើដ **blood** ឈាម ផ្លែសម៉ា **plasma** ទឹកឈាមពណ៌ស អាយតនិបាត.
5435.	អ៊ិន **in** នៅក្នុង ប្លើដ **blood** ទឹកឈាម សែមផល **sample** ដែលយកទៅពិសោធន៍មើល រោគ អាយតនិបាត.
5436.	អ៊ិន **in** នៅក្នុង ប្លើដ **blood** ទឹកឈាម ថេស្ស **tests** ដែលពិសោធន៍មើលរោគ អាយតនិបាត.
5437.	អ៊ិន **in** នៅក្នុង បឌី **body** ធិសស្យូស **tissues** សាច់ឈាម ឬជាលិកានៅវេងខ្លួន អាយតនិបាត.
5438.	អ៊ិន **in** នៅក្នុង ប៊ូន **bone** ម៉ារូ ឬម៉ារូរ **marrow** ខួរឆ្អឹងខ្នង អាយតនិបាត.
5439.	អ៊ិន **in** នៅ ប៊ូស៊ី **both** អាម្ស **arms** ដៃទាំងសងខាង ឬដៃទាំងពីរ អាយតនិបាត.
5440.	អ៊ិន **in** នៅក្នុង ប៊ូស៊ី **both** អ៊ៀរស **ears** ត្រចៀកទាំងសងខាង ឬត្រចៀកទាំងពីរ អាយតនិបាត.
5441.	អ៊ិន **in** នៅក្នុង ប៊ូស៊ី **both** យិដន៊ីស **kidneys** ក្រមទឹកនោមទាំងសងខាង ឬក្រមទឹក នោមទាំងពីរ អាយតនិបាត.
5442.	អ៊ិន **in** នៅ ប៊ូស៊ី **both** លេក្ស **legs** ជើងទាំងសងខាង ឬជើងទាំងពីរ អាយតនិបាត.
5443.	អ៊ិន **in** នៅក្នុង ប៊ូស៊ី **both** ផាក្ស **parks** សួនច្បារទាំងពីរ អាយតនិបាត.
5444.	អ៊ិន **in** នៅក្នុង ប៊ូល **bowl** ចានគោម១ អាយតនិបាត.
5445.	អ៊ិន **in** នៅក្នុង ប្រូស៊ីង **bruising** សាច់ជាំ ឬនៅស្នាមជាំ អាយតនិបាត.
5446.	អ៊ិន **in** នៅក្នុង បាន់ឌល្ស **bundles** កណ្ដាប់ ចង្កោមដុំៗ អាយតនិបាត.
5447.	អ៊ិន **in** នៅក្នុង ខាលស៊ៀម **calcium** រស់ជាតិកាល់ស្យម អាយតនិបាត.
5448.	អ៊ិន **in** នៅក្នុង ខេមប៊ូឌៀ **Cambodia** ប្រទេសកម្ពុជា ឬប្រទេសខ្មែរ អាយតនិបាត.
5449.	អ៊ិន **in** នៅក្នុង សែល្ស **cells** គ្រាប់ឈាម អាយតនិបាត.
5450.	អ៊ិន **in** នៅក្នុង សែល្ស **cells** គ្រាប់ឈាម អ៊ិន **in** នៅក្នុង ធឺ **the** ប្លើដស្ទ្រីម **bloodstream** ទឹកឈាម អាយតនិបាត.
5451.	អ៊ិន **in** នៅ សេនធឺ **center** កណ្ដាល អាយតនិបាត.

5452.	អិន in នៅក្នុង ឆាលប៊ើត្ឋ childbirth កូនក្មេង អាយតនិបាត.
5453.	អិន in ខូដ code ទៅតាមលេខកូដ្យ ឬលេខសម្ងាត់ អាយតនិបាត.
5454.	អិន in នៅក្នុង ខាម់បាញនេស៊ីន ឬខាំបាញនេស៊ីន combination ការបូករួម វិត្ឋ with ជាមួយនឹង អាយតនិបាត.
5455.	អិន in នៅក្នុង ខមមឹន common ការចូលរួមជាមួយគ្នាតាមធម្មតា អាយតនិបាត.
5456.	អិន in នៅក្នុង ខូនខ្លូស៊ីន conclusion ការសរុបចូលគ្នាទាំងអស់ អាយតនិបាត.
5457.	អិន in នៅក្នុង ខុនត្រូល control ការទប់ទល់ អាយតនិបាត.
5458.	អិន in ឌូអ៊ិង doing សូ so ការធ្វើយ៉ាងនេះ ឬការធ្វើដូច្នេះ អាយតនិបាត.
5459.	អិន in នៅក្នុង ដាក្ទស ducts បំពង់ជាច្រើន អាយតនិបាត.
5460.	អិន in នៅក្នុង អ៊ីឆ each រឿងអ្វីមួយ អាយតនិបាត.
5461.	អិន in នៅក្នុង អ៊ីឆ each អិនស្ទែនស្ស instance រយៈពេលមួយភ្លាមៗ ឬនៅក្នុងឧិទាហរណ៍១ អាយតនិបាត.
5462.	អិន in នៅក្នុង អី ឬអាយធើ either ប្រេស្ទ breast សាច់ដុំដោះខាងណាមួយក៏បានដែរ អាយតនិបាត.
5463.	អិន in នៅក្នុង អ៊ីលធើលី elderly ផេស៊ីន្ទ patient អ្នកជម្ងឺចាស់ៗ អាយតនិបាត.
5464.	អិន in នៅក្នុង អ៊ីវើរីដេ everyday ខុនថេក្សត្ស contexts ពាក្យនៅជុំវិញឃ្លាខ្លីៗដែលនិយាយជារៀងរាល់ថ្ងៃ នាមស័ព្ទ.
5465.	អិន in ហ្វិក្ទ fact ហេតុដូច្នោះ ឬតាមការពិតនេះ អាយតនិបាត.
5466.	អិន in នៅក្នុង វើវើរ favor ការស្រឡាញ់ចូលចិត្ត អាយតនិបាត.
5467.	អិន in វ៉ូល្ដស folds បត់ជាផ្នត់ៗចូលក្នុងតាមលេខរៀង អាយតនិបាត.
5468.	អិន in នៅក្នុង វ៉ីថើស fetus ខ្លួនរបស់ទារកនៅក្នុងផ្ទៃម្ដាយ អាយតនិបាត.
5469.	អិន in ហ្វ្រែកឈើ fracture បាក់នៅខាងក្នុង អាយតនិបាត.
5470.	អិន in គូដ good ហាត heart ក្នុងស្ថានភាពល្អ អាយតនិបាត.
5471.	អិន in នៅក្នុង គ្រូវិង growing ការធ្វើ ផលិត ឬបង្កើត បូន bone ឆ្អឹង អាយតនិបាត.
5472.	អិន in នៅក្នុង ហើ her ហ្វែដ head ក្បាលរបស់នាង អាយតនិបាត.
5473.	អិន in នៅក្នុង ហិស his ហ្វែដ head ក្បាលរបស់គាត់ អាយតនិបាត.

5474.	អ៊ីន in នៅក្នុង ហ៊ីស his ស្លេតិង shaking ហេន្ត hand ដៃញ័ររបស់គាត់ អាយតនិបាត.
5475.	អ៊ីន In នៅក្នុង អ៊ីនវ៉ែន្ស infants ខ្លួនរបស់កូនដ្បា ឬខ្លួនរបស់ទារកច្រើនជាង១នាក់ អាយតនិបាត.
5476.	អ៊ីន In នៅក្នុង អ៊ីនវ៉ែកស៊ីន infection រោគដំបៅ អាយតនិបាត.
5477.	អ៊ីន In នៅក្នុង អ៊ីនថេនសិទ្ធី intensity កម្លាំងភ្លើងថ្លើងខ្លស់ អាយតនិបាត.
5478.	អ៊ីន in នៅក្នុង លេប៊ឺរ labor ពេលលើពោះកើតកូន អាយតនិបាត.
5479.	អ៊ីន in មាន លេងផ្គ length ប្រវែង អាយតនិបាត.
5480.	អ៊ីន in នៅក្នុង ឡៃវ life ជីវិតមនុស្ស អាយតនិបាត.
5481.	អ៊ីន in នៅក្នុង លីវ៉ី liver សេល្លស cells គ្រាប់ឈាមនៅថ្លើម អាយតនិបាត.
5482.	អ៊ីន in នៅក្នុង មេឌីឧល medical ស្គូល school សាលារៀនពេទ្យ អាយតនិបាត.
5483.	អ៊ីន in នៅក្នុង ម៉ាល្ង mild ស្ហុក្ក shock ការប្រតិកម្មជាមួយនឹងវត្ថុធាតុអ្វីមួយបន្តិច អាយតនិបាត.
5484.	អ៊ីន in នៅក្នុង ម៉ាញ្ង mind គំនិត អាយតនិបាត.
5485.	អ៊ីន in នៅក្នុង ម៉ាសស៊ីល muscle សាច់ដុំ ធិសស្យូស tissues សាច់ឈាមនៅក្នុងរងខ្លួន អាយតនិបាត.
5486.	អ៊ីន in នៅក្នុង ម៉ាយ my បៃស្រូប bathrobe អាវសម្រាប់ពាក់នៅក្រោយពេល មុជទឹករបស់ខ្ញុំ អាយតនិបាត.
5487.	អ៊ីន in នៅក្នុង ម៉ាយ my កាត់ gut ពោះវៀន ឬប្រហោងពោះវៀនរបស់ខ្ញុំ អាយតនិបាត.
5488.	អ៊ីន in នៅក្នុង ម៉ាយ my ហ្ហេដ head ក្បាលខ្ញុំ អាយតនិបាត.
5489.	អ៊ីន in នៅក្នុង ម៉ាយ my ឡៃវ life ជីវិតរបស់ខ្ញុំ អាយតនិបាត.
5490.	អ៊ីន in នៅក្នុង ម៉ាយ my ម៉ាញ្ន្ត mind គំនិតរបស់ខ្ញុំ អាយតនិបាត.
5491.	អ៊ីន in នៅក្នុង ម៉ាយ my ផម palm បាតដៃរបស់ខ្ញុំ អាយតនិបាត.
5492.	អ៊ីន in នៅក្នុង ន្ទូរម៉ល់ normal ហ្ហាត្ស hearts បេះដូងធម្មតាទាំងអស់នោះ អាយតនិបាត.

5493.	អ៊ិន in នៅក្នុង រ៉ៀន់ one ឆ្ពោះ of នៃ the ជ្រៅ deep វ៉េស្យ veins សរសៃឈាម ខ្មៅជ្រៅរៀមួយ អាយឧនិបាត.
5494.	អ៊ិន in អូនលិ only ក្រាន់តែ រ៉ៀន់ one អ៊ីក្សុទ្រីមិទី extremity នៅខាងចុងដៃជើង១ អាយឧនិបាត.
5495.	អ៊ិន in នៅក្នុង អ៊ិរ or ឬ អ៊ិន on នៅខាងលើ នៃ the អូវ៉ារី ovary ក្រពេញដែលមាន រាងពងជាង វ៉ានៅខាងក្រោមចុងដៃស្បូន អាយឧនិបាត.
5496.	អ៊ិន in នៅក្នុង រ ray ពន្លឺចាំង ឬកាំរស្មីចាំង/ អ៊ិន in នៅក្នុង រេស rays ពន្លឺចាំង ឬកាំរស្មីចាំង អាយឧនិបាត.
5497.	អ៊ិន in នៅក្នុង រេឌីអូល្យជី radiology ការសិក្សាអំពីកម្លាំងពន្លឺភ្លើងអគ្គីសនី ឬថតឆ្លុះមើលរោគ តាមពន្លឺកាំរស្មីចាំងពីភ្លើង អាយឧនិបាត.
5498.	អ៊ិន in នៅក្នុង រ៉ៀ rare ខេស៊ីស cases រោគ ឬរៀងដែលកំក្រមាន អាយឧនិបាត.
5499.	អ៊ិន in នៅក្នុង រេអាលិទី reality រៀងពិតដែលកើតឡើងនៅក្នុងជីវិត អាយឧនិបាត.
5500.	អ៊ិន in នៅក្នុង រីស៊ិន្ត recent ស្ព៌ឌីស studies ការរៀន ឬការសិក្សា១រយៈពេលថ្មី១នេះ អាយឧនិបាត.
5501.	អ៊ិន in ដែល រីស្ព៉នស response ឆ្លើយតបទៅនឹងរៀងអ្វីមួយ អាយឧនិបាត.
5502.	អ៊ិន in នៅក្នុង ស្ព៉រត short រយៈពេលខ្លី អាយឧនិបាត.
5503.	អ៊ិន in នៅក្នុង ស្ព៉រត short ធើម term ពាក្យសង់ខែប១ (នៅក្នុងរយៈពេលខ្លី) អាយឧនិបាត.
5504.	អ៊ិន in នៅនឹង សៃធូ situ កន្លែងមួយដែលចេញមិនបាន អាយឧនិបាត.
5505.	អ៊ិន in នៅក្នុង សាស្ស៊ី size ទំហំ ឆ្ពោះ of នៅក្នុង អេ a ឬនៃ body ផាត part ផ្នែករបស់រងខ្លួន អាយឧនិបាត.
5506.	អ៊ិន in នៅក្នុង ស្នេល snail សត្វខ្យង អាយឧនិបាត.
5507.	អ៊ិន in នៅក្នុង សវ្ soft អ៊ីសស្យ tissue ស្រទាប់សាច់ស្តើងទន់១ ឬជាលិកាទន់១ អាយឧនិបាត.
5508.	អ៊ិន in នៅក្នុង ខែត that វ៉េន vein សរសៃឈាមខ្មៅនោះ អាយឧនិបាត.
5509.	អ៊ិន in នៅក្នុង នៃ the ដែបដមេន ឬដែបដ្ដមេន abdomen ពោះ អាយឧនិបាត.

5510.	អិន in នៅក្នុង ធើ the វែបតួបមិនូរពេលវិក abdominopelvic វីជិន region តំបន់នៅពោះ ហើយនឹងត្រគាក អាយតនិបាត.
5511.	អិន in នៅក្នុង ធើ the អ៊ើរ air ការប្រកាសសម្លេងតាមវិទ្យ អាយតនិបាត.
5512.	អិន in នៅក្នុង ធើ the អេអ៊ីរថា aorta សរសៃឈាមក្រហមធំ អាយតនិបាត.
5513.	អិន in នៅក្នុង ធើ the អេរ៉េ area ទីកន្លែង អាយតនិបាត.
5514.	អិន in នៅក្នុង ធើ the អាធើរីស arteries សរសៃឈាមជាច្រើន អាយតនិបាត.
5515.	អិន in នៅក្នុង ធើ the ប្លែដធើ bladder ថ្លោកទឹកនោម ឬក្រពះទឹកនោម អាយតនិបាត.
5516.	អិន in នៅក្នុង ធើ the ប្លីដ blood ឈាម អាយតនិបាត.
5517.	អិន in នៅក្នុង ធើ the ប្លីដ blood សាផ្លាយ supply វត្ថុធាតុផ្សេងៗដែលផ្គត់ផ្គង់ដល់ទឹកឈាម អាយតនិបាត.
5518.	អិន in នៅក្នុង ធើ the ប្លីដស្ទ្រីម bloodstream ទឹកឈាម អាយតនិបាត.
5519.	អិន in នៅក្នុង ធើ the បឌី body រាងខ្លួន អាយតនិបាត.
5520.	អុន in នៅក្នុង ធើ the ប៊ូន bone ឆ្អឹង១ អាយតនិបាត.
5521.	អិន in នៅក្នុង ធើ the ប៊ូន bone ម៉ារ៉ូ ឬម៉ារ៉ូវ marrow ខួរឆ្អឹង អាយតនិបាត.
5522.	អិន in នៅក្នុង ធើ the ប៊ូស bones ឆ្អឹងជាច្រើន អាយតនិបាត.
5523.	អិន in នៅក្នុង ធើ the ប្រេន brain ខួរក្បាល អាយតនិបាត.
5524.	អិន in នៅក្នុង ធើ the ប្រេស្ដ breast សាច់ដុំពោះ អាយតនិបាត.
5525.	អិន in នៅក្នុង ធើ the ប្រុងខាយ ឬប្រុងឃ bronchi ទងសួតទាំងពីរ អាយតនិបាត.
5526.	អិន in នៅក្នុង ធើ the ប៊ីលឌិង building អាគារ អាយតនិបាត.
5527.	អិន in នៅក្នុង ធើ the ខេវេធៀរៀ cafeteria អ៊ីរ or ឬ ឡាញ្ជ lunch រ៉ូម room បន្ទប់ញ៉ាំបាយថ្ងៃត្រង់ អាយតនិបាត.
5528.	អិន in នៅក្នុង ធើ the ខាផល carpal ប៊ូស bones ឆ្អឹងកដៃ អាយតនិបាត.
5529.	អិន in នៅក្នុង ធើ the ខាផល carpal ខៃណាល់ canal រន្ធឆ្អឹងកដៃ អាយតនិបាត.
5530.	អិន in នៅក្នុង ធើ the ខាផល carpal ធិល (ធើនេល) tunnel ឆ្អឹងកណ្ដាលឆ្អឹងកដៃ អាយតនិបាត.
5531.	អិន in នៅក្នុង ធើ the សេលួស cells គ្រាប់ឈាមជាច្រើន អាយតនិបាត.

5532.	អិន in នៅក្នុង ធើ the សែល្លស cells គ្រាប់ឈាម អើរ of របស់ ធើ the បឌី body រងខ្លួន អាយតនិបាត.
5533.	អិន in នៅក្នុង ធើ the សែនធើ center កណ្ដាល អើរ of ធើ the សើវិក្ស cervix កស្បូន អាយតនិបាត.
5534.	អិន in នៅក្នុង ធើ the សែនធើ center កណ្ដាល អើរ of ធើ the ឡុំង lung ស្ងួត អាយតនិបាត.
5535.	អិន in នៅក្នុង ធើ the សែនធើ center កណ្ដាល អើរ of ធើ the ឡាម្ម lump ដុំសាច់ អាយតនិបាត.
5536.	អិន in នៅក្នុង ធើ the សើវិក cervic កស្បូន អិរ or ឬ សើវិក្ស cervix កស្បូន អាយតនិបាត.
5537.	អិន in នៅក្នុង ធើ the ឆេស្ត chest ដើមទ្រូង អាយតនិបាត.
5538.	អិន in នៅក្នុង ធើ the ស៊ីធី city ទីក្រុង អាយតនិបាត.
5539.	អិន in នៅក្នុង ធើ the ខ្លាសស្រូម classroom ថ្នាក់រៀន អាយតនិបាត.
5540.	អិន in នៅក្នុង ធើ the ក្លិនិក clinic មន្ទីរព្យាបាលរោគ អាយតនិបាត.
5541.	អិន in នៅក្នុង ធើ the ខូវិន coffin ក្ដាមឈូស (សម្រាប់ដាក់ខ្មោច) អាយតនិបាត.
5542.	អិន in នៅក្នុង ធើ the ខូនសិនប្រេសិន concentration ការចំរាញ់យកចំនួនវត្ថុធាតុ អាយតនិបាត.
5543.	អិន in នៅក្នុង ធើ the ខូឡ៉ុន colon ពោះរៀនធំ អាយតនិបាត.
5544.	អិន in នៅក្នុង ធើ the ខាផ់ cup កែវ អាយតនិបាត.
5545.	អិន in នៅក្នុង ធើ the ដាក dark ទឹងងឹត អាយតនិបាត.
5546.	អិន in នៅក្នុង ធើ the ដេថាម daytime ពេលថ្ងៃ អាយតនិបាត.
5547.	អិន in នៅក្នុង ធើ the ឌ្លែដ dead សែនធើ center ចំកណ្ដាល នាមស័ព្ទ.
5548.	អិន in នៅក្នុង ធើ the ដាយអេក្រាម្យ ឬដាយអេប្រ៊ែកម្យ diaphragm សាច់សន្ធះ ដែលចែកប្រហោងដើមទ្រូងចេញពីប្រហោងពោះ អាយតនិបាត.
5549.	អិន in នៅក្នុង ធើ the ដាយអីត diet ចំណីអាហារ អាយតនិបាត.
5550.	អិន in នៅក្នុង ធើ the អៀរ ear ត្រចៀក១ខាង / អៀរ ears ត្រចៀកទាំងពីរ

	អាយតនិបាត.
5551.	អិន in នៅក្នុង ធើ the អីលទើលី elderly បុគ្គលខ្លួនចាស់ៗ អាយតនិបាត.
5552.	អិន in នៅក្នុង ធើ the អីផិទិទិមិស epididymis បំពង់ដែលបង្ករទឹកកាមទៅមេក្ក អាយតនិបាត.
5553.	អិន in នៅក្នុង ធើ the អីវេន្ត event ព្រឹត្តិការណ៍ ខែត that ដែល អាយតនិបាត.
5554.	អិន in នៅក្នុង ធើ the អាយ eye ភ្នែកម្ខាង / អាយស eyes ភ្នែកទាំងពីរ អាយតនិបាត.
5555.	អិន in នៅក្នុង ធើ the ហ្វីស៊ីស feces អាចម៍ ឬលាមក អាយតនិបាត.
5556.	អិន in នៅក្នុង ធើ the ហ្វីម៉េល female ខ្លួនរបស់ស្ត្រី អាយតនិបាត.
5557.	អិន in នៅក្នុង ធើ the ហ្វីម៉េ femur ឆ្អឹងក្រឡៅ នាមសំព.
5558.	អិន in នៅក្នុង ធើ the ហ្វីម៉េស femurs ឆ្អឹងក្រឡៅទាំងពី នាមសំព.
5559.	អិន in នៅក្នុង ធើ the ហ្វីធើស fetus កូនផ្ទា ឬទារកដែលនៅក្នុងផ្ទៃម្តាយ អាយតនិបាត.
5560.	អិន in នៅ ធើ the ហ្វឺស first ផ្លេស place លើកទីមួយ ឬពេលដើមដំបូង នាមសំព.
5561.	អិន in នៅក្នុង ឬនៅ ធើ the ហ្វឺស first ថាម time ពេលដើមដំបូង នាមសំព.
5562.	អិន in នៅក្នុង ធើ the ហ្វ្លូយ fluid ទឹក នាមសំព.
5563.	អិន in នៅក្នុង ធើ the ហ្វូដ food ចំណីអាហារ អាយតនិបាត.
5564.	អិន in នៅក្នុង ធើ the ហ្វ្រី free វ៉េ way ផ្លូវថ្នល់ដែលគ្មានភ្លើងបព្ជ្រាប់ អាយតនិបាត.
5565.	អិន in នៅក្នុង ធើ the ហ្គោលប្លែដធើ gallbladder ប្រម៉ាត់ អាយតនិបាត.
5566.	អិន in នៅក្នុង ធើ the ហ្គេសត្រូអ៊ីនធេស្ទីនល gastrointestinal ក្រពះ ហើយនឹង ពោះវៀន អាយតនិបាត.
5567.	អិន in នៅក្នុង ធើ the ក្រួញ groin ក្រលៀន អាយតនិបាត.
5568.	អិន in នៅក្នុង ធើ the កាម៉ស gums អញ្ចាញធ្មេញ អាយតនិបាត.
5569.	អិន in នៅក្នុង ធើ the ហ្មេដ head ក្បាល អាយតនិបាត.
5570.	អិន in នៅក្នុង ធើ the ហ្មេដ head ក្បាល អែន្ទ and ហើយនឹង នេក្ neck ក អាយតនិបាត.
5571.	អិន in នៅក្នុង ធើ the ហ្មេលសិខ្មៀ healthcare ការថែរក្សាសុខភាព អាយតនិបាត.
5572.	អិន in នៅក្នុង ធើ the ហ្ម្ចាត heart បេះដូង អាយតនិបាត.

5573.	អិន in នៅក្នុង ធើ the ហ្លាត heart អាធើរីស arteries សរសៃឈាមជាច្រើននៅ បេះដូង អាយតនិបាត.
5574.	អិន in នៅក្នុង ធើ the ហ្លាត heart អាធើរ artery សរសៃឈាម១នៅបេះដូង អាយតនិបាត.
5575.	អិន in នៅក្នុង ធើ the ហិផ hip ត្រគាក អាយតនិបាត.
5576.	អិន in នៅក្នុង ធើ the អិនវិន្ត infant ខ្ទើនរបស់កូនម៉ាា អាយតនិបាត.
5577.	អិន in នៅក្នុង ធើ the អិនរៀរៀអឺ inferior ទាបខាងក្រោម អាយតនិបាត.
5578.	អិន in នៅក្នុង ធើ the អិនផេរៀរ ឬអិនផេរៀរអឺ interior នៅខាងក្នុង អាយតនិបាត.
5579.	អិន in នៅក្នុង ធើ the អិនថេស្ទាញស ឬអិនថេស្ទីនូ intestines ពោះវៀន អាយតនិបាត.
5580.	អិន in នៅក្នុង ធើ the អិនថេស្ទាញស ឬអិនថេស្ទីនូ intestines វ៉ល wall ជញ្ជាំង ពោះវៀន អាយតនិបាត.
5581.	អិន in នៅក្នុង ធើ the អាយរិស iris កែវភ្នែក អាយតនិបាត.
5582.	អិន in នៅក្នុង ធើ the ចញ្ទ joint សន្លាក់ឆ្អឹងមួយ អាយតនិបាត.
5583.	អិន in នៅក្នុង ធើ the ចញ្ទនូស joints សន្លាក់ឆ្អឹងជាច្រើន អាយតនិបាត.
5584.	អិន in នៅក្នុង ធើ the ណី knee ក្បាលជង្គង់ អាយតនិបាត.
5585.	អិន in នៅក្នុង ធើ the យិដនី kidney ក្រមងទឹកនោម អាយតនិបាត.
5586.	អិន in នៅក្នុង ធើ the ឡែប lab មន្ទីរពិសោធន៍វាគ អ៊ឺវ each វេ day ជារៀងរាល់ថ្ងៃ អាយតនិបាត.
5587.	អិន in នៅក្នុង ធើ the ឡេយើ layer ស្រទាប់សាច់ អ៊ៅវ of នៅក្នុង អែន an អាយ eye គ្រាប់ភ្នែក១ អាយតនិបាត.
5588.	អិន in ធើ the ឡេវ្ត left នៅខាងឆ្វេង អាយតនិបាត.
5589.	អិន in នៅ ធើ the ឡេវ្ត left លេត leg ជើងខាងឆ្វេង អាយតនិបាត.
5590.	អិន in ធើ the លេក្ស legs នៅជើងទាំងពីរ អាយតនិបាត.
5591.	អិន in នៅក្នុង ធើ the ឡៃប្រារីស libraries បណ្ណាល័យជាច្រើន (អាគារដាក់សៀវ ភៅសម្រាប់ឱ្យប្រជាជនខ្ចីមើល) អាយតនិបាត.

5592.	អ៊ិន in នៅក្នុង ធើ the លៃព្រៀវិស library បណ្ណាល័យមួយ (អាគារដាក់សៀវភៅសម្រាប់ឱ្យ ប្រជាជនខ្លីមើល) អាយតនិបាត.
5593.	អ៊ិន in នៅក្នុង ធើ the លិវិ liver ថ្លើម អាយតនិបាត.
5594.	អ៊ិន in នៅក្នុង ធើ the ឡូវ៉ើ lower លេក leg ជើងខាងក្រោម អាយតនិបាត.
5595.	អ៊ិន in នៅក្នុង ធើ the ឡាំង lung សួតម្ខាង អាយតនិបាត.
5596.	អ៊ិន in នៅក្នុង ធើ the ឡាំស្ lungs សួតទាំងពីរ អាយតនិបាត.
5597.	អ៊ិន in នៅក្នុង ធើ the មេឌុលឡា medulla អុប្លុងកាថា oblongata កន្លែងកណ្ដាលទងខួរក្បាលដែលតផ្ទាប់សរសៃវិញ្ញាណពីខួរក្បាលទៅខួរឆ្អឹងខ្នង អាយតនិបាត.
5598.	អ៊ិន in នៅក្នុង ធើ the មិឌឌល middle កណ្ដាល (នៅកណ្ដាល) អាយតនិបាត.
5599.	អ៊ិន in នៅក្នុង ធើ the មូវមេន្ movement ការកំរើក អាយតនិបាត.
5600.	អ៊ិន in នៅក្នុង ធើ the ម្យូកើស mucous ជាតិស្អេស ឬសំបោរអិលៗ អាយតនិបាត.
5601.	អ៊ិន in នៅក្នុង ធើ the នេស្ូហ្ៀរិងក្ស nasopharynx បំពង់កនៅក្រោយច្រមុះ អាយតនិបាត.
5602.	អ៊ិន in នៅក្នុង ធើ the ណ្ូវ New យ៉ូរក York ទីក្រុងណ្ូវ យ៉ូរក ធំមួយនៅប្រទេសអាមេរិច អាយតនិបាត.
5603.	អ៊ិន in នៅក្នុង ធើ the ណាម់ប៊ី number ចំនួនលេខ អាយតនិបាត.
5604.	អ៊ិន in នៅក្នុង ធើ the ណាម់ប៊ី number ចំនួន អៃវ of របស់ សីល្លស cells គ្រាប់ឈាម អាយតនិបាត.
5605.	អ៊ិន in នៅក្នុង ឬទៅតាម ធើ the អ៊រឌើ order លេខរៀបរបស់វា អាយតនិបាត.
5606.	អ៊ិន in នៅក្នុង ធើ the អូស្ីន ocean សមុទ្រធំ ឬមហាសមុទ្រ នាមសំព.
5607.	អ៊ិន in នៅក្នុង ធើ the អូវ៉ារិ ovary ពង នាមសំព.
5608.	អ៊ិន in នៅក្នុង ធើ the ផាគីង parking ឡុត lot កន្លែងចតឡ្ាន អាយតនិបាត.
5609.	អ៊ិន in នៅក្នុង ធើ the ផីលវិស pelvis ឆ្អឹងត្រគាក អាយតនិបាត.
5610.	អ៊ិន in នៅក្នុង ធើ the ផ្លៃសេនថា placenta សុក អាយតនិបាត.
5611.	អ៊ិន in នៅក្នុង ធើ the ផ្លៃ plaque ផ្ទាំងវត្ថុធាតុល្បៀងៗដែលកកើតឡើងនៅជើងធ្មេញ វាកើតមកពីចំណីអាហារដែលយើងញ៉ាំ ហើយវាជាប់នៅតាមជើងធ្មេញ អាយតនិបាត.

5612.	អិន in នៅក្នុង ធើ the ជ្រសេស្ស process ពេលកំពុងតែធ្វើ អាយតនិបាត.
5613.	អិន in នៅក្នុង ធើ the រេន rain ទឹកភ្លៀង អាយតនិបាត.
5614.	អិន in នៅក្នុង ធើ the រ ray ពន្លឺកាំរស្មីចាំងលើ (ឬពន្លឺកាំរស្មីចាំងលើ) អាយតនិបាត.
5615.	អិន in នៅក្នុង ធើ the រេកតឹម rectum ពោះវៀនមួយកង់នៅខាងលើទ្វារធំ ឯឆ្ន and ហើយនឹង អេនើស anus ទ្វារធំ អាយតនិបាត.
5616.	អិន in នៅក្នុង ធើ the រីនុល renal កម្រងទឹកនោម អាយតនិបាត.
5617.	អិន in នៅក្នុង ធើ the រេស្រូម restroom បន្ទប់ទឹក១ ឬបង្គន់១ អាយតនិបាត.
5618.	អិន in នៅក្នុង ធើ the រីវើស reverse ការបែ ឬការប្រែមកវិញ អាយតនិបាត.
5619.	អិន in នៅក្នុង ធើ the សីមិនុល seminal វ្លុយ fluid ទឹកកាម គុណនាម.
5620.	អិន in នៅក្នុង ធើ the ស្ញាវ៉ឺ shower ពេលកំពុងមុជទឹកម៉ាស៊ីនក្រោមបំពង់ផ្សាឈ្មោក អាយតនិបាត.
5621.	អិន in នៅក្នុង ធើ the សេផថា septa សន្ធះសាច់នៅក្នុងកណ្ដាលក្រពេញណាមួយ អាយតនិបាត.
5622.	អិន in នៅក្នុង ធើ the សាញនើស៊ីស sinuses រន្ធភ្លើងច្រមុះតូចៗ អាយតនិបាត.
5623.	អិន in នៅក្នុង ធើ the សាស៊្យ size ទំហំ មាឌ ខ្នាត អាយតនិបាត.
5624.	អិន in នៅក្នុង ធើ the ស្គិន skin ស្បែក ឯឆ្ន and ហើយនឹង ឡាំង្ស lungs សួតទាំងពីរ អាយតនិបាត.
5625.	អិន in នៅក្នុង ធើ the ស្គាល្ល skull ឆ្អឹងលលាដ៍ក្បាល អាយតនិបាត.
5626.	អិន in នៅក្នុង ធើ the ស្ពេស្ស space កន្លែង ឬប្រឡោះដែល ផ្តល់វាដ្ឋ provided បានផ្តល់ឱ្យ អាយតនិបាត.
5627.	អិន in នៅក្នុង ធើ the ស្ពលីន spleen សរីរាង្គម្យ៉ាងឈ្មោះអណ្ដើក ឬផាល គុណនាម.
5628.	អិន in នៅក្នុង ធើ the ស៊ីមិន semen ទឹកកាម គុណនាម.
5629.	អិន in នៅក្នុង ធើ the ស្ទើនឹម sternum ឆ្អឹងកណ្ដាលរើមទ្រូង (ឆ្អឹងទ្រនុងទ្រូង) គុណនាម.
5630.	អិន in នៅក្នុង ធើ the ស្ទូល្ស stools លាមក គុណនាម.
5631.	អិន in នៅក្នុង ធើ the ស្តូម៉ាក្ឋ ឬស្តូម៉ាយ stomach ក្រពះ គុណនាម.

5308.	អាយអេ -ia មានរោគនៅក្នុងឈាម ឬមានបញ្ហា ស្ថានភាព ឬមេរោគមានបញ្ហាថាមានកើតរោគ អ្វីមួយ ខូនទិសិន condition ស្ថានភាព ឬមេរោគ មានបញ្ហាថាមានកើតរោគ - សារីវីក្យ suffix បច្ច័យ ឬបាក្យសម្រាប់ពីខាងក្រោយ.
5309.	អាយអេស៊ី -iac នៃ ឬទាក់ទងទៅនឹង - វីលេធិង relating ជាប់ទាក់ ធូ to ទៅនឹង - ដើរថេនិង pertaining ទាក់ទង ធូ to ជាមួយនឹងរបស់អ្វីមួយ - សារីវីក្យ suffix បច្ច័យ ឬបាក្យសម្រាប់ពីខាងក្រោយ.
5310.	អាយអេអិល -ial នៃ ឬទាក់ទងជាមួយនឹង - វីលេធិង relating ជាប់ទាក់ ធូ to ទៅនឹង - ដើរថេនិង pertaining ទាក់ទង ធូ to ជាមួយនឹងរបស់អ្វីមួយ - សារីវីក្យ suffix បច្ច័យ ឬបាក្យសម្រាប់ពីខាងក្រោយ.
5311.	អាយអេសិស -iasis រោគដែលខុសពីភាពធម្មតា ដែលបន្ទូរម៉ល abnormal ខូនទិសិន condition រោគដែលខុសពីភាពធម្មតា - ព្រេសិនស្យ presence មានរោគបង្ហាញឲ្យ យើញនៅពេលជម្ងឺរវៈនេះខុសពីភាពធម្មតា - សារីវីក្យ suffix បច្ច័យ ឬបាក្យសម្រាប់ពីខាងក្រោយ.
5312.	អាយអេត្រូ Iatro- អ៊ិរ or ឬ អាយអេត្រូ Iatr/o ការព្យាបាលរោគដោយសារលោកគ្រូពេទ្យ - ហ្វីសិសិន physician គ្រូពេទ្យ ធ្រីតមេន្ត ឬធ្រីតមេន្ត treatment ការព្យាបាលរោគ - ព្រីវីក្យ prefix បុព្វបទ ឬបាក្យសម្រាប់ពីខាងមុខ.
5313.	អាយស៊ី -ic នៃ ឬទាក់ទងជាមួយនឹង អ៊ិរ or ឬ អាយស៊ីអេអិល -ical នៃ ឬទាក់ទងជាមួយនឹង - វីលេធិង relating ជាប់ទាក់ ធូ to ទៅនឹង - ដើរថេនិង pertaining ទាក់ទង ធូ to ជាមួយនឹងរបស់អ្វីមួយ - ស្ថារវីក្យ suffix បច្ច័យ ឬបាក្យសម្រាប់ពីខាងក្រោយ.
5314.	អែស្យ ice ទឹកកក ឃ្យូបស cubes ព្រើនដុំ នាមសំពុ.
5315.	អែស្យ ice ផែក្ត pack ថង់ទឹកកក ខែន can អាច ណាម៉្ប numb ធ្វើឲ្យស្ពឹក ធើ the អិនជើរ injury អេរៀ area នៅកន្លែងមុខរបួស នាមសំពុ.
5316.	អែស្យ ice ស៊ុំ ធើ the អិនជើរ injury អេរៀ area នៅកន្លែងមុខរបួស អាស as ស្វូន soon អាស as ផូសិបល possible ជាបន្ទាន់ដែលអាចធ្វើទៅបាន នាមសំពុ.
5317.	អែស្យ ice ផែក្តស packs ថង់ពាក់ទឹកកក នាមសំពុ.

5318.	អិវទីអូ ichthyo- អិរ or ឬ អិវទីអូ ichthy/o ស្បែកស្ងួត ប្រេះស្រការ – ជ្រាយ dry ស្ងួត វិស្ថីលែត fishlike ស្បែកស្ងួតប្រេះស្រការ ស្គេលី scaly ស្បែកស្ងួតប្រេះ ស្រការរូចស្រកាត្រី -ផ្រេវិក្ស prefix បុព្វបទ ឬពាក្យសម្រាប់ដាក់ពីខាងមុខ.
5319.	អាយឌី -id នៃ ឬទាក់ទងទៅនឹង - សាវិវិក្ស suffix បច្ច័យ ឬពាក្យសម្រាប់ដាក់ពីខាងក្រោយ.
5320.	អាយឌៀ idea ការគិត ខែត that ដែល ខោះស cause ធ្វើអោយ នាមសំពុ.
5321.	អាយដេនធិខល identical ម៉ូលេខ្យល្យ molecules លំអងវត្ថុធាតុដែលមានរូបរាង ឬគុណភាពដូចគ្នា នាមសំពុ.
5322.	អាយដេនធិខល identical ធ្វិស្យ twins កូនភ្លោះនេះមានទងសុក្ររួមជាមួយគ្នា ហើយមាន ភេទដូចគ្នា នាបសំពុ.
5323.	អាយដេនធីវិខេសិន identification ការកត់សំគាល់ អេៅវ of នៅក្នុង អេ a ឌិស្ស៊ីស្ស diseases មេរោគ អិរ or ឬ ខុនឌិសិន condition រោគ ស្ថានភាព មានបញ្ហាកើតរោគឡើង នាមសំពុ.
5324.	អាយដេនធិវាយ identify បញ្ជាក់ឲ្យស្គាល់ សេរ៉ុម serum ទឹកសៀរ៉ុម ជ្រូថេអិន្ស proteins ជាតិប្រូតេអ៊ីន កិរិយាសពុ.
5325.	អាយឌិអូ idio- អិរ or ឬ អាយឌិអូ idi/o មិនដឹង មិនស្គាល់រោគ ជម៉្លឺល៎ីដែរកមើលរោគមិន ឃើញ - អាន់ណូន unknown មិនស្គាល់ -ផ្រេវិក្ស prefix បុព្វបទ ឬពាក្យសម្រាប់ដាក់ពី ខាងមុខ.
5326.	អីឌិអូស៊ីស idiocies រោគឆ្កួតយ៉ាងខ្លាំង ល្ងង់មិនចេះគិត /អីឌិអូស៊ី idiocy រោគឆ្កួតយ៉ាងខ្លាំង ល្ងង់មិនចេះគិត នាមសំពុ.
5327.	អាយឌិអូល្យជិក ideologic អិរ or ឬ អាយឌីអូល្យជិខល ideological នៃ ឬទាក់ទង ទៅនឹងការសិក្សាអំពីប្រព័ន្ធនៃរូបរាងកាយរបស់មនុស្ស ហើយនឹងសត្វដែលរស់នៅលើផែនពីនេះ វាមានការទាក់ទងទៅនឹងធម្មជាតិនៅលើពិភពលោកនេះ ការសិក្សា ឬរៀនស្វ្រែគ្រអំពីមនុស្ស ឬសត្វ គេរៀនពីការរស់នៅរបស់មនុស្ស ឬសត្វ រៀនពីការគិតទៅតាមត្រកុម តាមប្រទេសជាតិ ឬតាមរូបរាងកាយរបស់ក្រុមមនុស្ស ឬសត្វជាច្រើនប្រភេទនោះ គុណនាម.
5328.	អាយឌិអូផែទិក idiopathic ឌិស្ស៊ីស្ស diseases មេរោគជាច្រើនយ៉ាងរួមគ្នាដែលពេទ្យរក មិនទាន់ឃើញ (ឧទាហរណ៍ដូចជារោគប្រកាច់ គេដឹងថារោគនៅក្នុងសរសៃវិញ្ញាណដែលធ្លើងអគ្គីសនី

	រឥមិនលួនៅក្នុងខួរក្បាលតែប៉ុណ្ណោះ) នាមសព្ទ.
5329.	អាយឌិអូផែទិក idiopathic អ៊ីផីលេផស៊ី epilepsy រោគប្រកាច់ រោគឆ្កួងអត្តិសនីរឥមិនលួនៅក្នុងខួរក្បាល រោគឈឺច្រើនយ៉ាងរួមគ្នា(ពេទ្យរកមេរោគនេះមិនទាន់ឃើញទេ តេមិនដឹងមេរោគទេ) នាមសព្ទ.
5330.	អ៊ិគនែស ignis- ភ្លើងឬចភ្លើង ឬភ្លើងគេះ? -ព្រីវិក្ស prefix បុព្វបទ ឬពាក្យសម្រាប់តបព្ចូលគ្នាពីខាងមុខ.
5331.	អាយអិល -il នៅជុំវិញ - ស្ត្រាក់លើ structure ស្នៃរបរាងកាយ ស្រទាប់ស្រោមសាច់ -សាវិក្ស suffix បច្ច័យ ឬពាក្យសម្រាប់តពីខាងក្រោយ.
5332.	អេ៊ីលីអូ ileo- អឺរ or ឬ អេ៊ីលីអូ ile/o ពោះរៀនតូចផ្នែកទីបី -អេ៊ីលៀម ileum ពោះរៀនតូចផ្នែកទីបី -ព្រីវិក្ស prefix បុព្វបទ ឬពាក្យសម្រាប់តពីខាងមុខ.
5333.	អេ៊ីលីអូស៊ីខល ileocecal វីជិន region តំបន់នៅពោះរៀនតូចផ្នែកទីបី ហើយនឹងក្បាល ពោះរៀនធំ១កង់ នាមសព្ទ.
5334.	អេ៊ីលីអូស៊ីខល ileocecal ស្ពីងទី sphincter បំពង់កងសន្ទះបិទបើកនៅពោះរៀន តូចផ្នែកទីបី នាមសព្ទ.
5335.	អេ៊ីលីអូស៊ីខល ileocecal វ៉ាវ ឬវ៉ាលវ valve បំពង់កងសាច់សន្ទះបិទបើកនៅពោះរៀន តូចផ្នែកទីបី នាមសព្ទ.
5336.	អេ៊ីលីអូត្រែនស្យវើស ileotransverse ខូឡូស្តូមី colostomy ការវះកាត់ពោះរៀនតូច ហើយនឹងពោះរៀនធំដើម្បីនឹងតធ្វើឱ្យទៅជាមាត់ថ្មី នាមសព្ទ.
5337.	អេ៊ីលីអែក iliac នៃ ឬទាក់ទងទៅនឹងភ្លៅពានៅត្រគាក ក្រេស្ត crest កំពូលជាយៗរបស់ភ្លៅ ត្រគាក នាមសព្ទ.
5338.	អេ៊ីលីអែក iliac វីជិស្យ regions តំបន់នៅភ្លៅពានៅត្រគាក - ពីព្រោះវានៅជិត អេ៊ីលៀម ilium ផ្នែករបស់ភ្លៅត្រគាក (ពាក្យមួយទៀតគេហៅវាថា អិនគ្វិនុល inguinal វីជិស្យ regions តំបន់ ឬបករផ្នែកខាងក្រោមខាងស្តាំ ហើយនឹងខាងឆ្វេងនៅជិតក្រលៀន) នាមសព្ទ.
5339.	អេ៊ីលីអូ ilio- អឺរ or ឬ អេ៊ីលីអូ ili/o- ផ្នែកនៃភ្លើងត្រគាក —អេ៊ីលៀម ilium នៃផ្នែកភ្លើង ត្រគាក -ព្រីវិក្ស prefix បុព្វបទ ឬពាក្យសម្រាប់តពីខាងមុខ.

5340.	អៀលីអ្វីម្មូរល iliofemoral លិកាម៉េន្ត ligament ផ្នែកនៃសរសៃពួរដែលតភ្ជាប់នឹងឆ្អឹង ត្រគាកទៅនឹងឆ្អឹងក្រឡៅ ។ នាមសំពុ.
5341.	អៀល្លុមិនេត្ត illuminated ស្កុល្ល skull បានដាក់ភ្លើងនៅក្នុងឆ្អឹងលលាជ៍ក្បាលឱ្យថ្លាចាំង ដើម្បីឱ្យមើលឃើញច្បាស់ ឬបានរៀបចំធ្វើរបស់អ្វីមួយវាឱ្យស្អាតឡើង នាមសំពុ.
5342.	អ៊ីមេជ្ស images រូបភាពច្រើន អ័រ or ឬ ផ៊ិកឈើស pictures រូបភាពច្រើន (ពាក្យ២នេះវាមានន័យដូចគ្នា) នាមសំពុ.
5343.	អ៊ីម៉ែជិណារី Imaginary ស្មាន ឡាញន line បន្ទាត់ ឬបន្ទាត់ស្មាន នាមសំពុ.
5344.	អ៊ីម៉ែជិណារី Imaginary ស្មាន ឡាញន line បន្ទាត់ ខែត that ដែល ឌិវ៉ាយឌ្ស divides ធើ the បឌី body ចែកដងខ្លួនឱ្យស្មើគ្នាជាពីរភាគ នាមសំពុ.
5345.	អ៊ីម៉ែជិណារី Imaginary ស្មាន អៀល្លនេស៊ុស illnesses នៅក្តែងដែលមានជម្ងឺ នាមសំពុ.
5346.	អ៊ីមបេដ្តេដ imbedded ធ្លុស tooth ធ្មេញនេះត្រូវល្មមទៅក្នុងរន្ធសាច់របស់វា ធ្មេញដែលនៅកៀនគ្នា ធ្មេញដែលកប់នៅខាងក្រោមសាច់ នាមសំពុ.
5347.	អ៊ីមម៉ែឈ្លួ immature សេល្លស cells គ្រាប់សាច់ឈាម ឬកោសិកាថ្មីៗដែលទើបនឹង កកើតឡើងថ្មីៗ នាមសំពុ.
5348.	អ៊ីមម៉ែឈ្លួ immature អេជ្ជ egg សេល្លស cells គ្រាប់ឈាម ឬកោសិកាថ្មីៗរបស់គ្រាប់ ពងថ្មីៗទើបមេជីវិតថ្មីៗ នាមសំពុ.
5349.	អ៊ីមម៉ែឈ្លួ immature នូត្រូហ្ពីល្ល neutrophils គ្រាប់ឈាមស ឬកោសិកាសថ្មីៗដែល ទើបនឹងកើត នាមសំពុ.
5350.	អ៊ីមម៉ែឈ្លួ immature ផ្លែន្តស plants ឈ្មោះកូនផ្សិតតូច តេធ្វើថ្នាំផ្សះឡើងមកពីកូនផ្សិត តូចៗ (ថ្នាំផ្សះដែលចេញមុនគេ តេធ្វើវាឡើងមកពីកូនផ្សិតតូចៗ) នាមសំពុ.
5351.	អ៊ីមមូន immune អ័កធីវីធីស activities សកម្មភាព ឬការផលិតឡើងរបស់ប្រព័ន្ធការ ពារខ្លួន ឬប្រព័ន្ធប្រតេអ៊ីនដែលវាយប្រហារ ប្រឆាំងនឹងមេរោគ (ដើម្បីនឹងការពារមិនឱ្យចូលក្នុង ដងខ្លួនយើង) នាមសំពុ.
5352.	អ៊ីមមូន immune សេល្លស cells គ្រាប់ឈាមប្រតេអ៊ីន ឬកោលិកាដែលវាយប្រហារ ប្រឆាំងនឹងមេរោគដើម្បីនឹងការពារវាគមិនឱ្យចូលក្នុងដងខ្លួន នាមសំពុ.

5353.	អិមម្យូន immune រីអែកសឹន reaction គឺនៅពេលមេរោគ ហើយនឹងអង្គបដិប្រាណប្រឆាំងគ្នា ធ្វើឱ្យយើងប្រតិកម្ម ឬទាស់ (ទឹកប្រូតេអ៊ីនដែលការពារដងខ្លួន វាប្រឆាំងជាមួយនឹងមេរោគធ្វើឱ្យខ្លួនយើងឈឺ) ឧទាហរណ៍ដូចជារោគគ្រុនក្តៅ នេះគឺជាពេកដែលមេរោគ ហើយនឹងអង្គបដិប្រាណប្រឆាំងគ្នា នាមស័ព្ទ.
5354.	អិមម្យូន immune រីស្ពនស response អ៊រ or ឬ អិមម្យូនិធី immunity ដងខ្លួនរបស់យើង វាធ្វើការប្រឆាំងទៅនឹងមេរោគគ្រាប់យ៉ាងគ្រាប់ទឹកឈាមស ឬប្រូតេអ៊ីន (អង្គបដិប្រាណ) វាមានជាតិពុលដែលអាចសម្លាប់មេរោគ ហើយវាអាចធ្វើឱ្យសរីរាង្គជាពីរោគផង (បើវាគ្មានជម្ងឺ) នាមស័ព្ទ.
5355.	អិមម្យូន immune សិស្ទឹម system ប្រព័ន្ធទឹកប្រូតេអ៊ុនដែលវាយប្រហារ ប្រឆាំងនឹងមេរោគប្រូតេអ៊ុនដែលការពាររោគមិនឱ្យចូលក្នុងដងខ្លួន វាអាចផ្សាំជាមួយនឹងមេរោគអ្វីមួយដើម្បីនឹងទុកប្រឆាំងកុំឱ្យយើងកើតរោគនោះ វាទាក់ទងជាមួយ លីមហ្វាទិក lymphatic សិស្ទឹម system ប្រព័ន្ធទឹករងៃ ប្រព័ន្ធទឹកឈាមស នាមស័ព្ទ.
5356.	អិមម្យូន immune សិស្ទឹម្ស systems ប្រព័ន្ធទឹកប្រូតេអ៊ីនដែលផ្សាំទុកនៅក្នុងខ្លួនយើងសម្រាប់ប្រឆាំងទៅនឹងមេរោគដើម្បីការពារដងខ្លួនយើង វាបូករួមជាមួយនឹងក្រពេញទាំងអស់នេះវាឈ្មោះដូចតទៅ លីមហ្វ័យដ lymphoid អ៊័រកិន្ស organs, ក្រពេញឈ្មោះ លីមហ្វ lymph នូដ្ស nodes, ក្រពេញឈ្មោះ សភ្លីន spleen ផាល ឬអណ្តើក អែន្ត and ហើយនឹង តាយមើស thymus គ្លែន្ត gland, វាផលិត ឬធ្វើ លីមហ្វូសៃត្ស lymphocytes គ្រាប់ឈាមសវាធ្វើ អែនទីបឌីស antibodies ថ្នាំផ្សះជាច្រើន អែន្ត and ហើយនឹង មែក្រូហ្វេជេស macrophages គ្រាប់ឈាមសដែលស៊ីគ្រាប់មេរោគ ហ្វាគូសៃត្ស phagocytes គ្រាប់ឈាមសដែលគេរកឃើញនៅក្នុង ប្រេន brain ខួរក្បាល លីវើ liver ថ្លើម ក្រពេញឈ្មោះ លីមហ្វ lymph នូដ្ស nodes អែន្ត and ហើយនឹងក្រពេញឈ្មោះ សភ្លីន spleen ផាល ឬអណ្តើក ទាំងអស់នេះជាប្រព័ន្ធការពារខ្លួន វាវាយប្រឆាំងនឹងមេរោគ (ប្រព័ន្ធទឹករងៃជាច្រើន វាធ្វើជាប្រព័ន្ធការពារខ្លួនយើង វាឈ្មោះ លីមហ្វាទិក lymphatic សិស្ទឹម្ស systems) នាមស័ព្ទ.
5357.	អិមម្យូនូ immuneo- អ៊រ or ឬ អិមម្យូនូ immune/o នៃ ឬទាក់ទងទៅនឹងទឹកប្រូតេអ៊ីន ឬប្រព័ន្ធការពារខ្លួន -ព្រីហ្វិក្ស prefix បុព្វបទ ឬពាក្យសម្រាប់តពីខាងមុខ.

5358.	អិមមូន immune- អិរ or ឬ អិមមូន., immun/o ការពារតស៊ូប្រឆាំងនឹងរោគ ដើម្បីការពារកុំឱ្យឈឺងកើតរោគ អិមមូន immune មិនកើតរោគ ទ្រាំនឹងរោគបាន ប្រថែកសិន protection ការពារកុំឱ្យកើតរោគ សេរ safe សុខសប្បាយ គ្មានទុក - សេរទី្ឃ safety ផុតពីគ្រោះថ្នាក់ (សុវត្ថិភាព) ផ្រថែកសិន protection តស៊ូប្រឆាំងការពារមិនឱ្យឈឺងកើត មេរោគ -ផ្រីវិក្ស prefix បុព្វបទ ឬពាក្យសម្រាប់តបព្ចូលក្ដាពីខាងមុខ.
5359.	អិមមូនគ្លូប៊ូលិន្ស immunoglobulins គ្រាប់ឈាមស ឬទឹកប្រវែតអ៊ីន ឬកោសិកាម្យ៉ាង ដែលតស៊ូប្រឆាំងនឹងមេរោគដើម្បីការពារកុំឱ្យឈឺងកើតរោគ ងែនទីប៊ឺស antibodies វត្ថុធាតុប្រវែតអ៊ីនដែលបានបង្កើតឡើងដើម្បីការពារដង្ខួន ''(អង្គបំប្រាណ)'' ថ្នាំផ្សេៈនេះកើតមក ពីគ្រាប់ឈាមស ឬទឹកប្រវែតអ៊ីនឈ្មោៈ ផ្លែសម៉ា plasma សែល្លស cells ណាមស័ព្ទ.
5360.	អិមមូនគ្លូប៊ូលិន្ស immunoglobulins ងែនទីប៊ឺស antibodies (ងែមម៉ា gamma គ្លូប៊ូលិន្ស globulins) គ្រាប់ឈាមស ទឹកប្រវែតអ៊ីនទាំងអស់នេះបានកើតមក ពីគ្រាប់ឈាមសឈ្មោៈ ផ្លែសម៉ា plasma សែល្លស cells វ៉ានៅក្នុងក្រុមគ្រាប់ឈាមសឈ្មោៈ ហ្យូម្ម៉ូរល humoral អិមមូនិទ្យ immunity គ្រាប់ឈាមស ឬប្រវែតអ៊ីនដែលបានបង្កើត ឡើងដើម្បីការពារដង្ខួន ''(អង្គបំប្រាណ)'' ណាមស័ព្ទ.
5361.	អិមផែកុដ impacted វ៉្រែកឡើ fracture ចុងឆ្អឹងបាក់ច្រើនរុកចូលទៅក្នុងឆ្អឹងដែលនៅ ក្បៀនៗវ៉ាទៀត ណាមស័ព្ទ.
5362.	អិមផៀដ impaired ខ្វនសិនគ្រេសិន concentration គិតមិនបានច្បាស់លាស់ ភ្លេចភ្លាំង គិតមិនចេញ គុណនាម.
5363.	អិមផៀដ impaired វិស៊ីន vision មើលមិនឃើញ ឬព្រិលភ្នែក គុណនាម.
5364.	អិមផៀរិង impairing ដែលធ្វើឱ្យខូចខាត ឌីអិនអេ DNA សិនថេសិស synthesis ផល់វិធ្យើបធ្វើឱ្យគ្រាប់ពូជវីកចំរើន (ថ្រវ៉ាក់ប្រវែតអ៊ីនដែលតៗផ្លាប់ៗគ្នា) កិរិយាសព្ទ.
5365.	អិមផៀរមេន្ត impairment ការខូចខាត អិន in នៃ the អ៊ីប៊ិលិទ្ឃ ability សមតភាព នៅក្នុងការធ្វើការងារអ្វីមួយ ណាមស័ព្ទ.
5366.	អិមផៀរមេន្ត impairment ការខូចខាត អ៊ៅវ of នៅក្នុង ចូដជមេន្ត judgment វិញ្ញាណ ខាងគិត គិតមិនត្រូវ គ្មានប្រាជ្ញា មិនវ៉ែងវ៉ៃ មិនអាចចាំបាន ខូក្បាលប៊ិនល្ងត្គិតមិនត្រូវ ណាមស័ព្ទ.

5367.	អិមភៀមេន្ទ impairment ការខូចខាត អ៊ោវ of នៅក្នុង មេម្មរី memory ការចងចាំនៅក្នុងវិញ្ញាណ អំពីអត្ថន័យអ្វីៗធ្វើឱ្យគ្មានប្រាជ្ញាវែងវៃ មិនអាចចាំនៅក្នុងខួរក្បាលបាន នាមស័ព្ទ.
5368.	អិមផ្លេនត្ត implanted បានផ្សាំ ឬបានដាក់បញ្ចូលទៅ ប៊ីឡូ ឬប៊ីឡូវ below ខាងក្រោម ធើ the ស្គិន skin ស្បែក គុណនាម.
5369.	អិមផ្លេនត្ត implanted បានដាក់ អៅតសាយ្ត outside នៅខាងក្រៅ ធើ the ស្គិន skin ស្បែក គុណនាម.
5370.	អិមផ្លេនត្ត implanted បានផ្សាំ ឬបានកកើត អៅតសាយ្ត outside នៅខាងក្រៅ ធើ the យូធើរើស uterus ស្បូន គុណនាម.
5371.	អិមផ្លេនត្ត implanted បានរៀបចំដាក់បញ្ចូល អិនធូ into ទៅខាងក្នុង គុណនាម.
5372.	អិមផ្លេនត្ត implanted បានប្ដូរបេះដូង ឬប្ដូរកម្រងទឹកនោមថ្មី អ័រ or ឬបានផ្សាំ ឬបណ្ដុះដើមឈើដើម្បីដាំ គុណនាម.
5373.	អិមផ្លេនត្ត implanted បានផ្សាំ ផ្លេសេនថា placenta សុកនៅជញ្ជាំងស្បូន គុណនាម.
5374.	អិមផ្ញរថែន្ទ important នើវ nerve សរសៃវិញ្ញាណតូចៗសំខាន់បំផុត១ គុណនាម.
5375.	អិមផ្ញរថែន្ទ important ព្រិវិលេជីស privileges មានសិទ្ធិសំខាន់បំផុត គុណនាម.
5376.	អិមផ្ញរថែន្ទ important ប្រូតេអ៊ីន protein ជាតិប្រូតេអ៊ីនសំខាន់ ឬចាំបាច់ គុណនាម.
5377.	អិមប្រូផើ improper អែបសួរផសឹន absorption ការស្រូបយករស់ជាតិចំណីអាហារមិនបានល្អ ឬការស្រូបយករស់ជាតិចំណីអាហារខុសពីភាពធម្មតា គុណនាម.
5378.	អិមប្រូវដ improved ធ្វើឱ្យ សើខ្យូលេសឹន circulation ឈាមរត់ចុះឡើងបានល្អនៅក្នុងខ្លួន កិរិយាសព្ទ.
5379.	អិមប្រូវមេន្ទ improvement អិន in អីនើជី energy លេវេល្ស levels ធ្វើឱ្យមានកម្លាំងថាមពលល្អប្រសើរឡើង នាមស័ព្ទ.
5380.	អិមប្រូវស improves ធើ the អែកសឹន action អ៊ោវ of ធើ the លិវើ liver ធ្វើឱ្យថ្លើមដើរល្អឡើងវិញ (ឬធ្វើឱ្យថ្លើមធ្វើចរនា ឬធ្វើការងាររបស់វាបានល្អឡើងវិញ) កិរិយាសព្ទ.
5381.	អិមប្រូវស improves ធ្វើឱ្យ ធើ the អែកសឹន action អ៊ោវ of ធើ the គោល្លប្លែដធើ gallbladder ប្រម៉ាត់ដើរល្អឡើងវិញ កិរិយាសព្ទ.
5382.	អិមផោះស impulse ការជំរុញ វ៉េវ wave រលក នាមស័ព្ទ.

5383.	អិន **in** គ្មាន មិនមាន អត់មាន ចូលទៅក្នុង (មិនអាចទប់បាន) - រ្ទើវិក្ស **prefix** បុព្វបទ ឬពាក្យសម្រាប់តពីខាងមុខ.
5384.	អិន **in** នៅក្នុង អេ **a** បេតទើ **better** ផ្លូវស៊ិស៊ិន **position** ទីកន្លែងល្អ អាយឥនិបាត.
5385.	អិន **in** នៅក្នុង អេ **a** ខេពិលឡេរី **capillary** សរសៃឈាមតូចៗដូចសក់ក៑ អាយឥនិបាត.
5386.	អិន **in** នៅក្នុង អេ **a** ខាឌិអែក **cardiac** ម៉ាសសិល្យ **muscle** សាច់ដុំបេះដូង អាយឥនិបាត.
5387.	អិន **in** នៅក្នុង អេ **a** ខេវិទី **cavity** ប្រហោង ឬរន្ធ៑ អាយឥនិបាត.
5388.	អិន **in** នៅក្នុង អេ **a** សេល្ល៑ ស **cell's** សៃទួផ្លែស៊ីម **cytoplasm** ឈ្មោះកូនក្រពេងតូចៗនៅក្នុងទឹកគ្រាប់ឈាម ឬកោសិកា អាយឥនិបាត.
5389.	អិន **in** នៅក្នុង អេ **a** ក្រនិក **chronic** ស្តេត **state** នៅក្នុងដំណាក់ការឈឺរ៉ាំរ៉ៃ ឬឈឺយូរថ្ងៃ អាយឥនិបាត.
5390.	អិន **in** នៅក្នុង អេ **a** ឃូល **cool** ផ្លេស្យ **place** កន្លែងដែលត្រជាក់ស្រួលល្មម អាយឥនិបាត.
5391.	អិន **in** នៅក្នុង អេ **a** ឃូម៉ា **coma** ពេលសន្លប់មួយរយៈ អាយឥនិបាត.
5392.	អិន **in** នៅក្នុង អេ **a** ឃ្យូរណារី **coronary** អាធើរី **artery** សរសៃឈាមក្រហម នៅបេះដូង អាយឥនិបាត.
5393.	អិន **in** នៅក្នុង អេ **a** ឌាយអេប៊ីធិក **diabetic** ការទាក់ទងជាមួយនឹង ខូម៉ា **coma** ការសន្លប់មិនដឹងខ្លួនមកពីរោគទឹកនោមផ្អែម អាយឥនិបាត.
5394.	អិន **in** នៅក្នុង អេ **a** ផ្លេន្ត **gland** ក្រពេញ ឬសិរាវត្ថុណាមួយ អាយឥនិបាត.
5395.	អិន **in** នៅ អេ **a** ផ្លិក្សដ **flexed** កន្លែងដែលបត់ចុះឡើងមួយ អាយឥនិបាត.
5396.	អិន **in** នៅក្នុង អេ **a** ជីអរ៉ែក្រហ្ស៊ីខល **geographical** ទឹកដី អេរ៉ៀ **area** តំបន់ណាមួយ អាយឥនិបាត.
5397.	អិន **in** នៅក្នុង អេ **a** ជៀល **jail** សេល **cell** បន្ទប់កុកមួយ អាយឥនិបាត.
5398.	អិន **in** នៅក្នុង អេ **a** ហាសភិថល **hospital** នៅក្នុងមន្ទីរពេទ្យ អាយឥនិបាត.
5399.	អិន **in** នៅក្នុង អេ **a** ឡ្លាច **large** ប៊ូល **bowl** ចានគោមធំមួយ អាយឥនិបាត.
5400.	អិន **in** នៅក្នុង អេ **a** ឡ្លាច **large** ស្ក្លេ្លត **skillet** ឆ្នាំងភាធំមួយ អាយឥនិបាត.

5401.	អ៊ិន in នៅក្នុង វេ a លេធើ later លេកលើ lecture ការបន្ទាប់ ឬការបង្រៀននៅពេល ខាងក្រោយនេះ អាយតនិបាត.
5402.	អ៊ិន in នៅក្នុង វេ a មេនលី mainly ភាគច្រើន ឬជាទូទៅ អេឃ្យៀស aqueous ស្តួល្តសឹន solution រលាយនៅក្នុងទឹក អាយតនិបាត.
5403.	អ៊ិន in នៅក្នុង វេ a មេមប្រេន membrane ស្រទាប់សាច់ស្តើង១នៅក្រពេញ ឬសិរាង្គណាមួយ អាយតនិបាត.
5404.	អ៊ិន in នៅក្នុង វេ a មិនិ mini-អ៊ីនិខេមិក epidemic រោគរលាកផំផៅបន្តិច ផល់មនុស្សជាច្រើននៅក្នុងពេលជាមួយគ្នា អាយតនិបាត.
5405.	អ៊ិន in នៅក្នុង វេ a នៃឈេរុល natural សេតធិត setting ការរៀបចំជាទូទៅ ឬទៅតាមធម្មតា អាយតនិបាត.
5406.	អ៊ិន in នៅក្នុង វេ a ផេដផ្ត padded បន្ទះក្រប សេល្ល cell បន្ទប់មួយ អាយតនិបាត.
5407.	អ៊ិន in នៅក្នុង វេ a ផាធិខ្យុល្អឺ particular អេរ៉េ area ទីកន្លែងណាមួយ អាយតនិបាត.
5408.	អ៊ិន in នៅក្នុង វេ a ផាធិខ្យុល្អឺ particular ស្តូត sport កីឡាណាមួយ អាយតនិបាត.
5409.	អ៊ិន in នៅក្នុង វេ a ផេសិ៊ន្ត patient អ្នកជម្ងឺម្នាក់ អាយតនិបាត.
5410.	អ៊ិន in នៅក្នុង វេ a ផើសិ៊ន'ស person's ឡៃវ life ជីវិតរបស់មនុស្សម្នាក់ អាយតនិបាត.
5411.	អ៊ិន in នៅក្នុង អេរ៉ូបិក aerobic អ៊ីនវ៉ៃរេមេន្តស environments ទីកន្លែងនៅជុំវិញ ការហាត់ប្រាណដើម្បីឱ្យជួយបេះដូង អាយតនិបាត.
5412.	អ៊ិន in អោលមួស almost ស្ទើតែនៅ អេនី any វ៉េ way គ្រប់ផ្លូវទាំងអស់ អាយតនិបាត.
5413.	អ៊ិន in អាលហ្វ៉ាបេធិខល alphabetical ដាក់រៀបតួអក្សរ អ័រឌើ order ឱ្យទៅតាមលេខរៀងរបស់វា អាយតនិបាត.
5414.	អ៊ិន in នៅក្នុង អែន an អ៊ូរ៉ា aura ស្រមោលវិញ្ញាណ ឬពន្លឺដែលជីងបន្តិច ហើយមិនជីង បន្តិចនៅមុនពេលប្រកាច់ អាយតនិបាត.
5415.	អ៊ិន in នៅក្នុង អែន an អ៊ីលេកទ្រិក electric វ៉ៀល្ត field កន្លែងភ្លើងអគ្គីសនី

	អាយតនិបាត.
5416.	អិន in នៅក្នុងរយៈពេល ផែន an អារ្យធី hour ១ម៉ោង អាយ I ខ្ញុំ កេះ្សួ guess ស្មានថាអញ្ចឹង អាយតនិបាត.
5417.	អិន in នៅក្នុង ផែន an អាយដៀល ideal ការយល់ដឹង រ៉ៃល្ងួ world របស់បនុស្សនៅ លើពិភពលោកនេះ អាយតនិបាត.
5418.	អិន In នៅក្នុង អាន an អិនវ៉ៃន្ត infant ខ្លនកូនថ្ម១នាក់ ខ្លនទារក១នាក់ អាយតនិបាត.
5419.	អិន in ផែល ផែន an អិនឃ្យួរកុ incorrect ផុសឈេី posture កម្រង់ខ្លនមិន ត្រូវល្ងួ ឬផែលដាក់ខ្លនមិនត្រូវទៅតាមក្បួនពេទ្យ អាយតនិបាត.
5420.	អិន in នៅក្នុង ផែន an អូវ៉ារី ovary ពងនៅថុងផែស្បួនមួយខាង អាយតនិបាត.
5421.	អិន in ផែល ផែន an អាន់រៀមិឡៀរ unfamiliar មិនផែលផ្ទួប ឬមិនផែលស្គាល់ អាយតនិបាត.
5422.	អិន in នៅក្នុង ផែន an អាន់យ៉ួស្ងួល unusual ផៃតធេីន pattern កំរ៉ូផែលខុស ពីធម្មតា អាយតនិបាត.
5423.	អិន in នៅក្នុង អាណាធេី another ថ្ម៉ៃតមេន្ត treatment ការព្យាបាលរោគមួយទៀត អាយតនិបាត.
5424.	អិន in នៅក្នុង អេនី any អ្វីផែល ផៃកៃលៃត saclike ដូចថង់មួយ អាយតនិបាត.
5425.	អិន in នៅក្នុង អេនី any ត្រាយិង trying ស៊ីធយ៉ួអេស៊ីន situation រៀងផែលសាក ល្ងួងធ្វេីអ្វីមួយ អាយតនិបាត.
5426.	អិន in នៅក្នុង ផែផដៃថៃត appetite ការចង់ញ៉ាំ ឬមិនចង់ញ៉ាំអាហារ អាយតនិបាត.
5427.	អិន in នៅក្នុង អេរ៉ៃ area កផ្នែងមួយ/អិន in នៅក្នុង អេរ៉ៃស areas កផ្នែងជាច្រេីន អាយតនិបាត.
5428.	អិន in នៅក្នុង អាធ្យៀរៀល arterial ឈេីង blood សរៃសឈាមក្រហម អាយតនិបាត.
5429.	អិន in នៅក្នុង ផែតមួសហ្ម៉ៃរិក atmospheric ផេមឈេីរឈេី temperature ធាតុអាកាស ឬកំរៅ្រត្រជាក់ ឬក្ត៉ៃផែលនៅផ្ទុំវិញទីនោះ អាយតនិបាត.
5430.	អិន in នៅពេល ប៉ៃតធ្ល្ស battles ចាញ់ឆ្នា អាយតនិបាត.
5431.	អិន in នៅលេី ប៉ៃដ bed ព្រៃ អាយតនិបាត.

5432.	អិន in បេដ bed អិត it វាដេកនៅជាមួយគ្នា អាយតនិបាត.
5433.	អិន in នៅ ប៊ីធ្វីន between កណ្ដាល រវាង អាយតនិបាត.
5434.	អិន in នៅក្នុង ប្លើដ blood ឈាម ផ្លែសម៉ា plasma ទឹកឈាមពណ៌ស អាយតនិបាត.
5435.	អិន in នៅក្នុង ប្លើដ blood ទឹកឈាម សែមផល sample ដែលយកទៅពិសោធន៍មើល រោគ អាយតនិបាត.
5436.	អិន in នៅក្នុង ប្លើដ blood ទឹកឈាម ថេស្តស tests ដែលពិសោធន៍មើលរោគ អាយតនិបាត.
5437.	អិន in នៅក្នុង បឌី body ធិសស្យូស tissues សាច់ឈាម ឬជាលិកានៅវេងខ្លួន អាយតនិបាត.
5438.	អិន in នៅក្នុង បូន bone ម៉ារូ ឬម៉ារូរ៉ូ marrow ខួរឆ្អឹងខ្នង អាយតនិបាត.
5439.	អិន in នៅ ប៊ូស៊ី both អាម្ស arms ដែទាំងសងខាង ឬដែទាំងពីរ អាយតនិបាត.
5440.	អិន in នៅក្នុង ប៊ូស៊ី both អ៊ៀរស ears ត្រចៀកទាំងសងខាង ឬត្រចៀកទាំងពីរ អាយតនិបាត.
5441.	អិន in នៅក្នុង ប៊ូស៊ី both យិដន៊ីស kidneys ក្រមទឹកនោមទាំងសងខាង ឬក្រមទឹក នោមទាំងពីរ អាយតនិបាត.
5442.	អិន in នៅ ប៊ូស៊ី both លេគ្ស legs ជើងទាំងសងខាង ឬជើងទាំងពីរ អាយតនិបាត.
5443.	អិន in នៅក្នុង ប៊ូស៊ី both ផាក្ស parks សួនច្បារទាំងពីរ អាយតនិបាត.
5444.	អិន in នៅក្នុង ប៊ូល bowl ចានគោម៑ អាយតនិបាត.
5445.	អិន in នៅក្នុង ប្រូស៊ិង bruising សាច់ជាំ ឬនៅស្នាមជាំ អាយតនិបាត.
5446.	អិន in នៅក្នុង បាន់ឌល្ស bundles កណ្ដាប់ ចង្កោមជុំៗ អាយតនិបាត.
5447.	អិន in នៅក្នុង ខាលស្យៀម calcium រស់ជាតិកាល់ស្យម អាយតនិបាត.
5448.	អិន in នៅក្នុង ខែមប៊ូឌៀ Cambodia ប្រទេសកម្ពុជា ឬប្រទេសខ្មែរ អាយតនិបាត.
5449.	អិន in នៅក្នុង សេល្ស cells គ្រាប់ឈាម អាយតនិបាត.
5450.	អិន in នៅក្នុង សេល្ស cells គ្រាប់ឈាម អិន in នៅក្នុង ធើ the ប្លើដស្ទ្រីម bloodstream ទឹកឈាម អាយតនិបាត.
5451.	អិន in នៅ សេនធើ center កណ្ដាល អាយតនិបាត.

5452.	អិន **in** នៅក្នុង ភាពបើគ្ត **childbirth** កូនក្មេង អាយតនិបាត.
5453.	អិន **in** ខ្យ **code** ទៅតាមលេខកូរ ឬលេខសម្ងាត់ អាយតនិបាត.
5454.	អិន **in** នៅក្នុង ខាម់បាញនេសិន ឬខាំបាញនេសិន **combination** ការបូក្យរួម វិត្ត **with** ជាមួយនឹង អាយតនិបាត.
5455.	អិន **in** នៅក្នុង ខមមឺន **common** ការចូលរួមជាមួយគ្នាតាមធម្មតា អាយតនិបាត.
5456.	អិន **in** នៅក្នុង ខុនខ្លូសិន **conclusion** ការសរុបចូលគ្នាទាំងអស់ អាយតនិបាត.
5457.	អិន **in** នៅក្នុង ខុនត្រួល **control** ការទប់ទុល អាយតនិបាត.
5458.	អិន **in** ឌួអិង **doing** ស្ **so** ការធ្វើយ៉ាងនេះ ឬការធ្វើដូច្នេះ អាយតនិបាត.
5459.	អិន **in** នៅក្នុង ដាក្ស **ducts** បំពង់ជាច្រើន អាយតនិបាត.
5460.	អិន **in** នៅក្នុង អ៊ីច **each** រៀងអ្វីមួយ អាយតនិបាត.
5461.	អិន **in** នៅក្នុង អ៊ីច **each** អិនស្ងែនស្យ **instance** រយៈពេលមួយភ្លាម�ៗ ឬនៅក្នុងនិទាហារណ៍១ អាយតនិបាត.
5462.	អិន **in** នៅក្នុង អី ឬអាយធើ **either** ប្រស្ **breast** សាច់ដុំដោះខាងណាមួយក៏បានដែរ អាយតនិបាត.
5463.	អិន **in** នៅក្នុង អីលឌើលី **elderly** ផេសិន្ត **patient** អ្នកជម្ងឺចាស់ៗ អាយតនិបាត.
5464.	អិន **in** នៅក្នុង អីវើរីដេ **everyday** ខុនធេក្សស្យ **contexts** ពាក្យនៅជុំវិញញាហ្វ្លាខ្លីៗដែល និយាយជារៀងរាល់ថ្ងៃ នាមសំពុ.
5465.	អិន **in** វ៉ាក្ត **fact** ហេតុដូច្នេះ ឬតាមការពិតនេះ អាយតនិបាត.
5466.	អិន **in** នៅក្នុង វ៉ាវើរ **favor** ការស្រឡាញ់ចូលចិត្ត អាយតនិបាត.
5467.	អិន **in** វ៉ូល្ស **folds** បត់ជាផ្នត់ៗចូលក្នុងតាមលេខរៀង អាយតនិបាត.
5468.	អិន **in** នៅក្នុង វ៉ីធើស **fetus** ខុនរបស់ទារកនៅក្នុងផ្ទៃម្ដាយ អាយតនិបាត.
5469.	អិន **in** វ្រៃកឈើ **fracture** បាក់នៅខាងក្នុង អាយតនិបាត.
5470.	អិន **in** ក្លួ **good** ហាត **heart** ក្នុងស្ថានភាពល្អ អាយតនិបាត.
5471.	អិន **in** នៅក្នុង ក្រូវិង **growing** ការធ្វើ ផលិត ឬបង្កើត ឬន **bone** ឆ្អឹង អាយតនិបាត.
5472.	អិន **in** នៅក្នុង ហឺ **her** ហ៊េដ **head** ក្បាលរបស់នាង អាយតនិបាត.
5473.	អិន **in** នៅក្នុង ហិស **his** ហ៊េដ **head** ក្បាលរបស់គាត់ អាយតនិបាត.

5474.	អ៊ិន in នៅក្នុង ហ៊ីស his ស្លេីតិង shaking ហេន្ត hand ដៃញ័ររបស់គាត់ អាយតនិបាត.
5475.	អ៊ិន In នៅក្នុង អ៊ិនវ៉ែន្តស infants ខ្លួនរបស់កូនង៉ា ឬខ្លួនរបស់ទារកប្រើនជាង១នាក់ អាយតនិបាត.
5476.	អ៊ិន In នៅក្នុង អ៊ិនវ៉ែកស៊ីន infection រោគផ្ទៅ អាយតនិបាត.
5477.	អ៊ិន In នៅក្នុង អ៊ិនថេនសិទី intensity កម្លាំងភ្លើងឡើងខ្លស់ អាយតនិបាត.
5478.	អ៊ិន in នៅក្នុង លេប៊ើរ labor ពេលឈឺពោះកើតកូន អាយតនិបាត.
5479.	អ៊ិន in មាន លេងផ្គ length ប្រវែង អាយតនិបាត.
5480.	អ៊ិន in នៅក្នុង លៃវ life ជីវិតមនុស្ស អាយតនិបាត.
5481.	អ៊ិន in នៅក្នុង លិវ៉ី liver សេល្លស cells គ្រាប់ឈាមនៅថ្លើម អាយតនិបាត.
5482.	អ៊ិន in នៅក្នុង មេឌីខល medical ស្ខូល school សាលារៀនពេទ្យ អាយតនិបាត.
5483.	អ៊ិន in នៅក្នុង ម៉ាល្ឌ mild ស្ហ៊ក្ក shock ការប្រតិកម្មជាមួយនឹងវត្ថុធាតុអ្វីមួយបន្តិច អាយតនិបាត.
5484.	អ៊ិន in នៅក្នុង ម៉ាញ្ឌ mind គំនិត អាយតនិបាត.
5485.	អ៊ិន in នៅក្នុង ម៉ាសស៊ិល muscle សាច់ដុំ ធិសស្យូស tissues សាច់ឈាមនៅក្នុងវងខ្លួន អាយតនិបាត.
5486.	អ៊ិន in នៅក្នុង ម៉ាយ my ប៊ែស៊្រូប bathrobe អាវសម្រាប់ពាក់នៅក្រោយពេល មុជទឹករបស់ខ្ញុំ អាយតនិបាត.
5487.	អ៊ិន in នៅក្នុង ម៉ាយ my ក៉ាត់ gut ពោះវៀន ឬប្រហោងពោះវៀនរបស់ខ្ញុំ អាយតនិបាត.
5488.	អ៊ិន in នៅក្នុង ម៉ាយ my ហ្ហែដ head ក្បាលខ្ញុំ អាយតនិបាត.
5489.	អ៊ិន in នៅក្នុង ម៉ាយ my លៃវ life ជីវិតរបស់ខ្ញុំ អាយតនិបាត.
5490.	អ៊ិន in នៅក្នុង ម៉ាយ my ម៉ាញ្ឌ mind គំនិតរបស់ខ្ញុំ អាយតនិបាត.
5491.	អ៊ិន in នៅក្នុង ម៉ាយ my ផម palm បាតដៃរបស់ខ្ញុំ អាយតនិបាត.
5492.	អ៊ិន in នៅក្នុង នួរម៉ល normal ហ្ហាតស hearts បេះដូងធម្មតាទាំងអស់នោះ អាយតនិបាត.

5493.	អ៊ីន in នៅក្នុង រៀន one អេរ័វ of ធី the ជ្ជីត deep វេស្ស veins សរសៃឈាម ខ្សៅជ្រៅៗមួយ អាយឥនិបាត.
5494.	អ៊ីន in អូនលី only ក្រាន់តែ រៀន one អីក្យទ្រីមីទី extremity នៅខាងចុងដៃជើង១ អាយឥនិបាត.
5495.	អ៊ីន in នៅក្នុង អរ or ឬ អ៊ីន on នៅខាងលើ ធី the អ្វវ៉រី ovary ក្រពេញវែលមាន រាងដូចពង វ៉ានៅខាងក្រោមចុងដៃស្បូន អាយឥនិបាត.
5496.	អ៊ីន in នៅក្នុង រ ray ពន្លីចាំង ឬកាំស្មីចាំង/ អ៊ីន in នៅក្នុង រស rays ពន្លីចាំង ឬកាំស្មីចាំង អាយឥនិបាត.
5497.	អ៊ីន in នៅក្នុង រេឌីអូឡូជី radiology ការសិក្សាអំពីកម្លាំងពន្លីភ្លើងអគ្គីសនី ឬថតឆ្លុះមើលរោគ តាមពន្លីកាំស្មីចាំងពីភ្លើង អាយឥនិបាត.
5498.	អ៊ីន in នៅក្នុង រៀ rare ខេស៊ីស cases រោគ ឬរឿងវែលកំក្រមាន អាយឥនិបាត.
5499.	អ៊ីន in នៅក្នុង រេអាលិទី reality រឿងពិតវែលកើតឡើងនៅក្នុងជីវិត អាយឥនិបាត.
5500.	អ៊ីន in នៅក្នុង រីស៊ីន្ត recent ស្ទាឌីស studies ការរៀន ឬការសិក្សា១រយៈពេលថ្មីៗនេះ អាយឥនិបាត.
5501.	អ៊ីន in វែល រីស្ពនស response ឆ្លើយឥបទៅនឹងរៀងអ្វីមួយ អាយឥនិបាត.
5502.	អ៊ីន in នៅក្នុង ស្ញ៉រត short រយៈពេលខ្លី អាយឥនិបាត.
5503.	អ៊ីន in នៅក្នុង ស្ញ៉រត short ធើម term ពាក្យសង់ខែបៗ (នៅក្នុងរយៈពេលខ្លី) អាយឥនិបាត.
5504.	អ៊ីន in នៅនឹង សៃធូ situ កន្លែងមួយវែលចេញមិនបាន អាយឥនិបាត.
5505.	អ៊ីន in នៅក្នុង សាស្ស៊ី size ទំហំ អេរ័វ of នៅក្នុង អេ a បឌី body ផាត part ផ្នែករបស់រងXខ្លួន អាយឥនិបាត.
5506.	អ៊ីន in នៅក្នុង ស្នេល snail សត្វខ្ចង អាយឥនិបាត.
5507.	អ៊ីន in នៅក្នុង សវ soft អ៊ីសស្យ tissue ស្រទាប់សាច់ស្តើងទន់ៗ ឬជាលិកាទន់ៗ អាយឥនិបាត.
5508.	អ៊ីន in នៅក្នុង ខៃត that វេន vein សរសៃឈាមខ្សៅនោះ អាយឥនិបាត.
5509.	អ៊ីន in នៅក្នុង ធី the វែបឌមេន ឬវែបឌូមេន abdomen ពោះ អាយឥនិបាត.

5510.	អិន in នៅក្នុង ឞើ the ផ្ទៃបង្ហួមិនួផេលវិក abdominopelvic វិជិន region តំបន់នៅពោះ ហើយនឹងត្រគាក អាយតនិបាត.
5511.	អិន in នៅក្នុង ឞើ the អឿ៉រ air ការប្រកាសសម្លេងតាមវិទ្យុ អាយតនិបាត.
5512.	អិន in នៅក្នុង ឞើ the អអ៉រថា aorta សរសៃឈាមក្រហមធំ អាយ្ញតនិបាត.
5513.	អិន in នៅក្នុង ឞើ the អេរ៉េ area ទីកន្លែង អាយតនិបាត.
5514.	អិន in នៅក្នុង ឞើ the អាធើរីស arteries សរសៃឈាមជាច្រើន អាយតនិបាត.
5515.	អិន in នៅក្នុង ឞើ the ប្លែឌធើ bladder ថ្លោកទឹកនោម ឬក្រពះទឹកនោម អាយតនិបាត.
5516.	អិន in នៅក្នុង ឞើ the ប្លើឌ blood ឈាម អាយតនិបាត.
5517.	អិន in នៅក្នុង ឞើ the ប្លើឌ blood សាឆផ្លាយ supply វត្ថុធាតុផ្សេងៗដែលជំនួយ ផល់ទឹកឈាម អាយតនិបាត.
5518.	អិន in នៅក្នុង ឞើ the ប្លើឌស្ទ្រីម bloodstream ទឹកឈាម អាយតនិបាត.
5519.	អិន in នៅក្នុង ឞើ the បឌី body រូបខ្លួន អាយតនិបាត.
5520.	អុន in នៅក្នុង ឞើ the ប៊ូន bone ឆ្អឹង១ អាយតនិបាត.
5521.	អិន in នៅក្នុង ឞើ the ប៊ូន bone ម៉ារ៉ូ ឬម៉ារ៉ូវ marrow ខួរឆ្អឹង អាយតនិបាត.
5522.	អិន in នៅក្នុង ឞើ the ប៊ូស្យ bones ឆ្អឹងជាច្រើន អាយតនិបាត.
5523.	អិន in នៅក្នុង ឞើ the ប្រេន brain ខួរក្បាល អាយតនិបាត.
5524.	អិន in នៅក្នុង ឞើ the ប្រេស្ទ breast សាច់ដុំពោះ អាយតនិបាត.
5525.	អិន in នៅក្នុង ឞើ the ប្រងខាយ ឬប្រុងឃ bronchi ទងសួតទាំងពីរ អាយតនិបាត.
5526.	អិន in នៅក្នុង ឞើ the ប៉ៃលឌិង building អាគារ អាយតនិបាត.
5527.	អិន in នៅក្នុង ឞើ the ខៃវ៉ឡ្ញ៉រៀ cafeteria អ៊រ or ឬ ឡ្ញាញ់ឧ lunch រូម room បន្ទប់ញ៉ាំបាយថ្ងៃត្រង់ អាយតនិបាត.
5528.	អិន in នៅក្នុង ឞើ the ខាផល carpal ប៊ូស្យ bones ឆ្អឹងក៏ដៃ អាយតនិបាត.
5529.	អិន in នៅក្នុង ឞើ the ខាផល carpal ខៃណាល់ canal រន្ធឆ្អឹងក៏ដៃ អាយតនិបាត.
5530.	អិន in នៅក្នុង ឞើ the ខាផល carpal ធិល (ថឺនេល) tunnel ឆ្អឹងកណ្ដាលឆ្អឹងក៏ដៃ អាយតនិបាត.
5531.	អិន in នៅក្នុង ឞើ the សេល្លស cells ក្រាប់ឈាមជាច្រើន អាយតនិបាត.

5532.	អិន in នៅក្នុង ធើ the សែល្លស cells គ្រាប់ឈាម អៃរ of របស់ ធើ the បធី body រង្គខ្លួន អាយតនិបាត.
5533.	អិន in នៅក្នុង ធើ the សែនធើ center កណ្ដាល អៃរ of ធើ the សើវិក្ស cervix កស្ដូន អាយតនិបាត.
5534.	អិន in នៅក្នុង ធើ the សែនធើ center កណ្ដាល អៃរ of ធើ the ឡ្វាំង lung ស្ួត អាយតនិបាត.
5535.	អិន in នៅក្នុង ធើ the សែនធើ center កណ្ដាល អៃរ of ធើ the ឡ្វាម្ព lump ដុំសាច់ អាយតនិបាត.
5536.	អិន in នៅក្នុង ធើ the សើវិក cervic កស្ដូន អៃរ or ឬ សើវិក្ស cervix កស្ដូន អាយតនិបាត.
5537.	អិន in នៅក្នុង ធើ the ឆេស្ត chest ដើមទ្រូង អាយតនិបាត.
5538.	អិន in នៅក្នុង ធើ the សិធី city ទីក្រុង អាយតនិបាត.
5539.	អិន in នៅក្នុង ធើ the ខ្លាសស្រូម classroom ថ្នាក់រៀន អាយតនិបាត.
5540.	អិន in នៅក្នុង ធើ the ក្លិនិក clinic មន្ទីរព្យាបាលរោគ អាយតនិបាត.
5541.	អិន in នៅក្នុង ធើ the ខូវិន coffin ក្ដាមឈ្មោស (សម្រាប់ដាក់ខ្មោច) អាយតនិបាត.
5542.	អិន in នៅក្នុង ធើ the ខូនសិនត្រេសិន concentration ការចំរាញ់យកចំនួនវត្ថុធាតុ អាយតនិបាត.
5543.	អិន in នៅក្នុង ធើ the ខូឡ្ឌន colon ពោះវៀនធំ អាយតនិបាត.
5544.	អិន in នៅក្នុង ធើ the ខាប់ cup ពែរ អាយតនិបាត.
5545.	អិន in នៅក្នុង ធើ the ដាត dark ទីងងឹត អាយតនិបាត.
5546.	អិន in នៅក្នុង ធើ the ដេថាម daytime ពេលថ្ងៃ អាយតនិបាត.
5547.	អិន in នៅក្នុង ធើ the ឌ្ឌេឌ dead សែនធើ center ចំកណ្ដាល នាមសព្ទ.
5548.	អិន in នៅក្នុង ធើ the ដាយអេគ្រាម្ប ឬដាយអេប្រៀគម្ប diaphragm សាច់សន្ធៈ ដែលចែកប្រហោងដើមទ្រូងចេញពីប្រហោងពោះ អាយតនិបាត.
5549.	អិន in នៅក្នុង ធើ the ដាយអីត diet ចំណីអាហារ អាយតនិបាត.
5550.	អិន in នៅក្នុង ធើ the អៀរ ear ត្រចៀក១ខាង / អៀរ ears ត្រចៀកទាំងពីរ

	អាយតនិបាត.
5551.	អិន in នៅក្នុង ធើ the អីលធើលី elderly មនុស្សខ្លួនចាស់ៗ អាយតនិបាត.
5552.	អិន in នៅក្នុង ធើ the អីពិឌិឌីមិស epididymis បំពង់ដែលបង្ខូរទឹកកាមទៅមេក្ល អាយតនិបាត.
5553.	អិន in នៅក្នុង ធើ the អីវេន្ត event ព្រឹត្តិការណ៍ ខែត that ដែល អាយតនិបាត.
5554.	អិន in នៅក្នុង ធើ the អាយ eye ភ្នែកម្ខាង / អាយស eyes ភ្នែកទាំងពីរ អាយតនិបាត.
5555.	អិន in នៅក្នុង ធើ the វ៉ិស៊ីស feces អាចម៍ ឬលាមក អាយតនិបាត.
5556.	អិន in នៅក្នុង ធើ the វ៉ីម៉ែល female ខ្លួនរបស់ស្ត្រី អាយតនិបាត.
5557.	អិន in នៅក្នុង ធើ the វ៉ីម៉ឺ femur ឆ្អឹងក្រភ្លៅ នាមសំពុ.
5558.	អិន in នៅក្នុង ធើ the វ៉ីម៉ឺស femurs ឆ្អឹងក្រភ្លៅទាំងពី នាមសំពុ.
5559.	អិន in នៅក្នុង ធើ the វ៉ីធីស fetus កូនផ្ទៃ ឬទារកដែលនៅក្នុងផ្ទៃម្ដាយ អាយតនិបាត.
5560.	អិន in នៅ ធើ the វឺស first ផ្នែក place លើកទីមួយ ឬពេលដើមដំបូង នាមសំពុ.
5561.	អិន in នៅក្នុង ឬនៅ ធើ the វឺស first ថាម time ពេលដើមដំបូង នាមសំពុ.
5562.	អិន in នៅក្នុង ធើ the វ៉្លូយ fluid ទឹក នាមសំពុ.
5563.	អិន in នៅក្នុង ធើ the វ៉ូដ food ចំណីអាហារ អាយតនិបាត.
5564.	អិន in នៅក្នុង ធើ the វ្រី free វ៉េ way ផ្លូវថ្នល់ដែលគ្មានភ្លើងបញ្ឈប់ អាយតនិបាត.
5565.	អិន in នៅក្នុង ធើ the កោល្លប្លែដធើ gallbladder ប្រម៉ាត់ អាយតនិបាត.
5566.	អិន in នៅក្នុង ធើ the កែសត្រូអិនធេស្ទីនុល gastrointestinal ក្រពះ ហើយនឹង ពោះវៀន អាយតនិបាត.
5567.	អិន in នៅក្នុង ធើ the ក្រញ៉ន groin ក្រលៀន អាយតនិបាត.
5568.	អិន in នៅក្នុង ធើ the កាម៉ស gums អញ្ចាញធ្មេញ អាយតនិបាត.
5569.	អិន in នៅក្នុង ធើ the ហ្វែដ head ក្បាល អាយតនិបាត.
5570.	អិន in នៅក្នុង ធើ the ហ្វែដ head ក្បាល អែន្ត and ហើយនឹង នេក្ neck ក អាយតនិបាត.
5571.	អិន in នៅក្នុង ធើ the ហេលស៊ីខ្ញៀ healthcare ការថែរក្សាសុខភាព អាយតនិបាត.
5572.	អិន in នៅក្នុង ធើ the ហ្វាត heart បេះដូង អាយតនិបាត.

5573.	អិន in នៅក្នុង ឆើ the ហ្គាត heart អាធើរីស arteries សរសៃឈាមជាច្រើននៅ បេះដូង អាយតនិបាត.
5574.	អិន in នៅក្នុង ឆើ the ហ្គាត heart អាធើរី artery សរសៃឈាម១នៅបេះដូង អាយតនិបាត.
5575.	អិន in នៅក្នុង ឆើ the ហិផ hip ត្រគាក អាយតនិបាត.
5576.	អិន in នៅក្នុង ឆើ the អិនវិន្ត infant ខ្លួនរបស់កូនក្មេង អាយតនិបាត.
5577.	អិន in នៅក្នុង ឆើ the អិនវៀរៀរអើ inferior ទាបខាងក្រោម អាយតនិបាត.
5578.	អិន in នៅក្នុង ឆើ the អិនផៀរៀ ឬអិនផៀរិរអើ interior នៅខាងក្នុង អាយតនិបាត.
5579.	អិន in នៅក្នុង ឆើ the អិនថេស្ដាញស ឬអិនថេស្ដីស្យ intestines ពោះវៀន អាយតនិបាត.
5580.	អិន in នៅក្នុង ឆើ the អិនថេស្ដាញស ឬអិនថេស្ដីស្យ intestines វិល្ល wall ជញ្ជាំង ពោះវៀន អាយតនិបាត.
5581.	អិន in នៅក្នុង ឆើ the អាយរិស iris កែវភ្នែក អាយតនិបាត.
5582.	អិន in នៅក្នុង ឆើ the ចញន្ធ joint សន្លាក់ឆ្អឹងមួយ អាយតនិបាត.
5583.	អិន in នៅក្នុង ឆើ the ចញន្ធស joints សន្លាក់ឆ្អឹងជាច្រើន អាយតនិបាត.
5584.	អិន in នៅក្នុង ឆើ the ណី knee ក្បាលជង្គង់ អាយតនិបាត.
5585.	អិន in នៅក្នុង ឆើ the ឃិដនី kidney កម្រងទឹកនោម អាយតនិបាត.
5586.	អិន in នៅក្នុង ឆើ the ឡែប lab មន្ទីរពិសោធន៍រោគ អ៊ីច each ដេ day ជារៀងរាល់ថ្ងៃ អាយតនិបាត.
5587.	អិន in នៅក្នុង ឆើ the ឡេយើ layer ស្រទាប់សាច់ អ៊ោវ of នៅក្នុង អែន an អាយ eye គ្រាប់ភ្នែក១ អាយតនិបាត.
5588.	អិន in ឆើ the ឡេវ្ត left នៅខាងឆ្វេង អាយតនិបាត.
5589.	អិន in នៅ ឆើ the ឡេវ្ត left លេក leg ជើងខាងឆ្វេង អាយតនិបាត.
5590.	អិន in ឆើ the ឡេក្ស legs នៅជើងទាំងពីរ អាយតនិបាត.
5591.	អិន in នៅក្នុង ឆើ the ឡៃព្រើរិស libraries បណ្ណាល័យជាច្រើន (អាគារដាក់សៀវ ភៅសម្រាប់ឱ្យប្រជាជនខ្ចីមើល) អាយតនិបាត.

5592.	អិន in នៅក្នុង ធើ the ឡៃប្រៃរីស library បណ្ណាល័យមួយ (អាគារដាក់សៀវភៅសម្រាប់ឱ្យ ប្រជាជនខ្ចីមើល) អាយតនិបាត.
5593.	អិន in នៅក្នុង ធើ the លិវ៉ើ liver ថ្លើម អាយតនិបាត.
5594.	អិន in នៅក្នុង ធើ the ឡូវ៉ើ lower លេក leg ជើងខាងក្រោម អាយតនិបាត.
5595.	អិន in នៅក្នុង ធើ the ឡាំង lung សួតម្ខាង អាយតនិបាត.
5596.	អិន in នៅក្នុង ធើ the ឡាំង្ស lungs សួតទាំងពីរ អាយតនិបាត.
5597.	អិន in នៅក្នុង ធើ the មេឌុលឡា medulla អុប្ឡុងកាថា oblongata កន្លែងកណ្តាលទងខួរក្បាលដែលតភ្ជាប់សរសៃវិញ្ញាណពីខួរក្បាលទៅខួរឆ្អឹងខ្នង អាយតនិបាត.
5598.	អិន in នៅក្នុង ធើ the មិឌឌល middle កណ្តាល (នៅកណ្តាល) អាយតនិបាត.
5599.	អិន in នៅក្នុង ធើ the មូវមេន្ត movement ការកំរើក អាយតនិបាត.
5600.	អិន in នៅក្នុង ធើ the ម្យូកើស mucous ជាតិស្អេស ឬសំបោរអ៊ិលៗ អាយតនិបាត.
5601.	អិន in នៅក្នុង ធើ the ណេស្សហ្វារ៉ិងក្ស nasopharynx បំពង់កនៅក្រោយច្រមុះ អាយតនិបាត.
5602.	អិន in នៅក្នុង ធើ the ណ្យូវ New យ៉ូរក York ទីក្រុងណ្យូវ យ៉ូរក ធំមួយនៅប្រទេសអាមេរិច អាយតនិបាត.
5603.	អិន in នៅក្នុង ធើ the ណាម់បើ number ចំនួនលេខ អាយតនិបាត.
5604.	អិន in នៅក្នុង ធើ the ណាម់បើ number ចំនួន អាវ of របស់ សីល្លស cells គ្រាប់ឈាម អាយតនិបាត.
5605.	អិន in នៅក្នុង ឬទៅតាម ធើ the អិរឌើ order លេខរៀបរបស់វា អាយតនិបាត.
5606.	អិន in នៅក្នុង ធើ the អូស្សៀន ocean សមុទ្រធំ ឬមហាសមុទ្រ នាមសព្ទ.
5607.	អិន in នៅក្នុង ធើ the អូវ៉ារី ovary ពង នាមសព្ទ.
5608.	អិន in នៅក្នុង ធើ the ផាកឹង parking ឡត lot កន្លែងចតឡាន អាយតនិបាត.
5609.	អិន in នៅក្នុង ធើ the ផីលវិស pelvis រន្ធត្រគាក អាយតនិបាត.
5610.	អិន in នៅក្នុង ធើ the ផ្លេសេនថា placenta សុក អាយតនិបាត.
5611.	អិន in នៅក្នុង ធើ the ផ្លេយ plaque ផ្នាំងវត្ថុធាតុល្អៀងៗដែលកកើតឡើងនៅលើងធ្មេញ វាកើតមកពីចំណីអាហារដែលយើងញ៉ាំ ហើយវាជាប់នៅតាមលើងធ្មេញ អាយតនិបាត.

5612.	អិន in នៅក្នុង ធើ the ជ្រសេស្យ process ពេលកំពុងតែធ្វើ អាយតនិបាត.
5613.	អិន in នៅក្នុង ធើ the រន rain ទឹកភ្លៀង អាយតនិបាត.
5614.	អិន in នៅក្នុង ធើ the រ ray ពន្លឺកាំរស្មីចាំងលើ (ឬពន្លឺកាំរស្មីចាំងលើ) អាយតនិបាត.
5615.	អិន in នៅក្នុង ធើ the រកគឹម rectum ពោះវៀនមួយកង់នៅខាងលើទ្វារធំ ដែនត្ត and ហើយនឹង អេនើស anus ទ្វារធំ អាយតនិបាត.
5616.	អិន in នៅក្នុង ធើ the រីនុល renal កម្រងទឹកនោម អាយតនិបាត.
5617.	អិន in នៅក្នុង ធើ the រស្ត្រូម restroom បន្ទប់ទឹក១ ឬបង្គន់១ អាយតនិបាត.
5618.	អិន in នៅក្នុង ធើ the រីវឹស reverse ការបែ ឬការប្រែមកវិញ អាយតនិបាត.
5619.	អិន in នៅក្នុង ធើ the សីមិនុល seminal រួម fluid ទឹកកាម គុណនាម.
5620.	អិន in នៅក្នុង ធើ the ស្ញាវឺ shower ពេលកំពុងមុជទឹកម៉ាស៊ីនក្រោមបំពង់ផ្សារឈូក អាយតនិបាត.
5621.	អិន in នៅក្នុង ធើ the សេផថា septa សន្ទះសាច់នៅក្នុងកណ្ដាលក្រពេញណាមួយ អាយតនិបាត.
5622.	អិន in នៅក្នុង ធើ the សាញនើស៊ីស sinuses រន្ធផ្លែងច្រមុះតូចៗ អាយតនិបាត.
5623.	អិន in នៅក្នុង ធើ the សាស្ប៊ី size ទំហំ មាឌ ខ្នាត អាយតនិបាត.
5624.	អិន in នៅក្នុង ធើ the ស្គិន skin ស្បែក ដែនត្ត and ហើយនឹង ឡុំវ្ស lungs សួតទាំងពីរ អាយតនិបាត.
5625.	អិន in នៅក្នុង ធើ the ស្កាល្ស skull ឆ្អឹងលលាដ៍ក្បាល អាយតនិបាត.
5626.	អិន in នៅក្នុង ធើ the ស្ពេស្ស space កន្លែង ឬប្រឡោះដែល ផ្គរវាផ្គ provided បានផ្ដល់ឲ្យ អាយតនិបាត.
5627.	អិន in នៅក្នុង ធើ the ស្លឺន spleen សរីរាង្គម្យ៉ាងឈ្មោះអណ្ដើក ឬផ្អាល គុណនាម.
5628.	អិន in នៅក្នុង ធើ the ស៊ីមិន semen ទឹកកាម គុណនាម.
5629.	អិន in នៅក្នុង ធើ the ស្ទឺនឹម sternum ឆ្អឹងកណ្ដាលដើមទ្រូង (ឆ្អឹងទ្រនុងទ្រូង) គុណនាម.
5630.	អិន in នៅក្នុង ធើ the ស្ទូល្ស stools លាមក គុណនាម.
5631.	អិន in នៅក្នុង ធើ the ស្ទម៉ាក្ថ ឬស្ទម៉ាយ stomach ក្រពះ គុណនាម.

5632.	អ៊ីន **in** នៅក្នុង ធើ **the** សើរិស្យ **surface** ផ្ទៃខាងលើ ឬជាយៗ អាយតនិបាត.
5633.	អ៊ីន **in** នៅក្នុង ធើ **the** ថេសទិស ឬថេស្ទីស **testes** ពងក្ត គុណនាម.
5634.	អ៊ីន **in** នៅក្នុង ធើ **the** ថាយ **thigh** ភ្លៅងក្រភ្លៅ នាមសំព្ទ.
5635.	អ៊ីន **in** នៅក្នុង ធើ **the** ធួប្បួល **tubule** បំពង់សាច់ដំុយ/ធួប្បួល្យ **tubules** បំពង់សាច់ជាច្រើន គុណនាម.
5636.	អ៊ីន **in** នៅក្នុង ធើ **the** ធួមើរ **tumor** សាច់ពុះមួយដុំ គុណនាម.
5637.	អ៊ីន **in** នៅក្នុង ធើ **the** អ៊ាផផើ **upper** ឆេស្ត **chest** ដើមទ្រុងខាងលើ គុណនាម.
5638.	អ៊ីន **in** នៅក្នុង ធើ **the** យូរ៉ិណារី **urinary** ត្រ៉ាក្ **tract** ផ្លូវបង្ហូរទឹកនោម គុណនាម.
5639.	អ៊ីន **in** នៅក្នុង ធើ **the** យូរ៉ិន **urine** ទឹកនោម គុណនាម.
5640.	អ៊ីន **in** នៅក្នុង ធើ **the** យូធើរ៉ិស **uterus** ស្បូន គុណនាម.
5641.	អ៊ីន **in** នៅក្នុង ធើ **the** វ៉ែចាយណា **vagina** ទ្វារមាស គុណនាម.
5642.	អ៊ីន **in** នៅក្នុង ធើ **the** វ៉ែរ៉ិខូស **varicose** វេន្ស **veins** សរសៃឈាមខ្សោនៅជើង ជាច្រើនដែលឡើងហើមផ្ងោងរម្ងល គុណនាម.
5643.	អ៊ីន **in** នៅក្នុង ធើ **the** វេន្ស **veins** សរសៃឈាមខ្សោជាច្រើន គុណនាម.
5644.	អ៊ីន **in** នៅក្នុង ធើ **the** វិទ្រីអៀស **vitreous** ហ្យូមើរ ឬហ្យូម៉ើរ **humor** វត្ថុធាតុប្រឿងៗ នៅក្នុងគ្រាប់ភ្នែក គុណនាម.
5645.	អ៊ីន **in** នៅក្នុង ធើ **the** វ៉ិល្ស **walls** ជញ្ជាំងទាំងពីរ អ៊ើវ **of** របស់ គុណនាម.
5646.	អ៊ីន **in** ធើ **the** យាស **years** ចាប់តាំងតែពីឆ្នាំនោះ ស៊ិនស្យ **since** រហូតមក អាយតនិបាត.
5647.	អ៊ីន **in** នៅក្នុង ធៀរ **their** ប៉ែស៊្រូថ **bathrobe** អាវសម្រាប់ពាក់នៅក្រោយពេលមុជទឹក របស់ពួកគេ អាយតនិបាត.
5648.	អ៊ីន **in** នៅក្នុង ធៀរ **their** ហ្ចេដ **head** ក្បាលរបស់ពួកគេ អាយតនិបាត.
5649.	អ៊ីន **in** នៅក្នុង ធិសស្យ **tissue** សាច់ឈាម ឯនផ្ត **and** ហើយនឹង ភ្លួដ **fluid** ទឹក អាយតនិបាត.
5650.	អ៊ីន **in** នៅក្នុង ត្រីធិង **treating** ការព្យាបាលរោគ អាយតនិបាត.
5651.	អ៊ីន **in** នៅក្នុងការ ធើន **turn** ប្រែប្រួល អាយតនិបាត.

5652.	អិន **in** នៅក្នុងពេល យ៉ូរ៉ុនេស៊ិន **urination** លឺនោម អាយតនិបាត.
5653.	អិន **in** នៅក្នុង យ៉ូរ៉ុន **urine** ទឹកនោម អាយតនិបាត.
5654.	អិន **in** នៅក្នុង វ៉ុិច **which** ផ្លែយស **plaques** វត្ថុធាតុដែលប៉ុះផ្លុំៗស្ទើងៗនៅក្នុង សរសៃឈាមណាមួយ អាយតនិបាត.
5655.	អិន **in** នៅក្នុង វ៉ុិច **which** ទីណាដែល ប៉ុកផ្លែង វ៉ីងគើ **finger** ម្រាមដៃ ជ្រេសស៊ើ **pressure** សង្កត់ពីលើ អាយតនិបាត.
5656.	អិន **in** នៅក្នុង វ៉ុិច **which** ពេលដែល ធើ **the** លេន្ស **lens** កញ្ចក់ភ្នែក ប៊ិខាម្យ **becomes** ប្រែទៅជា សូ **soft** ទន់ៗ អាយតនិបាត.
5657.	អិន **in** នៅក្នុង យ៉ុក **yolk** សែក **sac** ថង់កណ្ដាលស្លលពងដែលមានពណ៌លឿងៗ អាយតនិបាត.
5658.	អិន **in** នៅក្នុង យ៉ូរ **your** ប្លើដ **blood** ជ្រេសស៊ើ **pressure** កម្លាំងឈាមរបស់អ្នក អាយតនិបាត.
5659.	អិន **in** យ៉ូរ **your** ប្លើដ **blood** ស៊ូគើ **sugar** ជាតិស្ករនៅក្នុងឈាមរបស់អ្នក អាយតនិបាត.
5660.	អិន **in** នៅក្នុង យ៉ូរ **your** បឌី **body** រាងខ្លួនរបស់អ្នក អាយតនិបាត.
5661.	អិន **in** នៅក្នុង យ៉ូរ **your** អាយ្ស **eyes** ភ្នែកទាំងពីររបស់អ្នក អាយតនិបាត.
5662.	អិន **in** នៅក្នុង យ៉ូរ **your** ផេស្យ **face** មុខរបស់អ្នក អាយតនិបាត.
5663.	អិន **in** នៅ យ៉ូរ **your** ៃរត **right** អាម **arm** ៃដខាងស្ដាំរបស់អ្នក អាយតនិបាត.
5664.	អិន **in** នៅក្នុង យ៉ូរ **your** អិនធើរេស្ត **interest** ការចូលចិត្តរបស់អ្នក អាយតនិបាត.
5665.	អិនឡេបិលិទី **inability** មិនអាច ធូ **to** និង អីៃជខ្យូលេត **ejaculate** បាញ់ ស៊ីមិន **semen** ទឹកកាមចេញបាន នាមសព្ទ.
5666.	អិនឡេបិលិទី **inability** គ្មានសមត្ថភាពអាច ធូ **to** និងទុប វ៉ីលិង **feeling** អារម្មណ៍ ឬចិត្តបាន នាមសព្ទ.
5667.	អិនឡេបិលិទី **inability** គ្មានសមត្ថភាពអាច ធូ **to** លិស៊ីន **listen** ស្ដាប់បង្គាប់បាន នាមសព្ទ.
5668.	អិនឡេបិលិទី **inability** គ្មានសមត្ថភាពអាច ធូ **to** លិស៊ីន **listen** ស្ដាប់បង្គាប់

	ដែតថែនធ្វើវលើ **attentively** ដោយយកចិត្តទុកដាក់បាន នាមសព្ទ.
5669.	អិនអេបិលិទី **inability** មិនអាច ធ្ **to** និង ព្រូដ្ឌស្យ **produce** ធ្វើ ឬបង្កើតអ្វីមួយបាន (ឧទាហរណ៍ដូចជាមិនអាចផលិតទឹកប្រេតអ្វីនបាន ឬមិនអាចមានកូនបាន) នាមសព្ទ.
5670.	អិនអេបិលិទី **inability** មិនអាច ធ្ **to** និង ព្រូដ្ឌស្យ **produce** ធ្វើ ឬផលិត ស៊ីមិន **semen** ទឹកកាមបាន នាមសព្ទ.
5671.	អិនអេបិលិទី **inability** ពុានសមត្ថភាពអាច ធ្ **to** និង រេមេមបើ **remember** ចាំបាន ដែតថែនធ្វើវលើ **attentively** ល្ដោយយកចិត្តទុកដាក់បាន នាមសព្ទ.
5672.	អិនអេបិលិទី **inability** មិនអាច ធ្ **to** និង រេព្រូដ្ឌស្យ **reproduce** បង្កើត អៅវរស្ព្រិង **offspring** កូនចៅបាន នាមសព្ត.
5673.	អិនអេបិលិទី **inability** មិនអាច ធ្ **to** ស្លីផ **sleep** ដេកបាន គេងបាន (ឬសំរាមមិនបាន) នាមសព្ទ.
5674.	អិនខេផេបល **incapable** មិនអាច អៅវ **of** និង ធើ the ព្រូឌួសិង **producing** បង្កើតកូនចៅបាន គុណនាម.
5675.	អិនសិសល **incisal** អេជ្ផ **edge** ជ្រុងនៅធ្មេញកាត់ចំណីអាហារ នាមសព្ទ.
5676.	អិនសិស៊ិន **incision** ហឺនៀ **hernia** មុខឬសដែលកាត់ចូលក្នុងឆឆខ្លនដើម្បីឱ្យជាវាគ ក្លួមនដែលបេយៀ ឬវៈកាត់ចូលទៅក្នុងកន្លែងក្រពេញញ្ចាក់យកវាចេញ នាមសព្ទ.
5677.	អិនសិស៊ិន **incision** ការវៈកាត់ចូល អិនធ្ **into** ទៅខាងក្នុងឆឆខ្លន នាមសព្ទ.
5678.	អិនសិស៊ិន **incision** ការវៈកាត់ចូល អៅវ **of** ទៅក្នុង អេ a ហ្វីសស្យៀ ឬវៈសសា **fascia** ស្រទាប់សាច់កំប៉ែតស្ព្រើងៗដែលតសន្លាក់ឆ្អឹងមួយទៅនឹងសន្លាក់ឆ្អឹងមួយឡៀត នាមសព្ទ.
5679.	អិនសិស៊ិន **incision** ការវៈកាត់ចូល អៅវ **of** ទៅក្នុង អេ a ស្គ្ឆុប **scab** ក្រមិក្រៀមឪ នាមសព្ទ.
5680.	អិនសិស៊ិន **incision** ការវៈកាត់ចូល អៅវ **of** ទៅក្នុង អេ a នើវ **nerve** រ្ឆ **root** ឬសរបស់សរសៃប្រសាទ ឬសរបស់សរសៃវិញ្ញាណទៅខ្ជុរឆ្អឹងខ្នង (វាមាន៣១គូវ) អាយតនិបាត.
5681.	អិនសិស៊ិន **incision** ការវៈកាត់ចូល អៅវ **of** ទៅក្នុង ធើ the ដែបដមេន ឬដែបឌួមេន **abdomen** ពោះ នាមសព្ទ.

5682.	អ៊ីនស៊ីស៊ីន incision ការវះកាត់ចូល ផ្អារ of ទៅក្នុង ធើ the បូន bone ឆ្អឹងមួយ នាមសំព្.
5683.	អ៊ីនស៊ីស៊ីន incision ការវះកាត់ចូល ផ្អារ of ទៅក្នុង ធើ the បូស្យ bones ឆ្អឹងជាច្រើន នាមសំព្.
5684.	អ៊ីនស៊ីស៊ីន incision ការវះកាត់ចូល ផ្អារ of ទៅក្នុង ធើ the ហៃមេន hymen សាច់បតមួយសន្ធៈដែលគ្របទៅលើរន្ធយោនី ឬសាច់គ្របទ្វារមាសរបស់ស្ត្រីដែលនៅលើរ នាមសំព្.
5685.	អ៊ីនស៊ីស៊ីន incision ការវះកាត់ចូល ផ្អារ of ទៅក្នុង ធើ the យូធើរីស uterus ស្បូន នាមសំព្.
5686.	អ៊ីនស៊ីស៊ីន incision ការវះកាត់ អ៊ី or ឬ ផ្តៀរ tear រហែក អ៊ីន in ទៅក្នុង ធើ the នាមសំព្.
5687.	អ៊ីនស៊ីស៊ីន incision ស្ពេស្យ space កន្លែងវះកាត់ចូលទៅក្នុងខ្លួន ដើម្បីនឹងធ្វើប្រឡោះ ឬប្រហោងមួយ នាមសំព្.
5688.	អ៊ីនស៊ីស៊ីន incision ការវះកាត់ចូល ធូ to ដើម្បីនឹង រមូរ ឬរម៉ូរ remove កាត់យក យូធើរីន uterine ធូប្យ tubes បំពង់ដែស្បូនចេញ នាមសំព្.
5689.	អ៊ីនស៊ីស៊ីនុល incisional ហ៊ើនៀ hernia ការវះកាត់ដើម្បីនឹងជួសជុលរោគត្លុន (ការវះកាត់ដើម្បីនឹងជួសជុលឃាតសាច់រហែកឆ្លាក់ក្រពេញចេញពីកន្លែងដើមរបស់វា ឬរាតស្រូតលេចក្រពេញចេញក្រៅពីកន្លែងដើមរបស់វា) នាមសំព្.
5690.	អ៊ីនក្លូដ include ឬក្រុមជាមួយនឹង អែបនរម៉ល abnormal ដ្រាយនេស្យ dryness ការស្ងួតខ្លាំងឧសពីភាពធម្មតា កិរិយាសព្.
5691.	អ៊ីនក្លូដ include ឬក្រុម អែនទីឌីប្រេសស៊ីន antidepression ជាមួយនឹងថ្នាំប្រឆាំង និងជាតព្រួយចិត្ត ថ្នាំបន្ទយទុក្ខព្រួយ ថ្នាំជួយកំឱ្យព្រួយចិត្ត កិរិយាសព្.
5692.	អ៊ីនក្លូដ include ឬក្រុម អែនទីហិសថាមីស្យ antihistamines ជាមួយនឹងថ្នាំប្រាំងនឹង រត្ថធាតុដែលចូលមកក្នុងខ្លួនយើង (វាធ្វើឱ្យយើងទាស់ចំណី ឬទាស់ជាមួយនឹងធាតុអាកាសដែលមាន លំអងផ្កា) កិរិយាសព្.
5693.	អ៊ីនក្លូដ include ឬក្រុមជាមួយនឹង ខូល្ដ cold ស្ល្វរស sores ឈឺពងបែកដំបៅនៅ ក្នុងមាត់ កិរិយាសព្.

5694.	អ៊ិនក្លូដ include ឬក្រុមជាមួយនឹង គ្រោយ dry ការស្ងួត ម៉ៅស៊ី mouth មាត់ កិរិយាសព្ទ.
5695.	អ៊ិនក្លូដ include ឬក្រុមជាមួយនឹង ហាយ high ឡើង blood កម្លាំងឈាម ជ្រេសសើី pressure ឡើងខ្ពស់ កិរិយាសព្ទ.
5696.	អ៊ិនក្លូដ include ឬក្រុមជាមួយនឹង ម្យូកើស mucus មេមប្រេន membrane ស្រទាប់សាច់អ៊ីល៉ៗ សំបោៗ កិរិយាសព្ទ.
5697.	អ៊ិនក្លូដ include ឬក្រុមជាមួយនឹង អ៊ីរល oral សេក្ស sex លិតនៅក្រពេញបន្ទួជ កិរិយាសព្ទ.
5698.	អ៊ិនក្លូដ include ឬក្រុមជាមួយនឹង ធិងគ្លិង tingling វ៊ីលិង feeling អារម្មណ៍ថា ស្រៀវស្រាញ់ញ៉រនៅក្នុងសាច់ កិរិយាសព្ទ.
5699.	អ៊ិនក្លូដ include ឬក្រុមជាមួយនឹង វ៉ូទើ water ផិល្លស pills ថ្នាំដែលធ្វើឱ្យនោមច្រើន កិរិយាសព្ទ.
5700.	អ៊ិនក្លូដ្យ includes ឬក្រុមជាមួយនឹង ឌើ the អាម arm ដៃ កិរិយាសព្ទ.
5701.	អ៊ិនក្លូដ្យ includes ឬក្រុមជាមួយនឹង ឌើ the វ្លូដ fluid ទឹក កិរិយាសព្ទ.
5702.	អ៊ិនក្លូដិង including ដែលឬក្រុមជាមួយនឹងការ ប៊ូន bone ផេន pain ឈ៊ីឆ្អឹង កិរិយាសព្ទ.
5703.	អ៊ិនក្លូដិង including ដែលឬក្រុមជាមួយនឹង ឌិស្ស៊រឌើ disorder ភាពខុសពីធម្មតា កិរិយាសព្ទ.
5704.	អ៊ិនក្លូដិង including ឬក្រុមជាមួយនឹង ឌើ the ហ្ពាត heart បេះដូង ឡ៉ាំង្យ lungs ស្ងួតទាំងពីរខាង អែន្ដ and ហើយនឹង ប៊ូស្យ bones ឆ្អឹងទាំងនោះផង កិរិយាសព្ទ.
5705.	អ៊ិនក្លូដិង including ឬក្រុមជាមួយនឹង ឌើ the ហ្ពាត heart បេះដូង ឡ៉ាំង្យ lungs ស្ងួតទាំងពីរខាង អែន្ដ and ហើយនឹង លិវើ liver ថ្លើមផង កិរិយាសព្ទ.
5706.	អ៊ិនខាម់ផៃធិបិលិទី incompatibility ក្រុមគ្រាប់ឈាមមិនត្រូវវ្គ្នា ប៊ីធ្វីន between រវាងឈាមម្ដាយ ហើយនឹងឈាមទារកនៅក្នុងផ្ទៃម្ដាយ (ឧទាហរណ៍មួយដូចជាធាតុដែលមិនត្រូវគ្នា) នាមសព្ទ.
5707.	អ៊ិនខាម់ផ្លីត incomplete អ៊ីម្ពទីយិង emptying បញ្ចេញចោលមិនអស់ គុណនាម.

5708.	អិនខាម់ផ្លីត incomplete រៀកឈើង fractured ភ្លឹកបែក ប្រះ ឬរបួសភ្លឹកតែវានៅ ជាប់ជាមួយគ្នា (វាក្រាន់តែបែក ឬប្រះតែប៉ុណ្ណោះ) គុណនាម.
5709.	អិនខាម់ផ្លីតលី incompletely និវេឡ្បផ្ត developed ផលិត អូវ៉ុម ovum ទឹកគ្រាប់ពង ឬគ្រាប់ពូជមីនគ្រប់គ្រាន់) កិរិយាវិសេសន៍.
5710.	អិនក្រីស increase ឡើង blood ជ្រែសស៊ើ pressure កម្លាំងឈាមឡើងខ្ពស់ កិរិយាសព្ទ.
5711.	អិនក្រីស increase អាយ eye ជ្រែសស៊ើ pressure កម្លាំងសួល់ឡើងខ្ពស់នៅក្នុងភ្នែក កិរិយាសព្ទ.
5712.	អិនក្រីស increase កើនចំនួនខ្ពស់ អិន in នៅក្នុង ណាម់បើ number ចំនួនលេខ កិរិយាសព្ទ.
5713.	អិនក្រីស increase កើនច្រើនឡើង អិន in នៅក្នុងចំនួន ធើ the ណាម់បើ number លេខ កិរិយាសព្ទ.
5714.	អិនក្រីស increase កើនខ្ពស់ឡើង អ៊ើវ of នៅក្នុង លីមហ្វ៊ី lymph សែល្លស cells គ្រាប់ឈាម ទឹករង៉ ឬកោសិកា កិរិយាសព្ទ.
5715.	អិនក្រីស increase ឡើងខ្ពស់ អ៊ើវ of នៅក្នុង ណ្ជូទ្រូហ្វ៊ីល្យ neutrophils គ្រាប់ឈាមស ឬគ្រាប់ជាលិកាសនៅក្នុងទឹកឈាម កិរិយាសព្ទ.
5716.	អិនក្រីស increase កើន ស្រ្តេងស៊ី strength កម្លាំង អ៊ើវ of របស់ ម្លូវមេន្ត movement ការកំជើក កិរិយាសព្ទ.
5717.	អិនក្រីស increase ធ្វើឱ្យកើនចំនួនច្រើនឡើង ធ្វ to ទៅ កិរិយាសព្ទ.
5718.	អិនក្រីស្ត increased ឡើង blood ឈាមបានឡើង កិរិយាសព្ទ.
5719.	អិនក្រីស្ត increased ឡើង blood ជ្រែសស៊ើ pressure កម្លាំឈាមឡើងខ្ពស់ កិរិយាសព្ទ.
5720.	អិនក្រីស្ត increased ហាំងគើ hunger ឃ្លានបាយខ្លាំងជាមុន អែន្ត and ហើយ ស៊ើស្ត thirst ស្រេកទឹកខ្លាំងជាមុនដែរ កិរិយាសព្ទ.
5721.	អិនក្រីស្ត increased អិនត្រាអូឡ្បលី intraocular ជ្រែសស៊ើ pressure កម្លាំងសួល់សង្កត់នៅក្នុងគ្រាប់ភ្នែកឡើងខ្លាំង កិរិយាសព្ទ.

5722.	អិនក្រ៊ីស្ល increased កើនឡើៀន ម៉ូតិលីតិ motility កំជីកចុះឡើង កិរិយាសព្ទ.
5723.	អិនក្រ៊ីស្ល increased បានកើន ព្រេសសេ៊ី pressure កម្លាំងរុញ្ញឡើងខ្ពស់ កិរិយាសព្ទ.
5724.	អិនក្រ៊ីស្ល increased បានកើន រត rate ឡៀន ឬចំនួនច្រើនឡើង កិរិយាសព្ទ.
5725.	អិនក្រ៊ីស្ល increased ធ្វើឱ្យកាន់ វិស្ល risk តែចង់កើតរោគត្រើជាធម្មតា កិរិយាសព្ទ.
5726.	អិនក្រ៊ីស្ល increased សេគ្រ៊ីស៊ិន secretion បានបញ្ចេញច្រើនឡើង ផេ៊រ of នៅក្នុង កិរិយាសព្ទ.
5727.	អិនក្រ៊ីស្ល increased សេនសេស៊ិន sensation វិញ្ញាណ ភាប់ដឹង ឬគាប់ឈឺ កិរិយាសព្ទ.
5728.	អិនក្រ៊ីស្ល increased បានឡើង សេនសិធីវិទី sensitivity វិញ្ញាណ ធ្ល to ទៅនឹង កិរិយាសព្ទ.
5729.	អិនក្រ៊ីស្ល increased ស្វេធិង sweating បែកញើសច្រើនជាងមុន កិរិយាសព្ទ.
5730.	អិនក្រ៊ីស្ល increased យ៉ូរ៉ុន urine ទឹកនោមកើនច្រើនជាងមុន កិរិយាសព្ទ.
5731.	អិនក្រ៊ីស្ល increased យ៉ូរ៉ុន urine ទឹកនោម ផ្រូដាក់ស៊ិន production បានកើត ឬផលិតឡើងច្រើនជាងមុន កិរិយាសព្ទ.
5732.	អិនក្រ៊ីស្យ increasing សាស្យ៊ size កំពុងតែកើនចំនួនច្រើនឡើង ឬពីធំឡើង។របស់មាន ទំហំ ឬខ្នាត កិរិយាសព្ទ.
5733.	អិនក្រែទិប្ល៊ incredibly មិនគួរឱ្យជឿៀថា ស្ត្រង strong វឹងមាំខ្លាំងណាស់ ឬមានកម្លាំងខ្លាំង ណាស់ កិរិយាវិសេសន៍.
5734.	អិងកើស incus អ័រ or ឬ អែនវិល anvil ឆ្អឹងនៅត្រចៀកដែលនៅកណ្ដាលឆ្អឹងត្រចៀក ទាំងពីរ (នេះជាផ្នែក១របស់ឆ្អឹងឈ្មោះ អស្សិខល្យ ossicles) នាមសំព្ទ.
5735.	អិងខ្យមីស incudes ឈ្មោះឆ្អឹងតូចនៅក្នុងកណ្ដាលវន្ឫត្រចៀកទាំង២ (ឆ្អឹងតូចនេះវាមានបី វានៅ កណ្ដាលកេ) (នេះជាផ្នែក១របស់ឆ្អឹងឈ្មោះ អស្សិខល្យ ossicles) នាមសំព្ទ.
5736.	អិនដេក្ស index វឹងតើ finger ចង្អុលដៃ ម្រាមចង្អុលដៃ (ម្រាមដៃទីមួយវានៅជិតមេដៃ) នាមសំព្ទ.
5737.	អិនទិខេស៊ិន indication ការបង្ហាញប្រាប់ថាមាន ផេ៊រ of អ a ឌិស៊ីស disease រោគមួយ នាមសំព្ទ.

5738.	អ៊ីនឌីរ៉ិក្ត indirect មិនចំ អ៊ីនក្ធ៊ីនុល inguinal ហឺនៀ hernia រោគក្លនលួលនៅពោះ វៀន ឬរហែកសាច់ស្រោមពោះ បានជារ៉ាធ្វើឱ្យពោះវៀនធ្លាក់ចុះព្រោវ៉ាចូលទៅក្នុងសាច់កងក្រលៀន នាមសព្ទ.
5739.	អ៊ីនឌីស្ទ៊ីង្ក indistinct ម៉ាជ៊ីន margin ផ្លាំ ឬជាយមិនច្បាស់លាស់ មិនទៀងទាត់ មិនច្បាស់ នាមសព្ទ.
5740.	អ៊ីនឌីអូផៃទិក indiopathic មិនស្គាល់ ខូនឌីស៊ីន condition មេរោគ មេរោគដែលយើង មិនស្គាល់ ឬមិនវឹងរោគ នាមសព្ទ.
5741.	អ៊ីនឌីវិដយូ៉ល individual សេល្លស cells គ្រាប់ឈាមមួយៗ នាមសព្ទ.
5742.	អ៊ីនឌីវិដយូ៉ល individual ឯកជនម្នាក់ពិតៗ ឌីស្ទ៊ីង្ក distinct ផ្សេកពីគេ នាមសព្ទ.
5743.	អ៊ីនឌីវិដយូ៉ល individual វ៉ង់ស៊ីន function មានមុខងារមួយៗ នាមសព្ទ.
5744.	អ៊ីនឌីវិដយូ៉ល individual យូនិត unit ក្រុមមួយៗ នាមសព្ទ.
5745.	អ៊ីនឌីវិដយូ៉ល individual ផ្យ៉ារ៉ាសែត parasite មេរោគ១ដែលផ្លើជីវិតជាមួយនឹងមនុស្ស ឬសត្វ (ឧទាហរណ៍ដូចជាមេរោគត្រុនចាញ់ វ៉ាផ្លើជីវិតនឹងសត្វមូស ហើយចម្លងទៅខ្លួនមនុស្ស ហើយបង្កើតកូនចៅរបស់វ៉ាច្រើនឡើងៗនៅក្នុងគ្រាប់ឈាមរបស់មនុស្ស) នាមសព្ទ.
5746.	អ៊ីនឌូ៉ស្យ induce ធ្វើមិនឱ្យ អីមីសិស emesis ក្អួត កិរិយាសព្ទ.
5747.	អ៊ីនឌូ៉ស្យ induce ធ្វើឱ្យ លេបឺ labor កូនឆាប់កើត កិរិយាសព្ទ.
5748.	អ៊ីនឌូ៉ស្យ induce នាំ ស្លីផ sleep វេកបានច្រើន (ថ្នាំសណ្ណំ ចាក់ថ្នាំធ្វើឱ្យអ្នកជម្ងឺវេក ធ្វើឱ្យអ្នកជម្ងឺងងុយវេកនៅស្ងៀម ស្ងប់ស្ងាត់) កិរិយាសព្ទ.
5749.	អ៊ីនឌូ៉ស្យ induce ធ្វើឱ្យ ម៉៉ល្ក milk ទឹកដោះចេញច្រើន កិរិយាសព្ទ.
5750.	អ៊ីនឌូ៉ស្យដ induced បានធ្វើឱ្យ លេបឺ labor កូនឆាប់កើត កិរិយាសព្ទ.
5751.	អ៊ីនឌូ៉ស៊ីង inducing ដែលកំពុងតែធ្វើឱ្យ លេបឺ labor កូនឆាប់កើតនៅក្នុងពេលឥឡូវនេះ កិរិយាសព្ទ.
5752.	អ៊ីនឌើស្ទ្រៀល industrial ឌីស៊ីស disease រោគនេះកើតឡើងមកពីវ៉ាមានរោគសញ្ញា ពីរបរកស៊ីឈ្មោះមួយទៀតគេហៅវ៉ាថា អ្នកខ្យូផេស៊ីនុល occupational ឌីស៊ីស disease នាមសព្ទ.

5753.	អ៊ិនដ្វេលលិង indwelling ខេសេីទេី catheter បំពង់កៅស៊ូសម្រាប់ដាក់ទុកនៅក្នុង ជេងខ្លួន នាមសព្ទ.
5754.	អ៊ិនអ៊ី -ine វីលេធិង relating នៃ ឬជាប់ទាក់ ធូ to ទៅនឹង ផេីថេនិង pertaining ទាក់ទង ធូ to ជាមួយនឹងរបស់អ្វីមួយ - សារីវិក្ស suffix បច្ច័យ ឬពាក្យសម្រាប់តពីខាងក្រោយ.
5755.	អ៊ិនៃវេបល inevitable ដែលចៀសមិនរួច ផាត part ផ្នែក អេីវ of ដែល អេជិង aging ភាពចាស់បន្តិចម្តងៗ ឧទាហរណ៍ដូចជាដូចជាមនុស្សយេីងចាស់១ថ្ងៃបន្តិចៗ គុណនាម.
5756.	អ៊ិនវ៉េន្ត infant ឆេងជិង changing អេរ៉េ area កន្លែងប្តូរកន្ទបឲ្យកូនង៉ា នាមសព្ទ.
5757.	អ៊ិនវ៉េនថាល Infantile អូរធិស្ទិក Autistic ផ្តេីមកំណេីតរបស់ជម្ងឺសរសៃប្រសាទ១យ៉ាង ដែលខុសពីភាពធម្មតា រាតតាំងតែពីកំណេីត ខូចអារម្មណ៍ មិនចង់ចូលឆ្លមនៅទីប្រជុំជន ឬទីណាដែលមានមនុស្សច្រេីនខូចខាតការនិយាយទាក់ទងទៅនឹងមនុស្សដទៃ ឬមានអារម្មណ៍ចំឡែក ការសប្បាយរីករាយរបស់គេ ក៏ខុសពីមនុស្សធម្មតា គេមានជុំឡេីមិនពិត) គុណនាម.
5758.	អ៊ិនវ៉េក infect ធ្វេីឲ្យកេីតរោគរាលដាល់ចៅ (មកពីមេរោគមានជីវិតតូចៗមួយក្រុមឈ្មោះ: បែកធៀ់ជៀ៉ម bacterium អ័រ or ឬ វ៉ៃរ៉ិស virus) កិរិយាសព្ទ.
5759.	អ៊ិនវ៉េក្ថេដ infected បានធ្វេីឲ្យកេីតរោគ សាលៃវ៉ា saliva នៅក្នុងទឹកមាត់ កិរិយាសព្ទ.
5760.	អ៊ិនវ៉េក្ថេដ infected បានធ្វេីឲ្យកេីតរោគនៅក្នុង ធៀ៉រ tear ដាក្ត duct បំពង់សាច់បង្ហូរ ទឹកភ្នែក១ កិរិយាសព្ទ.
5761.	អ៊ិនវ៉េកសិន infection រោគរាលដាល់ចៅ ខេន can អាច ខេ៉រី carry នាំ ឬឋត់ ធូ to ទៅ ធេី the ប្រេន brain ខួរក្បាល នាមសព្ទ.
5762.	អ៊ិនវ៉េកសិន infection រោគដំចៅ បាយ by មកពី វ័ង្កាយ fungi ភូនផ្សិតតូចៗ នាមសព្ទ.
5763.	អ៊ិនវ៉េកសិន infection រោគដំចៅ អ៊ិន in នៅក្នុង ធេី the នាមសព្ទ.
5764.	អ៊ិនវ៉េកសិន infection រោគដំចៅ អ៊ិន in នៅក្នុង ធេី the ប្ល៉េដធេី bladder ប្លោកទឹកនោម នាមសព្ទ.
5765.	អ៊ិនវ៉េកសិន infection រោគដំចៅ អ៊ិន in នៅក្នុង ធេី the ប្រេន brain ខួរក្បាល នាមសព្ទ.

5766.	អិនដ៏កស៊ីន infection រោគដំបៅ អិន in នៅក្នុង ធើ the ខូឡឹន colon ពោះវៀនធំ នាមស័ព្ទ.
5767.	អិនដ៏កស៊ីន infection រោគដំបៅ អិន in នៅក្នុង ធើ the ឆេស្ត chest ទ្រូង នាមស័ព្ទ.
5768.	អិនដ៏កស៊ីន infection រោគដំបៅ អិន in នៅក្នុង ធើ the អៀរ ear ត្រច្បៀក នាមស័ព្ទ.
5769.	អិនដ៏កស៊ីន infection រោគដំបៅ អិន in នៅក្នុង ធើ the អៀរ ក្រោម eardrum ក្រដាសត្រច្បៀក នាមស័ព្ទ.
5770.	អិនដ៏កស៊ីន infection រោគដំបៅ អិន in នៅក្នុង ធើ the អាយ eye ភ្នែក នាមស័ព្ទ.
5771.	អិនដ៏កស៊ីន infection រោគដំបៅ អិន in នៅក្នុង ធើ the ហេដ head ក្បាល នាមស័ព្ទ.
5772.	អិនដ៏កស៊ីន infection រោគដំបៅ អិន in នៅក្នុង ធើ the ហាត heart បេះដូង នាមស័ព្ទ.
5773.	អិនដ៏កស៊ីន infection រោគដំបៅ អិន in នៅក្នុង ធើ the អិនថេស្ទាញស intestines ពោះវៀន នាមស័ព្ទ.
5774.	អិនដ៏កស៊ីន infection រោគដំបៅ អិន in នៅក្នុង ធើ the ចញ្ឆ joint សន្លាក់ឆ្អឹងដែលភ្ជាប់ នាមស័ព្ទ.
5775.	អិនដ៏កស៊ីន infection រោគដំបៅ អិន in នៅក្នុង ធើ the លិវើ liver ថ្លើម នាមស័ព្ទ.
5776.	អិនដ៏កស៊ីន infection រោគដំបៅ អិន in នៅក្នុង ធើ the នូស nose ច្រមុះ នាមស័ព្ទ.
5777.	អិនដ៏កស៊ីន infection រោគដំបៅ អិន in នៅក្នុង ធើ the ម៉ៅស mouth មាត់ នាមស័ព្ទ.
5778.	អិនដ៏កស៊ីន infection រោគដំបៅ អិន in នៅក្នុង ធើ the ស្ទម៉ាឆ ឬស្ទម៉ាយ stomach ក្រពះ នាមស័ព្ទ.
5779.	អិនដ៏កស៊ីន infection រោគដំបៅ អិនជើរីស injuries របួស នាមស័ព្ទ.

5780.	អ៊ីនដ្បែកស៊ីន infection រោគរលាកដំបៅ មេ may ប្រហែលជា ហែវ have បាន ព្រែង spread រាល នាមសព្ទ.
5781.	អ៊ីនដ្បែកស៊ីន infection រោគដំបៅ អ៊ែវ of នៅលើ ធី the នែល្យ nails ក្រចកដៃ ឬជើង នាមសព្ទ.
5782.	អ៊ីនដ្បែកស៊ីន infection រោគដំបៅ អ៊ែវ of នៅលើ ធី the ស្គីន skin ស្បែក នាមសព្ទ.
5783.	អ៊ីនដ្បែកស៊ីន infection រោគដំបៅ អ៊ែវ of នៅក្នុង ធី the វ៉យស្យ voice បុក្ស box បំពង់សម្លេង១ អ៊ីរ or ឬ ឡ៉ៃរីងចៃធិស laryngitis រោគរលាកដំបៅ រមាស់នៅក្នុង បំពង់សំឡេង (ឬរោគសញ្ញា ខ្សោយនៅក្នុងបំពង់ក ក្អក ស្អក និយាយមិនចេញ ឈឺក ក្រុនក្តៅ ពេលខ្លះអ្នកជម្ងឺមានការពិបាកលេបចំណីអាហារ) នាមសព្ទ.
5784.	អ៊ីនដ្បែកស៊ីន infection មេឌិខេស៊ីន្យ medications ថ្នាំព្យាបាលរោគរលាកដំបៅ នាមសព្ទ.
5785.	អ៊ីនដ្បែកស៊ីន infection រោគដំបៅ សាប់សាយដ្យ subsides បានជាកន្តិចម្តង១ នាមសព្ទ.
5786.	អ៊ីនដ្បែកស៊ីន្យ infections រោគដំបៅជាច្រើន អ៊ីន in នៅក្នុង ធីស៊ី teeth ធ្មេញ នាមសព្ទ.
5787.	អ៊ីនដ្បែកស៊ីន្យ infections រោគដំបៅជាច្រើន អ៊ែវ of នៅក្នុង ធី the មិឌឌល middle កណ្តាលរន្ធ អ៊ៀរ ear ត្រចៀក (រោគដំបៅរលាកជាច្រើនកន្លែងនៅកណ្តាល រន្ធត្រចៀក) នាមសព្ទ.
5788.	អ៊ីនដ្បែកសើស infectious ឌិស៊ីស៊ីស diseases មេរោគដំបៅដែលឆ្លងពីមនុស្សម្នាក់ ទៅមនុស្សម្នាក់ទ្យៀត នាមសព្ទ.
5789.	អ៊ីនដ្បែកសើស infectious ហេផៃធៃធិស hepatitis មេរោគរលាកដំបៅនៅក្នុងថ្លើម នាមសព្ទ.
5790.	អ៊ីនដ្បែកសើស infectious មូនូណ្ឌូខ្លៀអូស៊ីស mononucleosis ឈ្មោះរោគរលាក ដំបៅនៅកោសិកាស ឬត្រាប់ឈាមសដែលមានស្នូលធំតែមួយ នៅក្រពេញសរសៃទឹករងៃឈ្មោះ លីមហ្វ៍ lymph ក្រពេញ glands នាមសព្ទ.
5791.	អ៊ីនដ្បែក្ស infects ធ្វើឲ្យកើតរោគរលាកដំបៅជាច្រើន (មកពីមេរោគមានជីវិតភ្លូតច១ជាច្រើនឈ្មោះ

	បែកធ្លាយ bacteria អឺ or ឬ វៃរីស៊ីស viruses) កិរិយាសព្ទ.
5792.	អិនទៀរៀអឺ inferior ផែងកល angle នៅជ្រុងទាបជាងគេ នាមសព្ទ.
5793.	អិនទៀរៀអឺ inferior ប៊ូរឌឺ border ព្រំ ឬជាយខាងក្រោម នាមសព្ទ.
5794.	អិនទៀរៀអឺ inferior លួប lobe វៃ្លបខាងក្រោម នាមសព្ទ.
5795.	អិនទៀរៀអឺ inferior នេសុល nasal ខុងគី concha ប្រហោងជ្រៅផំក្រពេញរាង ដួចខ្លុងកៀនវន្ល្យម្រ្មុះខាងក្រោម នាមសព្ទ.
5796.	អិនទៀរៀអឺ inferior នួយុល nuchal ឡាញ line បន្លាត់ពៗគ្នានៅខ្លរភ្លឹងខងខាងក្រោម នាមសព្ទ.
5797.	អិនទៀរៀអឺ inferior អូប្លៃយ oblique បន្លាត់ខៀខាងក្រោម នាមសព្ទ.
5798.	អិនទៀរៀអឺ inferior អឺរបិត្យ orbits វន្ល្ងមូលកោងនៅសងខាងត្រាប់ភ្លៃកខាងក្រោម នាមសព្ទ.
5799.	អិនទៀរៀអឺ inferior ផែនក្រ្តីធិក pancreatic អាធើរ artery សរវៃសឈាមត្រហាម នៅទាបខាងក្រោមក្រពេញឈ្យោះលំពែង នាមសព្ទ.
5800.	អិនទៀរៀអឺ inferior ផែនក្រ្តីធិកួឌ្ឌអូធីនុល pancreaticoduodenal អាធើរ artery សរវៃសឈាមត្រហាមនៅទាបខាងក្រោមក្រពេញឈ្យោះលំពែង ហើយនឹងក្បាល ពោះវៀនត្លួច នាមសព្ទ.
5801.	អិនទៀរៀអឺ inferior ផាត្យ parts ផ្នែកជាច្រើននៅខាងក្រោម នាមសព្ទ.
5802.	អិនទៀរៀអឺ inferior ផុលមួណារី pulmonary ទាក់ទងជាមួយនឹងស្រោមសួតខាងក្រោម នាមសព្ទ.
5803.	អិនទៀរៀអឺ inferior នៅខាងក្រោម ធ្ w to ម៉ែនឌិបល mandible ភ្លឹងថ្គាម នាមសព្ទ.
5804.	អិនទៀរៀអឺ inferior វីណា ប៊ូរឌី venae គេវ៉ា cava សរវៃសឈាមខ្លៅនាំឈាមចាប់ ផ្លើមទាំងតែពីចុងជើងខាងក្រោមត្រឡប់មកដល់ក្នុងបន្លប់បេៈដួងខាងស្ដាំខាងលើ នាមសព្ទ.
5805.	អិនទៀរៀអឺ inferior វ្យូវ ឬវ្យូ view មើលពីចំហ្យៀងខាងក្រោម នាមសព្ទ.
5806.	អិនផ្លៃម្ម inflamed រោករលាកហើមក្ដៅនៅ អេរ៉ៀ area មួយកន្លែង (ឬកន្លែងរលាកក្ដៅ មួយកន្លែង) កិរិយាសព្ទ.
5807.	អិនផ្លៃម្ម inflamed រោករលាកហើមក្ដៅនៅ អេរ៉ៀស areas ច្រើនកន្លែង កិរិយាសព្ទ.

5808.	អិនផ្លេមដ៍ inflamed រោគលោក ឬក្តៅនៅ វុន្ត wound កន្លែងសាច់របែក (ឬកន្លែងសាច់របែករោគលោកក្តៅ) កិរិយាសព្ទ.
5809.	អិនផ្លេមមេសិន inflammation រោគលោក អែន្ត and ហើយនឹង អិនឡ្គាចេមេន្ត enlargement រោគរីកធំឡើងៗផង នាមសព្ទ.
5810.	អិនផ្លេមមេសិន inflammation រោគលោក អែន្ត and ហើយនឹង អិនវ៉ែកសិន infection ដំបៅ នាមសព្ទ.
5811.	អិនផ្លេមមេសិន inflammation រោគលោក អ័រ or ឬ អិនវ៉ែកសិន infection ដំបៅ នាមសព្ទ.
5812.	អិនផ្លេមមេសិន inflammation រោគលោក អ័រោន្ត around នៅជុំវិញ អេ a ថេន់ដិន tendon សរសៃពួរ១ នាមសព្ទ.
5813.	អិនផ្លេមមេសិន inflammation ជម្ងឺរោគ ពៅវ (ឬវូល) bowel ទិស្សីស disease ឬមានរោគនៅក្នុងពោះវៀនផង នាមសព្ទ.
5814.	អិនផ្លេមមេសិន inflammation រោគលោក អិន in នៅក្នុង អេ a ថេន់ដិន tendon សរសៃពួរ១ នាមសព្ទ.
5815.	អិនផ្លេមមេសិន inflammation រោគលោក អិន in នៅក្នុង ថេ the អាផជិននទិក្ស appendix ខ្នែងពោះវៀន នាមសព្ទ.
5816.	អិនផ្លេមមេសិន inflammation រោគលោក អិន in នៅក្នុង ថេ the អាធើរីស arteries សរសៃឈាមក្រហមជាច្រើន នាមសព្ទ.
5817.	អិនផ្លេមមេសិន inflammation រោគលោក អិន in នៅក្នុង ថេ the សាលៃវ៉ារី salivary ក្លែន្ត gland ក្រពេញបញ្ចេញទឹកមាត់ នាមសព្ទ.
5818.	អិនផ្លេមមេសិន inflammation ជម្ងឺរោគ ឬរោគលោក អៅវ of នៅក្នុង អេ a នាមសព្ទ.
5819.	អិនផ្លេមមេសិន inflammation រោគលោក អៅវ of នៅក្នុង អេ a ប្លើដ blood វេសសេល vessel សរសៃឈាមផ្តុចមួយ អ័រ or ឬ ប្លើដ blood វេសសេល vessel សរសៃឈាមផ្តុច នាមសព្ទ.

5820.	អិនជ្លេមេសិន inflammation ជម្ងឺរលាក អេវរ of នៅក្នុង អេ a និផផល nipple ចុងដោះ អេវរ of របស់ នៃ the ប្រសួ breast សាច់ដុំដោះ នាមសំពុ.
5821.	អិនជ្លេមេសិន inflammation ជម្ងឺរលាក ឬរោគរលាក អេវរ of នៅក្នុង អេ a ថនសិល្យ tonsils ដុំសាច់មួយគូរនៅក្នុងមាត់ សាច់នេះរាំទៅសេងខាងថ្គាល់ជិតក្រម្លើត នាមសំពុ.
5822.	អិនជ្លេមេសិន inflammation ជម្ងឺរលាក ឬរោគរលាក អេវរ of នៅក្នុង អេ a វាវ ឬវ៉ាល់វ valve សន្ទះបេះដូង ឬសន្ទះក្រពេញអ្វីផ្សេងទៀត នាមសំពុ.
5823.	អិនជ្លេមេសិន inflammation ជម្ងឺរលាក ឬរោគរលាក អេវរ of នៅក្នុង អេ a វែន vein សរសៃឈាមខៀវ នាមសំពុ.
5824.	អិនជ្លេមេសិន inflammation ជម្ងឺរលាក ឬរោគរលាក អេវរ of នៅក្នុង អេ a សាលៃវ៉ារី salivary ផ្គន្ធ gland ក្រពេញ ឬសរីរាង្គដែលបញ្ចេញទឹកមាត់ នាមសំពុ.
5825.	អិនជ្លេមេសិន inflammation រោគរលាកហើមក្តៅឈឺ អេវរ of នៅក្នុង ប្រេន brain សែលស cells សាច់ខួរក្បាល នាមសំពុ.
5826.	អិនជ្លេមេសិន inflammation រោគរលាក ឬរោគរិចរិលចុះតូចទៅៗ អេវរ of នៅក្នុង បូនស bones សាច់ឆ្អឹង អែន and ហើយនឹង ចញ្ន joint សន្លាក់ឆ្អឹងនៅដែលជើង (រោគរលាកនៅសាច់ឆ្អឹង អែន and ហើយនឹងសន្លាក់ឆ្អឹងដែលជើង) នាមសំពុ.
5827.	អិនជ្លេមេសិន inflammation រោគរលាកឈឺ ហើម ក្តៅក្រហម អេវរ of នៅក្នុង ផោល្យ pulp សាច់ខួរឆ្អឹងទន់ៗ ឬរលាកនៅក្នុងខួរឆ្អឹងនៅធ្មេញ នាមសំពុ.
5828.	អិនជ្លេមេសិន inflammation រោគរលាក អេវរ of នៅក្នុង វិងគើស fingers ម្រាមដៃជាច្រើន អឺរ or ឬ ត្លស toes ម្រាមជើងជាច្រើនផង នាមសំពុ.
5829.	អិនជ្លេមេសិន inflammation ជម្ងឺរលាក អេវរ of នៅក្នុង ហៀរ hair រន្ធសក់ នាមសំពុ.
5830.	អិនជ្លេមេសិន inflammation ជម្ងឺរលាក អេវរ of នៅក្នុង លីមហ្ស lymph សែល cells គ្រាប់ទឹករងៃ (កោសិកា) នាមសំពុ.
5831.	អិនជ្លេមេសិន inflammation ជម្ងឺរលាក អេវរ of នៅក្នុងក្រពេញល្យោះ លីមហ្ស lymph ផ្គន្ធស glands រាបបញ្ចេញទឹករងៃ (កោសិកា) (ក្រពេញល្យោះ លីមហ្ស lymph ណូត្យ nodes ឡើងកូតកណ្តូរនៅពេលមានជំ ពើ ដុំទឹករងៃ) នាមសំពុ.

5832.	អិនផ្លេមមេសិន inflammation រោគរលាក រៀង one ១ អ្វើរ of នៅក្នុង ធើ the សាលេវ៉ារី salivary ក្រពេញ glands ក្រពេញ ឬសរីរាង្គដែលបញ្ចេញទឹកមាត់ នាមសំពុ.
5833.	អិនផ្លេមមេសិន inflammation រោគរលាក អ្វើរ of នៅក្នុង សិនូវៀល synovial ទឹកប្រែងនៅ មេមប្រេស្យ membranes ស្រទាប់សាច់ស្តើងៗ និង and ហើយនិង ស្វេល្លិង swelling មានហើម អ្វើរ of នៅក្នុង ធើ the ចញ្ជុន joint សន្លាក់ឆ្អឹងផង នាមសំពុ.
5834.	អិនផ្លេមមេសិន inflammation រោគរលាក អ្វើរ of នៅក្នុង ធើ the នាមសំពុ.
5835.	អិនផ្លេមមេសិន inflammation រោគរលាក អ្វើរ of នៅក្នុង ធើ the អែបដមេន ឬអែបដួមេន abdomen ពោះ នាមសំពុ.
5836.	អិនផ្លេមមេសិន inflammation រោគរលាក អ្វើរ of នៅក្នុង ធើ the អាផផិនឌិក្ស appendix ខ្នែងពោះវៀន (អាផផិនឌិសៃធិស appendicitis) នាមសំពុ.
5837.	អិនផ្លេមមេសិន inflammation រោគរលាក អ្វើរ of នៅក្នុង ធើ the អាធើរីស arteries សរសៃឈាមក្រហមជាច្រើន នាមសំពុ.
5838.	អិនផ្លេមមេសិន inflammation រោគរលាក អ្វើរ of នៅក្នុង ធើ the ៣ល bile ដាក្ស ducts បំពង់ទឹកប្រម៉ាត់ នាមសំពុ.
5839.	អិនផ្លេមមេសិន inflammation រោគរលាក អ្វើរ of នៅក្នុង ធើ the ប្លែដធើ bladder ប្លោកទឹកនោម នាមសំពុ.
5840.	អិនផ្លេមមេសិន inflammation រោគរលាក អ្វើរ of នៅក្នុង ធើ the ប្លើដ blood វេសសេល្ស vessels កូនសរសៃឈាមតូចៗ នាមសំពុ.
5841.	អិនផ្លេមមេសិន inflammation រោគរលាក អ្វើរ of នៅក្នុង ធើ the ប៊ូន bone ឆ្អឹងមួយ នាមសំពុ.
5842.	អិនផ្លេមមេសិន inflammation រោគរលាក អ្វើរ of នៅក្នុង ធើ the ប្រេន brain ខួរក្បាល នាមសំពុ.
5843.	អិនផ្លេមមេសិន inflammation រោគរលាក អ្វើរ of នៅក្នុង ធើ the ប្រេស្ត breast សាច់ដុំដោះ នាមសំពុ.

5844.	អិនផ្លេមមេសិន inflammation រោគរលាក ផើរ of នៅក្នុង ធើ the ខាធិលេជ cartilage ឆ្អឹងខ្ទី នាមសព្ទ.
5845.	អិនផ្លេមមេសិន inflammation រោគរលាក ផើរ of នៅក្នុង ធើ the សេល្លស cells គ្រាប់កោសិកា ឬគ្រាប់ឈាម នាមសព្ទ.
5846.	អិនផ្លេមមេសិន inflammation រោគរលាក ផើរ of នៅក្នុង ធើ the សេរីប្រឹម cerebrum ផ្នែកធំមួយរបស់ខួរក្បាល នាមសព្ទ.
5847.	អិនផ្លេមមេសិន inflammation រោគរលាក ផើរ of នៅក្នុង ធើ the សេរិវិក្ស cervix កស្បូន នាមសព្ទ.
5848.	អិនផ្លេមមេសិន inflammation រោគរលាក ផើរ of នៅក្នុង ធើ the ខឡ្ពិន colon ពោះវៀនធំ នាមសព្ទ.
5849.	អិនផ្លេមមេសិន inflammation រោគរលាកកំបៅ ផើរ of នៅក្នុង ធើ the ខួនចាំងថៃវា conjunctiva ស្រទាប់សាច់នៅគ្រាប់ភ្នែក (ខោះស្ម caused វាបានកើតឡើង ពាយ by ដោយសារមេរោគឈ្លោះវៃរាស់ អេ a វៃរឹស virus) នាមសព្ទ.
5850.	អិនផ្លេមមេសិន inflammation រោគរលាក ផើរ of នៅក្នុង ធើ the ឌួអូឌីនឹម duodenum ក្បាលពោះវៀនតូច (ឬពោះវៀនតូចផ្នែកទីមួយដែលតពីក្រពះ វាមានប្រវៃងប្រហែលៃ៣ចំអាម) (ឌួអូឌីនុល duodenal) នាមសព្ទ.
5851.	អិនផ្លេមមេសិន inflammation រោគរលាក ផើរ of នៅក្នុង ធើ the អឿរជ្រោម eardrum ក្រដាស់ត្រចៀក នាមសព្ទ.
5852.	អិនផ្លេមមេសិន inflammation រោគរលាក ផើរ of នៅក្នុង ធើ the អាយ្យ eyes សាច់គ្រាប់ភ្នែកទាំងពីរ នាមសព្ទ.
5853.	អិនផ្លេមមេសិន inflammation រោគរលាក ផើរ of នៅក្នុង ធើ the វាលល្ផេ្ឿន fallopian ធ្មប្ល tubes បំពង់ៃដស្បូនទាំងពីរ នាមសព្ទ.
5854.	អិមផ្លេមមេសិន inflammation រោគរលាក ផើរ of នៅក្នុង ធើ the គោល្ឍប្លៃឌធើ gallbladder ប្រម៉ាត់ នាមសព្ទ.
5855.	អិនផ្លេមមេសិន inflammation រោគរលាក ផើរ of នៅក្នុង ធើ the ផ្តត្ត gland ក្រពេញ ឬសរីរាង្គកាយមួយ នាមសព្ទ.

5856.	អិនផ្លេមមេសិន inflammation រោគរលាក អំពើរ of នៅក្នុង ទើ the ផ្គន្លស glands ក្រពេញ ឬសរីរាង្គកាយជាច្រើន នាមសំព្ទ.
5857.	អិនផ្លេមមេសិន inflammation រោគរលាក អំពើរ of នៅក្នុង ទើ the គ្លូម៉េយុឡ្ហាយ ឬគ្លូមើយុឡ្ហាយ glomeruli ក្រពេញ ឬផុំសាច់នៅក្នុងកម្រងទឹកនោម (ឬផុំសរសៃឈាមមួលៗ តូចៗ) ដែលជួយច្រោះលាងឈាមយកទឹកនោមចេញពីឈាម (ឈ្មោះមួយទៀតគេហៅវាថា ប្រៃត៏ ស Bright's ឌិស្ស៊ីស disease) នាមសំព្ទ.
5858.	អិនផ្លេមមេសិន inflammation រោគរលាក អំពើរ of នៅក្នុង ទើ the គ្លូម៉េយុលេីស ឬគ្លូមើយុលេីស glomerulus ក្រពេញឬផុំសាច់នៅក្នុងកម្រងទឹកនោម (វាជាផុំសរសៃឈាមមួលតូចៗ) ដែលជួយច្រោះលាងឈាមយកទឹកនោមចេញពីឈាម (ឈ្មោះមួយទៀតហៅវាថា ប្រៃត៏ ស Bright's ឌិស្ស៊ីស disease) នាមសំព្ទ.
5859.	អិនផ្លេមមេសិន inflammation រោគរលាក អំពើរ of នៅក្នុង ទើ the កាម់ស gums ពណ្ឌ្បាញធ្មេញ នាមសំព្ទ.
5860.	អិនផ្លេមមេសិន inflammation រោគរលាក អំពើរ of នៅក្នុង ទើ the ហ្គាត heart បេះដូង នាមសំព្ទ.
5861.	អិនផ្លេមមេសិន inflammation រោគរលាក អំពើរ of នៅក្នុង ទើ the អិនថេស្ងាញ ឬអិនថេស្ទីន intestine ពោះវៀន នាមសំព្ទ.
5862.	អិនផ្លេមមេសិន inflammation រោគរលាក អំពើរ of នៅក្នុង ទើ the អិនថេស្ងាញស ឬអិនថេស្ទី្នស្ inflammation intestines ពោះវៀនទាំងអស់ នាមសំព្ទ.
5863.	អិនផ្លេមមេសិន inflammation រោគរលាក អំពើរ of នៅក្នុង ទើ the ចញ្គ្លស joints សន្លាក់ឆ្អឹង នាមសំព្ទ.
5864.	អិនផ្លេមមេសិន inflammation រោគរលាក អំពើរ of នៅក្នុង ទើ the យិដនី kidney កម្រងទឹកនោម ឬក្រលៀន នាមសំព្ទ.
5865.	អិនផ្លេមមេសិន inflammation រោគរលាក អំពើរ of នៅក្នុង ទើ the ឡ្ហាច large អិនថេស្ទីន intestine ពោះវៀនធំ កិរិយាសំព្ទ.
5866.	អិនផ្លេមមេសិន inflammation រោគរលាក អំពើរ of នៅក្នុង ទើ the លើរិងជៀល ឬលើរិងជាល laryngeal រន្ធបំពង់សម្លេង នាមសំព្ទ.

5867.	អិនប្ល៊ើមមេសិន inflammation រោគរលាក អើរ of នៅក្នុង ធើ the ឡ្បាញនិង lining កម្រាលស្រទាប់សាច់ស្មើងៗនៅក្នុង ធើ the យូធេរីស uterus ស្បូន នាមសំពុ។
5868.	អិនប្ល៊ើមមេសិន inflammation រោគរលាក អើរ of នៅ ធើ the លិផ្ស lips សាច់ជុំវិញបបូរមាត់ទាំងពីរ នាមសំពុ។
5869.	អិនប្ល៊ើមមេសិន inflammation រោគរលាក អើរ of នៅក្នុង ធើ the លិវវ៍ liver ថ្លើម នាមសំពុ។
5870.	អិនប្ល៊ើមមេសិន inflammation រោគរលាក អើរ of នៅក្នុង ធើ the ឡ្បាំង្ស lungs សួតទាំងខាង នាមសំពុ។
5871.	អិនប្ល៊ើមមេសិន inflammation រោគរលាក អើរ of នៅក្នុង ធើ the ម៉ៅសិ mouth មាត់ នាមសំពុ។
5872.	អិនប្ល៊ើមមេសិន inflammation រោគរលាក អើរ of នៅក្នុង ធើ the នើវ៍ស nerves សរសៃប្រសាទ ឬសរសៃវិញ្ញាណ ឬសរសៃតួចៗដែលជីកនាំកម្លាំងភ្លើង អគ្គិសនីនៅក្នុងរងខ្លួន នាមសំពុ។
5873.	អិនប្ល៊ើមមេសិន inflammation រោគរលាក អើរ of នៅក្នុង ធើ the អ៊ុយឡើ ocular ថេន់ពិស្យ tendons សាច់ពួរសរសៃដែលតសាច់ភ្នែកទៅនឹងភ្នែក នាមសំពុ។
5874.	អិនប្ល៊ើមមេសិន inflammation រោគរលាក អើរ of នៅក្នុង ធើ the អូវ៉ារីស ovaries ក្រពេញដែលមានរាងពងចាង វាទៅខាងក្រោមចុងដៃស្បូន នាមសំពុ។
5875.	អិនប្ល៊ើមមេសិន inflammation រោគរលាកដំបៅ អើរ of នៅក្នុង ធើ the អូវ៉ារី ovary ក្រពេញនៅចុងដៃស្បូន វាមានរាងពងចាង (រោគរលាកសាច់ដែលនៅក្នុងពងក្រពេញ នេះបង្កើតទឹកមេជីវិត) នាមសំពុ។
5876.	អិនប្ល៊ើមមេសិន inflammation រោគរលាក អើរ of នៅក្នុង ធើ the ផេនក្រីស pancreas លំពែងឈ្មោះផែនក្រីស នាមសំពុ។
5877.	អិនប្ល៊ើមមេសិន inflammation រោគរលាក អើរ of នៅក្នុង ធើ the ផេរ៉ិធ្នៅ peritonea រោគរលាកនៅស្រោមពោះត្រើនស្រទាប់ (ឬស្រទាប់សាច់ស្មើងៗស្រោបនៅពុំវិញ ក្រពេញនៅក្នុងប្រហោកពោះ) នាមសំពុ។

5878.	អិនផ្លេមមេសិន inflammation រោគរលាក អោវ of នៅក្នុង ធើ the ផ្សៀរធ្វចនៀម peritoneum រោគរលាកនៅស្រោមពោះ ស្រទាប់សាច់ស្តើងៗស្រោបនៅប៉ុវិញក្រពេញ នៅក្នុងប្រហោងពោះ) នាមសំព.
5879.	អិនផ្លេមមេសិន inflammation រោគរលាក អោវ of នៅក្នុង ធើ the វិនុល renal ផេលវិស pelvis ចក្ខេរបស់សរីរាង្គដូចតែវត្ថុៗនៅក្នុងកម្រងទិកនោម ឬក្រលៀន (រោគរលាក នៅក្នុងប្រហោងកណ្ដាលកម្រងទិកនោម ឬក្រលៀន ឬរោគរលាកនៅក្នុងកណ្ដាលត្រគាក របស់កម្រងទិកនោម) មើលគតនៅ ផៃអ៊ីល់នៅប្រេហ្វិធិស pyelonephritis នាមសំព.
5880.	អិនផ្លេមមេសិន inflammation រោគរលាក អោវ of នៅក្នុង ធើ the សាលៃវ៉ារី salivary ផ្គរស្យ glands ក្រពេញបញ្ចេញទិកមាត់ នាមសំព.
5881.	អិនផ្លេមមេសិន inflammation រោគរលាក អោវ of នៅក្នុង ធើ the សក្លៀរ sclera រោគរលាកសាច់សស្តើងៗដែលក្របគ្រាប់ភ្នែកឡើងរ៉ឹង (លោកនៅសាច់ពណ៌សសុស នៅគ្រាប់ភ្នែក) នាមសំព.
5882.	អិនផ្លេមមេសិន inflammation រោគរលាក អោវ of នៅក្នុង ធើ the សាញនើរសុិស sinuses នៅវន្តប្រមុះ (ប្រហោង ឬរន្ធឆ្អឹងវត្ថុៗដូចជាស្រកីននង) នាមសំព.
5883.	អិនផ្លេមមេសិន inflammation រោគរលាក អោវ of នៅក្នុង ធើ the សាលៃវ៉ារី salivary ផ្គុផ្គ gland ក្រពេញបញ្ចេញទិកមាត់ នាបសំព.
5884.	អិនផ្លេមមេសិន inflammation រោគរលាក អោវ of នៅក្នុង ធើ the ស្ត្បោលធើ shoulder ចញនួស joints សន្លាក់ឆ្អឹងនៅស្មាទាំងពីរ នាមសំព.
5885.	អិនផ្លេមមេសិន inflammation រោគរលាក អោវ of នៅក្នុង ធើ the ស្ពិន skin ស្បៀក (ធើមម៉ៃលធីស dermatitis) នាមសំព.
5886.	អិនផ្លេមមេសិន inflammation រោគរលាក អោវ of នៅក្នុង ធើ the ស្ម៉ាល្ល small អិនផេស្ទិន intestine ពោះវៀនតូច (អិនផេរ៉ូខូលៃធីស Enterocolitis) កិរិយាសព.
5887.	អិនផ្លេមមេសិន inflammation រោគរលាក អោវ of នៅក្នុង ធើ the ស្ម៉ាច្ច ឬស្ម៉ាយ stomach ក្រពះ នាមសំព.

5888.	អិនហ្វ្លាមេសិន inflammation រោគលោក ផ្ទៃរ of នៅក្នុង ធើ the សាប់មែនឌិប្យូឡើ submandibular ក្ផ្គ gland ក្រពេញបញ្ចេញទឹកមាត់នៅក្រោម អណ្ដាត នាមសំព្ធ.
5889.	អិនហ្វ្លាមេសិន inflammation រោគលោក ផ្ទៃរ of នៅក្នុង ធើ the ថេន់វិន tendon សរសៃពួរ នាមសំព្ធ.
5890.	អិនហ្វ្លាមេសិន inflammation រោគលោក ផ្ទៃរ of នៅក្នុង ធើ the ថេសធិស testis ពងក្ត នាមសំព្ធ.
5891.	អិនហ្វ្លាមេសិន inflammation រោគលោក ផ្ទៃរ of នៅក្នុង ធើ the ស្រ្តូត throat បំពង់ក នាមសំព្ធ.
5892.	អិនហ្វ្លាមេសិន inflammation រោគលោកដំបៅ ផ្ទៃរ of នៅក្នុង ធើ the ធិសស្យូ tissue សាច់ អីរោន្ត around នៅជុំវិញ (ឬសាច់ដែលព័ទ្ធនៅជុំវិញ) ធើ the យូរីត្រា urethra បំពង់១ដែលបញ្ចូរទឹកនោមពីប្លោកទឹកនោមទៅខាងក្រៅរាងខ្លួន នាមសំព្ធ.
5893.	អិនហ្វ្លាមេសិន inflammation រោគលោកដំបៅ ផ្ទៃរ of នៅក្នុង ធើ the ធិសស្យូ tissue សាច់ សើរោនឌិង surrounding ដែលព័ទ្ធជុំវិញ ធើ the អូវារី ovary ក្រពេញនៅខាងក្រោមចុងដែលស្ទូនដែលមានរាងដូចពង នាមសំព្ធ.
5894.	អិនហ្វ្លាមេសិន inflammation រោគលោក ផ្ទៃរ of នៅក្នុង ធើ the ថាំង tongue អណ្ដាត នាមសំព្ធ.
5895.	អិនហ្វ្លាមេសិន inflammation រោគលោក ផ្ទៃរ of នៅក្នុង ធើ the ថនសិល្យ tonsils កូនក្រពេញតូចៗ២ដុំនៅក្នុងមាត់នៅសងខាងអណ្ដាត ឬដុំសាច់មួយគូរនៅក្នុងមាត់ វានៅសងខាងពិតក្រឡើត វាមានទឹកណយាមសដែលជួយសម្លាប់មេរោគ នាមសំព្ធ.
5896.	អិនហ្វ្លាមេសិន inflammation រោគលោក ផ្ទៃរ of នៅក្នុង ធើ the ត្រៃកូន trigone រាងបីជ្រុងនៅក្នុងប្លោកទឹកនោម នាមសំព្ធ.
5897.	អិនហ្វ្លាមេសិន inflammation រោគលោក ផ្ទៃរ of នៅក្នុង ធើ the យូរីធ្យើ ureters បំពង់ពីរដែលឋមកពីក្រមុងទឹកនោមចូលទៅប្លោកទឹកនោម នាមសំព្ធ.
5898.	អិនហ្វ្លាមេសិន inflammation រោគលោក ផ្ទៃរ of នៅក្នុង ធើ the យូរីត្រា urethra បំពង់១បញ្ចូរទឹកនោមចេញទៅខាងក្រៅរាងខ្លួន គុណនាម.

6180.	អិនត្រាលិកាម៉ែនថើស intraligamentous សេីវិខុល cervical សរសៃពួរនៅខាងក្នុងក ឬខាងក្នុងសួន នាមសំព.
6181.	អិនត្រាមេមប្រេនៀស intramembranous អស់សិរិខេសិន ossification វត្ថុធាតុ សាច់ឆ្អឹង ឬស្រទាប់សាច់ឆ្អឹងនៅខាងក្នុងឆ្អឹងដែលកើតទៅជាឆ្អឹង នាមសំព.
6182.	អិនត្រែនសិធីវ intransitive វើប verb ពាក្យដែលសម្រាប់ចង្អុលប្រាប់ដើម្បីនឹងបំពេញន័យ នៅក្នុងឃ្លា (ឧទាហរណ៍ដូចជា ពេ they ពួកគេទាំងអស់គ្នា រ៉ាន់ run រត់) នាមសំព.
6183.	អិនត្រាផ្លរុល Intrapleural ស្ពេសិស spaces កន្លែងនៅខាងក្រៅស្រោមសួត នាមសំព.
6184.	អិនត្រាផ្លូមួណារី intrapulmonary ស្ពន្ត shunt ថ្នាំចាក់ចូលទៅតាមសរសៃឈាម ទៅសួត តែវាមិនចូលទៅក្នុងកូនសរសៃឈាមផ្លូវៗដែលធ្វើឱ្យខ្លះខ្លល់អុកស៊ីប្បេរននៅក្នុងសរសៃឈាម នាមសំព.
6185.	អិនត្រាសេផថុល intraseptal ឌីវៃក្ស defects ការខូចនៅក្នុងកណ្ដាលសាច់ពព្ញ៉ាំងចែក ប្រឡោះនៅខាងក្នុងក្រពេញណាមួយ នាមសំព. (អិនត្រា Intra- នៅខាងក្នុង ឬតំបន់នៅខាងក្នុង ក្រោមស្បែក អិនធូ into នៅខាងក្នុង)
6186.	អិនត្រាសិខុល intrathecal អិនចេកសិន injection ការចាក់ថ្នាំបញ្ចូលទៅក្នុងស្រោម សាច់ ឬស្បែក ឬចាក់ចូលនៅខាងក្រោមវន្ទឆ្អឹងខ្នង នាមសំព.
6187.	អិនត្រាយូធើរិន Intrauterine ឌីវៃស្យ device គ្រឿងប្រដាប់ដែលដាក់បញ្ចូលទៅ ខាងក្នុងស្បូនមួយយ៉ាងដែលធ្វើកំអោយមានកូន នាមសំព.
6188.	អិនត្រាយូធើរិន intrauterine ឌីវៃស៊ីស devices គ្រឿងប្រដាប់ធ្វើមកពីកៅស៊ូច្រើនយ៉ាង ឬដែកប្ញញមានទំពក់កងសម្រាប់ដាក់បញ្ចូលទៅក្នុងស្បូនដើម្បីធ្វើកុំឱ្យមានកូន នាមសំព.
6189.	អិនត្រាវ៉ីនើស intravenous អេលិមេនថេសិន alimentation អាហារដែលចិញ្ចឹមថែ រក្សានៅក្នុងបំពង់សរសៃឈាមខ្សៅ នាមសំព.
6190.	អិនត្រាវ៉ីនើស intravenous ប៉ូលើស bolus ការចាក់ទឹកថ្នាំច្រើនឥងបញ្ចូលទៅក្នុងបំពង់ សរសៃឈាមខ្សៅ នាមសំព.
6191.	អិនត្រាវ៉ីនើស intravenous ខែសិធើ catheter បំពង់សម្រាប់ដាក់ទុកនៅក្នុងសរសៃ ឈាមខ្សៅ ដើម្បីនឹងចាក់ថ្នាំចូល ឬសម្រាប់ប្ញមយកទឹកចេញពីក្នុងខ្លួន នាមសំព.

6192.	អិនត្រាវីនើស Intravenous ខុនត្រេស្ទ contrast មេធើរៀល material វត្ថុធាតុ ទឹកពណ៌ ឬថ្នាំពណ៌សម្រាប់ចាក់ចូលទៅខាងក្នុងសរសៃឈាមមុនពេលថតឆ្លុះមើលរោគ នាមសំពុ.
6193.	អិនត្រាវីនើស Intravenous ដាយ dye ទឹកពណ៌ ឬថ្នាំពណ៌សម្រាប់ចាក់ក្នុងសរសៃឈាម នាមសំពុ.
6194.	អិនត្រាវីនើស intravenous វ្លីឩ fluids ទឹកថ្នាំសម្រាប់ចាក់ចូលទៅខាងក្នុងសរសៃឈាម នាមសំពុ.
6195.	អិនត្រាវីនើស Intravenous (អក្សរកាត់របស់វា អាយវី IV) ការចាក់ថ្នាំចូលទៅខាងក្នុង សរសៃឈាម គុណនាម.
6196.	អិនត្រាវីនើស intravenous ផូស្ទ push វញ្ញទឹកថ្នាំចូលទៅក្នុងបំពង់សរសៃឈាមខ្លៅខ្លាំង នាមសំពុ.
6197.	អិនត្រាវីនើស Intravenous ផៃអីឡូគ្រែម pyelogram ថតនៅត្រគាក ហើយចាក់ថ្នាំ ចូលទៅខាងក្នុងសរសៃឈាមឱ្យឃ្លារត់ចូលទៅក្នុងកម្រងទឹកតោមឌ្បើនឹងថតឆ្លុះពីនិស្សមើលរោគនៅក្នុង កម្រងទឹកតោម ហើយកត់ទុកឯងឬឃយឌង (អាយវីឌី IVP អក្សរកាត់របស់វា) អិនត្រាវីនើស intravenous ផៃអីឡូគ្រែម្ស pyelograms ការថតឆ្លុះពីនិស្សមើលរោគនេះច្រើនឌង អាយវីឌីឥស IVPs អក្សរកាត់របស់វា នាមសំពុ.
6198.	អិនវេសីវ invasive ខៃនសើ cancer សេល្លស cells គ្រាប់ពួជមហារីកដែលឈ្លានពាន រុករាន លុកលុយ ឬវ៉ាតឤ្ញាតនៅក្នុងខ្លួន នាមសំពុ.
6199.	អិនវេសីវ invasive ខាសិនម៉ា carcinoma រោគមហារីកដែលរាលពេញខ្លួន នាមសំពុ.
6200.	អិនវេសីវ invasive ឌិស្សីស disease រោគដែលរាលឌាលនៅក្នុងរឌងខ្លួន នាមសំពុ.
6201.	អិនវើត invert ស្ងរតើ sugar ប្រែជាតិស្ករឱ្យទៅជាទឹកឈាយឆ្អា នាមសំពុ.
6202.	អិនវិសិបល invisible មើលមិនឃើយ ធូ to និង ធើ the នេក្ត naked អៃាវ of អាយ្យ eyes ភ្នែកទទេ (មើលមិនឃើយតាមភ្នែកដែលគ្មានកែវភ្លែះ) គុណនាម.
6203.	អិនវ៉ូឡុនថ្ងៃរ involuntary អែកធិវីធីស activities ធ្វើសកម្មភាពច្រើនយ៉ាងដោយខ្លួនវា (ឧទាហរណ៍ដូចជាកឌឃ្ងើម ហើយនឹងឈាមរត់) នាមសំពុ.
6204.	អិនវ៉ូឡុនថ្ងៃរ involuntary សាថ់ដុំដែល ខុនត្រេកស៊ិន contraction កន្ត្រាក់ ឬចបាថ់ ឬធ្វើការដោយខ្លួនវា នាមសំពុ.

6205.	អិនវ៉លុនថៃរ៉ី involuntary ម៉ាសសិល muscle សាច់ដុំដែលយើងមិនអាចបញ្ជាវាបាន (ឧទាហរណ៍ដូចជាសាច់ដុំនៅបេះដូង) នាមស័ព្ទ.
6206.	អិនវ៉លុនថៃរ៉ី involuntary ម៉ាសសិល្ស muscles សាច់ដុំជាច្រើនដែលយើងមិនអាច បញ្ជាវាបាន (ឧទាហរណ៍ដូចជាសាច់ដុំនៅបេះដូង ឬប្រព័ន្ធរំលាយអាហារ ហើយនឹងកម្រងទឹកនោម គឺវាកប្រើកបានដាយខ្លួនវា) នាមស័ព្ទ.
6207.	អិនវ៉លូសិន Involution ការប្រែប្រួល អៅវ of នៅក្នុង ធឺ the យូធើរីស uterus ស្បូន (ស្បូនបានប្រែទៅជាធម្មតាវិញនៅក្រោយពេលសំរាលកូន នៅពេលមានផ្ទៃពោះស្បូនរីកធំ នៅក្រោយពេលសម្រាលកូនរួចហើយ ស្បូនរួញតូចបន្តិចម្តងៗដាល់តែវាដូចដើមវិញ) នាមស័ព្ទ.
6208.	អិនវ៉លវ្ស involves ទាក់ទងទៅនឹង វ៉លឌិង folding ការបត់ កិរិយាសព្ទ.
6209.	អិនវ៉លវិង involving ទាក់ទងទៅនឹង ប៊ូន bone ឆ្អឹងមួយ អ៊ីរ or ឬ ប៊ូន្ស bones ឆ្អឹងជាច្រើន កិរិយាសព្ទ.
6210.	អិនវ៉លវិង involving ចូលរួមទៅនឹង ដេងជើ danger ការគ្រោះថ្នាក់ ឬការខាតបង់ កិរិយាសព្ទ.
6211.	អិនវ៉លវិង involving ចូលរួមទៅនឹង រិស្ក risk ការគ្រោះថ្នាក់ ឬការខាតបង់ កិរិយាសព្ទ.
6212.	អិនវ៉ើង-ក្រូវិង inward-growing អាយឡៃស្ស៊ីស eyelashes រោមភ្នែកដុះកោងចូល ទៅក្នុងគ្រាប់ភ្នែក នាមស័ព្ទ.
6213.	អាយអូដាញ iodine បេស្ដ based ដាយ្ស dyes វត្ថុធាតុដែលគ្មានជាតិដែក វាមានពណ៌ខ្មៅ នាមស័ព្ទ.
6214.	អាយអូដាញ iodine ព្រេផើរស៊ិន្ស preparations រៀបចំទឹកថ្នាំឈ្មោះអាយអូដាញ នាមស័ព្ទ.
6215.	អាយអូដូ iodo- អ៊ីរ or ឬ អាយអូដូ -iod/o សំឯងឆ្លើង ពណ៌ - អាយអូដាញ iodine វត្ថុធាតុដែលគ្មានជាតិដែក សារធាតុដែលអាចប្រើជាថ្នាំ វាមានជាតិឈ្មោះ ហ៊ាល់ជិន halogen សំឯងឆ្លើងពណ៌ ពេឡប្រើវា នៅពេលដែលគេថតធ្មេញមើលរោគផ្នាល់នឹងភ្នែក - ព្រីវិក្ស prefix បុព្វបទ ឬពាក្យសម្រាប់ផ្តើមពីខាងមុខ.
6216.	អាយអិន -ion កម្មវិធីធ្វើ ឬរបៀបធ្វើ -ព្រសេស្ស process កម្មវិធីធ្វើ ឬរបៀបធ្វើ -ស៉ាវិក្ស suffix បច្ច័យ ឬពាក្យសម្រាប់ផ្តើមពីខាងក្រោយ.

6217.	អាយអុន iono- អ៊ីរ or ឬ អាយអ៊ីន្ម -ion/o ពាក្យទាំងពីរនេះមានន័យថាឆ្លល់ ឬវត់វៃ- ផ្ទើវិក្យ prefix បុព្វបទ ឬជាក្យសម្រាប់តពីខាងមុខ.
6218.	អាយអ៊ីរ -ior អ៊ីរ or ឬ វីលេធិក relating នៃ ឬជាប់ទាក់ទង ផ្ to ទៅនឹក - នើផេនិក pertaining ទាក់ទង ផ្ to ទៅនឹក - សារិវិក្យ suffix បច្ច័យ ឬជាក្យសម្រាប់តពីខាងក្រោយ.
6219.	អាយអូអែស -ios ផ្រសេស្ស process កម្មវិធីធ្វើ ឬរបៀបធ្វើ - សារិវិក្យ suffix បច្ច័យ ឬជាក្យសម្រាប់តពីខាងក្រោយ.
6220.	អ៊ីផីខែក Ipecac សៀ៉រុំ ឬសើរុំ syrup ឈ្មោះទឹកថ្នាំផ្សែម ឬថ្នាំធ្វើឲ្យក្អួត កំរិយាសព្.
6221.	អ៊ីផ្សិ ipsi- ដូចគ្នា - សេម same ដូចគ្នា -ផ្រើវិក្យ prefix បុព្វបទ ឬជាក្យសម្រាប់តពីខាងមុខ.
6222.	អាយអ៊ីរ ir- ក្នុង - អ៊ីន in ក្នុង -ផ្រើវិក្យ prefix បុព្វបទ ឬជាក្យសម្រាប់តពីខាងមុខ.
6223.	អាយរិដឌអូ irido- អ៊ីរ or ឬ អាយរិដឌអូ irid/o អាយរ៉ូ iro- ឬ អាយរ៉ូ ir/o (អាយរិស iris) ពណ៌នៅក្នុងប្រស្រីភ្នែក - (អាយអ៊ីឌ្លើជា iridoplegia រោគឃើនៅ ប្រស្រីភ្នែកដែលវាកំជើកមិនបាន ឬរោគដែលធ្វើឲ្យបំផ្តុំសាច់ឃឹតបិតបើកនៅវន្តក្រពេញញាណា មួយកាប់ ឬកំជើកមិនបាន) -ផ្រើវិក្យ prefix បុព្វបទ ឬជាក្យសម្រាប់តពីខាងមុខ.
6224.	អាយរ៉ូ iro- ឬ អាយអ៊ីរអូ ir/o ប្រស្រីភ្នែក កន្លែងពណ៌នៅក្នុងភ្នែក (កូនត្រម៉ុំ) -អាយរិស iris ប្រស្រីភ្នែក កន្លែងពណ៌នៅក្នុងភ្នែក -ផ្រើវិក្យ prefix បុព្វបទ ឬជាក្យសម្រាប់តពីខាងមុខ.
6225.	អាយរិស iris ប្រស្រីភ្នែក សាច់ត្រាប់ភ្នែក វាបញ្ចាពន្លឺភ្លើងឲ្យចេញចូលទៅតាមវន្តត្រាប់ភ្នែក នាមសំព្.
6226.	អាយរុន iron ជាតិដែក ដែក ឬជាតិទឹកនៅក្នុងឈាមក្រហមវាជួយដឹកនាំខ្យល់អុកស៊ីសែននៅក្នុង ឈាមដើម្បីទៅចញ្ចឹម (ផ្សញ្ចឹម) ផងខ្លួនឃើង នាមសំព្.
6227.	អាយរុន iron ឌីវិស៊ីនស៊ី deficiency ខ្ះឈាមក្រហម ខ្ះជាតិអាយរុន ខ្ះជាតិដែក (ខ្មែរយើងៗហៅវាថាខ្ះជាតិដែកនៅក្នុងឈាម (វាធ្វើឲ្យខ្យល់អុកស៊ីសែនរត់មិនគ្រប់ទៅកន្លែង ខ្ះនៅក្នុងខ្លួនរបស់អ្នកជម្ងឺនោះ) នាមសំព្.
6228.	អ៊ីរៀកជ្ញលើ irregular ឬឬ bones ឆ្អឹកជាច្រើនដែលមិនស្មើគ្នា គុណនាម.

6229.	អៀរេងផ្លូវស្មើ irregular ហ្គាតប៊ីត heartbeat បេះដូងដើរមិនស្មើគ្នា (ឬវាដើរលឿនផង ហើយវាដើរយឺតផង) គុណនាម.
6230.	អៀរេងផ្លូវស្មើ irregular ផេរៀឌ្ស periods មានរដូវដើរមិនទៀង គុណនាម.
6231.	អៀរេងផ្លូវស្មើ irregular ផោះស pulse ជីពចរដើរមិនស្មើគ្នា គុណនាម.
6232.	អៀរេងផ្លូវស្មើ irregular រិដជីស ridges ជនៅជាយក្រឡាត់មិនស្មើគ្នា គុណនាម.
6233.	អៀរេងផ្លូវស្មើ irregular ស៊ីនូវៀល synovial ទឹករំអិលមានៅ ចញ្ចុន្ត joint កណ្ដាល សន្លាក់ឆ្អឹង សែក្រុម sacrum ឆ្អឹងខ្នងនៅត្រគាកធំកំប៉េចមិនស្មើគ្នា គុណនាម.
6234.	អៀរេងផ្លូវស្មើរីទី irregularity ន្នូត្ត noted ចម្ងាក់បេះដូងលោតមិនស្មើគ្នា ឬមិនទៀងទាត់ នាមសំពួ.
6235.	អៀរេងផ្លូវស្មើរលី irregularly ស្កាដ្ scarred ដែលមានស្នាមសំលាកមិនស្មើគ្នា កិរិយាវិសេសន៍.
6236.	អៀរីតអេបល Irritable ប៉ៅវ៉ (ឬផ្ពួល) bowel ស៊ីនដ្រូម syndrome រោគរួមផ្គុំ១ ក្រុម ធ្វើឱ្យឈឺនៅមិនស្រួលនៅក្នុងពោះវៀន រាគអាចន៍ ទុលលាមក ឈឺពោះ ហើមពោះ ព្រួយចិត្ត គ្រាប់ទឹក ក៏ប៉ុន្តែវាគ្មានរោគរលាកនៅក្នុងពោះវៀនទេ (ឬរោគសញ្ញារួមផ្គុំ១ក្រុមធ្វើឱ្យអ្នកជម្ងឺនេះ មានការឈឺចាប់នៅមិនស្រួលនៅក្នុងពោះវៀន) នាមសំពួ.
6237.	អៀរីថេស៊ីន irritation ឈឺក្រហាយ អ៊ីន in នៅក្នុង ម៉ាយ my អាយ្យ eyes ភ្នែករបស់ខ្ញុំ ទាំងពីរ នាមសំពួ.
6238.	អៀរីថេស៊ីន irritation ឈឺក្រហាយ អ៊ីន in នៅក្នុង ម៉ាយ my ហេន្ត hand ដែរបស់ខ្ញុំ នាមសំពួ.
6239.	អៀរីថេស៊ីន Irritation នៅមិនស្រួល អ៊ីន in នៅក្នុង ម៉ាយ my មាញ្ចន្ត mind អារម្មណ៍របស់ខ្ញុំ នាមសំពួ.
6240.	អៀរីថេស៊ីន Irritation ឈឺរមាស់នៅមិនស្រួល អ៊ាវ of នៅក្នុង ឌី the វ៉យស្យ voice បុស្ស box បំពង់សម្លេង១ អ៊ីរ or ឬ ឡើរិង់ថៃថិស laryngitis មានរោគរលាករមាស់នៅបំពង់សំឡេង (មានរោគសញ្ញាខ្សឹាយនៅបំពង់ក ក្តក ស្តកក និយាយមិនចេញ ឈឺក ក្រុនក្តៅ ធ្វើឱ្យពិបាកលេបចំណីអាហារនៅពេលខ្លះ) នាមសំពួ.

6241.	អ៊ើរីថេស៊ីន Irritation ក្តៅក្រហាយ អ៊ិន on នៅលើ ម៉ាយ my នូស nose ច្រមុះរបស់ខ្ញុំ នាមសំពួ.
6242.	អ៊ើរីថេស៊ីន Irritation ក្តៅក្រហាយ អ៊ិន on នៅលើ ធើ the ស្គិន skin ស្បែក នាមសំពួ.
6243.	អ៊ើរីថេស៊ីន Irritation ក្តៅក្រហាយ អ៊ិន on នៅលើ ធើ the ស្គម៉ាច់ ឬស្គម៉ាយ stomach ក្រពះរបស់ខ្ញុំ នាមសំពួ.
6244.	អ៊ើរីវើសិបល Irreversible ប្រេន brain ដែមេជ damage ខូចខួរក្បាលដែលមិន អាចកែបាន គុណនាម.
6245.	អ៊ើរីវើសិបល Irreversible មិនអាច ខូម៉ា coma ដេីបពីក្រុនសន្លឹ ឬសន្លបរិវិញបាន (ឬមិនអាចភ្ញាក់ពីដេករវិញបាន ឬមិនអាចភឹងខ្លួនវិញបាន) គុណនាម.
6246.	អ៊ើរីថេត្ត irritated បានលាគ ក្តៅក្រហាយនៅក្នុង ស្រ៊ូត throat បំពង់ក្បេចហេីយ គិរិយាសពួ.
6247.	អ៊ីស is វ ស្ព្រេដ spread រាលដាល អ៊ីរ on នៅលេី ធើ the ស្គិន skin ស្បែក គិរិយាសពួ.
6248.	អ៊ីត it វ ស៊ីផ្ស seeps ជ្រាប ឬហូរជ្រាប អ៊ីនថូ into ចូលទៅក្នុង ឡ្យាច large អ៊ិនថេស្ទាញ ឬអ៊ិនថេស្ទីន intestine ពោះវៀនធំ សពួនាម.
6249.	អ៊ីត it ទ្រីត្ស treats ព្យាបាលរោគ វិត្ត with ជាមួយ មេឌិខេសិន medication ថ្នាំ សពួនាម.
6250.	អ៊ីត It វ្រីត្ស wreaks ម៉ូរ more សេឈ្លស cells វាធ្វេីឲ្យគ្រាប់ឈាមជាច្រេីនខូចខាត សពួនាម.
6251.	អ៊ិធិង itching កំពុងតែមាស់ អ៊ីរាវន្ត around នៅជុំវិញ ជេនិថុល្ស genitals សរីរាង្គខាងក្រៅសម្រាប់បន្តពូជ អ៊ីរ or ឬ អេននើស anus ទ្វារធំ នាមសំពួ.
6252.	អ៊ិធិង itching កំពុងតែមាស់ អ៊ីរាវន្ត around នៅជុំវិញ ម៉ាយ my អៀរស ears ត្រចៀកទាំងពីររបស់ខ្ញុំ នាមសំពួ.
6253.	អ៊ិធី itchy រមាស់ ផម palm បាតដៃ នាមសំពួ.
6254.	អ៊ិធី itchy រមាស់ ស្គិន skin ស្បែក (រមាស់នៅលេីស្បែក) នាមសំពួ.

6255.	អ៊ិត' ស it's វា ស៊ so បែដ bad មិនល្អទេ សព្វនាម.
6256.	អ៊ិត' ស It's វាគឺ ស៊ so ខូល្ដ cold ត្រជាក់ណាស់ (នេះគឺត្រជាក់ណាស់) សព្វនាម.
6257.	អ៊ិត' ស it's វា ស៊ so ស្វែឡែន swollen ហើមខ្លាំងណាស់ សព្វនាម.
6258.	អ៊ិត' ស it's វាគឺ វារី ឬវេរី very រ៉ែរ rare កម្រមាន ឬចំឡែកខ្លាំងណាស់ សព្វនាម.
6259.	អាយធិស -itis រោគរលាកក្រហាមលើ រោគរលាក - អិនផ្លេមមេសិន inflammation រោគរលាក- សារវិក្យ suffix បច្ច័យ ឬបាក្យសម្រាប់តពីខាងក្រោយ.
6260.	អ៊ិត្យ its ក្រូស៍ ឬក្រូវ៍ស growth ការដុះធំឡើងរបស់វា សព្វនាម.
6261.	អ៊ិត្យ its វាគឺជា បៃអូស៊ីនថេសិស biosynthesis សារធាតុ ឬវត្ថុធាតុលាយគ្នាឡើង ឬផលិតរួមគ្នាឡើងមកពីសត្វដែលមានជីវិត សព្វនាម.
6262.	អ៊ិត្យ its វ័ងស៍ីន function មុខងាររបស់វា សព្វនាម.
6263.	អ៊ិត្យ its អ័រិជិន origin នៅក្នុងកន្លែងដើមរបស់វា សព្វនាម.
6264.	អ៊ិត្យ its ផញ្ចន្ត point ចំណុចសំខាន់របស់វាមួយ សព្វនាម.
6265.	អ៊ិត្យ its ថ្រ៊ីម៉ារី primary សិម្ពតឹម symptom រោគសញ្ញាដើមរបស់វា សព្វនាម.
6266.	អាយយូឌី IUD អក្សរកាត់បេស់ជាក្យ គ្រឿងប្រដាប់ដាក់នៅក្នុងស្បូនដើម្បីឱ្យការពារមិនឱ្យមានកូន (អិនត្រាយូធើរិន intrauterine ឌីវៃស្យ device គ្រឿងប្រដាប់សម្រាប់ដាក់នៅក្នុងស្បូន ដែលវាធ្វើមិនឱ្យមានកូន) នាមសំពួ.
6267.	អាយយូអិម -ium របស់អ្វីៗដែលនៅជុំវិញ -ស្រោម ស្រទាប់ស្រោមសាច់ សាច់ជុំវិញ -ស្ដ្បាក់លើ structure សីរាង ក្រពេញ ស្រោម -ធីសស្យ tissue សាច់ឈាម ឬសាច់ជាលិកា - សារវិក្យ suffix បច្ច័យ ឬបាក្យសម្រាប់តពីខាងក្រោយ.
6268.	អាយវី IV អិចិកស៍ីន injection ការចាក់ទឹកថ្នាំបញ្ចូលទៅក្នុងសរសៃឈាម (ឬចាក់ម្សូលចូលទៅក្នុងសរសៃឈាមដើម្បីនឹងទុកចាក់ថ្នាំចូលទៅតាមសរសៃឈាមនៅពេលគេត្រូវការ) នាមសំពួ.
6269.	អាយវី IV ស៊ូល្យស៍ីន solution ទឹកដែលសម្រាប់ចាក់បញ្ចូលតាមសរសៃឈាម នាមសំពួ.
6270.	អាយវីផី IVP ធូម៉ូក្រាម tomogram ការចាក់ថ្នាំពណ៌ចូលទៅខាងក្នុងសរសៃឈាម ឱ្យហូរចូលទៅក្នុងកម្រងទឹកនោមដើម្បីនឹងថតរូបៈ ពិនិត្យមើលរោគនៅក្នុងកម្រងទឹកនោម ថតបង្ហាញរូបភាពបន្តជាប់ៗគ្នា (អាយវីផី IVP អក្សរកាត់របស់វា) កិរិយាវិសេសន៍.

6271.	អាយសៀសិន -ization កម្មវិធីធ្វើ ឬរៀបធ្វើអ្វីមួយ - សារវីក្យ suffix បត្ថយ ឬបាក្យសម្រាប់ពេលខាងក្រោយ។
6272.	ចេ J: ជ្ ច្ ជេ j អក្សរទី១០របស់ភាសាអង់គ្លេស (វាជាតួល្ពញ្ញនៈ) នាមសំពុ។
6273.	ចេម្ម James ផែគេត Paget ឈ្មោះ អ្នកវិជ្ជាសាស្ត្រ ដែលបានពីសោធន៍រកឃើញរោគ ស្រូបរលាយ ហើយដុះឆ្អឹងដែលធ្វើឱ្យអ្នកជម្ងឺឈឺនៅក្នុងឆ្អឹង អសាធារណនាម។
6274.	ច jaw ឬឆ bone ឆ្អឹងថ្គាម១ នាមសំពុ។
6275.	ច jaw ម៉ាសសិល្យ muscles សាច់ដុំនៅឆ្អឹងថ្គាមទាំងពីរខាង នាមសំពុ។
6276.	ច jaw ព្រេសសេ៊ pressure វិងថ្គាមបន្តិចរហូតវល់វិងថ្គាមខ្លាំង ឬធ្ងន់នៅថ្គាមបន្តិចរហូតវល់ ធ្ងន់ថ្គាមខ្លាំង នាមសំពុ។
6277.	ច jaw ថែតនេស្យ tightness វិងថ្គាមបន្តិចរហូតវល់វិងថ្គាមខ្លាំង ឬតឹងនៅថ្គាមបន្តិចរហូត វល់តឹងថ្គាមខ្លាំង នាមសំពុ។
6278.	ចឬឆ jawbone ឆ្អឹងថ្គាម១ / ចឬឆ្យ jawbones ឆ្អឹងថ្គាម២ នាមសំពុ។
6279.	ជីជ្ជុន Jejuno- អិរ or ឬ ជីជ្ជុន Jejun/o ពោះវៀនតួចផ្នែកទីពីរ - ជីជុនិម៉ Jejunum ពោះវៀនតួចផ្នែកទីពីរ -ធ្រីវីក្យ prefix បុព្វបទ ឬបាក្យសម្រាប់ពេលខាងមុខ។
6280.	ចិកស jigsaw ឈ្លៀងលេង ផស្យស្យិល្យ puzzles ដែលដាក់បំណែកកាត់បច្ចាល្យរួមគ្នា នាមសំពុ។
6281.	ចន John អែបើនេទី Abernethy ឈ្មោះអ្នកវិជ្ជាសាស្ត្រ ដែលបង្កើតសំភារៈខាងការវះកាត់ អសាធារណនាម។
6282.	ចញ្ញន join ចួលរួមគ្នា តភ្ជាប់គ្នា អិរ or ឬ អែសស្ស៊ីអែត associate ចួលរួមជាមួយគ្នា កិរិយាសពុ។
6283.	ចញ្ញន join ចួលរួមគ្នា វ៉ិត្ត with ជាមួយនិង ប្លើដ blood វេសសេល្យ vessels សរសៃឈាមតួចៗ កិរិយាសពុ។
6284.	ចញ្ញ្ត joint ខែផ្ស៊ល capsule ឆ្អឹងមួលផ្ចុចត្រាប់អង្កុញ ឬឆ្អឹងមួលនៅសន្លាក់ឆ្អឹង ក្បាលជង្គង់ នាមសំពុ។
6285.	ចញ្ញ្ត joint ខៃវិទិស cavities ប្រហោងនៅក្នុងសន្លាក់ឆ្អឹងនៅដែលជើងជាច្រើន នាមសំពុ។

6286.	ចញ្ចន្ត joint ខែវិទី cavity ប្រហោងនៅក្នុងសន្លាក់ឆ្អឹង វិល្លួដ filled មានពេញ វិត្ថ with ទៅដោយ សិន្លូវៀល synovial វ្លួដ fluid ទឹកប្រកុរំអិលដែលធ្វើឱ្យសន្លាក់ឆ្អឹង រអិលស្រួលៗ បត់ចុះឡើង នាមសំព.
6287.	ចញ្ចន្ត joint ឌិស្ចីស disease រោគលោកនៅសន្លាក់ឆ្អឹងដែ ឬជើងមួយកន្លែង នាមសំព.
6288.	ចញ្ចន្ត joint សន្លាក់ឆ្អឹងដែជើង វ្យូសិន fusion លោយចូលគ្នា នាមសំព.
6289.	ចញ្ចន្ត joint សន្លាក់ឆ្អឹង អិន in នៅ អេ a វិងគើ finger ម្រាមដៃ នាមសំព.
6290.	ចញ្ចន្ត joint ផេស្យ pains ឈឺនៅសន្លាក់ឆ្អឹងដៃ ឬជើងច្រើនកន្លែង នាបសំព.
6291.	ចញ្ចន្ត joint ស្ផេស្ចីស spaces កន្លែងប្រឡោះនៅត្រង់សន្លាក់ឆ្អឹង នាមសំព.
6292.	ចញ្ចន្តស joints សន្លាក់ឆ្អឹងច្រើនដែល ខុននេកធិង connecting តភ្ជាប់ទៅនឹង មែនឌិបល mandible ឆ្អឹងថ្ការខាងក្រោម នាមសំព.
6293.	ចញ្ចន្តស joints ផេន pain ឈឺនៅសន្លាក់ឆ្អឹងដៃ ឬជើង នាមសំព.
6294.	ចេីងជមេន្ត judgment ការវិនិឆ្ឆ័យ អេន្ត and ហើយនឹង អិមផោះស្ចីស impulses ការជំរុញទៅមុខ នាមសំព.
6295.	ចេីជូល្ចេ jugular វេន vein សរសៃឈាមខ្ចៅធំ១នៅក ឬនៅជិតបំពង់ក វាំនាំឈាមពីក្បាល ហើយយមកពីកចូលទៅក្នុងបន្ទប់បេះដូងខាងលើខាងស្ដាំ នាមសំព.
6296.	ចេីជូល្ចេ jugular វេស្យ veins សរសៃឈាមខ្ចៅធំ២នៅក ឬនៅជិតបំពង់ក វាំនាំឈាមពីក្បាល ហើយយមកពីកចូលទៅក្នុងបន្ទប់បេះដូងខាងលើខាងស្ដាំ នាមសំព.
6297.	ចាង់សិន Junction កន្លែងដែលចូលរួមគ្នា ប៊ីធ្វីន between វាងឆ្វេះកណ្ដាល ឆ្អឹង two ហ្ទ្រៃលែងជីស phalanges ឆ្អឹងម្រាមដៃច្រើនចាប់ពីពីរឡើងទៅ នាមសំព.
6298.	ចាង់សិន Junction កន្លែងដែលចូលរួមគ្នា ឬរួមគ្នា អ៊ៅវ of នៅក្នុង ធើ the មេ៍ថាខាផុល metacarpal ប៊ូន bone ឆ្អឹងប្រអប់ដៃ ឬឆ្អឹងម្រាមដៃនៅខាងក្រោមឆ្អឹងកំដៃ នាមសំព.
6299.	ចាស្ just អ៊ីន in ខេស case អ៊ៅវ of នៅ អេនីបឌី anybody អាស់គិង asking ក្រាន់តែទុកប្រៃកងល់មានអ្នកណាសួរ គុណនាម.
6300.	យ K: យ្្រ យ k អក្សរទី១១របស់ភាសាអង់គ្លេស (វាជាព្យញ្ជនៈ) នាមសំព.
6301.	ប៉ៃលី Kal/i ជាតិប្រពៃអ៊ីនឈ្មោះ ផូថែសស្យៀម potassium ប៉ូតាស្យូម នាមសំព.

6302.	យ៉ារ៉ាត្ត karato- អិរ or ឬ យ៉ារ៉ាត្ត karat/o ពកស្តែង -ហ្ការនី horny ពកស្តែង ហាដ hard វិង -ស្រីវិក្ស prefix បុព្វបទ ឬជាក្យសម្រាប់ផ្តល់បញ្ញាលធ្នាពីខាងមុខ។
6303.	យ៉ារីឃ្យ Karyo- អិរ or ឬ យ៉ារីឃ្យ Kary/o ស្ទួលនៅកណ្តាលគ្រាប់ឈាម - ណ្ខៀអេរីស nucleus ស្ទួលនៅក្នុងនៅកណ្តាលគ្រាប់ឈាមនៅសរសៃប្រសាទ -ស្រីវិក្ស prefix បុព្វបទ ឬជាក្យសម្រាប់ផ្តល់បញ្ញាលធ្នាពីខាងមុខ។
6304.	យ៉ារីឃ្យថែន Karyotype ក្រុមផែនទីរបស់គ្រាប់ពួជ ឬរូបភាពរាងរបស់ផែនទីគ្រាប់ពួជ វានៅខាងក្នុងរាងត្រវ៉ាក់ប្រពៃអុីនឈ្មោះ ប្រយមួស្ទម chromosome វានៅកណ្តាលស្ទូន គ្រាប់ពួជឈ្មោះ ឌីអិនអេ DNA វារៀបចំផែនទីគ្រាប់ពួជវាងសរសៃៗនៅកណ្តាលគ្រាប់ពួជឈ្មោះ ប្រយមួស្ទមស chromosomes វាជាត្រវ៉ាក់ផែលនៅក្នុងស្ទួលគ្រប់ឈាម នាមសព្ទ។
6305.	យ៉ីផ keep ទុក អេ a ស៊ីត្រិត secret ការសម្ងាត់ កិរិយាសព្ទ។
6306.	យ៉ីផ keep ទុក ប្លើត blood ឈាម ហ្វ្រម from កុំឱ្យ មូវិង moving រត់ បែក្ក back ចុះ ផែន្ត and ហើយ វ៉ូរស៊ forth ឡើងៗបាន (សរសៃឈាមខ្ចៅវាមានសន្ធះ ផែលវាធ្វើមិនឱ្យឈាមហ្ការ៉ាយក្រោយវិញបាន វាទាំឈាមត្រឡប់ទៅចូលក្នុងបេះវិញ) កិរិយាសព្ទ។
6307.	យ៉ីផ keep បន្ត ក្រុវិង growing វ៉ីកចំរើន ឬពុះផំឡើងៗ កិរិយាសព្ទ។
6308.	យ៉ីផ keep បន្ត ផ្លេនទី plenty អេរ៉េវ of ខូល្ល cold វ៉ូង fluid នឹកទឹកប្រជាក់ អោយច្រើន កិរិយាសព្ទ។
6309.	យ៉ីផ keep បន្ត អ៉ាផ up នួម៉ល់ normal វ៉ូង fluid ញ៉ាទិក អិនថេក intake ចូល ទៅក្នុងខ្លួនតាមធម្មតាចុះ កិរិយាសព្ទ។
6310.	យ៉ីផ keep បន្ត អ៉ាផ up វ៉ិធ្ត with ធើ the វ៉ូង fluid ញ៉ាទិក រ៉ៀយ៉ាមេន្ត requirement ទៅតាមត្រូពឲ្យត្រូវ កិរិយាសព្ទ។
6311.	យ៉ីផ keep យ៉ូរ your អ៉ាយ eye អូផេន open បើកផ្នែករបស់អ្នក បើកកុំបិទ ឬបើកផ្នែករបស់អ្នកឱ្យផំ កិរិយាសព្ទ។
6312.	យ៉ីផ្យ keeps បន្ត ក្រាយិង crying យំមិនឈប់ កិរិយាសព្ទ។
6313.	យ៉េរ៉ាត្ត kerato- អិរ or ឬ យ៉េរ៉ាត្ត kerat/o សាច់វិង ឬសាច់ពកនៅលើស្បែក — ហាដ hard ឃ្ករនៀ cornea សាច់ស្រោមភ្នែកឡើងវិង -ស្រីវិក្ស prefix បុព្វបទ ឬជាក្យសម្រាប់ផតពីខាងមុខ។

6314.	យឺន kern- ស្គួលគ្រាប់ឈាម - ទួខ្លៀអើស nucleus ស្គួលគ្រាប់ឈាម -ព្រីវិក្យ prefix បុព្វបទ ឬពាក្យសម្រាប់តពីខាងមុខ.
6315.	យឺនិកទឺរៀស kernicterus មានជាតិពុលខុសពីភាពធម្មតាប្រមូលគ្នាឡើងនៅក្នុងទឹកប្រផេអឺនឈ្លោះ បិលើរូបិន bilirubin វាឡើងខ្ពស់នៅក្នុងកណ្ដាលប្រព័ន្ធទឹកឈាមនៅសរសៃប្រសាទ ឬសរសៃវិញ្ញាណនៅក្នុងខួរក្បាល វាកើតមកពីវាកឈ្លោះ ហៃផើបិលើរូបិនៃម៉្យ hyperbilirubinemia ជាតមានទឹកប្រម៉ាត់ច្រើននៅក្នុងឈាមធ្វើឱ្យសាច់មានពណ៌លឿង នៅក្នុងខ្លួនកូនម៉ាំដែលទើបនឹងកើត នាមសំព.
6316.	យឺតូ keto- អៃ or ឬ យឺតូ ket/o ជាតិគីមីឈ្លោះយឺតូន ជាតិពុល - យឺតូស្យ ឬយឺតូនេស ketones ជាតិពុលឈ្លោះយឺតូន ហើយនឹងទឹកអាស៊ីត ជាតិគីមីឈ្លោះយឺតូន -ព្រីវិក្យ prefix បុព្វបទ ឬពាក្យសម្រាប់តពីខាងមុខ.
6317.	យឺតូន ketone បនីស bodies ខូនប្រាណរបស់ជាតិគីមីឈ្លោះយឺតូន ជាតិពុល វាកើតមក ពីជាតិខ្លាញ់កិនបំបែកចេញមកពីម្ហូបអាហារច្រើនខុសពីភាពធម្មតា នាមសំព.
6318.	យឺតូនស ឬយឺតូស្យ ketones ជាតិគីមីឈ្លោះយឺតូន អិន in នៅក្នុ ធឺ the ប្លឺឌ blood ឈាម នាមសំព.
6319.	យឺតូនូ ketono- អៃ or ឬ យឺតូន្ន keton/o ជាតិគីមីឈ្លោះយឺតូន ៃអស៊ីតូស្យ acetones- យឺតូស្យ ketones ជាតិគីមីមានឈ្លោះផ្សេងៗពីគ្នាទៅតាមកំរិតវត្ថុធាតុគីមីនៅ ក្នុងខ្លួនវា វត្ថុធាតុគីមីឈ្លោះយឺតូនទាំងអស់នេះ វាគ្មានពណ៌ វាមានក្លិនផ្អែម វាមានខ្លិនដូចជាផ្លែឈើ នៅក្នុងទឹកនោម វាធ្វើឱ្យច្រាំងនឹងទឹកស្ករ វាជាជាតិខ្លាញ់ដែលរលាយច្រើនពេកនៅក្នុងទឹកឈាម -ព្រីវិក្យ prefix បុព្វបទ ឬពាក្យសម្រាប់តពីខាងមុខ.
6320.	ឃ៊ីស្តូន keystone ផ្លែកសំខាន់១ផ្លែក អៃ៉វ of របស់ ធឺ the ក្រ៉ែ៉ន៉ម់ cranium ឆ្អឹងនៅក្រោមលលាដ៍ក្បាលខាងក្រោម នៅកុលឆ្អឹងប្រមុះ វាតផ្ជាប់ទៅនឹងឆ្អឹងលលាដ៍ក្បាលទាំងអស់ ឈ្លោះឆ្អឹង១ទៀតគេហៅវាថា សហ្វ៊ីន្ណ៉យឌ sphenoid ឬន bone ឆ្អឹងដែលជួយបង្កិល អណ្ដាត នាមសំព.
6321.	ឃិឌនី kidney ក្រមួងទឹកនោម ឬក្រលៀន វាមានវិញ្ញាណដែលការងារខ្លនឡើង មុខងាររបស់វា គឺច្រោះ ហើយលាងទឹកនោម វាវកឈ្យកជាតិពុលចេញពីទឹកឈាម វាគ្រប់គ្រងជាតិអំបិល ជាតិទឹក ជាតិទឹកអាស៊ីតនៅក្នុងឈ្យឈាមឱ្យបាយនៅស្មើគ្នា បើសិនជាឡើងញាំអំបិលច្រើនហួស វាវកឈ្យក ចេញខ្លះ ហើយវាទុកជាតិអំបិលនេះឱ្យនៅស្មើល្មមនៅក្នុងឈាមទៅតាមការប្រើប្រាស់ដែលខ្លួនរបស់យើក

	ត្រូវការ ឧទាហរណ៍ដូចជាវាធ្វើឲ្យមានចំនួនជាតិជីអោយស្មើល្អនៅក្នុងឈាមឈ្លោះ មិននឺរុល្យ minerals ផ្លូវថែសសេៀម potassium ស្មូរសៀម sodium ខាលសេៀម calcium ផែត្ត and ហេីយនឺង ម៉ែតនេសៀម magnesium របស់ទាំងអស់នេះរួមគ្នាក្រលៀនវាបញ្ជា ត្រួតគ្រាប៉េលឲ្យមានចំនួនស្មើគ្រប់គ្រាន់នៅក្នុងឈាមរស់ជាតិទាំងនេះ ព្នួកវាជាររបស់សំខាន់ចាំបាច់ឲ្យ យេីងមានជីវិតរស់នៅ គេហៅឈ្លោះវាថា អ៊ីលេកត្រូលេត្យ electrolytes ព្នួកវាជាអ្នកដឹក នាំទឹកអាស៊ីតខ្លះៗនៅក្នុងទឹកដែលជាលំអង កម្លាំងភ្លើងអគ្គីសនីដែលឆក់នៅក្នុងទឹក វាមានសរៈសំខាន់ ជួយឲ្យសាច់ ហេីយនឺងសរសៃវិញ្ញាណធ្វើការការរបស់វា វាលាងទឹកនោមចេញពីទឹកឈាម វាបញ្ចេញវត្ថុធាតុជាតិឈ្លោះ អននិន rennin មិននឺរុល្យ minerals ដែលជួយឲ្យកម្លាំងឈាម ជេីរស្មើហេីយ វៀរីគ្រូផ្លូយអ៊ិធិន erythropoietin ឈ្លោះទឹកអ័រម៉ូន ឬសារធាតុប្រេតអ៊ីន ដែលកម្រងទឹកនោមជួយបង្កើតទឹកគ្រាប់ឈាមក្រហម វាថែមទាំងបញ្ចេញវីតាមីននីដែលជួយស្រូប យកជាតិ ខាលសេៀម calcium ព៏ព្រោះរៀនទៅខាងក្រោយប្រហោងព្រោះ កម្រងទឹកនោម ឧទាហរណ៍ដូចជាផុងដាក់សំរាមរបស់យេីងដែលខ្លួនយេីងមិនត្រូវការ ឥឡខូសរបស់យេីងវាធ្វើការជីសចាត់ ចែងទុករបស់ល្អ ហេីយរបស់ណាដែលឥឡខូសរបស់យេីងមិនត្រូវការប្រេីប្រាស់ទៀត វាក៏បញ្ចេញចោល ទៅវាតាមទឹកនោម) នាមស័ព្ទ.
6322.	យិផន្តី kidney កម្រងទឹកនោម ឬក្រលៀន ផែត្ត and ហេីយនឺង យូរីទេីស ureters បំពង់ព៏រតទៅឡ្ចេកទឹកនោមខាងក្រោម នាមស័ព្ទ.
6323.	យិផន្តី kidney ខែនសេី cancer មានរោគមហារីកនៅកម្រងទឹកនោម ឬក្រលៀន នាមស័ព្ទ.
6324.	យិផន្តី kidney កម្រងទឹកនោម ខ្លីន clean លាង ព្លេីឥ blood ឈាម នាមស័ព្ទ.
6325.	យិផន្តី kidney កម្រងទឹកនោម ខូនផេន contain មាន នាមស័ព្ទ.
6326.	យិផន្តី kidney ឌិស្ស៉ីស disease មានមេរោគនៅក្នុងកម្រងទឹកនោម នាមស័ព្ទ.
6327.	យិផន្តី kidney ឌិស្ស៉ូរទេីស disorders រោគនៅក្នុងកម្រងទឹកនោម ឬក្រលៀនមានបញ្ហា ឬរាគនៅក្នុងកម្រងទឹកនោមខុសពីភាពធម្មតា នាមស័ព្ទ.
6328.	យិផន្តី kidney វែល fail ផ្ល to ព្ជីត work កម្រងទឹកនោមខូច ឬវាធ្វើការលេឥឈាម មិនបានទៀត (មានរោគខូចកម្រងទឹកនោម) នាមស័ព្ទ.
6329.	យិផន្តី kidney វែលលេីរ failure រោគខូចនៅក្នុងកម្រងទឹកនោម នាមស័ព្ទ.

6330.	យិដន្ដី kidney វង់សិ៍ន function ការងារបស់កម្រងទឹកនោម វាច្រោះយាម ឬលាឯយាម នាមសំពុ.
6331.	យិដន្ដី kidney កម្រងទឹកនោម ផ្រុម្ដស្យ produce ច្រោះ ឬផលិត យ្យរ៉ុន urine ទឹកនោម (កម្រងទឹកនោមធ្វើទឹកនោម ច្រោះយកទឹកនោមចេញពីយាម) នាមសំពុ.
6332.	យិដន្ដី kidney កម្រងទឹកនោម ស្យុរិវ៉ាយ purify ចំរាញ់លាង ឡើង blood យាមឱ្យស្អាត នាមសំពុ.
6333.	យិដន្ដី kidney កម្រងទឹកនោម អីលិមិនេធិង eliminating កំចាត់ ថក្ស៊ិស្យ toxins ជាតិពុលចោល នាមសំពុ.
6334.	យិដន្ដី kidney កម្រងទឹកនោម អីលិមិនេធិង eliminating កំចាត់ វ៉ុស្ដស wastes កាកសំណល់ចោល នាមសំពុ.
6335.	យិដន្ដី kidney កម្រងទឹកនោម រេម៉្វស removes ចំរាញ់យក ថក្ស៊ិស្យ toxins ជាតិពុលចោល នាមសំពុ.
6336.	យិដន្ដី kidney កម្រងទឹកនោម រេម៉្វស removes ដកយក វ៉ុស្ដស wastes កាកសំណល់មិនល្អចោល នាមសំពុ.
6337.	យិដន្ដី kidney សាស្យ៊ size ទំហំរបស់កម្រងទឹកនោម នាមសំពុ.
6338.	យិដន្ដី kidney ស្ដូន stone មានថ្មនៅក្នុងកម្រងទឹកនោម ឬមានថ្មនៅក្នុងក្រលៀន១ដុំ នាមសំពុ.
6339.	យិដន្ដី kidney ស្ដូស្យ stones មានដុំថ្មច្រើនដុំ ឬដុំវត្ថុធាតុរឹងនៅក្នុងកម្រងទឹកនោមច្រើនដុំ នាមសំពុ.
6340.	យិដន្ដី kidney ធិសស្យ tissue សាច់នៅក្នុងកម្រងទឹកនោម ឬសាច់របស់កំរងទឹកនោម នាមសំពុ.
6341.	យិដន្ដី kidney ត្រ្រៃស្យផ្លែនថេសិ៍ន transplantation ការៈកាត់ផ្ដូរដាក់កម្រងទឹកនោមថ្មី ឬការៈកាត់ដើម្បីតឹងដូរដាក់ក្រលៀនថ្មី (ការៈកាត់យកកម្រងទឹកនោមចាស់ចោល ហើយដាក់កម្រងទឹកនោមថ្មីចូលវិញ) នាមសំពុ.

6342.	យិដនី kidney យូរីទែរ ureters បំពង់ពីរបង្ហូរទឹកនោមមកពីកម្រងទឹកនោមទៅទុកក្នុង ប្លោនទឹ bladder ប្លោកទឹកនោមមុនពេល យើងលើនោម (អក្សរកាត់របស់វា យេយ្យបី KUB នាមសំព.
6343.	យិដនី'ស kidney's រ៉ូល role ច្បាប់របស់កម្រងទឹកនោម ប្រក្រឡេនពីដើម្បីនឹងពួយគ្រប់ គ្រងថែរក្សាទឹកអាស៊ីតនៅក្នុងឈាមឱ្យស្ថិតគ្គាល គុណនាម.
6344.	យិដនីស kidneys ស្តូន stones មានកូនពុំថ្មគួចជាច្រើននៅក្នុងកម្រងទឹកនោម ឬមានពុំថ្ម នៅក្នុងក្រឡេនដែលជួយគ្រងទឹកនោម នាមសំព.
6345.	យិដនីស kidneys វ្រែនសវ៊ែម្ស transforms កម្រងទឹកនោម ប្រក្រឡេនបំប៉ែ ឬប្រែរស់ ជាតិចំណីអាហារ ហើយនឹងពន្លឺថ្ងៃដែលប៉ះសាច់យើងឱ្យទៅជាតិវីតាមីន ឌី D នាមសំព.
6346.	យិល្ល kill បែកតេរៀរ៉ bacteria សម្លាប់មេរោគណ្ឌោះ បែកតេរៀរ៉ bacteria (ឧទាហរណ៍ជូចជាថ្នាំផ្សះ មុខងាររបស់វាគឺវាសម្លាប់មេរោគនៅពេលយើងលាបថ្នាំផ្សះនៅលើមុខដំពៅ វាធ្វើឱ្យសាច់នៅកន្លែងដែលយើងលាបនេះក្ដៅហើយយឺស្ងួតឡង) កិរិយាសព.
6347.	យិល្ល kill សម្លាប់ ខេនសើរិស cancerous សេលល្ស cells គ្រាប់ឈាមមហារិកជា ច្រើនឱ្យងាប់ កិរិយាសព.
6348.	យិល្ល kill សម្លាប់ ជើម្ស germs មេរោគជាច្រើន កិរិយាសព.
6349.	យិល្ល kill ធើ the ផេន pain បំបាត់ការឈឺចាប់ កិរិយាសព.
6350.	យិល្ល kill វ៉ៃរីស virus សម្លាប់មេរោគណ្ឌោះ វ៉ៃរីស virus (វាធ្វើឱ្យយើងមានរោគដំបៅ ល្ស) កិរិយាសព.
6351.	យិលលើ killer សេលល្ស cells គ្រាប់ឈាមសដែលមានជាតិពុល វាសម្លាប់មេរោគ (ធី T-សេលល្ស cells វាជាអ្នកសម្លាប់មេរោគ ដែលចូលមកក្នុងរងខ្លួនយើង (គេហៅវាថា ធីអេវ T8-សេលល្ស cells) វាធ្វើសាធាតុណ្ឌោះ (អិនធើរៀរ៉ីអុ្យ interferons វ៉ៃនគ្គ and អិនធើល្ល្យយិស្ល interleukins) នាមសំព.
6352.	យិល្លស kills សម្លាប់ ធើ the បៃកតេរៀរ៉ bacteria មេរោគ (ណ្ឌោះ បៃកតេរៀរ៉ bacteria) កិរិយាសព.
6353.	យិនីសៀ -kinesia ការកំរើក ឬការជើរ - មូវមេន្ត movement ការកំរើក ការជើរពី កន្លែងមួយទៅកន្លែងមួយទៀត - សាវ៊ិក្ស suffix បច្ច័យ ឬបាក្យសម្រាប់តពីខាងក្រោយ.

6354.	ឃិនីសិអូ kinesio- អ័រ or ឬ ឃិនីសិអូ kinesi/o ការកំរើក ឬការដើរពីកន្លែង១ទៅកន្លែងមួយទៀត ឃិនីសិអូ kinesio ខ្លួនប្រាណ ឬគ្រាប់ឈាមសដែលអាចដើរបាន - មូវមេន្ទ movement កម្រើកបាន -ព្រីហ្វិក្ស prefix បុព្វបទ ឬពាក្យសម្រាប់តបញ្ចូលគ្នាពីខាងមុខ.
6355.	ឃិនីសិស -kinesis ការកំរើក ឬការដើរ - មូវមេន្ទ movement ការកំរើក ឬការដើរពីកន្លែង១ទៅកន្លែងមួយផ្សេងទៀត - ស៊ាហ្វិក្ស suffix បច្ច័យ ឬពាក្យសម្រាប់តពីខាងក្រោយ.
6356.	ឃិនីសូ kineso- អ័រ or ឬ ឃិនីសូ kines/o ការកំរើក ឬការដើរ - មូវមេន្ទ movement ការកំរើក ការដើរពីកន្លែងមួយទៅកន្លែងមួយទៀត -ព្រីហ្វិក្ស prefix បុព្វបទ ឬពាក្យសម្រាប់តបញ្ចូលគ្នាពីខាងមុខ.
6357.	ឃិង King ខង Kong ឈ្មោះរឿងសត្វស្វាធំ នាមស័ព្ទ.
6358.	ឃ្លិផ្ទូ klepto- លួច ឬគិតដើម្បីនឹងលួច អ័រ or ឬ ឃ្លីផ្ទូ klept/o ដើម្បីនឹងលួច -ធូ to ដើម្បីនឹង ស្ទីល ឬស្មៀល steal លួច -ព្រីហ្វិក្ស prefix បុព្វបទ ឬពាក្យសម្រាប់តបញ្ចូលគ្នាពីខាងមុខ.
6359.	ណី knee ខែផ cap អង្គុញនៅក្បាលជង្គង់ នាមស័ព្ទ.
6360.	ណី knee ក្បាលជង្គង់ ដ្ររន drawn លើក អ៊ាផ up ឡើងលើ នាមស័ព្ទ.
6361.	ណី knee ចញ្ចន្ទ joint សន្លាក់ឆ្អឹងនៅក្បាលជង្គង់១ នាមស័ព្ទ.
6362.	ណី knee ចញ្ចន្ទជ joints សន្លាក់ឆ្អឹងនៅក្បាលជង្គង់២ នាមស័ព្ទ.
6363.	ណី knee ផេន pain ឈឺនៅសន្លាក់ឆ្អឹងក្បាលជង្គង់ នាមស័ព្ទ.
6364.	ណីស knees ផេន pain ឈឺនៅក្បាលជង្គង់ទាំងពីរ នាមស័ព្ទ.
6365.	ណីស knees ក្បាលជង្គង់ទាំងពីរ បេន្ទ bent បត់ នាមស័ព្ទ.
6366.	ណីស knees ខ្លូស្ត closed បានបិតក្បាលជង្គង់ទាំងពីរ ឬដាក់ចូលរួមគ្នាមកខាងក្នុង នាមស័ព្ទ.
6367.	ណីស knees ក្បាលជង្គង់ទាំងពីរ វ៉ល្ល fall ធ្លាក់ អៅត out ចេញក្រៅ នាមស័ព្ទ.
6368.	ណូ know ចេះ ហាវ្ង how ធូ to ស្វិម swim ហែលទឹក កិរិយាសព្ទ.
6369.	ណូ know ចេះ ហាវ្ង how ធូ to ហ្វិក្ស fix ជួសជុល ខា car ឡាន កិរិយាសព្ទ.
6370.	ណូ know ចេះ ហាវ្ង how ធូ to ហ្វិក្ស fix ជួសជុល ហៅស house ផ្ទះ កិរិយាសព្ទ.
6371.	ណូ know ដឹង ឌើ the ដេត្ស dates ថ្ងៃ កិរិយាសព្ទ.

6372.	ណូ know ដឹង ទីស these ទិស្ស things រៀងទាំងអស់នេះ កិរិយាសព្ទ.
6373.	ណូន known បានដឹង ផែស as ដូចជា ឈ្មោះហៅថា នាមសព្ទ.
6374.	ណូលេដ្ជ knowledge ប៊ីវ័រ before មុនពេលវិនិច្ឆ័យរាគ នាមសព្ទ.
6375.	ឃូលផូ kolpo- វន្ថុយោនី ទ្វារមាស - វៃចាយណា vagina វន្ថុយោនី ទ្វារមាស -ផ្រីវិក្ស prefix បុព្វបទ ឬជាក្យសម្រាប់តបបញ្ចូលផ្នែកពីខាងមុខ.
6376.	ឃៃហ្ញូ Kypho- អ័រ or ឬ ឃៃហ្ញូ Kyph/o អាគកោងខ្នង ឬអាគតមខ្នង ហឹម្មបៃគ្ត humpback អាគកោងខ្នង ឬអាគតមខ្នង ហឹម្មបៃគ្ត humpbacked ដែលបានកើតអោគតមខ្នង អាគ្ត្បៃគ្ត roundback អាគកោងខ្នងទៅខាងក្រោយ -ផ្រីវិក្ស prefix បុព្វបទ ឬជាក្យសម្រាប់តបបញ្ចូលផ្នែកពីខាងមុខ.
6377.	ឃៃស្ថ៍ kysth- វន្ថុយោនី ទ្វារមាស អ័រ or ឬ ឃៃស្ថ៍អូ kystho- វន្ថុយោនី ទ្វារមាស - វៃចាយណា vagina វន្ថុយោនី ទ្វារមាស -ផ្រីវិក្ស prefix បុព្វបទ ឬជាក្យសម្រាប់តបបញ្ចូលផ្នែកពីខាងមុខ.
6378.	អិល L: ល្ ឡ្ អិល l អក្សរទី១២របស់ភាសាអង់គ្លេស (វាជាព្យញ្ជនៈ) នាមសំព្ទ.
6379.	លេប៉ៀ labia មែផ្ជ័រា majora បបូរមាត់ធំនៅជុំវិញទ្វារមាសខាងក្រៅ នាមសំព្ទ.
6380.	លេប៉ៀ labia មិន្ន័រា minora បបូរមាត់តូចនៅជុំវិញទ្វារមាសខាងក្នុង នាមសំព្ទ.
6381.	លេប៉ៀល labial បបូរមាត់ សើរីវស្យ surface នៅផ្ទៃខាងលើមួយ គុណនាម.
6382.	លេប៉ៀល labial បបូរមាត សើរីវស្យីស surfaces នៅផ្ទៃខាងលើបបូរមាត់ទាំងពីរ គុណនាម.
6383.	លេប៉ៃបអូ labio- បបូរមាត់ អ័រ or ឬ លេប៉ៃបអូ labi/o បបូរមាត់ អ័រ or ឬ លេប៉ៀ labia បបូរមាត់ - លិផ្ស lips បបូរមាត់ទាំងពីរ -ផ្រីវិក្ស prefix បុព្វបទ ឬជាក្យសម្រាប់តបបញ្ចូលផ្នែកពីខាងមុខ.
6384.	លេប៉ៃបអូក្លូសស្ស៊ូហ្ញារីនជៀល labioglossopharyngeal បបូរមាត់ អណ្ដាត ផែន្ត and ហេីយនឹងបំពង់ក្តៗនៅខាងក្រោយមាត់ (លិផ lip បបូរមាត់ ថាំង tongue អណ្ដាត ផែន្ត and ហេីយនឹង ស្រ្តឹត throat បំពង់ក ហ្ញ៉ារ៉ុង pharynx បំពង់កនៅខាងក្រោយមាត់) នាមសំព្ទ.

6385.	លេបើរ labor កូនកើត ប្រីវ៉៎រ before មុន សេីនទីសេវេន 37 វ៉ិក្ស weeks ៣៧អាទិត្យ ឬសប្ដាហ៍ (កូនកើតមិនគ្រប់ខែ) នាមសំពុ.
6386.	លេបើរ labor ផេន pain ឈឺពោះនៅពេលសម្រាលកូន ឬឈឺពោះនៅពេលសំរាលកូន នាមសំពុ.
6387.	លេបើរ labor រូម room បន្ទប់សម្រាប់សំរាលកូន នាមសំពុ.
6388.	លេបើរ labor ស៊ូផផូរត support ភើស៊ីន person អ្នកដែលជួយបំជើនៅពេលឈឺពោះ កើតកូន នាមសំពុ.
6389.	លេបើរ labor សាផរ្រេសស៊ីន suppression ទប់មិនអោយកូនកើតមុនខែ នាមសំពុ.
6390.	លេបើរ labor សំរាលកូន ខែត that ដែល អ៊្កយើស occurs កើតឡើង អ្ផើរលើយើ earlier មុនពេល អ៊ីន in ជ្រេតនៃនស៊ុ pregnancy ទារកគ្រប់ខែ (កូនដែលកើតមិនគ្រប់ខែ) នាមសំពុ.
6391.	លៃប៊ូរៈថ្ផ៊រ laboratory មន្ទីរពិសោធន៍ ដែលណាលីស៊ិស ឬដែលណាៃលស៊ិស analysis ពិនិត្យវ៉ែកញ្ញេករកមើលរោគ នាមសំពុ.
6392.	លៃប៊ូរៈថ្ផ៊រ laboratory មន្ទីរពិសោធន៍ ស្ផ្ផ៊ី study ធ្វើការសិក្សា អ៊ៃ៌វ of អំពី ប្លើដ blood ឈាម នាមសំពុ.
6393.	លៃប៊ូរៈថ្ផ៊រ laboratory មន្ទីរពិសោធន៍ ស្ផ្ផ៊ី study ធ្វើការសិក្សា អ៊ៃ៌វ of អំពី ប្លើដ blood ស៊េៀរុម serum ទឹកស៊េៀរុមនៅក្នុងទឹកឈាម នាមសំពុ.
6394.	លៃប៊ូរៈថ្ផ៊រ laboratory មន្ទីរពិសោធន៍ ស្ផ្ផ៊ី study ធ្វើការសិក្សា អ៊ៃ៌វ of អំពី ប៊ូន bone ម៉ារ៉ូ ឬម៉ារ៉ូរ៉ូ marrow ខួរឆ្អឹងខ្នង១ៗ៥ នាមសំពុ.
6395.	លៃប៊ូរៈថ្ផ៊រ laboratory មន្ទីរពិសោធន៍ ថេស្ត test ពិនិត្យមើលរោគ នាមសំពុ.
6396.	លៃប៊ូរៈថ្ផ៊រ laboratory ថេស្ត test ការពិសោធន៍នៅមន្ទីរពិសោធន៍ ថ្ផ to ដើម្បីនឹង ពិនិត្យរកមើលរោគ នាមសំពុ.
6397.	លេបើរៈដ labored ប្រើធិង breathing ហត់ ដកដង្ហើមមិនដល់ថ្ផា កិរិយាសពុ.
6398.	លៃប៊ីរិនស៊ី labyrinth នៅខាងក្នុងត្រចៀក ឬក្រវាស់ត្រចៀក - អ៊ិននើ inner អ៊ៀរ ear នៅខាងក្នុងត្រចៀក ឬក្រវាស់ត្រចៀក នាមសំពុ.

6399.	ឈែបើរិនទីន labyrinthine ខែណាល់ស្ canals រន្ធត្រចៀកខាងក្នុងទាំងពីរ (ក្រពេញរាងពួចខ្លួងនៅក្នុងរន្ធត្រចៀកទាំងសងខាង) អាមសំពុ.
6400.	ឈែបើរិនស្ត labyrintho- អ័រ or ឬ ឈែបើរិនស្ត labyrinth/o ក្រដាស់ត្រចៀក - ឈែបើរិនសិ labyrinth ក្រដាស់ត្រចៀក អិននើ inner អៀរ ear នៅខាងក្នុងត្រចៀក ឬក្រដាស់ត្រចៀក -ផ្រីវិក្ស prefix បុព្វបទ ឬពាក្យសម្រាប់តបព្ចូលផ្ទាពីខាងមុខ.
6401.	ឈក្ល lack អៅវ of អែផនៅថែត appetite រាគញ៉ាំម្ហូបអាហារមិនស្ូរបាន ឬញ៉ាំម្ហូបមិនឆ្ងាញ់ កិរិយាសព្.
6402.	ឈក្ល lack អៅវ of បទីលី bodily ស្ត្រេងស៍ strength ដែលខ្សោយកម្លាំងកាយ កិរិយាសព្.
6403.	ឈក្ល lack អៅវ of ថៅវ (ឬវ៉ូល) bowel ខុនត្រូល control រាគអាចម៍បិនជឹងខ្លួន រាគចេញអាចម៍ដោយបិនជឹងខ្លួន កិរិយាសព្.
6404.	ឈក្ល lack មានការខ្ះខាត អៅវ of ថៅវ (ឬវ៉ូល) bowel ខុនត្រូល្ស controls ទុបលាមកបិនបានច្រើនដង (រាគអាចម៍) កិរិយាសព្.
6405.	ឈក្ល lack អៅវ of ខុនសិនត្រេសិន្ស concentrations ពិតបិនស្ូវចេញ ឬពិតបិនស្ូវឃើញ កិរិយាសព្.
6406.	ឈក្ល lack មានការខ្ះខាត អៅវ of ខុនត្រូល control អំណាចបញ្ជាលើ ឬខ្ះខាតការត្រួត ពិនិត្យលើរបស់អ្ីមួយ កិរិយាសព្.
6407.	ឈក្ល lack ការខ្ះខាត អៅវ of អិក្ស៊ីជិន oxygen ខ្យល់អុកស៊ីប៉្បៀន ឬខ្យល់អុកស៊ីសែន កិរិយាសព្.
6408.	ឈក្ល lack ខ្ះខាត អៅវ of អាយ៉ុន iron ជាតិដែក ឬទឹកឈាមក្រហម អិន in នៅក្នុង ថៃ the ឈ្ើឥ blood ឈាម កិរិយាសព្.
6409.	ឈក្ល lack ខ្ះខាត អៅវ of ផ្រថៃអិន protein ជាតិប្រូតេអ៊ីន អិន in នៅក្នុង ថៃ the ឈ្ើឥ blood ឈាម កិរិយាសព្.
6410.	ឈក្ល lack មានការខ្ះខាត អៅវ of យូរ៉ុនវ៉ុ urinary ខុនត្រូល control ទុបទឹកនោមបិនបាន (ឬរាតនោម) កិរិយាសព្.

6411.	លែក្រិម៉ល lacrimal ងែផងនាងៃឝើស apparatus និងឧបករណ៍ប្រើនៅផ្នែកត្រង់ក្រពេញដែល បញ្ចេញទឹកភ្នែក គុណនាម.
6412.	លែក្រិម៉ល lacrimal ឬឩ bones ឆ្អឹងមុខ២នៅខាងក្នុងកៀនភ្នែក ឆ្អឹងនៅជិតថង់ទឹកភ្នែក នៅលើច្រមុះ នាមសំព្ទ.
6413.	លែក្រិម៉ល lacrimal ខៃណាល់ឮ canals វន្ធ ឬប្រហោងរបស់ក្រពេញដែលបញ្ចេញទឹកភ្នែក នាមសំព្ទ.
6414.	លែក្រិម៉ល lacrimal ងាក្ដុ duct វន្ធបំពង់មួយបង្ហូរទឹកភ្នែកមកពីក្រពេញដែលបញ្ចេញ ទឹកភ្នែកមួយ/ងាក្ដុឝ ducts វន្ធបំពង់ពីរបង្ហូរទឹកភ្នែកមកពីក្រពេញដែលបញ្ចេញទឹកភ្នែក នាមសំព្ទ.
6415.	លែក្រិម៉ល lacrimal ង្លែន្ទ gland ក្រពេញដែលបញ្ចេញទឹកភ្នែក នាមសំព្ទ.
6416.	លែក្រិម៉ល lacrimal សែក sac ថង់ដាក់ទឹកភ្នែកដែលបញ្ចេញមកពីក្រពេញទឹកភ្នែក នាមសំព្ទ.
6417.	លែក្រិម៉ូ lacrimo- អរ or ឬ លែក្រិម៉ូ lacrim/o ក្រពេញដែលផលិតទឹកភ្នែក -ផៀរឝ tears ទឹកភ្នែក-ផៀរឝ tears ងាក់ឝ ducts វន្ធ ឬបំពង់បង្ហូរទឹកភ្នែក-ផ្រ៊ីវ៊ក្ឫ prefix បុព្ទបទ ឬពាក្យសម្រាប់តបញ្ចូលគ្នាពីខាងមុខ.
6418.	លែកទិវ៊រ៉ើស lactiferous ងាក្ដុឝ ducts វន្ធ ឬបំពង់បហ្ឮូរទឹកដោះមកពីដោះ នាមសំព្ទ.
6419.	លែកធូ lacto- អរ or ឬ លែកធូ lact/o ទឹកដោះ- ម៉ៀល្ល milk ទឹកដោះ - លែកថែស៊ន lactation ការបញ្ចេញទឹកដោះ -ផ្រ៊ីវ៊ក្ឫ prefix បុព្ទបទ ឬពាក្យសម្រាប់តបញ្ចូលគ្នាពីខាងមុខ.
6420.	លែកធូជីនិក lactogenic ហ៊រម៉ូន ឬហ៊រម៉ូន hormone ទឹកអ័រម៉ូន ឬថ្នាំដែលធ្វើឱ្យទឹក ដោះចេញច្រើន នាមសំព្ទ.
6421.	ល៊វ៉ Laevo- ខាងឆ្វេង -ផ្រ៊ីវ៊ក្ឫ prefix បុព្ទបទ ឬពាក្យសម្រាប់តពីខាងមុខ.
6422.	លែមិណា lamina ឈ្មោះឆ្អឹងខ្នងកំបាតមួយផ្នែកស្ពើងឆ្អឹងស្ពើងនៅជ្រុវឆ្អឹងខ្នង១កន្លែងដែលកោង នាមសំព្ទ.
6423.	លែមិនី laminae ឈ្មោះឆ្អឹងខ្នងកំបាតមួយផ្នែកស្ពើងនៅជ្រុវឆ្អឹងខ្នងច្រើនចាប់ពី២ឡើងទៅ កន្លែងដែលកោង នាមសំព្ទ.

6424.	ឡែមិនូ lamino- អ៊រ or ឬ ឡែមិនូ lamin/o ឈ្មោះឆ្អឹងខ្នងកំបាតមួយផ្នែកស្ដើងនៅជួរឆ្អឹងខ្នង - ឡែមិណា lamina ឈ្មោះឆ្អឹងខ្នងមួយផ្នែកនៅជួរឆ្អឹងខ្នង -ព្រីក្ស prefix បុព្វបទ ឬពាក្យសម្រាប់តបញ្ចូលគ្នាពីខាងមុខ.
6425.	ឡែមិនេកធូមីស laminectomies ការវះកាត់២ដងដើម្បីយកឆ្អឹងខ្នងម្យ៉ាងឈ្មោះ ឡែមិណា lamina ចេញ (ការវះកាត់នៅត្រង់ជួរឆ្អឹងខ្នងស្ដើងកំបាតមួយផ្នែកចេញ) ឡែមិនេកធូមី laminectomy ការវះកាត់១ដងដើម្បីយកឆ្អឹងខ្នង១ម្យ៉ាងចេញ នាមស័ព្ទ.
6426.	ឡែន្ដ land ដី យូស្ដ used បានប្រើ ហ្វ័រ for សម្រាប់ បៀរីល្យ burials កប់ខ្មោច នាមស័ព្ទ.
6427.	ឡែងគ្វជ language ភាសា អ៊ើវ of ហ្វ្រេនឆ French បារាំង នាមស័ព្ទ.
6428.	ឡែផារូ laparo- អ៊រ or ឬ ឡែផារូ lapar/o ជញ្ជាំងក្បាលពោះ - អែបដមេន ឬអែបដូមេន abdomen ពោះ - អែបដមេន ឬអែបដូមេន abdomen វ៉ល wall ជញ្ជាំងក្បាលពោះ -ព្រីក្ស prefix បុព្វបទ ឬពាក្យសម្រាប់តបញ្ចូលគ្នាពីខាងមុខ.
6429.	ឡែព្ស -lapse ធ្លាក់ចុះបត់ទៅក្រោយ រអិលចេញ - ធូ to នឹង ស្លាយដ slide រអិលចេញពីកន្លែងដើម ហ្វ៉ល fall ធ្លាក់ចុះ សែគ sag យឺត ឬយ៉ាចុះក្រោម ឬស្រុងចុះក្រោម - ស៊ាហ្វីក្ស suffix បច្ច័យ ឬពាក្យសម្រាប់តពីខាងក្រោយ.
6430.	ឡាច large អេរៀ area កន្លែងធំ នាមស័ព្ទ.
6431.	ឡាច large អេរៀ area កន្លែងធំមួយ អឺរោន្ឌ around នៅជុំវិញ ឡាច large អិនថេស្ទាញ ឬអិនថេស្ទីន intestine ពោះវៀនធំ (វាមានបីផ្នែក) នាមស័ព្ទ.
6432.	ឡាច large អេរៀ area កន្លែងធំមួយ អឺរោន្ឌ around នៅជុំវិញ ស្មោល small អិនថេស្ទាញ ឬអិនថេស្ទីន intestine ពោះវៀនតូច (វាមានបីផ្នែក) នាមស័ព្ទ.
6433.	ឡាច large អឺម៉ោន្ទ amount មានចំនួន អ៊ើវ of ប្លើដ blood ឈាមច្រើន នាមស័ព្ទ.
6434.	ឡាច large អឺម៉ោន្ទ amount មានចំនួន អ៊ើវ of លិពិដ្ស lipids ខ្លាញ់ច្រើន នាមស័ព្ទ.
6435.	ឡាច large អឺម៉ោន្ទ amount មានចំនួន អ៊ើវ of ហ៊័រមូន ឬហ៊័រម៉ូន hormone អ័រម៉ូនច្រើន នាមស័ព្ទ.

6436.	ឡាច large អែញ្ញូរិសឹម aneurysm រោគនៅជញ្ជាំងសរសៃឈាមក្រហមប៉ោងរីកធំ នាមស័ព្ទ.
6437.	ឡាច large បឌី body ខ្លួនធំ នាមស័ព្ទ.
6438.	ឡាច large បៅវ្វ (បូវ្វែល) bowel ពោះវៀនធំ នាមស័ព្ទ.
6439.	ឡាច large បៅវ្វ (បូវ្វែល) bowel ខែនសើ cancer រោគមហារីកនៅក្នុងពោះវៀនធំ នាមស័ព្ទ.
6440.	ឡាច large ខាលខ្យូលើស calculus ដុំក្រួស ឬដុំថ្មធំ១ នាមស័ព្ទ.
6441.	ឡាច large ខាលខ្យូឡាយ calculi ដុំក្រួស ឬដុំថ្មធំជាច្រើនដុំ នាមស័ព្ទ.
6442.	ឡាជ large សែល្ល cell គ្រាប់ឈាមសធំ១គ្រាប់ នាមស័ព្ទ.
6443.	ឡាច large សែល្លស cells គ្រាប់ឈាមសធំច្រើនគ្រាប់ (ឧទាហរណ៍ដូចជារស់ជាតិប្រូតេអ៊ីនឈ្មោះ ហិសថាមិន histamine អែន្ត and ហេផារិន heparin វាធ្វើឱ្យយើងទាស់ទៅនឹងវត្ថុចំឡែកដែលចូលមកក្នុងខ្លួនយើងគេហៅវាថា អាលលើជិក allergic អែន្ត and អាលលើជី allergy) នាមស័ព្ទ.
6444.	ឡាច large ដូស dose កំរិតថ្នាំច្រើន ឬកំរិតថ្នាំខ្ពស់ ឬកំរិតថ្នាំខ្លាំង នាមស័ព្ទ.
6445.	ឡាច large ហ្វ៊ែត fat ជាតិខ្លាញ់ធំៗ នាមស័ព្ទ.
6446.	ឡាច large ហ្វ្លាយ fly សត្វស្លាបតូចៗច្រើនយ៉ាងដែលស៊ី ឬបឺតឈាម (ដែលមានរូបរាងតូចជាងម្រាមដៃបន្តិច វានៅក្នុងព្រៃ វាចេញមកខាំ ឬបឺតឈាមពីមនុស្ស ឬសត្វគោ សត្វសេះ សត្វឈ្លូស សត្វក្របី ហើយនឹងសត្វច្រើនយ៉ាងទៀតនៅពេលមានអាកាសត្រជាក់ ឬនៅពេលយប់) នាមស័ព្ទ.
6447.	ឡាច large ហ៊ែដ head ក្បាលធំ នាមស័ព្ទ.
6448.	ឡាច large អិនថេស្ទាញស ឬអិនថេស្ទីន្ស intestine ពោះវៀនធំ (វាមានបីផ្នែក) នាមស័ព្ទ.
6449.	ឡាច large លីមហ្វ៍ lymph វេសសេល្ស vessels សរសៃឈាមសធំ ឬសរសៃទឹករងៃធំនៅជើមទ្រូងខាងលើ (វានៅព័ទ្ធជុំវិញដុំដងខ្លួន ដុំគ្រាប់សរសៃប្រសាទ វាមើលថែទាំយើង វាស៊ីមេរោគ វាការពារមិនឱ្យយើងមានមេរោគចូលមកក្នុងខ្លួនយើង) នាមស័ព្ទ.
6450.	ឡាច large លីមហ្វូសៃត្ស lymphocyte ទឹករងៃគ្រាប់កោសិកាធំ ឬគ្រាប់ឈាមសធំ វាមានគ្រាប់ស្នូលធំផង (ទឹករងៃ គាប់កោសិកាសធំ ឬទឹកឈាមឈ្មោះលីមធំ) នាមស័ព្ទ.

6451.	ឡាច large មែស្ស mass ដុំធំ នាមស័ព្ទ.
6452.	ឡាច large ម៉ាសសិល muscle សាច់ដុំធំ១/ ឡាច large ម៉ាសសិល្ស muscles សាច់ដុំធំ២ ឬសាច់ដុំធំច្រើនជាងមួយ នាមស័ព្ទ.
6453.	ឡាច large ណាម់បើស numbers ចំនួនច្រើន នាមស័ព្ទ.
6454.	ឡាច large អូផេនិង opening ប្រហោងធំ ឬរន្ធធំៗ នាមស័ព្ទ.
6455.	ឡាច large ប្រូថេអិន protein ជាតិប្រូតេអ៊ីនធំៗ នាមស័ព្ទ.
6456.	ឡាច large ឃ្វនធិទី quantities ចំនួនច្រើន នាមស័ព្ទ.
6457.	ឡាច large ធូ toe មេជើង១ធំ/ ឡាច large ធូស toes មេជើងទាំង២ធំ នាមស័ព្ទ.
6458.	ឡាច large ថាំង tongue អណ្តាតធំ នាមស័ព្ទ.
6459.	ឡាច large ធូប tube បំពង់ធំ នាមស័ព្ទ.
6460.	ឡាច large វេន vein សរសៃឈាមខ្មៅធំ១/ ឡាច large វេន្ស veins សរសៃឈាមខ្មៅធំចាប់ពីរៗឡើងទៅ នាមស័ព្ទ.
6461.	ឡាច large ស្វិវត swift ភ្លាយ fly សត្វស្លាបតូចៗច្រើនយ៉ាង វាស៊ី ឬបឺតឈាមមនុស្ស ឬសត្វ (សត្វស្លាបដែលមានរូបរាងតូចជាងម្រាមដៃបន្តិច វានៅក្នុងព្រៃ វាចេញមកខាំ ឬបឺតឈាមពីមនុស្ស ឬសត្វគោ សត្វសេះ សត្វឈ្លូស សត្វក្របី ហើយនិងសត្វច្រើនយ៉ាងទៀតនៅពេលយប់) នាមស័ព្ទ.
6462.	ឡាច large វ៉ៃត white ផែតឆីស patches ផ្ទាំងសធំ (ឧទាហរណ៍ដូចជាកើតព្រាំងនៅលើអណ្តាត វាមានដុំផ្ទាំង ឬដុំកំប៉ាតៗ) នាមស័ព្ទ.
6463.	ឡាចជើ larger អឹម៉ោន្ទស amounts មានចំនួនច្រើនជាងគេ គុណនាម.
6464.	ឡាចជើ larger អាធើរីស arteries សរសៃឈាមក្រហមធំជាងគេជាច្រើន គុណនាម.
6465.	ឡាចជើ larger ចញ្ញន្ទ joint សន្លាក់ឆ្អឹងធំ១/ ចញ្ញន្ទស joints សន្លាក់ឆ្អឹងធំៗជាងគេជាច្រើន គុណនាម.
6466.	ឡាចជើ larger លីមហ្វាទិក lymphatic វេសសេល្ស vessels សរសៃឈាមស ឬសរសៃទឹករងៃដែលធំជាងគេឈ្មោះ លីមហ្វ lymph គុណនាម.
6467.	ឡាចជើ larger ផ្ទរសឺន portion ផ្នែក១យ៉ាងធំជាងគេ/ ប្រូថេអិន្ស proteins ជាតិប្រូតេអ៊ីនធំជាងគេ គុណនាម.

6468.	ឆ្មាចគេស្ត largest អេាវ of អេ a ក្រ៊ុច group សាច់ដុំធំមួយក្រុម គុណនាម.
6469.	ឆ្មាចគេស្ត largest ផេ៉រ pair ១គូរធំជាងគេទាំងអស់ គុណនាម.
6470.	ឆ្មាចគេស្ត largest ផាត part ផ្នែកធំជាងគេទាំងអស់១ គុណនាម.
6471.	លើរីងជៀល ឬលើរីងជាល laryngeal នៃ ឬទាក់ទងទៅនឹងបំពង់សម្លេង គុណនាម.
6472.	លើរីងជៀល ឬលើរីងជាល laryngeal ខេនស៊ើ cancer មានជម្ងឺមហារីកនៅបំពង់សម្លេង នាមសំពុ.
6473.	លើរីងជៀល ឬលើរីងជាល laryngeal អូផេនិង opening រន្ធបំពង់សម្លេងបើក នាមសំពុ.
6474.	លើរីងកូ laryngo- អ័រ or ឬ លើរីងក្យ laryng/o បំពង់សម្លេង - លើរីងក្យ larynx បំពង់សម្លេង -វ៉យស្យ voice បិក្យ box បំពង់ខ្យល់ ឬបំពង់សម្លេង -ព្រ៊ីវិក្យ prefix បុព្វបទ ឬពាក្យសម្រាប់តបបញ្ចូលផ្នាពីខាងមុខ.
6475.	លើរីងកូហ្វៀរីងក្យ laryngopharynx បំពង់សម្លេងនៅក្នុងក១ផ្នែកខាងក្រោម ឬ (ហៃផូហ្វៀរីងក្យ hypopharynx វ៉យស្យ voice បិក្យ box បំពង់សម្លេងនៅក្នុងកខាងក្រោម) នាមសំពុ.
6476.	លើរីងកូហ្វៀរីងក្យីស laryngopharynxes បំពង់សម្លេងនៅក្នុងកនៅផ្នែកខាងក្រោម២ អ័រ or ឬ (ហៃផូហ្វៀរីងក្យីស hypopharynxes វ៉យស្យ voice បក្យីស boxes បំពង់សម្លេងនៅក្នុងកផ្នែកខាងក្រោម២ (មនុស្សម្នាក់មានបំពង់កនេះតែមួយទេ) នាមសំពុ.
6477.	លើរីងក្យ larynx ខេនស៊ើ cancer រោគមហារីកនៅក្នុងបំពង់សម្លេង នាមសំពុ.
6478.	លេសើ laser ត្រេប៊ីឃ្យឡូផ្លេស្ទី trabeculoplasty ការប្រើឡ្ពិ៍កាំរស្មីឆ្លើងដើម្បីវះកាត់ ព្យាបាលរោគដែលមានចំហាយទឹកដក់នៅក្នុងក្របំភ្នែក១ ដងដើម្បីនឹងជួសជុលសរសៃទឹក ដើម្បីកុំឲ្យ កំស្លួលខ្យល់ឡើងនៅក្នុងគ្រាប់ភ្នែក ដើម្បីការពារកុំឲ្យខ្លួចសរសៃវិញ្ញាណនៅក្នុងគ្រាប់ភ្នែកដែល វាអាចធ្វើឲ្យអ្នកជម្ងឺនោះខ្វាក់ភ្នែកបាន នាមសំពុ.
6479.	ឡែស្ត Last ហ្វាយ five វ៉ីប្ស ribs ឆ្អឹងជំនី៥ខាងក្រោមគេទាំងអស់ នាមសំពុ.
6480.	ឡែស្ត Last មេនស្ទ្រួល menstrual ផេ៉រៀដ period ថ្ងៃមានរដូវនៅពេលចុងក្រោយ បង់អស់ (អិលអិមផី LMP អក្សរកាត់របស់វា) នាមសំពុ.

6481.	លេថេន្ត latent ខាសិនូម៉ា carcinoma រោគមហារីកដុំតូចៗធូនបើលមិនឃើញពីរឹងភ្នែក នាមសំពុ.
6482.	លៃធើរ៉ុល lateral អៃងកល angle ជ្រុងទៅចំហៀង នាមសំពុ.
6483.	លៃធើរ៉ុល lateral អៃស្បេក្ត aspect សាចទៅខូរក្បាលដែលមានចង្អូររៃងខ្មៅងដូចអ្នកតូចរៃងទៅ ចំហៀងក្បាល ឬទៅខាងក្រោមកៀនខូរក្បាលឈ្មោះ ផ្លឺនឥុល frontal ឈ្លុប lobe នាមសំពុ.
6484.	លៃធើរ៉ុល lateral ប៊្ររធើ border ជាយ ឬជ្រាំទៅចំហៀង នាមសំពុ.
6485.	លៃធើរ៉ុល lateral ខៃណាល canal ប្រហោងទៅចំហៀងនៅវន្តត្រចៀក នាមសំពុ.
6486.	លៃធើរ៉ុល lateral ឆេស្ត chest អិក្ស-រ x-ray ការថតទៅចំហៀងដើមទ្រូង (ដើម្បីនឹង ពិនិត្យមើលរោគទៅចំហៀងដើមទ្រូងខាងស្ដាំ ហើយនឹងខាងឆ្វេង) នាមសំពុ.
6487.	លៃធើរ៉ុល lateral ខុនឌីលី condyle ក្បាលឆ្អឹងស្អុងជើងខាងមុខទៅចំហៀង នាមសំពុ.
6488.	លៃធើរ៉ុល lateral វីសស្ប៊ើ fissure សាចទៅខូរក្បាលដែលមានចង្អូរខ្មៅងដូចអ្នកតូចរៃងទៅ ចំហៀងក្បាលនៅខាងក្រោមកៀនខូរក្បាលឈ្មោះ ផ្លឺនឥល frontal ឈ្លុប lobe នាមសំពុ.
6489.	លៃធើរ៉ុល lateral អិនសៃសើ incisor ធ្មេញទីពីរវ៉ាប់ពីខាងមុខទៅ នាមសំពុ.
6490.	លៃធើរ៉ុល lateral មៃល្បៀអ៊ូលៃស malleolus ចុងក្បាលឆ្អឹងជ្រុងឥឌៃ (នៅចំហៀងភ្នែកភ្នែក កៃ) របស់ វ៊ីប៊ូឡា fibula ឆ្អឹងស្អុងជើងខាងក្រោយ នាមសំពុ.
6491.	លៃធើរ៉ុល lateral រេកធឺស rectus សាចដុំចំហៀងថ្វើឡរៃង នាមសំពុ.
6492.	លៃធើរ៉ុល lateral រីខ្យូបេន្ត recumbent ផុសិសៃន position កន្លៃងដែលដេកផ្ងៃរៃង នៅចំហៀងខ្លួនយ៉ាងស្រួល នាមសំពុ.
6493.	លៃធើរ៉ុល lateral សគ្លើរ៉ូសិស sclerosis ការរឹចរៃលទៅៗនៅសាចចំហៀងខ្លួន នាមសំពុ.
6494.	លៃធើរ៉ុល lateral សៃមៃសើខ្យូឡ៊ើ semicircular សាចបំពង់កោងជាក់កណ្ដាល ប្រហោងទៅចំហៀងវន្តត្រចៀក នាមសំពុ.
6495.	លៃធើរ៉ុល lateral ស៊ុលខឺស sulcus សាចទៅខូរក្បាលដែលមានចង្អូរខ្មៅងដូចអ្នកតូចរៃងទៅ ចំហៀងក្បាលនៅខាងក្រោមកៀនខូរក្បាលឈ្មោះ ផ្លឺនឥុល frontal ឈ្លុប lobe នាមសំពុ.
6496.	លៃធើរ៉ុល lateral វ៉្យូ view មើលពីចំហៀង (ទាក់ទងទៅនឹងការមើលពីចំហៀង) នាមសំពុ.
6497.	លៃធើរ៉ុល lateral វ៉ល់ wall ជញ្ជាំងទៅចំហៀង (ជញ្ជាំងពីរខាងស្ដាំ ហើយនឹងខាងឆ្វេង) នាមសំពុ.

6498.	លែធើរ latero- ចំហៀង អិរ or ឬ លែធើរ later/o - ចំហៀង សាយឌ side ចំហៀង -ជ្រីវិក្ស prefix បុព្វបទ ឬពាក្យសម្រាប់តបព្ចូលផ្នាពីខាងមុន.
6499.	លែវិង laughing កែស gas ខ្យល់ឧស្ម័នធ្វើមប្រើឱ្យមនុស្សសើកនៅពេលវះកាត់ នាមសំព.
6500.	លេ-ឆែត lay-at បានដេកនៅកន្លែង នាមសំព.
6501.	លេ-បាយ lay-by ដេកនៅកន្លែងជិតត្គា នាមសំព.
6502.	លេ-អ៊ិន lay-in បានដេកនៅក្នុង នាមសំព.
6503.	លេយើ layer ស្រទាប់សាច់ បីនីត beneath នៅជិតខាងក្រោម នាមសំព.
6504.	លេយើ layer ស្រទាប់សាច់ស្រោម អ៊ៅវ of របស់ ធើ the អាយ eye ភ្នែក នាមសំព.
6505.	លេស៊ី lazy អាយ eye រោគភ្នែកដែលមើលឃើញព្រិល (ឬមើលឃើញមិនច្បាស់លាស់ ក៏ប៉ុន្តែក្តគ្មានមេរោគនៅក្នុងភ្នែក ហើយក៏គ្មានរបួសខូចខាតដល់ភ្នែកដែល) នាមសំព.
6506.	លេស៊ី lazy អាយ-ញ្ញនេស្ស eye-blindness រោគភ្នែកដែលមើលឃើញព្រិល (ឬមើល ឃើញមិនច្បាស់លាស់ ក៏ប៉ុន្តែក្តគ្មានមេរោគនៅក្នុងភ្នែកទេ ហើយក៏គ្មានរបួសខូចខាតដល់ភ្នែកដែរ) នាមសំព.
6507.	ល្ឌីឌ lead នាំ ធ្ង to អោយ ប្រ៊ូនិក chronic ឌិស្ស៊ីស disease មានជម្ងឺឈឺរ៉ាំរ៉ៃ កិរិយាសព.
6508.	ល្ឌីឌ lead នាំ ធ្ង to អោយ ប្រ៊ូនិក chronic ហ្គាត ឬហាត heart ឌិស្ស៊ីស disease មានជម្ងឺឈឺបេះដូងរ៉ាំរ៉ៃ កិរិយាសព.
6509.	ល្ឌីឌ lead នាំ ធ្ង to អោយ ប្រ៊ូនិក chronic ឡើរ៉ង់ថៃនិស laryngitis ឌិស្ស៊ីស disease មានរោគរលាក ឬដំផៅ ឬមាស់នៅបំពង់សំឡេងរ៉ាំរ៉ៃ កិរិយាសព.
6510.	ល្ឌីឌិង leading ដែលនាំ ខោះស cause ឱ្យកើតឡើង (កើតរោគឡើង) កិរិយាសព.
6511.	ល្ឌីឌិង leading ដែលនាំ អៅ out ចេញ អ៊ៅវ of មកពី ធើ the ស្តម៉ាក្ ឬស្តម៉ាយ stomach ក្រពះ កិរិយាសព.
6512.	ល្ឌីក leak លេច ឆែវិទើ after ក្រោយពេល យ៉ូរ៉ូនេស៊ិន urination នោម កិរិយាសព.
6513.	ល្ឌីក leak លេច ឬហ្ួរ ជ្រាប ស្រ៊ូវ through ចូលទៅតាម កិរិយាសព.
6514.	ល្ឌីក្ត leaked បានលេច អៅត out ចេញ កិរិយាសព.
6515.	ល្ឌីតិង leaking កំពុងតែលេច អៅត out ចេញក្រៅនៅក្នុងពេលឥឡូវនេះ កិរិយាសព.

6516.	ល្អិត leaky ដែលលេច ឬផ្លុះផ្លាយ គួរមៀបឬលើស ឬគួមើឬឬលើស glomerulus នៅសាច់វុំសរវិសេឈាមតូចៗរុំៗដូចក្លូតបាល់តូចៗ វានៅក្នុងកម្រេងទឹកនោម វាជួយជ្រោះលាងឈាម យកទឹកនោមចេញពីឈាម កុណនោម.
6517.	លើន learn រៀន អីវៀត about អំពី កិរិយាសព្ទ.
6518.	ល្អីវ leave ចេញពី ធើ the ប្លែដដើ bladder ថ្លេកទឹកនោម កិរិយាសព្ទ.
6519.	ល្អីវស leaves ចេញពី ធើ the ប្លែដដើ bladder ថ្លេកទឹកនោម កិរិយាសព្ទ.
6520.	ល្អីវស leaves ចេញពី ធើ the ប្លើដ blood ឈាម កិរិយាសព្ទ.
6521.	ល្អីវស leaves ចេញពី ធើ the បធី body រាងខ្លួន កិរិយាសព្ទ.
6522.	ល្អីវស leaves ចេញពី ធើ the បូស្យ bones ឆ្អឹងទាំងអស់នោះ កិរិយាសព្ទ.
6523.	ល្អីវស leaves ចេញពី ធើ the ហ្ពាត heart បេះដូង កិរិយាសព្ទ.
6524.	លេវ្ត left អាធើរ artery សរវិសេឈាមក្រហមខាងឆ្វេង នាមសំព្ទ.
6525.	លេវ្ត left អែរទ្រៀម ឬអេរទ្រៀម atrium បន្ទប់បេះដូងខាងលើខាងឆ្វេង១ នាមសំព្ទ.
6526.	លេវ្ត left ខាងឆ្វេង អែនធ្វើរអ័រ anterior ខាងមុខ ឌីសសីនឌិង descending ដែលចុះទៅខាងក្រោម នាមសំព្ទ.
6527.	លេវ្ត left ប្រេជៀអ្វរសេហ្វ៊ីលិក brachiocephalic វេន vein របស់សរវិសេឈាមខ្លៅ ផ្ដកខាងឆ្វេង វាបែកមែកសាខាឆ្ងូឈាមវត្ថមកពីខ្លរក្បាលទៅវែ នាមសំព្ទ.
6528.	លេវ្ត left ប្រេស្ថ breast ដោះខាងឆ្វេង នាមសំព្ទ.
6529.	លេវ្ត left សើខាំផ្លិក្ស ឬសើខាម់ផ្លិក្ស circumflex រៀចក្រវិក្រករាំទៅខាងឆ្វេង នាមសំព្ទ.
6530.	លេវ្ត left ខូលិក colic ផ្លៃក្ស៊ើ flexure ពោះរៀនធំកោងនៅខាងក្រោមក្រពេញឈ្មោះ អណ្ណើកនៅខាងឆ្វេង (កន្លែងដែលនៅទទឹងពោះ ហើយនឹងពោះរៀនធំបត់សំយុងទៅខាងក្រោមរូមផ្ទា) នាមសំព្ទ.
6531.	លេវ្ត left ខមមិន common ខ្យរតិដ carotid អាធើរ artery សរវិសេឈាមក្រហម រូមផ្ទាដែលនាំឈាមពីបេះដូងឡើងទៅខ្លរក្បាល នាមសំព្ទ.
6532.	លេវ្ត left ឃ្យរណាវី coronary អាធើរ artery សរវិសេឈាមក្រហមនៅបេះដូងខាងឆ្វេង នាមសំព្ទ.
6533.	លេវ្ត Left ក្រីស crus សរវិសព្ទរនៅខាងក្នុងខាងឆ្វេងនៅជិតភ្លើងខ្លង អែន្ត and ហើយនឹង

	ងែត right ក្រើស crus សរសៃពួរនៅខាងក្នុងនៅជិតឆ្អឹងខ្នងខាងស្ដាំ នាមសំពាធ.
6534.	លេឿ left អៀរ ear ត្រច្បៀកខាងឆ្វេង ងែន្ត and ហើយនឹង ងែត right អៀរ ear ត្រច្បៀកខាងស្ដាំ នាមសំពាធ.
6535.	លេឿ left អាយ eye ភ្នែកខាងឆ្វេង នាមសំពាធ.
6536.	លេឿ left ហែន្ត hand ដៃខាងឆ្វេង នាមសំពាធ.
6537.	លេឿ left ហ្គាត heart បេះដូងខាងឆ្វេង នាមសំពាធ.
6538.	លេឿ left ហៃផ្ងួនជ្រៅ]ែអក hypochondriac វីជិន region កន្លែង ប្ដំបន់នៅជើមទ្រូងភាគខាងឆ្វេង នាមសំពាធ.
6539.	លេឿ left ហៃផ្ងែសត្រិក ឬហៃផ្ងែសទ្រិក hypogastric វីជិន region កន្លែង ប្ដំបន់នៅក្រពះភាគខាងឆ្វេង នាមសំពាធ.
6540.	លេឿ left អៀលីអែក iliac វីជិន region កន្លែង ប្ដំបន់ត្រង់ត្រគាកខាងឆ្វេង នាមសំពាធ.
6541.	លេឿ left អិនក្ខិនុល inguinal វីជិន region កន្លែង ប្ដំបន់ត្រង់ក្រលៀននៅត្រគាក ខាងឆ្វេង នាមសំពាធ.
6542.	លេឿ left ែលធើរុល lateral វ្យ ឬវ្យវ្ view មើលពីចំហៀងខាងឆ្វេង នាមសំពាធ.
6543.	លេឿ left ខាងឆ្វេង ល្ឌូ lower ខាងក្រោម ឃ្ជ្រិន្ត quadrant ១ភាគ៤ (អក្សរកាត់របស់ពាក្យនេះគឺ អិល។ឃ្យ LLQ ខាងឆ្វេង ខាងក្រោម ១ភាគ៤) នៅក្នុងវាមានពោះ រៀនព្ធច ហើយនឹងពោះរៀនធំខាងឆ្វេង ពងមេពីវិតនៅចុងដៃស្បូន ហើយនឹងដៃស្បូនខាងឆ្វេង បំពង់បង្ហូរទឹកនោម មកពីកម្រងទឹកនោមទៅប្លោកទឹកនោមខាងឆ្វេងខាងក្រោម នាមសំពាធ.
6544.	លេឿ left ឡាម់បើ lumbar វីជិន region នៅកន្លែង ប្ដំបន់ត្រង់ឆ្អឹងចង្កេះខាងឆ្វេង នាមសំពាធ.
6545.	លេឿ left ម៉ឌិអួលែធើរុល mediolateral កន្លែងកណ្ដាលចំហៀងខាងឆ្វេង នាមសំពាធ.
6546.	លេឿ left វីជិន region ដំបន់នៅខាងឆ្វេងមួយ នាមសំពាធ.
6547.	លេឿ left វិជិស្យ regions ដំបន់នៅខាងឆ្វេងជាច្រើនកន្លែង នាមសំពាធ.
6548.	លេឿ left សាយដ្ត sided នៅចំហៀងខាងឆ្វេង អ៊ាវ of នៃ របស់ ឬនៅក្នុង ធើ the នាមសំពាធ.

6549.	លេវ្ក៏ left សាយផ្ដ sided នៅចំហៀងខាងឆ្វេង អំរិវ of របស់ ទើ the ហ្វាត heart បេះដូង (នៅចំហៀងបេះដូងខាងឆ្វេង) នាមសំព្ទ.
6550.	លេវ្ក៏ left ស្ពោលទើ ឬស្ពូលទើ shoulder ប្លេឥ blade ឆ្អឹងស្លាបប្រច្បៀវខាងឆ្វេង នាមសំព្ទ.
6551.	លេវ្ក៏ left ពីឆ្វេង ធូ to ទៅខាង រ៉ៃត right ស្ដាំ នាមសំព្ទ.
6552.	លេវ្ក៏ left ធូ to រ៉ៃត right ស្ម៉្ន shunt ពីរន្ធសាច់ខាងឆ្វេងទៅរន្ធសាច់ខាងស្ដាំ នាមសំព្ទ.
6553.	លេវ្ក៏ left ខាងឆ្វេង អ៉ាផផើ upper ខាងលើ ឃ្វ្រីន្ទ quadrant ១ភាគ៤ (អក្សរកាត់ របស់ពាក្យនេះ អ៉ិលយ្ួយ្ប្ LUQ ខាងឆ្វេងខាងលើ១ភាគ៤) វ៉ាមានថ្លើមមួយត្ផ្ចេប ក្រពះ លំពេង ផាល១ ផ្នៃកពោះវៀនផ្ទូច ហើយនិងពោះវៀនផំខាងឆ្វេងខាងលើ នាមសំព្ទ.
6554.	លេវ្ក៏ left វ៉ន្ទ្រិខល ventricle បន្ទប់បេះដូងខាងក្រោមខាងឆ្វេង នាមសំព្ទ.
6555.	លេត leg ឬ៉ន bone ឆ្អឹងជើងមួយខាង នាមសំព្ទ.
6556.	លេត leg ឬ៉ស្យ bones ឆ្អឹងជើងទាំងពីរខាង នាមសំព្ទ.
6557.	លេត leg ផេន្យ pains ឈឺជើង១ខាង នាមសំព្ទ.
6558.	លេក្ស្យ legs ក្រៃម្ъ cramp ឈឺរមួលសាច់នៅជើងទាំងពីរ នាមសំព្ទ.
6559.	លេក្ស្យ legs ផេន pain ឈឺជើងទាំងពីរ នាមសំព្ទ.
6560.	ឡ្យ៉ាយអ៉ូ leio- អ៉ិរ or ឬ ឡ្យ៉ាយអ៉ូ lei/o រល្ួ៉ង១ សាច់ចាំង១នៅសាច់ផុំក្រពេង -ជ្រីវ៉ីក្ស prefix ឬព្ផទ ឬពាក្យសម្រាប់ផបពួលគ្មានពីខាងមុខ.
6561.	ឡ្យ៉ាយអ៉ូមៃអ៉ូ leiomyo- ក្រពេញផែលមានផុំសាច់រលេង អ៉ិរ or ឬ ឡ្យ៉ាយអ៉ូមៃអ៉ូ leiomy/o សាច់ផុំរល្ួ៉ង១ ចាំង១នៅសាច់ផុំក្រពេងរល្ួ៉ង១ - វិសសើិរ៉ុល visceral ក្រពេញខាងក្នុងខ្លួនផែលមានផុំសាច់រលេង - ស្ម៉ូសិ smooth ម៉ាសសិល្យ muscle ផុំសាច់រលេង១ -ជ្រីវ៉ីក្ស prefix ឬព្ផទ ឬពាក្យសម្រាប់ផបពួលគ្មានពីខាងមុខ.
6562.	លីមម៉ា -lemma ក៉ំរបសម្រាប់ក្រប ឬក៉ំវ៉ាលក្រ៉ាល - ស្ទ៉ីត sheath ស្រទាប់សាច់ស្ទើង១ - ខ្វើរ៉ីង covering ផែលក្របលើ - ស៉ារ៉ីវ៉ីក្ស suffix បច្ច្ផ័យ ឬពាក្យសម្រាប់ផតពីខាងក្រោយ.

6563.	លេសុ្យ lens វែរ ឬកញ្ចក់ភ្នែក នាមសំពុ.
6564.	លេសុ្យ lens វែរ ឬកញ្ចក់ អើរ of របស់ ថើ the អាយ eye ភ្នែក នាមសំពុ.
6565.	លីផសុី -lepsy រោគប្រត្រីវិកាថ រោគប្រកាថ រោគស្ទុន្ញ្រែក - ស៊ីស៊ើ seizure រោគប្រកាថ កើតឡើងភ្លាមៗ រោគប្រត្រីវិកាថ - សារីវ៉ីក្យ suffix បថ្ច័យ ឬពាក្យសម្រាប់ផ្តើខាងក្រោយ.
6566.	លីផធិក -leptic ទប់អោយនៅនឹកមួយកន្លែក - ធ្ល to ដើម្បីនឹក ស៊ីស៊្យ seize ចាប់អោយ វិក នឹកនៅមួយកន្លែក -ថែក take ហួល hold អើរ of ទប់អោយនៅនឹកមួយកន្លែក - សារីវ៉ីក្យ suffix បថ្ច័យ ឬពាក្យសម្រាប់ផ្តើខាងក្រោយ.
6567.	លីផធូ lepto- អ័រ or ឬ លីផធូ lept/o ស្តុម ស្តើងៗ - ទិន thin ស្តុម - ស្តេនថើ slender ស្តើងៗ ធូចទៅៗ ស្តុម -ព្រីវ៉ីក្យ prefix បុព្វបទ ឬពាក្យសម្រាប់ផ្តើខាងមុខ.
6568.	លិលអ៊ីអែស LES អក្សរកាត់របស់ពាក្យ (ល្ូ ឬល្ូវ low នៅខាងក្រោម អ៊ីស្ូហ្វើជៀល esophageal ស្ផ្ិងទើ sphincter បំពងសាច់បិតបើកនៅកក្រពះ) នាមសំពុ.
6569.	លិស៊ីន lesion រំហែកសាច់ វិត្ថអិន within នៅខាងកុ្ន ថើ the ព៊ីនិស penis មេក្ថ នាមសំពុ.
6570.	លិស៊ីនុ្ស lesions អិន on ថើ the វ៉ីត feet សាថ់រំហែកនៅជើង រោគជាំងជំថៅជា ច្រើនកន្លែងនៅជើង (ប្រហែលជាខ្ឈ:ឈាមរត់ទៅថិញ្ចើមសាច់នៅជើងដោយសារសរវ៉ីសឈាមឬញ្ចុតថ) នាមសំពុ.
6571.	លេសុ្យ less និវ៉ិញ្ញ្ន្ត defined គ្មានកំណត់ នាមសំពុ.
6572.	លេសុ្យ less មិនសុូវ និវ៉ីកមឬ difficult ពិបាក នាមសំពុ.
6573.	លេសុ្យ less អ៊ីនើជី energy មានកម្ទ្លាងតិច (ឬមិនសុូវមានកម្ទ្លាង) នាមសំពុ.
6574.	លេសុ្យ less មិនសុូវ ហ្ហេដអេត headache ឈឺក្បាល នាមសំពុ.
6575.	លេសុ្យ less មិនសុូវ ហ្ហាតប៊ីន heartburn ក្ត្ៅចុងដឆ្ង្ើម ឬក្រហាយដើមទ្រូង (ដោយសារមាន ទឹកអាស៊ីតចុ:មិនសុូវដឺរល់ចុងដឆ្ង្ើម) នាមសំពុ.
6576.	លេសុ្យ less មិនសុូវ ចញ្ន្ត joint ផេន pain ឈឺនៅសន្លាក់ឆ្ឆ្ីក នាមសំពុ.
6577.	លេសុ្យ less មិនសុូវ អើរ of វ៉យសុ្យ voice ពូសម្ទេង នាមសំពុ.
6578.	លេសុ្យ less មិនសុូវ ផេន pain ឈឺ នាមសំពុ.
6579.	លេសុ្យ less មិនសុូវ សិរិវ ឬស៊ីវ៉ើ severe ធ្ង្ន់ធ្ង្រ (រោគស្រាលៗ) នាមសំពុ.

6580.	លេស្សី less តិច ខែន than ជាង នូវមែល normal ធម្មតា នាមសព្ទ.
6581.	លីធ letho ស្លាប់ or ឬ លីធ leth/o ស្លាប់ - ម្ពឹត death ស្លាប់ -ថ្រីវិក្យ prefix បុព្វបទ ឬពាក្យសម្រាប់តពីខាងមុខ.
6582.	លេត's Let's អីវ៉ែម៉ិន examine តោះយើងទាំងអស់ក្នាពិនិត្យមើលរា នាមសព្ទ.
6583.	ល្អកខូ Leuco- អ៊ីរ or ឬ -ល្អកខូ Leuc/o ស ល្អយ្យ leuko- ឬ អ៊ីរ or ឬ - ល្អយ្យ leuk/o ឬ - វ៉ែត white ឈាមស ឬកោសិកាស (ត្រាប់ឈាមសធំ ត្រាប់កោសិកាសធំ រាស៊ីមេរោគ ឬត្រាប់ឈាមសធំនេះរាស៊ីមេរោគ) -ថ្រីវិក្យ prefix បុព្វបទ ឬពាក្យសម្រាប់តបញ្ជូលក្នាពីខាងមុខ.
6584.	ល្អយ៉ិន leukin ឈ្មោះក្បាលត្រាប់ឈាមស ឈ្មោះ ល្អយ្យ leuko- ស អ៊ីរ or ឬ ល្អយ្យ Leuco- ស ត្រាប់ឈាមសធំ វ៉ែត white ស (ត្រាប់កោសិកាសធំដែលវើរក ស៊ីមេរោគត្រាប់ទឹកនន្ថែងនៅក្នាខ្លួនយើង) (ត្រាប់កោសិកាសធំដែលស៊ីមេរោគ) -ថ្រីវិក្យ prefix បុព្វបទ ឬពាក្យសម្រាប់តពីខាងមុខ.
6585.	ល្អយ្យ leuko- ស អ៊ីរ or ឬ ល្អយ្យ Leuk/o ស - វ៉ែត white ស (ត្រាប់ឈាមសផ្ជួយខ្លួនយើង វ៉ែត fight រាយ ប្រហារ អិនវើកស៊ិន្ស infections រោគដំបៅ ឬរោគលោក) -ថ្រីវិក្យ prefix បុព្វបទ ឬពាក្យសម្រាប់តពីខាងមុខ.
6586.	ល្អយ្យសៃត Leukocyte ត្រាប់ឈាមស១ត្រាប់ (រាធ្វើឆ្នាំផ្សះឈ្មោះ ដែនទីបទី Antibody ១ត្រាប់ ប្រូតេអ៊ីនដែលបង្កើតនៅក្នាខ្លួនយើងដើម្បីការពាររោគឲ្យយើង) ល្អយ្យសៃត្ស Leukocytes- ត្រាប់ឈាមសធំច្រើនត្រាប់ (រាធ្វើឆ្នាំផ្សះឈ្មោះ ដែនទីបទីស Antibodies ប្រូតេអ៊ីននេះច្រើនត្រាប់ នាមសព្ទ.
6587.	ល្អយ្យសៃ Leukocytes ត្រាប់ឈាមសធនេះច្រើនត្រាប់ វិត្ថ with ជាមួយ នាមសព្ទ.
6588.	ល្អយ្យសៃតូ Leukocyto- អ៊ីរ or ឬ ល្អយ្យសៃត្ថ Leukocyt/o នៃត្រាប់ឈាមស - ល្អយ្យសៃត Leukocyte ត្រាប់ឈាមស១ត្រាប់ -ថ្រីវិក្យ prefix បុព្វបទ ឬពាក្យសម្រាប់តបញ្ជូលក្នាពីខាងមុខ.
6589.	លីវ៉ Levo- ខាងឆ្វេង -ថ្រីវិក្យ prefix បុព្វបទ ឬពាក្យសម្រាប់តពីខាងមុខ.
6590.	លេវេល្ស levels ចំនួន ផ្សូរជើស្មើរ progesterone ទឹកហ្សូម្ន (អ៊ីម៉ូន)របស់សស្ត្រី នាមសព្ទ.

6591.	លេក្សសៀ (លេក្សសៀ) -Lexia ពាក្យនិយាយ - ផ្សេង word ស្តីត speech ពាក្យនិយាយ ហ្រ្វេស phrase ឃ្លា ប្រយោក - សារ៉ារីក្ស suffix បច្ច័យ ឬពាក្យសម្រាប់តពីខាងក្រោយ.
6592.	លេក្ស Lexo- អ៊ែរ or ឬ លេក្ស Lex/o ពាក្យនិយាយ - ផ្សេង word ស្តីត speech ពាក្យនិយាយ ហ្រ្វេស phrase ឃ្លា ប្រយោក -ព្រីវីក្ស prefix បុព្វបទ ឬពាក្យសម្រាប់តពីខាងមុខ.
6593.	ឡ្យាយអេបិលិទី liability ការធំល្អតលាស់ល្អ ឬពឹងបាន អេ៊ារ of របស់ ស្តើម sperm ទឹកតាម នាមសំពុ.
6594.	ឡ្យាយ lie ដេក សាយដ side ឬ way នៅចំហៀង កិរិយាសព្ទ.
6595.	ឡ្យាយ lie ដេក សាយដ side នៅក្បៀន បាយ by ពិតៗ សាយដ side គ្នា កិរិយាសព្ទ.
6596.	ឡ្យាយ្ស lies ដេកនៅ បី៏និត beneath ខាងក្រោម កិរិយាសព្ទ.
6597.	ឡ្យាយ lies ដេក លាតនៅ ផស្ទៀរៀងអ៊ី posterior ខាងក្រោយ កិរិយាសព្ទ.
6598.	ឡ្យាយ lies សើរោនដេដ surrounded ព័ទ្ធជុំវិញ ឬឡ្យោមព័ទ្ធនៅកន្លែងដេក កិរិយាសព្ទ.
6599.	លៃវ៍ life ជីវិតរស់នៅ ផ៍អន្ត and ហើយនឹង ផ្ទីស៍ death សេចក្តីស្លាប់ នាមសំពុ.
6600.	លៃវ៍ life អ៊ីក្ស៍ស្សស exists មានជីវិតរស់នៅ ក៏មិនស្លាប់ នាមសំពុ.
6601.	លៃវ៍ life ជីវិត១ /លៃវស ឬលៃវ្ស lives ជីវិតមនុស្សច្រើននាក់ នាមសំពុ.
6602.	លៃវ៍ life មានជីវិត លិវស lives រស់នៅ កិរិយាសព្ទ.
6603.	លៃវ៍-លេស្ស life-less គ្មានជីវិត នាមសំពុ.
6604.	លៃវ៍-សាស្តេនិង life-sustaining មានជីវិតនឹងន មានជីវិតរឹងមាំ ជួយចិញ្ចឹមថែរក្សាជីវិត ជួយឲ្យស្រួលសុកសាន នាមសំពុ.
6605.	លៃវ៍-ស្រេថេនិង life-threatening កំរាមកំហែងដល់ជីវិត មានគ្រោះថ្នាក់ដល់ជីវិត ឬជាតដែលអាចធ្វើឲ្យមានគ្រោះថ្នាក់ដល់ជីវិត គុណនាម.
6606.	លៃវ៍-ថាម life-time អស់មួយជីវិត នាមសំពុ.
6607.	លៃវ៍-ថាម life-time ខាម៉ិតមេន្ត commitment ការប្តេជ្ញាចិត្តអស់មួយជីវិត (ឬការប្តេជ្ញាធ្វើអ្វីមួយអស់មួយជីវិត) នាមសំពុ.
6608.	លិវធិង lifting លើក ធឺ the ហ៊ីល heel កែងជើង កិរិយាសព្ទ.

6609.	លិកាម៉ែន្ត ligament សរសៃពួរ អោវារ of របស់ អេ a អូវារី ovary ពងនៅចុងដៃស្បូន (សរសៃពួរដែលនៅចុងដៃស្បូន រាវប់ពងពីខាងក្រោមដៃស្បូន) នាមសំព.
6610.	លិកាម៉ែនទ្ទ ligamento- អិរ or ឬ លិកាម៉ែនទ្ទ ligament/o សរសៃពួរ - លិកាម៉ែន្ត ligament ស្រទាប់សាច់ស្ដើងៗ សរសៃពួរ ឬសរសៃចងមួយ រាតផ្ទាប់ភ្ជិតទៅនឹងភ្ជិង -ផ្រីវិក្ស prefix បុព្វបទ ឬពាក្យសម្រាប់តបពាញលក្ខាពីខាងមុខ.
6611.	លិតែតួ ligato- អិរ or ឬ លិតែតួ ligat/o ដើម្បីនឹងចង - ធ្ល to ដើម្បីនឹង ថាយ tie ចង ថាយិង tying ដែលចង -ផ្រីវិក្ស prefix បុព្វបទ ឬពាក្យសម្រាប់តបពាញលក្ខាពីខាងមុខ.
6612.	លិកាម៉ែន្តស ligaments អិនជើរ injury ការរងរបួសនៅសរសៃពួរ នាមសំព.
6613.	លិកាម៉ែន្តស ligaments សរសៃពួរពីរ អោវារ of របស់ ធើ the អូវារីស ovaries ពងនៅចុងដៃស្បូន នាមសំព.
6614.	លែត light ឃ្សូរដ cord ខ្សែភ្លើង នាមសំព.
6615.	លែត light កោះស៊្យ gauze ស្បែកស្ដើងៗ ឬបង់វុំរបួសស្ដើងៗ នាមសំព.
6616.	លែត light ហែដ head ស្រាលក្បាល ស្រាលក្បាលថេងថុង រឹវរឹចង់ដួល វិលមុខ អស់កម្លាំងរហិតរវា នាមសំព.
6617.	លែត light អិន in ខាលើរ color បិនស្សមានពណ៌ មានពណ៌តិចៗ នាមសំព.
6618.	លែត light ភ្ល អៅតសាយួ outside នៅខាងក្រៅ នាមសំព.
6619.	លែត light ភ្លែង រ ray កម្រស្ស៊ីភ្លើចាំង អិនធើរិង entering ចូលមកខាងក្នុង នាមសំព.
6620.	លែត light រេដ red ពណ៌ក្រហមតិចៗ នាមសំព.
6621.	លែត light សេនសិទិវ sensitive មេមប្រេស្ស membranes ស្រោមសាច់នៅ ក្រាប់ភ្នែកដែលឆ្លាប់រឹងនៅពេលប៉ះភ្លើង ឬប៉ះនឹងកម្រស្ស៊ីភ្លើចាំងលើ រាននៅខាងក្នុងខាងក្រោយគ្រប់ភ្នែក ឈ្មោះ (រេតណា retina) នាមសំព.
6622.	លែត light ស៊្យូរស្ស source ប្រភពភ្លើង នាមសំព.
6623.	លែត្ត lighted ម៉ែតនិវៃយិង magnifying អិនស្ត្រ៉ាមេន្ត instrument កែវឆ្លះ ដែលមានកែវពង្រីក ហើយនឹងមានភ្លើងនៅខាងចុងសម្រាប់ធ្វើការពិនិត្យមើលនៅខាងក្នុងរន្ធយោនី ទ្វាមាសដើម្បីនឹងពិនិត្យមើលស្បូន ហើយនឹងកស្បូនផ្ងាល់នឹងភ្នែក) កិរិយាសព.

6624.	លៃថេន lighten អ៊ាផ up មិនតិត សម្រាក មិនស្ងួរតិត មិនគីតច្រើន កិរិយាសព្ទ.
6625.	លៃតលី lightly ចេះតែចក់ សេរេថ្ត sedated ងុួយដេកបន្តិច ដឹងខ្លួនបន្តិច ហើយនឹងមិនដឹងខ្លួនបន្តិច កិរិយាវិសេសន៍.
6626.	លៃតនិង lightning ប្ល៊ីស៊ីស flashes ផ្លេកបន្ទោរផ្លេកៗ (ភ្លើងចាំងមកពីភ្លៀងផ្គរដែល មានរន្ទះ) កិរិយាសព្ទ.
6627.	លៃត like ដូចគ្នា អ៊ីរ or ឬចូលចិត្ត អាយតនិបាត.
6628.	លៃត like ដូចជា ធើ the អ៊ើរ air ខ្យល់ អាយតនិបាត.
6629.	លៃត like ដូចជា ធើ the អ៊ៀរ ear ត្រចៀក អាយតនិបាត.
6630.	លៃត like ដូចជា ធើ the ស្តូម៉ាគ្ ឬស្តូម៉ាយ stomach ក្រពះ អាយតនិបាត.
6631.	លៃត like ដូចជា ធើ the យិដន៊ី kidney កម្រងទឹកនោម ឬក្រលៀន អាយតនិបាត.
6632.	លៃត like ដូចជា អាធើ other ធិសស្យូស tissues សាច់ផ្សេងទៀត អាយតនិបាត.
6633.	លៃត like ដូច វេន្ស veins សរសៃឈាមខ្មៅជាច្រើន អាយតនិបាត.
6634.	លៃត like វ៉ាក្ស wax ដូចអាចម៍ត្រចៀក (ដូចរបស់អ្វីដែលស្និតៗអន្លាយៗ) អាយតនិបាត.
6635.	ឡិម្ប limb ដៃជើង អ៊ីរ or ឬ ត្រាំង trunk មែកសាខា (មនុស្សដៃជើង) (បើរើមលើវិញ្ញ គីវាមានមែកសាខា) នាមសព្ទ.
6636.	លិម្ប៊ិក limbic សិស្ទីម្ស systems ប្រព័ន្ធសាច់កងដូចជលព្រៀននេះគីផ្នែក១របស់ខួរក្បាល ដែលនៅជ្រៅតផ្ទាប់ទៅផ្នែកខួរក្បាលជាច្រើនផ្សេងៗទៀតនៅក្នុងខួរក្បាល នាមសព្ទ.
6637.	លិមិត្ត limited បានកំណត់ ឬដាក់ចំនួន អ៊ិន in នៅក្នុង សាស្ជ៊ី size មាង ទំហំ (មិនឱ្យធំហួសខ្នាត) កិរិយាសព្ទ.
6638.	លិមិធិង limiting ហាត់ ឬហាម មូស៊ីន motion កំជីក កំជីកមិនបានស្រួល កិរិយាសព្ទ.
6639.	លិមិធិង limiting កំណត់កិរិតចំនួន ស្ូរៀម sodium អំបិល (ស៊ីល្ត salt អំបិល) កិរិយាសព្ទ.
6640.	ឡ្យាញន line អ៊ោវ of សៃត sight ទៅតាមខ្សែបន្ទាត់ភ្នែកដែលមើលត្រង់ទៅមុខ នាមសព្ទ.
6641.	ឡ្យាញន line អ៊ោវ of វិស៊ីន vision ទៅតាមខ្សែបន្ទាត់ភ្នែកដែលមើលត្រង់ទៅមុខ នាមសព្ទ.
6642.	ឡ្យាញស lines ក្រាលនៅក្នុង ហ៊ុលល្វ hollow ប្រហោង អ៊ីរគិន្ស organs ក្រពេញ នាមសព្ទ.

6643.	លិងគួល lingual វ្រីនឹម frenum សាច់បតតផ្នែកដែលជួយទប់អណ្ដាត ឬក្រពេញបញ្ចេញបញ្ចេញទឹកមាត់នៅក្រោមអណ្ដាត នាមសំព.
6644.	លិងគួល lingual សើរិស្យ surface នៅផ្ទែខាងលើកន្លែងខាងមុខមួយ នាមសំព.
6645.	លិងគួល lingual អណ្ដាតមួយ - ថាំង tongue អណ្ដាតមួយ នាមសំព.
6646.	លិងគួល lingual ថនសិល tonsil សាច់ជាតិសំបោ មានដុំទឹកឡើមួយនៅតុលអណ្ដាត នាមសំព.
6647.	លិងគួអ linguo- អណ្ដាត អិរ or ឬ លិងគួអ lingu/o- ថាំង tongue អណ្ដាត - ស្រ្រីវិក្យ prefix បុព្វបទ ឬជាក្យសម្រាប់តពីខាងមុខ.
6648.	ឡ្យាញនឹង lining ស្រទាប់សាច់ស្ដើងៗដែលក្រាល អើរ of នៅក្នុង ឌើ the អាយ eye ភ្នែក (រេតណា retina) កិរិយាសព.
6649.	ឡ្យាញនឹង lining ស្រទាប់សាច់ស្ដើងៗដែលក្រាល អើរ of នៅក្នុង ឌើ the ហ្ពាត heart បេះដូង កិរិយាសព.
6650.	ឡ្យាញនឹង lining ធីសស្យ tissue ស្រទាប់សាច់ស្ដើងៗដែលក្រាល កិរិយាសព.
6651.	លិងកេជ linkage ចញ្ឌ joint ភ្ជិងសន្លាក់ផ្សេៗៗៗផ្ចាប់គ្នា នាមសំព.
6652.	លិផ lip បូឬមាត់ ដែន្ន and ហើយនឹង ថាំង tongue អណ្ដាត នាមសំព.
6653.	លិផេស lipase ទឹកប្រទេអីនដែលផលិតមកពីលំពែង រាជួយកិនំវលាយជាតិខ្លាញ់ឈ្មោះ - អីនស្យ្រាម enzyme វត្ថុជាតិម្យ៉ាង - ខែត that ដែលជួយ ឌាយជេស្ឌ digest កិនំវលាយ ជ៉ីត fat ជាតិខ្លាញ់ នាមសំព.
6654.	ល្លែផេស៊ីស lipases ជាតិប្រទេអ៉ីនដែលកិនំវលាយជាតិខ្លាញ់ - (ឌាយជេស្ឌស digests ត្រាយគ្លេសេរីវ៉ាយស្យ triglycerides ការកិនំវលាយជាតិខ្លាញ់) នាមសំព.
6655.	លិធិផ lipid ជាតិខ្លាញ់ៗ ឌីផ្ផសិត deposit កកជាប់ ឬទុកនៅ នាមសំព.
6656.	លិធិផ lipid ព្រួផលេត droplet តំណក់ខ្លាញ់ ទឹកខ្លាញ់ៗ នាមសំព.
6657.	លិធិផ lipid មេថៃបូលិស៊ីម metabolism ការកិនំវលាយជាតិខ្លាញ់ នាមសំព.
6658.	លិធិផ lipid ណូមួញ្ញៀ pneumonia រោគរលាកសួ ហើមនៅសាច់ថត្ងូចៗយ៉ឺៗៗនៅក្នុង សួតដោយសារមានជាតិខ្លាញ់កកខាប់ច្រើន នាមសំព.
6659.	លិធិផ lipid ថេស្ឌស tests ការពិសោធនំវាស់មើលជាតិខ្លាញ់ៗ អ៉ិន in នៅក្នុង ប្លើដ blood ឈាម នាមសំព.

6660.	លិពិឌូសិស lipidosis រោគមានជាតិខ្លាញ់ៗនៅក្នុងឈាម ជម្ងឺលៀក រោគលៀក (រោគកំនរជាតិ ខ្លាញ់មិនបានល្អ រោគនេះឆ្លងតាមពូជដោយសារមានការខ្វះទឹកប្រតេអ៊ីន អ៊ីនស្យ៉ាមឈ្មោះ អ៊ីនស្យ៉ាម enzyme គួតួសើរប្រសិនេវស glucocerebrosidase វាធ្វើឱ្យក្រពេញឈ្មោះ អណ្ណើករកធំ មានពណ៌លៀងនៅលើស្បែក រហែក របួសនៅភ្នែក ហើយធ្វើសញ្ញាឱ្យឃើងឃើញថា ទឹកអ៊ីនស្យ៉ាម ឬទឹកប្រតេអ៊ីននេះខ្វះ ធ្វើឱ្យវាកំនរវិលលាយជាតិខ្លាញ់មិនបានល្អ ហើយមានរោគទាក់ទៅ និងក្រពេញមួយក្រុមដូចជាថ្លើម លំពែង ខួរឆ្អឹង ហើយវាធ្វើឱ្យប៉ះពាល់ទៅដល់ប្រព័ន្ធសរសៃវិញ្ញាណ វាធ្វើការងាររបស់វាមិនបានល្អ ដូច្នេះហើយបានជាវាមានការរំខាន ឬចខាតដល់គ្រាប់ឈាមសធំ ឬគ្រាប់កោសិកាសធំៗដែលមានស្នួលតែមួយ វាក៏ជាគ្រាប់ឈាមសដែលស៊ីមេរោគ (រោគនេះឈ្មោះ គោធើ៉ស Gaucher's និស្ស៊ិស disease រោគលៀក វាខ្វះទឹកប្រតេអ៊ីន ឬអ៊ីនស្យ៉ាម ដែលជួយកិនវិលលាយជាតិខ្លាញ់) នាមសំពូ.
6661.	លិពិន lipin ជាតិខ្លាញ់រួមគ្នាច្រើនយ៉ាង (ក្រុមទឹកអាស៊ីតដែលលាយគ្នាច្រើនយ៉ាងឈ្មោះ ហ្វ៊ីសហ្វ៊រិក phosphoric ដែសិង acid) នាមសំពូ.
6662.	លិផូ lipo- ជាតិខ្លាញ់ អ៊រ or ឬ លិផូ lip/o ជាតិខ្លាញ់ វ៉ិត fat ខ្លាញ់, លិពិង lipid ជាតិខ្លាញ់ -ជ្រីវិក្ស prefix បុព្វបទ ឬពាក្យសម្រាប់តពីខាងបុO.
6663.	លិផូអត្រូហ្វ៊ីក lipoatrophic នៃ ឬទាក់ទងទៅនឹងរោគទាស់ ប្រឆាំង ឬរោគប្រតិកម្មជាមួយ និងថ្នាំឈ្មោះ អ៊ីនស្យូលិន insulin ដែលសម្ដែងឱ្យឃើងឃើញថាបាត់ជាតិខ្លាញ់នៅក្រោមស្បែក គុណនាម.
6664.	លិផូអាត្រូហ្វ៊ី lipoatrophy បាត់ជាតិខ្លាញ់នៅក្រោមស្បែក រោគទាស់ ប្រឆាំង ឬរោគប្រតិកម្មជាមួយនឹងថ្នាំ (មនុស្សមានការប្រតិកម្មជាមួយនឹងថ្នាំអ៊ីនស្យូលិនឈ្មោះ អ៊ីនស្យូលិន insulin ដែលសម្ដែងឱ្យឃើង យើញថាបាត់ជាតិខ្លាញ់នៅក្រោមស្បែក) លិផូអេត្រូហ្វ៊ី lipoatrophy រោគទាស់នេះមួយផង នាមសំពូ.
6665.	លិផូស lipos- ខ្លាញ់ (ពាក្យសម្រាប់តពីខាងមុខដែលមានអត្ថន័យថាខ្លាញ់) -ជ្រីវិក្ស prefix បុព្វបទ ឬពាក្យសម្រាប់តពីខាងមុខ.
6666.	លិស្សិន listen ស្ដាប់សំឡេងនៅក្នុង ធ្ to ម៉ាយ my ស្តូម៉ាច់ ឬស្តូម៉ាយ stomach ក្រពះរបស់ខ្ញុំ កិរិយាសពូ.
6667.	លិស្សីនិង listening ស្ដាប់សម្លេងបេះដូង វ៊ិធ with ជាមួយនឹង អេ a ស្តេទូស្កូ stethoscope ម៉ាស៊ីនស្ដាប់សម្លេងបេះដូង នាមសំពូ.

6668.	លិសថេសិស -listhesis អ៊ីលចេញពីកន្លែងដើម - ស្លីផធិង slipping អ៊ីល -សាវ៉ីក្ស suffix បច្ច័យ ឬពាក្យសម្រាប់ពីខាងក្រោយ.
6669.	លែត lite អណ្ណាតភ្លើងបន្តិច ឬក៏មានកម្លាំងតិចនៅក្នុងចំណីអាហារឈ្មោះ ខាឡើរីស calories កម្លាំងមកពីអាហារ នាមសព្ទ.
6670.	លិទៀសិស -lithiasis មានរោគកើតជាថ្មនៅក្នុងខ្លួន - ខូនឌិសិន condition មានរោគ អ៊ោវ of ស្តូនួ stones កើតជាថ្មនៅក្នុងខ្លួន -សាវ៉ីក្ស suffix បច្ច័យ ឬពាក្យសម្រាប់ត ពីខាងក្រោយ.
6671.	លិទ្ហ litho- ថ្ម អ៊ិរ or ឬ លិទ្ហ lith/o ថ្ម - ខាលខ្យូលើស calculus ថ្ម ស្តួន stone ថ្ម -ផ្រីវ៉ីក្ស prefix បុព្វបទ ឬពាក្យសម្រាប់តពីខាងមុខ.
6672.	លិទ្ហស lithos- ថ្ម - ខាលខ្យូលើស calculus ថ្ម ស្តូន stone ថ្ម -ផ្រីវ៉ីក្ស prefix បុព្វបទ ឬពាក្យសម្រាប់តពីខាងមុខ.
6673.	លិទ្ហធ្មមី lithotomy ផ្លសិសិន position រៀបរេកដើម្បីនឹងពិនិត្យវះកាត់យកថ្មចេញ ពីបំពង់ក្រពេញឈាមួយ នាមសព្ទ.
6674.	លិល little បេល្លី belly ក្នុនថង់ពោះតូចមួយ នាមសព្ទ.
6675.	លិល little ប៊ូន bone ឆ្អឹងតូច នាមសព្ទ.
6676.	លិល little វិងគើ finger ក្នុនម្រាមដៃ ក្នុនដៃ នាមសព្ទ.
6677.	លិល little ស៊ូរត short ខ្លីបន្តិច ទាបបន្តិច នាមសព្ទ.
6678.	លិល little ស្តល្ល stalk បង្កូលតូចមួយ នាមសព្ទ.
6679.	លិល little ធូ toe ក្នុនម្រាមជើងមួយក្នុនជើង (ធូស toes ក្នុនម្រាមជើងពីរ) គុណនាម.
6680.	លៃវ live ជីវិត បើស៊ី្ត births កើតមករស់ នាមសព្ទ.
6681.	លិវ live រស់ អ៊ិន on នៅស៊ុ ធើ the ប្លើដ blood ឈាម អ៊ោវ of របស់ អាធើ other ផ្សេនិមុល្ល animals សត្វទៃផ្សេងទៀត នាមសព្ទ.
6682.	លៃវលី lively អ៊ិនធើរេស្ត interest មានអារម្មណ៍ពេញចិត្តវិវរាយជាមួយនឹងជីវិតដែលរស់នៅ នាមសព្ទ.
6683.	លិវ៉ liver អាធើរ artery សរសៃឈាមក្រហមនៅថ្លើម នាមសព្ទ.

6684.	លីវ៉ឺ liver បែអុបស៊ី biopsy ចាក់ម្ជុលចូលទៅក្នុងថ្លើមដើម្បីនឹងកាត់យកសាច់ពីថ្លើមបន្តិច ទៅពិនិត្យមើលរោគ នាមសំពុ.
6685.	លីវ៉ឺ liver សេល្ស cells សាច់ក្រាប់លមារបស់ថ្លើម (ថ្លើមផលិតជាតិស្ករមកពីជាតិខ្លាញ់ ហើយនឹងជាតិប្រូតេអ៊ីននៅពេលជាតិស្ករនៅក្នុងទឹកឈាមចុះទាប) នាមសំពុ.
6686.	លីវ៉ឺ liver ឌិស៊ីស៊ីស diseases រោគថ្លើម នាមសំពុ.
6687.	លីវ៉ឺ liver ថ្លើម ឌីសវ៉ង់ស៊ីន dysfunction ការធ្វើការងាររបស់វាមិនបានល្អដូច ធម្មតា១វង (ឬខូចថ្លើមមួយវង) នាមសំពុ.
6688.	លីវ៉ឺ liver វ៉ង់ស៊ីន function ថេស្តស tests ការពិសោធន៍មើលកម្លាំងធ្វើការងារ របស់ថ្លើម នាមសំពុ.
6689.	លីវ៉ឺ liver ស្កេន scan ការថតឆ្លុះមើលថ្លើម (ថ្អូនកាលពេទ្យគេចាក់ថ្នាំឈ្មោះខួនត្រេសចូល ទៅតាមសរសៃឈាម ឬសាច់លមានៅក្នុងថ្លើមផងនៅពេលថ្នាំនេះជ្រាប ហើយពេទ្យគេនឹងចាប់ថ្លើម ថតឆ្លុះដើម្បីនឹងពិនិត្យមើលរោគនៅក្នុងថ្លើម) នាមសំពុ.
6690.	លីវ៉ិង living ម៉ាស៊ីន machine ម៉ាស៊ីននៅក្នុងសត្វមានជីវិតគ្រប់ៗ (ឧទាហរណ៍ដូចជា បេះដូង វាជាម៉ាស៊ីនសាច់ច្របាច់ឈាម) នាមសំពុ.
6691.	លីវ៉ិង living សត្វដែលមានជីវិត អ័រកនិស៊ីម្ស organisms សត្វគ្រប់ៗ នាមសំពុ.
6692.	លីវ៉ិង living សត្វដែលមានជីវិត ធីង្ស things ផ្សេងៗ នាមសំពុ.
6693.	លីវ៉ិង living ធិសស្យូ tissue សាច់ក្រាប់ឈាម ឬជាលិកាដែលមានជីវិតរស់ នាមសំពុ.
6694.	លីវ៉ិង living រស់នៅ ធូគេធើ together ជាមួយគ្នា នាមសំពុ.
6695.	លីវ៉ិង Living វ៉ិល្ល Will ទ្រព្យសម្បត្តិទុកចែកឱ្យកូនចៅ ចែកឱ្យៗគ្នា រៀបចំចាត់ចែងទ្រព្យ សម្បត្តិទុកឱ្យកូនចៅនៅពេលអ្នកមានជីវិតរស់ (នៅពេលដែលអ្នកមិនទាន់ស្លាប់) នាមសំពុ.
6696.	លីវ៉ិង Living វ៉ិល្ល Will អ៊ីស is នេះគឺជា អេ a ហេលសិខេ្រ Healthcare ឌិរេកធ័រ Directive អ្នកទទួលខុសត្រូវ (ឈរជាតំណាងឱ្យអ្នកជម្ងឺ) ថែទាំរក្សាសុខភាពឱ្យអ្នក ជម្ងឺ១នាក់នេះ (ពីព្រោះអ្នកជម្ងឺ១នាក់នេះគាត់បានចុះហត្ថលេខាទុកនៅក្នុងបញ្ជីរួចហើយតាំងតែ ពីគាត់មិនទាន់ឈឺខ្លាំង) អ្នកជម្ងឺ១នាក់នេះ ឬគាត់បានបង្ខាប់ ឬគាត់បានបញ្ជាឱ្យគេ អ្នកដែលថែ ទាំរក្សារគាត់សម្រេចចិត្តព្យលបាលរោគឱ្យគាត់ទៅតាម ការអ្វីដែលគាត់បានបង្ខាប់ទុកកាលពីគាត់ (អ្នកជម្ងឺ១នាក់នេះ) នៅនិយាយបានគេនឹងធ្វើតាមគាត់ នាមសំពុ.

6697.	អិលៗឃ្យូ LLQ អក្សរកាត់របស់ពាក្យ ខាងឆ្វេង ខាងក្រោម ផ្នែកមួយភាគបួននៅពោះ (លេវ្វ left ខាងឆ្វេង ល្វ្ជី lower ខាងក្រោម យ្យូ្រេន្ត quadrant ផ្នែកមួយភាគបួននៅពោះ -អ៊ែវ of នៅក្នុង ឌើ the អែបដមេន ឬអែបដូរមេន abdomen ពោះ) នាមសំព.
6698.	អិលអិមផី LMP អក្សរកាត់របស់ពាក្យ ថ្ងៃមានរដូវចុងក្រោយបង់អស់ (ឡែស្វ last មេនស្ត្រ្ចល menstrual ផេ្យរៀដ period ថ្ងៃមានរដូវចុងក្រោយបង់អស់) នាមសំព.
6699.	អិលផី LP អក្សរកាត់របស់ពាក្យ ការចាក់ឬបូមយកទឹកចេញពីឆ្អឹងខ្នងនៅចង្កេះ (ឡ្លាម្បើ lumbar ផង់លើ puncture ចាក់បូមយកទឹកចេញពីឆ្អឹងខ្នងនៅចង្កេះ) នាមសំព.
6700.	ល្បូបើ lobar ណ្មូម្ញៀ pneumonia ជាតរលាកនៅក្នុងស្ងួតមួយក្លែប នាមសំព.
6701.	ល្បូប lobe អ៊ែវ of ឌើ the អ៊ៀរ ear ទងត្រច្បៀក នាមសំព.
6702.	ល្បូប៊ូ Lobo- អ៊រ or ឬ ល្បូបូ Lob/o ក្លែប ទង រាងមូលវែង -ល្បូប lobe ក្លែប ទង សេកសិ៊ន section ផ្នែកៗ -ព្រីវិក្ស prefix បុព្វបទ ឬពាក្យសម្រាប់តបព្ជាលផ្តាពីខាងមុខ.
6703.	ល្កុល local អែនេស្ទីស៊ា anesthesia ថ្នាំស្ពឹកដែលចាក់ឱ្យដេកលក់បន្តិចបន្តួច ឬថ្នាំស្ពឹកនៅជិតជ៊ុវិញកន្លែងដែលវះកាត់ (ថ្នាំចាក់ឱ្យស្ពឹកនៅជិតកន្លែងដែលគេត្រូវធ្វើការវះកាត់ ឬជួយឱ្យឈឺ្លនៅជិតមុខរបួស) គុណនាម.
6704.	ល្បូខេត្ត located បានរកឃើញ អែនឌេ្យរៀអ៊ី anterior នៅខាងមុខ កិរិយាសំព.
6705.	ល្បូខេត្ត located កន្លែង អ៊ន in នៅ ល្បូវ៊ី lower ខាងក្រោម កិរិយាសំព.
6706.	ល្បូខេត្ត located កន្លែង អ៊ន in នៅក្នុង នេក្ក neck ក កិរិយាសំព.
6707.	ល្បូខេត្ត located កន្លែង អ៊ន in នៅខាង អ៊ាផជើ upper លើ កិរិយាសំព.
6708.	ល្បូខេត្ត located កន្លែង អ៊ន in នៅក្នុង ឌើ the នេក្ក neck ក កិរិយាសំព.
6709.	ល្បូខេត្ត located កន្លែង ចាស្វ just នៅតែ អ៊ន in ក្នុង ឌើ the នេក្ក neck ក កិរិយាសំព.
6710.	ល្បូខេសិ៊ន location ទីកន្លែង អ៊ន in នៅក្នុង នាមសំព.
6711.	ល្បូខេស៊ិន location នៅទីកន្លែង អ៊ែវ of នៃ ដែល របស់ នាមសំព.
6712.	ឡ្គក log ចុះឈ្មោះ អ៊នធូ into ចូល ជ្ជក work ធ្វើការ ឬចូលនៅក្នុងអ្វីមួយ កិរិយាសំព.
6713.	ឡ្គក log អ៊ែវ of វ៊ដ wood ដុំឈើក្រាស់១ដុំ នាមសំព.
6714.	ឡ្គក -Log និយាយ ការគិត -ស៊ាវិក្ស suffix បច្ច័យ ឬពាក្យសម្រាប់តពីខាងក្រោយ.

6715.	ល្គូត្ត Logo- ការសិក្សារៀនសូត្រ អំរ or ឬ ល្គូត្ត Log/o ការសិក្សារៀនសូត្រ - ស្ថានី study អំរ of ការសិក្ស ឬរៀនសូត្រអំពី -ត្រីវិក្ស prefix បុព្វបទ ឬពាក្យសម្រាប់តពីខាងមុខ.
6716.	ល្គូត -Logue និយាយ ការតិត -សា៊រិវិក្ស suffix បច្ច័យ ឬពាក្យសម្រាប់តពីខាងក្រោយ.
6717.	ល្គូជី -logy ការសិក្សាអំពី ស្ថានី study អំរ of ការសិក្ស ឬរៀនសូត្រអំពី - សា៊រិវិក្ស suffix បច្ច័យ ឬពាក្យសម្រាប់តពីខាងក្រោយ.
6718.	ឡ្ញញន loin ផ្នែកនៅចង្កេះ សាច់ចំឡូក (ឬស្ទ waist ចង្កេះ) នាមសំពុ.
6719.	ឡ្ញញន loin ផ្នែកឆ្អឹងនៅចង្កេះ ឬឆ្អឹងចំឡូក ឆ្អឹងខ្នងនៅចង្កេះ អិល L ទី១ ទៅដល់ អិល Lទី៥ (ឬស្ទ waist ចង្កេះ) នាមសំពុ.
6720.	ឡ្ញង long ឬឆ្អឹ bones ឆ្អឹងវែងជាច្រើន នាមសំពុ.
6721.	ឡ្ញង long វែង អីនៅវ enough ល្មម (រយៈពេលយូរល្មម ល្មមគ្រប់គ្រាន់ ឬវែងគ្រប់គ្រាន់) គុណនាម.
6722.	ឡ្ញង long ជីង fang ចង្កូមវែងមួយ /ឡ្ញង long ជីឡ្យ fangs ចង្កូមវែងច្រើនជាងមួយ នាមសំពុ.
6723.	ឡ្ញង long មេនស្ទ្រីល menstrual ផ្សេ៊រៀឡ្យ periods មានរដូវហូរយូរថ្ងៃ ឬមានខែថ្ងៃធ្លាក់យូរថ្ងៃច្រើនឡង នាមសំពុ.
6724.	ឡ្ញង long ស្ទីត seat កៅអីវែងនៅកៀនផ្លូវដែលអង្គុយបានពីរ ឬបីនាក់ នាមសំពុ.
6725.	ឡ្ញង long ស្ទ៊ីងវែង ថៃធើ៊រង tapering មានរាងរៀវត្តូចទៅៗនៅខាងចុង រៀវត្តូចទៅៗនៅ ខាងចុង នាមសំពុ.
6726.	ឡ្ញង long ទិន thin សេល្លស cells គ្រាប់ឈាមស្ទីងវែងជាច្រើន នាមសំពុ.
6727.	ឡ្ញង long ស្រ្ធីដលៃត threadlike ធូប្យ tubes បំពង់ដូចអំបោះវែង នាមសំពុ.
6728.	ឡ្ញង long វ៉រួល vowel ស្រៈដែលមានសម្លេងវែង នាមសំពុ.
6729.	ឡ្ញង-បឌីដ long-bodied មានខ្លួនវែង នាមសំពុ.
6730.	ឡ្ញងគើ longer ផ្សេ៊រៀឡ្យ periods រយៈពេលយូរថ្ងៃ គុណនាម.
6731.	ឡ្ញង-សាវរើរិង long-suffering មានការឈឺចាប់យូរថ្ងៃ (អត់ធន់នឹងរោគអ្វីមួយជាយូរឆ្នាំ) នាមសំពុ.

6732.	ឡុង-ធើម long-term រយៈពេលវែង រយៈពេលយូរ យូរ យូរអង្វែងតទៅ រយៈពេលយូរថ្ងៃ (ឬរយៈពេលយូរឆ្នាំ) រយៈពេលវែង នាមស័ព្ទ.
6733.	ឡុង-ធើម long-term ទ្រីតមេន្ទ ឬទ្រីតមេន្ទ treatment រយៈពេលយូរថ្ងៃដើម្បីនឹងព្យាបាលរោគ នាមស័ព្ទ.
6734.	ឡុងគើស longus វែងជាងគេ អ៊ើវ of នៅក្នុង អេ a គ្រុប្ស group ក្រុម១នេះ គុណនាម.
6735.	លូគ look ប្លើរដ blurred មើលឃើញមិនច្បាស់ (ឧទាហរណ៍ដូចជាភ្នែករបស់មនុស្សចាស់វាមានការប្រែប្រួល ឬមានការផ្លាស់ប្តូរនៅភ្នែកធ្វើឱ្យយើងមើលមិនសូវច្បាស់បន្តិចម្តងៗ) កិរិយាសព្ទ.
6736.	លូគ look អៅត out រកមើល ហ្វ័រ for ភីស៊ីស pieces ដុំសាច់ អ៊ើវ of របស់ហ្យូមែន human ស្គិន skin ស្បែកមនុស្ស នាមស័ព្ទ.
6737.	លូស loose ខូននេកធីវ connective ធិសស្យូ tissue សាច់ស្រោមប្រហោងៗនៅជាយ ត័ផាប់រវាងស្រោមបេះដូងមួយជាន់ទៅនឹងស្រោមបេះដូងមួយជាន់ទៀត គុណនាម.
6738.	លូសលី loosely អែតថែក្ត attached បានជាប់តិចៗធូៗ កិរិយាវិសេសន៍.
6739.	លូសីនិង loosening ស្រាយចំណង អ៊ើវ of របស់ (ការស្រាយខ្សែរសាយខ្សែចំណងចេញពីគ្នា ឬដែលរបូតចេញ) កិរិយាសព្ទ.
6740.	លួរដូ lordo- អ័រ or ឬ លួរដូ lord/o កោងខ្នង - ស្វេបែក្ក swayback កោងខ្នងទៅខាងក្រោយ -ព្រីហ្វិក្ស prefix បុព្វបទ ឬពាក្យសម្រាប់តបញ្ចូលគ្នាពីខាងមុខ.
6741.	លូស lose បាត់ ប្លើដ blood ឈាម ហ្វ្រម from ពី ឌើ the បឌី body ដងខ្លួន (បាត់ឈាមពីក្នុងខ្លួន ឬឈាមចុះ) នាមស័ព្ទ.
6742.	លូស lose ជ្រុស ហៀរ hair សក់ កិរិយាសព្ទ.
6743.	លូស lose ហ្កាត heart ស្រងាកចិត្ត ស្មាក់ស្មើចិត្ត កិរិយាសព្ទ.
6744.	លូស lose បាត់ ធូរ too ម៉ាឆ much ផូថែសសៀម potassium វត្ថុធាតុប្រូតេអ៊ីនឈ្មោះផូថែសសៀមច្រើន (វាលាយបង្កើតជាតិភ្លើងអគ្គីសនីមិនរត់នៅក្នុងខ្លួនយើង) កិរិយាសព្ទ.
6745.	ឡស្ស loss អ៊ើវ of អែផផេថែត appetite ញាំបាយមិនបាន នាមស័ព្ទ.
6746.	ឡស្ស loss វិល អ៊ើវ of បូន bone មែស្ស mass សាច់ដុំឆ្អឹង ឬសឹកឆ្អឹង (សាច់ឆ្អឹងរិលឬឆ្អឹងសឹកស្តើង) នាមស័ព្ទ.

6747.	ឬស្ស loss វិល ឆើវ of ខាទិលេជ cartilage សាត់របស់ឆ្អឹងខ្ចី (ឆ្អឹងខ្ចីល) នាមសំព-
6748.	ឬស្ស loss ឆើវ of ខួនត្រូល control បញ្ជាមិនបាន ទប់មិនបាន នាមសំព=-
6749.	ឬស្ស loss បាត់បង់ ឆើវ of អីឡៃស្ទីសិទី elasticity ការយឺត ប្ញូញ (ឈប់យឺត) នាមសំព-=
6750.	ឬស្ស loss អស់ ឆើវ of អីនធើជី energy កម្លាំង ឬថ្ចានកម្លាំង នាមសំព-=
6751.	ឬស្ស loss ឆើវ of វិ៉ត់ស៉ិន្ស functions សរីរាង្គណាមួយដែលមានវាគខ្សោយកម្លាំង ឬធ្វើការងាររបស់វាមិនបានល្អដូចកាលពីដើម នាមសំព-=
6752.	ឬស្ស loss ការបាត់បង់ ឆើវ of មេម្មរី memory វិញ្ញាណខាងចាំ (ចាំមិនសូវបាន ឬភ្លេចច្រើន) នាមសំព-=
6753.	ឬស្ស loss បាត់បង់ ឬថ្ចាន ឆើវ of ផ្លេស៉ើ pleasure អារម្មណ៍និងធ្វើ អិន in យូស៉្វល usual ឆែកធីវិធីស activities សកម្មភាព ឬធ្វើកម្មវិធីធម្មតាប្រចាំថ្ងៃមិនដូចមុនទៀត (ឬមិនចូលចិត្តធ្វើកិច្ចការធម្មតាប្រចាំថ្ងៃ) នាមសំព-=
6754.	ឬស្ស loss ការបាត់បង់ ឆើវ of ស្កេលេតុល skeletal ម៉ាសសិល muscle មេស្ស mass សាត់ដុំវ៉ាងធំដែលតផ្ទាប់សាត់ទៅនឹងឆ្អឹង ឬមានវាគរិលសាត់ដុំនេះបន្តិចម្ដងៗ (ឧទាហរណ៍ដូចជាវាគចាស់) នាមសំព-=
6755.	ឬស្ស loss ឆើវ of យ៉្ងន urine វាគនោម ឡឺរិង during នៅពេល ខោះវិង coughing ក្ហក (វាគនោមនៅពេលក្ហក) នាមសំព-=
6756.	ឬស្ស loss ឆើវ of យ៉្ងន urine វាគនោម ឡឺរិង during នៅពេយ ឆែប៉ាង laughing សើច (វាគនោមនៅពេលសើច) នាមសំព-=
6757.	ឬស្ស loss ឆើវ of យ៉្ងន urine វាគនោម ឡឺរិង during នៅពេល ស៉ីស៉្ញ៉ិង sneezing កណ្ដាស់ (វាគនោមនៅពេលកណ្ដាស់) នាមសំព-=
6758.	ឬស្ស loss ឆើវ of វ៉យស្ស voice និយាយមិនចេញសម្លេង នាមសំព-=
6759.	ឬស្ស lost ហាត heart ស្រវាកចិត្ត ស្ងាក់ស្ទើនៅក្នុងចិត្តួចហើយ គុណនាម=
6760.	លូ Lou ជ៉រិក Gehrig ឌិស្ស៉ីស disease សាត់ដុំដែលទន់ខ្សោយទៅៗ ធ្វើឲ្យដេរមិនរួច វាគនៅសាត់ដុំដែលគ្មានការរីកធម្មើនល្អតលាស់ធ្ម៉ើងនៅក្នុងសាត់ដុំ នាមសំព-=
6761.	ឡ៉ាដ loud ក្រាយ cry យ៉ពុខ្លាំង យ៉ឆ្រេកយ៉ាងខ្លាំង គុណនាម=

6762.	ឮខ្លាំង loud វ័យស្យ voice ស្រែកជំទាលយ៉ាងខ្លាំង សម្លេងខ្លាំង គុណនាម.
6763.	ឮវ love រឿន័ស ones បងប្អូន បងប្អូនស្រឡាញ់ពេញចិត្តណាមួយ កិរិយាសព្ទ.
6764.	ឡូ low ប្លើដ blood ប្រេសសេី pressure កម្លាំងឈាមទាបជាងធម្មតា នាមសំព្ទ.
6765.	ឡូ low ប្លើដ blood ស្ហ្គេី sugar ជាតិស្ករនៅក្នុងឈាមទាបជាងធម្មតា នាមសំព្ទ.
6766.	ឡូ low ប៊ីត fat លេវុល្ស levels ចំនួនជាតិខ្លាញ់ទាប ឬតិចជាងធម្មតា នាមសំព្ទ.
6767.	ឡូ low ឡែន្ត land ដីទាប (ដីសម្រាប់ធ្វើស្រែ) នាមសំព្ទ.
6768.	ឡូ low អិក្ស៊ីជិន oxygen លេវុល្ស levels ចំនួនខ្យល់អុកស៊ីហ្សែនទាប នាមសំព្ទ.
6769.	ឡូ low ផ្លេតលេត platelet គ្រាប់ឈាមធូចៗដែលជួយឱ្យឈាមកកទាប នាមសំព្ទ.
6770.	ឡូ low ប៊ីត fat លេវុល្ស levels មានចំនួនជាតិខ្លាញ់ទាប ឬតិចជាងធម្មតា នាមសំព្ទ.
6771.	ឡូ low ផ្ថថែសស៊ៀម potassium ជាតិផ្ថថែសស៊ៀមទាបជាងភាពធម្មតា (ជាតិប្រូតេអ៊ីន) នាមសំព្ទ.
6772.	ឡូ low រេដ red ប្លើដ blood ខោន្ត count គ្រាប់ឈាមក្រហមតិចជាងភាពធម្មតា (មើល អែនីម៉ៀ anemia ខ្វះគ្រាប់ឈាមក្រហម) នាមសំព្ទ.
6773.	ឡូវ low រិស្ក risk មិនសូវមានគ្រោះថ្នាក់ ឬមានគ្រោះថ្នាក់តិចួច នាមសំព្ទ.
6774.	ឡូវ-ដេនស៊ីទី low-density រវ មិនក្រាស់ លំអងទឹកទាម នាមសំព្ទ.
6775.	ឡូថ្ថឺ lower នៅខាងក្រោម អែបដូមិនុល abdominal ពោះ គុណនាម.
6776.	ឡូថ្ថឺ lower អែបដូមិនុល abdominal ផេន pain ឈឺនៅខាងក្រោមពោះ គុណនាម.
6777.	ឡូថ្ថឺ lower អេរ៉ៀ area កន្លែងនៅខាងក្រោម អេវ of ធី the ហ្ពាត heart បេះដូង គុណនាម.
6778.	ឡូថ្ថឺ lower អេរ៉ៀ area កន្លែងនៅខាងក្រោម អេវ of ធី the ឡាំង្ស lungs សួតទាំងពីរ គុណនាម.
6779.	ឡូថ្ថឺ lower ខាងក្រោម ប៊ែក្ក back ខ្នង គុណនាម.
6780.	ឡូថ្ថឺ lower ខាងក្រោម ប៊ែក្កបូន backbone ឆ្អឹងខ្នង គុណនាម.
6781.	ឡូថ្ថឺ lower ប៊ែក្ក back ផេន pain ឈឺខ្នងខាងក្រោម គុណនាម.
6782.	ឡូថ្ថឺ lower ឃូលេស្ស៊ើរុល cholesterol ធ្វើឱ្យជាតិខ្លាញ់ចុះទាប គុណនាម.

6783.	ល្វឿ lower អ៊ីស្វហ្វៀរៀល esophageal បំពង់កខាងក្រោម (បំពង់កនៅលើក្រពះ) គុណនាម.
6784.	ល្វឿ lower អ៊ីស្វហ្វៀរៀល esophageal ស្ពីងទ័រ sphincter កកនៅក្រពះ (សាច់បំពង់កងមានសាច់វ្រញ្ញាៗយឺតៗបិតបើក ចុះឡើងនៅក្រពះ វាបើកឲ្យចំណីអាហារចូលទៅក្នុង ក្រពះ ហើយវាបិតមិនឲ្យទឹកអាស៊ីតនៅក្រពះនើឡើងមកលើវិញ ជាតិជូរនេះវាជួយរំលាយអាហារ (អិលអីមែស LES អក្សរកាត់) គុណនាម.
6785.	ល្វឿ lower អ៊ីសិហ្វាគើស esophagus បំពង់កខាងក្រោម (បំពង់កនៅខាងលើក្រពះ) គុណនាម.
6786.	ល្វឿ lower អាយលិដ eyelid ត្របកភ្នែកខាងក្រោម គុណនាម.
6787.	ល្វឿ lower អ៊ីក្យទ្រីមិទិស extremities នៅចុងជើងខាងក្រោម គុណនាម.
6788.	ល្វឿ lower ហ្វិត fat ធ្វើឲ្យជាតិខ្លាញ់ទាប គុណនាម.
6789.	ល្វឿ lower ហ្វិត fat លេវុល្យ levels មានចំនួនជាតិខ្លាញ់ទាប គុណនាម.
6790.	ល្វឿ lower ជីអាយ GI សេរីស series របៀបថតឆ្លុះមើលប្រព័ន្ធរំលាយចំណីអាហារខាង ក្រោមរបៀបចាក់ទឹកថ្នាំខ្លួនព្រែសចូលទៅតាមរន្ធគូទអាចន៍ ដើម្បីឲ្យមើលឃើញនៅពេលថតឆ្លុះមើពោះ វៀនធំ ហើយនិងទ្វារធំ គុណនាម. (រន្ធគូថ ឬគូទអាចន៍)
6791.	ល្វឿ lower ក្រេង grade វីវ័រ fever គ្រុនក្តៅដែលមានកំរិតទាប គុណនាម.
6792.	ល្វឿ lower ច jaw ថ្គាមខាងក្រោម (ឆ្អឹងថ្គាមខាងក្រោម) គុណនាម.
6793.	ល្វឿ lower ច jaw ប៊ន bone ឆ្អឹងថ្គាមខាងក្រោម គុណនាម.
6794.	ល្វឿ lower លេគ leg ជើងខាងក្រោមម្ខាង គុណនាម.
6795.	ល្វឿ lower លេគ្ស legs ជើងខាងក្រោមទាំងពីរ គុណនាម.
6796.	ល្វឿ lower លេវុល level កម្រិតទាប ឬនៅជាន់ខាងក្រោម គុណនាម.
6797.	ល្វឿ lower លិម្ប limb ជើងខាងក្រោមម្ខាង/ លិម្ប្រស limbs ជើងខាងក្រោមទាំងពីរ គុណនាម.
6798.	ល្វឿ lower មេទិខុល medical ខូស្ស costs ធ្វើឲ្យតម្លៃពេទ្យចុះទាប គុណនាម.
6799.	ល្វឿ lower ផ្នែកខាងក្រោម មិឌឌល middle កណ្តាល គុណនាម.
6800.	ល្វឿ lower មិឌឌល middle រីជិន្ស regions តំបន់ពីរនៅខាងក្រោមកណ្តាល

	គុណនាម.
6801.	ល្ជូរ៊ី **lower** ខាងក្រោម ឃ្ជុរ៊ីនុ **quadrant** ១ភាគ៤ (អក្សរកាត់របស់ពាក្យ អិលៗឃ្យ **LLQ** ខាងឆ្វេង ខាងក្រោម ១ភាគ៤) វ៉ាមានផ្ទែក ភាគពោះរៀនតូច ហើយនឹងពោះរៀនធំខាងឆ្វេង ពងនៅចុងដៃស្បូន ហើយនឹងដៃស្បូនខាងឆ្វេង បំពង់បង្ហូរទឹកនោមមកពីក្រមងទឹកនោមទៅញ្ចេកទឹក នោមខាងឆ្វេងខាងក្រោម គុណនាម.
6802.	ល្ជូរ៊ី **lower** នៅខាងក្រោម អកពីម៍ **rectum** ចុងពោះរៀនធំមួយកត់ដែលនៅក្បួនអាចម៍ អិរ **or** ឬ អេនេីស **anus** ទ្វារធំ គុណនាម.
6803.	ល្ជូរ៊ី **lower** ធ្ញីស៍ **teeth** ធ្មេញខាងក្រោម គុណនាម.
6804.	ល្ជូរ៊ី **lower** ថេមធើរឡេី **temperature** កំដៅទាប គុណនាម.
6805.	ល្ជ្រី **lower** ត្រាយផ្លេសេីរីឌ្យ ឬត្រាយផ្លីសេីរីឌ្យ **triglycerides** ធ្វើឱ្យជាតិខ្លាញ់ទាប គុណនាម.
6806.	ល្ជ្រើឌ **lowered** លេវុល្យ **levels** កំរិតទាប កិរិយាសព្ទ.
6807.	ល្ជ្រើរិឌ **lowering** ហ្វីវេ **fever** ធ្វើឱ្យកំដៅចុះទាប (ព្យាបាលរោគត្រូនក្ដៅ) កិរិយាសព្ទ.
6808.	ឡ្យយល **loyal** ហ្រ៊ែន្ឌស៍ **friends** មិត្តដែលមានចិត្តគោរពដោយស្មោះត្រង់ នាមសព្ទ.
6809.	ល្ជ្របិខេត្យ **lubricates** លាបប្រេង ធើ **the** វ៉ាចាយណា **vagina** នៅវគ្គយោនី ឬទ្វារមាសឱ្យរអិល (លាបប្រេងរាដើម្បីឱ្យវ៉ាសេីម ឬលាបប្រេងឱ្យវ៉ារអិល) កិរិយាសព្ទ.
6810.	ល្ជ្របិខេតសីន **lubrication** សែក **sac** ថង់ដាក់ប្រេងលាបរបស់អ្វីមួយឱ្យវ៉ារអិល នាមសព្ទ.
6811.	ល្ជូសេន្ត **-lucent** ភ្លីចាំង ចាំង ពន្លឺភ្លីចាំង - ធូ **to** ពីម្បីនឹង ស្ដាញ **shine** ចាំង ឬភ្លី (សាថ៍ដែលភ្លីចាំងៗ) - សារវិក្ស **suffix** បច្ច័យ ឬពាក្យសម្រាប់តពីខាងក្រោយ.
6812.	ឡ្ញាម់បើ **lumbar** ខើវ៉ាឆេី **curvature** ភ្លីឆ្ងងរៀងកោង ឥឥ ឬខ្លួចូលក្នុងនៅភ្លីឆ្ងង ត្រង់ចង្កេះ វ៉ាកោងខ្លាំងពេកខុសពីភាពធម្មតារបស់វ៉ា នាមសព្ទ.
6813.	ឡ្ញាម់បើ **lumbar** យើវ **curve** ផ្ញូរភ្លីឆ្ងងកោងនៅចង្កេះ (ឡ្ញាម់បើ **lumbar** វីឃេប្រី **vertebrae** ផ្ញូរភ្លីឆ្ងងនៅចង្កេះ គេហៅឈ្មោះវ៉ាថា អិលរៀន់ **L1** ផ្ញូរភ្លីឆ្ងងទី១ - ធូ **to** ទៅរល់ អិលរ៉ាយ **L5** ផ្ញូរភ្លីឆ្ងងទី៥នៅចង្កេះ) នាមសព្ទ.
6814.	ឡ្ញាម់បើ **lumbar** នើវស៍ **nerves** សរសៃវិញ្ញាណនៅចង្កេះ នាមសព្ទ.
6815.	ឡ្ញាម់បើ **lumbar** ផ្លេក្សើស **plexus** ឬសសរសៃវិញ្ញាណនៅចង្កេះនឹងត្រគាក (វ៉ាតទៅ

	ក្រឡៀនឆ្អឹងជើងនៅជើងខាងលើ (វាទៅជិតក្រឡៀន) វារត់ទៅក្រពេញបង្កើតក្លួន (ស្យូន) នាមសព្ទ.
6816.	ឡ្វាម់បើ lumbar ផង់ឡើ puncture ចាក់ម្ជុល្បួយកទិកចេញពីជួរឆ្អឹងខ្នងនៅត្រង់ចង្កេះ ១ជង់ដើម្បីវាយកទៅពិនិត្យមើលរោគ នាមសព្ទ.
6817.	ឡ្វាម់បើ lumbar ផង់ឡើស punctures ចាក់ម្ជុលចូលទៅក្នុងជួរឆ្អឹងខ្នង២ជង់នៅជិត ចង្កេះ (អិលធី LP) ឬគេហៅឈ្មោះវាថា ស្ពាញនុស spinal ផង់ឡើ puncture ចាក់ម្ជុល្បួយកទិកចេញពីខ្លួឆ្អឹងខ្នងដើម្បីវាយកទៅពិនិត្យមើលរោគ នាមសព្ទ.
6818.	ឡ្វាម់បើ lumbar វិកិត region តំបន់នៅជួរឆ្អឹងខ្នងនៅពិតចង្កេះអ្ជួយកផ្នែក ឡ្វាម់បើ lumbar វិពិស្យ regions តំបន់នៅជួរឆ្អឹងខ្នងនៅជិតចង្កេះច្រើនកផ្នែក នាមសព្ទ.
6819.	ឡ្វាម់បើ lumbar ស្ពាញនុល spinal ខៃណាល់ canal ប្រហោងនៅក្នុងជួរឆ្អឹងខ្នង នៅចង្កេះ នាមសព្ទ.
6820.	ឡ្វាម់បើ lumbar ស្ពាញន spine ជួរឆ្អឹងខ្នង១កង់នៅចង្កេះ នាមសព្ទ.
6821.	ឡ្វាម់បើ lumbar ជីវេប្រី vertebrae ឆ្អឹងខ្នងជាច្រើននៅចង្កេះ នាមសព្ទ.
6822.	ឡ្វាម់បើ lumbar ជីវេប្រី vertebrae ឆ្អឹងខ្នងនៅចង្កេះមានប្រាំ អិល L ទី១ ទៅដល់ អិល L ទីប្រាំ នាមសព្ទ.
6823.	ឡ្វាម់បើ lumbar ស្ពាញស្យ spines ជួរឆ្អឹងខ្នងជាច្រើនកង់នៅចង្កេះ នាមសព្ទ.
6824.	ឡ្វាម់ប៊ូ lumbo- អ៊ែរ or ឬ ឡ្វាម់ប៊ូ lumb/o ឆ្អឹងខ្នងខាងក្រោម ឬឆ្អឹងខ្នងនៅចង្កេះ ឡ្ញ់អិន loin ចំឡ្ពក - ល្ជ្វឺ lower ប៉ែក back នៅសងខាងជួរឆ្អឹងខ្នងខាងក្រោម ឬសពាក្យដើមដែលអាចតបញ្ជូលគ្នាបាន.
6825.	ឡ្វាម់ប៊ូសេក្រុល lumbosacral ឬ ឬ៉ីជិន region កផ្នែកតំបន់នៅជួរឆ្អឹងខ្នងនៅ ត្រង់ចង្កេះ នាមសព្ទ.
6826.	ល្ជ្វមេន្យ lumens អ៊ែរ or ឬ ល្ជ្វមិណា lumina- រន្ធ ឬប្រហោងសរ៉ៃសេណាមជាច្រើន នាមសព្ទ.
6827.	ល្ជ្វមិន្ត lumino- អ៊ែរ or ឬ ល្ជ្វមិន្ត lumin/o រន្ធសរ៉ៃសេ - ល្ជ្វមេន lumen រន្ធសរ៉ៃសេ -ព្រីវិក្ស prefix បុព្ជបទ ឬជាក្យសម្រាប់តពីខាងមុខ.
6828.	ឡ្វាម្ម lump ពុំ ក្រ៉ូវ grows ផុះ នាមសព្ទ.

6829.	ឡាម្ព lump ផុំ អិន in នៅក្នុង ឌើ the ប្រស្ទស breasts ដោះទាំងពីរ នាមសំព.
6830.	ឡាម្ព lump មានផុំ អិន in នៅក្នុង ឌើ the ក្រញ្ជ groin ក្រល្ងៀន ឬគល់ភ្លៅ នាមសំព.
6831.	ឡាម្ព lump ផុំ ឈ៌វ of របស់ វ៉ែរ៉ា foods ចំណីអាហារ (ម្ទបម្ទយផុំ) នាមសំព.
6832.	ឡាម្ព lump ផុំ អិរ or ឬ ស្វល្លេន swollen ហើម ឬផុំពក អិន in នៅក្នុង ឌើ the អាមផិត armpit រន្ធក្លៀក១ខាង នាមសំព.
6833.	ឡាម្ព lump ផុំ អិរ or ឬ ស្វល្លេន swollen ហើម ឬផុំពក អិន in នៅក្នុង ឌើ the នេក្ neck ក នាមសំព.
6834.	ឡាម្ពអីកទូម៉ី lumpectomy ការវះកាត់១ឌងដើម្បីនឹងយកសាច់ផុំពកចេញ អិរ or ឬ សើជើរ surgery ការវះកាត់១ឌងដើម្បីនឹងយក នាមសំព.
6835.	ឡ្ពាំង lung ខែនសើ cancer រោគមហារីកស្ទ១ឌង នាមសំព.
6836.	ឡ្ពាំង lung ខែនសើស cancers មានរោគមហារីកស្ទត្រើនឌងទាំងសងខាង នាមសំព.
6837.	ឡ្ពាំង lung ស្ទត១ខាង ហែស has ប៊ិន been បាន ដែរមេជ្ឈ damaged ខូចខាត បាយ by ដោយសារ ស្ទតិង smoking ការជក់ឃ៌រី នាមសំព.
6838.	ឡ្ពាំង lung ទិសស្ទស tissues ស្រទាប់សាច់នៅស្ទត សាច់របស់ស្ទតទាំងសងខាង នាមសំព.
6839.	ឡ្ពាំឬ lungs ស្ទតទាំងពីរខាង ហែវ have ប៊ិន been បាន ដែរមេជ្ឈ damaged ខូចខាត បាយ by ដោយសារ ស្ទតិង smoking ការជក់ឃ៌រី នាមសំព.
6840.	ឡ្ពាំឬ lungs ស្ទតទាំងពីរខាង ល្ទស lose បាត់ ឥ្ពៀរ their អ៊ីលែស្ទិសិទី elasticity ការយឺតៗរបស់ធ្ពកវ៉ា នាមសំព.
6841.	ល្ទជើស Lupus រោគស្ពែកនេះ គឺជារោគមួយម្គ្នានៅក្នុងប្រព័ន្ធការពារឌងខ្លួន វាវាយប្រហារសាច់ល្ទ របស់ខ្លួនឯងវិញដោយគ្មានហេតុផល រោគដែលអាចប៉ះពាល់ទៅសើរាវ៉ាឌ្គជាត្រើន ធ្វើឱ្យខ្ទចសាច់នៅ កន្លាក់ឆ្ពឹង ល្ពាក លឬ ហើមនៅសន្លាក់ឆ្ពឹង រោគសើស្ពែកត្រើនយ៉ាង រ៉ៃហែកសាច់លឺវ៉ាំ (រោគទាក់ ទងទៅនឹង អាថ្រិធិស arthritis ល្ពាកសន្លាក់ឆ្ពឹងនេះ ម៉ែន្ទ and ហើយនឹង រ្ពហាម៉ៃថ៌យឌ rheumatoid អាថ្រិធិស arthritis ល្ពាកសន្លាក់ឆ្ពឹងរ្ពមម្គ្នានេះ ម៉ែន្ទ and ហើយនឹង អ៊រធ្ពអ៊ីមម្ទន autoimmune អិនជ្ឌ៉ិមម៉ៃធ្ពរ inflammatory ទិស្ទស disease រោគស្ពែករ្ពមម្គ្នានៅក្នុងប្រព័ន្ធការពារឌងខ្លួន) នាមសំព.

6842.	អិលយូយូ LUQ អក្សរកាត់ដែលមានន័យថាខាងលើ ខាងឆ្វេងរបស់មួយផ្នែកបួននៅពោះ៖ (លេវ៉ៃ left ខាងឆ្វេង អ៊ាផធើ upper ខាងលើ យួ្រ៉ាត្រី្ន្ត quadrant មួយជ្រុងរបស់មួយ ផ្នែក បួន ឬភាគបួននៅពោះ៖) នាមសំព.
6843.	ល្ទ្ធៀល Luteal នៃបំពង់ ឬប្រហោងសរសៃឈាម ស៊ីស្ទស cysts ថង់សាច់ដែលមានទឹក នាមសំព.
6844.	ល្ទ្ធៀននៃស្បៀង luteinizing ហ្វ័រម៉ូន ឬហ៊្វ័រម៉ូន hormone ឈ្មោះទឹកប្រតេអ៊ីនដែលរា មានជាតិស្ករ ឬអ័រប៉ូនដែលបញ្ចេញមកពីក្រពេញមួយនៅក្នុងខួរក្បាលផ្នែកខាងក្រោម ក្រពេញនៅខាង ក្រោយច្រមុះ វាបញ្ចេញទឹកអ័រប៉ូននេះនៅខាងក្នុងឌងខ្លួនឡើង (អិលអេវ LH អក្សរកាត់របស់វា) ក្រពេញនេះឈ្មោះ ភិធួអ៊ីផ្ជៀរី pituitary ផ្គួគួ gland វាជួយអោយស្ត្រីមានរដូវ នាមសំព.
6845.	ល្ទ្ធក្ស Luxo- អ៊ីរ or ឬ ល្ទ្ធក្ស Lux/o ដើម្បីនឹងធ្វើឱ្យអិល - ធ to ដើម្បីនឹក ស្ទាយឌ slide ដាក់ឱ្យអិល -ជ្រីវិក្ស prefix បុព្វបទ ឬពាក្យសម្រាប់តពីខាងមុខ.
6846.	ឡ្បាញយ៉ិង lying លាតត្រដាង ឬដេកនៅ អីថៅវ above ខាងលើ កិរិយាសព.
6847.	ឡ្បាញយ៉ិង lying លាតត្រដាង ឬដេកនៅ ប៊ីធ្ទីន between កណ្ដាល ធឺ the កិរិយាសព.
6848.	ឡ្បាញយ៉ិង lying ដោន down ដាក់ខ្លួនដេកចុះ កិរិយាសព.
6849.	ឡ្បាញយ៉ិង lying ដេក ផ្ទ្លៃត flat វាបស្ទើ កិរិយាសព.
6850.	ឡ្បាញយ៉ិង lying ដេកដាក់ ហ្វ័ស្ទ face មុខ ដោន down ចុះក្រោម (ដេកផ្កាប់មុខ) កិរិយាសព.
6851.	ឡ្បាម Lyme ឌិស៊ីស៊ិស diseases នេះគឺជារោគម្យ៉ាងដែលកើតមកអំពីសត្ថដៃ្ក្នាំ វាមានរោគសញ្ញាក្តៅស្បែកក្រហម ឈឺក្បាល អស់កម្ល្នាំង ក្តៅខ្លួន រោគស្រៀវស្រាញ ហើយវាមានការទាក់ទង ទៅនឹងបេះដូងផង វាមានភាពមិនធម្មតានៅក្នុងសរសៃវិញ្ញាណដែរ ឈឺនៅក្នុងសន្ល្នាក់ភ្លើង កើតរោគ រលាកហើម វាកើតមកពីធូជមេរោគឈ្មោះ ស្ប្រយ៉ីត spirochete អ៊ីរ or ឬ ស្ប្រវ៉ីត spirochaete នាមសំព.
6852.	លីមហ្ប lymph ទឹក ទឹករងៃ ទឹកឈាមស ទឹកអំបិល ទឹកប្រតេអ៊ីនដែលមានលាយប្រតេអ៊ីនច្រើន យ៉ាងលាយចូលគ្នា គេហៅវាថាទឹកលីមហ្ប វាមាននៅពេញឌងខ្លួនឡើង (វាមិនផ្ដួចឈាម វាមានទឹក

	ថ្នាំៗល្បៀនព្រៀងៗ វាមានគ្រាប់ឈាមសពីរយ៉ាងឈ្មោះ លីមហ្វីសែឡ lymphocytes ហើយនឹង មូនូសែឡ monocytes) នាមសំព.
6853.	លីមហ្វី lymph ខែនិលឈេរីស capillaries សរសៃឈាមតូចៗស្តើងៗជាច្រើនដែលដឹកនាំ ទឹកឈាមស ឬទឹករវៃរត់នៅក្នុងខ្លួនយើង នាមសំព.
6854.	លីមហ្វី lymph ខែនិលឈេរី capillary សរសៃឈាមតូចស្តើងៗមួយដែលដឹកនាំទឹករវៃ ឬគ្រាប់ឈាមស នាមសំព.
6855.	លីមហ្វី lymph សែឡ cell គ្រាប់ឈាមស គ្រាប់ទឹករវៃ (កោសិកាស ទឹកឈាមស) វាគ្មានគ្រាប់ឈាមក្រហម ឬគ្រាប់ឈាមកកនៅក្នុងវាទេ កំប៉ុន្តែវាមានគ្រាប់ឈាមស ហើយនឹងទឹករវៃ មូនូសែត វាស្រដៀងគ្នាទៅនឹងទឹកផ្លាស្មាស (ទឹកឈាមសៗនៅក្នុងគ្រាប់ឈាម) វាមានជាតិទឹក ជាតិអំបិល ជាតិស្ករនៅក្នុងវា នាមសំព.
6856.	លីមហ្វី lymph សែឡស cells អរ or ឬ លីមហ្វីសែឡ lymphocytes ទឹករវៃ គ្រាប់ឈាមស (កោសិកាសទឹករវៃ) ច្រើនជាងមួយ គ្រាប់ឈាមសនេះវាមានរុំគ្រាប់វុំៗតូចៗ រុំតកៗនៅក្នុងវា នៅពេលយើងមានរំរៃ វាឡើងបៅ៉ងធំ គេហៅវាថាឡើងកូនកណ្ដុរតូចៗ ពតទៅតាមសរសៃឈាមឈ្មោះលីមហ្វី បី B សែឡស cells - លីមហ្វីសែឡ lymphocytes គ្រាប់ឈាមនេះប្រែទៅជា ផ្លេសម៉ា plasma សែឡស cells ហើយវាបញ្ចេញ អែនទីបូីស antibodies ថ្នាំផ្សះវាសម្លាប់មេរោគ ហើយវាការពារខ្លួនយើង កំឲ្យយើងឈឺ (វាកើតមកពីក្នុងឆ្អឹង ហើយវាទៅរៀនធ្វើការនៅក្នុងឆ្អឹងវៃរ) នាមសំព.
6857.	លីមហ្វី lymph ឆែននែឡ channels ផ្លូវ ឬរន្ធសរសៃរបស់ទឹកឈាមស ឬទឹករវៃ ដែលសម្រាប់ឲ្យវាហូរ នាមសំព.
6858.	លីមហ្វី lymph ជ្រេនេជ drainage បង្ហូរទឹកឈាមស ឬទឹករវៃឲ្យហូរចេញទៅតាម សរសៃឈាមតូចស្តើងៗរបស់វា នាមសំព.
6859.	លីមហ្វី lymph ជាក្ត duct បំពង់បង្ហូរទឹករវៃមួយ បំពង់បង្ហូរទឹកឈាមស ឬសរសៃទឹករវៃ១ នាមសំព.
6860.	លីមហ្វី lymph ជាក្តស ducts បំពង់បង្ហូរទឹករវៃច្រើនជាងមួយ វាបំបង់បង្ហូរទឹកឈាមស ឬទឹករវៃជាច្រើន) នាមសំព.

6861.	លីមហ្វ៊ី lymph ទឹករងៃ ឬទឹកកោសិកាស របស់ទឹកឈាមស អីនធើ enter ចូលមក នាមសំពុ.
6862.	លីមហ្វ៊ី lymph វ្លូវ flow ទឹកឈាមស ឬទឹករងៃហូរ ឬរត់នៅក្នុងសរសៃឈាមតូចស្ដើងៗជា ច្រើនរបស់វា នាមសំពុ.
6863.	លីមហ្វ៊ី lymph វ្លៃដ fluid ទឹករងៃ ឬទឹកឈាមស វាកើតមកពីក្រពេញញទឹករងៃ (ទឹកឈាមស) នាមសំពុ.
6864.	លីមហ្វ៊ី lymph ភ្លេន្ដ gland ក្នុនក្រពេញ១ដែលបញ្ចេញទឹករងៃ ឬក្រពេញដែលបញ្ចេញ ទឹកឈាមស នាមសំពុ.
6865.	លីមហ្វ៊ី lymph ភ្លេន្ដស glands ក្នុនក្រពេញច្រើនដែលបញ្ចេញទឹករងៃ នាមសំពុ.
6866.	លីមហ្វ៊ី lymph នូដ node ដុំក្រពេញទឹករងៃមួយ ឬដុំក្នុនកណ្ដូរ វាមានគ្រាប់ឈាមសនៅក្នុងវា (ទឹកឈាមសនេះវាកើតឡើងដើម្បីវាយប្រហារមេរោគដើម្បីការពារដងខ្លួនយើងធ្វើកុំឱ្យយើងមានរោគ) នាមសំពុ.
6867.	លីមហ្វ៊ី lymph នូដស nodes ដុំក្រពេញទឹករងៃជាច្រើន ដែន្ដ and ហើយនឹង លីមហ្វ៊ី lymph ធិសស្យូស tissues សាច់ក្រពេញ ឬសាច់សរិវរង្គលីមហ្វ៊ីនេះ វាផលិតគ្រាប់ឈាមស ឈ្មោះ លីមហ្វ៊ីសែល្យ lymphocytes ដែន្ដ and ហើយនឹង មូន្លៃសែល្យ monocytes ជាតិប្រភេទអ៊ុន ឬគ្រាប់ឈាមសមាំងពីយ៉ាងនេះ វាទៅពេញញដងខ្លួនយើង វាជួយការពារកុំឱ្យយើងមានរោគ (វាធ្វើថ្នាំផ្សះឈ្មោះ ដែនទីបឌីស antibodies) នាមសំពុ.
6868.	លីមហ្វ៊ី lymph នូដស nodes អ៊រ or ឬ លីមហ្វ៊ី lymph ធិសស្យូស tissues ដុំក្រពេញទឹករងៃជាច្រើននេះ វាមានដុំៗតូចៗនៅក្នុងវាៗមានគ្រាប់ឈាមសនៅក្នុងដុំគ្រាប់តូចៗទាំងនោះ វាធ្វើថ្នាំផ្សះឈ្មោះ ដែនទីបឌីស antibodies (លីមហ្វ៊ី lymph នូដស nodes ឈ្មោះក្រពេញសរសៃទឹករងៃ វាមាននៅក្នុងរន្ធភ្លៀក យើងហោវាថាក្នុនកណ្ដូរ វាចេញញឡើងពកៗ នៅពេលយើងមានរោគរលាកដំបៅ ឬដុំសរសៃទឹករងៃឡើងលី វាដ៏មកពីដំបៅ គ្រាប់ឈាមសនៅក្នុន ដុំក្នុនកណ្ដូរកើតច្រើន ពេលវាខ្វាប់ វាកើតទៅជាខ្ទុះ យើងហោវាថាខ្ទុះ) នាមសំពុ.
6869.	លីមហ្វ៊ី lymph សាញ្ញនើស sinus រន្ធតូចៗនៅក្នុងដុំក្នុនកណ្ដូរ ឬនៅក្នុងក្រពេញញតូចៗ សរសៃឈាមតូចៗដែលមានទឹករងៃថ្នាៗឈ្មោះលីមហ្វ៊ីរត់ ឬវិលនៅក្នុងរវងខ្លួនយើង នាមសំពុ.

6870.	លីមហ្វ៊ lymph សិស្ទឹម system ប្រព័ន្ធទឹករងៃមួយដែលនៅជំទូរជុំវិញជុំខ្លួនគ្រាប់សរសៃ ប្រសាទ លីមហ្វ៊ lymph សិស្ទឹម្យ systems ប្រព័ន្ធទឹករងៃច្រើនដែលនៅជំទូរជុំវិញជុំខ្លួនគ្រាប់ សរសៃប្រសាទ (ប្រព័ន្ធទឹករងៃច្រើន វាធ្វើជាប្រព័ន្ធការពារខ្លួនឈ្លោះ អ៊ីមម៉ូន immune សិស្ទឹម្យ systems) នាមសំពុ.
6871.	លីមហ្វ៊ lymph ទិសស្យ tissue សាច់ដុំៗ ឬក្នុងក្រពេញគ្គច្ចៗរបស់ទឹករងៃ វាមាននៅក្នុងមាត់ យើង រអិលៗដូចជាតិសំបោដែលមានទឹកឈាមស វាជ្ជួយសម្លាប់មេរោគ គេហៅវាថា លីមហ្វ៊ lymph គ្គដ node (បើវាច្រើនជាង១កៃថែមអក្សរពីខាងក្រោយ លីមហ្វ៊ lymph ទិសស្យស tissues អ៊រ or ឬ លីមហ្វ៊ lymph គ្គដ្យ nodes គេហៅឈ្លោះវាខុស្គ្លា ក៏ប៉ុន្តែវាមានមុខការធ្វើដូចគ្លា) នាមសំពុ.
6872.	លីមហ្វ៊ lymph គ្គប្យ tubes សរសៃឈាមរបស់ទឹករងៃ នាមសំពុ.
6873.	លីមហ្វ៊ lymph វេសសេល vessel បំពង់សរសៃឈាមទឹករងៃគ្គចមួយ សរសៃឈាមស របស់ទឹករងៃ លីមហ្វ៊ lymph វេសសេល្យ vessels សរសៃឈាមគ្គចជាច្រើនដែលមានទឹក រងៃថ្លាៗឈ្លោះលីមហ្វ៊ កោសិការត់នេះ ឬវាវិលនៅក្នុងឥតខ្លួន (ក្នុងសរសៃឈាមស ឬសរសៃទឹក រងៃទាំងអស់នេះ វាមានពណ្ណ័ងក្រាស់ដែលនៅជំទូរជុំវិញជុំខ្លួនគ្រាប់សរសៃប្រសាទ វាមើលថែទាំ វាស៊ីមេរោគ វាការពារមិនឲ្យមានមេរោគចូលមកក្នុងឥតខ្លួនយើក វានៅពេញឥតខ្លួនយើក សរសៃឈាមទឹករងៃទាំងអស់នេះ វារត់ទៅប្រហាងហើមទ្រួង វាចាក់ចូលទៅក្នុងបំពង់ធំពីរនៅខាងលើ ដើមទ្រួងនៅខាងស្តាំឈ្លោះហៅថា ងៃត right លីមហ្វ៊ទិក lymphatic ដាក្ត duct បំពង់ទឹករងៃខាងស្តាំ វាចាក់ចូលទៅក្នុងសរសៃឈាមខៀផំនៅក) នាមសំពុ.
6874.	លីមហ្វ៊ lymph វេសសេល vessel វ៉លស្ walls ពណ្ណ័ងរបស់សរសៃឈាមទឹករងៃ ឬទឹកឈាមសដែលការពារខ្លួនយើក នាមសំពុ.
6875.	លីមហ្វ៊ិកគ Lymphagogue ថ្នាំដែលធ្វើឲ្យមានទឹកឈាមសឈ្លោះទឹករងៃ ឬលិម្ម៉ហ្វ៉ួរច្រើន នៅក្នុងសរសៃឈាមសឈ្លោះ លីមហ្វ៊ lymph នាមសំពុ.
6876.	លិមហ្វ៊ីនៃទិស lymphadenitis រោគរលាក ហើមនៅក្នុងក្រពេញដែលបញ្ចេញទឹករងៃ ហើយនឹងទឹកឈាមស ឬរោគរលាកកំបៅនៅក្នុងជុំក្រពេញទឹករងៃឈ្លោះ លីមហ្វ៊ lymph គ្គដ្យ nodes លិមហ្វ៊គ្គត នាមសំពុ.

6877.	លីមហ្វាទីនូ lymphadeno- អឹរ or ឬ លីមហ្វាទីនូ lymphaden/o ក្រពេញដែលរាបបញ្ចូញទឹករវែង ឬទឹកកោសិកាឈ្មោះលីមហ្វី - លីមហ្វី lymph ក្លែនន gland ក្រពេញដែលរាបបញ្ចូញទឹករវែង ឬទឹកកោសិកា -ផ្រីវិក្ស prefix បុព្វបទ ឬពាក្យសម្រាប់តបពូលក្ដាពីខាងមុខ.
6878.	លីមហ្វាងជិ lymphangi- សរសៃឈាមតូចៗរបស់ទឹកឈាមស ឬសរសៃទឹករវែងឈ្មោះ លីមហ្វី lymph -ផ្រីវិក្ស prefix បុព្វបទ ឬពាក្យសម្រាប់តបពូលក្ដាពីខាងមុខ.
6879.	លីមហ្វៃងជិអូ lymphangio- អឹរ or ឬ លីមហ្វៃងជិអូ lymphangi/o សរសៃឈាមតូចៗរបស់ទឹករវែងមស ឬសរសៃទឹករវែងឈ្មោះ - លីមហ្វី lymph វេសសេល្យ vessels សរសៃឈាមទឹករវែងរបស់ក្រពេញឈ្មោះ លីមហ្វី lymph -ផ្រីវិក្ស prefix បុព្វបទ ឬពាក្យសម្រាប់តបពូលក្ដាពីខាងមុខ.
6880.	លីមហ្វៃងជិអូក្រែម lymphangiogram កម្មវិធីថតក្នុនសរសៃឈាមរបស់ក្រពេញឈ្មោះ លីមហ្វី lymph ក្លែនន gland ក្រពេញតូចៗដែលរាបបញ្ចូញគ្រាប់ឈាមស១ ផង ហើយកត់ទុកផង នាមសំពុ.
6881.	លីមហ្វៃងជិអូក្រែម្យ lymphangiograms កម្មវិធីថតក្នុនសរសៃឈាមរបស់ក្រពេញឈ្មោះ លីមហ្វី lymph ក្លែននស glands ក្រពេញតូចៗដែលលបបញ្ចូញគ្រាប់ឈាមសច្រើនជាង១ ផង នាមសំពុ.
6882.	លីមហ្វីអាងជិអូក្រៃហ្វៃស lymph angiographies ការថតឆ្លុះមើលរោគច្រើនផងនៅក្នុ ក្នុនសរសៃទឹកឈាមស ឬសរសៃទឹករវែងតូចៗផ្ដាល់នឹងង្វែក ហើយកត់ទុកផង (ថតឆ្លុះមើលរោគនៅក្នុ ក្នុនសរសៃតូចៗរបស់ក្រពេញឈ្មោះលីមហ្វី lymph នួផ្យ nodes វត្ថាតួរបស់វត្ថុធាតុមិន ល្អចោល វាវាយប្រហារមេរោគ វាមានប្រព័ន្ធការពារខ្លួនយើងឈ្មោះ អែនទីបឌីស antibodies ថ្នាំផ្សេះ)លីមហ្វៃងជិអូក្រៃហ្វៃ lymphangiography ការថតឆ្លុះមើលរោគ១ផងនៅក្នុ ក្នុនសរសៃទឹកឈាមស ឬសរសៃទឹករវែងតូចៗផ្ដាល់នឹងង្វែក ហើយកត់ទុកផង នាមសំពុ.
6883.	លីមហ្វៃាទិក lymphatic ខែដិសលើរ capillary សរសៃឈាមតូចៗរបស់ទឹករវែង ឬទឹកឈាមស នាមសំពុ.
6884.	លីមហ្វៃងទិក lymphatic លីមហ្វី lymph ទឹក ទឹករវែង ទឹកប្រទេអ៊ីន ទឹកឈាមសដែលជួយការពារផងខ្លួនយើង នាមសំពុ.

6885.	លីមហ្វៃទិក lymphatic អប់ស្ត្រាក់សិន obstruction ការស្ទះ ឬរបស់អ្វីដែលបិទបំពង់សរសៃរបស់ទឹករវាង ទឹកប្រទេអ្វីនស ឬទឹកឈាមស នាមសំពុ.
6886.	លីមហ្វៃទិក lymphatic សិតមេន្ត segment ផ្នែកពួចៗរបស់សរសៃទឹករវាង នាមសំពុ.
6887.	លីមហ្វៃទិក lymphatic សិស្ទ្ទម system ប្រព័ន្ធសរសៃឈាមស ឬប្រព័ន្ធទឹករវាង វាទាក់ទងជាមួយនឹងប្រព័ន្ធទឹកឈាមសឈ្មោះ អ៊ិមមូន immune សិស្ទ្ទម system ទឹកប្រទេអ្វីនដែលជួយការពារជាតិមិនឲ្យមេរោគនៅក្នុងខ្លួនយើង វាជួយមិនឲ្យយើងកើតរោគ វាអាចផ្សាំជាមួយនឹងមេរោគអ្វីមួយដើម្បីនឹងទុកប្រាំងនឹងរោគនោះ វាធ្វើកុំឲ្យយើងកើតរោគទាំងនោះ នាមសំពុ.
6888.	លីមហ្វៃទិក lymphatic សិស្ទ្ទម្ប systems ប្រព័ន្ធសរសៃទឹករវាងដែលវិលចុះឡើង នៅក្នុងខ្លួនយើង នាមសំពុ.
6889.	លីមហ្វៃទិក lymphatic ធីសសួ tissue ទឹកសាច់ឈាមស ឬទឹកជាសិការបស់ទឹករវាងមួយ /ធិសសួរស tissues ទឹកសាច់ឈាមស ឬទឹកជាសិការបស់ទឹករវាង សាច់ដុំៗ ឬក្លូនក្រពេញពួចៗ នៅក្នុងមាត់ រអ៊ិលៗជួចជាតិសំបោ វាមានទឹកឈាមស វាជួយសម្លាប់មេរោគវាឈ្មោះ លីមហ្វ៊ីយដ Lymphoid ធិសសួ tissue អិរ or ឬ ម៉ែដេន្តិយដ្ប adenoids នាមសំពុ.
6890.	លីមហ្វៃទិក lymphatic វេសសេល vessel សរសៃឈាមសតូចៗដែលដឹកនាំទឹករវាងថ្លាៗ (សរសៃឈាមតូចៗ ឬក្លូនក្រពេញតូចៗនៅក្នុងមាត់របស់ទឹករវាងរអ៊ិលៗជួចជាតិសំបោដែលមាន ទឹកឈាមស វាជួយសម្លាប់មេរោគ) នាមសំពុ.
6891.	លីមហ្វៃទិក lymphatic វេសសេល្ប vessels សរសៃឈាមសតូចៗដែលដឹកនាំទឹករវាង ឈ្មោះ លីមហ្វ៊ lymph ទៅប្រទាំងនឹងមេរោគនៅកន្លែងដែលមានមេរោគនៅក្នុងរងខ្លួនយើង នាមសំពុ.
6892.	លីមហ្វៃទ្ទ lymphato- អិរ or ឬ លីមហ្វៃទ្ទ lymphat/o ទឹករវាង កោសិកាស-លីមហ្វ៊ lymph ទឹករវាង កោសិកាស -ជ្រីវ៊ិក្ស prefix បុព្វបទ ឬពាក្យសម្រាប់តពីខាងមុខ.
6893.	លីមហ្វ៊ី lympho- អិរ or ឬ លីមហ្វ៊ី lymph/o ទឹករវាង ទឹកកោសិកាស ទឹកឈាមស ទឹកប្រទេអ្វីនទឹករវាៗហួរនៅក្នុងប្រព័ន្ធទឹករវាង ទឹកឈាមដណិលេ្បឹងបន្តិចដែលជួយការពារយើងកុំឲ្យ យើងកើតរោគវាឈ្មោះ លីមហ្វ៊ី lymph -ជ្រីវ៊ិក្ស prefix បុព្វបទ ឬពាក្យសម្រាប់តពីខាងមុខ.

6894.	លីមហ្វីសែត lymphocyte ទឹករវែង ទឹកលាមស ទឹកអំបិល ទឹកប្រូតេអ៊ីនដែលមានលាយ ប្រូតេអ៊ីនច្រើនយ៉ាង វាមាននៅពេញរងខ្លួនយើង (វាមិនជួបឆលាម វាមានទឹកផ្សាៗលៀនព្រៀងៗ វាមានគ្រាប់លាយមសពីរយ៉ាងឈ្មោះ លីមហ្វីសែត្យ lymphocytes ហើយនឹង មុន្នសែត្យ monocytes) នាមសំពុ.
6895.	លីមហ្វីប្លូសធូម៉ា lymphoblastoma រោគច្រើនយ៉ាងនៅទឹកណាមស ឬកោសិកាសដុះដុំ១ ដុំផ្ទើងនៅក្នុងក្រពេញឈ្មោះ លីមហ្វី lymph ទូដ node) នាមសំពុ.
6896.	លីមហ្វីប្លូសធូម៉ាស lymphoblastomas/ លីមហ្វីប្លូសធូម៉ាថា lymphoblastomata រោគច្រើនយ៉ាងនៅទឹកណាបស ឬកោសិកាស កើតទៅជាដុះពកដុំៗច្រើនដុំ (ក្រពេញនេះឈ្មោះ លីមហ្វី lymph ទូដ្យ nodes) នាមសំពុ.
6897.	លីមហ្វីសែត lymphocyte គ្រាប់ឈាមស ឬគ្រាប់ទឹករវែងឈ្មោះ លីមហ្វី lymph សែល្ល cell គ្រាប់ឈាមស (ទឹករវែង ឬកោសិកាស) វាវាយប្រហារមេរោគដោយសារបញ្ចេញទឹកថ្នាំផ្សះ ឈ្មោះ អែនទីបឌីស antibodies ហើយបំផ្លាញវត្ថុធាតុអ្វីៗដែលចូលមកក្នុងរងខ្លួនយើង វាមានពីរយ៉ាង ធី T សែល្ល cell អែន្ត and ហើយនឹង ប៊ី B សែល្ល cell (វាមានចំនួនទាំង អស់ប្រហែលៗភាគរយនៅក្នុងចំនោមគ្រាប់ឈាមស លួក្ខសែត្យ leukocytes គ្រាប់ឈាមស ទាំងអស់នោះ អា are គីជាវាឈ្មោះ លីមហ្វីសែត្យ lymphocytes គ្រាប់ឈាមសដុំកូនកណ្ដុរ (ឬដុំទឹករវែង) នាមសំពុ.
6898.	លីមហ្វីសែត្យ lymphocytes គ្រាប់ឈាមសជាច្រើន អែន្ត and ហើយនឹង មុន្នសែត្យ monocytes គ្រាប់ឈាមសនេះវាមានស្ងួលធំតែ១ទេ (គ្រាប់ទឹករវែង កោសិកាស) វាកើតមកពីក្រពេញឈ្មោះ លីមហ្វី lymph ទូដ្យ nodes កូនកណ្ដុរ ឬដុំសរសៃទឹករវែង អែន្ត and ហើយនឹង ស្ពលីន spleen ក្រពេញឈ្មោះអណ្ដើក អែន្ត and ហើយនឹងក្រពេញឈ្មោះ ថាយមើស thymus ថ្គេន្ត gland វាធ្វើជាតិប្រូតេអ៊ីនដែលជួយការពារខ្លួនយើងឈ្មោះ អែនទីបឌីស antibodies វត្ថុធាតុប្រូតេអ៊ីនដែលបានបង្កើតឡើងដើម្បីការពារខ្លួនយើងនេះ វាឈ្មោះថ្នាំផ្សះ "(ឬអង្គបដិប្រាណ)" វាសម្លាប់មេរោគឈ្មោះ បែកធ្វើរៀ bacteria នាមសំពុ.
6899.	លីមហ្វីសែត្យ lymphocytes អ័រ or ឬ លីមហ្វី lymph សែល្លស cells ដុំៗគ្រាប់ ឈាមសត្ថចៗទាំងអស់នេះ វាមានគ្រាប់សពកៗ ដុំគ្រាប់ៗ ដុំកូនកណ្ដុរត្ថចៗមានតតនៅតាមសរសៃ ឈាមទឹករវែង នាមសំពុ.

6900.	លីមហ្វ៊ីសែល្យ lymphocytes គ្រាប់ឈាមស (គ្រាប់ទឹករវ៉ៃង កោសិកាស)ទឹកឈាមសឈ្មោះ លីមហ្វ៊ី ធម្មជាតិរបស់វាគឺ នេឈេរុល natural យិលលើ killer វាកើតមកដើម្បីនឹង សម្លាប់មេរោគ (អិនយេ NK អក្សរកាត់របស់វា) សែល្យស cells គ្រាប់ឈាមសដែលសម្លាប់មេ រោគនេះក៏ជាធម្មជាតិរបស់វា វាជាថ្នាំផ្សះដើម្បីនឹងសម្លាប់មេរោគឈ្មោះ អែនទីបឌីស antibodies នាមសព្ទ.
6901.	លីមហ្វ៊ីសែធិក lymphocytic នៃ ឬទាក់ទងទៅនឹងគ្រាប់ទឹកឈាមស ឬឈាមទឹករវ៉ៃងឈ្មោះ លីមហ្វ៊ី lymph នូឝ្យ nodes គុណនាម.
6902.	លីមហ្វ៊ីសែធិក lymphocytic ល្យូយីម៉្យ leukemia រោគមហារីកនៅក្នុងក្រពេញទឹករវ៉ៃង ឬរោគមហារីកនៅក្នុងគ្រាប់ឈាមសរវ៉ៃ នាមសព្ទ.
6903.	លីមហ្វ៊ីយឌ lymphoid អេផ្លេស៉្យ aplasia គ្មានការរីកល្មូតលាស់នៅពុំក្រពេញដែលធ្វើទឹក រវ៉ៃង ឬគ្មានការចំរើនកើនច្រើនឡើងនៅក្នុងគ្រាប់ឈាមសឈ្មោះ លីមហ្វ៊ី lymph នូឝ្យ nodes នាមសព្ទ.
6904.	លីមហ្វ៊ីយឌ lymphoid លីមហ្វ៊ី lymph ឈ្មោះទឹកឈាមស ទឹករវ៉ៃង ឬកោសិកាសមួយ គ្រាប់ លីមហ្វ៊ីយឌ lymphoid លីមហ្វ៊ីសែល្យ lymphocytes ឈ្មោះទឹកឈាមស ទឹករវ៉ៃង ឬកោសិកាសច្រើនគ្រាប់ចាប់ពី២គ្រាប់ឡើងទៅ នាមសព្ទ.
6905.	លីមហ្វ៊ីយឌ lymphoid នេ៉្យអូផ្លេស៉ម neoplasm ទឹកឈាមស ទឹករវ៉ៃង ឬកោសិកាស ដែលទើបតែកើតឡើងពីភាពធម្មតា នាមសព្ទ.
6906.	លីមហ្វ៊ីយឌ lymphoid អ៊ូរកិស្យ organs (ម៉ល្ MALT ជាតិសំបោ ទឹករវ៉ៃង សាច់ឈាមស ឬជាសិកាស) ម្យូកូសា mucosa ជាតិសំបោថ្មាៗ អែសសួ្យស៉ីអេត្ត associated នៃ ឬទាក់ទងជាមួយនឹងទឹករវ៉ៃងឈ្មោះ លិមហ្វ៊េទិក lymphatic ធីសស្យូ tissue សាច់ឈាមទឹករវ៉ៃង ឬជាលិកាស ឬកោសិកាស ឬទឹកឈាមស នាមសព្ទ.
6907.	លីមហ្វ៊ីយឌ lymphoid ធិសស្យូ tissue សាច់ក្រពេញទឹករវ៉ៃង ឬសាច់ក្រពេញឈ្មោះ លីមហ្វ៊ី lymph នាមសព្ទ.
6908.	លីមហ្វ៊ីគ្រេម lymphogram របៀបថតពន្លឺមើលគ្រាប់ទឹកឈាមស ឬកោសិកាសឈ្មោះ លីមហ្វ៊ី lymph នាមសព្ទ.

6909.	លីមហ្វូគ្រែន្នូលូម៉ា lymphogranuloma កើតរោគនៅទឹកឈាមស ឬកោសិកាសឈ្មោះ លីមហ្វ lymph រីកធំឡើងដុំៗ ឬធ្វើអោយក្រពេញយើងហៅកូនកណ្ដុរឡើងធំមួយផង ឬខ្មែរយើងហៅថាឡើងកូនកណ្ដុរ នាមស័ព្ទ.
6910.	លីមហ្វូគ្រែន្នូលូម៉ា lymphogranuloma វេននើរៀម់ venereum រោគនេះឆ្លងតាម ទឹកកាម ហើយនឹងទឹកពង (ទឹកមេជីវិត) វាចូលតាមការចុយគ្នាជាមួយនឹងមនុស្សមានមេរោគនេះជួនកាលវាធ្វើឱ្យ អ្នកជម្ងឺក្បាល ក្ដៅខ្លួន រលាក ហើមសាច់នៅក្រពេញបន្ទួជ រហែកសាច់ ឈឺ ដំបៅ រម៉ាស់នៅជុំវិញក្រពេញ បន្ទួជ វាមានឡើងកូន កណ្ដុរនៅក្រលៀន វាកើតមកពីមេរោគឈ្មោះ បែកធៀរៀម់ bacterium ត្លែម៉ីដៀ Chlamydia ត្រែឃូម៉ាធីស Trachomatis រោគនេះធ្វើឱ្យប៉ះពាល់ដល់ក្រពេញឈ្មោះ លីមហ្វ lymph (ក្រពេញដែលធ្វើគ្រាប់ឈាមសដែលមានគ្រាប់តូចៗនៅក្នុងវា ហើយនឹងធ្វើទឹក រងៃ) រោគនេះមានឈ្មោះ១ទៀតគេហៅវាថា លីមហ្វូផែទៀ lymphopathia វេននើរៀម់ venereum នាមស័ព្ទ.
6911.	លីមហ្វូគ្រែន្នូលូម៉ាស lymphogranulomas កើតរោគច្រើនផងនៅទឹកឈាមស ឬកោសិកាសឈ្មោះ លីមហ្វ lymph រីកធំ ឬធ្វើអោយក្រពេញយើងហៅកូនកណ្ដុរឡើងធំ (មើលតទៅខាងលើនេះ) លីមហ្វូគ្រែន្នូលូម៉ាថា lymphogranulomata កើតរោគនៅទឹកឈាមស ឬកោសិកាសឈ្មោះ លីមហ្វ lymph មានរោគចាប់ពី២ផងឡើងទៅ នាមស័ព្ទ.
6912.	លីមហ្វូគ្រែហ្វីស lymphographies ការថតឆ្លុះច្រើនផងដើម្បីនឹងមើលគ្រាប់ទឹកឈាមស ឬទឹករងៃឈ្មោះ លីមហ្វ lymph ដើម្បីនឹងពិនិត្យមើលរោគរបស់វាផ្ទាល់នឹងភ្នែក ហើយកត់ទុកផង លីមហ្វូគ្រែហ្វី lymphography ការថតឆ្លុះ១ផងដើម្បីនឹងមើលគ្រាប់ទឹកឈាមស ឬទឹករងៃឈ្មោះ លីមហ្វ lymph នេះ នាមស័ព្ទ.
6913.	លីមហ្វូផែទៀ lymphopathia វេននើរៀម់ venereum រោគឆ្លងតាមទឹកកាម ហើយនឹងឆ្លងតាមទឹកពង (ឬទឹកមេជីវិត) វាចូលតាមការចុយគ្នាជាមួយនឹងមនុស្សមានមេរោគនេះ ជួនកាលវាធ្វើឱ្យអ្នកជម្ងឺឈឺក្បាល ក្ដៅខ្លួន រលាក ហើមសាច់នៅក្រពេញបន្ទួជ រហែកសាច់ ឈឺ ដំបៅ រម៉ាស់នៅជុំវិញក្រពេញ បន្ទួជ វាមានឡើងកូនកណ្ដុរនៅក្រលៀន វាកើតមកពីមេរោគឈ្មោះ បែកធៀរៀម់ bacterium ត្លែមីដៀ Chlamydia ត្រែឃូមាធីស Trachomatis រោគនេះធ្វើឱ្យប៉ះពាល់ដល់ក្រពេញឈ្មោះ លីមហ្វ lymph (ក្រពេញដែលធ្វើគ្រាប់ឈាមសដែលមានគ្រាប់តូចៗនៅក្នុងវា ឬវាធ្វើទឹករងៃ) រោគនេះមានឈ្មោះ១ទៀត គេហៅវាថា

	លីមហ្វ៊ីក្រែនទ្បូម៉ា lymphogranuloma វេនេនើរៀម venereum នាមសំពុ.		
6914.	លីមហ្វ៊ីនីផ្នៀ lymphopenia រោគគ្រាប់ឈាមឈ្មោះ លីមហ្វ៊ី lymph នូឌ្យ nodes ចុះទាប នាមសំពុ.		
6915.	លីមហ្វ៊ីនីនិក lymphogenic នៃ ឬទាក់ទងទៅនឹងរោគគ្រាប់ឈាមឈ្មោះ លីមហ្វ៊ី lymph នូឌ្យ nodes កូនកណ្តុរ គ្រាប់ឈាមល្បៀងព្រ្យៀងៗ គុណនាម.		

អិវ F 1-7

American: ជនជាតិអាមេរិក អែន្ត and ហើយនឹង Khmer: ខ្មែរ

រេ Day អ៊ាវ of ធឺ the វ៊ីក Week ថ្ងៃនៅក្នុងមួយអាទិត្យ

1.	សាន់រេ Sunday	ថ្ងៃអាទិត្យ វាជាថ្ងៃទី១របស់ព្រះ នាមសំពុ.	ថ្ងៃសម្រាករបស់ព្រះ:
2.	ម៉ាន់រេ Monday	ថ្ងៃច័ន្ទ ថ្ងៃទី២ នាមសំពុ.	(ជាថ្ងៃធ្វើការទី១)
3.	ធូសរេ Tuesday	ថ្ងៃអង្គារ ថ្ងៃទី៣ នាមសំពុ.	(ជាថ្ងៃធ្វើការទី២)
4.	វ៉ែស្យរេ Wednesday	ថ្ងៃពុធ ថ្ងៃទី៤ នាមសំពុ.	(ជាថ្ងៃធ្វើការទី៣)
5.	សើិសរេ Thursday	ថ្ងៃព្រហស្បត៍ ថ្ងៃទី៥ នាមសំពុ.	(ជាថ្ងៃធ្វើការទី៤)
6.	ហ្រ្វ៉ាយរេ Friday	ថ្ងៃសុក្រ ថ្ងៃទី៦ នាមសំពុ.	(ជាថ្ងៃធ្វើការទី៥)
7.	សែរធើរេ ឬសារធើរេ Saturday	ថ្ងៃសៅរ៍ ថ្ងៃទី៧ (ថ្ងៃសម្រាកអត់ធ្វើការទេ) នាមសំពុ.	ថ្ងៃទី៧ របស់ព្រះ

(ជី G1-12) List-12 Months of a Year គារាង១២ខែក្នុងមួយឆ្នាំ

1.	ចែនយួរី January	ខែមករា ខែទី១ ខែបុស្ស មាឃ នាមសំពុ.
2.	វិបយួរី February	ខែកុម្ភៈ ខែទី២ ខែមាឃ ផល្គុន នាមសំពុ.
3.	ម៉ាធ March	ខែមីនា ខែទី៣ ខែផល្គុន ចេត្រ នាមសំពុ.
4.	អេប្រិល April	ខែមេសា ខែទី៤ ខែចេត្រ នាមសំពុ.
5.	ម៉េ May	ខែឧសភា ខែទីប្រាំ (ខែពិសាខ ជេស្ឋ) នាមសំពុ.
6.	ជូន June	ខែមិថុនា ខែទី៦ (ជេស្ឋ អាសាធ) នាមសំពុ.
7.	ជូឡាយ July	ខែកក្កដា ខែទី៧ នាមសំពុ.
8.	អ៊កកើស្ត August	ខែសីហា ខែទី៨ (ខែស្រាពណ៍) នាមសំពុ.
9.	សេធទឹមបើ September	ខែកញ្ញា ខែទី៩ (ខែអាសាធ) នាមសំពុ.
10.	អ៊កធូបើ October	ខែតុលា ខែទី១០ (អស្សុក កត្តិក) នាអសំពុ.
11.	នូវ៉ែមបើ November	ខែវិច្ឆិកា ខែទី១១ នាមសំពុ.
12.	ឌីសេមបើ December	ខែធ្នូ ខែទី១២ (មិគសិរ បុស្ស) នាមសំពុ.